# TEXTS AND STUDIES

## CONTRIBUTIONS TO
## BIBLICAL AND PATRISTIC LITERATURE

EDITED BY

## J. ARMITAGE ROBINSON, D.D.
HON. PH.D. GÖTTINGEN  HON. D.D. HALLE
DEAN OF WELLS

VOL. IX

No. 2. PELAGIUS'S EXPOSITIONS OF THIRTEEN
EPISTLES OF ST PAUL: TEXT

# PELAGIUS'S EXPOSITIONS OF THIRTEEN EPISTLES OF ST PAUL. II

## TEXT AND APPARATUS CRITICUS

BY

### ALEXANDER SOUTER, B.A.
M.A. (OXON.)   D.LITT. (ABERD.)   D.D. (ST. AND.)
REGIUS PROFESSOR OF HUMANITY AND LECTURER IN MEDIAEVAL
PALAEOGRAPHY IN THE UNIVERSITY OF ABERDEEN
FORMERLY SCHOLAR OF GONVILLE AND CAIUS COLLEGE, CAMBRIDGE

*Wipf & Stock*
PUBLISHERS
*Eugene, Oregon*

Wipf and Stock Publishers
199 W 8th Ave, Suite 3
Eugene, OR 97401

Pelagius's Expositions of Thirteen Epistles of St. Paul. II
Text and Apparatus Criticus
By Souter, Alexander
ISBN: 1-59244-902-6
Publication date 9/29/2004
Previously published by Cambridge, 1926

VNIVERSITATIS · S · ANDREAE · APVD SCOTOS
SENATVI · ACADEMICO
QVI · ME · LAICVM
GRADV · DOCTORATVS · IN S · S THEOLOGIA
HAVD · INDIGNVM · HABVIT
HOC · EGO · GRATI · ANIMI · DOCVMENTVM
OFFERO

# INTRODUCTORY NOTE

THE welcome accorded to the first volume was most gratifying to the editor, especially as a considerable part of it could not be fully understood till the text of the Expositions was published. The conclusions arrived at in the first volume have on the whole borne the test imposed on them by the compilation of the critical apparatus, but as one or two points have become clearer in the course of its composition, it may be well to summarise the textual situation as it now appears.

The authorities labelled $AH_1V$ are based, in parts at least, on a slightly shorter form of the work than that which lies behind $BH_2G$. The archetype of $AH_1V$ omitted several verses towards the close of certain Epistles, namely verses containing salutations. It would seem that Pelagius, at least at first, did not copy out these verses, because he had nothing to say about them. On the other hand, the $BH_2G$ family omits many notes on Philippians. In the $AH_1V$ family the Biblical text of the *lemmata* is very close to the Vulgate. The investigation in the first volume made it clear that this Vulgate character is due to the deliberate action of a reviser later than Pelagius himself. The Biblical text in B, G throughout First Corinthians and sometimes elsewhere, Sd, and very often D, is doubtless Pelagius's own text. In these MSS the passages of the Epistles missing from the $AH_1V$ family are found in their places. In them also there are a very few notes not present in $ARH_1V$. It would seem that $BH_2G$, so far as the Pelagian notes are concerned, go back to a form slightly later than $ARH_1V$, but not necessarily due to another author than Pelagius. If any scholar will contend that it is due to some one else, the name of Caelestius, his companion and co-author, is ready to hand[1].

The exposition seems sometimes to support a Vulgate

---

[1] Some of these notes, like *in* 1 *Cor.* vi 20 and *in Tit.* i 12, suggest a later date.

reading in the *lemma* rather than the non-Vulgate reading printed by me. Some will say that in such cases it was my duty to put the Vulgate reading into the text. But I have refrained from doing so because of the uncertainty which surrounds the Biblical texts of the early part of the fifth century. As a matter of fact, there are other places where the B(G)SdD reading is just as clearly presupposed by the comments. In view of the general situation and the necessity for economizing space, I have used square brackets throughout to indicate a part omitted either from A or B, whether in text or in comment. These square brackets will at once send the reader to the apparatus.

It has now become evident to me that the expositions in the manuscript called V are based on a copy for which not only the A type and Pseudo-Jerome, but Cassiodorus also was employed. This last fact was unknown to me when vol. I was published, but is perfectly clear now from such passages as the expositions of Rom. xv 31, 2 Cor. xi 12, xiii 10, Eph. ii 14, v 32, Col. ii 20, iiii 5–6. I should, therefore, be less ready now to suggest that Pelagius's "own copy to which he added notes from time to time" (vol. I p. 255) lies behind the wonderful compilation preserved to us in V.

Further study has shown that Zmaragdus employed a Pseudo-Jerome of the second class, using the symbol $\overline{P}$ to indicate it. I should now doubt whether he also possessed a pure Pelagius. The reader should study the critical apparatus to the passages indicated in vol. I p. 333.

Cassiodorus and his pupils deliberately substituted the Vulgate text throughout for that which they found in their copy of Pelagius, and the Cassiodorian *lemmata* as restored by me from the *editio princeps* of Pseudo-Primasius and the MS 270 at Grenoble, will henceforth constitute a first-class authority for the Vulgate text of the thirteen Epistles of St Paul.

As regards the interpolations contained in HG and V, I am happy to state that the Syndics of the Press have kindly consented to their publication in a supplementary volume, which ought to appear within a year or two after this. The volume will not, however, contain the Cassiodorian interpolations or alterations, which are properly reserved for my edition of Cassiodorus in the Vienna *Corpus*.

In a review of my first volume in the *Bulletin d'Ancienne Littérature Chrétienne Latine* for October 1922, Dom De Bruyne revealed the existence of a Pseudo-Jerome manuscript which does not appear in my lists. This twelfth century manuscript is at Göttweig Benedictine Abbey, near Krems, Lower Austria, where it bears the number 23 (36). By the aid of a grant from the Hort Fund and the courtesy of the Abbot and Prior, I was able to make some study of the manuscript in August, 1924. Dom de Bruyne assigns it to my second class. This is not correct. In fact the MS belongs neither to the first nor to the second class, but constitutes a class by itself. For instance, it has the Epistles in the Pelagian order, and yet comprises the commentary on Hebrews. A collation of test passages renders it very improbable that it preserves the true Pelagian text in any place where all other authorities have lost it, but it is clear that a complete collation is desirable in the interest of the interpolations, and this I hope to make in time for the third volume.

It would be too much to expect that I have attained absolute accuracy in the presentation of the many thousands of *data* recorded in this volume, but at least I hope the reports of A and B may be relied on, for I have been enabled by the kindness of the Managers of the Hort Fund at Cambridge, and the authorities at the Landes-Bibliothek in Karlsruhe and at Balliol College, Oxford, to collate these MSS afresh with the printed text in this volume. The orthography adopted is almost exclusively that of A. I hope that the absence of the orthographical index, which I intended to publish in this volume, will not be too greatly regretted. In view of the fact that the volume is much longer than either the Syndics or I intended, I have felt it my duty to withhold this material, which may one day find a place in a new and comprehensive treatise on Latin orthography, a subject in which I have always taken a very great interest. For reasons of space I have also curtailed the indexes of words and names as much as possible.

I cannot conclude this note without offering to the officials and workmen of the Press my most cordial thanks for the way in which they have presented what is perhaps the most complicated piece of Latin critical apparatus they have ever been called upon to print. I trust also that the use of square brackets in the text has not unduly marred what is a veritable work of art.

A. SOUTER.

ABERDEEN,
*January 17th,* 1925.

# CONTENTS

| | PAGE |
|---|---|
| Codicvm Manv Scriptorvm Conspectvs . . . | 2 |
| Argvmentvm Omnivm Epistvlarvm . . . . | 3 |
| Prologvs Epistvlae ad Romanos . . . . . | 6 |
| Ad Romanos . . . . . . . . . | 8 |
| Argvmentvm Primae Epistolae ad Corinthios . . | 127 |
| Ad Corinthios I . . . . . . . . . | 128 |
| Ad Corinthios II . . . . . . . . | 231 |
| Ad Galatas . . . . . . . . . . | 306 |
| Ad Ephesios . . . . . . . . . | 344 |
| Ad Philippenses . . . . . . . . . | 387 |
| Ad Thessalonicenses I . . . . . . | 417 |
| Ad Thessalonicenses II . . . . . . . | 439 |
| Ad Colossenses . . . . . . . . . | 451 |
| Ad Timothevm I . . . . . . . . . | 474 |
| Ad Timothevm II . . . . . . . . | 506 |
| Ad Titvm . . . . . . . . . . | 525 |
| Ad Philemonem . . . . . . . . . | 536 |
| Indices . . . . . . . . . . . | 540 |

# SUPPLEMENTARY BIBLIOGRAPHY
(see vol. I pp. xiv ff.)

O. BARDENHEWER, *Geschichte der altkirchlichen Literatur*, IV Bd, 1–2 Aufl. (Freiburg i. B. 1924) § 74 (3a) pp. 513–515.

H. J. CHAPMAN, 'Pélage et le Texte de S. Paul' (*Revue d'Histoire Ecclésiastique*, XVIII [1922] pp. 469–481, XIX [1923] pp. 25–42).

A. JÜLICHER, 'Geheiligte Ketzer' (*Protestantische Monatshefte* 1921, pp. 65–75).

W. MUNDLE, 'Die Herkunft der 'marcionitischen' Prologe zu den paulinischen Briefen' (*Zeitschrift für die neutestamentliche Wissenschaft*, XXIV [1925] pp. 56–77).

M. SCHANZ, C. HOSIUS, G. KRÜGER, *Geschichte der römischen Litteratur bis zum Gesetzgebungswerk des Kaisers Justinian*, IV$^{\text{er}}$ Teil, 2$^{\text{te}}$ Hälfte (München, 1920) § 1202, pp. 501–507.

A. SOUTER, 'A fragment of an unpublished Latin text of the Epistle to the Hebrews, with a brief exposition' (*Miscellanea Fr. Ehrle*, vol. I [Roma, 1924] pp. 39–49).

# CORRIGENDA TO VOLUME I[1]

p. 23, ll. 4 ff. (cf. p. 344), John of Verona, presbyter mansionarius, wrote 'Historiae Imperiales,' and died 1337 (P. Lehmann).

p. 58, l. 21, for '64–70' read '64, 66–70.'

p. 84, n. 3, for 'Max.-Taur.' read 'Maximin. Arrian.'

p. 123, l. 21, after 'g' add 'r.'

p. 129, l. 22, for 'Prou. xvii 6' read 'Ps. cxvii 18.'

p. 141, l. 17, for 'Demetrius' read 'Demetrias.'

p. 149, l. 4, after '$\frac{2}{3}$' add 'B.'

p. 154, l. 17, for 'i 4, 6' read 'i 4, 7.'

p. 164, n. 1, for '3' read '2,' and correct the index accordingly, p. 350.

p. 181, l. 26, for 'sunt secutae' read 'secutae sunt.'

p. 185, ll. 8 ff., for 'Prologus Galeatus, etc.' substitute 'epist. 26, 4 § 2' (A.D. 384) (A. Vaccari).

p. 188, last l., for '1820' read '1920.'

p. 205, l. 3 (b) of small type should be erased; and add ⧺ = *enim* to this list.

p. 206, n. 2 l. 2, for 'vii ex' read 'vi–vii' (C. H. Turner).

p. 233, n. 2, for 'Koetschau' read 'Koetzschau.'

p. 247, n. 2, for '11 Jan. 802' read '28 Jan. 814.'

p. 303, n. 6, for 'Wilmait' read 'Wilmart.'

p. 320, l. 6, for 'PRI' read 'P̄R̄Ī.'

p. 333, l. 12 (c) of small type, for 'iii 17–21' read 'iii 17–iiii 7.'

p. 338, l. 8, for '*Actibus*' read '*Artibus.*'

p. 344, l. 21 (column b), for '900' read '850' (Lehmann's gratifying conclusion).

p. 346 (b), l. 28, after '340' add '345.'

[1] For some of these I am indebted to reviewers and other friends. The general statements in the introductory note to this volume also involve some corrections in the body of the previous volume.

# PELAGI EXPOSITIONES
XIII EPISTVLARVM PAVLI

# CODICVM MANV SCRIPTORVM CONSPECTVS

𝔎    Fragmenta Vaticana (saec. vii) (uide uol. i. pp. 48, 226).
A    Augiensis cxix (saec. viii–ix) (i. p. 201).
B    Baliolensis 157 (saec. xv) (i. p. 213).
O    Mertonensis 26 (saec. xv) (i. p. 223).
K    Fragmenta Friburgensia (saec. ix in.) (i. p. 229).
H    Pseudo-Hieronymus (saec. v–vi) (i. p. 265).
$H_1$    archetypus Pseudo-Hieronymi classis breuioris (i. p. 268).
     E    Parisiacus Bibl. Nat. 9525 (saec. viii ex.) (i. p. 272).
     S    Sarisburiensis 5 (saec. xii in.) (i. p. 283).
     R    Monacensis 13038 (saec. ix in.) (i. p. 286).
$H_2$    archetypus Pseudo-Hieronymi classis prolixioris (i. p. 269).
     M    Parisiacus Bibl. Nat. 1853 (saec. viii–ix) (i. p. 294).
     N    Spinaliensis 6 (saec. ix in.) (i. p. 303).
     C    Trecensis 486 (saec. xii) (i. p. 311).
     R corr.: uide R supra.
     F    Florentinus Med.-Laur. Plut. xv dext. cod. 1 (saec. xii ex.) (i. p. 317).
G    Sangallensis 73 (saec. ix) (i. p. 232).
V    Parisiacus Bibl. Nat. 653 (saec. viii ex.) (i. p. 245).
Cas    = Cassiodorus (Pseudo-Primasius, Migne *P.L.* LXVIII) (saec. vi) (i. p. 318).
     cod. = Gratianopolitanus 270 (saec. xii ex.) (i. pp. 320, 325).
Wb    = Scholia Wirziburgensia Mp. th. f. 12 (saec. viii– ) (i. p. 326).
Wn    = Scholia Vindobonensia 1247 (saec. xi) (i. p. 328).
D    = Book of Armagh (saec. ix in.) (i. pp. 137 ff. etc.).
Zm    = Zmaragdus S. Michahelis (saec. ix in.) (i. p. 333).
     codd. (i. p. 334).
Sd    = Sedulius Scottus (saec. ix med.) (i. p. 336).
     codd. (i. p. 337).
vg    = vulgata N.T. secundum Wordsworth et White.
corr. = corrector; *corr.* = *correxit*.
[ ]    intra cancellos inclusa sunt ea quae siue A siue B desunt.
—    = excepto, exceptis.
+    ad textum, non ad praecedentes lectiones uariantes referendum est.

# ARGVMENTVM OMNIVM EPISTVLARVM

PRIMVM quaeritur qua re post euangelia, quae supplementum legis sunt et in quibus nobis exempla et praecepta uiuendi plenissime digesta sunt, uoluerit apostolus has epistulas ad singulas ecclesias destinare. ut initio nascentis ecclesiae nouis causis exsistentibus et praesentia atque orientia resecaret 5 uitia, et post futuras excluderet quaestiones, exemplo prophetarum, qui post editam legem Moysi, in qua omnia dei mandata legebantur, nihilo minus tamen doctrina sua rediuiua semper populi conpressere peccata, et propter exemplum libris ad nostram etiam memoriam transmiserunt.   10

Deinde quaeritur cur non amplius quam decem epistulas ad ecclesias scripserit; decem sunt enim cum illa quae dicitur ad Hebraeos, nam reliquae quattuor ad discipulos specialiter sunt porrectae. ut ostenderet nouum non discrepare a uetere testamento, et se contra legem non facere Moysi, ad numerum 15 primorum decalogi mandatorum suas epistulas ordinauit, et quot ille praeceptis a Pharaone instituit liberatos, totidem hic epistulis a diaboli et idololatriae seruitute edocet adquisitos. nam et duas tabulas lapideas duorum testamentorum figuram habuisse uiri eruditissimi tradiderunt.   20

Epistulam sane quae ad Hebraeos scribitur, quidam Pauli non esse adfirmant, eo quod non sit eius nomine titulata, et

ll. 21 ff. cf. Hier. de uir. inlustr. 5, p. 10, ll. 28–31.

*habent* A(B)OH₂(G)V *Item consensum codicum sancti Albani et Parisiaci def.* B 11929 *hic citaui* (uol. I, p. 344) *sub nomine* Alb: *om.* H₁: *uide etiam Nouum Test. latine* Wordsw.-*White*, p. ii, p. 1ss., G. Lais, *Cenni Storici della Bibl. Vallicell. con Ricerche di Patrologia* (Romae 1875). etc.: *retractatum ap.* Cassiod. (PL LXVIII, 413). incipit prefatio pelagii de corpore epistolarum beati pauli apostoli Alb    1 euangelium A*    4 destinare] mittere Alb ut] *praem.* hac autem causa factum uidetur scilicet O,H₂GR Alb (*qui* ⌒ ut scil.) initio] initia A*R Alb in initio O    5 exsist.] + praemuniret Par. 11929 orienti*a A absentia orientia G    6 et] *add.* ut G Alb    7 datam G ⌒ mandata dei OG    8 tamen] *add.* non cessauerunt H₂ doct.] *praem.* de G 9 exemplum] + uiuendi Alb    10 libros G Alb    etiam *om.* H₂ *tr. ante* ad G 12 ⌒ enim sunt OG    illa] *om.* O hac V    13 speciales H₂    16 priscorum Alb    18 epistolas R*    diabulo V    idolat. A *etc.*    19 lapideas *om.* R ⌒ testamentorum duorum O    duum Alb    ⌒ hab. fig. *et postea* nobis G 21 epistula V    inscribitur Par. 11929    22 adfirmant] contendunt R Alb

I–2

propter sermonis stilique distantiam, sed aut Barnabae iuxta Tertullianum aut Lucae iuxta quosdam uel certe Clementis discipuli apostolorum et episcopi Romanae ecclesiae post apostolos ordinati. quibus respondendum est: si propter ea
5 Pauli non erit quia eius non habet nomen, nec alicuius erit quia nullius nomine titulatur: quod si absurdum est, ipsius magis esse credenda est, quae tanto doctrinae suae fulget eloquio; sed quoniam apud Hebraeorum ecclesias quasi destructor legis falsa suspicione habebatur, uoluit tacito nomine
10 de figuris legis et ueritate Christi reddere rationem, ne odium nominis fronte praelati utilitatem excluderet lectionis. non est sane mirum si eloquentior uideatur in proprio id est Hebraeo quam in peregrino id est Graeco, quo ceterae epistulae sunt scriptae sermone.
15  Mouet etiam quosdam qua re Romanorum epistula in primo sit posita, cum eam non primo scriptam ratio manifestet. nam hanc se proficiscentem Hierosolimam scripsisse testatur, cum Corinthios et alios ante iam, ut ministerium quod secum portaturus erat colligerent, litteris adhortatus sit. unde
20 intellegi quidam uolunt ita omnes epistulas ordinatas ut prima poneretur quae posterior fuerat destinata, et per singulas epistulas gradibus ad perfectiora ueniretur. Romanorum namque plerique tam rudes erant ut non intellegerent dei se gratia, non suis meritis, esse saluatos, et ob hoc duo inter se
25 populi conflictarent. idcirco illos indigere adserit confirmari, uitia gentilitatis priora commemorans.
   Corinthiis autem iam dicit scientiae gratiam esse concessam, et non tam omnes increpat quam cur peccantes non incre-

17 cf. Rom. 15, 25    18 cf. 1 Cor. xvi 1    24–25 cf. Ambst. prol.

*def.* B    2 uel] aut A    3 apostolorum *hic desinit* G    post *bis* A*    4 quibus] +ita Alb    5 nec] ergo nec H₂ Alb    6 titulatur] praenotatur R    absurdum] inconueniens absurdumque O    7 esse *om.* R    11 in fronte A corr.    praetitulati A corr.    12 dissertior sit V    15 romanorum] ad romanos Alb    epistula *om.* O    16 ea V    primam OH₂V    manifestat RM    17 se] +primo O    proficiscente Alb    18 ⌒iam ante O iam *om.* V    19 ⌒erat port. RH₂    colligeret O    20 ⌒ord. esse omnes epist. Alb    21 prima] +romanorum Alb    quamuis R Alb quamuis quae H₂    posterius V    fuerit ordinata O Alb    et] ut RH₂ Alb    22 romani R    23 namque *om.* V    non *om.* V    ⌒se dei Alb    se *om.* V    24 non] et non OH₂ Alb non sed V    ⌒pop. inter se H₂    25 eos O    corrigi O Alb pauerint reprehendit, sicut ait: 'auditur inter uos fornicatio,' et iterum: 'congregatis uobis cum meo spiritu tradere huius modi satanae.' in secunda uero laudantur et ut magis ac magis proficiant admonentur.

Galatae iam nullius criminis arguuntur, nisi quod calli- 5
dissimis pseudo-apostolis crediderunt.

Ephesii sane nulla reprehensione sed multa laude sunt digni, quia fidem apostolicam seruauerunt.

Philippenses etiam multo magis conlaudantur, qui nec audire quidem falsos apostolos uoluerunt. 10

Thessalonicenses nihilo minus in duabus epistulis omni laude prosequitur eo quod non solum fidem inconcussam seruauerint ueritatis, sed etiam in persecutione ciuium fuerint constantes inuenti.

Colosenses autem tales erant ut, cum ab apostolo uisi 15
corporaliter non fuissent, hac laude digni haberentur: 'et si corpore absens sum, sed spiritu uobiscum sum gaudens et uidens ordinem uestrum.'

De Hebraeis uero quid dicendum est, quorum Thessalonicenses, qui plurimum laudati sunt, imitatores facti esse 20
dicuntur, sicut ipse ait: 'et uos fratres imitatores facti estis ecclesiarum dei, quae sunt in Iudaea; eadem enim passi estis et uos a contribulibus uestris quae [et] illi a Iudaeis'? apud ipsos quoque. Hebraeos eadem commemorat dicens: 'nam et uinctis compassi estis, et rapinam bonorum uestrorum cum 25
gaudio suscepistis, cognoscentes uos habere meliorem et manentem substantiam.'

1 1 Cor. v 1    2 *1 Cor. v 4    8 cf. Eph. i 15    16 Col. ii 5
21 *1 Thess. ii 14    24 Hebr. x 34

1 dicit O    2 et iterum *om.* R    3 uero] + epistola corinthii (*om.* Par. *def.* B 11929) Alb    et *om.* V    5 iam] namque O uero iam Alb    quod] hoc tantum quod OH₂ Alb    9 quia R Alb    11–14 *tr. post* 15—18 OR    11 omni] cum omni Alb    13 seruauerunt R    ciuium] + suorum (–Par. 11929) Alb    fuerunt R    15 ab *om.* RM    uiuisi A*    16 ⌐ digni laude R    17 corpore] + inquit OH₂ Alb    sum (*pr.*) *om.* V    20 esse *om.* V    21 sicut] + et R    22 iudaea *ab hoc uerbo inc.* B    23 et (*pr.*) *om.* V    et (*alt.*) *om.* AH₂V    27 *subscriptiones in codd. uariant*: explicit argumentum omnium epistularum A explicit prologus omnium epistolarum beati pauli apostoli B

## INCIPIT PROLOGVS EPISTVLAE
## AD ROMANOS

R OMANI ex Iudaeis genti[li]busque crediderunt. hi[i] superba contentione uolebant se alterutro superponere. nam Iudaei dicebant: 'Nos sumus populus dei, quos ab initio dilexit et fouit; nos circumcisi ex genere Abraham ex stirpe
5 sancta descendimus, et 'notus' retro 'apud Iudaeam' tantum 'deus'; nos de Aegypto signis [dei] et uirtutibus liberati, mare sicco pertransiuimus pede, cum inimicos nostros grauissimi fluctus inuoluerent; nobis manna[m] plu[u]it dominus in deserto, et quasi filiis suis caeleste pabulum ministrauit; nos
10 die noctuque in columna nubis ignisque praecessit, ut nobis in inuio iter ostenderet; atque ut cetera eius circa nos inmensa beneficia taceamus, nos soli digni fuimus dei legem accipere et uocem dei loquentis audire eiusque agnoscere uoluntatem, in qua lege nobis promissus est Christus, ad quos etiam ipse se
15 uenisse testatus est dicens: 'non ueni nisi ad oues quae perierunt domus Istrahel,' cum uos canes potius quam homines appellau[er]it. aequumne ergo est ut hodie idola deserentes, quibus ab initio deseruistis, nobis conparemini, et non potius in proselytorum locum ex legis auctoritate et consuetudine depu-
20 temini? et hoc ipsum non merebamini, nisi quia larga dei semper clementia uoluit uos ad nostram imitationem admittere.'

Gentes [etiam] e contrario respondebant: 'Quanto maiora erga uos dei beneficia narraueritis, tanto maioris uos criminis reos esse monstrabitis: semper enim his omnibus extitistis
25 ingrati. nam ipsis pedibus quibus aridum mare transistis, ludebatis ante idola quae fecistis, et ipso ore quo paulo ante ob necem aduersarii domino cantaueratis, simulacra uobis fieri poposcistis, illis oculis quibus ueneranda deum in nube

5 *Ps. lxxv 2    7 cf. Exod. xiv 27    8 cf. Ps. lxxvii 24    10 cf. Exod. xiii 21
13 cf. Deut. iv 33    15 cf. Matt. xv 24 etc.

1 romani]+sunt qui B    gentilibusquae A    crediderant V    hii A
2 -tro A -trum *rell.*    4 ex (*alt.*)]et B    5 retro]tantum RH₂    tantum *om.* RH₂
6 deus *om.* BR    aegypto]+dei H₂V    dei *om.* AH₂V    7 siccis RH₂    ⌒ped.
per. B per. pedibus RH₂    8 mannam pluuit A    9 quasi *om.* V    10 in
inuio] inuium V    13 dei] domini V    agn. A cogn. *rell.*    14 etiam]
+et RH₂    se *om.* RH₂V    15 dom. isr. quae perierunt H₂    perierant R
16 ⌒potius canes RH₂    17 appellauit ARH₂V    19 loco BH₂    20⌒semp.
dei clem. B ⌒clem. semp. dei R    21 clementiam A*    22 etiam *om.* A
quanta H₂    ⌒erga uos maiora H₂    23 ⌒beneficia dei H₂    25 ipsis] his A
*in ras.*    27 aduersariorum B    28 fieri *om.* H₂    ⌒uen. quib. BRH₂V

uel igne conspicere solebatis[, simulacra intuebamini]. manna quoque [uobis] fastidio fuit, et semper in deserto contra dominum murmurastis, ad Aegyptum, unde uos manu ualida eiecerat, uolentes redire. quid plura? ita patres uestri crebra prouocatione dominum inritauerunt, ut omnes in heremo morerentur, nec plus ex senioribus eorum quam duo homines terram repromissionis intrarent. sed quid antiqua replicamus, cum etiam si illa minime fecissetis, [de] hoc solo uos nemo dignos uenia iudicaret, quod dominum Christum, prophetarum semper uobis uocibus repromissum, non solum suscipere noluistis, sed etiam morte pessima peremistis, quem nos ut cognouimus statim credidimus, cum nobis de eo non fuerit ante praedictum? unde probamus quod idolis seruiuimus, non obstinationi mentis, sed ignorantiae deputandum: qui enim agnitum ilico sequitur, olim utique sequeretur, si ante agnouisset. sic autem uos de generis nobilitate iactatis, quasi non morum imitatio magis quam carnalis natiuitas filios nos faciat esse sanctorum: denique Esau et Ismahel, cum ex Abrahae stirpe sint, minime [tamen] in filiis reputantur.'

His taliter altercantibus apostolus se medium interponens, ita partium dirimit quaestiones, ut neutrum eorum sua iustitia salutem meruisse confirmet, ambos uero populos et scienter et grauiter deliquisse, Iudaeos quod per praeuaricationem legis deum inhonorauerint, gentes uero quod, cum cognitum de creatura creatorem ut deum debuerint uenerari, gloriam eius in manu facta mutauerint simulacra. utrosque etiam similiter ueniam consecutos, aequales esse uer[ac]issima ratione demonstrat, praesertim cum in eadem lege praedictum [sit] et Iudaeos et gentes ad Christi fidem uocandos [ostendit]. quam ob rem uicissim eos humilians, ad pacem et [ad] concordiam cohortatur.

---

3 cf. Exod. iii 19    7 cf. Heb. xi 9

1 igni A*V   simulacra intuebamini *om.* AH₂V   2 uobis *om.* A   fastidium RM   4 ⌒ red. cupientes (uolentes H₂V) BRH₂V   5 deum RH₂   irritarunt V   6 plus] plures A corr. *om.* R   senibus H₂   quam] amplius quam R   8 de *om.* ARV   9 ⌒ nemo uos B   10 uobis] uos R *om.* V   11 recipere V   12 ⌒ ante non fuerit BR   13 praedicatum R   probatur BR   14 obstinatione RM   15 sequimur B   sequeremur B   16 cognouissemus B cognouisset RH₂V si RH₂   17 magis *om.* V   ⌒ nos fil. fac. H₂   18 uos V   ihl (=istrahel) V   19 minime] nomine B   tamen] *om.* AH₂V tantum B   filiis ARC -os *rell.* reputati sunt V   20 altricantibus B   24 dominum B   25 debuerunt RM debuerant V   26 mutauerunt H₂   27 uerissima AH₂V   28 legem, (m *eras.*) RV,H₂   praedictum]+sit ARM   et *om.* R]   29 ostendit] *om.* A ostendat RH₂V   30 ad (*alt.*) *add.* B   *uariant subscr.* explicit A *nihil tale in* V

## INCIPIT AD ROMANOS

1 *Paulus*. Quaerimus quare Paulus scribat, cum Saulus ante[a] sit uocatus? quod ex more sanctorum fecisse credendus est, qui in uirtutibus proficientes mutato nomine sunt uocati, ut essent etiam ipso nomine noui, ut Abraham et Sarra et
5 Cefas. *Seruus Iesu Christi*. A seruo coepit, ut exemplum nobis humilitatis ostenderet, quasi imitator eius, qui 'exinaniuit se ipsum formam serui accipiens, et humiliauit se [ipsum] factus oboediens usque ad mortem: propter quod et deus illum exaltauit.' ita hic per fidele primum seruitium meruit aposto-
10 latum. *Uocatus apostolus*. [Iam in praescientia ad hoc uocatus ut esset apostolus.] *Segregatus*. Sicut in Actibus Apostolorum spiritus sanctus dicit: 'segregate mihi Barnaban et Saulum ad opus quod elegi eos.' *In euangelium dei*. Euangelium latine bona adnuntiatio dicitur, natiuitatis scilicet Christi, pas-
15 sionis resurrectionis et in caelum ascensionis. 2 *Quod ante[a] promiserat per prophetas*. Ostendit se Christum non alium praedicare quam cuius euangelium prophetae promiserant ab Hierusalem esse uenturum. *Suos in scripturis sanctis*. Ipsos adserit dei prophetas esse, et illas scripturas sanctas quae
20 de Christo antea cecinerunt. uerum [tamen] totus hic locus contra Manichaeos facit, ubi dicit quod [et] ante euangelium sit promissum et per prophetas dei et in sanctis scripturis et quod Christus secundum carnem ex Dauid stirpe, id est Maria uirgine, sit creatus, secundum quod praedixerat Esaias. 3 *De*
25 *filio suo*. Multi filii gratia, hic natura, cuius etiam in carne

---

4 cf. Gen. xvii 5, cf. Gen. xvii 15    5 cf. Ioh. i 42    6 *Phil. ii 7, 8, 9
12 *Act. xiii 2    17 cf. Mich. iv 2    19, 24 cf. Esai. vii 14

*nihil* A incipit explanatio sancti hieronimi in epistola ad romanos B
1 paulus (*alt.*)] paulum V    2 ante BH₂    3 est]+ab his G    proficiendis H₂
4 ∾ etiam essent B    ∾ ipso etiam HG    5 ∾ christi iesu G (=vg)
6 qui *om.* A*    7 se]+ipsum BHG    8 oboediens]+patri G    ∾ exalt. illum G
9 ita hic *om.* V    10 iam—apostolus *om.* B    praesentia H    12 ∾ paulum et barnaban VCasSd    barnabam B    paulum BV    13 ad] in ECasSdZm
14 pass.]+et HGZm    15 ∾ asc. in cael. V    ante BHGVCas (=vg)
17 ∾ prom. proph. G    20 ante GZm    uerum]+tamen AG    21 man.]
+et marchionitas V    et *om.* B    ∾ euang. ante BHG    22 et (*pr.*) *om.* G
23 est]+de HG    24 uirgine *om.* VCas    creatus] natus H₂    praedixit H₂

natiuitas dissimilis ceteris inuenitur [eo quod sancta Maria uirgo et concepit et peperit]. *Qui factus est [ei] ex semine Dauid.* Factus per spiritum [sanctum]. *Secundum carnem.* Addendo 'secundum carnem' et Fotinum extinxit et Arrium. si enim secundum carnem factus est, secundum uerbi utique substantiam non est factus. 4 *Qui praedestinatus est filius dei in uirtute.* 'Ut sit in omnibus ipse primatum tenens.' *Secundum spiritum sanctificationis ex resurrectione mortuorum.* Secundum spiritum sanctificationis praedestinatus, ut prior omnibus [in] incorruptibilitatis uirtute resurgeret et uiam resurrectionis dei filiis aperiret, de quibus ipse dicit quia 'filii dei sunt, cum sint filii resurrectionis.' *Iesu Christi domini nostri.* Non omnium resurgentium, sed ad Christum pertinentium, in ipso Christo resurrectionis forma portenditur. 5 *Per quem accepimus gratiam et apostolatum.* Gratia[m] in baptismo, apostolatum, quando ab spiritu sancto directus est: apostolus enim graece latine dicitur missus. *Per oboedientiam fidei in omnibus gentibus.* [In omnibus gentibus] apostolatum accepi[t], ut [iam] non legi sed fidei oboedirent. *Pro nomine eius.* Uice nominis eius fungimur, ut ipse ait: 'sicut misit me pater, et ego mitto uos,' et iterum: 'qui uos recepit me recepit.' 6 *In quibus estis et uos uocati Iesu Christi.* Et in uobis, id est Romanis, apostolatum accepimus. 7 *Omnibus qui sunt Romae in caritate dei.* Hoc est omnibus credentibus, quos aequaliter diligi[t] deus sine acceptione personae Iud[a]ei uel Gr[a]eci. *Uocatis*

7 Col. i 18    11 *Luc. xx 36    16 cf. Act. xiii 2    20 Ioh. xx 21
21 *Matth. x 40    25 cf. Rom. ii 11 etc.

1 ⌢inu. cet. G    eo—peperit *om.* AVSd    sancta—peperit] ex uirgine natus est HGZm    2 ei (=vg) *om.* AVCas    3 factus—sanctum *om.* V    sanctum *om.* AZm    secundum] sanctum B    4 addendum HG    excludit H exclusit G    5 uerbum V    6 substantiam *om.* V    ⌢factus non est GZm    est (*pr.*)] erit V    7 ut—tenens] omnino *differt* H    8 ex res. mort.] *differt* H    9 praed.]+est G    10 in *om.* BHGV    incorruptibitates A*    surgeret H    uitam VSd    11 filius B,G (*corr.*)    14 christo *om.* V    ⌢form. res. G    pertenditur H$_2$ est H$_1$G protenditur VSd    15 quem]+non per nos V    gr. (*alt.*)] cratiam A gratia B    in] per H a GZm    17 ⌢mis. dic. HG    ad oboediendum AHGVCas (=vg)    18 in omn. gent. (*alt.*) *om.* B    19 accepit BHG    ut *om.* M,N (si *m*2)    iam *om.* AV    sed]+iam V    oboedierint MN    20 nominis] nomine B    fungitur B    21 recipit *utroque loco* BGVSdZm    22 uobis]+ergo V    23 accepistis (?) A* accepi H$_2$Zm    in caritate] dilectis HGCas (=vg)    24 diligi B    25 iudeis uel grecis B    uel] et H$_2$

*sanctis.* Sanctis uocatione dei, non merito sancti[tatis]. *Gratia uobis et pax a deo patre nostro et domino Iesu Christo* Talis est ubique salutatio eius, ut et commemoret beneficia dei, et [ea] optet in nobis integra permanere, quia et gratis nobis peccata remissa sunt et 'reconciliati sumus deo per mortem filii eius.' commonet etiam pacificos esse debere unam eandemque gratiam consecutos. [HUC USQUE PRAEFATIO.]

8 *Primum quidem gratias ago deo meo per Iesum Christum.* Natura deus omnium est, merito et uoluntate paucorum, ut 'deus Abraham,' secundum quod hic suum nominat deum. *Pro omnibus uobis.* Non pro Iudaeis solis. *Quia fides uestra praedicatur in uniuerso mundo.* Prudenter laudat ut prouocet ad profectum. Siue: Quia omni mundo mirum fuit [Romanos] credidisse, qui[a] idolorum nimia fuerant cultura possessi, ita ut omnium gentium diis quas uicerant deseruirent. sed et simpliciter eam fidem laudasse credendus est, cuius nunc deuotio demonstratur. 9 *Testis enim mihi est deus cui seruio in spiritu meo in euangelio filii eius.* Hoc est: in toto corde meo et prompta deuotione dese[r]uio; 'si enim uolens hoc ago, mercedem habeo.' Siue: Uerbum hic spiritum nominauit, ut est illud: 'uerbo domini caeli firmati sunt, et spiritu oris eius omnis uirtus eorum.' *Quod sine intermissione memoriam uestri facio* 10 [*semper*] *in orationibus meis obsecrans.* Hic et ostendit se omnia ex dilectione dicturum, ut libentius audiatur, et dat exemplum sine intermissione orandi. *Si* [*quo modo*] *tandem aliquando prosperum iter habeam in uoluntate dei ueniendi ad*

5 Rom. v 10   10 Exod. iii 6 etc.   19 1 Cor. ix 17
21 Ps. xxxii 6   25 cf. 1 Thess. v 17

1 non] et non G   meritis $H_1$GCas   sanctitatis] facti $BH_1$ factis $H_2$GVSd   2 nostro *om.* $H_2$   a domino $H_2$   3 comm.] commemorat EMN +in nobis $H_1$G   ea *om.* $BH_1$   4 obtat $H_2$   et *om.* GCas   5 dimissa $H_1$ donata Cas   6 eandemque *om.* V   7 huc usque praefatio *om.* A   9 dei A* 10 abr.]+et G   ↶nom. su. $H_2$   11 non] *praem.* hoc est HG   12 adnuntiatur AHGV(=vg)   13 quia]quod G   modo V   fuerit G   romanos *om.* B 14 quia B   ↶fu. nim. V   fuerunt $H_2$   15 uicerunt $H_2$G   sed *om.* G 16 eam] eorum HG   credendum $BH_2$(—F)   19 meo *om.* V deuotione]+mea $H_1$G   deseuio B   20. siue] seu B si $H_1$ sic $H_2$ uerbum] sanctum B   21 est *bis* B   23 facio]+semper AH (=vg)   et *om.* $H_1$GCas   24 ex] cum Cas   licentius E*S   25 quo modo *om.* B tandem] tamen B

*uos.* 11 *desidero enim uidere uos.* [Si] qualibet ratione ad uos quandoque perueniam in uoluntate dei. aliter enim prosperum iter non habeo nisi me uoluntas dei, quae omnia nouit, illo direxerit ubi aliquem habeam fructum. unde in Actibus Apostolorum legimus eos alio ire uolentes alio destinatos. Siue: Secundum illud Iacobi: 'si dominus uoluerit et si uixerimus, faciemus hoc aut illud.' *Ut aliquid inpertiar uobis gratiae spiritalis ad confirmandos uos.* Hic ostendit quo modo eos superius laudauerit, qui[a] ad confirmandum aliquid gratiae indigent spiritalis. 12 *Id est simul consolari uobiscum per eam quae inuicem est fidem uestram atque meam.* Ut per communem fidem in inuicem consolemur. 13 *Non enim arbitror ignorare uos, fratres, quia saepe proposui uenire ad uos.* Per commeantes enim fratres audire potuistis. *Et prohibitus sum usque adhuc.* 'Prohibitus' hic occupatus accipitur [,dum aliis prouinciis praedicaret, sicut ipse exponit in fine epistulae, dicens: 'propter quod [et] impediebar plurimum uenire ad uos']. *Ut aliquem fructum habeam et in uobis.* Mercedem laboris sui nominat fructum. *Sicut et in ceteris gentibus.* Subauditur: 'habeo.' 14 *Graecis ac barbaris sapientibus et insipientibus.* Sapientes Graecos [apud quos omnis philosophia est], barbaros insipientes appellat. *Debitor sum:* 15 *ita quod in me est, promptus sum.* Hoc est 'paratus.' *Et uobis qui Romae estis euangelizare.* Aeque sapientibus ut Graecis. 16 *Non enim erubesco* [*super*] *euangelium.* Hoc ad taxationem suptiliter pertinet paga-

4 cf. Rom. i 13   5 cf. Act. xvi 7   6 Iac. iv 15   16 Rom. xv 22

1 uidere] uenire ad R   si *om.* BHGV   qualibet ratione] qua liberatione BH(—F)   3 illuc EH₂G   4 ᴗhab. aliq. H₂   6 ᴗillud secundum HG   iacobum SH₂G   ᴗuol. dom. G   et si uixerimus *tr. post* illud H₂   si (*alt.*) *om.* H₁G   7 faciamus MNG   aut] uel H₁   inpertiam SH₂   ᴗgr. uob. AH₁V (=vg)   9 laudauerat H₁(—S)   qui] quia B   10 uobiscum] in uobis AHGV (=vg)   11 fides uestra atque mea E   12 in V *om. rell.*   non enim (autem V) arb.] nolo enim HG (*cf.* vg)   ᴗuos ignorare AHGV(=vg)   14 enim] autem H₁G   15 dum—uos *om.* B   16 praedicare H₁   exponet ENG   finem NV   epistulae]+suae HG   17 et *om.* ASRG*V   uos] nos V   18 aliquid B   et *om.* HV   21 sapientibus H₁ apud—est ACas] philosophos BHG *om.* V   22 quod in me *om.* H₁ est promptus sum] promtum est AH₂GVCas (=vg) *om.* H₁   23 hoc est *om.* V   paratum AGVCas paratus sum H₂   et]in H₁   romana (?) (*corr.* roma) A* euang.]+qui romae estis H(G)   24 ᴗut sap. Cas   gr.]+uult H₁   super *om.* AHGVCas (=vg)   25 hoc]+est B

norum, qui, cum non erubescant credere deum suum Iouem
propter immanem libidinem in animalia inrationabilia et
insensibile aurum esse mutatum, nobis erubescendum putant
dominum nostrum propter salutem imaginis suae in carne
5 suscepta credere cruci fixum, cum in altero horrendum sit
dedecus, in altero insigne pietatis atque uirtutis. simul et illos
haereticos tangit, qui haec tamquam indigna deo refugiunt,
[ut hominem indueret, quem pro salute humani generis
passioni traderet,] non intellegentes nihil dignius creatori
10 quam creaturae suae salutem curare, maxime cum ipse per
haec naturae suae detrimentum quasi inpassibilis sentire non
possit. *Uirtus enim dei est in salutem.* Nulla maior uirtus est
quam quae deuicta morte homini perditam reddidit uitam.
*Omni credenti [in eo].* Quamuis infirmitas incredulis uideatur.
15 *Iudaeo primum et Graeco.* 17 *iustitia enim dei in eo reuelatur.*
Siue: Quod iustum fuerit ut, quo modo Abraham credens
ex gentibus per solam primum fidem saluatus est, ita ceteri
credentes saluarentur. Siue: Quod illud testamentum quod
per legem deus uerax promiserat, debuerit exhiberi. *Ex fide*
20 *in fidem.* Siue: Quod ex fide iustificatur Iudaeus et in fide
gentilis, et ideo ['ex' et] 'in' posuerit, ut tautologiae uitium
declinaret. *Sicut scriptum est: iustus autem ex fide uiuit.* 'Non
ex operibus legis.' 18 *Reuelatur [enim] ira dei de caelo.* Incipit
ad partem [gentium loqui dicitque dei iram per euangelium
25 reuelari, siue per naturae testimonium]: nouerunt enim

4 cf. Gen. i 26    14 cf. 2 Cor. xiii 4    22 Gal. ii 16

1 qui✱ A    cum]+ipsi V    erubescunt BH₂    3 insensibilia HG
aurum] t[h]orum H₁ taurum G corr.    putent B    4 deum A    nostrum]
non H₁N    imaginis—suscepta] perditi hominis BHG    6 insigne pietatis
atque] admiranda pietas HG    uirtis A    7 taxat V    ⌒deo ind. V
refugiunt tr. post induerit (sic) H₂    8 ut—traderet om. AV    9 passione
H₁N om. R    ⌒trad. pass. G    creatori] deo VCas    10 ⌒cur. sal. BHGV
per] post G    11 hoc H talia V    quasi inpassibilis om. V    sentire tr. ante
naturae B    12 salute EN    13 quae] qui H₂,(ex que)G    perdito H₁
reddit HG    14 in eo om. AHGV(=vg)    ⌒inf. uid. inc. H uid. inf. inc. G
inc. inf. uid. VSd^cod    15 enim] autem G    16 fuerat GSd    17 primam
fidem ERG ⌒fidem primam H₂S fidem VCasSd    18 quod (pr.)] que MN
19 ⌒uerax deus B    debuerat AH₂G    exhibere H₁    20 fidem] fide V
quod om. H₂    21 ex et om. B    teutologię BS totologiae EM teoto-
logiae V    22 fide]+mea Cas    23 enim om. B    24 gentium—testimonium om. B    25 reuelare H₁ xpi V    per nat. test.] testimonio
naturali V

homines et beneficia et plagas expectare de caelo. *In omnem impietatem et iniustitiam hominum.* [Ideo dixit 'in omnem,' quia] tres esse uidentur impietates: prima et maxima in deum, quae aut per blasphemiam aut per idololatriam admittitur: secunda in parentes aut iniuriae aut contemptus, sicut scriptum 5 est in Leuitico: 'si quis dormierit cum uxore patris sui, morte moriantur ambo; impietatem fecerunt, rei sunt;' tertia in extraneum, ut illud: 'et tu remisisti impietatem cordis mei:' et plura alia [sunt super hoc testimonia], quae enumerare perlongum est. Siue: Omnis impietas ad diuersas idolorum 10 culturas referenda est, ut impietas ad iniuriam dei, iniustitia uero ad omnia peccata pertinere uideatur. *Eorum qui ueritatem [dei] in iniustitia detinent.* Ueritatem nominis dei [in] iniustitia indignae materiae detinent idolorum. 19 *Quia quod notum est dei.* Quod potest naturaliter sciri de deo, 15 quod sit et quod iustus sit. *Manifestum est in illis.* In conscientiis eorum: omnis namque creatura deum se no[n e]sse testatur, se[que] ab alio factam indicat, cuius uoluntati sibi parere necesse sit. si enim deus summum magnum e[s]t, inuisibilis, inconprehensibilis, inaestimabilis, et qui super 20 omnia sit, id est, cui neque praeponi aliquid neque possit aequari, siue magnitudine, siue claritate, uel potentia, manifestum est hoc nulli creaturae posse conpetere, quae et oculis uidetur et ratione colligitur et aestimatione iudicatur. maior autem omnibus per omnia nulla est creatura, quia 25

6 *Leu. xx 11-12    8 *Ps. xxxi 5    20 cf. Tert. Apol. 17 etc.

1 caelis Cas    in] super AHGCas (=vg)    2 et *om.* G    ideo—quia *om.* BHGV    3 esse uidentur] sunt V    dominum B    5 in iniuriae (in *pr. exp.*) A    iniuria BH₁GCas iniuriam H₂ in iniuria V    contemptu H in contemptu G    despectu VCas    sicut—leuitico] ut est illud V    scribitur BH    6 fratris H₁    7 morietur H₂ moriatur G    rei sunt *om.* H₁(—S tres sunt)G    8 extraneo H    ut]+est E    9 alia] his similia V    sunt—testimonia *om.* BHGV    10 ad diuersas] aduersus H₂    11 impietas] add. quasi H₁G add. una sit H₂    12 que B    13 dei *om.* AH₂V(= vg)    iniustitiam SMN    uer.] *praem.* qui VCas    14 in *om.* A*BHGSd    detinente dolore[m] H₁    15 naturaliter *om.* GV    scire GCas    deo] domino G +scilicet V    16 in (*pr.*) *om.* H₂    17 non esse] nosse BHG    18 seque] se B sed H(—C)V    alio] illo BCG    facta MN    indicat *om.* V    cuius] et cuius ei V    uoluntatis ibi A    uol.] uoluntate SRN    sibi *om.* V    19 summus magnus B    est] et B    20 inconp.] inconparabilis *praem.* H add. G    inexistimabilis MN    21 est]+ut V    proponi H    22 uel] siue B    potentię G    23 null[a]e H    24 coll.] conpraehenditur V    et *om.* H₁    iudicatur] metitur V    25 creat.]+ei similis H₂    quod G

omnes se alter utrum uincunt, aliae magnitudine, ut caelum
ac terra, aliae claritate, ut sol et luna uel stellae, aliae altitu-
dine, ut mare. ita ergo peruidetur quia nullum elementum sit
deus. quod autem facta sint, mutabilitas eorum, quae non
5 potest cadere in aeternitatem, demonstrat. quod uero non
se ipsa fecerint manifestum est, quia, si se ipsa fecerunt,
iam erant ante quam fierent, ut se facere possent, quod ualde
absurdum est dici. cum uero uariant et ordines suos per-
mutant et alterutro cedunt, ostendunt se et ab uno auctore
10 facta, et non suam, sed domini sui facere uoluntatem, cuius
transgredi non possint imperium. *Deus enim illis manifestauit.*
*20 inuisibilia enim eius a creatura mundi per ea quae facta sunt.*
Uirtutes eius occultae ex his quae palam sunt aestimantur.
si enim ea quae uidentur, tam praeclara ab eo facta sunt, ut
15 quidam illa deos putarent et aeterna adserere temptarent,
quanto magis factorem sempiternum et omnipotentem et inmensum esse intellegere potuerunt, secundum Sapientiae
librum dicentem: 'ad cuius magnitudinem creatura com-
parata poterit horum creator uideri,' et cetera [quae secuntur]!
20 *Intellecta conspiciuntur sempiterna quoque eius uirtus et di-*
*uinitas ita ut sint inexcusabiles.* Tam euidenter intellecta sunt
[et] ut 'conspecta' dicantur. 21 *Quia cum cognouerunt deum,*
*non sicut deum magnificauerunt.* Siue per naturam siue per
facturae rationem. *Aut gratias egerunt.* Pro eo quod tales facti
25 sunt ut deum possent agnoscere si uellent. *Sed euanuerunt in*
*cogitationibus suis.* Putantes se dei magnitudine[m] cogitatione

2 cf. 1 Cor. xv 41    18 *Sap. xiii 5

1 se *om*. V    aliae] alia enim B alię enim G    2 ac] et H₁    et luna]
lunaque V    uel] et H₂    stella E    3 praeuidetur H(—E) prouidetur G corr.
quod G    5 eternitate B    ↶se ipsa non B    6 fecerunt G    fecerint G    7 fierint
H    possint V    8 dici *om*. V    9 alterutrum caedunt H₂    et *om*. H₂G    10 sua
ESM    11 possunt BHG    illi B    12 ipsius AHG (=vg)    13 uirtutis
BEMCG* uirtus N    occulta BH    ex—aestimantur *om*. V    14 enim—
uidentur *om*. V    ea *om*. SR    eo] illo Cas    15 illa] illos B    deum H₂
putarent]+deo paterent SR    et aeterna] quanto magis A*    ads. tempt.]
assererent V    16 magis *om*. H₂    17 poterant G    18 dicentis V    creaturam
conparatam(-a G) HG    19 poterit—uideri *om*. V    uidere H    cet.]+quae
secuntur A    20 semp. quoque] et semp. V    21 ita *om*. HV    ut sint *om*. H₁
inexcusabilis H₁    22 ut] et ut B    dicuntur G    cognouissent BHG½ (= vg)
23 glorificauerunt AHG½ (= vg)    24 facturae] facturam et HG    rat.]
+cognouerunt A    25 possint H₁V    si uellent *om*. V    uelint BE    26 magnitudine B imaginem GWb    cog.] in cogitationem H₁

posse comprehendere, euanuerunt a naturali sapore, creaturas pro creatore uenerando. *Et obscuratum est insipiens cor eorum.* Recedens a lumine ueritatis. 22 *Dicentes enim se esse sapientes.* Quasi qui inuenissent quo modo inuisibilis deus per simulacrum uisibile coleretur. *Stulti facti sunt:* 23 *et muta-* 5 *uerunt gloriam incorruptibilis dei in similitudine*[*m*]. Non intellegentes nullam similitudinem habere mortuum immortalis et corruptibile sempiterni. [*In*] *imaginis corruptibilis hominis et uolucrum* [*et quadrupedum*] *et serpentium.* Nec in hominis solum, sed [in] imaginis hominis, et non hoc tantum, sed etiam ani- 10 malium. hic Iouis cultores appellat, qui eum [propter amores foedissimos in ista adserunt] transformatum, et idcirco se illi tales imagines consecrare, in quibus [suae] libidini satis fecit. 24 *Propter quod tradidit illos deus in desideria cordis eorum.* 'Tradere' in scripturis dicitur deus, cum non retinet delin- 15 quentes propter arbitrii libertatem, sicut in psalmo [dicit]: 'et dimisi eos secundum desideria cordis eorum' et reliqua. *In immunditiam.* Quae est in turpibus mysteriis idolorum. *Ut contumeliis adficiant corpora sua.* Dum sibi in sacramentis eorum cauteria et conbustiones infligunt. *Inter semet ipsos.* 20 Ut quasi amentes ipsi in se suorum sint uindices delictorum. 25 *Qui conmutauerunt ueritatem dei in mendacio et coluerunt.* Conmutauerunt ueri dei cultum in mendacium idolorum, quae falso pro d[i]is coluntur, et quodam modo hoc se stultis men-

16 Ps. lxxx 13

2 uenerati BH uenerari (R)V  3 recedentes BH(—C)GCas  4 inuenirent Cas.  5 per] in Cas  colentur B  6 incorruptibilis *om.* G  similitudine BH₂  8 corruptibilis B incorruptibilis H incorruptibilem (in *exp.* corr.) G corruptibilem V  in imaginis B  9 et quadrupedum *om.* B  in *om.* HG  solum]+similitudinem A  10 in *om.* AH imagine B similitudinem G  ⌒tantum hoc V  etiam]+in G  11 cult. app.] tangit cult. V  propter—adserunt *om.* B  12 foedissimos *om.* V transf.]+dicunt B  et idcirco] id est circuo H₂  illis G  13 talis imaginis V suae *om.* BHG  15 in scripturis *om.* V½Cas  deus *om.* G  16 ps.]+LXXX° V  dicit] *om.* A dicitur H₂G  17 et *om.* V  dimisit H₂  secundum] in B  et reliqua] et cetera H₁ [et] ibunt in adinuentionibus (uoluptatibus VCas) suis GVCas  18 inmunditia HSd  ministeriis H₁(—S)G  ministris H₂ 19 efficiant G  20 cauterias G caracteres Cas  ustiones Cas  In semet ipsis AHGVCas (=vg)  21 ut] hoc est V  se suorum] seruorum V 22 dei *om.* ES  mendacium AHG (=vg)  23 uere H  mendationum B mendacio H(—C)GV  24 pro dis (diis BH₂GVCas)] prodigiis ES  coluerunt BHG  modo]+mendacio G  hoc *om.* H₁V  se *om.* H₁

tiuntur esse quod non sunt. *Et seruierunt creaturae potius
quam creatori.* Non solum dilexerunt sed etiam seruierunt:
sed et quicumque alicuius creaturae cupiditate uincitur, ipsi
seruit: 'a quo enim superatus est quis, huius et seruus est.'
5 *Qui est benedictus in saecula.* Cui si serui[ui]ssent, et ipsi fieri
benedicti in saecula potuissent: 'qui' enim 'fecerit uoluntatem dei, manet in aeternum, sicut [et] deus manet in aeternum.' 26 *Propter ea tradidit illos deus in passiones ignominiae.*
Propter causas superius memoratas in his flagitiis sunt dimissi.
10 *Nam [et] feminae eorum immutauerunt naturalem usum in eum
[usum] qui est contra naturam.* Omnia peruerterunt in deum
peruersi: neque enim ordinem naturae seruare possent, qui
naturae dereliquerunt auctorem. 'infandorum enim idolorum
cultura,' [inquit,] 'omnis mali causa est et initium et finis.'
15 27 *Similiter autem [et] masculi, relicto naturali usu feminae, ex-
arserunt in desideriis suis inuicem, masculi in masculos turpitu-
dinem exercentes.* Effrenata libido modum seruare non nouit.
*Et mercedem quam oportuit erroris sui in semet ipsos recipientes.*
Sic cucurrit ordo, ut qui dei obliti erant nec se ipsos agnoscerent.
20 28 *Et sicut non existimauerunt deum habere in notitia[m].* Non
nescierunt, sed minime probauerunt. ille enim probat[ur] deum
habere in notitia, qui semper illum praesentem habens peccare
non audet. *Tradidit eos deus in reprobum sensum.* Non probando sunt traditi in reprobum sensum. *Ut faciant quae non*

4 *2 Petr. ii 19    6 *1 Ioh. ii 17    13 Sap. xiv 27

2 sed] uerum V    3 et *om.* H(—C)G    quęcumque B    ipse H
4 sup. est quis (*corr.* quis sup. est) B quis sup. est ASd quisque sup. est HG
quis superatur V quis uincitur Cas    ⌒est et seruus H₂ est seruus G    5 est]
+deus R    saec.]+amen H₂VCas (=vg)    seruiuissent B    et ipsi *om.* H
⌒ben. fieri G    6 potuerunt VCas    7 domini H₂    et deus]
deus BV ipse HG    manet in aeternum *om.* V    manaet A*    9 nominatas V
in his] nihil B et in his V    dimersi V    10 et *om.* AHGVSd (=vg)    eum]+
usum AHGVSd(=vg)    11 in—auctorem *om.* V    12 peruers[a]e H₂
seruare possent] seruauere B    seruarent HGV    seruare possunt Cas
seruare poterant Sd    13 in (*om.* G) nefandorum H₂G    14 culturas V
inquit *om.* BHGV    et (*pr.*) *om.* BHG    15 autem] +et AH₂GV (=vg)
femineo V    16 in inuicem HV (=vg)    17 operantes AHGV (=vg)
seruauere B    18 ipsis HG(=vg)    19 ⌒ordo occurrit B    cucurrit] currit
GVCas    deum BCas    fuerant BCas erunt G    20 exist.] probauerunt
AHGVCas (=vg)    notitiam BHGVSd (=vg)    21 probatur B probat *rell.*
22 notitiam BH    praesentem] in praesenti HG    23 illos BRGSd (=vg)
enim M    prob.] reprobandi H₁    24 fac.] faciunt SH₂    quae] ea quae HG

*conueniunt.* [Ut faciant quae non conueniunt] Homini
facere. 29 *Repletos omni iniquitate* [*et*] *malitia.* iniquitatem et
malitiam principales causas ostendit esse uitiorum. *Fornicatione* [*et*] *auaritia.* Fornicationem et auaritiam simul iunxit,
quia utraeque paene idololatriae conparantur. *Nequitia, plenos*
*inuidia homicidiis.* Pulchre homicidium inuidiae sociauit, quia
prima huius criminis ipsa materia est. *Contentione.* Contentio
est ubi non ratione aliquid [sed] animi pertinacia defenditur, et
ubi non [tam] ueritas quaeritur, sed intentio fatigatur. *Dolo.*
[Dolus est] occulta malitia blandis sermonibus adornata. 10
*Malignitate.* Malitiae uotum uel opus malignitas appellatur.
30 *Susurratores.* [Id est] murmuratores. [Siue:] Non in facie[m]
sed in aure[m] loquentes. *Detractores deo odibiles.* Nihil est enim
tam odibile deo quam idololatria, cui per similem eradicandi
poenam detractio in scripturis coniungitur. [ait enim: 'sacri- 15
ficans dis eradicabitur,' et alibi scriptum est: 'noli dilegere
detrahere, ne eradiceris.'] *Contumeliosos.* Qui ueloces sunt in
uerbis iniuriae. *Superbos elatos inuentores malorum.* Qui uult
supergredi quod est, superbus est, sicut diabolus [qui per hanc]

15 *Exod. xxii 12   16 *Prou. xx 16

1 ut—conu. *om.* BHGV      ut faciant *om.* Cas      hominem SR
2 repl.] repletus H₁+enim G      iniq. (*pr.*)] *om.* ES+et BRH₂GCas      iniquitas
et malitia pr. sunt causae uit. V      et *om.* R      3 ↶ esse ost. H₂      ↶ uit.
esse R₁G      fornicationem H      forn.]+et BH₂G      4 auar.] auaritiam H
+*hic* nequitia AGV      forn.]+autem H₁      5 utraque B utrique H₁M
ambae V      p[o]en[a]e BHG saepe V      idolatria H₁      pl.] *praem.* nequitia
BH(—E nequitiae *cum prioribus*)G      6 homicidiis] homicidio AHG
(=vg)      ↶ inuidiam homicidio HG      7 prima—est] primum ex ipsa
discendit V      prima] perprima G      8 rationabiliter V      al.]+quaeritur V
sed *om.* B      pertinaciter peruersa animi intentio defensatur V      anime H₁
9 tam *om.* ACas      contentio G animositas Cas      10 dolus est] *om.* BH
+celata malitia V      11 malignitate] malitia B      doli uel malitiae opus uel
uotum V      12 susurrones AHGVCas (=vg)+id est A      siue *om.* ACasSd
non in faciem sed *om.* V      facie BH₁GCas      13 aure BH₁GVCas      ↶ enim est
Sd      est *om.* H₂VCas      14 odile A*      cui]+detractio conparatur, cum et idolator
(idololatra Cas) et detractor eradicendi(-andi Cas) ab scriptura dicantur
GCas+detractio V (*om. infra*)      sim.] similitudinem H      15 poena H      in]
*om.* H ab V      scriptura BH₂GV scripta H₁+pene V      ait—eradiceris *om.*
BHGVCas      17 qui] *pr.* contumeliosus dicitur V contumeliosi sunt Sd
ueloces] eloquentes H₂      sunt] est V      18 uerborum iniuriis Cas      19 superbus
est *om.* V      est (*alt.*)] *om.* MN dicitur CCas      zabulus B      qui *om.* BH(—C)GV
per hanc (=superbiam) *om.* BH(—C)VCas      hanc *om.* G

perdidit ipsum quod erat. qui enim super alios uult esse, hic infra se fiet, et ideo sequitur 'inuentores malorum,' quia semper superbia excogitat et inuenit mala, sicut auctor superbiae per elationem suam inuenit sibi malum quod ante
5 non fuerat. 'elatus' autem dicitur qui effertur super mensuras suas. *Parentibus non oboedientes.* Ueri parentes sunt qui per semen uerbi generant in lucem et uitam aeternam. 31 *Insensatos incompositos.* Qui a fonte sapientiae recesserunt [et] necesse [est] ut inordinate ferantur. *Sine affectione.* Af-
10 fectio est adimpletio caritatis. *Sine misericordia.* Quo modo aliis poterant misereri qui in se misericordes esse noluerunt? haec omnia per ordinem digesta peccata de illis dicit, qui [de]relinquentes deum ab eo [uicissim] sunt derelicti. caueamus ergo et nos ne qua mala ex his habentes similiter relinquamur.
15 32 *Qui cum iustitiam dei cognouissent, non intellexerunt quoniam qui talia agunt digni sunt morte.* Cum ex eo quod sibi quoque displicet malum, dei iustitiam cognouissent, non intellexerunt tales ab eo, et si non in praesenti, tamen in futuro esse puniendos; si enim intellexissent, utique talia committere timuissent.
20 *Non solum qui faciunt ea, sed et qui consentiunt facientibus.* Ne quis diceret haec non omnia se fecisse, addidit 'qui consentiunt facientibus.' sed et qui in istis [forsitan] non consentit, quia iudicabant huius modi, tamen [in] idol[ol]atria[m] consentiendo, quae horum omnium caput et causa est, omnibus consensisse
25 uidebatur. 1 *Propterea inexcusabilis es, o homo omnis qui*

1 perd.] perdit HV *om.* G    ipsum] ipsum hoc Cas *praem.* se H(—C)G
erat] est BH(—C)GV fuit Cas    qui enim] et qui VCas    hic *om.* VCas
2 intra H₁    fiet]+confusus C    sequuntur V    quia] quod G
5 effertur] se iactat Sd    mensuram suam AH₂Sd    6 obaud. V    7 per
semen] semine V    per] semper H₁    uerbi]+dei V    et] filios ad H filios et G
8 insipientes AHGVCasSd (=vg)    ⌒inc. insip. G corr.    9 et *om.* AHGSd
est *om.* B    affectione]+absque foedere HGV(=vg)+absque honore Cas
11 ⌒pot. al. Cas    aliis] aliorum Sd miserere H    12 degesta H gesta RG
peccata *om.* V    dicuntur BHGV    13 relinquentes B uicissim *om.* A    14 et
nos *om.* V    quod (quid V) malum BHGV    16 cum ex *om.* G
quod *om.* E    quisque H(*om.* S)G    17 iust.]+in eo G corr. *mg.*    cogn.] cognouisse dicitur H(—S testatur; hii uero qui)G    18 in futuro] futuros HG*
19 ⌒talia utique H₂    20 ⌒ea fac. AHGCas (=vg) fac. illa V    facientibus]
+ea H₂    ne quis—facientibus *om.* G    21 omnia se] omnes V    22 forsitan *om.* BHGV    consensit HV    quia] qui E    iudicabantur G    23 huiuscemodi G    in idol.] idolatriam B idolatria[m] H    24 ⌒omn. hor. HG
25 uidebantur H(—E)G    propterea] propter quod AHGVCas (=vg)

*iudicas. in quo enim alium iudicas, te ipsum condemnas: eadem
enim agis quae iudicas.* Omnes huiusmodi iudicabant, maxime tamen de his qui habe[ba]nt in reprehendendo iudicium.
iudices et domini conueniuntur. naturali enim iudicio dignam
factis profert unus quisque sententiam, omnesque norunt et
innocentiam mereri praemium et malitiam habere supplicium.
2 *Scimus autem quoniam iudicium dei est secundum ueritatem
in eos [qui talia agunt].* Secundum ueritatem est iudicium
quo iudica[bu]ntur huiusmodi, qui condemnare in aliis potuerunt quae per se committere non timebant. si enim tu,
peccator, peccatorem tui similem iudicas, quanto magis deus
iustus te iudicabit iniustum, ne illi mala placere et displicere
bona forsitan uideantur, quippe quem sine personarum
acceptione [constat] nec amicis suis nec angelis peccantibus
[legimus] pepercisse! humanum autem iudicium multis modis
corrumpitur; amore, odio, timore, auaritia saepe iudicum integritas uiolatur, et contra iustitiae regulam interdum misericordia inclinatur. 3 *Existimas autem hoc, o homo [omnis] qui
iudicas de his qui talia agunt, et facis ea, qu[on]ia[m] tu
effugies iudicium dei?* 4 *an diuitias bonitatis eius et patientiae
et longanimitatis contemnis, ignorans quoniam bonitas dei ad
paenitentiam te adducit?* Aut numquit propterea tibi de
impunitate blandiris, quia deus in praesenti non reddit, et
longitudinem temporis et abundantiam bonitatis intuens,
putas iam non esse iudicium? audi [immo] scripturae sen-

1 ⌒iud. alterum AHGCas (=vg) alterum iud. V   2 quae] qui BV (=vg)
omn.]*praem.* quia V hui.—conueniuntur] quidem habent in reprehendendo
iudicium, maxime tamen iudices et domini conueniuntur A(V)   hui. iud.]
hui. di(de-)iud. H(—RC)G   de hui. iud. C qui hui. iud. Cas   3 de his *om.*
Cas   habebant B   4 iudices] iudicis RH₂   conueniunt G   naturale H₁
iudicium H₁   digna MN   5 omnesque] omnes qui BSG   nouerunt H₁
et *om.* G   6 innocentia MN   merere H *om.* V   7 autem] enim AHGCas
(=vg)   quod G   8 qui talia agunt *om.* B   est] erit H   iudicium]+dei
HGV   9 iudicantur B   qui—uideantur (13) *om.* V   10 per se] ipsi HG
timuerunt HG   11 tibi BHG   12 te] et B   13 fors.]+ne G   quem] quoniam B   14 accep.]+constat B   ⌒leg. pep. pecc. HG ⌒leg. pecc. pep. V
15 legimus *om.* B   16 amore] nam et amore uel VCas   odio *om.* H₂   iudicum
ASd iudicio H(—EC) iudicii *rell.*   18 autem *om.* G   omnis *om.* AH₂V (=vg)
19 de his] eos AHGVCas (=vg)   et—dei *om.* H₂   quia BH₁GVCas (=vg)
21 longamin. B   ignoras HG   benignitas AHGVCas (=vg)   22 aut *om.*
HGCas   23 deus] dominus G semper V praesente H₁ reddidit V   24 longanimitatem MN   temporum B   et ab. bon. *om.* V   considerans V   25 iam
*om.* V   aud. imm. scr.] sed secundum beati petri V   immo] *om.* A etiam S

tentiam: 'non tardat dominus promissi[s], sed patienter agit propter uos, nolens aliquem perire, sed omnes ad paenitentiam conuerti.' bonus [est] expectando, iustus est puniendo, unde admonet propheta: 'non tardes conuerti ad dominum, neque differas de die in diem: subito enim uenit ira eius, et in tempore uindictae disperdet te.' et iterum: 'ne dixeris: peccaui, [et] quid accidit mihi triste? est enim altissimus patiens redditor.' multum se homines per patientiam dei seducunt, [et] quia non uult statim punire peccantes: putatur [enim] res humanas aut minime curare aut culpas donare, quia differt. plerique etiam contra se calumniantur, cur in praesenti non reddit, non intellegentes quod, si ita fieret, nullus paene hominum remansisset, nec umquam de iniustis fierent iusti. ideo autem hominibus uidetur deus diu expectare peccantes, quia nos, cum parui temporis simus, annos centum aeternitatem putamus. ille autem, 'aput quem mille anni pro una sunt die,' centum annos unius horae spatio non coaequat: quapropter hoc parum est apud [d]eum, cum etiam homines soleant multo tempore correctionem sperare peccantium. 5 *Secundum autem duritiam tuam et cor inpaenitens.* Tu autem, inprudens aeger, ad uulnera maiora uteris ipso remedio, qui, iuxta sententiam beati Iob, 'paenitentiae locum abuteris in superbia.' unde

1 *2 Petr. iii 9   4 *Eccli. v 7   6 *Eccli. v 4
16 *Ps. lxxxix 4   22 *Iob xxiv 23

1 promissis BHGCas (=vg) promissa Cas$^{ed}$   2 nos V   aliquos V
3 reuerti V   est] om. AG enim V est enim Cas   iustus] praem. et V
4 adm. proph.] dicit salomon V   non] ne BHGV   tardas G   deum V
5 enim om. H   6 disperdit V   diceris B   et om. B   7 accedit HV
8 multum]+enim V   seduc.]+et A   9 putant VCas   enim] om. A
autem H$_2$+aut HG +eum aut VCas   aut om. HGVCas   10 culpas om.
VCas   donare] indulgere HG   quas G quod VCas   11 contra se om. VCas
cur] cum R quare VCas   reddet H$_1$G corr., reddat C   12 quod—fieret] quia
si statim redderet VCas   fi.] fuerit H$_2$   paene]+iam V iam Cas   13 nec] ne HG
umquam om. VCas   fierint RMN   ⌒ius. fi. G   autem om. H$_2$   14 ⌒uid.
hom. B   15 cum om. Cas   sumus B   ⌒cent. ann. VCas   putemus G
16 mille *bis* A*   uno HGV   17 horae]+suae BHG   qua] quia SH$_2$
18 paruum HG   deum] eum BHG ipsum V etiam] et VCas solent H$_2$ mult.
temp.] aliquantis etiam diebus VCas   19 corr.—pecc.] expectare peccantes
VCas   correptionem H$_1$(—S)   superare G   ⌒dur. aut. AHGVCas$^{cod}$ (=vg)
20 ⌒inp. cor AHGCas (=vg) cor sine penitentia V   inprudens aeger om. V
21 ⌒mai. uuln. VCas   abuteris Cas   ipsa (ipso G) remedia H(—C)G   quia
HG   qui—beati] sicut dicit VCas   22 paen.—abut.] dedit ei deus locum
paenitentiae et (+ille Cas) abutitur eum (eo Cas) VCas   superbiam HCas

non agnita pietas maius iudicium parat, ut uindictam sentiat qui misericordiam sentire contempsit. *Thesaurizas tibi iram in die irae et reuelationis iusti iudicii dei,* 6 *qui reddet uni cuique secundum opera sua.* In die[m] iudicii iram tibi ipse super iram recondis, qui dies definito [apud deum] et certo 5 tempore apparebit. 7 *His quidem qui secundum* [*deum*] *patientiam boni operis.* Boni operis merces per patientiam expectatur, quia in praesenti uita non redditur: 'per fidem enim ambulamus, et non per speciem.' Siue: Tunc erit perfectum opus, si in finem usque durauerit, quia '[qui] perse- 10 uerauerit [usque] in finem, hic saluus erit.' *Gloriam et honorem et* [*in*]*corruptionem.* 'Gloriam,' qua 'sancti fulgebunt ut sol;' 'honorem,' filiorum dei, quo nihil [est] maius, per quem etiam angelos iudicabunt; 'incorruptionem,' uitae perpetuae. *Quaerentibus uitam aeternam.* [Qui per patientiae opera quaerit 15 uitam aeternam,] ista omnia consequetur, et 'qui habet hanc spem in eo, sanctificat se, sicut et ille sanctus est.' 8 *His autem qui ex contentione* [*et incredulitate sunt*]. Audiant qui saepe uicti animositate contendunt, et timeant in consuetudine pessima permanere, ne super eos ista omnia deputentur. iam 20 superius dictum est contentiosum hunc esse specialiter qui aliquit contra suam conscientiam nititur defensare. [*Et*] *qui diffidunt ueritati, credunt autem iniquitati.* Euangelicae ueritati non credunt, et consentiunt iniquitati, ut relicto creatore deseruiant creaturae. *Ira et indignatio.* In iudicio poenae 25

8 2 Cor. v 7   10 cf. 1 Cor. iii 14   Matth. xxiv 13   12 cf. Matth. xiii 43 etc.
14 cf. 1 Cor. vi 3   16 *1 Ioh. iii 3   21 cf. p. 17, l. 7   24 cf. Rom. i 25

1 maius]+tibi BH *praem.* tibi G      2 contemnit G despexit Cas
3 iusti iudicii] iudicis G      reddit BRH$_2$(—C)Cas$^{ed}$      4 sua] eius
AHVCas (=vg)   die BH$_2$V   ↶sup. ir. ip. tibi Cas      ipse *om.* BHV
5 super iram *om.* V      recondis] ipse condis H ipse recondis BGV *praem.* apud
deum Cas   die A corr.   def. et cert.] suo V      apud deum *om.* BHGVCas
6 deum *om.* BHGVCas      8 quia—redditur *om.* V   quia]quę G   reddetur H$_1$
9 siue] et BHGVCas      10 quia *om.* V   qui] *om.* B+enim V      11 usque
in finem *om.* V      usque *om.* B      12 corruptionem B      ut sol *om.* V
13 est *om.* B   magis MG   per quem] ipsi enim V   ↶ang. etiam G      14 inc.]
+uero V   aeternae V      15 qui—aeternam *om.* B   per pat. op. *om.* VCas
16 consequitur ABHGCas$^{cod}$   et qui] qui autem V      17 et *om.* Cas
18 et incred. sunt *om.* AHGVCas (=vg)   19 et] et ut G   consuetudinem
pessimam H$_1$   20 ↶ista omnia super eos HG   22 et *om.* AGV   23 diff.]
non adquiescunt BHGCas(=vg)   ueritate[m] H$_1$   autem] enim H$_2$   iniquitatem SR      24 ut rel.] qui derel. G      25 in] ira et indignatio V   paenae A

sunt. 9 *Tribulatio et angustia*. Conscientia[e et] infructuosae paenitentiae, sicut scriptum est: 'tunc dicent inter se paenitentiam agentes et per angustiam spiritus gementes.' *In omnem animam hominis operantis malum, Iudaei primum et* 5 *Graeci*. Animae poenam apostolus comminatur propter haereticos, qui solam carnem delinquere dicunt et animam negant posse peccare. Siue: Anima pro toto homine dicitur, sicut in Genesi 'Iacob cum septuaginta [et quinque] animabus Aegiptum' refertur 'intrasse.' 10 *Gloria autem et honor et* 10 *pax omni [homini] operanti bonum*. Gloria contra iram, honor contra indignationem, et quam supra incorruptionem [dixerat], hic pacem appellat. *Iudaeo primum et Graeco*. Quod supra 'animam,' hic 'hominem' nominauit. 'primum' autem pro 'quidem' ponit, quia 'non est personarum acceptio aput 15 deum.' Siue: Primum credulitatis tempore, non honore. 11 *Non est enim personarum aput deum acceptio*. Ergo nec gentes sibi de ignorantia falsa, nec Iudaei de legis et circumcisionis priuilegio blandiantur. 12 *Quicumque enim sine lege peccauerunt, sine lege [et] peribunt, et quicumque in lege[m]* 20 *peccauerunt, per legem iudicabuntur*. Sine lege litterae in lege naturae. hic 'peribunt' et 'iudicabuntur' unum uoluit intellegi, quia et qui perit per dei iudicium perit, et qui iudicatur peccator perit, sicut scriptum est: 'quia peccatores peribunt.' nam et similes illos facit, dicendo non auditores tantum legis 25 iustos esse, sed factores, et paulo inferius dicit gentes in die

---

1 cf. Matth. iii 8; Luc. iii 8    2 *Sap. v 3    8 cf. *Gen. xlvi 27; Act. vii 14 etc.    23 Ps. xxxvi 20    25 cf. Rom. ii 16

1 sunt *om*. V    consc. et] conscientia A    infruct.] auaritiae V uanae Cas 2 paen. ag.] paenitentes VCas    3 prae angustia B,N corr.,CCas    5 greco G 6 neg. poss. pecc.] pecc. non posse V    7 ᴖ pecc. poss. G    toto] to A* *om*. V integro Cas    dicitur] punitur V    8 in genesi] dicitur quod V dicit quod Cas cum *om*. G    ᴖ aeg. in LXX an.V(Cas)    et quinque] *om*. BHVCas et vi Sd ammanibus B    9 ᴖ introisse refertur (fertur Sd) BHGSd intrauerit (VCas) 10 homini *om*. AH(—E)GVCas(=vg)    11 quam] quod BHGVCasSd    dixerat *om*. BHGVCasSd    13 nominat G    15 tempus B    honorem ES    16 est enim] enim est, (est *m*2) E,V est H₂ enim G    ᴖ acc. apud deum BHGVCas (=vg)    17 sibi] quidem sibi H₂G sibi quia E sibi qui S* sibi quid R et circ.] circumcisione HG    19 et (*pr.*) *om*. BH₁NGV    legem] lege AHGVCas (=vg)    20 lege naturae] natura V    21 hic] hoc loco HG intellegere H₂    22 et (*pr.*) *om*. Sd    periit utrobique H₂G    ᴖ iud. dei Sd    dei *om*. V    23 periit H₂G    24 ᴖ legis tantum V    25 fact.]+legis iustificabuntur G

domini iudicandas. qui[s] enim dubitat tam sub lege positos quam sine lege degentes, nisi Christo crediderint, perituros? 13 *Non enim auditores legis iusti sunt aput deum, sed factores legis iustificabuntur [apud deum].* Reddit rationem quare non sint gentibus meliores; unde et nobis timendum est ne audientes legem et non facientes, cum gentibus pereamus, secundum quod ipse alibi dicit: 'ne cum hoc mundo damnemur.' 14 *Cum enim gentes, quae legem non habent.* Ne quis forte diceret, "legem non habent; ad quam formam pot[u]erunt iudicari?" *Naturaliter quae legis sunt faciunt.* Siue: De his dicit qui naturaliter iusti fuerunt ante legem. Siue: Qui etiam nunc boni aliquid operantur. *Eius modi legem non habentes ipsi sibi sunt lex.* Ostendit illos non esse sine lege, ut et gentes inexcusabiles faciat et Iudaeis de proprietate legis gloriam tollat. 15 *Qui ostendunt opus legis scriptum in cordibus suis, testimonium reddente illis conscientia.* Natura agit legem in corde [illis] per conscientiae testimonium. Siue: Conscientia testatur legem se habere timendo dum peccat et uictis gratulando peccatis, etiam si nullum hominem uereatur ipse qui peccat. *Et [inter] inuicem se cogitationibus accusantibus aut et defendentibus* 16 *in die cum iudicabit deus occulta hominum.* Dicit altercationes cogitationum esse, cum quid faciendum uel non faciendum diutina deliberatione decernimus, et secundum hoc nos in die domini iudicandos, quia bonum malumue non ignorasse conuincimur. Siue: Conscientia et cogitationes nostrae erunt in die iudicii ante oculos nostros

7 *1 Cor. xi 32

1 quis] qui BH    sub] in H₂    2 christum H₁    3 sed om. A*    4 apud deum om. AHGVCas (=vg)    5 a gentibus Cas    6 periamus H₂G sec. quod] sicut HG    8 forte om. V    diceret]+qui V    9 legem]+gentes Sd    potuerunt B poterant G    11 ⌒etiam qui H₂    12 ⌒aliq. boni H₂G    13 esse] fuisse Cas    ut om. G    14 iudeos H₂    legis om. H    glorię H₂    16 consc.]+ipsorum BHGVCas^cod (=vg)    naturae igitur legem (add. habent m2) Cas    17 corde]+illis BG ⌒testim. consc. Cas    18 se om. H₁    timendo om. Cas    uictos H₁    gaudendo V(Cas)    19 hominum HG    20 inter om. B    ⌒se (+in Sd) inuicem AH₁GVCasSd    ⌒cogitationum(-ibus N corr.) inu. accusantium (-ibus N corr.)H₂    cogitationum accusantium AH₁GVCas    21 et] etiam AHGVCasSd (=vg)    defendentium AH(—N corr. -ibus)GVCas (=vg)    iudicauerit HG    22 altricationes B    23 fac.]+sit Sd    cogitamus Sd    24 diem H    domini om. H₂    25 probamur BHGV    conscientiae H₂

tamquam quaedam historiae cognoscendae; aut ips[a]e nos
accusabunt aut etiam excusabunt, sicut scriptum est: 'ar-
guam te et statuam ea contra faciem tuam.' *Secundum euangelium meum per Iesum Christum [dominum nostrum].* Secundum
quod adnuntio per Iesum. Siue: Per Iesum Christum iudicabit
deus. 17 *Si autem tu Iudaeus cognominaris.* Hinc conuertitur
ad Iudaeos, [docens] opere, non nomine tantum debere esse
Iudaeum [deputat], eumque uerum probari cuius occulta sint
bona. *Et requiescis in lege.* Confidis uel securus es. *Et gloriaris
in deo* 18 *et scis uoluntatem.* Gloriaris te solum nosse deum
eiusque agnoscere uoluntatem. *Et probas utiliora instructus
per legem.* Eligis maiora et inter minora discernis: quae enim
per naturam utilia probantur, utiliora per legem fiunt. 19 *Confidis te ipsum ducem esse caecorum.* Quorum obscuratum est
lumen [scientiae]. *Lumen eorum qui in tenebris sunt.* Ignorantiae. 20 *Eruditorem insipientium.* Qui dei non habe[n]t
sapientiam. *Magistrum infantium.* Paruulorum, aetate uel
sensu. [*H*]*abentem formam scientiae et ueritatis in lege.* Ad quam
semper respiciens, errare non possis. 21 *Qui ergo alium doces,
te ipsum non doces.* Similiter [ut] gentibus dixerat: 'qui enim
alium iudicas, te ipsum condemnas.' qui [enim] in lege
requiescis, o Iudaee, cur transgrederis legem? qui gloriaris in
deo, quare inhonoras deum? qui nosti uoluntatem eius, quare
non optemperas uoluntati? qui probas utiliora, cur inutilia
sectaris? dux caecorum, quo modo uiam non uides rectam?

2 *Ps. xlix 21      20 *Rom. ii 1      21 cf. Rom. ii 17 etc.

1 quaedam *om*. V    hist.]+conscientiae G    agnosc. V    aut] et V    ipse
BSRCG    2 accusabant A*    3 ea] eam BH₁ illam V *om*. Sd    4 dominum
nostrum *add*. BV    5 siue per iesum *om*. H₁ iudicauit G    6 tu *om*. H₁ hic V
conuertetur MN*    7 docens *om*. B    8 iud.]+deputat B    eumque]+eum
esse G    uerum probari] esse uerum BHSd uerum esse R    sunt HG    9 confides
HG    10 scis] nosti AHGVCas (=vg)    uol.]+eius HG    11 ↻ uol. agn. BHG
12 eligis—discernis *om*. V    minora] maiora B    discernes B    quae enim]
quia V    13 probabantur V    fiunt] sunt B *om*. H(—E sunt)GV    15 scientiae
*add*. A    ign.] *praem*. in tenebris VCasSd    16 eruditorum MN    domini G
habet B    17 infantum H₂    18 abentem A    ad] at B    19 semper] *praem*. si G
recipiens B    20 ut] *om*. BHGV et Sd    qui enim alium] in quo alterum VCas
21 contempnis G    qui] *praem*. tu H₂G    enim *om*. AHGVCas    22 requi-
esces BM    quare BHG    quomodo V    transgredieris G    24 obtemperamus G
pares V    uol.] *praem*. eius E+ipsius V    utilia VCas    inutilia] non utilia
B+et uana VCas

si enim uideres, per ipsam utique ambulares. si lumen es
aliorum, cur non abicis opera tenebrarum? eruditor insipientium, ut quid timorem domini, qui est initium sapientiae,
reliquisti? magister infantium, quo modo puer es sensu? qui
habes formam scientiae et ueritatis in lege, quare nec ipse 5
sequeris nec alios sequi pessimo exemplo permittis? quare
non conuenit uita tua doctrinae tuae et opus tuum destruit
fidem tuam, unde fiet ut lex a te non custodita non solum
tibi nihil prosit sed etiam maioris criminis reum ut suum
contemptorem optineat. *Qui dicis non furandum furaris.* 10
Quidam dicunt: abscondendo ab hominibus furaris Christum.
22 *Qui doces non moechandum, moecharis.* Non est una moechia:
nam omne quod totum deo debet anima, si alicui praeter
deum reddideris, moecharis. *Qui exsecraris idola, sacrilegium
facis.* Sacrilegium est quod proprie in deum committitur, 15
quasi sacrosancti uiolatio. 23 *Qui in lege gloriaris, per praeuaricationem legis deum inhonoras.* Exposuit quid sacrilegium
dixerit. 24 *Nomen [enim] dei per uos blasphematur inter gentes,
sicut scriptum est.* Praeposterato ordine ante posuit testimonium quam diceret scriptum: ita enim dicentis sermo 20
delapsus est, ut quod ex propria intentione dicebat, eodem
sensu scriptum in propheta repperiret. [et] re uera [uae illis],
quorum iniustis actibus nomen domini fuerit blasphematum,
sicut scriptum est: 'polluerunt nomen meum inter gentes,
dum dicuntur populus domini hi,' inter quas gentes captiui, 25
suis peccatis facientibus, morabantur. 25 *Circumcisio quidem*

2 cf. Rom. xiii 12    3 cf. Ps. cx 10    24 *Ezech. xxxvi 20

1 uidisses H₂  ambulasses H₂    3 ut quid]+etiam V    4 relinquisti MNG
infantum H₂  quo modo *om.* Cas    es]+in H    5 formam *om.* SM  et *om.* H₁
quare *om.* Cas    6 malo Cas    7 ⌒ doc. tuae uita tua B  destruet SRG
8 fit H₂VCas    a te *om.* VCas    9 maioris]+te VCas    ut *om.* H
10 teneat Cas    dicis] praedicas BHGVCas (=vg)    12 doces] dicis AH
(—R)GV (=vg)    moechatio Cas    13 debet anima] debes VCas    14 deo AE
Cas    reddiderit moechatur AHGSd    exsecr.] abominaris AHGVCas (=vg)
15 sacri V        17 ⌒ sacr. quid BR*H₂V sacr. qui H₁N sacr. quod G
18 dixisset B dixit HG  uocasset V    enim *om.* A    gentes]+in esaia H₁
19 sicut *om.* V    est]+enim V    20 scr.]+est G    21 dilapsum B dilapsus H
ut—repperiret *om.* V    22 in propheta *om.* H    et] *om.* BH₂V uel H₁
(*eras.* R)  re uera *om.* V    uae illis *om.* BH    illis *om.* VCas    23 iniustis
*om.* V    dei H₁    fuerat H    24 scriptum est] dicit deus V    nomen]+
sanctum VCas    25 domini] dei BHVCas  hi *om.* HCas^cod  quos B  captiuę B
26 delictis V    morauantur A* morabuntur B demorantur Cas

*prodest, si legem custodias. si autem praeuaricator legis sis, circumcisio tua praeputium facta est.* Quo modo [ergo] 'nihil est,' si prodest? [sed] prodest tempore suo. signum prodest, si iustitia, cuius est 'signaculum,' adsit; ceterum sine illa
5 superfluum erit. Siue: [In eo prodest,] quia uiuere faciebat Iudaeum et in infantia non exterminari ante quam saperet. Siue: Quia in lege facit esse, [qua] perspecta inuenitur, carnis circumcisione cessante, uera[m] illa[m] cordis esse uentura[m]. et praeuaricator legis est, dum non sequitur id quod ibi prae-
10 dictum est. 26 *Si igitur praeputium* [*iustitias legis custodiat, nonne praeputium*] *eius in circumcisione*[*m*] *reputabitur?* Uisibilia indigent inuisibilibus, inuisibilia non indigent uisibilibus, eo quod uisibilia imago sint inuisibilium, et inuisibilia ueritas sint [uisibilium], ideoque circumcisio carnis indiget cordis,
15 circumcisio autem cordis non indiget carnis, quia imagine non indiget [ueritas, imago autem indiget] ueritate. quaeritur sane quare sit data circumcisio, si [per se] ipsa non prodest. primum, ut cognosceretur dei populus inter gentes; denique quando soli erant in heremo, circumcisi non fuerunt. Siue:
20 Ut corpora eorum agnoscerentur in bello. nam quod in tali membro signantur, haec causa est prima, ne aliut membrum aut debile fieret aut turpe, quod publice uideretur, secunda, propter gratiae promissionem, in qua erat [per] castitate[m]

2 1 Cor. vii 19    4 Rom. iv 11

1 obserues AH (=vg) obseruas G    2 ergo *add*. AV    3 sed *add*. AV prodest (*alt*.) *om*. RH₂    4 signacula H₁ sine illa *om*. V    5 in eo prodest *add*. A    quia] quod G    faciebat] facit VCas    6 in *om*. HVCas    infantia *om*. VCas    non *eras*. E    exterminare H₂    ante quam saperet *om*. VCas
7 fecit H₂    qua] *om*. B quia H    perspectum B    8 uera B    illam] illa B *om*. VCas    uentura B    9 id *om*. VCas    10 iustitias—praeputium *om*. B iustitias *om*. H₁    custodit G    11 illius AHGVCas (=vg)    circumcisionem ACas (=vg)    putatur B*    reputatur G    12 inuisibilia] *praem*. et G
13 imagines Cas    sunt R    14 sit H₁C    uisibilium *om*. B    -que *om*. H₁
*def*. G circumcisio—legem et prophetas (*interpol. ante* p. 29, l. 25) *om*. G    cordis] +circumcisionem V +circumcisione Cas    15 carnis]+circumcisione Cas imaginem H    16 ueritas—indiget *om*. B    autem] uero VCas    ueritatem R*MN    quaer.]+autem H₂    17 ⌢data sit AH₂    circ.]+carnis V    per se *om*. B    ipsam EC    18 agnosc. H    denique] deinde H₂    19 erant—siue] fuerunt, non sunt in heremo circumcisi, deinde V    20 nam quod] quare uero V    21 signatur V    haec causa est *om*. V    primum HVCas ⌢mem. al. V    22 fuerit H₁ efficeretur V    secunda] iterum BH secundo V deinde Cas    23 erant ES    per cast.] castitate B

placendum. Siue: Ut Christus significaretur ex eius semine nasciturus, usque ad quem futura erat ista carnalis, qui spiritalem habebat adferre, cuius typum gerens Hiesus Naue populum secundo circumcidere iubetur. 27 *Et iudicabit quod ex natura est praeputium, legem perficiens, te, qui per litteram* 5 *et circumcisionem praeuaricator es legis.* Siue: Dum litterae circumcisionem sectaris, spiritus accipere dedignaris. Siue: Non sequendo quod lex dixit, hoc est, ut Christo credens ueram circumcisionem acciperes. 28 *Non enim qui [in] manifesto Iudaeus est, neque quae palam in [carne] circumcisio,* 10 29 *sed qui in occulto Iudaeus est.* Ipse est uerus: omnia enim quae antea circa exteriorem hominem gerebantur, figuram interioris habebant. *Et circumcisio cordis, qui spiritu non littera,* [Neque qui in carne circumcisus est] *cuius laus non ex hominibus, sed ex deo* [*est*]. De qua scriptum in lege est: 'in 15 nouissimis diebus circumcidet deus cor tuum et cor seminis tui ad dominum deum tuum amandum': et iterum: 'circumcidite uos deo uestro et circumcidite praeputium cordis uestri,'. non secundum litteram legis, sed secundum nouum testamentum, quod interiora quaerit quae solus uideat deus. 20 1 *Quid ergo amplius est Iudaeo, aut quae utilitas circumcisionis?* 2 *multum per omnem modum.* Reddita ratione quod lex contempta non prosit et quod carnalis circumcisionis praerogatiua, nullis operibus fulta, sit uana, [quasi] interrogat quid amplius habeat Iudaeus, ex cuius persona respondetur: 'multum per 25 omnem modum.' nam si ipsius est sensus 'multum per omnem

3 cf. Ios. v 2    15 *Deut. xxx 6    17 *Hierem. iv 4

1 placendi $H_1$    siue] tertio V    2 usque] que $H_1$    qui] quae E quia M    *def.* G
3 deferre B    cuius] qui ut V    iĥu B [h]iesu H iesus VCas$^{ed}$
īħs Cas$^{cod}$    naue]+cui $H_2$    5 praeputio ES    consum[m]ans
AHVCas (=vg)    6 circumcisione ES    ↶legis es (sis $H_2$) AHVCas (=vg)
siue] *praem.* hoc est cum littera V    7 siue *om.* V    8 lex *om.* V    dicit $H_1$
hoc] id V    christum $H_2$    ↶cr. christo V    9 acciperis H    in *om.*
BSM    10 qui S*R    palam] in manifesto $AH_1$VCas (=vg) manifesta
MN manifeste C    carne *om.* B    11 abscondito AH (=vg) absconso V
est (*pr.*) *om.* H(—R)VCas$^{cod}$    ipse est uerus *om.* V    enim *om.* V    12 ante Cas
13 circ.] in circumcisione V    qui] in BHCas (=vg)    14 neque—est *add.* B
15 est (*pr.*) *om.* BMN    ↶est in l. H(—E)Cas    in l. *om.* V    16 cor (*alt.*) *om.*
Sd    21 utilitatis B    22 mult.—mod. *om.* B    mult.]+quidem E    reddit
rationem BHCas    23 ↶circ. carn. V    24 ↶uana sit Sd    quasi *om.* BHVCas
25 responditur H    26 ipsius]+apostoli Sd    ↶sensus est BH assensus V

modum' et 'omnis homo mendax,' quo modo postea contra
uenit dicens: 'si autem iniquitas nostra iustitiam dei commendat, quid dicemus? numquid iniquus deus? absit,' et
cetera. postremo quo modo Iudaeos nihil amplius habere
5 confirmat, si hic multum habere commemorat? *Primum
quidem, quia credita sunt illis eloquia dei.* Hoc estis dicturi
primum, quod credita sint illis eloquia dei et gentibus nulla.
3 *Quid enim [si] quidam eorum non crediderunt? numquid in-
credulitas illorum fidem dei euacuabit? 4 absit!* Fidem pro-
10 missorum Abrahae, cui dictum est quia: 'in semine tuo benedicentur omnes gentes.' *Est autem deus uerax.* Illi ita dicunt
quasi ideo deus uerax, quia homo sit mendax. *Omnis autem
homo [sit] mendax.* Hic omnes pro maxima parte dicit, sicut
'omnes sua quaerunt,' et 'omnes me dereliquerunt,' 'Lucas
15 est mecum solus.' *Sicut scriptum est: ut iustificeris in sermonibus tuis et uincas cum iudicaris.* Hoc testimonium pars aduersa
ita [pro]posuit, quasi dixerit Dauid 'propter ea ego peccaui,
ut tu iustus appareres me iudicando.' sed uerus sensus sic
se habet quia promiserat se deus sine personarum acceptione
20 in peccantibus uindicare, et quidam eius patientiam mendacium iudicabant. ui[n]cit cum iudicarit, quando eorum facta
punit in quibus nemo putauerat [u]indicari. Aliter: Probasti
te curam de hominibus habere, qui per prophetam mea
abscondita reuelasti, et uicisti eos qui te incuriosum huma-
25 norum actuum esse confingunt. HUC USQUE OBIECTIO CUCURRIT:
IAM INCIPIT APOSTOLUS RESPONDERE. 5 *Si autem iniquitas*

1 Rom. iii 4     2 Rom. iii 5     10 \*Gen. xxii 18
14 Phil. ii 21; 2 Tim. iv 16; 2 Tim. iv 11

*def.* G    2 ⸌dei iust. Sd    3 dicimus H₁V    iniquus]+est C    absit *om.* V    4 post-
remum MN    iud[a]eus H(—C)V    5 multum (*ex* -o) plus V    7 primum *om.* V
credita—et *om.* V    sint] sunt H    8 si *om.* B    quidem EMN
illorum AHV (=vg)    9 eorum H    euacuauit ECVCas    10 ⸌cui (cum R
m2 C) dic. est (*om.* E) abr. H    cui dictum est *om.* V    semini H₁    11 gentes
*om.* H₂    illi—mendax (*alt.*) *om.* H₁    12 sit *om.* V    omnis—mendax *bis* A
13 homo]+sit B    omnes] omnis MCV    dicit *om.* V    15 sicut] *praem.* in
psalmo (+quinquagesimo H₁) H    ut—tuis *bis* A    16 iudicaueris V    ⸌ita
posuit pars adu. BH    17 dauid *om.* H₁    18 tu *om.* V    appareas HCas
sensus—habet] hoc habet sensus V    21 uincit] uicit B+ergo Sd    iudicauerit H    iudica[bi]tur Sd    22 iudicari B uindicare H₁    aliter *om.* V
23 ⸌de hom. cur. C    omnibus V    mea] in ea B    24 humanarum
rerum V    25 cucurrit *om.* V    26 iam] hinc V

*nostra dei iustitiam commendat, quid dicemus? numquid iniquus deus?* Iniquum est si in illis uindicat, qui ideo peccauerunt ut ille iustior appareret. *Qui infert iram.* Ut in diluuio et Sodoma, ita in iudicio. *Secundum hominem dico? 6 absit!* Secundum te qui taliter sentis. *Alioquin quo modo iudicabit deus hunc mundum?* Qua iustitia damnabit iniustitiam, si secundum te humana iniquitate fit iustior? *7 Si enim ueritas dei in meo mendacio abundauit in gloriam ipsius.* Hoc est: creuit. *Quid adhuc et ego tamquam peccator iudicor?* Hoc est: insuper iudicor ego, quicumque mentior homo, qui laudari deberem, si meo mendacio dei ueritas confirmatur. *8 Et non sicut blasphemamur, et sicut aiunt nos quidam dicere.* Ut quid me ita iudicat quasi peccantem, et non sicut quidam nos aiunt dicere, [quod] quanto maiora mala fecerimus, tanto maiora bona recipiamus. *Faciamus mala, ut ueniant bona.* Hoc fortassis ideo putabant quia non intellexerunt quod dicebat: 'ubi abundauit peccatum, superabundauit gratia.' *Quorum damnatio iusta est.* Quid iust[i]us quam ut hanc poenam sentiant, quam nos negare mentiti sunt, qui nihil magis quam iustum dei iudicium praedicamus? *9 Quid ergo tenemus amplius? causati enim sumus Iudaeos et Grecos omnes sub peccato esse.* Nos ex Iudaeis nullam unde maiores simus inuenio causam. hoc enim inuestigauit ratio sub peccato esse et Iudaeos et gentes, quod non ratione sola colligimus, sed etiam de Iudaeis testimonio conprobamus. *10 Sicut scriptum est quia: non est iustus quisquam.* Psalmus ipse unde hoc testimonium sump-

17 *Rom. v 20    26 Ps. xiii 1

1 ⌢iust. dei AHVCas(=vg) dicimus H₁V    2 illos Cas    3 ille] illi ES *om. def.* G Cas    iustus V    infert iram *bis* A    4 ita in iudicio *om.* V    ⌢abs. sec. hom. dico A    absit *om.* Cas^{ccd}    5 hunc *om.* Cas^{ood}(=vg)    6 qua] quia AH(—R corr.,C)    damnauit H₂    damn. iniust. *om.* V    7 sit R    iustior] fortior R    8 gloria HVCas^{ood}    credit A    9 et *om.* V    10 iudicor *om.* V qui]+cum H₂    qui—confirmatur *om.* V    laudare H    11 conprobatur H 12 quid] qui H    13 ita]+deus Sd    aiunt] dicunt Cas    14 quod] *om.* B quoniam M    15 recipiemus Sd    uen.]+nobis H₂D eueniant Cas^{ed}    16 fortasse H₂    intellexerant BV    quod]+que H₁+qui H₂+apostolus Sd    18 iustius] iustus B    paenam A    20 igitur HCas(=vg)    tenemus amplius] praecellimus eos nequaquam HCas(=vg)    22 nos ex iudaeis *om.* V    simus] sumus B inuenimus V    23 indagauit V    24 gentes] grecos H    ⌢sol. (*ex* nol.) ratiocinatione V    collegimus HV    25 testimonium H    sicut] *praem.* in psalmo XIII (XIIII C) H    26 ⌢unde ipse B    ipse] iste H

tum est, de insipiente loquitur; quod testimonium in aduentu
Christi praecipue ostendit impletum, quo tempore nullus,
puto, cum pateretur, iustus inuentus est. 11 *Non est intellegens,
non est requirens deum.* Quia non intellegit, non requirit. Siue:
5 Ideo non intellegit quia non quaerit. deus autem tunc quaeritur cum eius uoluntas inquiritur, quia 'omnis qui peccat,
non uidit eum nec cognouit eum,' eo quod qui peccat domini
sui non cognouerit uoluntatem. nam et uulgo nesciri dicitur,
cuius uoluntas ignota est. 12 *Omnes declinauerunt.* Qui non
10 requirit firmamentum, necesse est ut declinet. *Simul inutiles
facti sunt.* Inutiles ad opus in quod fuerant procreati. *Non
est qui faciat bonum, non est usque ad unum.* Si non est qui
faciat bonum, quo modo inferius plebem suam arguit de-
uorantes et inopum consilium confundentes? pleps enim dei
15 non erat, si bonum non faciebat, maxime cum iusta ibidem
generatio appelletur. [sed] hoc magis ad psalmi expositionem
pertinet quam ad apostoli causam. 13 *Sepulcrum patens est
guttur eorum.* Faetore doctrinae et adulationis suae contami-
nans et interficiens audientes. ideo enim sepulcrum diligenter
20 clauditur, ne adhuc uiuentibus exhalatione sui generet pestem.
*Linguis suis dolose agebant.* Aliut ore promentes, aliut corde
uoluentes. *Venenum aspidum.* Horum serpent[i]um pessimum
esse dicitur uenenum. *Sub labiis eorum.* Hoc est: in corde.

6 1 Ioh. iii 6

1 aduentum BH(—C)    2 ↶ ost. praec. C*G   asserit adimpletum V
↶impl. ost. Cas   quo—est (*pr.*)] tempore scilicet passionis quo (quod H₂)
nullus iustus cum pateretur puto inuentus sit HG in cuius passione etiam
discipuli titubarunt V    3 puto cum pateretur *om.* Cas    4 non est]
aut Cas^cod    quia] qui H    requiret G    5 intell.] intellexit G
quaerit] requirit RSd    tunc *om.* Sd    requiritur BHGV    6 ↶inq. uol. Cas
7 uidet RC*    cognoscit R    eum (*alt.*) *om.* G    qui *om.* G    8 nescire H
9 ignorata HG    qui—declinet *om.* H₂    10 requiret G   firm.] fundamentum BHG *om.* V    11 in] *om.* BHVCas dei G    fuerunt ERM   procreati]
facti V    13 deuorantis SR decorantes G    14 et] ut et H₂    con-
fundentis H₁ confundantes G    15 ↶ibid. ista (*sic*) V    iuxta H₁ ista GV
16 appellatur RH₂    sed *om.* BHGV    hoc—causam *om.* V    ↶ad ps. (↶ps.
ad B*) exp. magis B    18 factores B foetore HGSd factore V    adulatione
H(—S) aduolationis G    sua H₂    condemnans H₂    20 exal[t]ationis H₂
suae H (sua S corr. R corr.)    21 promittentes HGV    corde]+ore G
22 uoluntates BH₂ uolutantes H₁ M corr. N corr. CV(Sd) uolentes S corr.,G
meditantes Cas    hor. serp.] aspidum V serpentium BESMCG    23 ↶dicitur
esse BGV dicit esse H₁ hoc esse H₂ esse fertur Cas fertur esse Sd

14 *Quorum os maledictione.* Non est unius generis male-dictio:
quitquit enim malo uoto dicitur, sine dubio male dicitur. *Et
amaritudine plenum est.* Amaritudo contraria est dulcedini
uerborum dei. 15 *Ueloces pedes eorum ad effundendum sanguinem.* Siue: Simpliciter homicidas dicit. Siue: Interficientes 5
animas adulando, unde in Actibus Apostolorum dicit sanctus
Paulus: 'mundus sum ab omnium sanguine: non enim subter-
fugi quo minus adnuntiarem uobis omne consilium dei.'
16 *Contritio et infelicitas in uiis eorum.* Conteruntur et infelices
fiunt animae in doctrinis eorum uel in exemplis conuersationis 10
eorum. 17 *Et uiam pacis non agnouerunt.* Doctrinam qua
deus hominibus [pacaretur]; quia simile omne pacificum est
et contrarium inimicum. 18 *Non est timor dei ante oculos
eorum.* In timore dei conclusit, quia si timorem dei semper
ante oculos habuissent, non utique [tam grauiter] deliquissent: 15
neque enim audet seruus domino praesente peccare. 19 *Scimus
autem quoniam quaecumque lex loquitur, his qui in lege sunt
loquitur.* Ne dicerent haec in psalmo de gentibus dicta, ostendit
quae in lege dicta sunt his qui in lege sunt dici. quaeritur
sane quo modo Iudaei dixerint non esse deum. non utique 20
uerbo dixerunt, sed opere: ['deum'] namque 'confitentur se
nosse, factis autem negant.' ergo gentes hic non appellat, quia
iam de illis talia dixerat in propria causa. *Ut omne os ob-
struatur.* Non solum gentium, sed etiam Iudaeorum, dum non

7 *Act. xx 26, 27    21 *Tit. i 16

2 malo] male MN    sine dubio *om.* Sd    maledicitur] male dictio
appellatur Sd    3 dulcedine HG    4 uerbi H₂GVCas    dei]+non ore H₂
5 siue (*alt.*) bis A*    interficiendas H₂    6 in act. apost. *om.* V    ⌒paul. dic. V
Cas    sanctus *om.* HVCas    7 a (ab G) sanguine omnium H₂GCas ab omni
sanguine V    8 fugi] fui ERN    ⌒uobis minus ann. B    ⌒minus uobis adn.
H    uobis *om.* G    10 fiunt] sunt V efficiuntur Cas    ⌒eor. in doct. R    uel
*om.* H₂    11 cognouerunt BHGVCas (=vg)    doctrinam—inimicum *om.* HG
doct.] sine doctrina G+patris Cas    12 pacaretur] *om.* B pacatur Sd    14 dei]
+omnia Sd    quia] qui H(corr. R*m*2)    ⌒hab. ante semp. oc. G    15 non—
deliquissent *om.* V    tam grauiter *add.* A    16 ⌒seru. aud. Cas    ⌒pecc.
praes. dom. Sd    ⌒pres. dom. B deo praes. G    17 quoniam] quia Cas[cod]
18 dic.]+iudaei Sd    gent.]+tantum Sd    ost.]+omnia V    19 quae] quare V    lege (*pr.*)]+etiam de gentibus V    dici] loqui H    20 dixerunt BH(—E)
⌒deum non esse HG    21 dixerunt *om.* VCas    deum *add.* AV dominum
*add.* C    namque] nam qui H nam quem GSd enim VCas    22 nosse]+deum
H₂    appellat] tangit VCas    qui H    23 ⌒dixerit talia G    talia *om.* V
24 sed etiam iudaeorum] aliter V    etiam] et Sd    cum non habeant Cas

habent unde gloriari. *Et subditus fiat omnis mundus deo.* In confessione peccati. 20 *Quoniam non iustifica[bi]tur omnis caro ex operibus legis coram illo.* Modo non iustifica[bi]tur. Siue: Opera legis circumcisionem dicit sabbatum et ceteras caeri-
5 monias, quae non tam ad iustitiam quam ad carnis laetitiam pertinebant. *Per legem enim cognitio peccati.* Non remissio, [nec] peccatum, sed cognitio. ideo enim per legem quid sit peccatum agnoscitur, quia aut in obliuione[m i]erat lex naturae aut ante legem litterae leuiora quaeque non cognoscebantur
10 esse peccata, id est, quae aliis non nocebant, ut concupiscentia ebrietas et cetera huius[ce]modi. 21 *Nunc autem sine lege iustitia dei manifestata est.* Sine lege litterae iustitia manifesta[ta], quae nobis gratis a deo donata est, non nostro labore quaesita, et apertius per exempla Christi euidentiora pate-
15 facta, quae lateba[n]t in lege. *Testificata per legem et prophetas.* Siue: Iustitia haec praedicata est a lege et prophetis in nouissimis temporibus esse uentura. Siue: Cognitio peccati a lege et prophetis testimonium accepit. 22 *Iustitia autem dei per fidem Christi Iesu [in omnes et] super omnes qui credunt*
20 *[in eum].* Qua creditur Christo. *Non enim est distinctio. Inter Iudaeum et gent[il]em.* 23 *Omnes enim peccauerunt et egent gloria dei.* Quia non habent suam. 24 *Iustificati gratis per gratiam ipsius.* Sine legis operibus per baptismum, quo

23 cf. Rom. iii 20

1 glor.] *praem.* possint Cas se glorientur Sd    2 confessione]+deo A* quia AHGVCas (=vg)    ⌒ex op. leg. non iustificabitur om. caro HGCas (=vg) iustificabitur AHGVCas (=vg)    ⌒ex op. leg. om. caro AVSd    3 iustificabitur BS,N(*corr.*)    sine G    4 dicit]+et CCasSd    5 tam *om.* V    quam] sed V    6 ⌒pecc. cogn. G    7 nec pecc.] peccati B est peccati H₁ peccatorum H₂ *om.* V non consumptio Cas nec ablatio peccatorum Sd    sed cogn. *om.* V    agnitio H₂    enim *om.* V    8 obliuione AH(—N*,C corr.)Cas    erat BHGVCas uenerat C    9 agnosc. C    10 pesse A*    concup.]+et GSd    11 huiusmodi A corr.,BV    sine—manif. *om.* V 12 manif. (*alt.*)] manifesta B    13 ⌒a deo gr. GCas    14 et—patefacta *om.* V 15 latebat AS,C corr.,V    a lege et prophetis AHGVCas (=vg)    16 sine G predicta G    proph.]+et HG    in *om.* GCas    18 accipit G    19 ⌒iesu christi AHGVCas (=vg)    in omnes et *om.* AHGCas (=vg)    in omnes] nominis B    20 in eum *om.* AHGVCas (=vg)    qua] *praem.* iustitia HG quae V    enim *om.* ES    21 gentilem BCas grecum H    22 gloriam HGV (=vg)    23 leg. op.] ulla opera B ulla operum (opera G*) actione HG ulla operum conpensatione V ullis praecedentibus meritis Cas ullis operibus praecedentibus Sd    per baptismum *om.* V    quo—merentibus *om.* Sd

omnibus non merentibus gratis peccata donauit. *Per redemptionem quae est in Christo Iesu.* Qua nos redemit sanguine suo de morte, cui per peccatum uenditi fueramus, secundum Isaiam dicentem: 'peccatis uestris uenundati estis,' quam mortem Christus euicit, qui non peccauit. omnes enim rei 5 eramus mortis, cui se ille indebite tradidit, ut nos suo sanguine redimeret. unde propheta praedixerat: 'gratis uenundati estis, et sine pecunia redimemini.' hoc est quia nihil pro uobis accepistis et Christi estis sanguine redimendi. simul illut notandum quia redemit nos, non emit, qui[a] ante per naturam 10 ipsius fueramus, licet simus nostris ab eo alienati delictis. tunc sane fructuosa erit redemptio nostra, si peccare cessemus. 25 *Quem proposuit deus.* In promptu ante oculos omnium posuit, ut qui redemi uult accedat. *Propitiatorem fidei in sanguine ipsius [ad ostensionem iustitiae suae].* Ut 15 propitietur eis qui credunt se eius sanguine liberandos. *Propter propositum praecedentium delictorum* [quae iam pridem facta erant]. Propter ea passus est Christus, ut propositum dei sedaret, quo tandem punire decreuerat peccatores. 26 *In sustentatione dei.* Uult ostendere deum quidem ad hoc ex- 20 pectasse, ut tandem corrigerent[ur] delinquentes, illos uero, male usos patientia dei, ad maiora profecisse peccata. unde Iob ille iustissimus sui temporis ait de peccatore: 'dedit illi deus locum paenitentiae, et ille abutitur eo in superbia.' *Ad ostensionem iustitiae suae in hoc tempore.* Ut reuelaret iustitiam 25 quae ex fide est. *Ut sit ipse iustus [et] iustificans eum qui ex*

4 *Esai. 1 1    7 *Esai. lii 3    23 *Iob xxiv 23

1 non mer.] inmer. V    gratis peccata *om.* V    donabit G    redemptorem B    5 euicit] uicit $H_1$ uincit $H_2$G    quia H    enim] autem BH(—R)G    6 mormortis A*    7 ↶ praed. proph. G    8 rede(-i- $H_2$V) mimini H(—SC)GV    9 ↶ sang. red. estis G    sanguinem SR    10 quia] qui BH    11 sumus BMN*    12 cessamus R$H_2$    13 prumpto V    ante oc. omn. *om.* VCas    14 hominum C½ ut] et G    propitiationem HCas (=vg) 15 fidei] per fidem HCas (=vg)+ per fidem V    sanguinem ER    ad—suae *om.* A    ad] in V    suae] eius V    17 remissionem HGCas (=vg)    quae —erant *add.* B    18 facta] facti B    19 puniri G    20 sustentationem ERG 21 corrigerentur B    se corrigerent $H_1$G    securi(-e) egerint(-ent) $H_2$    corrigeret V    22 usus ERG    proficisse AHG    23 sui temporis *om.* V    suo E tempore $H_1$    ait] aut G    illi] ei BHG    24 abutetur B    25 suae] eius AHGVCas (=vg)    ut reuel.— fide est *om.* HG    reuelaretur iusticia B reuelaret iustitia V    26 ↶ ipse sit Cas    et *om.* BV

*fide* [*est*] *Iesu Christi*. Qui solus iustus inuentus est, et quem ipse iustificauerit, non ex operibus, sed ex fide. 27 *Ubi est* [*ergo*] *gloriatio* [*tua*]? *exclusa est*. Ad Iudaeum loquitur: [ubi est] in qua gloriabaris te operibus meruisse iustitiam? *Per*
5 *quam legem? factorum? non.* 'Est': subauditur. *Sed per legem* [*fi*]*dei*. Legem dicit statutum fidei terminum, hoc est, Nouum Testamentum. 28 *Arbitramur enim iustificari hominem per fidem sine operibus legis*. 'Certi sumus' uel 'iudicamus.' Abutuntur quidam hoc loco ad destructionem operum iustitiae,
10 solam fidem [baptizato] posse sufficere adfirmantes, cum idem alibi dicat apostolus: 'et si habuero omnem fidem, ita ut montes transferam, caritatem autem non habeam, nihil mihi prodest,' in qua caritate alio loco legis adserit plenitudinem contineri, dicens: 'plenitudo legis est caritas.' quod si haec
15 eorum sensui uidentur esse contraria, sine quibus operibus [legis] apostolus iustificari hominem per fidem dixisse credendus est? scilicet circumcisionis uel sabbati et ceterorum huius[ce]modi, non absque iustitiae operibus, de quibus beatus Iacobus dicit: 'fides sine operibus mortua est.' hic
20 autem de illo dicit, qui ad Christum ueniens sola, cum primum credit, fide saluatur. addendo autem 'operibus legis,' ostendit esse et[iam] gratiae opera[m] [,quae debent facere baptizati]. 29 *An Iudaeorum deus tantum? nonne et gentium?* Numquid Iudaeos solos deus creauit, ut de ipsis solis curam gerat? nam
25 et si gentes peccauerunt, et uos; et si uos conuertimini, et illi;

11 *1 Cor. xiii 2   14 *Rom. xiii 10   19 Iac. ii 26

1 est (*pr.*) *om.* B    christi *om.* H(—R corr.)VCas (=vg)    ↶est inu. C
3 ergo *om.* B    ↶ergo est S$d^{cod}$    tua *om.* A    ad iud.] aliud enim H$_2$ ad iudaeos VCas    dicit VCas    ubi est *add.* ACas]+elatio tua Cas    4 in qua] ne H$_1$    glorieris E    gloriabor(corr. gloriabaris *aut* gloriabatur)is S gloriaberis R gloriaris G    5 ↶subaud. est HG *om.* A*    est *om.* V    6 fidei (*pr.*)] dei B    statum H$_1$N    8 certe A*    uel. iudic.] quod iudicamur H$_2$ hoc iudic. Cas
9 ↶h. l. q. G   hunc locum BHG   10 baptizato *add.* A   item H$_1$(—S)   11 et *om.* E    13 alio]+in V   asseruit G    14 continere H(—SC)   quod *om.* H$_2$
16 legis *om.* A    apostolum V    credendum V    17 uel] et VSd    18 huiuscemodi B   19 iacob V   hic autem] et hic V   hic] hinc G    20 illo] eo V    qui ad] quia H$_2$(—C)    cum primum credit *om.* V    primum *om.* Sd    21 autem operibus *om.* VCas    autem]+sine Sd    operibus] opera B    22 etiam] et BCas    gratiae] fidei VCas    opera] operam B+subauditur G    quae debent— baptizati *add.* AG    23 ↶tant. deus G    24 ↶creau. deus H$_2$    ut] aut H$_1$    illis HG    gerit H$_1$(—R)    25 si (*pr.*) *om.* V

si uobis uenit Christus ex lege promissus, et illis [similiter].
nam frequenter prophetae etiam de eorum uocatione dixerunt.
*Immo et gentium.* Pulchre modum seruauit in uerbis. immo
dixit, ut ostenderet magis gentes, quia primi sancti non erant
circumcisi, et Abraham ante circumcisionem iustus. et red- 5
didit, ne Iudaeos excludere uideretur. 30 *Si quidem unus deus
qui iustifica*[*ui*]*t.* Utrique uni deo et uni Christo credidistis.
*Circumcisionem ex fide et praeputium per fidem.* Sane unum
est 'ex fide' et 'per fidem,' sed usus scripturarum hic est, ut
[in] hisdem causis malint mutare quam repetere sermonem, 10
sicut in Danihelo scriptum est: 'propter Abraham seruum
tuum et Isaac dilectum a te et Is[t]rahel sanctum tuum.'
31 *Legem ergo destruimus per fidem? absit! sed legem statuimus.*
Legem ergo quae circumcidi praecepit, superfluam iudicamus?
absit! immo stare facimus, dum probamus uerum esse quod 15
dixit, legem legi, testamentum testamento, circumcisionem
circumcisioni successuram. 1 *Quid ergo dicemus inuenisse
Abraham?* Reuocauit illos ad caput circumcisionis, ut quod
in initio constiterit, id habeatur in toto. *Patrem nostrum
secundum carnem.* Patrem secundum carnis circumcisionem; 20
nam fides in mente consistit. 2 *Si enim Abraham ex operibus
iustificatus est, habet gloriam, sed non aput deum.* Si ex eo
quod [se] circumcidit, iustificatus est, nihil ergo illi deus
donauit, sed ex se habuit gloriam. Aliter: Si iussa perfecit,
aput semet ipsum habet gloriam, non aput deum. 3 *Quid* 25

11 \*Dan. iii 35

1 similiter *add.* A    2 nam freq.] freq. enim V   etiam *om.* GV   de *om.* H$_2$
eorum] iudaeorum H    3 pulchre] pulcrhe A optime V    4 quia] quam H
primi] *om.* A\*   primum BHG    sancti] se H (sed C)    5 circumcise C
reddidit (= *repetiuit*)] reddit(-et SR) rationem H ↻rationem reddit G
6 si] quoniam AHGVCas (=vg)    7 iustificauit AH(—E)   uni (*alt.*)] uno G
8 sane unum] ipsum BHGV id ipsum Sd    9 usus—quam] noluit V
10 in *om.* B    isdem SM eisdem Sd    maluit B mallent H(—C)G
uerbum V    11 sicut] et V   danihelo ARMNG danielo S danihele B,E*m*2
danihel EV daniele C,S*m*2,Sd    scriptum est] *om.* H$_2$ sedrac dicit V
seruum tuum] dilectum a te V    12 dilectum] seruum V   a te] tuum H$_1$V
israhel BMNE etc.    tuum *om.* Sd    13 ergo]+et (*exp.*) B    destruemus G
14 praecipit H$_1$(—R)    15 immo]+legem V   faciamus E   ueram B uerbo[m]
MN    17 dicimus H(—R)GVCas    18 reuocat Sd    19 in] *exp.* A *om.* H(—N)G
ab Sd    consisterit (corr. *m*2 constiterat) E constituerit SRV    id habeatur]
adhibeatur HG    20 patrem] pater est H$_2$   circumcisionis A\*    21 op.]+legis
HG    23 se *om.* B    24 perficit SN    25 glor.]+et G    quid] *praem.* in genesi E

*enim scriptura dicit? credidit Abraham deo.* [Re] tam magna
fuit fides Abrahae, ut [et] pristina ei peccata donarentur et
sola pro omni iustitia duceretur accepto, et tanto deinceps
amore flagrauit, ut super omnia se opera praepararet. *Et
reputatum est illi ad iustitiam.* Et ideo habet gloriam aput
deum, secundum quod lex probauit. 4 *Ei autem qui operatur
merces non inputatur secundum gratiam.* Exponit exemplum.
*Sed secundum debitum.* Debitori[s] enim est facere quae iubentur, et nisi paruerit damnatur. si autem fecerit, non habet
gloriam, quia inutilis adhuc seruus dicitur qui nihil amplius
quam [quod] praeceptum est operatur. Aliter: Non illi donatur gratis iustitia, sed merces redditur operum pristinorum.
5 *Ei autem qui non operatur, credenti autem in eo qui iustificat
impium, [per fidem] deputatur fides eius ad iustitiam.* Conuertentem impium per solam fidem iustificat deus, non per opera
bona quae non habuit: alioquin per impietatis opera fuerat
puniendus. simul attendendum quia non peccatorem [dicit]
iustificari per fidem sed impium, hoc est nuper credentem, adseruit. *Secundum propositum [gratiae] dei.* Quo proposuit gratis
per solam fidem peccata dimittere. 6 *Sicut et Dauid dicit beatitudinem hominis.* Magna beatitudo est sine labore legis et
paenitentiae domini [gratiam] promereri, sicut si quis [inter
homines] aliquam dignitatem gratis accipiat. *Cui deus accepto*

10 cf. Luc. xvii 10

1 enim] ergo HG   re add. A   2 ⌒ fides fuit B   et om. BV   3 doceretur H
accepta E acceptum C   tanto]+se G   4 praeparet SR   praepararit M
5 illi ad] illud A*   illi] ei GCas^cod   et om. G   7 mercis S*MN*GV(sic 12)
reputatur E inputabitur V   exponit exemplum om. H   8 sed sec. deb.
om. SR   debitors A* debitori B debitor HV(Cas)   ⌒ est enim R   quae]
quod H₂   iubeatur M corr. N corr. C   9 parauerit H₂   damnatus Cas
10 quia] qui A*   adhuc om. V   dicitur] est VCas   11 quam—est om. VCas
quod om. BHG   operatus G   ⌒ gr. don. HG   12 iustificatio Sd   reddetur E
13 ei] si Cas^ed   autem] uero AHGVCas (=vg)   credenti autem] credentes G
eo] eum AHGVCas (=vg)   14 per fidem add. B   dep.] rep. AHGVCas (=vg)
15 ⌒ fid. sol. G   deus om. V   per om. H(—RF)GCas   16 bona om. VCas
quae] quia H₂   17 addendum B adtendunt SRMN adtende E   quia] qui G
dicit om. AV   18 iustificare SR   fid.] praem. solam V   adseruit om. G
19 sec.—dei om. Cas^cod (=vg)   gratiae om. ACas^expos   ⌒ dei gr. G   qui H₁
quod GSd^codd   20 per solam fidem om. Cas   ⌒ dim. pecc. Sd   peccatis M
21 ⌒ beat. magn. H₂   et] uel Cas   22 dom.] fidem per solam Cas   gratiam
om. B   ⌒ gr. dom. G   promererei (e tert. exp.) B promerere H(—C)   inter
homines add. A(cf. G)   23 gratis] praem. inter homines G

*fert iustitiam sine operibus.* Ad hoc fides prima ad iustitiam reputatur, ut et de praeterito absoluatur et de praesenti iustificetur et ad futura fidei opera praeparetur. 7 *Beati quorum remissae sunt iniquitates et quorum tecta sunt peccata.* 8 *beatus uir cui non inputauit dominus peccatum.* Quod remittitur non tenetur, et quod tegitur non apparet, et idcirco minime imputatur. quidam dicunt remitti per baptismum, tegi laboribus paenitentiae, non imputari per martyrium: alii autem dicunt remissis per baptismum peccatis augeri caritatem in deo, quae operit multitudinem peccatorum, [et] deinceps non sinit imputari, dum bonis cottidie operibus mala praeterita superantur. 9 *Beatitudo ergo haec in circumcisione* [*tantum dicta est*] *an* [*etiam et*] *in praeputio?* Uult istam beatitudinem tribus temporibus adsignare, naturae circumcisionis et Christianitatis. *Dicimus enim quia reputata est Abrahae fides ad iustitiam.* Omnes enim [hoc] confitemur et consentimus; ergo quod ratio de Abraham inuenerit, hoc de ceteris obseruemus. 10 *Quo modo ergo deputata est? in circumcisione cum esse*[*t*]*, an in praeputio?* Videamus utrum circumcisio ex iust[iti]a, an iustitia ex circumcisione sit nata. *Non in circumcisione, sed in praeputio.* Quia ante iustus quam circumcisus. 11 *Et signum accepit circumcisionis.* Ne dicerent "Ergo superflue circumcisus est," signum ait esse iustitiae, non [initium uel] augmentum. *Signaculum iustitiae fidei, quae est in praeputio.* Signaculum accepit illius iustitiae

9 cf. Ioh. xx 23    10 cf. 1 Petr. iv 8

1 ad] ob V    2 et (*pr.*) ABV *om. rell.*    3 futura] futuram vitam per R corr.
4 sunt (*alt.*) *om.* A*    5 inputabit Cas^cod (=vg)    6 remittetur E tenetur] est Cas    et (*pr.*) *om.* Cas    paret Cas    7 ideo VCas    minime] nec Cas remitti] tegi A+peccata Cas    8 tegi] remitti A    lab.] lacrimis VCas inputare H(—SC)    9 alii autem dic.] nonnulli etiam aiunt V    10 augere H deo] deum AH₂    oper G    peccatorem G    11 et *om.* B    sinet H₁    cottidie *om.* V    12 ergo *om.* G    13 tantum dicta est *add.* B tantum manet *add.* EGD manet *add.* H(—E)    etiam et *om.* B    et *om.* HGVCas (=vg)    praeputium H(—C)    ↶ trib. temp. ist. beat. H₂    14 adsignari SR    nat.] + et HG    15 et *om.* CasSd    16 ↶ fid. abr. GSd^ed    omnes enim] utrique V quia utrique Cas    hoc *add.* A    et consentiunt *om.* VCas    17 ergo] ut BHGVCas    ↶ de ipso inuenerit ratio V    inuenerat C    de cet.] in omnibus V    18 dep.] rep. AHGVCas (=vg)    est]+ei E    19 cum esset *om.* HVCas (=vg)    esset] esse B    20 ex (*utr.*)] de Cas    iustitia (*pr.*)] iusta B    22 circumcisionis] circumcisionem V    23 esse] *om.* G est V    24 initium uel *add.* A    25 accipit G

quam praeputiati fides meruit. tam perfecta enim fuit ut
signaculum mereretur: semper enim res plena signatur. Siue:
Ut ostenderet quam iustus et fidelis esset, qui dolorem sibi
ex mandato dei non dubitauit inferre, non putans superfluum
5 quod [a 'scientiarum] domino' iubebatur, sicut nec parrici-
dium credidit impium quod fons praeceperat pietatis. *Ut sit
pater omnium credentium in praeputio [,ut illi accepto feratur
iustitia, 12 et sit pater circumcisionis, qui non solum ex circumcisione sunt, sed et eorum qui secuntur uestigia patris nostri*
10 *Abrahae*]. Ut omnes qui ex gentibus credunt filii sint Abrahae,
dum et illi[s] sola fides ad iustitiam reputatur, et fiunt et ipsi
circumcisi, sed corde. Siue: Quia in praeputio iustus fuit, ut
esset incircumcisorum [fidelium] pater, et circumcisus iustus
permansit, ut circumcisorum iustorum fieret pater. 13 *Non*
15 *enim per legem promissio [facta est] Abrahae aut semini eius.*
Hic legem ipsam circumcisionem appellat, eo quod omne
praeceptum lex possit intellegi. *Ut heres esset mundi, sed
per iustitiam fidei.* Siue: Ut in semine eius, quod est Christus,
benedicerentur omnes gentes quae illi in hereditate a patre
20 sunt datae. Siue: Ut 'cum eo recumbant.' gentes 'in regno
caelorum.' 14 *Si enim qui ex lege heredes sunt, euacuata est
fides, abolita est promissio.* Si [illi] soli, ut uos uultis, circumcisi heredes sunt, non impleuit deus promissum Abrahae,
ut 'pater esset multarum gentium,' et, si ita est, iam uidebitur

5 cf. 1 Regn. ii 3    19 cf. Ps. ii 8    20 cf. Matth. viii 11
24 cf. Gen. xvii 4 etc.

1 preputii GSd    tam *om.* H    tam—mereretur *om.* V    3 idolorem A*
4 dei *om.* C    habitauit M    putans] putatis H$_1$+esse Sd    5 a scientiarum] *om.*
B essentiarum E scientiarum G    6 credidit *om.* VCas    precipit G    7 in praep.]
per praeputium AHGVCas (=vg)    ut illi—abrahae] *om.* A    ut reputetur et
(*om.* E) illi (illis H$_2$Cas=vg) ad iustitiam, et (ut V) sit pater circumcisionis,
non (+in G) his tantum qui sunt ex (in G) circumcisione (+fideles Cas), sed
et his qui sectantur uestigia (+eius H$_1$G +fidei Cas), quae est in praeputio
fidei (*om.* Cas ed et cod*) patris nostri abrahae HGVCas (=vg)    11 illis]
illi B+sicut abrahae V    et fiunt] erunt BHGV erunt enim C*m*2 etiam Cas
13 fidelium *add.* A    14 iust. fi.] ⌢ esset credentium V    fuerit H$_1$    15 facta
est *add.* B    16 hic]+enim HG    ipsam *om.* V    ⌢ pos. omn. pr. l. HG
18 in] *om.* MNG* hi S    semini H(—EC)    quod] qui V    19 hereditatem M,G corr.,CasSd    20 requiescant Cas    21 her.] hi[i] her. H$_2$,G corr.
exinanita AHGVCas (=vg)    22 illi *om.* A    circumcisi *om.* V    23 implebit
H$_1$G    promissum *om.* V    24 multarum *om.* V    si—uidebitur] uidetur
VCas    iam]+non H

deo sine causa cre[di]disse. 15 *Lex enim iram operatur*. Quia
'iniustis est posita,' et magis grauauit peccare uolentes quam
absoluit, per scientiam cumulando delicta: 'si' enim 'caeci
essetis,' [inquit,] 'peccatum non haberetis' [*Ubi enim non est
lex, nec praeuaricatio*. 16 *ideo ex fide, ut secundum gratiam* 5
*firma sit promissio omni semini eius, non ei qui ex lege est
solum, sed et ei qui ex fide Abraham, qui est pater omnium
nostrum*.]. Quoniam [ergo] fides exinaniri non potest, nec promissio aboleri, non est ex lege hereditas, sed ex fide. lex enim
non donat peccata, sed damnat, et ideo non potest omnes 10
gentes facere filios Abrahae, quia, secundum quod omnes
sub peccato inuenti sunt, omnes erant utique puniendi: fides
autem, dimissis per gratiam peccatis, omnes credentes filios
efficit Abrahae. [*Ubi enim non est lex, nec praeuaricatio*.]
Siue: Non est quod praeuaricetur, ubi lex non est. Siue: Non 15
est quod uindicetur, ubi lex necessaria non est. 17 *Sicut scriptum est*. '*Quia patrem multarum gentium posui te*.' Non unius
gentis Is[t]rahelis. *Ante eum cui credidisti* [*deo*]. Ante deum
[qui] pater est omnium credentium. *Qui iustificat mortuos*. Hic
mortuos ad generandum dicit, ut praesenti conueniat causae. 20
*Et uocat* [*ea*] *quae non sunt* [*tamquam ea quae sunt*]. Quamuis
[et] in principio uocauerit quae non erant, et statim esse
coeperunt, tamen hic, quia iam non erant eis tempora generandi. 18 *Qui praeter spem in spe*[*m*] *credidit*. Contra spem

2 cf. 1 Tim. i 9    3 *Ioh. ix 41    19 cf. Rom. iv 11    22 cf. Gen. i 1

1 credisse B    2 grauabit BMG    ⌒ uol. pecc. G peccantes VCas
3 absoluet G    per sci.] presentium H₂ per consci. G    si—haberetis *om.* V
4 *add.* inquit, (*ex* inquid) A, G    ubi—nostrum *om.* A    ⌒ lex non est G
5 nec] neque E    gr.]+ut V (=vg)    6 semine MN    eius *om.* HGVCas    non]
+et E    7 et *om.* GV    abraham] est abrahae HGVCas    8 nostrorum ES
ergo *om.* B    exinanire EMN    9 aboliri HGV    10 ⌒ pecc. non don. VCas
damn.] uindicat VCas    11 ⌒ fil. fac. BHCas(Sd) quod *om.* M    12 utique
*om.* H₂VCas    13 demissis ASRM    pecc.—cred. *om.* V    14 ubi—praeuaricatio *om. hic* BHGV    16 est (*pr.*)]+preuaricator G    17 quia *om.* G    non—
istr. *om.* H    unius] huius G    18 gentis] tantum generis Sd    israhelis BV
israelis Sd israhelitis G    eum] deum AHGVCas (=vg)    credidit AH₂V (=vg)
deo *add.* B    19 qui *om.* AHGV    uiuificat AHGVCas (=vg)    hic] hinc
autem G    20 ⌒ conu. pres. G    21 ea *om.* AH₂VCas^{cod} (=vg)    tamquam—
sunt *om.* B    ea (*alt.*) *om.* V    quam-] quoniam SMN    22 et *om.* ACasSd
et in] ea C    principio *om.* H₂    docuerit B    23 ceperint C    hic] *add.* de
filii desperata conceptione significat E *inf. mg,* Cas    24 praeter] contra
AHGVCas (=vg)    spem (*alt.*)] spe BH(--C)G

naturae erat ut centum annorum homo ex muliere aeque
iam fessa, quae etiam in iuuentute sterilis fuisset, semen suum
sicut stellas caeli crederet esse futurum. *Ut fieret pater
multarum gentium, secundum quod dictum est: Sic erit semen
tuum.* Qui nec unius filii iam per se esse poterat pater; [unde]
quaeritur quo modo Abraham, iam emortuo corpore, de
Cetura filios generauerit, qui de Sarra ante non potuit. idcirco de Sarra non genuit, quia et anus erat et sterilis: in illa
uero, quasi in iuuene, cursu naturae facile potuit generare.
19 *Et non est infirmatus in fide. non considerauit corpus suum
[iam] emortuum, cum esset centum fere annorum, et emortuam
uuluam Sarrae.* Nihil naturae considerat fides, quia omnipotentem nouit esse qui dixit. 20 *In repromissione autem dei
non haesitauit diffidentia, sed confortatus est fide.* Nec de se-
nectutis impossibilitate nec de promissionis magnitudine dubitauit. Dans gloriam deo, 21 *plenissime sciens quoniam quaecumque promisit, potens est [et] facere.* Tamquam de percepto
gratias agens. 22 *Propter quod deputatum est illi ad iustitiam.*
Quia tam perfecte et firmiter credidit. 23 *Non est autem
scriptum propter ipsum tantum, quia deputatum est illi [ad
iustitiam], 24 sed et propter nos, quibus reputabitur.* Non ut eius
fidem solum sciamus, sed [et] ut eius quasi patris imitemur
exemplum, sicut omnia exempla sanctorum, quibus domino

3 cf. Gen. xv 5        7 cf. Gen. xxv 1, 2 etc.
1 naturae *om.* V    erat] est H₁    aequae A hacque V     2 etiam]iam G
fuisse SMN    semen] *pr.* crederet V    3 ↶fut. cred. esse G    crederet *om.* Cas
4 est]+ei H₁GCas^cod D    5 tuum]+sicut stellae [+caeli Cas] et arena [+maris
Cas] VCas    qui—pater *om.* G    filii—poterat] erat filii V    unde *add.* A
6 iam *om.* Sd    7 cehtura (h *s.l.*) A c̨etera B cettura V cethura CasSd    gene-
raret B generauerat ER    qui]+cum V    ideo H₂    8 genuit AB potuit *rell.*
et (*pr.*) *om.* H₂    anus] senex BHV uetusta Sd    9 iuuenem H(—C) cursum
H(—EC)G    curs. nat. *om.* V    ↶pot. fac. G    10 et—fide *om.* G    est *om.*
HVCas^cod (=vg)    ↶inf. est G    in fide non *om.* Cas^cod    in *om.* H₁CCas^ed
(=vg)    non] nec Cas^ed    considerabat V    11 iam *add.* BG    ↶fere cent.
ann. ess. AH₂Cas^ed (=vg) ↶f. c. e. a. H₁GCas^cod ↶e. f. c. a. V    emorturam B
13 nouerit H₂    esse]eum Sd    promissione Cas^cod    autem]etiam AHGV (=vg)
14 defid. BMN*    est *om.* H₁    fide]in fide G    senectutes A*    15 possi-
bilitate GSd    16 quoniam] quia AHG (=vg )    17 promisit]+deus EH₂
Cas^ed D    et *om.* B    precepto BH    18 propter quod dep.]ideo et (*om.* ES)
rep. AHGVCas (=vg)    19 et firmiter *om.* V    20 ↶tant. prop. ip.
(illum A) AHGVCas (=vg)    reput. AHGVCas (=vg)    ad iustitiam *om.*
AH(—EC)GVCas (=vg)    21 et *om.* G    22 ↶sol. fid. H    sciremus BH
GVCas    sed—sanctorum *om.* H₁    et *om.* B,R corr.,V

placuerunt, qui ideo etiam temptati sunt ut et ipsi se nossent
et nos [eorum uestigia] sequeremur. *Credentibus in eum qui
suscitauit Iesum [Christum] [dominum nostrum] a mortuis.* Si
tam perfecte crediderimus Christum a mortuis surrexisse
quam ille credidit corpus suum posse ad generandum uiuificari 5
iam mortuum. 25 *Qui traditus est propter delicta nostra et
surrexit [propter] iustificationem nostram.* Qui morte sua
nostra peccata aboleuit, et in ea qualitate qua mortuus est
necessario resurgens apparuit, ut iustitiam credentium confirmaret. 1 *Iustificati igitur ex fide, pacem habeamus ad deum* 10
*per dominum nostrum Iesum Christum.* Pertractata causa
qu[i]a nemo eorum ex operibus iustificatus sit, sed omnes ex
fide, quod exemplo Abrahae probat, cuius se solos filios esse
Iudaei putabant, et ostensa ratione quod non genus nec circumcisio, sed fides faciat filios Abrahae, qui ex sola primum 15
fide iustificatus est, qua ratione conclusa, pacem eos habere
hortatur, quia nemo suo merito, sed omnes aequaliter dei
gratia sunt saluati. ['Pacem habeamus ad deum.'] Uel subiecti
simus utrique deo; uel pacem dei, non tantum saeculi, habeamus. 2 *Per quem et accessum habe[a]mus per fidem in gratia ista.* 20
Per quem accessimus prope, qui[a] eramus longe. *In qua stamus.*
Qui ante iacebamus. *Et gloriamur in spe gloriae [filiorum] dei.*
Gloriamur nos sperare filiorum dei gloriam possessuros, tan-
tumque est quod speramus quantum ex se nullus auderet,
ne non spes, sed blasphemia putaretur, et quod multis pro 25
sui magnitudine incredibile uideatur. 3 *Non solum autem[hoc],*

12 cf. Rom. iv 2    18 cf. Eph. ii 5    21 cf. Eph. ii 13

1 etiam *om.* G    2 eorum uestigia *add.* ACas    3 ⌒dom. nost. ies. V
christum *om.* AH(—S)VCas(=vg)    dominum nostrum *om.* B    4 tamen B
crederemus SH₂ credidimus G    ⌒a mor. surr. chr. V    resurrexisse H₂GCas
5 quam] quomodo BHGVCas *fort. recte*    uiuificare BH₁    7 resurrexit HG
VCas(=vg)    propter *om.* B    qui *om.* V    8 ⌒pecc. nost. GV    absoluit B ea
qual.] aequal. G    9 iustitia G    11 ⌒ies. chr. dom. nost. R    12 qua B corr., H
13 exemplum H    probatur G    ⌒fil. esse solos BH₂ ⌒fil. esse soli H₁ (⌒iud.
soli R),G ⌒fil. solos esse V    15 facit H₂    prima H₁ *om.* V    18 pacem—
deum *om.* B    subrectis H₂    19 utrique *om.* VCas    uel] siue BH₁G sibi H₂
tantum *om.* VCas    20 per quem] pacem B    ⌒hab. acc. Cas[ed]    habemus AH
(—R)GCas(=vg)    per fidem] fidei ACas[cod] fide V(=vg)    gratiam (gloriam
B) istam BH₂VCas    21 quem]+et H₂    quia B    22 gloria H₂    filiorum *om.* BV
24 -que est quod *om.* V    se]+praesumere Cas    25 et] eo H₂ ut S    ⌒pro sui
magn. mult. V    26 sua BHGipsa Cas    multitudine G    uideb. H₂    hoc *add.* BG

*sed et gloriamur in tribulationibus [nostris], scientes quod tribulatio patientiam operatur,* 4 *patientia autem probationem, probatio autem spem.* Non solum in gloriae spe, sed etiam in saluberrimis tribulationibus gloriamur, magnitudinem praemii
5 cognoscentes, sicut Iacobus ait: 'omne gaudium existimate, fratres,' et reliqua. unde et optare debemus aliquid pati pro nomine domini, ut adquiramus de tribulatione finienda praemium infinitum. considerat[o] enim praemio nullum possumus condignum aestimare laborem. nam et scimus homines
10 propter aurum ultro se ad bestias deputare, quod tamen in aeternum non poterunt possidere. quanto magis nos exemplo [apostolorum in tribulationibus gaudere debemus], quae quidem cum sint temporales, aeternam salutem adquirunt et a doloribus liberant sempiternis, cum [etiam] multi propter
15 spem paruae salutis et curam corporis maximos sustinuerint cruciatus, nec tamen perfectam potuerint consequi sanitatem, quae etiam si prouenerit, paulo post morte intercedente soluetur! habemus ergo unde honeste et si[ne] periculo gloriemur. magna enim gloria est de imis ad summa crescere et de
20 nihilo ad maxima peruenire. de limo ad caelum et de seruitute uocamur ad regnum, si tamen, omni gloria saeculi et iucunditate contempta, in illo solo quod nobis promittitur gloriemur. quod et si feceris, tale est quale si quis nummo plumbeo contempto gemmam regiam consequatur; quamquam nec sic
25 sit digna conparatio, quia hic, quamuis pretium distet, manet

5 *Iac. i 2      6 cf. Act. v 41      12 cf. 2 Cor. vii 4

1 etiam Cas$^{ed}$  nostris *add.* B   scientes—probationem *om.* G   3 autem] uero AEGVCas (=vg)   spem] spetie B   non—tribulationibus *om.* G   gloria spei Cas   5 ⌒ait iac. Cas   6 et reliqua] cum in temptationibus uariis incederitis V(Cas)   et (*alt.*) *om.* H$_2$V   optare] gaudere BHG   7 domini] dei HG   8 considerat B consideratione EH$_2$ consideratio SR   praemium SR praemiorum H$_2$   ⌒cond. poss. V   possimus G   10 se *om.* V   depugnare V   11 potuerunt B   quanto]+igitur V   12 apostolorum—debemus *om.* B   gratulari V   quidem *om.* V   14 ⌒semp. lib. H$_2$   etiam *add.* A   propter] per G   15 sustinuerunt HG sustineant V   16 possunt BHG possint V   17 quae] qui G   si pro-] super- B   mortem H$_1$   18 soluitur H$_2$ habemur C   unde] *om.* H$_2$+et nos V   sine] si B   19 gloriatio BR unis B*   et *om.* H   20 maximam H$_2$   limo]+scilicet V   seruis V   21 uocamur *om.* Sd   omnis B*   ⌒saec. glor. (gloriatio B) BHSd   gloria *om.* G   et *exp.* G   23 quis *om.* V   24 geminam B   nec sic] non V   25 his Sd   ⌒quamu. hic HG   desit B   manet] *praem.* tamen HG+tamen V

[et] utrisque corruptio: ibi uero incorruptibilibus corruptibilia [et] aeternis caduca mutantur. 5 *Spes autem non confundit.* Spes futurorum omnem confusionem expellit; unde probatur non habere spem qui in praeceptis confunditur Christi. *Quia caritas dei diffusa est in cordibus nostris.* Magnitudo beneficiorum excitat in se magnitudinem caritatis, quae perfecta confundi et timere non nouit. *Per spiritum sanctum qui datus est nobis.* Quo modo nos [deus] diligat ex hoc cognoscimus, quia non solum nobis per filii sui mortem peccata dimisit sed et spiritum sanctum nobis dedit, qui iam ostendat gloriam futurorum. 6 *Ut quid e[ni]m Christus, cum adhuc infirmi essemus?* Ut quid indebite pro nobis mortuus est, nisi ut manifestaret suam caritatem, cum adhuc peccatorum et scelerum languoribus premeremur? *Secundum tempus.* Secundum tempus infirmi, quo iam defecerat paene iustitia. Siue: Quia in ultimo [tempore] passus est Christus. Siue: ad tempus tridui, ut praedicebatur, est mortuus. *Pro impiis mortuus est.* Uult ostendere quia pro impiis mortuus est, ut ex beneficiorum contemplatione eius gratiam commendaret, et inmerito dilecti quantum eum debeamus diligere demonstrare[t], [et] an tam benefico et sancto aliquit praeponendum sit uideremus, cum ille nobis impiis nec uitam suam praeposuerit nec necessariam nobis denegauerit mortem. 7 *Uix enim pro iusto quis moritur.* Ideo pro iusto difficile

1 cf. 1 Cor. xv 53    7 cf. 1 Ioh. iv 18
17 cf. Matth. xxvi 61; 1 Cor. xv 4 etc.

1 utrisque] et utriusque B utriusque HGV    incorr.] paruis V    corr.] corrupte B corrupta HG magna V    2 et *om.* B    ᵕcaducis aeterna V imitantur B comparantur Sd    confundet SR    3 futurorum omnem *om.* H₂ (+ autem C)    expellit]+praesentium Cas    4 probantur A*    in *om.* Cas 5 christi *om.* Sd    7 confundi] confidit H    et timere *om.* V    8 quo modo] quoniam H₂    deus *om.* A    ᵕdil. deus Sd    diligit H₂    hoc] eo V    9 ᵕmor. fil. s. V    10 et] etiam V    ᵕnob. sp. sa. V    iam *om.* V    11 futuram H₂ quid enim] quidem B    12 quid] quidem B    13 manif.]+nobis V    14 langoribus H₂ Sd^{cod}    premimur H₂    16 ultimo]+mundi Sd    tempore *om.* B 17 ᵕtrid. temp. BHSd triduum temp. G    ut praed. *om.* V    praedicabatur AH₂(—C)    20 inmeriti A in mercato ES indebite VCas    delicti BH(—C* delicto)    ᵕdil. deb. H₂Cas    21 demonstrare B    et] *om.* H₂    aut V aut Cas an tam] tantum B tanto HG si tamVCas    ᵕsancto et benefico V(Cas) beneficio BHGCas    aliq.] aut aliq. E    22 sit] esset A    uideamus V 23 proposuerit H₂    necessar. nobis *om.* VCas    denegaret H₁ negaret G

moritur quia iustus non habet mori: pro morituro enim si
forte moritur alter. *Nam pro bono forsitan quis audeat mori.*
Bonus ipse est qui et iustus: dicit enim alibi 'mandatum iustum
et sanctum et bonum.' forsitan [autem] hoc est, tam facile
5 [quis] audeat, [scilicet] ne illi iniuria sit. 8 *Commendat autem
deus suam caritatem in nobis.* Amabilem facit, cum insinuat
quantum nos diligat. quando enim indebite aliquit praestatur, tunc maxime caritas commendatur. quid enim tam
indebitum quam ut sine peccato dominus pro seruis impiis
10 moreretur, et uniuersitatis conditor impenderetur pro portione
propriae creaturae? *Quoniam [si] cum adhuc peccatores essemus.* Notandum quod plerumque apostolus credentes iam in
Christo fuisse peccatores dicens, iam non esse significet, ut
qualiter se exhibere debeant recognoscant. *Christus pro nobis
15 mortuus est: 9 multo [igitur] magis iustificati nunc.* Si peccatores tantum dilexit, quanto magis iam custodiet iustos!
*In sanguine ipsius salui erimus ab ira per ipsum.* Non animalium [sanguine], sicut in lege. caueamus ergo ne peccando
[eum] pollutum ducamus, sicut dicit ipse apostolus ad He-
20 braeos. 10 *Si enim, cum inimici essemus, reconciliati sumus deo
per mortem filii eius.* Peccatores inimici sunt contemnendo,
sicut dicit apostolus: 'nescitis quia amicitia huius mundi
inimica est deo? quicumque [ergo] uoluerit amicus fieri huic
saeculo, inimicus dei constituitur.' inimici ergo actibus, non
25 natura: reconciliati autem [ideo] quia conciliati naturaliter
fueramus. *Multo magis reconciliati salui erimus in uita ipsius.*
Si per mortem Christi saluati sumus, quanto magis in eius

3 *Rom. vii 12    17 cf. Hebr. xiii 11    19 cf. Hebr. x 29    22 *Iac. iv 4

1 iustus *om.* V    mortuo B iusto H₂    si *om.* H₂GV    2 forte *om.* V    mori]
*praem.* etiam EH₂G    4 et sanctum *om.* Cas    ⌐sanctum et iustum HGV
forsitan—sit *om.* V    autem *om.* B    5 quis *add.* A    scilicet *add.* A    6 ⌐su.
ca. deus AHGVCas (=vg)    nos A*(=vg)    7 quantum] quanto H₂    enim
*om.* VCas    8 enim] ergo VCas    9 indebite E indebitam SR*    10 moreretur
A* moriretur E*SMN*G morietur R*    impenderetur] dignaretur apparere
in homine et contemni BHG    11 si *add.* BV    12 iam in christo *om.* V
13 christum C    significat H₂    15 igitur *om.* BV    iustificati *om.* G
16 iam *om.* H    custodiat MN*    18 sanguine *add.* A    cauemus G
19 eum *om.* B    dicamus H(—F')    dixit H₂    20 deo *om.* Cas    21 iniqui H₂
condempnandi H₂    23 est *om.* A*    quicumque—constituitur *om.* V
ergo] *om.* B    enim HG    esse saeculi huius (⌐huius saeculi G) HG
24 constituetur H₂,G corr. *fort. recte*    25 ideo *add.* A

glorificabimur uita, si eam fuerimus imitati! 11 *Non solum autem* [*hoc*], *sed et gloriamur in deo per dominum nostrum Iesum Christum*. Non solum nobis uita d[on]abitur sempiterna, sed etiam quaedam similitudo per Christum promittitur diuinae gloriae, sicut dicit apostolus Iohannes: 'nondum apparuit quid erimus; scimus quoniam, [cum] apparuerit, similes ei erimus.' *Per quem nunc reconciliationem accepimus.* Hinc ostendere uult propter ea Christum passum, ut qui sequentes Adam discesseramus a deo, per Christum reconcili[ar]emur deo. 12 *Propter ea sicut per unum hominem in hunc mundum peccatum introiit et per peccatum mors.* Exemplo uel forma. quo modo, cum non esset peccatum, per Adam aduenit, ita etiam, cum paene aput nullum iustitia remansisset, per Christum est reuocata; et quo modo per illius peccatum mors intrauit, ita et per huius iustitiam uita est reparata. *Et ita in omnes homines* [*mors*] *pertransiit, in quo omnes peccauerunt.* Dum ita peccant, et similiter moriuntur: non enim in Abraham et Isaac [et Iacob] pertransiit, [de quibus dicit dominus: 'omnes enim illi uiuunt.'] hic autem ideo dicit omnes mortuos quia in multitudine peccatorum non excipiuntur pauci iusti, sicut ibi: 'non est qui faciat bonum, non est usque ad unum,' [et 'omnis] homo mendax.' Siue: In eos omnes pertransiit qui humano [et] non caelesti ritu uiuebant. 13 *Usque ad legem enim peccatum* [*erat*] *in* [*hoc*] *mundo*. [Lex] peccati uindex aduenit, ante cuius aduentum peccatores liberius uel prae-

5 1 Ioh. iii 2    18 *Luc. xx 38    21 Ps. xiii 1 (Rom. iii 12)
22 Ps. cxv 11 (Rom. iii 4)

1 glorificamus G    2 hoc *add*. B    setd A*    gloriemur G    3 dabitur BHG VCasSd    4 ↶prom. per christum Sd    diuina MN    5 apostolus *om*. V ↶ioh. ap. SGCas    iohannis MN*    6 scimus] *om*. H *praem*. sed V    quoniam] quia V    cum *om*. BS    similis SMN*    ei *om*. G    7 huic B hic HG 9 reconciliemur B,N*m*2 reconciliamur RMN reconciliemus G    deo *om*. Cas 11 intrauit AHGVCas (=vg)    exempla B exemplum RH₂    12 ↶esset non B*    etiam] et VCas    13 cum]+iam VCas    14 illas B    15 preparata est B    rep.]+futura non praesens HG    16 mors *om*. BRV    pertransiuit E pertransiet MN    17 peccant] peccantes BGV *fort.recte*    18 et iacob *om*. BS pertransit MN    de—uiuunt *om*. BV    dicitur VCas    dominus *om*. GVCas 20 multitudinem BR    non excip.] nuncupantur B non excipientur H 21 non (*alt*.)—unum *om*. V    et omnis *om*. B    22 omnes]+eos V pertransiet SR 23 et *add*. A    celi R    more A    24 erat *om*. B    hoc *add*. BGV    lex *om*. B    25 peccatores *om*. H₁

sentis uitae longitudine fruebantur. erat quidem ante legem
peccatum, sed non ita putabatur esse peccatum, quia iam
paene obliterata fuerat scientia natura[lis]. *Peccatum autem
non imputatur, cum lex non est.* Quo modo mors regnauit, si non
5 imputa[ba]tur peccatum? nisi subaudias: 'in praesenti' non
inputabatur. 14 *Sed regnauit mors ab Adam usque ad Mosen
et[iam] in eos qui [non] peccauerunt in similitudine[m] prae-
uaricationis Adae.* Siue: Dum non esset qui inter iustum et
iniustum ante distingueret, putabat se omnibus dominari.
10 Siue: Non solum in eos qui praeceptum, sicut Adam, transgressi sunt—hoc est de filiis Noe, quibus iussum est ne animam
in sanguine manducarent, [et] de filiis Abrahae, quibus
circumcisio mandata est—, sed etiam in eos qui sine
praecepto legem contempsere naturae. *Qui est forma futuri.*
15 Siue: Ideo forma fuit Christi quia, sicut Adam sine coitu a
deo factus est, ita ille ex uirgine, spiritu sancto operante,
processit. [Siue, ut] quidam dicunt: Forma a contrario: hoc
est, sicut ille peccati caput, ita et iste iustitiae. 15 *Sed non,
sicut delictum, ita et gratia.* Ne in forma aequalitas putaretur.
20 *Si enim unius delicto multi mortui sunt, multo magis gratia
dei et donum in gratia unius hominis Iesu Christi in plures
abundauit.* Plus praeualuit iustitia in uiuificando quam
peccatum in occidendo, quia Adam tantum se et suos posteros
interfecit, Christus autem et qui erant tunc in corpore et
25 posteros liberauit. hi autem qui contra traducem peccati
sunt, ita illam impugnare nituntur: "si Adae," inquiunt,

11 cf. *Gen. ix 4  12 cf. Gen. xvii 10 etc.  24 cf. 2 Cor. xii 2

1 longitudinem H₁  ante legem peccatum *om.* V  legem]+ex operatione
Cas  2 inputabatur VCas  ↶pecc. esse G  quia]illud quod V  ↶poene iam V
3 oblitterarum B  oblitteratum HGV  fuerat] erat G  scientia] in BHGV
naturalis ACas  4 imputabatur RN*Cas^ed  esset Cas^ed  regnabat H(—S)G
5 inputabatur BHG  7 etiam] et B+et S  non *om.* B  similitudine B
8 non (*om.* A*) esset] quia nemo erat V  iusto MN  9 ini.] iusto M iniusto N
ante tr. *post* se G  dominare E*MN  10 sicut—iustitiae(18) *om.* H₂(*uide
uol.* I, *pp.* 271, 314 *s.*)  12 sanguinem BH₁  et *om.* A  14 futura E
16 sp. sa. op.] et sp. sa. coop. Sd  ↶proc. oper. B  17 siue ut *add.* AG
a]*om.* B* e H₁GCasSd  18 ille] illi E  et *om.* V  sed] nam H(—R)
19 donum AHGVCas (=vg)  20 unius] *praem.* in S  21 donum]+spiritus
sancti V  22 plus praeualuit—imputet aliena (*p.* 47 *u.* 13) *om.* H *et in
alia omnia it (uide uol.* I, *pp.* 35 *ss.*)  in *om.* G  24 autem]+et se V
in *om.* V  25 saluauit Cas  hii BV  26 inpugnari G

"peccatum etiam non peccantibus nocuit, ergo et Christi iustitia etiam non credentibus prodest; quia similiter, immo et magis dicit per unum saluari qua[m] per unum ante perierant." deinde aiunt: "si baptismum mundat antiquum illut delictum, qui de duobus baptizatis nati fuerint debent hoc carere peccato: non enim potuerunt ad filios tra[n]smittere quod ipsi minime habuerunt. illut quoque accidit qu[i]a, si anima non est ex traduce, sed sola caro, ipsa tantum habet traducem peccati et ipsa sola poenam meretur." iniustum esse dicentes ut hodie nata anima, non ex massa Adae, tam antiquum peccatum portet alienum, dicunt [etiam] nulla ratione concedi ut deus, qui propria [homini] peccata remittit, imputet aliena. 16 *Et non sicut per unum delictum, ita et donum.* Sed amplius. *Nam iudicium [quidem] ex uno in condemnationem.* Ex uno [iusto] peccante processit iudicium mortis. *Gratia autem ex multis delictis in iustificatione[m].* Quia non inuenit Adam multam iustitiam quam [suo exemplo] destrueret, Christus autem gratia sua multorum peccata dissoluit, et Adam solam formam fecit delicti, Christus uero [et] gratis peccata remisit et iustitiae dedit exemplum. 17 *Si enim [ob] unius delicto regnat mors ut ab Adam usque ad Moysen, multo magis, abundantiam gratiae et donum iustitiae accipientes in uita[m], regnabimus per unum Iesum Christum.* Qua multa peccata dimisit: et abundantiam donationis spiritus sancti quia multa sunt dona, sed et ipsa iustitia donatur per baptismum, non ex merito possidetur. 18 *Igitur, sicut per unius delictum in omnes homines in condemnationem,*

25 cf. 1 Cor. xii 4

3 decet B    qua B    perierunt AG *Aug.*    4 baptismus *Aug.*    6 posteros *Aug.*    trasmittere B    7 accedit *Aug.*<sup>codd</sup>    quia si] quasi B    11 antiqua peccata p. aliena V    portet] +quam G    asserunt V    etiam *om.* B    12 homini *om.* BGV *Aug.*    dimittit V *Aug.* (*semel*)    13 ⁓ al. imputat B    delictum] peccantem AH(*praem.* hominem ES)GV (=vg) peccatum Cas    14 quidem *add.* BG    15 ex—mortis *om.* V    iusto *add.* BH(—F)G    16 iustificatione BES    17 multum B   suo exemplo *om.* A    18 delicta G    19 ⁓ formam solam G*    20 et (*pr.*) *om.* B    exem.] +uiuendi V    21 ob unius *scripsi*] unius AH₁GCas omnibus B in unius H₂V (=vg)    regnat—moysen] mors regnauit per unum (+hominem V) AHGVCas (=vg)    22 donum] donationis et AHGVCas (=vg)    23 uita BHVCas<sup>cod</sup> (=vg) regnabunt AHGVCas (=vg)    24 qua] quam BG *praem.* habundantia gratiae V    demisit A* habundantia EV    25 sed et ipsa] ipsa enim BHG et ipsa V    27 in (*pr.*) *om.* ESG

*sic et per unius iustitiam in omnes homines in iustificatione*[m]
[*uitae*]. Mors regnauit: subauditur "ita et per iustificationem
gratia regnauit." 19 *Sicut enim per inoboedientiam unius
hominis peccatoris constituti sunt plurimi, ita et per unius
oboedientiam iusti constituentur multi.* Sicut exemplo inoboedientiae Adae peccauerunt multi, ita et Christi oboedientia iustificantur multi. Grande ergo crimen inoboedientiae
est, quod tantos occidit. 20 *Lex autem subintrauit, ut abundaret delictum.* Ne dicerent "sed nobis lex peccata dimisit,"
"non," inquit, "uenit dimittere, sed demonstrare delicta, et
dum scienter peccatur, coepit abundare delictum; quasi [si]
diceret, ut uideo, lex peccata non abstulit, sed adiecit, non
tamen suo uitio, sed illorum." subintrauit' autem,—hoc est,
subito intrauit—, et ita contigit ut abundaret delictum. *Ubi
autem abundauit delictum, superabundauit gratia.* Sicut ait
saluator: 'cui plus dimittitur amplius diligit.' Manifes[ta]ta
est enim quantitas peccati, ut sciretur gratiae magnitudo et
redderemus competens debitum caritatis. 21 *Ut, quem ad
modum regnauit peccatum in mortem, ita et gratia regnet per
iustitiam in uitam aeternam, per Iesum Christum dominum
nostrum.* [Ut,] sicut abundanter confirmatum est regnum
peccati per contemptum legis, ita et regnum gratiae confirmetur per multorum remissa peccatorum et indesinentis
deinceps iustitiae actionem. 1 *Quid ergo dicemus? permanea-*

16 *Luc. vii 47     23 cf. Eph. i 7 etc.

1 et *om.* G    in (*pr.*) *om.* G    iustificatione B    2 uitae *om.* A    ita—
regnauit *om.* V    3 gratię G    regnabit H₂    inobaud. V    4 peccatores
AHGVCas (=vg) *fort. recte*    plurimi] multi AHGVCas (=vg)    5 oboeditionem ARH₂Cas (=vg) obauditionem V    constituuntur HCas constituiun-
tur G    6 oboeditione Cas    7 ergo] enim BE *om.*Cas    inoboedientia
H(—C)GV    9 dic.]+iudaei Sd    sed *om.* Cas    peccatum HG    10 dim.]
*praem.* peccata Sd    monstrare H₂Cas    11 coepit *tr. ante* dum V    quasi]
ac Sd    si *om.* BMFCas    12 peccatum HG    minuit Cas    13 autem *eras.* E
14 et *om.* H₂    15 peccatum CasD *fort. recte*    superhabundabit G    16 dimittitur—actionem (l. 24) *om.*H₂(*uide uol.* I, *pp.* 271, 314 *s.*)    amplius] plus
GV½Cas    manifesta BSSd    17 enim] autem B *om.*Cas    ∽ scirent
magnitudinem gratiae VCas    multitudo G    18 redderemur A redderent VCas    comp. deb.] magnitudinem VCas    quem ad modum] sicut
AH₁GVCas (=vg)    19 morte GV (=vg)    et *om.* G    21 ut *om.* BH₁G
abundanter *om.* VCas    22 cont.] conceptum B    23 indesinenter ES
indesinentes RG    24 actiones R *corr.*,G    dicimus H(—C)G    per-
manebimus AHGVCas (=vg)

*mus in peccato, ut gratia abundet? 2 absit!* Ne non intellegentes
dicerent: "si gratia crescit in magnitudine delictorum, peccare
debemus, ut possit magis ac magis gratia abundare." absit!
ego de illis dico quos ita fides inuenit, non de nobis qui iam
mortui sumus peccato, ut gratiae uiueremus. *Nam qui mortui
sumus peccato, quo modo iterum uiuemus in illo?* Uult tam
firmum esse baptizatum tamque perfectum [, quasi qui
quodam modo peccare non possit]. 3 *An ignoratis* [, *fratres*]?
Aut numquit nescitis ipsum baptismatis sacramentum?
*Quoniam quicumque baptizati sumus in Christo Iesu.* Tribus 10
modis baptismum accipitur in scripturis, aquae, spiritus
sancti, qui et ignis est appellatus, et sanguinis in martyrio,
de quo saluator [noster] dicebat: 'baptisma habeo baptizari.'
*In morte ipsius baptizati sumus.* Ut illi commoreremur in
baptismo. 4 *Consepulti enim sumus per baptismum cum illo in* 15
*mortem, ut, quem ad modum Christus surrexit a mortuis per*
*gloriam patris, ita et nos in nouitate uitae ambulemus.* Ostendit
nos propter ea ita baptizari, ut per mysterium consepeliamur
Christo, criminibus morientes et renuntiantes pristinae uitae,
ut, quo modo [pater] glorificatur in filii resurrectione[m], ita 20
et per nostrae conuersationis nouitatem ab omnibus honoretur,
ut ne signa quidem ueteris hominis agnoscantur in nobis.
nec enim aliquit uelle aut cupere debemus, quod uolunt aut
cupiunt qui nondum sunt baptizati, et quicumque athuc
ueteris uitae erroribus implicantur. 5 *Si enim complantati* 25

11 cf. Luc. iii 16; Act. i 5    ' 13 Luc. xii 50    22 cf. Rom. vi 6

2 crescet Cas    3 ↶ mag. poss. G    magis ac magis *tr. post* gratia V
4 qui] quia SRN    5 gratia H(—C)    ↶qui enim AHGVCas (=vg)
6 iterum] ad(t A*)huc AHGVCas (=vg) amplius Sd uiuimus SRMNG    eo Sd
7 baptismum R    -que *om.* G    quasi—possit *om.* BH(—C ut quasi mortuus
pec. non pos.)    8 quodam modo *om.* GVSd    an] *praem.* LECTIO LEGENDA
IN SABBATO PASCHA S    fratres *om.* AH(—R)GVCas (=vg)    9 ↶sacr. ips.
baptismi(-atis Cas) ignoratis VCas    ↶sacr. bapt. H    10 quia AHGCas
(=vg)    estis H₁    11 ↶acc. bapt. B    aquae]+et H    12 ↶app. est H
sanguis RH₂(—C)G    13 de quo] unde VCas    noster *add.* AG    baptismo
H(—S baptismum, R —a)V    14 conmoriamur BE conmoritur S conmore-
mur R    15 ↶cum illo per bapt. ARH₂GVCas (=vg)    cum illo *om.* ES
16 morte SMN*V    quo modo AHGVCas (=vg)    ↶surr. chr. ACas (=vg)
18 nobis H₂    19 ↶mortui crim. V    20 pater *om.* B    ↶gl. pa. VCas per
resurrectionem filii VCas resurrectionem B    21 ↶conu. nost. VCas nouitate
EMV    honoremur R    22 ut] et V    23 enim *om.* V    cupire SRMN*
24 et] aut R    quicumque adhuc *om.* V    ↶ueteris adhuc H₂    25 ↶uit. uet. V

SP.II                                                            4

[*facti*] *sumus similitudini mortis eius, simul et resurrectionis
erimus.* Si consepulti sumus nunc, et tunc resurrectionis eius
poterimus esse participes, et, si fuerimus noui et immutati
[in] conuersatione, similiter noui et immutati erimus in gloria.
6 *Hoc scientes quia uetus homo noster.* Qui ueterem hominem
terrenum Adam imitando peccabat. *Simul confixus est cruci.*
Per baptismum te cum Christo cruci fixum intellege, qui
membrum de corpore eius effectus es. et ille quidem innox-
ium corpus adpendit, ut [tu] noxium suspendas a uitiis, in
quo mysterio Moses serpentem aereum in deserto suspendit.
*Ut destruatur corpus peccati, ut ultra non seruiamus peccato.*
Hoc est, ut omnia uitia destruantur, quia unum uitium membrum est peccati, omnia corpus. Christus enim, non ex parte,
sed integer est cruci fixus. Siue: Ut corpus nostrum destruatur a seruit[ut]e peccati, et fiat iustitiae mancipium quod sole-
bat esse delicti: 'omnis' enim, 'qui facit peccatum, seruus est
peccati.' 7 *Qui enim mortuus est, iustificatus est a peccato.*
Hoc est, alienatus est a peccato: mortuus enim omnino non
peccat. ita et 'qui natus est de deo, non peccat': cruci fixus
enim, omnibus membris dolore occupatis, peccare uix poterit.
8 *Si enim mortui sumus cum Christo, credimus quia* [*simul*]
*etiam uiuemus cum illo.* Si commortui non sumus, nec conuiuemus, quia eius non sumus membra. 9 *Scientes quod
Christus surgens ex mortuis iam non moritur: mors in eum iam
non dominabitur.* Ita et nos, si hic uoluntate mortui fuerimus,
secundam non timebimus mortem. Siue: Iam non potestis

    8 cf. Eph. v 30  10 cf. Ioh. iii 14  16 Ioh. viii 34
    19 *1 Ioh. iii 9  26 cf. Apoc. ii 11 etc.

 1 facti *om.* B  2 si]+enim H₂ si con-] sic non B  nunc *om.* V ◡ tunc
et V eius *om.* V  4 in (*pr.*) *om.* B  simul B  6 peccabant Cas crucifixus
est AHGVCas (=vg)  7 ◡ cum christo te Sd cum christo *om.* E  christo]
*om.* SR* christum R corr.(?),V  qui] quia unum V  8 eff.] factus Sd
illi SRN*  9 appendet ES tu *om.* BSd  noxium] obnoxium V  10 aeneum
SC diserto B  13 corpus]+totum HG  enim] autem Cas  14 est *om.* H₂
noster MN*  15 seruite B et] ut GSd  manc.—delicti *om.* V  16 omnis
e.q.] q.e. V  18 al. est] alienatur G alienatus V -ato]-ata G  19 ita
—peccat *om.* M fixus]+est G  20 occupatus G  21 enim] autem
ARH₂GVCas (=vg) simul *om.* B  22 uiuimus H(—EC)  illo] christo
HVCas (=vg)  conuiuimus R*MN*  24 ex] a GCas in eum] illi
AHGVCas (=vg) iam] ultra AHGVCas (=vg)  25 sic Cas haec B ◡ fu.
uol. mor. V  26 secundum R*N tenebimus MN

VI 13]        IN ROMANOS        51

iterum baptizari, quia Christus non potest pro uobis iterum
cruci figi, sicut dicit ad Hebraeos: 'inpossibile est eos qui semel
inluminati sunt,' et cetera, quibus non paenitentiam negat,
sed iterationem baptismi diffitetur. 10 *Quod enim mortuus
est peccato, mortuus est semel.* Quia 'ipse peccata nostra por- 5
tauit' et pro nobis doluit, ne de cetero peccaremus. *Quod
autem uiuit, [uiuit] deo.* Uiuit in gloria deitatis. 11 *Ita et uos
existimate mortuos uos quidem [esse] peccato, uiuentes autem
deo in Christo Iesu.* Quasi membra eius, semel uos scitote
commortuos, debere iam semper uiuere deo in Christo, in 10
quo uita nostra absconsa est aput deum, quem induti eius
sequamur exemplum. 12 *Igitur non regnet peccatum in uestro
mortali corpore, ad oboediendum illi.* In corpore mortali uiuite
ut immortales: quo modo [autem] regnet in corpore peccatum
exposuit, per oboedientiam scilicet et consensum. 13 *Sed neque* 15
*exhibeatis membra uestra arma iniquitatis peccato.* Unum quodque membrum, si officium suum in malos usus uerterit, arma
iniquitatis efficitur ad iustitiam expugnandam. simul notandum quod homo membra [sua] cui uelit parti exhibeat per
arbitrii libertatem. *Sed exhibete uos deo, tamquam ex mortuis* 20
*uiuentes.* Tamquam qui iam resurrexeritis, quia tunc nec
carnaliter uiuitur nec peccatur. *Et membra uestra arma*
*iustitiae deo.* Ut oculus qui ante uidebat ad concupiscendum,
[nunc uideat nudum ad uestiendum]. sic [etiam de] reliquis

  2 *Hebr. vi 4      5 *Esai. liii 4      10 cf. *Col. iii 3
  11 cf. Rom. xiii 14; Gal. iii 27    23 cf. Mt. v 28    24 cf. Mt. xxv 38 etc.

1 christus *om.* V    2 haeb. A*    3 ↶sunt inl. CasSd cetera] contra B
non]iam MN* iam non C,R corr.    negant MN*    4 iteratione MN*    deffitetur
MNSd diffidetur V interdicit Cas    quod] qui Sd    6 ne]+nos V    7 uiuit
(*alt.*) *om.*B    gloriam H(—RN)    8 ↶uos mort. AHGVCas (=vg)    quidem *om.*V    esse *om.* B    10 cum mortuos ENF*    iam *om.*V    11 abscondita
HCas    dominum H₂    quem] quo A christum (↶ind. chr.) V    12 sequentes
V    ↶non ergo AH₂GVCas (=vg) non enim H₁    13 ad oboed. illi] ut
oboediatis (obaud. —V) concupiscentiis eius AHGVCas (=vg)    14 ut *om.* H₂
quo] praem. et HG    autem *om.* BHGVCas    regnaret BHG    ↶pecc. reg. V
↶in corp. pecc. reg. Cas    ↶pecc. in corp. HG    15 inobedientiam C
17 officio suo H₁    malis M*N*    usos SR*    uerteret MN* conuerterit Cas
18 simul *om.* V    19 sua *om.* B    uellit H(—C)G    parte H(—EC)    ↶parti
uelit V    21 qui *om.* H₂Cas    resurrexistis H₁    22 peccato H
24 nunc—uestiendum *om.* B    uideant SR*    ↶ad uest. nudum H₂    sic—
aduerte] et omnia membra similiter V    etiam *om.* BHG    de *om.* B

4—2

membris aduerte. 14 *Peccatum, inquit, non dominabitur in uobis: non enim estis sub lege.* Non uos uincet peccatum: non enim estis paruuli, sed perfecti, quasi pedagogus puero [dicat]: "noli facere uitium sermonis: non enim [athuc] audis grammaticum, sed oratorem." Siue: 'Non [dominabitur' pro 'non] debet dominari.' *Sed sub gratia.* Gratia[m] uincendi et doctrinam praebuit [et] exemplum [, insuper et uirtutem per spiritum sanctum]. 15 *Quid ergo? peccabimus, quoniam non sumus sub lege, sed sub gratia?* Ne dicerent: "ergo, cessante uindicta legis, impune peccabimus." *Absit!* Si peccatis, sub gratia non eritis. 16 *Nescitis quoniam cui exhibuistis uos seruos ad oboediendum, serui estis eius cui oboedi[s]tis, siue peccati [in mortem] siue oboeditionis iustitiae?* Si uolueritis peccatis seruire, incipi[e]tis legis sententiae subiacere, quae uindicat in peccantes: si autem iustitiae oboedieritis, non estis sub lege, sed sub gratia. 17 *Gratias autem deo quod fuistis serui peccati[s].* 'Fuistis,' inquit, non 'estis.' *Sed oboedistis ex corde.* Hoc est, fideliter. *In ea forma doctrinae in qua[m] traditi estis:* 18 *nunc uero liberati a peccato, serui fac[ti] estis iustitiae.* In doctrin[a] e[t] exemplo Christi, qui non solum peccata sed etiam occasiones auferri docuit delictorum. 19 *Humanum dico propter infirmitatem carnis uestrae.* si[cut] *enim exhibuistis membra uestra seruire inmunditiae et iniquitati ad iniquitatem, ita*

3 cf. Gal. iii 24, 25

1 inquit] enim AHGVCas (=vg) ↶in (*om.* RCas=vg) uob. non dom. ARGVCas in uob. non dominetur H(—R) 2 ↶sub lege estis AVCas (=vg) uincit MV uincat CCas 3 quasi]+si H(—E)GV *fort. recte* 4 dicat *add.* AFG,V(↶dic. ped. pu.),CasSd sermonis *om.* V athuc *om.* BVCas$^{cod}$ audies G ↶gr. aud. V 5 siue] sibi H$_2$ dominabitur pro (*om.* Cas) non *add.* AGCas 6 gr. (*alt.*)] gratiam AE 7 et (*pr.*) *add.* ACGVCas insuper— sanctum *add.* AG(Cas) 8 peccau. H(—C)GV(=vg) quia Cas non *om.* G 9 deficerent V 10 peccauimus BESV peccastis MN peccetis G 11 ↶non estis sub gr. G estis HG nesc.] *praem.* an Cas exhibetis AHVCas (=vg) 12 oboeditis AERM (=vg) 13 in mortem] *om.* AHGV (=vg) ad mortem RCas oboedit.]+eius E iust.] ad iustitiam HGCas (=vg) 14 incipitis A ↶sent. leg. HG 15 autem] enim H$_2$ 16 peccatis B peccati *rell.* 17 non] *praem.* sed HG sed oboed.] oboed. autem AHGVCas (=vg) corde]+ex corde dicit HG 18 eam formam ABSCGVCas (=vg) qua BHGVCas (=vg) 19 nunc uero lib.] lib. autem AHGVCas (=vg) a *om.* A* fac A 20 doctrina et] doctrine B 21 auferre H 22 si] sicut AHGVCas (=vg) 23 inmunditiae] iniustitiae G

*nunc exhibete membra [uestra] seruire [iustitiae] in sanctificationem.* Humanum dico, quia nondum ad plenum potestis audire 'diuinum.' cum enim multo magis debeatis seruire iustitiae quam peccato ante seruistis, ego tamen concedo infirmitati uestrae ut tantum iustitiae seruiatis. Siue: Ita humana etiam 5 ratione digna loquor, quod omnes mecum sentire possint, et nullus abnuere. ['exhibuistis membra uestra' ideo dicit,] quia quitquit anima carnaliter [e]gerit, carni deputatur; si autem caro spiritale opus faciat, totus homo efficitur spiritalis: aut ita ut est illut: 'corpus quod corrumpitur adgrauat animam.' 10 nos [sane] exhibuimus membra nostra seruire peccato, non, sicut Manichaei dicunt naturam corporis insertum habere peccatum. 20 *Cum enim essetis serui peccati, liberi eratis iustitiae.* Hoc est, in nullo ei penitus seruientes, ita et nunc liberi estote ab omni peccato. 21 *Quem ergo fructum habuistis* 15 *aliquando [in his] in quibus nunc erubescitis? nam finis illorum mors est: 22 nunc uero liberati a peccato, serui autem [facti] deo.* Nullus sine dubio fructus est in ea re quae per paenitentiam erubescitur. omnis enim qui cognoscit bonitatem, in pristinis actibus erubescit: quicumque autem iustitiam erubescit, 20 fructus eius ignorat. ergo qui peccant nec in praesenti aliquem fructum habent, et mortem perpetuam in futuro percipiunt: qui uero seruiunt deo, et in praesenti fructum habent, donum spiritus sancti, et in futuro uitam aeternam. Aliter: Qualem

10 Sap. ix 15    21 cf. Hebr. xii 11

1 uestra *om.* B    iustitiae] *om.*B iustificatione G    2 dum ad plenum *om.*VCas    potestis]+adhuc Cas    3 debetis H₁    ⌒iust. deseruire V    5 ue] uel V    ita]+etiam G    humane B humanę SR *fort. recte*    etiam] iam HG *om.* Sd    6 rationi B,N corr. *fort. recte*    loquar G sentiri G    possent H(—C)    7 exhibuistis—dicit *om.* BHV    8 animae V egerit] gerit BHG fecerit Cas    carni] carnaliter H    deputetur G    9 aut ita *om.* E    11 sane *om.* BHGV    ⌒pecc. seru. V    12 sicut—peccatum] ergo corpus per se ipsum malum est, ut manichei delirant V    incertum B 13 ⌒serui essetis AHGVCasSd (=vg)    peccato Sdᵉᵈ    fuistis A (=vg) 16 aliquando B tunc *rell.* (=vg)    in his BSSd] *om.* AHGVCasᵉᵈ (=vg) in illis Casᵉᵈ    17 facti *om.* B    18 fractus B    quae] quāSquaRCquiaM*N 20 actionibus B    ⌒erub. iust. BH(ueritatem [+et R corr.] iust. R)GV 21 fructum E    in] hi V    praesente MN    22 perc.] percipient E *om.* V 23 ⌒deo seru. B    deo] domino E    habent]+et G    24 ⌒sancti spiritus G sancti *om.* H₁    et *om.* SR*    in—aeternam] finis illorum uita est sempiterna V (*cf.* Cas)    futuro] futura E futurū SR*    aliter—est *om.* H₂    qualem]+ergo V

fructum in actione illius rei habuistis, in cuius etiam recorda-
tione uerecundia est? *Habetis fructum uestrum in sanctificatione, finem uero uitam aeternam.* Hoc ipsum iam fructus est
quod uiuitis sanctificati per baptismum. 23 *Stipendium enim*
5 *peccati mors* [*est*]. Qui peccato militat, remunerationem
accipi[e]t mortem. *Gratia autem dei uita aeterna.* Non dixit
similiter: 'stipendia iustitiae,' quia non erat ante quam
remuneraretur in nobis: non enim nostro labore quaesita est,
sed dei munere condonata. *In Christo Iesu domino nostro.*
10 [In Christo] e[s]t siue gratia siue uita. 1 *An ignoratis, fratres?
scientibus enim legem loquor, quia lex dominatur homini* [*in*]
*quanto tempore uiuit.* Hinc incipit difficultatem legis ostendere,
ut illos hortetur ad gratiam sine eius timore transire. ['quanto
tempore uiuit':] homo siue lex homini[s]. 2 *Nam quae sub uiro*
15 *est mulier, uiuente uiro ligata est legi: si autem fuerit mortuus
uir* [*eius*], *soluta est a lege uiri.* Per conparationem, legis
mandatum uirum appellat, [et plebem uel animam mulierem,]
ut ostendat legem sine effectu uindictae quasi mortuam nobis
iam mortificatis impedire non posse quo minus ex integro
20 ad Christum, qui resurrexit a mortuis, transeamus, quae
merito nobis uiueret, si inueniret quod punire posset in nobis.
3 *Igitur, uiuente uiro uocabitur adultera, si fuerit iuncta alteri
uiro: si autem mortuus fuerit uir eius, liberata est a lege* [*uiri*]
[*ita*] *ut non sit adultera, si fuerit cum alio uiro.* Quam diu uiuit

1 actionem eius V  rei *om.* Cas  recordationem ER  2 sanctificationem
ER*NCas (=vg)  3 fructum B  4 quia V  uiu.]+sanctae V (*fort. recte*)
uiuetis H₁  stipendia AHGVCas (=vg)  5 est A*, *om. rell.* (=vg)
peccato] peccatis B  ⌢ mil. pecc. VCas  remun.] mercedem Cas
6 accipit BH₁NCVCas (*fort. recte*) accepit MN*  dei *om.* H₂  uitam
eternam B(E)SMN*  7 erat] est H₁  ante quam] antique M (*corr.* tanti
quae m2) anti⁂ (ante quę [?] m2) N ante quod C ante que G  8 remuneretur
ERM remuneratur NG  10 in christo *om.* BHG  est] et B  sine *utrobique*
MN  11 enim *om.* A*  dom. hom.] in homine dom. AHGVCas (=vg)
in *om.* AHGVCas (=vg)  12 hic SR  13 gloriam N  ⌢ eius sine G  eius
*om.* Cas  quanto—uiuit *om.* BV  14 lexex A*  hominis] homini ABH₁GV
15 ligata est *bis* B alligata est AHGVCas (=vg)  ⌢ mort. fu. AHGVCas
(=vg)  16 eius *om.* AVCas  per *om.* H₁  17 et—mulierem *om.* BHSd
uel animam *om.* V  18 uindictae]+legis G *om.* Cas  20 quae] qui BH₂
et que (*corr.* quo) G  21 punire posset] puniret VCas  posset] possit HSd
22 iuncta alteri] cum alio AHGVCas (=vg)  23 uiri *om.* AVCas  24 ita
*om.* AHGVCas (=vg)  quam] *praem.* igitur H₂  uiuit uir] uiuitur V

uir, tam diu illi secundum eius solius necesse est uiuere
uoluntatem: cum autem illo mortuo alii uiro mulier fuerit
copulata, iam non illi secundum prioris [sui] uiri consuetudinem est uiuendum. 4 *Itaque, fratres mei, et uos mortificati
estis legi.* Noluit iuxta comparationem legem illis dicere 5
mortuam, sed quod inter Iudaeos dicere non audebat, intel-
lectui dereliquit. *Per corpus Christi.* Commoriendo Christo,
qui 'damnauit peccatum in carne.' *Ut sitis alterius.* [Sub-
auditur: 'uiri']. *Qui ex mortuis resurrexit* [*uiri*], *ut fructificemus
deo.* Ille deo fructificat qui in operibus iustitiae in pomorum 10
modum primitus [in carne est qui uoluptate carnis ducitur et
legi dei oboedire prohibetur, quia non potest duobus dominis
seruire. nunc autem gratia sancti spiritus docti passiones
uincere, in carne non sumus, quia mortui sumus legi, quae
doctrinam gratiae non continet] in flore[m erumpit], deinde 15
in fructu[m proficit], postremo ad summam peruenit maturi-
tatem: nullus enim fructus semper in flore est. [seruitus noua
est non diligere mundum neque ea quae in mundo sunt, et
carnis curam non facere in concupiscentiis. lex enim bona
terrae promittens, nouerit nutrire amatorum carnis desideria. 20
iuste autem discipuli Iesu legi mortui sunt qui mundo
abrenuntiauerunt.] 5 *Cum enim essemus in carne, passiones
peccatorum quae per legem erant operabantur in membris
nostris.* Cum essemus in carnali conuersatione [uerbi gratia],
passio concupiscentiae operabatur in oculis, et [in] ceteris 25

7 cf. 2 Tim. ii 11    8 Rom. viii 3    12 cf. Matth. vi 24
18 cf. 1 Ioh. ii 15    19 cf. *Rom. xiii 14    25 cf. Matth. v 28

1 illi] ei Cas   solius *om.* Cas   necesse est uiuere] uiuendum est G    2 illi
G* alii] alio BH   mulier *om.* GV   3 iuncta Cas   ei Cas   sui *om.* BHGVCas
4 est] illi G    5 uoluit G   iustam ERMN iusticiam S   ↶dic. illis V
6 inter iud.] interius eos E   audebant G*    7 derelinquit H₂ nostro
reliquit Sd    8 subauditur uiri *om.* BVSd   subauditur *om.* HG    9 ex]
a F   uiri *add.* B   fructificaremus BHGVCas (=vg)    10 ille—est (17) *om.* H
↶fr. deo Sd    11 in carne—continet *paulo corruptius* B,HG (*post p.* 56, *u.* 2)
*om.* AVCas   uoluntate H    12 legem H₁    13 doctrinam B    14 ↶non in
carne H₂    15 flore B   erumpit *om.* BVSd   deinde]+operibus Sd    16 fructum
(m *exp.*) B fructu V   proficit *om.* BGVSd    17 seruitus—abrenuntiauerunt
B,GH (*post* p. 56, l. 6) *om. rell.*    18 ↶sunt in mundo HG    20 ↶nutrire
nouit HG   amatorem H₂   ↶des. carnis G    21 legi mortui] legimus tui H₂
qui] quoniam H₁    22 renuntiauerunt G    23 peccatores G*    24 uerbi
gratia *om.* BHGVCasSd    25 operabantur B   in (*alt.*) *om.* ACas

membris ceterae passiones, quae tamen per legem ostendebantur esse peccata. *Ut fructificarent morti.* Ut nos legis seueritas interficeret. 6 *Nunc autem soluti sumus a lege mortis in qua detinebamur.* Morientes peccato de quo detinebamur a lege. *Ita ut seruiamus in nouitate spiritus, et non in uetustate litterae.* Spiritalis gratiae praeceptis, non litterae legis. 7 *Quid ergo dicemus? lex peccatum est?* Quia ab ea se per mortem dixerat esse solutum. *Absit!* [Hoc facit] contra Manichaeos. quod [si] dixerint: "timuit scandalum," [respondendum est: "si] semper [ergo] timuit et numquam contra legem locutus est, unde [ergo] uos audetis quod ille non fecit?" *Sed* [*ego*] *peccatum non cognoui nisi per legem.* Hinc in persona eius hominis loquitur qui legem accipit, id est, qui primum dei mandata cognoscit, cum consuetudinem habeat delinquendi. *Nam concupiscentiam nesciebam nisi lex diceret: 'non concupisces.'* Non dixit: 'non habebam' aut 'non faciebam,' sed 'nesciebam,' hoc est nesciebam concupiscentiam esse peccatum. 8 *Occasione ergo accepta peccatum per mandatum.* Hic peccatum diabolum uidetur appellare, sicut [et] in Apocalypsi nominatur, scilicet ut auctor peccati. dicit ergo quod occasio mandati, quod excusationem ignorantiae abstulit, grauius eum fecerit quam ante peccare, sicut omnis inuidus agit. tunc magis occasionem nocendi amplectitur, quando aliquid committitur ei cui ille molitur insidias. *Operatum est in me*

16 ex Aug. *c. Simplic.* qu. 1, § 2      19 cf. *Apoc. vi 8 (?)

2 ⌒seu. legis B      3 mortis] morientes AVCas⁽ᵈ⁾ (=vg)      4 quo AV (=vg) de] in BHGV      5 ut *om.* ES      6 spiritales V      non] et non HG
7 dicimus ESMN      se per] semper H₁C*NG      ⌒dix. mor. G      mortem]
+christi F      8 solutam C*      hoc facit ACas] *om.* BHGV      9 si *om.* B
respondendum est si A(Cas)] *om.* BHGV      10 ergo *om.* A      11 ergo
*om.* A      auditis SRGV audistis EH₂      ⌒non fecit ille H₂      sed] nam V
ego *om.* AHGVCas (=vg)      12 hic H₁      13 accepit BHG      ⌒mandatum dei G      14 cum] *om.*MN qui C      habea[n]tur MN habebat C
15 ⌒diceret lex G      concupiscis V      17 ⌒conc. nesc. V      conc. *om.* Cas
18 occa[n]sionem H      ergo BSd] autem AHGVCas (=vg)      acceptam H
19 uidetur appellare] appellat BHGV      et *om.* BHGV      apocalypsin H₁V
20 ⌒ut scilicet V , ut] *om.* H aut G      dicit ergo] et dicit V      quod V, *hic om. rell.*      21 occasio F occa[n]sionem AHG occasione BV      22 eum] enim AN*      omnis *om.* VCas      inuidus] qui inuidet Cas      agit *om.*
HVCas      23 ampl.] accepit V accipit Cas      al. comm. ei] illi al. comm. V
24 ei] et B      ille *om.* V

*omnem concupiscentiam.* [Omnem] quae fuerat [a] lege prohibita. *Sine lege enim peccatum mortuum erat.* Paene lex in obliuionem ierat naturalis, quae [prius] suggerebat quid esset peccatum. idcirco lex litterae superducta est ut commemoraret oblitos. 9 *Ego autem uiuebam aliquando sine lege.* Quasi iustus et liber uiuere me putabam. Siue: [Interim] uel in praesenti uiuebam. *At ubi uenit mandatum.* In fine[m pro] obliuionis recognitum est peccatum adueniente mandato, ut omnis qui illut fecerit, mortuum se esse cognoscat. *Peccatum reuixit.* Quia uixerat per scientiam naturalem et mortuum fuerat per obliuionem, ideo dicitur reuixisse per legem. 10 *Ego autem mortuus sum.* Quia iam sciens praeuaricaui. *Et inuentum est mihi mandatum quod erat in uitam, hoc esse in mortem.* Quod custoditum proficiebat ad uitam, neglectum duxit ad mortem. 11 *Nam peccatum occasione accepta per mandatum seduxit me et per illut occidit [me].* 12 *itaque lex quidem sancta et mandatum sanctum et iustum et bonum.* Contra impugnatores legis et contra eos qui iustitiam a bonitate secernunt, lex [et] bona et sancta dicitur et gratia iusta: 'nisi enim abundauerit iustitia uestra.' sed et deus non numquam in Uetere bonus et in Nouo dicitur iustus: 'pater iuste,' ait dominus. hoc contra Marcioni[s]tas. 13 *Quod ergo bonum est, mihi mors est? absit!* Non mihi ipsa causa mortis exsistit, sed ego qui peccando inuenio

20 Matth. v 20     21 cf. Ps. lxxii 1 etc.     22 Ioh. xvii 25

1 omn. (*alt.*) *om.* BHG    lege] a lege B    2 ⸍ lex poene V    3 obliuione H (—E)G½    erat H₁CG½Cas gerat MN*    prius *om.* BHGVCasSd    ostendebat Cas    4 esset] sit H₁    ⸍ litere lex G½    supra dicta Sd    5 oblitus BSMN ⸍ sine leg. [+ christi *s.l.* G] aliq. AHGVCas^{cod} (=vg)    6 uiuerem A* interim *om.* BHGV    7 at ubi uenit] sed cum uenisset (uenit V) AHGVCas½ (=vg)    fine] finem pro B finem H₂    8 mandatum H₁    9 illum H(—C)V 10 qui H₂ per *inc.* ℜ    ⸍ nat. sci. HG    11 idcirco Sd    12 quia] qui ℜ iam *om.* ℜH    ⸍ praeu. iam sci. Cas    13 in] ad AHGVCas (=vg)    uita ℜ 14 in] ad AHGVCas (=vg)    morte ℜ    15 ⸍ ad mor. dux. G perduxit Cas    occa[n]sionem SR*N*    16 me (*alt.*)] *om.* AHGVCas (=vg) 17 quidem *om.* H₂    19 ⸍ et lex V    et *om.* BRF    ⸍ sancta et bona BHGVCas    20 gratia *om.* E    enim] inquit HG    iustitea A*    21 uetere] ueteri BEH₂GCas + testamento CCas    et *om.* V    ⸍ iust. dic. G    22 pater] *praem.* et G, sicut ait saluator V, ut est illud Cas    iusti ES    marcionistas ℜH₁Cas martionistas B,E (s *pr. exp.*)+hic locus facit HG    23 bonum *hic desinit* ℜ    mors est] factum est (*om.* est V) mors AHGVCas (=vg) factum mors est Sd^{cod}    24 ⸍ ext. mort. G    ex[s]titit BHGVCas    sed *inc.* ℜ

mortem. *Sed peccatum, ut appareat peccatum, per bonum mihi operatum est mortem.* Per bonam legem reuelatur peccatum et ab ipsa punitur. *Ut fiat supra modum [ipsum] peccatum delinquens per mandatum [legis].* Ante legem modum habebat
5 per ignorantiam: supra modum est cum scienter admittitur. 14 *Scimus autem quia lex spiritalis est.* Quae spiritalia mandat. [nunc ex persona eius qui aetatem legitimam habet sermo profertur. qui enim dicit quia lex spiritalis est, se ipsum condemnat propria uoluntate peccantem. unde adiecit: 'ego
10 autem carnalis sum uenundatus sub peccato.' ostendit quia cum esset liber, ipse se uenundauit peccato. quid enim iterum dicit?] *Ego autem carnalis sum.* Ego, quicumque legem accipio et carnaliter uiuere consueui. *Uenundatus sub peccato.* 15 *quod enim operor non intellego: non enim quod uolo, [hoc]*
15 *ago, sed quod odi, illud facio.* [Uenundatus quasi] propositus peccato, ut, si consilium eius accepero, ipsius seruus efficiar, sponte memet ipse subiciens; et iam quasi inebriatus consuetudine peccatorum, ignoro quid facio: 'quod enim operor, non intellego.' Siue: Ita pronuntiandum: e[r]go non intellego
20 malum esse quod [quodam modo] inuitus admitto. 16 *Si ergo quod odi, illut facio, consentio legi [quoniam bona].* Si ipsum malum nolo facere quod committo, utique cum lege sentio, quae mala et non uult et prohibet. potest autem et ita intellegi: Si pecco, [se]ueritati legis me ipse subicio. 17 *Nunc*
25 *autem iam non ego illut operor.* Ante consuetudinem ergo

16 cf. Ioh. viii 34

1 bonam] bonum E   2 operatus B*   legis ES legi N   apparet VCas
3 ab *om.* A*      super ℜ    ipsum *om.* AHGVCas (=vg)   ᴖpeccans(t A*)
peccatum AHGVCas (=vg)   4 legis *om.* AHGVCas (=vg)   5 est]+autem
V   cum] quod Cas    6 autem] enim AHGVCas (=vg)   quia] quod
AESFGVCasSd (=vg) quoniam ℜH₂   quae]quia GSd   7 nunc—dicit (12)
*om.* AℜVCasSd    8 profectus B    9 peccante ES   10 ostendit] ut
ostendat BH    12 qua[m]cumque H₁   -que *om.* V   13 consensiui MN
14 uolo]+bonum Cas   hoc *om.* B   15 odii MN* odio GCas+malum Cas^{ed}
uenundatus quasi *om.* ℜBHV   quasi *om.* G   proposito E prepositus H₂ subpositus F   17 ipsum ℜBHG   consuetudinem H(—C), *om.* V *hic desinit* ℜ
18 peccato V   quid] quod BV   19 ergo] ego B,N corr.,F   20 quodam
modo *add.* AG   committo V   si] sed B   21 ergo] autem AHGVCasSd
(=vg)    odi] nolo AHGVSd (=vg) odio Cas   quoniam (quia Sd) bona] *om.*
B+est HGCasSd   si ipsum] cum HG    22 utrique MN   23 sentio]
concordo Cas   ita] sic HG    24 ᴖlegis seueritati (ueritati B) BHGV
ipse]ipsum H+sponte V    25 ᴖop. ill. AHGVCas (=vg)

libens ego ipse faciebam. *Sed quod habitat in me peccatum.*
Habitat quasi hospes et quasi aliut in alio, non quasi unum,
ut accidens scilicet, non naturale. 18 *Nam scio quoniam non
[in]habitat in me, hoc est in carne mea, bonum.* Non dixit: 'Non
est caro mea bona.' *Nam uelle adiacet mihi.* Est uoluntas, sed 5
non est effectus, quia carnalis consuetudo uoluntati resistit.
*Perficere autem bonum non inuenio.* Non me uideo facere.
19 *Non enim quod uolo [bonum, hoc] facio, sed quod nolo
malum, hoc ago.* Sicut, uerbi gratia, si quis iam diu iurare
consueuit, etiam cum non optat incurrit. 20 *Si autem quod* 10
*nolo, hoc ago, non ego illut operor, sed quod habitat in me
peccatum.* Non ego, quia [uelut] inuitus, sed consuetudo
peccati, quam tamen necessitatem ipse mihi par[a]ui. 21 *Inuenio
igitur legem uolenti mihi bonum facere, quia mihi inest malum.*
Si ego uolo, inuenio mihi legem bonum facere contra adiacens 15
[mihi] malum. 22 *Condelector enim [uoluntate] legi dei secundum interiorem hominem.* [Interior homo est rationabilis et
intellegibilis anima, quae consentit legi dei; lex enim eius
est rationabiliter uiuere et non duci inrationabilium animalium
passionibus: exterior uero est corpus nostrum; eius autem 20
lex prudentia carnis est, quae docet edere et potare et ceteris
uti luxuriis, quae repugnant [rationi], et si superauerint, legi
peccati subiciunt: si enim ita est, sicut quidam aestimant,
quia quod nolumus hoc facimus, numquam dixisset: 'uideo

2 hospes] hospis H₁NG*V+ et dominator Cas    3 ut *in ras.* A    acci-
dentia (acced. MNG) BHGVSd    naturalia BHGSd natura* V    ⌒scio enim
AHGVCasSd (=vg)    quia AHGCas (=vg) quod VSd    4 habitat BH₁G
VCasSd (=vg)    dicit HG    5 caro mea bona] in carne mea bonum B
caro mea bonum V    uelle] uoluntas benefaciendi SdD *fort. recte*    adiecit
ESMN* uol.]+ ipsi Cas    6 restitit B    7 me]ne B in me G    uideo facere]
inuenio V    8 bonum *om.* B    hoc *om.* BSd    9 uerbi] ubi MN    diu iurare]
deuorare H diu durare G    10 etiam] et tam S et tamen R    incurrat V
11 hoc ago] illud facio AHGVCas (=vg)    ⌒op. ill. AHGVCas (=vg)    inhabitat V    12 qui H₁ (*om.* quod S)    uelut *om.* BHVCas    13 ⌒mihi ipse BH
(—ipsi MN)GV    parui B    14 uolentem H(—C)G    ⌒fac. bon. AHGVCas
(=vg)    quoniam AHGVCas (=vg)    ⌒malum adiacet AHGVCas (=vg)
15 ⌒inu. si ego uolo H₂    bonam H₂ bona G    adiaciens G*    16 mihi *add.* A
uoluntate *om.* AHGVCas (=vg)    17 Int.—meae (*p.* 60 *u.* 2) *om.* ACas *pr.* item
GH    est]noster H₁    rationalis H₂    18 enim *om.* H₂    eius *om.* V    19 rationaliter H₂    duci] *add.* in H₂    20 passiones H₂    22 rationi] *om.* B ratione H₁
(*corr.* ER) et si superauerint *om.* V    ⌒peccati legi V    23 si] sic BR
24 noluimus(i *exp.*) B    numquam dixisset *om.* H₁    dixisse MNG    uidi B

aliam legem repugnantem in membris meis legi mentis
meae.'] Consentio legi secundum mentem. 23 *Uideo autem
aliam legem in membris meis repugnantem.* Desideria consueta,
uel persuasionem inimici. *Legi mentis meae.* Conscientiae
5 scilicet naturali, uel legi diuinae quae in mente consistit.
*Et captiuum me ducentem in lege peccati quod est in membris
meis.* In consuetudine delictorum. 24 *Infelix ego homo! quis
me liberabit de corpore mortis huius?* Ego qui sic detineor,
quis me liberabit de consuetudine mortifera corporali?
10 25 *Gratia dei per Iesum Christum dominum nostrum.* [Gratia
liberat] quem lex non potuit liberare. numquitnam Paulus
nondum erat dei gratia liberatus? unde probatur quia ex
alterius persona loquatur [apostolus, non in sua]. *Igitur ego
ipse mente seruio legi dei.* Recapitulat ut concludat. *Carne
15 autem legi peccati.* Homo carnalis duplex est quodam modo
et in semet ipso diuisus. 1 *Nihil ergo nunc damnationis est
his qui sunt in Christo Iesu, qui non secundum carnem
ambulant* [*sed secundum spiritum*]. Nihil in illis damnatione
dignum est, [qui] carnis operibus cruci fixi s[unt]. 2 *Lex enim
20 spiritus uitae in Christo Iesu.* Notandum quia gratiam legem
appellat. [*Et*] *liberauit te a lege peccati et mortis.* Quae [pec-
catoribus data est et] mortificat peccatores. [Siue: Ab ea
lege quam supra dixerat in menbris esse.] 3 *Nam quod
inpossibile erat legis.* Ut homines carnales faceret custodire

19 cf. Gal. v 24    21 cf. *1 Tim. i 9    22 cf. Rom. vii 4
23 cf. Rom. vii 23

1 ⌒in membris meis et (et *om.* BH₁ *exp.* C) repugnantem BHG    lege SG
legem R*    2 legi] legem H(—C)    autem *om.* H    3 ⌒legem aliam H₂‡
repug.] et repug. H₂    consuetudo H₂ (—consuetudinem F)    4 persuasio H₂
legem ES    6 captiuum me ducentem] captiuantem me AHGVCas (=vg)
quod] quae BHGVCas (=vg)    7 in] siue in V    consuetudinem H₁    8 liberauit
H(—C)V    sic] sit B    9 liberauit H₁    10 nostrum *om.* Cas^cod    gratia liberat
*om.* BHGVSd    11 non quod nam B    12 ⌒gratia dei G    un A*    quod B
13 loquatur] haec loquitur H loquitur GSd    apostolus non in sua *om.*
BHGVSd    14 ⌒seruio mente G    15 lege V    modum MN*    16 ipsum H₂
18 sed secundum spiritum *om.* AHG,V½,Cas (=vg)    nihil] *praem.* hinc
apostolus HG    19 qui *om.* BHV    cruci fixi sunt] crucifixis BHV
21 et *om.* AHGVCas (=vg)    liberabit MN    me HGCas (=vg)    peccatoribus
data est et *om.* BHGV    22 siue—esse *om.* BHGV    illa Cas    23 ⌒in
memb. dix. Cas    esse] dominari Cas    24 inpossibili MN*G*    legi R
corr. N corr. CCasSd    ut homines—gratia *om.* H    faceret]+fidei Cas

iustitiam, mortificandae carnis nec exemplo dato [nec gratia].
*In quo infirmabatur per carnem.* In illis infirmabatur, non
in se. *Deus filium suum misit.* Contra Fotinum qui negat
filium ante carnem. *In similitudine carnis peccati.* Hic
similitudo [carnis] ueritatem habet, sicut 'Adam genuit ad 5
similitudinem suam.' similem ergo ceteris hominibus carnem
accepit[, quantum ad naturam]. *Et de peccato damnauit
peccatum in carne.* Quasi si dicas: "de gente expugnauit
gentem." sicut hostiae quas pro peccato offerebant in lege,
peccati nomine uocaba[n]tur, cum ipsae delicta nescirent, sicut 10
scriptum est: '[et] inpone[t] manus super caput peccati sui,'
sic et Christi caro, quae pro peccatis nostris oblata est,
peccati nomen accepit. quidam sane dicunt quod de peccato Iudaeorum quo dominum occiderunt, peccatum diaboli
quo hominem deceperat, per hominem condemnarit, sicut ad 15
Hebraeos dicit: 'ut per mortem destrueret eum qui habebat
mortis imperium.' Siue: De illius carnis substantia quae
ante seruiebat peccato, uicit numquam peccando peccatum,
et in eadem carne damnauit peccatum, ut ostenderet uoluntatem esse in crimine, non naturam, quae talis a deo facta 20
est, ut posset non peccare[, si uellet]. 4 *Ut iustificatio legis
impleretur in nobis, qui non secundum carnem ambulamus, sed
secundum spiritum.* Ut, quoniam in illis, repugnante carnali

1 cf. Rom. viii 13  5 Gen. v 3  11 *Leu. iv 29  16 Hebr. ii 14
23 cf. Rom. vii 23

1 nec exemplo] exemplo non BGVSd  nec gratia *om.* BGVSd
2 inf. (*pr.*)] confirmabatur B infirmabamur G*  in—se] non in se sed in illis
inf. VSd  inf. (*alt.*)] infirmatur C+ nam H  3 mittens AHGVCas (=vg)  4 similitudinem BH(—C)GCasSd<sup>cod</sup> (=vg)  5 carnis *om.* BHGV  habet]+et
H₂  genuit]+seth F  6 carnem accepit] dominus (+deus E) noster iesus
christus adsumpsit HG  7 quantum ad naturam *om.* BHGV  et *om.* Cas<sup>cod</sup>
de] pro Sd½  8 gente] hoste BHGV  9 gentem] hostem BHGV+siue
BHG  sicut *om.* BHGV  hostias BHGVCas<sup>cod</sup>  quas] *om.* SRMN quae EC
offerunt A* offerebantur C  10 uocabatur B uocabant*C ipsi H(—C)  11 et
*om.* B  inpone B inponit MNSd<sup>cod</sup>  manum H₂  12 ↶caro Chr. Sd  13 accipit
SM  quidem E*S*  sane] autem H₁ *om.* Cas  quod *om.* Cas  de *om.* H₁
14 quo] quod AH qui CG  diaboli *inc.* ℜ  15 quo] quod ℜBH(—F)
hominem] hostem ℜBH  deceperat] implicuerit Cas  per hominem *om.*
V  condemnarit ASd<sup>cod.ed</sup>] condem[p]naret BHGVSd<sup>cod</sup> condemnauit Cas
16 dicit] scriptum est Cas  17 illis MN  substantiam EN  18 non numquam V  19 carnem H₁  21 possit ℜBHV *fort. recte*  si uellet *om.* B
uellet] uelit ℜE corr. C corr. V *fort. recte* uellit E*MNG  23 quoniam] quod
E quomodo SR (*itaque* quō H₁)  in *om.* V  carnali consuetudine] carne VCas

consuetudine, impleri non potuit, in nobis saltim impleatur,
qui exemplo Christi mortificauimus carnem. 5 *Qui enim
secundum carnem sunt, quae carnis sunt sapiunt: qui uero
secundum spiritum, quae sunt spiritus sentiunt.* Homo ex
spiritu et carne constructus est. quando ergo carnalia agit,
totus caro dicitur, quando uero spiritalia, totus spiritus
appellatur. una quaeque enim substantia, cum eam altera
in suam dicionem redegerit, et uim quodam modo propriam
et nomen amittit. nam singulae [substantiae] cognata sibi
et uicina desiderant. 6 *Nam prudentia carnis mors est, prudentia autem spiritus uita et pax.* Ipse alibi dicit prudentiam
humanam esse malo uicem referre. talis ergo prudentia
mortem parit transgrediendo praeceptum: spiritus uero prudentia et in praesenti pacem habet non reddendo uicem, et
uitam in futuro percipiet. prudentia uero a prouidendo est
appellata. 7 *Quoniam sapientia carnis inimica est deo: legi
enim dei non est subiecta.* Non ipsa caro, ut Manichaei dicunt,
sed sensus carnalis inimicus est deo. omne enim non subiectum
inimicum est, et quicumque se uoluerit uindicare, etiam ueteris
legis [non] numquam modum excedit. *Nec enim potest.* Impossibile dixit, ut uel sic eos a carnis concupiscentiis reuocaret. 8 *Qui autem in carne sunt.* Hinc probatur quia superius
non carnem sed opera accusauerit carnis, quia quibus hoc
dicit, utique in carne uiuebant. *Deo placere non possunt.*

2 cf. Rom. viii 13 etc.     12 cf. Rom. xii 16–17

1 consuetudinem E\*R\*   implere H₁   impleretur G    2 exemplo]
adiutorio Cas    mortificabimus H₁GV mortificamus N\*Cas    3 quae] qui B
4 ⌢spiritus sunt H₂G   homo]+enim G    5 constructus est] constat Cas
constructus *desinit* ℜ    6 ⌢est sp. appellatus V    7 -tur *inc.* ℜ   eam]
eadem H₁   alteram E,R corr.    8 sua condicione V   dic(t A)ionem] dictionem
MN    digerit B redigerit A corr., ℜMN\*,Rcorr.,GVSd^(cod) se erigit E serigit S
*incert.* R    9 nam]+si H   singulare (r *exp.*) B    substantiae *om.* ℜBHV
cognita R cognatam M cognitam(m *eras.*) N    11 ille B    12 esse] et in G
malam S malum H₂ (*corr.* mali MC)    13 parat SR\*GVCas    transgrediendum SR\*   prudentiae ℜH₁    14 et (*pr.*) *om.* A\*H(—C)G   ⌢pac. hab.
in pr. G   habet]+et ℜH(—R*m*2,C)   non]+de G   et] ut B    15 percipiet]
percipiat B *om.* H   a] ac B   ⌢app. est G    16 sapientia] prudentia HG
est *om.* A\*   deo] in deum RH₂    17 enim] autem HG   dei *om.* Cas^(cod)
est subiecta] subicitur AHGCas (=vg)   ipsa *om.* V   ut—dicunt] secundum
manicheos V    19 ⌢uol. se BH₂   uo- *desinit* ℜ   uult Cas   etiam]+si V
20 non *om.* B   excedit] exigit B    22 autem] enim HG    24 dicitur H₁

Fieri enim non potest ut carni deditus aliquando non peccet.
9 *Uos autem in carne non estis, sed in spiritu.* Hoc est, [in]
spiritalibus occupati. *Si tamen spiritus dei habitat in uobis.*
In illo spiritus dei habitat, in quo eius apparet fructus, sicut
ait ad Galatas: 'fructus autem spiritus est caritas, gaudium,' 5
et cetera. *Si quis autem spiritum Christi non habet, hic non
est eius.* Spiritus Christi spiritus humilitatis patientiae
omniumque uirtutum est, qui dilexit inimicos et pro eis
orauit. 10 *Si autem Christus in uobis est, corpus quidem mortuum est propter peccatum.* Si Christum imitamini, carnalis 10
sensus quasi mortuus non resistit. unde et Dauid aiebat:
'ego autem tamquam surdus non audiebam, et sicut mutus
non aperiens os suum' et cetera. *Spiritus uero uiuit propter
iustitiam.* Spiritus uiuit ut iustitiam operetur: non enim
hoc solum quaeritur ut [a] carnalibus cessemus, sed etiam ut 15
spiritalia faciamus. 11 *Quod si spiritus eius qui suscitauit
Iesum a mortuis, habitat in uobis, qui suscitauit [Iesum]
Christum a mortuis, uiuificabit et mortalia corpora uestra
propter inhabitantem spiritum eius in uobis.* Si tam puri sitis
ut in uobis spiritus sanctus habitare dignetur, non patietur 20
deus templum sui spiritus interire, sed quo modo Iesum a
mortuis suscitauit, ita et uestra corpora restaurabit. 12 *Ergo,
fratres, debitores simus, non carni, ut secundum carnem uiuamus.*
Hoc totum agit ut ostendat eis legem non esse necessariam,
quae carnalibus data est. 13 *Si enim secundum carnem uix-* 25

5 Gal. v 22   7 cf. Eccli. ii 4   8 cf. Matth. v 44; cf. Luc. xxiii 34
11 Ps. xxxvii 14   21 cf. 1 Cor. vi 19

1 enim] autem V   2 ↷non estis in carne R   in (*tert.*) *om.* B   3 tamen]
autem $H_2$   4 deus A*   apparent AHVSd apparetur(ur *eras.*) G   6 christi
(=vg)] dei B   7 christi *om.* $H_2$   spiritus (*alt.*)] s̄c̄s̄ A est $H_1$ *om.* $H_2$Sd
humilitas et patientia $H_1$ humilitatis et patientiae $H_2$GSd$^{cod}$   8 diligit $H_2$
9 sic MN   mortuus MN*   10 est *om.* Sd   imitamur B   11 non]
uobis non Sd   dicebat $H_2$   12 tamquam] sicut Cas   sicut—cetera] tu
exaudies me (*om. cod.*) domine deus meus Cas   13 non—suum *om.* V
cetera]+quae sequuntur V   uero] autem ESG *om.* Cas$^{cod}$   uita AHV (=vg)
uita uiuit R   14 iust. (*pr.*)] iustificationem AHGVCasSd (=vg)   15 a *om.* BR*
17 ↷chr. ies. V   iesum *om.* B   18 christum *om.* R   uiuificauit $H_1$V et *om.*
RCas   19 tamen H,G corr.   puri sitis] purificati E puri simus $H_2$   20 nobis
$H_2$(—N*)   patitur $H_1$   21 ↷spiritus sui B   ↷susc. a mort. B   22 ↷corp.
uestra (nostra $H_2$) HG restraurauit(r *alt. eras.*) E restaurauit R*V   23 sumus
AHGVCasSd (=vg) *fort. recte*   24 hoc totum agit] uult hoc tantum agi G

*eritis, moriemini.* Secundum rationem expositam, quod carnales homines iustitiam custodire non possint. *Si autem [per] spiritu[m] facta carnis mortifica[ueri]tis, uiuetis.* [Si] spiritalibus actibus carnis opera subieceritis. notandum sane opera carnis,
5 non substantiam, condemnari. 14 *Quicumque enim spiritu dei aguntur, hi filii sunt dei.* Quicumque mere[n]tur sancto spiritu gubernari, sicut e contrario qui peccant spiritu diaboli aguntur, ab initio peccatoris. 15 *Non enim accepistis spiritum seruitutis iterum in timore, sed accepistis spiritum adoptionis*
10 *filiorum.* Iudaei acceperunt spiritum qui illos ad seruitutem cogeret per timorem. timere enim seruorum est, dilegere filiorum, sicut scriptum est: 'seruus dominum suum timebit et filius diliget patrem suum.' illi ergo qui operari caritatis uoluntate nolebant, timoris necessitate coguntur: nos uero
15 omnia uoluntarie operemur, ut filios nos probemus. *In quo clamamus: abba pater.* Qui uocat patrem, filium se esse profitetur: debet ergo patri in moribus similis inueniri, ne pro nomine quoque in uacuum usurpato maiori poenae subiaceat. 16 *Ipse [enim] spiritus testimonium reddit spiritui nostro quod*
20 *sumus filii dei.* Testimonium adoptionis est quod habemus spiritum, per quem ita oramus; tantam [enim] arram accipere non poterant nisi filii. 17 *Si autem filii, et heredes, heredes quidem dei, coheredes autem Christi.* Qui meretur esse filius, meretur effici heres patris et ueri filii coheres. *Si tamen*

7 cf. 1 Ioh. iii 8    12 *Malach. i 6    18 cf. Exod. xx 7; Deut. v 11    21 cf. 2 Cor. i 22, v 5; Eph. i 14

2 ⁓cust. iust. C    possunt BECas possent SR    per spiritum] spiritu AHGVCas (=vg)    3 mortificatis A (=vg)    si *om.* BE    4 actionibus BH(—R)GV    subiecerimus V    ⁓non subst. carnis sed op. V    5 accusari B,C corr. accu[s]sare HG    enim] autem ESG    6 dei (*pr.*) *om.* G    hii ⁻AH(—C)GV ii Cas    ⁓dei sunt G    meretur B    ⁓sp. sa. H$_2$GCas    8 peccatores H(—F)    10 filiorum]+dei RCas$^{ed}$ *praem.* dei G    11 coegeret B cogerit EMN*    12 ⁓timet dom. (*om.* suum) VCas    13 diligit H(—C) VCas    operarii M*N* operare SR opera Sd    14 uoluntatem H$_1$C*G timore necessitatis B timore et necessitate Cas timoris uindictae necessitate Sd    cogantur BHZm cogebantur CZm$^{cod}$    15 operemus MN    filii G nos] *om.* G+esse BHGVZm    probemur H(—C)G    16 filium se] filius B esse *om.* Sd    fatetur V ostendit Cas    17 sim. inu.] similare V (*cf. uol.* I, *p.* 112)    inueniri] inuenire H$_1$    18 in uacuum] indigne Cas    paenę A poena V    subiacet (*corr.* subiaciet) G    19 enim *om.* AHGVCasSd (=vg)    reddet H$_1$ spū A* *plene* A    20 dei *om.* Cas    21 ita] sic Cas    enim *om.* BG    accipere *trs.post* filii Sd    24 effici] esse B    ⁓filii et ueri V    ueri] uere G

VIII 19]    IN ROMANOS    65

*compatiamur* [, *ut et conglorificemur*]. Si talia patiamur cum necesse fuerit pro nomine eius, qualia pertulit ille pro nobis. *Ut* [*et*] *simul glorificemur.* Sicut Iohannes ait: 'scimus quoniam, cum apparuerit, similes illi erimus.' 18 *Existimo enim quod indignae sint passiones huius temporis.* Hinc uult futuram 5 gloriam commendare, ut praesentes pressuras facilius toleremus; et re uera nihil posset homo condignum pati gloria[e] caelesti, etiam si talis esset illa qualis modo est uita. quitquit enim passus fuerit a morte, plus non est quam etiam pro peccatis suis antea merebatur; nunc autem et peccata donan- 10 tur, et tunc uita aeterna praestabitur, consortium angelorum, splendor solis, et cetera quae sanctis legimus repromissa. *Ad futuram gloriam quae reuelabitur in nobis.* Modo enim 'abscondita est cum Christo in deo,' et 'nondum apparuit quid erimus.' 19 *Nam expectatio creaturae reuelationem filiorum* 15 *dei expectat.* Diuersi hunc locum diuersis modis exponunt. Siue: Omnis creatura resurrectionis tempus expectat, quia tunc in melius commutabitur. Siue: Angelica rationabilis creatura: Petrus enim dicit [etiam] angelos gloriam desiderare sanctorum. quidam etiam sic[ut] dicunt, Adam et Euam 20 esse creaturam, quos olim serpens spe diuinitatis uanitati subiectos corruptioni fecerit deseruire, non per semet ipsos peccantes, sed serpentis instinctu. "et ipsi," inquiunt, "liberabuntur, ut iam non corruptioni deseruiant." omnem autem

1 cf. Act. v 41    3 *1 Ioh. iii 2    12 cf. Dan. xii 3
14 Col. iii 3; 1 Ioh. iii 2    19 cf. 1 Petr. i 12

1 compatimur E corr. R corr. N*Cas    ut et conglorificemur *add.* ACas
(=vg) *sed uide u.* 3    patimur HG    2 praetullit G*    3 et *om.* ACas
simul *om.* HGCas (=vg)    quia V    4 illi] ei BH(G)Cas    ⌒erimus ei H₂
5 indignae sint] non sunt condignae AHGVCasSd (=vg)    6 ut] et M*N
facile B    tol[l]eramus BG    7 potest A possit BH(—C)GV    gloria ACas
8 caeleste MN*    modo] nunc Cas    9 est] potest V    10 ante H₂
merebitur B    11 praestatur V dabitur Cas    consortium angelorum *om.*
Cas    12 splendore[m] H₁G    13 uobis G    14 deum H₁    15 filiorum
*om.* V    18 commutabimur V    ⌒creat. ut ration. V    rationabilis]
rationalis ZmSd    19 enim] cum H₂ (*corr.* C)    etiam *om.* BZm    angelis H₁G
⌒des. glo. uidere V    20 sicut B *om.* V    21 ⌒serp. ol. Zm    spe]
*praem.* ab HG    22 corruptionem H₁ corruptione G    efficeret H₁G
effecerit H₂    ex semet ipsis BHGVCas    ipsos]+solum Zm    23 sed et
per serpentis Zm    serpentis] serpentes B illius V    instinctum AZm
instigatione consilio(-ii G) H₁G instigante(-is C) consilio H₂    24 autem]
etiam Zm

creaturam dicunt esse eos qui usque ad aduentum Christi
iusti fuerunt, quia et ipsi nondum accipientes [expectant,
'deo] pro nobis melius aliquit prouidente.' non solum autem
illi, sed et nos ipsi in quibus completa sunt necdum tenemus,
5 sed in spe sustinemus, quamuis quae multi uidere iusti
cupierant, uiderimus. 20 *Uanitati enim creatura.* Uanitas est
omne quod quandoque finitur. *Subiecta est.* Si[cut] angeli
hominibus ministrantes. *Non sponte, sed propter eum qui subiecit* [eam] *in spe,* 21 *qu*[on]*ia*[m] *et ipsa creatura liberabitur a
10 seruitute corruptionis in libertate gloriae filiorum dei.* Iam non
seruiet eis qui dei [in se] imaginem corruperunt. 22 *Scimus
autem quod omnis creatura congemescit et* [aeque] *parturit usque
athuc.* Sicut 'gaudent angeli super paenitentes,' ita dolent
super conuerti nolentes. 23 *Non solum autem illa, sed et nos
15 qui receptaculum spiritus habemus,* [nos] *ipsi intra* [nos]
*gemimus* [adoptionem filiorum]. Non solum angeli qui beni-
gniores nobis sunt, de huius modi [dolent], sed etiam nos qui
iam spiritum sanctum [habemus], de talibus ingemescimus,
sicut et Hieremias ingemescens aiebat: 'heu mihi anima, quia
20 perit reuerens a terra!' et reliqua. *Expectantes redemptionem
corporis nostri:* 24 *spe ergo salui facti sumus.* Nondum re ipsa

2 Hebr. xi 39   3 Hebr. xi. 30   5 cf. Matth. xiii 17; Luc. x 24
11 cf. Gen. i 26   13 cf. Luc. xv 10   19 *Mich. vii 1, 2

1 eos qui] quicumque BHGV   ad *om.* SNG   2 ⌒fu. iust. Cas   expectant
deo *om.* B   3 deo] deum H₂ (*corr.* NC)   ⌒al. mel. HGV   autem *om.* V
4 illis MN   5 sustinemur B   6 cupierunt BHGCasZm   uideremus H
(—M *corr.*,C)   ⌒subiecta est creatura Cas^ed   uanitas—finitur *om.* V
7 sicut F si ABHV subaudi R *corr.*, siue G   8 sponte] uolens AHGVCas
(=vg)   9 eam *om.* AHGVCas^cod (=vg)   spe] spem AH(—R,N *corr.*,C
*corr.*)Cas^ed (=vg)   quoniam] quia AHGVCas (=vg)   10 libertatem
ARC*GVCas (=vg)   11 in se *add.* A   corrumperunt (m *exp.*) B corri-
puerunt MN   12 autem] enim AHGCas^ed (=vg) *om.* Cas^cod   ingemescit
VCas (=vg)   aeque (*ex* aequae) *add.* A   parturit] dolet SdD *fort. recte*
13 sicut] nunc B   paenitentes] paenitentiam agentes Zm   14 conu.
nolentes] eos qui conu. noluerint V   15 qui] ipsi AHGVCas (=vg) re-
ceptaculum] primitias AHGVCas (=vg)   habentes AHGVCas (=vg)   nos
(*pr.*)] *om.* A et HGVCas (=vg)   nos (*alt.*) *om.* B   16 adoptionem filiorum]
*om.* BV+dei RH₂G   solum]+autem G   17 ⌒sunt nobis Sd   dolent
*om.* B   18 ⌒sp. sa. iam B   sanctum *om.* Sd   habemus] *om.* B accepimus V
ingemiscemus MN*   19 et *om.* H₂   ingem. aiebat] qui ait V (*cf.* Cas)
aiebat] agebat SRMG   20 periit C *corr.*,VCas   reuerens ACas reuertens
BHGV   ⌒a ter. reu. HG   reliqua] cetera V   21 ergo] enim AHGVCas
(=vg)   rem ipsam promissam EC

promissa percepimus, sed speramus, sicut ad Corinthios ait:
'per fidem enim ambulamus, et non per speciem.' *Spes
autem quae uidetur, non est spes: nam quod uidet quis, quid
sperat?* Quod uidetur non speratur, sed si proprium est
possidetur. nulla ergo spes in rebus uisibilibus est Christianis: 5
non enim nobis praesentia promissa sunt, sed futura. 25 *Sed
si quod non uidemus speramus, per patientiam expectamus.*
Ideo fides per patientiam grandis est praemii, quia quod non
uidet credit, et, quasi iam acceperit, ita secura est de nondum
acceptis, sicut ait ad Hebraeos: 'patientia uobis necessaria est, 10
ut uoluntatem [dei] facientes reportetis repromissionem.'
spes enim sine patientia esse non nouit. 26 *Similiter autem
et spiritus adiuuat infirmitati nostrae [orationis.]* Secundum
hanc spem adiuuat, ut non terrena sed caelestia postulemus.
infirma est enim nostra possibilitas, nisi inluminatione sancti 15
spiritus adiuuetur. *Nam quid oremus sicut oportet nescimus.*
Quia athuc per speculum [uidemus], [et] frequenter obsunt
quae prodesse arbitramur, et ideo nobis postulata minime
conceduntur prouisione diuina, sicut et ipse alibi ait: 'propter
quod ter dominum rogaui ut discederet a me,' et reliqua. 20
[Aliter: Difficile orationis nostrae desiderium, secundum quod
corde concepimus, exprimere uix in uoce ualemus; unde
subsecutus est:] *Sed ipse spiritus postulat [pro nobis] gemitibus
inenarrabilibus:* [Deus ergo qui scrutatur corda, et si sermone

2 2 Cor. v 7    8 cf. Ioh. xx 29    10 *Hebr. x 36
15 cf. 2 Tim. i 10    17 cf. 1 Cor. xiii 12    19 2 Cor. xii 8

1 percipimus H    sed]etB    speramurB    sicut]+et V *fort. recte*    2 enim
*om.* Cas    et *om.* Cas    3 uidit MNV    4 speret G*    si *om.* Sd    si proprium est] potius V    est]+ac Sd    5 ergo] enim BHGSd    6 sed si] si
autem AHGVCasSd (=vg)    8 quod] quae G    9 uidit MNV*    coeperit
Sd codd    11 dei *om.* B    12 nouit] potest Cas    13 et *om.* HG    spiritus]
deus G*    infirmitati(-em V) nostrae orationis] infirmitatem nostram AHGCas
⟨*sed expos. in alia omnia it*⟩Sd (=vg)    14 adiuuat] adiuuabat B *om.* V
15 ⌢enim est HG    nostra possibilitas *om.* V    possibilitas] oratio Cas    inluminatione(ne *om.* A*)] doctrina BHGVSd    ⌢sp. sa. H₂    17 quia—uidemus
*om.* V    quia]qui H₂    uidemus]*om.* B uidimus G*    et *add.* A    18 putamus
BHGV    postulata*om.* V    19 praeuisione F et *om.* H₂    ⌢al. ip. H₂    alibi *om.* V
20 reliqua] cetera V    21 aliter—est *om.* AVCas    orationes MN    22 concipimus B,M corr.,F    exprimere uix] ea silere B    ⌢ualeamus in uoce B
unde]+et G    23 pro nobis *om.* B½    24 innarr. MN*    deus—uoluntatem *om.* AV    ergo] autem B    sermonem H₁

conprehendere non sufficimus, nouit in quanto modo credere cupiamus. scit tamen quia pro sanctis rebus, non pro saecularibus postulamus secundum ipsius uoluntatem.] 27 *qui autem scrutatur [corda], scit quid desideret spiritus,* [Quasi summus sacerdos.] *quia secundum deum postulat pro sanctis.* Hic gratiam spiritus spiritum nominauit, sicut ibi dicit: 'si orauero lingua, spiritus meus orat,' et [alibi]: 'aemulatores estis spirituum.' 'postulat' autem, quia postulare nos facit gemitibus qui enarrari non possunt, sicut temptare nos dicitur deus ut sciat, hoc est, ut scire nos faciat quales simus. sed et usu communi, quod dominus fieri iubet, ipse dicit[ur] operari, ut 'ille aedificauit domum,' aut 'ille codicem fecit,' cum nec iste scripserit, nec ille construxerit. 28 *Scimus autem quoniam diligentibus bonum concurrunt omnia in bonum.* Omnia quaecumque fecerimus uel passi fuerimus propter dilectionem dei, omnia nobis ad mercedem crescunt. omnia [enim] quaecumque iustus fecerit, prosperabuntur. *His qui secundum propositum uocati sunt [sancti].* 29 [*nam*] *quos praesciit.* Secundum quod proposuit sola fide saluare quos praescierat credituros, et quos gratis uocauit ad salutem, multo magis glorificabit [ad salutem] operantes. *Et praedestinauit conformes fieri imaginis [gloriae] filii sui.* Praedestinare idem est quod praescire. ergo quos praeuidit con-

6 *1 Cor. xiv 14    7 1 Cor. xiv 12    9 Eccli. xxxi 9?
17 cf. Ps. i 3

1 quantum E    modo]+corde E    2 saecularibus] temporalibus N*
4 corda *om.* B    desiderat Cas    quasi summus sacerdos *om.* AVCas    6 gratia
MN. spiritum] sancti B    ↶nom. sp. sanctum Cas    ibi] alibi E    dicit *om.*
VCas    7 alibi *om.* BHGV    8 quia] qui MN*    9 gem.]+inenarrabilibus G
qui] quia G    narrari EMN narrare R*G*    temptari A,B*(?)    10 ut (*alt.*)
*om.* Sd    11 simus] sumus BSd    et *om.* V    usu] [h]os (*corr.* hoc C) a (et M)
H(G*)    commune H₁G*    12 dicit B    operare MN    aut—construxerit]
et cetera huiusce modi V    13 fecerit B    iste] ille B ipse H(—S*R)G
scripserit] fecerit B    14 autem *om.* R    bonum] deum AHGVCas
(=vg)    concurrunt *om.*] *om.* cooperantur AHGCas (=vg) *om.* procedunt V
16 crescunt] concurrunt siue crescunt hoc est crescunt Cas    17 enim
*om.* B    18 sancti *om.* AV    nam *om.* BV    19 praesciuit AHGV (=vg)
20 crediturus MN*    et *om.* V    ad salutem *om.* V    21 glorificauit BHGV
ad salutem *om.* AHGVSdZm    22 gloriae *om.* AHGVCas (=vg)    sui]
eius AHGV (=vg)    praed.]+non Zm    23 ergo—conformes (*alt.*)] praedestinauit ut qui conformis fuisset in uita esset conformis V(Cas)    praeuidit] presciuit B    conformes] confirmes G*+christi Zm

formes futuros in uita, uoluit ut fierent conformes in gloria, quia 'transformabit corpus humilitatis nostrae conforme corpori claritatis suae.' *Ut sit primogenitus ipse in multis fratribus.* 'Primogenitus [hic] ex mortuis' in gloria. 30 *Quos autem praedestinauit, hos et uocauit, [et quos uocauit,] hos et sanctificauit, [quos autem iustificauit,] hos autem honorificauit.* Quos praesciit credituros, hos uocauit. uocatio autem uolentes colligit, non inuitos; aut certe discretio non in personis, sed in tempore est. hoc ideo dicit propter fidei inimicos, ne fortuitam dei gratiam iudicarent. e[r]go uocantur per praedicationem ut credant, credentes iustificantur per baptismum, glorificantur in uirtutibus gratiarum siue in resurrectione futura. 31 *Quid ergo dicemus ad haec? si deus pro nobis, quis contra nos?* Uult ostendere quod nemo possit impedire eos qui, diligentes deum, diliguntur a deo, quo minus gloriam quae promissa est consequantur, eo quod perfecta [quae] in illis est caritas omnem causam mortalis timoris foras expellat. 32 *Qui [etiam] filio suo [proprio] non pepercit.* Permisit tradi, ut tradentibus maneret libertas arbitrii et nobis patientiae monstraretur exemplum. *Sed pro nobis omnibus tradidit illum.* Non pro aliquantis. *Quo modo non etiam cum illo omnia nobis donauit?* Quid potest habere carius quod nobis neget, qui filium non negauit? 33 *Quis accusabit [aduersus]*

2 *Phil. iii 21    4 Col. i 18    16 cf. 1 Ioh. iv 18

1 gl.]+sicut dixit Zm    2 qui CasZm    transformauit BH(—C)GVCas$^{ed}$ configurab(-u-)it Zm    conformes SR*    3 ⌐ipse primog. AHGVCas (=vg) im A*.    4 hic *add.* A    gloriam H$_1$C*    5 et quos uocauit *om.* B    6 sanctificauit] iustificauit AHGVCas (=vg)    quos autem iustificauit *om.* B    hos autem] illos et AHGVCas(=vg)    magnificauit AHGVCas    7 praesciuit Sd ⌐uocauit eos V    uocatio] uocando Zm    8 collegit AMNG*    aut—est *om.* Sd    9 hoc]+autem V    fidem H$_1$    10 ergo]ego B *om.* V    11 ut credant credentes *om.* V    12 uirtutibus—futura] resurrectione siue uirtutibus in praesenti V(Cas)    gratiam (per *praem.* corr.) R    siue—futura *om.* H    13 dicimus H(—N corr.,C)G    ad] aduersus V    14 quod—deo] quia quos diligentes se deus diligit nemo posset impedire V    imp.] nocere uel imp. Zm    16 consequentur G*    eo—expellat *om.* V    quae *om.* B 17 expellit B    18 qui] si deus V    etiam *om.* BV    ⌐prop. fil. suo Cas$^{ed}$ proprio *om.* AHGVCas$^{cod}$ (=vg)    permittendo VCas    19 ut] a H$_2$+et VCas tradentibus] tradentis Zm+ut H$_2$m 2    ⌐lib. man. V    20 proponeretur Zm    21 ⌐omn. nob. eum illo V    22 omnes G*    donabit ASdZm$^{cod}$ (=vg)    ⌐neg. nob. G    23 filium] *praem.* suum G+suum Sd$^{cod·ed}$+unicum Zm    quis] quid B    accus[s]auit E*RG*V    aduersus *om.* ACas

*electos dei? deus qui iustificat:* 34 *quis est qui condemnet?* Quos
deus elegit credentes, ac signis et uirtutibus iustos ostendit,
quis pro pristinis audebit accusare delictis, uel pro contemptu
legalium mandatorum? [*Simul autem*] *Christus* [*Iesus*] *qui*
5 *mortuus est, immo qui* [*et*] *resurrexit, qui* [*et*] *est ad dexteram
dei.* Secundum adsumpti hominis loquitur formam, qui
mortuus est atque [re]surrexit. *Qui etiam interpellat pro nobis.*
Ut cum ipso simus ubi ipse est. solent plane Arriani ex inter-
pellationis causa mouere calumniam, dicentes quod qui
10 interpellatur interpellante sit maior. quibus respondendum
est deum obliuionem non pati, ut pro illis commoneatur
semper quos ipse elegit, sed in hoc interpellare eum, dum
semper pat[r]i hominem, quem suscepit, quasi nostrum pignus
ostendit et offert, ut uerus pontifex et aeternus. 35 *Quis ergo*
15 *nos separabit a dilectione Christi? tribulatio, an angustia, an
persecutio, an fames, an nuditas, an periculum, an gladius?*
36 *sicut scriptum est.* Post tanta et tam praeclara beneficia
uel promissa, quae poterit tam grauis esse pressura quae
nos ab eius caritate diuellat? et nos dicendo, omnes dicit tales
20 esse debere qui a Christo nec periculis ualeant separari. tunc
uero Iudaei uolebant illos a Christo ita separare ut ad legis
eos custodiam reuocarent. *Quia propter te morte adficimur
tota die.* Non propter aliquod crimen, sed propter te, qui

2 cf. Act. ii 22 etc.   6 cf. Phil. ii 7   8 cf. Ioh. xiv 3
14 cf. Hebr. vi 20

1 deus]+est G   contemnet G*   quos]+ergo Sd   2 ac] a H₂ aut V
3 pro (*pr.*)] de Sd   4 simul autem *add.* BSd   ⁀ies. chr. Sd   iesus *om.* B
5 et (*pr.*) *om.* BMN*Cas   et (*alt.*) *add.* AV   est] etiam sedet H₂ (*cf.* D)   6 qui
*om.* SR*   7 atque] atique A* et HG   surrexit A   8 ipse] ille V   plane *om.* V
arriam B   9 causa] causam H₁ nomine V   moueri MN   calom. A   11 illis]
ipsis HG   ⁀semp. comm. V   commoueatur B   12 ⁀quos semper G corr.
diligit G   in *om.* H₂Sd   hoc] hoc (*corr.* hic) C+est Sd   interpell.]+dicitur
Cas (*uide infra*)   eum]+dicitur HG   13 pati B,R corr.,MN   suscipit G*
⁀pig. nos. V   14 ut] et G   sacerdos Cas   ergo *om.* HCas (=vg)   15 separauit
H₁GV   caritate AHGVCasSd (=vg)   ⁀an fam. an pers. Cas^ed   16 famis
H(—EC)V   17 et tam *om.* Cas   pleclara A   18 uel] et Cas   grauius MN*V
pre(ae A)ssura *om.* (*corr.* tribulatio) G   19 deuellat GSd   dicit] docet HG
20 qui—separari *om.* V   ualeant] debeant BHG   tunc uero *om.* V   21 illos
separatos a christo uolebant ad legis custodiam reuocare V(Cas)   separari
EH₂   22 morte adf.] morti aff. B mortificamur H(mortificabimur R)
GCasSd (=vg)   23 aliud Sd

dixisti: 'beati estis, cum uos persequentur,' et cetera. *Aestimati sumus ut oues occisionis.* Hoc in nobis maxime Christianis impletur, quibus non licet nosmet ipsos defendere, sed exemplo domini et magistri, qui 'sicut ouis ad uictimam ductus est,' omnia inlata patientissime tolerare. 37 *Sed in his omnibus superamus propter eum qui nos dilexit.* Has omnes tribulationes pro nihilo ducimus propter eum qui nos tantum dilexit ut etiam moreretur pro nobis, et, quando pro eius nomine morimur, tunc maxime triumphamus, praesertim cum leue sit pro se pati quod pro aliis prior d[omin]us[pati]dignatus est. 38 *Confido enim quia neque mors, neque uita, neque angeli, neque initia neque instantia, [neque futura,] neque uirtus,* 39 *neque altitudo, neque profundum.* Pro certo confido quia nec si mihi [quis] mortem minetur, nec si uitam promittat, nec si se angelum dicat a domino destinatum, nec si angelorum principem mentiatur, nec si in praesenti honorem conferat, neque si polliceatur gloria[m] futurorum, neque si uirtutes operetur, nec si caelum promittat et inferno deterreat, uel profunditate[m] scientiae suadere conetur, umquam nos poterit a Christi secernere caritate. *Neque alia creatura poterit nos separare [a] caritate dei.* Omnem paene creaturam nominauit, et non fuit his contentus, nisi adderet quod etiam si sit alia creatura, nec ipsa uale[a]t separare. *Quae est in Christo*

1 *Matth. v 11      4 cf. Ioh. xiii 14      *Esai. liii 7 (Act. viii 32)

1 estis] eritis Cas  ⌒pers. uos HG   persequuntur Cas   cetera] reliqua HG      2 existimati Cas^ed    sicut Cas^cod    ouis Cas    occisiones R*M* ⌒chr. max. BHV      3 quibus] qui uel nobis E qui nobis S quia nobis R. 4 uelut Cas    occisionem Cas     6 hiis Cas^cod   ⌒dil. nos AHGVCas (=vg) 7 ad nihilum Cas   tanto H₂      8 moriretur H(—SC)G*      9 triumphamur Sd     10 aliis] eis V   prior] christus H₁   dominus] dus *uel* diis B iesus R. pati *om.* B      11 confido] certus sum AHGVCas (=vg)     quod Cas^ed angelus VD *fort. recte*     12 initia] principatus AHGVCas (=vg)    neque futura *om.* B    uirtus] fortitudines ACas (=vg) fortitudo HGV      13 pro certo confido] certus sum Cas    14 ⌒quis mihi V    quis *om.* B   si (*alt.*)] sic R*M    promittit B    15 si (*alt.*)]+se HGSd    17 neque (*pr.*)] nec VSd   gloria B uirtutes] uel uirtute R     18 inferno] in futuro B in inferno GSd      19 profunditate A profunditates B            numquam G          20 ⌒car. sec. A ⌒creat. al. AHGVCasSd (=vg)    21 a *om.* B    dei *om.* V½   ⌒creat. poene G     22 contemptus BM*    nisi (*om.* A*) adderet] et addidit Cas adderet] adderit H₁N* addiderit E corr.,MC    quod] ut BHGVSd (*cf. uol.* I, *p.* 82)    23 ualet B poterit Sd

*Iesu domino nostro.* Deum diligebat in Christo, cuius dilectio consistit in custodia mandatorum, sicut ipse ait: 'si diligitis me, mandata mea seruate,' qui imitationem amoris sui [in] fraterna caritate constituit, dicens: 'in hoc cognoscent omnes quia mei discipuli estis, si dilexeritis inuicem': [unde] et Iohannes [ait: 'si] fratrem quem uides, non diligis, deum quem non uides, quo modo potes diligere?' 1 *Ueritatem dico in Christo [Iesu], non mentior, testimonium mihi perhibente conscientia mea in spiritu sancto,* 2 *quoniam tristitia est mihi magna et continuus dolor cordi meo.* Contra Iudaeos acturus, primum illis satis facit non se odii causa haec dicere, sed amoris, eo quod doleat illos Christo non credere, ad quos quam primum saluandos aduenerat. quod autem se dicit in Christo dicere ueritatem, ostendit hominem baptizatum qui per communicationem corporis et sanguinis Christi in ipso manet, et ipse in illo; quitquit [uel] facit uel loquitur in Christo, eum loqui uel agere cuius est membrum, et quitquit [ei] inlatum iniuriae fuerit, Christo similiter inrogari. nam quod ait conscientiam sibi in hac parte testimonium perhibere, illum docet ueritatem dicere, cui conscientia in omnibus adtestatur, nec eum mendacii reum interna accusatione constituit. 3 *Optabam enim anathema esse ego ipse a Christo pro fratribus meis, qui sunt cognati* [*mei*] *secundum carnem,* 4 *qui sunt Istrahelitae.* Optabam aliquando, cum persequerer Christum, non modo optarem: sciebam enim quod ipsorum essent haec omnia, sed pos[t]quam cognoui ueritatem, dereliqui eos quos taliter diligebam, et

2 Ioh. xiv 15    4 *Ioh. xiii 35    6 *1 Ioh. iv 20
14 cf. 1 Cor. x 16    15 cf. Ioh. vi 56

1 diligit HG    3 qui] nec non BHG nec non et V    in *om.* B    4 cognoscent omnes] cognoscetur Cas    homines E,G corr.    5 si] non B+uos Cas ⌒inu. dil. VCas    dil.]+uos G    unde *om.* BHGV    6 ait si *om.* B uidis MN*    7 poteris B potest G    8 iesu *add.* BSd    9 ⌒mihi magna est H    11 causa odii A*    12 illos] eos B    ⌒non credere christo (christum H₁) HG    quam primum *om.* V    quam] quae A    13 saluandos *om.* A*    ⌒dicit se BHGV    15 et ipse in illo *om.* V    16 uel *om.* B 17 ⌒inl. ei G    ei *om.* B    ⌒fu. iniur. H₂    18 inrogare H₁ erogari V 20 dilegere A* discere H    cuius HCas    hominibus in omnibus] hominibus H₂    21 interna] in aeterna A    enim *om.* Cas    22 ⌒ipse ego an. esse AHG (=vg) an. esse ipse ego V ego ipse an. esse Cas    23 mei *om.* B    israelitae A 24 cum] quando V    persequebar V    christum non modo] et christo(-um C) nondum H₂    modo] nunc Cas    opto G corr.    25 enim *om.* ER    pos B

illi non conuertuntur. *Quorum adoptio [est] filiorum.* De ipsis enim dicebatur: 'filius meus primogenitus Istrahel.' *[Et] gloria et testamenta et legis latio.* Ueteris latio et noui promissio. *Et obsequium [et promissa].* Hoc est ministerium angelorum uel prophetarum. 5 *Quorum patres.* Abraham [et] Isaac et Iacob. *[Et] ex quibus Christus secundum carnem, qui est super omnes deus benedictus in saecula.* Contra Manichaeum, Fotinum, et Arrium, quia et ex Iudaeis [et] secundum carnem [est] [solam ex illis], [et] deus benedictus in saecula: sicut et Thomas adorat 'et dicit: deus meus et dominus meus!' quod ille confirmat dicens: 'quia uidisti, ideo credidisti.' 6 *Non autem excidit uerbum dei.* Quia superius dixerat dolere se quod genus Istrahel proprio uitio excluderetur a regno, quorum haec omnia fuerant, hic ostendit illos qui non credunt, non esse filios Abrahae, ne omnibus Iudaeis praeiudicare [putare]tur et obiceretur illi: 'numquit ergo deus mentitus est Abrahae?' *Non enim omnes qui ex Istrahel, hi sunt Istrahelitae,* 7 *nec, quia sunt semen Abrahae, omnes filii.* Si non omnes, tamen aliquanti, et, si non omnes Istrahelitae ex Istrahel sunt, sunt ergo [et] ex gentibus aliquanti ['ueri Istrahelitae] in quibus non est dolus.' *Sed in Isaac uocabitur tibi semen.* [In] solo Isaac uocati sunt etiam tunc filii Abrahae, non etiam in Ismahel, cum et ipse ex eius stirpe descenderit. 8 *Id est,*

2 Exod. iv 22    5 cf. Gen. l 24 etc.    10 *Ioh. xx 28
11 *Ioh. xx 29    12 cf. Rom. ix 2    20 cf. Ioh. i 47

1 illi] ipsi HG    est *om.* BH₂    2 filius *om.* Sd    ⌒primog. meus Sd et *om.* B    3 testamentum HG    4 et promissa *om.* B    5 uel] et B partes B    et *add.* A    6 et (*alt.*) *om.* B    quibus]+est R    7 omnia AHGVCas (=vg)    saecula]+amen H₂GVCas (=vg)    man.]+et SR    8 arrianum Cas    qui G    et] *om.* BC est H₁MN    9 est *add.* B    solam ex illis *add.* A et *om.* B    10 dominus meus et deus meus V    11 ille] saluator A+ uerbum G *s.l.*    confirmabat V    uidisti]+me RMN,G(*s.l.*),V    ideo] et G *om.* V    12 autem] enim H₁G*+quod HGCas (=vg)    exciderat E*R* exciderit SC,E corr.,G(?)Cas (=vg) excederit MN excideret R corr.    quia] qui G    13 regno]+caelorum G    14 fuerunt H    15 crediderunt Sd 16 putare *om.* B    illi] ei H    ergo *om.* H₁    17 hii AESGV ii Casᵉᵈ 18 israhel V filii israel Cas    nec] neque AHGVCas (=vg)    qui SGCasᶜᵒᵈ ⌒semen (semine MN,E corr.) sunt AHGVCas (=vg)    filii]+dei H₁+abrae Casᶜᵒᵈ    non omnes] omnes non sunt G    19 ex *om.* HG    20 sunt *om.* GV et *om.* BHGV    ⌒aliq. ex gent. G    ueri istrahelitae *add.* A    22 in *om.* BEH₂ ⌒solo in V    etiam *om.* V    23 israhel SNV    de(-i-)scenderet AH₁GV

*non [qui] filii carnis, hi filii dei, sed qui filii promissionis sunt,
aestimantur in semen.* Ismahel enim secundum carnalem usum
natus est ex ancilla, Isaac uero super naturam de senibus ex
[re]promissione dei est generatus, ita [et] nunc Christianos promissio facit filios Abrahae, quam [eius] meruit fides, ut scilicet
pater sit gentium plurimarum. 9 *Promissionis enim uerbum
hoc est: Secundum hoc tempus ueniam, et erit Sarrae filius.* Hic
ostendit posteriorem populum more Isaac esse promissionis.
10 *Non solum autem [illi], sed et Rebecca[e].* Non solum Ismahel
et Isaac qui, quamuis ex uno patre, [diuersa tamen matre] sunt
generati, non sunt unum aput deum, sed etiam Iacob et Esau
qui ex uno sunt de Rebecca nati concubitu, ante quam nas-
cerentur, aput deum fidei [futurae] sunt merito separati, ut
propositum dei de elegendis bonis et refutandis malis etiam
in praescientia iam maneret. ita ergo et nunc quos praesciit
de gentibus credituros, elegit, et ex Istrahel reiecit incredulos.
*Ex uno concubitu habens Isaac patris nostri.* Rebecca putatur
prima geminos edidisse; in eo quo quasi nouum aliquit [ei]
accesserit perterrita deum interrogat. 11 *Nam cum nondum
nati fuissent aut aliquit egissent bonum uel malum, ut secundum
propositum quod per electionem dei factum est, permaneret.*

2 cf Gal. iv 23     6 cf. Rom. iv 17, 18

1 qui *om.* B   hii AH(—RC)GV  filii (*pr.*)]+sunt V   ⌒sunt prom. AV(=vg)
sunt reprom. H₂Cas   2 reputantur Cas½   semine BHGVCas (=vg)   enim]
autem B   3 de] ex Sd   4 promissione B   dei *om.* R   et *om.* BHGVSd
⌒fac. prom. H₂   5 quam] quia Sd   eius *om.* BHGVSd   ut *om.* G*
6 ⌒hoc uerbum Cas$^{ed}$   7 sarae CCas   8 reprom. HG   9 illi] *om.*
AHGVCas$^{cod}$(=vg) illa Cas$^{ed}$   rebecca AHGVCas (=vg)   solum]+autem
H₁   10 uno]+quidem HG   diuersa tamen matre *om.* B   diuersis H₂Cas
matribus H₂Cas   11 nati GCas   12 concubito H₁G*   13 ⌒fidei sunt
(+futurae G) ap. deum HG   futurae *om.* BHVSd   14 proposito MN propositio Sd   de eleg.] dilig. B   refutendis MN*   15 praescientia A*
presentiam B praesentia HG*V   iam] sua Cas *om.* H₁+dei H₂G   ita] et
ita H(—RF)G   praesciuit H prescit G   16 eligit G corr.   17 concubito V
habent A*   patre nostro AG (=vg) patrem nostrum H(—C)   rebecca
putatur] quae intellegitur BHGVCasSd (*fort. recte*)   18 primo E*   quo] quod
BM*CGVCasSd *om.* E   quasi] que si SR   ⌒ei aliq. V sibi aliq. Cas
ei *om.* BHGSd   19 proterrita G* praeterita Sd   interrogaret Sd   nam
cum] cum enim AHGCas (=vg) qui cum V   20 elegissent G   boni CCas
uel] aut AHGVCas (=vg)   mali CCas   21 propositum—permaneret]
electionem propositum dei maneret AHGVCasSd (=vg)

Siue: Ut hoc significaretur quod modo etiam de geminis qui non credit abicitur. 12 *Non ex operibus sed ex uocatione dictum est quia Maior minori seruiet.* Praes[ci]entia dei [non] praeiudicat peccatori, si conuerti uoluerit: dicit enim per [Hi]ezechiel: 'si dixero peccatori: "morte morieris," et ille conuersus iustitiam fecerit, uita uiuet et non morietur.' 13 *Sicut scriptum est: Iacob dilexi, Esau autem odio habui.* Quod [prius] Rebeccae dictum fuerat, in posteriori progenie per prophetam apostolus ostendit impletum. 14 *Quid ergo dicemus? numquit iniquitas aput deum? absit!* Timuit ne quod ipse propter ea dixerat, ut probaret aput deum praerogatiuam generis ni[hi]l ualere, siue iam tunc significatum posteriorem populum meliorem futurum non intellegentes, putarent eum dicere quod alios deus bonos faceret, alios malos, [et] secundum ipsorum sententiam [quod] iniquum erat punire qui non [sua] sponte peccassent, et proponit sibi ex aduerso testimonia quibus illi adfirmare id solebant, quibus exemplis per breue[s] obiectiones respondens [ostendit] ita intellegi non debere. 15 *Moses enim dicit: Miserebor cui misertus ero, et misericordiam praestabo cui misericordiam praestitero.* Hoc recto sensu ita intellegitur: Illius miserebor quem ita praesciui posse misericordiam promereri, ut iam tunc illius sim

---

4 \*Ezech. xxxiii 14, 15

1 significare E\*   quod] quo RH₂G   modo *om.* V   qui] quod B   2 credidit G   abicietur(icietu *in ras.*) E   uocante AR,C corr.,GVCas (=vg) 3 est (*om.* G)]+ei HGVCas (=vg)   quia *om.* Cas^ed   ⌒seru. min. AHGVCas (=vg)   praesentia B   non *om.* G   4 peccatores HG peccatoribus C corr. uoluerint H uoluerunt G   hiezechiel A ezechi[h]el BH₁V ezechi[h]elem H₂ 5 morti MN\*   6 uiuit EMN\*V   7 autem *om.* R   quod—impletum *om.* H *prolixiore expositione usus*   8 prius *om.* BGV   posteriore G 9 dicimus H,G corr.,Cas^cod   10 timui V   11 ut *om.* V   12 nil] nihil ARH₂G   13 eum] cum M\*N\*   14 dicerent B   quod *om.* H₂   deum Mm2,F deo Nm2   bonus G\*   facere H₂   et *add.* A   15 quod *om.* A ⌒erat iniquum (iniquorum M\*N\*) BHGV   puniret B   16 sua *om.* B peccaret B peccasset HGV   diuerso G   17 illi] ipsi HG   adfi(a A\*). id] hoc adfi. BHGV   18 breue A breuis H₂   subiectiones AH₁ subiectionis H₂ respondit HG respondet E   ostendit] *om.* B ostendens HG   19 debere] posse BHGV   moses] mo[y]si AHGVCas (=vg)   cui] cuius ASR (=vg)   misertus ero] misereor AHGCas (=vg)   20 cui] cuius AEG (=vg) miseric. praestit.] miserebor AHVCas (=vg) misertus ero G   21 rectu H₁ recti M recto(o *in ras.*) N   ita]+ut G   praescii V   22 ut iam] ita G

misertus. 16 *Igitur non [est] uolentis neque currentis sed miserantis [est] dei?* [E contrario Iudaei sermo est: 'igitur non uolentis neque currentis,' et iterum: '[ergo] cuius uult misereturet quem uult indurat.' non enim apostolus [tollit] quod in propria
5 uoluntate habemus, qui superius dicit: 'ignora[n]s quia bonitas dei ad paenitentiam te adducit?' et iterum Timotheo scribit: 'in magna autem domo non solum sunt uasa aurea et argentea, sed et lignea et fictilia, [et] quaedam [quidem] in honorem, quaedam in contumeliam. si quis autem mundauerit se ab
10 his, erit uas in honorem sanctificatum'.] Si non est uolentis neque currentis, ut quidam putant, quare et ipse cucurrit dicens: 'Cursum consummaui,' et alios ut currerent adhortatus est dicens: 'Sic currite ut omnes conprehendatis'? unde intellegitur quia hic interrogantis uoce utitur [et redarguentis]
15 potius quam negantis. [Siue: Ita non uolentis neque currentis tantum, sed et domini adiuuantis.] 17 *Dicit enim scriptura Pharaoni quia In hoc ipso te excitaui, ut ostendam in te uirtutem meam, et ut adnuntietur nomen meum in uniuersa terra.* Et hoc illi male proponunt. sed hic locus duobus modis a
20 d[i]uersis exponitur. Siue: Quod unus quisque modo et fine peccatorum suorum impleto puniatur, sicut Sodomitae et Amorraei, hic ergo iam modum excesserat, [et] idcirco uoluit deus, quasi de iam perituro, aliis prouidere, ut populus eius

5 *Rom. ii 4   6 *2 Tim. ii 20–21   11 cf. Aug. *ad Simplic.* (*cf. uol.* I, *p.* 187)
12 2 Tim. iv 7   13 *1 Cor. ix 24   21 cf. Gen. xix 24, 25; cf. Iudd. xi 21–23

1 miseratus G   est *om.* AHGVCas(=vg) uolentes E*M   currentes E*M   miserentis AH₁C,G corr., VCas(=vg)   2 est *om.* AV   e contr.—sanctificatum *om.* A   ⌒ser. iud. C   iudeis BG   non] *add.* est B   uolentes E*M*N*
3 currentes M*N*   ergo *om.* B   cuius] cui H₂   4 tollit *om.* B   5 dixit H₂ ignoras BESC ignora R*   quia] quoniam B (=vg)   benignitas R (=vg)
6 adducet R   scribit] scribens dicit B   7 domu NG   8 et (3°) *om.* B quidem *om.* B   honorem] honore H₁(*corr.* R*m*2)MNG   9 contumelia H₁(*corr.* R*m*2),N (*ex*-am),G (*corr. m*2)   autem] ergo BH₁(—E)G (=vg)
10 his] istis B (=vg)   honorem] honore H₁G   uolentes MN*
11 currentes MN*   ut *om.* G*   et] hic BH(*om.* E)G   ipsi E   currit H₁
12 currerint MN*   adhortatus est] adhortatur G   13 adpraehendatis V
14 interrogantes E*M   et redarguentis *om.* B   15 negantes E*M siue—adiuuantis *om.* BHGV   17 ipsum AHGVCas (=vg)   ⌒exc. te AHGVCas (=vg)   18 ut *om.* HG (=vg) uniuersam terram G   19 ⌒hoc et H₁   illi] alii G   a diuersis] aduersis B   20 modum (modo EV) et finem(m *exp.* V) HV   21 impleto] implet (impleat C) ut (et N*) H inpletu G* sicut]+ut ES+in R*+et H₂   22 gomorrei G(g *exp.*),Cas   et *om.* B   23 ⌒iam de H₂

agnosceret iustitiam ipsius atque uirtutem, ut nec peccare
[audere]nt nec suos aduersarios uererentur. tale est hoc quod
in Pharaone gestum est, quale si medicus de cruciatu iam
damnati rei multis inueniat sanitatem, causas inquirendo
morborum, uel si iudex, cum possit criminosum statim punire, 5
ad omnium timorem diuersis poenis adficiat. Siue: Dei
patientia induratus est: cessante enim plaga dei durior fiebat
et, quamuis sciret eum non conuerti, tamen etiam in ipso
suam clementiam uoluit demonstrare. 18 *Ergo cui uult [deus]
miseretur et quem uult indurat.* 19 *dicis itaque mihi: 'Quid* 10
*[igitur] athuc queritur? uoluntati enim eius quis resistit?'* Ergo
si et hoc sic intellegitur: 'Cui uult miseretur [et] quem uult
indurat,' quod satis iniquum est, et ita uestra propositio concludetur, ut dicatis malitiae uestrae non uos esse causam, sed
domini uoluntatem, cui contradici non possit, sed resistit 15
huic rationi uestrae ipsa natura iustitiae dei. 20 *O homo, tu
quis es qui respondeas deo? numquit dicit figmentum ei qui se
finxit: Ut quid me fecisti sic?* Quibusdam uidetur et hoc athuc
ex ipsorum persona dicere, quia ipsum sit dicere neminem
posse contradicere uoluntati dei, alterius miserentis, alterum 20
indurantis, et addere neminem deo respondere [debere quodcumque uoluerit facienti]. quidam uero dicunt iam hinc
apostolum respondere quod etiam si ita esset ut illi calumniantur, non debere eos suo respondere factori, eo quod tales
simus ad conparationem dei, quale ad suum artificem est 25
luti figmentum. 21 *Aut non habet potestatem figulus luti ex*

1 iust.]+agnosceret (*eras.*) G  2 audere *om.* BHGV  ᑲadu. suos
RCas  3 pharaonem MN  cruc(t)iato H₁  4 damnati⁎ rei
(i *alt. exp.*) G  sanitatum H₂  6 ad omnium timorem] a demonum timore B
9 bonitatem Cas  cui] cuius ACas (=vg)  deus *om.* AHGVCas (=vg)
10 quid] quod MN  11 igitur VD agitur B *om.* AHGCas (=vg)  quęritur
ABR quaeritur VCas  uol. enim] nam uol. G  resistit] resistere
poterit G  12 et (*alt.*) *om.* B  13 et *om.* G  ᑲprop. uest. HG  concluditur HG  15 resisti ESMNG  16 hic E  deus B  o homo] omomo G⁎
18 ut *om.* HVCas (=vg)  quare V  19 ex] et MN⁎  quia—dicere
*om.* A⁎G  sit] est BHV  20 miserentes MN⁎ miserantis G  alterius G
21 indurantes MN⁎  nemini H₂  debere—facienti *om.* BHG  quodcumque—facienti *om.* V  23 etiam] eum B  essent H(—N corr.,C)
25 simus] sumus B  ᑲest luti artif. HG  26 aut] an ACCas (=vg)  habit
MN⁎  potestatem *om.* V  figulis MN⁎

eadem massa facere aliut quidem uas in honore[m], aliut autem in contumelia[m]? Secundum eos qui haec apostoli uerba [esse] dicunt, massam dicit omnes in Aegypto commorantes, quia et Istrahel ibi idolis [de]seruierat[; unde Hiezechiel dicit in
5 Aegypto uirginitatem eius fuisse corruptam]. 22 *Quod si uolens* [*deus*] *ostendere iram et manifestare potentiam suam,* [*sustinuit*] *in multa patientia.* Quia illum diu sustinuit blasphemantem et duris operibus suum populum adfligentem, praeter quam innoxiam aetatem paruulorum crudeliter
10 iusserat [e]necari. *In uasis irae praeparatis in interitum.* Implendo peccata sua uasa irae digna sunt facti et a semet ipsis ad interitum praeparata. 23 *Et ut ostenderet diuitias gloriae suae in uasis misericordiae quae praeparauit in gloria.* Digni erant misericordia, quia et minora admiserant et
15 grauiter fuerant adflicti. 24 *Quos et uocauit nos non solum ex Iudaeis, sed etiam ex gentibus,* 25 *sicut in Osee dicit:* [*et*] *Uocabo non plebem meam plebem meam et non* [*misericordiam consecutam misericordiam*] *consecutam,* 26 *erit enim in loco ubi uocabuntur: Non plebs mea* [*uos*], *ibi uocabuntur filii dei uiui.*
20 Quia et tunc aliquanti Aegyptiorum exierant cum filiis Istrahel (quod si deus personas acciperet, solus Istrahel debuit salutem habere), ita et nunc non solum Iudaeos, sed etiam

---

4 cf. Ezech. xxiii 8

1 honorem AR H₂VCas (=vg) autem] uero AH₁GVCas (=vg) *om.* H₂
2 contumeliam AH(—E)VCas (=vg) eos] eius H₁ ↶haec uerba ap. H₁G uerba haec ap. H₂ esse *om.* BHGV 3 di∗cunt V massam] *praem.* unam V commemorantes E 4 ↶ydolis ibi B seruierat BV deseruiret G unde— corruptam *om.* BHGV 6 deus *om.* B iram] *om.* Cas^cod +suam V manifestare] notam facere AHGVCas (=vg) 7 sustinuit *om.* BV ↶diu illum B 8 ↶pop. su. uariis (duris GCas) op. HGCas 9 praeter eam (ea G) quam H₁G propterea quam (quia C) H₂ 10 enecari Sd enegari A necari BV enegare ES enecare RH₂G in uasis] uasa AHGCas (=vg) in uasa V praeparatis] apta AHGCas aptata V (=vg) 11 fuerant Cas facta A effecta Cas 12 aptata Cas et *om.* HGCas (=vg) ostenderit MN∗ 13 uasis B] uasa *rell.* (=vg) gloria] gloriam AHGVCas (=vg) 14 misericordiam H₁ commiserant BH₁V commiserunt H₂ commissi erant G 15 fuerunt H₂ adflictati V nos *om.* H₁Cas 16 *in om.* Cas^ed et *om.* AHGVCas (=vg) 17 meam (*alt.*)]+et non dilectam dilectam Cas misericordiam—misericordiam *om.* B 18 consecutam] dilectam B erit enim] et erit AHGVCas (=vg) 19 uocabuntur] dictum est eis (ei) AHGVCas (=vg) uos *add.* AHGVCas (=vg) 20 exierunt BH₂V 21 quod si] si autem V deus *om.* V personam ES persona G acceperit MN∗ 22 ↶hab. sal. BHGV. ita] ta G∗ etiam] *add.* et *s.l.* G

gentes, uocauit ad fidem. secundum eos autem qui haec
non ex apostoli, sed ex Iudaeorum persona dici putant, "in
tantum," inquiunt, "quos uoluit saluauit, ut etiam gentes
elegeret ido[lo]latras, quae numquam seruierant deo, [et] ex
Istrahel paucos uocaret, secundum testimonium Esaiae." 5
27 *Esaias autem clamat pro Istrahel.* Comminatio pro ipsis
esse monstratur. *Si fuerit numerus filiorum Istrahel tamquam
harena maris, reliquiae saluae fient.* Paucitatem eorum credituram esse demonstrans. 28 *Uerbum enim consummans et
breuians in aequitate, qu[on]ia[m] uerbum breuiatum faciet domi-* 10
*nus super terram.* Historiae hoc habet sensus: sicut ego uerbum
adbreuio et cito definio, ita deus [hoc] omni uelocitate perfici...
in prophetia autem uerbum breuiatum nouum testamentum
accipitur, quia in eo breuiter conprehensa sunt omnia [et
clausa]. 29 *Et sicut praedixit Esaias.* Bene 'praedixit,' quia 15
superius scriptum est. *Nisi dominus sabaoth reliquisset nobis
semen, sicut Sodoma facti essemus et sicut Gomorra similes
fuissemus.* Quia non est passus paucos iustos perire cum
multitudine impiorum. Siue: [Nisi] semen Abraham Christus
fuisset missus ad populum liberandum. contradicentium 20
autem hic sensus est: nisi uel paucos ex Iudaeis uocare
uoluisset. 30 *Quid ergo dicemus? quod gentes, [quae] non secta-
bantur iustitiam, adprehenderunt iustitiam?* Si superiora ex
persona apostoli dicuntur, hin[c] sibi iterum proponit, quia
poterant dicere: "si non est ita ut dicimus quia non est 25

1 autem *om.* V    2 non—sed *om.* V    apostolis MNG    ↩pers. iud. V
dici] di *uel* dī H₂(*corr.* NC*m*2)    4 elegerit H(*corr.* N*m*2)    idolatris E
idolatres SRMNV idolatras A corr.,C (*ut fere* B) idolatores G    qui ES
seruierunt AH₂    ↩deo seru. C    et *om.* B    5 euocaret B    6 communicati E*
8 harenae Cas    salui H₁G    fierit A* fiant ER    paucitatem] pauci
tamen MN    9 esse *om.* H₂    demonstrat H₁GSd *om.* H₂    enim *om.* Cas
10 quia AHVCas (=vg)    ↩breu. uerb. H₂    11 historia C    hunc CG
habent B    sensum H₂G    ergo G    12 hoc *om.* B    perfecit MN perficit C
13 in] et in H₂V    prophetię MN    ↩breu. uerb. Sd    14 omnia *tr. ante*
in VCas (*cf.* Sd)    et clausa (conclusa GV) *om.* A    17 sicut (*pr.*)] quasi H₂
similes] facti Cas^cod    19 multitudinem E*R*    siue] in fide B fide E    nisi
*om.* B    20 populum] p̄ MN    contradicentem B contradicent V contrad.—
uoluisset] corruisset H₁(*uersibus nonnullis praetermissis*)    21 autem—est *om.* V
iudaeos A    22 dicimus H(—R)G    quae *add.* AHGVCas (=vg)    sectaban-
tur—adprehenderunt] cognouerunt Cas^cod    23 superia G*    24 ↩ap.
pers. G    hin B    25 poterat G*    ↩ita est V̄

uolentis neque currentis, quo modo gentes inuenerunt
iustitiam quam numquam antea quaesierunt, Istrahel uero
quaerens semper iustitiam non potuit inuenire?" si uero totus
superior sensus contradicentibus adplicatur, hinc respondit
5 apostolus et breuiter recapitulat quaestionem dicens: 'quid
ergo dicemus ad ea quae nobis obiecta sunt, nisi quia gentes
uocatae statim crediderunt, et illi credere noluerunt?'
*Iustitia autem quae ex fide est.* Quia iustitia ex fide est, et illi
credere noluerunt. 31 *Nam Istrahel, sectando legem iustitiae,*
10 *in legem non peruenit.* 32 *quare? quia non ex fide, sed quasi ex
operibus.* Reddit causas quare non inueneri[n]t iustitiam, quia
falso in operibus gloriati credere noluerunt, quasi iusti gratiam
respuentes. *Offenderunt* [*enim*] *in lapidem offensionis,* 33 *sicut
scriptum est: Ecce pono in Sion lapidem offensionis et petram
15 scandali.* Qui uidet lapidem non offendit, qui autem caecus
est impingit se: quod contigit Iudaeis quos sua malitia excaecauit, et Christum non agnoscentes cruci fixerunt. sed et
idcirco lapis offensionis et petra scandali praedictus est
Christus, quia multi in natiuitate eius et passione scandalum
20 patiuntur, sicut scriptum est quia 'scandalizabantur in eo,'
et hic ipse apostolus ait 'Christum cruci fixum, Iudaeis
scandalum, gentibus autem stultitiam, ipsis uero uocatis
Christum dei uirtutem et dei sapientiam.' unde et hic
sequitur: 'qui credit in eum non confundetur.' Petrus quoque
25 dicit quod 'credentibus lapis electus' sit '[angularis], in-

1 cf. Rom. ix 16    20 Mt. xiii 57; *Mc. vi 3    21 *1 Cor. i 23, 24
24 *1 Petr. ii 6-8

2 quam] quia M    numquam] non B    quaesierant G    is.] in is. G*
4 applicalur G*    hic H₂    respondit *fortasse errore archetypi pro* respondet
(C corr., Cas^cod)    6 dicimus H₂GCas    7 uocati V    statim] tamen H₁
8 iustitiam (*pr.*) BEVCas (=vg)    9 uoluerunt V    nam is.] is. uero AHGVCas
(=vg)    sectans AH(—R)GCas (=vg)    10 legem]+iustitiae HGVCas (=vg)
quia *om.* Sd    quasi]+non (*exp.*) B    11 op.]+legis H₁H₂½    reddit—
respuentes *om.* H₂    reddat S reddet R    causam Sd    inuenerit BH₁G
12 iusti] iustitiam E iustitia SR    13 reputantis E reputantes SR    offendunt
G offendit V    enim *om.* BV    14 ponam Cas D    15 uidit SM    non
*om.* SR*    offendet R,V(?)    16 inpinguet S inpinget R    17 cognoscentes
RH₂    et (*alt.*) *om.* GSd    19 quoniam G    20 scandalizabuntur BRH₂V
21 hic ipse apost.] paulus ipse V ipse paulus Cas    hic ipse *om.* H    22 autem
*om.* H(—R)    uero] autem Cas    24 eum] eo HGV    confundentur V*
25 sit]+et Cas    angularis *om.* B    incredulis uero] incredentibus G

credulis uero offensionis.' *Et omnis qui credit in eum, non confundetur.* Non Iudaeus solus, sed omnis qui crediderit, de pristinis delictis non confundetur. 1 *Fratres, uoluntas quidem cordis mei et obsecratio ad dominum pro illis fit in salutem.* Hic se ostendit non solum labiis sed et corde pro inimicis orare. 2 *Testimonium* [*enim*] *perhibeo illis quod aemulationem dei habent, sed non secundum* [*dei*] *scientiam.* Habent aemulationem sectandae legis, sed non intellegunt quia Christus secundum legem uenit, et quia per legem iustificari non possunt. periclitatur re uera si [quit] sine scientia fiat, quia saepe uertitur in contrarium. 3 *Ignorantes enim dei iustitiam et suam* [*iustitiam*] *quaerentes statuere, iustitiae dei non sunt subiecti.* Ignorantes quod deus ex sola fide iustificat, et iustos se ex legis operibus quam non custodierunt esse putantes, noluerunt se remissioni subicere peccatorum, ne peccatores fuisse uiderentur, sicut scriptum est: 'Pharisaei autem, spernentes consilium dei in semet ipsis, noluerunt baptizari baptisma Iohannis.' 4 *Finis enim legis Christus* [*est*] *ad iustitiam omni credenti.* Talis est qui Christo cre[di]dit die qua credit quasi qui uniuersam legem impleu[er]it. 5 *Moses enim scripsit iustitiam quae ex lege est.* Ipse Moses distinxit inter utramque iustitiam, fidei scilicet atque factorum, quod

9 cf. Rom. iii 20   14 cf. Rom. iii 20   16 *Luc. vii 30
20 cf. Gal. v 3   21 cf. Leu. xviii 5

1 crediderit H(*def.* M)G   eo H (*corr.* R *def.* M)   2 iudaeis E iudaeos SRM   solos S, R corr.   omnes SRMN*   qui crediderit] credentes H₁ credens H₂G *om.* V+in eo (eum SRG) HG   ⌒non confundentur(-etur H₂G) de pr. del. HG   non confundetur *om.* V   4 quidem *om.* G   deum AHGVCas (=vg)   ⌒fit pro illis AHGVCas (=vg)   fit] sit BR   5 hinc G   solis E *om.* S   et *om.* G   6 enim *om.* B   7 dei (*alt.*) *add.* A   8 aemulationem] secundum E   9 iustificare ER*M*   10 periclitantur BH₁N*   re uera] ergo omne bonum V   quit *om.* BHGV   11 contrariam ES contraria R   12 iustitiam *add.* B   iustitiae]+enim G   14 ⌒op. leg. G   quam]quęG quod V   custodierant BSRGV *fort. recte*   15 remissione SR*N*G   subiacere H₁MNG   ⌒pecc. sub. H₂   nec ESG*   17 in semet ipsis *om.* V   18 baptizare SR*   baptizma A baptismo B,R corr., CGV baptismum H   *est add.* B   19 credendi V   est]+ille H(illo S)G christum EMN   credit B   die qua credit *om.* SV   20 credidit HG   quasi] qualis (quales G) ille BHGV   impleuit BHGV   moses *in ras.* A   21 enim] autem Cas   scripsit]+quoniam HGCas (=vg)   iustitia H₁ dist.]+in leuitico H₁   22 quia Sd

altera operibus, altera sola credulitate iustificet accedentem. *Quoniam qui fecerit ea homo, uiuet in eis.* Nemo ergo illorum uiuet, quia in hoc tempore nemo perficit legem sine Christo, quia et hoc legis est ut ipsi credatur. quidam ex hoc loco
5 putant Iudaeos praesentem tantum uitam ex legis operibus meruisse, quod uerum non esse domini uerba declarant, qui de uita interrogatus aeterna, mandata legis apponit dicens: 'si uis in uitam uenire, serua mandata': unde intellegimus quod qui suo tempore legem seruauit uitam habuit sempiter-
10 nam. 6 *Quae autem ex fide est iustitia, sic dicit: Ne dixeris in corde tuo: quis ascendet in caelum, hoc est Christum deducere, 7 aut quis descendet in abyssum? hoc est Christum a mortuis reducere? 8 sed quid dicit scriptura? prope est uerbum in ore tuo et in corde tuo.* Ille quidem secundum historiam de lege hoc
15 dixit, sed apostolus illut ad Christum aptat, quia lex [nec] in caelo fuit nec in abysso. Siue: Ideo illos semper iubet legem meditari, ut ibi Christum ualeant inuenire. *Hoc est uerbum fidei quod praedicamus.* Noui scilicet testamenti. 9 *Quia si confitearis dominum Iesum ore tuo, et credideris in corde tuo.*
20 *quod deus suscitauit illum a mortuis.* Testimonium cordis est oris confessio. *Saluus eris.* A delictis praeteritis, non futuris. 10 *Corde enim creditur ad iustitiam, ore autem confessio fit ad salutem.* Ergo si fides sufficit ad iustitiam et confessio ad salutem, inter Iudaeum et gentem credentes nulla discretio

       8 *Matth. xix 17     16 cf. *Ps. i 2     20 cf. Rom. x 10

    1 altera (*alt.*)]+saluet C  sola]+fidei HG  credulitatem H(—C)  iustificat A *om.* H  accidentem EG   2 quoniam *om.* HGVCas (=vg)  ea *om.* HGCas (=vg)  uiuit H(—C)  eis] ea HGCas (=vg)   3 uiuit H  qui H₂(—C) perficit RM percipit F   4 ᴗest legis G  ipse R*MNG   5 praesentem *om.* H₂(—F)   6 decrarant A*   7 ᴗaet. interr. H₂  op(-b-)ponit AHGV   8 in] ad V   9 seruabit G  aeternam HG   10 aex (a *exp.*) B   11 qui F  ascendit A*BHGVCas^cod (=vg)  hoc] id AHGVCas (=vg)   12 de(-i-)scendit BHGVCas^cod (=vg)  a]ex BHGVCas (=vg)   13 reuocare AHGVCas (=vg) sed] *praem.* in deuteronomio H₁  quit A*  dicit *om.* Cas^cod  scriptura *om.* H(—R*)GVCas^cod (=vg)   14 illi H₁  ᴗdixit hoc G   15 apostolus] hic V  optat R  nec *om.* B   16 illud E  ᴗiub. semp. VCas  iubit MN* legi H₂   17 meditare SR*   18 noui—testamenti *om.* V  nouum E  quod H₂   19 ᴗin ore (corde Cas^cod) tuo dom. iesum AHGVCas (=vg)  ᴗin corde tuo credideris AHGVCas (=vg)   20 ᴗillum excitauit AHGVCas (=vg) a]ex VD   21 ore G  a] quia V  non]cum E   22 ᴗfit conf. Cas ad (*alt.*)] in AM,N corr.,V (=vg)   23 si *om.* V   24 gentilem BH(—S)Sd credentis ES credendis R* credentem H₂G

est. 11 *Dicit enim scriptura: Omnis* [*enim*] *qui credit in illum.
Non solum Iudaeus. Non confundetur.* Nolite ergo illos uos
confundere de pristinis actibus, quos scriptura dicit non posse
confundi. 12 *Non enim est distinctio Iudaei et Graeci: nam idem
dominus omnium, diues in omnibus qui inuocant illum.* 5
13 *omnis autem quicumque inuocauerit nomen domini, saluus
erit.* Unus dominus omnium et abundans misericordia et
salute[m] habet unde [omnibus] largiatur. 14 *Quo modo ergo
inuocabunt* [*eum*] *in quem non crediderunt?* [De gentibus
obiectio Iudaeorum,] quod deum inuocare non possent. *Aut* 10
*quo modo credent ei quem non audierunt? quo modo autem
audient sine praedicante?* 15 *aut quo modo praedicabunt nisi
missi fuerint?* Quia numquam ad illos profetae sunt missi.
*Sicut scriptum est: Quam speciosi pedes euangelizantium pacem,
euangelizantium bona!* Istorum pedes pulchri sunt qui pacem 15
adnuntiant, illorum autem qui ad uanitates saeculi currunt,
turpes sunt pedes atque deformes. 16 *Sed non omnes oboediunt euangelio.* Ergo si nec illi omnes obaudierunt ad quos
prophetae sunt missi, quanto minus isti ad quos nemo est
destinatus! *Esaias enim dicit: Domine, quis credidit auditui* 20
*nostro?* Quis cre[di]dit quod audit a nobis, uel quod nos a te
ut aliis adnuntiaremus audiuimus? 17 *Ergo fides ex auditu,
auditus autem per uerbum.* Hinc responsio apostoli. 18 *Sed
dico: numquit non audierunt?* Etiam ante illos audisse con-

7 cf. Rom. xii 1 etc.

1 dicit] *praem.* in esaia H₁  enim (*alt.*) *om.* AHGVCas (=vg)  illo H(—C)G
2 confunditur MN   illos uos] illum H₂   3 quem C   ⌒conf. non posse
BHGVCas   4 non enim] nam non ESG   graeci] gentis G   5 in
omnibus] *om.* E in omnes SH₂GVCas (=vg)   6 autem] enim AHGVCas
(=vg)   7 misericordiam H(—E)G   8 salute BE   omnibus] *om.* BHG
utrique Cas   largitur H₁   quo] *praem.* in iohel et in micha H₁   enim
(*eras.*) ergo A ergo *om.* G   9 eum *om.* AHGVCas (=vg) de—iudaeorum *om.* B
10 dominum BV   possint BGV possunt H   11 credunt RM   12 aut
quo modo] quo modo uero (*om.* uero V) AHGVCas (=vg)   13 missi fuerint]
mittantur AHGVCas (=vg)   ⌒missi sunt GCas   14 sicut] *praem.* in esaia H₁
15 qui] quia HCas^ed   16 adnuntiant *om.* G*   autem] uero V   ad
uanitates] adnuntiantes H   seculum C   17 pedes *om.* H   atque deformes
*om.* Cas   obaudierunt A (=vg)   18 obaud.] obaudiunt V   19 pro-
phetae] isti BHGVSd   ⌒missi sunt BSd^ed. cod.   magis G*   20 dest.] + est G
enim] autem G   credit A*D   21 credit AH₁V   a (*alt.*)] ad B   22 audiui-
mur G*   23 uerbum] + christi HGCas (=vg) + dei FVCas^cod*   hic H₁V
repromissio G   24 audierunt] + et quidem HGVCas (=vg)   audire B

firmat. *In omnem terram exi[u]it sonus eorum, et in fines orbis terrae uerba eorum.* Uult hoc testimonium per allegoriam de uocibus intellegi prophetarum. 19 *Sed dico; numquid Istrahel non cognouit?* [Subauditur:] Gentes esse uocandas ad fidem.
5 *Moses primum dicit.* Ideo primus Moses quia omnes [paene] prophetae postea de gentium salute dixerunt. *Ego ad aemulationem uos adducam in non gentem, in gentem insipientem, in iram uos mittam.* Ante quam crederent deo, non era[n]t gens dei. quasi ergo dicat eos qui non sunt gens mea, uocabo,
10 et credent mihi ad uestram inritationem, ut quibus maiores debuistis esse gaudeatis aequari, sicut [si] quis habeat filium inoboedientem, et ad corrigendum eum dimidium patrimonii sui det seruo suo, ut tandem ille conuersus gaudeat, uel si tantum accipere mereatur. Siue: Non eramus gens, quia
15 'mortui eramus in peccatis.' 20 *Esaias [autem] audet et dicit: Palam factus sum non quaerentibus me.* Gentibus quae non deum in lege, sed idola in ignorantia requirebant. *Inuentus sum ab his qui me non interrogabant.* [Qui] non deum, sed daemonia interrogabant, per augures [et] astrologos atque
20 aruspices idolorum. 21 *Ad Istrahel autem quid dicit?* Ipse qui talia gentibus repromisit, Iudaeis ecce qualia comminatur, ut sciat[is] utrumque praedictum! *Tota die expandi manus meas.* Toto tempore mirabilia uel plagas ostendi, [et] nec

---

15 cf. *Eph. ii 5

1 exiit AVCas^cod (=vg) in (*alt.*)—eorum] reliqua H₂  2 allig. A de *om.* E  3 ⁀proph. intell. VCas  4 subauditur *add.* A  ad fidem *om.* V
5 ⁀primus (primum N corr.+p G*) moses AHGCas (=vg) moses primus V paene *om.* B  6 ego] *praem.* in cantico deuteronomii H₁  7 ⁀non in E in gentem *om.* EG*  8 ira Cas^cod  crediderint ER* crederint SMN deum H₁  erat B,M(*corr.*)  9 gens (*pr.*)] gentes H₁  ⁀gens mea sunt H₂
11 aequare H₁  si *om.* A  aliquis VCas  habet V  12 dimidio E demedio SR, dimedium MN* demedium(*corr.* -o) G  13 sui *om.* V(Cas)  suo *om.* VCas  ⁀si uel V  15 autem *om.* BV  audit MN  16 palam factus sum] inuentus sum AHGCas (=vg) apparui V  sum]+a H₂  17 in (*pr.*)] ex G ⁀in idola ignoranti (ignorantia H₂G) HG in idolatriẹ ignorantia C  inuentus sum ab] palam apparui AHGCas (=vg)  18 ab his] inter eos V  iis Cas^ed qui (*alt.*)] *om.* BV quia Sd  19 angures B  et *om.* B  ⁀ar. idol. atque astrologos (astrelogus E astrologus S austrolocos MN*) HG  20 quid] quia B *om.* Cas (=vg)  21 ir[a]e promisit H₁  ecce qualia] et aequalia V
22 sciat B  extendi SdD  23 ostendit H(—F) extendi Sd  et *om.* BSd nec] ne G

sic crediderunt. *Ad plebem non credentem et contradicentem
[mihi].* Extensio manuum allegorice significat crucem. 1 *Dico
igitur: numquit reppulit deus hereditatem suam? absit!* Quia
satis illos humiliauerat, modo quasi bonus doctor consolatur
eos, ne illos nimium exacerbare uideatur. non omnes, ait, rep- 5
pulit, nec semper, nisi [eos qui non credunt, et] quam diu non
credunt *Nam et ego Istrahelita sum.* Si omnes reppulisset, nec
me utique suscepisset. *Ex semine Abraham, de tribu Beniamin.*
Non ex genere proselytorum. 2 *Non reppulit deus plebem suam
quam praesciit.* Illam plebem non reppulit quam praesciit esse 10
credituram. *An nescitis in Helia quid dicit scriptura?* In
Regnorum, ubi scriptum est de Helia. *Quo modo postulat
deum contra Istrahel.* Gentibus superbiam tollit, ne glorientur
quod ex Iudaeis paucissimi crediderunt. 3 *Domine, prophetas
tuos occiderunt, altaria tua suffoderunt, et ego relictus sum solus,* 15
*et quaerunt animam meam.* Omnes prophetae illa tantum
modo sciebant quae illis fuissent a domino reuelata. unde
rex Hieremiam dubius interrogat si in ea hora qua cum [eo]
loquebatur, aput eum se[r]mo domini haberetur. sed et Helisaeus dicit: 'quo modo haec dominus abscondit a me?' ita 20
[ergo] et Helias hoc loco esse praeter se alios qui deum colerent,
ignorauit. 4 *Sed quid dicit illi responsum diuinum? Reliqui*

12 cf. 3 Regn. xix 18    18 cf. Hier. xliv (xxxvii) 17    20 cf. *4 Regn. iv 27

1 crediderunt] credere uoluerunt (noluerunt SRM) HG   plebem] populum
AHGVCas (=vg)    2 mihi *om.* AVCas (=vg)    signat HG    3 ergo
AHGVCas (=vg)    dominus Cas    hereditatem suam] populum suum AHGCas
(=vg)    absit *om.* GSd    4 consolator SN*    auxiliatur M    5 exaceruare
SMN*V    uideretur BHGVSd    ait *om.* V    6 eos qui—et *om.* BHV
credunt] crediderunt GSd    7 nec me utique] me non H me non
utiaque (a *eras.*) G    8 abrahę C    de *om.* V (=vg)    beniainin A beniabin G*    9 ex gen. pros.] proselytus GCas    genere] semine H₁    suam]
meam G    10 praesciuit HGCas    illam—praesciit *om.* A*    praesciuit HGCas
12 regnorum] regum libro HG    ⌐est scr. G    quo modo] quem ad modum
AHGVCas (=vg)    postulat] interpellat AHGVCas (=vg)    13 contra]
aduersus AHGVCas (=vg)    ne glorientur] negligenter B    ne] non MN*
ut non N corr.,C    16 animam (*partim in ras.*) A    tanto H₁    17 fuissent]
fuisse ante SR*    unde]+ et HG    18 rex] ex G    dubie HG    in ea] illa V
hora qua cum eo] quacumque hora B    qua—haberetur] aliquod uerbum dei
esset aput illum V est uerbum dei in te Cas    eo] *om.* B illo H₁G    19 eum]
illum H₂    semo B    domino E dei H₂    habebatur H₂    hel.]+ haec G
21 ergo *om.* B    ⌐praeter se alios esse C ⌐esse alios preter se G
se]+ esse E*    alius H₁    22 quid] qui SM

*mihi septem milia uirorum.* Si prophetam tanti latuerunt, quanto magis uos nescitis quam multi Iudaeorum et saluati sunt et saluandi! *Qui non curuauerunt genu[a][sua] ante Bahal.* Non solum immolando idolis seruitur, sed etiam delinquendo. 5 si enim deus factis negatur, utique et daemones honorantur. 5 *Sic igitur et in hoc tempore.* Sicut ergo tunc non omnes perierunt, ita et nunc aliquanti saluantur. *Reliquiae secundum electionem gratiae saluae factae sunt.* Electio gratiae fides est, sicut opera electio legis. ceterum quae electio, ubi nulla 10 diuersitas meritorum? 6 *Si autem gratia, [iam] non ex operibus.* Ne dicerent illi de quibus Heliae dicitur: 'iusti erant, isti uero peccatores quo modo electi sunt?,' subiecit quia et ipsi gratis saluati sint, sicut gentes. *Alioquin gratia iam non est gratia.* Quia gratuito munere gratia appellatur. 7 *Quod ergo* 15 *[quod] quaerebat Istrahel, hoc non est consecutus?* Ideo totus Istrahel non est iustitiam consecutus, quia eam non ex fide quaerebat, sed ex solis operibus legis se iustificari putabat, cum maxima legis mandata contemneret. unde a saluatore arguuntur culicem liquantes et camelum gluttientes. *Electio* 20 *autem consecuta est.* Qui per fidem electi sunt. *Ceteri uero excaecati sunt,* 8 *sicut scriptum est.* Ceteri per infidelitatem excaecati sunt, sicut scriptum est: 'nisi credideritis, nec

19 cf. *Matth. xxiii 24    22 *Esai. vii 9

1 prophetae B    tanta MNG tantum C    latuerint G    3 saluandi] +erunt V    curuata sunt G    genu AV (=vg)    sua *add.* B    ante *om.* H₁(=vg)    4 immolandum H₁[a]emulando H₂    etiam] et quam SR*    relinquendo G    5 si] sed G    deus] dicitur C*    6 igitur] ergo AHGVCas (=vg)    7 **reliquiae A reliqui ES    8 saluae] salui ES *om.* V (=vg)    facti H₁    electio]+enim G    9 legis]+est G    quae] quia et V    10 meritorum]+est R    autem] enim H₂    iam *om.* AVCas (=vg)    11 dicerint MN*    heliae] alii M alie (*corr. m2* aliis) N alibi C    erant isti *om.* H₂    12 peccatores] factores H₂ *hic punctum habet* V, *non post* erant+sunt Cas    modo]+ergo VCas    subicit V    13 gratia G    saluandi R    sunt HG    sicut]+et HG    14 quia]+in M+a* N+a CGSd    gratuitum ER* (?) gratiae tum S gratuitu MN*G    gratia *om.* H₁    quod] quid AHGVCas (=vg)    15 quod *om.* B    quęrebant A*    ideo]+autem Sd ⸍is. tot. HG    16 ⸍non est cons. iust. ESd ⸍iust. non est cons. G    iustitiam *om.* Cas    eam] *om.* G iam Sd    17 operibus] honoribus B oneribus V    iustificare H(—C)    putabant A*Sd    18 maxime E cetera Cas a] *om.* R*G* et M    19 arguentes MN*    liquentes R,N corr.,Sd    et *om.* Sd cam.]+inmanem beluam V+autem Sd    21 sicut] *praem.* in esaia H₁    22 credideritis SRM    non HCas

intellegetis.' *Dedit illis deus spiritum compunctionis, oculos ut non uideant, et aures ut non audiant.* [Scriptura dicit:] 'ante hominem uita et mors; quod placuerit ei, dabitur illi,' ne libertas scilicet tollatur arbitrii. dei ergo dare permittere est; spiritum autem compunctionis, quem desiderabant: semper 5 enim uerbis dei fuerunt increduli. nam si uoluissent habere spiritum fidei, accepissent. sed [et] nunc Christiani qui de resurrectione dubitant [et] praemio ac gehenna, similem sibi spiritum quaesierunt: hoc enim loco propheta de infidelibus et peccatoribus loquebatur. *Usque in [h]odiernum diem.* Usque 10 quo conuerta[n]tur, sicut de uelamine cordis ad Corinthios dicit.

9 [*Sicut*] *et Dauid dicit: Fiat mensa eorum in laqueum et in captionem et in scandalum et in retributionem illis.* 10 *obscurentur oculi eorum ut non uideant, et dorsum eorum semper incurua.* [Aliter: Semper incurua onere peccatorum, ut non dimittantur 15 nisi crediderint.] [Mensa] qua in passione Christi laetati sunt, pascha comedentes. hoc enim de illis prophetatur qui saluatorem aceto et felle potarunt, et tamen ipsis dicit Petrus: 'et nunc scio quia per ignorantiam fecistis hoc': 'paenitemini ergo et baptizetur unus quisque uestrum.' et Paulus ipse post 20 modicum ait: 'et illi, si non permanserint in incredulitate, inseruntur,' ut sciamus quia spiritus conpunctionis facultatem illis non abstulit conuertendi. denique statim [apostolus]

2 Eccli. xv 17   11 cf. 2 Cor. iii 15   17 cf. Matth. xxvii 34, 48
18 *Act. iii 17   19 *Act. ii 38   20 *Rom. xi 23

1 intellegitis H(—N*m*2,C)GV   eis H₂   deus *om.* Cas   computationis B
2 scriptura dicit *add.* A   3 uita] uitam uita MN uitam S   4 promittere RH₂   5 spiritus B   autem *om.* G   quem] quae V   desid.]+habebant V
6 ⸌dei uerbis B   habitare N   7 piritum G*   et *om.* B   8 resurrectionem H₁   et *om.* B   praemium H   ac] et Cas gehennam H   9 propheta *tr. ante* loquebatur B   10 et peccatoribus *om.* H   pecc.] peccatibus VCas loquitur H   hod.] od. A   11 quo *om.* Sd   conuertatur B   12 sicut *add.* B   et] *praem.* in psalmo LXVIII ER   dixit Cas^{ed}   eorum (ipsorum G)]+coram ipsis H₁GSd   13 in (*pr.*) *om.* SRNC   ipsis Cas   14 eorum] iudeorum B*   ut non] ne AHGVCas(=vg)   eorum] illorum AESGVCas(=vg)   15 aliter—crediderint *om.* A   onera H₁N*   dim.] dimittentur G+eis V   16 cred.]+in christo V   mensa *om.* BHGVSd   qua] quia BHGVSd   laetati] beati E
18 potauerunt BRCas potabant Sd   19 nunc]+fratres Cas   quoniam V hoc] hanc rem V   20 ⸌ipse paulus BHGV   21 modum H₂G   in *om.* G incredulitatem MN   22 inserentur BHGVCas *fort. recte*   sciatis B quoniam V   23 apostolus *add.* A

ipse se soluit. 11 *Dico igitur: numquit sic offenderunt.* Modo iterum partem reuelat Iudaeorum. *Ut caderent? absit!* Non penitus et inremediabiliter ceciderunt. *Sed illorum dilecto salus gentium, ut illos aemulentur.* Usque adeo illos dilexit, ut propter salutem illorum gentes uocarentur, quo eas uidentes ad regnum dei admitti uel sic facilius conuertantur. 12 *Quod si delictum illorum diuitiae sunt mundi, et diminutio eorum diuitiae gentium, quanto magis plenitudo eorum!* Si delictum illorum tantum uobis profuit, ut sine operibus legis uos illis faceret coheredes, et si pauci eorum credentes omnes uos ad salutem uoca[ue]runt, quanto magis, si omnes crederent, prodesse uobis poterant per doctrinam! 13 *Uobis enim dico gentibus.* Uult ostendere se ad Iudaeorum salutem magnopere festinare. *Quam diu ego sum gentium apostolus, ministerium meum inlustrabo.* Quam diu fuero in corpore constitutus, honorificabo ministerium meum, dum exemplo meo plures illorum saluare contendo. 14 *Si quo modo aemuler carnem meam.* Ut omni modo talem me exhibeam ut me desiderent imitari. *Ut saluos faciam aliquos ex illis.* Uel aliquantos, si non uolunt omnes. 15 *Si enim amissio eorum reconciliatio est mundi.* Repetit quod dixerat superius. *Quae [est] adsumptio, nis[i] uita ex mortuis?* Unde gentibus adsumptio, nis[i] ex

9 cf. Rom. iii 28    15 cf. 2 Cor. v 6 etc.

1 se soluit] resoluit B soluit HGV    igitur] ergo AHGVCas (=vg)
2 iterum] igitur B    releuat $ASH_2GV$    iudaorum V    3 pen.] in pen. MN
et] nec V    inremeabiliter G*    dilecto *scripsi* delicto (*m*2 delicti) A delicto
$BH_2GVCas^{ed}$ (=vg) delictum $H_1Cas^{cod}$    4 sal.]+est Cas    gentibus
$BH_1VCas$ (=vg)    illos *om.* Cas    5 ⌒ill. sal. BCas    illorum]eorum V
saluarentur Cas    6 permittit V    conuerterentur HGCas    7 eorum G
sunt *om.* G    mundo V    8 diuitiae]+sunt G    9 illorum] eorum ERCas
tanto ES    nobis G    uos illis] uos illos ER* *om.* $H_2$    10 et] ut $H_2$    11 uocarunt BH(—R)GVSd*fort. recte*    crediderint H crediderunt E    12 uobis]
nobis G    ⌒pot. uob. E    poterunt $Cas^{cod}Sd^{cod}$    per]ad Cas    enim]
autem Sd    13 se *om.* $H_1$    iudaeorum *om.* G    magnoperis $H_1$    14 quamdiu]+quidem $H_2GCas$ (=vg)    15 meum] me enim B nostrum E    inlustrabo $BCas^{expos}$ honorificabo AHGVCasSd (=vg)    16 meum] nostrum
$H_1G$    17 illorum] eorum BHG    aemuler] ad aemulandum prouocem
HGCas(Sd) (=vg)    18 ut omni] si quo (+cumque Cas) VCas    ⌒me
talem V    ut] quatinus Sd    desiderint MN*    19 ut] et HVCas (=vg)
et ut (ut *exp.*) G    uel] ut G    si non uolunt] quia nolunt BECas quia non
uolunt HV    21 dixerat] dictum est G    est *om.* AVCas (=vg)    adsumptio
nisi] adsumptionis BS    22 uitę B,N corr.    adsumptio nisi] assumptionis B

illorum uiuerent morte? [Siue:] Ex Iudaeis mortuis Christus uel apostoli uita fuerunt gentibus. Siue: Si quos inde liberauero, ad uestram proficient uitam. 16 *Quod si delibatio sancta [est], et massa.* Si qui crediderunt pauci sancti sunt, et omnes, si credant. *Et si radix sancta, et rami.* Radix patriarcharum. 5 hoc est: et primi et nouissimi sancti ex ipsis sunt. 17 *Quod si aliqui ex ramis fracti sunt.* Non propter te illi fracti sunt, sed propter ea tu insertus es, quia illi sunt fracti. *Tu autem, cum esses oleaster.* Olea quidem, sed inculta atque siluestris. *Insertus es in illis, et socius factus es radicis [et] pinguedinis* 10 *oliuae.* Radicis patrum; pinguedinis Christi. 18 *Noli gloriari aduersum ramos: quod si gloriaris, non tu radicem portas, sed radix te.* Noli de illorum perditione gaudere; alioquin audies quia non illi per te stant, sed tu per illos, nec tu illis uitam praestas, sed illi tibi. 19 *Dicis ergo: [si] fracti sunt rami, ut* 15 *ego insererer,* 20 *bene in incredulitate fracti sunt.* Dicis illos ideo fractos ut tu inseraris. uideamus si propter ea, et non magis propter incredulitatem suam ceciderunt. *Tu autem fide stas.* Non quo personam tuam deus acceperit, et illos sine causa proiecerit. *Noli altum sapere, sed time.* Quidam hunc 20 locum non intelligentes, nec adtendentes causam uel personas de qua et quibus loquitur apostolus, putant hic sapientiae

19 cf. Gal. ii 6 etc.

1 uiuerint MN* mortem BH₁ siue add. AG aliter V mortuus NCV 2 apostolus G fu.]+assumptioni Cas siue om. Sd si om. A*H₂ 3 proficiant G* deliberatio B 4 est om. B si]+illi HG cred. pauc.]pauc. ex eis (ex illis MN de illis C ex eis G) cred. HG omnes]+sancti Sd 5 si] sic BS si credant] qui credunt H₂ si credunt V si (alt.)]sit B patriarchae H₁G corr. (?)+rami apostoli HG 6 et (pr.)] in B om. GSd sancti om. SR sunt om. Sd 7 illi om. H 8 ⌢tu propter illos V ea] illos BHGVSd tu]+autem R illi om. V sunt om. Sd ⌢fr. sunt HGCas 9 ⌢ol. esses (sis G) AHGVCas(=vg) atque] om. Cas ac Sd 10 factus es tr. post oliuae AHGVCas(=vg) ⌢ping. et rad. A et om. B radices SRV 11 patruum MN* 12 aduersus AHGVCasSd(=vg) si]+tu G tu] tu*G portat B 13 audiens H₁ 14 quod HG illi om. G ⌢uitam illis B 15 dices N si om. AHGVCasSd(=vg) 16 inserar AHGVCas(=vg) in incredul.] propter incredulitatem AH(-e E)GVCas(=vg) sunt]+rami M dicis]+tu HG ⌢ideo illos fractos (ideo fractos illos C) HG 18 tu—stas bis A 19 sta HGSd quo] enim BH(om. C)GV ⌢deus pers. tuam H₁ acciperet H₁C accepit V 20 proicerit E proiceret C proiecit V 21 nec attendentes bis B 22 et]+a S uel de Sd loquatur V sapientiam BHGVSd

[studium] esse prohibitum. quod si ita est, secundum illos inuenietur sibi ipse contrarius qui hic uetat quod alibi, ut Ephesii et ceteri accipiant, [magnis supplicationibus] a domino deprecatur. 'Noli' ergo 'altum sapere' hoc est: noli contra eos
5 superbus esse. 21 *Si enim deus naturalibus ramis non pepercit, ne forte nec tibi parcat.* Si illis non pepercit propter incredulitatem, qui ex radice sancta sunt, quanto minus tibi, si peccaueris! 22 *Uide ergo bonitatem et seueritatem dei.* Contra eos qui alium deum iustum, alium adserunt bonum; et contra eos qui
10 negant deum in peccantibus uindicare. *In eos quidem qui ceciderunt, seueritatem: in te autem bonitatem.* Quia et illi iuste fracti sunt et tu clementer insertus. *Si permanseris in bonitate[m].* In fide quae tibi dei bonitate collata est. *Alioquin et tu excideris.* 23 [*sed*] *et illi, si non permanserint in incredulitate,*
15 *inserentur.* Si[n] uero [uterque se mutet,] et tu seueritatem senties et illi bonitatem. *Potens est enim deus iterum inserere illos.* Apud homines quidem inpossibile est aridos surculos reformare, apud deum omnia possibilia sunt atque facilia. 24 *Nam si tu ex naturali excisus es oleastro.* Qui[a] iam [ollim]
20 patres eorum, naturalem obliti legem, deg[en]erauerant a natura, et per successiones peccandi, consuetudine permanente, quasi naturaliter amari et infructuosi esse coeperant. *Et contra naturam insertus es in bonam oliuam, quanto magis hi secun-*

---

3 cf. Eph. v 15; cf. Rom. xvi 19    17 cf. Matth. xix 26

1 studium *om.* BHGVSd    prohibitam BH(habetam M uetitam N corr. *in ras.*)GVSd    2 inuenitur H₂    ipse] ipsi S esse M    ut] et G
3 eph(·f·)esi H(—C)GSd    magnis supplicationibus *om.* B    magis SN    supplicationis MN    a domino] ad dominum HG    4 noli—esse *om.* V    5 ⌒esse sup. (summus G) BHGSd    6 illos A    peparcit B    7 sancta] sua H₂    quanto] multo BHGV    9 iustum] putant iustum et G    10 in (*pr.*) *om.* H₂
11 bonitatem]+dei HGVCas (=vg)    12 insertus]+es HVCas    bonitate AHGVCas (=vg)    13 quae tibi] quia et ibi (*corr.* quae ibi) G    bonitatem B    consolata B    14 sed et illi] et illi autem V    sed *om.* B    15 sin] si B    uterque —mutet *add.* AG    et *om.* A*H    seruitutem MN*    16 ille V    ⌒enim est H₂    ⌒iterum deus H₂    iterum] iter si B    17 sarculos E sorculos S surculos(u *pr. in ras.*) R    18 deum]+ autem GVCasSd    sunt *om.* Sd
⌒et facilia sunt H₁G sunt et facta H₂    19 ex *om.* R    qui B    ollim *om.* BCas^cod    20 ⌒obl. nat. Cas    ⌒leg. obl. BHGVSd    degerauerant B degenerauerunt H₂GSd^{ed cod}    21 consuetudinem H₁    22 quas G    cęperant A ceperunt B coeperunt V(Cas)Sd *fort. recte*    23 est MN    hi] hii AESG *om.* MN

*dum [suam] naturam inserentur suae oliuae!* Contra naturam
est oliuae inserere oleastrum, qui[a] magis ramus solet radicis
uim mutare quam radix ramorum in suam ue[r]tere qualitatem.
25 *Nolo enim ignorare uos, fratres.* Et hoc totum ne contra illos
superbiant gentes. *Mysterium hoc.* Arcanum quod hominibus 5
ignotum est, qua re saluatae sint gentes, quia occasione[m]
eis salutis etiam caecitas praestitit Istrahel. *Ut non sitis ipsi
uobis sapientes.* Ne secundum humanam sapientiam dicatis:
'Nos deus elegit et illos abiecit.' *Quia caecitas ex parte Istrahel
contigit.* In tantum Istrahel et delicta et perfidia occuparunt, 10
ut ueniret tempus quo gentes omnes admitterentur ad uitam,
et ita omnis Istrahel per fidem solam saluaretur, quo modo
gentium plenitudo, ut aequales essent in Christo, quia aequales
fuerant in delictis. *Donec plenitudo gentium intraret,* 26 *et sic
omnis Istrahel saluus fieret.* Tam diu permansit donec gentes 15
saluari uiderent, quia omnes uocati sunt ad salutem. Siue:
Ex Iuda et Istrahel, ex lege scilicet. [*Sicut*] *scriptum est: Ueniet
ex Sion qui eripiat et auertat inpietatem* [*ex*] *Iacob.* Quidam haec
omnia futura existimant: quibus respondendum est: 'Ergo et
hoc testimonium, "ueniet ex Sion qui eripiat" Istrahel, adhuc 20
futurum est, et rursum Christus adueniet liberare, et, [si]
a deo pro tempore excaecati sunt, et non a semet ipsis, quid
de illis [fiet], qui modo pereunt non credentes?' 27 *Et hoc illis*

1 suam *om.* AHGVCas (=vg)   2 ⌒oliuae est Sd   ⌒oleast. ol. ins.
Cas   insere V   oleastro H₂   qui B   ramis B ramos E,R (*corr.* rami),N
solent R corr.   ⌒uim rad. HG   3 mutari H(—C)   ramorum] rami
amorem V   uetere B   4 enim] autem V   ⌒uos ign. AHGVCas (=vg)
et *om.* HG   ⌒contra illos ne HG   eos Cas   5 gentes]+contra illos G
ministerium R*   omnibus MC   6 sunt Sd   occasione B   7 eis] eius GV
perstetit MN*   israhelelis G corr.   ⌒uobis ipsis AERCGCasSd (=vg)
uobis ipsi SH₂V   8 secundum]+uestram V   9 et *om.* H₂   obiecit SR
⌒ex parte *om.* V   ⌒cont. is. A cont. in is. HGVCas (=vg)   10 praesidia
MN   11 ad] in Sd   12 omnes E*SN   ⌒sol. fid. G   13 ut] ut ut A
uita H   christa A   quia] in A* quę B   inequales A*E   14 fuerunt H₂G
et *om.* V   sic *om.* ES   15 omnes H₁N*   saluos R*M   fierit MN*   per-
mansit] permanet H₂+cecitas V   16 saluare H₁   uiderint H₂   qui ER
17 ex] etiam B et non G et V   iuda et] *iudę A iudaei et V   ex] et H
sicut] *om.* B *praem.* in esaia H₁   ueniat MN*   18 auertet V (=vg)
inpietatem] captitates A impietates VCas (=vg)   ex] *om.* A ab HGVCas
(=vg)   20 ueniet—istrahel *om.* V   21 et] ut HG   rursus RV   christum B
adueniat H₂ ueniet G   si *add.* A,Cm2,V   23 fiet *add.* A   qui]
quo HG

*a me testamentum, cum abstulero peccata eorum.* Testamentum
nouum quod promittit Hieremias, quod non nisi noui abolitis
peccatis accipient. 28 [*Fratres*] *secundum euangelium quidem
inimici propter uos.* Inimici mihi sunt quia uobis praedico
5 Christum[, sicut ipse alibi ait]: 'prohibentes nos [gentibus
loqui ut saluae fiant.' *Secundum electionem autem carissimi
propter patres.* Si autem credant, carissimi sunt, dupliciter
commendati. 29 *Sine paenitentia enim sunt dona et uocatio
dei.* Si crediderint, non illis poterunt imputari peccata,] quia
10 deum non paenitet Abrahae semini promisisse. Siue:
Illi sine adflictione paenitentiae, si crediderint, saluabuntur.
30 *Sicut enim aliquando et uos non credidistis deo.* Quando
athuc illi credebant. *Nunc autem misericordiam consecuti
estis propter illorum diffidentiam.* Non uestro merito. 31 *Ita
15 et isti nunc non crediderunt in uestra misericordia.* Misericordia
gentium Christus est. *Ut et ipsi misericordiam consequantur.*
In tantum non crediderunt ut et ipsi non operibus suis [non]
iustificentur, sed misericordia, sicut uos. 32 *Conclusit enim
omnia deus in incredulitate*[m]. Non ui inclusit, sed ratione
20 conclusit quos inuenit in incredulitate: hoc est, Iudaeos omnes
et gentes. hos conclusit quia ante Iudaei peccatores tantum
erant, non etiam perfidi: postquam autem Christo non crediderunt, gentibus sunt aequales, et omnes similiter miseri-

2 Hierem. xxxi 31    4 cf. 1 Cor. i 23 etc.    5 1 Thess. ii 16
17 cf. Rom. iv 2

1 test. (*alt.*)]+scilicet Sd    2 ↶hier. prom. Cas    promisit BH(misit MN)G
abolitis] obolitis G+per baptismum Sd    3 accipiunt Sd    fratres *om.*
AHGVCas (=vg)    4 amici B    proter (?) G    quia] propter quae (—R, N
corr., C corr., G quod, N* qui) HG    5 christum *om.* GCas    sicut—ait *add.* A
prohibentibus H₂    *a* gentibus (*uide uol.* I, *p.* 217) *def.* B    nos] non E apostolos Sd    6 fient H₁    carissimi]+sunt H₂    8 enim *om.* A*    donationes SdD
9 crediderunt A*H₁    poterant A*    quia *post lacunam incipit* B    10 dominum
HCas^ed    ↶sem. ab. Cas    semen H    11 illis A*SMN*    crediderunt A*E*
12 ↶et uos aliquando HG    credidisti G    13 ↶illi adhuc H₂    14 incredulitatem AHGCas (=vg)    non uestro] nunc uero H₂    ↶mer. ues. Cas
15 non *om.* E    uestram misericordiam BH₂G (=vg)    16 est *om.* G
17 non (*alt.*) *om.* H₁    op.] ex op. Cas    suis *om.* Cas    non *add.* BH₁    18 misericordiam E*SM    sicut]+et C    19 ↶deus omnia AHGVCasSd (=vg)
incredulitate BHGVCasSd    incredulitatem A (=vg)    non—conclusit *om.* Cas
ui inclusit] indurauit B    20 incredulitatem M    iudaeos *om.* N    ↶et
omnes B    21 hos] hoc AH    antea HG    tantum *om.* Cas    22 etiam *om.* Cas
christum HG

cordiam consequuntur. *Ut omnibus misereatur.* Haec facit causa ut omnibus misereatur. 33 *O altitudo diuitiarum sapientiae et scientiae dei!* Laudat sapientiam dei qui tam diu expectauit secundum praescientiam donec omnes misericordia indigerent, ut omnibus de falsa iactantia operum gloria tolleretur. *Quam* 5 *inscrutabilia sunt iudicia eius.* 'Iudicia' dei 'abyssus multa': ad liquidum enim conprehendi non possunt. *Et inuestigabiles uiae eius.* Id est, cogitatio dispositionum eius. 34 *Quis enim cognouit sensum domini?* [Ante nemo cognouit; nam in praesenti ipse Paulus utique sciebat qui aliis ostendebat, 10 dicens: 'Nos autem sensum domini habemus.' Siue: Sine lege ipsius et gratia per se nemo cognouit, et nemo peculiari dei confabulatione instructus doctrina eius non indiget.] *Aut quis eius consiliarius fuit?* Ut eius nouerit arcana sacramenta. 35 *Aut quis prior dedit ei, et reddetur illi?* Quis prior fecit 15 aliquit boni, ut non dei misericordia[m] glorificet, sed suo [se] merito [recepisse] glorietur? 36 *Quoniam ex ipso et per ipsum et in ipso [sunt] omnia.* Ab ipso omnis creatura accepit initium et per ipsum regitur, et in ipso omnia concluduntur nec ipse continetur ab ulla [factura]. *Ipsi gloria in saecula [saecu-* 20 *lorum].* amen. Ipse solus glorificandus est, cuius est etiam

6 Ps. xxxv 7     11 *1 Cor. ii 16     20 cf. Sap. i 7

1 omnium HCas (=vg)    haec facit causa] hęc fuit causa B hac de causa H de hac causa G haec (hac Cas$^{cod}$) fecit causa V Cas    2 ut omnibus misereatur *om.* HG    sapientiam A    3 laudant MN*    quae ACG expectant MN*(N corr. expectat)    4 praesentiam EN    misericordiam BE*R*N*G*V    indigissent H$_2$ (indiguissent C)    5 gloriam MN*    6 inscrutabilia GSdD inconprehensi(e A)bilia ABHVCas (=vg)    iudicia (*pr.*)] opera B iudicia (*alt.*)] lucidia B+enim G corr.    dei *om.* A*    7 ad liquidum] aliqui dum ESMG*    conprehendere H$_1$ adprehendi G    inuestigabilis AM 8 illius H$_2$    cogitationes V    disp. eius *om.* A    dispensationum Sd    9 ante *incipit lacuna in* B (*uide uol.* I, *p.* 217)    10 paulus *om.* V    qui] quia H$_2$ 11 dicens] *om.* HGSd et qui dixit V    nos—habemus *om.* Sd    12 et gratia *om.* HVSd    13 deo H$_1$    instruens V    doctrinam SR*NV    eius *om.* HGV indiget] indigit M*N*+legis HGV    aut *post lacunam inc.* B    14 ⁓ cons. eius AHGCas (=vg)    arcana *om.* H    15 ei] illi AHGVCas (=vg)    et *om.* R*    reddetur illi] retribuetur ei AHGVCas (=vg)    fecerit H$_1$    16 ut] et MN    non] nisi B *om.* C    misericordia AE misericordia(-am C) non H$_2$ suo]uo A* suum G* (?)    se *om.* B    ⁓ mer. se Cas    17 recepisse] *om.* B percepisse R    18 sunt *add.* BHGCas (=vg)    omnis] omnes E*N*    ⁓ init. acc. V 19 concludantur G*    20 ullo BHGV    factura *om.* BHGV    saeculorum *om.* AH$_1$VCas (=vg)    21 amen *om.* H$_2$    est (*alt.*) *om.* G*

quod sumus et uiuimus ac mouemur. simul etiam contra
Arrianos facit hic locus, cum dicitur deus id[em] esse ex quo
omnia et per quem omnia facta monstrantur, si quidem per
uerbum in principio omnia facta euangelista signauit, et quod
5 de filio euangelista testatur, hoc apostolus per unitatis
mysterium in patre intellegendum edocet et credendum.
1 *Obsecro itaque uos, fratres.* Quia de sensu [domini] dixerat,
modo docet quales se exhibere debeant ut sensum domini
habere mereantur. *Per misericordiam dei.* Qua maius nihil
10 habebant, quia per ipsam fuerant liberati. *Ut exhibeatis
corpora uestra.* [Quanto magis animam!] Non animalium,
[sic]ut in lege, quae tamen, licet in figura fierent, immaculata
offerebantur et uiua. *Hostia[m] uiuam, sanctam.* Hoc est,
castam et alienam ab omni morte peccati. *Deo placentem.*
15 Deo, non hominibus tantum placete. Siue: Talis ei placet
hostia. *Rationabile [sit] obsequium uestrum.* Omne opus bonum
tunc placet deo si rationabiliter fiat. nam mercede priuatur,
ut puta, si quis hominum causa ieiunet, bonum [obsequium]
insipienter facit. ita et de omnibus [uitiis quae uirtutibus]
20 adiacent sentiendum [est]. 2 *Et nolite conformari huic saeculo,
sed reformamini in nouitate mentis uestrae, ut probetis quae
est uoluntas dei.* Nolite similes esse filiis mundi, qui facti estis

1 cf. Act. xvii 28     3–4 cf. Ioh. i 1, 3     14 cf. Rom. vi 13 etc.

1 uiuemus ES    ac] et G    moremur M morimur N    simul—locus]
aliter: Hic locus aduersum arrianos facit V    contraria nos (*corr. m2*
contraria non *et postea* uel contra arrianos) G*    2 idem ASH₂GV id B
id est H₁    esse] est B ipse H₂    3 facta—siquidem] *om.* H₂ omnia C
facta]+esse H₁G    quidem]+omnia H₁G    4 omnia *om.* HG    significauit H₂
5 filio]+suo G*    6 in] de BHGV    docet H₂    et] *om.* H (ac C)    7 senso ES
sensum R*    domini *om.* B    8 docet] dicit H₁    ⌒deb. exh. Cas    9 qua
(*om.* A*) maius] quamuis B qua (quam SR*) magis (—C) HG    10 habebant—
liberati] est per quam liberati sumus H habebant per quam liberati sumus G
hab.] habeant B    ipsum V    liberati] letati B    11 quanto magis animam *om.*
AVSd    animam] *om.* B anima G animas Cas    animalia V    12 sicut] ut B
in]+ueteri Sd    licet—fierent *om.* V    fiererent A* fierint ESN* fuerint RM
13 hostia A    uiuentem AHGVCas (=vg)    14 et *om.* V    peccatorum Cas
15 deo] domino H(—C)    tantum] *om.* V solum Cas    placere B
⌒host. plac. V    16 ration.]+sit GSdD    17 nam]+alias Sd    18 puta] pote
Sd    qui MN*    ieiunat H₁    obsequium *om.* B    19 faciet A*    uitiis quae
uirtutibus *om.* BHV    quae] que (*corr. m2* quae *et postea* et) de G*    20 adia-
centibus BHGV.    est *om.* BHGV    confirmari SR*N*    21 sensus uestri
AHGVCas (=vg)    22 est] sit AHGVCas (=vg)    domini R    qui—dei
*om.* R    qui] quia G

filii dei, sed renouate sensum uestrum per quem regitur
corpus et omnia membra diriguntur, ut etiam corporis actus
noui fiant, quo possitis uoluntatem dei et sensum eius agnoscere: haec enim non nisi nouo sensu[i] reuelantur. *Quod bonum
et beneplacitum et perfectum est.* Hoc est, quod bonum sit 5
et melius et optimum. 3 *Dico enim per gratiam quae data est
mihi.* Prohibiturus humanam sapientiam quae praeter legem
e[s]t, non sensu proprio loqui se dicit, sed auctoritate gratiae
spiritalis. *Omnibus qui sunt inter uos.* Qui sunt sacerdotes
siue doctores quorum ceteri sequuntur exemplum. *Non plus* 10
*sapere quam oportet sapere. sed sapere ad prudentiam.* Plus
uult sapere qui illa scrutatur quae lex non dicit: unde et
Solomon ait: 'altiora te ne quaesieris et maiora te ne scruteris;
sed quae praecepit tibi deus, illa cogita semper.' *Et uni
cuique, sicut deus diuisit.* Notandum quod deum dicat 15
spiritum sanctum, quem ad Corinthios adserit dona diuidere
singulis prout uult. *Mensuram fidei.* Mensura [fidei] uirtutum
intellegenda est gratia, quam non nisi fideles accipiunt.
4 *Sicut enim in uno corpore multa membra habemus.* Per comparationem corporis eos ad concordiam cohortatur, ne uel 20
hinc [com]moueantur quia dona accepere diuersa: non enim
poterant omnia habere singuli, ne superbirent nullius egentes,
nec omnes ea[n]dem, ut corporis Christi in nobis similitudo

13 *Eccli. iii 21–22    16 cf. 1 Cor. xii 11    17 cf. 1 Cor. xii 28

1 ⌒sens. uest. renou. G    2 corporis] corpus G*    3 possetis R*MN*G*
possit S    4 sensui] sensu BCas    reuelant MN* reuelatur G* reuelatur Cas
quod—est] bona et beneplacens et perfecta HGCas (*cf.* vg)    5 placitum Sd
et]+quod V    sit] est V    6 gratiam]+dei H(—S)GV    7 prohibiturus]
prohibet usum E prohibitus sum S prohibitu*** R* prohibitur MN*R prohibetur C    humanet(t *eras.*) E humana R corr.,C    sapientia R corr.,C
quae]qua S *om.* MN    propter MN*G per V    legem]+dei H₂    8 est] et B ⌒se
loqui G    9 spiritalis] dei HG    Qui] *praem.* omnibus V    10 exempla V
11 oportit V    sed sapere *om.* G*    sobrietatem AHVCas (=vg)    12 qui]qua
M*N*    13 altiora]+a M*N*GSd *fort. recte*    scruteris Sd    maiora]+a
MN*GSd *fort. recte*    quaesieris Sd    14 praecipit G    ⌒deus tibi H₂    et
*om.* Cas    15 dicit V    ⌒sp. sa. dicat deum Cas    16 adserit *om.* H₁    17 mens.
(*alt.*)] mensuram H (*corr.* N) de mensura V    fidei (*alt.*)] *om.* BN    uirtutis E
uirtutem SR    18 intellegentiae B intellegendum V    gratia *om.* V    fidelis MN*
accipimus V    19 per] post G    20 ad** A    uel *om.* G    21 commoueantur B
qua (*corr. m2* qui) G*    accipere BH(—C)G*VSd+dona G*    non—singuli]
et omnia hab. sing. non pot. Sd    23 eandem AG    ⌒sim. in nob. HG
in *om.* Sd

monstretur. *Membra autem omnia non eundem habent actum.*
Non enim potest oculus audire nec auris uidere, et cetera
similiter. 5 *Ita multi unum corpus sumus in Christo [Iesu]:
singuli autem alter alterius membra.* Ut praestando alter
utrum quod habemus, magis ac magis caritas confirmetur.
6 *Habentes autem donationes [diuersas] secundum gratiam
quae data est nobis differentiae.* Donum non ex nostro, sed
ex donantis pendet arbitrio, et omnibus quidem credentibus
gloria promittitur in futuro, sed qui ita mundum cor habuerit
ut hoc mereatur, gratiam uirtutum accipit etiam in praesenti,
[quam deus ei donare uoluerit]. *Siue prophetia[m] secundum
rationem fidei.* Fidei, non legis. Siue: Quia fides illa[m] meretur.
unus quisque enim tantum accipit quantum credit. 7 *Siue
ministerium [in] ministrando.* Ministerium sacerdotalis uel
diaconatus officii. *Siue qui docet, in doctrina,* 8 *qui exhortatur,
in exhortando.* Qui docet maior est eo qui exhortatur: exhortari enim pro uiribus suis possunt etiam minus periti. notandum sane quod tertio tantum posuerit. Siue: Quod qua re
fecerit spiritalis lector debet agnoscere. *Qui tribuit, in
simplicitate.* [Ut] omnibus simpliciter largiatur, cunctos
credens bonos esse et indigere qui postulant. *Qui praeest, in
sollicitudine.* Qui praeest ecclesiae uel fratribus, debet esse
sollicitus. *Qui miseretur, in hilaritate.* Maxime circa [omnes]
aegrotos est misericordia exhibenda. Siue: Misericordiae
titulus generalis est, qui circa omnes placido exhibendus est

1 monstraretur G ⌢omnia autem membra AHGVCas (=vg) ⌢actum (actuum MN*) habent AHGVCasSd (=vg) 2 oculos H(—RC) aures H(—SC)G et]+sic H *praem.* sic G 3 similiter] sic BSd intellegenda HG *om.* V corpus *om.* V iesu *om.* AHGVCas (=vg) 4 praestando]+in Cas 5 caritas]+in nobis HG 6 donationes]+etc. G corr. diuersas *om.* AHGVCas (=vg) 7 differentes AHGVCas (*sed cf. expos.*) (=vg) 8 e A* ⌢arb. pen. HG et *om.* Zm 9 ita] tam HGZm 10 accepit BH₁(—E) acciperit H₂ 11 quam—uoluerit *om.* BHV ⌢ei deus G prophetia B prophetiae H(—C)Zm 12 illa BH meruit Zm 14 in *om.* B sacerdotale R*M* 15 officii] officio R+uel tale aliquod conmissum officii G corr.+in [ad]ministrationem Sd qui (*alt.*)] siue qui Sd 16 exhortando] exhortatione Sd^{cod}D 17 pro uiribus suis *om.* Sd minos E*S hortandum B 19 ⌢deb. lec. BHGV 20 ut *om.* BHGV largitur E 21 credendo B bonus R*MN* qui (*pr.*)] quae H(—NF)G petit H(—C corr. petunt)G 23 omnes *add.* B 24 aegrotantes Cas ⌢mis. exh. est Zm est *om.* HG ⌢exh. mis. V misericordiam H(—C)G exhibendo A exhibendam H(—C) exhibendum G

animo. 'hilarem enim datorem diligit deus,' et tristem sine
dubio odit, quia 'melius' est 'uerbum bonum super datum.'
9 *Dilectio sine simulatione, exsecrantes malum, adhaerentes
bono.* Tota puritas debet esse in Christiano, sicut deus pura
lux est: fingere enim seruorum est. et diligamus non lingua
tantum, sed opere et ueritate, ita ut etiam, si necesse fuerit,
[pro nobis] inuicem moriamur. 10 *Caritate fraterna inuicem
benigni.* Ita uos diligite quasi ex una matre generati. *Honore
mutuo praeuenientes.* Hoc si semper seruaremus, et caritatem
et patientiam [utique] teneremus, sicut alibi ait: 'alter alterutrum maiorem aestimantes.' si enim nos omnibus minores
iudicaremus, nec ultro alicui iniuriam faceremus, nec inlatam
nobis grauiter doleremus. 11 *Sollicitudine non pigri.* Ne per
sollicitudinem saeculi pigri in dei opere efficiamini et inertes.
*Spiritu feruentes.* Quia frigidos dominus non amat et in
tepidis nausiatur. tunc plane spiritu feruemus si saeculo
frigeamus. *Domino seruientes.* Non saeculo ne[c] uitiis, sed
omnia propter dominum facientes. 12 *Spe gaudentes.* [Spe,
non re praesenti: 'spes' enim 'quae uidetur non est spes.'
*In tribulatione patientes.*] Propter gaudium spei futurae omnia
sustinete, sicut ait [beatus Iacobus]: 'omne gaudium existi-

1 2 Cor. ix 7    2 cf. Eccli. xviii 16, 17    4 cf. 1 Ioh. i 5
5 cf. 1 Ioh. iii 18    10 cf. *Phil. ii 3    15 cf. Apoc. iii 15, 16
19 Rom. viii 24    21 Iac. i 2

1 et *om.* VCas    sine dubio] ergo V    2 est] uest B* *om.* V    super]
quam V    datum]+optimum HG    3 odientes AHGVCas(=vg)    4 bonum
RMN    christianos BH₁    pura *om.* VCas    5 ⌒est seru. G    et] ut
Sd *om.* Zm    non]+uerbo nec V (cf. Cas)    6 ueritatem EM uereritate G*
ita *om.* Cas    si *om.* V    fuerit] est Cas    7 pro nobis AGSd *om.* B pro
HVZm    inuicem *om.* Cas    mereamur Sd^codd    caritatem H(*corr.* RN)GVZm
(=vg)    fraternitatis AHGVCasZm(=vg)    8 benigni] diligentes AHGVZm
(=vg)    quasi *bis* (*pr. eras.*) V    honorem SR*MV    9 mutuo] inuicem
AHGVCasZm(=vg)    si] *om.* H₂ enim F    seruemus C    10 utique *om.*
BHGV    haberemus B tenebamus (tenemus R*m*2, teneremus N*m*2, teneamus C) HG seruabamus V    alter *om.* H₂G    alterutrum] alterum V    11 existimantes SRG    12 ultro (*m*2 add. *mg.* uel altero) G    13 doleremus]
deputaremus E    sollicitudinem H₁    non pigri] impigri SdD    14 ⌒saec.
soll. Sd    deo G*    ⌒op. dei V    et] uel Sd    15 sspiritu B*    deus B
16 nauseam patitur Cas    plane] sane V    17 frigeamus] frigidi sumus
HGZm    nec] ne B neque HG    uico E uicos SR* uitis G*    18 omnia—
facientes] deo HG redemptori Cas    dominum facientes] deum pacientes A
spe (*alt.*)—patientes *om.* A    20 gauzium G*    ⌒fut. sp. Cas    21 ait]
scriptum est Zm    beatus iacobus *om.* BHGVCasZm

mate[,' et reliqua]. *Orationi instantes.* Instantia orationis nobis praestat [consilium in prosperis et] auxilium in aduersis. 13 *Necessitatibus sanctorum communicantes.* Ministrate eis qui propter Christum sua omnia contemnentes, alienis ad
5 tempus indigent ministeriis. quidam codices habent: *memoriis sanctorum communicantes;* quod ita intellegitur ut meminerint qualiter sancti uel quibus operibus promeruerint deum, et participes eorum fiant imitantes exempla. denique sequitur: *Hospitalitatem sectantes.* Quia et hoc sancti fecerunt, sicut
10 Abraham, sicut Loth, qui etiam inuitos [hospites] detineba[n]t: de qua dicitur: 'per hanc enim quidam latuerunt, angelis hospitio receptis.' 14 [*Benedicite persequentibus uos,*] *benedicite et nolite maledicere.* Ne utrumque nos facere [debere] putaremus: ait enim et beatus Petrus: 'neque maledictum
15 pro maledicto, sed e contrario benedicentes.' 15 *Gaudete cum gaudentibus, flete cum flentibus.* Ut, 'si quid patitur unum membrum, compatiantur omnia membra': sicut [et] Iob ait: 'si non ingemui et lacrimatus sum, cum uiderem homines in necessitate?' et dominus ad fletum Mariae fletibus prouocatur,
20 ut nobis daret exemplum: nec enim pro Lazaro quem erat suscitaturus, flesse credendus est, nec propter infidelitatem

10 cf. Gen. xviii 3, xix 2    11 *Hebr. xiii 2    14 *1 Petr. iii 9
16 1 Cor. xii 26    18 *Iob xxx 25    19 cf. Ioh. xi 33, 35

1 et reliqua *om.* BHGV    oratione SR*G    instantia] instando H₂
2 consilium in prosperis et *om.* BHGVZm    3 min.] ministrantes Sd    4 sua
*om.* Sd    contempserunt VCas    alienis—ministeriis *om.* V    5 ministris Sd^codd
ministrationibus Zm    quidem B    memorii (*corr. m2* memorię) G    6 ut] quod
ES    meminerent SR*    7 qualiter] *praem.* in E    prom. deum] paruerunt
deo Cas    prom.] promiserint H(—SC) promiserunt S,(*add. m2 s.l.* uel promeruerunt)G    et] ut B    8 exempla] semper E    9 sicut abraham *om.* VCas
10 sicut] et H₂    hospites *om.* BV    detinebat BV cogebat Cas    11 quo V
latuerunt] placuerunt BH₂GCas    angelos H₂    12 recipientes H₂ susceptis G
benedicite persequentibus uos *om.* B    persequentes V    13 non *ante*
utrumque *add.* G *corr.*    debere] *om.* B *praem.* non C    14 putaremus *tr.*
*post* ne HGCas    ait—petrus] sicut et petrus ait V(Cas)    et *om.* G    neque—
maledicto] non reddentes maledictum V(*cf.* Cas)    15 benedicite MN
gaudere AHVCas(=vg)    16 flere AHVCas(=vg)    ut *om.* Cas    17 quom
patiantur B conpatiuntur H(—C)G*Cas+ei G    et *om.* BV    18 et] uel HG
lacrimatus—necessitate] cetera V    hominis H₂    in necessitate] necessitatem H₂    19 dominus] iesus V    ad fletum] a fletu MN    20 nec enim]
non V    quem—susc.] suscitando V    21 flesse credendus est *om.* V
fleuisse EG flere H₂    nec] sed G    infe(*corr.* i)dilitatem A incredulitatem BHG

illorum qui ei saepe non crediderunt mirabilia facienti. nos autem modo in peruersum flemus cum gaudentibus et gaudemus cum flentibus. siquis enim laudatus fuerit, contristamur: siquis cecid[er]it, exultamus; unde ostendimus nos qui talia facimus de corpore Christi non esse, qui non dolemus 5 de uno membro praeciso, sed et inimici sumus partis nostrae et amici partis aduersae, qui non dolemus de acie nostra uiros fortissimos corruentes, nec gaudemus si uideamus eos fortiter dimicantes, quamuis ipsi[tam]ualidi non simus ad pugnandum. 16 *Id ipsum inuicem [de uobis] sentientes.* Ut ita alteri sentias 10 sicut tibi. *Non alta sapientes, sed humilibus consentientes.* Superba sapit iste qui [suam] per se ulcisci cupit iniuriam, et non humilibus rebus, id est humilitati, consentit. *Nolite esse prudentes aput uosmet ipsos.* Nolite [in] humana sapientia gloriari, sed stulti estote saeculo, ut domino sitis sapientes, 15 sicut scriptum est: 'beatus [uir] quem tu erudieris, domine, et de lege tua docueris eum.' 17 *Nulli malum pro malo reddentes.* Humana sapientia est si quaeras uicem reddere inimicis: stultitia enim est in hoc saeculo si percutie[n]t[i et] aliam [maxillam praebere uolueris. quod si tantae patientiae et humilitatis 20 fueris, non solum aput dominum, sed et aput omnes homines

5 cf. Eph. iv 12 etc.    16 *Ps. xciii 12    19 cf. *Matt. v 39

1 illorum] eorum H₂G    ei] eis B    crediderant V *fort. recte*    2 autem modo *om.* V    modo in peruersum] modo in (⌒in modo E) peruerso HGCas    3 enim] autem H₂    4 cecidit B cadit Cas    exaltamus ER* exaltemus S exultemus N*    5 qui talia facimus *om.* V    qui (*pr.*)] quia BS    6 pretiso S precioso MN    et *om.* HGV    7 aduersam A*    quia A    dolemus *om.* G* acia nrēa G*    8 fortissimus ER*    uiderimus V    9 tam *om.* B    sumus B pugnam V    10 id] in id ES    de uobis *om.* AHGVCas (=vg)    alteris MN* alii V sentientes B* sentiatis HG    11 tibi] uobismet ipsis HG    cons.]+ ut ita alteri sentias sicut tibi *hic repetit perperam* B    12 superbe Cas, Zm (codd. nonnull.) iste *om.* VCas    suam] *om.* B suum H₂    13 humilitate R*MN*    consentiat H₂(—F)    14 ⌒prud. esse H₁G    in *om.* A    15 saec.] in hoc saec. Cas ⌒sitis domino BHVZm    domino] deo G *om.* Cas    16 uir] *om.* AVCasSd homo HGZm    17 nulli] noli M non N    18 ⌒sap. hum. Cas    quaeramus HGZm    19 percutienti et aliam] percutiet alium B *quae post uerba def.* B *def. codex usque ad p. 104 u.* 20 abiciamus, *cuius in locum, quod ad textum Paulinum attinet, citabo* D    ⌒max. praebeas et alteram Cas    et] te R corr. *om.* V    ⌒uol. praeb. max. V    20 praeb. uol.] praebeamus Zm    quod] qui Cas    humil.] benignitatis Cas    21 fuerimus Zm    deum H₂GV(Cas) Zm    et] etiam H₂VCasZm    omnes *om.* G

poteris probabilis apparere. *Prouidentes bona non tantum coram deo, sed etiam coram hominibus.* Tantum caue ne ideo facias ut non deo, sed solis hominibus placere desideres. 18 *Si fieri potest, quod ex uobis est, cum omnibus hominibus pacem habentes.* Quod uestrum est, uos pacem cum omnibus habetote, et dicite cum propheta: 'cum his qui oderant pacem, eram pacificus,' obtantes scilicet conuersionem eorum atque salutem. Siue: In uobis est ut fieri possit. 19 *Non uosmet ipsos defendentes, carissimi, sed date locum irae.* Aut fugiendo, aut permittendo uobis noceri. *Scriptum est enim: Mihi uindictam: ego retribuam, dicit dominus.* Ego quasi meam, dicit dominus, non quasi uestram iniuriam uindicabo, quoniam dicit propheta: 'qui uos tangit, tamquam qui tangat pupillam oculi ipsius.' 20 *Sed si esurit inimicus tuus, ciba illum: si sitit, potum da illi.* Noli illi negare quod deus nulli negat, quamuis sit blasphemus et impius. *Hoc enim faciens, carbones ignis congeres supra caput eius.* Ut cum sibi carbones intellexerit per tuam indebitam misericordiam congregari, excutiat eos, id est, conuertatur, et diligat te quem aliquando perosum habuerat. ceterum non est misericordia, sed crudelitas, si ideo eam facias ut illi aliquit peius eueniat, pro quo dominum deprecari iuberis. 21 *Noli uinci a malo, sed uince in bono malum.* Ille dicitur uicisse qui alterum ad suam duxerit partem, sicut

. 6 *Ps. cxix 6–7   13 *Zach. ii 8(12)

*def.* B   1 poterimus Zm   reprobabilis G*   probabiles Zm   tantum] solum D   2 coram (*alt.*)]+omnibus SRCas   hominibus *om.* H(—SC)   3 deo]+et hominibus V et homini Cas   sed]+ut VCas   4 hominibus *om.* H(—SC)   5 ⌢ cum omn. pac. HGZm   6 cum propheta *om.* Zm   oderunt E*RH₂Cas   7 illorum H₂   8 siue]+quae (quo, *corr.* quod C) H+q (*corr. m*2 quae *et postea* quod) G   est *om.* EG*   ut]+si H   9 aut—noceri] noceri uos, aut dimittendo aut fugiendo G   10 uobis *om.* HVSdZm   noceri] nocere HZm *om.* V   11 uindictam]+et D   dicit dominus *om.* VCas   quasi *om.* VCas   12 iniuriam *om.* V   13 ⌢ dicit enim Zm   dicit propheta *om.* VCas   tangat] tangit H₁CVZm   14 sed *om.* VSd   esurierit H(—E)GVCasZmD (=vg)   15 sitat V   16 faciendo V   17 ignis *om.* D   congerens E congeris SRH₂(—C)G*V congregabis D   super HGCasZmD (=vg)   ⌢ int. sibi carb. Cas ⌢ int. carb. Zm   18 ⌢ mis. indeb. G   excutiat eos] excitat eos (*corr. m*2 excitatur) G   19 id] hoc HGV   ⌢ hab. al. perosum (odibilem perosum N) HGVZm   20 ceterum] nam Cas   21 ⌢ illam ideo Cas   hoc facis Zm deum H   22 ⌢ praeci(-e-)peris depr[a]ec. HGV   uince] uinci MN* bonum MN*   23 illi EM*G*   uic. qui alt.] uic. alt. qui eum HGZm alt. uic. qui eum V   traxerit Cas

hereticum uel paganum. si ergo te fecerit sibi uicem reddere,
ille te uicit, sibi similem faciendo: si autem per patientiam
tuam feceris eum cessare ab iniuria, tu uicisti. 1 *Omnis anima
potestatibus sublimioribus subdita sit.* Haec causa aduersus
illos prolata est qui se putabant ita debere libertate Christiana 5
uti, ut nulli aut honorem deferrent aut tributa dependerent.
quocumque ergo modo eos humiliare desiderat, ne forte
propter superbiam magis quam propter deum contumeliam
patiantur. ideo docet illos humilitate tempus redimere.
Aliter: Possunt sublimiores potestates ecclesiasticae dignitates 10
intellegi. *Non est enim potestas nisi a deo.* Et quo modo deus
dicit per prophetam de quibusdam: 'regnauerunt, et non per
me'? *Quae autem sunt, a deo ordinatae sunt.* Si de saeculi
potestatibus dicere uideatur, non ideo omnes iustae erunt,
etiam si a deo exordium acceperunt. secundum desiderium 15
enim unius cuiusque dantur: nam dicit Salomon: 'quoniam
data est uobis potestas a deo. sed cum essetis ministri regni
illius, iudicastis non recte. horrende et cito apparebit uobis,'
et cetera. constituitur enim a deo ut iuste iudicet, et ut
peccatores habeant quod timere, ne peccent. 2 *Itaque qui* 20
*resistit potestati, dei ordinationi resistit: qui autem resistunt*
*ipsi sibi damnationem adquirunt.* Sicut ad Rahab dicitur:
'qui exierit foras, ipse sibi reus erit.' 3 *Nam principes non*

9 cf. Eph. v 16, Col. iv 5    12 *Os. viii 4    16 *Sap. vi 3, 4, 5    22 *Ios. ii 19

1 uel] aut Cas    te] tibi H₁G    ⌒sibi fec. C    2 te** A    similem]+te R    *def.* B
3 uicisti]+eum RZm    omnis—sit] omnibus pot. subl. (pro pot. subl. Sd *cod.*
*Bamb.* sublimitatibus) subditi estote SdD    4 haec] omnis haec Cas
aduersum Cas    5 eos CG    debere] habere(ha *in ras.*) G    libertatem
christianam H(—C)G    6 uti *om.* H₁    nulli aut] aut nulli H₁G
nulli H₂Sd    differrent R*MNG    deperderent H₁G* dependerint MN redderent Cas    8 contumelia MN*    9 ideoque HGSd    humilitatem R*MN
10 aliter] siue V    possunt] quod HGV    subl.]+sint V    ⌒aeccl. pot. V
dignitates] dignitatis H₂ *om.* V    11 intellegantur HGV.    est] estis V
potestas]+data H₂    et quo m.] quom. ergo V    deus dicit per prophetam]
propheta dicit V    12 de quibusdam *om.* HGV    et *om.* V    per] ex HG
13 domino D    ordinata H(—SM)GCasD    seculo G*    14 dic. uid.] hoc
dicit V    omnes *om.* HGV    15 etiam *om.* V    secundum] *praem.* si Gm2
16 enim *om.* H₁G    nam] quia Cas    dicit]+te (*eras.*) A    18 ⌒non recte
(recta Cas) iud. HGVCas    19 a deo *om.* Cas    20 timent (m2 timeant) C
nec R*N    peccant G*    21 ordinationis S ordinationem M ordinatione G
22 ⌒adq. damn. N    damnationem *om.* M    dixerunt N    23 foras] domum
foris V    ipsi ES    principes] principis G* qui principantur SdD

*sunt timori boni operis, sed mali.* Malus debet timere potestatem, nam bonus non habet quod timeat, qui si iniuste occiditur, gloriatur. *Uis autem non timere potestatem?* Accipe consilium meum et numquam timebis. *Bonum fac, et habebis*
5 *laudem ex illa.* Ipsa damnatio malorum laus est bonorum. 4 *Dei etenim minister est tibi in bonum.* Quia pro tua sollicitus est quiete. *Si autem malum feceris, time: non enim sine causa gladium portat.* Et in te habet officium, si peccaueris, nec tibi proficit ad mercedem. Siue: Sacerdotes gladium spiritalem
10 portant, sicut Petrus percussit Ananiam et Paulus magum. *Dei etenim minister est, uindex in iram ei qui malum agit.* Quia deus non diligit malos, qui 'odit omnes qui operantur iniquitatem.' 5 *Ideo necessitate subditi estote, non solum propter iram, sed et propter conscientiam.* Non solum quia possunt potestates
15 etiam sine causa irasci, sed et ne propter alicuius peccati conscientiam condemnemini. Siue: Non solum ne irascantur sacerdotes, sed etiam quia scis illis et a iustis honorem deberi. 6 *Ideo enim et tributa praestatis: ministri enim dei sunt, in hoc ipsum seruientes.* Possunt et tributa sacerdotum intellegi,
20 quae illis a deo sunt constituta. Siue: Ideo regibus tributa praestatis quia uoluistis possidendo saeculo esse subiecti. ministros autem dei illos appellat, ut uel sic eis redderent quod debebant, ne uideretur Christus superbiam docuisse. 7 *Reddite ergo omnibus debita.* Potest etiam elemosina debitum

10 cf. Act. v 5, xiii 11    12 cf. Ps. v 6    19 cf. Num. xxxi 29 etc.

*def.* B    1 timoris H(—C)G*    ⌒operis boni E operi bono SG    malo G    2 habeat MN    timere Ṽ *fort. recte, cf. uol.* I *p.* 101    iuste Sd    3 occidetur R occidatur Sd    gaudet HG    autem] enim $H_2$D    5 honorum A    6 deus MN enim A*HGVCasSdD (=vg)    qui $H_1$CG    tuas G*    7 quete G*    se G* male HGVCas    non—est (11) *om.* G    8 et] nam Sd    peccaueras G*    9 proficiet V    ⌒port. spir. $H_2$Sd    spiritale G    10 percussit] unde occidit V anan.]+et sapphiram HG    paulus]+excecauit V    11 enim A*HGVCasD (=vg)    est]+et D    ara G*(?) ira Cas$^{cod}$    male $H_2$Cas$^{cod}$    13 ideoque RD necessitati E*S,R corr.,C corr.    14 et] *om.* $H_1$ etiam D    possunt] posuit V 16 conscientiam] et (et *om.* V) conscientia GV    condemnimini MN*G 17 scis] sanctis HG    illius MN    et (*corr. m2* ut) G    a] ad $H_1$G    debere H (*om.* S)G    18 ideo]+non G*    19 ipsum] ipso HG +pertinaciter D tributam G*    21 ⌒subi. esse saec. V    subiecti] subiecto regibus N 22 appellant V    si $H_2$    eis *om.* Cas    reddant $H_1$G credant $H_2$ reddat G* crederent Cas    quod]+eis HG    24 ergo *om.* Cas (=vg)

appellari, dicente scriptura: 'inclina pauperi aurem tuam et redde debitum tuum.' *Cui tributum tributum, cui uectigal uectigal.* Uectigal nostrum est, ut transeuntibus donemus uel nos transeuntes sedentibus ad uiam et inde uiuentibus largiamur. *Cui timorem timorem.* Quo modo ergo scriptum est alibi: 'praeter dominum neminem esse timendum'? sed sic, inquit, age ut neminem timeas: timor enim dei timorem expellit humanum. sed quoniam causas adhuc timoris habetis, necesse est ut timeatis. *Cui honorem honorem.* Etiam timorem maioribus, honorem tantum aequalibus. 8 *Nemini quicquam debeatis.* Nemini debitum non reddatis. *Nisi ut inuicem diligatis.* Hoc solum semper debet manere quod numquam persolui potest. *Qui enim diligit proximum.* Secundum domini parabolam, sine discretione cunctis misericordiam fieri iubentis, omnis homo proximus esse censendus est. *Legem impleuit.* Ideo dilectionem praemisit quia fidelibus scribebat et de iustitiae conuersatione tractabat. 9 *Nam non adulterabis, non occides, non furaberis, non concupisces, et si quod est aliut mandatum, in hoc uerbo restauratur: diliges proximum tuum, sicut te ipsum.* Recapitulatur omnis iustitia in proximi dilectione, et iniustitia nascitur dum plus ceteris nos amamus. qui enim sicut se diligit proximum, non solum illi malum non facit, sed etiam bonum facit, quia et circa se

---

1 *Eccli. iv 8     6 cf. Deut. vi 13 etc.     7 cf. 1 Ioh. iv 18
11 cf. Eccli. iv 8     14 cf. Luc. x 37

1 appellare SR*G     dicit HG     paupere MN*     2 tuum *om.* SN *def.* B     3 uectigal (*alt.*)] ueltigal A     nostrum] nomen N     demus Cas     4 nos *om.* Cas     inde uiuentibus] indigentibus Cas     6 est *om.* G     alibi *om.* V     deum HGVCas     timendum *om.* G     7 age] te age Cas     timor enim] timorem A* timore V     dei *om.* M*N     ⌢ exp. tim. Cas     8 expelle V     humanam E*MN*G     habeatis M     9 ut *om.* SRGV *fort. recte, sed cf. uol.* I, *p.* 105     cui]+autem D     10 neminem H₁M nemine G     11 quicquid G     neminem H₁ nemine G*     12 ⌢ deb. man. semp. Cas     13 solui H₂     proximum]+suum ESG     14 ⌢ parab. (dictum Cas) domini CasSd     sine discretionem H₁G     15 iubetis M,N (*corr.* iubet) iubentes G*     proximos H₁     16 ⌢ dil. ideo HG     dilectionem] de dei dilectione V     praetermisit V     17 nam] praeceptum enim quod est D     18 furaberis] furaueris V+non falsum testimonium dices HGCas (cod. mg *et* ed.)D     ⌢ quod si D     19 in hoc uerbo *om.* V     ⌢ uerbo hoc D     instauratur HG (=vg)     diligis A*SR*MN*V     20 tamquam VD     21 dilectione]+consistit V     et]+inde V(*cf.* Cas)     dum] quia Cas     22 amamur G* enim *om.* V     23 quia] qui H₂     et] ei V

utrumque impleri desiderat. 10 *Dilectio proximi malum non operatur.* Etiam bonum non facere malum est. nam si uiderit illum fame periclitari, nonne ipse illum occidit, si illi, cum afluat, non dederit uictum, quamuis ei proprias non
5 tulerit facultates? quisque enim in quacumque necessitate succurrere morituro potest, si non occurrit, occidit. *Plenitudo ergo legis est dilectio.* Hoc est perfectio. 11 *Et hoc scientes tempus, quia hora est iam nos [de somno surgere].* Hora est ut ad perfectiora tendatis: non enim debetis semper paruuli
10 esse et lactantes, sicut alibi idem dicit: 'etenim deberetis magistri esse propter tempus,' et cetera. *De somno surgere.* De somno inertiae et ignorantiae consurgamus: iam enim Christi scientia lucet. *Nunc autem propior est nostra salus quam cum credidimus.* Scientia proficiente propior est nostra
15 salus quam cum credidimus. 12 *Nox praecessit, dies autem adpropinquabit.* Comparat diei scientiam et ignorantiam nocti, secundum Osee dicentem: 'nocti adsimilaui matrem tuam; factus est populus meus tamquam non habens scientiam.' *Abiciamus ergo opera tenebrarum, et induamur arma*
20 *lucis.* Cum ignorantia simul abiciamus] et opera ignorantiae, et arma lucis, hoc est luminis opera, induamus. 'qui' enim

4 cf. Iac. ii 15–16    10 *Hebr. v 12    17 *Os. iv 5, 6    21 *Ioh. iii 20, 21

*def.* B    1 impl. desid.] cupit inpendi (inpendere G) HG        dilectio]+enim D   pronximi A*    2 etiam] et Cas   si uiderit] siuerit A*    3 peri(-e-)clitare ER*G*    4 illi] ille H₁G    cum]+ipse V    affluat HGV    ei proprias *om.* H₂    5 tulerit] tollerit MN* (cf. *uol.* I, *p.* 113) + proprias H₂    quisquis N    in qua] *om.* MN    qui C*    6 occurrit] fecerit HG succurrit V    occidet S    7 et (*in ras.*) G    8 tempus *om.* Cas^cod    quoniam DSd    ↶nos iam D    de somno surgere *hic dubius cum* V (*cf.* Cas) *seclusi*   hora—tendatis *om.* V   hora est *om.* Sd   hora] hoc HG    9 enim] ergo VCas    ↶semp. deb. HG    ↶esse paruu (-oV)li HGV    10 ↶et lact. esse Sd    lactentes CCas    alibi idem dicit] ↶dicit ad hebreos VCas    idem *om.* HGV    etenim]+cum HGV    11 magistri] perfecti V    propter tempus *om.* V    12 inertiae] pigritiae VCas    13 christi] *om.* HGVSd dei Cas    lucit M lucis N    autem] enim HGVCas (=vg) ergo RD    proprior A*HV propinquior C    14 credimus ER    proprior A*H(—C)G    nostra *om.* HGV    15 cum] quando primam (primum EC) cum (cum *om.* H₁G) HG quando V+primum Cas: *an legendum* quando primum? credidimus] credimus SN*+primum V    16 adpropinquauit H(—E,R corr.)CasSed^edD appropriabit V    17 dicentem] propheta dicente V    noctem H₁G*    adsimulaui AS    18 non *om.* G*    hab✱ens G    19 induamus D    20 ignorantiam RMN*    ↶abic. simul H₁GCasSd simul (*sine* abic.) H₂(—C *cuius m2 add.* abic. *post* ign.)    et opera *hic inc. post lacunam* B    21 et *om.* A*    luminis *om.* V    ↶op. lum. Sd    induamur ENV    enim *om.* Cas 'male agit, odit lucem; qui uero facit ueritatem, uenit ad lucem.' 13 *Sicut in die honeste ambulemus.* Sicut lux diei prohibet unum quemque agere quod nocte libere committebat, ita et scientia nos prohibet legis mandata contemnere. Siue: Quo[d] sciamus nos a deo semper uideri. *Non in comisa-* 5 *tionibus et ebrietatibus, non in cubilibus et inpudicitiis.* Comisatio est mensae collatio: nos uero habemus spiritale conuiuium, [apostolo] dicente: 'cum conuenitis, unus quisque [uestrum] psalmum habet,' et cetera. ebrietatem uero pernitiosam esse et luxuriae materiam et hinc probatum quia 10 inpudicitiam subiunxit. et alibi ait: 'nolite inebriari uino, in quo est luxuria.' *Non in contentione et aemulatione.* Etiam contentionem et inuidiam criminosas esse [et] hoc et [multis] aliis probatur exemplis, dicente Iacobo: 'si enim zelum amarum habetis,' et cetera. 14 *Sed induite dominum Iesum* 15 *Christum.* Solus Christus uideatur in uobis, non uetus homo: 'qui' enim 'dicit se in Christo manere, debet quo modo ille ambulauit et ipse ambulare,' in quo omnes sunt uirtutes [et nulla uitia]. *Et carnis curam ne feceritis in concupiscentiis.* Sicut et Salamon ait: 'post concupiscentias tuas ne eas'; et 20 iterum: 'si des concupiscentiam animae tuae, faciet [et] te in gaudium inimicis tuis.' 1 *Infirmum autem in fide adsumite.* Hinc oblique illos increpare incipit, qui se fortes putabant,

8 1 Cor. xiv 26    11 Eph. v 18    14 *Iac. iii 14
16 cf. Rom. vi 6 etc.    17 *1 Ioh. ii 6    20 *Eccli. xviii 30    21 *Eccli. xviii 31

1 mala Cas^cod    uero] uere SFG    autem Cas    ⌒uerit. fac. Sd    3 prohibit M*N*    4 prohibit M*N*    5 siue—uideri *om.* G*    siue—sciamus] scientes V    quod]quo BH(—ERF)    sciant R    ⌒semper a deo HG    uidere H₁    comess. A    6 in *om.* A*    inpuditiciis G    7 comes. A    mensae] conuiuii Cas    spiritalem MN*G    8 uiuium G*    apostolo *om.* BHG*V    dicentis BG*    dicentes HV    9 uestrum *om.* BHG    reliqua Cas    uero] ergo HG    10 luxoria G    matheria MC*    et] ex HG    probatur BV cognoscimus HG    quia inpud.] quam pud. G    11 inebriari A*    12 luxoria A    in *om.* A*VD    13 criminosam BHG    et (*alt.*) *om.* B    hoc *om.* H₁G    ⌒aliis et multis HG    multis *om.* B    14 zelo amaro G*    armarum B    15 induimini HGCas(=vg)    16 uidetur H(—EC)G    nobis Cas    17 quo modo] sicut HG    18 et ipse *om.* G*Cas    amburare G*    et nulla uitia *om.* BHGV    19 uita A*    perficeritis H₁G    desideriis AHGVCas (=vg)    20 et *om.* HG    ne] non BHG    21 si] fi B    des] dederis (desideriis S desideris M) HGCas    ⌒an tu. conc. B    conc.] + tuam R    et *om.* AHGVCas    22 in gaudium (in odium C in leticiam F) *om.* HG*    tuis] + uenire HG    23 ⌒incr. ill. C    increpare incipit] increpat V

ut inmoderate carnibus uescerentur. *Non in disceptationibus cogitationum.* Nolite secundum uestras cogitationes quem lex non iudicat iudicare. 2 *Alius autem credit manducare omnia.* Qui a[ut] tantam fidem habet ut non moueatur, aut abstinentia
5 confractus aut senio[r est]. *Qui autem infirmatur.* Infirmus aut [iuuenili] aetate aut corporis calore. *Holera manducet.* Hinc probatur quia non de Iudaeis dicat, ut quidam putant, sed de abstinentibus: non enim carnes secundum legem mundas, sed sola holera manducabant. [Aliter: Si idcirco
10 tibi infirmitas animi generatur quia alium eiusdem propositi, carnibus pro sua fide uesci perhorrescens, forte cognoscis, noli esse iudex alterius uoluntatis nec exigere ab illo quod uni cuique in uoluntate dimissum est. sed si tibi scandalo est, et non uis carnibus uesci, tibi ipsi impone modum, et melius
15 faciens sola holera manduca, ut magis unus quisque per tuam aequanimitatem ad abstinentiam prouocetur quam inritatus de hoc [et] scandalizet te [et] magis in edendis carnibus confirmetur, quod tamen non potes tu quasi [culpabile] in alio reprehendere, si unus quisque aut fideliter hoc praesumit,
20 aut forte necessitate ualitudinis aut senecta hoc faciat exigente.] 3 [*Is*] *qui manducat non manducantem non spernat, et qui non manducat, manducantem non iudicet.* Habebant

6 cf. Quintil. ii 15, 28; Stat. *Silu.* ii 2, 137

1 ↶inmod. ut V    inmoderate *om.* Cas    uterentur Cas    2 nostras B
3 iudicare *tr. ante* quem Cas    autem] enim AHGVCas(=vg)    manducare]
+se C    4 qui aut] quia ut A quia B qui autem ER    tantum H(—C)G
aut] ab A corr. +qui V    5 cumfractus(r *exp.*) A    aut] iam A corr.
senio B seni E corr.    est] rest A* *om.* B    autem] uero G*(?)    infirmatur]
infirmus est AHGVCas(=vg)    6 iuuenili *om.* BHGV    calore] qualitate V    holus
AHVCas(=vg) manducat Cas$^{cod}$*    7 qui G* quod Sd$^{codd}$ dicit V ut] quod V
quidem B    9 holere G*    aliter—exigente *om.* AVCasSd    aliter] autem B
ci C*    10 animae HG    pro porci B    11 carnalibus G*    cognoscens H
cognoscas G    12 nec] +non H$_1$G *praem.* sed H$_2$    illo quod] aliquo (—Cm2
alio quod) HG    13 scandalum HG    15 ut] et H$_2$ *om.* G*    maius H$_1$G*
pro tua aequanimitate H$_2$    16 ad abstinentiam] abstinentiae H$_2$    inr.]+te
ti (ti *exp.*) B    17 et (*pr.*) *om.* BH    scandalizet te] scandalizante BSR$_1$C(+te
*m*2) scandalizantes MN scandalizantur G* scandalizatus G corr.    et *om.* BHG
18 potes tu] potestatum G*    culpabile] *om.* B culpali E(li *eras.*),G* culpa-
bilis S culpale R*    20 necessitate] asperitate HG ·    21 is] *om.* B his MNR*
itaque Sd    non (*alt.*) *om.* H$_1$    spernet G*    22 manducat]+et (*eras.*) A

inter se scandala: illi istos quasi carnales iudicabant, et isti illos tamquam stultos inridebant et superstitiosos putabant. *Nam deus adsumpsit illum.* Ita illum [deus] uocauit sicut te. 4 *Tu quis es qui iudicas alienum seruum?* Cuius auctoritatis es ut iudices eum quem non iudicat lex? unde Iacobus ait: 5 'qui iudicat fratrem iudicat legem,' scilicet sapientiorem se iudicans lege. ceterum ipse Paulus contra mandatum facientes iudicauit, et aliis iudicandi tribuit facultatem. *Suo domino stat aut cadit.* Siue uiuit siue moritur; quia et ille propter deum abstinet, et iste secundum deum non abstinet. *Stabit* 10 *autem: potens est enim deus statu[e]re illum.* Deus, qui tres pueros leguminibus pastos meliores apparere fecit quam illos qui de mensa regis edebant, potest et istos facere diutius in corpore stare. 5 *Nam alius iudicat alterno quoque die, alius* [*autem*] *iudicat omnem diem,* [*ut*] *unus quisque in suo sensu* 15 *abundet.* Iudaei in escis diem inter diem iudicare non poterant. ergo de ieiunio et abstinentia dicit, quae non sunt sub certo modo legi[s] redacta: unus quisque tantum faciat quantum potest, [et] quantum mercedis habere uoluerit. unde sequitur ut unus quisque id faciat in tali causa dum taxat quod 20 melius iudicarit. 6 *Qui sapit diem, domino sapit.* Domino sapit

5 *Iac. iv 11   7 cf. 1 Cor. v 38   cf. 1 Cor. vi 2   11 cf. Dan. i 13–16

1 scandalum G aemulationem Cas   illi]ille G*   istos]illos BHGVSd   isti] illi BHVCasSd ille (*corr.* illi) G   2 superstitiosus RM*   3 nam deus] deus enim AHGVCasSd (=vg)   ⌒illum ads. AHGVCasSd (=vg)   illum (*alt.*)] illos H₁   deus (*alt.*) *om.* A   ⌒deus illum B   uocauit] iudicauit R + in unitatem fidei Sd   sicut] et H₁G* ut et H₂ ut G corr., quomodo et Cas sicut et Sd *fort. recte*   4 qui]quis in (s *eras.*) G   iudices AV (=vg)   cuius] + tu H₁   5 iudicis MN*   quem] in quo V   ⌒lex non iud. HG   unde] + et HGV   6 iudicat *om.* E,C corr.,G   legem *om.* HG   7 iudicans VCas^cod iudicat *rell.*   legi AH(—legem C)GVSd^codd   ceterum]+ et V   10 dominum H₂   abstenit MN*   iste] ille BHGVCasSd   dominum Cas   non abstinet] manducat BHGVCas   11 ⌒enim est C   enim] autem EG* statue A* stature B   12 pastus MN*   ⌒fecit app. Cas   fecit] fecit✱ G illis G*   13 ⌒diutius facere G   14 alterno quoque die] diem (+ plus H₂Cas^cod*) inter (uel Sd^codd) diem AHGVCasSd (=vg)   alius (*alt.*)] et alius Sd 15 autem *om.* AHGVCasSd (=vg) ut *add.* B   16 in escis]mescis B nesciunt N *om.* Cas   ⌒non pot. iud. Cas   poterunt B   18 legi BSd^codd lege V   unus] *praem.* ut HGVSd^cod   faciet G*   quantum *om.* G*   19 et *om.* BH₁(—R)G* mercedem BH(—C)G*V   inde H₂   20 ut *om.* HG*V   id]quid (qui MN) HG 21 iudicarit] iudicaret A*S quod (quod *in ras.* G) iudicaret EG diudicaret (*corr.* diudicauerit) R quod (quidem C) iudicarit (—et C*) H₂ iudicauerit Sd domino (*alt.*)] dominus M*N   sapit] + diem VCas

qui propter deum ieiunat, [et] non propter homines.
*Et qui manducat, domino manducat: gratias autem agit deo.*
Quia propter deum manducat, ut praedicandi euangelium
possit habere uirtutem, per quod conuersi gratias referant
5 deo, non suae gulae studens, sed aliorum saluti. *Et qui non
manducat, domino non manducat, et gratias agit deo.* Quia [et]
per exemplum illius multi saluantur et gratias referunt deo:
qui enim uoce agit gratias, solus agit: qui autem etiam opere,
in multis agit. 7 *Nemo enim nostrum sibi uiuit, et nemo sibi*
10 *moritur:* 8 *siue enim uiuimus, domino uiuimus: siue morimur,
domino morimur. siue [ergo] uiuimus, siue morimur, domini
sumus.* Nemo fidelium sibi uiuit et nemo sibi moritur, quia
Christus 'pro omnibus mortuus est, ut et qui uiuunt iam non
sibi uiuant, sed illi.' cauendum [ergo] ne nos e contrario aut
15 nobis uiuamus manducando, aut propter homines moriamur
ieiunando. 9 *In hoc enim [uixit] Christus et mortuus est et
resurrexit, ut et uiuentium et mortuorum dominetur.* Aduentus
Christi et uiuos inueni[e]t et mortuos suscitabit. nihil ergo
refert utrum te resuscitet an [uiuum] inueniat, tantum ut
20 coram eo iustus appareas. 10 *Tu autem quid iudicas fratrem
tuum [in non manducando]?* Qua auctoritate quasi uoracem
damnas? *Aut tu qua re spernis fratrem tuum [in manducando]?*
[Quasi] infirmum despicis aut superuacue ieiunantem? *Nam*

1 cf. Matth. vi 18    3 cf. 1 Cor. ix 18 etc.    13 *2 Cor. v 15

1 ∽iei. prop. d. Cas  et om. BV   non om. A*     2 et om. V   autem]enim
AHGVCas (=vg)    3 quia] qui HG     deum] dominum EG domino SRG*
praedicando V    4 per] propter BHG   referant] agant B    5 domino BH₂
studentes B    salute H₁G*    6 ∽non domino G*    quia om. Cas    et
om. AH₂VCasSd    7 referant MNV agant Cas    8 ∽gr. ag. Cas    etiam
om. Cas    9 in multis agit] multos agere facit Cas    uiuit] + et nemo sibi
uiuit B    11 domino—morimur (alt.) om. A (add. m2 sup. mg.)    ergo]
ego A om. B enim VD    12 nemo] + enim H₂    et nemo] aut V    13 est
om. G*    ∽et ut (ut s.l.) G    14 sed] + et Sd    ergo] om. BHV est
autem Sd    ∽e (et G*) cont. ne nos HG    15 hominem BM    16 enim]
ergo EG    uixit om. AHGCas (=vg)    uixit christus] christus et uixit V    et
(pr.) om. SRCas^ed    17 reuixit H(—RC)G    ∽mortuorum et uiuorum
AHGCas^cod (=vg) uiuorum et mortuorum VCas^ed    18 inuenit B inueniat H₂    suscitauit BR*M*    19 differt H(—defert SM)G   uiuum eras. A
inueniet G*    ut] bis A om. G*Cas^cod    20 quid] qui ERG*    21 in non
manducando om. AHGVCas (=vg)    quia EM*N    auctoritatem G*    22 tu
om. Cas^cod    sprer E spernas SR spernes M    in manducando om. AHGVCas
(=vg)    23 quasi om. B    de(-i-)spiciens HG    ∽omnes enim AHGVCas (=vg)

*omnes stabimus ante tribunal dei.* Tunc conscientias nostras
dominus iudicabit quid quali uoto et studio fecerimus.
11 *Scriptum est enim: Uiuo ego, dicit dominus, quoniam mihi
flectetur omne genu, et confitebitur omnis lingua deo.* Hoc
testimonio probat quia omnes soli domino reddamus nostrorum
actuum rationem. 12 *Itaque unus quisque nostrum pro se
rationem reddat* [*deo*]. De his de quibus lex tacet. ceterum,
si uidens peccantem non arguerit, reddet etiam pro eo domino
rationem. 13 *Non ergo amplius* [*inuicem*] *iudicemus.* Sufficit
quod nunc usque fecistis. *Sed hoc iudicate magis, ne ponatis
offensionem fratri uel scandalum.* Hinc subtiliter ingreditur
[ad] abstinentiam commendandam, et dicit illos abstinere
debere, quamuis firmi sint, ne exemplo illorum infirmi scandalum patiantur. 14 *Scio et confido in domino Iesu quia nihil
commune* [*cibum*] *per* [*se*] *ipsum.* Non hoc ideo dico quo
putem aliquit esse [commune: per Christum enim scio omnia
esse mundata.] commune enim dicitur quitquit quasi immundum uidetur in esca Iudaeorum. *Nisi ei qui existimat
quid commune esse* [, *illi commune est*]. Illi per conscientiam
fit commune, qui athuc ritu Iudaico aliquit post Christi
fidem in talibus causis arbitratur immundum. 15 *Nam si*

17 cf. Act. x 28 etc.

2 quid]+et HG     et studio *om.* HG     3 scriptum est enim] sicut
scriptum est H₁G     4 flectet (flectit R* flectetur C) HGV (=vg)     ⌒om-
nis (omni G*) lingua conf. AHGCas (=vg)     domino H₂     5 testimonium BSMN     deo reddent Cas     nostrorum actuum *om.* Cas     6 actorum
rationi est B     nostrum] nomen G*     pro se *om.* Cas^cod     7 reddet
AHGVCas (=vg) reddit M     deo *add.* AHGVCas (=vg)     de (*alt.*) *om.* HG
tacit M*N*     8 uiderit H₂     peccantes B     non] et non H₂     reddet]
reddit E+ergo H₂     ⌒deo pro eo HG     9 inuicem *om.* A     10 nunc]
+huc Cas     fecisti ESG* ignorantes fecistis Cas     11 offendiculum
AHGVCas(=vg)     12 ad *om.* B     commend.] commendandam G *om.* Cas
⌒deb. abst. V     13 sunt SMG     exemplum H₁G*     15 cibum *om.* AHGVCas
(=vg)     se *om.* AHGVCas (=vg)     ipsum]+nihil V½     quo] quod HGV
ut Cas     16 ⌒aliq. put. Cas     aliquit] quid *ex* quod H₂     commune—mundata *om. homoeoearct.* B     ⌒comm. esse HG     enim scio *om.* VCas     17 esse]
sunt VCas     mandata G     dicit V erat Cas     18 uidetur in esca] in escam
non excipitur VCas     existimat] hęc estimat G*     19 quid (*corr.* aliquid) G
illi commune est *om.* B     est *om.* G*     ille G*     per] pro H₂     conscientia
H(—R),G(a *in ras.*)     20 qui athuc] quia hoc A corr.     qui] quia R(*ex*
quid),MN     21 nam si] si enim AHGVCas (=vg)

*propter escam frater tuus contristatur.* Non dixit 'propter ieiunium,' sed ne illum[, qui aut infirmatur aut abstinet,] tuo exemplo prouoces aut conpellas. *Iam non secundum caritatem ambulas.* Quia inuitus manducat quod illi non expedit, et iam non diligis proximum sicut te, si non illius utilitatem cogitas quasi tuam. *Noli esca tua illum perdere, pro quo Christus mortuus est.* Non dixit 'abstinentia [tua],' sicut quidam uolunt. 16 *Non ergo blasphemetur nostrum bonum.* Libertas [nostra], quam habemus in domino, ut omnia nobis munda sint. non ea ita debemus uti ut uideamur propter gulam et epulas ambulare. Siue: Blasphematur, si propter talia contendamus. 17 *Non est enim regnum dei esca et potus.* Non per escam iustificamur. sed et hoc notandum quod non dix[er]it 'ieiunium et sobrietas non est regnum dei,' sed esca et potus. *Sed iustitia et pax et gaudium in spiritu sancto.* Quae per abstinentiam facilius custodi[un]tur: ubi enim iustitia, sicut se proximum diligendo, ibi et pax, [et] ubi pax, ibi et gaudium spiritale, quia ex dissensione semper tristitia et molestiae generantur. 18 *Qui enim in hoc seruit Christo, placet deo et probatus est hominibus.* De tali homine nemo potest dubi[ta]re quod sanctus sit. 19 *Itaque [ergo] quae pacis sunt sectemur.* Ut non inuicem [nos] de huius modi iudicemus. *Et quae aedificationis sunt [in] inuicem custodiamus.* Aedificatio

5 cf. Rom. xiii 9 etc.  9 cf. Rom. xiv 20  17 cf. Rom. xiii 9 etc.

1 escam] cibum AHGVCas (=vg)  contr.]+tuum Cas[cod]+sed illum Sd  2 sed ne illum *om.* Sd  qui—abstinet ASd *om.* BHGVCas  qui] quia Sd[cod]  3 tuo] aut tuo BHGVCas  4 caritatem ambulas] carnem ambulat Sd[cod] illi] ei B  5 proximum]+tuum H$_2$  si *bis* B  6 util. cog.] ruinam consideras Cas  quasi] sicut HG  esca tua] cibo tuo AHGVCasSd (=vg)  7 dicit BH$_2$  abstinentiam B  tua *om.* B  8 ⌢bon. nost. AHGV CasSd (=vg)  9 libertatem HG  nostra *om.* AHGVSd  dominum H$_1$G  10 ⌢ita eo G  ea]eo BH(*eras.* M,Cm2)G  uti *om.* M\*N  11 ambulasse Sd blasphemetur G  12 contemptamus B  enim *om.* HGVCas[cod] (=vg)  13 per]propter Sd  uiuificamus B  sed—quod]simul et V et Cas  hoc *om.* R (VCas)  14 dixit BVCas  ieiu|iunium B  15 quae]quod B  16 per *om.* A\* custoditur BHGVSd  enim] uero BHGVSd  17 sicut] tamquam Cas diligendi BV diligendum HGCas[ed]  et (*alt.*) *om.* B  ubi]+et N+est V  18 spiritalem G\*  diss(-c-)ensionem ER\*G\*  tristitiae V  19 molestia HGSd  generatur E generantur(n *alt. eras.*) G  20 homibus V  de tali homine *om.* Cas  tale SR\*G\*  21 dubire B  ergo *om.* AHGVCasSd (=vg)  22 non] *om.* MN ne C  nos *om.* BVCasSd  de huius modi *om.* VCas  23 aedificationes SM\*  aedificatio Sd[cod]  in *om.* BHGCas[ed]  custodiamus *om.* VCas  aedif.] *praem.* sed E

est abstinentia: ceterum esca, etiam si neminem perdat, nullum aedificat. 20 *Noli propter escam destruere opus dei.* Hominem scilicet a deo creatum. *Omnia quidem munda [sunt].* Repetit quod superius dixerat, ne creaturam damnare uideatur. *Sed malum est homini qui per offensionem manducat.* Ipsum 5 mundum illi fit malum, si per illum alter offendat. 21 *Bonum est non manducare carnem et non bibere uinum.* Exponit quid sit per quod offendere dicebat infirmum. *Neque in quo frater [tuus] offendit aut scandalizatur.* Neque in quocumque cibo uel potu in quo alter offendit. *Aut infirmatur.* Infirmatur a 10 pudicitia: 'uinum' enim 'et mulieres apostatare faciunt [etiam] sapientes.' 22 *Tu fidem[, quam] habes penes temet ipsum, habe coram deo.* Si in hoc te fidelem putas, sic manduca ut nemo tuo infirmetur exemplo. *Beatus qui non iudicat semet ipsum in [eo] quo probat.* Qui non suam firmitatem probando 15 se considerat, sed alterius infirmi salutem. 23 *Qui autem discernit, si manducauerit, damnatus est.* [Siquis de alio discernat et dicat: 'iste si manducauerit, plane damnatus est,' hoc non habet fides, et ideo subsecutus est:] *Quia non ex fide:* [Non est enim ex fide, si tu alium idcirco condemnas quia te 20 ieiunante ille manducat. Aliter:] Qui se ita diiudicat: id ipsum [enim] est discretio et iudicium, [quia et iudicium] discernendo fit et discretio iudicando. [*Omne autem*] *quia non* [*est*]
    11 *Eccli. xix 2

 1 ceterum] nam Cas 3 ⌒creat. a deo Sd sunt *add.* AHGVCas (=vg)
4 quod — dixerat *om.* Cas creatura G* dum querere B 5 offendiculum AHGVCas (=vg) manducat ipsum mundum *om.* MN 6 ⌒malum fit illi V illis H(—S,C corr.)G malum] in malum H₂ 7 ⌒non est B* non (*alt.*) *om.* G* ⌒bibere non B 8 sit] est Cas 9 tuus *add.* AHGVCas (=vg) offendet N* offenditur Casᵉᵈ neque—offendit *om.* E quocumque (quo G*)] + frater tuus HG cibo uel potu *om.* G* cibum MC* 10 poto SR*N* potum MC* in quo alter *om.* HG alter VCas offendet N a] an A 11 pudicitia] pudentia B fide Cas enim *om.* Cas 12 etiam] *om.* BS uiros Cas quam *om.* BHGVCas (=vg) met *om.* ERCasᵉᵈ 13 habe] + et Casᶜᵒᵈ putes EG manducas G corr. 14 met *om.* G 15 eo *add.* AHGVCasSd (=vg) quod HGVCas (=vg) qui] quia BHG infirmitatem E firmitate H₂ 16 se *om.* HG infirmi salutem ASd salutem (salute H₁ saluti H₂) infirmi BHGV 17 siquis—subsecutus est *om.* AVCasSd discernit N 18 damnandus H₂ (-um N) est *om.* G* 19 fides] fidem G* 20 non est—aliter *om.* AVCasSd 21 aliter(i *eras.*) G 22 ⌒est enim Sd enim *om.* B et iudicium (*pr.*)— discretio *om.* RH₂G* quia et iudicium *om.* B 23 iudicandi R corr.,M corr.,C omne autem *add.* AHGVCas (=vg) quia/quod AHGVCas (=vg) est *add.* AHGVCas (=vg)

*ex fide, peccatum est.* Non ex fide quae per caritatem operatur. quitquit ergo alium destruit, ex fide non est et idcirco peccatum est. 1 *Debemus autem nos firmiores imbecillitates infirmorum sustinere.* Si uere firmi estis, sic facite ut [et] ego,
5 qui 'factus sum [infirmis] infirmus, ut infirmos lucri facerem.' *Et non nobis placere.* 2 *unus quisque [uestrum] proximo suo placeat.* Non a nobis ipsis, sed a proximis conlaudemur, sicut et alibi suum nobis proponit exemplum, dicens: 'sicut [et] ego omnibus per omnia placeo, non quaerens quod mihi utile
10 est, sed quod multis, ut salui fiant.' nemo enim aedificare alterum potest, cui per bonam uitam [non] ante placuerit, sed et sibi-placentes sunt, qui propria commoda quaerentes suam faciunt uoluntatem. *Ad bonam aedificationem.* Ostendit modum placendi et causam, ne ad uanam gloriam placeamus.
15 simul et cum dicit bonam aedificationem, esse ostendit et malam, [sic]ut est illut: '[a]edificabitur ad manducandum [idolothyta].' 3 *Etenim Christus non sibi placuit.* Imitator et discipulus Christi non quaerit suum commodum: ille enim ob aliorum salutem etiam mortuus est, et [inproperia] amarissima
20 supportauit dicentium: 'ua, qui destruit templum,' et cetera. [*Sed*] *sicut scriptum est: improperia improperantium tibi ceciderunt super me.* Quaecumque non solum Christo, sed

5 1 Cor. ix 22       7 cf. *Prou. xxvii 2       8 *1 Cor. x 33
16 1 Cor. viii 10       20 Marc. xv 29

1 carit.]+non V    2 ergo] *om.* G enim Sd    3 est *om.* A*    nos✱✱ G    4 ut] quomodo Cas   et *om.* AHGVCas    5 qui *om.* Cas   infirmis infirmus] infirmis (*corr.* infirmus)B,(*add.* corr. infirmus)R infirmus ES infirmibus (infirmis M corr. N corr. C) infirmus H₂V        infirmos] infirmos(*corr.* -us) G      lucrificaceremus M lucrificarem C    6 uestrum *add.* AH₂VCas (=vg)    7 collaudemus B conlaudaemur(a *alt. exp.*) G       sicuti C      8 et (*pr.*) *om.* H₂     et (*alt.*) *om.* BH(—E)VCas    10 salui fiant] saluentur Cas   ↶pot. enim (↶enim pot. RC) aed. alt. HG    11 non *om.* B    12 qui] ✱✱✱qui (*m2 in ras.*) A    13 suum B sua G*      ad] in HGCas^cod (=vg)    bonum ad Cas^ed (=vg)    14 uanam] unam G*      placeamus *om.* SR*    15 et *om.* HG    bonum B ↶ost. et (his H₂ *om.* G) malam (malum E*H₂) esse HG    16 malum B sic *om.* ASd   est] *om.* HG et V   ↶ ad (*om.* B*) mand. edif. B   idolothyta] *om.* B idolat[h]ita MNG    17 imitatur H(—R corr., C)G*    discipulos G*    18 illi G* ob] ab S ad H₂      19 inproperia] *om.* B inpropria ESG* obprobria Cas 20 suppotauit B* subportabit E   uah ECCasSd uua S uuah RN uuha (*corr.* uuhah) G    destruis BCas de(-i-)struebat H₂(C *corr.*) destruebas Sd    templum]+dei SGSd    cetera]+in psalmo LXVIII H₁G*+quae sequuntur V 21 sed *om.* BES       improperia *om.* A*      22 quicumque H₂

etiam sanctis exprobrantur dei causa, deo improperari dicuntur, ut est illut: 'ubi est deus tuus?' 4 *Quaecumque enim scripta sunt, ad nostram doctrinam scripta sunt.* Nihil ergo scriptum est sine causa; nam et merita et temptationes iustorum ad nostram proficiunt aedificationem, quia deo manifestissimi 5 erant. *Ut per patientiam et consolationem spem scripturarum habeamus [consolationis].* Per scripturarum solacia spem futuram patientissime expectamus, sicut scriptum est: 'pax multa diligentibus legem tuam, et non est illis scandalum': hoc est, qui consolatione legis utuntur, moueri ulla temptatione 10 non possunt. [ergo] ut per exempla patientiae [et] consolationis eorum quae scripta sunt speremus consolationem et in praesentibus temptationibus, et sicut [E]l[e]azarus [in futuro]. magna enim causa solacii est, si quae nos patimur dominum nostrum et sanctos eius sciamus ante tolerasse. 5 *Deus autem patientiae* 15 *et solacii.* [Hoc loco deum patientiae spiritum sanctum significat, qui donat nobis secundum Christum unianimes glorificare deum et patrem domini nostri Iesu Christi.] Patientia[e ei]us, qu[a]e [ad] conuersionem: solacii, iam conuersis. Siue: Patientiae et solacii, non irae neque discidii, ut ipsos tangat 20

2 Ps. xli 4    8 Ps. cxviii 165    13 cf. Luc. xvi 25
18 cf. 2 Cor. i 3 etc., *Rom. xv 6

1 exprobabantur B exprobratur V improperantur Cas    causa(a *alt. exp.*) G    deo] dei C corr.    inproperia HG    obpropria R    2 enim] autem HG    3 ergo] enim A*BHG    ⌒ sine causa scr. est Cas    4 et (*pr.*)] +paene peccatorum et V    et (*alt.*)] uel BH(—R)GV    temptationis G    5 nostra G*    proficient B proficiant R    manifestissime G    6 ⌒ script. spem AHGVCas (=vg)    7 consolationis *add.* AV    sol.] consolationem VCas consolationem et sol. Sd    8 patientissimi SR cum patientia Cas    9 illis] in illis Sd    10 coms. A consolationem H₁G    mouere H₁G*    nulla VSd    11 non *om.* Sd    ergo *om.* BHGVSd    et *om.* B    consolationes H₁    12 speramus MN    consolatione MN    et] etiam HG    in *om.* HG*    13 temptationibus *om.* Sd    lazarus AFVSd    in futuro] *om.* B in futurum R    magna—solacii] consolatio ( + est Cas) patientiae nostrae VCas    magna enim] magni etenim Sd    14 solacii] soluta G    patiamur H₁ patiemur G* patimur propter N    nostrum] *om.* VCas + iesum christum H + iesum G *in ras.*    15 sanctis ER*    eius *om.* VCas ante tolerasse A esse perpessos B(*in ras.* E, esse peruersos M* esse ueros N)H (esse perpessus G*)GVCasSd    16 hoc—christi *om.* AVCasSd    patientiae] + et H₂G*    17 glorificari MN    18 christi] + item HG    patientia AH(-am S)G    eius quae] usque BV    19 ad *om.* BHGV conuersationem (conuersatione H₂ conuersione H₁G conuersionem V) et BHGV iam—irae] nostri H₂    conuersus B    20 patientia G    solatium G    ira G    ut ipsos] huic (hic N *corr.*, hinc *corr.* hic G) HG    tangit (tangi M) illos HG

[qui talia exercebant]. *Det uobis id ipsum [sapere] in alterutrum secundum ipsum Iesum.* Ut unus quisque sic quaerat salutem alterius quasi suam, sicut Christus sua morte omnes a morte saluauit. 6 *Ut unanimes [in] ore uno honorificetis deum et patrem domini nostri Iesu Christi.* Tunc deus uere honorificatur [a nobis, si uno] animo et concordi uoce laudetur: 'si' enim 'duobus conuenerit super terram, ex omni re, quacumque petierint, fiet eis.' 7 *Propter quod suscipite inuicem.* Propter honorem dei inuicem 'onera uestra portate et [sic] [ad]implebitis legem Christi,' qui nos suscepit in se, cum essemus impii: quanto [ergo] magis nos inuicem similes nos[tri] sustinere debemus! *Sicut et Christus suscepit nos in gloriam dei.* Siue in gloriam diuinam, siue propter honorem dei. 8 *Dico enim Iesum Christum ministrum fuisse circumcisionis propter ueritatem dei.* [Hic ostendit quoniam secundum carnem Christus iuxta promissionem patrum ex ipsa natus sit et praecepta legis impleuerit.] Iterum utrumque populum ad unitatem hortatur. 'consentio,' [inquit,] 'uobis, o Iudaei, quia Christus uobis promissus ad uos uenerit primum, et gentes propter misericordiam dei uocatae sint, tamen unum estis corpus effecti.' [minister autem dicitur:] 'quia non uenerat ministrari, sed ministrare, et dare animam suam redemptionem pro multis.' *Ad confirmandas promissiones patrum.*

7 *Matth. xviii 19    9 *Gal. vi 2    21 cf. Matth. xx 28

1 qui talia exercebant *om.* BHG*V CasSd    exercebant] exacerbant G *corr.* sapere *om.* B    in alterutrum *om.* ESG*    2 ipsum iesum] iesum christum AHGVCasSd (=vg)    ut] *praem.* orat et monet V    sic *om.* Sd    3 ↷ alt. sal. Sd omnes] alios V    4 ↷ salu. a morte BHGVSd    unianimis EM    in ore uno] uno ore AHGCas (=vg) *om.* V    honorificemus V    5 ↷ uere deus HG uere (*solum*) H₂    6 a nobis *om.* BHGVCas    si uno *om.* B    concorde SR *G* concordia M*N*    laudatur BHGVCas    7 quamcumque A*H₂V quaecumque BH₁    8 illis HG    quot A    9 honere G*    et *om.* HG    sic *om.* B 10 ad *om.* BH₂    qui] quia H₁G    qua H₂    11 quantum H₂(—C)    ergo *om.* BCas    inuicem] + ut HGVSd    similis G*    nostri] nos BHGV    12 ↷ deb. sust. H₂    et *om.* G    nos] uos AHGVCas (=vg)    gloriam] honorem AH (honore G*)GVCas (=vg)    13 gloriam] gloria H₂    diuinitatis HG 14 ↷ chr. ies. AH₁GVCas (=vg)    iesum *om.* H₂    15 hic—impleuerit *om.* ACasSd    hinc E    16 promissiones HGV    ipsa] ipsis HG + massa V 17 et (*corr.* ut) G    impleret H₁G    iterum] + hic H + hinc G    18 inquit *om.* BHGVSd    uos H₂(—C)    o iudaei *om.* VCas    o] quo G*    21 ↷ corpus estis HG    minister autem dicitur] *add.* A item HG    quia non A non enim *rell.*    22 uenit Sd    redemptione MN*

Quia illis promissus fuerat Christus, sicut [et] ipse dicit: 'non [enim] ueni nisi ad oues perditas domus Istrahel.' 9 *Gentes autem super misericordiam honorare deum.* 'Cui' enim 'plus dimittitur, plus diligit.' *Sicut scriptum est: Propter hoc confitebor tibi in gentibus, et cantabo nomini tuo.* Tollit Iudaeis adro- 5 gantiam, cum [de] gentium salute docet esse praedictum, quamquam ipsis non fuerit nuntiatum. Christus [ergo] in gentibus confitetur eos misericordiam consecutos, quia et ipsi sunt in corpore eius. 10 *Et iterum dicit: Laetamini gentes cum plebe eius.* [Qui cum ipsis estis ad salutem adduc[t]i.] 11 *Et* 10 *iterum dicit* [*Dauid*]*: Laudate dominum omnes gentes, et magnificate eum omnes populi.* [Quia cum Iudaeis ad salutem estis adducti.] 12 *Et iterum Isaias dicit: Erit radix Iesse.* Iesse pater fuit Dauid, ex cuius semine, id est Maria, natus est Christus. *Et qui exsurget regere gentes, in eo gentes spera-* 15 *bunt.* Ne de proselytis adsererent [dictum], sed [et] illut huic loco simile est: 'non deficiet princeps ex Iuda, nec dux de femoribus eius'[, et reliqua]. unde probatur [Iudaeis] uere uenisse iam Christum, in quo omnes gentes sperare manifestum est. 13 *Deus autem spei.* In quo [omnes] speramus. 20 *Repleat uos omni gaudio et pace in credendo.* Omne gaudium

1 *Matth. xv 24   3 *Luc. vii 47   8 cf. 1 Tim. i 13   9 cf. Col. i 24 etc.
14 cf. Rom. i 3   17 *Gen. xlix 10   19 cf. Rom. xv 11 etc.

1 illis] aliis H₂   promissus fuerat] promiserat H₂G*   erat H₂G corr. et *om.* AHGCas   2 enim *om.* AHGVCas   oues] uos B   ⌢ dom. is. perd. H₂ perditas] quae perierunt Cas   gente A*   3 misericordia ECCas   demittitur A*   4 diligere debet Zm   propterea Cas^(ed)Zm   5 gentibus] + domine RCas^(ed)   ⌢ nomini (nomine E in nomine SMNG in nomini R) tuo cant. AHGVCasZm (= vg)   tollite B tulit H(—M)GSd   6 cum A dum *rell.* de *om.* BHGCas   salutem BHGCas   praedictam BH(—E)G corr.,Cas   7 quamuis BHGVCasZm   fuerat H₂   ergo] *om.* BHGVCasZm autem Sd   tamen Zm^(cod)
8 consecutus H₁   9 ipse A*   ⌢ in eius sunt corpore Cas   eius] + per baptismum Sd   10 qui—adducti *om.* A   quia BH(—E)VCas   ipsi MN*   ⌢ ad sal. estis Cas   adduci B educti G uocati Cas   11 dicit *om.* HGCas   dauid *om.* BHGVCas   ⌢ omn. gent. dom. H₁GVCas (= vg)   12 quia—adducti *add.* A *hic* (*uide u.* 10) *om. rell. cf. u.* 10   13 rursus AVCas (= vg) rursum HG   ait AHGVCas (= vg)   14 ex] de BHG   cus G*   15 exsurgit EM*N*V   ⌢ gentes in eo EG   eo (*corr. m*2 eum) A eum BRCVCas   16 ne] non H₁,C corr.,G corr. nec N*m*2,C*   asserent B* assererit SR* asserit H₂G   dictum *om.* BH₁G*   et *om.* B   17 simili EG* similis R*MN* aptum Cas   neque H₂
18 femore B   et reliqua] *add.* A et cetera V   iudaeis *add.* A   19 ⌢ iam uen. HG   iam *om.* V   christus MC   20 omnes *om.* B   21 pacem MN* omne gaudium *om.* HG*

fidelium in spe esse debet futura, et ibi omne gaudium ubi
pax est: nullum uero in dissensione gaudium, sed uniuersa
maestitia. *Ut abundetis in spe, in uirtute spiritus sancti.*
Abundantia spei in [spiritus] uirtutibus consistit et signis.
14 *Certus autem sum,* [*fratres mei,*] *et ego ipse de uobis*[, *fratres*].
Bonus doctor laudando prouocat ad profectum, ut erubescerent tales non esse quales ab apostolo esse credebantur.
*Quoniam pleni estis dilectione.* Prouidet ne tamquam contentiosos dure increpasse uideatur, uel dissidentes aut stultos.
*Repleti omni scientia.* Hoc est, et Noui et Ueteris Testamenti.
*Ita ut possitis alterutrum monere.* [Simulque] ostendit Christianos semper se alterutrum monere debere. 15 *Audacius
autem scripsi uobis, fratres, ex parte.* Immo ideo magis
scribendi fiduciam habui, quia noui uos ut prudentes cito
accipere rationem, sicut scriptum est: 'argue sapientem et
amabit te.' *Tamquam rememorans uobis.* Recordans uos esse
prudentes. Siue: Non [ut] ignaros doceo, sed commemoro
ut scientes. *Propter gratiam quae data est mihi a deo.* Non
propter munera terrena uel laudem, sed ut impleam officium
quod accepi. 16 *Ut sim seruiens Christo Iesu in gentibus.*
Seruiens in euangelio; hoc est, reuocans ei seruos quondam

---

15 *Prou. ix 8

1 esse—omne *om.* V  ↶debet esse BHGSdZm  omni gaudio MN*  ubi]
et B  2 in dissensione] ubi dissensio Cas  3 in (*alt.*)] et HG ( =vg)
sancti *om.* Cas^cod  4 spei] spe H (in spe E spei C) in spe G  spiritus] *om.* BZm
spiritu HG  5 ↶sum autem (enim R) AHGVCasSd ( =vg)  fratres mei
*om.* BSd  ego *om.* SdD  fratres *add.* BSd  6 erubescant BHGVCasSd
7 tales] + se Cas  ab apostolo] a populo B *om.* Cas  esse *om.* HG  credebantur] putantur BHGVCas putabantur Sd  8 quoniam] + et ipsi HGVCas
( =vg)  ↶dil. estis Sd^cod  prouidit EMN *om.* Cas  ne tamquam] nec (*corr.*
ne G) umquam H₁G  contentiosus EH₂*G*  9 dura EG* *om.* Cas
arguisse Cas  uel] et Cas  desidentes H₂  aut] et Cas  stultus EMN*
10 repl.] *praem.* et SdD  ↶ueteris et noui CasSd  11 possetis H(—C)G*
simulque *add.* BV simul Cas  12 alterutro B*fort. recte*  13 immo *om.* Sd  ideo}
id est eo B *om.* G*  14 ↶uos noui H₂  noui] scio Cas  15 sicut scriptum
est *om.* Cas  16 te] + et cetera V  rememorans uobis] in memoriam
uos (uos *om.* ERG) reducens AHGVCas ( =vg) rememorans Sd  17 siue *om.* C
non *om.* SMN  ut *om.* BEG  ignarus E ignoros MN*V gnarius G*  memoro H₂
↶ut sci. comm. Sd  18 a deo *om.* C  19 dona Cas commoda Sd  ↶off.
( + meum Cas) impl. VCas  20 quam ER*G*  seruiens] minister H
(*om.* N)GCas ( =vg)  ↶iesu christo A christi iesu HGCas ( =vg)  21 in
*om.* H(—C)G  eis B  quondam AB,G *corr.*,V quosdam *rell.*

fugitiuos. *Sanctificans euangelium dei*. Meo exemplo sanctum esse demonstrans quod cum tanto timore perficio. quidam enim ut humanum contemnunt quod praedicant ut diuinum, et ita fit ut res sancta uideatur esse non sancta, cum non perficitur sancte. [unde dicitur: 'sanctificate ieiunium'; id est, sanctum] facite, siue [de]monstrate. *Ut fiat oblatio gentium [accepta,] sanctificata in spiritu sancto*. Ut exemplo [et sermone] meo gentes efficiantur hostia deo accepta, non igni sanctificata uel suscepta, sed spiritu sancto, sicut scriptum est quia 'sedit super' apostolos 'quasi ignis et uisae sunt eis uariae linguae.' 17 *Habeo igitur gloriam in Christo Iesu ad deum*. 'Qui gloriatur, in domino glorietur.' [Aliter:] Gloriam habeo ad deum, licet aput homines infamer et maculer. 18 *Non enim audeo aliquit loqui eorum quae per me non efficit Christus in oboedientiam gentium*. Non ausus sum dicere aliquit me in his [dumtaxat] rebus propria uirtute fecisse, et non omnia per me esse deum operatum. *Uerbo et factis* 19 *in uirtute [eius] signorum et prodigiorum, in uirtute spiritus sancti*. Hoc est: doctrina et signis; non enim [hic] de operibus, sed de uirtutibus loquebatur. *Ita ut [compleretur] ab Hierusalem usque [in] Illyricum et in circuitu euangelium Christi*. Repletur euangelium cum etiam gentes credunt. 20 *Sic*

5 Ioel i 14    8 cf. Phil. iv 18; 1 Petr. ii 5    10 *Act. ii 3
12 1 Cor. i 31

1 dei *om*. Sd    meo] moneo H$_2$    2 esse *om*. Cas    ostendens Cas    perficio] ministro Cas    3 enim *om*. G*    humana Cas    ut (*alt*.)] et V    4 cum] si Cas    perficiatur MC proficiatur N fiat Cas    5 sancte *om*. C    unde—sanctum *om*. B    id] hoc Sd    6 demonstrate BR    7 accepta *om*. BH$_2$    ut] + fiat C*m*2 (*eras*.)    et sermone *add*. A    8 meo] + fiant C*m*2    cogentes V efficiantur *om*. H$_2$    a deo R    igne H$_2$    9 sed] a G    10 apostolus G* quasi] sicut CasSd$^{cod}$    et—linguae *om*. Cas    diuisi (*corr*. *m*2 diuisae) G diuisae V    illis Sd    11 in *om*. G*    christi G*    iesu *om*. Sd    12 quia A* aliter *om*. BHGVSd    ⌒ et ad deum gloriam habeo V    gloriam] + igitur Sd 13 ad] apud BHG    aput] ab A*    infamer et maculer] infamiam V    14 effecit R*M*N*    15 ausus sum] audeo VCas + me Cas    ⌒ aliq. dic. HG 16 aliquit *om*. Cas    me] mei G*    hic *om*. Cas    in his dumtaxat rebus *om*. Cas    dumtaxat *om*. A    et] ut B    17 ⌒ deum esse H$_2$ christum esse Cas in uirtute—prodigiorum *om*. V    18 eius *om*. AHGVCas ( = vg)    ⌒ sa. sp. H$_2$ 19 hic] *om*. B hoc Cas    ⌒ de op. hic HG    20 sed] et V    compleretur *om*. AHGVCas ( = vg)    hier.] + per circuitum AHGCas ( = vg) + in circuitu V 21 in] *om*. B ad H$_1$GCas$^{ed}$ ( = vg)    et in circuitu] repleuerim AH(-int M)GVCas ( = vg)    euangelio Cas$^{cod}$*    22 replet Cas    quando Cas    si G*

*autem hoc praedicaui euangelium, non ubi nominatus est
Christus, ne super alienum fundamentum aedific[ar]em.* Non
omnis qui super alienum fundamentum aedificat, male facit,
sed si aedificet aurum et cetera. hic et pseudo-apostolos
5 tangit, qui semper ad eos qui iam crediderant ibant, et
numquam ad gentes, quia non poterant operari uirtutes, et
ostendit perfecte se laborasse, qui et fundamentum posuit
et aedificium superstruxit. 21 *Sed sicut scriptum est.* Ostendit
suum laborem [ante] praedictum. *Quia quibus non est*
10 *[ad]nuntiatum de eo uidebunt, et qui non audierunt intellegent.*
Uidetur Christus in apostolis per uirtutes quas in eius nomine
faciebant. 22 *Propter quod impediebar plurimum uenire ad
uos.* Exposuit illut quod in capite dixerat: 'et prohibitus sum
usque adhuc.' 23 *Nunc uero ulterius locum non habens in his*
15 *regionibus.* Ubi iam omnes firmi sunt, causam se negat habere
ponendi fundamentum. *Cupio autem uenire ad uos.* Notandum esse cupiditatem etiam bonam, sicut: 'cupio dissolui
et esse cum Christo,' et: 'concupiuit anima mea desiderare
iustificationes tuas.' [*Ex*] *multis iam praecedentibus annis.*
20 Qualis necessitas fuerit ostendit, quae illum multis detinu[er]it
annis. 24 [*Sed*] *cum proficisci coepero in Hispaniam.* Utrum

4 cf. 1 Cor. iii 12   6 cf. Gal. iii 5   7 cf. 1 Cor. iii 10   11 cf. Act. iv 7 etc.
13 Rom. i 13   16 cf. 1 Cor. iii 10   17 *Phil. i 23   18 Ps. cxviii 20

2 aedificem BV aedificarem AHGCas (=vg)   3 omnes N*C*   ⌢fund.
al. B   facit] aedificat Cas   4 aedificet] aedificat H₂   cetera]+aliter V
et *om*. HGCas   -olus H₁M*G*   5 taxat Cas   crediderunt B   6 ⌢uirt.
operari (operare SR*MN*G*) HG   operari] operarium A*   8 aedif.
superstr.] superaedificauit Cas   sed] *pr*. in esaia H₁G*   sed—est *om*. V
monstrat Cas   9 laborem]+iam HG   ante *om*. B   praed.] esse praed. B
fuisse praed. HG   quia *om*. Cas (=vg)   10 nuntiatum BV adnuntiatum
AHGCas (=vg)   aud.]+de eo Cas^ed   11 uidetur] ostenditur HG   per]
et per E   quae AHG   12 fiebant HG   quod]+et HGCas (=vg)
13 exponit Cas   cap.]+epistolae Cas   et] sed BH(sed prohibitus sum *ut
lemma scripsit* E)GVCas   14 usque adhuc *om*. Cas   15 toti BHGV
*fort. recte*   sint ES   16 cupiditatem autem (*om*. autem SR) habens AHGVCas
(=vg)   ueniendi AHGCas (=vg)   17 est R corr.   etiam] autem habens MN
sicut—tuas *om*. Cas   18 et esse cum christo *om*. V   desiderare] cupere V
19 ex *om*. B   20 quales E*R*M   illam V   detinuit AV detinuerit B
detineret E detinerat SG* detenerat R* dete(-i-)nuerat H₂,G corr.   21 sed
*om*. AVCas (=vg)   cum—coepero *om*. A*   ⌢in (in *om*. G) hisp. prof.
coep. A corr.,HGVCas (= vg)   hispaniam] spaniam H₁ es paniam M
espianiam(e *corr*. i *m*2) N   utrum] Am2 *in ras*. uerum B + uero Sd

in Hispania[m] fuerit incertum habetur. *Spero [quod] circuiens uenire ad uos, et a uobis praemitti illuc, cum primum ex parte fructus fuero.* [*scio quia ueniens ad uos, in complementum benedictionis Christi ueniam.*] Quia ita uos exhibetis ut nec aput uos locum aut necessitatem habeam diutius remorandi, ideo [et] ex parte illis frui se dicit, quia non credere indigebant, sed tantum modo confirmari. Siue: Ideo ex parte quia nulla magnitudo temporis satiat caritatem. 25 *Nunc igitur proficiscar in Hierusalem.* [Hoc mihi restat. *Ministrare sanctis.* Sancti erant in Hierusalem,] qui omnibus suis distractis et ante apostolorum pedes depositis, orationi lectioni ac doctrinae uacabant. quales autem fuerint ex hoc cognoscitur, ut ipse apostolus per se illis pergeret ministrare, et quibus oblationem suam esse obtat acceptam, id est, ut eam dignentur accipere, ostendens hoc non tam accipientibus prodesse quam dantibus. hoc contra illos facit qui gloriam perfectionis inpugnant. 26 *Probauerunt enim Macedones et Achaii collationem aliquam facere.* Probauerunt hoc sibi utile fore, si collationem aliquam sumptuum facerent [in] sanctis. *In pauperes* [*sanctorum*], *qui sunt* [*in*] *Hierusalem* [*sanctis*]. Quia propter sanctorum

4 cf. Rom. vi 13    11 cf. Act. iv 34–5    12 cf. 1 Tim. iv 13    16 cf. Act. xx 35

1 hispaniam BNSd spania H$_1$    fuerit] uenerit Sd    incertum] interdum A*    spero—circuiens *om*. V    quod *om*. B    2 praeteriens AHGCasSd (=vg)    uenire ad] uideam AHGVCas(=vg)    praemitti] deducar AHGCas (=vg)    cum] si uobis AHGCas(=vg)    3 fruitus BHGVCas(=vg) fuero]+uos V    scio—ueniam BD *om*. AHGVCasSd *uide infra u*. 29    4 ita] .sic Cas    exhibitis MN*    5 aput uos] in uobis Cas    aut necessitatem *om*. VCas    6 immorandi Cas    et *om*. ANCas    ex parte—ideo *om*. G frui se] fuisse BSMN fuisse ESd    ⌒cred. non Sd    7 confirmare H$_1$    8 quia *om*. Cas    ⌒temp. magn. Cas    satiat sa(sa *alt. exp*.) B faciat SR*    9 in *om*. HGV    hoc—hierusalem *om*. B    hoc]+solum VCas    restat]+ deinceps (*om*. VCas) ut ueniam HGVCas    11 suis *om*. VCas    detractis G* contemptis Cas    ⌒ped. apost. Cas    pedibus V    iactatis Cas    12 oratione G* ⌒lect. orat. Cas    ac doctrinae] doctrinaeque B(quae ES)HGV et doctrinae Cas    13 autem] enim B ergo Cas    fuerunt H$_2$ erant Cas    ⌒apost. ipse Cas per se *om*. Cas    14 ⌒perg. ill. R    subl. A*    ⌒optat esse BMN(Cas)    15 acceptum G*    id est ut] si Cas    dignanter R    16 ⌒prod. (prodeesse M) acc. HG    18 mac[+h A]edonia AHGVCas(=vg) machedoniam G*    achaii *scripsi* achan B achaia AHGVCas(=vg) achaici D    19 probau.]+enim macedones et achiui V    esse Cas    20 sumt. A*    facerint MN*    in *add*. B sanctorum *om*. B (*cf. infra*)    21 in *om*. BHG    sanctis *om*. AHGVCas (=vg)    quia] qui V    sanctorum aedif.] sanctif. G

aedificationem esse pauperes uoluerunt. Siue: Simpliciter pauperes sanctos intellegendum. 27 [*Placuit enim illis:*] *debitores enim sunt eorum.* Exemplo eorum prouocat Romanos a[d] simile opus, ostendens hoc illis non inmerito placuisse. 5 [*Quo*]*n*[*i*]*am si spiritalium eorum participes facti sunt gentiles, debent et* [*illi*] *in carnalibus ministrare eis.* Quia et doctores ex ipsis habebant, et 'socii facti fuerant radicis et pinguedinis oliuae,' ideoque unus quisque in quo abundat debet alteri impertire. 28 *Hoc igitur cum consummauero et adsignauero eis* 10 *fructum hunc, proficiscar per uos in Hispaniam.* 29 *scio enim quod ueniens ad uos, in abundantiam benedictionis Christi ueniam.* Si uos bene exhibueritis, abundabit nobis bona doctrina in uos, quia quantum proficit discipulus, tantum ad dicendum prouocatur et doctor, sicut alibi ait: 'os nostrum 15 patet ad uos, o Corinthii.' Siue: Abundantius benedicetur in aduentu meo Christus in uobis. 30 *Obsecro autem uos, fratres, per dominum* [*nostrum*] *Iesum Christum, et per caritatem spiritus* [*ac sollicitudinem*], [*ut*] *impertiamini mihi in orationibus uestris ad dominum.* Rogat ut pro eo tota in 20 stanter oret ecclesia, quia nouit multum ualere preces in commune multorum. Iacobo enim occiso, Petrus fratrum [precibus] de carcere liberatur, qui non tam illi quam sibi

7 cf. Rom. xi 17      8 cf. 2 Cor. viii 14      12 cf. Rom. vi 13
14 2 Cor. vi 11      20 cf. Iac. v 16      21 cf. Act. xii 2–10

1 aedif.]+sanctorum V    2 intellege H$_1$G intellegi H$_2$    placuit enim illis *om.* BV    enim *om.* G    eis BHGCas(=vg)    deb. enim] et deb. HGCas (=vg)    3 sunt] *om.* BHGCas(=vg)    ES sunnt (*sic*) V    eorum (*alt.*)] illorum V    4 ad] a B ↩non illis Cas    5 quoniam] nam AH$_1$GCas(=vg) nam et H$_2$    si *om.* G* spiritalem G*    participes *om.* Cas$^{cod}$    6 illi *om.* AHGVCas(=vg)    eis] illis Cas$^{ed}$ et (*alt.*) *om.* A*HG    7 facti *om.* Sd    8 ideoque *om.* V    hab. A* *al.*    debit MN    9 impartiri B inpertiri V *fort. recte*    10 factum tunc B spaniam H(—C)    scio *etc. cf. u.* 24    enim] autem AHGCas(=vg)    11 quoniam AHGVCas$^{cod}$(=vg)    abundantia H(—R*)VCas(=vg)    benedictiones G*    12 si] nisi MC*    abundauit A*HGV    13 uos] nobis V    14 ↩prou. ad dic. (doc. H$_2$) HG    discendum BG*    15 corinthi H(—EC) abundanter benedicitur BHGV    16 aduentum V    autem] igitur AHGVCas (=vg)    17 nostrum *om.* B    18 sp.]+sancti Cas$^{ed}$    ac sollicitudinem *om.* AHGCas(=vg)    ac] ut VD    ut *om.* BV    impertiamini mihi] adiuuetis (+pro G) me AHGCas(=vg)    ↩ad dom. in orat. (memorato S) H$_1$G    19 uestris] pro me AH$_2$VCas(=vg) *om.* H$_1$G    deum AH$_2$VCas$^{ed}$(=vg)    20 oraet(a *exp.*) B    ecclesię G*    qui MN    21 communi G*    fratrem B* 22 precibus *om.* B    liberatus BSR    qui] quia R    tam *om.* H$_2$

beneficium praestiterunt, [scilicet] ut eius possent doctrina firmari. spiritalis [sane] caritas facit ut pro inuicem exoremus. 31 *Ut liberer ab infidelibus qui sunt in Iudaea.* Siue: Ut omnes credant. Siue: Fidelibus ministrans in manus infidelium non incu[r]ram, ne ad uos uenire non possim. [*Et*] *remuneratio mea* 5 *quae* [*in*] *Hierusalem est, acceptabilis fiat sanctis* [*suis*], 32 *ut cum gaudio ueniam ad uos per uoluntatem Christi Iesu, et refrigerem uobiscum.* Tunc in gaudio ueniam, si oblatio mea ab eis fuerit accepta, et securus uerbum dei abundantius loquar: tristitia enim animi multum impedit ad doctrinam. 10 33 *Deus autem pacis sit cum omnibus uobis.* [*Amen.*] Deus pacis non nisi in pacificis habitat. pulchre autem in pace finiuit, duobus populis ad pacis concordiam reuocatis. 1 *Commendo autem uobis Foeben sororem uestram.* Hoc, iam quasi finito textu epistulae, ut solet, commendationis uel saluta- 15 tionis gratia subter adnexuit. *Quae est in ministerio ecclesiae quae est Cencris.* Sicut etiam nunc [quae sunt] in orientalibus locis diaconissae mulieres in suo sexu ministrare uidentur. In baptismo. Siue: In ministerio uerbi, quia priuatim docuisse feminas inuenimus, sicut Priscillam, cuius uir Aquila uoca- 20

9 cf. Phil. i 14    19 cf. Act. vi 4    20 cf. Act. xviii 26

1 scilicet] *om.* A sancti B    scilicet—firmari *om.* R    possint H(—S,C corr.)GV    ᴖ confirmari doctr. V    2 firmare G*    sane] *om.* BV enim HG ᴖ caritas spiritus V(Cas)    pro inuicem] proinde EG    4 siue] + ne G*m2 *s.l.* non *om.* G    5 in curam BS incidam Cas    ne] et Cas    et *om.* A    remuneratio—suis] obsequii mei (obsequiii [*sic*] mei *ex* obsequium ei A) oblatio (oblatione G*) accepta fiat (fiet EG*) in (in *om.* A) hierosolima sanctis AH₁GVCas(=vg) ministerium meum quod ( + in N) hierosolima defertur acceptabile sanctis fiat H₂    7 ᴖ ueniam ad uos in gaudio (gaudium H₁G*) AHGVCas(=vg)    christi iesu) dei AHGCas(=vg)    8 refrigerer AHGVCas(=vg)    in] cum Cas    ᴖ ab eis oblatio mea VCas    9 eis] eo B his H₂    ᴖ acc. fu. HG    10 animi] animae H₂ *om.* R*    impetit V    11 sit *om.* Cas^ed    nobis B    amen *om.* B    ᴖ non nisi in pacif. deus pacis (pacis *om.* Cas^cod) VCas    deus] + autem G    12 hab.] est ES *om.* G* inhabitat VCas in pace *om.* EG*    13 finiunt BS    ad pacis] in HGCas ad pacem et V 14 enim uobis (uobis enim M) H₂    phebem BH₂ phoebem H₁G foebem V so***rorem A    nostram HGVCasSd(=vg) meam G    hoc *om.* H₁G 15 textum V    ut] et MN*G*    uel salutationis *om.* HG    16 gratiam ERN adnexiuit G*    17 cheneris A* ceneris B cenchris HVCasSd(=vg) chenchris G    etiam nunc quae sunt] modo sunt V    quae sunt *add.* B    ᴖ loc. or. V 18 diaconis*sae(*pr. s in ras.*) A    mulieres—baptismo *om.* V    ministrate B 19 quia—priscillam] nam et feminae tunc in suo sexu docebant ( + non in aecclesia sed in domo V) ut (sicut Cas) legimus de priscilla VCas    20 feminis G priscilla Sd

batur. 2 *Ut suscipiatis eam in domino digne satis, ut adsistatis
ei in quibuscumque desiderauerit uestri: etenim ipsa quoque
mihi et aliis adstitit.* Ut adiuuetis eam siue sumptu siue
solacio, quia et ipsa quam diu habuit plures adiuuit. 3 *Salu-*
5 *tate Priscillam et Aquilam, adiutores meos in Christo Iesu.*
Qui confirmasse Apollon dicuntur in fide, quos [et] ideo
adiutores appellat, quia in opere doctrinarum, ubi ipse
laborabat, et isti iuuerunt. 4 *Qui pro anima mea suas ceruices
subposuerunt, quibus non ego solus gratias ago, sed et cunctae*
10 *ecclesiae gentium.* Probando meam doctrinam se periculis
obiecerint, propter quod illis omnes ecclesiae gratias agunt,
quia per illos ego seruatus sum. 5 *Et domesticam eorum ecclesiam.* Ostendit congregationem fidelium ecclesiam nominari.
*Salutate Epenetum dilectum mihi, qui est primitiuus Asiae in*
15 *Christo.* Primitiuus [erat] ecclesiae Asianae. istos omnes quos
salutat intellegimus ex [n]om[i]nibus fuisse peregrinos, [per]
quorum exemplum atque doctrinam non absurde aestimamus
credidisse Romanos. 6 *Salutate Mariam, quae multum laborauit in uobis;* 7 *salutate Andronicum et Iuniam cognatos et*

6 cf. Act. xvi 5 etc., xviii 26

1 ᴧeam susc. AHGVCas (=vg) dignae G sanctis A*BH₁GVCas (=vg)
ut] et AHGVCas (=vg) 2 quocumque AHGCas (=vg) desid. uestri V]
desid. nostri B negotio uestri indiguerit AHGCas (=vg) ipso G* 3 ᴧad-
stitit (*praem.* ad A: adsistit H[—C]G) multis et mihi ipsi AHGVCas (=vg)
ut] et VCas siue] uel V sumptibus BSd sumptuum (suptuum G) opibus HG
siue] uel quolibet alio V siue aliquo Cas 4 solatione (*praem.* con C) H₂
plurimos (plurimum N) H₂Cas adiuuauit H(—F)G* 5 priscam HG*Cas
(=vg) 6 conformasse H₂ uel conformes esse G corr. appollo BN*
apostolo H₁G apollo H₂V ᴧleguntur ap. V(Cas) in fide] et alios docuisse
V(Cas) et *om.* B 7 opere doctrinarum ubi] quo VCas 8 isti] ipsi B
illi V ᴧceru. suas Cas^cod suam ceruicem Cas^ed 9 ᴧsolus (solum HG)
ego AHGVCas (=vg) 10 periculo HG 11 subiecerunt BHG propter—
agunt *om.* V 12 quia] quibus VCas illos] illis M*N* ego *om.* Cas^cod
seruatum B domestica memorum(m *tert. eras.*) A ᴧeccl. eorum G
13 nominare R*M*N*F 14 salutare B ephenetum Am2,SR*,N corr.,
C,G corr.,Cas^ed ependitem B ephenium E ephenitum MN*G* epemen V
efenetum Cas^cod 15 christo]+iesu H₁Cas^ed primitiuus erat] primiti-
uos BH(—us E)G primitiuus filius V asianę(n *et ę ras.*) A asiae G estos G*
illos VCas 16 intellegimus—peregrinos *om.* VCas intellegamus G corr.
nominibus] omnibus BH₂ per *om.* BH₂(—M) 17 quorum—romanos]
quos romani crediderant: grega sunt enim nomina, non latina V(Cas) exemplo C ac Sd doctrina C estimatus B 19 andronicam G* iuliam
Am2,HG*Cas iulium G corr. cognatus MN*

*concaptiuos meos, qui sunt nobiles in apostolis, qui [et] ante me fuerunt in Christo [Iesu]; 8 salutate Ampliatum, dilectum mihi in domino; 9 salutate Urbanum, adiutorem meum in domino, et Stachyn dilectum meum; 10 salutate Apellen, probum in Christo; salutate eos qui sunt ex [domo] Aristobuli; 11 salutate [H]erodionem, meum cognatum; salutate eos qui sunt ex Narcissi [presbiteri], qui sunt in domino; 12 salutate Tryphenam et Tryphosam, quae [mecum multum] labora[ueru]nt in domino; salutate Persidam carissimam, quae multum laborauit in domino; 13 salutate Rufum, dilectum in domino.* Hi ex Iudaeis erant et, quia cum Paulo simul fuerant tribulati nec territi, ideo nobiles hoc merito habebantur, qui ad profectum Romanorum inter ceteros fuerant destinati, quique priores Paulo credidisse ipsius testimonio referuntur. *Et matrem eius et meam.* Aetate, [et] non partu. *14 Salutate Asyncritum, Phlegonta, Hermem, Patrobam, [Herman,] et qui sunt cum eis fratres; 15 salutate Philologum et Iuliam, Neream et sororem eius Olympiadem, et qui cum eis omnes sanctos.* Suo exemplo

1 concaptiuuam in eos B concaptiuus meus MN* in] inter MN apostolos NC quia G et *om.* B 2 iesu *om.* AH(—S)GCas ( = vg) ampleatum G* dilectissimum AHGVCas ( = vg) 3 nostrum AHGCas ( = vg) mihi R in domino *om.* M domino] christo AHGVCas^cod ( = vg) christo jesu Cas^ed 4 stachin BERCVCas^cod stacin M,N corr. stacten N* stacihin G meum *om.* MN apellen SVCas^cod (?) ( = vg) appellen AHG apellem BCas^ed.cod (?) appelen M 5 sal. (*pr.*)—cognatum *om.* Cas^cod salutatem G ex] de Cas^ed domo] *om.* AHGCas^cod ( = vg) *tr. post* arist. CCas^ed aristoboli BSRCG ( = vg) arestobili E* arestopoli MN aristobolim V 6 herodionem BEGCas ( = vg) aerudicionem M erudionem N ⌒ cogn. meum AHGVCas ( = vg) eos qui sunt *bis* B narcisci B narcissi٭ G 7 presb. *om.* AHGVCas ( = vg) sunt] + presbyteri G domino] christo N salute A* trifernam B triph. HGCas^ed trif. VCas^cod tripherium G* (*corr.* triphenum *et postea* triphenam) 8 trifosam BVCas^cod triph. HGCas^ed quae] qui G mecum multum *om.* AHGCas ( = vg) mecum *om.* V laborant AHGCas ( = vg) 9 perfidam B persidem Cas^ed qui G* 10 electum AHGVCas ( = vg) + meum HG hii AESG 11 ⌒ simul cum paulo HG 12 qui] quia B 14 testimonium EG 15 aetatem G* et *add.* B asyncretum Am2 asmeritum B asencretum E* asincritum E corr.,H₂,G corr.,V asincretum G*Cas^cod 16 flegontam BH₂Cas^cod pleg(c E)onta[m] H₁ flegonta GV hermen B corr.,HG hermam R ermen V petrobam B herman] *om.* B hermam C corr. *praem.* et H₂ et] si V ⌒ cum eis sunt AHGCas ( = vg) eius G 17 filogum B philocum ES philogum RM filologum Cas^cod phedologum Cas^ed iulium Cas^cod nereum HGVCas ( = vg) 18 olymp.] *praem.* et A*HGCas ( = vg) olimp. BH₁Cas^cod olibā M oly(-i C)mpam NC olymphiadem G qui] omnes qui AHGVCas ( = vg) omnes] sunt AHGVCas ( = vg) sanctis H₁G* exemplom G*

nos docet quales amicos debeamus nostris litteris salutare, non diuites saeculi [scilicet] facultatibus, uel dignitatibus honoratos, sed gratia ac fide locupletes. 16 *Salutate inuicem in osculo sancto: salutant uos [omnes] ecclesiae Christi.* Non 5 ficto uel subdolo [osculo], quali Iudas tradidit saluatorem. ideo enim in ecclesia pax primum adnuntiatur, ut ostendat se cum omnibus pacificum esse, qui corpori communicaturus est Christi. 17 *Rogo autem uos, fratres, diligenter obseruate eos qui dissensiones et offendicula, praeter doctrinam quam uos* 10 *didicistis, faciunt, et declinate ab illis.* 18 *huius modi enim Christo [domino nostro] non seruiunt, sed suo uentri.* De illis dicit qui ex circumcisione illo tempore uenerant, ieiunia et abstinentiam destruentes, neomenias et sabbata et ceteras ferias uentris gratia praedicabant, dissentientes ab apostolica 15 doctrina et fratribus offendicula praeparantes. *Et per dulces sermones [et benedictiones] seducunt corda innocentium.* Per blandimenta et adulationes compto sermone compositas. 19 *Uestra enim oboedientia in omnes peruulgata est.* Si illis oboedistis quibus non debuistis, quanto magis nobis oboedire 20 debetis! nam et illi propter ea ad uos uenerunt, quia sciebant uos per oboedientiam simplicem cito posse seduci. *Gaudeo igitur in uobis, et uolo uos sapientes esse in bonum, sinceres*

5 cf. Luc. xxii 48    7 cf. 1 Cor. x 16

1 amicos] sanctos H₂   debemus SH₂   2 saeculi *om.* V   scilicet *add.* AV   facultatibus—locupletes] sed fideles et sanctos VCas   3 honoratos —locupletes *om.* G*   4 omnes *om.* B   5 ficte ER*G*Cas^ed   osculo *add.* A quale H₁G*   6 in] de Cas   ↶prima pax V primo pax Cas   primum] primo BH₁Cas   7 ↶esse pacif. HG   corpora B corpore H₂(—C)   8 diligenter obseruate] ut obseruetis AHGVCas (=vg)   9 dissensionis MN* 10 dedicistis H(—RC)   huiusce H₂   11 domino nostro *om.* B   12 illo temp. uen.] erant quique (que *om.* Cas) VCas   ieiuniam MN ieiunium CCas^ed   13 abstinentias B abstinentia ESG*   neome(i A)nias] in eo menias B neomeniam Cas^cod neomenia Cas^ed *praem.* et HGSd   et (*pr.*)] sed A*   ceteras *om.* VCas 14 causa Cas   docebant Cas   15 offendiculum B   dulcis E*S   16 et benedictiones *om.* B   17 idolationes B   compto] cuncta M*N* conposito (?) G* ac compto V   compositas] + assertiones V   18 oboedientiam G*   omnes] omnem locum AVCas (=vg) omni loco HG   prouulga (*sic*) A prouulgata V diuulgata (de- ES) HGCas (=vg)   19 nobis] nos H₁G* oboedire—illi *om.* Cas   20 propter ea] ideo V   quia sciebant (sciebat V*)] scientes Cas   21 per oboed. simpl.] per nimiam oboed. V *om.* Cas   simplici MN*   22 et] sed AHGVCas (=vg).   sapientes esse *bis* V   bono AH₂,G corr., Cas (=vg)   sinceres autem] et simplices AHGVCas (=vg)

*autem in malum:* 20 *deus autem pacis conteret satanan sub pedibus uestris uelociter.* [*gratia domini nostri Iesu Christi uobiscum.*] [Idcirco uobiscum gaudeo,] quia bona est oboedientia, sed si rationabilis sit, et ideo uolo uos esse sapientes in bono, ut malum nescientes sub pedibus innocentiae deponatis 5 inimicum. ita enim 'dedit' nobis dominus 'potestatem calcandi super scorpiones atque serpentes et omnem uirtutem inimici': id est, ne nobis praeualeat, et [ut] omnibus super eum membris liberi[s] ac soluti[s] ambulare possimus. [21 *Salutant uos Timotheus, adiutor meus, et Lucas et Iason et Sosipater,* 10 *cognati mei, et ecclesia uniuersa Christi.* 22 *saluto uos ego Tertius, qui scripsi epistulam, in domino.* 23 *salutat uos Gaius, hospes meus, et uniuersa ecclesia.*] *Salutat uos Erastus arcarius ciuitatis*[*, et Quartus superdispensator*]. Hic arcarium exarcario dicit, sicut gentes credentes ex-gentibus saepe nomi- 15 nauit, [secundum] consuetudinem [legis], quae Abigeam uxorem Nabal adhuc appellat, cum iam illo mortuo in Dauid matrimonium transmigrasset. 24 *Gratia domini nostri Iesu Christi cum omnibus uobis.* [*amen.*] Haec est suscriptio manus eius in omnibus epistolis, ut in ea etiam commemor[ar]et 20 beneficia Christi. 25 *Ei autem qui potens est uos confirmare. Signis atque doctrinis. Iuxta euangelium meum et praedica-*

    6 *Luc. x 19    16 cf. *1 Regn. xxx 5    20 cf. 2 Thess. iii 17

    **1** malo AHGCas(=vg)    conterat HGV    sathanam B satan M satanam NCas$^{ed}$ sathanan V *om.* Cas$^{cod}$    **2** pedes uestros V    uestris *om.* A*    gratia—uobiscum *om.* BV    iesu christi *om.* H$_1$G    **3** idcirco—gaudeo *add.* A (cum *om.* A*)    **4** rationalis NC*    ⌐sap. esse BHG    bonum H$_1$G*    **5** ut] et AHG*    malo H$_2$(—C)    sub] ut A    innocientię A    **6** uobis H$_2$Sd    **7** atque] et Sd    et] in B    **8** ut *add.* A    **9** liberi ac soluti B    possumus BS possemus R*N*    salutant—ecclesia *om.* A    salutat HGVCas(=vg)    **10** lucius HGVCas(=vg)    et sosi *om.* G*    **11** et—christi *om.* HGVCas(=vg)    saluto HGVCas(=vg) salutat B    **12** tereiius B    gayus B    **13** hospis E*V    uniuersae ecclesiae EGCas(=vg)    uniu.]+eius C    aristus A    arcarius] dispensator Cas    **14** et quartus superdispensator *om.* A    superdisp.] frater HGVCas(=vg)    **15** uocauit BHGV (*cf. uol.* I, *p.* 106)    **16** secundum *om.* B    legis *om.* B    abigail BCGCas abigahil H(-el E)    **17** nabal]+carmeli Cas    adhuc *om.* V    appellauit V    illo—transmigrasset] uxor esset dauid Cas    **18** matrimonio G    transisset HG    gratia—amen *om.* Cas(=vg) iesu christi *om.* H$_1$G    **19** amen *om.* AVD    subictio (*corr.* subiectio) B superscriptio R scriptio H$_2$    **20** manu SR*    omni aepistula V    *ut A    in ea] mea B    commemoraret AVSd] commemoret BH$_2$ commoneret ESG commoret R* commemorat N*    **21** ei] si B    potens] potest A*H$_1$GCas$^{cod}$ est *om.* H$_1$GCas$^{cod}$    confirmari H$_1$    **22** doctrina V uirtutibus Cas

*tionem Iesu Christi.* Ut sic uiuatis quo modo ego Christi exemplo et auctoritate pra[e]dicaui. *Iuxta reuelationem mysterii temporibus aeternis taciti,* 26 *quod nunc patefactum est per scripturas prophetarum.* Mysterium de uocatione uniuersarum
5 gentium in lege [diu] fuerat occultatum, quod nunc per Pauli euidente[r] patefactum est euangelium in Christo per testimonia prophetarum, qui, quamuis de gentibus multa ante dixissent, tamen quo modo unum gentes et Iudaei in Christo fierent, nemo tam aperte cognouerat. aestimare enim poterant
10 quosdam ad fidem quasi proselitos admittendos. *Secundum praeceptum aeterni dei ad oboeditionem fidei in omnes gentes cognitum* 27 *soli sapienti deo, per Iesum Christum cui* [*est*] *honor* [*et gloria*] *in saecula saeculorum. amen.* Praecepit deus ut omnes gentes oboediant et deum agnoscant, quod futurum
15 quandoque solus ante sciebat, qui solus naturaliter sapiens [est], sicut naturaliter bonus, [cum tamen et homo dicatur bonus,] sed nos institutione boni uel sapientes esse possumus, ille natura, cui per Iesum Christum gloria [et] honor in saecula saecul[or]um. amen.

20             AD ROMANOS EXPLICIT

4 cf. Eph. iii 9

1 sic—praedicaui] iuxta meam adnuntiationem et christi uiuatis V(Cas) ego] ergo BF* *om.* S    exemplum H₂   2 et] ex HG   auct.]+gentibus H + in gentibus G   prad. A   iuxta] secundum AHGVCas (=vg)   3 tacete MN* pactefactum B   4 misterii G*   de uocatione] deuotione S deuocionem M de uocandis V   uniu.] diuersarum G   ⌒gentibus uniuersis V   5 diu *om.* B per + praedicationem christi et V(Cas)   paulum H(—S)   6 euidenter] euidente B euangelium V   pace factum(c *alt. exp.*) B   euangelium in christo *om.* V 7 qui] quia H₁M *om.* V   quamuis]+enim hoc V   de—dixissent] ante prophetae praedixerint V   ⌒ante multa H₁G   8 unum—fierent] et in christo unum (+gentes G corr.) fierent (fuerint H₂G) et iudaei HG   gentes et iudaei] ex iudeis B   9 fuerant B futurum esset V Cas   tam aperte *om.* V   ⌒poterant enim credere VCas   10 prosilitus E*M proselitis G*   admittendus H₁G* 11 obiectionem B obedientiam Cas^ed   cunctis gentibus AHGCas (=vg) 12 cognito AHG (=vg) cogniti N corr., FCas   solo AH(—R corr., N corr., C)V (=vg)   per]+dominum Cas   est *om.* AH₁GVCas(=vg)   13 honor et *om.* G et gloria *om.* AHVCas^cod (=vg)   saecula] saela A*   14 ⌒oboed. gent. H₂ cognoscant C   quod] quo H₁C*G* quos C corr.   futuros C corr.   15 solus] salus MN *om.* R+haec deus V(Cas) antea V qui] siue V   16 est *om.* BHGV sicut naturaliter] quomodo solus V   cum—bonus *om.* B   dicitur H₂   17 sed nos] nos enim V   nos] non MN   possemus MN   18 cui] cum A* *om.* V   iesum christum] ipsum V   ⌒honor et gloria V   et *om.* B   19 saeculorum] saeculum A 20 EXPLICIT [A]EPISTOLA AD ROMANOS BC EXPLICIT EPISTVLA (+beati Cas) PAVLI APOSTOLI AD ROMANOS H₁Cas EXPLICIT M EXPLICIT AD ROMANOS NV

# [INCIPIT ARGVMENTVM PRIMAE EPISTOLAE AD CORINTHIOS

Corinthii sunt Achaii. similiter ab apostolis audierunt uerbum ueritatis et subuersi multifarie a falsis apostolis, quidam a philosophiae uerbosa eloquentia, alii a secta legis Iudaicae inducti. hos reuocat apostolus ad ueram euangelicam sapientiam scribens eis ab Epheso. 5

### EXPLICIT ARGVMENTVM]

*om.* AH₁    argumentum primae] PROLOGVS H₂    primae epistolae *om.* G
↝ ep. ad cor. primae R corr.    argumentum V    in epistulam ad corinthios Cas
1 corinthi V    achaie (*corr.* achaiei) M,R corr. achai҉i N achaici CCas$^{ed}$
achei VCas$^{cod}$    similiter] et hii (hi CVCas) similiter H₂VCas    apostolos R corr.
2 subuersi] + sunt CCas$^{ed}$    multifariam G corr.    a—philosophiae *om.* MN
a] ad Cas$^{cod}$    3 uerbo seloquentia N uerbosam eloquentiam GCas$^{cod}$    alia G*
a secta] secte MN*    secta GCas$^{ed}$ ad sectam Cas$^{cod}$    4 inducti] *praem.*
fuerunt C + sunt R corr. Cas$^{ed}$ *praem.* erant Cas$^{cod}$    apostolos C    ueram] + et
N*m*2,C,R corr.,GVCas$^{cod}$    epheso] + per timotheum discipulum suum C
explicit argumentum BCas EXP̄ V̄ER̄ DCCCXI MN explicit prologus C explicit
argumentum ad corinthios(-us G*) G

## INCIPIT AD CORINTHIOS

1 *Paulus.* Quod nomen praeponit in epistulis, auctoritatis
esse noscendum [est.]. *Uocatus apostolus Iesu Christi.* In
uia ut esset apostolus Christi Iesu. *Per uoluntatem dei.* Uoluntate dei uocatur quisque uocatur ad fidem, [sed] sua sponte,
5 et suo arbitrio credit[ur], sicut ait in Actibus [Apostolorum]:
'non fui incredulus caelesti uisioni.' *Et Sost*[*h*]*enes,* 2 *ecclesiae
dei frater, quae est Corinthi.* Frater, inquit, non apostolus.
hunc autem idcirco secum scribentem inducit, quia ex ipsis
doctor erat, et pro his ualde sollicitus. *Sanctificatis in Christo*
10 *Iesu.* Per baptismum sanctis effectis. *Uocatis sanctis.*
Ostendit qui sint ecclesia [dei], sancti scilicet et inmaculati,
quia ecclesia neque maculam habet neque rugam, et ideo his
scripsit qui integram athuc seruabant, non qui perdiderant
sanctitatem. nam istos honorat litteris, illos auctoritate con-
15 demnat. *Cum omnibus qui inuocant nomen domini nostri Iesu
Christi.* Proprie sacerdotum est inuocare deum, quibus dici-

3 Act. ix 3 etc.    6 *Act. xxvi 19    11 cf. Eph. i 4 etc.    12 cf. Eph. v 27

INCIPIT EPISTOLA PRIMA AD CORINTHIOS B *om. superscr.* EGV* INCIPIT
EPISTOLA AD CORINTHYOS prima S INCIPIT EPISTOLA ( +beati Cas) PAVLI APOS-
TOLI AD CORINTHIOS (+1 Cas) RCas INCIP̄ EXP̄(lanatio C) EP̄ AD CORINT̄ H₂
1 quod—est] auctoritas est in nomine V    nomen]+suum Sd    praeponat
H(—E praeponatur)    in *om.* Sd    auctoritates B*    2 est *om.* BHG*
↶christi iesu AESGCas^cod(=vg)    in uia—iesu *om.* E    3 uia]+uocatus
VCas    ut G *corr. in ras.*    ↶iesu christi HV *om.* Cas    uoluntate] uoluntatem A*SMN*F*G*    4 uocatur (*pr.*)] uocatus CVCas    quisque—sua]
credidi mea V(Cas)    ↶ad fid. (+dei M) uoc. H    uocatur (*alt.*) *om.* E    sed
*om.* B    5 et—actibus] sicut ait V    creditur B    apostolorum *add.* ARCG
6 cęlestę MN    uisoni A* uisione H(—SC)G*    sostenes B,R *corr.*,N *corr.*,
CVSd^cod *fort.recte* sustines E,G *corr.*,D sustenens S sustinens MN*R*G*
↶fr. eccl. dei AHGVCas (=vg)    7 quae est corinthi *tr. ante* uocatis (10) B
corinthii B    8 hunc—sollicitus] ideo autem et ipsum ponit quia ex ipsis erat
et scientissimus habebatur V(Cas)    secundum BG*    ex] et G *corr.*,Sd
9 erat] est H₁    10 effectus G*    11 quae Cas    sint] sunt H₁ sit G*Cas
+in H    *ecclesia A ecclesiae G    dei *om.* BG    12 ecclesia] illa V    neque
m.h.] non h.m. V    macula H(—RC)    habere H(—C)    et—condemnat
*om.* V *qui alia omnia praesertim ex* Cas *offert*    his] hic H₁G    13 scribit BHG
perdiderunt H(—RC)    14 s̄c̄i*tatem(ci *in ras.*) G    auctoritate* G    commendat H₁    15 hominibus(h *eras.*) A    16 proprii H(—SC) propriis S
inuocere A*    dominum H(Sd)

tur: 'sic benedicetis filios Istrahel, inuocantes nomen meum super illos'; et psalmista dicit: 'et Samuhel inter eos qui inuocant nomen eius,' quem sacerdotem fuisse illa res probat, quia et sacerdoti successit et hostias offerebat, de quo etiam secundum historiam dictum est: 'suscitabo mihi sacerdotem 5 fidelem,' qui, quamuis [non sit] ex genere Aaron, tamen de tribu Leui esse in Paralip[p]omenon legitur, quia ipse hunc constituit qui et illum: ita enim Aaron elegit ut alios post ea elegendi non amiserit potestatem. *In omni loco ipsorum et nostro.* Quia sacerdotes et suo et apostolorum loco fun- 10 guntur, propter quod etiam 'ecclesiarum apostoli' nominantur. 3 *Gratia uobis et pax a deo patre nostro et domino Iesu Christo.* Pax gratiam seruat, quam quidam habere nolebant. 4 *Gratias ago deo meo semper pro uobis in gratia dei, quae data est mihi in Christo Iesu.* Primum solito [more] laudando 15 prouocat ad profectum, et dicit se quidem gaudere de eorum scientia, sed scire illos debere quia uera sapientia 'non inflatur' neque dissentit. 5 *Qu[on]ia[m] in omnibus locupletati estis in ipso.* In omnibus uirtutibus [per sapientiam], quae amicos dei et prophetas constituit. *In omni uerbo et in omni* 20 *scientia.* Id est, tam Noui quam Ueteris Testamenti. 6 *Sicut testimonium Christi confirmatum est in uobis.* Testimonium quo ait: 'omnis scriba doctus in regno caelorum similis est

1 Num. vi 23,*27    2 Ps. xcviii 6    5 1 Regn. ii 35    7 cf. 1 Paral. vi 1-28
    11 *2 Cor. viii 23    17 1 Cor. xiii 4    20 cf. Iac. ii 23; Sap. ix 2
    23 Matth. xiii 52

1 benedicite ES benedicitis MN*G*    filiis EMN*G filius G    2 super illos *om.* VCas    psalmista] dauid VCas    dicit] ait VCas    samuel A*
3 eius] meum ESG* dei V domini Cas    illa res *om.* Sd    4 et (*pr.*)] heli Sd et (*alt.*)]+qui Cas    de quo etiam] et de ipso V et de quo Cas et de eo Sd
5 secundum—est] dominus ait Sd    6 fidei B    qui *om.* V    licet Sd    non sit] *om.* BG* (non *add.* G corr.) non Sd    tamen—legitur *om.* V (*sed uide u.* 9)
7 -pp- A    leg.] fuisse describitur Sd    hanc E*S    8 qui *om.* H$_2$    alius MN
9 potest.]+sane de tribu leui fuisse in paralypomenon legitur V    10 qua MN*    sacerd. et suo] et sacerdotum V    12 domino]+nostro V    13 quidem B
14 in* G    15 mihi] uobis AHGVCas (=vg)    solito] ut (*om.* MN) solet et H$_2$ ut solet CasSdZm    more *add.* A    16 si G*    eorum] illorum SR
17 illos] eos SR    scientia Sd    18 inflat C*    quia AHVCas (=vg)
locupletati] diuites facti AHVCasZm (=vg)    19 ipso] illo AHVCas (=vg)
per sapientiam *om.* BG    20 ↶proph. et amic. dei (*om.* dei V) VCasZm
uerba G*    21 ↶tam uet. test. quam noui CasZm    23 quo* A    doctos G*
in regno caelorum *om.* CasZm

homini patri familias, qui profert de thesauro suo noua et uetera.' 7 *Ita ut nihil uobis desit, in [n]ulla gratia.* Unde ait Salomon: 'uenerunt mihi omnia bona pariter cum illa,' id est, cum sapientia. *Expectantes reuelationem domini nostri Iesu Christi.* Ille uere expectat aduentum Christi, qui in omnibus praeparatus est: reuelatio autem dicitur domini aduentus, quia modo a nobis absconditus est. 8 *Qui et confirmauit uos usque ad finem sine crimine, in die aduentus domini nostri Iesu Christi.* Per doctrinam, sicut ait Dauid: 'confirma me in uerbis tuis,' et iterum: 'pax multa diligentibus legem tuam, et non est illis scandalum.' 9 *Fidelis deus per quem uocati estis in societate[m] filii eius domini nostri Iesu Christi.* Fidelis deus qui confirmauit, quia uos in societate[m] filii sui uocauit, quam societatem Iohannes exponit dicens: 'quoniam deus lux [est], et tenebrae in eo non sunt ullae: si dixerimus quia societatem habemus [cum eo, et] in tenebris ambulamus, mentimur,' et Paulus ait: 'si commortui sumus, et conuiuemus; si sustinemus, et conregnabimus.' hic locus contra Arrianos facit, qui in hoc minorem esse filium uolunt, quo per ipsum omnia facta referuntur, cum hoc et[iam] in patrem cadat, per quem in societate[m] filii eius credentes uocati dicuntur. [Hucusque cum laude praefatio.]

3 Sap. vii 11   5 cf. Eph. vi 13   10 Ps. cxviii 28; Ps. cxviii 165
15 *1 Ioh. i 5, 6   17 *2 Tim. ii 11, 12   20 cf. Ioh. i 3

1 patris G   2 nil G   nobis *om.* Cas^ed   ulla BH,G corr.,VCas (=vg) ᔕsal. ait Sd   3 bona *om.* CasSd^codZm   pariter] simul CasZm *om.* Sd ea Cas   4 cum *om.* H₁   expectantibus BHCasSdZm (=vg)   nostri *om.* A* 5 uero BHGSd^cod   6 reu. aut.] ideo aut. reu. Sd   ᔕadu. dom. Sd 7 ᔕabsc. est a nobis Sd   a *om.* H   abscondita B*   qui et *om.* V   confirmabit BCCasSd^coded (=vg)   8 ad] in CSdZm^codd   9 per doctrinam] confirmauit doctrina V *om.* Cas   dauid] propheta CasZm   10 iterum] illud Cas   11 nomen tuum Cas   et—scandalum] domine (*om.* C) et reliqua H₂   illis] *praem.* in G   12 societate BH(—RC)   ᔕiesu christi domini nostri AHVCas (=vg) *om.* G   13 confirmabit AV   quia *om.* H₁ soc.] societate BH₂G   14 iohannis AH(—RC)   15 lux]+est BHGVCas non s. ullae] nullae s. Cas   16 cum eo *om.* BHG   et *om.* B   17 ambulemus G maneamus V   ait *om.* Cas   commorimur VCas   cum mortui R*MN 18 conuiuimus H₁ cum uiuimus MN*   conregnauimus H(—C)V   19 arrianus A*MN*   ᔕfil. esse H₂   20 uoluit B   quod RC   21 et B   cadit H₂ societate BG   22 uocati dicuntur] uocat (uocantur C corr.) H   hucusque— praefatio *om.* AG

10 *Obsecro autem uos, fratres.* Hinc iam causam contra dissensionem adgreditur. *Per nomen domini nostri Iesu Christi.* In quo nomine saluati estis et signa fieri conspexistis. *Ut id ipsum dicatis omnes.* Ut unum sentiatis atque dicatis. *Et non sint in uobis scismata.* Scismata semper ex contentione nascuntur. *Sitis autem perfecti in eodem sensu et in eadem sententia.* Si unum sentiatis et proferatis, tunc uere poteritis esse perfecti. 11 *Indicatum est enim mihi de uobis, fratres [mei], ab his qui sunt C[h]loes, quod contentiones inter uos sint.* Quaeritur quo modo apostolus crediderit aliquit de absentibus, cum scriptum sit: 'non credes auditui uano,' et iterum: 'quae uiderint oculi tui loquere,' et cetera. sed hanc gratiam habebat ut nosset absens quid in singulis ecclesiis ageretur, sicut dicit ad Colossensis: 'Et si corpore absens sum, sed spiritu praesens, gaudens et uidens ordinem uestrum,' et reliqua. quia ergo sciebat Corinthios ita agere ut audiebat, non credidit sine causa, quasi de absentibus, quorum conuersatione[m] in spiritu [per]probabat. 12 *Dico autem hoc, quoniam singuli ex uobis dicunt: Ego quidem sum Pauli, ego autem Apollo, ego uero Cephae.* Sub nomine apostolorum pseudo-apostolos tangit, qui eos per sapientiam circumuenerant mundi, [ut]

3 cf. Act. iv 12, xiv 3 etc.    11 cf. *Eccli. xiii 16; *Prou. xxv 7    14 *Col. ii 5

1 hinc] hic EC    causam *om.* Sd    dissessionem G* discensionem H₁V
3 nomine] omnes BG    fieri] fidei BG    id] et MN    5 scismata (*alt.*)] *om.* A* (*add. s.l.* cismata)    7 sententia] scientia BEH₂G (=vg)    sentiatis] *praem.* et Cas    uere] uero B *om.* Cas    potestis H    8 significatum HVCasSd (=vg)    mei *om.* A    9 cloes BV* clo aes E chlohes MN quia AHVCas (=vg)    sunt AHG*VCas (=vg)    10 credit Sd    aliquit] aliquod MN *om.* CasSd    abstinentibus (*corr. m*2) V    11 ne Sd    credis M*N redes G* credas Cas^ed Sd    auditu V    12 uident H₂    hanc] ab hanc G* ad hoc G corr.    gratiam] + ipse Sd    13 ut—ageretur] ut sciret quid absentes agerent CasSd    absens] habens G *om.* V    in] a V    ut Sd    14 ait VCas colosenses BH(colosensis SR* cholosensis M colossenses C)VSd^cod colossenses GCas    si *om.* A*    sum] *tr. post* praesens V *om.* CasSd    sed *om.* Cas ⌒spiritu tamen Sd    15 et reliqua] et cetera H *om.* V    16 audiebat] debat G* debebant G corr.    17 quasi—perprobabat *om.* V    conuersatione B    18 probabat B,G corr.(?) probat H₁ prouidebat MN peruidebat ex praeuidebat C    ⌒hoc autem dico AHVCas (=vg)    quoniam—dicunt] quod unus quisque uestrum dicit AHVCas (=vg)    19 sunt B    20 sub— tangit] in apostolorum persona (personis Sd) hoc de pseudoapostolis dicebat CasSd    apostolos] apostolorum B apostolis EM*N* apostolus R*    21 eos— mundi] ⌒ per sap. mundi circumuenerant(-iebant Sd) eos CasSd    circumuenerunt H₂    ut] *om.* B quia Cas

unus quisque eius se diceret esse cuius doctrinam elegisset,
quia d[i]uersa docebant. si ergo ne[c] de ueris apostolis hoc
dici permittit, quanto magis de falsis non licebit! *Ego autem
Christi*. [Pauci dicebant quod omnes debuerant profiteri.]
13 *Diuisus est Christus?* Diui[di]tur corpus cum membra dissentiunt. *Numquit Paulus cruci fixus est pro uobis, aut in
nomine Pauli baptizati estis?* Potest ita dici his qui, relicto
Christi exemplo, sanctos Ueteris Testamenti in solis diuitiis
cupiunt imitari. numquit Abraham cruci fixus est pro uobis,
aut in nomine Iob baptizati estis? et illut domini [est], ubi
docemur non quaerere quid alii discipulo iubeatur, dicentis
Petro: 'quid ad te? tu me sequere.' 14 *Gratias ago deo quod
neminem uestrum baptizaui nisi Crispum et Gaium,* 15 *ne quis
dicat quod in nomine meo baptizaui:* 16 *baptizaui autem et
Stephanae domum; ceterum nescio si quem* [alium] [uestrum]
*baptizaui*. Quod ita contigit ut [illos] paucos uestrum
baptizarem, [ne quis me putaret in meo nomine baptizasse
'nisi Crispum et Gaium,'] qui se non dicunt in meo nomine
baptizatos[, et 'Stephanae domum,' id est, totam domum].
17 *Non enim misit me Christus baptizare, sed euangelizare*. Non
usurpauit minora facere, qui poterat [officia] implere maiora;

12 Ioh. xxi 22

1 ⌢se dic. esse huius Sd   se diceret] dicente se B se dicerit EM*N*
diceret G se dicebat Cas   elegisset] diligebat CasSd   2 quia—docebant}
cum diuersas haberent doctrinas (⌢doctr. hab. Sd) CasSd   qui aduersa B,E
(ex -so)   ne B   uiris apostolicis H₂   uiris G*   ⌢dici hoc V   3 dic G*
permittet G* licet V   non licebit *om*. VCas   4 pauci—profiteri *om*. BHGV
⌢dicere debuissent CasSd   5 diuitur A   6 nobis B   7 ita] ista
H₁ *om*. VCas   dici]+de Cas^cod   illis VCas   qui *bis* B   8 ueteris testamenti] ueteres V   ueteris] ueteri G   9 nobis B   10 aut—estis *om*.VCas
aut] an G   illut] uelut H₁ uerbum H₂   est *add*. B   11 alio H(—C)GV
alteri Cas   iubebatur A iubemur B praecipiat Cas   dicentis] dicente HG
ait enim Cas + domino M corr. C corr.   12 deo]+meo H₁Cas^edSd   13 cripum
G*   14 baptizaui (*pr*.)] baptizati sitis AH₂ baptizati estis H₁FCas (=vg)
*om*. G   15 stephani E stephano MN*   alium *om*. BGV   uestrum *om*.
AHCas (=vg)   16 baptizauerim AHGCas (=vg)   quod (quo Cas^cod) sic
euenit CasSd   illos *om*. AVCasSd   paucos] neminem CasSd   ⌢uest.
paucissimos V   uestrum *om*. H   17 ne—gaium *om*. BHG   18 nisi—
domum (*pr*.) *om*. V   ⌢nomine meo B   19 et—domum (*alt*.) *om*. BHGSd
21 minora—maiora] indebitae, sed habenti quod maius est, id quod minus
est subiacebat V   potuit Sd   officia *om*. ASd

sicut hodie episcopus et suum, si uoluerit, et diaconi poterit
implere ministerium. *Non in sapientia uerbi.* In qua uos
gloriamini. *Ut non euacuetur crux Christi.* Euacuant enim
uim crucis, qui aures declamation[is delectatione]e permulcent.
18 *Uerbum enim crucis pereuntibus quidem stul[ti]tia est.* Praedicatio crucis non intellegentibus uirtutem dei stultitia uidetur
dei filium dicere cruci fixum: fideles autem [spiritu] intellegunt dei [esse] uirtutem, qua mors uicta est et diabolus superatus est. *His autem qui salui fiunt, [id est nobis,] uirtus dei
est.* Fides enim eorum eos saluos facit. 19 *Scriptum est enim:
Perdam sapientiam sapientium.* Hoc in aduentu saluatoris
adserit adimpletum: id est, ad nihilum redigam. *Et intellectum
prudentium reprobabo.* Eligendo piscatores, artem retoricam
et philosophicam reprobauit. quaeritur plane unde sit haec
sapientia quam reprobat deus: scriptum est enim quod
omnis sapientia a domino deo sit, id est, de bona natura ducit
exordium. hoc enim habet sensus humanus, ut quocumque
eum tetenderis, consequatur et paulatim meditando proficiat.
inde est quod multi inlitterati poemata componunt tam ex-
quisita, quae uiri eruditissimi admirentur. hunc ergo sensum,
quem deus ad se ex creaturis cognoscendum et suam uolun-

16 Eccli. i 1

1 hodie] hodi G* uerbi gratia V + et E et suum *om.* V suam G si]
se G* et—minist.] officium diaconatus implere V potest A 2 in (*alt.*)—
gloriamini *om.* H *qui prorsus differt* uos] uox G 3 ut non] ne Sd ut]
et A* euacuauit B euacuantes H₂ enim] illi Cas 4 ᴗ crucis uim V
uim] uni B uim uim G* qui] quia HG aures] [h]oris (hores SR* choris M)
H + hominum Sd declamatione BV delectatione Sd 5 stultia A 7 spiritu
*om.* BHGVCas 8 esse *om.* B qua] quia (qui S) H + et V uita
(uista C*) H₂ occisa V et] ut MN zabulus B 9 est *om.* V iis Cas^ed
id est nobis *om.* BGV ᴗ dei uirtus H₂ 10 eos] quos H fecit H₂V
11 ᴗ sapientium sapientiam C hoc—adimpletum *om.* V aduentum H₁
12 impletum RCas intell. prud.] prudentia (*corr.* prudentiu prudentiam)
A* prudentiam prudentium HVCas ( = vg) 13 eligendam H₂ peccatoribus H₂ ret.] + sectatio sapientię N 14 philosophiam V *fort. recte*
reprobabit N corr.,C aliter *ante* quaer. V plane] plenae G* *om.* V haec]
hic S,M corr.,N* hoc M* hęc N corr. 15 quam—sapientia *om.* G* repro-
bat] reprobauit G enim *om.* V 16 deo *om.* C sit] est V ducunt H₂
18 meditandum M*N* proficiant G 19 inde] id G unde M*V
20 am(d G)mirantur BG 21 ad] a G ad se ex creaturis] ad se exsecraturis E exsecraturis S ex se exsecratur his RN exsecratur hic M ex-
ecratur his (*corr. m*2 creaturis ad se) C

tatem inquirendam dederat, illi ad inquirenda superflua e
curiosa uerterunt. similiter et [de] diuitiis ac fortitudine ei
de omnibus quibus male utimur possumus aestimare
20 *Ubi sapiens? ubi scriba?* Id est, doctor. *Ubi conquisitor*
5 *huius saeculi?* Qui adquirit sapientiam saecularem, uel [qui]
cum aliis de rebus obscuris inquirit. *Nonne stultam fecit deus
sapientiam huius mundi?* 21 *nam quia in dei sapientia[m]
non cognouit [hic] mundus per sapientiam deum.* Factura
mundi dei sapientia est fabricata, in qua per sapientiam
10 naturalem, quae ad hoc data et creata fuerat, debuit cognosci
ipse qui fecerat, sed quoniam non agnouerunt homines, alia
illis medicina succurritur. *Placuit deo per stultitiam praedicationis saluos facere credentes.* Non quo uere stultitia sit praedicatio crucis, sed quia aput illos ita haberetur. 22 *Quoniam
15 Iudaei signa petunt.* Iudaei ex consuetudine prophetarum
signa petunt, quae etiam uidentes credere noluerunt. *Et
Greci sapientiam quaerunt.* Artis dialecticae et humanae
sapientiae rationem. 23 *Nos autem praedicamus Christum
cruci fixum.* Multum suam doctrinam ab illorum sensu dis-
20 crepare demonstrat. *Iudaeis quidem scandalum.* Scandalizantur si audiant Christum a se cruci fixum. Siue: Scandalum
illis est audire Christum mori potuisse, quem illi quasi inmortalem expectant. inde est quod dicebant: 'nos audiuimus
ex lege quia Christus manet in aeternum,' non intellegentes

16 cf. Ioh. xii 37 etc.     23 Ioh. xii 34

1 de(i- C)dicerat $H_2$    inquirendam $BH_1$ qu[a]erenda[m] $H_2$    superfluam et curiosam $H_1$    2 uerterunt] ueteris sit MN    de *om.* BSG    3 malitimur G*    existimare H    4 id est doctor *om.* V    consequitur SM
consequitor N* inquisitor $Cas^{ed}$ (=vg)    5 adquiret $H_1$    qui *om.* B
qui cum] quicumque H qui eum G*    6 inquiret E inquirat $H_2$    7 in *om.* $H_2$
sapientiam BH(—R)G    8 hic *om.* AHVCas(=vg)    deum] domini B
deo ES    9 ⌒fabr. est V    10 ad hoc] a domino $H_2$ ad haec G*    et
creata *om.* V    ⌒ipse cognosci Cas    cognoscere C*    11 ipsi N* ipsum C*
quę E*R    cognouerunt MNSd    12 ⌒succ. med. Sd    succurretur SR
succurreretur $H_2$    stulticia G    13 saluus MG    quod $H_2$Sd uere] uis B
uero SM    14 quod $Sd^{codd}$    quoniam] quomodo $Cas^{ed}$ + et $H_1Cas$ (=vg)
15 petiuit B    ⌒sign. pet. ex cons. proph. V    consuetudinem E*S    16 quae]
quia H(—C) quas G    17 dial.]+filosoforum N    et]+omnis V    ⌒rat.
hum. sap. Cas    18 rationem *om.* Sd    20 iudęhis G*    scandalizentur B
21 audient BG audiunt $HSd^{ed}V(Cas)$ *fort. recte*    22 ⌒est illis $H_2$    ille G
23 spectant Sd    nos] non S*M*

quia primum illum 'pati oportebat et sic in suam gloriam introire.' *Gentibus autem stultitiam.* [Secundum mundanam sapientiam stultitia uide[re]tur deum credere cruci fixum.] 24 *Ipsis uero [uocatis] Iudaeis atque Graecis Christum dei uirtutem et dei sapientiam.* Ipsi Iudaei et gentes, cum credi- 5 derint, intellegunt uirtutem dei esse, quae deuicta morte hominem reuocauit ad uitam, et sapientiam, quae nos a dominatione diaboli liberauit, quod ante per incredulitatem intellegere non ualebant. 25 *Quia quod stultum est dei sapientius est hominibus.* Quod stultum putatur dei, omnem humanam 10 sapientiam antecedit, quia sapientia sua liberari non poterant qui per crucis mysterium sunt saluati. *Et quod infirmum est dei fortius est hominibus.* Mortem, quam nec gigantes euadere potuerunt, cruci fixi infirmitas superauit. 26 *Uidete enim uocationem [uestram], fratres.* Exemplum accepit ex his qui 15 crediderant, ut ostendat quia non prodest gloriatio carn[al]is ad fidem, sed magis obest, dum superbia sapientiae et nobilitatis inflati homines, dei se sapientiae subicere noluerunt. *Quia non multi sapientes secundum carnem, non multi fortes, non multi nobiles.* Hoc contra illos a[g]it oblique, qui se legis 20 peritos et fortiores apostolis et nobiliores ex sacerdotali stirpe descendere iactitabant. 27 *Sed quae stulta sunt mundi elegit deus, ut confundat sapientes, et infirma mundi elegit deus, ut confundat fortia,* 28 *et ignobilia [huius] mundi et contem[p]tibilia elegit deus.* Quia, dum in semet ipsis non confidunt, 25

1 *Luc. xxiv 26    5 cf. *Esai. vii 9    13 cf. Gen. vi 4, 7

1 primo BGV *fort. recte*    ⌒pati illum R    ⌒intrare [in] gl. su. Sd
2 introiret G    secundum—crucifixum *om.* BG    3 uideretur AM
4 ipsi G*    uero] autem AH₁VCas (=vg)    uocatis *om.* BG    5 sapientam G    cum cred.] concred. B    crederint G    6 mortem G*
7 humanem G* (*corr.* humana)    renouauit N    a dominationem H(—NC) adminationem G*    8 zabuli B    9 ualebunt G    10 omnem] hominem E*M    11 liberare H₁    potuerunt H    12 mysterio G    quod *om.* ES
13 euadere] +non M*C*    14 supperauit G    enim] ergo R    15 uestram *om.* B    ex] ab V    16 crediderint B crediderunt G    potest (*corr. m*2) V carnis B    18 hominis SMN*    se] *eras.* E esse R*    sapiencia M*N* subiacere H₁    19 quod Sd^{cod}    fortes] potentes AHVCas (=vg)    20 agit] ait BH₂Sd^{edcod} dicebat Cas    21 peritus E*M*N*    22 iactabant H
23 eligit A    infirmum BG*    mundi] dei G    24 huius *om.* AHCas (=vg) contentibilia B contemptabilia MN contemptilia G

celerius crediderunt. semper enim sapientium et diuitum et
fortium gloria increpatur, sicut ait propheta: 'non glorietur
sapiens in sua sapientia, neque fortis in fortitudine sua, neque
diues in diuitiis suis', sed [et] ipse dominus quod per prophetam
5 dixerat, in se [ad] nostrum compleui[t] exemplum. nascendo
enim de matre paupere diuitias reprobauit: dum autem
litteras non discit, refutat sapientiam saecularem: cum uero
traditus non resistit, sed patienter sustinet crucem, in humana
fortitudine [nos] prohibet gloriari. humil[i]ent se ergo deo
10 huius modi, si uolunt et ipsi cum ceteris liberari. [*Et*] *ea
quae non sunt, ut* [*ea*] *quae sunt, destrueret.* Quae non sunt
sapientia fortia nobilia [elegit], ut [ea] quae sunt talia dis-
siparet. 29 *Ut non glorietur omnis caro in conspectu dei.* Omnis
caro, non spiritus, quia carnalis est ista gloriatio. 30 *Ex ipso
15 autem uos estis in Christo Iesu.* Si ergo ex ipso estis, nolite
ea quae ille reprobat admirari. *Qui factus est nobis sapientia
a deo et iustitia et sanctificatio.* Nobis factus est, sibi semper
fuit, ut scilicet nos faceret sapientes et iustos et sanctos.
*Et redemptio.* [Redemptio] nostrae salutis. 31 *Ut quem ad
20 modum scriptum est: Qui gloriatur, in domino glorietur.* Non
in semet ipso aut in superius conprehensis. 1 *Et ego ueniens
ad uos, fratres, ueni.* Quia ostenderat non illos [debere]
humanam sapientiam [et eloquentiam] admirari, suo quoque
hoc exemplo confirmat, eo quod ipse non per humanam
25 sapientiam praedicasset. *Non cum eminentia sermonis aut*

2 *Hierem. ix 23    7 cf. 1 Cor. i 20 etc.    8 cf. Hebr. xii 2

1 celerum G   semper] super B   debetum G* debitum G corr.   3 ⌢sap.
sua H   fortes A*   4 diuites MN   et *om.* BH₂   5 in se] ipse H₁   ad
*om.* BG   compleui B impleuit Cas   ascendo G   6 pauperem SR*C*
pauperi MN*   7 didicit H₂   sapientia MN*   8 non resistit *om.* H₂
sed *om.* C   sustenit MN*   humanam fortitudinem H₁   9 nos *om.* BHGV
prohibit MN*   humilent B   ⌢ergo se BHGV   10 ipse MN*   eligi Cas
et *om.* BG   ea *om.* HVCas^cod ( =vg)   11 ea *add.* AHVCasSd ( =vg)
12 elegit *add.* A·   ea *add.* A   13 dei] eius AHVCas ( =vg)   14 spiritu G
quia] quae ES qua R*MN   15 ex] et V*   16 probat ES   ⌢sap. nob.
AHGCas (=vg)   17 a deo *om.* G   18 scilicet *om.* Sd   iustus M*N   19 redemptio (*alt.*) *om.* A*B   21 ipsis A   conprehendi B,G corr., conprehensi G*
ueniens] cum uenissem AHCas (=vg)   22 uenio V   debere *om.* B   23 et
eloquentiam *add.* A   quo- *om.* H₂   25 cum eminentia] per sub[ + b A]limi-
tatem AHCas (=vg) per suptilitatem V   sermonum VSd

*sapientiae praedicans uobis mysterium [dei]*. Nolui pomposum eloquentiae iactare sermonem in praedicatione diuina. 2 *Neque enim iudicaui scire me aliquit intra uos nisi Christum Iesum*. Id est, non sum gloriatus in aliquo nisi in Christo. Et hunc *cruci fixum*. Quod stultum aput homines esse uidetur. 3 *Et ego in infirmitate [et timore] et tremore multo fui aput uos*. Neque enim alio modo deum conuenerat praedicari, non [in] iactantia neque gloria carnali. 4 *Et sermo meus et praedicatio mea*. ['Non in sapientia hominum, sed in uirtute dei.'] quia dialectici erant Corinthii, noluit aput illos disputatione uti, ne hoc quoque illis noua aliqua philosophia uideretur, sed magis illis uirtutes et miracula demonstrauit. *Non in persuasibilibus [humanae] sapientiae uerbis, sed in ostensione spiritus et uirtutis [dei]*. Quia ars rhetorica habet colores persuasorios in una quaque materia. 5 *Ut fides uestra non sit in sapientia hominum, sed in uirtute dei [sit]*. Sapientia hominis temporalis ad breue prodest, uirtus autem dei, ut aeterna, dat sine fine profectum. 6 *Sapientiam [autem] loquimur apud perfectos*. Ne putetis et nos sapientiam non habere, habemus diuinam, sed uos eam tunc capere minime poteratis, quia iam credentibus aperitur. *Sapientiam autem non huius sacculi neque principum huius sacculi*. Siue regum, siue

2 cf. 1 Cor. ii 4    7 cf. 1 Cor. ii 1    9 1 Cor. ii 5    17 cf. 1 Tim. iv 8
20 cf. 1 Cor. iii 2

1 adnuns A* adnuntians AHVCas (=vg)    mysterium] testimonium AHVCas (=vg)    dei AGVSd om. B christi HCas (=vg)    pomposum ASd pompaticum BH(conpaticum E ponere paticum S)GV    2 ⌒serm. iact. Sd neque] non AHVCas (=vg)    3 ⌒me scire BH₁G (=vg)    inter AHGVCas (=vg)    nos B    ⌒ies. chr. H(—S)Cas    4 gloriatu*s V    5 ⌒ap. hom. stultum Cas    esse om. Cas    6 in om. G    et timore om. B    7 conuenerunt H conuenit C    praedicare H₁G*    in om. A*BH₁    9 non—dei add. A    10 illos] illo A* eos H₂    12 monstrauit Sd    persuasilibus G persuasione SdD    13 humanae om. AH₁GVCas^{ed} (=vg)    uerbis om. SdD ostentione A* ostentatione A corr.    14 spiritu G*    uirtutes(s exp.) G dei om. AHVCas (=vg)    historica B    15 persuasorias MN    materię B 16 sit om. AHVCas (=vg)    17 ad] ac B+tempus H₂    ut eras. ER 18 aeternae G    perfectum B    sapientia ESN sapienci M    autem om. BGCas 19 apud] inter AHVCasSd (=vg)    putemus H₂ putemur C*F    et om. Sd non om. H₂    20 habemus] praem. quia nos Sd    uos] nos BM*N    eam tr. ante capere H    minime] non CasSd    potestis Sd    21 quia—aperitur om. H₂    iam—aperitur] adhuc lacte nutrimini, et in fide parui (paruuli Sd) comprobamini CasSd    autem] uero AHVCas (=vg)    22 principium G

philosophorum qui in hoc saeculo primatum sapientiae
uidentur tenere. *Qui destruuntur.* [Qui] cum sapientia sua per
nostrum euangelium destruuntur. 7 *Sed loquimur dei sapientiam in mysterio* [*dei*]. In euangelio, quod continet natiuitatem
5 Christi, passionem, et cetera. *Quae abscondita est.* [Ab
incredulis.] *Quam praedestinauit deus ante saecula.* Siue in
praes[ci]entia, siue in lege, ante tempora: 'multi' enim 'prophetae cupierunt uidere et non uiderunt.' *In gloriam nostram.*
Qui credimus [Christo]. 8 *Quam nemo principum huius
10 saeculi cognouit.* Pilatus, Caiphas, et ceteri, quorum etiam
ignorantia damnatur, quia non debuerant ignorare. *Si enim
cognouissent, numquam dominum maiestatis cruci fixissent.* Hoc
loco ad defensionem peruersi dogmatis duae haereses abutuntur, Apollinaris scilicet et Arrii, una, ut perfectam adsumpti
15 hominis naturam destruat, alia, ut dei uerbum adserat esse
passibile[m], neque illa intellegens maiestatis dominum etiam
adsumptum hominem dictum, neque ista sciens non deitatis,
sed humanitatis passibilem esse naturam. 9 *Sed sicut scriptum
est: Quod oculus non uidit, nec auris audiuit, nec in cor hominis
20 ascendit, quae praeparauit deus diligentibus se.* Memoratorum
scilicet principum mens haec uidere non potuit, quia credere
noluerunt. quidam sane dicunt: oculus non uidit uirginem
peperisse, nec auris audiuit: 'tunc iusti sicut sol fulgebunt:

4 cf. Matth. i 18    7 Matth. xiii 17 (cf. Luc. x 24)    11 sed cf. Act. iii 14–17
15 cf. Apoc. xix 13    18 cf. Act. xxvi 23    23 *Matth. xiii 43

1 sapientiae *om.* Sd    2 ⌒ten. uid. BHGVSd    qui (*alt.*) *om.* B    sapientię A*    3 ⌒destr. euang. H₂    4 ministerio H(—R) mittario G*    dei *add.* BG    5 pass.] et *praem.* G corr.    ab incredulis *om.* BHG + et insipientibus Sd    7 praesentia BSH₂(—F) praesentiam G    lege] re Cas    multi enim] multitudinem G    9 credimus] credidimus H(—E) + in H₂    christo] *om.* A christum R*V    10 corum G*    11 damnaretur H₂    debuerunt H₂    ignorari H₁    · 12 gloriae RH₂Cas( = vg)    13 heresis H₁    14 apollinarii B    -inari G    -onaris H(—C)    arrii] ariani B    arrii una]    arrianam G    unam H(—C)    ut] *om.* H (*add.* MC) et G*V    perfectum MN    15 homines G*    ⌒dest. nat. C    destruit G*    aliam RM*N    16 passibilem AH    illa] erat B illam H₁    intellegentes H₁    17 adsumptum    hominem] secundum assumpti hominis formam V    dicam H(—E dicant)    dici M corr. C corr.    18 human.]+in illo V    sed] s***** (ed *s.l. add.*) G    19 oculis G*    aures H(—EC)G    nec *om.* G    corde Cas^cod    20 diligentibus se BFG] his (iis Cas^ed) qui diligunt illum AHVCas ( = vg)    memoratorum—dicunt *om.* V    22 oculos H₁M*    uidet M*N*    23 aures SR*M*V    audiuit]+illud Sd    ⌒fulg. sicut sol BSd    fulgescunt S

qui habet,' inquit, 'aures audiendi, audiat,' nec in cor hominis ascendit homines coheredes Christi futuros. 10 *Nobis autem reuelauit deus per spiritum suum.* Nobis, qui per fidem meruimus spiritum dei accipere, qui eius nobis uoluntatem ostendit. *Spiritus enim omnia scrutatur, etiam altitudinem dei.* Etiam quae in secreto dei consilio conquiescunt. 11 *Quis enim hominum scit quae hominis sunt, [quoniam in ipso sunt,] nisi spiritus qui in ipso est?* Quae cogitationes uersentur in homine. *Sic et quae in deo sunt [nemo] cognouit, nisi spiritus dei.* 12 *nos autem non spiritum huius mundi accepimus, sed spiritum qui ex deo est.* Quicumque mundana sapit, non spiritum dei uidetur habere, sed mundi. *Ut sciamus quae a deo donata sunt nobis.* Ut sciamus quanta nobis a deo collata sint per Christi aduentum. 13 *Quae et loquimur, [non in doctis] humanae sapientiae uerbis, sed doctis spiritu.* Quae etiam uobis adnuntiamus, non a philosophis, uel [a] grammaticis, sed a dei spiritu eruditi. *Spiritalibus spiritalia comparantes.* Illis ea dicentes, qui possunt audire: non enim possunt nisi a sibi cognatis et similibus conprehendi. 14 *Animalis autem homo non percipit ea quae sunt spiritus dei.* Qui spiritum dei non habet, animalis est, qui[a] animalium ritu uersatur, qui putat nihil esse post mortem, et ideo, ut animal, uentri se libidinique committit, ut aeterna morte periturus.

2 cf. Rom. viii 17    4 cf. Ioh. xiv 17; Act. i 8

1 habent H₂    audiant H₂    nec] et BHGV    2 asc.] non asc. BHGV hominis C    coheredis C quo (*corr. m2* quoque) heredes G    christo H futuros] in futuro B futuri C    3 deus *om.* H(—R)    per (*pr.*)] propter B spiritum]+scm G    per (*alt.*) *om.* H₁    5 scrutat V    altitudinem] profunda AHVCas (=vg) altitudines G    6 quae in] qui in B quam ER quem (*corr.* qu[a]e) H₂    conquiscunt G*    ⌒scit hom. AHVCas (=vg)    7 ⌒sint hominis AEVCasᵉᵈ (=vg) sunt hominis HCasᶜᵒᵈ+quoniam (que G) in ipso sunt BG    8 spiritus]+hominis HCas (=vg)    uersantur MNSd uersaentur G    9 sic] ita AHVCas (=vg)    in deo] dei AHVCas (=vg)    ⌒sunt in deo G    nemo *om.* B    10 huius *om.* ES (=vg)    11 spiritu G* quicumque]+ergo V    12 spiritu H₁G    13 ut] et ut H(—SM)    conciliata B 14 sunt H    non in doctis *om.* B    in *om.* G    15 sed] et G    doctis spiritu] in doctrina spiritus AHVCas (=vg)    16 a *add.* B    17 spiritu∗ G    18 non enim possunt *om.* H₂    19 nisi *om.* V    cognitis H    20 autem] enim Sdᶜᵒᵈᵈ 21 quia RCasSd qui ABHGV    ritu anim. uiuit Cas    22 qui]+se Casᶜᵒᵈ ut animal *om.* H₂    23 se] *om.* E sed S    libidine H(—C)    quae H₁G* perituros G*

*Stultitia enim illi[s] est, et non potest scire, qu[on]ia[m] spiritaliter diiudicatur.* Stultitia [enim] illi uidetur primo deus natus et passus a mortuis [re]surrexisse, secundo contemnere propria bona, alteram praebere maxillam, et cetera his similia Christi mandata. 15 *Spiritalis autem [di]iudicat omnia: ipse autem a nemine [di]iudicatur.* Iudicat uana esse in quibus carnales homines delectantur, et ipse ita [se] agit ut a nemine iudicetur. Siue: Omnia spiritalis discernit et intellegit, et sensus illius ab homine non intellegitur animali. 16 *Quis enim cognouit sensum domini, qui instruat eum?* Sensum domini, qui est in uiris spiritalibus, sine spiritu dei nemo cognouit. *Nos autem sensum domini habemus.* Qui spiritum sanctum accepimus. 1 *Et ego, fratres, non potui uobis loqui quasi spiritalibus, sed quasi carnalibus.* Modo timens ne putent hoc solum habere sensum domini, quod ipsi ut paruoli audierant, "non," inquit, "in me sensus domini defecit, sed uobis uirtus defuit audiendi." *Quasi paruolis in Christo.* Non [in] aetate [carnali], sed in Christo. 2 *Lac uobis potum dedi, non escam: nondum enim poteratis. sed nec adhuc potestis.* Hoc et beatus [Petrus] ait: 'deponentes igitur

---

3 cf. 1 Cor. xiii 5 etc.    4 cf. Matth. v 39 = Luc. vi 29    12 cf. Act. i 8
20 *1 Petr. ii 1, 2

1 ⁓est enim illi AH(—R)VCasSd^cod(=vg) enim est illi RSd    illis BG  intellegere AHVCas(=vg)    quia AHVCas(=vg)    2 examinatur AHVCas(=vg)    enim *add.* A *falso*    primum Cas    deus natus (natus deus Cas^ed) et (*om.* Cas) passus (natum deum passum Cas^cod) a mortuis (*om.* Cas) surrexisse (resurrexisse VCas) AVCas quando audit natum dominum et passum et resurrexisse Sd quod ille qui (*om.* C) et passus et mortuus et resurrexit, totius creaturae nunc dominus praedicetur BHG    3 secundum M*NG    propria bona] quae tua sunt CasSd    4 bona] + uoluntate MN    alteri E    ⁓mand. chr. R    5 ⁓omnia diiud. (uidit *cod.*) Sd    iudicat AHV (=vg)    ipse autem] et ipse HCas (=vg)    6 iudicatur AHVCas (=vg)    in *om.* H    carnalis G*
7 ipsi E*S    se *om.* A    agitur A* ait S    a (*corr.* m2 ab) G    9 animali] carnali Sd    10 domini] + nisi spiritus domini H$_2$.    instruit Cas^cod    11 dei] domini B    12 autem] enim V    domini] christi HCas (=vg)    13 accipimus G*Cas^ed    uobi G*    ⁓loqui uobis V    14 timens] tantimens H$_2$
15 hoc] hunc H$_2$    quo H    ipse G*    16 audierunt H$_2$V    in] i G* dei deficit Cas    17 sed] + in Cas    audiendi] + *nonnulla erasa* G    quasi] tamquam AHVCas(=vg)    paruulus B*    18 in *om.* BHGSd    ⁓carn. aet. Cas    carnali] *om.* B carnis paruolis V    christo] fide christi Cas
19 scam G    ne H$_1$V    adhuc] nunc quidem AHVCas (=vg)    20 hoc— petrus] petrus quoque V    petrus *om.* B    dicit Cas    deponens G*

omnem malitiam et simulationem, tamquam modo geniti infantes rationa[bi]le et sine dolo lac concupiscite, ut in eo crescatis in salute[m].' Si ergo adhuc illi paruuli sunt qui omnem malitiam abiecerunt, [et] quia nondum sunt in uirtute perfecti, quid de illis censendum est quibus omnis malitia 5 dominatur? *Athuc enim estis carnales.* 3 *nam cum si*[*n*]*t inter uos aemulationes et contentiones et dissensiones, nonne carnales estis?* Ecce de quibus uitiis carnales iudicantur, quae non proprie per carnem fiunt, sed de carnali sensu [talia] descendunt! *Et secundum hominem ambulatis?* Qui nihil amplius 10 habet quam ceteri homines, secundum hominem dicitur ambulare[, id est, qui solum diligit diligentem et cetera]; sed in hoc loco ob defensionem hominum singulorum homines [qui] appellantur. 4 *Cum enim dicat quis: 'Ego* [*quidem*] *sum Pauli,' alius autem: '*[*Et*] *ego Apollo,' nonne homines estis?* 15 Uult nos plus esse quam homines. *Quid igitur est Apollo?* 5 *quid* [*est*] *uero Paulus? ministri eius cui cre*[*di*]*distis.* Si nos nihil sumus, quos ministros ipse constituit, quanto magis illi qui in carnalibus gloriantur! *Et uni cuique, sicut dominus dedit.* 6 *ego plantaui, Apollo* [*in*]*rigauit,* [*sed*] *deus incrementum* 20 *dedit.* Hoc ipsum non ex nobis, sed dei donum est, ut per manus meas signa fierent, quae uos excitarent ad fidem, et

18 cf. 1 Cor. xii 28; Tit. i 5    21 cf. Eph. ii 8; cf. Act. v 12

1 malitia G*    generati H₂    2 infantes A*    rationale AV rationabiles ERC rationelis(*corr.* -es) G    ut—salutem *om.* VCas    ut *om.* A*    3 salute B    igitur Cas    adhuc *om.* VCas    4 malititiam V    deposuerint Cas    et *add.* B    5 illis censendum est] nobis censemus VCas    in quibus Cas    omnis] + forte V    6 carnalis G    nam cum] cum enim AHVCas (= vg)    sit AHVCas (= vg)    7 aemulationes—dissensiones] zelus et contentio AHCas (= vg) zelus et contentio et discensiones V    emulationis G contentionis G    carnalis E*S    8 de quibus] qualibus V    carnei arguuntur V    9 proprie] nisi *s.l.* V    sed] + enim ista quoque V    sensu desc.] sunt sensu V    talia *om.* AV    10 ambulans B    maius Cas    12 id—cetera *om.* BHGV    diligentem se tantum diligit Cas    sed in] si N    13 ob] propter Cas    defensione Cas    ⌒ sing. hom. BHGV    hominis M*N*    14 qui *add.* BG    ⌒ quis dicit AHVCas (= vg)    quidem *add.* AHVCas (= vg)    15 et *om.* AHGVCas (= vg)    appollo A*    estis *om.* G*    16 uult nos plus esse *in ras.* G    nos] eos Sd    amplius V    ⌒ est ergo Sd    17 quid] qui G*    est *om.* AHGVCas (= vg)    ministri(r *in ras.*) G    credistis B    18 contriuit G*    19 in *om.* H    carnaliter R carnali V*    deus ESMV    20 rigauit BH(—E*)GVCas (= vg)    sed *om.* B    21 nobis] uobis H(—C) + est H per manus meas *om.* Cas    22 significarent H significaret E significarentur R corr.,F signa fierint G signa facerem Cas    ad] a G

Apollo sua uos doctrina firmaret; quia, sicut planta sine aqua,
sic fides sine doctrina marcescit. si ergo et plantatio et fons
dei est, quid nobis adscribitis, quasi aliquit nostra uirtute
fecerimus? 7 *Itaque neque qui plantat est aliquit, neque qui*
5 *[in]rigat, sed qui dat incrementum deus.* 8 *qui autem plantat
et qui [in]rigat unum sunt: unus quisque autem suam mercedem
accipiet secundum suum laborem.* Nisi enim deus incrementum
dederit, sine causa laboramus. nos mercennarii sumus in
alieno agro, alienis utimur ferramentis: nihil habemus pro-
10 prium nisi mercedem nostri laboris. ['propriam mercedem
accipiet secundum suum laborem.' Contra Iouinianum, qui
unam omnium in regno dei putat esse mercedem.] 9 *Dei
[enim] sumus adiutores: dei [agri] cultura est[is], dei aedificatio
est[is].* Non in potentia, sed in uerbo adiuuamus [uirtutem]
15 coli dei agrum [et extrui templum [dei]. dei agri cultura.
Non nostra.] 10 *Secundum gratiam dei, quae data est mihi.*
Non secundum meam uirtutem. [Siue:] Ponendi fundamenti
gratiam accepi, ut ibi praedicarem ubi Christus non fuerat
nominatus. *Ut sapiens architectus fundamentum posui.* Non
20 potest imperitus architectus ponere fundamentum. *Alter
superaedificat.* Alius doctor instruit supra fidem quam ego
fundaui. *Unus quisque autem uideat quo modo superaedificet.*
Sollicitus quam fortia et recta parietum latera consurgant.

    7 cf. Ps. cxxvi 1    8-10 cf. Matth. xx 1-16    14 cf. 1 Cor. iv 20

    1 ⌒uos sua BG    ⌒doctr. uos Cas    plantata $H_2$ (*praem.* arbor C)
2 fidi G    marcessit BV aresoit Cas    si] sic B*    planta Cas    ⌒dei est et
fons Cas    et (*alt.*) *bis* G    3 abscribitis B    4 feceremus M*N* ficerimus G ita
S$d^{cod\ ed}$    neque (*pr.*)] ne G*    5 rigat BHGVCas (=vg)    ⌒incr. dat AHVCas
(=vg)    ⌒pl. aut. AHVCas (=vg)    6 rigat BHGVCas (=vg)    autem]
enimH    suam] propriam AHVCas (=vg)    7 nisi enim] quia nisi V    dominus
S$d^{cod\ ed}$    8 laborant V    in—ferram.] alienis ferram. in alieno horto laboramus V    9 alieno] aliquo B alino G*    utimur] operamur Cas    habemus]
laboramus BG    10 nisi] + solam V    propriam—mercedem (12) *om.* BHGSd
propriam—laborem *om.* VCas    12 in regno dei *om.* Cas    dicit Cas
13 enim *om.* A    agri *om.* BG    est BG    14 est BG    uirtutem *add.* B
15 et—nostra *om.* B    construi $H_2$ dei (*alt.*) *om.* AHGV    dei (*tert.*)—nostra
*om.* HG    dei agri cultura *om. hic* V    16 dei *om.* V    17 siue] *om.* A
sibi R$H_2$ si G*    subponendi $H_2$    fundamentum BHG    19 nuntiatus H
20 ⌒fund. pon. BGCas    alius AHVCas (=vg) + autem HVCas (=vg)
21 alius—fidem *om.* $H_2$    doctus $H_1$    instruit—fundaui] super meum
aedificat fundamentum V    instituit BHG    super $H_1$    quam] quod $H_2$
23 sollicitus quam] ut VCas    sollicita H(—R sollicitat)    qua $H_1$ quia $H_2$
⌒lat. par. V    consurgunt G exurgant V

11 *Fundamentum autem aliut nemo potest ponere praeter id quod positum est, quod est Christus* [*Iesus*]. Non est alius Christus quem possit uobis aliquis praedicare, praeter Iesum cui fide firmissima credidistis; hoc solum agitur, ne per doctorum neglegentiam obnoxii esse incipiatis gehennae. 12 *Si quis autem superaedifica*[*ueri*]*t supra fundamentum istud.* Huius artis est qui supra aedificat, licet minor in opere sit, cuius ille est qui posuit fundamentum. non ergo unus quisque homo super fidem suam aedificat, sed quilibet doctor, quia nec parietes per se aliquando possunt erigi, nisi fuerint ab operatore constructi. *Aurum* [*et*] *argentum, lapides praetiosos, ligna, faenum, stipulam.* In ecclesia tria genera sunt bonorum: est bonum, [et] melius et optimum. quod autem primo aurum posuit, ut sermo melius texeretur. Siue: Ad fortitudinem, non ad speciem comparauit. quia argentum fortius est auro, ideo meliori ponitur loco. tria sunt e contrario genera malorum: [est] malum, peius, [et] pessimum, quae lignis faeno et stipulae comparantur. 13 *Qui fecerit hoc opus manifestus erit: dies enim domini manifestabit, qu*[*on*]*ia*[*m*] *in igne reuelabitur, et unius cuiusque quale opus sit ignis probabit.* Aurum et argentum non solum non arde[bu]nt, sed per ignem splendi-

1 autem] enim AHVCasSd (=vg)   alium G   2 positum(situ *in ras.*) G   est (*pr.*) *om.* G*   qui AH₁V Cas (=vg)   iesus *om.* BG   3 christus] iesus HG   aliquid G   4 nec G   5 neglegentia E*S   esse incipiamus A*   ⌒ incipiatis esse BHGV   6 superaedificat AHVCas (=vg)   super H₁Cas   hoc BHGVCasᵉᵈ (=vg) *om.* Casᶜᵒᵈ   7 ars H₁   super- BHGV   in op. sit] sit in op. H *om.* V   8 est *om.* V   9 homo *om.* R   quia—constructi] super omnis aecclesiae fundamentum V   10 parietis E*SN*   nisi si fierint G   11 et *om.* AHVCasSd (=vg)   praetiosus G*   12 fenem G*   stipula H(—C)   13 est] id est V hoc est Sd   et (*pr.*) *om.* BVCasSdᶜᵒᵈ   et (*alt.*) *om.* VCas   quod] ideo V   primo] primum H + omnium V   14 siue] sed Sd   ad] a G   15 argento R corr., C   fortior H(—EC)   est *om.* Sd   aurum R corr., CG   16 melioris BGV *fort. recte* meliores H meliore E corr. mulieres S   loco] *om.* H₂   loci G corr.   tria(r *in ras.*) G   e] et SR* *om.* GV   contraria BG etiam V   gera G   malorum] his aduersa V his contraria Cas   17 est *om.* BHGVSd   et *om.* AVCasSd   ligno H₂   fenum H(—C)G   et *om.* HGSd   18 stipulaest A*   stipulis H₂ si ipula G stipula Sd ᶜᵒᵈ   conparentur G   qui fecerit hoc] unius cuiusque autem A unius cuiusque HCas (=vg)   manifestum AECCas (=vg)   manifestus(m *in ras.*) G   19 domini] dei d (dei d *eras.*) iudicii A *om.* R*Casᵉᵈ (=vg)   declarauit A*E*RV declarabit A corr., SH₂Cas (=vg)   quia AHVCas (=vg)   gne G*   20 ⌒ opus quale (qualis SRMN) AHVCasSd (=vg)   probauit SR*MVSdᶜᵒᵈ   aurum] + enim V   21 ardebunt ASd ardent BHGV   per ignem splendidiora] etiam maiori splendore V   gnem A*

diora radiabunt: ligna uero et cetera cremabuntur. Siue:
Examinationem iudicii igni uoluit comparare, iuxta consuetudinem scripturarum. 14 *Si cuius[que] opus manserit quod
superaedificau[er]it, mercedem accipiet:* 15 *si cuius opus arserit,
iacturam patietur.* Si quis neglegenter aut uerbo docuerit
aut exemplo, perdet laborem suum, quia opus aridum infir-
mumque perfecit. *Ipse autem saluus erit.* In propria iustitia.
*Sic tamen quasi per ignem.* Quod si ille non nisi per ignem
saluus erit, qui iustus ex proprio est, quia neglegenter aedificauit [discipulos, quid de illis fiet, qui nec sermone aedificant]
et insuper scandalizant exemplo? [et quod dixit 'quasi,' habet
ueritatem, sicut ibi: 'quasi unigeniti a patre.'] 16 *Nescitis
quia templum dei estis?* Nescitis cuius sitis templum? *Et
spiritus dei habitat in uobis?* Siue in singulis, siue in uniuersa
ecclesia. 17 *Si quis [autem] templum dei uiolauerit, disperdet
eum deus: templum enim dei sanctum est, quod estis uos.* Siue:
Suum corpus peccando. Siue: Ecclesiam ad prauam doctrinam
seducendo, uel certe exemplo proprio destruendo. solent
hunc locum Nouatiani opponere ad paenitentiam [excluden-
dam]; quibus respondendum est: ut quid illis hoc ipsum
scribitur, si iam spem ueniae non habebant? 18 *Nemo se
seducat.* Propria uel aliena adulatione deceptus. *Si quis*

3 cf. Ps. xvi 3 etc.     12 Ioh. i 14      17 cf. 1 Cor. vi 19

1 radiebunt G     siue] sed Sd     2 examinatione H(—RN)     iudiai (corr. iudicio) G     conparari H₂     secundum V     consuetudine G     3 cuius AHVCas (=vg)     opus om. R*     arserit BG     4 superaedificauit AH(—M)VCas(=vg)     5 detrimentum AHVCas(=vg)     patiaetur G     ⌒doc. aut ex. aut uerbo Cas     aut] ait ES     6 perdit H₂Cas perdat G     7 -que] quae G     perficit BH₂(—F) facit Cas     propria] sua VCas     8 quod om. VCas     si ille] sille G*     9 qui] quis MN     ex proprio om. V     quia] qui non H₂ quare V     10 discipulos—aedificant om. B     discipulos om. V     nec✱ G     sermonem G     11 insuper om. V     scandalizauit B destruunt Cas     et quod —patre om. BHG     et quod dixit] aliter V     13 ⌒templ. sitis Cas     14 omni Cas     15 eccl.] +christi V     autem om. BG     disperdit V     16 illum AHGVCas(=vg)     17 ⌒corpus suum Sd     ecclesiae populum Cas     ad prauam] per malam Sd     ⌒seduc. doctr. V     18 seducendum SR* sed ducendo G     uel—destruendo bis G(alt. eras.)     uel] aut Cas     certe] caetera B propriae G     19 ⌒nou. hunc locum B     hunc locum] hoc VCas     nauauatiani G op[p]rimere BG proponere V(Cas)     excludendam om. B     20 est om. Cas ut quid (quod B*)] ad quid H₁ aliquid H₂     ipsud H(—R corr., N corr. C: istud S)     21 si iam] suam H₁ sua H₂ si V     spe H₂     ueniam H₂     habebunt H se uos B, R corr., G om. SV     22 aliena] alterius V     adol. A*

*uidetur sapiens esse inter uos in hoc saeculo, stultus fiat, ut sit sapiens.* Hic proprie mundi increpat sapientes, quibus humana prudentia non permittebat sentire diuina. Aliter: Si quis [se] ad reddendam uicem iniuriae, si eadem fecerit, putet esse sapientem, stultus fiat: in hoc enim saeculo stultus est qui 5 euangelica uoluerit implere praecepta: qui enim percutienti alteram praebet maxillam, uoluntate stultus est, non natura. 19 *Sapientia enim huius mundi stultitia est aput deum.* Nihil stultius quam ut uelit se, qui non potest, uindicare, et [qui] deo suam non reseruat iniuriam, et ita de contumelia uindictam 10 aput deum perdi[di]t et de patientia mercedem. *Scriptum est enim: Adprehendam sapientes in astutia eorum.* Ad effugiendam manum dei nulla suffragatur astutia. 20 *Et iterum: Dominus nouit cogitationes sapientium quam uan*[*a*]*e sunt.* Nihil utilitatis conferunt ad salutem. 21 *Itaque nemo* 15 *glorietur in homine.* In falsis scilicet apostolis [et] humana tantum sapientibus, cum neque in nobis quidem, sed in eo cuius et ipsi sumus, sit gloriandum. *Omnia enim uestra sunt,* 22 [*siue Paulus*] *siue Apollo siue Cephas.* Nos uestri [ministri] sumus, uos autem [plebs solius] Christi. *Siue mundus siue* 20 *uita siue mors, siue praesentia siue futura: omnia* [*enim*] *uestra sunt,* 23 *uos autem Christi.* Omnia creata sunt propter sanctos

6 cf. Matth. v 39    10 cf. Rom. xii 19

1 ⌒int. uos sapiens esse ARVCas ( =vg)    3 prudentia] sapientia BH₁GV    se *om.* B    4 re[d]dendum H₂    uice E*S    uicem—putet] putat uicem V    putet] potest BG    putat H₂ +se H (*exp. et eras.* C)    5 sapientem] sapiens B    in—est] stultum enim uidetur in hoc saeculo V    enim *om.* RH₂    qui *om.* V    6 uoluerit *om.* V    qui—non (7)] simul et stultus fiat inquid uoluntate propria non sit V    7 praebit G    est] fit Cas    8 sapientiam G*    nihil] nisi G    9 uellet H₁MCas^ed uellit N*G    qui] que S que quod N    ⌒uind. qui non pot. Cas    qui *om.* BHGVCas    10 suo H    reseruare H₂ reseruet V    et—mercedem] qui promittit se tamquam propriam iniuriam uindicare V    11 perdidit B perdet HG    de patientia] patientiae H₂    12 comprehendam AHVCas (=vg) reprehendam Sd    estutiam G    13 effugiendum R*H₂    domini H₂    proficit Cas suffragabitur illorum Sd    stutia G    14 ⌒nouit dominus H₂    sapientium] hominum H₂Cas    quoniam AHGVCas^cod (=vg)    quomodo Cas^ed    uane ABECas^cod uana G    16 homine BGSd hominibus AHVCas (=vg)    falsi G    et *om.* BHGV    humanum ER humanam SM*    17 ⌒sap. tant. V    nec BHGV    uobis MN    18 sit] sic M(?),N +in eo G enim *om.* Cas^ed    19 siue paulus *om.* B    appollo BN*    nos] *om.* H non G uestrum G    ministri *om.* BHG    20 uos] nos B    plebs solius *om.* BHG hic mundus V    21 enim *om.* BG    22 ⌒prop. sa. cr. su. Cas

qui, cum nihil habeant, possident cuncta. si autem uolumus
<, possumus > haec ad libertatem referre arbitrii, ut quod uelint
elegant, siue mortem siue uitam. *Christus autem dei.* Sic est
Christus dei, sicut alibi 'deus' dicitur 'Christi,' et hoc si de
5 diuinitate uelis intellegi. ceterum hic de adsumpti hominis
forma tractatur, secundum quam et dicitur unctus. 1 *Ita nos
existimet homo.* [Omnis homo.] *Ut ministros Christi et dispensatores
mysteriorum dei.* Non ut aequales Christo. 2 *Hic
iam quaeritur inter dispensatores, ut fidelis quis inueniatur?*
10 Interrogantis uox est: id est: iam [hic] uos putatis [posse]
conscientias iudicare? 3 *Mihi autem pro minimo est, ut a
uobis iudice*[*tu*]*r aut ab humano die.* Humanum iudicium
nullius duco momenti, in quo saepe ueritas et iustitia frustratur:
'diem' enim 'hominis non concupiui' Hieremias ait. *Sed
15 neque me ipsum iudico.* Ego, qui conscientiam meam optime
noui, nihil esse me iudico. 4 *Nihil enim mihi conscius sum.*
Unde super omnes homines debeam gloriari. si hoc Paulus
dicit, quid a nobis dici debeat cogitandum est. *Sed non in
hoc iustificatus sum: qui autem iudicat me dominus est.* In
20 quo me quidam laudant, quia ita quisque aliena laude non
iustificatur, ut [nec] maculatur infamia. uni cuique enim
aput deum quod est, non quod dicitur, inputatur. 5 *Itaque*

1 cf. 2 Cor. vi 10    4 2 Cor. i 3    5 cf. Phil. ii 7    6 cf. Act. iv 27 etc.
14 *Hierem. xvii 16

1 quia SR     habent Sd^codd    possideant BG    2 possumus *hic addidi*
referre arb.] arb. possumus applicare V    referri MN*    arbitrii *om.* Cas
ut] et H    uelint eligant] µel (*corr.* uelint? A, *om.* SR) intellegant(-at E) AH
uelint] uolunt V    3 elegant] intellegant BG + id est V    ⌒siue uitam
(uita G) siue mortem BGV + et cetera V    sic] si ita H₁    4 et—intellegi]
si ad diuinitatem aptes (aptas *cod.*) Cas    5 uellis H(—C)G    intellegite A*
intellege G    6 tractat V(Cas)    et *om.* A*    et dic.] edic. G*    dicitur]
deus B    ita] sic AHVCas (=vg)    7 omnis homo *om.* BHGCas    8 ministeriorum
H(—R)VCas    non ut] nouit MN    aequalis V*    9 fideles G*
10 id est] *om.* G hoc est Cas    hic *om.* B    posse *add.* AV    11 iud.] iudicari B
*fort. recte* + humanas Zm    a *om.* G*    12 iudicer AHGVCas (=vg)
13 duco momenti] documenti B    duco] dico E corr.,SM,N corr. tiuco G*
in—frustratur *om.* V    14 homines G*    desideraui SdZm    ⌒ait hier. V
16 noui G*    17 omnes *om.* R*    homines *om.* Sd    debeant H(—E)
18 a] ex G corr.    19 ⌒me iud. V    deiudicat(*corr.* di-) G *fort. recte*
iudicet Cas^ed    me *om.* R    in] non in H *om.* V    20 alienam SR*    21 nec]
*om.* B ne H(—C) in haec G* in hoc G    maculetur H₁C*V    enim] autem
BGSd    22 apud deum *om.* V    quod (*pr.*)] qood G*    quod (*alt.*)] quid ES quo G*

*nolite ante tempus [quid] iudicare, donec ueniat dominus, qui inluminabit occulta tenebrarum et manifestabit consilia cordium.* 'Homo enim uidet in facie, deus in corde.' *Et tunc laus erit uni cuique a deo.* Ille uere laudabilis est qui dei testimonio laudatur, aput quem omnia occulta et inuis[ibili]a sunt cognita. 5
6 *Haec autem, fratres, transfiguraui in me et Apollo propter uos, ut in nobis discatis ne supra quam scriptum est unus pro uno infletur aduersus alterum.* Ut a nobis humilitatis sumatis exemplum, ne supra disciplinam scripturae audeat unus quisque aduersus alterum pro alio inflari doctore, malo con- 10 tentionis euersus. 7 *Quis enim te discernit?* Hinc ad ipsos inflatos per eloquentiam uerba conuertit: quis te discernit cuius momenti sis? *Quid, ait, habes quod non accepisti?* Quid enim boni ex temet ipso habes quod a nullo didiceris uel dei dono [minime] consecutus sis? *Quod si accepisti, quid* 15 *gloriaris quasi non acceperis?* Quasi in proprio gloriaris. 8 *Iam saturati estis, [iam] diuites facti estis!* Hoc increpatiuo modo legendum uel pronuntiandum est. *Sine nobis regnatis.* In nullo nostri indigentes. *Et utinam regn[ar]etis, ut et nos*

3 *1 Regn. xvi 7

1 ↶iud. ante temp. H(—RF) quid *om.* BHVCas donec] quoad usque ARMNVCas (=vg) quo usque ESC qui]+et HVCas (=vg) 2 inluminauit H(—C)G*V oc[c]ulta BGSd abscondita AHCas (=vg) absconsa V manifestauit MN*G* **consilia A 3 enim *om.* H uidit MN*G faciem H deus]+autem HCas 4 uero H(—Cm2)G qui—laudatur] quoniam (quem Zm) deus laudauerit VZm quem deus laudabilem facit Cas 5 aput quem] qui VZm inuisa BHGVZm sunt cogn.] cognoscit VZm 6 transfiguram G* apostolo S 7 ut in nobis discatis *om.* Cas^(cod) quam] quod H₂ ↶unus aduersus alterum infletur pro alio AHVCas (=vg) 8 ↶sum. hum. H₂ 9 exemplo G* nec H₁ disciplina E(?),M 10 alteram G* inflare doctorem G malo] alio B male H alie G contentiones H₂ 11 euerso H hinc] hic ne B hic V* ad] aduersus H₂ ipsus M,N corr.,G* ipsius G corr. 12 ↶per eloq. inflatos(-us G) BG quis—sis *om.* V te discern *in ras.* G 13 meriti G corr. *mq.* ait *falso* (?) B autem *rell.* (=vg) abes G* 14 enim boni *om.* V ex temet] estimet MN a temet C ipsos N habens G quid B dederis H₁N* 15 dono minime] domini mei G donum H₂V minime *om.* B es V quod si] si autem BHGCas (=vg) 16 inproperio BG gloriaris] tete iactans Sd 17 Iam—estis (*alt.*) *om.* G iam (*alt.*) *om.* B increpatiuo] inprecatione H₂ increpatione F *in ras.* 18 uel pron. est] est uel pron. affectu V(Cas) sine nobis] siue uobis B 19 ullo C nostro H₁G non H₂ nostri **V indigentis G* utinam—regnaremus (*p.* 148, *u.* 1) *om.* G regnaretis A corr.,BCasSd^(ed cod) (=vg)

*uobiscum regn[ar]emus!* [Utinam non essetis falsa gloriatione decepti! forsitan simul regnaremus.] 9 *Puto enim nos deus apostolos nouissimos ostendit quasi morti destinatos.* Nos omnium ultimos ad gentes tamquam ad mortem direxit *Qu[on]ia[m] spectaculum facti sumus [huic] mundo et angelis e hominibus.* Omnes nostras publice spectant iniurias, siue ueri angeli et homines, siue sancti homines et peccatores *Nos stulti propter Christum, uos autem prudentes in Christo. nos infirmi, uos autem fortes: uos nobiles, nos autem ignobiles* Nos tamquam stulti propter Christum omnia sustinemus; uos autem ita uultis esse Christiani, ut [et] prudentiam saeculi teneatis: nos infirmi, quia uicem reddere nolumus; uos autem reddendo fortes esse uos gloriamini: nos nihil[h]abentes, uoluntaria paupertate deiecti; uos uobis etiam nobilitatem terreni generis uindicatis. 11 *Usque in hanc horam et esurimus et sitimus et nudi sumus et colafizamur.* Ab initio praedicationis nostrae usque in praesens tempus. *Et instabiles sumus.* Non stamus in sedibus certis, ubique euangelii necessitate iactamur. 12 *Et laboramus operantes manibus nostris.* Sic tamen operabantur ut doctrinae officium magis implerent.

10 cf. 1 Cor. xiii 7   11 cf. 1 Cor. i 20

1 regnaremus A corr.,BCasSd (=vg)   utinam—regnaremus] *om.* B utinam uero regnaretis ut et nos uobiscum regnare possimus, et non essetis falsa gloriatione decepti V   esse- *in ras.* G   falsi H(—C)   2 regnassemus H₁Sd regnasemus G   enim]+quod Cas^ed   ⌒deus nos AH₁C(V)CasSd (=vg) nos (*exp.*) deus nos G   ⌒deus nou. apost. nos V   3 apostolus G* nouissimus G*   quasi BGSd tamquam AHVCas (=vg)   4 ⌒nouissimos *omn.* V   ultimus E*SMG*   ad] in V   dixerit BS distin[c]xit H₂ destinauit F   5 quoniam BHGSd quia ARVCas (=vg)   expectaculum MNV expectaculo Cas^cod   huic *om.* ACas (=vg)   6 publice *om.* VCasSd   expectant H₂VCas   siue ueri] hoc est V   7 ueri] uere H₁   homines] demones F   siue—peccatores] uel de sanctis et peccatoribus accipiendum est V   9 fortes]+in christo Cas (*expositio?*)   uos (*alt.*)] nos G*   innobiles B 10 ⌒*omn. sust. prop. chr.* Cas   11 ita] sic Cas+ut G   et *om.* BHGVCasSd 12 teneamus B* minime rennuatis V non amittatis Cas^ed non patiamini Cas^cod nos]+tamquam V   qui H₂V   credere B*   nolumus] non possimus VCas   autem]+ita ut uultis G*   13 ⌒uos esse BHGV   nos—deiecti *om.* V   abentes A   14 uos uobis etiam] nec non et V   terreni generis] terrenam Sd+uobis V   15 in] ad R   han G*   oram R   16 colaphis caedimur AHVCas (=vg)   praedicatis G*   17 presentem MN*   instabilis. V*   18 in sedibus] inre(-i- N)dimus MN inridemur N corr.   sedibus— iactamur] aliquo loco V   uangelii G*   iectamur M*N*   20 operabatur VCas   impleret G*V

[*Maledicimur et benedicimus*]. 13 *Blasphemamur et obsecramus.* Rogamus deum pro his qui nos blasphemant. *Persecutionem patimur et sustinemus. tamquam purgamentum huius mundi facti sumus.* Sicut scriptum est: 'iustus inmundus est aput malos.' *Omnium peripsema usque athuc.* Omnium humillimi, atque subiecti. 14 *Non ut confundam uos haec scribo, sed ut filios meos carissimos moneo.* Poterant confundi de sua gloria, si eos non releuaret: non enim ruborem illorum cupiebat, sed profectum. 15 *Si enim decem milia pedagogorum habeatis in Christo, sed non multos patres.* Omnes qui [ab alio] iam natis ministrant, patres dici non possunt. *Nam in Christo Iesu per euangelium ego uos genui.* In nouam uitam, me primum praedicante, reformatos uos esse meministis. 16 *Obsecro ergo uos, imitatores mei estote.* Bonorum filiorum est in omnibus bonos imitari parentes. 17 *Ideo misi ad uos Timotheum, qui est filius meus carissimus et fidelis in domino.* Quanto fidelior ceteris, tanto carior cunctis. *Qui uos commonefaciet uias meas quae sunt in Christo* [*Iesu*]. Qui uos et meis litteris et suo commoneret exemplo: aliut enim sine alio ita prodesse non poterat. *Sicut ubique in omni ecclesia doceo.* Quo modo semper [et] ubique meum exemplum cum doctrina con-

4 *Prou. xxix 27

1 maledicimur et benedicimus] *om.* A + persecutionem patimur et sustinemus BHGVCas ( =vg), *quae uerba tr. post* blasphemant A *ut in textu dedimus* maledicemur MN* benedicemus MN obseruamus B 2 rogamus(-ur B) —blasphemant] deum pro nos blasphemantibus obsecramus V deo H₁ domino (*corr.*-um) G no G* 3 purgamenta AHGVCas ( =vg) 4 iustus]+autem V 5 per infima B peripsima A corr.,ER.VCasSd<sup>codd</sup> ( =vg) humillimi atque] humiliat que A* 6 abiecti CasSd 7 confundi(i *in ras.*) G 8 illos Cas non] nos B* reuelaret H(—RC)Sd consolaretur Cas enim— cupiebat] ait confusionem uestram desidero V(Cas) roborem SRM*G* cupiebant A*H₂ 9 perfectum M*N perfectionem Sd ⌒nam si AHVCas ( =vg) in] i<sup>n</sup> G 10 ab alio *om.* AVCas iam] gam G* genitis BH₁G geniti H₂ 11 ministrat H₁ dici] esse VCas 12 uitam] natiuitatem V me *om.* G* primo V 13 praedicantem SH₂ reformato suos G* reformatus MN* uos] nos B rogo AHVCas ( =vg) 14 bonorum]+enim V in omnibus *om.* Sd 15 bonos] bonis ES bonus M probos V *om.*Cas imitare H(—EC)(+3 *litt. eras.*) G parentis H₁ 16 rarissimus G* fidelior]+ est E 17 cunctis] uniuersis VCas commonefaciat AHV*Cas ( =vg) commonere faciat Vm2 18 iesu *om.*AHVCas ( =vg) 19 doceret Cas(Sd) ita prodesse] esse perfectum Cas(Sd) 20 ecclesiae G* 21 semper—concordat] et doctrina et conuersatione ubique aequalis incedo V(Cas) et *om.* B

cordat. 18 *Tamquam non uenturus essem ad uos.* Hinc incipi
causam fornicationis arguere. *Sic inflati sunt quidam*
19 *ueniam autem cito [ad uos], si dominus uoluerit.* Tam di
aliquis de scientia falsa se iactat, usque quo uer[a]e scientia
5 praedicator adueniat. *Et cognoscam non sermonem eorun*
*qui inflati sunt, sed uirtutem.* Examinabo non eloquentia
pompam, sed conuersationis effectum, ubi uirtus fidei e
uit[a]e probatur. 20 *Nec enim in sermone est regnum dei, se*
*in uirtute.* Hic ostendit[ur] nihil prodesse doctrinam absqu
10 iustitiae operibus ei qui non faciat quae facienda persuadet
21 *Quid uultis? in uirga ueniam ad uos, an in caritate e*
*spiritu mansuetudinis?* Benignus magister discipulorum cor
rectionem in eorum potestate dimittit, ut, si paenitere uellent
clementissimus consolator adesset, si autem nollent, duru
15 ultor adsisteret peccatorum. ['in uirga' enim,] quali uirg
Petrus [ad] Ananiam et Sapphiram, et ipse Paulus ad magum
1 *Omnino auditur inter uos fornicatio.* Ostendit qua re superi
ora minatus sit. *Et talis fornicatio qualis nec inter gentes, it*
*ut uxorem patris [ali]quis habeat.* In ecclesia, cui uos praeess
20 uidemini. 2 *Et uos inflati estis, et non magis luctum habuistis*

16 cf. Act. v 5, 10; cf. Act. xiii 11

1 essem BGSd sim AHVCas (=vg)    hinc—arguere *litt. unc. aut rubr.* H
hunc G*    3 cito *om.* H₂    ad uos *om.* BGV    si] se G*    4 *iactat G
uera. A* uere BM    6 inflati(a *in ras.*) G    exam.] examinat*(t *ex* b
G corr. *om.* V    nonn G corr.    7 ponpam B    conuersionis B* bona
conuersationis V    effectum] exemplum V    ubi] quae V    et uitae (uite A)
esse BH₁V *om.* H₂ esse (se *s.l.*) G    8 nec]non AHVCasSd (=vg)    9 ⌒ ost.
hic V    ostendit BV    ⌒ absq. iust. op. scientiam et doct. V    absque] *om.* C
sine Sd    10 iust.]+et C    ei—persuadet] nouum scilicet testamentum
V(Cas)    facit CSd    quod faciendum Sd    persuadit G* docet Sd
11 uirgam G*    an] aut H(—R)    et spiritu] spiritus G*    12 magister]+
qui VCas+est qui Sd    correptionem BGVCas^cod*Sd    13 in *om.* H(—N)
potestati E corr. R corr. M corr. C corr.    ⌒ posuit potestatem V posuit uol
untate CasSd    demittit AE*SM*    emendare uoluissent V    uellint A*H(—C)
uelint A corr. E corr. R corr. M corr. N corr.    14 ⌒ paenitentium cons. man
suetus V    si] sim H₂    autem *om.* V    nolent SM*N nollet G* noluis
sent V    15 in uirga enim *add.* A    uirga (*alt.*)]+enim A*    16 ad (*pr.*) *om.* BH₂
sapph.]+usus est VCas(Sd)    magum] magnum R*N*+uenit C    17 quia G*
sup.]+ostendit MN    18 sit] est V    fonicatio G*    19 patris]+sui R
quis BEG aliquis AHVCas^cod (=vg) *om.* SCas^ed qui G*    ⌒ hab. aliq. H
in] aliquis in G    praeestis Cas    20 uidemini M*N    non]+uos MN
luct. hab.] luxistis Sd^ed

Uana scientia inflamini, et curam de his qui pereunt non habe[bi]tis, ut aut corrigant aut ab ecclesia separentur, cum bonos pastores semper [magis] legamus populi deflesse peccata, ut Hieremiam, qui ait: 'quis dabit capiti meo aquam, et oculis meis fontem lacrimarum?' ut ostenderet sibi non affectum 5 doloris, sed lacrimas defecisse. *Ut tollatur de medio uestrum qui hoc opus fecit.* Siue: Homo qui peccauit tollatur. Siue: Satanus eiciatur, dum non habet per quem operetur. 3 *Ego quidem, ut absens corpore, praesens autem spiritu, iam iudicaui ut praesens eum qui sic operatus est.* Praesentem se esse dicit 10 in spiritu, ne ex solo auditu [absentem] damnare putaretur, secundum illut Helisaei dicentis ad Giezi: 'nonne spiritus meus tecum erat in uia?' 4 *In nomine domini nostri Iesu Christi, congregatis uobis et meo spiritu cum uirtute domini [nostri] Iesu [Christi].* Qui pro me erit praesens. Siue: In litterarum 15 mearum auctoritate, per quam domini quoque uirtus adsistet. 5 [*Eum qui talis est*] *tradere* [*huius modi*] *Satanae in interitum carnis.* Ut arripiendi illum corporaliter habeat potestatem, ut, cum uiderit se nec carnis hic nec in futuro spiritus requiem habiturum, de facto paeniteat et saluetur. Siue: Si[c] quisque 20 pro meritis suis de ecclesia pellitur, Satanae traditur potestati, ut, dum caro eius per paenitentiam adflicta quendam interi-

1 cf. 1 Cor. viii 1    4 Hierem. ix 1    12 *4 Regn. v 26    19 cf. Apoc. iv 8 etc.

1 uanam scientiam SR* inflammamini B inflamemini MN   2 habebitis B habeatis MN   corrigantur B,R corr.CCas Sd   separantur G   3 bonus pastor es G*   ⌒leg. mag. V   magis *om*. B   populi *om*. V   deflere H₂   4 ut] et H₂   hieriam H₁ ieremias C   qui *om*. H₂   capite RN*G*   5 non *om*. MN   6 defesisse A*   ut] et B ut⁎ G   tolleretur H₁C tolleret H₂   8 habeat Cas^cod   per quem] quid BG qui G*   operatur B operari Cas   9 quidam G   ut *om*. HVCas (=vg)   10 eum] quom(=cum) B   sic] scit MN* dicitur M*N*   11 in *om*. G   absentem *om*. BGCas   damnasse BHGV iudicare Cas   12 illisaei G*   a G*   *iezi A giezy B iiegi(i *pr. eras*.) S geezi R geizi M ziezi V gezi Sd^cod   13 erit G   14 nostri *om*. AHVCas(=vg) 15 christi *om*. AHVCas(=vg)   pro *om*. V   16 quem G*Sd^cod ⌒quoque domini H₂   adsistit BHGV non deerit Cas assisterse iudicetur Sd   17 eum qui talis est GV] quom quia talis est B *om*. AHCasSd (=vg) tradera G*   huius modi *om*. BGV   in *om*. N*C*   18 arripiendi] adiripiendi R* ad eripiendum MN ad diripiendum R corr.,C·   19 ut] quod BH₁G quo H₂(*corr*. qui),V   cum] dum BHVCas^ed um G*   uideret MN   nec (*alt*.)] ne G   spiritum H₁   20 et] ut B   sic] si B   21 ecclesiam MN pellitur] pellere H₁+itemque H₂   tradetur H₁   22 eius *bis* G*   per *om*. MN   adflictam M*N

tum patitur, spiritus conseruetur. habet enim consuetudinem
scriptura ut hominem in parte totum intellegat. Siue: Ita,
quia et hic scripturae mos est ut in carne carnalis actus interire, in spiritu uero spiritalis conuersatio salua fieri demon-
5 stretur. *Ut spiritus saluus sit in die domini [ñostri] Iesu
[Christi].* Quoniam in spiritu[m] Satanas accipere non potest
potestatem, [ut] domini iudicio reseruetur. 6 *Non bona gloriatio [uestra]: nescitis quia modicum fermentum totam massam
corrumpit?* Ignoratis quia malo exemplo possunt plurimi
10 interire? sed et per unius delictum in omnem populum Iudaeorum iram dei legimus aduenisse. 7 *Expurgate uetus fermentum,
ut sitis noua consparsio sicut estis azimi.* Nihil in uobis
conuersationis pristinae relinquatis, quod sinceritate[m] possit
naturae corrumpere. *Et enim pascha nostrum immolatus est
15 Christus.* 8 *itaque epulemur, non in fermento uetere, neque in
fermento malitiae et nequitiae, sed in azimis sinceritatis et
ueritatis.* Non figura, sed ueritas. et Iudaei quidem septem
diebus azyma comedebant, nos uero semper, si simpliciter et
pure uersemur, quia in septem diebus mundus est factus,
20 qui semper in suo ordine reuoluuntur, et cottidie nobis agnus
occiditur et pascha cottidie celebramus, si fermentum malitiae
et nequitiae non habe[a]mus. quid est enim aliut nisi corruptio
naturae fermentum, quod et ipsum prius a naturali dulcedine
recedens adulterino acore corruptum est? 9 *Scripsi uobis in
25 epistola ne commisceamini fornicariis,* 10 *non utique fornicariis*

10 cf. Rom. v 15   11 cf. Ios. xxii 20   13 cf. Eph. iv 22
17 cf. Exod. xii 15 etc.   19 cf. Gen. ii 1–3

1 patiatur G   spiritus] om. A* praem. ut H   consuetudine A corr. consuetudinis H₁   2 ita quia] itaque H₂   3 mos est] moyses B mors es G*
carnales E,M corr.   4 in om. SH₂G   uerum B   5 diem MN   nostri
om. AH(—C)GCas (=vg)   6 christi om. AH₁Cas (=vg)   spiritu BHV
spiritus G   7 ut om. AV   non]+est Cas$^{ed}$   gloria (eras.) gloriatio G
gloria Sd$^{cod\,ed}$   8 uestra om. BG   11 exp.]+igitur H₂D   12 nobis A*
13 sinceritate AESMN   15 e(ae A)pulemur] laetemur G   ueteri
A corr.   neque] nec B ne G*   16 fermento]+ueteri nec B*
17 non]+iam V   18 si] sed B om.H₂GV   ↷ pure et sinceriter Zm   19 pura
(corr. purae) G   uersemus H(—C) conuersemur GV* uersamur Zm   in] et Cas
20 qui—reuoluuntur om. Cas   reuoluitur SR uoluuntur G* uoluitur G
22 habemus BH₁GV(Cas)   23 a] aut B   naturalit A*   24 adulteri G*
acore] aerore B onore(ono m2 in ras.) E ore SR hacrore MN acriore C om. G
(spatio uacuo relicto)   25 ne] non H₂

*huius mundi, aut auaris, aut rapacibus, aut idolis seruientibus.*
Hoc ipsum in hac epistula ita scripsi, non ut a gentibus, sed
[ut] ab his qui peccant in ecclesia separemini: sin autem,
mori debueratis, quos idcirco praecipue uiuere interim deus
uoluit, ut uestra cohabitatione et doctrina proficiant infideles. 5
*Alioquin debueratis de hoc mundo exire.* Siue ita: sin autem,
melius uobis fuerat de hac luce migrasse quam indigere per
commonitionem a gentium consortio separari. 11 *Nunc autem
scripsi uobis non commisceri.* Sed hoc est magis quod uobis
scripsi, ne talibus coniungamini. *Si quis frater nominatur* 10
[*est*] *fornicator aut auarus aut idolis seruiens aut maledicus
aut ebriosus aut rapax.* Non ex sola opinione uitandus est,
sed si quis frater solo nomine appellatur, cum fornicator
detegatur aut fur, ab hoc separari iubemur, sicut scriptum
est: 'qui se iungit fornicariis, nequam est: putredo et uermes 15
hereditabunt eum.' *Cum eius modi nec cibum* [*quidem*] *sumere.*
Ne[c] communem quidem cibum cum talibus participandum
esse concessit. 12 *Quid enim mihi de his qui foris sunt iudicare?* Hoc est, de infidelibus. *Nonne de his qui intus sunt uos
iudicatis?* 13 *nam eos qui foris sunt deus iudicabit.* Numquit 20
non uos de his solis qui sunt intra ecclesiam iudicatis?
*Auferte malum a uobis ipsis.* Quo facilius eos possitis docere
qui foris sunt. 1 *Audet aliquis uestrum,* [*aduersus alterum*]
*habens negotium, iudicari aput iniquos, et non aput sanctos?*

15 *Eccli. xix 2-3

1 huius] liuius B    modi MN    2 ⌒epist. hac C    ita *om.* H₂    scrisi G*
⌒ut non B    3 ut *add.* A    ecclesiam MN    separemini M*N*G    4 precibues A*    interdum HG    5 ut *om.* H(—M*m*2 *s.l.*)    uestra] nostra B *om.* H
quo (quod S quoque G corr.) habitatione H(—NC)G    et *om.* HG    doctrina
*om.* H    6 ⌒de hoc mundo deb. exire H₂    exisse AH₁,V corr.,Cas (=vg)
8 communionem ESNC comminationem R communem M commutione G    consortium G    separiri B separare R*G    9 conmiscere SMN*    hoc *om.* H₂
est *om.* V    magis] meis G    10 quis] is (his ERM)qui AH(—N)Cas (=vg)
nominatus EMC non minator G*    11 est] *om.* BGV et est N    fornicarius Cas    12 opinioni G*    13 sed *om.* SR    si *om.* E    appellabitur G
forn.]+esse V    14 aut fur *om.* VCas    15 iungere B    est] et G* erit Cas
uermis ES    16 huius Cas    quidem *om.* AH₁VCas (=vg)    17 nec B    commune G    cibum *om.* H₂    cum—esse] quem ad gentes uolentibus ire V(Cas)
18 quo,(*corr.* quod)G,V    19 hoc] id V    uos *om.* G    20 nam eos] eos
autem Sd    21 ecclesia G    22 a] ex AHVCas (=vg)    uobis]+met H₂
⌒poss. eos B    possetis H₁M    23 haudet G*    aduersus alterum *om.* B
⌒hab. neg. adu. alt. H₁Cas (=vg)    24 iudicare ES

Audet aliquis contra praeceptum domini uenire dicentis:
'si quis uult tecum iudicio contendere,' et cetera? notandum
quod [aliquando] apostolus in media causa quam agit, quosdam sensus inserat et de latere iactet, quibus explicitis rursum
reuertatur ad causam. ['Iudicari aput iniquos.'] Hi[n]c probatur Christianos tunc iudices non fuisse, quia iniqui dicuntur.
2 *Aut nescitis quoniam sancti de [hoc] mundo iudicabunt?* Quod
dominus [re]promisit dicens ad discipulos: 'sedebitis et uos
iudicantes duodecim tribus Istrahel,' [etiam] omnibus hoc
promittens qui eos fuerint imitati. nam ex ipsis unus periit,
cuius loco alius successit cui nihil fuerat repromissum. Paulus
quoque et Barnabas apostoli sunt a sancto spiritu ordinati.
*Et in uobis iudicabitur [hic] mundus.* Siue per uos, uel uestro
exemplo. *Indigni sunt ergo [huiusmodi], qui [etiam] de minimis
iudicent.* 3 *nescitis quia iudicabimus angelos? [quanto magis
saecularia?]* Ergo indigni sunt de rebus exiguis iudicare, qui
et mundum totum et angelos iudicabunt. illos angelos qui,
cum carnem non habuerint, peccare uoluerunt, hi iudicabunt,
qui in carne sancti esse uoluerunt. 4 *Saecularia igitur iudicia
si habueritis.* Quae de rebus saeculi oriuntur. *Contem[p]tibiles
qui sunt in ecclesia, illos constituite ad iudicandum.* Possunt
de his etiam illi, qui minimi sunt [in ecclesia], iudicare. 5 *Ad*

2 *Matth. v 40    8 Matth. xix 28 (cf. Luc. xxii 30)    9 cf. Mt. xix 29
    10 cf. Ioh. xvii 12    11 cf. Act. i 26    12 cf. Act. xiii 2

1 haudet G* ausus est Cas    aliquis] alius [h]is ES +*nonnulla erasa* G
uenire *om.* Sd    dicens E corr.,MN    2 si quis *om.* H₁    ⌒tecum uult V
tecum uoluerit Cas    ⌒cont. iud. H₂Sd    iudicium H₁V    3 aliquando] *om.* AF
aliqui H₂    apostuli H₂ apostolos EG    medio BEF    causae BF    4 ⌒ins.
sens. Sd    inferat R inserunt MN    iactat Sd    rursus H    5 euertatur SR*
reuertantur G reuertitur Sd    iud. ap. iniq. *om.* B    hic BCas    6 christianus
ESG*    iudęis H₁    7 aut] an ARH₂VCasSd(=vg)    quoniam] quia Sd^cod
hoc *om.* ACas(=vg)    8 promisit BSd    apostolos V(Sd)    9 duodecim *om.* G
etiam *om.* AVCasSd    10 eos]+qui A* apostolos Sd    perit GV    11 nihil]
tunc non V    12 barhabas B*    ⌒ord. a s. sp. H₁    13 et]+si HCas(=vg)
nobis A(?)E*S uocabis G*    hic *om.* AHCas(=vg)    uos]suos MN    uel]siue
Cas    uestros MN*    14 sunt ergo] estis HCas(=vg)    huiusmodi *om.*
AHCas(=vg)    etiam *om.* AHCas(=vg)    de i B* dem E*S    15 iudicatis H₁
iudicetis H₂Cas(=vg)    quoniam AHVCas(=vg)    ⌒ang. iud. AHVCas(=vg)
angelus G*    quanto magis saecularia *om.* AD    16 minimis V    18 carne G*
hi—uoluerunt *om.* H₂    hii AGV    iudicabunt *tr. post* uolu. BHGV
19 sancti *om.* G*    uoluerint BGV *fort. recte*    20 ⌒qui cont. Sd    contenti-
biles BE    21 constituit ER constitue S instituite H₂    22 ⌒sunt min. Cas
in ecclesia *om.* BG    iudicare *tr. post* illi Cas    ad] ac B

*uerecundiam uestram dico. sic non est inter uos sapiens quisquam, qui possit iudicare inter fratres.* Erubescere debetis eo quod nemo sit inter uos tam sapiens qui nouerit causas inter fratres discernere, et non necesse sit publice litigare. 6 *Sed frater cum fratre iudicio contendit, et hoc aput infideles.* 5 Duplex peccatum est, [et] quod iudicio contenditis, et quia aput infideles uos ad iurgia prouocatis. 7 *Iam quidem omnino delictum est in uobis.* Iam hoc solum delictum est, quod contra praeceptum facitis Christi. *Quod iudicia habetis inter uos.* Qui semper pacem habere deberetis, etiam cum 10 rerum temporalium detrimento seruatam. *Quare non magis iniuriam accepistis? quare non magis fraudem patimini?* 8 *sed uos fraudatis et iniuriam facitis.* Cum inlata[m] secundum euangelii praeceptum et domini exemplum patienter sustinere deberetis, uos e contrario non solum non suffertis, sed etiam 15 non facientibus inrogatis. *Et hoc fratribus.* Quod nec inimicis reddere deberetis, fratribus non timetis inferre. 9 *An nescitis quoniam iniqui regnum dei non possidebunt? nolite errare: neque fornicarii, neque idoli[s] seruientes, neque adulteri, neque molles, neque masculorum concubitores,* 10 *neque fures, neque* 20 *auari, neque ebriosi, neque maledici, neque rapaces regnum dei possidebunt.* Nolite errare, putantes uobis solam fidem sufficere ad salutem, cum omne peccatum permanens excludat a regno,

6 cf. Matth. v 40    10 cf. Rom. xii 18    14 cf. Matth. v 39
17 cf. Matth. v 44

1 reuerentiam Sd$^{codd}$   ⌢sap. int. uos Cas$^{cod}$   2 fratres] fratrem suum AH$_1$VCas(=vg) fratrem suum et fratrem H$_2$   debites G*   3 eo quod] quia quasi V   nemo] non BG   tam *om.* V   4 inter fratres *om.* V   et—litigare] puplicae litigatis V   non *om.* G*   5 frater] fratres V*   6 et *om.* A   7 uos] suos A*G* *om.* Sd   8 hoc solum] omnino H$_2$ hoc solum (o solu *in ras.*) G   9 χρ̄mA*   Quo G*   10 inter bis (*pr. eras.*) V   debueratis H$_2$ deberitis (*corr.* debueritis) G debetis V   11 detrimentum H(—M)   seruatam] seruatum BE*N*G seruata V   qur (cur) H$_2$   12 accepistis H(—C)VSdD accipitis ABCGCas(=vg)   cur H$_2$   fraudam G*   patiemini MN   13 ⌢iniu. fac. et fr. AHCas(=vg)   inlatam] inlata BHGV + iniuriam Sd   14 ⌢praec. euang. Sd   euangelii] euangelium B*SG* *om.* V   ⌢domini et V   pacianter (p *et* e *in ras.*) G   15 deberitis ES debeatis H$_2$ debereretis G*   uos] nos B   17 ⌢facere non timetis BH,G(time *in ras.*),V   18 quia H$_1$VCas(=vg) non] in Cas$^{cod}$   nolite] + ergo H$_2$   19 neque (*pr.*)] nunquam B   fornicare G* neque (*alt.*)] ne G*   idoli A   20 concupitores V   21 neque maledici *om.* G 22 nolite] + ergo N   pu̅tatis H$_2$   23 ad salutem *om.* G

3 5 ★

sicut [et] ad Galatas ait: 'manifesta sunt opera carnis, quae
sunt fornicatio, inmunditia, e[t] contentiones, irae, et his
similia, quae praedico uobis, [sicut et praedixi,] quoniam qui
talia agunt, regnum dei non consequentur.' ideo autem
5 addidit: 'et his similia,' ne quis negaret praeter haec alia
esse peccata quae regnum dei prohiberent intrari. 11 *Et haec
quidem fuistis.* Nolite de praeteritis timere peccatis, tantum
ne post baptismum delinquatis: aut, qui, ut adsolet, prae-
uentus fuerit, ad paenitentiam conuertatur. *Sed abluti estis,*
10 *sed sanctificati estis, [sed iustificati estis] in nomine domini*
*nostri Iesu Christi et in spiritu dei nostri.* Abluti in nomine
Christi; sanctificati per spiritum dei. 12 *Omnia mihi licent,*
*sed non omnia utilia [sunt].* Qui[a] de fornicatione tractabat,
uoluit gulae intemperantiam materiam fornicationis osten-
15 dere simul atque destruere. *Omnia mihi licent, sed ego sub*
*nullius redigar potestate.* Licet nobis manducare et bibere,
sed, si nimium uentri subditi fuerimus, ipsum licitum trahet
nos ad inlicitum, hoc est ad fornicationem. ita et de omnibus
intellegendum quae, cum peccata non sint, occasiones [tamen]
20 possunt capere delictorum. 13 *Esca uentri, et uenter escis: deus*
*autem et haec et hunc destruet.* Et haec duo, id est escam et

1 *Gal. v 19–21    8 cf. *Gal. vi 1

1 et *om.* BRGV    manifesta] + autem V    2 inmunditia et] inmunditiae
BHG    et contentiones irae] luxoria idolorum seruitus ueneficia inimicitiae
contentiones aemulationes rixae dissensiones sectae inuidiae humicidia aebrie-
tates comisationes V    contentionis G*    hi G*    3 quae—similia (5) *om.* G
sicut et praedixi *add.* AV    4 autem] enim R    5 addit H₂    6 dei *om.* MN
introire BG intrare H₁C*F    haec] + aliquando Cas^ed    7 quidam AMNV
( = vg)    peccatis *om.* CasSd    tamen H₂    8 baptismus G*    delinquatis]
criminosum aliquid committatis CasSd    ∽ ut qui G    ut adsolet] ad hęc S
in tali delicto R    9 fuerit] est V    conuertantur G*    sed—estis (*alt.*) (10)
*om.* RN    10 sed iustificati estis *om.* A*BH₂    11 nostri (*pr.*) *om.* GVCas *fort.*
*recte* in (*pr.*) *om.* HCas    nostri] mei (?) A* (*corr.* noster)    12 sanctificate G*
dei] + nostri V sanctum Cas    13 utilia sunt (sunt *om.* B) BG expediunt
AHVCas ( = vg)    quia] qui B    tractat VCasSd    14 uult VCasSd    gulae]
uilem B gula(u *in ras.*) G guilam(i *eras.*) V *om.* Cas    intemperantiam *om.*
VCas    15 sed] + et H₂    16 ∽ pot. redigor(-ar C corr.) H₂    potestatem
A*GCas^cod    17 sed *om.* G*    nimium *om.* V    licetul G*    trahit BHGV
perducet CasSd    18 inlicita EC    ∽ forn. hoc est ad inl. BG    ad (*alt.*)
*om.* H₂    19 intell.] + est VSd    peccatum BH₁GV peccato MN    sunt
RMNSd sinit V*    occansionis G    tamen *om.* AVSd^codd    ∽ poss. tam. CSd^ed
20 delectorum G*    uentris G    21 haec] hunc AHCas ( = vg) hoc S    hunc]
haec AESCas ( = vg) hanc R corr., MN has C    escam] scam G* *praem.* et VCas

uentrem, et hominem his subditum ac uoluptatibus seruientem. *Corpus autem non fornicatio*[*ni*]*, sed domino, et dominus corpori.* Non fornicationi, sed domino exhibeatur, et dominus corpori copulabitur. deus enim nobiscum est quam diu fuerimus cum illo: si [de]reliquerimus eum, et ille [de] 5 relinquet nos. 14 *Deus uero qui suscitauit dominum nostrum, et nos quoque suscitabit per uirtutem suam.* Qua caput nostrum suscitauit, si tamen eius membra per sanctitatem esse mereamur. 15 [*An*] *nescitis quoniam corpora uestra membra Christi sunt?* Omnis ecclesia corpus Christi est, singuli autem membra. 10 *Tollens ergo membra Christi.* Ante tollit Christi membra, qui facturus est meretricis; id est, abscidit se a corpore Christi. *Faciam membra meretricis? absit!* Non dixit 'fornicatoris,' ut ostenderet eum eiusdem [et] criminis esse et nominis cuius illa [est]: aput homines enim minus uidetur uiri quam mulieris 15 admissum. 16 [*An*] *nescitis quoniam qui inhaeret meretrici, corporis unitate conectitur, sicut in Genesi dicit? erunt enim, inquit, duo in carne una.* Quo modo cum uxore licite, ita et inlicite cum meretrice una caro efficitur per amorem. 17 *Qui autem adhaeret domino, unus spiritus est.* Quo modo per 20 carnis opera [caro] fit, ita et per opera [spiritus] dei spiritus efficitur. 18 *Fugite fornicatione*[*m*]*.* Cuius crimen uidetis esse

---

4 cf. Matth. i 23    5 cf. Matth. x 33    7 cf. 1 Cor. xi 3
10 cf. Eph. v 23, 30

1 homines G* ipsum hominem Cas    ac] ad H₁ et H₂ hac G*    uoluntatibus H(—RC)    2 fornicatio B    domino G*    4 uobiscum G*
5 ferimus G*    reliquerimus A derelinquerimus BE(N)(G)    relinquet A
↶nos derel. ER    6 qui (*om.* VSd) susc. dominum nostrum (non *exp.* G iesum Sd) BGVSd et dominum (deum E) susc. AHCas (=vg)    7 et *om.* V
quoque *om.* HCas (=vg)    suscitauit H(—C)GV    suam] suuam A *om.* Cas
qua V quia ABHGSd    8 ↶menbra eius B    9 an *om.* ARH₂Cas (=vg)
↶sunt christi R    10 omnes A*N*G    est *om.* Sd^codd    singuli autem
membra *om.* H₂    11 tollit] tollis B tollet NC tullit G*    ↶memb. chr. H₂V
12 est (*pr.*)] es B    id est—meretricis (13) *om.* N    id est] absit, non ideo B
ideo G    abscidet M*C    13 fonicatoris G*    14 eum *om.* G    et *om.* BCas
↶esse crim. CasSd    15 est *om.* BG    16 an *add.* AH(—F)VCas (=vg)    adhaeret AHVCas (=vg)    17 corporis—dicit] unum corpus efficitur AHVCas (=vg)    erant MN*    enim *om.* Cas    18 ↶lic. cum ux. V    licita H₂Sd
ita] sic CasSd    19 inlicite] inlicita H₂ inlicitum *tr. post* amorem CasSd
21 op. (*pr.*)] operam G    caro *om.* A    sit ER*    per *om.* ESG    spiritus (*pr.*)
*add.* A    spir. (*alt.*)] unus spiritus H₂    22 fornicatione A    esse *om.* H

grauissimum. *Omne peccatum quodcumque fecerit homo, extra corpus est: qui autem fornicatur, in corpus suum peccat.* Omne peccatum potest et ab uno committi, qui membrum dic potest, non tamen corpus; in fornicatione aut[em] duo pereunt
5 et iam corpus [est]. [grauius] ergo malum est in quo duae animae moriuntur. grauare uult fornicationis causam, quae illis per consuetudinem leuissima uidebatur. 19 *An nescitis quia corpus templum dei est, quod in uobis sancti spiritus est, quod habetis a deo?* Cui grauissimam iniuriam facitis forni-
10 cando. *Et non estis uestri:* 20 *empti enim estis praetio magno.* Qui non est suus, non habet suae uoluntati seruire, sed illius [a] quo emptus est, secundum ipsius iussum dicentis: 'qui uult post me uenire, abneget se ipsum sibi.' si enim homo a seruo parua pecunia conparato continuam exigit seruitutem,
15 quanto magis ille qui nos sua morte redemit! sicut ait Petrus: 'scientes quod non corruptibilibus, argento uel auro, redempti estis de uana uestra conuersatione paternae traditionis, sed pr[a]etio[so] sanguine, quasi agni immaculati et incontaminati Christi.' [Aliter: Rescindit emptionis pactum quis-
20 que ius inculcauerit testamenti, et a seruili condicione alienus est qui libertate suae uoluntatis impeditur.] *Glorificate et portate deum in corpore* [*uestro*]. Glorificate deum actibus uestris, et portate eum eius imaginem conseruando,

12 *Luc. ix 23    16 *1 Petr. i 18, 19

1 grauissimus G*    omne—peccat (2) *bis* B    3 et *om.* MSd    uno] homine H₂    fieri Cas    deici B*    4 fornicationem BG*    aut B    5 iam] duo possunt dici Cas + totum Sd    corpora H(—S)    est (*pr.*) *add.* AGVSd grauius] *om.* A et grauius H(—E) grande Sd    ergo *om.* H₂    malum *bis* A*M
6 pereunt Cas pereunt uel moriuntur Sd    graui H₁ grauari H₂    8 quia corpus (corpora uestra G) templum dei est quod in uobis sancti spiritus est quod habetis (habet G) a deo BG quoniam membra uestra templum est (sunt Cas^ed) spiritus sancti qui in uobis est quem habetis a deo AHVCas(=vg)
9 grauissimum A    11 suos SR*    debet BHGVCasSd    uoluntati(i *eras.*) A* uoluntate H₁G    serunre(?) A*    12 a *om.* BG*    qui G*    eptus G*    est *om.* G*    13 ⌒uen. post me B    se]+met SRMN    ipsum *om.* Cas
14 parua *om.* H    continuo B    seruitem G*    16 corruptibili MC
17 cogitatione MN    18 pretio BG*    sanguinis B    incont.] inuiolati V
19 aliter—impeditur *om.* AH₂VCasSd    rescendi H₁    temptationis H₁G
20 ius] *om.* H₁ eius G    incalcauerit E calcauerit SR incucauerit G* seruile H₁G    conditionis G    21 libertatem H₁G    22 dominum EMGCas^ed    uestro *om.* B    dominum G    23 eius *eras.* G

sicut ait alibi: 'sicut portauimus imaginem terreni, ita portemus imaginem caelestis.' 1 *De quibus autem scripsistis mihi.* Incipit de coniugiis: ante enim expugnauit inlicita quam de licitis loqueretur. *Bonum est homini mulierem non tangere:* 2 *propter incontinentiam autem unus quisque suam uxorem* 5 *habeat* [*et una quaeque suum uirum habeat*]. 3 *uxor*[*i*] *uir debitum reddat, similiter aut*[*em*] *et uxor uiro.* Bonum fuerat illut quod uobis in primordio praedicaui, hoc est, secundum coniugii usum non tangere mulierem: sed quoniam multos incontinentes huic doctrinae scripsistis refragari, concedatur 10 remedium, ne fornicando moriantur. ergo hoc apostoli exemplo in primis uirginitas et continentia praedicanda est, et si quis se incontinentem non erubuerit confiteri, in lang[u]ore incontinentiae reclamanti non denegetur remedium nuptiarum, quo modo si peritus medicus inquieto aegro et neganti se 15 posse a pomis omnibus abstinere, saltem minus pernitiosa concedat. incontinentiae re uera usus et tempore et aetate et loco et infirmitate prohibetur: castitas uero potest iugiter custodiri. illut ergo [magis] debemus adpetere, quod et facilius custodire sine ullo impedimento possumus et [iam] 20 in perpetuo possidere. sed obicere amatores luxuriae solent: "ut quid ergo prima dei benedictio crescere et multiplicari concessit?" ut terra scilicet repleretur, qua iam impleta

1 *1 Cor. xv 49    22 cf. Gen. i 28

1 ait] ut V    alibi *om*. V    terreni—imaginem *om*. G*    portemus] + et V
2 mihi *om*. ESCas (=vg)    3 incipit de coniugiis *om*. H₂    enim *om*. V
de licitis] ad (*om*. MN) delinquentes H₂    4 loqueretur] + interrogantis(-es M)
uox est H    5 fornicationem AHCas (=vg)    ⌒ ux. su. Cas^codd    6 habeat]
accipiat H₂    et—habeat *om*. AG    uxor A    7 aut B    8 illut] illis B *om*. G
quo A*    primordio(or *in ras*.) G    secundum *bis* G*    9 coniugii(*alt. i add*.)
ussum(ssu *in ras*.) G    ⌒ us. coni. V    multis incontinentibus H₂    10 doctr.]
+ loco Sd    scribitis BGV    refragare SG    regnari V    concedite V    11 remed.]
+ infirmis V    moriatur Sd^codd    ergo—exemplo] ita ergo et nunc V    ⌒ apos.
hoc Sd    12 ⌒ est cont. et uirg. praed. V    13 et si—possidere (21) *om*. Sd
⌒ incon. se V    se✱ G    profiteri V    langore BV languorem H₁    14 reclamanti non] non illi V    15 aegroto V    neganti se] negantis V    16 a *om*. G
saltem—concedat] concedat(-it BG) aliquantum ne ille perniciosa praesumat BHG    molesta V    17 incontinentiae—etiam usus (*p*. 160, *u*. 20)
*om*. V *qui quaedam Hieronymiana offert*    18 uero *om*. G    19 custodire H(—SC)G
*magis add*. A    et *om*. H    20 ⌒ inp. ullo H₁    etiam B et *rell*.    21 perpetuum
C corr.    22 crescite et multiplicamini CasSd ( + et reliqua Sd^codd)    multiplicare HG    23 qua] quia BSR*G    qui MN

debemus ab incontinentia temperare. "sed potuit," inquies, "omnes de terra formare, si semper illi[us] usus coniugii non fuerit placiturus." sed non quaeritur quid potuit, sed quid fecit, cui omnia possibilia sunt. ipsam quoque Euam noluit
5 de terra facere, sed de costa. si autem putas nobis antiqua tempora in omnibus conuenire, imitare Adam, qui filiam, ut ita dixerim, suam accepit uxorem, Cain similiter, si non pudet, et ceteros qui proprias in matrimonium acceperunt sorores. quod si fieri non debet, omnia deum secundum
10 praescientiam suis temporibus ordinasse credamus, ut qui tunc terram impleri uoluit, modo plus diligat castitatem, cui et grande praemium repromittit. illut etiam dicendum est quod nec secundum uetus testamentum quosdam uxores habere uideamus, quia ibi uxores liberorum causa habere
15 permissum est, non propter nimiam libidinem exercendam. qui in hoc etiam animalibus deteriores esse noscuntur, quo necando filios probant se non filiorum causa nupsisse: qui autem ea sola causa coniungitur, statim se abstinet post conceptum, et cessante iam per aetatem partu cessat et[iam]
20 usus. 4 *Mulier sui corporis potestatem non habet, sed uir: similiter* [*autem*] *et uir sui corporis potestatem non habet, sed mulier.* 5 *nolite fraudare inuicem.* [Corpus dicitur omne quod iungitur. sicut ergo mulier corpus dicitur uiri, ita et uir corpus mulieris appellatur. ideo neque si uoluerit mulier contraire,

    2 cf. Gen. ii 7      4 cf. Marc. x 27      5 cf. Gen. ii 21
        7 cf. Gen. iv 17      11 cf. Gen. i 28; ix 7

1 incontinentiae tempore MN    temp.] nos temp. Sd    sed—etiam usus (20) *om.* Sd    potius B    inquit H₂(—M)    2 illius BG    3 fuerat BHG *fort. recte*    4 quoque] denique BHGCas *fort. recte*    uoluit G
5 terram H₁    facere] fecerit (*corr.* fecere) G    6 ⌒ ad. im. H₂    qui✱ A
7 caim B    si] sed G    8 putet BM    in matr. acc.] duxere Cas    accepere BC *fort. recte* accipere HG    9 si *om.* H₂    deum *om.* H₂    10 presentia MN praescientia G    ut qui—uir (20) *om.* H₂    11 implere G    diligit H₁
12 illut] per illud G✱    13 quo G✱    14 quia—permissum *om.* G✱    15 est *om.* SR    16 in hoc etiam] innocentiam G    deterior esses G    17 negando H₁ ne✱gando G    18 ⌒ sola ea B    pos G✱    conuentum BH₁G    19 cessantem G pera G✱    partum G    etiam A    20 usu H₁    sui] si G✱    sed] et G
21 similiter—mulier (22) *om.* H₁    autem *om.* BG    sed mulier *om.* H₂
22 mu✱li✱er(m *et* li *in ras.*) G    in inuicem E    corpus—aliter (*p.* 161 *u.* 18) *om.* AVCasSd    23 iungitur] + omne quod iungitur G (*sed cf. uol.* I, *p.* 200)

in corpore suo—id est, in uxore—uir poterit dominari. dubium autem non est multo magis nolente uiro neque in uirum mulierem posse praeualere. quoniam ergo de duobus incontinentibus dicit, concedit ex necessitate apostolus [ut] in id ipsum, quia utrique incontinentes sunt, reuertantur, ne intercedente 5 quacumque dissensionis causa ambo fornicationis crimen admittant, quia utrique sunt incontinentes. ceterum autem, si unus e duobus considerans praemium castitatis, uoluerit continere, incontinenti adsentire non debet, sed ita agere ut uidendo continentiam illi[us] prouocetur incontinens, quia 10 luxuria ad continentiam transire debet, non ad luxuriam continentia declinare. quamuis plurimae mulieres castitati se contradicant, ita illum qui uoluerit continere, agere debere ut in continentia adsentiat in id ipsum, ne dum ille continet, illa peccet. 'anima quae peccauerit, ipsa morietur.' 'nec 15 enim seruituti subiectus est frater aut soror [in] eiusmodi.' 'neque enim uocauit nos deus in inmunditiam, sed in sanctificationem.' Aliter:] Quia uoluit uiro esse subiecta, ipsa sibi abstulit libertatem. *Nisi forte ex consensu ad tempus, ut uacetis orationi.* [De]negare uidetur incontinentes orationi 20 posse uacare, quae in eo utique minor est communioni, quo catechumenus et paenitens orant, qui communicare non possunt. non solum hoc in nouo, sed etiam in uetere testamento sanctificantur a muliere, ut descendenti[s] deo in

15 Ezech. xviii 4; *1 Cor. vii 15    17 *1 Thess. iv 7
24 cf. Exod. xix 15; cf. Exod. xix 18

1 dominare E*M    2 ma**gis G    nolenti H(—R)    uiro muliere G
4 necessitatem H₁    ut *om.* B    5 quia] qui H₂    utrique] uiri quae G
ne *om.* R    8 si] set G    praemiam G*    9 incontinentia BG    adsistere H₂
gere G*    10 continentia G    illi prouocentur incontinentes BG    11 attontinentiam G*    continentia E*S    luxoria G    12 plurime G    castitatis.
e contra dicant G    13 contradicunt H₂    14 desentiat H₁ dissentiat H₂
ne] nec G    15 peccet anima quae] peccata numquam BG    ipsa]+nec
(*exp.*) B    moriet G*    16 seruitute MNF*    in *om.* BG    17 inmunditia H₁    sanctificatione R    18 quia uoluit] qui (quę C) noluit H₂
quia]+ipsa sibi subiciendo se V    ᴄⱭuiro uoluit V    uoluit—ipsa] sponte Cas
ipsa] sola BHGV    sibi] si ei B    19 ne si G*    ad] a G    20 oratione SR*
denegare A ne negare H(—S)    uideretur H    oratione H₁    21 posse *om.* V
uacari H(—C) uagare V    utique *om.* V    minor est] mors in est H(—C corr.)
communione V    22 cathechuminus A caticumini E(C) caticuminis R*M
caticumines N    paenitentes H    23 hoc] autem H₂    ueteri BH₁CGVCas
24 sanctificati sunt V    descendentis A discendendi M*N

monte[m] adsistere mereantur. hinc probatur quid possit perpetua continentia, si tantum ualuit triduana. unde et in Regnorum panem sacerdotalem non nisi continentes accipiunt, quam ob causam necessitas legem soluere uenialiter potuit
5 suffragio castitatis. unde et Petrus hortatur nostras orationes minime impediri debere. *Et iterum in id ipsum reuertimini, ne temptet uos satanas propter intemperantiam uestram.* [Notandum quod ad duos respondens incontinentes, uni non praeiudicet continenti,] [ne uno se retrahente alius incontinens forni-
10 cetur]. 6 *Hoc autem dico secundum indulgentiam, non secundum imperium.* 7 *uolo autem omnes homines esse sicut me ipsum.* Hoc ut paruolis indulgeo, non praecipio ut perfectis; nam omnes homines cupio mihi similes inueniri: noui enim quanta castitas mercede pensetur. numquam hoc uoluisset
15 apostolus, si fieri omnino non po[tui]sset. *Sed unus quisque proprium habet donum ex deo, alius quidem sic, alius uero sic.* Hoc est, propri[a]e uoluntatis accepit donatiuum. 8 *Dico autem non nuptis et uiduis.* Incipit aliam causam de innuptis. *Bonum est illis, si sic [per]maneant sicut et ego.* Magnopere
20 adpetendum est quod a tanto doctore laudatur. 9 *Quod si non [se] continent, nubant.* Notandum quod incontinentibus nuptiae conceduntur. *Melius est enim nubere qua[m] uri.* Malo fornicationis est melius, quod igne punitur, sicut Iudas in Genesi de sua nuru pronuntiat. 10 *His autem qui matri-*

2 cf. Exod. xix 16     3 cf. 1 Regn. xxi 4, 5     5 cf. 1 Petr. iii 7
23 cf. Gen. xxxviii 24

1 monte A     mererentur BGV *fort. recte*     2 tamen H$_2$     uoluit G     in *om.* ES     5 suffragio] quia erat in illis suffragium V     6 impediri] inpedire ERC*G inpendere MN     debere *om.* HG     ⌒reu. in id ips. AHVCas (=vg) 7 incontinentiam AHVCas (=vg)     notandum—continenti *om.* ACas     8 duos] uos H$_1$G* tuos G     uni] sunt G     praeiudicet] + ecce B     9 incontinenti V ne—fornicetur *om.* BG     retraenti E corr.,S subtrahente VCas$^{cod}$     incontinens *om.* HVCas     10 non] et non H     11 homines *om.* RG     12 hoc *om.* V ut paruolis] infirmis CasSd     ut] in B     13 omnes *om.* H$_1$     inuenire HG noui] non H$_2$     14 pensatur C     numquam] non quia B     15 posset BH$_2$ possit H$_1$GV     16 ⌒don. hab. R     uero] autem Cas$^{cod}$     17 proprie BES proprium(um *in ras.*) C     accipit V     18 nuptiis G*     uidis G*     incipit— innuptis *om.* H$_2$     aliam causam] ratio *in ras.* R     nuptiis A     19 permaneant BRH$_2$ maneant AESVCas (=vg) permanent G     et *om.* Cas$^{cod}$ 20 a] ad SR* at G*     laidatur G*     si] + se C se G*     21 se *add.* AH(—C)GVCas (=vg)     inibant B     quia V     22 concedantur H     quan B* mori G*     23 ⌒mel. est E     quod* G     igne] digne B igni RMN     ponitur R*M punit G*     iadas G*     24 in genesi *om.* VCas     nuro G*

*monio iuncti sunt.* Item de coniugiis minime causa aliqua dimittendis. *Praecipio non ego, sed dominus, uxorem a uiro non discedere.* Prohibet dimittere quacumque ex causa, ne aliis coniungantur secundum consuetudinem Iudaeorum, quam dominus interdixit dicens: 'quicumque dimiserit uxorem suam, excepta fornicationis causa, et aliam duxerit, moechatur.' 11 *Quod si discesserit, manere innuptam, aut uiro [suo] reconciliari: et uir[um] uxorem non dimittere.* Si ob aliquam causam discesserit, alii non nubat, aut suo uiro, si uoluerit, reconcilietur, quia hoc illi melius esse manifestum est. 12 *Nam ceteris ego dico, non dominus.* Consilium do quod mihi utile [esse] uidetur. *Si quis [frater] uxorem habet infidelem et haec consentit habitare cum illo, non dimittat illam;* 13 *et si qua mulier habet uirum non fidelem et hic consentit habitare cum illa, non relinquat uirum.* Si quis solus credi[deri]t e duobus, non quo permiserit fidelem infideli coniungi: non enim dixit 'si quis duxit,' sed 'si quis habet' infidelem. 14 *Sanctificatus est enim uir infidelis in uxore fideli, et sanctificata est mulier infidelis per maritum fidelem.* Exemplum refert quia saepe contigerit ut lucri fieret uir per mulierem, unde et beatus Petrus ait: ᶻ*ut si qui non credunt uerbo, per mulierum conuersationem*

5 (\*Matth. v 32); \*xix 9   21 1 Petr. iii 1

1 item—dimittendis *om*. H₂V   2 demitt. AH₁   praecipio *cum* dem. coniungit H₁   non—discedere *om*. H   3 dimitti BENCV demitti SR\*M 5 quicumque] siquis Cas qui Sd   demiserit AG   6 suam *om*. Cas Sd ⌒causa forn. HVCas fornicatione causam(m *exp*.) G   dux.]+uxorem N   7 innupta ESMN\*G\*   suo *add*. ASR,G corr.,VCasSdᶜᵒᵈ (=vg) 8 uir AHVCas(=vg)   ne AV(=vg)   dimittat(dem- AE\*N\*) AHVCas (=vg)   aliam quam H(—N)   9 causa V   alio MN   10 reconciliatur MN\* illi melius esse] quam alteri nubere (alteri \*\* nubere [n *in ras*.] G) melius esse BG ille (illi H₂) melius quam alteri nubere (+mulieri H₂) H   11 utiles G 12 esse *om*. A   ⌒uidetur esse H₂   frater] *om*. B fratrem G\*   infid.]non fid. G *fort. recte*   et haec—non fidelem (14) *om*. ES   13 habere MN habitare\*\*\* G demittat A(*ex* i),RG   illam]eam uir H₂   et—uirum (15) *om*. RMC   mulier] +fidelis ES   14 non fid.] infid. AHVCas(=vg)   haec G   15 dimittat AH(dem- E\*S)VCas(=vg)   quis]+uirum G\*   solus]unus Cas   credit B credidit GVCas   e] ex B et G de Casᶜᵒᵈ   16 permiserit(erit *in ras*.) G infidele A\*   coniungi]+non iungi (*exp*.) A coniugio S coniugi MN dixi G   17 ducit BH₁V dixit M   18 infidelis (*pr*.) *om*. G   in] per Casᶜᵒᵈ\* uxore] muliere AHVCas(=vg) mulierem Casᶜᵒᵈ\*   fidele V   19 maritum] uirum AHVCas(=vg)   contigeret M\*N contigerat M*m*2 C corr. contingeret N corr.   20 lucrificaretur G corr.   fieret] fierit ESM   uir] tur A\* et *om*. G   21 uerbum H(—RC)   mulierem H₁ muliebrem H₂(—C)

sine uerbo lucri fiant'; id est, cum uiderint eas in melius commutatas, cognoscant non nisi dei legem ita consuetudinem inueteratam potuis[s]e mutare. *Alioquin filii uestri immundi essent: nunc autem sancti sunt.* Si non ita esset, [ut] dico, filii
5 uestri athuc immundi [per]manerent; saepe enim si[c] contigerat ut filii ill[or]um parentem qui crediderat sequerentur; sub qua spe credi uoluit alterum saluari posse, tam liberorum exemplo quam coniugis. 15 *Quod si infidelis discedit* [, *discedat*]. Maritus enim uel uxor non sunt domino praeferendi.
10 *Non est enim seruituti deditus frater aut soror in eius modi.* Non enim ita ligatus est in eius modi causa, quasi uere illi seruire necesse sit et propter alterum interire. *In pace autem uocauit nos deus.* Ceterum non ad discidium sumus uocati: ultro ergo discedere non debemus. 16 *Unde enim scis, mulier,*
15 *si uirum saluum facies?* Si per te credat et saluus sit. simul quaerendum quo modo superius sanctificatus dicatur, de cuius hic salute dubitatur, nisi secundum hunc quem exposuimus intellectum. *Aut unde scis, uir, si mulierem saluam facies?* Dubie quidem posuit, sed semper ambigua in melius
20 euenire credenda sunt. 17 *Nisi uni cuique sicut dominus partitus est: unum quemque sicut uocauit deus, ita ambulet, sicut* [*ubique*] *in omnibus ecclesiis doceo.* Uel cum fideli coniuge, uel etiam cum [in]fideli. Siue in praeputio siue circumcisus, seruus aut liber. 18 *Circumcisus aliquis uocatus est?* non

1 siue B   commutas A* commonitas V   2 cognoscunt BV cognoscas NC*
non nisi] omnes H   consuetudine H₂   3 inueterata H(—R)   potuise A
4 ess.(*pr.*)] es***sent G   ut *om.* BG   filii—enim *om.* V   5 infideles BHG
permanerent BHG permanerant G*   si ABEG* qui si B*   contigerit E
6 fili G*   illorum A illos E (os *m2 in ras.*)   parentes E (es *m2 in ras.*)   crediderant ESV crediderent(*corr.* -int) R   7 saluare SM*N saluatori G*
8 sit G*   discendit G* discedat Cas$^{cod}$*   discedat *om.* B   10 enim *om.*
R*H₂G   seruitute H₁   subiectus AHVCas(=vg)   11 legatus G*
huius H₂Sd   quasi(a *in ras.*) A quare B   ille H(—RC)   12 interire *in ras.* G   ↶ nam in pace V   in *in ras.* G   autem] enim Sd$^{ed\ cod}$   13 uos
ESSd$^{ed}$   desidiam E dissidiam SR* dissidium V   15 facias EN* facis M
si (*alt.*)—sit *tr. post* facies (19) BHG   salua BHG   16 quaerendo H₂   dicitur
H₂   17 hic *om.* V   nisi] si V   19 dubie] in dubium BHGV in dubio Cas
quidem *om.* V   possunt MN   in] et in H   20 uenire SNC   uni cuique—
dominus *om.* ESM   uni cuique] unum quemque NC   ↶ diuisit dominus
AHVCas(=vg)   21 unum] et unum H₂   ita]+et Cas   22 sicut] et sicut
HCas(=vg)   ubique *om.* AHVCas(=vg)   fideli ASd infideli BEH₂GV
infidele SR   coniugi B   23 infideli ASd fideli BERCG fidele SMN   24 aut]ac H₂

*adducat praeputium: in praeputio* [*ali*]*quis uocatus est? non circumcidatur.* Non putet se superflue circumcisum, nec de hoc paeniteat: fuit enim suo tempore necessarium. Siue: Hoc modo non adducat praeputium, quo sine legis caerimoniis uiuat, quia tunc quibusdam apostoli permittebant opera legalia custodire, ne subito a lege retracti scandalum paterentur. 19 *Circumcisio nihil est, et praeputium nihil est* [, *sed obseruatio mandatorum dei necessaria est*]. Hoc tempore nec prodesse poterit nec obesse. 20 *Unus quisque in qua uocatione uocatus est, in ipsa permane*[*a*]*t aput deum.* 21 *seruus uocatus es? non sit tibi curae.* Ne dicas: "quo modo possum deo placere, qui seruus sum?" deus enim non condiciones aspicit, sed uoluntatem quaerit et mentem. *Sed et si potes liber fieri, magis utere.* Magis utere seruitio. Usque adeo non prodest libertas nec seruitus nocet. 22 *Qui enim in domino uocatus est seruus, libertus est domini: similiter* [*et*] *qui liber uocatus est, seruus est Christi.* [Qui hominis seruus est, libertus est dei, et qui hominibus liber est, seruus est Christi.] ambo ergo unum sunt; 'non est enim personarum acceptio aput deum.' 23 *Praetio empti estis: nolite fieri serui hominum* [*;* 24 *unus quisque frater in quo uocatus est, in hoc maneat aput deum*]. Praetio uero, hoc est, Christi sanguine comparati: nihil ergo propter homines faciatis, sicut alibi ait: 'non ad oculum

---

19 Rom. ii 11        23 *Eph. vi 6

1 quis BG aliquis AHVCas (=vg)    2 pudet S potest MN    se] si G*    ne H₁Sd^ed    3 ⌒nec. suo temp. Sd    4 quo sine] quod in B quos in SG* quod sine M    qui in G ut quod (quis Sd^ed) sine Sd    6 retractis G* detractis G    7 circ.] praem. et Cas    8 sed—est om. A    obsecratio MN    necessaria est om. HVCas (=vg)    9 potuerit G    quisque] quique G + autem V    10 ipsa] ea AHVCas (=vg)    permanet B    aput deum om. HV (=vg)    seruus— curae om. H₁    11 non—curae] nihil tibi (+sit C) cura (curę C) quod H₂    est G* cura (?) V    ⌒deo (deum H₁) poss. H(—F)    12 condicionem E condicionis SR*MNG*    13 respicit Cas    quaerit om. VCas    et (alt.) om. G*    14 ⌒fi. lib. S    magis utere (alt.) om. EH₂    seruitio om. E    adeo] ad quo G    15 ne G    16 est (pr.) om. Cas^ed    et add. AV    qui] quo G*    17 est (alt.) om. V*    qui—christi om. B    libertus A liber cet.    18 deo HGV domino R a deo N apud deum Cas    quibus (corr. qui ab) G    apud homines Cas    19 personarum om. V    ⌒acc. pers. Cas^ed    20 unus—deum om. A    21 frater] om. HCas (=vg)    fratres G*V    est] +fratres H₁MCas^ed (=vg) + frater CCas^cod    permaneat RN    22 uero hoc est] estis V    uero] uestro M    uō N magno C    est om. G*    sanguinis V    23 faciamus H₂

seruientes, quasi hominibus placentes, sed quasi serui Christi
facientes uoluntatem dei ex animo,' et cetera. 25 *De uirginibu:
autem*. Et de hoc consuluerant, ubi esset praecepta uirginitas
*Praeceptum domini non habeo*. Quod sub praecepto est, s:
non impleatur, punit[ur]: impletum morte tantum caret
quia nihil ex se dat, sed quod debet exsoluit. *Consilium autem
do*. Consilium autem saluatoris dicentis: 'sunt qui se castra-
uerunt propter regnum caelorum.' *Tamquam misericordiam
consecutus a domino*. Suo exemplo docet non nisi in domino
gloriandum. *Ut sim fidelis*. Domini mei semper seruitio
occupatus. 26 [*Existimo ergo bonum esse*.] Hic 'existimo' non
pro dubio posuit, sed pro certo, sicut et illut: 'puto enim et
ego spiritum dei habeo.' *Propter instantem necessitatem*. Id
est, praesentis uitae sollicitudinem, quae multum potest
obesse iustitiae, et qua praecipue iuncti matrimoniis implicantur. *Qu[oni]am bonum est homini sic esse*. Duplex bonum
est et sollicitudinibus mundi carere et uirginitatis praemium
expectare. 27 *Uinctus es uxori? noli quaerere solutionem:
solutus es ab uxore? ne quaesieris uxorem*. Ita uult solutos
non ligari, quo modo nec solui [discidio] ligatos admitti[t].
28 *Si autem acceperis uxorem, non peccasti*. Quia liberae
uoluntatis es: si non uis esse maior, esto uel minor: nuptiae
enim peccatum non sunt, sed per sollicitudinem mundi qui
nubunt legem seruare uix [non] possunt. Aliter: Illos dicit

7 *Matth. xix 12    9 cf. 1 Cor. i 31    12 *1 Cor. vii 40
17 cf. Matth. xiii 22; Marc. iv 19; Luc. viii 14

1 placeatis G    2 et cetera] *locum plene offert* V    3 consu(-o-)luerunt H consoluerant V    4 praecepto] -tum H(—C)    si non impl.] non impletum VCas    5 punitur AVCas    impleto MN    mortem $H_1$    tamen $H_2$
6 exsoluet SMN    autem *om.* G*    7 do *om.* G*    autem *om.* V    dicentes G ᔕprop. regn. dei castr. V    8 ᔕcons. mis. B*    9 consec.]+sum $H_2$
10 ᔕfid. sim $H_2$    mei]+solius V    11 existimo—esse *om.* B    ergo]+hoc VCas(=vg)    ᔕexist. hic B    existimo] estimo N corr.,C    12 ponitur Sd enim]+quod F quod Cas    13 habeam Cas    14 multo G    15 deesse $H_2$ et *om.* $H_2$    praecipueae G    16 quam B quod N    duplex *om.* $H_2$
17 uirginitatibus B*    18 alligatus AHVCas(=vg)    est A*B*    quaererere solutionem *uel* quaerere resolutionem V    19 noli quaerere AHVCas(=vg) optat V    solutus SRN    20 quo modo] quoniam N    discidio] *om.* AV abscedo $H_1$    legatos S ligatus R ligatur N    admitti BG    21 peccati G* liberi H(—C)    22 uoluntatatis A    es si] esse $EH_2$ *om.* S si R    uis] uir MN esse *om.* $H_2$    23 sollitudinem G*    24 nubant G*    legem]+dei Isid. (*uide uol.* I, *p.* 341)    uix]+non BG

non peccare, si nubant, qui nondum deo uouerint castitatem. [ceterum] uel qui in corde [suo] promisit, si aliut fecerit, 'habet damnationem, quia primam fidem irritam fecit.' quod enim erat licitum, per uotum sibi fecit inlicitum, sicut Ananiae et Saphyrae, quibus de pretio possessionis suae retinere nihil 5 licuit, ob quam causam et subita morte prostrati sunt. *Et si nupserit uirgo, non peccauit: tribulationem tamen carnis habebunt huius modi.* Maledicto se Euae subicientes. Siue: Per sollicitudinem saecularem tribulatione[m] et tristitiam patientur. *Ego autem uobis parco.* Uobis uirginibus, ut minore 10 labore maiorem possitis implere iustitiam. 29 *Hoc itaque dico, fratres: tempus breue est: reliquum est.* Tempus uitae nostrae modicum adserit, ut doceat uoluptatem quae cito finitur non magnopere adpetendam, sed magis concupiscendum esse aeternum praemium castitatis. *Ut [et] qui habent uxores ita sint* 15 *ac si non habeant.* Hic omni intentione etiam habentes uxores ad continentiam cohortatur, ut multo magis suadeat non nubere non habentes. 30 *Et qui flent tamquam non flentes, et qui gaudent tamquam non gaudentes, et qui emunt [tamquam] non possidentes,* 31 [*et*] *qui utuntur hoc mundo, tamquam non* 20 *utantur.* Quia et istut in breui transibit: 'tempus' enim 'omni[s] rei sub sole, tempus plangendi [et tempus gaudendi],'

3 cf. 1 Tim. v 12   5 cf. Act. v 3   8 cf. Gen. iii 16   9 cf. Matth. xiii 22 etc.
21 *Eccl. iii 1, 4

1 ⌢uou. deo Isid. Sd   nouerunt (*corr.* uouerunt) B   2 ceterum *om.* B
⌢qui uel BHGVSd   suo *om.* BG   si] et B *om.* G   3 fidem] + sicut ait apostolus Isid.   quo G*   4 erat] + per naturam Isid.   uolutum G* uoluntatem G sibi fecit inl.] illi inl. est effectum V   an[n]anias G Isid. Sd   5 saphyra( + a G*) G* Isid. Sd   pos✱sessionis G   retinere *om.* V   nil V   6 et *om.* H₂   7 nubserit VD   uirga A   peccabit NC*Cas   carns (*sic*) Cas^cod   8 modi *om.* A* madicto A* maledictum MN paenali sententiae V   se euae] etu[a]e RMN euae Sd eu̯e̯ se C   subiacentes Sd   siue *om.* Sd   9 per *om.* H₂   sollititudinem G*   s[a]ecular[a]e MN saeculi Sd   tribulatione AG* tributionem MN   tristitias BGV *fort. recte* tristitiae H₁   10 paciantur G   uobis uirginibus *om.* V   minori BHGV   11 ⌢poss. maiorem (maiora V*) V   possetis H(—EC)   13 modicum ads.] esse ass. breue V   uoluntatem H(—C)   14 adpetendum MN   esse *om.* V
15 praemium] + et G   qui] et qui BH₁GVCas   ita—habeant] tamquam non habentes sint AHV ( = vg) sint tamquam non habentes Cas   16 etiam] +
in H₁   17 hortatur Sd   multum MN   18 nuberi SR.* halere M
habere NC   fl✱ent A   19 qui (*pr.*)] que G   audentes G   tamquam *om.* B
20 et *om.* B   21 utuntur R*MN*   et *om.* V   breu[a]e MN   transiuit A*HV
22 omnis BH(—C)G   et tempus gaudendi *om.* BH₁

et cetera. *Praeterit enim figura huius mundi.* Hoc saeculu: quasi umbra pertransit: nolite ergo de eo multum esse sollicit ne possessionem perdatis aeternam, et figuram quaerentε incipiatis amittere ueritatem: hic enim mundus imago futu
5 est. si ergo talis est imago, ipsa ueritas qualis est! unde : hoc tam impense diligitis, quanto magis illut impensius amaı debetis! nam saeculum hoc nos dimissuros cotidiana morier tium exempla testantur. an forte nos solos esse credimτ immortales, quasi non simus ex hominibus generati? und
10 sapiens semper aliorum casibus emendatur, dicente scripturɛ 'cor sapientis in domo luctus: hic enim finis omni homin et qui uult dabit bonum in corde suo.' 32 *Uolo [autem] uc sine sollicitudine esse. qui sine uxore est cogitat quae domin sunt, quo modo placeat deo.* Debemus et nos uelle quod apc
15 stolus uelle se dicit, ne incontinentes contra eius uideamu facere uoluntatem. 33 *Qui autem cum uxore est, sollicitu est quae sunt [huius] mundi, quo modo placeat uxori.* Multun enim nobis expedit sollicitudine carere mundana, ne [f]ort spinae suffocent semen et dicere incipiamus: 'uillam com
20 paraui, boues emi, uxorem duxi,' ad cenam 'uenire noı possum.' [et] quale est uxori magis uelle placere quam domino *Diuisa est* 34 *mulier et uirgo.* Quod diuisum est, unum noı potest esse, quia unitas diuisionem omnino non recipit

2 cf. Eccl. vii 1    3 cf. Hebr. ix 15    11 *Eccl. vii 5, 3
18 cf. Matth. xiii 22, 7    19 *Luc. xiv 18, 19, 20

1 praterit G*    2 praeterit B pertransiit H₂    note G*    ⌒multun de eo V    3 ne]+huius C    successionem H    4 incipientes M*N    ammit tere G perdere V    ueritatis G*    5 ⌒qualis est ipsa (*om.* V) ueritas CV    6 tan impense]tantum V    inmense H₂    quamto A*    impensius]inmensius H₂ *om.* V 7 ⌒hoc saec. V    saeculum] secundum BSd^ed saeculo SR*    nos] non C corr.    ⌒dimissurus(-os C) nos H₂    dim.] dem. A    cot[t]idianam H cottidie V    8 nos] non H₂ uos G*    solus H₁G* solum H₂    esse *om.* H credamus Sd    9 inmortalis G*    10 sapiens]+sibi H    11 con G⁴ sapientes A* sapiens B*    omni* G    homine A*    12 autem] *om.* BG enim H₂    13 cogitat] sollicitus est BHGVCasD (=vg)    14 apostolus uas electionis V    15 nam V*    incontinentes *om.* V    17 huius *om.* AHCas (=vg)    18 enim *om.* V    expendit G*    occasionem carere sollicitudinum V sollicitudini G corr.    mundana ne forte spinae] mundana ne.ortę spinae B mundanae sorde spinae (*corr.* mundanae ubi sordes et spinae) G mundana- rum,nespinaeforteV    20 boues]opes H₁    21 et *add.* A    qualisSR    deo BH₁V 22 diuisa(et diuisa V)—uirgo]et diuisus est HCas(=vg)    ⌒esse non potest unum VCas    ⌒esse non pot. C    23 quia] nam Cas    u*tas G (*corr.*)    ⌒omn. diuis. BG    omnino] animo N *om.* Cas    accipit BE,R corr.,NC accepit SR*M

[*Quae*]*innupta*[*est*]*cogitat quae sunt domini: ut sit sancta corpore et spiritu*. Corpore ab usu coniugali, spiritu a rerum mundanarum sollicitudine, dum tota diuino seruitio mancipatur. *Quae autem nupta est, cogitat quae sunt* [*huius*] *mundi, quo modo placeat uiro*. Nuptam uiro placere adserit cogitando 5 quae mundi sunt, innuptam uero deo eo quod illi nulla cura sit saeculi. quae ergo uirum non habet, et tamen quae mundi sunt cogitat, cui placere desiderat? nonne incipiet illi nupta praeponi, quae cogitando mundana conplacet uel marito, cum haec nec marito—quem non habet—nitatur placere, nec 10 deo? 35 [*Porro*] *hoc ad utilitatem uestram dico, non ut laqueum iniciam uobis, sed ad id quod honestum est*. [Ne] necessitatem illis uide[re]tur imponere, dicit se eos quid illis expediat commonere. simul attende[ndum] quia, si hoc illis utile erat quod apostolus suadebat, illut minus utile erat quod illi 15 uolebant. 36 *Si quis autem turpe*[*m se uideri*] *existimat supra uirgine sua, quod sit superadulta*. Turpis uideri poterit, si cupientem uirginem suam nubere non permittat, et illa fuerit fornicata. *Et ita oportet fieri quod uult, faciat, non peccat, si nubet*. Si ita necesse fuerit propter filiae uoluntatem; nam 20 parentes quidem usque ad legitimam aetatem custodire debent

2 cf. Matth. xiii 22

1 quae innupta est AV innupta BG et mulier innupta et uirgo HCas (=vg)   ⌒domini sunt AHVCas (=vg)   corp.] et corp. VCas$^{ed}$ (=vg)
2 coniugali *om*. VCas   a] aut B   rerum] + asserunt MN   ⌒soll. mund. V
3 mancipet MN*   4 huius *om*. AHVCas (=vg)   5 nupta V   uiro (*alt*.)] uero SM*NV   6 sunt] + et G   nuptam utro G* innupta uero V   nullius ER nullus S nullia(a *in ras*.) V   cura(a *in ras*.) V   8 incipiát H$_1$N*   nupta] lucta E   9 preponere H$_2$   mundane MN quae mundi sunt V   10 quem] quae MN   nitatur] possit B   11 porro *add*. AHCas (=vg)   12 ⌒uob. inic. (init. BERNV) AHVCas (=vg)   iniciam(i *pr. in ras*.) G   est] + et quod facultatem praebeat sine inpedimento(-um H$_1$) domino(-um R*m*2,FCas (=vg)) obseruandi (obsecrandi R*m*2, N corr., Cas obseruiendi E corr. seruiendi F) HCas (*fere* =vg)   ne *om*. BH(—C)G   ⌒illis necess.V   13 ⌒inp. uid. V   uidetur B   se] si MN   eos *om*. H   quod C   expediad G*
14 commouere B,F(?) conmemorare R   simul] + et C   attende BHGV quia si] quasi SV   15 quod—erat *om*. G   minus] simul B   erat *om*. H$_2$
16 turpe B   se uideri *add*. AHVCasSd (=vg)   uidere R*MN   super BHGVCas (=vg)   17 uirginem suam BEH$_2$GV (=vg)   uidere MN
18 illę A   19 et(e *in ras*.) G   oportit V   quot(?) A*   utul A*
20 si *om*. H$_1$   nubat AHVCas (=vg)   prop*ter A   filiet G* filiorum G corr.
21 quidem] quid est B   maturam Cas

et docere quod melius est: si autem illa noluerit, faciant quod necesse est. 37 *Nam qui statuit in corde suo [firmus, non] habens necessitatem, potestatem autem habet suae uoluntatis et hoc iudicauit in corde suo, seruare uirginem suam, bene facit.* Ille firmus statuit, cuius puellae consensus patris firmauerit uoluntatem, et non illum conpellit filiae necessitas facere quod nolebat, sicut illum de quo supra locutus est. 38 *Igitur et qui matrimonio iungit uirginem suam, bene facit, et qui non iungit, melius facit.* Ita concludit uirginum causam, ut eas faciat in omnibus meliores. unde prudentibus semper meliora et perfectiora sectanda sunt, quia nec in saecularibus et [in] caducis norunt mediocribus esse contenti. 39 *Mulier uincta est [legi], quanto tempore uir eius uiuit.* Hi[n]c incipit de digamis et uiduis. *Quod si dormierit uir eius, liberata est; cui uult nubat, tantum in domino.* Secundum legem libera facta est a uinculo coniugali. quod si nec tunc se continere uoluerit, conceduntur illi etiam secundae nuptiae, tantum ut infideli uel infidelium ritu non nubat. 40 *Beatior autem erit, si sic permanserit.* Beata habens maritum, si custodiat iustitiam: beatior uidua, quia minore labore maius inueniet castitatis praemium: beatissima uirgo, quae sine labore ad summum praemium poterit peruenire. *Secundum meum con-*

1 quod melius est] castitatem Cas    faciant] fiat BHGVCas    2 firmus non *om.* BG*    3 autem *om.*V    habet] habens HCas^ed *om.* MN    4 iudicauit] statuit Cas^cod    5 estatuit A*    *elle (pu *add. s.l.*) G    patris *om.* VCas    6 ↶fil. conp. V    7 nolebat] negat G    ille H$_2$    ↶superius est locutus V    9 concluditur G*    uirginem B    causas B causa H(—C)    10 faciet G    11 qui SH$_2$    singularibus B    12 in *add.* G    norunt]+homines V    13 uincta GSdD alligata AHVCas (=vg) iuncta BG*    legi B,R corr. N corr., GVSd *om.* AHCas (=vg)    tempore]+iuncta est legi B*    hinc—uiduis *om.* H$_2$ hinc AH$_1$G hicBVCas    14 digamis et *om.* Cas    digamis AVSd bigamis BH$_1$G (*cf.* C. H. Turner, *Eccl. Occid. Monum. t.* II, *p.* 16 *s.*) et] et de H$_1$    et uiduis] uiduisque V    16 a uinculo] anniculo B    coniu*gali G    se *om.* H$_2$    17 noluerit B,E corr.,S potuerit CasSd    tamen H$_2$    18 infideli uel *om.* HG autem *om.* Cas^ed    ↶erit autem E    19 si] sic A    20 iustitiam] castitatem BG    quia—praemium] quae et luxuria (luxuriae B) caruit et sollicitudine maritali (et sollicitudine caruit maritali G corr.) BG    quia] quia****** A qui S*H$_1$    minore] minor E minorem S*H$_2$ minori RV+in H    laborem H$_1$    maius] maiorem HV    ↶mercedem inu. cast.V    inueniat H$_2$    21 castitatis praemium] castitatem H    ↶uirgo beatissima VCas    beatissima—sollicitudinem (*uide infra*) *om.* G*    sine— peruenire] et pudicitiam et spiritalem (spiritales G*) sollicitudinem totius uitae spatio possedit (possedet G* possidet G corr.) BG    22 poterit] possit H

*silium: puto* [*autem quod*] *et ego spiritum dei habeo*. Ne meum consilium quasi humanum contemnatis. 1 *De his autem quae idolis immolantur.* Incipit de idolothitis, de quibus etiam scripserant, quia quidam [etiam] in templis edebant, idolum nihil esse dicentes et creatura dei se debere uti, et errabant ueri simili ratione decepti. *Scimus qu*[*on*]*ia*[*m*] *omnes scientiam habemus*. Et nos omnes nouimus, sicut uos, sed sunt aliqui qui ignorant. *Scientia* [*enim*] *inflat*. Illa scientia quae ex sensu proprio et humano descendit, eos qui praeter ea[m] diuinam non habuerint, inflat, et quae coniecturis magis nititur quam exemplis. ceterum [si] diuina scientia inflat, ut quidam putant, quare illos amplius uult docendo inflare? et in principio ipsius epistulae gratias se dicit deo agere quod omnes scientia repleti sunt. suum quoque alibi proponit exemplum dicens: 'et si imperitus sermone, sed non scientia.' saepe etiam arguit ignorantes et ignorantiam tenebris comparauit. Galatas aeque stultitiae notat, nec non [et] Ephesiis lumen scientiae suppliciter depraecatur. *Caritas uero aedificat.* Quia 'non quaerit quae sua sunt,' sed quae aedificent fratres. 2 [*Quod*] *si quis se existimat scire aliquit, nondum cognouit quem ad modum oporte*[*a*]*t eum scire*. Si quis sibi uidetur

4 cf. 1 Cor. viii 7, 4    13 cf. 1 Cor. i 4, 5; cf. Rom. xv 14
15 2 Cor. xi 6    16 cf. Eph. iv 18    17 cf. Gal. iii 1; cf. Eph. i 18, iii 14–19
         19 1 Cor. xiii 5    21 cf. Rom. i 22

1 autem quod *om.* BG ⌒et ego quod H$_2$ et *om.* V habeam RVCasD eum V    2 ⌒quasi hum. cons. V contempnas C    3 sacrificantur AHVCas (=vg) incipit]+autem H$_2$ de *om.* G idolaticis B idolis H$_2$ quibus etiam] his quoque (*om.* Cas) illi VCas etiam *in ras.* G    4 dixerat B scripserunt H$_2$ quidem H(—E) etiam *add.* B templi sedebant AR* templis sedebant V ⌒manducabant in templis Cas(Sd)    5 ⌒dei se uti creat. deb. V uiri H 6 a$^c$ueri V simile V quia BVCasD (=vg) quod H$_1\frac{1}{2}$ scient.]+huius modi E$\frac{1}{2}$ huius mundi S$\frac{1}{2}$R$\frac{1}{2}$    7 nos *om.* H$_2$ nouimus *om.* G uos] nos B alii qui V    8 enim *om.* AHCas (=vg) illa] huius modi V    9 praeter eam (ea BG)] propter MN *om.* C    10 diuinum BG qui H$_2$    11 nituntur C corr. si *om.* BG scientia *om.* E ut quidam put G *in ras.*    12 ⌒infl. doc. V    13 se dicit *om.* N    14 omni BE,G corr.,V omne R* ⌒sint repl. H$_1$V repl. sint Cas quo *om.* G    15 scientiam G*    16 tenebras H$_2$ 17 aeque] queque MN quoque N corr.,C atque (?)V* stultitia ES nec non] sed V et *om.* BR infesiis B ephesis H    18 sapientiae BHGV suppl.] curuatis genibus V    19 quae (*alt.*)] quia M qui NC* aedificant SR 20 quod *om.* AHCas (=vg) existimet MN    21 oporteat AHCas (=vg) illum Cas$^{cod}$ scire *om.* V

sapiens, stultus est; qui enim uere sapiens est, insipient[ior]em
se omnibus arbitratur: unde Solomon ait: 'uidi uirum qui
sibi sapiens uidebatur, et spem habuit insipiens magis quam
ille.' 3 *Si quis autem diligit deum, hic cognitus est ab eo.* Ille
diligit deum, qui aedificat fratres, sicut dicitur Petro: 'si
amas me, pasce oues meas.' 4 *De escis autem [eorum] quae
idolis immolantur, scimus quia nihil est idolum et quod nullus
deus nisi unus.* Repetit quod superius scire se dixerat, et
quid sit euidentius ostendit. 5 *Nam et si sunt qui dicuntur dii,
siue in caelo, siue in terra [, si quidem sunt dii multi et domini
multi].* In caelo angeli et sancti in terra, de quibus dicitur:
'ego dixi, dii estis,' et domini sunt sancti eorum, quos iudicabunt, de quibus dicitur: 'iudicabunt nationes et domina-
buntur populis.' 6 *Nobis autem unus deus pater.* Cuius uirtute
ex nihilo omnia sunt creata. *Ex quo omnia et nos in illo.*
Calumniam ex hoc loco commouent Arriani quod, cum unus
tantum deus dicitur pater, filius a deitate seiunctus sit:
quibus respondendum: "si ideo non erit filius deus, quia unus
est deus pater, ergo et pater non erit dominus, quia [et]
dominus unus est Christus. si autem pater non excluditur
a dominatione, nec filius a deitate, sed utrumque utrique
commune est." *Et unus dominus Iesus [Christus], per quem
omnia et nos per ipsum.* Per Christum omnia facta sunt, sed

2 *Prou. xxvi 12     5 *Ioh. xxi 17     12 Ps. lxxxi 6     13 Sap. iii 8
14 cf. Sap. ii 2 etc.     23 cf. Ioh. i 3

1 uere *om.* G   ↪eris (*corr.*) sap. G   insipientem BG   2 credit Cas
solomon ait] dicitur V   3 sapiens]+esse H   uidebat MN uidebatur
(uide *in ras.*) G   ↪mag. insip. V   quam ille *om.* V   quam] *om.* MN
quamquam G   4 hic] te (*in ras.*) G   6 de escis] derscis B descis G*
eorum] *om.* AHCas (=vg) sacrificiorum V   quae] que G   7 idolum]+in
mundo HVCas (=vg)   quod] quia H₂   nullus]+est Cas$^{ed}$   8 ↪se dix.
scire H₂ dix. scire (*om.* se) H₁ se scire dix.V scire dix. Sd$^{codd}$   9 euidentius *om.* VCas   sint Cas$^{cod}$   dicantur AH₁GV (=vg)   10 si quidem
—multi *om.* BG   11 ↪in terra sancti H₂V   de *om.* VCas   12 di V*
quod B   14 populus G*   autem] tamen AHGVCas (=vg)   15 ↪omnia
ex nihilo V   illum BH₁GVCas$^{ed}$(=vg)   16 ex *om.*V   unus]+deus V
17 tamen H₂   pater]+si H(—E)   deitate(i *in ras.*) G   sit]est V   18 resp.]
+est VCas   erit] est AV   ↪deus filius V   dei G corr.   19 ↪deus est VCas
et *om.* BH₁GVCas   20 ↪unus est dominus E   dominus *om.* SR
21 filius] christus V   22 christus *add.* AHVCas (=vg)   23 christum]
filium BHG   sunt(n *s. ras.*) G

et nos ipsi per ipsum sumus saluati. 7 *Sed non in omnibus est scientia.* Non omnes sciunt quia per contemptum idolorum et non magis uenerationis gratia manducetis. *Quidam autem [in] conscientia usque adhuc [idoli] quasi idolot[h]i[t]um manducant, et conscientia ipsorum cum sit infirma, inquinatur.* 5 Quidam ignari sic habent adhuc in conscientia sua quo modo ante quam crederent manducabant. 8 *Esca autem nos non commendat deo.* [Ut] sicut dicit Aggaeus propheta: 'et si manducaueritis et biberitis, nonne uobis manducastis et bibistis?' *Neque enim si manducauerimus, abundabimus, neque* 10 *si [non] manducauerimus, de-erit nobis.* Cui enim dubium est nullum neque manducando abundare, neque non manducando egere, cum e contrario illis magis formidanda inopia sit, qui gulam retinere non norunt? sed quia magnitudini fidei suae, quod idolis immolata uescerentur, adscriberent, 15 ideo apostolus neque in illis edendis fidei abundantiam, neque in non edendis inopiam esse testatur. 9 *Uidete autem ne forte haec licentia uestra offendiculum fiat infirmis:* 10 *si enim quis uiderit eum qui habet scientiam in idol[i]o recumbentem, nonne conscientia eius, cum sit infirma, aedificabitur ad edendum* 20 *idolothita,* 11 *et peribit [qui] infirmus [est] in tua scientia frater, propter quem Christus mortuus est?* Uidete ne quod

8 *Zach. vii 6    15 cf. 1 Cor. viii 4

1 ipsi] siue ASRV *om.* E sibi H$_2$    sumus] sumque G*    in *om.* G*
2 quia per] quod propter CasSd    contemptu SR*G    3 magis *om.* V
4 in] *om.* BH(—RN)GCas$^{cod}$ (=vg) cum RCas$^{ed}$    conscientia]+sua V
adhuc] nunc AHCas (=vg)    idoli] *om.* B idolo V    idolotium B idolotytu G
5 eorum H$_2$    polluitur AHCas (=vg)    6 ignaris G*    sicut H$_2$    in *om.* H
conscientiam suam C    sua *om.* CasSd    7 crederant G*    ⌐non nos Cas
8 ut *add.* A    9 manducastis H$_1$ manducatis H$_2$    bibistis H$_1$ bibitis H$_2$
manducatis H$_2$ manducabitis VCas    10 bibitis V bibetis Cas.    enim si]
si non AH(enim si non R)Cas (=vg)    abund.] deficiemus AHCas (=vg)
abundauimus G habundamus V    11 non *om.* AHCas (=vg)    de erit nobis]
abundabimus A,R corr.,CCas (=vg) [h]abundauimus H$_1$ habundabimur M
habundauimur N* deficiemus V    12 manducandum G    mand. (*alt.*)]+
habundare B*    14 habenas guilae V    retineri ES    non *om.* H$_1$ nolunt
BSR    magnitudinis SR* magnitudine[m] H$_2$    15 fides H$_1$    sui M*N*
uescebantur V    adscriberint G    16 in *om.* NC*    17 non] nostra N    esset
statur G    18 infirmibus V    19 uderit G*    habent R* habeat C*
idolo BH(—C)G    20 siti infirmi G    manducandum AHVCas (=vg)
21 idolatita BR idolotithę MN    qui *om.* AHVCas (=vg)    infirmis G*
est *om.* AHVCas (=vg)    conscientia H$_1$VCasD    22 quem] quod G*

uobis officere minus creditis, aliis obsit. potest et illis dici
qui destruunt exemplo quod aedificant uerbo, [id est,] ne
per uos offendant et cadant. 12 *Sic autem peccantes in fratres
[et] percutientes conscientiam ipsorum infirmam, in Christo
5 peccatis.* 'Quicumque scandalizauerit unum de pusillis istis,
expedit illi ut mola asinaria suspendatur [in] collo eius, et
mittatur in profundum maris.' Quanto grauior poena illos
expectat, ut ad comparationem illius hoc, quod [hic] grauissimum est, leue putetur! et notandum quod in Christo peccare
10 dixerit, qui in membro peccauerit Christi. 13 *Quapropter,
si esca scandalizat [fratrem meum], non manducabo carnem in
aeternum, ne fratrem scandalizem.* Non solum ista esca, sed
omnis quae scandalizare poterit fratrem. 1 *Non sum apostolus?
non sum liber?* Numquid non [sum]? suam illis replicat
15 formam, quod etiam licita contempserit, ne alii eius infirm-
[ar]entur exemplo. *Nonne [Christum] Iesum dominum nostrum
uidi?* Sicut [et] alii. *Non[ne] opus meum uos estis in domino?*
2 [et] *si aliis non sum apostolus, [at] tamen uobis sum.* Ad quos
non sum directus a domino, id est, ad Iudaeos. *Nam signa-
20 culum apostolatus mei uos estis in domino.* Indicium apostolatus mei est, quod per me domino credidistis, signis et
uirtutibus prouocati. 3 *Mea defensio apud eos qui me interro-*

5 *Matth. xviii 6

1 officere minus] non obfieri V    officere] efficere B sufficere H    credatis H₂ credetis R corr. ereditis G*    potest]+hoc simul V    2 qui
destruunt] quid ruunt G*    id est *add.* B    ne—cadant *om.* H₂    nen G*
3 si G*    4 et *add.* AHVCas(=vg)    percucientes(s *eras.*) G    conscientia G
eorum AHCas(=vg)    christum Cas^cod    5 scandealizauerit G*    de] e G*
6 ei H    in] *add.* BSR et G    7 profundo ER    manus G*    illos] illi
ui MN illum C *om.* G    8 illius] illi H₂    hic *add.* A    9 christum BG
11 esca *om.* H(—C)G*    scandalizo SR    fratrem meum] *om.* B fratrem GV
*recte* fratrem nostrum E    12 nec G    fratrem]+meum HCas(=vg)
scandalizarem G*    sola VCas    ista] ita E istam R*H₂    escam RH₂ sca G
13 omnes ESG omne R omnem H₂    quae] qui SR* que G    potuerit V
↶non sum liber non sum apost. AHVCas(=vg)    14 sum *om.* B    ↶suum
exemplum illis replicat CasSd    15 infirmentur BG    16 iesum] *praem.*
christum BRGV    17 uidi G* non uidi G    sicut et alii *om.* V    sic*ut* G
et *add.* A    nonne BH(—E)GCas(=vg)    18 et *om.* AH(=vg)    at] *om.* A
sed HVCas(=vg) ad G    uobiscum SMN*    quos] illos HG    19 missus
CasSd    ad iudaeos] iudaeorum V    20 iniudicium G*    apostolatum G*
21 mei *om.* Sd    ↶uos cred. in dom. per me Cas uos per me cred. dominum Sd
22 apud] ad H(—R)    ↶interr. me V

*gant, haec est.* Inde apostolus esse defendor. 4 *Numquid non habemus potestatem manducandi et bibendi?* Habemus potestatem a domino concessam de uestro [sumptu] uiuendi sine nostro labore. 5 *Numquid non habemus potestatem mulieres circumducendi?* Non dixit 'mulieres ducendi,' ne de uxoribus 5 dicere putaretur, sed 'circumducendi,' inquit, per prouincias, quae necessaria de suis facultatibus ministrarent. *Sicut et ceteri apostoli et fratres domini et Cephas?* 6 *aut ego solus et Barnabas non habemus potestatem [hoc] operandi?* Non illos condemnat, sed suum dat exemplum: illi enim fidelioribus praedicabant, 10 et apud Iudaeos antiqua haec erat consuetudo, ut necessaria doctoribus a discipulis praeberentur, quod gentes adhuc rudes poterat scandalizare. 7 *Quis militat suis stipendiis aliquando?* Aliis etiam exemplis probat sibi debitum hoc fuisse. 'suis,' [hoc est,] et non publicis, uel eorum pro quibus 15 militat. *Quis plantat uineam, et fructum eius non edit? quis pascit gregem [ouium], et de lacte gregis non manducat?* Per comparationem uineae et gregis populum uult intellegi, sicut ibi: 'uineam de Aegypto transtulisti,' et iterum: 'dabo uobis pastores secundum cor meum, et pascent uos cum disciplina.' 20 8 *Numquid secundum hominem loquor, an et lex hoc [non] dicit?* Id est, numquid proprio tantum sensu loquor? 9 *Scriptum est enim [in lege Moysi]: Non alligabis os boui trituranti. numquid de bubus cura est deo?* 10 *an propter nos utique [haec]*

3 cf. Matth. x 10; Luc. x 7     6 cf. Luc. viii 3 et Aug. *de op. mon.* iv. 5.
19 Ps. lxxix 9; *Hierem. iii 15

1 unde H₂ per haec Cas     defensor EH₂ definior V     3 ∽conc. a dom.
BHGV   uestro] nostro sumptu B uestro sumptum(m *alt. eras.*) G     uendi G*
siue B     4 mulieres AVSd sororem mulierem BHGCas (=vg)     circumducenti G*     5 mulieres *om.* Cas     6 dicere *om.* V     7 necessaria] nobis V
8 et (*pr.*) *om.* V*     ∽solus ego AHVCas (=vg)     et (*alt.*)] aut G     9 hoc] *add.*
AHGVCas (=vg) non G*     condempnet G* iudicat Cas     10 enim]
autem H₂     11 ∽cons. erat Sd     ∽doctorum ut necess. eis V(*cf.* Cas)
14 umquam AHVCas (=vg)     etiam] euam B enim MC*     debere G     15 hoc
est *add.* A     publices G*     uell G*     quo G     16 militant MC*G     de
fructu Cas     eius *om.* G     edet BERCas det S     17 pascet BEMN     ouium
*om.* AHVCas (=vg)     de lacte] delecte B     gregis] eius V     non] nondem G*
18 intellege G*     ut V     19 alibi H(—EC) scriptum est Sd     et *om.* H₂
iterum *om.* Sd     21 loquor] haec dico AHGVCas (=vg)     hoc] haec non
AH₁VCas (=vg) non haec H₂ *om.* G     22 id est] idem MN*     proprio]
prior G*     23 in lege moysi *add.* ARCCas (=vg)     os—deo *om.* G     boni B
24 pter G     uos B     haec *om.* AHCas (=vg)

*dicit?* Quo modo ergo de passeribus ei cura est? et ad Ionam de Niniue[n] dicitur: 'in qua sunt homines et pecora multa'? sed de ipsis propter hominem, cui creata sunt, cura est; nam deficiente homine et ista deficiunt; non tamen proprie dei curam merentur. *Nam propter nos scripta sunt, quoniam in spe qui arat debet arare, et qui triturat debet spei suae fructum percipere.* Debet fructum sui laboris sperare, et qui triturat debet de ipsa area manducare. 11 [*Si*] *nos uobis spiritalia seminauimus,* [*non*] *magnum est, si nos uestra carnalia metamus?* Si uobis spiritalia et diuina seminauimus, numquid grauaremus uos, si a uobis quae carni opus sunt uellemus accipere? 12 *Si alii potestati*[*s*] *uestrae participes sunt, non potius nos? sed non usi sumus hac potestate.* Si alii a uobis acceperunt quibus minime debebatur, pseudo-apostoli scilicet, quos nihil uobis certum est contulisse, quanto magis nos accipere poteramus, si uobis esse utile sentiremus! *Sed omnia sustinemus, ne*[*c*] *quod offendiculum demus euangelio Christi.* Hoc est, [et] famem [et] sitim et nuditatem libentissime toleramus, ne per nos aduersariis occasione accepta deuorantibus offendatis, aut ne [cui] praedicatio nostra in aliquo reprehensibilis uideatur, auaritiae suspicione maculata. 13 *Nescitis quoniam qui in sacrariis operantur, quae de sacrariis sunt edunt? qui altario deseruiunt, de altario participantur?* Aput Iudaeos

---

1 cf. Matth. x 29   2 *Ion. iv 11   18 cf. Rom. viii 35
23 cf. Num. v 9, 10 etc.

1 ⌢ei de pass. V   pecoribus E   ei] deo Cas   in iona Cas
2 niniuen A   sin G* sint G   et—hominem *om.* G*   3 hominum G
credita H condita F   4 deficient Cas   ⌢dei prop. V   propriam H₂
5 cura ESN,G corr.   nos] uos B + utique Cas   6 ⌢debet in spe qui arat
AHCas(=vg)   debet(*alt.*)—percipere] in spe fructus percipiendi AHCas(=vg)
suae] sui G   7 ⌢sp. lab. VCas   sperare] percipere H   8 si *om.* BG
spiritalia]*** si *spiritali*a G   9 non *om.* AHGVCas(=vg)   nos *om.*
H(—C*)   ⌢carnalia uestra H(—R)VCas(=vg)   10 seminabimus SR
11 carne MN   uelimus BSRC*G uellimus E*MN*   12 potestati BGV
non] *praem.* quare G *s.l.*, CasD   13 hanc potestatem G*V   ac ES a MN*
illi BHGV illis G*   nobis MN uobus G*   16 utiles G   17 nec B   18 et
(*pr.*) *add.* BGVCas   et (*alt.*) *om.* A   et nuditatem] nuditatemque V   libentissime *in ras.* G   19 ne* G   aduersarius H₁   20 cui *om.* A   reprae-
hensibile G*   21 uidebatur B*   suspectione MN   22 qui *om.* B*
sacrario AHVCas(=vg)   sacrario(2°) AHVCas(=vg)   23 qui] *praem.* et C
⌢ de alt. seruiunt MN*   alt. (*pr.*)] altare M,N corr.   de] cum
AHVCas(=vg)   participant CCas^ed

secundum consuetudinem Ueteris Testamenti et iam hoc exemplo eadem repetendo confirmat. 14 *Ita* [*et*] *dominus ordinauit his qui euangelium adnuntiant de euangelio uiuere.* Dicens: 'dignus est operarius mercede sua.' 15 *Ego autem nihil* [*h*]*orum usus sum. non scripsi autem haec, ut ita fiant in me.* 5 Non haec idcirco scribo, ut uel modo fiat quod ante factum non est; sed uobis exemplum praebeo, tam proprii quam alieni causa discriminis, saltim ab inlicitis abstinere, cum uideatis me aliorum causa salutis debita non minus quam inlicita contempsisse. *Bonum est enim mihi magis mori:* 10 *gloriam* [*autem*] *meam nemo euacuabit.* Etiam si fame morerer, propositum meum, de quo ante deum glorior, numquam potero immutare. 16 *Nam si euangelizem, non est mihi gloria: necessitas enim mihi incumbit.* 'Cum omnia feceritis praecepta,' debita uo[bi]s dicite persoluisse: non enim aliquid 15 amplius fecistis unde gloriari possitis. *Uae enim mihi est, si non euangelizauero.* Damnationem habeo. 17 *Si enim uolens hoc ago, mercedem habeo: si autem inuitus, dispensatio mihi credita est.* Tunc magis uidebitur uoluntarium, si amore eius licita contemnantur. 18 *Quae est enim mea merces ut euangelium* 20 *praedicans sine sumptu efficiam euangelium, ut non abutar potestate mea in euangelio?* Quasi interrogat unde maiorem possit habere mercedem, et ipse respondit: 'si gratis adnun-

4 Luc. x 7   14 *Luc. xvii 10

1 et] ex G*   2 exemplum H   et om. BG   3 -dina- in ras. G   iis Cas^ed euangelium] -io SR*   4 dignus]+sum B*   mercedem suam H(—EC)G* 5 nihil horum] nihilorum B nullo (nulli E) horum AHCas (=vg)   aut E fiat Cas^cod   6 ideo Cas   uell V*   7 exemplum AB,R corr. M corr.,CGV exemplo HG* exempla E corr.   9 me] in K (*uide uol.* 1, *p.* 230)   sal.]+ abstinere K   debita]+nomi G*   10 licita K H₁MV   enim om. K H₂D mori]add. quam ut AKHVCas(=vg)   11 autem om. AKHVCas (=vg)   nemo euacuabit(euacuauit G*)BG quis euacuet AKHVCas (=vg)   etiam si] edamus MN edam an C   famem H(—C)   12 morirer E*M morires N moriar C domino H₁ dominum H₂   13 potest inmutari H poterat (*corr.*) imitare G poteram mutare V   euangelizauero AKHCas (=vg)scandalizauero M   est om. MN mihi*G   14 incubuit G*   feceris N   15 debitum BGV   uobis dicite A ⌒ dicite uos BG uos dicere H₁ *di*cete uos G* uos dedicite V   ⌒ ampl. aliq. BKG   16 fecisse K   mihi est om. MN*   17 poenam Cas   19 uidetur G* 20 licita] etiam licita V   contemnuntur HGV   est enim] est ergo BHCas (=vg)ergo est R   ⌒ merces mea AHVCas(=vg) mercis AH(—C)V   21 ponam AHVCas(=vg)   22 potestatem meam H(—C)   interroget BG corr. interrogant E*   ⌒ poss. mai. V   23 et** G   respondet BC   adn.]+nec adnuntiem K

tiem nec acceptam exerceam potestatem.' 19 *Nam cum liber essem ex omnibus, omnium me seruum feci*[*t*], *ut plures lucri facerem*. Cum possim uti libertate mea et de ceteris non ita curare, omnibus tamen compassus sum, ut eos facerem saluos.
20 *Et factus sum Iudaeis tamquam Iudaeus, ut Iudaeos lucrarer*. Quando se purificauit in templo, quod tempore gratiae sciebat esse superfluum. *His qui sub lege sunt, quasi sub lege essem*. Ostendit quo modo fuerit cum ipsis et ipse Iudaeus. potest et ita intellegi quod Samaritanos dixerit esse sub lege, qui[a] legem tantum Moysi uidentur accipere. *Cum ipse non sim sub lege, ut eos qui sub lege sunt lucri faciam*. Non est sub lege uetere, quae peccatoribus data esse perscribitur. 21 [*His*] *qui sine lege sunt, tamquam sine lege sim* [, *ut lucri faciam eos qui sine lege sunt*]. Sine lege litterae et a gentibus in primis solam fidem quaerebat, quasi non haberet praecepta legis Christi, quae illos obseruare doceret. Siue: In eo quo illos ad fidei credulitatem non tam legalibus doctrinis quam rationabilibus argumentis prouocabat, sicut [Athenis fecisse perhibetur, philosophos et paganos per philosophiam et ararum titulos exhortando,] dum dicit: 'circuiui aras uestras,' et 'ut quidam uestrum dixerunt,' [et cetera]. *Cum sine lege dei*

6 cf. Act. xxi 26    10 cf. Luc. ii 22 etc.    12 cf. *1 Tim. i 9
20 cf. Act. xvii 23    21 *Act. xvii 28

1 ne ER    2 fecit B    3 possem B    libertatem meam KH(—C)V    ceris K ita *om*. Cas    4 compassus sum] conpassum G*    eo G*    saluarem Cas
5 tamquam *om*. Sd    lucrarem *ex* lucrerem G    6 quando] hebraeos (hebreus H$_2$) dicit quando (quoniam MN) H    quo H$_2$V    nouerat VCas
7 quasi sub lege essem] quasi sub lege sunt (sunt *in ras*.) qua ( +si *s.l.*) sub lege* essem G    8 ipsis] eis VCas    iudeos H(—C)    potest et ita] potest ita ERC potestati SMN    9 samaritanus E*SNG*V    esse *om*. H$_2$    quia A
10 legem *om*. K    tamquam moysen H$_2$    moyse K    ⌒sub lege non essem Cas$^{cod}$    sim] essem AHVCas ( =vg)    11 sunt] erant AHVCas ( =vg) facerem AHVCas ( =vg)    12 uetere ASR*G*V littere B ueteri E,R corr., H$_2$G    praescribitur SR    his *om*. BG    13 leges G*    erant AHVCas ( =vg) essem AHVCasSd ( =vg)    ut—sunt *huc tr*. A    facerem AHVCas ( =vg)
14 erant AHVCas ( =vg)    et] aliter V    gentilibus H$_2$GCas    15 quaerebam Cas    quasi] *praem*. aliter V    haberem VCas    16 docerem VCas    qui H quod H$_2$ corr.,V    illos] +qui H$_2$    17 rationalibus H$_2$    18 athenis—exhortando *om*. ASd    19 philosophus et paganus EN*    ararum] arrianus M arriarum N arrianorum N*m*2,C*(?) +et H$_1$    20 titulum H$_1$ titulus MN    dum *om*. V    circumibi H$_1$    coras MN ares G    21 quidam]dam G*    et cetera *om*. B

*non sim, sed sub lege sim Christi.* Contra Arrianos et Fotinianos, quod deus sit Christus. etiam hoc notandum quod nouum testamentum lex appelletur. 22 *Factus sum infirmis infirmus, ut infirmos lucri faciam.* Propter infirmos holera manducaui, cum possem securus carnibus uesci promiscuis. *Omnia omnibus factus sum, ut omnes saluos faciam.* 'Non [aliquid mihi, nec] quaerens quod mihi utile est, sed quod multis.' [item] Aliter: In his quae superius memorauimus, non, ut quidam male existimant, illum etiam inlicitis consensisse. 23 *Omnia autem facio propter euangelium, ut particeps eius efficiar.* Ut in eo partem merear habere cum sanctis. 24 *Nescitis quoniam [hi] qui in stadio currunt, omnes quidem currunt, sed unus accipit brabium? [ego autem dico uobis:] sic currite, ut [omnes] conprehendatis.* Hic stadii cursum iustitiae uel fidei comparauit, quia, quo modo illic, cum omnes intra stadium currant, non nisi qui bene cucurrerit dignus praemio iudicatur, ita et hic, quamuis intra fidei metas cuncti credentes contineantur, soli tamen qui iuste uixerint praemium caeleste percipient. 25 *Omnis autem qui in agone contendit, ab omnibus se abstinet.* Ab omnibus escis quae cursum eorum impedire consue[ue]runt. [*Et illi quidem ut corruptibilem coronam accipiant, nos autem*

4 cf. Rom. xiv 2      6 1 Cor. x 33      11 cf. Col. i 12

1 essem AHVCas(=vg)      in lege sim *om.* G*      sub] in BHGVCas(=vg) essem AHVCas(=vg)      christi]+*uide supra*      arrianus G* fotinos H₁ fotinum H₂V fotinianus G*      2 quot G*      etiam hoc] simul V 3 appellatur BH₂ appellaretur V      ∽infirmus infirmis C infirmibus infirmis G* infirmis]+quasi R      4 faciam B,(am *in ras.*)G facerem AHCas(=vg)      cum infirmis Cas      5 ∽sec. poss. BHGV      possim HGVSd      carnalibus M*C* permiscuis MN *om.* CasSd      ∽omnibus omnia AHGCas(=vg)      6 ∽facerem saluos AHCas(=vg) faciam saluos V      saluos] salutis G      aliquid mihi nec *om.* A      7 nec] non V nunc Cas^cod *om.* Cas^ed      quo SR*      ∽est utile BGV item *add.* BHG      8 aliter *om.* H₂      in his] mihi MN *om.* C      9 male *om.* G concessisse R      10 autem *om.* MN      11 ∽mer. par. H₂      ∽hab. mer. B quod AHVCas^ed(=vg)      12 hi RCCas^cod(=vg) hii AHV *om.* BG ii Cas^ed quidem *om.* E      sed unus]unus autem V      13 accipit AH(—SC)      ego autem dico uobis *om.* AHVCas(=vg)      currit G*      omnes *om.* AHV(=vg) ∽conp. omnes Cas^cod      14 stadio Sd      15 illis H      currunt BHG      16 qui *om.* ER      currerit H₂ concurrerit G*      praemium E*R*      17 hii V fidei metas] fidem et has (et has *exp.*) G      cunct[a]e H₁      continentur SMNG 18 caelestem H₁M      percipiant ERZm^codd percipiunt GZm^ed      19 in *om.* E*R*N      20 escis] tam aescis quam ceteris V      quae] qui MN      eorum] eius Zm      consueuerunt BG      21 et—incorruptam *om.* A      ille Cas      corruptibile G corr.      accipiat Cas

*incorruptam.*] 26 *ego igitur sic curro, non ut in incertum, sic certo, non ut aera caedens.* Non in uanum curro uel fingo certamen. 27 *Sed castigo corpus meum et seruituti subicio.* Per abstinentiam et adflictionem atque labores, sicut alibi ait: 'in ieiuniis multis et uigiliis, in fame et siti, in frigore et nuditate, [et] in laboribus, in carceribus, in plagis, in seditionibus,' et cetera, sicut [et] ad Hebraeos prophetas et alios sanctos passos multa talia memorauit. *Ne forte, cum aliis praedicauerim, ipse reprobus efficiar.* Non faciendo quod dico.

1 *Nolo enim uos ignorare, fratres, quoniam patres nostri omnes sub nube fuerunt et omnes mare transierunt.* Ne quis confidens in eo solo quo[d] baptizatus est, aut in esca spiritali uel potu, putet sibi deum parcere, si peccauerit, tale patrum proponit exemplum, quo ostendat tunc ista merito profutura, si praecepta seruentur. 2 *Et omnes in Moysen baptizati sunt.* In Moysen, qui Christi typum gerebat. *In nube et in mari.* Quia et nubes proprium umorem portat. 3 *Et omnes eandem escam spiritalem manducauerunt.* Manna figura corporis Christi fuit. 4 *Et omnes eundem potum spiritalem biberunt: bibebant autem de spiritali consequenti eos petra: petra autem erat Christus.* Quia Christus erat postmodum secuturus, cuius figuram tunc petra gerebat, idcirco pulchre dixit: 'consequenti

5 2 Cor. xi 27, *23    7 cf. Hebr. xi 36–38

1 igitur] autem V    si G*    ut] quasi AHVCas (=vg)    2 pugno AHCas (=vg)    quasi aerem uerberans AHCas (=vg) quasi aerem caedens V    aera] era G*    caedens] credens (*exp. -e pr.*) B    uacuo H₂Zm^codd uacuum Zm    curro] pugno VCas    3 et* G    seruituti (seruitute G*) subicio] in seruitutem redigo AHCas (=vg)    subicio] redigo V    5 ↔ in uigiliis in ieiuniis multis V    et (*pr.*)] in BHGZm    famae B    6 et *add.* BG    in plagis in sedit. *om.* HZm    7 et (*alt.*) *om.* BENV*    prophetas et alios sanctos] sanctos et prophetas omnes V    8 multa *om.* V    aliiis V    9 quod] que B    10 enim] autem H₂ ergo V    11 confidat Sd    12 solum H₁    quo A    uel] aut CasSd    13 putet] potest MN et putet Sd    proponet ES ponit C*    promittit Sd    14 quo ostendat *om.* Sd    quo] quod V    ostendit H₂    15 seruientur G*    moyse CCas mose V    16 moyse H₁C    christum SR*N*    gerabat G*    mare MN*    17 nubis BE* in (*eras.*) nubis G nubs Sd^codd    proprie H₂    ↔ portat humorem V    umerem A* morem G*    portant H(—C)    portabat Sd    scam G*    18 magna BSG    19 bibebant] biberunt Sd^cod    20 autem (*pr.*)] enim H₁    consequente Cas^ed    21 quia] et (*s.l.*) quia C    erat *om.* Sd    22 ↔ petra etiam tunc figuram V    figura G    petram B*    ideo V    pulchre dixit] paulus edixit E populo*s edixit R dixit H₂VSd consequente BMN

[eos] petra.' 5 *Sed non in pluribus eorum bene placitum est deo: nam prostrati sunt in deserto.* Ita ergo et uobis erit, si eos uolueritis peccando imitari. 6 *Haec autem in figura[m] facta sunt nostri, ut non simus concupiscentes malorum, sicut et illi concupierunt.* Ipsis uere facta sunt, quae in figura erant 5 nostra, ut timeamus talia gerere, ne talia incurramus. omnia enim quae in populo Istrahel illo tempore facta sunt in figura, nunc in nobis in ueritate celebrantur. sicut enim illi per Moysen ex Aegypto liberati sunt, sic nos per quemlibet sacerdotem uel doctorem de saeculo liberamur. deinde Christiani 10 facti ducimur per deserta, ut per exercit[i]um contemptus mundi et abstinentiae in obliuionem nobis eant Aegypti uoluptates, ita ut nesciamus ad saeculum repedare. cum uero baptismi mare transimus, tunc nobis diabolus cum suo exercitu tamquam Farao demergitur. deinde manna cibamur 15 et potum accipimus de Christi latere [e]manantem. claritas quoque scientiae tamquam columna ignis in nocte saeculi demonstratur, et in tribulationis aestu diuinae consolationis nube protegimur. post quae omnia si peccauerimus, ista nobis sola suffragari non poterunt, sicut et ad Hebraeos 20 dicitur: 'irritam quis faciens legem Moysi duobus et tribus testibus sine ulla miseratione punitur: quanto magis putatis deteriora mereri supplicia, qui filium dei conculcauerit,' et cetera! 7 *Neque id[ol]olatr[a]e efficiamur, sicut aliqui ex ipsis, quem ad modum scriptum est: Sedit populus manducare et* 25 *bibere, et surrexerunt ludere.* In idol[i]o recumbentium usque

9 cf. Exod. xiv 30    17 cf. Exod. xiii 21 etc.    20 *Hebr. x 28, 29
26 cf. 1 Cor. viii 10

1 eos *om.* A    in *om.* R*MN    3 se G*    ⌒pecc. uol. BG    figuram A
4 sumus B    sicut—conc. *om.* MN    5 ipsis—recum. (26) *in ras.*V *sed uide* (6)
uero H(—RC)    ⌒nostra erant figura V    6 nostri C    alia G    agere H
alia G    omnia—cetera (24) *om.* V    8 in ue|in ueritate G*    9 moyse SR*
sunt(su *exp. et postea restituta*) G    sic] + et RH$_2$    .10 deinde—cetera
(24) *om.* H$_2$    11 ducemur H$_1$G    exercitum BH$_1$    12 erant S
13 uoluntates BR*G    saeculum] secundum B    redire H$_1$ repetare G
14 transiuimus G    zabulus B    15 mannaci pamur G* manna participamur G    16 accepimus H$_1$    letare G    manantem B manentem G
17 in *om.* H$_1$    18 in *om.* G    19 prot.]+postque diuinae consolationis nube
protegimur (*exp.*) G    ita G    21 intutam G*    facient ES    22 ponitur SR*
24 idololatrię A idolatr[a]e BCGVCas$^{cod}$ idolatriae HD    efficiamini AHGVCas
(=vg)    quidam AHVCas (=vg)    25 est]+in exodo H$_1$    26 idolo ABEG*
odolium S idolum R*MN    recumbentes V    usque—definiat *om.* V

adeo negotium adgrauauit, ut illos idololatras fuisse definiat.
8 *Neque fornicemur, sicut quidam ex ipsis fornicati sunt et
ceciderunt una die uiginti tria milia* [*hominum.*] Notandum
quod non soli idol[ol]atr[a]e perire dicantur. 9 *Neque temptemus*
5 *Christum, sicut quidam eorum.* Et hic Christus deus ostenditur,
quia deum dixisse legimus: 'temptauerunt me [hoc] decies.'
*Temptauerunt et a serpentibus perierunt.* Dicentes: 'numquid potest deus parare mensam in deserto?' 10 *Neque
murmuraueritis, sicut quidam ex ipsis murmurauerunt.* In
10 tribulationibus propter Christum. *Et perierunt ab extermina-
tore:* 11 *haec autem omnia in figura contingebant illis, scripta
sunt autem ad correptionem nostram.* Omnia quae illis con-
tigerunt, secundum facta quidem sua receperunt, sed tamen
ideo scripta sunt, ne nos putemus impune peccare. si enim
15 adhuc paruolis et rudibus non pepercit, quanto magis nobis,
qui legem perfectionis accepimus, non parcet, si talia fecerimus! *In quos finis saeculorum deuenit.* In quos tota temporum
perfectio decucurrit. 12 *Itaque qui existimat se stare, uideat
ne cadat.* Uideat ne per hoc ipsum cadat quod se stare
20 firmiter gloriatur. Siue: Uideat ne fallatur. 13 *Temptatio uos
non adprehendit nisi humana.* Non uobis uenit extrinsecus
ista temptatio, quam uobis sponte generatis, ad quod [etiam si]

6 *Num. xiv 22    7 *Ps. lxxvii 19

1 negotione ER negotioni S    adgrauabat BC*    idolatres BG idolatrię H
idolatras R corr. M corr. N corr.,(as *in ras.*)C    definiant H₂    2 ⌒forn.
sunt ex ipsis G    3 trea A    hominum *om.* AH₁VCas (=vg)    notand.—dicantur *om.* V    4 soli] sibi H₂    idolatre BC idolatriae H idolare G    dicuntur
BHG    5 sicut quidam eorum *om.* G*    eorum]+temptauerunt H₂    his G*
christus *om.* H₂    6 dilexisse MN    elegimus G*    me hoc decies temptauerunt *om.* G*    hoc *om.* BG    decies] dicis MN dicit C    8 ⌒deus
potest B    mensa G    9 ex ipsis] eorum AHVCas (=vg)    murmurauerint G*
12 illis] eius MN eis Zm    contingerunt V    13 ⌒sua quidem HZm    suam G*
14 ne] nec MN*    15 ⌒paru. adhuc Sd    paruulus E*N*    et] aut Zm
16 legis H₂Zm    perfectionem HZm    accipimus SN*FZm^{ed}    parcet]
parcit SR*V+retsed G*    alia V*    feceremus V*    17 quo SMN*    fines
AH(—N*)CasSd^{cod} (=vg)    deuenerunt AHCasSd^{cod} (=vg)    tota *om.* H₂
⌒perf. temp. Sd    temporum] tempore H₂ *om.* Cas    18 affectio H₁
decurrit H₂ decocurrit V* cadit Cas    ⌒se exis. BHGVCas (=vg) *fort. recte*
***|starae G    19 ne (*alt.*)] nec G*    per] propter Zm    se] sanctum G
21 adprehendat BHG*,V corr.,CasSd^{cod} (=vg)    22 ad (at G) quod (quo E
que MN quam C (*in ras.*))]+etiam si BG+etiam H+si V

tormentis cogi minime deberetis. hoc ideo dicit, quia spontanea uoluntate immolata idolis manducabant. *Fidelis autem deus est qui non patietur uos temptari.* Qui se pollicitus est sui nominis causa in tribulationibus adfuturum, ut ibi: 'multae tribulationes iustorum,' et cetera. *Super id quod potestis, sed faciet cum temptatione etiam prouentum, ut possitis sustinere.* Non ampliorem uobis tribulationem uenire patietur quam sustinere possitis. 14 *Propter quod, karissimi mihi, fugite ab idolorum cultura:* 15 *ut prudentes [loquor].* Propter omnia quae superius conprehendi. *Uos iudicate quod dico,* 16 *calicem benedictionis quem benediximus.* Ideo primum calicem nominauit ut posset de pane latius disputare. *Nonne communicatio sanguinis Christi est?* Sicut ipse saluator ait: 'qui manducat carnem meam et bibit meum sanguinem, in me manet et ego in eo.' [*Et*] *panis quem frangimus, nonne participatio corporis domini est?* Ita et panis idololatriae daemonum participatio esse monstratur. 17 *Quoniam unus panis unum corpus multi sumus: nam omnes de uno pane* [*et de uno calice*] *participamur.* Ita si cum idololatris de unc pane comedimus, unum cum illis corpus efficimur. 18 *Uidete Istrahel secundum carnem.* Carnalis Istrahel carnales hostias

2 cf. 1 Cor. viii 10, x 28 etc.     4 cf. Ps. xxii 3; cf. Ps. xxxiii 18
5 Ps. xxxiii 20     14 *Ioh. vi 56     17 cf. 1 Cor. x 21
20 cf. 1 Cor. vi 16

1 cogi minime] cogimini non BG cogimini me E cogimini S cogemini RM*N cogi C cogeremini consentire minime V    quia] qui H$_2$    2 immolat ad V* 3 atem V*    est *om.* Cas$^{cod}$Zm$^{codd}$D    4 in tribulationibus ASd] tribulantis B* tribulantibus BHGVZm    ibi] illud Zm    5 multa EN* multa et G* supra CCas$^{ed}$    6 faciat MN*    temptationem V*    prouentu SR* prouectum G*    possetis AE*R*M    7 temptationem prouenire V    8 quem G possetis R*M    9 prudentibus AHCas (=vg)    loquor *add.* AHCas (=vg) 10 conpr[a]ehendit BG    11 calix BCGCas$^{ed}$ (=vg)    cui AHG*Cas (=vg) quaem(a *exp.*) V    benedicimus AHVCas (=vg)    ide G*    primo H$_2$ 12 possit BHGV    ⌒latius de pane H$_2$    disputari R corr.,MN    13 ⌒est sang. chr. Sd    dicit ECas    14 ⌒meam carnem BG    bibet RMN*V bebet G*    ⌒sang. meum H$_1$CasSd$^{ed\ cod}$    15 manit V    eo] eum H$_1$V illo H$_2$    *et add.* AHVCas (=vg)    16 panes G*    idolorum Cas    17 demonio M*N    participatione G*    18 panis] + et Cas$^{ed}$D    unus G*    nam omnes] omnes qu[a]e (qui SRCas) AHCas (=vg)    pane] + com[m]edimus H$_1$    et de uno calice *om.* ACas (=vg)    19 participamus CCas    si *om.* V    idolatriis G    eodem Cas    21 carnales] carnalis E*S carnales(s *in ras.*) G

offerebat, sicut spiritalis sacrificia spiritalia offert Christo. *Nonne qui edunt hostias participes sunt altaris?* Sicut illi edentes hostias participes fiebant diuini altaris, ita isti similiter idolorum. 19 *Quid ergo dico? quod idolis immolatum*
5 *est aliquid? non quod idolum sit aliquid,* 20 *sed quae immolant [gentes], daemoniis immolant. nolo [autem] uos socios fieri daemoniorum.* Praeuenit, ne quis diceret: "ergo dicis uim aliquam habere idolum uel posse polluere?" 'non,' inquit, 'idolum insensibile polluit, sed daemones, qui templis praesi-
10 dent ad homines deprauandos et suo seruitio mancipandos.'
21 *Non potestis calicem domini bibere et calicem daemoniorum: non potestis mensae domini participes esse et mensae daemoniorum.* Non potestis et dei et daemonum esse participes.
22 *An domino aemulamur?* [Aemulamur.] alii codices habent:
15 'ipsi me zelauerunt in non deo,' hoc est, ad zelum prouocauerunt. *Numquid fortiores illo sumus?* Qui ista non fecit: nam si scisset hinc fidem firmissimam conprobari, in hoc quoque dedisset exemplum. 23 [*Omnia licent, sed non omnia expediunt.*] Omnia quae a lege non prohibentur, licent, quia per se non
20 habent peccatum, sed non semper expediunt, quia occasionem non numquam generant delinquendi. *Omnia licent, sed non omnia aedificant.* 24 *nemo quod suum est quaerat, sed quod alterius.* Omne quod expedit licet, non omne quod licet

15 *Deut. xxxii 21

1 offerebant H offert Cas sicut]+et H₂ spiritales H₂(—N) ᴧsp. sac. RH₂(—M)Sd offerret H₁ (*def.* S) offerre M bferre N offerebant (*corr.* offerant) C offerit G* christo *om.* H₁ (*def.* S) 2 sicut—altaris *om.* C
3 diuini] dum B 5 est] sit AH,G corr.,VCas ( =vg) non] aut AHGCas ( =vg) 6 gentes *add.* AHCas ( =vg) ae (*eras.*) *add.* G imm.]+et non deo HCas ( =vg) autem *add.* AHVCas( =vg) 7 daemonum H₂ peruenit MN ne quis] me qui G* illi dicerit V uim] uni B uestri N 8 idolorum SR*
9 ininsensibile MN insensibilem V posuit B **sed V demonis G*
10 defraudandos Sd manci*pandos V 11 non—daemoniorum *om.* Cas
12 esse et] esset G* 13 demonium G 14 ᴧaemul. deum ASd^cod aemul. dominum HCasSd ( =vg) adulteramur domino G adulamur dominum V aemulamur (*alt.*) *om.* B alii codices habent *om.* V 15 ipse H(—RC) zelauerunt] zelarunt C+et H non deo] domino BHG 17 scissent G hinc fid. firm.] in fide firmissima (S)H₂ queque G* 18 dedisset] *praem.* nobis V omnia (*pr.*)—expediunt *om.* B 19 omnia—delinquendi *bis* G omnia]+mihi VCasSd a *om.* G½Sd prohibent G*½ quia] quae V per se] saepe B 20 semper *om.* H₂ qui MN 21 omnia]+mihi Cas^ed
22 quaerat *om.* G* 23 ᴧlicet quod H₂ quod licet quod K (cf. *uol.* I, p. 229)

expedit: sed nos exemplo apostoli et Christi non debemus illa tantum considerare quae licent, sed illa potius quae nobis expediunt et aedificant fratres, ut non quaeramus quae nobis solis temporaliter prosunt et aliis forsitan nocent. 25 *Omnia quae in macello ueneunt, manducate, nihil interrogantes propter conscientiam.* Si uultis manducare carnes, saltim de macello conparate; tantum ne in idol[i]o comedatis, et nolite interrogare utrum immolatae sint, ne cognoscentes uos, omnia immolata esse respondeant, et non possitis propter conscientiam manducare. 26 *Domini est [enim] terra et plenitudo eius.* Si domini sunt, munda sunt [omnia] simpliciter utentibus. 27 *Si quis uocat uos infidelium [ad cenam] et ibitis, omne quod adponitur uobis manducare, nihil interrogantes propter conscientiam.* Concessit ire, si uelint. tunc sane debet Cristianus ad infidelem ire, si nouit esse profectum, sicut saluator, qui ad hoc ibat ut aut signa faceret aut doceret, sicut a[pu]d Phariseum primo ipsum docuit non diuites pascendos esse, sed debiles; deinde simul discumbentes docuit humilitatem etiam in accubitu custodire; postremo legis peritos arguit adrogantes eo quod nec ipsi redarguerent superbiam nec alios paterentur. 28 [*Si quis autem dixerit: Hoc immolaticium*

7 cf. 1 Cor. viii 10    11 cf. Rom. xiv 20
17 cf. Luc. xiv 12–13    18 cf. Luc. xiv 10, 7, 11    19 cf. Luc. xi 52

1 ⌒ap. ex. H    exemplum V    apostoli et *om.* Cas    non debemus *bis* V    2 illa tantum *om.* Cas    tamen MN    licet A\*    illa potius *om.* Cas    quae]+et V    3 et]etiam C    ut *om.* K    4 temporaliter *om.* Cas prosintHCas^cod    forte E    noceant H₂Cas^cod    omne quod AKHVCasSd^ed cod (=vg)    5 ueneunt *scripsi* ueniunt BGSd^codD uenit AKH(uenditur E) VCasSd^ed cod (=vg)    6 consc.]+esse (*errore pro* eius) K    ma✱✱✱✱cello V    7 comportate Sd^ed cod    tamen MN    in idolio G corr.,VSd in idolo ABKRG\* inidolum ES idolicum MN idolotitum C    comendatis G\*    8 immolarem K sunt B essent H(—EC)    9 et *om.* H₂    possetis V    10 mand.]+in ps(a)l(mo) V enim *om.* BKHVCasSd^ed (=vg)    11 si]se G\*    sunt (*alt.*) *om.*VSd    omnia *om.* BG    12 ex infidelibus HD    ad cenam *add.* BHGCas^ed    ibitis BGSd] uultis ire AKHCas(=vg)    13 ⌒uob. adp. AKHVCas(=vg)    14 concessit— ire (15) *om.* H₂    uellint SR\*G\*    sane] enim Cas    debit V    15 ⌒ire ad inf. CasSd    si]+se Cm2+uellint si G    perfectum R\*H₂ perfectus C\* 16 ad hoc] propterea Cas    aut (*pr.*) *om.* V    uirtutes Cas    apud] ad BG\* *om.* G    17 primum H₂VCas    18 sed]+et H(—R)    19 costodire V tertio .Cas    20 red. sup.] redarguerent superuiam G\* ambularent per uiam artam G corr.    redarguerint H₂    21 aliis H₂    si—conscientiam (*pr.*) (*p.* 186, *u.* 1) *om.* BG    immolacium K immolatum H(—ES)Cas immolatium S

*est, nolite manducare propter conscientiam:*] 29 *conscientiam autem dico non tuam, sed alterius.* Ne quis putet illa uos quasi sancta comedere. *Ut quid enim libertas mea iudicatur ab infideli conscientia?* Hoc est, ad quem profectum ita utor
5 libertate mea, ut me alius reprehendat? 30 *Si e[r]go cum gratia percipio, quid [adhuc] blasphemor pro eo quod gratias ago?* Non ideo sub gratia sumus, ut sub libertatis specie occasionem demus infidelibus blasphemandi. 31 *Siue ergo manducatis siue bibitis siue aliquid facitis, omnia in gloria[m]*
10 *dei [facite].* Nihil magis agendum est Christiano quam ut in omni opere eius dei gloria praedicetur, nec aliquid faciat unde Christi doctrina possit in aliquo reprehendi. 32 *Sine offensione [e]stote Iudaeis et Grecis et ecclesiae dei.* Quia et Iudaei tamquam de idol[ol]atribus scandalum patientes
15 credere non audebant, et gentes in colendis idolis firmabantur, et Cristiani tali destruebantur exemplo. 33 *Sicut et ego omnibus per omnia placeo, non quaerens quod mihi utile est, sed quod multis, ut salui fiant.* Ego me sic exhibeo, ut omnibus placeam ad [ipsorum] profectum. si quis me sine causa odisse
20 uoluerit, ego non sum in culpa. numquid apostolus ipse se laudat? non se ad extollentiam laudat, sed suo exemplo illos prouocat ad profectum; unde et nos ad hoc solum debemus placere uelle, et ita sicut ille tantum deus nostram nouerit conscientiam, quia non hoc propter fauorem, sed propter

18 cf. Rom. vi 13 etc.

1 est]+idolis RVCas (=vg)     propter]+illum (eum Sd) qui indicauit et propter HVCas(Sd) (=vg)    consc. (*pr.*)]+eius E    2 potet K    3 liuertas G*
4 infideli ABKGSdD] alia HVCas^ed (=vg) aliena Cas^cod    perfectum B    ita *om.* GSd    utur N*C* utar Sd    5 libertatem meam H(—C)    me] ne H₁ *om.* H₂
ego AH(—R*MN*)VCasSd^codd (=vg)    6 participor BG *fort. recte* participo (K)HVCasSd (=vg)    quid] quare K    adhuc BGSdD] *om.* AKHVCas
(=vg)    bl.] pl. A blasphemamur G    7 ut] sed MN    9 bibetis G* siue (*alt.*)] uel AKHV (=vg)    aliut quid KESCVCas (=vg) aliquid quod MN facias G*    gloriam AECVCas (=vg)    10 facite *add.* AHGVCas (=vg)
magis] aliud Cas    est *om.* C    quam] nisi Cas    11 gloriae MN    13 stote A
gentibus HCas(=vg)    et (*tert.*) *om.* G*    14 de *om.* H₂    idolatribus
BSR*MNGVSd^codd idolatriis E idolatris R corr.,(*alt.* i *in ras.*)C,Sd^ed    patientibus MN    16 tale N*C*    detrahebantur H₂    17 ↶per omnia
omnibus AHCas (=vg)    placebo G    utiles G*    19 ipsorum *add.* A
sine causa] gratis Cas    20 culpam ES    apostolos G*    22 unde] ergo V
23 ↶uelle placere BHGV    illi H₁    tamen H₂    nostra H₁

salutem hominum faci[a]mus. 1 *Imitatores mei estote, sicut et
ego Christi.* Christus nihil propter se fecit aut passus est, sed
salutis causa multorum. 2 *Laudo uos autem, fratres, quod omnium
meorum memores estis.* Incipit de uelamentis[: laudando
autem ad rationem prouocat, quia in hac causa auctoritatem
legis non habet quam proferre]. *Et sicut ubique trado, praecepta mea tenetis.* Quasi lege[m] mea praecepta tenetis,
scientes illum in me spiritum loqui qui in lege locutus est
et prophetis. 3 *Uolo autem uos scire.* Etiam in hoc uolo uos
instrue[re], ut illud similiter teneatis. *Quod omnis uiri
caput Christus est.* Uir nulli subiectus est nisi Christo, qui
et homo et deus est: mulier uero et Christo et uiro debet esse
subiecta. *Caput autem mulieris uir.* Secundum ordinem
naturalem: ceterum in Christo Iesu neque masculus neque
femina. sed uoluit eas esse subiectas. *Caput autem Christi
deus.* Secundum adsumpti hominis formam. 4 *Omnis uir orans
aut prophetans.* Siue docens, siue futura praedicens. *Uelato
capite deturpat caput suum.* Uenit ad causam, quia et uiri
[quidam] comam nutriebant, et mulieres nudo capite pro-
cedebant ad ecclesia[m], gloriantes in crinibus, quod non solum
inhonestum erat, sed etiam concupiscentiae fomenta prae-
stabat. uir ergo, ut liber, non debet habere uelamen, cuius

14 cf. Gal. iii 28    15 cf. Eph. v 22 etc.    16 cf. Phil. ii 7
19 cf. 1 Cor. xi 14

1 ⌒hom. sal. B    facimus BHG    2 facit G aut fecit Cas    3 ⌒autem
uos AERVCas (=vg) enim uos H₂    omnium] omnia AHVCas (=vg) per
omnia RH₂Cas^(ed)D in omnia Cas^(cod)    4 meorum] mea A mei HVCas (=vg)
incipit de uelamentis *om.* H₂    uelamine V    laudando—proferre *om.* BG
5 autem *om.* HV    6 habit V    profert E proferat Cm2,F    ubique trado]
tradi(e A)di uobis AHVCas(=vg)    7 quali lege A quia legem S sic quasi
legem Cas    ⌒praec. mea HV    9 uolo (*pr.*)—teneatis *om.* H₂    ⌒uos cupio V
10 instrue B struere V* istruere V    simpliciter R    uir G*    11 caput
(*ex* capud)⁕ G    ⌒est christus H₂Cas^(cod)    12 uero] ergo H₁    ⌒et uiro
debet esse et christo subiecta BG    ⌒et uiro et christo HVCas    13 secundum—deus (16) *om.* H₂    14 naturae Cas    15 foeminas B    autem]
uero AHVCas (=vg)    16 omnis]+autem R    17 aut] uel A    praedicans
BH(—C corr.)G    18 deturbat A    uenite G*    uire G*    19 quidam]
*om.* BSd aliquanti Cas    ⌒nutr. com. H₂    nutr.]+indifferenter (Cas)Sd
nudato H₂ intecto Cas⸗Sd    ⌒in eccl. proc. VCas    20 ad] in BHGVCas
ecclesia BGCas    ⌒in cr. gl. V    capillis Cas    21 etiam]+in H₂    conc.—
praest.] scandalo Cas    praestabat] praestabant EMNG*V +uidentibus Sd
22 ⌒ergo uir Cas    ergo]+inquit V(Cas^(ed))    liber] mulier N    debet] habet BR*

caput est Christus: mulier uero debet esse uelata, ut ostendatur quia debet esse humilis et subiecta. 5 *Omnis autem mulier orans aut prophetans non uelato capite, dehonestat caput suum: unum est enim atque si decaluetur.* 6 *nam si non* 
5 *uelatur mulier, [et] tondeatur: si uero turpe est mulieri decaluari aut detonderi, uelet caput [suum].* [Prophetans] in suo sexu et in domo. 7 *Uir quidem non debet uelare caput.* Ergo nec comam debet nutrire. *Quoniam imago et gloria est dei: mulier autem gloria est uiri.* Uir ad imaginem dei factus [est] 
10 et idcirco liber est: mulier uero ad uiri similitudinem est formata, unde iubetur esse subiecta. 8 *Non enim uir ex muliere est, sed mulier ex uiro.* Ex costa scilicet uiri. 9 *Etenim non est creatus homo propter mulierem, sed mulier propter uirum.* Uir propter se ipsum factus est; mulier uero ad uiri 
15 adiutorium creata est. 10 *Ideo debet mulier potestatem habere super caput.* Uelamen signum potestatis esse declarat. *Propter angelos.* Siue: Propter sacerdotes, qui a propheta angeli nominantur dicente [propheta]: 'et legem exquirant ex ore eius, quia angelus domini omnipotentis est.' Siue: 
20 [Uere] propter honorem angelorum, qui ecclesiae adsistere perhibentur. 11 *Uerum tamen neque uir sine muliere neque mulier sine uiro in domino.* Consolatur eas, ne nimium eas

2 cf. Eph. v 22 etc.   8 cf. 1 Cor. xi 14   9 cf. Gen. i 26
12 cf. Gen. ii 21, 22   14 cf. Gen. ii 18   18 *Malach. ii 7

1 ut] et MN   2 quod H₂   debit V   3 deturpat AHVCas(=vg)
4 ⌒enim est Cas^ed   atque]ac C,G corr.,Cas D   nam] nan V   5 et om. BCas^ed
⌒mul. turpe est H₂   ⌒tonderi (tondere HD) aut decalu. AHVCasD (=vg).
6 detund. B detond. (de *exp.*) G   suum *add.* AHVCas(=vg)   proph. *add.* A
7 sexu]+natura N   et] aut H   domam SR*   debit V   caput]+suum V
8 co✱mam G   debet] *om.* EV debeat H₂   imago] iam ego G*   est *om.* MN*
9 ⌒uiri est AHVCas (=vg)   est (*alt.*) *om.* B   10 uiris G   12 cost✱a G
uiri *om.* V   13 creatus *om.* R   uir ARVCas (=vg)   propter (*alt.*)] proter V
14 uir—est *om.* E   15 ⌒est cr. V   Et ideo R   ⌒mul. deb. H   potestatem] uelamen R corr.   16 supra ARVCas^ed (=vg)   17 siue—perhibentur]
hoc loco uel angelos ecclesiis praesidentibus(-es H₁ *recte*) uel sacerdotibus
(-es H₁ *recte*) dicit, sicut malachias (+et H₁) propheta testatur sacerdotem ut
(ut *eras.*) angelum esse dicens: 'labia enim sacerdotis custodiunt scientiam,
et legem requirent ex ore eius, quia angelus domini exercituum est' V (*addit
etiam* H₁)   quia] quia B   propheta SCG sacerdotes B prophetae AERMN
18 propheta *add.* B   exquirunt BC exquirent H₁   19 ex] de BG   omnipotens
H₂   siue uere] siuere G*   20 uere *om.* BGSd   quia G* quii G   22 deum MN
eas (*pr.*)] illas BH(—C)V *om.* G   mmium G*   eas] illas C mulieres Sd

grauasse uideatur: et[enim] nec uir sine muliere potest nasci nec mulier sine uiro. 12 *Nam sicut mulier de uiro, ita et uir per mulierem.* Hoc est, in principio. potest et ita dici: sicut Eua ex Adam, ita secundum hominem Christus ex Maria. *Omnia autem ex deo.* Contra Manicheos, qui negant carnem factam a deo. 13 *Uos ipsi iudicate: decet mulierem non uelatam orare deum?* In ipsorum iudicio ponit, ut sua conscientia conuincantur. 14 *Nec ipsa natura docet uos.* Potest dici: "si hoc naturae est, qua re non ab omnibus gentibus custoditur?" quia illae a natura deciderunt, sicut ex multis aliis comprobatur: denique sine lege uiuunt, et si apud illos loqueretur apostolus, aliis rationibus uteretur. *Quod uir quidem si comam nutriat, ignominia est illi.* Nazarei ut comam nutrirent ex dei hoc praecepto deuotissime faciebant. 15 *Mulier uero si capillos habeat, gloria est illi, qu[on]ia[m] [quidem] capilli pro uelamine [ei dati] sunt.* Exposuit quod dixerat: 'si non uelatur, et tondeatur.' 16 *Si quis autem uidetur contentiosus esse.* Praeuenit illos, ne quis diceret: "ubi scriptum est?" uel aliis argumentis huic resistere[nt] rationi. *Nos talem consuetudinem non habemus.* Siue contendendi, siue talia faciendi. *Neque ecclesia dei.* Quae mansuetudini potius quam contentionibus studet. 17 *Hoc autem praec[ip]io, non laudans quod non in melius.* Non laudo quod non in melius. *Sed in deterius conuenitis.* Subauditur: uitupero quod in deterius proficitis. [unde] considerandum est quid audierit a domino ille seruus

13 cf. Num. vi 5    16 1 Cor. xi 6    25 cf. Matth. xxv 26–30

1 uideretur V    et] quia V    enim *add.* A    2 uiro (*alt.*)] utro G*    3 hoc est *om.* V    et *om.* H₂    4 ada G corr.    6 a *om.* B*    7 iudicium H₂    ut]+ex Sd    consentia G*    sententia G    conscientiam V    8 communicantur B    doat G*    9 natura H    hominibus G*    10 illi BH₂    sicut]+et V    11 caput C    ille H₂    12 apostolis G*    utitur H₂    quod] quia H₁C qui MN    quidam G    13 illo G*    nazarey B    14 ↶ praec. hoc H₁    hoc *om.* Sd    15 comam nutriat AHVCas (=vg)    quia A    quidem *om.* AHCas (=vg)    16 sunt BGV ei dati sunt AH₁Cas (=vg)    dati sunt ei H₂    exposuit—tondeatur *om.* H₂    quo G*    uelitur G*    18 ille H₂    ubi]+hoc Sd    uel]+ne Sd    19 ↶ rat.    resisterent Sd    resistere BENC*V resisteret SRMC resistens(ens *in ras.*) G    20 contempnedi B contem[p]nendi H₁G condemnandi H₂ contendi V    si G*    21 ecclesiae SRV(=vg)    mansuetudinem H₂    ↶ studuit (studet S studiuit MN*) quam cont. H    contemptionibus B,N corr. cantentionibus G*    22 student V    pretio B praecepio V    23 Non—melius *om.* H    24 subaudit H₂    uitupere G    quod]+non in melius sed H₂    profecistis V    25 unde *add.* A    considorandum G*

qui solum acceptum talentum custodiuit, et non est laudandus qui non semper crescit in melius, quia fides eo perfectior debet esse quo senior [est]. miserum autem est, si infans semper lacte potetur, aut qui litteris studet hoc solum habeat
5 quod in primis rudimentis accepit: quanto igitur [magis] ille sine spe [est], qui non solum non proficit, sed etiam defecit, et illud ipsum penitus obliuiscitur [quod accepit]! 18 *Primum quidem, conuenientibus uobis in ecclesia.* Incipit de sacramentis. *Audio scismata esse et ex parte credo.* Secundum quod
10 mihi a domino reuelatur. Siue: Quia contentiosos esse uos noui. 19 *Nam oportet et haereses esse.* Qui[a] tales dissensiones habetis, necesse est uo[bi]s etiam usque ad hereses peruenire. sicut [si] dicas: "ille qui tantum bibit, necesse habet inebriari." *Ut et qui probati sunt manifesti fiant in uobis.*
15 Siue doctores in resistendo, siue fideles in permanendo. 20 *Conuenientibus [ergo] uobis in unum, iam non est dominicam cenam manducare:* 21 *unus quisque enim suam cenam praesumit ad manducandum.* Iam non est dominica, sed humana, quando unus quisque tamquam cenam propriam solus inuadit, et
20 alii[s], qui non obtuleri[n]t, non inpertit, ita ut magis propter saturitatem quam propter mysterium uideamini conuenire. ceterum dominica cena omnibus debet esse communis, quia ille omnibus discipulis suis qui aderant aequaliter tradidit sacramenta. cena autem ideo dicitur, quia dominus in cena
25 tradidit sacramenta. *Et alius quidem esurit, alius autem ebrius est.* Quicumque non obtulisset, non communicabat,

1 et] unde BHGV  2 fidis G* fidelis G  eo perf.] ad prof. MN(C)
3 ⌢esse debet H  est *om.* BHG  miserum autem] quia satis miserum V
⌢semp. inf. H  4 lac MN  qui litteris studet] qualiter istud et A  hoc]
si hoc V  5 accipit SG  quantum H₂  magis *om.* A  6 est *om.* B  deficit BE,R corr. N corr.,C,G corr.  7 illum BG  ipsud H(—S)  quod
accepit *om.* B  quod] quam MN  8 ecclesiam H₂Cas^ed  incipit de
sacramentis *om.* H₂  9 scissuras AHVCas(=vg) scimata G  et *om.* G
10 reuelatum est H  ⌢scio con. uos esse H  ⌢uos esse BG  11 et
*om.* H₂Cas^ed  qui BH₂G  descensiones G* disensiones V  12 uobis BG
13 perueniri G*V*  si *add.* BGV  dicitur SR  14 habit V  et *om.* Cas^cod
15 Siue—permanendo *om.* H₂  Sine B  16 ergo *om.* BRGVCas  est] *om.*
G* est uobis G  17 ⌢cenam suam Cas^cod  praesumat R*MN*  18 quando]
quoniam H₂  19 cenam *om.* R  20 alii BGV alius H(—C)  obtulerit
BH(—C)GV  inpersi G*  ita ut] aut HG ut C  21 ministerium BH(—ES)
25 sacramentum V  esurit] currit G*  autem] + quidem MN  26 obtulis
sed G* obtulissent G  communicabant MN*G

quia omnia soli qui obtulerant insumebant. et quidam hunc locum ad illos referunt qui epulas in ecclesia faciebant. 22 *Numquid domos non habetis ad manducandum et bibendum?* Si uultis saturari, domi manducate: sanctificatio enim etiam in paruo consistit. *Aut ecclesiam dei contemnitis? Facientes eam triclinium epularum. Et confunditis eos qui non habent?* Confundebantur ab omnibus denotati, cum ita debea[n]t communicari ut quis obtul[er]it nemo cognoscat. *Quid dicam uobis? laudo uos? in hoc non laudo.* Sicut in aliis laudaui ubi laudabiliter egistis, [ita] in hoc omnino non laudo. 23 *Ego enim accepi a domino quod et tradidi uobis.* Non est meum quod uobis tradidi, sed a domino accepi illud, sicut ipse alibi dicit, non [se] ab hominibus, sed omnia a domino didicisse. *Quoniam dominus Iesus.* Iam hinc quasi oblitos commemorat quam magnum sit huius mysterii sacramentum. *In qua nocte tradebatur.* Id est, a Iuda. *Accepit panem 24 et gratias egit et fregit.* Hoc est, benedicens et iam passurus, ultimam nobis commemorationem siue memoriam dereliquit, quem ad modum si quis peregre proficiscens aliquod pignus ei quem diligit, derelinquat, ut, quotienscumque illud uiderit, possit eius beneficia et amicitias recordari, quem ille si perfecte dilexit, sine ingenti illud desiderio non potest uidere uel

13 cf. Gal. i 12

1 insumebantur ER* sumebant H et *om.* HV quidem B 2 ad illos *om.* H₂ quia H₂ epistolas B 3 domus SR*MNGD 4 saturare H₁ sanctificatio enim] sanctificationem H₂ ettiam V* 5 consensit H₂ consistet (?) V corr. contaminatis MN contemnetis G* 6 tridanium G* epularem G no V 7 hominibus BG denudati MN debeant BG 8 communicare ESC* qui H₁ quid H₂ obtulit BG 10 ita *om.* BHG 11 enim] autem H et *om.* SH₂ 12 ↶ trad. uob. SR ↶ ill. acc. BHGV sicut]+et H₂ 13 ↶ se dicit non V se *om.* BHG deo BHG 14 dominus]+noster H(—R) iesus]+christus ES ↶ hinc iam Sd oblitus HGCas 15 sit] insit Casᵉᵈ huius *om.* H₂ ↶ sacramenti mysterium H₂ 16 id—iuda *om.* V id] hoc H₂ et *om.* H₂ 17 egit et] agens AHVCas (=vg) hoc—et *om.* V hoc est *om.* H₂ benedictus H₂ benedictionis C corr. et iam *diuisit I. B. Morel, nunc confirmatus ab* A,V(*uide supra*) 18 ultimam]+ sui VCas commemorationem siue *om.* CasᶜᵒᵈSd comm-] cumm- G derelinquens H derelinquitis S derelinquit G reliquit CasSd 19 si quis] sicut H₂ peregre proficiscens] moriens Cas aliquid H₂ eius G* 20 derelinquit H₂ 21 possit]+et H(—E) amicitiam B amicicia G recordari ASd memorari BH₁V memorare H₂ 22 diligit H₂ ↶ des. illud H₂(Sd)

fletu. *Et dixit: Hoc est corpus meum [quod] pro uobis [tradetur]: hoc facite in meam commemorationem.* 25 *similiter et calicem post quam cenauit, dicens.* 'Qui manducat corpus meum et bibit meum sanguinem, in me manet et ego in eo.' unde
5 agnoscere se debet quisque Christi aut corpus edit aut sanguinem bibit, ne quid indignum [eo] faciat cuius corpus effectus est. *Hic calix nouum testamentum est.* Quia uetus hoc per sanguinem animalium portendebat. *In meo sanguine.* Et uetus et nouum per sanguinem dedicatur, quia sine morte
10 firmum esse non potest testamentum, secundum epistulam ad Hebraeos. *Hoc facite, quotienscumque bibitis, in meam commemorationem;* 26 *quotienscumque enim manducabitis panem hunc et calicem bibetis.* Ideo hoc saluator tradidit sacramentum, ut per hoc semper commemoremur quia pro nobis est mortuus:
15 nam et ideo cum accipimus, a sacerdotibus commonemur quia corpus et sanguis Christi est, ut beneficiis eius non existamus ingrati. *Mortem domini adnuntia[bi]tis.* Siue ipso mysterio [ad]nuntiatis, siue in cordibus uestris agnoscitis. *Donec ueniat.* Tam diu memoria opus est donec ipse uenire dignetur.
20 27 *Itaque quicumque manducauerit [panem uel biberit calicem domini indigne.* Sicut scriptum est: 'omnis mundus manducabit,' et iterum: 'anima quae manducauerit] inmunda, exterminabitur de populo suo,' et ipse dominus ait: 'si ante

3 *Ioh. vi 56      9 cf. Hebr. ix 16–18      16 formula?
21 *Leu. vii 9 (19)      22 *Leu. vii 11 (21)      23 *Matth. v 23, 24

1 fletu G*      dixit] + accepite et manducate V      quod *add*. BCGVCas (=vg)      pro uobis *om*. R      tradetur] *add*. BCCas (=vg) traditur G frangitur V      2 mea commemoratione V      3 mand.] + inquit Cas^ed carnem meam Cas^cod      4 ⌒ sang. meum SMCCas      eo] eum H₁G illo H₂
5 ⌒ deb. agn. (cogn. M) H₂ (*om*. se)      quisquis BH₂      aut (*pr*.) *om*. NF
6 eo] *om*. BG ei H      7 qui H₂      8 sanguine V      anim.] *praem*. brutorum Sd portendebant MN      sanguinem G*      9 uentus G*      nouum] + testamentum H₂      qui MN quod C      10 testamentum *om*. H₂      secundum *om*. H₁
11 bibetis AE,Rm2,Gcorr.,Cas (=vg) biberitis H₂      12 enim *om*. H₂ manducaueritis H₂      13 calicem] + istum V      bibetis] bibitis SRMNGV biberitis C      14 commemoremus BC conmemoretur N      15 nam—ingrati *om*. H₂      cum] eum B      accepimus GV      commouemur B commemoremur SR
16 ⌒ est christi BHGV      existimamus G      17 adnuntietis A* adnuntiatis AH₁V (=vg)      ipso] ipse (*corr*. m2 ipsi) E      18 ad *add*. A      siue *om*. G
19 uenire *om*. H₂      20 panem—manducauerit (22) *om*. B      panem] *om*. H₂ + hunc Cas^ed      21 est *om*. V      mand.] + carnes Cas      22 anima quae] omnis(-es) qui H₂      inmunda** V      23 ait *om*. V

altare recordatus fueris quia habet [aliquid] frater tuus aduersus te, relinque ibi munus tuum ante altare, et uade [prius] reconciliare fratri tuo.' prius ergo perscrutanda est conscientia, si in nullo nos reprehendit, et sic aut offerre aut communicare debemus. quidam sane dicunt quia non indig- 5 num sed indigne accipientem reuocet a sancto. si ergo etiam dignus indigne accedens retrahitur, quanto magis indignus, qui non potest accipere digne! unde oportet uitiosum cessare a uitiis, ut sanctum domini corpus sancte percipiat. *Reus erit [et] corporis et sanguinis domini.* Qui[a] tanti mysterii 10 sacramentum pro uili despexerit. [28 *Probet autem se ipsum homo, et sic de pane illo edat et de calice bibat.* Si in linteo uel [in] uase sordido nemo illud [in]mittere audet, quanto magis in cor pollutum! quam inmunditiam deus super omnia exsecratur, et quae sola iniuria eius est corpori: nam et Iosep[h] 15 ille iustus propterea sindone munda inuolutum in sepulchro nouo corpus domini sepeliuit, praefigurans corpus domini accepturos tam mundam mentem habere debere quam nouam. 29 *Qui enim manducat et bibit [indigne], iudicium sibi manducat et bibit.* Dupliciter reus effectus, praesumptionis scilicet et 20 peccati. *Non diiudicans corpus.* Non discernens a cibo com-

15 Matth. xxvii 57, 59, 60; cf. i 19 (errore Pelagi?)

1 qui G* quoniam V aliquid *om.* B ⌒fr. tu. al. HGV(Cas) 2 aduersum BHGCas altarium MN 3 prius *add.* BR reconsiliari B reconciliari ESC recordare N corr. pr[a]escrutanda BG 4 conscientia] consentia G omnis conscientia Cas 5 quidam—percipiat (9) *om.* H₂ quidem G dicunt] dic ut G 6 auferret(t *eras.*) G ergo *om.* H₁ 8 oportit V uitiosum] otiosum E otium SR* 9 domini] deum B percepiat V 10 et (*pr.*) *om.* AHVCas (= vg) quia AEV mysterii sacramentum ASd mysterium sacramenti BHGV (*cf. supra p.* 191 *u.* 15) 11 uile dispexerit H(—C) probet—scripturas (*p.* 213 *u.* 16) *om.* B + *uerbo* deest *def.* B probat G sei G ipsum *om.* D 12 manducat(-et C) H₂ calicem G linteo] lenteo M,(*corr.* m2 luteo)N + inmundo C linteum Sd 13 in *add.* VCas^e^dSd uase] immo (—C) uaso (—E,N corr.,C) H uaso G uas Sd sordidum RSd sordito V nemo] ne ESMN non C nem R* ⌒ill. mitt. non C inmitt. A mitt. *rell.* audeat MN 14 corde polluto H₁GV quod (eo quod Cm2)H₂ 15 iniuriae H(—S) eius *om.* A*MV* corpore G* iosep A 16 propter eam A sindonem mundam H₁N* inuolutum] + et Cas 18 accepturus SMNV munda mente MN ⌒ deb. ( + et H₂) hab. HGV 19 quicumque D bibit] + indigne HGVCasD ( = vg) 20 praesumptione H₁ praesumptioni G 21 iudican G* iudicans VSd^cod^D corpus] + domini H₂VCasSdD disc.] + ipsum Sd

muni. 30 *Ideo inter uos multi infirmi et inbecilles, et dormiunt multi.* 31 *quod si nosmet ipsos diiudicaremus, non utique iudicaremur.* Erat praesens correptio et nunc est, et multi talia patiuntur, sed putamus consuetudinis esse quod culpae
5 est. tribus sane causis infirmitates adueniunt corporales, aut ex temptatione, sicut Iob et Tobiae, aut ex peccato, sicut Asa regi et his qui in praesenti ab apostolo arguuntur, aut ex aliqua intemperantia, ut Timotheo et his qui iubentur medicum honorare. huic tantum causae humana potest
10 succurrere medicina. 32 *Dum iudicamur autem, a domino corripimur, ut non cum hoc mundo damnemur.* Correptio paternae est pietatis ut paeniteamus, ne cum infidelibus mundi damnemur in aeternum. 33 *Itaque, fratres mei, cum conuenitis ad manducandum, inuicem expectate.* Quia nemo
15 alium expectabat, ut communiter offerretur. 34 *Si quis esurit, domi manducet, ut non in iudicium conueniatis.* Non in sanctificationem, sed ad iudicium conueniebant. *Cetera autem, cum uenerim, disponam.* Cetera de ipsius mysterii sacramentis.
1 *De spiritalibus autem.* Causa incipit de spiritalibus donis.
20 crescente enim fide iam linguarum gratia, quam propter infideles acceperant, desinebat. hinc ergo plurimi contristati

6 cf. Iob i 12; cf. Tob. ii 12 (vg)   7 cf. 2 Paral. xvi 12   8 cf. 1 Tim. v 23
9 cf. Eccli. xxxviii 1

*def.* B   1 infirmes A*V   2 met *om.* H₂   iudicaremus HCas^(ed) deiudicaremur G di****iudicaremur V   non utique iudicaremur *om.* V   3 diiudicaremur SGCas^(ed)   contempcio MC conceptio NE*F   et (*alt.*)] sed HG sed quia V   4 sed *om.* HGV   culpa EM   5 est *om.* Sd   ⌐sane tribus H₂   causas G* infirmitatis SMN   ⌐corp. adu. V.corp. eueniunt Cas   corporalis MN   6 pectato G*   7 asa regi] iosaphat Cas   asaph H(—C) asar G   praesentia RH₂ praesentiarum Cm2   8 ut] aut G*   thimotheo AG   et his *om.* G*   9 honorari ESMN   ⌐pot. hum. V   humanę SRC*   10 ⌐autem iudic. H₂Sd^(ed)D   autem *om.* S   12 paterna H₁   ⌐piet. est CasSd   peniteamur H(—C)GSd^(cod) paenitentiam agamus Cas   nec A*   13 mundi] mun G* huius mundi V   ⌐in aeterno(-um Cas) damnemur VCas   in aeternum *om.* Sd   mei *om.* G   14 ueneritis M,(*ex* ueniretis)N conueneritis C manducan*dum V   inucem V*   expectare G   15 esurit] et (*eras.*) esuriit (*corr.*) G   16 manducet(ce *in ras.*) G   in (*pr.*)] ad HD   sanctificatione H(—C)V   17 ad]in G   cetere V   autem] uero Sd^(ed)   18 uenero HGVCas (=vg) *fort. recte*   disp.] uobis disp. Cas^(cod)   cedera V   ipsium G* sacramenta E   19 causa] causam R*H₂G *om.* V   ⌐de spir. inc. V spiritalibus] + *ras.* 5 *litt.* G   donis] sacramentis HGV   20 enim *om.* HGVCas gratiam RN*   quam *om.* E   21 designabat R desinebant MNG* minuebatur Cas   hunc MN* huc C*

athuc hanc gratiam habentibus inuidebant, omnibus donis hoc esse maius putantes. *Nolo uos ignorare, fratres.* Nolo uos huius mysterii nescire rationem. 2 *Scitis autem quoniam gentes eratis simulacrorum formae similes.* Hoc est inrationabiles, secundum prophetam dicentem: 'similes illis fiant qui faciunt ea et omnes qui sperant in eis.' *Prout ducebamini euntes.* A magis uel ab aruspicibus idolorum. 3 *Ideo notum uobis facio quod nemo in spiritu dei loquens dicit anathema Iesu.* Uti[n]am inrationabiles mobilesque non sitis! cum religione enim et mores mutare debetis et nosse uestrae fidei rationem. *Et nemo potest dicere dominum Iesum nisi in spiritu sancto.* Quo modo ergo operarios iniquitatis dominus noster non cognoscit, etiam [si] uirtutes sint operati, et deus malis operibus denegatur? sed nemo potest in spiritu sancto dominum appellare, nisi qui eum et uerbis et operibus confitetur. 4 *Diuisiones uero gratiarum sunt, idem autem spiritus,* 5 *et diuisiones ministrationum sunt, idem autem dominus,* 6 *et diuisiones operationum sunt, idem uero deus, qui operatur omnia in omnibus.* Hic uult ostendere gratias spiritus sancti diuisas esse, non ipsum, et quamuis hic locus proprie contra Macedonianos faciat, qui spiritum sanctum negant esse deum: dicendo enim semper idem, omnia se dicere de spiritu sancto declarat. sed et paulo post ait: 'haec autem omnia operatur

5 *Ps. cxiii 16    12 cf. Luc. xiii 27    23 1 Cor. xii 11

1 athuc] + etiam H    inuidere Cas    2 hoc] ac SR*    ⌒ maius (magis H₁G) *def.* B esse HGVCas    3 uos *om.* H₂    mysterii] *om.* G rei V    nescitis S    autem] *om.* HGCas^cod ( = vg) enim V    4 gentes] cum gentes HCas ( = vg) cum gentis V    essetis HCas^ed ( = vg) *om.* Cas^cod    simulac(g G*)rorum formae (formam G* forma V) similes] ad simulacra H ad simulacra muta S,N corr., Cas ( = vg)    hoc est inrationabiles *om.* Cas    5 similis R*N*G*    illis *om.* G*    fiunt MN *om.* G    6 sperant] confidunt HGVCas    in eis *om.* G* ⌒ euntes prout duc. D    7 ab *om.* HGVCas    8 nobis G corr.    loquens *om.* GD    9 iesum VD    utinam] ut iam AVCas    inrationalis G*    relegione AH(—SC) + est MN    10 scire Cas    11 dicere *om.* V*    dominus iesus HVCas ( = vg)    12 dominus *eras.* N    13 noster *om.* HGVCasZm cognoscet EZm^cod    si *om.* B    uirtute G*    et] ita et CZm    14 dignatur G* sed] sic R et (*ex* sed) C    15 uerbi G* uerbo G corr.    16 uero] autem D *om.* V*    17 et—dominus *om.* G    18 uero] autem G    19 hinc G gratia H₁G*    20 diuisionis E    21 machedonia (*corr.* machedones) G macedonium Cas    facit EM    negat Cas    22 omnia *om.* MN    23 ostendit Cas sed] sicut C corr.    et *om.* H    co(quo)operatur H(—S, R corr. C corr.)

unus atque idem spiritus,' ut eum et deum et dominum demonstraret. tamen et contra Arrianos non mediocre est argumentum, qui de hoc calumniari solent quod primo pater, secundo filius, tertio spiritus sanctus nominetur: hic enim
5 istum ordinem permutauit. 7 *Uni cuique autem nostrum datur manifestatio spiritus.* Ut appareat illum spiritum sanctum accepisse. *Ad utilitatem.* Et incredulorum, ut credant, et credentium, ut firmentur. 8 *Alii autem datur per spiritum sermo sapientiae.* Sapientiae sermo est sapienter et apte ac
10 rationabiliter loqui et posse disserere uel docere, quod oris est. sane qui ex dono habet sapientiam, sine suo conatu loquitur et labore, et nemo illi, sicut beato Stephano, praeualet contraire. *Alii autem [sermo] scientiae secundum eundem spiritum.* Ut sciat legis mysteria explanare, uel ut praeterita nouerit
15 et aestimet de futuris. 9 *Alteri fides in eodem spiritu.* Hic fides ad prodigia facienda, quae montes transfert: abusiue enim rem posuit pro effectu. *Alii gratia sanitatum in uno spiritu.* Ut curaret aegrotos. 10 *Alii operatio uirtutum.* Opus uirtutis est daemonium eicere uel mortuum suscitare. *Alii*
20 *prophetatio.* Hoc est, ut futura praedicat. *Alii discretio spirituum.* Ut quali quis spiritu ueniat uel loquatur, intellegat.

12 cf. Act. vi 10     16 cf. Matth. x 8 etc.; cf. 1 Cor. xiii 2

*def.* B    1 et (*pr.*) *om.* V    2 et *om.* HG    arriano V    non] nos G    mediocres G*
3 calumniari solent] semper calumniantur VCas    calomniare A*M calumniare NC    primum Cas    4 tertius ES    nominatur EV    hinc G*
enim] autem Cas    5 demutauit Cas    nostrum *om.* HGVCasD ( = vg)
6 ⌒sa. sp. V    7 ad utilitatem *tr. post* sapientiae (9) H    Et *om.* C
8 ⌒ut cred. C corr. Zm$^{ed}$    credentes HZm    firmantur G*    autem]
quidem ARVCasZm ( = vg) + nobis G*    ⌒per sp. da. ARCasZm ( = vg)
9 ⌒sap. ser. D    sapienter *om.* H$_2$    ac] hac EN* et CasZm    10 uel]
et CasZm    oris] noris HV norit ECas$^{cod}$ nobis G nosset Cas$^{ed}$    est *om.*
HGVCas    11 sanae G    dona SMN*G donum V    sapientiae E    suo *om.* HG
12 nemo] tremo G* tremore G corr.    stephano] stheph(f V)ano AGV
sthephanos G* + dicit G*    13 autem *om.* G    sermo *om.* A    secundumdum G*    14 sciatis G    15 et *om.* G    aestimarit(*corr.* et) V    alii H
eundem E*R*    16 ad] et E ut SRMN    transferat HG    17 gratiae R
corr., MN*    sanitatium A corr. curationum ZmD    18 curet H$_2$GV(Zm)
19 uirtutum R corr.,H$_2$Sd uirtutes G*    daemonia E daemones R(es *m2 in* ras.),N corr.,CSd demmonis M demoniis N*    mortuos H(mortuis M
mortuus N*)GCasSdZm    20 prophetia SRGZm$^{ed}$D ( = vg) prophetatia Cas
cod*    est *om.* G    praedicet RMN    21 ut *om.* V    qualis H(⌒R* quales,
C corr.)GCas$^{ed}$Zm$^{ed}$    qui EG unusquisque Zm    spiritum G* spiritus G
corr. Zm$^{ed}$    uel] ut uel quid G* aut quid G

*Alii genera linguarum, alii interpretatio sermonum.* Alius interpretari poterat quae alius loqueretur. 11 *Haec autem omnia operatur unus atque idem spiritus.* Si omnia unus spiritus operatur, quare contristaris quod aliam gratiam accepisti, et alium, quasi maiorem partem inuaserit, aemu- 5 laris, cum hoc non in nostra, sed in donantis sit positum potestate? *Diuidens singulis prout uult.* Sic quoque spiritum deum dicit, dum non iussus, sed uoluntarius operatur. 12 *Sicut enim corpus unum est, membra autem habet multa: omnia autem membra de corpore [uno], cum sint multa, unum corpus sunt.* 10 Per comparationem corporis ostendit non naturam membrorum, sed officia esse diuersa, et neminem debere curare cuius sit officii, dum omnes uno eodemque spiritu animentur. *Ita et Christus.* Notandum quod Christus per corpus suum dicatur ecclesia. 13 *Etenim in uno spiritu nos omnes in unum corpus* 15 *baptizati sumus, siue Iudaei siue Graeci, siue liberi siue serui.* Ut unum corpus efficeremur in Christo. quorum ergo spiritalia et caelestia communia sunt, hi debent terrena et carnalia communiter possidere, secundum sententiam prophetae: 'nonne pater unus est omnium?' *Et omnes unum spiritu[m]* 20 *potauimus.* Quasi potionati spiritu, quem accipiunt baptizati

19 cf. Act. iv 32    20 *Mal. ii 10

1 alii genera linguarum *om.* Cas^cod    2 interpretare ER*    quae] + *def.* B peregrino sermone Zm    loquebatur VCasZm    3 unum G*    5 acceperis Cas aliu(a A*)m]+qui G corr. *mg.*    patrem G*    6 posita G    7 potestatem SN*G* sic] sicut MN sanctum C    spiritum] sanctum G    8 deum] domini ES dei V    9 enim] autem D    membra autem] et membra HCasD (=vg) 10 de corpore uno] corporis AHCas (=vg) de corpore D    unum] + tamen Cas^ed 11 natura SMNCas^ed    12 et *om.* H₂    ⌐ off. sit Cas    13 dum] cum V omnes] nes G*    uno *om.* Sd    eodemque *om.* VCas    eadem G*    que *om.* Sd 14 dicitur Cas    15 ecclesiam H₂V    in uno spiritu] *om.* G in spiritu uno D nos omnes in unum corpus *om.* N    ⌐ omnes nos AHVCas (=vg)    unum corpus] uno spiritu H₂(—N)    16 ⌐ sumus baptizati D    graeci] gentiles AHCas (=vg)    ⌐ serui siue liberi AHCas (=vg)    17 efficiemur E simus Cas ergo *om.* V    spiritali V    18 et caelestia *om.* VCas    hi *scripsi* hii A *om.* *rell.* terrena *om.* VCas    19 prophetae—omnium] uiri sapientis et sancti qui dixit (ipsius *solum hucusque* Cas) quorum unus est deus idemque pater eorum nisi et possessio communis est (*om.* Cas) iniqui (impii Cas) sunt VCas prophetiae MC*    20 nonne] est nonno G*    unus *om.* G    et *om.* SRN* uno spiritu AH₂Cas    21 potauimus] potati sumus AHVCas (=vg) + et (C *s.l.*) omnes uno (unum R*) spiritu (spiritum R*) potati sumus RC    potionati] potionem Cas^ed    spiritu *om.* V    accepiunt V

per manus inpositionem. 14 *Nam et corpus.* Reuertitur ad exemplum. *Non est unum membrum, sed multa.* Non potest totum corpus unum officium agere, sed unum quodque membrum ad quod aptum est. 15 *Si dixerit pes.* Pes ecclesiae dici potest, qui ad intercedendum egreditur. '*Quoniam non sum manus.*' Manus est ille qui operatur. '*Non sum de corpore,*' *non ideo non est de corpore.* Dicebant enim non se esse de corpore, qui hanc quam alii acceperant gratiam non habebant. 16 *Et si dixerit auris.* Sapiens auditor est auris, qui inter ceteros auferri dicitur a Iudea per Isaiam prophetam. '*Quia non sum oculus, non sum de corpore,*' *non ideo non est de corpore.* Oculus est qui intellegit, os ille qui docet uel loquitur linguis. 17 *Si totum corpus oculus, ubi [est] auditus?* Si omnes scientes, ubi sunt auditores? *Si totum auditus, ubi odoratus?* Si omnes auditores, quis erit boni odoris maliue discretor, ut 'unum corpus' efficiamur in Christo? 18 *Nunc autem posuit deus membra, unum quodque eorum in corpore, sicut uoluit.* Sicut in corpore apte et ordinate constituta sunt membra, ita et in ecclesia unus quisque a deo ad id quod aptus est ordinatur. 19 *Quod si essent omnia unum membrum, ubi corpus?* 20 *nunc autem multa quidem membra, unum autem corpus.* Si omnes unam gratiam haberent, reliquae ubi essent? et nec corpus

1 cf. Act. viii 18    10 cf. *Esai. iii 1–3    16 1 Cor. xii 20

*def.* B    1 manuum V    redit Cas    2 non (*alt.*)]+ergo Cas    3 ⌒corpus totum R otum G*    ⌒habere off. Cas    ⌒ad quod aptatum est unum quodque memb. V    quoque G*    4 membrorum H₁G corr., V *om.* Cas    5 qui ad] quod A    6 est *om.* V    opera(?) G*    7 dicebat H(—S)GSd    ⌒se non Cas    ⌒esse se H    se *om.* Sd    8 esse *om.* G    corp.]+ecclesiae Sd    qui] quia H₁GVCas    quam] quasi H(—EC)    alia S aliam R    acceperunt H₂G *om.* VCas    9 habebat ECG egbebant G*    et si—linguis (13) *om. hic* H (*hab. u.* 21)    auricula H aures V    sap.] praem. quia H₁ qui H₂    auditur V    10 ceteros]+in MN    auferri dicitur] ablatus est Cas    a] ab V    11 quia] *om.* HG quoniam D    de (*pr.*)] ex H(—R)    12 oculos G*    intellegit os] docet eos G    13 corpus]+est C    oculos G*    est GD *om. rell.*    si] et si C omnes] toti H₁CGVCas tote MN    14 docentes Cas    ubi (*alt.*)]+est D    15 toti Cas    quis sciret discernere bonum uel malum Cas    maliue discretor] si (*om.* EM siue R*) male (maliue E maleue S) discretor (disseretur S uideretur MN diuideretur C) H    ut] quomodo C    16 efficeremur C    in christo *om.* H₂    nunc] non hunc MN*    17 quemque G*    sicut (*pr.*)] prout H sicut(*alt.*)] quomodo Cas    18 in(*pr.*) *om.* H(—E)    ord.]+et V    in (*alt.*) *om.* G    19 ecclesiam MN    id *om.* Cas    20 ensent G*    21 quidem *om.* D    22 ⌒ubi essent rel. Cas    reliqui H    et *add.* A

iam poterat esse, sed membrum. 21 *Non potest [autem] dicere oculus manui:* '*Opera tua non desidero.*' Ideo inuicem indigemus, ut magis ac magis caritas confirmetur; nam si unus omnia haberet, aduersus ceteros inflaretur. *Aut iterum caput pedibus:* '*Non estis mihi necessarii.*' Hic sacerdos est caput, infimi pedes 5 ecclesiae. 22 *Sed multo magis quae uidentur membra corporis infirmiora esse, necessariora sunt.* Membra quae spernitis in ecclesia, maioris utilitatis esse adprobantur, sicut in corpore sine manibus pedibusque uiuitur, sine intestinis omnino non uiuitur. 23 *Et quae putamus ignobiliora membra esse corporis.* 10 Non quo uere sint talia. *His honorem abundantiorem circumdamus, et quae inhonesta sunt nostra, abundantiorem honestatem habent.* Dum cautius uestimentis et diligentius conteguntur. 24 *[Quae] autem honesta [sunt] nostra, nullius egent.* Quia per se pulchra sunt, nullius tegminis egent pulchritudine, ut est 15 caput et manus. *Sed deus temperauit corpus, ei cui de-est abundantiorem tribuendo honorem.* Minoribus maiora dona concedens, ut qui honore minor erat, gratia abundaret. 25 *Ut non si[n]t scisma[ta] in corpore.* Ut pro inuicem solliciti simus, dum alter[utr]o indigemus, ne quis se queratur et gratia et 20

4 cf. 1 Cor. iv 6

1 poteratis G* sed *in ras.* G autem *add.* AHV (=vg) 2 oculi *def.* B (*corr.* oculu) G manu G* operam tuam G*V indigeo AHCas (=vg) digeo SN alterutrum egemus Cas 3 magis ac magis *om.* Cas conseruetur Cas 4 aduersum GCas inflammeretur G superbiret Cas 5 nec G estes G*V* sacerdus AH ⌒ ped. inf. V infirmi HG 8 maiores E*R* maiore S ⌒ esse util. Sd adprobantur ASd] probantur HGV 9 que *om.* EH₂ interioribus Cas intestino Sd 10 ⌒ membra corp. ignob. esse G ⌒ esse membra D corporis *om.* Cas^cod 11 alia H(—E)V ⌒ ab. circ. hon. Sd 12 inhesta V* ⌒ honest. abund. D 13 cum ES contegantur G custodiuntur Sd 14 quae autem honesta (honestam G*) sunt GSdD honesta autem AHVCas (=vg) nostram G* quia] quae Sd 15 sunt] + et C 'nullius—pulchritudine) et honesta VCas tegminis H₁ geminis H₂ egit SR*MN pulchritudinem SR*MNG* ad pulchritudinem Gm2 est *om.* VCasSd 16 et *om.* V manus] + et cetera V(Cas) deus *om.* A* ei *om.* H(—R) deest GSdD] deerat AHVCas (=vg) dederat Cas^cod* 17 ⌒ honestatem tribuendo et honorem (et *s.l.*)G 18 honore] honorem G*V* est Cas abundet Sd ut] et H 19 sint GSdD sit AHG*VCas (=vg) scismata GSdD scisma AHVCas^cod (=vg) scissurae Cas^ed ⌒ simus soll. pro inuicem V(Cas) sumus GCas 20 altero ASd alterutrum CCas indigimus MN indigeamus Sd se queratur (quaeratur A*)] sequatur H(—R corr., C)G* se loquatur G corr. se dicat Cas

honore priuatum. *Sed id ipsum pro inuicem sollicita sint membra.* Sicut oculi uiam pedibus prouident et manus pro toto corpore operantur, et omnia alterutrum membra deseruiunt. 26 *Et si quid patitur unum membrum, compatiuntur* 5 *omnia membra.* Si unum membrum dolet, totum corpus adfligitur et sanitati eius membra omnia [membra] conlaborant. *Siue glorificatur unum membrum, congaudent omnia membra.* Sicut ait Solomon: 'corde laetante uultus floret.' nos autem et compassionem et congratulationem in contrarium 10 permutamus. 27 *Uos autem estis corpus Christi.* Hoc est, ecclesia 'de carne eius et de ossibus eius,' sicut ad Ephesios ait. *Et membra de membro.* Omnes corpus, singuli membra. 28 *Et quosdam quidem posuit deus.* Modo ipsum uult membrorum ordinem demonstrare. *In ecclesia primum apostolos.* Non in 15 synagoga, ne putemus eum de antiquis dixisse prophetis, sed ut erat Agabus. ceterum patriarchas quoque debuit nominare. *Secundo prophetas.* Prophetae sunt et qui explanant obscura prophetarum et qui homines exhortantur, sicut alibi dicit: 'nam qui prophetat, hominibus loquitur aedificationem 20 et exhortationem.' *Tertio doctores.* Hic doctores qui per legem mores instituunt. *Deinde uirtutes.* Hic uirtutes signa maiora significat. *Opitulationes.* Hoc est, adiutoria; unde

8 *Prou. xv 13    11 Eph. v 30    16 cf. Act. xi 28; xxi 10
                  19 1 Cor. xiv 3

*def.* B    1 id] in id D,C corr.,Cas    ipsa G corr.    sunt RD    2 praeuident H(—SR)G    et *om.* VCas    3 omnium H    4 et si quid] siue G    patimur D*    membrum *bis* G*    5 aegrotat Cas    6 sanitatem A*H₁V sanitate MNG ad sanitatem Cas    ⌒reliqua membra Cas    membra (*alt.*) *add.* A festinant Cas    7 glorificatur AGD] gloriatur HVCas (=vg) laetatur Sd 8 dicit Cas    sallustius Sd^(ed cod) sal Sd^(cod)    corde laetante] condelectante G lętantis R corr. letantes H₂    9 nos] et nos MN    ⌒et cong. et conp. H₂ compassione et congratulatione Cas    contrario H    10 demutamus Cas    autem *om.* Cas    11 ecclesia] + ut alibi ait V sicut alibi dicit Cas    carmine E    sicut—ait *om.* Cas    sicut] hoc est V    12 ait *om.* V    de membro *om.* GD    de] + meo MN    omnes ACas] toti H₁GV totum H₂    singula H₂ 14 ecclesiam V    primo Cas    15 synagogam SR    eam MN    16 ut *om.* H₁    agabus] + et filiae philippi Sd    cet.] et cet. G    ⌒deb. quoque H₂ debuerat HCas debuerant GV    17 numerare R corr.,M nominasse Cas secundum V    18 qui] quia G corr.    19 loquitur] + ad EC,G corr. 20 et *om.* H(—F)G*    exh.] + et consolationes(-is H₂[—C]) HGVCas    hic— instituunt *om.* HG    21 uirtutes (*pr.*)] + exin (exinde H[—R*] *om.* G) gratias curationum HGCasD (=vg)    22 significant C

Paulo in uisu a uiro Macedone dicitur: 'ueni, adiuua nos.'
*Gubernationes.* Qui sciunt singulos, prout apti sunt, gubernare.
29 *Numquid omnes apostoli? numquid omnes prophetae? numquid omnes doctores?* et reliqua. Quod superius dixerat: 'si essent omnia unum membrum, ubi corpus?' 31 *Aemulamini* 5 *autem charismata.* Hoc est, sectamini gratias. *Meliora.* Quia et ista bona. *Et athuc excellentiorem uobis uiam demonstro.* Caritatem, per quam peruenitur ad deum. uult nos illa magis quaerere quae a nobis exiguntur et ad uitam prosunt, quam signa, quae non sunt in nostra posita potestate et pro quibus 10 rationem non sumus reddituri. 1 *Si linguis hominum loquar et angelorum.* Non solum omnium hominum, sed etiam quaecumque ill[a]e sunt angelorum. *Caritatem autem non habeam, unum sum uelut aeramentum sonans aut cymbalum tinniens.* Quod non ex se sed ab alio impulsum solum sonitum reddit 15 et delectat auditum: caritas uero et nostra est et omnem possidet fructum. 2 *Et si habuero prophetiam et nouerim mysteria omnia.* Hic prophetia[m] futura praedicere, mysteriorum uero cognitio notitia est omnium secretorum, scientia uero nosse omnia quae fuerunt et sunt. si ista omnia tam magna 20

    1 cf. *Act. xvi 9    4 1 Cor. xii 19    11 cf. Matt. xii 36

    1 in uisu *om.* Cas   ∽ dic. in uisu V   uiso H(—SC)   ∽ dic. a uiro *def.* B mac. H(G)    a uiro] cuiero G* a cuidam uiro G corr. a Cas    transi V achuba G*    2 gub.] + genera linguarum HGVCasD (=vg)    prout apti sunt *om.* Cas    4 et reliqua] (*u.* 30) numquid omnes uirtutes numquid omnes gratiam (gratias H$_2$[—C]) habent curationum (numquid (*alt.*)—curationum *om.* G) numquid (num G*) omnes linguis loquuntur numquid omnes interpretantur (interpraetabuntur G) HGVCasD (=vg)    dixit Cas    5 ∽ omn. ess. H$_2$    6 est *om.* G*    gratias] prophetiam HGV    meliora GVCasSd$^{ed}$ (*om.* Sd$^{codd}$)D maiora AH (=vg)    quia—bona] qui etatis bona est G* quia ista bona est G corr.    qua V*    7 ∽ uiam uobis HGVCas(Sd)D (=vg) demonstrabo D    8 caritatem—magis *in ras.* G    ad deum] a deum G + aliter V    ∽ magis illa H(—S)    9 a nobis exiguntur] ex nobis sunt (*eras.* G) HG nostra sunt V    et *om.* G    prosint Cas$^{cod}$    10 ∽ pot. pos. H$_2$ posita *om.* G    et—reddituri *om.* HGVCas    12 omnium *om.* Cas    hominum] + linguis Sd    quaecumque] si (sic *exp.* G) quae HGVCasSd *fort. recte* 13 illae] ille A *om.* HGVCasSd *fort. recte*    angelorum] + linguae Sd    14 unum GV factus AHCas (=vg)    aeramentum AGVD] aes HCas (=vg)    15 impulsu Cas$^{ed}$    reddet ES reddat MNG    16 uero] ex deo C autem Cas    et (*pr.*)] *om.* H$_1$Cas tunc V    nostra] ex nobis HGV *om.* Cas    est *om.* Cas    17 possedit SR*N*    ministeria (?) V*    18 omnia *om.* G    ∽ prof. hic G    prophetia] prophetiam A *om.* H    praedicare E predicarem MN    mysteriorum— secretorum] notitia autem est omn. secr. cognitio V    19 uero (*pr.*) *om.* HG(V) nouitia SR    scienti V*    autem Cas    20 scire Cas    ita MN    tam] tua MN

sine caritate nihil sunt, quanto magis abstinentia, ieiunium et his similia, in quibus sibi plerique relicta caritate gloriantur! *Et omnem scientiam.* Non mirum si scientiae caritas praeferatur, cum etiam prophetia et mysterium sine illa nihil
5 prodesse dicantur. sed et hinc scientia magna est, quod cum istis comparatur, etiam si minor sit caritate. *Et si habeam omnem fidem ita ut montes transferam, caritatem autem non habeam, nihil mihi prode est.* Saluator dicit fidem sicut granum sinapis montes posse transferre: apostolus uero om-
10 nem fidem esse ait quae transferat montes, unde intellegitur perfectam fidem esse quae in euangelio grano sinapis conparatur, quod non propter exiguitatem, sed ob integritatem uel uigorem eius aptatum est. notandum sane quod inter cetera etiam omnis fides quae montes transfert, sine caritate
15 non prosit. quam caritatem plenitudinem legis idem apostolus alio loco contestatur, dicens: 'qui enim diligit proximum, legem impleuit,' et paulo post: 'dilectio proximi malum non operatur; plenitudo ergo legis est dilectio.' quid ergo mihi proderit habere praescientiam et uirtutes, si opera non
20 habeam caritatis? dicetur enim mihi: 'non noui te, operari

8 cf. Matth. xvii 20    11 cf. Matt. xvii 20    15 cf. Rom. xiii 10
16 Rom. xiii 8    17 Rom. xiii 10    20 cf. Matth. vii 23; Luc. xiii 27

*def.* B    1 caritatem G*    ↶sunt nihil V    magis]+sine E    2 et his] et hi G ceteraque V    se G corr.    plerique] repleri que G*    rel. caritate] hac rel. V caritatem G*    3 non—dicantur *om.* HG    4 prophetiam V    martyrium VCas (*fort. recte, cf. u.* 3)    5 esse VCas    hic RH₂G    est *om.* HG    quia H₁G qui MN quę C    6 his computatur HG    comparatur etiam si *om.* V    sit] est V    si AECas^{ed}D] *om.* HGVCas^{cod} (=vg)    habeam GVD habuero AHCas (=vg)    7 monstes G*    8 habeam GVD habuero AHCas (=vg)    mihi prode est (prodest D) GD sum AHVCas (=vg)    saluator—transferat montes (10) *om.* HG *qui satis differunt*    10 ait] ut V    unde] hinc H₁G hic H₂Zm    11 magna fides HGZm    ↶esse fidem Cas    esse—euangelio *om.* V in euangelio *om.* Cas    conparator SR* comparari V    12 quo G* et hoc VCas    modicitatem HGZm    ob] propter HGCasZm    13 uel uigorem] *om.* V et feruorum Cas    eius *om.* HGZm    adpositum HGVCasZm *fort. recte*    est *om.* V    notandum] non tantum H₂    sane *om.* H₂Zm    14 omnes SR*N    monstes G    transferat HVZm transferet G    15 quam—iniquitatis (*p.* 203, *u.* 1) *om.* HG    legis]+esse V    ↶al. loc. apost. V    16 dilig V 17 proximo V    18 ergo] enim V    dilectio]+aliter V    ergo *om.* V 19 praescientiam et] praescientiae Cas    20 habuero Cas    dicitur VCas non noui te] recede a me Cas    operarii A operarius Cas

iniquitatis.' 3 *Et si distribuero omnes facultates meas in cibos pauperum, et si tradidero corpus meum* [*ita*] *ut ardeam, caritatem autem non habeam, nihil mihi prodest.* Notandum quod contemptus mundi martyrio copuletur, contra eos qui illut de euangelio uariis argumentis nituntur excludere, ubi dicitur 5 ad diuitem: 'uade, uende omnia tua,' et cetera. nam apostolus, de summo caritatis bono tractans, magnis eam procul dubio rebus praetulisse credendus est: neque enim potuerunt rei summae comparari non magna. quod ex ipsis speciebus agnoscitur: nam linguis hominum loqui et angelorum et 10 habere prophetiam et omnia mysteria nosse, omnemque scientiam possidere, et habere omnem fidem, et ignibus se cremandum tradere, magna esse quis nesciat? his ergo etiam mundi contemptus adnectitur, qui si magnus non esset, nec rei summae, id est caritati, compararetur, nec inter magna 15 utique poneretur. quod illorum sententiam destruit, qui renuntiandum rebus saeculi certo tempore, persecutione cogente, uolunt esse praeceptum, ut et apostolis gloriam tollant, qui id non uoluntarii fecerint, sed inuiti, et nostri aeui perfectos uanos constituant, qui rem alterius temporis 20 frustra nunc uoluerint exercere. quaeritur sane quo modo quis possit sine caritate martyrium sustinere, si non propter deum, sed propter gloriam fiat humanam, uel certe si quis in ipso martyrio aduersus fratrem retineat iram, contemnens eum qui iussit nos malitiam proximi obliuisci, et in ipsa etiam 25 morte praeuaricator exsistens. 4 *Caritas patiens est.* Modo

6 cf. *Matth. xix 21 etc.    10 cf. 1 Cor. xiii 1–3    25 cf. Eccli. x 6

1 distrib. omn. fac. meas in cib. paup. AD  ᴖ distrib. in cib. paup. omn. *def.* B fac. meas HCas (=vg) donauero omn. fac. meas G½ distrib. omnia mea pauperibus G½ donauero omn. fac. meas et distrib. omnia mea pauperibus V    2 si] sit V    ita GVD *om.* AHCas (=vg)    ardeam]+igni G    3 habeam AGVD] habuero HCas (=vg)    4 contemptores MC contemptoribus N    martiribus copulentur C    copuletur] conpletur V    5 nituntur exsoluere HG excusant Cas    6 tua et cetera] quae habes et da pauperibus HG et cetera V    nam apost.—exercere (21) *om.* H₂    nam *om.* H₁GV    7 carita G* magis G*    9 magnae H₁GV    15 caritate H₁    16 destruet G    17 persecutionem G*    18 apostolus G*    19 qui id] quod E    uoluntarie H₁    20 perfectus H₁ uanus SR*    21 uoluerunt S    quaeritur—sustinere *om.* H₁GVCas    22 si] *om.* G sed V½ quis V½    23 fiat *om.* H    uel] aut Cas    si quis *om.* GCas    24 aduersum H₁    retinet V½ teneat Cas    25 eum] deum Cas    obliuiscere H(—SC)GV½    26 praeuaricatur G*V    modo]+singillatim Zm

describit ipsa membra et species caritatis: nam parentes, quia multum diligunt filios, omnes eorum libenter patiuntur iniurias. *Benigna est.* Semper bene uolens. *Caritas non aemulatur.* Nemo illi quem uere amat inuidet, cuiusuis eum gloriae esse conspiciat uel honoris, sed omnem eius felicitatem quasi suam libenter amplectitur. *Non agit perperam.* In omnibus ordinem seruans. *Non inflatur.* In superbiam. 5 *Non est ambitiosa.* Maior [aliis] esse non ambit, et super fratres non cupit dominari. *Non quaerit quae sua sunt.* Non quaerit quod sibi tantum sit utile, sed quod multis. *Non irritatur.* Non incitatur ad iurgia ab illo quem diligit. *Non cogitat malum.* Non solum non facit, sed nec cogitat quidem. 6 *Non gaudet super iniquitatem.* Contristatur, si quem iniquum aliquid uel fecisse uel passum esse conspexerit. *Congaudet autem ueritati.* Id est, bonis operibus uel fidei ueritatis. 7 *Omnia suffert, omnia credit, omnia sperat, omnia sustinet.* Suffert iniurias, satis facienti credit, sperat eius emendationem, et donec corrigat patienter expectat. 8 *Caritas numquam excidit.* Hoc est, ipsa sola permanet in futuro, uel certe quae uera est non finitur. *Siue prophetiae, euacuabuntur; siue linguae, cessabunt; siue scientia, destruetur.* 9 *ex parte enim [cogno]scimus et ex*

8 cf. 3 Ioh. 9        9 cf. 1 Cor. x 33        15 cf. 2 Thess. ii 13

*def.* B    1 describens SR      ipsa] omnia (omnem H₁) ipsa H in ipsa G *om.* Cas    nam]*om.* HGCas aliter V    2 quia] quam MN qui C    multum *om.* CasZm    filiis H₁    omnes *om.* E    eorum]+etiam HG+infantum Cas    ↶portant    patienter Cas patienter portant Zmᵉᵈ    3 semper bene uolens *om.* V    4 amat] diligit Zm    inuidet AECCasZm inuideat H(—EC)GV inuidit C*Zmᵉᵈ    cuiuscumque Zm    uis *om.* G    eam H₂    5 esse conspiciat] uideat CasZm    honores SR*G    6 in—seruans *om.* HG    7 in superbiam *om.* HGVCas    8 maior]+enim Cas    aliis *om.* A    ambigit V    9 cupit *om.* N    dominare R*M    queret G    10 sibi] si G*    tantum] soli V *om.* Cas    ↶utile    sit H₂ utile est CasZm    sit *om.* Sd    11 incitatur ad iurgia] irritatur V    eo Zm    cotat G*    12 faciat G    ne H₁GZmᵉᵈ    cogitant G*    quidem] quidam G *om.*Sd    13 iniquitate CCasD    iniquum aliquid] iniquitatem CasZm    aliquem H₂    14 pertulisse Zm    15 id—ueritatis *tr. post* credit (16) H₁    16 sustinet]+omnia dilegit D    suffert]+super H₂+satis Sdᶜᵒᵈᵈ    17 ↶cred. sat. fac. Cas    faciendi H₂    eius *om.* Cas    mendationem G*    18 patienter *om.* Cas    excedit EN*G*Zmᶜᵒᵈ*D excedet R* excidet S,R corr.,V corr.    19 futurum Zm    uel] aut HG    quae] quia Zm    non]+mutatur (mutabitur *ed.*) uel Zm    20 uacuabuntur G    lingua E*MNG*    21 scientiae A*ED    distruentur E*m*2,D    scimus G    et] e G corr. *s.l.*

*parte prophetamus.* Non omnia scimus nec omnia prophetamus, et ita ut in maius proficiant destruentur: per ista enim ad perfecta uenimus. 10 *Cum autem uenerit quod perfectum est, euacuabuntur ea quae ex parte sunt.* Quod sanctis promissum est in futuro. 11 *Cum essem paruulus, ut paruulus loquebar, ut paruulus sapiebam* [, *ut paruulus cogitabam*]. Exemplo carnalis incrementi uult spiritalem monstrare profectum. *Cum factus sum uir, quae paruuli erant deposui.* Exposuit qualiter euacuentur illa quae superius memorauit. 12 *Uidemus nunc per speculum in enigmate.* Quasi paruuli, qui non possumus serena cordis acie perfect[a]e lumen perspicere ueritatis, per speculum legis quasi rerum imaginem contemplamur. *Tunc autem facie ad faciem.* Id est, in praesenti. *Nunc cognosco ex parte; tunc autem cognoscam, sicut et cognitus sum.* Sicut me perfecte dominus nouit, ita tunc ego quae sunt diuina cognoscam. 13 *Nunc autem manet fides, spes, caritas, tria haec: maior autem his est caritas.* In praesenti tria haec: in futuro sola caritas dei et angelorum et sanctorum omnium permanebit. maius ergo est quod semper erit quam quod aliquando cessabit. 'Fides, spes.' Omne quod speramus credimus, non omne quod credimus, et speramus. 1 *Sectamini caritatem.* Omni conatu ipsam sequimini, quia in uestra est potestate. *Aemula*

2 et—uenimus *om.* Cas   ita] ista C corr.   in maius *om.* Zm   in *om.* H$_2$ *def.* B magis C   destruuntur GZm   3 perfecta] perfectam C illa Zm   ueniemus Zm   4 euacuabitur quod ex parte est AHCas   ea quae] aeque G* quę G   5 ↷ loq.   ut paru. sap. ut paru. cog. ut paru. AHCas (= vg)   6 paruul. (*pr.*)] paruuol. G   ut paruulus cogitabam *om.* A   exemplum H$_2$   carnales SR*   7 incrementis G*   ↷ spiritalis uult Zm   spiritali H(—RC)   cum GVSd quando AHCas (= vg)   factus(s *in ras.*) G   8 ↷ euacuaui quae erant paruuli AHCas (= vg) quae paruuli erant euacuaui   ostendit quomodo CasZm euacuantur Zm   9 uidimus R*NG*   10 spec.] + et D   quae Zm$^{codd}$ possunt HG   11 serenissima (+ a V) VCasZm   aicie (e *s.l.*) E (*corr. m*2 luce) atiae G   perfectae AZm$^{ed}$   12 legis] scripturarum G   ↷ imag. rer. uidemus CasZm   13 autem *om.* H(—S,R corr.)   14 autem *om.* D   et *om.* Cas$^{ed}$Zm$^{ed}$D   15 ↷ deus perf. H$_2$   dominus ASd deus HGVZm tunc] et HG   ego] + tunc H$_2$G   dei CasZm   16 cogn.] *praem.* mentis capacitate Zm   nunc autem *om.* D   manent,(*ex* manet) G,Cas   ↷ spes fides D   trea A   17 est *om.* H   ↷ in praesenti *tr. post* fides (16) H(—R) praesentia Sd   tria haec *om.* R   haec] autem MN hic C *om.* Cas   18 ↷ dei car. HG   ↷ sa. et ang. et dei Zm   ↷ omn. sa. Cas   19 magis EMN ↷ est ergo Sd   est *om.* Cas   erit] opus est Cas   cessauit GZm$^{ed}$   20 fides spes *om.* HGVCas   omne] + enim Cas   separamus G*   credimus] *praem.* et Cas   21 et *om.* G   persequimini Cas   22 quonato G*   uestrae G   potestatem V

*mini spiritalia, magis autem ut prophetetis.* Et spiritalia dona
aemulari uos ac quaerere non prohibeo, sed ut magis prophetetis exhortor. 2 *Qui enim loquitur lingua, non hominibus
loquitur, sed deo; nemo enim audit.* Nemo per auditum aurium
de his quae dicuntur accipit intellectum, nisi deus et qui
interpretandi donum accepit uel qui eiusdem est linguae.
*Spiritu autem loquitur mysteria.* Id est, gratia spiritus. 3 *Nam
qui prophetat, hominibus loquitur aedificationem et exhortationem
et consolationem.* Exposuit quot modis intellegenda sit prophetia. quicumque ergo haec habet, propheta esse censendus
est. 4 *Qui loquitur lingua, semet ipsum aedificat; qui autem
prophetat, ecclesiam aedificat.* Id est, omnes. 5 *Uolo autem uos
loqui linguis, magis autem prophetare.* Hoc quidem uolo, sed
illut malo; hoc non prohibeo, illut exhortor. *Nam maior est
qui prophetat quam qui loquitur linguis.* Quia hoc opus est
caritatis per quod multi proficiunt, et ideo maius est quam
illut quod uos maximum aestimatis. *Nisi forte ut inter-
praetetur, ut ecclesia aedificationem accipiat.* Si interpretatur,
tunc aequalis esse poterit prophetanti. 6 *Nunc autem, fratres,
si uenero ad uos linguis loquens.* Suum illis proponit exemplum.
*Quid uobis prodero, nisi uobis loquar,* [aut] *in reuelatione aut*

*def.* B    1 proph(f D)etis VD     et] + cetera V     2 aemulari *om.* Sd     ac]
haec NC et C corr. Cas *om.* Sd    ⌒ mag. hortor ut proph. Cas mag. ut proph.
exhortor Sd    proficiatis H,(*ex* proficiatur)G    3 linguam V    4 se G*
deum V*    per—intellectum] audit auribus intellectus V    5 accepit M*N
et *om.* VCas<sup>cod</sup>*    6 ⌒ acc. don. R    accipit ER    lingua G    7 spiritus
H₁GCas    loqui MN*    id—spiritus] iterum (item NC) linguam (lingua MN)
significat H *om.* G + iterum linguam significat V    gratia] per gratiam Cas
8 aedif.] ad aedif. ECasD aedificatione MN    et *om.* Cas    exhortatione MN
9 et *om.* G    consolationis (-es)H₁,G(is *in ras.*) consolationes V consolatione MN
quod H₁G*V    10 hanc G    habit V    esse *om.* Sd    dicendus Sd
11 est *om.* G*    qui *om.* G    qui (*alt.*)—aedificat *om.* H    12 eccl.] + dei Cas<sup>ed</sup>
id est omnes *om.* HG    uos] omnes uos HCas<sup>cod</sup> (= vg) uos omnes G omnes Cas<sup>ed</sup>
⌒ uos linguis loqui omnes D    13 quidem *om.* VCas    sed *om.* VCas    14 mallo A*
⌒ non hoc R    exhortor] et hortor V hortor Cas    ⌒ maior est enim SdD
15 ⌒ ling. loq. G    quia (qui G*)] + et HGVCas    hoc] + magnum HG
est *om.* Cas    16 per quod] unde VCas    et—illut *om.* HGV    17 max.]
praecipuum (precipium MN) HG    extimatis S    forte ut] ut forte EMN
forte R*C    interpretatur H₂ *om.* S    18 ut] et Cas    accepiat V
interpretetur HV interpratatur G    19 aequalis esse] aequari V(Cas)    21 uobis
(*pr.*) *om.* D    proderit HCas    nisi] + si V (= vg)    aut *om.* GD    reuelationem G*D    aut (*alt.*)] + in NSd (= vg) et G

*scientia aut prophetia aut doctrina?* Erit uobis sola admiratio, non profectus, nisi uobis aut interpreter, aut plana faciam legis obscura quae noui, aut prophetias exponam, aut uos moralibus doceam institutis. 7 *Tamen quae sine anima sunt uocem dantia, siue tibia, siue cithara, nisi distinctionem sonitus dederint, quo modo scietur quod [tibia] canitur aut quod citharizatur?* Cum haec inanimalia, nisi distinctionem habeant, suauem non possint reddere cantilenam et ut superflua respuantur, quanto magis uos, quorum spiritalis suauitas non aures debe[a]t mulcere, sed mentem! 8 *Et enim si incertam uocem det tuba, [quo modo] quis parabit se ad bellum?* 9 *ita et uos per linguam nisi manifestum sermonem dederitis, quo modo scietur id quod dicitur?* Si uox tubae incerta fuerit, utrum sollemnitatis an belli sit, nemo pugnabit: ita ergo et uester intellegendus est sermo, ut possit ad spiritale proelium Christi milites praeparare. *Eritis enim in aera loquentes.* 10 *Tanta ut puta genera linguarum sunt in mundo.* Etiam si tam multa loquamini, ut genera sunt linguarum, quid proderit, cum omnia in aere soluantur et nulli proficiant? *Et nihil sine uoce est.* Nihil sine uoce linguam habens. 11 *Si ergo nesciero uirtutem uocis, ero ei cui loquor barbarus, et qui loquitur mihi*

1 aut (*pr.*)] + in N,C corr.,GSd (=vg) ut G* aut (*alt.*)] + in RNVCasSd (=vg) *def.* B erit] et ut G miratio VCas 2 aut (*pr.*) *om.* G interpretetur SR*MN,G corr. plana] planam H₁ plura MN palam N corr.,C faciat SR* 3 occulta HG nouit H₁ aut (*alt.*) *bis* G* 4 mirabil. H₂ sinac(?) G* sinae G animę A*R* 5 sonitus G*CasD sonituum AE,R corr. (=vg) sonitum SR*H₂ sonus V 6 dederit RH₂ quod (*pr.*)] id quod Cas$^{ed}$D aut quod S quo G* tibia G per tibiam D *om.* AHVCas (=vg) 7 cum] + autem MN inanimata R corr.,CCas inammalia G* nisi *om.* G* distinationem N distinctum C distentionem G habent G* 8 suauem] si autem (+non S) H₁ possunt H(—R corr. C corr.)G possent R* catilenam G* et *om.* H ut] aut R *om.* G superfluam MN* 10 debet A corr.,H₁GVCas mulceri H₁ mentes (menti S) H 11 ⌒tuba det H tuba] tubam G* +quomodo GD parabit se] sperauit sed G* parauit se MNG praeparabit se D bellum (ll *in ras.*) G 12 nos M*N dederetis V 13 id *om.* G utrum] uirum G* uerum G 14 pugnauit H(—RC) pugnabis G* discernit Cas 15 intellegebilis V est] *om.* A* *tr.* ante intell. H₂ sit V spiritali SR* bellum Cas christo A* 16 praeparere A* eretis V tanta GD tam multa AHVCas (=vg) 17 ⌒ling. gen. D ⌒sunt ling. G in] + hoc VCasD (=vg) 18 loquimini SN sunt *om.* A* quod G* 19 aera H(—S)GVCas$^{cod}$Sd$^{ed\ cod}$ proficiat H(—C)G nihil] +eorum SdD 20 est *om.* G uoces G* linguam habens] linguarum VCas 21 barbarus(b *pr. in ras.*) A et] + is D ⌒mecum loquitur G

*barbarus*. Omnis sermo qui non intellegitur barbarus iudicatur. 12 *Sic et uos*. Quo modo de me dixi. *Quoniam aemulatores estis spiritalium ad aedificationem ecclesiae, quaerite ut abundetis*. Quoniam spiritalia dona sectamini, illa magis 5 quaerite quae aedificent audientes. 13 *Et ideo qui loquitur lingua, oret ut interpretetur*. Oret ut illi interpretandi gratia donetur. 14 *Nam si orem lingua, spiritus meus orat*. 'Oratio' hoc loco oris ratio; id est, si lingua dicam, non ego loquor, sed spiritus qui in me est. si autem ad orationem referatur, 10 spiritus sermo intellegendus est qui non numquam, mente alia˙ cogitante, precatur. *Mens autem mea sine fructu est*. Quia non intellego quod loquor. 15 *Quid ergo est? Orabo spiritu, orabo et mente; psallam spiritu, psallam et mente*. Qui enim interpretatur, necesse est ut prius ipse intellegat quod 15 aliis est dicturus. 16 *Ceterum, si benedixeris spiritu*. Benedicitur omne quod bene et secundum deum aliqui loquitur. *Qui[s] supplet locum idiotae?* Inanitatem scientiae in corde ignari quis implet? *Quo modo dicit 'amen' super tuam benedictionem, quoniam [quidem] nescit quid dicas?* Quo modo 20 tuae perhibebit benedictioni testimonium uel consensum? 17 *Nam tu quidem bene gratias agis, sed alter non aedificatur*. Quod superius dixerat 'si bene dicas,' hic ipsum exponit.

17–18 cf. Eccli. xvi 23; xvii 6      22 *1 Cor. xiv 16

*def*. B    2 quo—dixi *om*. HG    quo modo]+ego Cas[cod]    3 istis G*    spiritalium GVD spirituum AHCas (=vg)    4 quoniam]+qui H$_2$    5 aedificant H$_2$ auditores H$_1$    6 oret (*pr*.)]+et (*exp*.) G    illi—don.] interpretandi quoque gratiam mereatur VCas    gratiae EN    7 nam *om*. G    orauero D    8 hoc loco *om*. V    ratio] elocutio HSd½ locutio G rati✳ V narratio Sd½ + defenitur V* fenitur V + intellegitur Sd    id] hoc H$_2$    si] in G    linguam H(—C)V    9 requiratur H    10 sermo]+non H(—M*)G    est *om*. G    mentem alia[m] H(—C)    12 quia] qui ERG quod H(—ER)    quod] quid H$_2$    ergo *om*. G    13 et (*pr*.) *om*. G    14 ⁀ipse prius Sd    prius] ante HG    ille S 15 ⁀dict. est GSd ceterum] et iterum G*    benedixeritis D    16 omnem V bene] uere HGVCas    aliqui *om*. HGVCas    dicitur HGVCas    17 qui AH(—RC)G quid D    suplet G    in uanit. MN sanit. Cas    18 idiotae Cas 19 quoniam] cum Cas[ed] + quidem GVD    nescit quid dicas GVD ⁀quid dicas nescit AH$_1$Cas (=vg)    quod(t) H$_2$    dicis H$_2$ dicat G*    quoniam H$_2$ 20 ⁀praebebit tuae V    tuo A* tua C    ⁀bened. perh. Sd    perhibet H$_1$ peribit H$_2$    benedictionem MN benedictione SR*,(*corr*. benedictio sine)C,G* testimonium uel *om*.V testimonio C corr.    consonum H$_2$ consono C corr. 21 nam *om*. G    ages MN    22 quod—exponit *om*. H$_2$    si] sine S bene dicas] benedixeris spiritu Sd    hoc Sd    exponat G

18 *Gratias ago deo quod omnium uestrum [magis] lingua loquor.* Ne putetis me hanc quoque gratiam non habere et uos ideo prohibere loqui. 19 *Sed in ecclesia uolo quinque uerba sensu meo loqui [per legem], ut et alios instruam, quam decem milia uerborum in li[n]gua.* Sed malo perpauca proprio intellectu et simplici ratione ad profectum loqui, quam multa quae nulli proficiant. quidam sane quaerunt quae sint quinque uerba, a quibus e contrario quae sint decem milia est quaerendum. 20 *Fratres, nolite pueri effici sensibus.* Scire debetis quam diu futurae sunt linguae, uel quare sint datae. *Sed malitia paruoli estote, ut sensibus perfecti sitis.* Malitia debetis paruoli esse, non sensu. simul ostendit neminem, nisi paruolum malitia, sensu esse perfectum, quia 'in maliuolam animam non introibit sapientia.' 21 *In lege enim scriptum est quoniam In aliis linguis et labiis aliis loquar populo huic, et nec sic exaudient me, dicit dominus.* Etiam hoc signum dabo, ut per sanctos meos inusitato sermone loquar, et nec sic quidem me loquentem intellegent. 22 *Itaque linguae in signum sunt non fidelibus.* Hic ostenditur crescente fide signa cessare, quando infidelium causa danda esse praedicebantur. *Sed infidelibus.* Ut saltim admiratione moueantur. *Prophetiae autem non infidelibus, sed fidelibus.* Maior est ergo et utilior, quae [et]

13 Sap. i 4

1 ago] autem G    uestrum]+magis GD    linguam MNV linguis Sd *def.* E loquar R    2 ↶hanc me H$_2$    ↶quoque hanc VCas    3 prohibere]+et (uel V) idcirco non HGV    prohiberet G*    loqui *om.* Cas    ecclesiam MN ↶sensu meo quinque (*om. codd.*) uerba SG    uerba]+cum H$_2$    ↶loqui sensu meo G    4 meo]+per legem G    loqui]+per legem D    ut—instruam *om.* G et *om.* HD    5 ↶in ling. uerb. MN    ligua A    proprio—ratione *om.*VCas 6 et]+in G    7 proficiunt G    quae sint] quare Cas    sunt H$_1$M 8 contrariae H$_2$    quae—milia] de (*om.*V) decem milibus VCas    ↶quaerendum est H$_2$    10 sint N*,C corr.,Cas    sunt Cas$^{ed}$Sd    11 malitiae G estote *om.* H$_2$    ut (*om.* G) sens. perf. sitis GD sens. autem perf. estote AHVCas$^{ed}$ (=vg) sens. autem perf. sitis Cas$^{cod}$    malitię G 13 malitię G    maliuola anima V    14 intrabit Cas$^{ed}$    enim *om.* HCas$^{ed}$ (=vg)    15 aliis (*alt.*) *om.* G    loquor N    nec sic] nondum GV    16 exaudiet Cas$^{cod}$    17 sermonem V    nec] ne G    me loquentem] eloquentem E 18 intellegant H(—EC)    19 ostendit H$_2$    cessare] essere G*    quoniam H$_2$Sd$^{cod}$ quae V    20 infidelibus SN    danda esse praed.] sunt data VCas predicabantur RH$_2$,(n *exp.*)G praedicantur Sd    fidelibus G    21 ut]+ eius HGV    salute G    admirationem MN    mouantur (*sic*) G    prophetia H$_1$ *fort. recte*    22 sed fidelibus *om.* G    et (*alt.*) V *om. rell.*

fidelibus prodest et semper est opus. 23 *Si ergo conueniat uniuersa ecclesia in unum, et omnes linguis loquantur.* Hoc est, si fieri posset ut concederetur uobis, quia omnes hoc uultis. *Intrent autem idiotae uel infideles.* Idiotae nuper
5 credentes dicuntur hoc loco. *Nonne dicent quod insanitis?* Sicut Iudaei de apostolis 'dixerunt: hi pleni sunt musto.' 24 *Si autem omnes prophetent, intret autem quis idiota uel infidelis, conuincitur ab omnibus, diiudicatur ab omnibus;* 25 *occulta cordis eius manifesta fiunt.* Quando eius pulsatur
10 conscientia per doctrinam. *Et ita cadens in faciem adorabit deum, pronuntians quod uere deus est in uobis.* Sicut Nabuchodonosor adorauit Danielum: 'uere deus uester ipse est deus,' post quam somnium, quod oblitus fuerat, et interpretationem eius audisset. 26 *Quid ergo [est], fratres?* Quid
15 ergo est faciendum, uel quid definimus esse tenendum? *Cum conuenitis, unus quisque uestrum psalmum habet[, doctrinam habet].* Hoc est, intellegit psalmum. *Apocalypsin habet [, interpretationem habet, linguam habet].* Reuelationem aliquam

6 *Act. ii 13   11 *Dan. ii 46   12 *Dan. ii 47   13 cf. Dan. ii 45

*def.* B   1 prode est G   et] + quae Cas   opus] necessaria Cas   conueniant V
2 omnis G   linguas MN   3 ↶ possit fieri G   potest H(—C corr.) possit
Cas   concedatur Cas^{cod}   qui H(—R, C corr.)   omnis V toti Cas   hoc
uultis] occultis G   4 intret ES intrant Cas^{ed}   autem] + et HV   uel]
aut HVCasD (=vg)   infidelis ERN   5 hoc loco *om.* GCas   nonne *om.* C
ne *om.* N   dicent *om.* H₂   quod] nunquid C   insanetis MN   6 sicut]
quomodo Cas   de apostolis *om.* VCas   de *om.* Sd   hii AH(—RC) hii
omnes V   ↶ mus. pl. sunt Cas   7 prophetant Cas^{ed}   quis] qus V*
aliquis D   idi. uel inf. GV ↶ inf. uel (aut D) idi. AHCasD (=vg)   ideota AMN
8 hominibus G   dei. A   hominibus G* homnibus G   9 occulta] + etiam
HGV + enim Cas^{cod (s.l.)}   quoniam H₂Sd   ↶ consc. p. doc. puls. CasSd
10 ita] tunc D   faciem] facie Cas terram D   adorauit RMNGV*
11 dominum H₂   pronuntiens ND   est in uobis GV ↶ in uobis sit AHCas
(=vg)   nabucoda. (*add.* h *s.l.*) A nabochodo. SV nabocodo. M nabogodo. N
nabugodo. C nabucodo. Cas^{cod}   12 danielum EG danihelum S danielem A
(*alt.* e *in ras.*), Em2, NC, G corr. VCas danihelem RM + dicens C*m*2, VCas
↶ deus uester uere VCas   13 somnium] + suum VCas   quod oblitus fuerat
*om.* Cas   14 ↶ aud. eius H(—E, N corr.)   audiuit VCas   est *om.* GCas^{cod}D
15 ergo est] credit G* creditis G ergo Sd   quid] quod H₂   definiemus H₁G desiniemus G*   16 conuenites G*   conu.] + in unum D   uestrum
—habet (17) *om.* G   habet] + doct. habet HVCasD (=vg)   17 intelleget R
apoc.] *praem.* habet(?) G*   habet] + linguam habet interpretationem habet
HCasD (=vg) + ↶ interpretationem habet linguam habet GV   18 aliquam
*om.* VCasSd

mysteriorum. *Omnia ad aedificationem fiant. Nihil sit in uobis quod non alterutrum aedificet.* 27 *Siue lingua quis loquitur secundum duos, aut multum tres et per partes, et unus interpretetur.* Hoc est, uicissim prophetantes dicant et unus paulatim interpretetur. 28 *Si autem non fuerit interpres, taceat in ecclesia; sibi autem loquatur et deo.* Sua conscientia et dei teneat eum gratiam hanc habere. 29 *Prophetae duo aut tres dicant, et ceteri interrogent:* 30 *quod si alii reuelatum fuerit sedenti, prior taceat.* Non stantibus, sed prophetis sedentibus. 31 *Potestis enim per singulos* [*omnes*] *prophetare, ut omnes discant et omnes exhortentur:* 32 *et spiritus prophetarum prophetis subiectus est:* 33 *non enim est dissensionis deus, sed pacis.* Siue: Gratia spiritus alteri prophetae consentit, ut alterutrum sibi cedant. Siue: Spiritum humilitatis et caritatis debent habere prophetae, quia deus qui in ipsis est non est dissensionis neque superbiae. *Sicut in omnibus ecclesiis sanctorum doceo.* Sic est ubique, ne noui aliquit me uobis imperare putetis. 34 *Mulieres* [*uestrae*] *taceant in ecclesiis: non enim permittitur eis loqui.* Quia contra ordinem est naturae uel legis ut in conuentu uirorum feminae loquantur. quaeritur ergo quo modo alibi dicat mulieres docere prudentiam et castitatem debere: sed hoc in sexu suo. simul et cum designat locum ubi taceant, alibi eis loqui permisit. *Sed subditas esse, sicut et lex dicit.* Quia et uir prior factus est, et Sarra dominum uocabat

21 cf. Tit. ii 4, 5     24 cf. 1 Tim. ii 13; cf. 1 Petr. iii 6

1 myst.]+quod intellegitur reuelatio H     ad *om.* G*     2 non *def.* B (nos G*)]+uos H₁G*V+uos ad H₂     ↶ aedif. alterutr. Cas     3 duo G aut]+ut Cas (=vg)     et (*pr.*) *om.* G*     4 hoc est—interpretetur] siue ipsi duo uicissim dicant siue unus per partes interpre(*ex* i V)tetur V(Cas)     dicant *om.* R     5 erit G     taceant G*     6 autem *om.* G     suam conscientiam H₂ ↶ et dei conscientia V     dei] deus A     7 timeat R     eum] cum H₂G gratia G     haberet H₂     prophetae]+autem R     aut] uel D     8 interrogent GV diiudicent ACas (=vg) examinent D     10 per singulos] per singulos omnes SH₂GD ↶ omnes per singulos H₁VCas (=vg)     12 subiectus est HGVD subiecti sunt ACas (=vg)     enim *om.* H₂     enim est] est enim H₁ enim G     deus]+est G     13 gratiae H₁Cas     consensit H(—F)     ut—cedant] et cedit V     14 spiritu H₁N spiritus M     15 eis V     16 sup.] sub. A*     omnibus *om.* G     doceo *om.* SH₂VCas^cod (=vg)     17 imperare *om.* V     18 *uu.* 34–35 *post* 40 *tr.* SdD     uestrae *add.* GVSdD     taceant in ecclesiis(-ia D) GVD ↶ in ecclesiis taceant AHCas (=vg)     permittetur G     20 feminae *om.* V 22 deb.]+ut prudentiam et castitatem doceant VCas     suo *om.* Cas     23 eas Cas subditos Cas^ed     et *om.* D     24 dixit Cas^ed     uir *om.* G     prius H(—E)     sa✱ra A

Abraham. 35 *Siquit autem uolunt discere, domi uiros suos
interrogent: turpe est enim mulieribus in ecclesia loqui.* Ne
uideretur eas etiam discere uetuisse, domi illas hoc quod
publice non decebat facere debere praecepit. 36 *Aut a uobis
uerbum dei processit, aut in uos solos deuenit?* Numquit
doctrina Christi aut ex uobis est aut aput uos remansit?
Siue: De scientia similiter est dicendum. 37 *Siquis uidetur
propheta esse aut spiritalis, cognoscat [quae scribo uobis] quia
domini sunt mandata:* 38 *siquis autem ignorat, ignorabitur.* Ex
hoc probabitis uerum prophetam, si ista cognouerit: siquis
autem ignorat haec, ignorabitur et a nobis et a domino
dicente eis, qui se in eius nomine prophetasse dicebant:
'nescio uos.' 39 *Itaque, fratres, aemulamini prophetare, et
loqui linguis nolite prohibere.* Illut sectamini, hoc prohibere
nolite. 40 *Omnia autem [uestra] honeste et secundum ordinem
fiant.* Nihil peruerso ordine aut per contentionem uel inanem
gloriam faciatis. 1 *Notum autem uobis facio, fratres, [quoniam]
euangelium, quod praedicaui uobis.* Inter cetera quidam
Corinthiorum etiam resurrectionem carnis ausi fuerant ex
ueteris scientiae praesumptione negare, qui hic ab apostolo
arguuntur. *Quod et accepistis.* Ne illi hoc non credidisse uiderentur uel omnes creditum respuisse. *In quo et statis,* 2 *per
quod et saluamini.* In cuius doctrina statis, et per quod salutem
speratis et in praesenti de diuersis infirmitatibus saepe

12 cf. Matth. vii 22, *23    16 cf. Phil. ii 3

*def.* B    1 autem *om.* D    discere] + usque hic $H_1$    suos *om.* G    2 interrogant $H_2$    mulieri H(—E muliere, C mulierem)Cas(=vg)    in ecclesia
loqui GVD ⌒loqui in ecclesia AHCas(=vg)    3 etiam *om.* C    prohi-
buisse Cas    quod—decebat *tr. post* praecepit V    4 dicebat S dicebant $H_2$
(*corr.* discebant C)    aut GD* an *rell.* (=vg)    5 sermo H    dei *om.* D
solus ES    deuenit AGSdD peruenit *rell.* (=vg)    8 quae scribo uobis] *om.* A
⌒quae uobis scribo D    9 mandata *om.* G    autem *om.* $H_2$    ex *om.* H
10 probabis EM probabit C    uerum] + esse Sd    cognouerit] + domini
mandata esse quae dico HG + domini esse mandata V    11 ⌒haec ignorat V
uobis $H_2$    12 dicebant] dicent Sd    14 hoc] illud G    15 autem] enim $H_2$
uestra *add.* GSdD    honesta $Sd^{cod}D$    et sec. ord. *om.* D    16 fiant] +
in uobis $Cas^{ed}$    17 quoniam *add.* GD    18 uobis] + incipit causa resurrectionis H + incipit de resurrectione V    19 carni MN*    fuerunt $H_2$
ex—praesumptione *om.* V    20 ueteri $H_2$    scientia H    denegare VCas
apostulus MN    21 illis G    credisse ES    22 credentium RMN    23 statis
*om.* $RH_2$    24 et] sed etiam V    de] *om.* $H_2$ ab V    diuersis *om.* V    inf.] +
corporum Zm

xv 5]                IN I CORINTHIOS                 213

saluamini. *Qua ratione* [*ante*] *praedicauerim uobis.* Tota
ratio praedicationis nostrae haec est, ut resurrectionem
credatis: hoc est enim praemium omnium qui Christo deseruiunt: alioquin superfluus omnis labor est ieiuniorum
tribulationumque, quas in hac uita patimini, cum uobis hic 5
prospera uel aduersa cum infidelibus esse communia uideantur,
sicut et ipsi solent pagani proponere quid ab illis amplius
habeamus, et uere est. si horum laborum praemium in
uita alia non habemus, peiores illis sumus, quia illi uel in
praesenti uoluptatum et luxoriae consolationem habere 10
uide[a]ntur. *Si tenetis, nisi frustra credidistis.* Si fidei uestrae
et laboris praemium non speratis, superflue credidistis.
3 *Tradidi enim uobis in primis.* In primordio. Siue: Maxime.
*Quod et accepi.* Uel a lege, uel a prioribus. Siue: Per reuelationem Christi. *Quoniam Christus mortuus est pro peccatis* 15
*nostris secundum scripturas.* Secundum scripturas] dicen[te]s:
'traditus est propter iniquitates nostras, [et liuore eius nos
sanati sumus, et ipse iniquitates nostras] portauit.' 4 *Et*
[*quia*] *sepultus est.* De sepultura eius et resurrectione Isaias
una sententia conprehendit dicens: 'sepultura eius ablata 20
est e medio.' *Et quia* [*re*]*surrexit tertia die secundum scripturas.*
Sicut Osee dicit: 'uiuificabit nos in biduo et die tertia resurgens.' 5 *Et quia uisus est Cephae.* Quod in euangelio dicitur:

5 cf. Matth. v 45 etc.     14 cf. *Gal. i 12     17 *Esai. liii 5; 4
             20 *Esai. lvii 2     22 *Os. vi 2

1 ante *add.* GVD     3 est *om.* G     enim *om.* H$_2$     omnium] *om.* GCas$^{cod}$ *def.* B
iis Cas$^{ed}$    christum crediderunt Zm    4 ⌐ est omnis labor CasZm    5 ⌐ atque
tribulationum Cas et omnium tribulationum Zm     -que quas] quae quasi G
quas] quae CasZm$^{cod}$     patemini MN pro christo patimini Zm     6 uel]
atque G     uidentur Cas$^{cod}$     7 solent] + nobis G(Cas)     pagani *om.* Cas
8 est *om.* C corr., VCas     eorum H$_2$G     9 hab.] speramus Cas     10 uolunt. MN
11 uidentur AV *recte?*     si tenetis] debetis tenere D     nisi] + si V     si (*alt.*)]
*praem.* siue G     12 et *om.* G     superflue] superfluum H + haec H$_2$ uane Zm
creditis Zm     14 et *om.* H$_2$     Uel] *praem.* quod accepi V siue *utrobique* Zm
16 scr. (*pr.*)] scripturae G* scripturam G     dicens B (*qui ab hoc uerbo oritur*
*post lacunam*)     17 et—nostras *om.* B     nos] *om.* E non G*     18 saluati G
infirmitates V     et (*alt.*)] + quia BHGVCasZm (=vg)     20 sententi V* sepul-
turae G*     ablata est] ablatae sunt G     ablata] sublata HVZm     21 e]
in E a C de Zm     resurrexit BSRCas$^{ed}$Sd$^{cod}$Zm$^{ed}$D *recte*     22 sicut
osee dicit *om.* V     osee dicit] in osee Sd     oseae ENGZm$^{codd}$     uiuificauit
VSd$^{cod}$Zm$^{codd}$     crastino V     et] *om.* Sd in Zm     tertio V     resurgens ASd
resurgemus BEH$_2$G fesurgemus S resurgimus RV     23 euangelium G*

'apparuit Simoni.' *Et post haec illis undecim.* Iterum Petro et reliquis decem. 6 *Deinde uisus est plus quam quingentis fratribus simul, ex quibus multi manent usque adhuc* [, *quidam autem dormierunt*]. Uides quia in euangelio non omnes scriptae
5 sunt uisiones nisi quae sufficerent ad fidem. hic autem, quoniam de apostolis dixerat, etiam hoc addidit, ne apostoli, tamquam intimi[s] eius, putarentur esse mentiti: et ut maior fides multitudini testi[moni]um haberetur, ex quibus etiam multi uiuere dicuntur, qui possi[n]t interrogati dicere quae uiderunt.
10 7 *Deinde uisus est Iacobo.* Iacobo seorsum apparuit. *Deinde apostolis omnibus.* Siue: Iterum. Siue: Apostolis quos extra duodecim ad praedicandum misit. 8 *Nouissime autem omnium.* Ne putarent eum audita potius quam uisa narrare. *Tamquam abortiuo.* De cuius uita desperatum est. *Uisus est et mihi.*
15 In uia scilicet, uel in templo. 9 *Ego enim minimus sum apostolorum.* Minimus tempore, non labore. *Qui non sum dignus uocari apostolus, quoniam persecutus sum ecclesiam dei:* 10 *gratia autem dei sum id quod sum.* 'Fili, peccasti: ne adicias iterum, sed et de pristinis deprecare': unde et per Isaiam
20 dominus dicit: 'ego sum qui deleo iniquitates tuas, et non memorabor; tu autem memorare.' melius est enim dimissa recordari peccata quam detenta obliuisci. *Et gratia eius in*

---

1 Luc. xxiv 34; cf. Ioh. xxi 1, 2    11 cf. Luc. x 1 sqq.
15 cf. Act. ix 3–4 etc.; xxi 26 (errore pro xxiii, 11)
18 *Eccli. xxi 1    20 *Esai. xliii 25, 26

---

1 simoni] moysi BG symoni SRVZm^cod    illis *om.* HVCasZm(=vg) iterum]hoc est V    2 reliquos H₁    dece V    quam *om.* Sd^ed    3 quidam autem dormierunt *om.* A    4 omnes]+eius V *fort. recte*    scripti MN
5 sufficerint EV sufficerunt MN    ⌒quoniam autem B    quoniam]unus H₂
7 intimis B    eius *om.* H₂    meriti G corr.    maiora G    8 multitudine[m]H testimonium A    haberet H₂    etiam *om.* Zm    9 uere G*    possit A possent BMNG    quod V    10 iacobo (*alt.*)] *om.* SM+alphei SdZm seursum V*    12 ad praedicandum] postea V    omnium *om. hic* H(—R)
13 tamquam]+omnium H(—R)    14 auortiuo A    disperatus est H(—C) desperabatur Sd fuerat desperatum Zm    15 scilicet *om.* SdZm    uel] siue Zm    templo]+hierusalem Sd    ⌒sum min. AHGVCas(=vg)    apost.] omnium apost. GV *fort. recte*    18 autem]enim R    id *om.* G    fili∗ A filii MN peccanti V    19 predicare B*    et (*alt.*) *om.* H₂    et—dicit] esaias ait V
20 deleo]leo V    21 tu autem] tuamtem G    demissa AE*S    22 recordare SR ⌒quam det. obl. pecc. V    ⌒obl. commissa Zm    detenta] dicenda MC dicendo N

*me egena non fuit.* Non fuit sine fructu, sicut in illo qui talentum domini defodit in terra[m]. *Sed abundantius illis omnibus laboraui [et obtinui].* Quia illi diutius. *Non ego autem, sed gratia dei mecum.* Non ego ex me, sed [cum] gratia dei: nec se sine gratia dicit in euangelio laborasse, ne contra id quod superius dixerat, sibi aliquit dare uideretur, nec gratiam sine se, ut liberum seruaret arbitrium. 11 *Siue enim ego siue illi, sic praedicamus et sic credidistis.* Sed modo unde agitur et nos sic praedicauimus et uos similiter credidistis quia Christus idcirco surrexit primus, ut uiam resurrectionis aperiret. hoc illos commemorat, ut illut quod consequens est negari non possit. 12 *Si autem Christus praedicatur quod [re]surrexit a mortuis, quo modo quidam dicunt in uobis quoniam resurrectio mortuorum non est?* [Non omnes] Qua consequentia rationis? iam enim hoc ipsum resurrectio est, quod Christus mortuus resurrexit. 13 *Si autem resurrectio mortuorum non est, neque Christus resurrexit.* Alter[utr]um ex altero pendet: aut utrumque negare aut utrumque necesse est confiteri. ceterum rei non futurae exemplum dare non debuit. 14 *Si autem Christus non resurrexit, inanis est [ergo] praedicatio nostra, inanis est [ergo] et fides uestra.* Ergo et nos sine causa hoc praedicauimus, si uere non resurrexit, et uos in illo frustra credidistis. quidam heretici animae resurrectionem uolunt adsignare, non carni[s];

1 cf. Matth. xxv 18

1 uacua AH,G corr.,VCasSd (=vg)   non (*alt.*)] *praem.* gratia dei in me V illo] eo B    talectum G*    2 domini *om.* Sd    abscondit Sd    terra BE SCGVSd *fort. recte*    illi G*    3 et obt. *om.* AHVCas (=vg)    obt.] tenui G ille H₂    deutius SN*    ↪ autem ego RCas^cod    autem] ex me B    4 dei *om.* V    cum *om.* B    nec se] necesse B necesse si G*    5 euangeliom (*sic*) nec G*    id] illud H    quod *om.* G*    6 dare] clare B    ne BG    sine se] siue si B    7 seruasset B    8 pradicamus G* praedicauimus VCasSd^ed *fort. recte* credistis V    sed—credidistis *bis* G*    sed] simili C    igitur H(*om.* E) 10 resurrexit H₂ surrexerit V *fort. recte*    11 illo S illis H₂    illut] illos H₁ negare BHG    12 possint G corr.    resurrexit ASVCas^cod (=vg)    13 quo modo *add.* ABH₁GVCas (=vg)    ↪ dic. quid. Cas    14 non omnes *om.* AH₁    qui H₁N quia M quę C* qu[a]e BG quomodo a V    15 resurrectio] ratio H₂    mortuus] a (*om.* G*) mortuis BCG    17 surrexit GD    alterum] alterutrum BG *fort. recte*    pendit H(—C)    aut *om.* H    18 negari BSRGV    utrumque] uterque H₂    ↪ conf. nec. est Sd    no G*    19 futura G    si autem] quod si Cas    20 ergo (*pr.*) *om.* BH₂GCas^ed    inanis (*alt.*)] manis G*    ergo *om.* BH₁GVCas (=vg) *fort. recte*    21 nostra[m] MN    haec B    22 surrexit MC    illum G corr.    23 hęredici V    adsignari H₂    carni A (*sed uide* E. Loefstedt, *Arnobiana* [Lund, 1917], *p.* 101)

sed resurgere non dicitur nisi quod cecidit et resurgit: ergo neque anima in morte[m] cecidit neque semper iacuit corpus: alioquin 'surgere' magis quam [resurgere] diceretur. 15 *Inuenimur [autem] et falsi testes dei, quoniam testimonium diximus aduersus deum, quod suscitau[er]it Christum, quem non suscitauit.* Non solum uani, sed etiam falsi contra deum [testes] exstetisse [inuenimur]. *Si [quidem] mortui non resurgunt:* 16 [*nam si mortui non resurgunt,*] *neque Christus resurrexit.* Sed quoniam de illo nemo dubitat, nemo dubitet nec de nobis. 17 *Quod si Christus non resurrexit, uana est fides uestra: adhuc enim estis in peccatis uestris.* Si mentitus est se post triduum [re]surrecturum, mentitus est etiam se peccata dimittere. [aut] ita omnes in resurrectione eius baptizamur, ut nostra peccata diluantur. si ergo non resurrexit, nec nobis sunt remissa peccata. 18 *Ergo [et] qui dormierant in Christo, perierunt.* Maxime de his dicit qui pro Christo sunt mortui: sine causa enim hanc uitam perdiderunt, si aliam non habebunt. 19 *Si in hac uita tantum in Christo sperantes sumus.* Si tantum propter hanc uitam. *Miserabiliores sumus omnibus hominibus.* Illi enim uel in praesenti gloriantur: nos uero hic tribulationes cotidie sustinemus. 20 *Si autem Christus resurrexit a mortuis.* Quod aput omnes est certum, quia in primis probatum est. *Primitiae dormientium.* Quia primus [in] incorruptione surrexit.

---

11 cf. Matth. xxvi 61    12 cf. Matth. ix 2 etc.    23 cf. 1 Cor. xv 42

1 dicetur G    quod]+dixit $H_2$    et] id $H_1$ *exp.* G    resurget RG resurgat G corr.    2 in *om.* H    morte BH    3 surgere] resurgere BG resurgere] *om.* B iacere G corr.    4 autem *add.* AHGVCas(=vg)    et] eam A    5 suscitauit BG    6 no V    uanis A*    ⌒testes contra dom.V dominum BGV    testes *add.* A(V)    stetisse S    7 inuenimur *add.* A quidem *om.* ACas(=vg)    nam—resurgunt *om.* B    nam *om.* H    si]+enim (*s.l.*) C    8 illis H    9 ⌒nec de nobis nemo (ne ESMN) dubitet (dubitat $H_1$) H nemo dubitet *om.* G    nec] et V    10 est]+ergo $H_2$+et Cas    11 ⌒post se $H_1$    se *om.* Sd    resurr. $BRH_2$GVSd    12 etiam se] ⌒se (sed B) etiam BGSd    demittere AER*N*    aut *om.* A    13 resurrectionem G* baptizantur H    14 ⌒rem. sunt HV    di(e G)missa BG    15 et *add.* $BH_1$GVCasSd(=vg)    dormierant BG -erunt *rell.* (=vg)    16 enim] autem $H_2$ 17 aliam] aeternam $Sd^{ed\ cod}$ futuram $Sd^{cod}$    habebant V    18 pro H hac uita $H_2$    20 presenti G*    uero AFV    enim BH(—N)G autem N    21 si] nunc AHVCasSd(=vg)    ⌒resurr. chr. $HSd^{cod}$ chr. surrexit G    22 primo V 23 qui H    in *om.* A    incorruptibilitate Cas    resurrexit $CasSd^{cod}$

si ergo caput surrexit, necesse est ut etiam membra cetera [sub]sequantur. 21 *Quoniam [sicut] per hominem mors, et per hominem resurrectio mortuorum,* 22 *sicut enim in Adam omnes moriuntur.* Sicut per Adam mors intrauit, quia primus ipse est mortuus, ita et per Christum resurrectio, quia primus resurrexit, et sicut ille morientium forma est, ita [et] iste [est] resurgentium. *Ita et in Christo omnes uiuificabuntur.* Omnes quidem resurgent, sed soli hi uiuifica[bu]ntur [in Christo], qui Christi merebuntur corpori copulari. 23 *Unus quisque autem in suo ordine.* Temporis uel honoris. *Primitiae Christus, deinde hi qui sunt Christi, [qui] in aduentu eius [crediderunt],* 24 *deinde finis.* Tunc erit finis omnium, etiam mortis, cum uniuersi resurgent. *Cum tradiderit regnum [deo et patri].* Regnum scilicet humani generis secundum Petri epistulam et Apocalypsin Iohannis patri tradendum adserit esse per filium, ut ibi regnet deus per gloriam, ubi per uitia diabolus ante regnabat. *Deo et patri.* Deo, secundum humanitatem, patri, secundum deitatem. hoc loco calumniari solent Arriani, dicentes minorem filium. "si enim tradet," inquiunt, "patri regnum, ipse utique regnare iam desinet." quibus primo dicendum [est] quia hic non de trinitatis substantia, sed de

14 cf. 2 Petr. i 11(?); 1 Petr. i 9(?)   15 cf. Apoc. xi 15

1 ergo] autem B   ⌒surr. cap. B   resurrexit HCasSd[ed cod]   ⌒ut cetera quoque membra Cas   ⌒etiam ut H(—F)Sd   ⌒cetera (ceterum E* aceteram M aeterna N) mem(n H$_2$)bra BHGV(Cas)   2 subseq. ASd seq. BHGVCas   sicut] *om.* A quidem (quidam S) HCas[ed] enim Cas[cod] (=vg) 3 sicut enim BGSd et (ut E*S) sicut AHCas (=vg)   4 ⌒intr. mors H$_2$ qui H$_2$G   ⌒ipse primus VCas   ipse—primus *om.* SR*   ipse *om.* H$_2$ 5 ⌒ mor. est MC   ita—primus] et primum christus (*praem.* ita *s.l.*) H$_2$ et *om.* H$_1$   pr.] ipse pr. Cas   6 illi E*SMN   ⌒for. mor. Cas   et *om.* A   7 est] *add.* BG forma Cas   surgentium V   uiuificantur G 8 sed] et non V   solii(?) B*   hi] hii ABM *om.* H$_1$   uiuificantur B,G (n *s.l.*) in christo *om.* A   9 merebantur G merebuntur christi V   ⌒cop. corpori (corpore H$_1$) H   11 hii ABH(—RC)G ii Cas[ed]   qui (*alt.*) *om.* AH(—R corr.)VCas (=vg)   12 crediderunt *om.* AHVCas (=vg)   13 deo et patri *om. hic recte* BG (*uide infra*)   14 et *om.* H   scilicet] + et MN*   15 patri (*corr.* petrus) G   16 ut] et H$_2$   ibi] ubi B   uita G*   17 diabolica G* ante *om.* V   deo et patri *hic om.* V   deo (*alt.*)] deum H$_1$   18 patris G*   diuinitatem CCas   calumniare MN   ⌒arr. sol. H$_2$   19 minorem] + esse H,G corr. sic G*   tradidit H(—C) tradent G* tradit Cas   ⌒reg. inq. pat. SR 20 iam *om.* H$_2$   desinit G corr.   primum H$_2$   21 est *om.* A   hic(i *in ras.*) G   trinitati G*

[hominum] resurrectione tractabat, quam Christi resurrectione confirmat. ergo secundum [eam] substantiam eius loquitur, quae a mortuis resurrexit. sed tamen si ideo Christus non regnabit, quia regnum traditurus est patri, ergo nec pater regnat ante quam ei tradatur a filio. si autem pater non tunc primum regnabit, quamuis tunc suscipiat regnum, nec filius illut, quamuis tradere uideatur, amittet. *Cum euacu[au]erit omnem principatum et potestatem et uirtutem.* Euacuati[s] peccatis [seu] euacuabuntur a nobis omnes contrariae potestates: ab eo, quod nobis se sequentibus principantur. et potestate[m], qua nos eorum dominatui subiecimus, uirtutem uero, qua nos uicerant: uirtus enim eorum nostra peccata sunt. 25 *Oportet [autem] illum regnare, donec ponat.* Cum omnibus scilicet suis. 'donec' autem non semper finem significat, sicut est illut: 'ego deus uester, donec senescatis,' et cetera talia. *Omnes inimicos sub pedibus eius.* Quando alii uoluntate, alii erunt necessitate subiecti. 26 *Nouissima autem inimica destruetur mors.* Diabolus, qui in Apocalipsi 'peccatum' et 'mors' appellatur, qui[a] auctor est mortis atque peccati. 27 *Cum autem dicat: 'Omnia subiecta sunt [ei]', sine dubio praeter eum qui subiecit sibi omnia.* Propter calumniam,

15 *Esai. xlvi 4 (*cf. uol.* I, *p.* 184)    16 cf. Ps. cxxii 2
18 *Apoc. vi 8 (*cf. uol.* I, *p.* 173)

1 hom. *add.* A    resurr. (*alt.*)] resurrectionem G    2 eam] *om.* B meam G*    eius(us *eras.*) G ei V½    loquor H₂    3 quae a] qui a BHG*V qua E corr. R corr.,C qua a G corr.    sed tamen *om.* C    si] *om.* H(—C) + autem C *s.l.* ideo] adeo B    4 regnauit SNG    qui MN    5 regnaret H(—E corr.,C) ᴗ tradatur ei B    fidio V    si] sin Cas    6 regnauit BMNVCas^ed    suscitauit B    filius] + si V    7 illut] illum H(—C) + tunc susc. regn. nec fil. ill. quamuis G*    amittet BHGVCas^cod    euacuauerit BH(—R)GVCasSd^ed cod (= vg)    8 euacuati BG euatis V euacuans Cas^ed    9 pecc.] + seu B contra potestatem ES    pot.] + aliter V    10 se *om.*VSd    principatur E*SS^ed principatus R*H₂ principaba[n]tur Sd^codd    11 potestate BG qua] quia Sd^ed cod quod Sd^cod    eorum—nos *om.* H₁    dominationi CV subiacemus G*    12 quam H₂ quia G*Sd^cod    uicerat H(—C corr.)G* uicerunt VSd    enim *om.* V    13 oportit V    autem] *om.* BG enim HD done V*    15 dominus noster B    16 talia] alia HV    sup A    eius] + omnia enim subiecit sub pedibus eius G    quoniam H₂    17 uoluntati B ᴗ nec. erunt H₂    necessitati B    18 mors] + omnia—eius HVCas (= vg) (*uide supra* G)    zabulus B *om.* Cas    apocalypsin V    19 qui BGVSd es G*    mortis] et mortis (morti G*) G    20 sunt] esse C    ei] *add.* BVCas (= vg) et G corr. *in ras.*    sine dubio] manifestum ( + est RF) quia H    21 sibi] ei AHGVCas (= vg)    propter—uideretur *om.* H₁

ne deum inter omnia subiecisse uideretur. 28 *Cum autem subiecta illi fuerint omnia, tunc et ipse filius subiectus erit illi qui sibi subiecit omnia.* Hic quoque Arriani ita calumniantur, ut dicant quia post resurrectionem omnium et finem erit filius patri subiectus, ut minor scilicet maiori. quibus respon- 5 dendum est impios illos, quia modo negant eum patri esse subiectum. subiectio uero non semper ad diminutionem honoris pertinet, sed etiam ad caritatis officium, maxime cum et spiritus prophetarum prophetis dicatur esse subiectus, ut non sit deus dissensionis, sed pacis, cum ipse dominus 10 Ioseph ac Mariae scribatur fuisse subiectus. multi sane de hoc capitulo diuersa senserunt. nam quidam dicunt: sicut in suis esurientibus esurit uel cibatur, ita et in ecclesia sua, quae est corpus eius, ipse subicitur. alii aiunt quod ipsa humana natura quam induit, in gratiarum actione semper possit esse 15 subiecta diuinitati, quia eam secum unum faciendo omnia ei subiecerit. multi etiam alia et diuersa dicunt, quae inserere et [e]numerare prolixum est. *Ut sit deus omnia in omnibus.* Tunc deus omnia in omnibus erit, cum euacuata morte et omni malitia uel errore destructo, solus regnabit in cunctis. 20 29 *Alioquin quid facient qui baptizantur pro mortuis? si omnino*

9 cf. 1 Cor xiv 32, 33    11 cf. Luc. ii 51    13 cf. Matth. xxv 35, 40 etc.
13 cf. Col. i 24; cf. Eph. v 24

1 ne—uideretur *om.* Cas    uideatur BG    2 ᴄᴏfuerint illi AVCas^ed (=vg)    et *exp.* C *om.* VCas    filius *om.* Sd    subiectus erit illi] subiecitur ei (et S) ESMN subicit ei R subicietur ei C    ille G*    3 ᴄᴏsubiecit sibi Sd hic] contra arrianus *add.* A *mg. tituli uicem*    arriani ita] arrianitae SR    4 fidem B    5 maiore G*    6 impiis H₁    illos] + esse V    qui H₂G corr. eum] cum SMN *eum G    esset B    7 uero] enim ER est SM *om.* NC uere G    8 oneris B honores G*    9 cum et] eum ex B    dicitur NC esse] si (*om.* MC) ipse H₂    10 ut] et H₂    deus] ibi H    cum] et BHGV + et Sd^ed cod    11 atque B et Sd    scribatur] *om.* H dicitur C scribitur G corr. Sd^cod    multis E*SG*    12 capitolo V    sicut] siquis G*    13 suis *om.* HG    esuriit H₁ aesurit G    pascitur Cas    14 ipsi G*    subicietur C subiciatur(?) G corr.    alii—subiecerit (17) *om.* V    agunt SMNG*    ipse G*    15 indiet MN    actionem BH₁G*    semper *om.* Cas    posuit R debeat Cas    16 diuinitate H₁N    quia eam] quaedam BG* quam eam H quodam G corr. quae iam Cas^ed quae eam Cas^cod    unus BG    ᴄᴏei omnia Cas    17 aliam H₁G*    et A*m2 in ras.*    quae] + hic V    inserere et *om.* C -serere et e- *om.* MN    18 numerare B munerare G*    19 euacuat amorte ER    20 omnia H₁G*    destructus G*    regnauit H₁G regnat MC regnet N    21 baptigantur G*

3 9 ★

*mortui non resurgunt, ut quid et baptizantur pro illis?* 'Quicumque baptizati sumus in Christo, in morte ipsius baptizati sumus': id est, ut iam quasi commortui cum illo simus. quid ergo prodest nos huic mundo mori, si hunc contemptum uoluptatum uita non sequetur aeterna? 30 [*Ut*] *quid et nos periclitamur omni hora?* Si nihil es[se]t in futuro, non[ne] eramus stulti, ut tantas tribulationes pro aliis pateremur? 31 *Cotidie morior.* Semper [sum] paratus ad mortem, et cotidie me expecto pro uestra gloria moriturum. *Per uestram gloriam.* 'Per' non semper significatio iuramenti est: nam si dicam: 'per puerum misi,' non statim per puerum iurasse recte putabor. *Quam habeo in domino.* Ego habeo mercedem laboris in uobis, etiam si uos proficere non uelitis. 32 *Si secundum hominem ad bestias pugnaui Ephesi.* Si nihil remunerationis a domino pro hoc certamine spero, quare pugnaui? [an] ut hominibus [forte] placerem? *Quid mihi prodest, si mortui non resurgunt?* Multa dicuntur in epistulis, quae in Actibus non tenentur, et multa in Actibus, quae in epistulis [non] scribuntur. per allegoriam autem bestiae possunt intellegi aduersariae potestates, sicut ait in psalmo: 'ne tradas bestiis animam confitentem tibi,' ad quas hic dicit se

1 *Rom. vi 3   4 cf. Col. ii 20   16 cf. Gal i 10 etc.   20 *Ps. lxxiii 19

1 praesurgunt G* surgunt G   quicumque *om.* G*   2 christo]+iesu Cas   mortem A*   3 cum mortui H(—SC) mortui S   sumus R* 4 ergo] enim BG   prode est G*   nobis BSd   contemptum uoluptatum] laborem Cas   contemptu G corr.   5 uoluntatum H(—SC) uoluntatem S sequitur BHGCasSd$^{ed}$ sequatur VSd$^{cod}$   ut *add.* AH,G corr., VCasSd (=vg) 6 hora V*   est BG erat Cas$^{cod}$*   nonne Sd non *rell.*   7 eramus]+tam HCas tantas tribulationes] talia Cas alia V   aliis] illis BHG   8 cot.] alit cot. MN sum *om.* BG   9 pro] per SMN,G corr.   uestram gloriam H$_1$G   per] propter BG*Cas$^{ed}$ (=vg)   10 gloriam]+fratres Cas Sd$^{cod}$ (=vg)   non] nos G*   sanctificatio N   11 nisi H(—R?)   12 recte *om.* VSd   in]+ christo iesu HCas (=vg)   domino]+nostro HCas (=vg)+in christo iesu domino nostro G corr., christo Sd   mercedem(m *alt. eras.*) G   13 laborem H$_1$ (*corr.* -um E,R corr.)   in uobis *om.* Cas   uos] uob A* uero R   perficere BH$_2$ non uelitis] nolueritis H non ueletis V   14 nihil remun.] nil pro mun. B rem.] remunerationem G*   15 domino] deo BHGVCasSd   certamine *om.* V 16 an *om.* BHGV   forte *om.* ASd   prode est G   18 contenentur R habentur Cas$^{ed}$   19 non *om.* B   dicuntur Cas   per] praem. aliter VCas allegoriae H$_1$ (*corr.* Em2,R) alegoriam G*   autem] enim B *om.* V   possunt intellegi] intelleguntur VCas   20 ait *om.* Cas   21 trades G   besteas R*MN* besties G besteis V   animas H$_1$   confitentes Em2   dicit (dicitur MN) se] intellegitur V

depugnasse. *Manducemus et bibamus: cras enim moriemur.*
Increpat exemplo propheta[e] gulae deditos desperatione
futurorum, cuius rei crimen negatur eis remitti quoad usque
moriantur. 33 *Nolite seduci. Ab his qui talia loquuntur.
Corrumpunt mores bonos colloquia mala.* Ne dicerent: "ergo 5
tales nos iudicas, qui facile seducamur," 'non,' inquit, 'de
uobis timeo, sed illorum tergiuersatione[s] formido.' sed quo
modo mala conloquia bonos mores corrumpunt, ita e contrario bona conloquia malos mores. 34 *Sobrii estote.* Ostendit
resurrectionem non credere eos qui se uoluptatibus tradiderunt. 10
*Iusti et nolite peccare.* Ille iustus est qui non peccat. *Ignorantiam enim dei quidam habent.* Ignorant uirtutem dei qui eum
putant suscitare non posse, potentiam eius ex sua inbecillitate
censentes. *Ad reuerentiam uobis loquor.* Ut erubescatis uos
his sermonibus tamquam adhuc paruulos erudiri. 35 *Sed dicet* 15
*aliquis.* Ipse sibi e[x] contradicentium persona proponit. *Quo
modo resurgent mortui? quali autem corpore ueniunt?* Multi
solent proponere utrum debilia corpora, ut sunt defuncta,
resurgant: quibus respondendum est in resurrectione non
debilitatis uitium, sed integritatem reparari naturae. num- 20
quam enim tam debile est corpus quam cum fuerit in puluerem
resolutum. qui ergo creditur totum reddere, cur ex parte

3 cf. *Esai. xxii 14     17 cf. Tert. *carn. resurr.* 57

1 pugnasse H,G corr. (*postea eras.*) depugnas G*     moriamur SR     2 exemplo(exem *in ras.*) G     propheta B prophetam V     deditus MN     disperationes G (s *alt. eras.*)     3 remitti] *om.* H₁ dimitti Cas     quo] non ES
4 seducere ES     ab] ad V     loquuntur] agunt Cas dicunt Sd     5 ↶ bonos
(-us MN) mores H₂     constientia G*     praua Cas^ed Sd^ed     6 uos B*
seducimur R* seducuntur H₂(*corr.* antur C) seducamur(e *et* u *pr. eras.*) G
7 sed (*pr.*)] + de BH(—E)GVCas     tergiuersatione BGVCas conuersatione H
8 conloqua G     e *om.* V     9 ↶ redintegrant mores malos (corruptos V)
conloquia bona VCas     malus MN*     mores] + edificant B     sobrii estote
(stote G)] euigilate H (=vg) euigilate sobrii estote Cas     ostendit—tradiderunt *om.* H     probat Cas     10 credere eos] credentes BG     11 iuste
H(—EC)=vg     12 quidam] + dei V     potentiam Cas     13 putant] +
mortuos VCas     potentiam eius] diuinitatem VCas^ed diuinitatem eius Cas^cod
inbecillitatem V     14 metientes Cas     uos his] uobis BG uos talibus Cas
15 adhuc *om.* Cas     paruulus MN     erudire HGCas^ed     dicit HGVCas^cod Sd^cod
16 ex contra] e contrario B     17 resurgunt BHGVCas (=vg)     corpere G
uenient Cas^ed     18 ut] ita ut Cas     19 resurgunt B     resurrectionem Cas
20 dibilitatis V indebilitatis Cas^ed     reparare H repari V     21 tam *om.* G
fuerit—resolutum] latet in puluere Cas     puluere H₂VCas     22 cur] cum H₁

reparare dubitetur? hoc est, [cur,] uerbi gratia, non reddat
oculos, qui totum restituet corpus? 36 *Insipiens, tu quod
seminas non uiuificatur, nisi prius moriatur.* Qui etiam
naturalibus exemplis edoceri debueras, adhuc diuinis promissionibus infidelis exsistis. 37 *Et quod seminas, non corpus
quod futurum est, seminas, sed nudum granum* [,*ut puta tritici
aut alicuius ceterorum*]. Sicut de grano resurgit fecundior
cum granis [arista], ita et corruptibile corpus in gloriae resurget augmento. 38 *Deus autem illi dat corpus, sicut uoluit.* Sicut
ab initio disposuit, ut omnia semina, cum putruerint, in
amplius reformentur. *Et uni cuique seminum proprium corpus.*
Attende quia 'proprium' corpus dixerit, non alienum.
39 *Non omnis caro eadem caro, alia quidem hominis alia
*[autem]* pecoris.* Cuius iussu in principio terra tanta et tam
diuersa corpora animata, quae non acceperat, dedit, quid
mirum si eius iussu hominem restituat, quem accepit! *Alia
caro uolucrum, alia autem piscium.* Similiter et de aquis
intellege, quae tantam diuersitatem uolucrum et piscium
ediderunt. 40 *Et corpora caelestia et corpora terrestria.* Qui
talia fecit corpora elementorum, cur non possit reparare
exiguum corpus humanum? [*Sed*] *alia quidem caelestium*

14 cf. Gen. i 1, 24    17 cf. Gen. i 20, 21

1 separare B *om.* V    dubitatur H₂    cur *om.* BG    uerbi gratia *om.* Cas
reddet B    2 restituit A*SH₂V restituat G*    3 seminas] + tu G*    qui] +
cum V    4 rebus Cas    [a]edocere H(—C)G*    debueris EMNG*V    adhuc]
ad hanc H(—C)    diornis G*    repromissionibus Cas    5 infideles G corr.
incredulus Cas    existit B existas H₂(—C) exhistis G*    6 nutum V
ut—ceterorum *om.* A    trittici MN triritici G*    7 ceterorum] + seminum RH₂
de] cum Sd^{ed cod} ex Sd^{cod}    surgit H₂Sd^{cod} resurget. GSd^{ed cod}    secundior G
8 arista] *om.* B aristam G*    ita *om.* Cas    incorruptibile BGSd^{ed} corruptibili G*    gloria H(—C)    resurgit AH    9 augmentum H₁,G corr.,Cas
augmentu V*    ⌒ dat illi AHCasSd (=vg)    uult Cas^{ed}    sicut] prout H *om.*
Sd^{ed}    10 pu(o M)trierint SMNG* conputruerint Sd^{cod}    11 reformentur A*
et] ut Cas^{ed}    12 atende V*    qui MN    dixit Cas    13 omnes V    alia
quidem] sed alia AHCas (=vg) + caro Cas^{cod}    hominum AHCas (=vg)
14 autem *om.* AHCas(=vg)    pecorum AHCas (=vg) peccoris G    iusso G*
terra] circa B    15 aceperant(n *exp.*) G    16 si *om.* G*    restituit MN
17 caro *om.* Cas^{cod}    uolugrum(?) G* uolocrum V    autem *om.* R    18 intellegi qui MN    uolocrum V    19 dederunt SRC    qui] *praem.* sed
et H₁G* (*mg.*)    20 ⌒ corp. fec. G    fecerit H    possit reparare] reficiat Cas
refacere BH(—C) reficere GV(Cas)    ⌒ ex. co. hu. ref. H    21 sed] *om.*
BG + et H₂ (*cf. u.* 19)

*gloria, alia autem terrestrium:* 41 *alia claritas solis, alia claritas lunae, et alia claritas stellarum.* Tota comparationis huius diuersitas [ad] hoc facit, ut credas unum genus reparare facile posse qui tanta fecit ex nihilo. *Stella enim a stella differt in claritate:* 42 *ita et resurrectio mortuorum.* Stellarum diuersitati iustorum differentiam conparauit, quos gradus uirtutum in gloria, non peccata, facient esse diuersos: nam peccatorum diuersitas in caelo non erit, sed in poena. *Seminatur in corruptione, surgit in incorruptione.* Ut nec febres iam nec cetera corruptibilitatis genera patiatur. 43 *Seminatur in ignobilitate.* Quid tam ignobile quam cadauer! *Surgit in gloria.* In gloria splendoris [ut sol]. *Seminatur in infirmitate.* Imbecillitatis humanae. *Surgit in uirtute.* In uirtute aeternitatis. 44 *Seminatur corpus animale.* Hic animal[e] est [corpus], quia non semper habet spiritum sanctum: tunc uero semper [per]manebit in sanctis. *Surgit corpus spiritale.* Quod possit ire obuiam Christo. 45 [*Sicut scriptum est:*] *Factus est primus homo Adam in animam uiuentem, nouissimus Adam in spiritum uiuificantem.* Notandum quod, cum duos Adam dicit, eiusdem naturae

---

17 cf. 1 Thess. iv 17

---

1 autem *om.* R    alia (*tert.*)] *hinc deficit* S    2 et *om.* GVCas    charitas G*    stillarum G*    tota] omnis Cas    huius] huiu G* *om.* Cas    3 ad hoc] hoc B    adhuc G    fecit G ualet Sd    genus] ienus V *om.* Cas    ⌒fac. reddere Cas    ⌒fac. reparare Sd    4 stilla G*    a] ab H,G corr. *om.* G* ad V    stelle E*MN    stilla G*    5 aedifert G*    ita] sic AHVCas (=vg)    6 di(e MN)uersitate EMN    diuersitatem Cas    differentia G diffirentiam V differentiae Cas    comparat Cas    gradus uirtutum] uirtutes Cas    grados E*R* gratus V    7 ⌒non pecc. in gl.V*    in gloria *om.* Cas    facient esse] facientes sed G*V    faciunt RH₂    9 corruptionem C    surget ECas    incorruptionem Cas    febris BHG    10 corruptibilitatis genera *om.* Cas    patiantur BR    11 contumelia Sd    quam] ut Sd^(ed cod)    cadauer] + in gloria H₁ mortuum corpus Cas    surget Cas    gloria] gloriam CG*    12 in gloria] *om.* H in gloriam G*Cas    ut sol *om.* BG    ut] sicut Cas    infirmitatem(?)G*    13 surget Cas    uirtutem G *utroque loco*    aeternitatis] + angelicae Cas    14 hic] + quidem Cas    anim. (*alt.*)] animal BG    est *om.* Cas    corpus *om.* A qui H₂    15 ⌒habere potest Ambst (*cf. uol.* I, *p.* 53 *ss.*) habemus Cas    semper *om.* H₂    permanebit B erit Cas    16 sanctis] nobis Cas    surget AmbstCas    spiritale] + si est corpus animale est et spiritale sicut (sic enim R) scriptum est HCas (=vg) + sicut scr. est B(*uide u.* 17)AmbstGV    quid G*    17 christus adam *add.* A *mg.*    18 nouissimus] + autem H(—R)    spiritu H(—C)V    19 not.] aliter not. H + est Ambst    quid B    eiusdem] eius adam H

utrumque demonstrat: quod contra Manichaeos et Apollinaristas facit, qui negant a dei uerbo perfectum hominem esse susceptum. [46 *Sed non prius quod spiritale est, sed quod animale: deinde quod spiritale.*] 47 *Primus homo de terra terrenus, secundus homo de caelo caelestis.* Caelestis dicitur, quia non naturae fragilis ritu, sed diuinae maiestatis nutu et conceptus est et enixus: nam usque adeo naturam [nostram] habuit ut secundus [Adam] dicatur et homo. 48 *Qualis terrenus, tales et terreni, et qualis caelestis, tales et caelestes.* Si ideo, ut heretici uolunt, nostri generis adsumptus homo non fuit, qui[a] caelestis dicitur, ergo nec isti naturae nostrae sunt, qui caelestes appellantur: si uero de his nemo dubitat, nec de illo est ambigendum. 49 *Igitur sicut portauimus imaginem* [*illius*] *terreni, portemus et imaginem* [*huius*] *caelestis.* Peccator imaginem Adae portat, iustus uero imaginem Christi. ergo sicut portauimus ueterem hominem ante baptismum, ita et post baptismum portemus nouum. 50 *Hoc autem dico, fratres, qu*[*on*]*ia*[*m*] *caro et sanguis regnum dei non possidebunt* [, *neque corruptio incorruptelam possidebit*]. Frequenter scriptura carnem pro operibus nominat carnis, ut ibi: 'uos autem in carne non estis, sed in spiritu.' Aliter: Caro, sicut est, regnum dei non possidebit nisi inmortalitate uestita. 51 *Ecce*

---

2 cf. Apoc. xix 13   16 cf. Eph. iv 22, 24 etc.   20 Rom. viii 9

1 utrosque BAmbstHGVCas$^{ed}$ *fort. recte* (*uid. uol.* I, *p.* 114)   quo G ap[p]ollonaristas ER apolinaristas H$_2$   2 a *om.* H   3 sed (*pr.*)—spiritale (4) *om.* A   quid B   4 animale (carnale Cas$^{ed}$)]+est H(—E corr.)VCas quid B   spiritale)]+est RCas$^{ed}$ spitale V   primus] hic primus H hic primus—caelestis *bis* H(—R)   5 homo *om.* C   6 qui H$_2$   naturae fragilis] humanae fragilitatis BAmbstHGV   ritus G   diuinae(iu *in ras.*) G   magestatis B magistatis V   nauta E   7 contemptus BG* ⌒et enixus est R   est *om.* H(—R, C corr.)   et *om.* G*   ad eum E*R*N nostram] *om.* BG* nostri Ambst   8 adam *om.* AHV   dicitur ER   et *om.* H$_2$ 9 tales (*pr.*)] talis V   et (*alt.*) *om.* H   10 ut] quod G   heredici V   11 qui B AmbstH$_2$G   lelestis G*   ⌒nos. nat. B   12 quia MN   apellantur V* uero] ergo B uere G   13 illo] illis B llo G*   ambiguum R ambiguendum MN* ambiendum V   14 illius *om.* AHVCasSd (=vg)   potemus G   et]+in B huius *om.* AHVCas (=vg)   15 peccatur G   ⌒ad. im. ER   imag.]+huius caelestis G*   adam Cas$^{ed}$   imaginem *om.* VCas   16 baptismus G 17 ⌒nouum portare debemus V   18 quia ACas$^{ed}$   non possidebunt] possidere non possunt AHCas (=vg) non possedebit V   19 neque—possidebit *om.* A   incorruptalam(u *in ras.*) G   possidebunt B   20 ⌒car. nom. Sd 21 sicut]+nunc Cas   22 uestita] uestra ER*G

*mysterium dico.* Obscuritatem significat mysterium nominando. *Omnes quidem resurgemus, [sed] non omnes inmutabimur.* Omnes homines resurgent, sed soli qui regnaturi sunt in gloria[m] mutabuntur. Siue: Ita omnes resurgemus qui in aduentu Christi mortui inueni[e]mur. non omnes inmutabuntur qui in corpore fuerint reperti, quia sancti soli beatitudinis gloriam consequentur. 52 *In momento, in ictu oculi.* Per ictum oculi nimiam breuitatem [uult] significare momenti, ut quanta sit dei potentia ex resurrectionis celeritate cognoscas. *In nouissima tuba: [canent enim et] mortui resurgent [incorrupti] et nos immutabimur.* Nouissimus aduentus intellegitur Christi: mortui autem uel peccatores intelligendi sunt, qui etiam uiuentes mortui esse dicuntur, ut ad poenam aut inmortales aut absque aliqua membrorum diminutione resurgant, uel certe simpliciter omnes mortuos resurgere dicit et solos sanctos cum his, qui uiui iusti inuenti fuerint, in gloriam inmutari. 53 *Oportet enim corruptibile hoc induere incorruptelam.* Necesse est fieri quod promissum est. *Et mortale hoc induere inmortalitatem.* Est quod induit et est similiter indumentum. 54 *Cum autem mortale hoc induerit inmortalitatem, tunc fiet sermo qui scriptus est: Absorta est mors in uictoria.* Ut euacuatis causis mortis per diuinam uictoriam

5 cf. 2 Cor. iii 18; cf. 1 Thess. iv 15, 16    6 cf. Hier. *epist.* 119, §§ 2 ss.; cf. 2 Cor. xii 2    13 cf. 1 Tim. v 6    16 cf. 2 Cor. iii 18

1 myst.]+uobis VCas (=vg)    obscurum Cas    ↶nominando (non minando V) myst. BAmbstHGVCas    2 omnes—inmutabimur *om.* G    resurgimus H(—C)V    sed *add.* AHVCas$^{ed}$Sd (=vg)    immutabuntur Cas$^{cod}$    3 omnes]+autem Ambst    4 in gl. mut. *bis* G    gloria BG    ↶res. omn. H    resurgimus BHV    in adu. chr.] christo ueniente Cas    in *om.* N    5 aduentum ERAmbst$^{codd}$    inuenimur BH(—C)GV    6 fuerint] sint B    AmbstH(sunt RC)G    ↶sol. sa. N    7 ictum] ictu G    8 uult *om.* B    9 resurr. celeritate] resurrectione Sd    caeleritatem G    10 canent—et *om.* BG canent enim *om.* Ambst    canent] canet HVCas (=vg)    enim]+ tuba CVCas    resurgunt ERG    incorrupti *add.* BAmbstHGVCas (=vg)    11 nons(n *alt. in ras.*) inmutabitur G*    nouissimus] *praem.* nouissima tuba V    13 uiuentem G*    esse] autem (*eras.*) es✳se G    inmortalitatis(-es M) H$_2$    14 alia qua H$_1$ alia MN    diminutionem ER*    15 resurge V    solus MNV*    16 qui uiui] quique (*corr.* quicumque C) H$_2$    17 enim *bis* B    incorruptionem RAmbstCas    18 quid B    deus promisit Sd    mortalem G    19 inmortalitate MN    quid B    induet SH$_2$Cas    similiter indumentum] quod induetur (induitur *ed.*) Cas    20 autem]+corruptum hoc induerit incorruptionem et VCas    inmortalitate V    22 prae diuinam (diuiuam B) BG

ac si absorta non [ap]pareat. 55 *Ubi est, mors, stimulus tuus?
[ubi est, mors, uictoria tua?]* Propheta ex persona iustorum
loquitur insultantium morti. 56 *Stimulus autem mortis est
peccatum.* Sagitta mortis peccatum per quod animae iugu-
lantur. *Uirtus uero peccati [lex].* Dum fortius et maius fit
per scientiam peccatum. 57 *Deo autem gratias, qui dedit nobis
uictoriam per dominum nostrum Iesum Christum!* Uictoriam
illius peccati in quo lex per carnem nostra uoluntate fuerat
infirmata, quam Christus cruce et exemplo destruxit. 58 *Itaque, fratres mei, stabiles estote [et] inmobiles.* Nemo uos de
gradu spei futurae ultra permoueat. *Abundantes in opere
domini semper, scientes quod labor uester non est inanis in domino.*
Reddita resurrectionis ratione, de qua haesitabant, hortatur
eos in dei opere permanere, iam certos de retributione futura.
1 *Nam de collectis quae fient in sanctis, sicut ordinaui ecclesiae
Galat[i]ae.* De sumptibus dicit qui per singulas ecclesias collecti Hierusolimam sanctis pauperibus mittebantur. *Ita et
uos facite 2 per unam sabbati.* Una sabbati dominica dies est:
sic enim in euangelio dicit[ur], dominum 'una sabbati' surrexisse. *Unus quisque uestrum aput se [ponat] recondens quod*

17 cf. Gal. ii 10    18 Apoc. i 10    19 Luc. xxiv 1

1 si] sibi BG    pereat BAmbstEG pareat Ambst^codd V *recte*    ubi] *praem.* in oseae propheta H    uictoria tua HCas (=vg)    2 ubi est—tua *om.* A    stimulus tuus HCas (=vg)    3 insultandum V    aculeus Sd ⌒pecc. est AHVCasSd^cod (=vg)    est] et G *om.* Sd^ed cod    4 sagittae H₁ sagittam V stimulus uel sagitta Sd    iugulentur B iuniulantur G    5 lex *om.* B    et maius] *om.* VCas et uiolentius Sd    magis H₁    sit SNSd 6 conscientiam Sd^cod + commissum Sd    7 ⌒ies. chr. dom. nost. Cas^cod 8 carnalem nostram uolun(p Cas)tatem BAmbstHGVCas    infirmabatur Cas    9 quod V    cruce] *om.* G + sua Cas    et *om.* Ambst^codd ESN    et exemplo *om.* Cas    exemplum H₁    10 mei] + dilecti HVCas (=vg)    et *add.* AAmbstHVCas (=vg)    nemo—permoueat *om.* C    de] + hoc VCas 11 ⌒ultra moueat spei V ⌒spei moueat ultra Cas    futurae *om.* VCas    ultra] uestra G    in] + omni R corr.    12 dei MN    quod labor uester *om.* V 13 ⌒rat. res. RCas    hesitabam B esitabunt MN    14 permanere *om.* H₁ iam] etiam BG    certus ENCGCas    resurrectione A tribulatione BG retributiones V*    15 ⌒de coll. autem (*om.* ES) AHVCas (=vg) fiunt BAmbstHGVCas (=vg)    sanctos AAmbstHGVCasSd^ed cod (=vg) ordinauit G    ecclesiis AHVCas (=vg)    16 galatae BG    dicit]**(di *s.l.*) cit G    singulas *om.* N    17 hier.] in hier. Sd    sanctus G    19 sic enim] sicut BAmbstEH₂GV sic SR    dicit BAmbst^coddG scriptum est V deum H(—E)    resurrexisse AmbstH₂    20 ponat *add.* AHVCas (=vg) reponat R

*ei [bene] placuerit[,ut non cum uenero, tunc collectae fiant].*
Ut paulatim reseruantes non una hora grauari se putent, ut
hilares datores diligantur a deo. [3 *Cum autem fuero praesens,
quoscumque probaueritis per epistulam, hos mittam perferre
gratiam uestram Hierusalem.* 4 *quod si dignum fuerit ut ego eam,* 5
*mecum ibunt.*] [Per se clarum est quia utrumque in
eorum arbitrio derelinquit, ut et quod dederint portetur
et per quos direxerint ipsi eant.] 5 *Ueniam ad uos autem, cum
Macedoniam pertransiero: nam Macedoniam pertransibo.*
6 *apud uos autem forsitan manebo, uel etiam hiemabo [,ut uos* 10
*me ducatis quocumque iero:* 7 *nolo enim uos nunc in transitu
uidere: spero enim me aliquantum temporis mansurum aput
uos, si dominus permiserit*]. Quia ita se agunt Macedones, ut
non sit necesse mihi apud eos diutius demorari: aput uos
autem necesse est ut maneam uel hiemem: multa enim sunt 15
quae corrigantur in uobis, sicut medicus ibi moram habet
ubi plures aegrotant. 8 [*Per*]*manebo autem Ephesi usque ad
pentecosten.* 9 *ostium enim mihi apertum est magnum et
euidens, sed aduersarii multi.* Ideo ibi permanebo quia, cum
mihi euidens datus sit aditus praedicandi, sunt plurimi qui 20
resistant. 10 *Si autem uenerit T*[*h*]*imotheus, uidete ut sine*

3 cf. 2 Cor. ix 7

1 bene *add.* AmbstBHGCas(=vg)   ut—fiant *om.* A   ut] et ES   cun B
uenere G   collecta G   2 reponentes VCas   hora] ura G*   grauare MN
putant H(—C)   ut] quo V   3 diligunt[ur] H₁   domino H₂   cum—
ibunt *om.* A   ⌒ praes. fu. HVCas(=vg)   4 quos HVCas(=vg)   epistulas
HVCas(=vg)   perficere H₁   5 hier.] in hier. HVCas(=vg)   si dignum]
signum V   ut]+et Ambst^cod VCasD   6 per—eant Ambst *om. rell.*
8 ⌒ autem ad uos AAmbstHGVCas (=vg)   9 macced. (*pr.*)] macedonia V
nam—pertr. *om.* H₂   10 apud—hiemabo *om.* Ambst   autem *om.* H
remanebo G   hi✶em✶abo G hiemauo V*   ut—permiserit *om.* A   ut]
nisi Ambst nosi (*corr.* nisi) G   uos *om.* N   11 [de]duxeritis Ambst de-
duxeritis G deducatis B corr.,HVCas(=vg)   enim] autem Cas   nunc] modo
HVCas (=vg)   12 aliquanto Cas^cod   manere HVCas(=vg)   13 quia
(qui H₂) ita se] qui ait ase A   aggunt G* habent Cas   mac[h]edonis H(—C)
14 non *om.* H₂   mihi] mihihi G *om.* VCas   remorari Ambst remanere
Ambst^codd   16 corrigatur G   in] a AmbstCas^cod*   nobis Cas^cod*
sicut] nam et Cas   ubi B   habet] facit R   17 ibi B   permanebo
AHVCas(=vg)   uque G*   18 penticusten V   enim] autem Ambst
magnum *om.* S   et *om.* SMN   19 uidens EV*   sed] et AHVCas(=vg)
ideo] id est BG   quia] qua R   20 nata sit oportunitas Cas   21 resistunt
BH recti sunt S   thimotheus ANCas^cod   uidere B   ut (et ER*) sine
timore] ne timorem (in timore C) H₂

*timore sit apud uos: nam opus domini operatur, sicut et ego.*
11 *ne quis illum spernat.* Sine tribulationis formidine uel etiam
uestri contemptu[s]. *Deducite autem illum cum pace, ut ueniat
ad me: expecto enim illum* [*cum fratribus*]. Nihil admittentes
5 quod ad animi eius proficiat laesionem. [12 *De Apollo autem
fratre notum uobis facio quia multum illum rogaui ut ueniret
ad uos cum fratribus, et utique non fuit uoluntas eius ut nunc
ueniret: ueniet autem cum oportunum fuerit.*] 13 *Uigilate*
[, *state*] *in fide, uiriliter agite et confortamini:* 14 *omnia* [*enim*]
10 *uestra cum caritate fiant.* Uigilate mentis oculis ad diaboli
astutias praecauendas: state, quia stantibus difficile somnus
obrepit: uiriliter agite; muliebris enim omnis inconstantia et
uarietas iudicatur: confortamini. ut sit in uestra uirtute
profectus, omnia non inanis gloriae causa, sed caritatis gratia
15 facere festinate. [15 *Obsecro autem uos, fratres, nostis domum
Stefanae et Fortunati et Achaici quoniam primitiae sunt
Achaiae, et in ministerium sanctorum se ordinauerunt,* 16 *ut
et uos subiecti sitis talibus et omni cooperanti et laboranti in*

12 cf. Verg. *Aen.* iv 569–70   14 cf. Phil. ii 3

1 ⌒apud uos sit H(—S)   ⌒opus enim AHVCas (=vg) quia opus Ambst
oper✳atur G   et *om.* E   2 ne quis]+ergo H(—SR)Cas (=vg) enim R
formidinem V   3 uestri *om.* R   contemptu B   autem *bis* B   cum]in
BAmbstHGVCas(=vg)   ueniat ad] ueniadat G   4 expectu G   enim]
*om.* S autem H₂   cum fratribus *om.* A   cum *bis* G*   amittentes V
5 animae H   le(i MN)sionem *codd.*   de—fuerit *om.* A   6 fratres BG
notum—multum *om.* H₁   notum—quia *om.* H₂Cas^{ed} (=vg) significo uobis
quia R corr.,VCas^{cod}   ⌒rogaui eum HCas(=vg)   ut ueniret] ut
uenirent B uenire Ambst   7 utique] unicuique N   eius *om.* Ambst^{codd}H
(ei C)GVCas^{cod} (=vg)   ut] et E   8 ueniet] ueniat G   cum]+ei HCas
(=vg)   oportunum] uacuum Cas (=vg)+ei✳✳✳ V   fuit ES   9 state
*add.* AAmbstHCas(=vg) ste V   et *om.*V   enim *om.* BAmbstHGVCas
(=vg)   10 uester MN   cum Ambst^{cod}GD in *rell.* (=vg)   ad *om.* C
zabuli B   11 adstutias G   praecauentes C   stabiles(-is E) H₂
somnu E*   12 obripit Ambst subripit H scsumbrumpit N* se subripit N
obrepet G obrebit V   agete G*   mulieribus B mulieris Ambst^{codd}R*
omnes G   inconscientia R instantia H₂   13 iudicetur SR   ut—profectus
*in ras.* G   14 cause SM   15 obsecro—in uobis *om.* A   obsegro V
nosti G*   domum]+LXX (=*num. capitul.*) H₂   16 et achaici *om.* HVCas
(=vg)   ⌒sunt primitiae(-ia V) AmbstVCas (=vg)   17 ministerio H₁Cas^{ed}
ministeriom V   sanctorum] sanctis fratribus V   ⌒se ipsos ord. H ord.
se ipsos VCas(=vg)   18 subditi HVCas(=vg)   sitis] *om.* ES setis V
talibus] eius modi VCas(=vg)   omnia MN   ope⌒anti H(—RC)   conla-
boranti H   in uobis *om.* HVCas(=vg)

*uobis.*] 17 *Gaudeo autem in praesentia Stephanae et Fortunati et Achaici, quoniam id quod uobis de-erat ipsi adimpleuerunt.* Quia praesentes sunt aput uos et in illis magnum potestis habere profectum. Siue: Quia mihi uenerunt pro uobis ministrare officium caritatis. 18 *Refecerunt autem et meum 5 spiritum et uestrum.* Meum spiritum caritate pro uobis, uestrum pro mea laetitia refecerunt. *Cognoscite ergo* [*qui*] *eius modi* [*sunt*]. Unde alibi ait: 'cognoscite eos qui ita ambulant ut habetis formam nos[tram].' hic 'cognoscite' honorate cognoscentes eorum studium uel laborem. 10 [19 *Salutant uos ecclesiae Asiae.*] *Salutant uos in domino Aquila multum et Priscilla cum ea quae in domo eorum est ecclesia* [*,aput quos etiam hospitor*]. Domesticam congregationem fraternitatis ecclesiam nominauit. [20 *Salutant uos fratres omnes: salutate inuicem in osculo sancto.* 21 *salutatio 15 mea manu Pauli.*] 22 *Si quis non amat dominum* [*nostrum*] *Iesum Christum, anathema sit.* Sicut illis qui eum amant redemptio uenturus est Christus, ita [et] qui eum non amant, anathematizabit, id est, ut illos abominetur et perdat. *Maranatha.* Magis Syrum est quam Hebraeum, tam[en] etsi [ex] 20

8 *Phil. iii 17    14 cf. 1 Petr. ii 17 etc.    18 cf. 1 Tim. ii 6
20 cf. Hier. epist. 26, 4

1 gaudia(*corr.* -io) G gaudebo Cas$^{ed}$    sthephanę A stephani H$_2$    furtunati AAmbst$^{cod}$SMV    2 achaiae H(—C)    id *om.* R*    suppleuerunt AHVCas(=vg) adimpleueruerunt G    3 et—profectum *om.* V    in *om.* G magnam H$_1$    4 ↶min. pro uobis V    5 officio C corr.    autem] enim AHVCas(=vg)    et] ut MN    6 caritatem SRGV caritatis H$_2$    7 pro *om.* G    meam laetitiam G    laet.]+meum Ambst$^{codd}$    efecerunt V qui *add.* AHVCas(=vg)    8 huius AmbstH$_2$Cas    sunt *add.* AHVCas(=vg) unde]+et Ambst sicut Cas    ait *om.* Cas    qui—cognoscite (9) *om.* H$_2$
9 ita] tibi E    ut] sicut RCas    habeatis V    nostram] hos B nos GV (=vg)    cogn.]+pro VCas    10 studium uel *om.* Cas    studium]+LXXII (*cf. p.* 228 *u.* 15) H$_2$    laborem] laborum ES+LXXIIC    11 salutant (*pr.*)—asiae *om.* A    achaiae M    domino]+semper Cas$^{ed}$    12 ↶multum (+multum ES) aq. AHVCas(=vg)    prisca Cas(=vg)    ea—est] domestica sua (*om.* H$_2$) AHVCas(=vg)    13 aput—hospitor *om.* AHCas$^{cod}$*(=vg)    etiam] et V congrecationem V    14 salutant—pauli *om.* A    15 salutate] salute G
16 mea]+in R    nostrum *om.* AH$_2$VCas(=vg)    17 ↶sit (fit S sic M) anath. BAmbstHGCas(=vg)    anathama V    sicut] quomodo Cas    18 et] *om.* BAmbstGVCas$^{cod}$+eos C corr. his Cas$^{ed}$    19 anathemazabit A* anathematizet B anathe(a V)mabit AmbstV anathemauit H(—C)G anathematizauit R corr. N corr.,C* anathema illis uenit Cas    20 magis] *praem.* maranatha V    est *om.* EN    tamen AR*H$_2$    et *om.* H$_2$V    ex *om.* B

confinio utrarumque linguarum aliquit Hebraeum sonat et interpretatur 'dominus noster uenit.' 23 *Gratia domini* [*nostri*] [*Iesu*] *uobiscum*. Propri[a]e manus consueta suscriptio. 24 *Caritas mea cum omnibus uobis*. Ut, quo modo uos ego diligo, ita
5 et [ipsi] in Christo [uos] inuicem diligatis. *In Christo Iesu*. Non secundum saeculi caritatem. *Amen*. Confirmatio est benedictionis hic sermo, sicut superius ipse demonstrat, 'quo modo' [inquiens] 'dicet "amen" super tuam benedictionem?'

### EXPLICIT AD CORINTHIOS PRIMA

**7** 1 Cor. xiv 16

1 conf.]+est NC* utrumque G lingarum V sonet V Hier. 2 interpetratur V noster *om*. H nostri *om*. AESVCas (=vg) 3 iesu] *om*. B AmbstG+christi Ambst<sup>codd</sup>RH₂VCas<sup>ed</sup> propriae—suscriptio *om*. V proprie BR conscriptio HG 4 ut] sed Cas<sup>cod</sup> ⌒ego uos RSd ⌒dil. ego Ambst<sup>cod</sup> 5 et *om*.VCas ipsi *om*. BAmbstHGVCasSd in christo *om*. Sd uos *om*. BAmbstHGV alter(*om*.V)utrum VCas 6 ⌒bened. est Cas est *om*. Sd 7 hic sermo] amen VCas ⌒ipse sup. Cas demostrat V dicit Cas 8 inquiens] *om*. ACas inquies MN dicit AAmbst HGVCas dicitur MN tua benedictione G 9 EXPLICIT: AEPISTOLA: AD: CORINTHIOS (+PRIMA ES) BH₁ EXPLICIT AD CORINTHIOS PRIMA Ambst (*uide uol.* I, *p.* 57) *nil habent* MN Explicit aepistola pauli prima ad corinthios C Explicit epistola beati pauli apostoli ad Corinthios prima Cas

# INCIPIT AD EOSDEM SECVNDA

[Quoniam in prima pro quorundam peccatis doctores eorum praecipue corripuerat, et multum fuerant contristati, nunc eos consolatur, suum eis proponens exemplum et docens non debere aegre ferre quod pro aliorum salute sunt correpti, cum ipse pro aliena salute periculis cottidie et morti subiace[a]t.] 5
1 *Paulus apostolus Christi Iesu.* Quaeritur cur in omnibus epistulis contra usum epistularum primo suum nomen ponat quam eorum ad quos litterae destinantur. sed hoc auctoritatis [est] apostolici ordinis, quia minoribus scribit, sicut etiam iudices saeculi solent ad eos quos regunt scripta dire- 10 gere. *Per uoluntatem dei.* Dei, non hominum uoluntate; simul ut ostendat non sine patris uoluntate se missum a Christo. *Et Timotheus frater, ecclesiae dei quae est Corinthi.* Non dixit: 'Paulus et Timotheus,' quia non ambo apostoli: ad Philip[p]enses uero, ubi non erat tanta auctoritas neces- 15 saria, 'serui' ambo ponuntur. *Cum sanctis omnibus qui sunt*

16 Phil. i 1

INCIPIT: ARGVMENTVM: AEPISTOLAE: SECVNDAE B INCIPIT AD EOSDEM CORINTHIOS SECVNDA (om. R) H₁ INCIPIT AD EOSDEM SCRIPTA DE PHILIPPIS MN Incipit aepistola pauli ad corinthios secunda C INCIPIT EIVSDEM SECVNDA SCRIPTA DE PHYLIPPIS uersus DCCC . LXX G Incipit argumentum ad corinthios Cas 1 quoniam—subiaceat *om.*. AH *Marcioniticum argumentum subiciunt* H₂Cas *praem.* cuius haec principalis est causa Ambst *praem. Marcioniticum* GV *et hic etiam* haec epistulae ad corinthios secundae principalis est causa    quoniam in prima] nam G    dotores G*    2 corripit G    et—et *om.* G    4 aegre ferre] aegre id ferre G haec referre V    quod *om.* G    ⌒sunt sal. AmbstV    sunt—salute] suo exemplo quo G    5 ⌒cott. per. G    et morti *om.* G    subiacet B + contristatos quidem sed emendatos ostendit G    EXPLICIT: ARGVMENTVM: INCIPIT: ĘPISTOLA: SECVNDA: AD: CORINTHIOS B    6 ⌒iesu christi SR·H₂GCasSd (=vg)    quaerit V    cur] quom B *om.* G*    7 epistularum] scribendi Cas    primum H(—SR) prius V ponit H₂    8 quam] et sic Cas    litteras H(—E)    distinatur SMN destinauit R destinat C    auctoritas AmbstS    9 est *om.* BEN    apostolici] + 11 *litt. eras.* G apostolicae et VCas    qua Ambst^cod qui H₂    minoribus] + se Cas    10 saeculi *om.* Cas    solint V*    praecepta Cas    11 dei non] dei A* deus pro H id est non E deus (*corr.*) nostri G    12 ut ostendat] ostendit G ut ostenderet Cas et ostendit Sd    ⌒uol. pat. Cas    a christo *om.* Cas    14 qui H₂    non *om.*V    15 philipense(*ex* i)s AAmbst^codEV(etc.) ⌒tanta auct. non erat B    ⌒auct. non tantum erat Cas    ⌒tanta erat V 16 ⌒ambo serui VCas

*in uniuersa Achaia.* Hic sancti possunt accipi sacerdotes, qui in prima [ponuntur] dominum inuocantes, et ad Philip[p]enses cum episcopis et diaconis. ideo autem postea nominantur, ne parum intellegentes eos praetermissos esse putarent, cum
5 iam sint in ecclesia conprehensi [Achaia], cuius est metropolis Corinthus. 2 *Gratia uobis et pax a deo patre [nostro] et domino Iesu Christo.* [Solita apostoli salutatio]. [hinc iam] gratias agunt deo, gaudentes se ideo consolari ut ipsi alios consolentur. 3 *Benedictus deus et pater domini nostri Iesu Christi, pater
10 misericordiarum.* Quia ex ipso est omnis misericordia. *Et deus totius consolationis.* Id est, perfectae consolationis, quia non est minus tribulatione solacium. 4 *Qui consolatur nos in omni pressura nostra.* Non [in] aliquibus, sed in omnibus. *Ut possimus et ipsi consolari eos qui sunt in omni angustia, per
15 exhortationem qua exhortamur et ipsi a domino.* Propterea liberamur, ut et nos alios consolari et de tristitia liberare possimus. Aut: Ita formam nobis dat alios consolandi, et per exhortationem qu[i]a ipsi a deo consolamur, agnoscimus quod deus timentium se neminem derelinquat et multo magis

2 cf. 1 Cor. i 2     3 cf. *Phil. i 1

1 achaia] ecclesia S    ⌒ poss. sa. hic Cas    sacerdotum G*    2 prima] primo H(—S) *om.* G*    ponuntur *om.* AEV    philipe. A    3 et *om.* Cas^cod    diacones Ambst^codd Cas^cod diaconibus G*V    nominatur G* posuit sacerdotes Cas    4 paruum H(—SR),G corr.    putarent *om.* N    5 in ecclesia *bis* G    achaiae H(—E) *om.* BAmbstV    ⌒ metr. est V    est *om.* G    6 corinthiis B patre—christo *om.* Ambst    patre] + nostro BH(—E)VCas (=vg)    et] + a H₂    7 solita apostoli salutatio *om.* BAmbstH(—E)V(Cas)    solicita G*    apostoli *om.* E    salutatione G    hinc iam *om.* BAmbstSH₂VCas    hinc] hic R    iam *om.* H    agant B agit Cas    8 ut] + et (*s.l.*) *eras.* G corr.    ipsi *om.* Cas^cod    consolantur E*    9 deus] + noster V    et pater *om.* E    10 quia—misericordia *om.* G    quia] id est E    11 cons. (*pr.*)] *add.* hic qui consolatur nos (*cf. u.* 12) AV    id—consolationis *om.* G*    consolationes A*    12 minus] *om.* H₂ minum G*    tribulationi S tribulationis R H₂    solacia H₂    13 in omni (n omni *al. man. in ras.*) A    omni *om.* Ambst    tribulatione AHGVCas (=vg)    non] *praem.* id est E *et quidem saepissime in hac epist.*    in *om.* BAmbst^codHV    aliquid Ambst^codd    14 possemus V    ⌒ in omni pressura sunt AHGVCas (=vg)    15 quam MN* quae V    exhortatur G ipse G*    deo AAmbstHGVCas (=vg) + per exortationem qua exortamur H₂    16 liberamur *om.* G*    nos] ipsi VCas    consolare MN    et—liberare *om.* V    17 possemus E    aut ita] ac sic Cas    ⌒ dat nobis formam G    ⌒ nobis formam C    ⌒ dat nobis ESd    et] ut Ambst *om.* G    18 qua] quia BR*G*Sd^codZm^cod qui MN*    ipsi] si EZm^cod    deo] + hortamur ut per exhortationem qua ipsi a deo qua ipsi a deo G    agnoscemus Em1 agnoscamus Em2Ambst^codd    19 timentium se *om.* CasZm    timendum G

in futuro remuneret[ur] quos etiam in praesenti non deserit.
5 *Quoniam sicut abundant passiones Christi in nobis.* Id est,
pro nomine Christi. *Ita et per Christum abundat [etiam] consolatio nostra.* Ut [et] Petrus est de carcere liberatus et ipse
Paulus uisione domini et uoce confirmatus in templo. 6 *Siue
autem angustiam patimur, pro uestra exhortatione et salute.* Quia
uos ad salutem hortamur. [Siue: Ut uobis exemplum tolerantiae praebeamus.] [*Siue exhortamur,*] *pro uestra exhortatione,*
[*quae operatur in*] *sufferentiam earundem passionum, quas et
nos patimur,* 7 *et spes nostra firma* [*est*] *pro uobis.* Ideo liberamur ut ipsa re confirmemini non pertimescere passiones.
Siue: Ut uos hortemur patienter ferre illa quae et praesentem
consolationem optinent et futuram. *Scientes quia, et si socii
passionum estis, simul et resurrectionis eritis.* Haec est spes
nostra firma pro uobis. 8 *Non enim uolumus ignorare* [*uos*],
*fratres, de pressura nostra, quae facta est in Asia.* Narrat suas
passiones ut illi se ad earum conparationem parua pati cognoscant, maxime cum illi talia patiantur, qui uice Christi
fuerant destinati, sicut, si quis discipulus doleat suam iniuriam,

3 cf. Act. v 41     4 cf. Act. xii 11     5 cf. Act. xxiii 11

1 remuneret B Ambst H(—E)GVCasSd$^{ed\ cod}$ *fort. recte* ↶ etiam quos Cas etiam in *om.* E     2 ↶ chr. pass. E     uobis G     id est] passiones Cas
3 etiam BAmbstSd *om.* AHGVCasZm(=vg)     4 ↶ petrus ut E*     ut] sicut Cas     et *add.* Ambst *recte*     est *om.* Sd     carce G     et] ut Sd     ipse *om.* ECas
5 paulos A*     in uisione Sd     et *om.* Sd     confirmatur GSd$^{codd}$     6 angustiam patimur] tribulamur AHGVCasZm (=vg)     qui H$_2$     7 ↶ exhortamur ad sal. Cas     siue ut—praebeamus *om.* B     siue] uel E     tolerantiae] letitiae E     8 praebeamus *hic ad sua redeunt* Ambst$^{codd}$     siue exhortamur *om.* B     siue—exhortatur *om.* E     9 quae operatur *in om.* B     in *om.* EC corr. GCas     tol[l]erantiam AH(—E)GCas tolerantia V (=vg)     10 et] ut C corr. Cas$^{ed}$     est] *om.* AH(—EC)VCas$^{cod}$ (= vg) sit ECGCas$^{ed}$     nobis B ideo] propterea nos Cas     11 confirmamini EM*N*     non] ne E + uos debere Cas     tribulationes Cas     12 siue] uel E     uos *om.* Cas     exhortemur G ↶ haec ferre Cas     et *om.* GCas     13 obtent E habent Cas     quoniam AH$_1$GVCas(=vg) *om.* MN*     et si] sicut AHGVCas(=vg)     14 simul] sic AH(—ER)GVCas (=vg) *om.* R     consolationis AH(—E consolationum) GVCas (=vg)     eritis *post* sic *tr.* AH(—E)GVCas (=vg)     15 ↶ pro uobis firma SR*     ↶ uos ign. ER     uos *om.* BV     16 tribulatione AHGVCas (=vg) uestra B     ↶ suas narrat Cas     ↶ suas pass. narrat Sd     17 se *om.* H ad—conparationem *om.* Cas     illarum ESd earondem (*corr.* earundem) G compassionem B     pati] + se C     18 patiuntur H$_2$ sint perpessi Cas     uice] uia MC ad uiam (d *s.l.*) N     christo C corr.     19 discipulo R discipulum C corr.     doleat] doceat R*H$_2$ + super E     ↶ ini. su. E

cum audierit magistrum maiora perpessum, consolatione
accepta dolere desistit. *Quoniam supra modum onerati sumus
supra uires [nostras]*. Grauati pondere passionum. *Ita ut
taederet nos etiam uiuere*. Ita ut mori omni desiderio cupere-
5 mus. 9 *Sed ipsi [in] nobis [ipsis] responsum mortis habuimus,
ut non simus fidentes in nobis*. Hoc est, in nostra prudentia
uel cautela. *Sed in deo, qui suscitat mortuos*. Ipsa mors nos
docuit omne humanum auxilium defecisse, [et] ab illo solo
sperandum esse remedium, cui etiam mortuos suscitare
10 possibile est. 10 *Qui de tantis periculis eripuit nos [et eruet],
in quem [et] speramus quoniam [adhuc]et liberabit*. Scit se adhuc
multa passurum, qui sperat se etiam liberandum. 11 *Adiuuanti-
bus et[iam] uobis*. Nisi laborans [non] dicitur [ab alio] adiuuari.
*In oratione pro nobis*. Multum ualet oratio totius ecclesiae,
15 quae etiam Petrum de carcere liberauit. *Ut ex multorum
facie[rum eius], quae in nobis est, donationis per multos gratiae
referantur pro nobis*. Hoc habet sensus, ut ex multorum conuentu pro eo quod uobis donamur domino gratiae referantur.

14 cf. Iac. v 16; cf. Act. xii 5, 11

1 cum *om.* G\*      2 dolore[m] H(—MC)      desistit] re (*eras.*) desistit A desinit E desistet H₂      quia E      onerati BSd grauati AHGVCas(=vg)      3 uires BSd uirtutem AHGVCas(=vg)      nostras *om.* AHGVCasSd(=vg)      4 cedet (*corr.* tedent) B dederit MN\* tederit N*m*2 te\*\*\*\*deret G      etiam *om.* E      uiuire V      ᴗ *om.* des. mori G      omni desiderio *om.* Cas      cuperimus E\*S caeperimus MN      5 in *om.* B      ipsis *add.* AVCas(=vg)      6 haec G      nostra] + uel Cas      7 domino H₁ suscitauit E      ᴗ doc. nos ESd      nos *om.* G      8 omnem G      et *om.* B ipso H₂      solo *om.* Sd      9 ᴗ poss. est mort. susc. E      mortuos *om.* Sd 10 et eruet *add.* BSRN\*(=vg) et eruit H₂Cas et qui et G      11 et *om.* AHGVCas (=vg)      adhuc *om.* AEV      ᴗ et adhuc RSd(=vg)      et *om.*V      liberabit] liberauit nos E eripiet AH(—E)GVCas(=vg) + nos Sd^cod      ᴗ multa adhuc SR adhuc *om.*G(*hic*),Sd      12 qui] adhuc qui G      se etiam *om.* E ᴗ etiam se G      se *om.*V      etiam *om.* Cas      13 etiam BSd et AH(—ER)GVCas (=vg) *om.* ER      non *om.* B      ab alio *om.* BCas      iuuari E      14 in oratione pro nobis] per orationem pro nobis E orationibus uestris R in ora- tione V      totius *om.* Sd      15 quae] quia B qui R\*N      etiam *om.* E ᴗ multarum ex E      multorum] BR\*G\* multarum *rell.* (=vg) + personisER,N corr.,CCasSd (=vg) + personas MN      16 facierum AHGVCasSd(=vg) facierunt N fecerunt N corr.      eius *add.* AHGCas(=vg)      quod Sd^ed      uobis EMN      est *om.* E\*      donationes MN\* donatio V      multas N      ᴗ pro n. gr. ref. Sd      17 agantur AH(—ES)GVCasSd^cod (=vg) aguntur ( + deo E)ES uobis BH₂Cas^cod corr.      hoc habet sensus] id est E hoc dicit sensus Sd      ut *om.* G      conuentus B      18 donantur E donati sumus Cas      domino gratiae(as E) referantur *om.* SRMN      referuntur G

Siue: Quia multis donati sumus, plures conuertentes per nos gratias agant pro nobis. 12 *Nam exultatio nostra haec est.* Ideo in ipsis passionibus gloriamur, quia conscientia nos minime reprehendit eo quod gloriae uel lucri causa docere uideamur. *Testimonium conscientiae nostrae.* 'Beati mundo corde, quia ipsi deum uidebunt.' *Quoniam in simplicitate et sinceritate dei.* Hoc est quo modo deus simplex est et sincerus. [*Et*] *non in sapientia carnali, sed in gratia dei conuersati sumus in* [*hoc*] *mundo.* Non subdole uel astute docentes, sicut [et] sapientia carnalis, quae mercede distrahitur, sed gratis, sicut a deo accepimus, praedicamus, uel dei solius causa docemus. *Abundantius autem ad uos.* A quibus nec uictum, qui nobis iure debebatur, accepimus. 13 *Non enim alia scribimus uobis.* Non confundor, quia etiam uos nostis certum esse quod dico. *Nam qu*[*a*]*e legistis et cognoscitis.* Quae legistis in epistula, cognoscitis in conscientia. *Spero autem quod usque in finem cognoscetis.* Certus sum me propositum non mutare. 14 *Sicut et cognouisti*[*s*] *nos ex parte.* Quia 'nondum est finis:' cum autem finis uenerit, ex integro cognoscetis. *Quia gloria uestra sumus, sicut et uos nostra.* Sic est gloria discipulis de bono

5 *Matth. v 8    18 cf. Matth. xxiv 6 etc.

1 siue] uel E    quia]+in G    simus G*    conuertentes EG* conuertentur R    2 agunt EN*G    pro nobis] *om.* E pro uobis H₂    gloria AHGVCasSd (=vg) gloriatio Sd^cod    3 ipsis] nostris Sd^cod    quia] qua E qui N    nos] nostra H₂Sd me Cas    minime]+nos R,C corr.,Sd    4 comprehendit B    quod]+non G    lucri] crucis H(—E)    uideatur G* 5 quoniam BHGV    6 quod AH(—S)GVCas (=vg) quo S    dei]+non est E 7 hoc est *om.* E    est *(alt.) om.* A*    sinceris H(—E)    non] et non BH(—E)GVCas (=vg)    8 gratia (gloria A*)]+*nonnulla erasa* V    hoc *om.* AHGVCas (=vg)    9 subdolo E    uel astute *om.* Cas    dicentes R    sicut] ut E et] *om.* BE est H,V *in ras.*,Cas    10 carn^is C carnali* G    quae]+a E mercedi C    detra[h]itur EG detrahit H₂    11 accipimus G*V    praedicamus *om.* E    12 autem *om.* E    a *om.* H(—EC)    ⌒deb. nob. iu. G    13 debeamur S debatur G    accipimus EMNG*V    alias scribsimus E    ⌒uobis scribimus G    14 erubesco Cas    qui H₂    etiam *om.* E    scitis Cas 15 nam]quam AHGVCas (=vg)*fort.recte*    que B    cognouistis E    legis V* legitis V    16 cognoscitis] *praem.* et S cognouistis E cognoscetis V    autem] enim E    quo MN    usque(us *in ras.*) G    17 cognoscitis H(—EC)G*V me] *om.* H(—ES) meum E    18 et *om.* E    cognouisti B cognoscitis H₂ ⌒ex parte nos E    ⌒finis est E    19 autem *om.* E    ⌒uen. fin. Cas finis *om.* E    uenerit] fuerit E    ex] tunc ex Cas    cognoscitis R*M*NV quia] quid (*corr.* quod) E    corona Sd^cod    uestra]+nos E    20 uos]+ 4 *litt. eras.* G    est gloria discipulis] gloriantur discipuli AESd

doctore, quo modo et magister in bonis discipulis gloriatur.
*In die[m] domini nostri Iesu Christi.* Quando et ueri magistri
et boni discipuli proba[bu]ntur. 15 *Et hac confidentia uolu-
eram prius uenire ad uos.* Quia nihil aliut uestrum quae-
siuimus quam salutem. *Ut secundam gratiam haberetis* [, 16 *et
per uos transirem in Macedoniam, et iterum a Macedonia
uenirem ad uos, et a uobis deduci in Iudaeam*]. Quia primam
in primo meo habuistis aduentu. Siue: Ut secundam gratiam
praesentiae meae post litteras haberetis. 17 *Cum hoc ergo
cogitassem, numquit leui[t]ate usus sum?* Quia promissum non
impleuerat, ne leuita[ti]s putaretur, excusat. *Aut quae cogito,
secundum carnem cogito?* Secundum carnalem scilicet uoluntatem: carnale est enim [aliquem] nulla maiore causa exsistente
non facere quod[quod] promisit. *Ut sit apud me 'est' ['est']
et 'non' ['non']?* Ideo non cogito secundum carnem, ut non
mendax uel duplex inueniar. 18 *Fidelis autem deus.* Ita et
nos, per quos ipse loquitur et qui eum imitamur, non sumus
infideles. *Quia sermo noster, qui fit apud uos, non est in illo
'est' et 'non'* [, *sed 'est' in illo est*]. Nulla in illo est ambiguitas,
nec nos uobis sumus aliquando mentiti. 19 *Dei enim filius*

<small>1 magistro Sd    quo modo] sicut G    discentibus V *fort. recte*    gloriatur]
probabitur H₂ glorietur G    2 die AHGVCasSd (=vg)    nostri *om.* VSd<sup>ed</sup>
quando] quia B quoniam H₂ ubi Cas    ueri] boni B    3 probabuntur
BH(—E)GVCasSd *fort. recte*    haec V    uolui AH(—E)VCas (=vg)    4 ↶ uen.
ad uos pr. H₂    quod E    nihil] mihi B non G    quesiui mihi B
quaesiui E    5 quam] + ad S    secundum BSRNSd<sup>cod</sup>D    gratia G*
et—iudaeam *om.* A    et per] pre (*corr.* per *m*2) G    6 transirem in mac.]
mac. proficisci E transire H₂VCas<sup>cod corr.</sup> (=vg)    in *om.* G    7 uenire
EH₂VCas<sup>cod</sup> (=vg) transire G*    deduci] praemitte E    quae S quam C
corr.    primum H(—E) priorem Sd    8 meo *om.* ECas    aduentum
SR*MN    siue] uel E    secundum SR*NSd<sup>cod</sup>    ↶ gr. sec. E    gratiam]
gloriam B + habuistis G*    9 post] per R    habeatis Sd<sup>ed cod</sup>    ↶ ergo
hoc ER (=vg) autem E hoc G* ergo Cas<sup>cod</sup> ergo haec Cas<sup>ed</sup>    10 uoluissem
AH(—E)GVCas (=vg)    leuiate B    11 exhibuerat Cas    leuitatis] leuitas A
corr. (*sed cf. uol.* I, *p.* 115) + hoc esse V(Cas)    excusat] ex causa B    12 car-
nalem] carnem MN carnale(?) G*    scilicet *om.* ECas    13 ↶ enim est E
aliquem *om.* BH(—E)GVCasSd    maiora H(—SC) maiori N corr., C *om.* Cas
14 quodquod] quod BHGVCasSd quia E    promittas VCas promittitur Sd
sic B si V    est *om.* BHG,V*mg.*,Cas (=vg)    15 et *om.* V    non *om.* BHG,V*mg.*,
Cas (=vg)    carne V    16 autem] est E *om.* S    deus *om.* A*    et *om.* E
17 qui] dum E    imitamus G*    18 fit] fuit CCas<sup>ed</sup> (=vg)    apud] ad C
uos] + sic et non Cas<sup>cod</sup>    19 sed est in illo est *add.* BHCas<sup>ed</sup>    est (4°)
*om.* E    dubietas Cas    20 nos *om.* Cas    deus G*</small>

*Iesus Christus, qui in uobis [est, qui] per nos praedicatus est, [per me et Siluanum et Timotheum] non fuit 'est' et 'non.'* [Si in] Christo non fuit 'est' et 'non,' qua re, cum promisisset se ire ad centurionis puerum, non perrexit? sed adfuit spiritali gratia, qui non adfuit praesentia corporali. *Sed 'est' in illo fuit.* Hoc est inmutabilis ueritas, sicut illud Moysi: 'qui est misit me.' Ille enim uere est qui semper idem est. 20 *Quotquot enim promissiones dei [sunt], in illo 'est,' etiam per ipsum 'amen' deo ad gloriam per nos.* Omnis ueritas promissionis in Christo est, quae per nos ad dei gloriam praedicatur. 21 *Qui autem confirma[ui]t nos uobiscum Christus dominus.* Gratia et doctrina; et quia dixerat per nos, modo ostendit deum totum facere, qui in eis ista omnia est operatus. *Et qui unxit nos deus.* Spiritu sancto uel chrismate. 22 *Et qui signauit nos.* Illut signatur quod aliquid intrinsecus continet praetiosum. *Et dedit pignus spiritus in cordibus nostris.* Pro arra spiritus gratiam; omnis autem arra pro magnitudine pretii dari solet: quantum ergo pretium est, cuius tanta est arra! 23 *Ego*

3 cf. Matth. viii 7, 13 etc.    5 cf. 2 Cor. x 10    6 Exod. iii 14

1 iesus christus *om.* S    est qui *om.* AHGCas (=vg)    qui *om.* V    est (*alt.*) *om.* V    2 per—timotheum *om.* AE    fuit] + in ea (*corr.* eo) E + in illo Cas^ed et non *om.* E    si—corporali *om.* H(—E)    si in *om.* B    3 re *om.* V*    cum J non G*    ↶ ire se E et se ire G    4 ad] a V    puerum] + pro G    fuit GV spiritalis B spiritalia G*    5 ↶ corp. praes. Sd    praesentia *om.* EG    ↶ fuit in illo est E    6 hoc] id E    inmutabilitas ueritatis H₂ ueritas et immutabilitas Cas incommutabilis ueritas Sd    sicut—moysi] ut est moysen dicit E sicut moyses dicit Cas    illo H₂    7 ↶ me misit E    ↶ est enim uere SCas    8 enim *om.* E    promissionis SR*MN    dei *om.* E    sunt *add.* AHGVCas (=vg)    est] id est uerum est et E    etiam per ipsum] et in illo V    etiam] ideo et AHGCas (=vg)    per *om.* R*C*    ipsum] + gratiarum actio E + conplete sunt Cas^cod + dicimus Cas^ed    9 per nos] nostram AHGCas (=vg) omnis—praedicatur *om.* SH₂ *et alia omnia dant*    omni G*    omnes V    promissionum BVCas + patris Sd    10 quae] quia A    a G*V    ↶ gl. d. Cas completur Cas impletur Cas^cod*    11 confirmat BHVCasSd (=vg) praedi (*eras.*) confirmauit G    uobiscum] + sum S    christus dominus] in christum A in christo H(—E)GVCas (=vg)    gratia—et (12) *om.* VCas    gratiae doctrinae RMN    gratia] + dei G    12 ↶ hoc totum ost. deum VCas 13 ista] ita H(—E) ita est S    ↶ omn. op. est ECas omn. operatur S est omn. op. RH₂V est op. G    iuxit nos deum G*    14 carismate B nos] + ap̄ id est E    15 continetur G    et *om.* H₂    16 spiritus *om.* E arras SR*MNV    spiritus] christi H(—ES)G christus S    17 ↶ pret. mag. Cas    ↶ dari pret. V    petii G*    dare SRMG*    consueuit V    18 quando S quanto R*MN*    ergo *om.* E    praemium VCas

*autem testem deum inuoco.* Reddit causam non impleti promissi: hoc est, non suae leuitati, sed illorum infirmitati adserit deputandum. *Et animam meam.* Cuius secreta solus agnoscit. *Quod parcens uobis non ueni [ultra] Corinthum.* Ne
5 in uobis acrius uindicarem. 24 *Non quia dominamur fidei uestrae, sed cooperarii sumus uestrae gloriae.* Non quo ideo credideritis ut uobis dominemur, sicut in lege sacerdotes, et ideo uos terremus, sed omnia ad uestram facimus emendationem, ut et hic in conscientia [et] in perpetuo gaudeatis, ne
10 ipsa libertate male usi ruatis in peius. *Nam fide statis.* Fide, non lege; id est, credendo Christo stare coepistis. 1 *Iudicaui autem hoc ipsum apud me, ne iterum uenirem in tristitiam ad uos.* Id est, cogitaui siue disposui, ne in tristitiam secundo uenirem, qui, cum primum credidistis, [apud uos] in gaudio fui. 2 *Si*
15 *enim contristo ego uos, et quis est qui me laetificet?* Propter ea hoc facio, ut possim gaudere de uobis. *Nisi qui[s] contristatur ex me.* Si enim contristatur, intellegit se peccasse: sic [et] aeger, qui dolorem sentit, potest percipere sanitatem et ad medici laetitiam pertinere. 3 *Et hoc ipsum scripsi [uobis].*

3 cf. 1 Cor. xiv 25 etc.    14 cf. Rom. xv 32

1 deum] domini B deo S    in uoce B    reddet E    2 promissio G    hoc est *om.* E    ho G*    leuitatis BH(—E)G leuitate E 3 deputandum] deesse putadumdum (*corr.* putandum) G    et] in AHGVCas (=vg)    4 ultra *add.* BH(—E)GCas (=vg)    5 uos Cas$^{cod}$    acrius] uerbis B alius S agrius MN    qui adhominamur S    6 adiutores AHGVCas (=vg)    ⌐gaudii uestri AHGVCas (=vg)    quod HGV quia Cas 7 credidistis Cas    domnemur G    8 terreamus Cas$^{cod}$    ⌐em. ues. fac. Cas faciemus E faciamus SM    9 et (*pr.*) *om.* ECG    conscientia] praesentia H$_2$    et *om.* B    in] im B    ne] in SR + per C    10 ipsi B ipsam H(—E,R corr.)V libertate(-em V) male usi ruatis] libertatem male usurpetis B libertate male usi fruatis E libertatem ale usunt gratis S libertatem(m *exp.* R*m*2) alius (alios R corr.,C) gratis (trahatis H$_2$) RH$_2$    nam—coepistis *om.* M    stetistis ASR*NVCas$^{ed}$ (=vg)    11 est *om.* E    christo *om.* V    accepistis C    statui AHGVCas (=vg)    12 autem *om.* E    ipse BH$_2$VCas (=vg)    ⌐in trist. uen. AHGVCas (=vg)    tristitia R*H$_2$VCas (=vg)    13 siue] uel ECas ne—uenirem *om.* V    tristitia H(—R corr.)    14 cum primum (*om.* R)] primo cum BH$_2$ cum primo G primum quando V(Cas)    apud uos *om.* BH(—E)V    15 ⌐ego cont. BH(—E)VCas (=vg)    et *om.* E    16 quis B    contristat MN    17 si AESd qui BH(—E)GVCas    contr.] + ex me qui enim contristatur (qui enim contristatur *eras.*) G    intelleget MN    sic et] sic AH(—E)G sicut EVCasSd$^{cod}$ si Sd$^{ed\ cod}$    18 dolorem] + adhuc VCas sensit R    recipere VCas    19 pertinet H(—E)    uobis *add.* BH(—E)VCas (=vg)

Modo enim ideo scribo uel ante scripsi, ut litteris emendati praesentem [me] gaudere faciatis. *Ut non, cum uenero, tristitiam super tristitiam habeam.* Tristitiam habeo, quia pecca[s]tis, quae magis augebitur, si uos non perfecte uidero emendasse. *De quibus oportuerat me gaudere.* De quibus semper gaudere debueram. Siue: De emendatione gratulari. *Confidens in omnibus uobis, quia meum gaudium omnium uestrum est.* Confidens uos intellegere quia tunc sit uerum gaudium uestrum, si ego gaudeam. Siue: Confido quod me taliter diligatis, ut meum gaudium uestrum esse ducatis. 4 *Nam ex multa pressura et angustia cordis scripsi uobis per multas lacrimas.* Primam epistulam, qu[i]a uos corripui: et [hinc] intellegendum quam fuerit de omnium salute sollicitus. *Non ut contristemini, sed ut sciatis quam [abundantius] habeam caritatem.* Non ideo commemoro ut iterum contristemini, sed ut sciatis me omnia de caritate fecisse. [*Abundantius*] *in uobis.* Ex maiore sollicitudine abundantiorem cognoscite caritatem. 5 *Si quis autem contristauit, non me contristauit.* Quia per illius peccatum etiam uos correpti amplius profecistis. Siue: Qui emendauit, non me penitus contristauit. *Sed ex parte.* Ex ea solum parte qua nocuit sibi[, dum illi necesse

1 enim *om.* V    ideo] de E    ut] uel H₂    emendetis R correcti Cas
2 ⌒gaud. me praes. G    presente V    me *om.* BR    sentiatis G faceretis Cas    3 trist. (*alt.*)]+enim Cas    habeam E    peccatis BRCas^ed    4 ⌒non uos B    5 de (*alt.*) *om.* E    6 ⌒gadere (*add.* u G corr.) semper G    siue] uel E+uel V    gaudere Cas    7 *in A    qui A* quoniam Cas    8 confide (*corr.* confido) G    uos] omnes uos Cas^cod uos omnes Cas^ed    sit] *om.* SR* habetis Cas    9 gaudium uestrum *om.* SR*    congaudeam V gaudeo Cas siue] uel E    10 diligitis Sd    dicatis BH₁M corr. N corr. C*GV    11 praesura E (*cf. uol.* I, *p.* 154) tribulatione *rell.* (=vg)    12 priorem Cas    quia B quam SR* per quam H₂    13 hinc] *om.* B hic H(—E)GCas hunc V*    quae E quod H₂    fuerat H₂    14 tristemini E contristimini V (*sic etiam, u.* 15) abundantius *om. hic* AHGVCas (=vg)    ⌒car. hab. AH(—E)GV (=vg) car. abund. hab. Cas    habeam] habeo AH₁GVCas^cod (=vg)    16 me]+ quoniam G    ⌒de car. *om.* G    fecissem G    abundantius *add. hic* AHGV (=vg)    17 maioris E maiori V    sollicitudinem V    cognosce(i)tis H₂ 18 autem *om.* E    non me] nonne S*NCas^ed    19 illos (pro illo C) peccato H₂ illius peccati G    etiam *om.* ER    nos B    corrupti E    proficitis E proficitis Cas    20 qui] et qui RH₂G quia VCas    me *om.* Cas peremptus B per omnia Cas    ex parte] *om.* H₂ ex perte G    21 sola H(—E)GSd solo (*corr.* solam *et postea* sola) V    quia SR    ⌒sibi nocuit Sd sibu[a]e MN    dum—paenitere *om.* BH(—E)VCas

est paenitere]. *Ut non onerem omnes uos.* Ideo scribo eum recipi, ut non oneremini, si per uestram duritiam desperauerit de salute. 6 *Sufficit ei qui eius modi est, obiurgatio haec quae fit a pluribus.* Non de illo solo dicit qui paternum polluit
5 thorum, sed de omni peccante: nam multos illic peccasse epistula prima demonstrat. 7 *Ita ut e contrario magis donetis et consolemini.* Ut contra obiurgationem donetis ueniam et consolemini uerbis prophet[i]ae dicentis: 'nolo mortem peccatoris[, tantum ut conuertatur et uiuat'], et: 'iniquus qua-
10 cumque die fuerit conuersus, non memorabuntur peccata eius.' *Ne forte maiore tristitia absorbeatur qui eius modi est.* Ne forte per desperationem indulgentiae absorbeatur gurgite uitiorum, et a diabolo persuasus ad infidelitatis et blasphemiae maiora praecipitia deducatur. 8 *Propter quod obsecro uos*
15 *ut confirmetis in illum caritatem.* Qua perfectam se agnoscat ueniam consecutum. 9 *Ad hoc enim [et hoc] scripsi, ut cognoscam experimentum uestrum, si in omnibus oboedientes estis.* Ut uideam si, quo mod[o ob]audistis in [uindicando, ita obau-

4 cf. 1 Cor. v 1    8 *Ezech. xxxiii 11    9 cf. *Ezech. xxxiii 12, 16

1 honorem H(—C)G*    ⌒uos omnes V    uos *om.* Sd^ed    ideo(id *in ras.*) G    scribo]+uobis Sd    eum *om.* V    2 non oneremini] honoremini B non honoremini H(—C) non honorem G* (honerem G) non onerem V non uos grauet Cas    si] nisi H(—C)V    3 de salute *om.* Cas    subiecit E    ei BSd illi AHGVCas (=vg)    huius Cas    ⌒haec obi. E    haec] ista S haec(h *in ras.*) G    4 plurimis E proluribus V*    ⌒solum de illo Cas    quia V    paternam H₂ paternon G* patris Sd    5 thorum] *om.* MN uxorem C    de *om.* MN    peccanti MNV    ⌒pecc. ill. H₂ ibidem V    6 docet Cas    e *om.*VCas    contra H₂VCas    7 consolationem E consolamini G    ut—ohiurgationem *om.* Cas    obiurgatione V    8 prophetae dicentis] profeticis E    prophetae] profetiae BG    dicentis *om.* Cas peccatorum E    9 tantum—uiuat *add.* BH(—E)G tantum ut conuertatur *add.* Cas    tamen H₂+magis C    et (*alt.*) *om.* H(—E)    iniquus *tr. post* fuerit Cas    10 ⌒fu. die V    ⌒conu. fu. H₂GCas    conmemorabuntur G 11 abundantiori BH(-e EG*Sd^ed cod)GVCasSd (=vg)    12 forte *om.* Cas dispensationem G*    obsorbeatur E    surgite E profundo Cas    13 et]uel VCas a *om.* ER*    absortus VCas    blasphemia E blasphe(*sic*) V    14 maiora] maiore M*N* *om.* Cas    delabatur Cas^cod*    15 confirmites V    quia H(—E)quo V    perfectum G    ⌒cognoscat se BH recognoscat E cognoscat RG 16 consecutam H(—EC)    ad hoc BSd ideo AHGVCas(=vg)    enim] autem H₂    et—si *om.* G*    et *om.* ASRCasSd    hoc *om.* AHGVCasSd(=vg) 17 si] an AHGVCas (=vg)    obaudientis V    sitis AERGVCas (=vg) 18 si*G    quo modo]+deo Sd    quomodaudistis(d *corr.* b) B    obaud.] aud. H(—E)    uindicando—in *om.* B    uindicando] excommunicando Cas ita] sic Cas

diatis in] indulgendo: oboedientia enim illa perfecta et uera
est quae in nullo contemnit. 10 [*Si*] *cui autem aliquid donastis,
et ego: nam et ego quae donaui.* Si cui iam forte donastis, et
ego: sicut uobiscum uindicaui, ita et dono uobiscum. quod
autem ego dono, non in mea persona, sed Christi, qui dixit: 5
'quae donaueritis in terra, erunt soluta et in caelo.' [*Si quid
donaui,*] *propter uos.* Ne uos grauemini uel contristemini. *In
facie Christi.* Quia uice fungimur Christi. 11 *Ut non circum-
ueniamur a Satana*[*n*]: *nec enim uersutias eius ignoramus.*
Similiter enim circumuenit per nimiam duritiam, ut peccatores 10
pereant desperando, quo modo in nimia remissione minime
corrigendo. unde Solomon ait: 'non declines dextra[m] neque
[in] sinistra[m].' quamuis ergo tota epistula contra Nouatum
sit, tamen hic euidentissime ostenditur a diabolo circumuentus
paenitentiam denegare, cuius ista uersutia est ut sub specie 15
iustitiae fallat incautos. 12 *Cum uenissem autem Troadem
propter euuangelium Christi et ostium.* Aditus uel oportunitas

6 *Matth. xviii 18      12 *Prou. iv 27

1 in *om.* Sd      inducendo B recipiendo Cas      oboed. (a *s. alt.* o) A abaud-
ientia G      enim illa *om.* E      ⌢ uera et perfecta E      et *om.* H(—E)      2 nulla R
contemnitur RG      si *om.* AHGVCas (=vg)      donatis SR*MNG*(=vg)      3 et
ego (*pr.*) *om.* SR*      quod AHGVCas (=vg)      si—ego *om.* E      donatis G      et
ego *om.* V      4 ita *om.* G*      ⌢ uob. dono Cas      quod—dono] nam et ego
quod donaui E      5 ego *om.* R      donaui Cas      sed]+in ERG      qui dixit]
dicentis V      6 quaecumque E*GSd^codd quicumque E corr. qui S quod-
cunque Sd^ed      donaueritis BSR* solueretis V solueritis *rell.*      super
terram Sd      ⌢ in cael. sol. V      et *om.* SV      caelis GSd^ed      si quid
donaui *om.* BR*      quid] quod(uod corr. *in ras.*) G      7 per E      uel
contristemini *om.* Cas      8 persona AHGVCasSd (=vg)      qui G*      uice
fungimur] personam gerimus VCas      funguntur E fugim G*      circum-
ueniamini R      9 satanan AR*MG      nec BESd non AH(—E)GVCas (=vg)
enim *om.* E      uersutias BESd^codd cogitationes *rell.* (=vg)      eius *om.* E
⌢ ign. cog. eius AHGVCas (=vg)      10 sim.] *praem.* idem E      enim *om.* E
minimum B      seueritatem Cas      ⌢ pecc. ut B      ut *om.* R      animae Cas
11 in] et V      minime] *om.* SR non Cas      12 ut de G*      ne R      decl.]+
in E + ad H₂GCas      dextra B dexteram HGCas dextera V      13 in] *om.* BSRV
ad H₂GCas^codd      sinistra BV      quamquam BH(—E)G      ergo *om.* Cas
totam SR*N*C*      epistulam SN*C*      nauatum E*S noctum R* noua-
cianum C nouatianos Cas      14 circumuentos B,R corr. circumuentis C* cir-
cumuentu G* circumuenti Cas      15 ista—ut] haec (hae Cas) sunt uersutiae
et(eius ut Cas)VCas      sub—iustitiae] per inmoderata bona Cas      16 iustiae G*
troad( +a E)e HGVSd^codd      17 et *om.* E      aditus—praedicandi *om.* H(—E)
adiutus G

SP. II                                                                                                     16

praedicandi. *Mihi apertum esset in domino,* 13 *non habui requiem spiritui meo, eo quod non inuenerim Titum fratrem meum.* Modo illis uult probare quanto amplius eos diligat, quorum causa tantum sollicitus est, ut cum illi essent omnia
5 prosperata, nullam requiem habuerit, quia Titum, quem ad eos uidendos miserat, non inuenit, timens scilicet ne minime correxissent, quia nondum ei renuntiauerat Titus. *Sed uale dicens eis.* Cito inde egressus sum, quamuis occasionem habuerim praedicandi. *Profectus sum in Macedoniam.* Per
10 quam a uobis Titus erat utique rediturus: uicinior est enim Macedoniae Ac[h]aia quam Troad[a]e: denique, dum ibi esset, dicit Titum postea aduenisse. 14 *Deo autem gratias, qui semper triumphat nos in Christo.* Triumphare nos facit per Christum. Siue: In nobis ipse triumphat. *Et odorem notitiae*
15 *suae manifestat per nos in omni loco.* Odor notitiae dei per doctrinam manifestatur et signa: odor autem ideo dicitur quia sentitur potius quam uidetur, et quia primo credentes modicum aliquit tamquam [per] odorem sentire ualebant.
15 *Quia Christi bonus odor sumus deo in hi*[*i*]*s qui salui fiunt,*
20 *et in hi*[*i*]*s qui pereunt.* Quidam ita dicunt: "noster labor deo

12 cf. 2 Cor. vii 6

1 praedicanti Cas<sup>ed</sup>    est EG    2 spiritu ER    eo *om.* V    inueni∗ R    inuenirem MNCas    tum A*    3 illos B    ∽probare uult RH₂    praebere E    quando SR*    ∽eos amp. R    dilexerat H₂    4 tantum] tunc E tanto SR*    ∽essent illi E    5 prospera H₂CasSd    nullam]+tamen V    habuerat SR*    quia] quod E qui S<sup>ded cod</sup>    6 uidendos *om.* H₂    scilicet] iam E    7 ei *om.* ESd<sup>codd</sup>    renun.] nuntiauerat H₂+eis E    8 dicens ESdD faciens *rell.* (=vg)    eis *om.* V    egressus sum] egressum G*    exii Cas    9 habui E    10 quem V    ∽erat titus red. a uobis V    uerbis B    utique *om.* V    redditurus E*N    ∽enim est H(—E)G    enim *om.* ECas    11 ∽achaiae macedonia Cas    macedonia est E*m*2 machedoniam S macedonia RC,G corr.    acaięa (ę *exp.*) B ad achaiam H₂ achaie G    quam troadae *om.* Cas    troade ABSRGV troadę EC troiade MN troadi Sd    denique *om.* B    dum] cum BRH₂ *om.* S    ubi S    12 dici SR*    uenisse H(—E)    autem *om.* E    13 christo]+iesu H(—E)GCas (=vg)    ∽fac. nos H₁G    facit]+ de tribulationibus Sd    per] in BH(—E)G    14 christo RH₂,G corr.    siue] uel E    nos Cas    ipse] ipsis se G    15 per (*pr.*)] pro MN    'ustitiae B    16 ∽et sign. man. Cas    ideo *om.* H(—E)    dicitur *om.* Ca*r*    17 et *om.* Cas<sup>cod</sup>    18 modicum] modo quom B *tr.post* tamquam E    quasi Cas    per *om.* BCas    ualebant E,M corr.,GV audebant R poterant Cas uolebant *rell.*    19 christus V    boni G    hiis B *utrobique*    20 ita *om.* E    noster] nostrum E* nostrae S is (hi N) sunt MN+autem SR    ∽semper deo G

semper est gratus, quia omnibus praedicamus, seu uelint credere illi seu nolint." sed hic proprie de illis dicit qui uel sanabantur per ipsos, uel in quibus uindicta fiebat. bonus ergo odor in utrisque, quia iustus. 16 [*Quibusdam* [*quidem*] *odor mortis in mortem,*] *quibusdam quidem odor uitae in uitam:* 5 *et ad haec quis* [*est*] *tam idoneus?* Et [ad] haec facienda quis potest tam idoneus esse quam nos, qui ad hoc sumus electi? 17 *Non enim sumus sicut plurimi, adulterantes uerbum dei, sed ex sinceritate.* Pseudo-apostolos tangit, humanum sensum diuinae praedicationi miscentes, unde [et] Isaias ait: 'cau- 10 pones tui miscent uino aquam'; id est, mer[a]e doctrinae adulationis mollia uerba, quibus homines [qui] non tam inebriati ferueant quam delectati tepescant. [*Sed*] *sicut ex deo coram ipso in Christo loquimur.* Sicut ex deo processit doctrina, quam scimus nos ipso praesente in persona dicere Christi, 15 id est, sicut ipse praedicauit. 1 *Incipimus iterum nosmet ipsos commendare?* Non ut commendemus nos uobis ista dicendo, laudare nos uolumus, sed haec, ne ab aliis seducamini, cogimur memorare. *Aut numquid indigemus, sicut quidam,*

10 *Esai. i 22    15 cf. 2 Cor. ii 10

1 est *om*. H₂   gradus V   seu] si R   uellent H(—E) uellint EG*V   2 credere illi] credere EH₂ credere ille S ille (*corr.* illi) credere R nollent H(—E)G corr. nollint EG*   hillis A* his BH(—E)GV   dicitur E ↶uel qui E   3 san.]+ab ipsis SR,G corr. +ab illis H₂   fiebant SR*G   4 ergo *om*. E   odor *om*. H₂   iustus] intus E+utique S quibusdam—mortem] *om*. B, *tr.post* uitam E   quibusdam E aliis *rell.* (=vg)   quidem *add*. AH(—E)GVCas (=vg)   5 quibusdam quidem] aliis autem AH(—E)GVCas (=vg) quibusdam E   6 et (*pr.*) *om*. E   est *om*. AH GVCasSd (=vg)   tam *om*. Sd   et (*alt.*) *om*. HG   ad *om*. A   qui potens MN 7 nos *om*.V   ho G*   8 sicut] sunt E   plurimis G*   9 -olus SG* taxat Cas   10 praedicatione SR*N*G   et *om*. AHGV   conpones E 11 ↶uino aq. misc. B misc. aq. uino Sd   miscunt V   est merae] mittere E mere BS mero H₂   12 adulterationis H₂   mollia *om*. Cas   qui *add*. BH(—E)   inebriati MN ebrietate Cas   13 fuerint B fuerant H(—E) feruant G   delectatione Cas   sed *add*. AVCas^cod (=vg)   14 coram ipso *om*. NC*   coram *om*. M   ipso] deo AH₁MGV (=vg)   sicut] *om*. E si Sd^ed cod   praecessit ECas^ed   15 quam] et quam V   discimus B nos *om*. ESd   loquitur Sd^ed loquimur Sd^codd   16 nos Sd^ed cod   17 commendamus MN commendemur VCas   nos]+spiritum G *s.l., om*.V   docendo Sd   18 laudari C   haec *tr. post* memorare Cas   19 commemorare E,R corr. memorari S,N corr.   egemus ARCGCas (=vg) [a]egimus SMNV

*commendaticias epistulas ad uos aut a uobis* [*aliquas commendaticias*]? Quos non commendat gratia uirtutum, illos digne commendant epistulae amicorum. 2 *Epistula nostra uos estis.* Per uestram fidem omnibus commendamur, sicut alibi dicit:
5 'signaculum apostolatus mei uos estis.' *Scripta in cordibus nostris.* In conscientiis nostris e[s]t uos nobis praedicantibus credidisse. Siue: In corde nostro est praedicatio, per quam epistula [nostra] estis effecti. *Quae* [*cogno*]*scitur et* [*quae*] *legitur ab omnibus hominibus, 3 manifestati*[*o*] *quoniam estis*
10 *epistula Christi ministrata a nobis.* Omnibus manifestum est Christo uos per nostram credidisse doctrinam, confirmante per uirtutem spiritu sancto. Siue: Hinc uere cognoscimini Christi esse, quod et spiritum accepistis. *Inscripta, non atramento, sed spiritu* [*sancto*] *dei uiui.* Hoc est, spiritu sancto
15 praeparata. *Non in tabulis lapideis, sed in tabulis cordis carnalibus.* Hinc iam differentiam inducit legis et gratiae. Iudaei in dura materia legem acceperunt significante [et] duritia[m] mentis eorum, sicut et uelamen faciei Moysi cordis

2 cf. 1 Cor. xii 30   5 1 Cor. ix 2   13 cf. Act. xix 2
16 cf. Rom. vi 14   18 cf. 2 Cor. iii 13, 15

1 -ias -las BESd$^{codd}$ -iis (commendatiis V) -lis *rell.* (=vg)   a] ex AHGVCas (=vg)   aliquas commendaticias *om.* AHGVCas (=vg)   commendaticias *scripsi* commendaticius B   3 commendat SR*N   litterae VCas nostra] nam N   4 nostram B   fidem] *om.* H$_2$ conuersationem C   conmendamus SRMN   quod in prima dixerat V sicut in prima dicit (dixit *cod.*) Cas   dicit] ait B *om.* Sd   5 sign.] nam sign. SG   estis]+epistula commendaticia Cas   scripta in] inscripta Sd   6 uestris (*pr.*) S,R corr.,M est] et B   nos uobis B,(uobis *ex* uos)N uos uobis S   7 siue] uel E est *om.* E   8 nostra *om.* AE   facti E   scitur AH(—E)GVCas (=vg) quae *om.* AH(—E)GCas (=vg)   9 elegitur E agnoscitur V   manifestatio B manifestatur E manifeste R corr.,MN   quam S   ⌒epist. estis AH(—E)GVCas (=vg)   10 ministra A*   manifestatum MC   11 ⌒uos christo Cas   uos *om.* EG   cred.]+siue in cor (*eras.*) G   confirmantem G 12 per *om.* E   uirtutes H(—E)Cas uirtute V   sancti G corr. (?)   uel E si S   hinc] in hoc G   ⌒uere hinc H   ⌒cogn. uere Cas$^{cod}$   uere *om.* EV cognoscemini RNGCas$^{ed}$   13 esse] est B *om.* G*   et] eius BH(—E)VCas spiritu V   in] et AH(*om.* S)GVCas (=vg)   14 atromento E   sed]+in E sancto *om.* AHGVCas (=vg)   dei] p dei B   id E   spiritum G*   15 parata G* tabulis (*pr.*)] talibus G*   ⌒carn. cord. Cas$^{cod*}$   16 hic SRFG   iam *om.* E differentia N corr., C   inducit *om.* H$_2$   gratia SR*   17 durati G*   martyria E acciperunt AER*M   et *add.* B   18 duritia BSR*GV   mentis *om.* Cas et *om.* HGCas   fatie B facie S in facie C *om.* Cas

eorum uelamen ignorantiae portendebat: nos uero, quamuis legem Christi scriptam in euangeliis habeamus, tamen in primis non quasi absentes tabulis scriptis, sed praesentes per auditum domini uerba corde suscepimus: eua[n]gelia uero postmodum scripta sunt ad memoriam posterorum. si ergo 5 inexcusabiles sunt qui legem in lapidibus acceperunt, quanto magis nos qui uerba Christi suscepimus, si peccemus, sicut [et] ad Hebraeos scribitur: 'si enim illi non effugerunt super terram loquente[m] sibi,' et cetera! 4 *Fiduciam [autem] talem habemus ad dominum per Christum.* Qu[i]a nouimus uos per nos 10 credidisse, uel qu[i]a [nos] non humana epistula, sed gratia diuina commendat. 5 *Non quod sufficientes simus cogitare aliquit a nobis quasi ex nobis.* Uult ostendere nihil se sua prudentia facere uel uirtute, quia pauci homines rustici numquam sine dei gratia totum mundum saluare potuissent. *Sed* 15 *sufficientia nostra ex deo est.* Ideo hoc praemisit quia dicturus erat tanto maius se quam Moysen ministerium suscepisse, quanto maius est nouum testamentum a lege scilicet, ut eos a falsis apostolis sibi detrahentibus reuocaret. 6 *Qui et suffi-*

8 *Hebr. xii 25

1 ignorantiae *om.* Cas    protendebat EGV portendebant SR*MN ostendebat Cas    2 christi *om.* Cas^cod    scriptam *om.* E    in euangeliis *om.* Cas    tantum G    in primis] primo Cas    3 absentem G*    sed praesentes *om.* V    praesentis SR*    ⌒dom. uer. per aud. V    per auditum *om.* Cas    4 auditum domini] auditis B    corde] corde(e *in ras.*) V + nostro Cas    suscipimus Cas    euagelia B    5 ⌒ob (propter Cas) memoria(-am Cas) scr. sunt VCas    posteriorum EG*Cas^cod post eorum SV* ergo]+illi VCas    6 fuerunt Cas    qui extrinsecus legem habebant Cas    7 nos *om.* E    uerba]+ex ore VCas    susc.] *praem.* in corde Cas    sicut] ut E    8 et *om.* BHGV    dicitur E    9 loquente B    sibi] illis E *om.* V cetera] reliqua E    autem *om.* BE    10 ⌒per chr. ad deum AHGCas(=vg) dominum] deum V    qua] quia BH(—E)GSd quod E+non H₂    scimus Cas    11 qua V quia *rell.*    nos *om.* B    non *om.* SV*    dei gratia Cas    12 sumus A*ESV    13 quasi ex nobis *om.* EG*    uult ostendere] ut ostenderet R uult ergo ostendere Cas    ⌒se nihil RH₂G    se *om.* S    sua prudentia facere *bis* G*    14 quia] quod E cum utique CasZm    homines rustici *om.* Cas    rusticani H(—E),G(rusti**cani)    15 gratiam SR*G    uniuersum Zm    16 hoc] autem E    permisit H₂    17 tantum G*    magis H(—C)GZm^codd    quae E    mysterium EG    18 quantum MNGV* magis SRM*    a lege] legis B    scilicet] iam E *om.* CasZm    eos] *praem.* eis B 19 sibi] siue G corr.    quia S quae MN    et *om.* E    sufficientes NC idoneos (ideos A*) ABERGCas(=vg) sufficiente S sufficientibus MN* idoneus V

*cientes nos fecit ministros noui testamenti.* Cum ad hoc implendum idonei non essemus. *Non littera[e], sed spiritu[s].* Non litterae legis, sed spiritui gratiae ministrantes. *Littera enim occidit, spiritus autem uiuificat.* Quo modo [autem] ergo
5 alibi legem dicit esse spiritalem? sed spiritalibus. ceterum peccatores occidit: gratia uero etiam impium iustificat conuertentem. quidam uero dicunt quod historicus intellectus occidat, [ne]scientes quod nec ubique historia[e] nec ubique possit allegoria seruari: nam sicut quaedam in figura sunt
10 dicta, [ita,] si praecepta uelis allegorice intellegere, omnem eorum uirtutem euacuans, omnibus aperuisti ianuam delinquendi. sed [et] ille uere spiritalis est intellectus qui non ueri similibus [coloribus] pulchrum mendacium pingit, sed uirtute rerum ipsarum exprimit ueritates. 7 *Quod si ministratio*
15 *mortis, [in] litteris [de] formata in lapidibus, fuit in gloria.* Quae mortificat peccatores. ceterum ipse eam [et] sanctam et iustam et bonam alibi appellauit. *Ita ut non possint filii Istrahel in faciem Moysi intendere propter gloriam uultus eius, quae euacuatur.* Contra Manichaeos. numquam enim apostolus

5 cf. Rom. vii 14; cf. 1 Cor. ii 13    6 cf. Rom. iv 5
16 cf. Rom. vii 4; cf. *Rom. vii 12

1 non G    dum E    ad hoc] adhuc E    ↶id. impl. E    implendum om. $H_2$    2 littera BH(—E*)VCas    spiritu BHCas    3 non—spiritui om. E    littera H(—E)Cas    spiritu H(—E)G    ministrantem E    4 autem om. G    autem (alt.) add. B    ergo] om. E ego G*    5 alibi—spiritalem] lex spiritalis est V    ↶dic. leg. ESd    sed] ad MN* (exp. N) 6 uero om. E    etiam] autem E    iustif.] uiuif. BE    ↶uiuificat impium E    ↶conu. iustif. Sd    conuertantem E*G    7 uero om. V putant BH(—E)GVCas    quia E    8 occidit MNCas$^{ed}$    scientes B non intellegentes Cas    quia Cas    historiae B    9 seruare SR* reseruari G quidam $H_2$    fugura A* futura B    10 dicta om. E    ita om. B    uellis ESV alligoriae MN    11 ↶uirt. eorum E    eorum om. S    eua✱cuans A eneruans BHV(Cas) fort. recte, euacuens E*    aperuistis E    uiam E    delinquenti MN 12 et om. BEH$_2$    uerus E    est om. E    13 ueri sim.] uisib. G    ueris E uere H(—ER)    coloribus] om. B colore in S    fingit $H_2$    14 uirtutem H(—EC)    ipsarum] ipsam rem B ipsam uim H(—E)V + uim G    ueritatis BH(—E)GV ueritatem E    quod si] quasi S    ministerium SRG fort. recte ministra M    15 in om. AH$_2$GVCas (=vg)    de add. AH(—E)GVCas (=vg) deformatum SR*G fort. recte    fuit om. E    16 necatores E    ipse eam] ipsam G eam V    et om. BEV    17 appellauit] dicit E appellant S appellat NSd    possint H(—R)Zm$^{ed}$ possent ARGVCas (=vg) possunt B 18 facie V    intendere] ante filii tr. AH(—E)GV (=vg) post is. CasZm$^{codd}$ intuere post is. E    19 euacuabitur E    enim om. Cas

posset contraria comparare, id est, [maiorem] ministrorum
noui testamenti quam Moysi gloriam praedicare, si nulla inter
eos uideretur esse communio. 'Propter gloriam uultus eius,
quae euacuatur.' Gloria legis per gloriam euuangelii euacuatur,
sed i[s]ta euacuatur ut proficiat, sicut infantiam ipse dicit 5
euacuari in uiri perfecti aetatem. semen quoque euacuatur
in fructu: melior quidem fructus semine, sed sine eo esse non
potest fructus, [et] non perit, sed multiplicatur semen in
fructu[m], et ita euacuatur, sicut prophetia et scientia destruentur. 8 *Quo modo non magis ministratio spiritus erit* 10
*in gloria?* In gloria nostra, quae ut perfecta non potest
[e]uacuari. 9 *Si enim [ex] ministerio damnationis gloria est.*
Exposuit quod superius dixerat, litteram occidere, ministrationem [esse] mortis, scilicet damnando peccantes. *Multo
magis abunda[bi]t ministerium iustitiae [in] gloria.* Quod 15
ministrat iustitia[m] dimittendo peccata. 10 *Nam [n]ec glorifi-
catum est quod claruit in hac parte, propter excellentem gloriam.*
[In] comparatione gloriae euangelicae obumbratur gloria
legis, sicut orto sole lumen obtunditur lunae, cum tamen suo

5 cf. 1 Cor. xiii 11    6 cf. 1 Cor. xv 36, 37    9 cf. 1 Cor. xiii 8
13 cf. 2 Cor. iii 6    16 cf. Matth. ix 5 etc.

1 possit H(—EN)GVCas    contrario B    conponere R    est *om.* E
maiorem *om.* B    magistrum N    2 quae E qua V    moyses H₂    dicere E
si] sed H₂    nulla *tr. post* eos E    inter eos] in te SR*    4 gloriam SR*
euangeliis E    5 ista AE ita *rell.*    euac.] et uac. G*    perficiat Sd^{ed cod}
sicut] ut E    infantium BH(—EC)    ipse] sicut H₂    dixit Sd    6 euacueri E*
perfect[a]e SR*    quippe Sd^{ed}    7 futuro B fructum EH₂VZm futurum Sd^{ed}
quidem] *om.* E quidam G    semine] semen perit E semini SG    sine] in G*
8 et *om.* BEH₂    non perit *om.* E    poterit S periit H₂ erit G    multi-
plicabitur E    semen in] semen SR,C corr. semine H₂    9 fructum ASR*NG*
fretu B fructu EMCVCasZm    et (*pr.*) *om.* E    ita] si Cas    euacuetur G*
prophetiae N    10 non magis *om.* E    ministerio V    erit *om.* E
11 gloria (*pr.*)]+magis non erit E    in gloria (*alt.*) *om.* Cas    perfecit Sd^{ed}
poterit Sd    12 uacuari B euacuare G    si enim] nam si AHGVCas (=vg)
ex ministerio] ministratio AH₁CG (=vg) ministerio R*V ministerium R corr.
gl.] in gl. A*RG    13 exponit Cas^{cod}    occidere]+et V    14 esse *om.* A
scilicet]iam E    damnanda E    peccatores Sd    15 abundat AERCGCasZm^{codd}
(=vg) abundet SMNZm^{ed} abundauit V*    in *om.* A    16 iustitia BNC*
demittendo AH(—RC) admittendo B dampnando G    nam nec -um] nec
ne sic -us S    nec] et B ne V    17 scelentem S excellente V    18 in
*om.* BH(—E)GV ad Cas    conparationem H(—C)GCas    ∽eu. gl. Sd
eu.] euangelii VCas    umbratur Sd    19 ut E    ortu solis Cas    ∽obt.
lun. lum. Sd^{ed}    ∽lucernae caecatur Cas

tempore magnum habeat fulgorem. hoc ostendit etiam dominus, cum ascendens montem solus splendore solis uisus est radiasse, cum tamen etiam Moyses et Helias uisi in gloria referantur, et ideo uox desuper patris ipsum iam solum prae-
5 cepit audiri. 11 *Si autem quod euacuatur, per gloriam est, multo magis quod manet, in gloria est.* Si euacuandum per gloriam datum est testamentum, quanto magis erit quod permanet gloriosum! 12 *Habentes igitur talem spem.* Talem spem gloriae, quia 'spe salui facti sumus.' *Multa fiducia uti-*
10 *mur.* In eo qui nos fecit idoneos. 13 *Et non sicut Moyses ponebat uelamen super faciem suam, ut non intenderent filii Istrahel.* Non ita facimus, quia [hic] iam omnes uident gloriam [domini] Christiani, sancto spiritu reuelante. *Usque ad finem eius.* Usque in finem uitae eius. ita et lex non intellegitur usque in
15 finem eius, id est, [usque dum] Christo credatur. *Quod euacuatur.* Quod uelamen nunc euacuatur in Christo. 14 *Sed obtu[n]si sunt sensus eorum usque in hodiernum diem.* Nisi enim crediderint, intellegere secundum prophetam omnino non possunt. *Id ipsum uelamen in lectione ueteris testamenti manet.*

2 cf. Matth. xvii 1-5; Marc. ix 2-7; Luc. ix 28-35    9 Rom. viii 24
17 cf *Esai. vii 9

1 habebat G uideatur habere VCas    hic G corr.    etiam *om.* Cas
2 asc.]+in GCas    dicitur Cas    3 radiare SR    tamen] tam G    etiam *om.* E
moyses et] mos est V moysen G*    et *in ras.* G    helyas A    4 desuper
*om.* VCas    iam *om.* E    praecipit SGCas$^{cod}$    5 audire H(—E) audire
nos Cas    autem] enim AH(—E)GVCasSd (=vg) *om.* E    quod(od *in ras.*) G
per gloriam (gloria S)] in gloria M corr.    est *om.* E*    6 si *om.* E
euacuatum E    7 gloria V    erit *om.* R*    8 manet R*MN    talem
spem *om.* G*Sd    9 spem *om.* E    quod E qui Cas$^{ed}$ qua Cas$^{cod}$
↝salui spe E    saluati MN    confidentia V    utamur E    10 eos V
↝fecit nos E    idoneus G*V*    ut E    11 non *om.* E    intenderint NG*
12 sic Cas    faciamus G agimus Sd    hic *om.* BSd    iam *om.* ECas
uiderit E    ↝christiani uid. gl. domini (christi Sd) BSd    domini *om.* AECas
13 christiani] christi C*m*2Cas$^{ed}$    usque *om.* SVCas    ad B in *rell.* (=vg)
faciem H(—E)GCas (=vg)    ***eius G    14 in finem uitae] ad reuelationem Cas    uita G*    sic Cas    et *om.* H$_2$    usque—est *om.*Cas    usque]+
dum BRH$_2$V    15 finem] fine MNV(Cas)+uitae S    eius *om.* GSd    usque
dum] *om.* BH(—ES)V cum S **usque dum G + in fine eius Cas    christus Sd
16 quod] *om.* ECas quo G*    *lamen (ue *add.* corr. *s.l.*) G    nunc]
non BV*    euacuatur *om.* Cas    17 obtonsi EG obtusi BRC*Cas$^{ed}$    sensus
eorum *om.* H$_2$    enim *om.* E    18 crediderunt BS credideritis Cas    non
intelligetis Cas    prophetiam C

Cuius figuram ille gestabat in facie[m]. *Quod non reuelatur, quoniam in Christo euacuatur.* In Christo, qui finis est legis. 15 *Sed usque in hodiernum diem, quotienscumque legitur Moyses, uelamen est positum [ignorantiae] super cor eorum.* [Uelamen ignorantiae super cor eorum,] qui[bus] legitur Moyses, id est, 5 Iudaeorum. 16 *Cum uero conuersus fuerit ad dominum, auferetur uelamen.* Cum conuersus fuerit Iudaeus, sicut Moyses conuertebatur ad [dominum] audiendum. 17 *Dominus [autem] spiritus est.* Nihil in illo obscurum neque uelatum. *Ubi autem spiritus domini, ibi libertas.* Liber est spiritus, et 10 idcirco non potest uelamen accipere, cum magis omnia ipse reuelet. qui ergo spiritum dei habet, omnia illi nuda sunt et aperta, quia 'spiritus omnia scrutatur.' 18 *Nos itaque omnes reuelata facie gloriam domini speculantes.* Euidenter et clare domini gloriam contemplamur. *Ad eandem imaginem* 15 *reformamur.* Quam Christus ostendit in monte, sicut [al]ibi dicit: 'qui transformauit corpus humilitatis nostrae conforme [fieri] corpori claritatis suae.' Siue: Transformamur, cotidie

2 cf. Rom. x 4    7–8 cf. Exod. xxxiv 34    12 cf. Hebr. iv 13
13 1 Cor. ii 10    16 cf. Matth. xvii 2; Marc. ix 2    17 *Phil. iii 21

1 ⌒il. fig. Cas    ipse H₂ illud Sd    portabat B gerebat G    faciem BSd quod non reuelatur BH(—E)Sd non reuelatum AEGVCas (=vg)    2 quoniam] quod Cas^ed    in christo (*alt.*) om. ECas    ⌒est fi. Cas    fini G*    3 cum AHGVCas(=vg)    ⌒moy. leg. E    moyses] in moysen G    4 est positum om. S    ignorantiae om. AHGV*Cas(=vg)    super cor eorum om. H(—E)G    uelamen—eorum om.    uelamen om. HGCas    5 qui B moyses om. V    6 uero] autem AH(—E)GVCas(=vg) om. ESd    fuerit] + iudeus E    a V    deum H(—E)GVCas(=vg)    7 aufertur H(—EC) auferatur EG    cum conuersus fuerit om. E    cum] con G (*corr.?*) 8 moyses] cum moyses(-i MN)RH₂GV    dominum aud.] aud. AE aud. deum H(—E) deum aud. GV    9 autem om. B    nihil] + ergo S    in illo] in illa V per illum Sd^codd per Sd^ed    obsc.] + est G    neque] uel E    compositum Cas    10 libertas] + est E    liber est] libertas Sd^ed    11 cum] sed VCas    ⌒ipse omnia E omnia ipsi SGSd^ed    12 reuelat RH₂VCas quia EN    ergo] qui E om. V autem Cas    domini Cas    illi om. E    nota V 13 scrutat V    itaque] uero AH(—S)GVCas(=vg) ergo S autem Sd^ed 14 gloria R    speculamur R speculantur S    15 claram E clare G* clari *uel* clara G    domini (*in ras.*) G    memoriam G* gratiam G corr.    contemplemur E '    ad] in AHGVCas(=vg)    eadem R*MNG*V½    16 transformamur AH(—MN)GCas(=vg)    transformatur MN om. V    quae E dominus E    morte MN    alibi] ibi BG (*cf. uol.* I, *p.* 91) soli SR*MN paulus R corr., solus C    17 dixit E ait V *om.* Cas    transfigurauit E transformabit C conforme—suae *om.* Cas    conformen S conformem R*    18 fieri *add.* BG corporis SR* *om.* G    claritati V    suae *om.* E    siue transformamur *om.* V    uel E

250    PELAGI EXPOSITIO    [IV 1-

enitimur transformari. *A gloria in gloriam, sicut a domini spiritu.* A gloria hac in futuram [gloriam] proficimus spiritu domini operante. 1 *Habentes autem hanc* [am]*ministrationem sicut misericordiam consecuti sumus.* Quia per nos idonei tanto
5 officio non eramus. *Non deficimus.* In omnibus tribulationibus nostris. 2 *Sed abicimus occulta dedecoris.* Abicimus ab hominibus occulta uitiorum: dedecus est enim delinquere Christianum. *Non ambulantes in astutia.* 'Non turpis lucri gratia' praedicantes. *Neque adulterantes uerbum domini.* Per
10 adulationem excusando peccata, sicut illi qui [causa] laetificandi cor hominis, uerbo dei sermonem uilem admiscent et per terram repentem. *Sed in manifestatione ueritatis commendantes nosmet ipsos ad omnem conscientiam hominum.* Sed ita manifestum est apud [h]om[i]nes uerum esse quod dicimus,
15 ut etiam eorum conscientia testimonium nobis perhibe[a]t qui resistunt. *Coram deo.* Non coram hominibus, id est, non propter ipsos eis nos commendamus. 3 *Sed si* [*etiam*] *est opertum euangelium nostrum in hi*[*i*]*s qui pereunt.* Quasi illi aliquis obiecisset: "[quid] quod et hanc non omnes

2 cf. 1 Cor. xii 11    8 Tit. i 11    10 cf. Ps. ciii 15
11 cf. Hor. *epist.* II, i, 250–1    15 cf. Rom. ix 1

1 nitimur SRV innitimur Cas^cod id nitimur Cas^ed    a claritate in claritatem AHGVCas(=vg)    a] de Sd^ed    tamquam AHGVCasSd^ed(=vg)
a *om.* S    dnri (*sic*) MN    2 a *om.* H₂    futurum AH(—E)G    gloriam *add.* BV    *spiritu A    3 hab. autem] ideo hab. AH(—E)GVCas(=vg)
hab. E    ministrationem AH(—E)GVCas(=vg)    4 sicut] iuxta quod (*om.* S) AHGVCas(=vg)    consecutis G*    ᴗ non er. ta. off. B    5 ministerio Cas
deficiamus EH₂GSd^cod    tribulatonibus (*sic*) G    6 nostris *om.* Cas    abdicamus AH(—E)GVCas(=vg) abietiamus E abducamus Sd^cod    occulta] +
uitiorum MN    dedechorus G    abicimus ab hominibus *om.* E    abiciamus V
ab *om.* MN    7 hominibus *om.* V    est *om.* EV    christiano dedecorose uiuere Cas    9 gratiam B    uerbus V*    domini] dei BH(—E)VCas
(=vg) *om.* G    10 adolentianem(a *alt. corr.* o) G+et V    sicut illi qui] ut aliqui E    causa *om.* BH(—E)GVCas    letificati B laetificant H(—E)GCas letificanti V    11 hominis]+et (*s.l.*) C    dei *om.* V    12 repetentem E
repente S rapantem G* reptentem G corr. repunt Cas^cod repent Cas^ed    in *om.* H₂    commendanter E*    14 apud homines] omnibus Cas apud omnes BV    quo G*    15 etiam *om.* E    ᴗ perh. nob. E    perhibet B perhibeant MN
16 resistant E resistit G*    deo *om.* G*    coram *om.* E    est *om.* E
17 sed] quod AH(—E)GVCas (=vg) sed et E    etiam *add.* AH(—E)GVCas
(=vg)    ᴗ op. (operatum V) est AHGVCas(=vg)    18 nam N    hiis B
pereunt]+est opertum H(—E)GVCas(=vg)    19 ᴗ al. il. ECas    aliquid obiecissent R    quid] *om.* BSRNCV quo G*    quod *om.* EM    non *om.* E

intellegunt ueritatem?" 'sed non credentes,' inquit, 'uel subdoli, non fideles.' ibi etiam Iudaeorum plurimi ignorabant. 4 *In quibus deus huius saeculi excaecauit sensus infidelium, ut non peruiderent lumen euangelii gloriae Christi.* Deus saeculi potest ita accipi quo modo 'princeps mundi,' quia ipse sibi 5 in infidelibus uindicat principatum; sed propter calumniam hereticorum ita legendum est ut dicamus deum mentes infidelium huius saeculi merito infidelitatis excaecasse, sicut ait saluator: 'in iudicium ueni in hunc mundum, ut qui non uident uideant, et qui uident caeci fiant,' et ipse apostolus 10 alibi dixit: 'quia non crediderunt ueritati, sed consenserunt iniquitati, mittet illis deus spiritum erroris;' hoc est, dari permittet, quia credere noluerunt; quia et medicus, [si] inoboedientem aegrum deserat, [ipse] ei aegritudinem dicitur prolongasse, cum tota illius culpa sit qui audire contempsit. 15 tamen si rursum roget et obtemperet, potest recipere sanitatem. *Qui est imago [inuisibilis] dei.* 'Imago expressa substantiae' dei, sicut scriptum est ad Hebreos. 5 *Non enim nosmet ipsos praedicamus, sed Christum Iesum dominum*

5 *Ioh. xii 31    7 cf. Aug. c. *Faust.* xxi 2    9 *Ioh. ix 39
   11 cf. *2 Thess. ii 12, 11    17 *Hebr. i 3

1 intellegant E    non *om.* SH₂    2 subdole **H**(—E)    ibi] id **H**(—E) + autem V    ⌒ pl. iud. E    ideorum G*    plurimi] pueri G ignorabantur SR    3 in quibus *om.* S    excitauit E caecauit V    mentes **AH**(—E)GVCas (= vg)    4 peruiderent lumen] fulgeat (fulgat G) inluminatio **AH**(—E)GVCas (= vg) uiderant lumen E    euangelicae G    saeculi] *om.* E huius saeculi G    5 ita] sic Cas    quo *bis* V*    ⌒ inf. ipse sibi G
6 in *om.* **H**(—EC)G    primatum B    calumniantes Cas    7 hereticorum *om.* Cas    intellegendum E pronuntiandum Cas    est *om.* E    8 infidelitatum Cas    caecasse V    sicut] + ipse Cas    9 ⌒ salu. ait Cas    hunc *om.* Cas    non—qui *om.* VCas    11 ⌒ dix. al. Cas    ait BE    qui G sed consenserunt iniquitati *om.* VCas    12 iniquitates G*    mittit **H**(—EC)VCas^cod misit E    illi E eis H₂    errorem E*    hoc est] quoniam non credentibus V(Cas)    est *om.* G*    dare R    13 permittit **H**(—C)GVCas quia credere noluerunt *om.* V    quia (*pr.*)] qui **H**(—E)    quia et] quasi si **BH**(—ES) quasi sine S quasi G sicut si VCas    si *om.* **BHGVCas**    ⌒ aeg. inob. Cas    14 desinet E disserat SR*    ipse *om.* B    ei] et B *om.* E    ⌒ dic. aegr. Cas
15 tota illius culpa] totum eius VCas    illi H₂    peccata sint E    quia E qui eum Cas    16 ⌒ si tamen VCas    si] cum E    rursus HGV    roget et *om.* Cas    oboediat VCas    ueniet ad salutem Cas    17 inuisibilis *om.* **AHGVCasSd** (= vg)    substantia G*    19 met ipsos *om.* Sd^cod praedicauimus E    ⌒ dom. ies. chr. Cas    ⌒ ies. chr. HG (= vg) christum *om.* V

*nostrum.* Qui enim commoda propria quaerit, non Christum,
sed se praedicat, sicut qui suo uentri deseruiunt. *Nos uero
seruos uestros p*[*ropt*]*er Iesum.* Quia uestrae utilitati omnia
procuramus, exemplo Christi, qui formam serui accepit, non
5 gloriae nec auaritiae causa docemus. 6 *Quoniam* [*deus*], *qui
dixit de tenebris lumen splendescere.* Hoc contra omnes inimicos Ueteris Testamenti, quia a patre Christi sit datum. [*Qui*]
*inluxit* [*in*] *cordibus nostris ad inluminationem scientiae
claritatis dei.* [In]luxit primum in cordibus nostris per
10 Christum, ut nos alios inluminare possimus. *In facie Christi
Iesu.* Quae claritas est in facie Christi maior quam Moysi.
Siue: In persona Christi nos homines scientia [in]luminamus.
7 *Habemus autem.* Iam hinc incipit ostendere qua re tanta
uel talia patiantur, quia de hoc quoque illis pseudo-apostoli
15 detrahebant. *Thesaurum istum in uasis fictilibus, ut excellentia
uirtu*[*ti*]*s dei sit, et non ex nobis.* Thesaurum gratiae spiritalis
in fragili corpore baiulamus, in quo, etiam cum alios sanemus,
ipsi aliquotiens infirmamur, ut quod faci[e]mus, non nostrae
uirtu[ti]s, sed dei esse noscatur. 8 *In omnibus pressuram pati*
20 *mur, sed non angustiamur.* Persecutionem quidem patimur,

1 cf. 1 Cor. xiii 5   2 cf. *Rom. xvi 18   4 cf. Phil. ii 7
12 cf. 2 Cor. ii 10

1 nostrum *om.* SH₂VCas(=vg)   ↶prop. comm. CasSd   commoda]
quomodo MN commodat V   2 ↶praed. sed se Cas   se]+metipsum E
uentre B   seruiunt E   uero] autem BH(—E)GVCas(=vg)   3 propter
BESd per AH(—E)GVCas(=vg)   qui E qua N   utilitatis G*   4 exemplum V   accipit EV suscepit Cas   5 causę R   deus *add.* AHGVCas
(=vg)   6 lucem AH(—ES)GVCasᵉᵈ(=vg)   splendere E splendiscere MN
hoc *om.* E   7 ueteri A*   quod C   a *om.* MN   qui AEGVCas(=vg)*om.* BRH₂
ipse S   8 in *add.* AHGVCas(=vg)   9 dei] eius E   luxit BH(—E)   primus
E *om.* V   nostris]+primum V   10 iesum christum E   possemus A*MV
possumus BE   ↶ies. chr. E   christi *om.* Sd   11 est] et H   12 siue]
uel E   omnes R *corr.*   scientiae SR*   luminamus ASV inluminamur M(?),G*   13 habentes Sdᶜᵒᵈ   iam hinc] hinc E hinc iam SRG
hic iam H₂   14 uel] et E   alia S   patiuntur E   de] ad S   ↶ps.ill. R
illi S   15 detrahant V   istum *om.* Sdᵉᵈ ᶜᵒᵈ   sublimitas AH(—E)GVCas
(=vg)   16 ↶sit uirt. (uirtus B) dei BENCVCas(=vg) uirt. sit dei SRG
sicut uirt. dei MN*   17 in (*pr.*) *om.* S   etiam *om.* E   18 quotiens E
frequenter Cas   faciemus B faciamus E   19 uirtus B   omni G*
tribulationem AHGVCas(=vg)   20 angustamur E agustamur G angustiamus V   pers. quidem pat.] tribulationem (*om.* Casᶜᵒᵈ) persecutionum
pat. V(Cas)   ↶pat. quid. H₂

[sed] per solacium futurae spei non angustiamur, sed amplius dilatamur. *Aporiamur, sed non destituimur[: 9 persecutionem patimur, sed non derelinquimur]*. Caede et obprobriis, sed diuino non desolamur auxilio. [*Humiliamur, sed non confundimur:*] tribulamur, sed non perimus. Usque ad desperationem uitae uenimus, sed non morimur: [sed, et si morimur,] non perimus. 10 *Semper mortificationem Iesu in corpore nostro circumferentes, ut et uita Iesu [Christi] in corpore nostro manifestetur.* Per tribulationes, sicut alibi ait: 'cotidie morior per uestram gloriam.' ergo 'si commorimur,' inquit, 'et conuiuemus': illi autem qui nolunt commori, nec conuiuent. 11 *Semper enim nos qui uiuimus, in mortem tradimur.* Quam diu 'sumus in corpore.' *Propter Iesum, ut et uita Iesu manifestetur in mortali carne nostra.* Non propter opera mala, sed propter corpus eius, id est, ecclesiam, patimur quod passus est ille pro nobis, ut uita eius, hoc est, aeterna, manifestetur in carne nostra mortali, ut possit fieri inmortalis: 'nondum' enim 'apparuit quid erimus.' 12 *Ergo mors in nobis operatur, uita autem in uobis.* Numquid ergo semper in nobis erit mors, et in uobis uita et futura et praesens? 13 *Habentes autem* 20

2 cf. 2 Cor. vi 13    9 *1 Cor. xv 31    10 *2 Tim. ii 11    13 2 Cor. v 6
15 cf. Eph. i 22, 23    16 cf. Ioh. iii 15 etc.    17 1 Ioh. iii 2

1 sed *om.* B    futurae *om.* V    angustamur E,R corr.    sed—patimur *om.* G*    sed] immo V    2 delectamur E deletamur G*    aperiamur B operiamur E    destruimur *ex* destruimus G    persecutionem—derelinquimur *om.* AE    3 caede et] et caede et E *fort. recte* cedimur C aporiamur caede et V caedibus (*corr.* cladibus Cas$^{cod}$) uel Cas    ob(p V)propriis EMNV    4 diuino] dei in omni E    desoluamur M*N* desolamus G deserimur Sd humiliamur—confundimur *om.* AHGVCas(=vg)    5 tribulamur] deicimur AHGVCas(=vg)    perimur E    usque]+dum G    separationem E 6 ****uitae G    sed—morimur (*alt.*) *om.* B    et *om.* E    moriamur VCas 7 perimur E*    iesu] *om.* E iesu(u *in ras.*) G +christi Sd$^{ed}$    nostro *om.* SH₂    8 christi *om.* AHGCas(=vg)    corporibus nostris H(—E)GCasSd$^{ed}$ (=vg)    manifestatur E    9 tribulationem H(—E)G tribulatione V alibi] in prima V    morimur H(—SR)G*    propter MG    10 ergo si] si enim Cas    cum morimur H₁ commoriamur (a *s.l.*) V    inquit *om.* Cas cum uiuimus H₁ conuiuimus MN*GV    11 non commoriuntur Cas    conmorire MN    nec *bis* E    conuiuunt B    12 quam diu] qui Cas    13 et *om.* E    14 ⌒ca. no. mo. AHGVCas(=vg)    15 pro corpore V [a]ecclesia GV    patimur] morimur E    ⌒ille passus est R    16 aet.] uita aet. E    18 apparuit]+in nobis E    19 ergo *om.* H    20 et (*alt.*)] ut RH₂    autem] *om.* E igitur V

*eundem spiritum fidei, [sic]ut dictum est.* Increpat eos quia falsis apostolis [dicentibus] crediderunt idcirco Paulum passionibus subiacere, quia fidei sit minoris, se uero [per] fidem tribulari non posse. [e] contrario ergo ostendit se propter
5 fidem talia sustinere, illos uero causas odii non habere per adulationem atque desidiam. unde ad Galatas ait: ' qui uolunt in carne placere, tantum ut crucis Christi persecutionem minime patiantur.' *Credidi, propter quod locutus sum, et nos credi[di]mus, ideo quod et loquimur.* Hoc testimonio credere
10 se probat. si enim ille ideo quia credidit loquebatur—nemo enim san[a]e mentis alteri adfirmet quod ipse non credit—, ergo 'et nos qui loquimur,' inquit, 'credimus, qui etiam propter ea tribulamur.' 14 *Scientes quoniam qui suscitauit [dominum] Iesum.* Firmiter tenentes hanc fidem, a qua nec morte
15 diuellimur. *Et nos cum Iesu suscitabit et constituet uobiscum.* Sicut illum suscitauit, [et nos] etiam, si pro eo mortui fuerimus. 15 *Omnia enim propter uos.* Omnia ideo patimur quia fideliter uestram salutem quaerimus et optamus. *Ut gratia abundans per plurimam [gratiarum] actione[m] abundet in gloria[m] dei.*

6 *Gal. vi 12

1 ut B sicut *rell.* (=vg)   scriptum AHGVCas (=vg)   eos *om.* E qui RM   2 dicentibus *add.* BH(—E)GVCas   crediderant V   paulum] paulo in SR*   3 persecutionibus Cas   sufficere E   fides G   ⌒min. sit E(Cas)   se] si BH(—E)G*   per *om.* B   4 tribulare R*M*N   possit B e *om.* B   5 causa H(—E) causam Cas   6 atque] et Cas   dissidiam EMN*G   unde] + et V *fort. recte* sicut Cas   nolunt SR*   7 persecutione V 8 minime] munimine B non Cas   lucutus V   9 credidimus A   ideo] propter AH(—E)GVCas(=vg)   quod et] que E *fort. recte* quod S   hoc] + est G   testimonium H(—EC)   10 se *om.* H₂   se probat] reprobat SR* locutus est Cas   11 enim *eras.* E   sane ABERM sana G   mente G alii V aliis Cas^{ed} altus Cas^{cod}   adfirmat BMN,C corr.,VCas adfirmeat N* 12 qui *om.* A*H₂   inquit] + quod H₂   quia EH₂   13 quoniam] quod E dominum *om.* AHGCasSd (=vg)   14 firmissime Cas   a qua] quia H(—E) a quam G*   mortem H(—EC)   15 deuellimur H(—C)Sd^{codd}   iesu] illo E   suscitauit H(—EC)   et *bis* Cas^{cod}   constituit (S)RMNV* 16 suscitauit—etiam *om.* V   suscitabit A*F*Cas   et nos *om.* BH(—E) etiam *om.* E   eo] + etiam V   morimur E moriamur Cas   17 enim] autem HG + patimur Sd   nos(?) V   omnia(*alt.*)]*om.* E + enim Sd   qui NC perfecte Cas   18 uestra V   quaerimus et optamus] curamus Cas 19 plurimam] multos AH₁GVCas (=vg) multas E corr.,H₂   gratiarum *add.* AHGVCas (=vg)   actione AH₁GCas (=vg) actiones E corr.,R corr.,H₂ actio V   gloria BSH₂GV gloriam AERCas(=vg)

Hoc habet sensus, ut per multitudinem credentium propter
gratiam abundantem et gratiarum actio abundet in gloria[m]
dei. 16 *Propter quod non deficimus.* Propter uos et [propter]
gloriam dei in omnibus tribulationibus et obprobriis non
cessamus. *Licet enim exterior noster homo corrumpitur, sed* 5
*interior renouatur de die in diem.* Licet corpus passionum
iniuriis corrumpatur, anima tamen spe futurorum cotidie
confirmatur ad omnia sustinenda. 17 *Nam quod praesens est
temporale et leue pressurae nostrae.* Praesens tribulatio,
quantolibet tempore perseuerans, ad conparationem inmensae 10
aeternae[que] gloriae et breuis et facilis est, sicut ad Romanos
ait: 'existimo enim quod non sunt [con]dign[a]e passiones
huius temporis ad futuram gloriam.' *Supra modum in sublimitate*[m]. Quia nulla conparatio esse potest. *Aeternum
gloriae pondus operatur in nobis.* Quia illud leue dixerat, ideo 15
hic pondus posuit, seruans metaforae stateram. Siue: Quod
tribulationum pondus, quae supra modum sunt in praesenti, in sublimitate[m] gloriae aeternae proficiat. 18 *Non*

11 Rom. viii 18

1 hoc *om*. R  ut *om*. H(—E)  2 ⌒ ab. gr. Sd  gloriam B  et *om*. Sd
gloria BSH₂VCas^cod Sd^ed  3 dei *om*. Sd^ed  quia E  propter *om*. B
4 omnibus *om*. Cas  oppropriis V  5 licet (licit G*) enim] sed licet
AH(—E)GCas (=vg) licet EV  exterior BESd is (his MG*) qui foris est
AH(—E)GVCas (=vg)  corrumpatur G  sed interior BSd tamen is
(his SR*M) qui intus est AH(—E)GCas (=vg) sed tamen interior E sed qui
intus est V  6 licet] + per G licit V  pass. ini.] passionibus V tribulationibus et passionibus Cas  passionis N  7 corrumpetur E corrumpat MN
anima tamen] sed anima Cas  8 confirmat MN confortatur Cas  toleranda
Cas  nam] id enim AH(—E)GVCas (=vg)  praesens] in praesenti
AH(—E)GVCas (=vg)  9 temporale (*bis* B)] momentaneum AH(—E)GCas
(=vg) momentaneum est V  tribulationis AH(—E)GVCas (=vg)  nostrae
*om*. E  10 quantolibet tempore] quamdiulibet Cas  quanto] quantum
H(—EC)G  temporis E  perseuerant MN perseueret C  inmensa[m] SR
11 ⌒ gl. aet. E  aet.] et aet. CCas  que *om*. BHGVCas  ⌒ et fac. est
et bre. V et fac. et bre. est Cas  et (*pr*.) *om*. E  ad romanos ait] alibi
dicit Cas  12 enim] *om*. E autem G  sint BCas *fort. recte*  digne B
condign[a]e *rell*.  passionis A*SR*N  13 superuenturam NC  in *om*. SR
sublimitate BH₂VCas (=vg)  14 nulla] nec Cas  ⌒ **potest esse E, VSd
⌒ glo. aeternae V eternae glo. Cas^cod  15 ⌒ pond. glo. G  in *om*. VCas^cod
uobis E  quod E  ideo] uel E  16 hic] in SR  ⌒ pos. pond. V
posuit *om*. E  metafora H(—C)G metaforam CVCasSd  statera E
stecteram S staterae C corr., GVCas stare Sd  siue] uel E  17 quia B
qui R  in] *om*. HG ad R corr.  18 sublimitate BH₂ sublimitati C corr.
proficiunt AG perficiunt E

*contemplantes*[*nobis*] *quae uidentur, sed quae non uidentur: quae
enim uidentur temporalia sunt, nam quae non uidentur aeterna
sunt.* De uisibilibus nec bonis mouemur nec malis, quia utraque
fini[en]tur. 1 *Scimus autem quoniam si terrestris domus nostra
huius habitationis dissoluatur, quod aedificationem ex deo
habemus.* Quasi aliquis [ei] dixisset: "quando istud erit, cum
sciam me esse [mortalem]?" ideo gloriam resurrectionis in-
duxit. ['domus nostra,' inquit,] terrenum corpus, in quo in
hoc saeculo adhuc corruptibiliter habitamus, si ante aduentum
domini uel passionibus uel conditione naturae fuerit dissolu-
tum, caelestem incorruptionem ex deo corpore [re]uiuescente
sumemus. *Domum non manu factam, aeternam in caelis.* Quia
animale corpus, quod dei quodam modo manu dicitur esse
plasmatum, hoc ipsum spiritale fiet per spiritum. 2 *Etenim
in hoc ingemescimus, habitationem nostram, quae de caelo est,
superindu*[*c*]*ere cupientes.* 'Gemitus' hic pro labore accipitur,
quia cum gemitu laboratur, sicut et partus ponitur pro dolore.

8 cf. 1 Cor. xv 40    13 cf. 1 Cor. xv 44    cf. Gen. ii 7
17 cf. Eccli. xix 11; Rom. viii 22

1 contemplanti(a A*)bus AH(—E)GVCas (=vg) respicientes E *fort. recte*
nobis *add.* AH(—E)GVCas (=vg)  quae (*alt.*)] quia B    2 ⌒uidentur enim E
nam quae] quae autem AH(—E)GVCas (=vg) quae E    3 de—malis] non
considerantibus uisibilia bona uel mala V(Cas)    de uis.] diuis. E    nec
(c *in ras.*) G    monemur E mouimur S, R corr.    quia neutrum eorum
aeternum est Cas    utrumque A    4 finietur V finietur A* finitur A
finiuntur BHG    autem] enim BH(—E)GVCasSd (=vg) *om.* E    quoniam
*om.* E    domum RMNF*    desoluetur E*
aedif.]+habemus C corr. *s.l.* aedifacionem V    6 habemus] *om.* MN
habeamus SGCas (=vg)    ⌒ei aliquis R    ei *om.* BCas    istud erit]
stud erit SR* studeret N istuderet C*    7 ⌒me sciam G    mortalem
*om.* B    ⌒resurrectionem gloriae E    incipit resurrectionis ostendere V(Cas)
8 domus nostra *om.* BV    inquit] *om.* BH(—E)G hoc est VCas    ⌒corp. terr. V
9 adhuc corruptibiliter *om.* VCas    corruptibilitatem B corporaliter EG
habitamus] habeamus E+quod G corr. *s.l.*    10 passione BG    dissoluatur Cas    11 ⌒incorruptione caelestem V    celesti C corr.    incor-
ruptioni C corr.    uiuescente AH(—E, C corr.)    12 sumemus] uiuemus B
uiuimus H(—E,C corr. *qui eras.*)    factam]+sed EGD *fort. recte* facta SR*
aeternam *om.* V    13 corporale Cas    ⌒dei manu quodam modo BH(—E)V
manu dei quodam modo G    14 ⌒fiet (fiat MN) spir. BH(—E)G    spiritum]+
manet E christum G    etenim BSd nam et ASRGVCas (=vg) *om.* E nam H₂
15 in *om.* G*Cas^cod    nostram (*eras.*) N    16 superinduere ED super-
inducere B superindui AHGVCas (=vg)    ⌒hic gem. V    accipiuntur B
17 gemitu] gemit H(—E)    ⌒gemit cum C corr.    laborat C    et *om.* H₂Cas
⌒pro labore ponitur E

ad hoc ergo laboramus ut illa superindui mereamur. 3 *Si tamen expoliati, non nudi inueniamur.* Si tamen expoliati corpore, nudi non inueniamur a fide uel opere pietatis. 4 *Etenim cum sumus in corpore isto ingemescimus grauati, eo quod nolumus expoliari, sed superuestiri.* Nam et qui uiui 5 inuenientur hoc laborant, ut non expolientur ab igni cum peccatoribus, dum omnia coeperint elementa consumi, sed [ut] cum iustis [inmortalitate super]indui mereantur. *Ut absorbeatur mortale hoc a uita.* Quod absorbetur non apparet, cum sit sicut ferrum, si mittatur in ignem, et manente eius 10 materia totum sit ignis: nam et splendorem et calorem [ipsius] ignis adsumit. 5 *Qui autem perficit nos in hoc ipsum deus.* D[e]um hoc dicit facere, ne cui inpossibile uideretur. *Qui dedit nobis pignus spiritus.* [Qui iam nobis dedit pignus spiritus] ut sciamus quia templum sui spiritus perire non pati[e]tur. 15 6 *Audentes igitur semper et scientes.* Ideo hoc audemus petere. *Quia dum sumus in corpore, peregrinamur a domino:* 7 *per fidem enim ambulamus, et non per speciem.* Peregrinamur,

7 cf. 2 Petr. iii 12    13 cf. Matt. xix 26
15 cf. 1 Cor. vi 19

1 illa] illic R *om.* H$_2$ illam V *fort. recte*    2 expoliati] uestiti MN,G½,CasSd$^{ed}$ (=vg) expoliata E* + corpore ES,G½    ⌒ nudi non SRC,G½    inueniamus G* si—inuen. *om.* H$_1$    tamen (*alt.*)] tantum B    3 ⌒ non nudi Cas    a fide *om.* G    fide uel *om.* Cas    opera H    pietatis *om.* V    4 etenim cum] nam et (*om.* E) qui AHGV (=vg)    sumus in corpore isto] sumus in hoc corpore AGV in hoc sumus corpore E sumus in tabernaculo SH$_2$Cas$^{cod}$ (=vg) sumus in hoc tabernaculo RCas$^{ed}$    5 expoliari] grauari A spoliari V suprauestire SR* superuestire MN*    et *om.* E    6 inueniuntur E inueniantur SR* inueniemus N inuenti fuerint Cas$^{cod}$ fuerint inuenti Cas$^{ed}$ in hoc R corr.,G    expoliantur H$_1$N    igne BE,R corr.,H$_2$Cas    7 cum EH$_2$ omnia *om.* H$_2$    inceperint (in *eras.*) C    8 ut *om.* BH(—E)VCas    inmortalitate super *om.* B    inmortalitatem H(—E) *fort. recte*    9 mortale hoc] quod mortale est AHGCasSd$^{ed}$ (=vg) hoc mortale V mortalitas Sd$^{ed}$ a(o E)bsorbitur H$_1$Cas$^{ed}$ a(o G)bsorbeatur NG    aperit E    10 quamuis Cas sit *om.* E    in *om.* N    ⌒ mat. eius man. G man. mat. eius V    eius *om.* Cas 11 ⌒ ignis sit Cas    fit R corr.,C    ignis *om.* E    splen.] in splen. Cas$^{cod}$ ipsius *om.* AV    12 ignis] ignit G *om.* Cas$^{cod}$    assumpsit Cas    perfecit Sd efficit ASRCVCas (=vg) effecit EMNG    13 deum—uideretur *om.* H$_2$    deum] dum A domini B    ⌒ dic. hoc CasSd    ⌒ fac. dic. G    incredibile Cas    qui] + et V    14 pignu G*    qui iam—spiritus *om.* BM    ⌒ dedit nobis G    ⌒ pig. ded. Cas    ⌒ pig. sp. ded. C    dedet A*    spiritum Cas    15 ut] aut G    templum] + dei M    sui] sancti H$_1$    periri ES    patietur B    16 audentes SR*G*V gaudentes H$_2$    ⌒ et sci. semp. G    ideo—petere *om.* G    hoc *om.* Cas    sperare Cas    17 quia A quoniam BHGVCas (=vg)    corpore] hoc corpore R

qui[a] adhuc non sumus in hereditate paterna. ut peregrini ergo non debemus de huius saeculi rebus magnopere curare, sed necessariis contenti desiderium omne et studium perueniendi ad patriam habeamus, quam fide adhuc speramus necdum
5 specie possidemus. 8 *Audemus autem et consentimus.* Prorsus hoc audenter eligimus, sicut alibi ait: 'dissolui et cum Christo esse multo magis melius.' *Magis peregrinari de corpore.* Bene ait peregrinari a corpore, quia ad id sumus iterum regressuri. *Et adesse ad dominum.* Quamquam creatori suo nulla creatura
10 absens sit, nos tamen quodam modo illi tunc magis praesentes erimus, ut [et] iam perfecti, cum a carnis fuerimus fragilitate seiuncti. Siue: Quod secundum nos deo praesentes erimus, quia secundum illum absentes esse numquam possumus. 9 *Et ideo conitimur siue absentes siue praesentes placere illi.* Iam
15 modo tales esse [actu] conamur quales futuri sumus in regno, natura incorruptibiles sine dubio et perfecti. 10 *Omnes enim nos manifestari oportet ante tribunal Christi.* Pro magnitudine potentiae sedentis magnitudo tribunalis et terror iudicii aestimanda sunt. *Ut reportet unus quisque propria corporis, prout*

6 Phil. i 23

1 qui B ⌒non sumus adhuc Sd ⌒ergo ut pereg. Cas 3 contenti— patriam *om.* S ⌒omne desid. Cas desideremus H + et C omne et (*eras.* R) ER\* ⌒et omne C 4 quia BH₁V quae R corr., MN necdum] et (*om.* VCas) nondum BHGVCas 5 specie] speciem BMN per speciem C + adhuc G psidemus G\* autem]ergo Sd consentimus] bonam uoluntatem habemus (habeamus H₁M) AHGVCas (=vg) 6 ⌒aud. hoc Cas audienter G\* legimus B elegimus H(—C)G ait *om.* Cas diss.] utinam diss. Sd^codd cupio diss. Sd^ed ⌒esse cum christo Cas^codSd 7 multo magis melius *om.* Sd peregrinare EMN\* peregrinamur V de BSd a AHGVCas (=vg) bene—corpore *om.* H₁ 8 a] de G ad *om.* G\* id] ipsum Cas^cod eum Cas^ed 9 adesse] praesentes (praescientes G) esse AHGVCas (=vg) deum BCas (=vg) dm̄o(o *eras.*) R creatori(a *in ras.*) G 10 ⌒sit (fit S) abs. BHGV nos tamen] sed nos BHGV modo] + dum H₂ illi] + et G ⌒erimus praes. G 11 sumus Cas ut et iam] ut iam A,R corr., V utinam H etiam ut etiam V profecti SR a *om.* SRCas^ed 12 se uincti B 13 nequaquam G possimus G 14 contendimus AHGVCasSd (=vg) contendamus M corr. N corr. abs.]praesentes H₂ praesentes]absentes H₂ iam] hoc a H₂ hoc est a C 15 tale G\* actu *om.* BH(—E)G conemur H₂ contendimus VCas 16 natura] + esse G substantia Cas incorruptibili B incorruptibilis H(—E)V\* sine *om.* C dubio *om.* H₂ inperfecti SRG inperfecte H₂ (*corr.* -a C) 17 manifestare H₁ 18 penitentiae G sedenti G\* 19 recipiat A referat HGVCas (=vg) probria A

*gessit.* Quia de resurrectionis tempore fecerat mentionem, uult ostendere animam omnia per corpus operatam. *Siue bonum siue malum.* 'Uenite, benedicti' et: 'discedite a me, maledicti.' 11 *Scientes ergo timorem domini, hominibus suademus, deo autem manifesti sumus.* Scientes quantus metus sit diuini iudicii, hominibus suademus ut caueant: deo autem manifesti sumus, si non et nos formidamus. *Spero autem et in conscientiis uestris nos manifestos esse.* Quamuis male uobis suggestum sit de nobis, puto tamen quod non recipiat conscientia uestra de nobis aliter suspicari quam nouit, nec possit aliis magis fidem adcommodare quam sibi. 12 *Non igitur nos commendamus uobis.* Quia superius dixerat: 'incipimus nosmet ipsos commendare?' *Sed occasionem damus [uobis] gloriandi pro nobis.* Contra pseudo-apostolos, qui eis primo per detrac[ta]tionem odium[apostoli]uolebantinserere,uteis fidesfaciliushaberetur. *Ut habeatis ad eos qui in facie gloriantur, et non in corde.* Ut habeatis ad eos qui in carnalibus et uisibilibus, et non in conscientiis gloriantur, quid respondere possitis contra ea quae [de] nostra obtrectatione confingunt, ut etiam sui cordis testimonio reuinca[n]tur. 13 *Siue enim mente excidimus, deo.* Dicebant enim de illis: "si eorum esset memoria coram deo, numquam talia paterentur." quidam autem aliter dicunt:

3 Matth. xxv 34, 41    12 2 Cor. iii 1

1 resurrectionis—mentionem] resurrectione tractat VCas    2 operatum H(—C)G operatur G*    ⌒malum siue bonum Cas^ed    3 uenite]+ad me H(—F)    a me *om.* GV    5 scientes]+autem G    ⌒sit metus VCas^ed sit *om.* Cas^cod    6 ut caueant *om.* G    autem] uero Cas    7 si non] siue B si G    nos] non N+similiter V    8 ⌒manif. nos AHGVCas (=vg) 9 ⌒uest. consc. Cas nostra G    10 aliter] aliquid BH(—E)G    ⌒mag. al. Cas aliquis V    11 igitur] iterum AHGVCas (=vg) *fort. recte*    nos (non G) comm. ABH(—E)G (=vg) ⌒comm. nos EV nosmet ipsos comm. Cas    12 dixerit G    13 occasione E    uobis *add.* AHGCas (=vg)    uobis B    14 primum E detractationem A detractionem *rell. fort. recte*    15 apostoli] *om.* B,R corr. eis H₁V eius H₂GCas (*tr. ante* odium Cas^cod) apostolorum Sd    ⌒ins. uol. Cas inferre BSd^cod*    fide G    facilis V    16 facie]+in carnalibus operibus et uisibilibus *hic mg.* V    17 ad—cordis (19)] quid respondere ad eos qui cum ad faciem de sua laude et nostra obtrectatione glorientur cordis sui V(Cas) carnalibus—conscientiis] facie G    et (*pr.*)] et in EMN    18 qui B*H(—EC) possetis ES    19 de *om.* B    obtractione G    confringunt MN*    *ut A 20 reuincatur A conuincantur C    excedimus BRCGCas (=vg)    21 dicebat R 22 quidam *om.* R    autem *om.* ERV    aliter *om.* V    dicebant H₂

siue in exstasi sumus, deo, siue nostro sensu loquimur, uobis.
*Siue sobrii sumus, uobis.* Siue abstinentes, propter uos.
14 *Caritas enim Christi urget nos, iudicantes hoc.* Necesse est
nos uel aliquatenus uicem eius rependere caritati [ualeamus],
5 id est, [ut] pro eius corpore patiamur qui mori pro nostra
morte dignatus est. *Quod unus pro omnibus mortuus est, ergo
omnes mortui sunt,* 15 *et pro omnibus mortuus est.* Solus inuentus est qui ut inmaculata hostia pro omnibus qui erant
in peccatis mortui offer[r]etur. *Ut* [*et*] *qui uiuunt, iam non sibi*
10 *uiuant, sed ei qui pro ipsi*[*s*] *mortuus est.* Ei debemus uitam
nostram qui illam in omnibus sua morte seruauit. si quis ergo
suam potius quam dei uoluntatem facit, sibi uiuit, non illi.
unde [ipse] dominus ait: 'si quis uult post me uenire, abneget
se[met] ipsum sibi,' et cetera. *Et resurrexit.* Propter calum-
15 niam semper morti resurrectionem adiuncxit. 16 *Itaque nos
neminem nouimus* [*ex hoc*] *secundum carnem.* Neminem nouimus carnaliter circumcisum, [omnia] et carnales caerimonias
obseruantem; nullius ueterum imitamur exemplum. *Et si
cognouimus secundum carnem Christum, sed nunc iam non*
20 *nouimus.* Quia eis exempla ueterum proponeba[n]t, et
Christum carnaliter circumcisum cum Iudaeis omnia celebrasse.

8 cf. Hebr. ix 14; 1 Petr. i 19 etc.   13 *Matth. xvi 24

1 siue (*pr.*)] ita siue V   2 subri[a]e MN   uobis *om.* G   absentes R
3 nos] uos B   aestimantes AH₂GV (=vg)   hoc]+iudicantes G   necesse est]
neque se H₂   4 nos] nobis E enim H₂   uel aliquatenus] uelle quatinus B
reprehendere SM   ualeamus *add.* B   5 ut *om.* B   nostra] nobis E
6 quoniam AHGVCas(=vg)   unus] si unus HGCas(=vg)   est *om.* E
ergo—est (7) *om.* G   7 est]+christus Cas^ed   8 ut *om.* G
9 peccata (—S) mortuis SMN   offeretur BH(—SC)GV   et *om.* BC*
non *om.* SM   10 uiuunt G   ipsis] ipsi B eis H₂   11 omnibus] nobis V
saluauit HG   12 fecit M(?),N   13 ⌒ait ipse dom. G   ipse] *om.* BH₂Cas
per se SR   ait *om.* Cas   ⌒post me uult G   me *om.* V   abnegat MN
abne G abnegit V   14 met *om.* BSH₂VCas^ed   sibi *om.* Cas   reliqua Cas
15 mortis H(—F corr.) mortem G   adiungit BHGVSd *fort. recte* iungit Cas
itaque]+ex hoc G   nos]+ex hoc CasSd^ed   16 ex hoc *om.* AH,(*hic*)G,V,
(*hic*)Cas   neminem (*alt.*)—exemplum (18) *tr. post* carnalis (*p.* 261, *u.* 4) BHG
17 carnaliter]+7 *litt. eras.* A   omnia *om.* AV   carnaliter Cas^cod carnalem
Cas^ed   ceremonia G sabbatum Cas   18 nullis Cas^cod   ueterem SR* ueteris
Cas^ed   imitemur E imitamus G sequimur Cas   exemplis Cas^cod   et *om.*
E   19 ⌒chr. sec. carn. Cas^cod   20 quia]+illi Cas   eis] ei G+pseudo-
apostoli Sd   exemplum B   ueteris B   proponebat BH   21 ⌒cum
iud. circ. Sd^cod*ed

sed nunc iam ista non nouimus, quia post resurrectionem eius nouum [est] testamentum. Aliter: Qui infirmi sunt, carnaliter credunt Christo: perfecti uero intellegunt iam post resurrectionem nihil inbecillitatis in eo esse carnalis. 17 *Si qua ergo in Christo, noua creatura, uetera transierunt; ecce facta sunt [omnia] noua.* Si quis credit in Christo, noua est creatura, intellegens uetera suo tempore fuisse dispuncta et [a] modo nouo more uiuendum. 18 *Omnia autem ex deo.* Quia et iam praecepta innouata sunt, tamen et noua et uetera ab uno deo pro diuersitate sunt temporum dispensata. [*Gratias autem deo*] *qui reconciliauit nos sibi.* Quia peccando ab eo fueramus auersi. *Per* [*Iesum*] *Christum.* Per Christi doctrinam pariter et exemplum. *Et dedit nobis ministerium reconciliationis.* Ut et nos alios reconciliare possemus. 19 *Quoniam quidem deus erat in Christo.* Tribus modis inesse deum legimus: secundum infinitatem omni creaturae, sicut ipse dicit per prophetam: 'nonne caelum et terram ego impleo?': secundum sanctificationem et peculiarem inhabitationem in sanctis, iuxta illud: 'et inhabitabo in illis': secundum plenitudinem diuinitatis in Christo, dicente alibi apostolo: 'quia in ipso [in]habitat omnis plenitudo diuinitatis corporaliter.' *Mundum reconcilians sibi, non reputans illis delicta ipsorum.* Hoc est, per solam fidem

9 cf. Matth. xiii 52    17 *Hierem. xxiii 24    19 *2 Cor. vi 16 (*Leu. xxvi 12)
            20 Col. ii 9

1 iam] + inquit V    istam Sd^cod ed    noumus G    quia] omnia B
eius] christi Sd    2 est *om.* B    aliter] siue V    qui *om.* V    sunt] ā* G
*om.* V    3 iam post *om.* V    4 carnalis *om.* Sd    5 creat.] + intellengens
(*exp.*) G    ecce] et ecca G    6 omnia *om.* AH₂Cas^cod (= vg)    ⌒ in chr.
credit V    ⌒ creat. est Sd^cod    7 uetera] omnia uetera V    ⌒ defuncta
fuisse Sd    fuisse] *om.* G    esse V    disponet B disiuncta H₁CCas    et a]
ita Sd^ed    a *om.* BVCas    modo *om.* G*    8 uiuindum V*    9 et uetera]
ueteraque G    10 ⌒ temp. sunt RGCas    effecta Cas    gratias autem
deo BESdD *om.* AH(—E)GVCas (= vg)    11 peccando] per peccata Cas
furamus G*    12 iesum *om.* AHGVCas (= vg)    doctrinam] sanguinem Cas
13 et (*pr.*) *om.* EM    14 alio MN*    reconciliari MN    possimus AHG(Cas)
15 christum MN    domini MN    16 infirmitatem BSd^cod    omnis BGSd
omne G*    dixit B    17 ⌒ ego impl. cael. et terr. Sd    terra G*    implebo G
iuxta Sd    scīficationem(cī *in ras.*) G sanctificatio V    18 in sanctis
iuxta] quo in sanctis est ut est Sd    19 eis Sd    20 dicente] + etiam V
quia] + iam G    inhabitat A,R corr.,G(Cas) habitat *rell.*    21 corporaliter
*in ras.* G    22 non reputans *in ras.* G    illis] illi MN *om.* V    illorum H
pro G*

ignoscens. *Et ponens in nobis uerbum reconciliantis* 20 *pro Christo, pro quo legatione fungimur.* Ut pro Christo nos reconciliemus homines deo: Christi enim uice legati sumus dei. *Tamquam deo exhortante per nos.* Id est, non ex nobis loqui-
5 mur, sed ex deo. *Orantes pro Christo reconciliari deo.* Hoc est, uice Christi. 21 *Eum qui*[*cum*] *non cognouerit peccatum, pro nobis peccatum fecit.* Pater pro nobis Christum, qui peccatum nesciebat, peccatum eum fecit: hoc est, sicut hostia pro peccato oblata peccatum uocabatur in lege, ut in Leuitico scriptum
10 est: 'et inponet manum super caput peccati sui,' ita et Christus pro peccatis nostris oblatus peccati nomen accepit. *Ut nos efficeremur iustitia dei in ipsum.* Non nostra, nec [in] nobis. 1 *Adiuuantes autem simul et obsecrantes.* Uerbo uos adiuuantes. *Ne in uacuum gratiam dei excipiatis.* In uacuum
15 gratiam dei recipit qui in nouo testamento non nouus est, hoc est, nihil in illo proficit. 2 *Ait enim: Tempore acceptabili exaudiui te, et in die salutis adiuui te.* Acceptum tempus ad exaudiendum et in salute miserandum in hac uita praesenti e[s]t, sicut ait saluator: 'ambulate, dum lucem habetis, ne uos
20 tenebrae conprehendant.' *Ecce nunc tempus acceptabile.* Sicut

   9 cf. Leu. iv 28  10 *Leu. iv 29  19 *Ioh. xii 35

 1 cognoscens B agnoscens S indulgens Cas  posuit AHGVCas (=vg) uobis B  reconciliationis AHGVCas (=vg)  2 pro quo (quod G*)] *om.* H₁ ergo H₂Cas (=vg)  leuatione B legationem ES  3 reconc(t G)iliemur H(—C)G*  deo *om.* V  christi enim uice] cuius christi uice BH₁V *fort. recte* cuius uice christi H₂G cuius uice Cas  dei *om.* H₂  4 exorante V  id est *om.* G*  nouobis G  dicimus Cas  5 obsecrantes A obsecramus HGVCas (=vg) per christum V  reconciliamini HGVCas (=vg)  6 cum *add.* B  nouerat AHGVCas (=vg)  ⌒ pecc. pro nobis H₂  7 ⌒ fec. pecc. Cas  factum est H₁  ⌒ chr. pat. pro nobis V  pater] ita pater SR  qui peccatum nesciebat *om.* V  8 ⌒ eum pecc. G  eum]quom B *om.* VCasSd[ed]  9 oblatum B  dicebatur Cas  ut] *om.* V sicut Sd[ed cod]  10 inponit AHG manus Cas  11 accipit V  12 nos *om.* H₂  efficeremur SMN essemus SdD  iustitiae E  ipso AHGVCas (=vg)  nec] non Sd  in *om.* BH 13 simul et obsecrantes] exhortamur AEMCas[ed] et exhortamur SRNC*VCas[cod] (=vg) et ex hoc ortamur (h *s.l.*) G et obsecramus Sd hortamur Zm  14 recipiatis BH(—SR)VCas (=vg) accipiatis S  15 ⌒ dei gr. BZm[ed]  accipit G 16 hoc est *om.* H  ⌒ in illo nihil B  proficet V  ait enim] in esaia H₁ (*cf.* V *mg*,D) *om.* H₂  acceptabili BSd accepto *rell.* (=vg)  17 exaudiuit A* et—te *om.* H₂  adiuua E*  acceptum] ecce S accepto V  tempus] *om.* ER* mihi V  ad *om.* SR*  18 exaud.]+est G  in salute] ad salutem BH die salutis V(Cas)  miserandum] ministrandam C *om.* V  ⌒ praes. uita G  praesenti] praesentis E *om.* VCas  19 est] et B *om.* G  ⌒ ten. uos Zm

alibi 'ergo dum tempus habemus' ait 'operemur quod bonum est.' dies autem ideo dicitur haec uita, quia [ad] operandum est ap[er]ta, et concluditur nocte iudicii, quae [dies] tenebrae est [peccatoribus], non lux, in qua[m] iam nemo poterit operari. aestati quoque adsimilatur hoc tempus, in cuius 5 conparatione[m] formica dicitur hiemem sperare uenturam. *Ecce nunc dies salutis.* Modo solum possumus inuenire salutem, quia iuxta prophetae testimonium in inferno nemo confitebitur. 3 *Nemini dantes ullam offensionem, ut inreprehensibile sit ministerium nostrum.* Nemo nostro offendatur exemplo, ne 10 non tam [nostrum] uitium putetur esse quam legis. 4 *Sed in omnibus exhibeamus nosmet ipsos.* Non in aliquantis. omnia ergo [huius causae] in nostra sunt potestate. *Sicut dei ministros.* Dei ministri deum debent, prout possibile est, imitari, ut ex actu cognoscantur dei esse cultores. unde [ait] 15 alibi: 'portate deum in corpore uestro,' sicut ille se ab [h]om[i]nibus patitur blasphemari, et tamen in praesenti uita ingratis etiam sua beneficia non denegat. *In multa patientia.*

1 \*Gal. vi 10    2 cf. Ioh. ix 4    4 cf. Ioh. ix 4
6 cf. Prou. vi 6–8; xxiv (xxx) 60 (25); Verg. *Aen.* IIII 402–3 etc.
8 cf. Ps. vi 6 (cf. Esai. xxxviii 18)    16 1 Cor. vi 20

1 ergo *om.* H    ait] *om.* GCasZm inquid V    operemus M,N(?)    quod *om.* Cas    2 est *om.* Cas    ideo *om.* CasZm    qui SG    ad *om.* B    3 aperta B aptea MN\* apta *rell.*    concludetur N    nate G\* in nocte Zm    dies] *om.* A diest G et V est Zm    4 erunt B erit HG    peccatoribus] *om.* A et V    lux] + et (*s.l.*) V    quam BM    iam] dam G\* dum G *om.* V.Cas Zm    poterat operare SR\*    5 uestiti MN uestito C\* aetato G\* aetati G assimulatur B similatur H₁ assimilutur V\*    6 comparatione BH₁(—R\*)V CasZm^{ed} conparationis R corr.,H₂    formicae dicuntur CasZm    forma[m]H hiemen V    separare H₁    7 die G    modo] hic Cas    ⌒ poss. solam (*sic*) B    soli M corr.    possimus G    8 quia—confitebitur *om.* V    iuxtae G infernum SR\*    conf.] + domino R    9 inreprehensibile sit] non uitupere-tur AHGVCasZm ( = vg)    10 nostro G    nostro] nostrum SR\* offendetur E offenditur H₂    exemplum SR\*    11 ⌒ uicium nostrum Cas^{cod}    nostrum] *om.* B nostro V\*    putaretur SR putet H₂ legis] ministerii Cas    12 in *om.* V    aliquibus Cas^{ed}    omnia—potestate *om.* Cas    13 ergo] autem E *om.* G    huius causae] *om.* A ex dono dei V ut Sd^{cod}    14 ministri Sd dei] \*\* A    habent H₁V    prout possibile est] in omnibus VCas    est *om.* G\*    15 imari A\* imitare BG\*    ut] et VCas cognoscant G\* cognosci ueri VCasZm    esse *om.* ECas    ait] *om.* BH(—S)GV et S    16 portate] + inquid V    se *om.* V    ⌒ pat. ab om. Cas    omnibus BHVCas    17 ⌒ bl. pat. G    blasphemare H₁NG    et] + non MN    tamen *om.* Cas    ⌒ etiam ingr. VCasZm    18 sui(?) G corr.    ⌒ non negat (denegat Zm) ben. VCasZm    deneget G\*

Non in parua, nec in modica. *In tribulationibus.* Omnis laesio tribulatio est. *In necessitatibus.* Omne quod necesse est feramus ut necesse est. *In angustiis.* Angustia est omnis egentia. 5 *In plagis, in carceribus, in lacerationibus, in laboribus.* Manuum uel discursuum. *In uigiliis.* Non minus mentis quam corporis. *In ieiuniis.* Notandum ieiunia cum uirtutibus numerari. 6 *In castitate.* Illa est uera castitas quae nec mente polluitur. *In scientia.* Notandum quod [con]scientia [inter] species sit uirtutum. *In longanimitate.* Id est, sustinentia longa. *In* 10 *suauitate.* Ut nulli uerbi[s] nostris amaritudinem generemus, et [ut] dicatur de nobis: 'fauces' eorum 'dulcedines,' et reliqua. *In spiritu sancto.* Dum dignos [nos] eius habitaculo praeparamus. *In caritate non ficta.* Omnia quae nobis uolumus [ab aliis] fieri, [nos] aliis faciamus, ut 'non diligamus uerbo, 15 sed opere et ueritate.' 7 *In uerbo ueritatis.* Id est, in uerbo Christi, si apte proferatur et uere, ne fiat de ueritate mendacium. *In uirtute dei per arma iustitiae.* In uirtute dei siue legis contra diabolum dimicemus. *A dextris et [a] sinistris.* Nec prosperis eleuemur nec frangamur aduersis. 8 *Per gloriam* 20 *et ignobilitatem.* Gloriam uirtutum, ignobilitatem carcerum. *Per infamiam et bonam famam, ut seductores sed ueraces.* Ab

11 cf. *Cant. v 16    13 cf. Matth. vii 12    14 1 Ioh. iii 18

1 non—modica *om.* H    nec in] uel BG    2 tribulationi V*    fer.] sic fer. Cas
3 angustiis] angustias G*    inopia Cas    4 in (*alt.*) *om.* B*    lacerationibus
BSd$^{cod}$ seditionibus AHGVCasZm (=vg) laceratione Sd$^{cod\ ed}$    magnum H$_2$
5 siue V    discursum EH$_2$V    6 non tantum H$_2$    ieiunium H$_1$    quam H$_2$
munerari B    7 ↶ castitas (castias V*) uera V    polluetur ES
8 quod *om.* G*    conscientia B scientia *rell.*    inter *om.* BH(—E)VCasZm
9 longaminitate B    ↶ longa animi patientia V    longa] diuturna Cas
10 uerbi B    amaritudine V    11 ↶ **** ut et G    et *om.* E    ut *om.*
BHVCas    de nobis] *om.* G a nobis Cas$^{cod}$ a uobis Cas$^{ed}$    facies RH$_2$
eius BHVCasZm eius eorum G    dulcedinis BHGVCas    12 reliqua] totus
(totum BE) desiderium(-o Zm) BHGVCasZm    dignum H(—SR*)G dignus SR*    nos *om.* BHSd$^{cod}$    habitaculum H(—SR*)G habitatione Zm
13 praeparemus ER*Sd$^{cod}$    14 ab aliis fieri nos] facere BH(—C) fieri
CVCasZm facere nos G    facimus G    ut ut G*    15 opera MN
uirtute B    16 christi *in ras., et postea* 6 *litt. eras.* A    abste B    sit V
de uerit.] diuersitate G    17 uel V    18 leges H$_2$    dimi[t]tamus MN dimicantis C* dimicantes C corr. demiscemus G* dimicamus Cas    a (*pr.*)] ad E
a *om.* AE (=vg)    19 nec (*pr.*)] ne H$_2$Sd neque Cas    propris G*    eleuemus G
nec] ne Sd$^{cod\ ed}$    ↶ adu. frang. G    frangimur G*    20 ign. (*pr.*)] -tate V
carcerem E* carceris E corr., H$_2$    21 sed] et AHGVCas(=vg) *fort. recte*

aliis ut ueraces laudamur, ut seductores ab aliis infamamur, sicut et ipse saluator appellatus est a Iudaeis. quae omnia aequaliter ferimus, nec extollunt nos laudantes nec deiciunt uituperantes, quia solet utraque pars aliquando mentiri. unde ad conscientiam redeuntes non debemus fidem aliis magis 5 adcommodare quam nobis. *Ut qui ignoramur et cognoscimur.* Igno[ra]ti [a] perfidis et ingratis et cogniti [a] fidelibus atque iustis. 9 *Quasi morientes et ecce uiuimus.* Hoc est, usque ad mortem peruenientes, sicut, quando lapidatus est et mortuus aestimatus, surgens docebat in Listris. *Ut temptati* 10 *et non mortificati.* 'Castigans castigauit me dominus et morti non tradidit me.' 10 *Quasi tristes, semper autem gaudentes.* Tristes serietate uultus, corde uero etiam in tribulatione gaudentes. *Sicut egentes, multos autem locupletantes.* In hoc ipso quo nobis egemus aliis abundamus, dum per nos elimo- 15 sinae fiunt. Siue: Terrenis egentes, alios bonis caelestibus facimus locupletes. simul adtendendum quod omnia quasi pati se dicit, non tamen pati, ut ostendat ista esse quasi imagines passionum ad conparationem praemii sempiterni. *Quasi nihil habentes et omnia possidentes.* Sicut ait Solomon: 20

2 Matth. xxvii 63    9 cf. Act. xiv 19, 20    11 Ps. cxvii 18
    13 cf. 2 Cor. vii 4    20 *Prou. xvii 6 a

2 iudaeis]+seductor E*m*2*mg*    quae omnia] omnia haec VCasZm
3 feramus V ducamus Cas suscipiamus Zm    ne H(—C)    extollant A*,E corr. R corr.,VCasZm    deiciant VCasZm    4 detrahentes BHGVCasSdZm *fort. recte*    solet AGSd necesse est BHVCasZm    utraque pars AGSd utramque BH(—ES)    partem BH(—E parte)    utrosque VCasZm nonnumquam CasZm    mentire H(—C)    5 red.] *om.*G respicientes Cas ∽ aliis magis (plus Cas) fidem BH(—fidei SMN)GV(Cas)    6 ut—cognoscimur] sicut (si G) qui ignoti (ignorati A) et cogniti AHGVCasZm (=vg)
7 ignorati a] ignoti B (*tr. post* ingratis), ignorantes E* ignorati E*m*2 ignorantia[m] H(—E,C corr.)G    cognita G    a *om.* BH(—E)GVSdZm
8 atque iustis *om.*V    atque] et ESd    9 mortem] desperationem uitae CasZm peruenimus Sd    sicu V*    est *om.*V    10 urgens V    docebant MN* in listris] inlustria Sd[cod] in lystria Sd[cod] illustria Sd[ed]    lustris G*Zm[cod*] ut] u V*    castigati HGCas (=vg)    11 deus Cas[ed]    morti—me] reliqua H₂
13 seueritate BECasZm serenitate[m] H(—ER*),(renit *in ras.*)G aetate V
14 gaudientes MN    egeni Sd[ed]    15 quod Zm    ∽ eg. nob. CasZm[codd] agimus S egimus R*MN    al.] in al. Zm    abundabus V    16 aliis GV bonis caelestibus *om.* Cas    bonis] bonos SR* *om.* Zm    17 locuples V quod] quomodo HG quia V    18 tantum R    istas V    19 imaginis H(—C)
20 tamquam AHGVCasZm (=vg)    mnia V*    dicit CasZm

'eius qui fidelis est totus mundus diuitiarum': nam, excepto quod omnia nostri dei sunt, nemo plus habet quam qui nullius indiget: ille uero nullius eget qui praeter necessaria nil requirit. 11 *Os nostrum patet ad uos, o Corinthii, cor nostrum* 5 *dilatatum est.* Ita sumus uestro profectu [pro]uocati, ut tacere penitus non possimus: profectus enim discipuli prouocat os magistri, et cor dilatat atque amplificat, id est, facit sensibus abundare, sicut de Salomone scriptum est quia 'dedit' illi deus 'latitudinem cordis, sicut arena[m] maris.' 12 *Non* 10 *angustiamini in nobis, coartamini autem in uisceribus uestris.* Non [est] ex nobis sermonis angustia, sed, quia ualidiorem uos non potestis audire doctrinam, ideo[que] ex uobis causa procedit angustiae. 13 *Eandem [autem] habentes remunerationem.* Eandem habebitis remunerationem, si eundem sustinu- 15 eritis laborem, aut certe, si tantum quantum dicere possumus capiatis. *Tamquam filiis dico, dilatamini et uos.* Quasi filii meo exemplo dilatamini, ut maiora recipiatis. Siue: Sacerdotes in doctrina exemplo suo praecepit dilatari. 14 *Et nolite iugum ducere cum infidelibus.* Nolite illis coniungi uel aequari, quia 20 iugum simul non trahunt nisi pares: id est, nolite iungi pseudo-apostolis, uel his qui in idol[i]o recumbebant. *Quae enim*

8 cf. *3 Regn. iv (v) 25 (9)      21 cf. 1 Cor. viii 10

1 ei Cas    diuitiarum]+est CasZm      nam *om.* Cas    2 ⌒dei nostra Sd nostra BH(—MN)GSd *om.* Cas    ⌒sunt dei V    domini Cas    nullius indiget] indige[n]t nihil BSRMNGV nullius indiget nihil E nullo indiget CasZm nullius eget Sd    3 uero] *om.* CasZm enim Sd    nullius] nihil BHVCas^ed nichilo Cas^cod nullo Zm    egit H₁G indiget CasZm    nihil BHGVCas requiret ES(N)    4 c[h]orinthi RV    5 uestro] nostro B    ⌒prou. prof. V(Cas)    profecto A* profecti B    uocati B    iacere V    6 penitus *om.* Cas possumus EMN*    prouocat ASd aperit BHGVCas    7 atque] que V magnificat VCas    8 ut Cas    salomene A    9 [h]arena BE*MNGV 10 coartamini] angustiamini AHGVCas (=vg)    11 est V *om. rell., saltem hic* ex] est E    nobis]+est CCas    sermonibus H₁    ualidiore V    12 uos *om.* V ⌒doct. aud. G    audire] sustinere V    ideoque AEG ideo BH(—E) *om.* V nobis BR    causa] *om.* H(—E) cordis E    13 angustiare E angustiae R*S angustia H₂    autem *add.* ARH₂GVCas (=vg)    14 eadem V    habentes AHGCas    eandem G    15 quantum *om.* V    possimus G*    16 filio ER 17 dilatamini *tr. post* recipiatis V    meliora G    18 doctrinam H₁    ⌒suo ex. V    praecipit BSR*MC    et *om.* H(—R)VCas (=vg)    19 duce V* coniuge G*    coęquare G    20 iuium G*    simul *om.* A*    patris SR* iungi pseudo-ap.] pseudo-ap. sociari (sociare MN) BH iungi pseudo-ap. sociari G sociari pseudo-ap. V    21 idolo B idolis H(—C)G    recumbant A* recumbent R* recumbunt R corr.,V

*participatio iustitiae cum iniquitate, aut quae societas luci ad tenebras?* Nulla, sicut nec cum tenebris luci. simul ostendit neminem posse et iustum esse pariter et iniustum, ualde contraria exempla proponens. 15 *Quae autem conuentio Christi cum Belial? aut quae pars fideli cum infidele?* Penitus illis non potest conuenire. Beliab autem diabolum siue antichristum in uocabulo idoli nominauit. 16 *Qui[s] autem consensus templo dei cum idolis? uos enim estis templum dei uiui.* Idola ipsos homines dicit qui idola colunt, quia templa sunt daemonum, sicut [et] isti templum [sunt] dei. *Sicut dicit deus: Quoniam inhabitabo in illis.* Cum ubique sit deus, tamen in illis proprie habitare se dicit, qui eius gratia [se] perfruuntur et qui mundum ei praeparant sui cordis hospitium. *Et in[tra eos] ambulabo.* Omnes eorum sensus optineam uel percurram. *Et ero illorum deus.* Deus enim natura omnium est, uoluntate paucorum: 'non est' enim 'deus mortuorum, sed uiuorum.' *Et ipsi erunt mihi populus.* Qui uoluntate serui sunt, non natura tantum. 17 *Propter quod exite de medio eorum et separamini, dicit dominus.* Actu uel conuersatione uel familiaritate, non loco. *Et inmundum ne tetigeritis.* Omnis qui peccat inmundus est: inmundus enim apud deum omnis iniquus. *Et*

16 Marc. xii 27; *Luc. xx 38

1 at V* luci ad] lucis ad ER* lucit a MN* lucis (luci D) cum GD lucia V 2 tenebris GD ne E tenebris cum luce Cas$^{cod}$ cum om. SR* lucis GVCas$^{ed}$ 3 et (pr.) om. Cas inistum G* ualde om. Cas 4 contrarium exemplum H$_2$ exemplo ES quid MN* 5 cum] ad AHGVCas (=vg) beliab(?) A beliar N* belian V aut quae] atque E infideli BSR*,G corr.,V*Cas infidelibus H$_2$ penitus om. Cas ⌒non pot. ill. R 6 bel.] de bel. B beliab A,N(?) belia S belian V belial rell. zabulum B uel Cas antechristum ESN* 7 in uocabulo idoli om. VCas quis BC qui AH$_1$GVCas (=vg) quid MN 8 tempo V* dei om. MN enim] autem H$_2$ om. V 9 idolum Cas$^{ed}$ ⌒dic. ip. hom. VCas templum RV 10 sicut] autem E et om. BHV iusti H$_2$G templa MNG om. V sunt dei] dei BV dei sunt HG dominus SH$_2$ 11 habitabo SSd ⌒deus ubique sit Cas tantum Cas$^{cod}$ in om. V 12 ⌒prop. ill. V eius]+ propriae G gratiae E se add. B perfruuntur R 13 ⌒ei mundum G tra eos om. AHVCas$^{cod}$ (=vg) ter eos G 14 inambulabo] inhabitabo V +inter eos Cas$^{ed}$ obtinebo BCCas obtineant E percuram SR* 15 enim] autem H$_2$ om. Cas Sd uoluntate] + uero Sd 16 ⌒enim est Cas est om. G ⌒mort. deus H$_2$ 17 ipse MNCas$^{ed}$ erant ES erit Cas$^{ed}$ populus om. G* serui sunt] seruiunt V 19 uel (pr.)] et VCas 20 ne] non MN omnes V 21 inm. (pr.)] mundus G* inm. (alt.)] et inm. H dominum H$_2$ omnes EMNV*

*ego recipiam uos.* Si uos illi eiecerint. 18 *Et ero uobis in patrem et uos eritis mihi in filios et filias.* Si uos parentes abdicauerint infideles, me patrem habebitis sempiternum. *Dicit dominus omnipotens.* Addidit ' omnipotens,' ne cui inpossibile uideatur.
5 1 *Has igitur habentes promissiones, karissimi.* Tantas et tales promissiones habentibus quanto studio mundanda est domus talem hospitem receptura! et dei filii quo modo debent patrem in omnibus iustitiae operibus imitari! *Mundemus nos ab omni inquinamento carnis et spiritus.* Inquinamentum carnis est
10 quod per carnem admittitur: spiritus uero quod sola cogitatione peccatur. *Perficientes sanctificationem [spiritus].* Tunc erit perfecta sanctificatio [sanctificatio], si utraque munda seruentur. *In timore dei.* Non in laude hominum uel timore. 2 *Capite nos: neminem nocuimus.* Accipite quod dicimus siue
15 quod uiuimus, ut exemplum nostrum teneatis. *Neminem corru[m]pimus.* [In] mala doctrina. *Neminem circumuenimus.* Ut eius aliquit tolleremus. 3 *Non ad condemnationem dico: praedixi enim quod in cordibus nostris estis ad commoriendum et ad conuiuendum.* Non me excusando uos tales expono: non
20 enim possum de uobis hoc sentire quos diligo, ut superius memoraui. Siue: Dilectio tantam me facit habere fiduciam. 4 *Multa mihi libertas [est] ad uos.* Multam mihi fiduciam dedistis loquendi, quia in omnibus oboedistis. Siue:

2 cf. Ps. xxvi 10

1 illi]illis A* ille E *om.* Cas     *eiecerint A eiecerunt E iecerint MNG ecerint G*    2 eretes V*    ⌒inf. abd. Sd    abdigauerint SR* abdiceberint G*
3 habetis SH₂    sempit.] in sempit. G    deus Cas^cod    4 addit GSd^cod
nec V    uideretur BHGVSd    6 mandanda B mundata M*N mundana V
⌒domus est V    7 recipitura SR* susceptura G    ⌒filii dei Cas^cod
⌒pat. deb.VCas    8 iustitiae *om.*VCas    operibus *om.* H₁VCas    9 est]+
peccatum Sd    10 committitur Cas    11 spiritus *om.* AHGVCas(=vg)
12 sanctificatio *add.* B    munda seruentur] mundemus V munda seruemus Cas    13 propter laudem h. u. timorem Sd    14 capete V* accipite Sd
l[a]esimus AHGVCas(=vg)    capite Sd    15 quod—teneatis] nostrum exemplum accipite in his omnibus imitandum VCas    uidimus G    teneamus N
16 corrupimus BMCCasSd^cod ed (=vg) corripuimus V    in *om.* BHVCasSd
male M,N*m*2    17 toleremus V    condemnationem]+uestram Cas    18 praediximus CCas^ed    estis *om.*V    19 ad *om.* ECas^cod    tales expono]
condemno quasi tales sitis Cas    20 quod SH₂    21 commemoraui ES
memoraui *rell.*    dilectio]+uestra Cas    fecit BHG    22 multam ibi V
libertas BSd fiducia AHGVCas(=vg)    est *add.* ARGVCas(=vg)    ad]
aput AHGVCas(=vg)    23 ⌒loq. ded. Cas

Quia multum me a uobis diligi non ignoro. *Multa mihi gloriatio pro uobis.* Aput alias ecclesias de uestra emendatione mihi placeo. *Repletus sum consolatione.* Post multam tristitiam. Siue: Sermo mihi suppeditat consolandi uestro prouocante [nunc] profectu. *Superabundo gaudio in multa 5 tribulatione nostra.* [In omni tribulatione nostra] tantum gaudeo ut obliuiscar omni[um] pressura[rum]. 5 *Nam et cum uenissemus in Macedonia[m], nullam requiem habuit caro nostra.* Ostendere illis uult quantam pressuram magnitudo gaudii superarit. *Sed in omnibus sumus afflicti.* Nullum genus 10 tribulationis experti non sumus. *Foris pugnae, intus timores.* Pugnae contra infideles et timor de fratribus falsis. Siue: Timebamus ne scandaliz[ar]entur infirmi. 6 *Sed qui consolatur humiles.* Hoc est, humiliatos passionibus et adflictos. *Consolatus est nos deus [in] aduentu[m] Titi;* 7 *non solum autem 15 in aduentu[m] eius, sed etiam in [con]solatio[ne].* Non solum quia desideratus aduenit, sed et[iam] quia illa nuntiauit propter quae eius maxime expectabamus aduentum. *Quia consolatus [est] in uobis.* Post luctum quem nobiscum pro

13 cf. 1 Cor. viii 9

1 quia] quod Sd$^{ed}$  mihi *om.* Sd  2 pro] de H$_2$  aput] ad Sd  alias] omnes VCas  3 mihi placeo] glorior VCas  placeo] plaudeo B  plaudo H(—C) applaudo C  consolationem H$_1$  multum G  4 consolendi G  prouocante] prouocatus nunc B + exemplo E prouocando exemplo est S  5 gaudeo Cas$^{cod}$  multa] omni AHGVCas (= vg)  6 in —nostra *om.* BNGVSd  tantum] in tantum Sd  7 gaudeo] est gaudium meum Cas  omni pressura B  et *om.* V  8 uenissem Sd$^{cod\ ed}$  in *om.* H(—E)GVCas (= vg)  macedonia BS  9 mea E  10 gaudio E*  superaret H, V corr., Cas$^{ed}$ superauerit GSd$^{ed}$ superauit Sd$^{cod\ odd}$  in omnibus sumus afflicti] omnem tribulationem passi ARVCas$^{cod}$ (= vg) in omnibus tribulationem passi EG in omni tribulatione passi S in omnibus tribulationibus positi H$_2$ omnem tribulationem passi sumus Cas$^{ed}$  11 tribul.] + quae M*N + quod M$m$2,C tribulationum G  simus C  pugnae] pugna et G  timoris H(—C)  12 pugnat H(—RC) pugna RG pugna* C  de] a VCas ↪fal. frat. C  13 timemus H(—RC) scandalizentur BC scandalizantur G* scandalum paterentur Cas  14 hoc est *om.* H$_2$  humiliatus H(—E) adflictus H(—E)  15 est] + et V  in *om.* A  aduentu AH(—S)GVCas (= vg) titi] + in aduentu eius H$_2$  16 in aduentu *om.* E  aduentu AH(—E)GVCasSd (= vg)  solatio AHGVCas (= vg)  17 quia] qui Sd$^{cod\ ed}$  disperatus G et B  qui MNSd$^{ed}$  illa] ille V uestrum profectum Cas  18 quae] quod Sd$^{cod\ ed}$ quem Sd$^{cod}$  ↪exp. max. RG  maxime] + et H(—RC) *om.* Cas  spectabamus Cas$^{ed}$  quo AH(—MN)GVCas (= vg) quod MN 19 est *om.* B  nobis H$_1$  ↪pro uobis nobiscum BHG  uobiscum Cas$^{ed}$

uobis habebat. *Referens nobis uestrum fletum, uestrum maerorem.* Pro nostra contristatione et quorundam peccatis. *Uestram aemulationem pro me.* Quia uice mea aemulati estis dei aemulatione peccantes. [peccantis] sane triplex est
5 aemulatio: aut imitationis aut inuidiae aut de qua agitur in praesenti. *Ita ut magis gauderem.* Quia non modo correxistis, sed etiam amplius profecistis. 8 *Quoniam, et si contristaui uos in epistula, non me paenitet; et si paeniteret, uideo quia epistula illa, et si ad horam, contristauit uos,* 9 *nunc gaudeo,*
10 [*gaudeo autem*] *non quia contristati estis, sed quia contristati estis ad paenitentiam.* Et si [me] paenituisset eo quod uos durius corripuerim, tamen uester facit profectus ut non me paeniteat: quasi si dicat medicus: "etiam si doluerit mihi tam ardenti me usum esse cauterio, sed nunc gaudeo, non quia
15 doluistis, sed quia dolor ille uobis profuit ad salutem." *Nam contristati estis secundum deum.* Non secundum saeculum. *Ut in nullo detrimentum patiamini ex nobis.* Aut nostra negligentia, aut [ne] uenientes uestrum aliquem damnaremus. 10 *Quae enim secundum deum est tristitia, paenitentiam in*
20 *salutem.* Est enim paenitentia diabolica aduersa saluti, si quis de bono opere forte paeniteat. *Stabilem operatur.* Stabilem salutem. Siue: Permanentem paenitentiam: de

22 cf. Eccli. v 5

1 nobis] uobis V  ᔕuestrum desiderium uestrum fletum (flectum G*) AHGCas (=vg) uestrum fletum uestrum desiderium V uestrum desiderium uestrum maerorem Sd<sup>ed</sup>  2 post nostram consolationem S  et] + pro Cas  quorundam] quorum dea B  3 uestram—peccantes *om.* G*  pro me *om.* G  qui Sd<sup>cod</sup>  aemulati] multa C  4 peccantibus B peccantis SV peccantis *add.* B  sane] sine S  ᔕemul. est G  5 de—praesenti] zeli Sd 6 ut *om.* E  non] + tantum G  modo] solum VCas  7 proficistis SR et *om.* G  si *om.* Sd<sup>ed</sup>  8 epistula] + prima V  uideo quia] uidens quod (quo S) AHGCas (=vg) uidens enim quod V  9 ᔕuos contr. AH(—ES)V Cas (=vg)  gaudio G  10 gaudeo autem *om.* AHGVCas (=vg)  11 si me] sine me S sine R*  me *om.* BSd<sup>cod</sup>  poenitus B paeniteret Cas  eo *om.* G ᔕdurius uos GSd  12 nimium increpassem Cas  tamen] tunc G  ᔕprof. f. G facit—paeniteat] me facit non paenitere profectus VCas  facit] fecit NG *om.* Sd<sup>ed</sup>  13 si *om.* GVSd  si etiam si R liceat Sd  doluisset BHGV doleam Sd  14 ardenti me] ardentissime RH<sub>2</sub>G  ustum B  craterio B gaudio G*  15 uobis *om.* Sd  nam contr.] contr. enim AHGVCas (=vg) 17 detrimento A*  patiemini G  ex nobis *om.* Cas<sup>cod</sup>*  uestra R 18 ne] *om.* BH(—E) ut E  uestrum *om.* Cas  aliquaem G*  19 ᔕtristitia est HGVCas (=vg)  20 patientia H(—RC)  diabolica] + aut R + at S salute SR*  21 forte *om.* Sd  22 permonentem SN

propitiatu enim peccatorum non debemus esse sine metu. *Saeculi autem tristitia mortem operatur.* Saeculi tristitia est aut de amissis rebus propriis aut de alienis non inuasis dolere uel de alterius felicitate torqueri: secundum deum uero est tristitia siue sua siue aliena lugere commissa. 11 *Ecce enim hoc ipsum secundum deum contristari uos quantam efficit in uobis sollicitudinem.* [Hoc ipsum] quod modo factum est potest uos docere quid sit inter utramque tristitiam. *Sed defensionem.* Non superbiam aut contemptum, sed satisfactionem. quidam dicunt hoc loco 'sed' praepositionem [non] esse superfluam in Latino, apud Grecos uero consequentiam uel structuram esse sermonis. *Sed indignationem.* Contra peccantes, non neglegentiam. *Sed timorem.* Timorem dei, non securitatem. *Sed desiderium.* Non fastidium, sed desiderium nostrum. *Sed aemulationem.* Contra peccantes, ne ultra pecc[ar]ent, non remissionem. *Sed uindictam.* Non ueniam noxiam, sed uindictam salutarem. *In omnibus exhibuistis uos sinceres esse negotio.* Probastis uos inmunes [a] culpa: contaminatus enim auctoritatem non habet uindicandi. 12 *Igitur, et si scripsi [uobis], non propter eum qui [in]iuriam fecit,*

1 propitiatum H₁ propiciato G propitiatione Cas    2 tristitiam V    saeculi ] + autem H₁    3 ammissis G    non *om.* Sd    dolore BH(—EC)    4 uel] aut BCas    aliena Cas    torquere SM*N*,G'corr.    uero] uerum ES autem Sd
↪ tristitia est BHGVCasSd    5 peccata Cas    6 contristare E contristaui R quantum B    efficit in uobis BSd in uobis operatur AHGVCas (= vg)    7 hoc ipsum *om.* A    quo H(—E)G    8 intra B    utru(a A)mque iustitia(-am AES) AH    9 excusationem Sd    non—satisfactionem] hoc est satis factionem non superbiam uel contemptum V    non—sed AB,G(*uide infra*) sed (*om.* SR) excusationem H₁ *om.* H₂ + in greco ΑΠΟΛΟΓΙΑΝ H    superbia G satisf.] + praecepti dicit H₁G    10 sed] sede G* *om.* V    ꝓpositionem A propositionem H₁N    11 ↪ in lat. ( + non B) esse superfl. BHG    superfluum M*N superfluiter E    consequentiam uel *om.* Cas    12 esse] habere VCas    sermonis] + item in greco (grecos G*) ΑΠΟΙΑΤΙΑΝ satisfactionem praecepti dicit (*uide supra*) G    contra—neglegentiam *om.* G    aduersum Sd    13 timorem (*alt.*)] + autem S    domini HG    14 desid. (*pr.*)] + nostrum V desideria Sd^ed    fastig. Sd^cod    15 nostri C corr.    16 peccent AVSd peccarent *rell.*    rem.] + non ueniam G    17 missiuam (*eras.*) nociuam B nociuam HGV noxae Sd sed uindictam salutarem *om.* V    salutem H(—C) salutis R corr. salubre M m 2 salubrem C    18 uos (*pr.*)] nos G*    incontaminatos AH(-us S)GVCasSd (= vg) contaminatos E*    probatis NCas^ed    inmunis SR* inmone G*    a *om.* B    19 contaminatos V*    ↪ non hab. auct. G    uind.] in alio uind. VCas^ed alios uind. Cas^cod    20 scripsi] + uobis BHGVCas (= vg)    ↪ fec. ini. ( + tantum S) AHGVCas (= vg)    iuriam B

*neque propter eum qui* [*iniuriam*] *passus est.* Non propter
eum qui patri fecit iniuriam tantum, nec propter ipsum solum
modo patrem. potest et ita dici: Non propter eum qui
excommunicauit, neque propter eum qui eiectus est, scripsi:
5 neque enim per me haec sola emendata uel correcta est causa.
*Sed ad manifestandam sollicitudinem nostram quam pro uobis
habemus* [*ad uos*] [*coram deo*]. Ne putetis nos aliquid posse
latere, dum pro uobis sumus nimia cura solliciti. 13 *Ideo* [*et*]
*consolati sumus.* Quia uos castos probastis esse negotio. *In*
10 *consolatione autem nostra abundantius magis gauisi sumus super
gaudio Titi, quia profectus est spiritus eius ab omnibus uobis.*
In hoc autem amplius gratulati sumus, quod ita a uobis
Titi spiritus est refectus, ut numquam possitis de eius mente
recedere: profectus quippe discipulorum spiritalia gaudia
15 [sunt] magistrorum. 14 *Quoniam si quid apud illum de uobis* [*in
ueritate*] *gloriatus sum.* Quasi peritus medicus agit, qui uulnus
iam prope sanatum blandis unctionibus fouet, ut facilius
cauterii us[t]ura sanetur. *Non sum confusus.* Confusionem
non habet gloria de profectu. *Sed, sicut omnia uobis in ueri-*
20 *tate locuti sumus, ita et gloriatio nostra, quae fuit ad Titum,
ueritas facta est.* De rebus iustis non uanitatis, sed ueritatis

2 cf. 1 Cor. v 1    9 cf. *2 Cor. vii 11 (*d*)

1 nec AH(—E)GVCas (=vg) ne E    eum] ipsum S    qui passus est *om.* S    iniuriam *om.* AHGVCas (=vg)    2 ⌒ ini. fec. HG    solumodo V    3 et *om.* G    4 iectus G pulsus V passus Cas    scripsi—est] id est non co(=quo) me haec sola delectauerit V quasi haec sola me delectassent Cas scripsi] + uobis G    5 correpta BF*G    6 quam] qui MC quia N    pro—dum *om.* H₂    7 ad uos *add.* BGV (=vg)    coram deo *add.* BHGVCas (=vg)    ne putetis] non potestis H₁    ⌒ aliquid nos G    8 nimiam auram SR.*    et *om.* AHGVCasSdᵉᵈ (=vg)    9 quia] dum Sd    ⌒ prob. cast. V(Cas)    casti B    probatis ERSdᵉᵈ    negotii B    10 uestra V    11 gaudio BCas gaudium AHGVSd (=vg)    refectus AHGVCas (=vg)    est *om.* A*    eius *om.* V    12 in hoc autem] illud adhuc VCas    autem *om.* G    gauisi VCas    quia Sd    ad B*    13 ⌒ est spir. Cas    ⌒ ref. est G    ⌒ de eius poss. mente B ⌒ de eius mente poss. HGSd    de eius *om.* V    14 quippe] quoque B *om.* V enim Cas    spiritalia—magistrorum] refectio spiritus est magistri VCas    ⌒ sunt gau. HG    15 sunt *om.* B    quoniam] et AHGVCasSd (=vg)    in ueritate *om.* AHGVCas (=vg)    16 quasi] ut VCas    agit qui *om.* VCas    ait SMNSd    ⌒ iam pr. san. uuln. VCas    uulnus] uult nos (S)H₂    17 sanatus M sanatur N sanatos C    fouere H₂    18 usura B cura G    sanet C    19 profecto EM    in ueritate] inuenerit a te V    20 locutus sum H₂    de tito H₂    21 facta est *om.* G*    non uanitatis sed *om.* V

est gloriatio. 15 *Et uiscera eius abundantius in uobis sunt.*
Omnia paene uos eius membra desiderant, [ut] oculi praesentiam, aures sermonem, os colloquium expecta[n]t. *Reminiscens omnium uestrum oboedientiam, quo modo cum timore et tremore excepistis illum.* Oboedientiam fidelem descripsit, 5
quia etiam qui ex caritate obaudit, timet contristare quem diligit. 16 *Gaudeo quod in omnibus confido in uobis.* Fecistis me gaudere, quia de oboedientia uestra numquam potui haesitare. 1 *Notam autem uobis facimus, fratres, gratiam domini, quae data est in ecclesiis Macedoniae.* Causam inchoat 10
de collectis, et exemplo ecclesiarum illarum eos ad paenitentiam et elymosinam prouocat, ut non putent sibi graue quod pauperiores uideant iam fecisse. 2 *Quod in multo experimento tribulationis abundantia gaudii ipsorum [fuit].* Tunc maxime gaudent [fuerint] quando fuerint tribulati, scientes 15
apostolos contumeliam in concilio passos pro nomine Christi, publica laetitia fuisse gauisos. *Et altissima paupertas eorum abundauit in diuitias simplicitatis ipsorum.* Multum quidem in terrena facultate sunt pauperes, sed in magna simplicitate

16 cf. *Act. v 41

1 uos HVCas$^{cod}$     2 paene (*om.* Cas) uos] uos adfectuum BH$_1$ uos afectum MN* affectu NC + omnia Cm2 *s.l.*     ut] *add.* BHGCas et V     praes.] + uestram Cas     3 auris BV     expectant *scripsi* spectant A spectet BF exspectat EG spectat H(—EF) et cetera VCas     reminiscentis BSR*VCas (= vg) -entes ER     4 obaud. BV oboed. *rell.*     quoniam Sd$^{ed}$     timorem et tremorem MN*     5 suscepistis Cas     eum AHGVCas (= vg)     oboedientiam—descripsit] oboedientia sine timore esse non nouit Cas     dis[s]cripsit H$_1$M     6 quia] qui ER nam VCas     obedit ECas     offendere Cas     quam SM*N     7 confido in *om.* G     8 ⌒ues. ob. Cas     9 autam G*     ⌒fac. (fec. N) uob. HV (= vg) uobis fecimus G facio uobis Sd$^{ed}$     gloriam B     10 domini BSd dei AHGVCas(= vg)     est] + nobis G     in *om.* V     causam inchoat *om.* V     in quo at (ad E) ES inchot H$_2$     11 et *om.* V     exemplum MN eas G     patientiam V     12 misericordiam Cas     prouocati G     putarent E poterit S poterat R*     sibi *om.* VCas     grauem ER* gratiam S     13 iam *om.* G     quoniam R et quod Cas$^{ed}$     14 habundanciam MN abundantiae Cas$^{ed}$     fuit *om.* AHGV (= vg)     15 fuerint *add.* B     quando] + amplius V + multum Cas     scientes—gauiosos] exemplo apostolorum qui (sicut apostoli Cas) ibant gaudentes quod (quoniam Cas$^{cod}$) digni habiti sint (sunt Cas) pro nomine ( + iesu christi Cas) contumeliam pati VCas     16 in concilio *om.* H$_2$ passus E*RN     17 profunda Sd$^{ed}$D     pauperta V*     18 diuitiis Sd     eorum AHGVCas(= vg)     quidem] enim H$_2$     19 ⌒in opibus terrenis (*om.* Cas)VCas in terrena] interna H$_2$     pauperes—sunt *om.* H$_2$     in magna] amplius in VCas

sunt diuites, plus cupientes dare quam habent. ac propter
ea deus animum magis probat quam quod dextera porrigit:
qui enim quantum potest facit, totum fecit. similiter diues
et pauper, quamuis diues amplius dare uideatur. 3 *Qu[on]ia[m]*
*pro uiribus testimonio illis sumus et ultra uires uoluntarii*
*fuerunt.* Uerbis praeposteris hoc dicit: testimonium illis
reddo quod secundum uirtutem facientes, supra uirtutem
uoluntarii fuerunt. 4 *Cum multa exhortatione orantes nos[tram]*
*gratiam et communicationem mi[ni]sterii quam habemus in*
*sanctos.* Multum suadentes, nos rogauerunt ut gratanter quae
offerebant susciperemus in ministerio sanctorum. 5 *Et non,*
*sicut sperabamus, sed semet ipsos dederunt primum deo,*
*deinde nobis.* Amplius quam sperabamus fecerunt, non contenti sua dare, sed se ipsos primum domino tradiderunt,
deinde nobis: hoc est, deus uidit uoluntatem eorum, nos
effectum. *Per uoluntatem dei.* Non ut nobis placerent sine
domini uoluntate. 6 *Ita ut rogaremus Titum, ut, sicut c[o]epit,*
*ita et perficiat in uobis etiam gratiam istam.* Illorum deuotione
accensi sumus mittere eum ad uos, ut doctrina et dispositione

3 cf. Luc. xxi 3 etc.

1 ⌒cup. pl. Sd    habent] quod habeant Sd    ac] et Cas    ideo Cas
2 ⌒magis deus animum V   ⌒magis animum deus Cas   ⌒magis animum Sd
animum(a *in ras.*) G    probabat Cas$^{cod}$   porrigebat VCas    3 fecit]
facit GVCasSd    aequaliter Cas    4 ⌒dare amplius V    uidetur
MN    quoniam pro uiribus BSdD quia secundum uirtutem AHGVCas (=vg)
5 testimonio—uires B] testimonium illis reddo et (quod V) supra (super NG)
uirtutem AHGVCas (=vg)    uoluntarie H$_1$G    6 uerbis—fuerunt(8) *om.* H$_2$
proposteris G    7 quod—facientes] et H$_1$    quoniam Sd    secunde A*
uires BH$_1$    fecerunt et Cas    super E    8 uoluntarie H$_1$    multis
precibus Sd(D)    exhortatione] + et H(—RC) obsecratione ES    obsecrantes
AHGVCas (=vg)    nostram BD nos *rell.* ( =vg)    9 gratia G    m!sterii BN
quam habemus] quod fit AHGVCas (=vg)    10 ⌒nos suad. Cas    gradanter
S(N)V    quae—susciperemus] susciperemus communicationem eorum
(⌒eorum comm. Cas)VCas    quae] quod Sd    11 ministerium Sd
nos GV    12 sperauimus AHGVCasSd (=vg)    sed] + et G    ipsis V    domino
AH$_2$VCas (=vg)    13 amplius] sed amplius V sed plus Cas    superamus B
sperauimus NCasSd    fecerunt—dare] non solum sua omnia VCas    14 sua
dare] suadere SRM*NG*    sed] + et VCas    se] + met R    ipsos *om.* Cas
primo BH(—R)V    deo G    15 nobis *om.* E    hoc] id Cas    ⌒uol. eorum
uid. VCas    uidet H$_1$    nos] non H$_2$,G corr.    16 ⌒ut non G    ⌒contra dom.
uoluntatem Cas    17 dei AH$_2$    sicut] quem ad modum AHGVCas (=vg)
cepit BSMN    18 et *om.* A*    perficiet A*    uos VCas$^{ed}$ (=vg)
etiam *om.* H$_2$    exemplo Cas    19 accensi sumus] sensi sumus S consensimus H$_2$
accessi sumus V    eum] titum Cas    et] uel Cas    dispensatione G

sua etiam hoc in uobis perficiat, ne quid minus ceteris habeatis. 7 *Sed sicut in omnibus abundatis [in] fide et sermone et scientia.* Notandum quod cum fide et scientiam [ostendit] esse laudabilem. *Et omni sollicitudine[, insuper] et [in] caritate uestra in nos, ut et in hac gratia abundetis.* Ne, cum in aliis 5 [ceteros] uin[di]catis, in hoc ab aliis superemini. 8 *Non quasi imperans dico, sed propter aliorum sollicitudinem etiam uestrae caritatis ingenium comprobans.* Non impero nec exigo, sed consilium do ut, sicut in multis formam aliis praebuistis, ita et in isto opere faciatis: est enim in uo[bi]s sic ingenita pietas, 10 ut ab aliis eam discere minime egeatis. 9 *Scitis enim gratiam domini nostri Iesu Christi, quia propter uos pauper factus est, cum diues esset, ut illius inopia uos honestaremini,* 10 *et consilium in hoc do: hoc enim [uobis] utile est.* Non ignoratis Christum propter uos pauperem factum, qui uniuersorum erat 15 conditor et dominus, ut eius exemplo bonis caelestibus ditaremini. si ergo ille propter uos temporaliter uniuersa contempsit, quanto magis uos propter uos dare debetis parua, non uestra, immo sua ei reddere! ipsi enim datur quidquid eius causa porrigitur [pauperibus]. simul et contra Fotinum 20

20 cf. Prou. xix 14 (17); cf. Eccli. vii 32

1 hoc *om.* G 2 habundantes (S)MN habundetis G in *om.* AHGVCas (= vg) 3 notandum AGVCas^(cod) notat B nota H non tantum Cas^(ed) quod *eras. Cm2 om.* VCas et] + sermone G *praem.* sermonem VCas scientia MN ostendit *add.* AG esse laudabilem] copulari VCas^(cod) copulat Cas^(ed) 4 laudabili MN et] + in HG omnibus SR* et] insuper et BCGD et insuper H(—C)V in *om.* AHGVCas (= vg) 5 ↶ et ut H et *om.* V 6 ceteros *add.* AVCas uincatis A,C corr., GVCas uindicatis BH ab *om.* G* superamini EM separemini SRC* seperamini N seperaremini G quasi— sed *om.* G 7 inspirans B propter] per H₁GCas (= vg) pro H₂ sollicitudine ES,MN corr.,C 8 ingenium (ingetum V)] + bonum HGVCas (= vg) exito MN 9 multis] omnibus VCas praebetis BH praebeatis V(Cas)Sd ita—egeatis] quia scio (cum enim sciamus Cas) uos oboedientiam et misericordiam ita uelut ingenitam possidere quasi uos nemo docuerit V(Cas) 10 uobis A H₂Sd uos BH₁G sic *om.* G*Sd 11 eam] eadem H₂ minime] non Sd^(cod ed) indigeatis Sd enim *om.* E 12 quoniam HGVCas (= vg) qui Sd^(ed) pauper BSd egenus AHGVCas (= vg) 13 ↶ esset diues RVCas (= vg) diuis A* honestaremini] diuites essetis AHGVCas (= vg) 14 uobis *add.* AHGVCas (= vg) non] + enim VCas 15 christum] dei filium BHG illum VCas 16 factor VCas exemplo] + eius H₁ gratia Cas ditare medii MN* 17 temporaliter uniuersa] omnia sua pro tempore V omnia sua Cas 18 quando MN debetis] + uos G corr. 19 immo]im G* restituere V ipse V 20 causa *om.* Sd pauperibus *om.* BHVCas simul et *om.* V fortinum B*V

facit quod, prius quam pauper fieret [Christus], diues erat[, qui habitat in Christo]. *Quod non tantum facere, sed et uelle coepistis ab anno praeterito.* Ostendit quosdam posse facere non uolentes, cum aut inportunitas petentis aut auctoritas prae-
5 cipientis exegerit. 11 *Nunc autem et facto perficite, ut, quem ad modum prompta est in uobis uoluntas faciendi, ita sit et perficiendi ex eo quod habetis.* Quod uoluntarii coepistis implete: omnis enim boni operis finis est expe[c]tendus, quia, sicut factum inuiti acceptum non est, i[s]ta [et] uoluntas
10 infructuosa est habentibus [eam] sine facto. 12 *Si enim uoluntas [prompta] est, secundum id quod habet accepta est.* Ne putetis me aliquem supra uires cogere aut tantum in hac causa a paupere, quantum a diuite, expetere; omnes enim aequaliter dabunt, si unus quisque tantum dederit quantum
15 potest. *Non secundum [id] quod non habet.* Hoc et Tobias dicebat ad filium: 'prout habueris, fili, fac elimosinam.' 13 *Non enim ut aliis [sit] refectio, uobis autem angustia, sed ex [a]equ[al]itate* 14 *in hoc tempore.* Non dico ut uobis nihil [re]seruetis, sed quod est utrisque sufficiat. *Uestra abundantia*

    4 cf. Luc. xi 8   15 *Tob. iv 7

1 facit—erat] quia erat diues prius quam fieret pauper V  quam** G christus *om.* A  qui—christo *om.* AG*V  quia E  2 habitabat H(—C)G corr., inhabitabat C  quod] qui ASCas (=vg) quia ER, (a *s. ras.*)G quoniam H₂ solum AHGVCas (=vg)  sed] sicut Sd^{cod ed}  3 priore AH₁CGVCas (=vg) priori MN  ⌒quosd. ost. Cas  ⌒fac. poss. H₂  4 uoluntate Cas inoportunitas G  potentis R  praecipientes Sd^{cod}  5 exigeret EG exigerit SRMN  autem] uero AH₁CGVCas (=vg) uere MN  6 prompta—faciendi] pro(u A)mptus est animus uoluntatis AHGVCas (=vg)  ⌒et sit H(—C)G 7 uoluntarii] uoluntate facere Cas  8 implete] explete H₂ *praem.*effectu Cas omnes V  boni operis] rei Cas  expectendus B,(c *add.* corr. *s. ras.*)G expedendus S spectandus Cas^{cod} expetendus *rell.*  9 ista B ita *rell.*  et *om.* BHV  10 eam] *om.* BH(—E)V enim G*  factu H₁ fructu G 11 pro(u A)mpta *add.* AHGVCas (=vg)  est (*pr.*) *om.*V  ne] non H₂  12 ab aliquo Cas^{cod}  super H₂  exigere Cas  in hac causa *om.* VCas  13 expectare BH(—E)VCas  enim *om.* E  14 dant Cas  15 potest] habet VCasSd^{cod}  id *om.* AHGVCas^{cod} (=vg)  hoc—filium *om.*VCas  16 filium] +suum G  sicut VCas  habueris]+inquid V  ⌒fac. fil. G  fili] filii EN*G*+ita R+sic VCas  ⌒elem. fac. R  facito V  17 sit *add.* AH(—E)GVCasSd (=vg) fit E  refectio BSd^{codd}D remissio *rell.* (=vg) tribulatio AHGVCas (=vg)  18 equitate B aequalitate AH₂GVCasSd (=vg) aequalitatem H₁  hoc] praesenti AHGVCas (=vg)  ⌒nihil uobis G 19 reseruetis H₂ reseruatis B seruetis *rell.*  quod *om.* VCas  est] quod est ES quot (*corr.* quod) ***R *om.*VCasSd  uestra] ut uestra G

*illorum inopiam suppleat, ut et illorum abundantia sit uestrae inopiae supplementum.* Date illis carnalia, ut et illi[s] uacantes possint uobis reddere spiritalia. isti enim dúo gradus sine alterutro esse non possunt: tam enim ille perfectus non erit de carnalibus cogitando, quam is misericors, cum non 5 habet cui dare uel a[li]quo dare doceatur. *Ut fiat aequalitas;* 15 *sicut scriptum est: Qui multum, non abundauit, et qui modicum, non minorauit.* De manna hoc dicitur, quam accepit populus in deserto, cuius exemplo docemur quod omnis superabundantia generet uermes. simul et ostenditur 10 quae deus dat omnibus aequalia esse debere, et propter huius testimonii auctoritatem uult nobis apostolus praesentia omnia esse communia, ut [et] perfecti doctrinam non abscondant et habentes substantiam mundi non denegent eis uictum: 'dignus est enim operarius cibo suo.' 16 *Gratias autem* 15 *deo, qui dedit eandem sollicitudinem* [*pro uobis*] *in corde Titi,* 17 *quoniam consolationem quidem accepit; cum sit autem sollicitior, uoluntarius profectus est ad uos.* Gratia[m] quidem exhortationis [accepit], sed uoluntate propria festinauit, ut

8 cf. Exod. xvi 4, 31    9 cf. Ioh. vi 31 etc.    10 cf. Exod. xvi 20
13 cf. Act. iv 32    14 cf. 1 Ioh. iii 17    15 *Matth. x 10

1 inopia H₁V    impleat G    ut et] et ut S et MN ut V    ⌢ues. inopiae (inopia G) sit AHGVCas (=vg)    sit] sic B    2 illis B illi *rell.*    3 uac.] + deo Cas    4 enim] en SR *om.* H₂Cas    perfectus] + est R    5 ⌢cog. de carn. Cas    quam is] quamuis BR qua S quam H₂ quam hic VCas    6 dare (e *in ras.*) V    a quo] aliquo B quo H₂ co G* quod G corr.    qualitas V
7 habundabit G    8 minorabit V    ⌢hoc de manna (+dei Sd) CasSd dictum Cas    quam—deserto *om.* VCas    quam] quùm E* quod CSd^(ood ed)
9 ⌢pop. acc. Sd    populus] *praem.* dominus B*    10 omnes E*M*NV superabundantiam MN* super habuntia V    generat BH₂ generit V    uermis SR*V* uermet G*    11 deus *om.* H₂    omnia A    ⌢deb. esse aeq. V deb. esse (esse deb. Cas^(ed)) communia Cas    et—auctoritatem] unde (*om.* Cas) hoc testimonio VCas    et *om.* G    huius *om.* E*    12 testimonia ER* testimonio S    nobis] a nobis G nos VCas    praesentia—communia] omnia communia (*om.* Cas) communiter possidere VCas    13 et perfecti] peccati B perfecti Sd    14 habentes] abundantes H₁ qui habent V    substancia MN mundi *om.* VCas    ⌢eis non de. VCas    denegant M*N*G* denenent V
15 est *om.* V    autem] agimus H₂ autem ago Cas^(ed)    16 eandem] eam G    pro uobis *add.* AR H₂GVCas (=vg)    17 consolationem BSdD exhortationem AHGVCas (=vg)    suscepit AHGVCas (=vg)    cum—sollicitior] sed cum sollicitior (sollitior E sollicior R*V) esset AHGVCasSd^(ed) (=vg)
18 uoluntarius] sua uoluntate AHGVCas (=vg)    gratiam AH(—C)GVCas gratia BC    19 accepit AGVCas *om. rell.*    sed] + et Cas^(ed)    ⌢prop. uol. Cas

mercedem haberet, non inui[c]tus, quasi ei sit credita dispensatio. 18 *Misimus autem [cum illo] fratrem [nostrum], cuius laus in euangelio est per omnes ecclesias.* Hoc de Luca intellegitur, qui laudem in euangelio conscribendo uidetur
5 habere prae ceteris, quia etiam Actus Apostolorum praeter Euangelium scripsit. [19 *Non solum autem] uerum etiam ordinatus [est] ab ecclesiis comes peregrinationis nostrae cum hac gratia quae ministrat[ur] a nobis ad domini gloriam.* Testimonio ecclesiarum idoneum eum et probatum fuisse
10 demonstrat. *Et destinatam uoluntatem nostram.* Propositam uel paratam. 20 *Deuitantes hoc, ne quis nos reprehendat in hac plenitudine, quae ministratur a nobis.* Ne quis dicat: "quo modo Christus legem impleuit, cum uideamus Christianos nec tantam elymosinam facere quanta fieri in lege praecepta est?"
15 21 *Prouidemus enim bona non solum coram deo, uerum etiam coram hominibus.* Nihil quidem propter humanam gloriam facimus, sed tamen nolumus ut per nos aliquis scandalum merito patiatur, sed ut omnes uidentes opera nostra bona

1 cf. 1 Cor. ix 17    14 cf. Tob. iv 7    17 cf. Matth. xxvi 31
18 cf. *Matth. v 16

1 mercedem] mercede non V    non]+etiam $H_2$ *om.* V    inuictus B inuitus *rell.*    ⌒ cred. sit V    cred.]+sit G*    2 missus $H_2$    autem] etiam $AH_1$GVCas(=vg)    cum illo *add.* $AH_1$GVCas(=vg) cum illo est *add.* $H_2$ fratres M frater NC    nostrum *om.* $AHGVCas^{cod}$ (=vg)    3 la*us G ⌒ est in euang. AHGVCas(=vg)    4 qui] quia $H_1$    conscribendo uidetur *om.* VCas    ⌒ hab. uid. $H_2$    5 ⌒ prae ceteris habet VCas qui $H_1C$*G    etiam—scripsit] et euangelium et actus apostolorum ipse (*om.* Cas) conscripsit (scripsit Cas)VCas    eti G*    actis G*    6 euangelio E*S euangelia E$m$2    non solum autem *om.* A    uerum etiam] sed et (*om.* MN) AHGVCas(=vg)    7 deordinatus G*    est *om.* AHGVCas (=vg)    comis E*RN* cum eis G corr.    peregrinationes A*    cum] in ACas(=vg)    8 hanc gratiam Cas$^{ed}$    qua R    ministrat B ministratur *rell.*    a *om.* MN    domini] deum BESN    9 testimonio ecclesiarum *om.* V idoneum—demonstrat] eum probatum esse ideneum demonstrauit V ut eum idoneum esse demonstret Cas    ideneum G*V    eum] cum SR    et prob.} adprob. $H_2$    10 distinatum $H_1$    propositum Cas$^{cod}$    11 uel] siue BHGVCas seu Sd    paratum Cas$^{cod}$    hoc]+quod G    uos G    uituperet AHGVCas(=vg)    12 ministrat MN    13 christianos] -nus E*SN    14 tantum $H_2$    quantum H(—E) quantam Cas    fiere V    praeceptum $H_1$Cas
15 prouidimus MN    bonam V    tantum $H_1$    deum V    uerum] sed AHGVCas(=vg)    16 coram *om.* Cas$^{cod}$    quidem] enim H quidam G*
17 uolumus BN    scandalizetur et pereat Cas    ⌒ mer. scan. V    18 omnes *om.* Cas    uidens Cas    bonam V

magnificent patrem nostrum. 22 *Misimus [autem] et fratrem
nostrum cum illis.* Quidam hoc de Apollo adserunt dictum.
*Quem probauimus in multis saepe sollicitum esse.* Testimonium
illi dat ut facilius audiatur. *Nunc uero multo sollicitiorem
confidentia uestri multa.* Multo sollicitiorem eum probamus, 5
confidentes quia uestra oboedientia prouocetur. Siue: Quam
audiuit a Tito. Siue: Quam per se ipse est probaturus. 23 *Siue
pro Tito, qui est socius meus et adiutor in uobis, siue fratres
nostri, apostoli ecclesiarum gloriae Christi.* Quod dicit hoc
est, [ut] tam Titi causa qui eorum oboedientiam conlaudauerat, 10
quam eorum qui ad ipsos fuerant [pariter] destinati, ita se
exhiberent, ut et carita[ti]s sinceritatem et apostolicae pro
ipsis gloriae ueritatem in conspectu omnium comprobarent.
24 *Ostensionem ergo quae est carita[ti]s uestrae et nostrae
exultationis pro uobis in ipsis ostendite in facie ecclesiarum* 15
*[domini].* Ut, cum uiderint uerum esse quod dicitur, omnibus
hoc ecclesiis deferant ad profectum. Siue aliter: Ostendit[e]
caritatem uestram, de qua coram omnibus ecclesiis gloriamur.
1 *Nam de ministerio quod fit in sanctos, ex abundanti est mihi*

11 cf. 2 Cor. vii 11 etc.

1 magnificet Cas[ed] glorificet Cas[cod]    nostrum] caelestem V    autem
*add.* AHGVCas (=vg)    ᴖ cum illis et (*om.* Cas[cod*]) fr. no. AHGVCasSd
(=vg)    2 quidem G    ᴖ de ap. hoc R    hoc *om.* H₂    dicunt Cas
3 esse *om.* Cas[cod*]    4 illis (eis Cas) perhibet VCas    magis Cas    audiantur
VCas[cod]    uero BSd autem AHGVCas (=vg)    ᴖ soll. mul. E    solliciorem
ER*N    5 uestri multa] multa in uos AH₁GVCas (=vg) multa in uobis H₂
multo] et multo Sd[codd]    solliciorem ER*N*G*    eum prob.] con(cum MN)
prob. H(—C) prob. eum G    6 confidentem BH    nostra B    obaudientia V
quam—probaturus] quia uos (*om.* quia uos Cas[ed]) ita iam nouit ut confidat in uobis VCas    7 est probaturus ASd[cod] probauit BH(—E)G conprobauit E est probatus Sd[cod ed]    8 ᴖ in uobis adi. AG in uos adi. HVCas
(=vg)    9 quod—est] hoc habet sensus V sensus hoc habet Cas    quod]
*praem.* praecipio N    10 ut *om.* BHG    quae EMN    oboedientia V
11 ad] ab V    ipsius H₁    ᴖ par. fu. V    pariter *om.* A    12 exhiberint V*
exhibent Sd[cod ed]    caritas B caritatis *rell.*    per ipsos G    13 com-
probarentur Sd[cod corr., ed]    14 qua ES    caritas B caritatis *rell.* (=vg)
et nostrae *om.* Cas[cod]    15 gloriae AHGVCas (=vg)    ipsis B illo
ACas[ed] illos H₁GVCas[cod] (=vg) illis H₂    faciem V (=vg)    ecclesiarum
*om.* E    16 domini] *om.* AHGV (=vg) dei Cas    ut] et B    cum
*om.* H₂    uiderent H₁C*    17 hoc] + est HG    ecclesia ES    de rerum
profectu E deserant ad profectu S disserant ad profectum R deferant per-
uidendum VCas    aliter *om.* VCas    ostendit B ostendite *rell.*    18 caritate V
uestra V    quoram E*V    19 ministerium SR*    [h]abundantia
ER,Nm2,GCasSd[ed]

*scribere uobis:* 2 *scio enim uoluntatem uestram, qua de uobis glorior apud Macedonas.* Mutare uidetur hi[n]c sensum, et ideo quidam dicunt eum superius de laicis sanctis dixisse, hic uero de sacerdotibus sanctis. alii uero aiunt eum de 5 elymosinis hucusque tractasse, modo autem de ministerio uerbi commonere, quod sanctificatis per baptismum exhibetur. hi[i] uero duo sensus usque ad finem causae diligenter utrique sunt colligendi. *Quoniam Ac[h]aia parata est ab anno praeterito.* Tota prouincia, cuius [c]aput estis, per uos ad hoc 10 ministerium prouocata est. *Et uestra aemulatio prouocauit plurimos.* Hic aemulatio pro imitatione ponitur. 3 *Misi[mus] autem fratres, ut exultatio nostra quam de uobis habemus, non euacuetur in hac parte, ut quem ad modum dixi, parati sitis.* Superius memoratos, qui uos commoneant ne aliter inueniam 15 in parte doctrinae, siue ministerii, quam putabam. 4 *Ne, cum uenerint mecum Macedones et inuenerint uos inparatos, erubescamus nos in hac parte, ut non dicam omnes uos.* Si nos erubuerimus quasi falso gloriantes, quanto magis uos et pro uestra negligentia et pro nostro rubore! multa enim 20 confusio est, si quis pro eo quem diligit erubescat. 5 *Neces-*

5 cf. Act. vi 4       6 cf. Eph. v 26

1 uoluntatem uestram qua] pro(u A)mptum animum uestrum pro quo AHGVCas(=vg)    2 macedones BH₁G(=vg)    uidetur]+sanctis E (*uide infra*) uididetur G    hinc A hunc V *om.* Cas hic *rell.*    3 quidem B ⁓sup. eum Cas    eum *om.*V    ⁓sa. la. Cas    sanctis *om.* E    4 sanctis *om.* Cas ⁓ante (antea Cas$^{cod}$) de elemosyna VCas    5 autem *om.*VCas    ⁓uerb. minist. Cas    6 uerbo H₁    sanctificatis] sanctificati (sancti facti C*) sunt H₂    baptium V    exhibentur C    7 hi ARVCas hii A*BH et hii C hic G    uero *om.*VCas    utrique *om.*VCas    8 obseruandi Cas    quoniam] +et Cas$^{ed}$    acaia B achaia *rell.*(=vg)    praeparata H(—R)G    9 tota— est] achaia tota per uos qui eius caput estis ad hoc est ministerium prouocata VCas    caput] apud B (ad B*)    uo A*    10 et uestra]ut uestrae H₁ uestra enim V  ẹmol. A*    11 ⁓pro im. pon. aem.V    ponitur *om.* Cas    misimus BVCas misi (missi MNG) AH(—S)G(=vg) misit S    12 exultatio—non] ne quod gloriamur de uobis AHGVCas(=vg)    13 euacuitur V*    dixi]+uobis HG  14 memoratus H(—C corr.)    uos] nos H₁+uel V    commoneant] commonent G+uel praeparent V    inueniant E    15 siue] uel V    ministerium G potabam ES    16 mecum]+in MN*    nos B    17 nos] non G*    in hac—omnes uos] ut non dicamus (dicam Cas$^{cod}$) uos (uobis H[—R] *om.* GV) in hac substantia(-antiam MN -atia V) AHGVCas(=vg)    18 nos] non B erubue(i N)ssemus MN*    nos MN    19 robore A*H(—C) labore G multo SR*    enim *om.* Cas    20 quis *om.* Cas    eo] aliquo V te Cas quem] qui eum BHGV qui te Cas    dilit V

*sarium ergo existimaui rogare fratres ut perueniant [ad uos] et praeparent [ante] promissam hanc benedictionem [uestram hanc] paratam esse.* Promissam a nobis benedictionem. Siue: A benedicendo. Siue: Quia per humanitatem eorum benedictio nascitur dei. Sic quasi benedicti[o]nem, non quasi 5 auaritiam. Benedictio erit, si grato animo tribuatur: 'hilarem enim datorem diligit deus'; auarus autem hilariter dare non nouit: in scientia autem auarus est qui sensum non uult implere quem c[o]epit. inde dominus neminem in uia salutari praecepit, hoc est, nulli transitorie uerbum adnuntiari 10 salutis. 6 *Hoc autem [dico]: Qui parce seminat, parce et metet.* Contra Iouinianum etiam hic locus facit, ubi meritorum gradus esse monstra[n]tur. *[Et] qui seminat in benedictione, ex benedictione [et] metet.* [Ergo e contrario in maledictione seminans inde et metet,] sicut scriptum est: 'non semines mala in 15 sulcis iniuriae, et non metes illa in septuplum.' 7 *Unus quisque, prout destinauit in corde suo.* Id est, uoluntarius, non coactus. *Non ex tristitia aut ex necessitate: hilarem enim datorem diligit deus.* Secundum sententiam Salomonis: 'et in omni dato

6 2 Cor. ix 7   9 *Luc. x 4   10 cf. Act. xiii 26 (xvi 17)
15 *Eccli. vii 3   19 *Eccli. xxxii (xxxv) 11

1 ergo] autem HG  exest. A  ⌒ fr. rog. V  rogari H₁  praeueniant AGVCas (=vg)  ad uos (nos B) *add.* BHGVCas (=vg)  2 praeparant SMN  ante *om.* AHGVCas (=vg)  repromissam VCas  hanc bened.] hanc bened. uestram hanc B bened.  hanc HVCas (=vg) bened.  G  3 paratam esse *om.* G  prom.] praem. siue HG  4 siue (*pr.*)] sine MN*  a] *om.* H₂ ad R corr. benedicendum R  quia *om.* MN  humilitatum G* humilitatem G eleemosynam Cas  5 deo R  si EN*  benedictinem A  6 gratanti V detur Cas  7 abundans esse non potest Cas  in hilarita(te *add.* R corr.) R donare R *om.* V  8 in *om.* V  9 cepit BH(—RC)  inde] unde BHGCas un V  nimirum E  salutare H₁  10 praecipit C  nullae H₁ in nulli G transito(u S)riȩ ABS  adnuntiare HG*  11 hoc] + est E  dico] *om.* AEMNV (=vg) +quia Cas^{cod}  metit MN  12 contra iouinianum *om.* VCas ioninianum B iuuenianum MN  etiam *om.* H₂  locus facit ubi *om.* VCas ubi] ut H₂  mer. gr.] gratus mer. V gr. Cas  13 monstratur BVCas monstrentur NC corr.  et *add.* AHGVCas (=vg)  benedictione *utrobique* ABSd] benedictionibus HGCas (=vg) benedictionem V  ex] de AHGVCas (=vg)  14 et *add.* AHGVCas (=vg)  ergo—metet *om.* B  ⌒ e (*om.* G) contr. ergo H₁G  e] et M  15 seminas A*B seminis ES  mala *om.* V 16 fulcis B  illa in] ea in BH₂G eam ER* ea S illam in V  17 secundum propositum cordis (*om.* Sd^{cod}) Sd  destinauet V  in *om.* HGV (=vg) 18 ex (*alt.*) *om.* H₂  19 deus *om.* E  sententiam] illud V  et] etiam et H₂ *om.* Sd  datum MN

hilarem fac uultum tuum.' si autem de scientia intellegatur, hilarem in labore suo uult esse doctorem, sicut de se alibi dicit: 'si enim uolens hoc ago, mercedem habeo' et reliqua. 8 *Potens est autem deus.* Siue: Ne inopiam formidarent. 5 Siue: Gratuitum donum scientiae. *Omnem gratiam abundare facere in uobis.* Gratiam nascentiae, quia exinde per opera uestra· domino gratiae referuntur: 'a fructu' enim 'frumenti uini et olei sui multiplicati sunt.' *Ut in omnibus semper omnem sufficientiam habentes abundemus in omne opus* 10 *bonum,* 9 *sicut scriptum est.* Tam carnalium misericordiarum quam spiritalium, id est, doctrinarum opus bonum possitis implere. *Dispersit, dedit pauperibus.* Siue: Sensu pauperibus. Siue: Substantia, sicut superius ait: 'illorum abundantia[e] uestrae inopiae sit supplementum.' *Iustitia eius manet in* 15 *aeternum.* Rebus temporalibus aeterna iustitia conparatur. 10 *Qui autem administrat semen seminanti, et panem in esca subministrabit.* Hoc est, deus, qui tibi dedit unde dispenses, esurire [te] minime patietur: si autem ad semen uerbi refert: qui dedit officium docendi, praestabit et escam, si ad hoc 20 solum uelitis uacare. *Et multiplicabit semen uestrum.* Humanitatis uel sermonis. *Et ampliabit incrementa frugum*

    3 1 Cor. ix 17    7 Ps. iv 8    13 2 Cor. viii 14

1 hilarem fac (facito Sd$^{ed}$)] hilarificat R    cultum S tultum G*    intellegitur BHG *om.* V    2 in labore suo *om.* V    3 enim *om.* V    et reliqua] si autem inuitus dispensatio mihi credita est VCas    4 autem] enim G *om.* Sd    siue *om.* VCas    ne] *om.* G nec V    ↶ timeas inop. Cas(Zm) inopia H$_1$V    5 domum G    omnem] + scientiam A*    6 nobis V    nascentiae] suffitientiae B    per op. ues.] operibus uestris VCas    7 domino] deo BHGV *om.* Cas    gratiam V    referentur NC    fructu] tempore Cas enim *om.* CVCas    8 uini] *om.* A* et uini G    9 semper *om.* C    abundemus] [h]abundetis AH$_1$GVCas (=vg) *om.* H$_2$    10 tam] ita H(—E) ita in E misericordiarum *om.* VCas    11 id est doctrinarum] ut omne V(Cas)    possetis ER*V    12 dispersi G    sessu G*    pauperes G    13 siue substantia *tr. post* supplementum V    ill.] ut ill. V    abundantiae BE,N corr. 14 uestra inopia V*    15 rebus] de rebus CasZm    ↶ iust. aet. G    16 semen *om.* E    in esca subministrabit] ad manducandum praestabit AHGVCas (=vg)    17 ↶ dedit tibi Sd    ↶ unde disp. ded. G    unde] quod Cas unum Sd$^{cod}$ unum si Sd$^{ed}$    18 esurire te] esurire BCas$^{cod}$ esuriente[m] H$_1$ esurienti H$_2$ esuriem Cas$^{ed}$    permittet Sd    si—qui] sed hoc magis ad uerbi semen pertinere uidetur qui ergo V(Cas)    referam H    19 praeparabit C praestauit V    si] sibi E    20 ↶ uac. (uocare E uare R*) uel. (uelletis EN*G)BHGV    et *om.* R    multiplicauit RV    humilitatis H(—C)G    21 augebit AHGVCas (=vg)    incr.] incrementum ER*om.V*

*iustitiae uestrae.* Fruges iustitiae sunt facultates, cum de eis fit iustitia: cum uero aut inique congregantur aut ad auaritiam uel superbiam possidentur, fruges iniquitatis fiunt: 'pretio' enim 'grauans triticum in populo maledictus.' Siue: Fruges iustitiae sermones sunt dei: 'de fructu' enim 'labiorum suorum saturabitur' sapiens. 11 *Ut in omnibus locupletati abundetis in omnem simplicitatem, quae operatur per nos gratiarum actionem deo.* Ut sine discretione omnibus simpliciter indigentibus tribuatis, non quaerentes cui, sed qua re detis. 12 *Quoniam ministerium [administrationis] huius officii non solum supplet ea quae desunt sanctis, sed etiam abundat per multarum gratiarum actionem [in] deo.* Duplicem potestis habere mercedem, et refectionis sanctorum et gratiarum in domino actionis. Aliter: Non solum docet sanctos, sed et domino gratias operatur, qui uos tanta sapientia erudiuit. 13 *Per probationem ministerii huius magnificantes deum in subiectionem confessionis uestrae in euangelium Christi.* Per hoc ministerium esse probamini Christiani, magnificantes per operum confessionem deum, sicut e contrario alii factis negare dicuntur. Aliter: Quia perfecte docetis et ostenditis diuinum esse in quo deum per oboedientiam magnificatis.

4 *Prou. xi 26    5 *Prou. xviii 20

1 facultates] facultatis MN *om.* V    cum—iustitia] cum iuste dispensentur Sd    2 ⌒ iust. fit. Cas    uero *om.* R*    corrigantur Sd^{cod} corradantur Sd^{ed}    ⌒ a (ad Cas) superbiam uel (aut ad Cas) auaritiam habentur (abutuntur Cas)VCas    ad *om.* SH₂G    auaritia H₂    3 superbia H₂G corr.    frugis MN* ⌒ sunt iniq. Cas    iniquitates A*H₁ iniquitati G*    4 populum HV maledictum H(—R, C corr.) maledictus erit R corr.,G    5 laborum] laborum G    6 suorum ABVZm *om. rell.*    satiabitur BHGZm    ut✱ G    locupleti MN* locupletes N*m*2    7 in omnem simplicitatem] imnem simplicitate V per *om.* H₂    8 actionum E    9 indigentibus] indulgentiam H₂ *om.* VCas tribuatur BSR    cui] + detis Cas    propter quid Cas    10 ministratio Sd^{ed} administrationis *om.* AHGCasSd^{ed} (= vg)    11 supplete H₂    12 multas AHVCas (= vg) multos G    actiones AHGVCas (= vg)    deo] in domino AHGVCas (= vg)    potestati(e N)s SMN potesti V    13 refectionem ESd^{ed} refectione Sd^{codd}    in] *om.* HCas^{cod} a Cas^{ed}    14 actiones ERN corr. G* actione Sd^{codd} actionem Sd^{ed}    decet H₂    sancto V    et] *om.* HG etiam V 15 domino *om.* H₂    gratias] gratiarum actiones B    16 per *om.* Cas^{cod}* glorificantes AHGCas (= vg)    dominum N    17 oboedientia AHGCas (= vg) obaudientia V    euangelium ABH(—E)VCas^{cod}* angelum E euangelio GCas 18 per operum] per oboedientia V    19 confusionum G confessionis V    deum] domini B *om.* EC    e contrario *om.* V    e] et M    alibi G    20 aliter] siue V doctis V    ostendetis dignum G    21 ⌒ per ob. deum Cas    oboedientia V

*Et simplicitate communicationis in illos et in omnes.* Simpliciter tribuentes. Siue: Docentes bona, quae communicatis potius quam donatis, certi uos cum multiplici [ea] faenore recepturos. 14 *Et ipsorum obsecratione pro uobis.* Haec omnia operatur
5 administratio huius officii, quia etiam in hoc abundat. *Desiderantium uos propter superabundantem gratiam dei in uobis.* Quis autem non desideret tales propter gratiam, siue scientiae siue misericordiae, ceteris eminentem? 15 *Gratias autem deo [meo] super [in]enarrabili dono eius!* Qui tantam uobis gratiam
10 pietate sua conferre dignatus est. 1 *Ipse autem ego Paulus obsecro uos per mansuetudinem et modestiam Christi.* Ea uos mansuetudine rogo qu[i]a Christus, cum se posset de iniuriosis ulcisci, [noluit], ut uel sero corrigerent. *Qui in facie quidem humilis [sum] inter uos, absens autem confido in uobis.* Semper
15 sanctorum praesentia per nimiam humilitatem minus intellegentibus potest esse contemptui: absentes uero, si necesse fuerit, confidenter suam indicant potestatem, qui[a] praesentes sic sunt quasi nihil possint habere uirtutum, si tamen nihil uindicandum reppererint in subiectis. 2 *Rogo autem ut*
20 *non praesens audeam per [eam] fiduciam.* Ita agite, ne

4 cf. 1 Cor. xii 11    5 cf. 2 Cor. ix 12    16 cf. 2 Cor. x 10–11

1 comm.] + uestrae RCas[ed]    illos et] illo sit E illos sit et S illos sed (*eras.*) et R    simpliciter] simplicitatem RM *praem.* siue VCas    2 trib.—quae] docentes siue simpliciter trib. quia VCas    communicantes $H_2$G    3 quam *bis* $H_2$    certe BSR*    cum] enim B    multiplice $H_1$    ea] *om.* BCas illud V    4 et *om.* E    obsecratione] obsecrationes B *om.* ES obsecrationem R oratione $H_2$    6 eminentem AHGVCas (= vg)    7 autem] enim $H_2$VSd desiderat A*$H_2$    talis MN talem C    scientia[m] S$H_2$V    8 ceteris *om.* Sd    autem AGSd ago B *om.* HVCas (= vg)    9 meo *om.* AHGVCas (= vg) semper R    enarrabili B,E$m$2,G*D en[n]arrabile E*MN* inenarrabile SR* donum V    nobis Sd[ed]    10 pietatis R pietati G inspiratione Cas    suae RG ferre Sd[ed]    11 mansuetudine V    oboedientiam $H_2$    12 mansuetudinem MN*    qua] quia BSRMN* quam V    ↶ se chr. cum G    possit $H_1$G 13 noluit *om.* B    uel sero *om.* Cas    sere MN se V    corrigerint ES(M) corrigerentur CSd corrigeret Cas    quia N    faciem $H_1$VCas[ed]    quidam G 14 ↶ inter uos hum. $H_2$    sum *om.* AHGVCas[cod]Sd[cod] (= vg)    15 ↶ pr. sa. Cas praesentiam V    propter Sd[ed cod]    minus intellegentibus *om.* Cas 16 absente V absens Sd[ed]    17 indicat Sd[ed]    quia B qui *rell.*    18 sic *om.* Sd    possent G    19 uindicandum ASdWb delicti B$H_1$CGV dilecti MN repperint S(M)N* reperierint G reperiant Sd    autem] + uos Cas[ed]    ut non] ne AHGVCas (= vg)    20 eam *add.* AHGVCas (= vg)    confidentiam AHGVCas ( = vg)

mihi necesse sit manifestare uirtutem. *Qu[i]a existimor audere
in aliquos.* Non omnis aestimatio falsa est, sicut est: 'puto
autem et ego spiritum dei habeo.' *Qui arbitrantur nos [quod]
tamquam secundum carnem ambulemus.* Qui putant nos nihil
amplius ceteris hominibus habere uirtutis. *2 In carne enim 5
ambulantes non secundum carnem militamus: 4 arma enim
militiae nostrae non carnalia, sed fortia deo.* In corpore uidemur
incedere, sed ut dei ministri spiritaliter militamus: arma
quippe militiae nostrae non sunt facta de ferro nec manu
hominis fabricata sunt, sed potentia dei, qu[i]a plus uerbo 10
ualemus quam alii homines armis carnalibus [possunt]. *Ad
destructionem inimicorum cogitationes destruentes.* Muniunt
enim et circumdant doctrinam suam falsi doctores astutia
argumentis[que], quae aries apostolicus destruit uirtute gratiae
spiritalis, sicut illum magum uias domini peruersis disputa- 15
tionibus subuertentem [Paulus] uerbo caecauit. *5 Et omnem
altitudinem extollentem se aduersus scientiam dei.* Quid tam
superbum quam diuinis contraire doctrinis? [*Et*] *captiuantes*

2 *1 Cor. vii 40    15 cf. Act. xiii 6, 10, 11

1 mihi necesse sit] praesens meam incipiam uindicando VCas        mihi
*om.* G    quia A quae H(—C)V qua *rell.*    audire H(—C)    2 quosdam
AHGVCas (=vg)    omni A*  omnes EM    existimatio BVCas stimatio M
falsa] facta H₁    est (*alt.*) *om.*VCas    3 autem et ego *om.*V    autem] enim H₂
quod Cas    et—enim (5) *om.* H₂    habeam Casᵉᵈ    quod *om.* AHGVCasSd
(=vg)    4 a (*add.* Sdᶜᵒᵈ) cet. hom. nih. amp. Sd    5 ampl. cet. hom.] super
hominem V super humanam naturam Cas    uirtutem H₁    6 arma enim] nam
arma AHGVCas (=vg)    7 carnalia] + sunt Casᵉᵈ    potentia AH(—E)GVCas
(=vg) potentiae ER*    corpore—sed] carne ut homines ambulantes V
8 spiritaliter] non carnaliter V    9 quippe militiae nostrae] nostra VCas
facta] fabricata V    de] a B    nec—sunt *om.*V    10 honinis B    potentiae deo
E    quia BSH₂Sdᶜᵒᵈᵈ qui Sdᵉᵈ qua *rell.*    uerbo] ferrro (*sic*) G    11 uelamus H₁
facimus V faciemus Cas    homines *om.* VCas    ⌒carn. arm. BHV arm.
corporeis Sd    possunt (possint Sdᶜᵒᵈ) *add.* AGSd    12 inim. cogit.]
mu(o S)nitionum consilia AHGVCas(Sd) (=vg)    13 enim *om.* H₂    suam] +
etiam V    astutia argumentisque ASd] astutiae argumentis BHG astutis
consiliis et callidis argumentis VCas    14 qua[m] H    eries ES    apostolica B
apostolus E    de(-i)struet H(—F)    15 sicut] + et Sd    magnum SN*G*V
magnum magum Cas    dei Cas    ⌒subu. peru. disp. Sdᶜᵒᵈ ᵉᵈ    per-
uersa(e MN*) disputatione H₂    peruerbis G* prauis V *om.* Cas    16 paulus
*add.* BHG    uero C*    creauit Sdᵉᵈ    17 altitudinem] exaltationem V
extollentem *om.* ES    tam superbum] enim superbius VCas    18 contradicere Sd    praeceptis Sd    et *add.* AHGVCas (=vg)    captiuantes]
in captiuitatem redigentes(-is ES) AHGVCas (=vg)

*omnem intellectum ad oboediendum Christo.* Illos destruimus
qui sub nomine obsequii Christi omnem intellectum sibi
cupiunt captiuare. 6 *Et in promptu habentes ulcisci o[m]nem
inoboedientiam, cum impleta fuerit obauditio uestra.* Cum
5 iam uestra per nos oboedientia fuerit impleta, illi, si non
obaudiantur, potestatem se uindicandi accepisse a domino
mentiuntur. 7 *Quae secundum faciem sunt, uidete.* Manifesta
est rei probatio et facillima intellectu. Siue: Ab hypocritis
uos cauete, qui in praesentia gloriantur. *Si quis confidit sibi*
10 *esse seruum Christi, hoc cogitet iterum aput se quia, sicut ipse
Christi est, ita et nos.* Nemo tam stultus est quam qui se solum
Christi esse gloriatur. 8 *Si enim aliquid amplius gloriatus
fuero de potestate nostra quam [nobis] dedit deus in aedificationem.* Nam [et] si me magis potestatem a Christo accepisse
15 dixero quam ceteros, ut apostolus non erubescam, quia et
uerum dicam, [et] non gloriae, sed uestrae aedificationis causa
conpulsus haec facio. *Et non in destructionem uestram, [ut]
non erubescam.* Illi et usurpatam et in destructionem exercere
cupiunt potestatem. 9 *Ut [autem] non existimer quasi terrens*
20 *uos per epistulas,* 10 *quoniam quidem 'epistulae,' inquiunt,*

---

1 ad oboed. christo] in obsequium christi AHGVCas (=vg)    destruemus
H₂    2 obsequii] obsequi E *om.* Cas    sibi] siue E    3 capiunt G*    prumptu A
prumptum H₂    ulciscionem BS    4 inobaudientiam V    fuerint V
ᴧuestra oboe(-au V)dientia AHGVCas (=vg)    5 ᴧper nos uestra C    uero
Caseᵈ    perimpleta H(—S)V    illi si] illis E    6 oboediantur R audiantur
H₂Cascᵒᵈ obaudiatur G* audientur Caseᵈ    ᴧa dom. acc. Cascᵒᵈ    7 ᴧsunt
sec. fac. Sd    facie MN*V    uidere E    8 facilis intellectus Cas    intellectu
siue] intellectus sui B    ab] ab his E    9 uos *om.* Sdcᵒᵈ    caute V
presentiam R facie V praesenti Sd    confidet RV    sibi *om.* HSd    10 esse
seruum chr.] chr. ( + seruum R) se(*om.* E) esse AHGVCas (=vg)    item N
11 et *om.* E    est *om.* Sd    quam qui] quia MN qui C* quam si V
solum] + seruum Sd    12 gloriatur] + tres ES gloriantur E*G    si enim BSd
nam etsi (si et ESG) AHGVCas (=vg)    amplius aliquid BHGVCas (=vg)
abundantius Sd    13 nostra] uestra E(M)N    ᴧdedit nobis R    nobis
*om.* AH(—R)GVCas (=vg)    dominus AHGVCas (=vg)    in aedificationem
*om.* E    14 et *om.* B    ᴧmagis me VCas    15 ut apostolos E corr.
apostolos Sd    qui Sdcᵒᵈ ᵉᵈ    et *om.* E    16 et *om.* B    glorior B
meaeque gloriae Sd    uestrae *om.* H    17 hoc VCas    faciam Cas    et—hic
(*p.* 294 *u.* 16) *om.* S    ut *om.* AHGVCas (=vg)    18 illi] unum illi E
19 autem *add.* AH(—E)GCas (=vg)    existimet Cascᵒᵈ*    tamquam
AH(—E)VCas (=vg) *om.* G    terrens *scripsi* terreus B terrere AHGVCas
(=vg)    terre G* terrentes D    20 quidem] iam E    ᴧaiunt epistolę E

'*graues et fortes sunt, praesentia autem corporis infirma et sermo contemptibilis.*' Hoc ideo dico, ne quis me putet illut comminari quod implere non possum, sicut de me uestri iactitant deceptores. 11 *Hoc ergo cogitet qui eius modi est, quia quales sumus uerbo per epistulas absentes, tales et praesentes* 5 [*sumus*] *in opere*. Qui hoc putat, sciat omnia me posse facere, si necesse sit, quae promitto: nam et oboedientibus per humilitatem infirmus et peccantibus per seueritatem fortis exsisto. 12 *Non enim audemus conferre aut comparare nos quibusdam qui se ipsos commendant*. Non audemus ita deum 10 contemnere, ut coaequemur aliquibus qui suis malunt laudibus quam dei gratia commendari, nec de nobis possumus maiora iactare quam sumus. *Sed ipsi intra nosmet ipsos metientes*. Non excedimus mensurae nostrae terminos. *Et comparantes nosmet ipsos nobis*. Non maioribus, sicut illi 15 [qui], cum nihil sint, apostolis se non modo aequant, sed etiam anteponunt. 13 *Non autem in inmensum gloriantes, sed secundum mensuram regulae, quam mensus est nobis deus, mensuram pertingendi usque ad uos:* 14 *non enim quasi non pertingentes* [*usque*] *ad uos superextendimus nos*. Nihil supra 20

1 ⌒sunt et fortes BRH$_2$GVCas(=vg)   sorporis G*   3 quae E possim Cas$^{cod}$   sicut] ut E   ⌒uestri de me B   de me *om.* RH$_2$
4 iactant HGV   decepteres G*   ergo *om.* HCas(=vg)   cogitat MN ⌒est modi E   5 ⌒sumus et praesentes V   6 sumus *om.* AHGCas(=vg) facto AHGVCas(=vg)   ⌒putat hoc E   scit MN   ⌒me omnia VCas ⌒si necesse fuerit facere V   7 sit] fuerit VCas   permitto B   oboentibus V
8 fortis] fortes B *om.* V   9 inuenior Cas   audeamus MN*   inserere AH(—E)GCas(=vg)   10 se]+met Cas   non]+enim Sd$^{codd}$   audemus] debemus E audeamus MN   eita B*   deum contemnere] de deo contendere R deum] domini MN*   11 ut]+eum R aut G   coaequamus RMN* coequemus N*m*2 coaequamur EV similes simus Cas   quibusdam Cas   suis]+se R ⌒laud. mal. E   mallunt EMNG   12 gratiam ENG   conmendare RMNG* ne B*   possumus] debemus R   13 iactare] cogitare Cas$^{ed}$   sumus] possu(-i N)mus RH$_z$ simus Cas$^{ed}$   intra] in nobis AHGCas(=vg)   nos *tr.* *post* ipsi E   14 iudicantes E   excidimus EMNGV excedamus R mensuram MN   15 conparentes MN   uobis B   sicut] ut Cas   illi qui cum] illi cum A alii qui sum B cum illi E qui cum G illi pseudoapostoli cum Sd   16 apostolis *om.* Cas   aequant] aequales ESd$^{codd}$
17 anteponant RMN   non autem] nos autem non(*om.* MN) AHGCas(=vg) in *om.* A*H(—C)Sd$^{codd}$   gloriamur AEC gloriabimur MRNGVCasSd(=vg) gloriatur N*   18 secundum] per E   ⌒reg. mens. Cas$^{cod*}$   qua Cas mensus est] mensurem (*corr. m*2 mensuram) in E   19 mensuram *om.* NC uos] nos B   20 usque BESd *om.* AH(—E)GVCas(=vg)   ad uos *om.* Cas$^{cod}$ super VCas

humanam mensuram, sed in apostolatus gratia, quantum
nobis dominus donare dignatus est, per quam etiam uobis
Corinthiis praedicauimus: nec enim hoc ipsum usurpatione
fecimus, sed praecepto. *Usque ad uos enim peruenimus in*
5 *euangelio Christi.* Non nostro, sicut illi[, qui se] praedicando
suum faciunt euangelium. 15 *Non in immensum gloriantes in
alienis laboribus.* [Inmensum est in alienis laboribus] gloriari:
illi enim semper ad fideles ibant, qui signa minime requirebant. *Spem autem habentes crescenti*[*s*] *fidei uestrae in uobis*
10 *magnificari secundum regulam nostram.* Non munera [a]
uobis, sed mercedem a deo uestrae fidei expectamus. *In
abundantia*[*m*] 16 *in illa quae ultra uos sunt, euangelizare.* Non
enim usque ad uos sufficiet peruenisse, sed, cum uestra fide[s]
creuerit, alio transiemus. [*Non in aliena regula*] *in his quae*
15 *praeparata sunt ad gloriam.* Sicut illi in praeparatis iam ab
aliis inpudenter gloriantur. 17 *Qui autem* [*in domino*] *glorietur,
in domino glorietur.* Etiam qui debet gloriari, in domino, cuius
in eo uirtutes operatae sunt, [ut] glorietur. 18 *Non enim qui
se ipsum commendat, probatus est, sed quem dominus commendat.*
20 Se ipsum commendat qui ipse se laudat; illum uero dominus

8 cf. *Luc. xi 29 etc.    18 cf. Matth. xiv 2

1 ⌒mensuram humanam E humanam naturam R homines Cas    in
*om.* Sd    gratiam NV    quantam BV quia tam (tantam R,C corr.) RH₂
2 deus Cas    etiam *om.* E    3 corinthi E    praedicamus ECas^ed    nec]
non VCas    ipsum *om.* EVCas    4 fecerimus E facimus Cas    ⌒enim
ad uos E    per(prae- N)ueniamus MN perueniemus C*    5 christi]+
euangelio christi V    non]+in Cas    qui se *om.* B    6 ⌒eu. fac. E    in(*pr.*)*om.*
ERMN*GSd    7 inm.—lab. *om.* B    in inmensum RH₂G    ⌒gl. in
al. lab. RH₂    8 illi enim] quia illi Cas    enim] autem E    semper] tantum
BH(—E)G    fidelem H₂fidem R,N*m*2    quaerebant E    9 crescenti B crescente
E credentes H₂    fide uestra E    nostre B    10 magnificari secundum]
magnificam per E magnificare per G    nostrum E    non] quę non E
a *om.* BV    11 uobis] nobis B *om.* V    a deo *om.* V    12 abundantia BE
abundantiam AV [h]abundantiam etiam RH₂G(=vg) abundantia etiam CasSd
nos B    13 sufficiat BRMN sufficet E sufficit CCasSd    peruenire ESd^cod
fide B    14 alio] ad alios GSd *om.* Cas^cod alibi Cas^ed    transeamus R
transibimus Sd    non—regula *om.* B    in (*pr.*) *om.* G    15 praecepta RMN
ad (*om.* E) gloriam] gloriari AH(—E)GCas ( =vg)    ille H₂ illi qui V
in *om.* E    praeparatam Cas    iam—gloriantur] intrant(-ent Cas^cod) gloriari
(gloriam Cas)VCas    16 inprudenter R    in domino *add.* B    glorietur E
17 etiam qui debet] iam quid E etiam qui uere V    debet gloriari] gloriatur V
Cas    18 eo]nobis Cas    operati A*    sint G*    ut *add.* B    19 prob.] ille
prob. H(—E)GVCas (=vg)    deus RFG*Cas    20 ⌒laudat se E

commendat, qui signorum uirtutibus commendatur. 1 *Utinam sustineretis modicum quid.* Sustinete me uel parum, qui alios multum sustinere consue[ui]stis. *Insipientiae meae.* Insipientem se dicit, quia illi necesse erat aliqua de se dicere, licet uera, ut ostendat quam uere insipientes sint qui falso 5 se laudant. *Sed et supportate me: 2 aemulor enim uos dei aemulatione: despondi enim uos uni uiro uirginem castam adsignare Christo.* Non in illos stimulo liuoris inflammor, sed uos tamquam pater diuina aemulatione custodio, ut possim u[o]s inmaculatos Christo coniungere, tanto maiore studio 10 conseruatos quanto meliori estis sponso iungendi. 3 *Timeo utem ne, sicut serpens Euam seduxit astutia sua, sic uestri ensus corrumpantur.* Serpens Euam de deo mentiendo ,eduxit, adfirmans solo terrore deum comminatum esse mortem, non etiam inlaturum. ita et pseudo-apostoli adsere- 15 bant ideo euangelii praecepta addita, ut uel sic lex antiqua seruaretur, et eam solam sufficere custoditam. per quorum imitatores etiam [nunc] serpens similiter quosdam seducit [femineos mores habentes], gehennam propter solum terrorem

14 cf. Gen. iii 3, 4    19 cf. Matth. v 22 etc.

1 commendantur G*    2 suste(*corr.* i)nueritis G    quid *om.* E    me *om.* RH₂    uel *om.* Cas    paruum RMNG modicum Sd    qui alios *om.* E    qui] quia Cas^ed    alius M*N*    3 multos B    cum suistes MN* consuistis GSd^codd consueuistis BCSd    inprudentiam meam E    4 necessae G    aliquid Sd^codd    5 licet *om.* Cas    ut] et V    qua E    sint *om.* E    false Cas^ed    6 sed et] setd G    et *om.* E    deo E    8 exhibere AHGVCas (=vg)    deo E christum M*N*    in illos] illo E in illo RN uullo M* ullo MC sicut illi G illos V* *om.* CasSd    9 ⌒ aem. diu. BRH₂GVCas    custodia B    possim uos] possimus BV possum uos E possimus uos Cas^ed    10 ⌒ coni. chr. BRH₂GVCas^cod    maiori BCVCas    11 conuersatos E    copulandi VCas    12 autem] enim RH₂G    sicut] sunt E    ⌒ sed. eu. Sd^ed    sic] ita AHGVCas (=vg)    ⌒ corr. (corrumpatur V) sens. ues. AH GVCas (=vg)    13 euam] etiam A    ⌒ ment. de deo Cas    14 dicens Cas sole A*    terrena E    deo G*    15 etiam] esse iam E *om.* Cas    et] + nunc Cas    adserunt R,N corr., C adserans(-t N*) MN* dicebant Cas    16 ⌒ pr. eu. Cas^cod    euangeli E uangelii G*    ⌒ addidit praecepta RH₂    addita] aditiita V* ad id ita V legi addita Cas    lex *om.* Cas    antiqua *om.* VCas    17 custodiretur Cas    et] ut RH₂G    ea sola sufficeret custodita Cas    sufficere] + crederemus C    custodianr G*    per quorum] perquirunt E per corum MN    18 imitatores] aemulatores E imitationem R emitatorum MN etiam] iam E    nunc *om.* B    quosdam *om.* VCas    19 femineos mores habentes *om.* AEVCas

adserens nominari, quam aut penitus non esse aut aeternam
non esse adfirmant contra auctoritatem omnium scripturarum.
*Et excidant a simplicitate.* Qua dei uerbis simpliciter credere
debetis, non hominum peruersorum. *Et castitate quae est*
*in Christo [Iesu].* [Castitas] castus sensus est, qui [in] uni uiro
coniungitur Christo, et solius illi semel promissa sufficiunt.
4 *Nam si his qui ueni[un]t [ad uos] alium Christum praedica[n]t,*
*quem [nos] non praedicauimus, aut alium spiritum accepistis,*
*quem non accepimus, aut aliut euangelium, [quod non recepistis,]*
*recte pateremini.* Si uobis amplius [aliquid] gratiae praestarent
quam per nos accepistis, recte eos nobis praeponi forsitan
pateremini. 5 *Existimo enim me in nullo inferiorem fuisse*
*a magnis apostolis.* Quanto magis ab istis qui sunt
nihil! Siue: [Ne] putetis uos ab illis ecclesiis quibus
Petrus et ceteri praedicauerunt, minus aliquid accepisse.
6 *Et si imperitus [sum] sermone, sed non scientia.* Non ut isti
qui, cum sint scientia imperiti, [in] sermone tumido gloria[n]tur.

2 cf. Marc. ix 43     5 cf. 2 Cor. xi 2

1 adseremus E      aut (*pr.*)] ut E      esse] futuram BRH$_2$G      aet.
non esse] non et*ter**nam esse ( + et G corr.) G      aeterna V      2 adfirmat EV
3 excitant V      qua V quia ABRH$_2$ qui E      uerbum E      simpliciter
(pli [*in ras.*] et citer G corr.) G      4 debetis *om.* E      omnium RH$_2$      et
castitate *om.* Cas (=vg)      et *om.* E      5 christo] + iesu BR      castitas AG
*om. rell.*      castus] + est R      sensus] sanctus R      est *om.* E      uni uiro]
in uniuersis B      6 iungitur R      christo *om.* VCas      semel] semper RH$_2$
sufficiant Cas      7 si *om.* E      his ABMV is A corr. *rell.* (=vg)      uenit AHGVCas
(=vg)      ad uos *om.* AHGVCas (=vg)      praedicat AHGVCas (=vg)      8 nos
*om.* ARH$_2$GVCas (=vg)      aut] et Cas$^{cod}$      accipitis ARN,C corr., GCasSd$^{cod}$
(=vg)      9 accepistis AH(—C)GVCas (=vg) acceperitis C      alium E*V
euang.] + accipitis R      quod non recepistis (accepistis ED) *add.* AHGVCasD
(=vg)      10 apraeteremini E      ⌒ al. am. CasSd      aliquid] *om.* B quidam V
gratiae *om.* VCas      praedicarentur E praestiterant G praestiterint Sd$^{ed\ cod}$
11 quae E quem G      post E      proponi Sd$^{ed\ cod}$      12 enim *om.* V
me in nullo inferiorem fuisse (*om.* Sd) BSd] nihil me minus fecisse ( + uobis R +
in uobis VCas$^{comm}$) AHGVCas (=vg)      13 a *om.* H$_2$G (=vg)      a magnis
apostolis *iterum* H (—R) + me minis(*in ras.*) fecisse(cisse *s.l.*) E *praem.* si Cas
quanto magis *tr. ante* petrus E      ab istis E *s.l.*      his Sd      ⌒ nihil sunt E
CasSd$^{ed\ cod}$      14 uel E      ne *om.* BH$_2$G      putatis R,C corr. potestates MN
poteratis C*      ipsis H$_2$      ecclesiis *om.* E      15 ceteri] + apostoli Sd      praedicant E praedicarunt VCas$^{ed}$      aliquid *om.* Cas$^{cod}$      16 et si] nam et
si Cas      imperito V      sum *om.* AVCas (=vg)      scientientia G      ⌒ ut
non EN*      17 qui cum] quicumque RMN      in *om.* B      tantum modo Sd$^{cod}$
gloriatur B

*In omnibus [autem] manifestatus sum [in] uobis*. Ostendit integritatem suam, qu[i]a secundum deum omnia fecerit, cum nec auaritiam nec gulam neque gloriam ab eis aliquando quaesierit. 7 *Aut numquid peccatum feci, me ipse humilians, ut uos exaltemini?* Si forte hoc solum peccaui, quia propter 5 uos et[iam] licita et concessa contempsi. *Quoniam gratis euangelium dei euangelizaui uobis*. Quia nec panem [quidem] cotidianum, quem ordinauit dominus, a uobis accepi[mus]. 8 *Alias ecclesias expoliaui, accipiens stipendium in ministerium uestrum*. Cum uobis praedicarem, mihi Macedones ministra- 10 bant. 9 *Et cum apud uos essem et egerem, nulli grauis fui.* Hoc fuit ex ueritate infirmitatem portare paruulorum, ut nec tunc quidem uellet accipere cum egeret. *Nam [id] quod mihi de-erat, adimpleuerunt fratres qui uenerunt a Macedonia*. Quod non occurrebam manibus laborando, [adimpleuerunt fratres,] 15 qui non erant infirmi nec pseudo-apostolos susceperant, quin immo reuincebant. *Et [in omnibus] sine onere [uestro] me [uobis] seruaui et seru[ab]o*. Quam diu infirmos habueritis inter uos. 10 *Est ueritas Christi in me*. Sicut Christus quod

7 cf. *Matth. vi 11; Luc. xi 3    8 Matth. x 10

1 autem *om*. B    manifestus RH₂ manifesti S<sup>cod ed</sup>    sum in] sum ARH₂GVCasSd<sup>cod</sup> (=vg) sumus Sd<sup>cod ed</sup>    ⌒ su. int. Cas    2 qua H₂GSd quam AE quia BRVCas    ⌒ om. sec. deum Cas    secundum] per E deum *om*. MN    3 neque] nec HGCasSd    4 quererit E    numquid] numquam ad E    ipsum AHGVCas (=vg)    humiliens E*    5 exaltamini E    si] sicut (?) Cas<sup>cod</sup>    solo Cas<sup>cod ed</sup>    quia] et B qui Sd<sup>ed</sup>
6 etiam licita] et inlicita Sd<sup>cod ed</sup>    et B etiam *rell*.    et concessa *om*. Cas et] ex E    omisi Cas    7 dei *om*. E    nec] neque E ne MNGV    quidem *add*. BRH₂GV    8 ⌒ a uobis accipere uolui (accepi Cas) quem dominus ordinauit VCas    a uobis *om*. E    accepi BH₂ accipimus E accipi G
9 ⌒ ad min. stip. MN    dispendium E    in] ad BHGVCas (=vg)
10 uobis] + euangelium VCas    mihi macedones ministrabant *om*. VCas ministrabunt E*    11 et *om*. E    ⌒ essem apud uos AHGVCas (=vg)    nulli] nihil H₄    onerosus ARH₂GVCas (=vg)    hoc *in ras*. A    12 ut] et V    ne H₂V
13 cum] quam V    id *om*. AHGVCas (=vg)    14 adim.] sup. AHGVCas (=vg) uenerant GCas<sup>cod</sup>    a] de E    15 non] minime Cas    occurrebant E occurrebat VCas<sup>cod</sup>    laborando] aborando E *om*. Cas    adimpleuerunt *om*. BHGVCas fratres *om*. BRH₂V    16 non erant] nouerunt E    infirmi] falsos E    susceperunt RH₂G habebant VCas    17 uincebant E    in omnibus *add*. AHGVCas (=vg)    ⌒ me sine [h]onere GCas<sup>cod</sup>    onere] honore EN *om*. V    uestro *om*. ARH₂GVCas (=vg)    18 uobis *add*. ARH₂VCas (=vg)    seruam B serua G* seruo B seruabo *rell*. (=vg)    quam diu] quando E *praem*. et V    ⌒ uos haberitis (*om*. inter) E    19 est] et G*    quod] *om*. E quia RH₂ quae C corr.

semel statuit, non mutauit, nec est aliquando mentitus, ita
faciam. *Quoniam haec gloria[tio] non infringitur in me in
regionibus Achaiae.* Gloria est propter deum etiam concessa
contemnere, praecipue si inopiam patiatur. 11 *Quare? quia
uos non diligo? deus scit.* Ipse nouit utrum uos diligam an
non: immo ideo a uobis non accipio, quia multum uos
diligo. 12 *Quod autem facio et facturus sum, ut amputem
occasionem eorum qui uolunt occasionem, ut in quo gloriantur
[tales] inueniantur sicut et nos.* Hic reddit causam qua re ipse
non acciperet, et aduersarii cur docerent gulam auaritiamque
sectantes, quaerentes per Paulum aditum inuenire lucrandi,
ut, si [hic uel] panem acciperet, illi aurum licentius exigerent.
ideo tollit occasionem apostolus, ut in hoc apparea[n]t quia
propter deum docent, si a discipulis nihil expectent. [Aliter:
Unus quisque doctor, nisi fructum laboris uiderit, non docebit,
alius pecuniam, alius laudem, alius [quaerit] profectum.]
13 *Nam eius modi pseudo-apostoli [sunt].* Dicentes: "Haec dicit
dominus," cum ipse non miserit eos, et uisiones a corde suo

1 mutauit] necauit E mecauit(?)Em2 mutabit V    nec est] necesse
est E    ita faciam om. Cas    ita] sic Sd    2 gloria AERH₂VCas^cod* (=vg)
infringetur BERCG*Cas (=vg)    3 gloria est] gloriatio E    etiam om. E
4 praecipue] praecipuum est R et (om. Cas) maxime VCas    patiantur Cas^ed
quia] qui V    5 ↶non dil. uos AHGVCas (=vg)    ipse nouit] om. Cas^cod
deus scit Cas^ed    ↶uos utrum G    diligamus R*    an non] anon G*
necne VCas    6 a uobis] a uobus G* om. Cas    multum uos om. Cas
multam E*    7 autem om. H₂    facturus sum] faciam ARH₂GVCas (=vg)
8 occasio E    eorum om. E    9 tales om. ARH₂GCas (habet Cas^comm)
(=vg) hab. post inu. E    ↶reddit hic V    causa V    re] et V re et Cas
ipse om. Sd    10 acceperit R(M)CSd accipiat Cas    et] om. G ut Cas
aduersarii cur] illi V pseudoapostoli Cas    docerent] docuerint RH₂ docebant Cas + scilicet VCas    que] om. RH₂ quae G atque ante auar. V uel
ante auar. Cas    11 per paulum] perpaucum E per paulo MN    per—lucrandi]
occasionem VCas    lucrandi]+non haberent Sd    12 ut si hic uel] ut si B
ut hic uel E et si ille R et si H₂ ut (om. G*) hic si uel GSd ut si hic V ut si
ille Cas    acciperint MN accepisset(-it V*) VCas    ↶exig. aur. VCas
linquentius exigerint MN    licentius] lincentius E* om.VCas    13 tulit V
apostolus om.V    ut—expectent] si propter deum praedicant nec docebunt
V(Cas)    appareat B,C corr., CasSd^cod ed    quod propter dominum Sd^cod ed
quia] si BRH₂    14 docerent E doceant R    si] et B om. H₂ cum C s.l.
a] ad EG    expetent E expectant Sd    aliter—profectum om. AECasSd
15 doctor nisi B,C corr.] sine doctrinę suę R doctrinis H₂G    fructum laboris
uiderit] fructu in qua laborare uidebatur R    docebit] docebat qui R    16 alius
(tert.)]+querebat R+quaerit H₂GV    17 modi]+sunt E    pseudoap.]+sunt
BCas^ed    18 uisiones a] in uisione sua B uisiones a suo G    ↶suo corde BRH₂V

[e]loquuntur. *Operarii subdoli, transfigurant[es] se in apostolos Christi.* Subdolus est qui aliut fingit cum aliut agit, ut sub contemplatione euangelicae praedicationis contegat rapacitatem: tales enim praedicatores, ut hominibus placeant, necesse est adulari. [et] ut adulando placeant et placendo decipiant, ea quae se commendent dicturi sunt, non quae aedificent audientem. plerique sane non tam pecuniam desiderant quam honorem, arbitrantes se summis opibus esse ditatos, si ab hominibus conlaudentur, sed nec pecunias ideo spernunt quia non ament, sed quia in reconditis habent, nec contemnunt quod habent, sed quaerunt quod non habent. ueri autem et simplices magistri apostolos imitantur dicentes: 'neque enim fuimus in sermone adulationis aliquando nec in occasione auaritiae, nec quaerentes ab hominibus gloriam neque a uobis neque ab aliis.' 14 *Neque mirum, cum ipse satanas transfiguret se in angelum lucis.* Non est tam facile somniis aut aliquibus uisionibus quasi angelici[s] fides habenda, ne forte transfiguret se satanas in angelum lucis,

13 *1 Thess. ii 5, 6

1 eloquantur B loquuntur A R H$_2$ loquitur E loquatur G* loquantur G corr. loquentes V Cas operari E transfigurant B transfigurantes (tranfug. A*) *rell.* (=vg) se *om.* G* 2 est *om.* E cum] *om.* Cas dum Sd alius B agat C corr., V ut] et R H$_2$ G V Cas 3 contemplatione—rapacitatem] habitu simplicis(-i Cas) praedicationis christi rapacitas beluina contegitur V Cas euangeliae E praed.] contemplationis B *bis* contingat A contegeat E 4 enim praedicatores *om.* V Cas hominibus *om.* V Cas 5 necesse—audientem] et placendo accipiant, necesse est adulentur et adulando decipiant, illa dicentes quae placeant non quae aedificent audientem (expediant audienti Cas) V Cas adulentur B R H$_2$(V) et *om.* AE adolendo MN 6 decipiant V Cas accipiant AB, E corr., R H$_2$G accipiunt E* qui E se *om.* E commendant E R H$_2$G quae] ea quae E 7 ⌢ des. pec. G 8 arbitrant esse V esse *om.* V 9 dieditatos E* ditatus MN ditatur G* omnibus EN collaudantur B sed *om.* R H$_2$GV pecunias—quod (*alt.*) (11)] contemnunt pecuniam quam habent sed quaerunt gloriam quam V 10 ament] habent E quia (*alt.*)] quod E qui R H$_2$ nec—habent (*alt.*). *om.* E nec] ne R M N 11 sed—habent *om.* R 12 ueri autem] ueritatem R H$_2$ uiri autem V magistros C corr. ⌢ debent ap. imitari V 13 enim *om.* A* 14 nec] neque E querantes E 15 neque (*pr.*)] nec E a *om.* M N neque ab al. *om.* E ab al.] alias MN neque] et non AHGVCas (=vg) mirum]+est E cum ipse)] ipse enim ARH$_2$GVCas (=vg) 16 transfigurat AHGVCas (=vg) in angelum] uelut angeli V angulum G* est *om.* E tam *om.* Cas$^{cod}$ facille E 17 somniis aut] somnii sed V somniis et Cas qua quasi V angelicis] angelici B+lucis E angelus RMN angelo C angeli G+credendum Cas$^{cod}$* 18 transfigeret E transfigurat RMN

et decipiat ac fallat incautos. 15 *Non est ergo magnum si ministri eius transfigurentur uelut ministri iustitiae.* Non mirum si ministri satanae auaritiae uel gloriae causa fingant se iustitiam praedicare. *Quorum finis erit secundum opera ipsorum.* Mala opera malus finis expectat. 16 *Iterum dico, ne quis me putet insipientem. alioquin uelut insipientem accipite me, ut et ego modicum quid glorier.* Iam enim superius dixerat: 'sustinete modicum quid insipientiae meae,' et reddiderat rationem quod zelo dei eos zelaret. non gloriae desiderio esset de se aliqua narraturus, sed ne [in] eius odium uersi falsos apostolos sequerentur. si ergo insipientia eius tam sapiens est, qu[oni]am sapiens erit ipsa sapientia! simul notandum quod mirum esse non debeat, si ad tempus falsa doctrina praeualeat, cuius auctoribus in fine uindicta promittitur. 17 *Quod loquor, non loquor secundum deum, sed ut in insipientia[m].* Si hic necessitate populi [dei] conpulsus negat secundum deum se gloriari, quid de illis sentiendum est qui sola iactantia gloriantur! *In hac substantia gloriationis.* Est enim alia uera substantia gloriandi. 18 *Qu[on]ia[m] multi gloriantur, et ego secundum carnem gloriabor.* Quoniam

7 *2 Cor. xi 1    9 cf. *2 Cor. xi 2

1 decipit E    ac] et B    ⌐ergo est E    mirum Cas^cod
2 trans(om.V*)figurantur EGV    3 ministrum R    satanae om. Cas    uel]
id est E    causae E caus(sic)V    fingunt BRH₂    4 erit om. Sd^cod ed
5 mala] multa RH.    ⌐finis malus V    malus] mala RMNG ma G*
iterum]et iterum E    dico]+uobis Sd    6 me om. Sd^ed    existimet ESdD
fort. recte    uel RMN    insipientes G*    7 et om. G    quid om.V
gloriarer MN    enim om. ESd    dixit E    8 sustinete]+me Sd    quid
insipientiae meae om. Sd    mae G    et] ex E+non Sd    9 ratione MN*
quod]quia ECas    ⌐zela**ret illos G    eo MN*    non]et non Cm2,CasSd
10 aliquid ESd    naturus E    sed ne] ne scilicet Cas ne Sd    in om. B
odium]modi B    11 sic E    erugo MN*    imperitia BRH₂G insipientię E
12 quam] quoniam B    sapientiam MN*    13 notandam H₂    quia E
mirum—si om.E    a G*    ⌐possit f. praeualere d. V    14 uindicata E
15 dominum V    ut] quasi AHVCas(=vg) om. G    in om. A*E*MGV
16 insipientia AHGVCas(=vg)    sed H₂    hic]apostolus Cas    necessitate]
*hinc* S *habemus*    ⌐conp. pop. dei Cas    populus G* apostulus G corr.
dei] om. AR+mei E    negat om.V    17 ⌐se sec. deum B    se] sed SMN
gloriari(ri *alt. in ras.*) G    qui E    sent. est] sit sent. aduerte V dicendum
sit manifestum est Cas    18 iactantia] uanitate iactantiae V    in hac om. E
substantiae A*E    gloriae AHGVCas(=vg)    19 uersa V    gloriendi G
quia B quoniam *rell.* ( =vg)    20 gloriandi(di *eras.*) G corr. +quoniam
multi gloriantur G*    ⌐sec. carn. et ego AHGVCas(=vg)    glorara(?) G*

in nobilitate terreni generis gloriari carnale est. 19 *Libenter enim
suffertis insipientes, cum sitis ipsi sapientes.* Uideo enim uos,
cum edocti sitis ista nullius esse momenti, facile insipientibus
consensisse. 20 *Sustinetis enim, si quis uos in seruitutem redegerit.* Legis uel Pharisaeorum, qui dominatum in populo 5
exercebant. *Si quis deuorat.* [Si quis accipit.] Conuiuiis uel
muneribus. *Si quis accipit.* Pecuniam. *Si quis extollitur.*
Iudaica superbia, uel de scientia uel de generis qualitate.
*Si quis in faciem uos caedit.* Si quis etiam praesentes obiurgat.
21 *Secundum ignobilitatem dico.* Ignobilitas enim maxima est, 10
si filii dei [de] terrena nobilitate se iactent. *Quasi nos infirmi
fuerimus [in hac parte], in quo quis audet.* Quasi nos in hac
parte ab illis minus aliquid habeamus. *In insipientia[m]
dico, audeo et ego.* Possum audere, si uolo. 22 *Hebraei sunt,
et ego: Istrahelitae sunt, et ego: semen Abrahae sunt, et ego.* 15
Si in hoc gloriantur, et ego huius sum gentis. 23 *Ministri
Christi sunt[, et ego]: ut minus sapiens dico: 'magis ego.'*
Notandum quia, si quis de Christi saltim ministerio glorietur,
non sapienter hoc faci[a]t. *In laboribus plurimis, in carceribus
abundantius, in plagis super modum, in mortibus frequenter.* 20
24 *a Iudaeis quinquies quadragenas una minus accepi.* Quinque
uicibus tricenas et nouenas quasi transgressor legis accepit:
haec autem in Actibus [Apostolorum] non omnia repperiuntur,

22 cf. Deut. xxv 3

1 in nob.] ignob. BG terreni] terren V\* *om*. Cas carnale est *om*. V
3 setis V ita G ⌢mom. esse Cas facile] *praem*. tam Cas
4 redegerit D redigerit A(G) redigit BHVCasZm (=vg) redierit G 5 sacerdotum Cas populum EV 6 si quis accipit (accepit EMN\*) *add*. BHG
7 si (*pr.*)] item si Cm2 accepit H₁MNG extolletur MN\* 8 de (*pr.*) *om*. Sd
nobilitate Sd praesumptione inflatur Zm 9 quis (*alt.*)] + uos CasZm prae-
sentes] + uos Sd 10 enim *om*. Cas 11 filio E de *om*. B ⌢nob.
terr. VCas terrenae B corr. se *om*. MN\* iactant RH₂G 12 in hac
parte *om*. AESMGV(=vg) audit MN\* quasi nos in hac parte *om*. N
⌢ab illis etiam in hac parte V hac] ista Sd 13 illis] aliis RH₂
habuerimus B in insipientia(-am R) dico *om*. H(—R) insipientia
AGVCasZm^{ed} (=vg) 14 audio E corr. possim H₁ audere] + gloriari Sd
15 habra[a]e GV 16 gentis] generis Zm 17 sunt] + et ego BH₁GCasZm
minus sapiens] insipiens Sd^{cod} plus AHVCasZm(=vg) plus et SG 18 quia
*om*. Sd ⌢etiam de christi Cas 19 sap.] insip. V faciat BH₂V
faciet Sd plurimis] + magis ego in laboribus E 20 habuntius V
supra BHGVCasSd^{ed}Zm(=vg) 21 quadraginta V unam MN accipi V
22 trigenas Sd nouenai (*sic*) V accipit V accepi Sd 23 ⌢non om.
repp. in hact. apost. G apostolorum *add*. BHGCasZm

quia nec in Epistolis omnia quae ibi scripta sunt continentur.
25 *Ter uirgis caesus sum; semel lapidatus sum; ter naufragium
feci; nocte et die in profundum maris fui.* In ultimo periculo,
cum nauem in profundum tempestate deductam mole fluctuum
5 operiri putaremus. 26 [*In*] *itineribus saepe; periculis fluminum,
periculis latronum, periculis ex genere, periculis ex gentibus,
periculis in ciuitate, periculis in deserto, periculis in mari,
periculis in falsis fratribus.* 'Qui nostram explorare subintroierant libertatem.' 27 *In laboribus, in miseriis, in uigiliis
10 multis, in fame et siti, in ieiuniis multis.* Fames necessita[ti]s
est, ieiunium uoluntatis. *In frigore et nuditate,* 28 *praeter
illa quae extrinsecus sunt, instantia mea cotidiana, sollicitudo
omnium ecclesiarum.* Praeter illa quae per consuetudinem
leuiora esse uidentur. 29 *Quis infirmatur et ego non infirmo*[*r*]*?
15 quis scandalizatur et ego non uror?* Cum infirmantibus infirmor, cum pereuntibus perire me credo: sic enim uror tristitia,
ut animo ardere me sentiam. 30 *Si gloriari oportet.* Iam si
gloriari necesse est in his quae non ad laetitiam, sed ad
maerorem pertinent, gloriabor. *Quae infirmitatis meae sunt
20 gloriabor.* Omnes superiores necessitates uno infirmitatis
nomine definiuit, eo quod humanae infirmitati ista praeualeant.
31 *Deus et pater domini nostri Iesu Christi scit, qui est benedictus
in saecula, quod non mentior.* 32 *Damasci praepositus gentis*

4 cf. Act. xxvii 20       8 cf. *Gal. ii 4

1 in *om.* V    ᴄ⊃ sunt scripta H₂    scripta *om.* VCas    continenter ES
2 cesu E caesum V    3 et] ac ER    profundo A,R corr., MC*VCasZm^ed
(=vg) *fort. recte*    4 naue G    profundo H₁    tempestate *om.* VCas    deductum SR*    moras E malos S moles RMNGVCas    5 operire SRMNGVCas
in *om.* A    7 ciuitate* V    solitudine AHGVCas (=vg)    mare SR
8 nostra ESN    ᴄ⊃ sub. expl. CasZm    subintroierunt BHGVCasZm
9 laboribus in miseriis BSdD (cf. Cas^comm) labore et aerumna AHGVCasZm
(=vg)    in (*tert.*)] et in G    10 fames] famis BH(—C)GV*    necessitas B,N*m*2
11 ieiun.] in ieiun. G    12 intrinsecus MN*GV ·    13 aecclesiam V
mansuetudinem E    14 leuiare E*    ᴄ⊃ uidentur esse B    infirmo B
15 qui EN*    16 perientibus V    credo] compatior Sd    si G*    enim
*om.* Sd    oror V*    17 ut] aut E    animum H(—EC)    iam] nam EH₂
19 maerorem] meliorationem Sd^ed    pertinet SR    mae E    sum S
20 superiores necessitates] infirmitates G superiores passiones Cas    uno
*om.* Cas    21 definiunt EVSd^cod designauit Cas^ed Zm definiuntur Sd^ed    eo
*om.* CasZm    imbecillitati B,C corr.,GSd inbecillitatis H    22 est] es V
23 nom B*    gentes MN

[*princeps*] *Aret*[*h*]*ae regis custodiebat ciuitatem Damascenorum, ut me conprehenderet,* 33 *et per fenestram in sporta*[*m*] *sum missus* [*non*] *per murum et sic effugi manus eius.* Rem quasi [difficilem] dicturus, quod Iudaei contra eum etiam principes gentium concitassent, ante implorat testimonium dei, ne uere 5 hoc iactantiae putaretur, quod aduersus eum etiam regna surrexerint et nihil potuerint praeualere. haec autem [omnia] idcirco enumerat, ut ostendat quid sit inter ueros et falsos apostolos. ['Damasci praepositus.'] Praepositus gentis illius erat ubi regnabat Ar[a]etha. 1 [*Si*] *gloriari oportet,* [*et*] 10 *non expedit mihi.* Nec mihi expedit, qui necessitate conpellor. *Ueniam autem ad uisiones et reuelationes domini.* Sibi infirmitates reputat, domino uisiones adscribit. 2 *Scio hominem in Christo.* Siue [de se] humilitatis causa in alterius persona loquatur, siue de alio, [uere] potest utrumque constare. 15 *Ante annos XIIII, siue in corpore,* [*nescio,*] *siue extra corpus, nescio, deus scit: raptum huius modi usque ad tertium caelum.* Uide quanta necessitas fuit, ut quod annis XIIII celauerat,

1 princeps *om.* AHGVCasZm (=vg)   aratae A*G arate EMN* aretę Nm2 aretae AVZm$^{ed}$ arethę BCZm$^{codd}$ arethe S arathę RZm$^{codd}$ arethae Cas reges custodiebant MN*   2 sportam BH$_1$ sporta *rell.* (=vg)   ↷ dimissus (demissus H$_2$CasZm) sum AHGVCasZm (=vg) sudemissus sum Cas$^{cod}$*   3 non *add.* B   sic *om.* SMN*GV (=vg)   eius *om.* E*   4 difficilem *om.* B ↷ gent. princ. CasZm   5 concertassent Cas$^{ed}$   ↷ dei test. impl. VCasZm   uere] se H$_2$ esse C*m*2 uerae Cas$^{ed}$Zm$^{ed}$ *om.* Sd   6 imputaretur E*m*2 aduersum BNVCas$^{ed}$Sd$^{cod}$ Zm$^{codd}$ adersus G*   etiam *om.* Zm   7 surrexerunt H$_2$G   potuerunt MNG   ↷ ideo autem haec Cas(Zm)   omnia *om.* BECas   8 ideo dinumerat Sd   numerat Zm   ↷ inter ueros falsosque apostolos intersit Sd   ↷ inter ueros sit V   ↷ inter sit H(—C)G intersit inter R corr. CCas(Sd)Zm   uerus et falsus apostolus SMN   9 damasci praep.] *add.* A praep. gentis Sd   praep. (*alt.*)] -tis G*   ↷ illius gentis Cas$^{cod}$ gentes G*   10 erat *om.* Sd   ubi] cui VCasZm   regnabant E regnaret Sd$^{ed}$   araetha A aretha BH$_2$CasSd$^{cod ed}$ arathei E aretai S aratha R* areta GVSd$^{cod}$Zm$^{codd ed}$ arathe Zm$^{cod}$ haretha Zm$^{cod}$   si] *om.* B et si Zm$^{ed}$ et *om.* AHGVCasZm (=vg) 11 expetit V   mihi (*pr.*)] quidem AHGVCas (=vg) nec] *om.* S haec MN hoc C non Sd   expetit V   quia Cas quia qui Sd$^{cod ed}$ conplebor ES   12 autem *om.* H$_2$   et reuelationes *om.* V   siue infirmitatis MN infirmates sibi V   13 reputatur E   adscribit] adscripsit G *om.* V   14 siue] hoc Sd   de se *om.* B   causa] + quasi Sd   15 loquitur HSd ↷ uere de alio Cas   uere] *om.* AG uerum H$_1$ uero H$_2$   ↷ utrumque stare potest CasZm   16 nescio *add.* BHGVCas$^{ed}$ (=vg)   corpore G   17 nescio *om.* G   eius EH$_2$, G corr., V (=vg)   18 intuere CasZm   fuit] ei incumbat CasZm   ↷ XIIII annis (annos Zm$^{codd ed}$) CasZm$^{cod}$   cael. A

prodere cogeretur. 3 *Et scio [scio] huius modi hominem, (siue in corpore siue extra corpus, nescio: deus scit,) 4 quoniam raptus est in paradisum.* Quod iterum repetit, ostendit alteram fuisse uisionem. *Et audiuit arcana uerba, quae non licet homini[bus]* 5 *loqui.* Siue: Quae nulli dici fas est. Siue: Quae inpossibile est humanam enarrare naturam [:hoc contra Arrium]. 5 *Pro eius modi gloriabor, pro me autem nihil [gloriabor] nisi in infirmitatibus meis.* [Pro eius modi] uisione uel homine[, pro me autem nihil]. Aliter: Non gloriabor in mea uirtute, quia 10 non est reuelatio mea, sed dei. 6 *Nam et si uoluero gloriari, non ero stultus: [iam] enim ueritatem dicam.* Hic uidetur ostendere quod de alio dicat, cum etiam [se] dicat causas gloriandi habere, se[d] nolle. *Parco autem, ne quis me existimet supra id quod uidet [me] aut audit [quid] ex me.* Sufficiunt 15 manifesta, etiam si celentur occulta. 7 *Et ne magnitudo reuelationum extollat me, datus est mihi stimulus carnis meae, angelus satanae.* Quanta putatis esse quae celo, ut merito mihi esset stimulus necessarius, qui me hominem esse semper mihi[met] demonstraret! *Ut me colaphizet[, ut non extollar].* Aut

1 prodest B prodire H₂ postmodum prodere CasZm    scio (*alt.*) *add.* B
⌒hom. huius modi Sd^{cod ed}   2 corpus] corpore G*   3 paradiso SR*Zm^{codd}
quod—uisionem *om.* H(—E)G      quia E     aliam ESd     ⌒uis. fu. Sd
4 audiui MN   ⌒uerba inaudita SdD *fort. recte*   licebat EMN   hominibus AD
homini *rell.* (=vg)   5 que G*     nulli]+homini Cas   ⌒fas est dici (dicere
Zm^{ed}) GCasSdZm    dici *om.* H₂    6 est *om.* Cas^{cod}*   ⌒naturam capere Sd
ennarrare V narrare Cas     hoc contra arrium *om.* ACas    arrianos H    pro]
per R*   7 gloriabor (*alt.*) *add.* AHGVCasZm (=vg)   8 pro eius modi] *om.* BHV
*praem.* siue CasZm     uel homine *om.* Zm    uel] siue pro eius modi Cas
hominem ES     pro me autem nihil *om.* B    9 nihil *om.* E    aliter—in]
siue pro VCasZm      quae MNG     10 ⌒mea sed domini reuelatio CasZm
si *om.* A*   11 ero] sum V     insipiens AHGVCasZm (=vg)     iam *om.*
AHGVCasZm (=vg)    ⌒uer. enim AHGVCasZm (=vg)    12 quod] cum ES
quod non, *in ras.* R,G  quod quasi Cas   ⌒dicit etiam se Cas    se] *om.*
B, C corr., si RG*   dicit VCas  causas gloriandi] unde gloriari Cas   causa ESV
causam RH₂G   13 sed] se BH     nollet V     parcam Zm^{ed}   14 super Zm^{cod}
id] quam V     uidit EMN     me *add.* AHVCasZm (=vg) in me Cas^{ed}    ⌒ex
me aliquid Cas      quid] *om.* AH₁GD (=vg) aliquid H₂VCas    suff.] *praem.*
quia Sd    15 celantur R* celarentur RN corr., C celerentur MN*     abscondita Zm   16 est]+enim H(—RC)    17 putatis esse] sunt Cas    putatis]
potestatis H₂      caelo AG corr., V cae G*     meritum H₁    sit Cas^{cod}
18 ⌒semper esse G      semper mihi] super memet B semper mihimet HV
*om.* Cas semper Sd^{cod ed}       19 demonstraret] commemoret Cas demonstrat Sd commemorent Zm    me *om.* H₂     colaficet E*S colafizat MN*
colaphizaret Zm^{ed}    ut non extollar BVD *om. rell.* (=vg)

tribulationes suscitando aut dolores: quidam enim dicunt
eum frequenti dolore capitis laborasse. 8 *Propter quod ter
dominum rogaui ut discederet a me,* 9 *et dixit mihi: Sufficit tibi
gratia mea; nam uirtus in infirmitate perficitur.* Hi[n]c intellegimus etiam sanctos ignoranter non numquam aliqua 5
[in]impetrabilia postulasse. simul etiam discimus quod in-
portuna petitio uel responsum mereatur, si non meretur
effectum. *Libentissime magis itaque gloriabor in infirmitatibus
meis, ut inhabitet in me uirtus Christi.* Post quam cognoui
prodesse quod putabam nocere. 10 *Propter quod placeo mihi* 10
*in infirmitatibus, in contumeliis* [, *in necessitatibus, in angustiis*].
Non in honoribus. *In necessitatibus.* Non in otio. *In angustiis.*
Non in diuitiis. *In persecutionibus pro Christo.* Non pro
crimine: unde saluator docuit ut sola causa iustitiae patiamur,
Petro similiter adtestante. *Cum enim infirmor, tunc potens* 15
*sum.* Maxima potentia est infirmari pro Christo, et magnae
diuitiae indigere. 11 *Insipiens factus sum.* Insipientis esse
dicit aliquem se in laboribus iactare uel uirtutibus. *Uos me
coegistis: ego enim debui a uobis commendari: nam nihil minus
fui ab hi*[*i*]*s qui supra modum* [*ualde*] *sunt apostoli.* Sed 20

14 cf. Matth. v 10        15 cf. 1 Petr. iii 14

1 tribulationem BG      au V aut inferendo Cas      2 eum] cum B
frequenter EV *om.* Zm      ter dominum *in ras.* G      3 ↶ rog. dom. EH₂
roga✶ui V      disceret R✶Zm^{cod}      4 mea *om.* ES      infirtate V      hinc AH₁GV
hic BH₂ *om.* Cas      5 ignorantes B      6 inpetrabilia B,G corr. non im-
petrabilia V      etiam] et Cas *om.* Zm^{codd ed}      dicimus R✶H₂      quia Zm
inoportuna H₂G      7 meretur] co( +n M)mitetur H₂ sortitur Zm^{codd ed}
8 affectum B      libentissime magis itaque B (*cf.* D) libenter igitur AHGVCas
(=vg) libenter itaque Sd libenter Zm      10 quo V      ↶ noc. put. BHGVCasSd(Zm)
11 inf.] + meis H(—E✶)G      in necessitatibus in angustiis *hic add.* B in
necessitatibus *hic add.* H(—E)G      necessitate Sd^{cod ed}      12 in ang. non
in diu. in pers.] in pers. non in salutationibus in ang. non in diu. VCas
angustiis] persecutionibus AE (=vg)      13 in (*pr.*) *om.* G      persecutionibus]
angustiis AHG (=vg)      14 unde s. docuit] sicut et s. ait Cas      15 petrum SR✶
enim *om.* Sd^{ed}      potens] + factus H₁ potencior Sd^{cod}      16 sum] + factus H₂
17 ↶ factus sum insipiens AEVCas (=vg) insipiens H(—E) (*cf. u.* 15) factus
insipiens G      insipientes A✶ insipientem BH(—Cm2)      esse dicit] est Cas
18 dixit V      aliquem—uirtutibus] etiam (*om.* Cas) uos narrare labores et in
(*om.* Cas) proprias se (*om.* Cas) iactare uirtutes VCas      19 cogistis G coe-
gestes V      emendari M✶N      ↶ nihil enim AHGVCas (=vg)      20 feci
RCas^{ed}      hiis B his *rell.* (=vg)      ↶ sunt super (supra RCGCas=vg) modum
AHGVCas (=vg)      ualde *om.* AHGVCas (=vg)

hoc uos coegistis qui, cum aliis de me satis facere deberetis, quod nihil minus fuerim a magnis apostolis, iterum opus [uos] habetis, ut uobis denuo conmendemur. [*Tam*]*etsi nihil sum,* 12 *sed signa apostolatus perfecta sunt inter uos in omni potentia, signis et prodigiis et uirtutibus.* Ego quidem nihil sum ut homo, sed apostolatus sua in uobis signa monstrauit, hoc est, patientiam in moribus et prodigia in signis. 13 *Quid est enim quod minus habueritis prae ceteris ecclesiis?* Quibus alii apostoli praedicarunt. *Nisi quod ego ipse non grauaui uos? donate mihi hanc iniuriam:* 14 [*ecce tertium hoc paratus sum uenire ad uos, et non uos grauabo:*] *non enim quaero quae uestra sunt*[, *sed uos*]. Salutem uestram desidero, non munera. *Nec* [*enim*] *debent filii parentibus thesaurizare, sed parentes filiis.* Ego magis, si haberem, uobis dare deberem. 15 *Ego autem* [*uobis*] *libentissime inpendam et superimpendar ipse pro animabus uestris* [*abundantius*], [*licet plus*] *uos diligens minus diligor.* Quod habeo, laborem meum impendo, et plus quam possum impendar: perfecta enim dilectio non solum totum quod habet gratis impendit, sed [etiam] ipsa libenter

18 cf. *1 Ioh. iv 18

1 ⌒uos hoc B   haec G corr.   coegestis V   de me]demes G   debuissetis Cas   2 quia Cas   ⌒minus nihil H₂   magis G*   iterum] *praem.* modo Cas   3 uos *add.* B   ⌒uobis ut H₁   denuo] denouo G iterum V nos ipsi Cas commendemus H₁Cas   tam (tamen SRG) *add.* AHGCas (=vg)   4 ⌒signa tamen AH(—R)GVCas (=vg) signa uero R   apostoli AHGV (=vg) apostolatus mei Cas   facta AHGVCas (=vg)   super HGVCas (=vg)   5 patientia AH₂VCas (=vg) + in Cas^ed   quidem] enim B   6 ut] quia Cas   ⌒signa ostendit in uobis Cas   sui in nobis (uobis CV) H₂V   monstraui RC corr.   7 patientia ES penitentiam G   8 est *om.*V   habuistis AHGCas (=vg) aprae Cas^ood*   ecclesiis] apostolis H   9 alia G*   praedicauerunt H₂GCas ego *om.*V   10 hanc *bis* V   ecce—grauabo *om.* A   tertio HGVCasSd^ed (=vg)   11 uos grauabo] ero uobis grauis (gradis G*) HG ero grauis uobis VCas (=vg)   12 sed uos *om.* B   quaero VCas(Sd)   13 enim *om.* B parentes] parentis G*   14 debuissem B   autem *om.*V   15 uobis *om.* AHGV CasSd (=vg)   libenter Sd^ed   16 abund.] *om.* AH(—E)GCas (=vg) plurimum V   licet ( +ipsis E) plus *add.* AHGCas (=vg)   17 diligar AC,G corr.,Cas (=vg)   labore (*s.l.* libere Cas^ood) Cas   meum *om.*VCas   plus—impendar] superimpendar pro uestra salute V ipse superimpendar pro uestris animabus (animabis uestris Cas^ood) Cas   18 inpendam B   no G*   ⌒quod habet totum B quod totum habet V   totum]+sed E   19 ⌒gr. imp. quod habet Cas   quod *om.* E*   grates V *om.* Sd   sed]+quod E *s.l.* etiam *om.* B   ⌒lib. ipsa Sd

superimpenditur, si necesse est. 16 *Sed* [*ergo*] *esto: ego* [*autem*] *non grauaui uos, sed cum essem astutus, dolo uos cepi.* 17 *numquid per aliquem illorum quos misi ad uos, circumueni uos?* Per omnia se purgat, ipsorum semper conscientiam testem inuocans, simulque eis quo modo se ab illis possint cauere demon- 5 strat. 18 *Rogaui Titum, et misi cum illo fratrem. numquid uos Titus circumuenit?* Numquid [aliquid] uobis ad me abstulit [ad me] perferendum? *Non*[*ne*] *eodem spiritu ambulauimus? non*[*ne*] [*in*] *hisdem uestigiis?* Nonne uno spiritu omnia gerimus? 19 [*Iterum*] *putatis quod excusemus nos aput uos.* 10 Non, sicut superius dixi, haec dicimus, ut uobis placeamus, sed ne nobis, cum uenerimus, necesse sit acrius uindicare. *Coram deo in Christo loquimur.* Quem fallere inpossibile est. *Omnia autem, carissimi, propter uestram aedificationem:* 20 *timeo autem ne forte, cum uenero, non quales uolo inueniam* 15 *uos, et ego inueniar a uobis qualem non uultis.* Si uos non inuenero iustos, [et] ego a uobis seuerus inueniar. blandimentis minae iunguntur. *Ne forte sint inter uos contentiones, aemulationes, animositates, dissensiones, detractiones, susurra-*

4 cf. Rom. ix 1   12 cf. 2 Cor. xiii 2

1 super inpendetur B impenditur Cas   si] ubi Cas   ergo *om.* AHGVCas (=vg)   esto] ecce G   autem *om.* AHGVCas (=vg)   2 ↶ uos non gra. AHGVCas (=vg)   esse V   coepi GV   3 quem G   eorum AHGCas (=vg) ex his V   quos] quod G*   circumuenit Sd^cod   4 se purgat] segurgat G*   ↶ contientiam ips. semp. G   testem *om.* Cas   implorans V interrogans Cas   5 -que eis] et BHVCas   ab illis] a falsis V   possent H(—E) possit G   demonstrans BHGV monstrans Cas   6 fratre SR*M ↶ titus uos AHGCas (=vg)   7 ciruenit G*   quid *om.* G   aliquid] *om.* B aliquis Sd^ed   uobis] a uobis S, R corr., NCSd   ad] a H₂   me *om.* V obstulit R abstuli V   8 ad me *add.* B   non BRH₂V* nonne AESGCas (=vg) ambulamus H ambulemus G   9 non BSH₂V none R* nonne *rell.* (=vg)   in *om.* AHGVCas (=vg)   isdem H(—C)V (=vg) eisdem Cas^cod Sd^ed iisdem Cas^ed nonne—gerimus *om.* V   10 egerimus G   iterum] *om.* A olim HGCas (=vg)   putastis N   quid Sd^cod ed   excusamus R   11 sicut] ut Cas dicimus] diximus BEV   ut uobis *om.* E   12 necesse sit] necessit G uindicari SR, MN corr., C*   13 quam Cas^ed   fallire E*C*   inpossibile] non possibile B   14 autem *om.* R*   15 autem] enim AHGVCas (=vg) 16 a] in ES   quale SM   17 et *om.* B   ego] ipse Cas^cod   18 minae] in me B minas E minima S mina R* minime Cas^ed   iungitur R* punguntur H₂ utitur Cas^ed   sint inter uos *tr. post* seditiones AHGVCas (=vg) 19 animositates dissensiones *om.* H₂   animositatis ER*   detractiones] detractionis SR* *om.* V

*tiones, [inflationes,] seditiones.* Si propter haec se dicebat seuerissime uindicare, quid faceret, si nostris temporibus adueniret, quibus ad conparationem aliorum criminum ista nec putantur esse peccata? 21 *Ne iterum, cum uenero, humiliet me deus apud uos e[t] lugeam multos ex his qui ante peccauerunt et non egerunt poenitentiam.* Contra Nouatianos paenitentiae neg[u]atores: si[c] enim luget paenitentiam non agentes, utique de agentibus gaudet. *Super quae gesserunt [et] fornicationem [et] inpudicitiam [quam gesserunt].* Inpudicitia grauior est fornicatione, quasi monstruosa turpitudo, sicut [et] ille fecit, qui uxorem patris accepit. 1 [*Ecce*] *tertio hoc uenio ad uos: in ore duorum testium uel trium stabit omne uerbum.* Secundum legem: contra Manichaeos. 2 *Praedixi* [*enim*] *et praedico, ut praesens secundo, et* [*nunc*] *absens his qui ante peccauerunt et ceteris omnibus, quoniam si uenero iterum non parcam.* Qui post documenta priorum peccauerint, nec ipsis parcam, quia antecedentium ruina sequentes debet face[re] cautiores. 3 *An experimentum eius quaeritis qui in me loquitur, Christi?* An in me Christum temptatis, utrum in uobis ualeat uindicare? *Qui in uo*[*bi*]*s non infirmatur, sed potens est in*

11 cf. 1 Cor. v 1    13 Deut. xix 15

1 inflationes] *om.* B *praem.* ad G    seditionis G*    si] se E sed H(—ER) *om.* R* sed si R *corr.*    2 seuerissima R    fecerit RMN ⌒nost. temp. si Cas^cod    nostris] nos tres E    3 adueneritˈE audiret H(—E) 4 ⌒peccata esse G    ne] nec A* et Cas    humiliit V    5 et lugeam] elugeam B    multis R*N    6 nouitianos H₁N    7 neguatores B    sic B enim *om.* Cas    lugit SR*N lugeret V    8 agentibus] agentes utique de agentibus E    quae gesserunt] inmunditiam AG inmunditia HCas (=vg) inmunditia quam gesserunt V    et *add.* AHG Cas (=vg)    ⌒impudicitia et fornicatione V    fornicatione HCas (=vg)    9 et *add.* AHG (=vg)    inpudicitia HCas (=vg) + super inmundiciam G    quam gesserunt *om.* BV    inpuditicia A 10 fornicatione] fornicationi MN* *om.* VCas    turpitudo] fornicatio VCas et *om.* AHGVCas    11 ecce *add.* AHGCas (=vg)    hoc *om.* Cas^cod* 12 uos]+ut EC*    ⌒uel trium testium BHGVCas (=vg)    13 contra manicheos *om.* Cas    prae] quae A    enim *om.* AHGVCas^cod (=vg) 14 secundo] bis A, R(?), H₂GVCas^cod (=vg) biis E his S uobis R *corr.* Cas^ed nunc *add.* AHGVCas (=vg)    absens] habens G*V    qui] *om.* A* qu G 16 documenta priorum] modum VCas    priora H₂    peccauerunt Cas 17 quia] quos B qui SH₂    priorum VCas    ruinam MN,C *corr.*,V sequentes] alios V istos Cas    ⌒fac. deb. GCas^ed    debuit Cas    face B    18 cautiores *om.* H₂    ⌒quaeritis eius AHGVCas (=vg)    19 christus BSH₂GVSd^ed (=vg)    utrum] si Cas    uos Cas^cod    20 uobis BS,RC *corr.*,GCas uos *rell.* (=vg)    minatur (*corr.* firmatur) G

*uobis.* Quanto magis in nobis capacioribus [sui] potest dici, quem non infirmum, sed potentem esse nec ipsi nescitis! 4 *Nam [et] si cruci fixus est ex infirmitate [nostra], sed uiuit ex uirtute dei.* Quod cruci fixus est nostrae est infirmitatis, quod uiuit suae uirtutis. *Etenim nos infirmi sumus in illo, sed* 5 *uiuimus in ipso ex uirtute dei in uobis.* Siue: Si nos quasi infirmos prouocaueritis, inuenietis nos uiuere cum Christo in uirtute dei, cum in uos uindicare coeperimus. sed et nos in praesenti quidem infirmamur, sed in futuro cum illo, non in nostra, sed dei uirtute uiuemus. 5 *Uosmet ipsos temptate, si* 10 *estis in fide; ipsi uos probate.* Si in fide estis, ex uobis nos cognoscite, date sententiam in peccantem, et uidete si non statim cum uestro uerbo uindicta procedit. *Aut non cognoscitis uos [ipsos], qu[on]ia[m] Christus Iesus in uobis est? nisi forte reprobi estis.* Aut nescitis quia Christus in uobis est dei uirtus, 15 si tamen uos minime reprobauit. 6 *Spero autem quod cognoscetis quia nos non sumus reprobi.* Spero uos sensuros quo modo uos uideo conuersari. 7 *Oramus autem deum ut nihil mali faciatis, non ut nos probati [ap]pareamus, sed ut uos quod bonum est faciatis, nos autem ut reprobi simus.* Si enim mali aliquid 20 feceritis, nos uindicando [ap]parebimus probati, sed malumus

1 nobis] uobis BH₁     capat. BGV capt. ER* capitiobibus S     sui] *om.* B suis SH₂    potest] potens est V    2 quem] eum Cas^ed    poten**tem G ipsi] ipse ES esse H₂    ignoratis Cas    3 et *add.* AHGVCas (=vg)    ⌒nost. inf. G    nostra] *om.* AH(—EN)GVCas(=vg) + crucifixus est N    4 ⌒inf. est Sd    quod] et quod Sd    5 suae] + est H₂    uirt.] + est Sd    etenim] nam et AHGVCas(=vg)    nos] +si HG(D)    6 uiuemus Cas^ed Sd(=vg) in ipso] cum illo AHGV cum eo CasSd (=vg)    ex] in ESVSd^cod    uos V siue *om.* RH₂    si] qui ES    quasi *om.* Cas    7 ⌒prou. inf. Cas    8 ⌒cep. uind. in uos Cas^cod    nos MN    coeperemus V    9 presente E    quidam G infirmatur BS    10 dei] in dei G    uiuimus V    11 ipsi *om.* C*    uos *om.* MN    ⌒estis in fide Cas    ex] et in E in ex S,Rm2    nos] uos BE non S *om.* R    12 peccante ECas^ed    si non *tr. post* peccantem SR* 13 cum *om.* Cas    uestro] ipso V *om.* Cas    procedat R procedet V    aut] an AHGCas(=vg)    cognoscites V    14 uos] + met SVCas    ipsos *add.* AHGVCas(=vg)    quia AHGVCas(=vg)    nisi—est (15) *om.* ES nisi] +si V    15 essetis MN    an CCas    ⌒dei uirtus in uobis est Cas 16 cognu(o)scitis A*R*N*G cognoscites V    17 spero] super B    18 uos *om.* M    oro V    deo V*    19 appareamus AGSdD pareamus BH₁CVCas (=vg) pereamus R* paremus MN    20 sumus R    ⌒al. mal. Sd    mali *om.* Cas    21 faceretis MN feceretis V    ⌒prob. par. Cas    apparebimus AGSd parebimus *rell.*    malumus] mal[l]uimus E,N corr.,G secundum S mallimus M*N* mallemus C

nos reprobos uideri, tantum ut uos quod bonum est faciatis.
8 *Non enim possumus aduersus ueritatem aliquid, sed pro
ueritate.* Innocenti enim nostra sententia obesse non poterit
nisi ei qui pro certo peccauerit. 9 *Gaudemus autem cum nos
infirmamur.* Gaudemus si non sit necesse ut nostra uirtus
appareat, sicut Petri apparuit in Sa[p]phyra et Anania. *Uos
autem fortes estis: hoc [enim] et oramus, uestram consummationem.* [Ut uos] perfecti sitis atque potentes. 10 *Ideo hoc
absens scribo, ut non praesens durius agam.* Si non correxeritis,
durius adhuc acturus sum quam scribendo denuntio. *Secundum potestatem quam dedit dominus nobis in aedificationem.*
Ut et uos de cetero emendetis et alii peccare formident. *Et
non in destructionem.* Ad quam sibi pseudo-apostoli potestatem
usurpant. 11 *De cetero, fratres, [gaudete et] perfecti estote, [et]
consolamini.* Notandum quod omni ecclesiae scribens dicit
eos omnes debere esse perfectos, et quod laicos iubet se inuicem exhortari. *Id ipsum sapite, pacem habete, et deus pacis et
dilectionis erit in uobis.* Alioquin auctor dissensionis et odii

6 cf. Act. v 10, 5      8 cf. 2 Cor. xiii 11

1 reprobi BR*VCas *fort. recte*   uidere H₁NC*   tamen Sd^ed   2 ⌒ al.
aduersus (aduersum H₂) uer. AHGVCasSd (=vg)   3 innocentia H   nostrae
RM corr.,C   sententiam ES sententię C   4 ei] in eo V in eum Cas
pro certo *om.* Cas   peccarit V   autem] enim AHGCasSd (=vg)   cum]
quando AH₁CVCas (=vg) quod MN quoniam G   5 infirmamur] infirmi
sumus AHGVCas (=vg) infirmi fuerimus Sd^ed(1) infirmatur Sd^ed(2)   ⌒ nec.
non est Cas   est VCas fit Sd^cod   6 petro G   ⌒ an. et sa. Sd   sapphyra A
saphira BMN sapphiram E saffira S saphyra VCas^ed safira Cas^cod saphiram Sd
annaniam ESd^codd annania SRMNV ananiam Sd^ed   7 autem] hic Sd^ed
fortes BSdD potentes AH,G(3 *litt. eras. s.* ten),VCas (=vg)   enim *om.*
AHGVCas (=vg)   optamus C   nostram B   8 ut uos *om.* B   haec
AHGVCas (=vg)   9 non (*pr.*) *om.* H₂   corrigitis Cas   10 ⌒ adhuc durius Cas
⌒ sum acturus V agam Cas   scribendo] scribendum E *praem.* in R *om.* Cas
dico Cas   11 ⌒ mihi dedit dominus B dominus dedit mihi H₁GVCasD (=vg)
dedit mihi dominus H₂   aedificatione ES   12 et (*pr.*) *om.* Sd   ⌒ de cetero
uos Sd^cod   de cetero *om.* Cas   emendatis E emundetis G   ⌒ form.
pecc. Sd^ed   formidant S   13 destr.] + uestram V (*ex* Cas^comm)   14 usurpant] suscipiunt Sd   gaudete *om.* A   et *om.* AHGVCas (=vg)   et
(*alt.*) *om.* AH(—R corr.)GVCas (=vg)   15 exhortamini AHGVCas (=vg)
omn G*   dicit] diem B   16 eos *om.* Cas   omnes *om.* VCas   ⌒ esse
debere Cas   ⌒ se iubet VCas   17 ex[h]ortare H(—C)Cas^cod   id ipsum
BD idem AHGVCas (=vg)   sapete V   et (*pr.*) *om.* MN   pac. et dil.
BCasSdD] ⌒ dil. et pac. AHGV (=vg)   18 in uobis] uobiscum AHGVCas (=vg)
desensionis EN* dissensioni V

e contrario erit uobiscum, et uos cum illo permanebitis in aeternum, si ille hic uobiscum permanserit semper. 12 [*Salutate inuicem in o*[*s*]*culo sancto:*] *salutant uos sancti omnes.* Non honorati aut diuites. 13 *Gratia domini nostri Iesu Christi et caritas dei et communicatio sancti spiritus.* Contra Arrianos, 5 qui [i]deo patrem maiorem esse contendunt, quia plerumque pri[m]us nominat[ur] in ordine. *Cum omnibus uobis.* [*amen.*] Sicut est in aliquantis. [Siue: Quo[d] omnes in his bonis uelit esse perfectos].

AD CORINTHIOS SECVNDA EXPLICIT 10

1 e *om.* H₁   cum (*pr.*) *om.* E   cum] + in S   2 ⌒ uobiscum hic G salutate—sancto *om.* A   3 oculo B   ⌒ omn. sa. S   4 honorati aut *om.* Cas aut] uel V   diues G   5 caritas] gratia H₂   ⌒ sp. sa. V   arianos A*   6 ideo] deo BSG   i maiorem B*   7 prius B, C corr. prior Cas   nominant B   cum] sit cum Cas^ed   nobis B   amen *add.* AHGVCas (= vg)   8 in] *om.* H₁ cum VCas siue—perfectos *om.* ACas   siue quo omnes *bis* V   quo ESMN*GV quod BRC   omnis ES   donis H(*om.* C) ponis G*   uellit R*G uellet C   9 perfectus ESMN*   10 ad corintheos secunda explicit A explicit aepistola (*om.* V) ad corinthios II BVCas^cod   scripta de mac[h]edonia uersus DXCI epistola (-i E*m*1 -e E*m*2) pauli apostoli ad corinthios ( + II E*m*2) explicit (*om.* E*) H₁ epistula pauli apostoli ad corinthios explicit secunda scripta de macedonia uersibus DXCI H₂ explicit epistula secunda pauli (paula G*) apostoli ad corinthios scripta de macedonia uersus quinquaginta et unum G finis epist. secundae ad corinthios scriptae ex macedonia Cas^ed

# INCIPIT AD GALAT[H]AS

## ARGVMENTVM

quos pseudo-apostoli hac astutia subuertebant, quo[d] dicerent omnes [Christi] apostolos [t]aliter praedicare, Paulum quoque ipsum alibi docere homines circumcidi. "denique discipulos suos" dicebant "quos uere diligit, circumcidit"; sed
5 nec apostolum illum esse dicentes, uidelicet qui[a] neque ex XII [electis] esset, neque Christum cum Petro et ceteris fuisset aliquando secutus. quibus ueri similibus argumentis et callid[a]e derogationi, quibus paruuli decipiebantur, necesse habet [ex] auctoritate spiritus sancti ad singula per ordinem
10 respondere, [ne] despectu eius et odio [capti] Galat[h]ae penitus interirent.

1 *Paulus apostolus, non ab hominibus, neque per hominem.* Hoc est, non humana praesumptione, ut illi dicunt, neque per apostolos alios, [ut] Aaron per Moysen, sed per ipsum

14 cf. Exod. iv 30

incipit argumentum in epistola pauli apostoli (*om.* pauli apostoli Cas^cod) ad galathas BCas^cod incipit (+argumentum R) ad galat[h]as (+argumentum V) H₁GV (*uide uol.* I, *p.* 248) incipit eiusdem ad galat[h]as argumentum H₂ incipit epistola beati pauli apostoli ad galathas: argumentum Cas^ed 1–11 quos—interirent *om.* HG (*cf. uol.* I, *pp.* 269, 270, 242) *ita retractauit* Cas: hoc ut apparet argumento galatae erant a pseudo-apostolis persuasi atque seducti quod paulum, per quem uero euangelio crediderant, non esse apostolum audiebant, uidelicet quia neque de duodecim electis, neque christum, ut petrus et ceteri, aliquando secutus fuisset; quam derogationem necesse habet ueris rationibus ex auctoritate sancti spiritus refutare, per ordinem probans non se ab hominibus neque per hominem missum (*cf.* Gal. i 11–12), sed per eum qui (+per Cas^cod) ipsum et ceteros in ordinem apostolatus elegit 1 quos—subuertebant] hac astutia illis hoc persuadebant V    astutia] substantia A    quo AV    2 christi *om.* B    aliter A    4 dicebant] inquiunt V    uere] bene A.    5 dicebant V    qui BV*    6 electis *om.* B 7 fuissit V    quibus] quia A    ueris V    8 callide B    quibus paruuli decipiebantur] eorum per quam eos decipiebant V    9 ex *om.* B    10 ne *om.* B    respectu B    capti *om.* B    galathe B    11 interirent]+explicit argumentum incipit epistola (+beati Cas^cod) pauli apostoli ad galathas BCas^cod +explicit argumentum incipit textus eiusdem epistole R +explicit (*om.* MN) incipit epistola ad galathas H₂    13 hoc est *om.* Cas    non]+ab CasSd    ut illi dicunt *om.* VCas    14 apostolus G*    alios *om.* VCas    ut *om.* B

dominum, ut Moyses et omnes apostoli uel prophetae: sed et plerique ab hominibus ordinantur, cum indigni fauore populi, patientiam dei contemnentes, diuino sacerdotio contra meritum ordinantur. *Sed per Iesum Christum.* Qui Petrum et ceteros in ministerium apostolatus allegit. *Et deum patrem.* 5 Ostenditur una esse patris et filii operatio. *Qui suscitauit eum a mortuis.* Secundum [hoc] quod mori potuit, carnem scilicet. 2 *Et qui mecum sunt omnes fratres [ecclesiis Galatiae].* Ne solus indigne ferre putaretur suam conculcari doctrinam. 3 *Gratia uobis.* Qua sola estis fide saluati. *Et pax a deo patre.* Qua 10 remissis delictis omnibus reconciliati fuerant deo. *Et domino Iesu Christo,* 4 *qui dedit semet ipsum pro peccatis nostris.* Ostendit beneficia Christi, quibus exsistebant ingrati, [et] in lege, quae peccatoribus data fuerat, uiuere cupientes, cum illis omnia essent peccata dimissa. *Ut nos eriperet de praesenti saeculo malo.* De malis saeculi operibus, quae committuntur 15 in ipso. *Secundum uoluntatem dei et patris nostri.* Non secundum merita nostra. 5 *Cui est gloria in saecula [saeculorum.]* [*amen*]. Infinitis beneficiis infinita gloria debetur. 6 *Miror quod sic tam cito transferimini ab eo qui uos uocauit in gratiam.* 20 Manifest[at]is beneficiis mirari se dicit quod ab illo potuerint

1 cf. Exod. iii 12   4 cf. Matth. iv 19 etc.   14 cf. *1 Tim. i 9

1 dominum] deum et dominum Cas   omnes *om.* Cas   uel] et Cas sed *om.* Cas   et *om.* HGCas   2 ⌢ab hom. pl. Cas   pleri G*   indigne ES indigno G non digni Cas   ⌢pop. fau. VCas   feruore H₂ 3 deum B domini HGVCas *fort. recte*   contra meritum ordinantur] mancipantur V   5 ministerio H₁GV   apostolatur G*   elegit BH₂GVSd alligit H₁   6 ostendit E,G corr.   unam H₁G   esse *om.* RSd   fili G* operationem EG   7 hoc *om.* BE   ⌢pot. mori Cas   carnem] *praem.* secundum E carne H₂VCas   8 ecclesiis galatiae *om.* B ecclesiis *om.* H₂ ne✱G   solum B si (*exp. cod.*) Cas   9 ⌢put. ferre Cas^cod   conculcare H₂G 10 quia Cas   ⌢fid. sal. estis Cas   quae missis ES   qua] quia Cas 11 ⌢omn. del.VSd   dilectis G*   ⌢fu. rec. Sd   fuerunt BH₂   domino] +nostro H₁GCas (=vg)   12 ⌢se dedit Sd   p✱✱ro peccatis(-us G*) G 13 ⌢ingr. ex. Cas   exe(i)stimabant H existunt VCas   in gratia H₂ et *om.* AVSd   14 peccatoribus *bis* G   fuerat ASd est BHGVCas cupientibus H₁ uolentes Cas   15 ⌢pecc. essent G   esse RH₂   ⌢erip. nos AHGVCas(=vg)   eriperit ES   praesente MN*   16 saeculi E malo BSd nequam AHGVCas(=vg)   mali V   ⌢in eo fiunt Cas 17 patris]+9 *litt. eras.* G   18 cuius MN   saeculorum *add.* BHGVCas(=vg) 19 amen *add.* HGVCasSd(=vg)   deberetur V   20 si G   transferemini AH₁G(=vg)   gratiam] gloriam B gratia G +christi HGCas(=vg) 21 manifestis B enumeratis Cas   potuerunt B

uerbis hominum retrahi, a quo nec tormentis ullis debuerint
separari. *In aliut euangelium,* 7 [*praeter*] *quod aliut non est,
nisi si sunt aliqui qui uos conturbant.* Qui conturbent sunt:
nam euangelium uerum aliut esse non potest nisi Christi.
5 *Et uolunt conuertere euangelium Christi.* Dum lex ad euangelium profecerit, illi peruerso ordine euangelium ad legem
reuocare nituntur. 8 *Sed licet nos aut angeli de caelo euange-
lizauerint* [*uobis*] *praeter quam* [*quod*] *euangelizauimus uobis.*
Breuiter omni uoluit praeiudicare personae, quando nec
10 apostolos contra quod primum praedicauerant nec uocem
[de caelo] loquentis angeli permisit audiri: facit autem
sententia haec contra omnes hereticos, qui traditiones apostoli-
cas mutare conantur. *Anathema sit.* Hoc est, abominabilis
uobis sit. 9 *Sicut praediximus et nunc* [*uobis*] *iterum dico: si
15 quis uobis adnuntiauerit praeter quam quod accepistis, anathema
sit.* Repetitum fortius commendatur. 10 *Modo enim hominibus
suadeo aut deo?* Numquid propter homines uos suadeo, sicut
propter Iudaeorum traditiones ante faciebam? ostendere uult
se odia hominum non timentem libere defendere ueritatem.
20 *Aut quaero hominibus placere?* Ubicumque sine additamento

1 uerbis—debuerint *om.* E    uerbis hominum] solis uerbis Cas    nec
torm. ullis] nullis torm. Cas    2 ⌒alium in (*om.* S) ES    praeter *om.*
AHGVCas (=vg)    quod non est aliud *bis* G    ⌒non est al. AHGVCas
(=vg)    3 si *om.* H(—R corr.)GVCas (=vg)    qui conturbent(-ant E)
sunt *om.* N    4 uerum *om.*V    ⌒esse non pot. al.V    alium ES
christus H₂    5 euertere N euerter G auertere Sd^ed    6 proficerit H₁
proficeret Cas    ille H₁    7 prouocare E reuocari G    licet] etsi Sd^ed
angelus AHGVCas (=vg) angelos G*    euangelizet AHGVCas^cod (=vg)
euangelizaret Cas^ed    8 uobis *add.* AHGVCas (=vg)    quam
*om.* RG    quod *add.* AH(—M)GVCas (=vg)    euangelizamus EN
euangelizauit E    9 ⌒uol. *om.* B    uol. praeiud. pers.] pers. praeiudicauit Cas
10 apostolus H₁ apostoli H₂    contra] + 5 *litt. eras.*V    primum] semel VCas
praedicauerat HGCas    11 de caelo *om.* A    ⌒ang. loq.VCas    loquentis
*bis* G*    premisit E    audire H    autem] enim H₂    12 sententiam S,RN
corr. *om.*VCas    haec] e E hanc R corr.,MN hoc VCas    13 anathama V
si V*fit(?) Cas^cod    hoc] id B    abhom.ABESM abum.V ab[h]ominabiles SR*
14 ⌒sit uobis CVCas    praedixi C corr.    uobis] *om.* AH₁GVCas (=vg)
*tr. post* iterum H₂    15 quis] quae G    euangelizauerit AHGVCas (=vg)
quam] id AHGVCas (=vg)    anathama V    16 repetit ut Cas quia
repetitum Sd    commendatum B commendet Cas    enim] autem H₁G
*om.* H₂    17 aut] an CG*Cas^ed    uobis C    sicut] quod Sd^ed    18 ⌒tradi-
tionem iud. Sd    iud.] + ut G    ⌒se uult C*    19 ⌒hom. od. Cas
odium VCas    praedicare debere Cas    20 aut] an Cas^ed

aliquo homines nominantur, in [m]alam partem accipitur in
scripturis, ut est illud: 'omnis homo mendax,' et: 'quem me
dicunt homines esse?' et: 'nonne homines estis et secundum
hominem ambulatis?' igitur quicumque talibus placere
uolueri[n]t, necesse est ut eorum facia[n]t uoluntatem: sancti 5
autem deo tantum et deum amantibus placent, qui plus
quam homines esse meruerunt. *Si adhuc hominibus placerem,
Christi seruus non essem.* Nam ideo me oderunt quia seruus
sum Christi. 11 *Notum autem uobis facio, fratres, euangelium
quod euangelizatum est a me.* Uult purgare usurpationis et 10
humanae traditionis infamiam. *Quia non est secundum hominem:* 12 *neque enim ego ab homine accepi illut neque edoctus
sum, sed per reuelationem Christi Iesu.* Neque a me confinxi
neque ab [alio] homine accepi neque a quoquam didici quod
gentes sola fide salu[ar]entur. 13 *Audistis enim conuersationem* 15
*meam aliquando in Iudaismo, quod supra modum persequebar
ecclesiam dei et expugnabam illam.* Nec uos credo latere quod
dico. ostendere uult quam firmiter tenuerit Iudaismum et
fideliter pro traditionibus patriis expugnarit ecclesiam, ut
intellegamus eum non potuisse inde humano consilio nisi 20
reuelatione separari diuina. 14 *Et proficiebam in Iudaismo
supra multos co[a]ctaneos [meos] in genere meo.* Non supra omnes,

2 Ps. cxv 2; *Marc. viii 27   3 *1 Cor. iii 3   11 cf. Marc. vii 8; Col. ii 8
19 cf. Gal. i 14   21 cf. Gal. i 12

1 malam] aliam B   in scripturis *om.* VCas   2 omnes MN*V   me
*om.* ER   3 et sec. hom. amb. *om.* Cas   5 uoluerint B,C corr.   faciant BH₂
6 tanto ER   deo ES   plus]iam amplius Cas   7 esse*** G   merue-
runt] dicuntur Cas   8 non *** essem (ess *in ras.*: — *eras.*) G   nam *om.* G
ideo *om.* Cas   9 autem] enim AHGVCas (=vg)   ⌐facio uobis H₂
10 expugnare G   usurpationes R corr.,GVCas   11 infamia Cas^(ed)
est *om.* H   12 ego *om.* E   accipi EG   edoctus sum BSd] didici AHGVCas
(=vg)   13 ⌐ies. chr. AHGVCas (=vg)   confixi ESG finxi VCasSd
14 neque] nec H₂V   alio *om.* B   homine *om.* Cas   neque—didici
*om.* Cas   a quoquam] ab aliquod V   15 saluentur BH(—E)VCas *fort.
recte*   ⌐meam conu. H(—R)G   16 iudaisme G*   quoniam AHGVCasSd^(ed)
(=vg)   persequar ES   17 christi MN   credo latere] ipsos latet Cas
18 ostendere uult] hic (*om. cod.*) enumerat Cas   quia Sd^(cod ed)   tenuerat H₁
in iudaismo H   et *om.* H   19 fideliter] infideliter H₁ qualiter Cas
patrum BHGSd   ⌐[a]eccl. exp.VCas   expugnaret H(—N)G expurgaret N
expugnauerit VCasSd   20 intellegamus eum] ostendat se Cas   inde] de G
21 ⌐diu. reu. et misericordia sep. Cas   ⌐diu. sep. Sd   separare H₁M
in] a G   22 coet. A   meos *om.* BHGVCas (=vg)   non] +dixit Cas

ne iactantia[e] putaretur. *Abundantius aemulator exsistens paternarum mearum traditionum:* 15 *cum autem* [com]*placuit ei qui me segregauit ab utero matris meae.* Qui me iam in praescientia ab utero segregauerat, quando uoluit, fecit quod
5 sciebat [esse] futurum. *Et uocauit per gratiam suam.* Non meis meritis. 16 *Ut reuelaret filium suum in me,* [*ut euangelizarem illum in gentibus.*] Ut filium suum per me gentibus reuelaret. *Continuo non adquieui carni et sanguini.* Statim 'caelesti incredulus non fui uis[s]ioni,' quia non carnis et
10 sanguinis uocem audiui, sed dei. 17 *Neque ueni Hierusolimam ad praecessores meos apostolos, sed abii in Arabiam, et iterum reuersus sum Damascum.* [Quia non mihi necesse fuit] ut ab illis [aliquid] edocerer, sed de Damasco in Arabiam protinus iui, ut docerem quod mihi [a deo] [fu]erat reuelatum.
15 18 *Deinde post tres annos.* Ostendit se non indiguisse doceri, qui tribus iam annis aliis praedicarat. *Ueni H*[*i*]*erusolimam.* Quando se discipulis [ad]iungere [ad]temptabat. *Uidere*

9 cf. *Act. xxvi 19     17 cf. *Act. ix 26

1 iactantiae VCas (*cf. uol.* I, *p.* 115) iactantia *rell.*    putaretur] uideretur H₂ uideretur occasio Cas    ∽ exis. emul. R    2 tradictionum G    placuit AHGVCas (= vg)    3 ei qui me] erquiniae B    ab] de AVCas (= vg) matres G*    4 spscientia B* praesentiam H praesentia GCas^{ed}Sd^{cod ed}    ab utero *om.* Sd^{cod}    segregauit H₁    quando] quoniam ut Sd^{ed}    5 esse *add.* BHG,V(eesse),CasSd    uenturum G    6 ut (*alt.*)—gentibus *om.* B euangelizem V    8 acquieui Cas^{ed}    statim—non (*alt.*) (9) *om.* E    continuo Cas    9 ∽ non f. incr. cael. uis. Cas    caelestis G    iussioni B et *om.* ES    10 uoces B uoce E    audi M*    domini Cas    neque] + enim N    ueni *om.* N*    iherosolimam B hierosolima S hierosolymam RCas^{ed} hirusolimam M hierosolimam (*alt.* o *in ras.*) G hierosolyma V ierusolimam Cas^{cod} in hierusalem Sd^{ed}    11 antecessores AHGVCasSd^{ed} (= vg)    meos *om.* V    arabia E*SG    iterum *om.* Sd^{ed}    12 reuersus sum] reuersum G reuersurus sum V    quia—fuit *om.* BH(—E)VCas    qua A* ex qui G* ex quia G    13 ∽ aliq. ab illis Cas    aliquid *om.* B    edocereter B* edoceretur H₁ discerem Cas    de *om.* Cas^{cod}    ∽ iui protinus Sd^{ed}    protinus *om.* VCas    14 iui] ibo H₁ ibam H₂ ii V abii Cas    a deo *om.* BH(—E)VCas    deo] domino GSd    erat reu. B ∽ reu. fuerat H₁ 15 ∽ annos tres AHGVCas (= vg) triennium Sd    indiguis sed docere V diguisse G*    doctrina Cas    16 quibus H quia Sd^{cod}    ∽ iam tribus Sd aliis praedicarat] docuerat Cas    aliis *om.* (Cas)Sd    ∽ praed. annis Sd praedicaret H₂ praedicauerat GSd    ∽ hier. ueni Cas^{ed}    hierosolimam A*S iherosolimam B hierosolima E hierosolymam RH₂Cas^{ed} hierosalimam G hierusolyma V ierusolimam Cas^{cod}    17 ∽ iungere se disc. Cas^{cod} se iungere disc. Cas^{ed}    adiungere B    temptabat BH₂

*Petrum.* Uidendi gratia, non discendi. *Et mansi apud illum diebus XV. Et susceptum se ab illo in caritate demonstrat, et in breui tempore nihil discere potuisse.* 19 *Alium autem apostolorum uidi neminem.* Ne [uel] ab aliis didicisse uideretur. *Nisi Iacobum fratrem domini.* Contra eos qui dicunt beatam 5 Mariam alios filios habuisse, quia duos Iacobos apostolos fuisse legimus, unum Alphaei et alterum Zebedaei, neminem Mariae uel Ioseph, sed fratres domini de propinquitate dicuntur. 20 *Quae autem scribo uobis, ecce coram deo quia non mentior.* 21 *deinde ueni in partibus Syriae et Ciliciae:* 22 *eram* 10 *autem ignotus facie ecclesiis Iudeae.* Notandum quia post triennium ecclesiis Iudeae erat ignotus. *Quae era[n]t in Christo [Iesu].* Seorsum qui ex Iudeis erant ecclesias habebant, nec his qui erant ex gentibus miscebantur. 23 *Sed hoc tantum audi[tum hab]ebant quod '[is] qui persequebatur nos* 15 *aliquando, nunc adnuntiat fidem quam aliquando expugnabat,'* 24 *et in me magnificabant deum.* De re difficili maxima nascitur admiratio, et laudabatur deus, qui hoc solus posset efficere.

6 cf. Matth. x 3 etc.; cf. Matth. iv 21 etc.

1 uiuendi G    graciam MN*    mansit E*    eum AHGVCasSd^ed (= vg)
2 et *om.* Cas    ⌒monstrat in caritate Cas    in *om.* G    3 in *om.* Cas
discernere E    potuisset V    4 apostolus Sd^cod apostolum Sd^ed    ⌒neminem
(non Sd^ed) uidi H₂Sd^codd    uel *om.* BVSd    illis H    discere Sd    uide⁂retur V
5 contra—dicuntur] quattuor modis fratres appellari(-are H₁ intellegere G)
quis dubitet? primo, naturae; secundo, cogna(i H₂)tionis; tertio(-um G),
gentis; quarto(-um G), adfectu(-um G); unde Iacobus secundum cogna(-i H₂)tionem frater dicitur, quoniam de Maria Cleopae, sorore(-em H₁ -is G)
matris domini, natus esse monstratur H,G (*qui alteram quoque expos. priore loco offert*) ex cognatio(*om. cod.*)ne MARIAE Cas    com A*    beatam *om.* V
6 ⌒fil. al. G    apostolus G*    7 fuisse *om.* V    ephei G*    alium BV    8 uel]
nec V    parentela V    9 quae] qui MN* que G    non *om.* B*    10 partes
AHGVCas (=vg) parte G*    ciciliae B celiciae V    11 gnotus G corr.
facie *om.* V    ecclesiae EG*    iudae EV    quia] quod B *om.* R    12 triennium] + quod B*    iudae ES    innotus E* ignotum G    erat B    13 iesu
*om.* AHGCas (=vg)    seorsum—erant] qui tunc seorsum ex iudaeis credentes
suas Cas    seorsum] + enim V    ecclesiis ESMG ecclesiam N*
habebantur E    14 sed hoc tantum] tantum autem AHGVCas (=vg)
15 audiebant BD auditum habebant AHGVCas (=vg)    quod is D quod
his B quoniam AHGVCas (=vg)    16 euangelizat AHGVCas (=vg)    17 et
*om.* E    magnificabant BSd^codd D] clarificabant AHGVCas (=vg)    difficile
EMN*    18 laudabant deum V    dominus MN    ⌒solus potuit hoc V
solus potest hoc Sd^ed solus poterat hoc Sd^cod solus hoc poterat Sd^cod    possit
A*HG(Cas)

1 *Deinde post annos XIIII ascendi iterum Hierusolimam cum
Barnaba, adsumpto et Tito.* Quando de oneribus legis quaestio
mouebatur. 2 *Ascendi autem secundum reuelationem.* Non
uoluntate mea, sed imperii diuini necessitate. *Et contuli cum
5 illis euangelium quod praedico inter gentes.* Non didici, sed
contuli euangelium, per quod gentes sola fide saluentur.
*Seorsum autem his qui existima[ba]ntur [esse maiores].* Ne
illum discipuli de euangelio dubitare putarent. *Ne forte in
uacuum currerem aut cucurrissem.* Hoc non est dubitantis, sed
10 potius confirmantis. 3 *Sed neque Titus, qui mecum erat.* In
uacuum cucurrit. *Cum esset Graecus, conpulsus est circumcidi,
4 sed propter falso[s] fratres subintroductos.* Reddit causas quare
circumciderit Titum, non quia illi circumcisio prodesse[t],
sed ut scandalum imminens uitaretur. *Qui subintrauerunt
15 explorare libertatem nostram quam habemus in Christo Iesu,
ut nos in seruitutem redigerent.* Qu[i]a absoluti sumus[, hoc
est,] a iugo legis. 5 *[Quibus nec] ad [h]oram cessimus subiec-
tioni, ut ueritas euangelii permaneat apud uos.* Ut periculum
uitaremus, et essent qui in uobis ueritatem euangelii con-
20 firmarent. 6 *Ab his autem qui uidebantur esse aliquit.* Nihil

2 cf. Act. xv 28    17 cf. Act. xv 10

1 dein A*    xii G    ᴗit. (*praem.* et H₂) asc. AHGCas (=vg)
ierosolimam B  hierosolima SG  hierusolyma V  ierusolimam Cas^cod  hierosolymam Cas^ed (=vg)    cum *om.* MN    2 barbnaba B* barnaban
E*SMN*    quoniam Sd^ed ⁄    3 mota est Cas    4 uoluntate—necessitate]
secundum propriam uoluntatem VCas    diuinitati necesse E    et *om.* H₂
5 in gentibus AHGVCas(=vg)    didici]+ab illis VCas    sed—per *om.* V
sed]+tantum Sd^codd    6 quo G*    gentes *om.* VCas    saluantur A
saluent MN*    7 existimabantur D existimantur B uidebantur AHGVCas
(=vg)    esse maiores] *om.* AE(S)H₂V (=vg) prestantiores R(Cas^comm) esse
aliquid G aliquid esse Cas    8 illos BH₁, N corr., GVCas illis MN*    de
euangelio *om.* Cas    dubitare putarent] dubitarent N    9 currerim E
cocurrem V    hoc *om.* Cas    10 potius *om.* Cas    confirmantis] aliis satis
facientis V    in uacuum cucurrit *om.* CCas    in] non in G    11 gentilis AHG
Cas(=vg)    cum pulsus MN    12 ᴗ sub. (+autem RH₂) fal. fr. AHGVCas
(=vg)    falso A    13 circumcidit ES circumcideret RCas^ed    titum *om.* G
quod G    prodesse B    14 imminens *om.* VCas    uitaret G    subintroierunt
AH₁GVCas(=vg)    15 iesu *om.* V    16 seruitute V    redigent G*
quia BGCas^cod quam EMN    liberi VCas    hoc est *om.* BHGVCas
17 quibus neque (nec B *om.* Sd^ed) *add.* BHGVCasSd^ed (=vg)    oram B
cessi R*    18 maneat R permaneant G    nos G    19 et] ut H₂
essem Cas^cod    confirmarem Cas^cod    20 nihil (+scientiae A) accepi
(accipi V) *om.* HG *qui alia omnia offerunt*

[scientiae] accepi. *Quales aliquando fuerint, nihil mea interest. deus hominis faciem non accipit. mihi autem qui* [*aliquid*] *existimabantur nihil contulerunt.* Non mihi cura[e] est [quia] cum domino ambula[ue]runt, quia nec tempus praeiudicat fidei nec persona labori. 7 *Sed* [*e*] *contra scientes quoniam creditum est mihi euangelium praeputii, sicut Petro circumcisionis.* Ut praedicem gentibus, sicut illi Iudaeis. 8 *Qui enim operatus* [*est*] *Petro in apostolatum circumcisionis, operatus est et mihi ad gentes.* In nullo sum [illo] inferior, quia ab uno deo sumus in unum ministerium ordinati. 9 *Et cognita gratia quae data est mihi, Petrus et Iacobus et Iohannes, qui uidebantur esse columnae.* Super quos erat ecclesia confirmata. *Dextras dederunt.* Consenserunt ita nos docere debere. *Mihi et Barnabae societatis.* Ambo enim simul missi erant ut gentibus praedicarent. *Ut nos ad gentes, ipsi autem in circumcisione*[*m*], 10 *tantum ut pauperum memores essemus.* Qui omnia sua distrahentes ad apostolorum pedes pretia deponebant. Uel: Quorum bona fuerant a Iudaeis inuasa, sicut legimus ad

4 cf. Ioh. vi 66    12 cf. Matth. xvi 18    14 cf. Act. xiii 3, 4
16 cf. *Act. iv 34, 35 (cf. ii 45 et v 4, sec. cod. d)    18 cf. Hebr. x 34

1 qualis G    2 deus] + enim Cas$^{ed}$Sd$^{ed}$    ᴗpersonam hominis AHGVCasSd (=vg)    accepit AN*    autem] enim BH$_1$VCas$^{cod}$ (=vg)    aliquid existimabantur] uidebantur AG (=vg) uidebantur esse H(—RC)VCas$^{cod}$ uidebantur esse aliquid RCas$^{ed}$ uidebantur aliquid esse C    3 cura BHGVCas$^{cod}$    quia] *om.* B quod Cas$^{ed}$    4 deo Cas$^{cod}$    ambularunt *recte* BRNCV ambulauerunt AEG ambularint S ambularent M conuersati sunt (sint *ed.*) Cas    quia] qui G *om.* V    ᴗtempus non Cas    5 nec persona labori (*ob uersus dactylici clausulam*) *om.* Cas    nec] non G*    e *add.* AHGV (=vg)    scientes] cum uidissent AHGVCas (=vg)    quod AHGV (=vg)    6 eruditum B
7 praedicarem C    gentibus] in gentibus H    illi] ille SR* petrus Cas
8 *operatus G    est *om.* B    9 ad] inter AHGVCas (=vg)    in nullo] non Cas    ᴗillo (illi *ed.*) sum inf. Cas    ᴗinf. illo H$_2$    illo *om.* A
10 deo *om.* VCas    sumus] + ambo VCas    uno ministerio (mysterio R) SRH$_2$ mysterium G    cognita gratia] cum cognouissent gratiam (gratia V) AHGVCas (=vg)    11 petrus et (*om.* G) iacobus BH(—R) GV iacobus et cephas ARCas (=vg)    12 ᴗcol. esse AHGVCas⸱ (=vg)    actam G*    13 cons.] + enim Sd    ᴗnos ita V
ᴗdeb. doc. Cas    14 ᴗmissi erant simul HG    simul *om.* Cas    erant] sumus Cas    15 ad]in AHGVCas (=vg)    circumcisionem AH$_2$GVCas (=vg)    16 tantum *om.*V    ut *om.* Sd$^{cod d}$    essemus] sumus Cas$^{cod}$ quia H(—C)    omnia *om.* Cas    17 distribuentes AESd uendentes Cas ᴗped. apost.V    pretia] petria G *om.*VCas    posuerant VCas    aut Cas
18 fuerunt H$_2$    legimus] scriptum est V dicitur Cas

Hebraeos. *Quod et[iam] sollicitus fui hoc ipsum facere.* Hoc
est quod in omni paene scribit epistula. 11 *Cum autem uenisset
Petrus Antiochiam, in faciem illi restiti, qu[on]ia[m] reprehensibilis erat.* Galatarum infirmitas conpellit eum narrare quod
5 nec ipsi apostolorum principi Petro peperc[er]it, ueritatem
euangelii non libere defendenti, sicut ad profectum Corinthiorum manifestat quam annis quattuordecim celauerat
uisionem. hoc autem totum agit ut ostendat se numquam
circumcisionis fuisse fautorem, quod de illo falsi apostoli
10 confingebant; unde et alibi dicit: 'ego autem, fratres, si
circumcisionem praedico, quid adhuc persecutionem patior?'
12 *Prius enim quam uenirent quidam a[b] Iacobo, cum gentibus
edebat.* Cum his qui erant ex gentibus manducabat, sciens
sibi ostensum ut nullius generis hominem uocaret inmundum.
15 *Cum autem uenisse[n]t, subtrahebat et segregabat se, timens eos
qui ex circumcisione erant.* [Non] ideo reprehensibilis erat,
[quia cum illis edebat, sed] quia se postea propter homines
subtrahebat. 13 *Et abducti sunt in hypocrisin simul cum illo
et ceteri Iudaei, ita ut et Barnabas duceretur [ab eis] in hac
20 simulatione [eorum].* Qui mecum ad gentes missus nihil inter

2 cf. Rom. xv 26; 1 Cor. xvi 1    6 cf. 2 Cor. xii 2    10 *Gal. v 11
14 cf. Act. x 28    20 cf. Act. xiii 4

1 et B etiam AHGVCas (= vg)    fuit G    2 poenae B poena G    scribit
*om.* V    epistula] epistolam H₁ + gentes sollicite commoneret (*lege* commonet
et) hortatur V    cum autem] sed cum Sd    3 cephas RCas (= vg)    ei
AHGVCas (= vg)    resisti G resistit V    quia AHGVCas (= vg)    reprae-
hensus est (erat D) VD    4 cōnpellit (*sic*) A* compulit VCas    5 ipse SMN*
ipsum R*    apostolorum principi *om.* VCas    pepercit BG    libertatem Cas^cod
6 defendenti(n *pr. in ras.*) G    a ENV    profectu H(—C)    7 manifestauit Cas    quod H₂    ↶quat. ann. V    anis G*    zelauerat B
occultauerat Cas    8 ait E    ostendit G*    se numquam] sensum
quam SMN    9 ↶falsi illo B*    falso E*S    10 iactitabant Cas    12 ↶quam
uenirent enim B    quidem BG    a AH₂G ab BVCas (= vg) ad ES a* R
iacobum E    13 sedebat ER*    ↶ex gentibus erant·BCas    edebat Cas^ed
*om.* Cas^cod    14 dictum a domino ut neminem hominum Cas    15 uenisset B
uenissed G    et segregabat *om.* H(—R)    16 circumcisionem V    non
*om.* A    idcirco Cas    reprehensibilis erat] reprehenditur VCas    17 quia—
sed *om.* A    se *om.* E    postea *om.* V    propter homines *om.* Cas    hominem H₁
18 abducti—illo et] simulationi(-e RMN -is G*) eius consenserunt(-sebant
MN -tiebant C) AHGVCas (= vg)    19 et (*alt.*) *om.* RCas    deiceretur ER
diceretur S subtraheretur H₂    ab eis *add.* AH₁GV (= vg) ab illis *add.* Cas
hac] illa AH(—C)V (= vg) illam CGCas    20 simulationem CGCas    eorum
*om.* AHGVCas (= vg)    ↶missus ad gentes Cas    nihil] + ad eos H₁

eos docuerat esse discriminis. 14 *Sed cum uidissem quod non recta uia incederent ad ueritatem euangelii.* Quamuis hoc propter scandalum faceret Iudeorum, tamen publice illum conueni, ut et Iudaeis superbia et genti[li]bus desperatio tolleretur. *Dixi Petro coram omnibus.* Publicum scandalum non poterat priuatim curari. *Si tu, cum sis Iudaeus, gentiliter uiuis.* Si tu non tenes quod natus es, quo modo illos facis tenere quod nati non sunt? rationem reddit, non iniuriam facit. *Et non Iudaice.* Non ex operibus legis, sed sola fide, sicut et gentes, uitam in Christo inuenisse te nosti. *Quo modo gentes cogis Iudaizare?* Dum te subtrahis, tamquam a peccatoribus. 15 *Nos natura Iudaei, et non ex gentibus peccatores.* Peccatores tamen eramus, quia 'conclusit scriptura omnia sub peccato.' 16 *Scientes autem quoniam non iustificatur homo ex operibus legis.* Opera legis circumcisio et sabbatum [et] dies festi et cetera, quae non propter iustitiam, sed ad edomandam populi duritiam sunt mandata. [Siue: Non iustificatur hoc tempore.] *Nisi per fidem Christi Iesu, et nos in Christum Iesum credi*[*di*]*mus, ut iustificemur ex fide, et non* [*ex*] *operibus legis,*

9 cf. Rom. iii 20; Gal. ii 16    11 cf. Gal. ii 12; cf. 2 Thess. iii 6
13 Gal. iii 22

1 eos]+etiam V    2 recta uia incederent] recte ambularent (ambulant V) AHGVCas (=vg)    ⌒propter hoc E    3 scandalum *om.* G    fecerit H(—E) publici MN    4 conuenit H$_2$G    et (*pr.*)] *om.* SSd$^{ed}$ et ab H$_2$    iud.]+de circumcisione Sd$^{ed}$    gentilibus B    5 tolletur V    dixit G    cephae HGCas (=vg)    ⌒*om.* cor. S    6 poterit ES    priuate EVCas    curare RH$_2$ sanari Cas    sis iud. BSd iud. sis AHGVCas (=vg)    gentiliter]+et non iudaice H(—S)GVCas (*cf. u.* 9) (=vg)    7 uiuis] *om.* S uiues E    est G    8 reddidit Cas    9 fecit Cas    et] *praem.* gentiliter uiuis (*cf. u.* 6) H(—S)G    legis *om.* VCas    10 sicut et gentes] per gratiam Cas    et *om.* HG    in christo inuenisse] habere VCas    in *om.* H$_1$    noste G    11 ⌒cogis gentes HCas    coges G    dum te subtrahis] subtrahendo te Cas    subtrahis] supra his V    a peccatoribus] amion (ἄμιον, hoc est malum *ed.*) aliquid habentibus Cas    13 ⌒tamen pecc. Cas    eramus *om.* Cas    qui H$_1$ sub peccato *om.* SR*    14 quod AHGVCas (=vg)    iustificabitur H$_2$GSd$^{cod\,ed}$D 15 et (*pr.*) *om.* VCas    et (*alt.*) *om.* BHVCas    16 etera G    per Sd$^{cod\,ed}$    ad— duritiam] occupandi populi gratia Cas    domandam C    17 siue—tempore ASd *om.* BHGVCas (*cf. p.* 316 *u.* 1)    iustificabitur Sd$^{cod}$    hoc]+scilicet Sd 18 tempore]+noui testamenti Sd    ⌒ies. chr. AHGVCasSd$^{ed}$ (=vg)    et nos—iesum *om.* MN    christo iesu (*om.* R)AH$_1$CGVCas (=vg)    19 credimus BH(—S)GVCas (=vg) *cf.* E. Löfstedt, *Zur Spr. Tert. p.* 91, crediderimus S ut]et V    iustificemus G    fide]+christi HGVCas (=vg)    et *om.* V    ex *add.* AHGVCas (=vg)

*quoniam ex operibus legis non iustificabitur omnis caro* [*hoc tempore*]. 17 *quod si quaerentes iustificari in Christo, inuenti sumus* [*et*] *ipsi peccatores, ergo Christus peccati minister est? absit!* Si enim gentes fides sola non saluat, nec nos, qui[a]
5 ex operibus nemo iustificatur. ergo adhuc peccatores sumus, et Christus peccatorum minister est, tamquam non ualens indulgere. 18 *Si enim quae destruxi, haec iterum aedifico, praeuaricatorem me constituo.* Destruxi [nil] amplius habere Iudaeum. si hoc, ut illi dicunt, rursus aedifico, ipse meae
10 sententiae praeuaricator inuenior. 19 *Ego enim per legem legi mortuus sum.* Per legem Christi legi litterae. Siue: Per ipsam ueterem ipsi sum mortuus, quia ipsa se cessaturam esse pr[a]edixi[t]. *Ut deo uiuam.* Qui legem suam innouauit. [*Cum*] *Christo cruci fixus sum.* Omnibus peccatis quibus lex
15 est data, sum mortuus: ergo lex mihi minime est necessaria. 20 *Uiuo autem, iam non ego.* Uetus homo. *Uiuit uero in me Christus.* [In illo uiuit Christus,] in quo Christi uiget actus et uita. *Quod autem* [*nunc*] *uiuo in carne*[*m*], *in fide uiuo*

8 cf. Rom. iii 1    11 cf. Rom. ii 27    14 cf. *1 Tim. i 9
16 cf. Rom. vi 6; Eph. iv 22; Col. iii 9

1 quoniam] propter quod AHGVCas (=vg)    caro]+hoc tempore BGVCasD*(?) cf. supra    2 quaerentis V    ⌒in chr. iust. G    iustificare H₁
3 et add. AHGVCasSd^ed (=vg)    ergo] numquid AHGVCas (=vg) numquid ergo Sd^ed(D)    peccata B    4 ⌒sola fide G    fide H₁    saluauit Cas
qui B    5 operibus]+legis G    iustificabitur Cas    peccatoris G*    7 indulgere] peccata donare Cas    qui R*    dist. A    8 praeuecricatorem G* praeuaricatore V    nil] nihil Cas om. BHGV    habere] haberi R corr.+in H₂
9 iudaismum(-mo C corr.) H₂    ⌒iterum reaedifico ut illi dicunt Cas    ut om. H₂    rursum H₂    10 refragator Cas    inuenio E    11 legi] legem H(—C)    litterae] ueteri Cas    siue om. H    ipsam]+moysi E+moysi legem(-i E) HG+legem Cas    12 ueterem] ueteri EMN uetere SR**ueteram G uenientem Sd^ed    ipsi] ipse R*MC* ipsam N    ⌒mort. sum CasSd    mortuos G*    ipsa se] ipsam B ipse se Cas^cod*    esse om. Cas    13 predixi B ut—innouauit om. V    quid N*    14 cum BGSd om. rell. (=vg)    cruci fixus sum] confixus(-is MN*) (crucifixus Cas^ed) sum cruci (cruc[a]e MN) AHVCas (=vg) confixum cruci G    quibus] propter quod Cas    15 ⌒data est GCas data Sd^cod dedit Sd^cod    ⌒mort. sum GCas    ⌒minime mihi Cas^cod    ⌒necess. est GCas    est om. Sd    16 uetus] id est uetus GSd uero om. H₂    17 in—christus om. B    in (pr.) om. R    quo] christo G christi] christus H om. V.    uiget actus] uegetatus est C    uiget] ueget E uegit SRMN*    actos SR*    18 et] ad C corr.    uitam H₂    nunc add. AHGVCas (=vg)    in carnem om. V    carnem B carne rell. (=vg)

*dei et Christi*. In sola fide, quia nihil debeo legi. *Qui me dilexit, et tradidit se [ipsum] pro me*. Non pecuniam, non aliquod aliut pretium, sed se. 21 *Non abicio gratiam dei*. Non debeo esse illi ingratus, qui me tantum dilexit, ut pro me etiam moreretur: abiecta est enim gratia, si mihi sola non sufficit. *Si 5 enim per legem iustitia, ergo Christus mortuus est gratis*. Si lex poterat iustificare, superflue Christus est mortuus. 1 *O insensati Galatae*. Non est contrarium saluatoris uerbo, quo fratrem fatuum uocari prohibuit: non enim [hic] dicitur sine causa. *Quis uos fascinauit?* Per uulgi uerbum inuidiam 10 significauit, sicut ait Salomon: 'fascinatio nugacitatis obscurat bona.' *Ante quorum oculos Christus Iesus [proscriptus est]*. Quibus per meam praedicationem [ita] manifestata est passio eius, ut ipsum ante uos pendere putaretis: proscriptus [autem hoc] est, sententiam damnationis accepit. *In uobis 15 crucifixus*. Quasi apud uos omnia facta sint. Siue sic: Quem uere pro damnato et mortuo etiam nunc uilem habetis, dum putatis eum uobis non sufficere ad salutem. 2 *Hoc solum uolo a uobis discere*. Hoc unum uos interrogo. *Ex operibus legis spiritum accepistis an ex auditu fidei?* Si ex merito fidei 20

9 cf. Matth. v 22 · 11 Sap. iv 12

1 dei et christi] filii (fideli E) dei AHGCasSd^(ed)(=vg) filii dei christi V dei Sd^(codd) nihil—legi] legi namque nihil debeo B qui Sd^(ed) debeo] habeo R legi] + antiquae HG ⌒ dil. me AHGVCas (=vg) diligit G* 2 se] + met H₁GV ipsum *add.* AHGVCas (=vg) non pecuniam *om.* VCas non(*alt.*)]no V ⌒ aliud aliquod G aliquid aliud VCas 3 pretium *om.* RVCas sed] praeter V abitio BR*G habitatio E ab initio S irritum facio Sd(D) ⌒ illi ingratus existere Cas ⌒ illi(-e M) esse HGVSd 4 ingratus] in gemitum Sd^(ed) moriretur G 5 ⌒ enim est H₁G gratiam V 6 iustitiam E ⌒ gr. (*om.* SG*) mort. est AHGVCas 7 ⌒ chr. mort. est BCas mort. est chr. (*om.* R) HG 8 insensate ESG* stulti Sd non] hoc non Sd ⌒ uerb. salu. Sd saluatori Cas **uerbo quo (*in ras.*) G 9 qui Cas fratrem] + 6 *litt. eras.* G fatuum] mortuum B fatuo SR* uocare H₂ prohibet Cas hic *om.* AVCas 10 fasc.] + non credere ueritati Cas 11 salamon N nugat. A 12 bonam H₁ bonum H₂ ⌒ ies. chr. HCas (=vg) *om.* Sd^(codd) christi G* proscriptus est] *om. hic* BH(—E)GV proscriptus E perscriptus est Sd^(cod) 13 quibus] + ita V ita *om.* BHV manifesta G passio (passior G*)] + est B* 14 eius] est G* ipse Sd praescriptus(-um MN) H(—C)G (=vg) 15 autem hoc *om.* BHGVCasSd est *om.* VCasSd damnationis *om.* VCas accipit V excepit Sd in uobis *om.* Cas^(cod*) in] et in EGCasSd^(ed) 16 crucif.] + est H 17 uero SR*M 18 ⌒ a uobis uolo H(—R)GCas 19 dicere R*G interrogo** A 20 sp.] + sanctum Cas^(ed) si] + enim Sd ex G corr. merito fidei] fide VCas

spiritum accepistis, quid uobis lex amplius poterit dare?
3 *Sic stulti estis* [*ut*], *cum spiritu coeperitis, nunc carne consum*[*m*]*emini?* Cum nec Iudaei aliter spiritum accipiant quam per fidem [Christi], uos e contrario putatis uobis spiritum
5 non sufficere sine lege? 4 *Tanta passi estis sine causa, si tamen sine causa?* Tanta sine causa pro Christo tolerastis, si tamen non iterum corrigatis? Siue: Quod hic 'si tamen' non dubitantis sermo sit, sed potius confirmantis, secundum illud: 'si tamen iustum est apud deum retribuere his qui uos
10 tribulant [, tribulationem].' 5 *Qui ergo tribuit uobis spiritum et operatur uirtutes in uobis, ex operibus legis an ex auditu fidei?* Si spiritum sanctum sola fide accepistis, qui non nisi a iustis accipitur, iustos sine legis oneribus [uel operibus] esse uos constat. 6 *Sicut Abraham credidit deo et*
15 *reputatum est illi ad iustitiam.* Ita et uobis ad iustitiam [sola] sufficit fides. 7 *Intellegite ergo qu*[*on*]*ia*[*m*] *qui ex fide sunt, hi*[*i*] *filii sunt Habrahae.* Siue Iudaei, siue Greci non carnaliter circumcisi. 8 *Prouidens autem scriptura quia ex fide iustificat gentes deus, praenuntiauit Abrahae* [*dicens*] *quia Benedicentur*
20 *in te omnes gentes.* Non una gens Iudaica. 9 *Igitur qui ex fide*

9 *2 Thess. i 6     13 cf. Luc. xi 46

1 spiritum] christum G + sanctum Sd    nobis G    ⌒amplius lex V(Cas) ⌒dare poterit Cas    2 ut *add*. BH₂GCasSd^ed (=vg)    carnem E*    consummamini AEH₂GCas^ed Sd^ed (=vg) consumemini B consumamini SRV consummemini Cas^cod    3 ⌒jud. non Cas    alter V*    quam] nisi Cas    4 chr. *om*. AVCas    6 causa (*pr*.)] causa✱ A    toleratis Sd    7 iterum] + pro christo H₁    8 sermo *om*. Cas    potius *om*. Cas    secundum] ut est Cas    illum ES    9 tantum G    dominum Cas^ed    retribuetur SMC uobis Sd    10 tribuant Sd^ed    tribulationem] *om*. B tribulatione SRCG in uobis G    11 ⌒in uobis uirt. G    in uobis *om*. Sd^cod    nobis MN    12 quia H₂    13 accipetur SR*    oneribus] + uel operibus B operibus G    14 ⌒uos esse G    uos *om*. A*    sicut] + scriptum est H₂VCas    ⌒cred. abr. V abr.] *praem*. in genesi SR    ⌒deo cred. E    15 ei AHVCas (=vg)    iustitia V nobis B    ⌒fid. sol. suff. ad iust. Cas    sola] *om*. B solam MN    16 ⌒fides sufficiet G    fides] + apostolus subsequitur deo expositio est (deo expositio est *eras*. R) SRG    cogno(u)scite AH(—R)G (=vg) cognoscitis R,(-es)V,Cas quia AHGVCas (=vg)    hii AESMG (=vg) hi *rell*.    17 ⌒sunt filii AHG,(fili)V,Cas (=vg)    non] + qui Cas    18 circumc.] + sunt Cas    autem] hoc Sd^ed    iustificatur V    19 pronunciauit N    dicens *om*. BHVCas (=vg) 20 una gens israhel V soli israelitae Cas    gens] + tantum Sd    igitur qui *in ras*. G

*sunt, benedicentur cum fideli Abraham.* Non enim [omnes] circumcisae sunt gentes ut possint ex operibus benedici. 10 *Quicumque enim ex operibus legis sunt, sub maledicto sunt.* Quia ita praeualuit consuetudo peccandi, ut nemo iam perficiat legem. *Nam scriptum est [quoniam]: Maledictus omnis* 5 *qui non perseuerauerit in omnibus quae scripta sunt in libro legis, ut faci[a]t ea.* Hoc est, qui non omnia usque ad finem [legis] mandata seruauerit. quaeritur sane hoc loco si fides sola sufficiat Christiano, et utrum non sit maledictus qui euangelica praecepta contemnit: sed fides ad hoc proficit, ut 10 in primitiis credulitatis accedentem ad deum iustificet, si deinceps in iustificatione permaneat. ceterum sine operibus fidei—non legis—mortua est fides: 'qui' enim 'credit deo, adtendit mandatis,' et eos qui euangelii praecepta contemnunt, maledictos esse [et] saluator edocuit dicens: 'discedite 15 a me, maledicti, in ignem aeternum,' et Iacobus apostolus, qui unius mandati transgressorem omnium re[r]um esse monstrauit. 11 *Quoniam autem in lege nemo iustificatur apud deum manifestum est.* Quia nemo illam seruat, ideo praedictum est quod sola fide iustificandi essent credentes. *Quia iustus* 20 *ex fide uiuit.* Perfecta fides est non solum Christum, sed et Christo credere. 12 *Lex autem non est ex fide.* Non iustificat

11 cf. Hebr. xi 6    12 cf. Iac. ii 26    13 Eccli. xxxv 24
15 Matth. xxv 41    16 cf. Iac. ii 10

1 fideli] fidele E *om.* H₂    omnes *om.* BHG    2 circumcisi SRMN*
↪ex op. ben. poss. B    possent GV    4 quia] qui G    peccati H₂
peccando G    custodiat Cas    5 ↪scr. est enim AHGVCas (=vg)    quoniam
*om.* AHGVCas (=vg)    maledictus omnis *om.* H₁    omnes V    6 permanserit AH(-int R*)GVCas (=vg)    7 facit B faciat *rell.* (=vg)    ea *om.* G*
8 ↪mand. leg. Cas    legis *om.* B    quaeritur] quur MN    si] utrum Cas
10 contemnet E non seruat VCas    a G*    sufficit VCas    11 in *om.*
H₂V*Cas    primitiis—deum] primis(-o Cas) credentem VCas    ascendentes B
accedentes HG    iustificent G    si] fide H₂    12 in *om.* G    ceterum]+si G
13 fides *om.* V    credidit H₂G    deo adtendit *om.* H₁    14 euangelica G
15 maledictus H₁    esse et] esset V    et *om.* A    17 transgressorem] transgressori E transgressor est H₂GCas    omnium]+se H₂    rerum B
reum *rell.*    esse] se esse Cas    18 demonstrauit H(—R)G demonstrat R
19 qui G*    illam] deum G* illa V    dictum HG    20 ↪essent iustif. V
quia] *praem.* in ab(+b E)acuc propheta H₁    21 ↪fid. perf. Cas    facta G*
christo (christi C*)H₂    et] etiam VCas    22 christi H₁M christum N,C corr.
in christo C*Cas    credere]+uerba R₁ corr.    ↪sol. iust. V    iustificatur G

sola[m] fide[m]. *Sed qui fecerit ea [homo], uiuet in eis.* Suo
labore conquirebant iustitiam, ut uiuerent in aeternum.
13 *Christus nos redemit de maledicto legis, factus pro nobis
maledictum.* Qui sub maledicto non erat, quia per omnia
legem impleuit, et ideo indebito maledicto eius nostrum
debitum conpensatum est, ut libere transeuntes [ad] fidem
legis opera non curemus. *Quia scriptum est: Maledictus homo
qui pendet in ligno.* Sic est scriptum: 'si cui fuerit iudicium
mortis, suspendetis [eum] in ligno, [et] non manebit corpus
eius in ligno, quia maledictus omnis qui pendet in ligno.'
non ideo maledictus quia pendet, sed ideo pendet quia
maledictus. Christus ergo, cui non erat iudicium mortis nec
causa subeundae crucis et maledicti reatus, pro nobis maledictum suscepit, quia omnes maledicti eramus et debiti ligno
quasi maledicti, qui non permansimus in omnibus quae
scripta erant in lege: utrumque enim eadem lex decreuerat
maledictum. 14 *Ut in nationibus benedictio Abrahae fieret
[in] Christo [Iesu].* [Ut sola fide gentes benedicerentur in
Christo,] sicut promissum fuerat Abrahae. *Ut pollicitationem*

4 cf. *Matth. v 17    8 *Deut. xxi 22, 23    12 cf. Deut. xxi 22
13 cf. Hebr. xii 2 (?)    15 cf. Gal. iii 10    18 cf. Gen. xii 3

1 sola BH,G corr.,V,*om.* Cas solam AG*    fide BH$_1$,G corr.,V, *om.* Cas
fidem AG* fides H$_2$    homo *om.* AHGVCas (=vg)    uiuit SMN*VCas
eis BSd$^{ed}$ illis AHGVCas (=vg)    sui G    2 conquirebat E consequere (*corr.*
consequi NC) quaerebant H$_2$    ut] et ES    uiuent E    3 ᴗ red. nos H$_2$Sd$^{ed}$D
4 maledictus B corr.    quia]+solus Cas    5 maledictio SR*    6 debitum]
maledictum Cas    conpensandum G    libere AB,R corr.,GVCas liberet
H(—R*)    ad] *om.* B ea ad G    7 curamus A*    homo] omnis AHGCasSd
(=vg) omnes V    8 pependit EMNV pendit SRGSd$^{codd}$    ᴗ scr. sic est G
sic]+enim Cas    ᴗ scr. est Cas$^{cod}$    9 suspendetis eum] suspendatur B suspenditis eum H(—RC)GV suspenditis R    et—ligno (*alt.*) (10) *om.* H$_1$    et *om.*
BH$_2$V    10 pendit MN*G pependit VCas$^{ed}$    in] li in B*    11 pendit H(—C)
GV*Cas$^{cod}$Sd$^{codd}$ pependit Cas$^{ed}$Sd$^{ed}$    pendit ERMN*GCas$^{cod}$Sd$^{codd}$
pependit Cas$^{ed}$    12 cui] quia B    nec]+erat Cas    13 causas abeundae A*
subeundae]subeundi E sub eundem S sub ead[a]em MN sub eodem C sibi
unde G *om.* VCas    reatus] reatu H$_2$ *om.* VCas    14 subiit VCas    maledicti
eramus] rei mortis eramus V rei eramus mortis Cas    dediti B debetur G
ligni H$_2$    15 quasi] quia Cas    qui] quippe qui Cas    non *om.* R    16 sunt R
lege] libro legis VCas    que] quod E    enim *om.* E    decreuerat] de cruce
erat (*om.* E) HG    17 maledictum]+in deuteronomio H$_1$V    in nationibus]
indigentibus E    gentibus AHGVCas (=vg)    18 in *om.* B    xpm (*sic*) G
iesu *add.* AHGVCas (=vg)    ut—christo *om.* B

*spiritus accipiamus per fidem.* Quae per Iohel prophetam omni carni promissa est, id est, uniuerso generi hominum. 15 *Fratres, secundum hominem dico: tamen hominis confirmatum testamentum nemo irritum facit neque superordinat.* 16 *Abrahae dictae sunt promissiones et semini eius. non dicit 'et 5 seminibus,' tamquam [in] multis [, sed sicut in uno, et semini tuo, quod est Christus].* Humano utor exemplo: comparari enim humana diuinis propter euidentiorem intellectum possunt aequari [uero] non possunt. 17 *Hoc autem dico testamentum confirmatum a domino.* [In Christo.] *Quae post quadringentos et 10 triginta annos facta est lex, non infirmata ad euacuandam [re]promissionem.* Quae post tantum temporis data est lex, testamentum illud non potest euacuare, quod Abrahae deus confirmauit in Christo. 18 *Si enim ex lege hereditas [data est], iam non ex repromissione: Abrahae autem per repromissionem 15 donauit deus.* Non per legem, quae nondum erat. 19 *Quid igitur lex?* Quare ergo data est [lex]? *Propter transgressionem posita est, donec ueniat semen cui repromissum est.* Propterea data est, ut [nos] non transgredi uel cogeret uel doceret, usque dum Christus ueniret. *Disposita per angelos.* Quia legimus 20 angelos per legem [saepe] populo adfuisse. *In manu mediatoris.*

1 cf. Act. ii 16, 17    21 cf. Esai. xxxiii 3 (?)

1 qui MN    hiohel M ioel GSd<sup>cod</sup> ioelem Sd<sup>ed</sup>    prophetam *om*. VCasSd    omni] in omni R    2 promissus Cas    est (*pr.*) *om*. H    id est] uel Sd<sup>cod*ed</sup>    omni VCas    humano RSd    3 homines V    ᴗ test. conf. V    4 irritum facit (fecit R*G)] spernit R½H₂VCas (= vg)    neque] aut AH₂GVCas (= vg) et H₁    super ordine[m] ES superordinet R½    5 prom.] reprom. Cas<sup>ed</sup>    dicit *om*. G    6 tamquam] quasi in AHGVCas (= vg)    sed—christus *om*. A sicut] quasi AHGVCas (= vg)    unum V    7 quod] qui AH(⊢—R)VCas (= vg)    utitur H₂    conparare MN* conparam G    8 eminentiorem A 9 uero *add*. AG    10 deo AHGVCas (= vg)    in christo] *om*. AH(—E)GV + iesu E    11 infirmata] irritum facit (fecit RG) AHGVCasSd (= vg)    euacuandum BH₁    12 promissionem AHGVCas (= vg)    qui H(—R)    tempus Cas<sup>cod</sup>    lex *tr. ante* quae Cas    13 illum H₂    non *om*. E    euacuari H(—N)    14 si—repromissione *om*. V    si enim] nam si AHGCas (= vg) data est *om*. AHGCas (= vg)    15 iam] + et MN*    repr. (*pr*.)] promissione[m] H(—E)GCas prom. V    16 quia H₂    necdum H    17 igitur] ergo Sd<sup>cod d</sup>D ergo *om*. G    lex (*alt.*) *om*. AV    transgressiones AER*,N corr.,GVCas (= vg) transgressionis S,R corr.,MN*    18 ueniret AHGVCas (= vg)    repr. est] promiserat AHGCas (= vg)    promiserat deus V repromiserat R corr. 19 nos *om*. B    non *om*. H₂    coegeret MN* constringeret Cas    20 disposita BSd ordinata AHGVCasD (= vg)    ᴗ legimus enim VCas    21 angelus ES angelum H₂    per—populo *om*. VCas    saepe] *om*. B (*cf. uol.* I *p*. 111) se S

Siue Moysi, ut quidam putant, siue Christi: "nam et Moyse[s],"
aiunt, "inter deum et populum medius fuit." 20 *Mediator
autem unius non est.* Unius partis, qui[a]inter deum et hominem
medius fuit. *Deus autem unus est.* Hoc ideo addi[di]t ne quis
putaret Christum ab unitate diuinae naturae [penitus esse]
diuisum, quia mediatoris suscepisset officium. 21 *Lex ergo
aduersus promissa dei [est]? absit! si enim data esset lex quae
posset uiuificare, uere ex lege esset iustitia.* Sicut et ad Romanos
ait: 'quod inpossibile erat legi, in quo infirmabatur,' scilicet
quia a nemine seruabatur. 22 *Sed conclusit scriptura omnia
sub peccato.* Hoc est, deprehendit. *Ut [uere] promissio ex
fide Iesu Christi daretur credentibus.* Ut necesse esset sola
fide saluari credentes. 23 *Prius quam autem ueniret fides.*
Prius quam ueniret cui crederemus. *Sub lege custodiebamur
conclusi in eam fidem quae [postea] futura erat ut reuelaretur.*
Seruabamur a lege huic fidei quae erat suo tempore reuelanda.
24 *Itaque lex pedagogus noster fuit in Christo, ut ex fide iusti-
fic[ar]emur.* Ad disciplinam nos artius retenta[n]s, perfectam
doctrinam uero magistro seruabat. 25 *At ubi uenit fides, iam*

1 cf. 1 Tim. ii 5; cf. Deut. v 5   3 cf. 1 Tim. ii 5   8 *Rom. viii 3
12 cf. Eph. ii 8

1 moyse SR* ut *om.* H₁ siue *om.* V christo Cas moysi A
2 aiunt] agunt E* *om.* H₂V inquiunt Cas fuit] fuisse censetur V mediator—fuit *om.* S   3 autem *om.* E   patris BV   quia—fuit *om.* E
quia] qui B*om.* RH₂  homines RH₂Cas populum V   4 ᴖextitit mediator Cas
ᴖideo hoc Sd   addit ABZm^{ed} audiuit E   5 ᴖnat. diu. G   penitus
esse *om.* AVSd   7 est *om.* AHGVCasSd^{ed} (=vg)   8 possit H(—C)G
uera MN • et *om.* HGVCas   romanus G   9 ait *om.* VCas   quod]
quidem B* nam quod Cas   inpossibili G   legis VCas   in quo]in qua E
corr., quod S   10 quae EC qui G   a nemine] anime SR* minime N
iam a nemine Cas   omnia—credentibus *om.* M (*cf. infra*)   ᴖomn. sub
pecc. scr. V   11 hoc est deprehendit *om.* HG   deprehendit ACasSdZm
reprehendit BV   ut—credentibus *om.* H   uere *om.* AHGVCas (=vg) repromissio Sd^{cod ed}D *fort. recte*   ex fide *om.* Cas^{ed}   13 fide]+per gratiam Cas
ᴖautem quam AHGVCas (=vg)   14 crederimus G   custodiebamus SG
custodiebam V   15 inclusi H₂   in eam] meam B in ea EH₂   fide EH₂
postea *om.* BHGVCas (=vg)   futura erat ut reuelaretur] reuelanda erat
(erant MN*G*) AHGCas (=vg) incipiet reuelari V   16 ᴖsuo temp. reu.
erat H₂   suo tempore *om.* Cas   suo] hoc V   17 christum H₂ christo
iesu GV   iustificemur AHGVCas (=vg)   18 retentas B retendens S
retantans R   perfecte MN   19 uero] et Sd^{ed}   magistram N   reseruabat Sd
ad SR*MNV (*cf. Study of Ambst.*, p. 71)   iam *om.* V

*non sub pedagogo sumus.* Perfect[a]e aetatis discipuli non indigent pedagogo. 26 *Omnes enim fideles dei estis per fidem in Christo Iesu.* Aequaliter et Iudaei et gentes per solam fidem qua credidistis Christo. 27 *Nam quicumque in Christo baptizati estis, Christum induistis.* Filium dei induti, et toti membra eius effecti, filii dei sitis necesse est. ut quid ergo uobis legem, quae seruis et peccatoribus data est, quibus omnia per baptismum peccata remissa sunt? 28 *Non est Iudaeus neque Grecus, non est seruus neque liber.* Ante enim non solum inter [Iu]d[a]eum et Grecum, sed etiam [inter tribum] et tribum erat magna diuersitas. *Non est masculus neque femina: sed omnes uos unum estis in Christo Iesu.* 29 *Si autem uos omnes unum estis in Christo Iesu, ergo Abrahae semen estis, secundum promissionem heredes.* Si omnes unum corpus effecti estis Christi, Abrahae semen estis ut ueri heredes, non ex carnali semine, sed ex diuina promissione generati. 1 *Dico autem: quanto tempore heres paruulus est, nihil differt a seruo, cum dominus sit omnium,* 2 *sed sub tutoribus est et actoribus usque ad praefinitum diem a patre.* 3 *ita et nos, cum essemus paruuli.* Quia dominatum in illis sacerdotes et principes exercebant, quos tutores et actores appella[n]t. modo autem

6 cf. Eph. v 30 etc. cf. Marc. i 1; Gal. iv 4 etc.   7 cf. *1 Tim. i 9
    8 cf. Marc. i 4 etc.   20 cf. *Eph. iii 10

1 ⏝sumus sub pedag. HGCas (=vg)   pedagogam E pedagoco V (*sic u.* 2) perfecte ABEH₂   2 fideles] filii AHGVCasSd^ed (=vg)   estis *om.* G fidem]+quae est H₂VD   3 in christo iesu *om.* SR*   ⏝fid. sol. Cas 4 quia H₁G   creditis(-etis M) H₂VCas   christum H₂   ⏝quic. enim AHGVCas (=vg)   5 tot R   6 ⏝eius mem. (+per baptismi sanctificationem) Cas   ut] et A   7 lex H₂   seruis et *om.* Cas   seruus G 8 omnia per baptismum]iam Cas   omnia *om.* E   pecca V   9 gregus R ante] tunc Cas   10 iudaeum] deum B   grecum] proselytum Cas inter tribum *om.* B   11 tribuni B   ⏝diu. mag. Sd^cod ed   12 sed omnes] omnes enim AHGVCasSd (=vg)   13 uos omnes (*om.* G) unum estis in christo iesu] uos christi AH(—R)VCas(=vg) omnes uos unum estis in christo iesu R corr. *in ras.*   14 heredis G   si]etsi Sd^ed   15 effecti]*om.* E facti Cas estis]+secundum promissionem heredis G   ut ASd et BHGVCas   ueri] uere H₂G tres Sd^ed   16 repromissione Cas^cod   generati *om.* Cas   17 quanto tempore] quamdiu Sd   paruolus** G   18 ⏝sit dom. omn. (⏝omn. dom. MN) AHGVCas (=vg)   est—patre *om.* H₂   ⏝et act. (aut. Cas^cod) est ECas   est *om.* G   au[c]toribus G*Cas^cod   19 praefenitum G diem] tempus AHGVCas (=vg)   20 illos Cas   et principes *om.* V 21 et actores *om.* A*   actures E* auctores MCG   appellant B

non dominari, sed formam praebere iubentur, quia sacerdotale
genus sumus, et omnia communiter, quamuis per illos per-
cipi[a]mus sacramenta. *Sub elementis mundi eramus seruientes.*
Dierum et temporum, quae fuerant eorum infirmitati neces-
5 saria pro temporis qualitate. 4 *At ubi uenit plenitudo temporis,
misit deus filium suum.* Inpletum est tempus, quando iam
legem per malam consuetudinem nemo poterat custodire.
*Factum ex muliere.* Hic mulieris nomen non corruptionis,
sed sexus significat, sicut [et] Eua, statim ut facta est, 'mulier
10 appellatur.' *Factum sub lege,* 5 *ut eos qui sub lege erant redimeret.* Quia, si sub lege factus non esset, Iudaeos saluare non
poterat, gentes uero poterat positus sub lege redimere. *Ut
adoptionem filiorum reciperemus.* Non enim omnes recepisse-
mus adoptionem, si factus sub lege non esset. 6 *Quoniam estis*
15 *filii dei, misit deus spiritum filii sui in corda nostra clamantem
'abba pater.'* Ex hoc nos probat filios esse dei, quo[d] spiritum
Christi accepimus. 7 *Itaque iam non es[t] seruus, sed filius:
si autem filius, et heres per deum.* Quid uis iterum seruus esse,
qui iam filius et heres effectus es? 8 *Sed tunc quidem nescientes*
20 *deum, hi[i]s qui [natura] non sunt di seruistis:* 9 *nunc autem,*

1 cf. 2 Thess. iii 9 etc.; cf. Act. iv 6; cf. 1 Petr. ii 9   9 \*Gen. ii 23

1 dominare MN\*   exhibere Cas   quia]+omnes VCas   2 illum B
percipimus BVCas   3 elimentis H₁   mundi] huius mundi VCas   4 que G
fuerunt BH₂   infirmati SR\* infirmitate G   5 at] ac B ad R\*MNV
(*uide c.* iii *u.* 25)   6 est *om.* H   quado G   7 ↶ per legem G
poterant G   8 factum] editum V   hic—significat] dicens (dies R\*)
factum ex muliere sexum significat non corruptionem HG   hic *om.* CasZm
mulieris nomen] mulierem V mulier CasZm   corruptionem BVCasZm
9 sexum BVCasZm   sicut—appellatur] *om. loco prolixius tractato* H   sicut]
denique CasZm   et *om.* BVCas   mu✱lier A   10 redemeret EM (*sic u.* 12)
11 quia] *om.* ENC qua SV   12 positos SR positas Cas^ed   13 reciperi-
mus MR   recipissemus AH₁ reciperemus H₂ recipessemus V   14 quoniam]
+autem HGVCasZm (=vg)   15 dei *om.* SRMCCasZm^codd (=vg)   suo MN\*
nostra] *om.* V uestra Cas^ed Zm^ed   clamante G\*   16 ex hoc *om.* Cas
↶prob. nos Cas   ↶dei esse R   esse *om.* V   quod B,G corr., V quos G\*
quo *rell.*   17 christi] dei B sanctum R   accipimus H₁GV   es] est
BHVZm^ed codd pler (=vg)   18 si autem] quod si AHGVCas (=vg)   dominum G\*   iterum *om.* CasZm   fieri CasZm   19 iam] accipiens spiritum
filii CasZm   effectus *om.* H₁   es] est V *om.* Cas^ed   nunc B   ignorantes
AHGCas (=vg)   honorantes G\*   20 hiis B his *rell.* (=vg)   natura *add.*
AHGVCas (=vg)   di (dei A) A\*V dii A corr. BH(—M,R corr.)GCas diis
M,R corr.   seruie(a MN\*)batis AHGVCas (=vg)

*ubi cognouistis deum.* Conuertit se ad illos qui ex gentibus
crediderant, et arguit illos, quia dies festos et tempora Iudaeorum obseruare uelint, sicut antea ad idola faciebant: nam
et Iudaeis isti dies idcirco concessi sunt, ne eos amore festi-
uitatis idolis exhiberent. *Immo potius cogniti estis a deo.* Qui 5
ante ignorabamini ab illo qui non nouit iniquos, et non illum
uos quaesistis, sed ille uos perditos requisiuit. *Quo modo
conuertimini iterum ad infirma et egena elementa, quibus rursum
seruire uultis?* 10 *dies obseruatis et menses et tempora et annos.*
Nos non similiter obseruamus: non enim calendas colimus 10
nec dies festos, sicut illi in luxuria et epulis, sed [spiritalem
festiuitatem] in sinceritatis et [in] ueritatis azymis celebramus. 11 *Timeo [uos,] ne forte sine causa laborauerim in uobis.*
Nihil enim profeci Christianos uos faciendo, si i[s]ta iterum
obseruatis. 12 *Estote sicut [et] ego, qu[on]ia[m] et ego sicut uos.* 15
*fratres, obsecro uos, nihil me laesistis.* Ut merito putetis me
inimicitiarum, et non salutis uestrae causa moueri. 13 *Scitis
[autem] quia per infirmitatem carnis euangelizaui uobis prius.*

6 cf. Matth. vii 23 etc.     7 cf. *Luc. xix 10     12 cf. *1 Cor. v 8

1 ubi] cum AH₂GVCas (=vg) *om.* H₁     cognouistis BR* cognoueritis AH(—R*C)GCas (=vg) cognoscitis C* cognoscatis C corr. cognouissetis V
deum *om.* G*     ad] ab G*     qui—crediderant] hoc est ex gentibus credentes
VCas     2 crediderunt BH₂     et *om.* H(—E)     quod VCas     festus H₁
festum G*     ⌒iudaeorum uelint et temp. obs. V uelint et temp. iudaica
obs. Cas     tempore G corr.* *in ras.*     iud.] + uel iura G     3 ⌒uellent
obs. G     obseruari ES     uellent E,N corr.,CG uellim S uellerint MN*
ante GV     ad *om.* R     idula MN*     faciebatis G     4 iud.] + ideo Cas
isti dies *bis* G*     idcirco *om.* Cas     ne] idcirco ne G     amare B more V
5 potius *om.* HGCasSd^ed (=vg)     sitis H(—R)GCas(=vg)     a deo] ab eo
Cas^cod*     6 ignorabimini R* ignorabani V     ab illo *om.* V     eo H₂     quia VCas
⌒uos illum HGVCas     7 uos (*alt.*)] nos B     pe[r]ditores (petitores C*
peccatores C*m2) quesiuit SH₂     8 rursum] denuo AHVCas (=vg) de nouo
uos G     9 tempora (pora corr. *in ras.*) G     10 obseruamus *om.* Cas
kalendas BH(—S)GVCas^cod     11 ille E*SMN*     luxoria H₁V luxuriis Cas
spiritalem festiuitatem *om.* BHVCas     12 sinceritate HG*     et in ueritatis
*om.* HG     in *om.* BVCas     azymas E     13 timeo] + enim H₂     uos *add.*
AHVCas^cod (=vg)     14 profici E*R*G* proficit SNC* profecit N     ⌒uos
fac. chr. Sd     christianus G*     ita B ista *rell.*     15 obseruetis Sd     sicut] + et
BRGSd^ed (=vg)     quoniam BSd quia AHGVCas (=vg) sicut (*alt.*)] + et Sd^ed
16 merita MN     putaretis Sd^ed     17 inimicitiorum G* inimitiarum V*
non] nos MN     18 autem *add.* AHGVCas (=vg)     quod G     infirmitate V
euangelicam B     prius] iam pridem AHGVCas (=vg)

Uel passionum, uel etiam naturalem, quia thesaurum gratiae
in uasis fictilibus baiulabat. 14 *Et temptationem uestram [in]
carne mea non spreuistis neque respuistis.* Grandis temptatio
discipuli est, si uir sanctus aut infirmetur aut impune laedatur;
5 sed ideo hic ista pati permittuntur a deo, ut uirtutem [in]
infirmitate perficiant, et ut corruptionem hanc sentientes
incorruptam uitam maiore studio et amore perquirant. *Sed
sicut angelum [dei] excepistis me.* Cum se angelo comparatum
gaudet, probat angelos hominibus esse maiores. *Sicut*
10 *Christum Iesum.* Non solum ut angelum. 15 *Ubi est ergo
beatitudo uestra?* Qua me tunc taliter suscepistis. *Testimonium [enim] perhibeo uobis qui[a], si fieri posset, oculos
uestros eruissetis et dedissetis mihi.* Ostendit quanta eum
caritate dilexerint et quo modo se totos eius doctrinae tra-
15 diderint, qui ea quae carissima sunt corporis sui membra,
eidem tradere cuperent, hanc solam euangelico lumini dignam
esse uicissitudinem arbitrantes, si sua lumina reddidissent.
16 *Ergo inimicus uobis factus sum uerum dicens uobis.* Haec
est condicio ueritatis, ut eam semper inimicitiae prosequantur,

1 cf. 2 Cor. iv 7   5 cf. 2 Cor. xii 9   19 cf. Tert. *apol.* 7 etc.

1 siue Cas    passionem H$_2$    uel etiam] siue Cas    nat.] per nat. infirmitatem E *m. rec.* + infirmitatem Cas    gratiae *om.* Cas    2 habebat Cas    uestram *om.* V    in *om.* B    3 carnem meam ER*N    preuistis B*    nec G    gradis V    temptatio] temptationem durauerint apostolum E (*transpos. ex suppl.* H)
4 discipulis GCas    uir sanctus] magister Cas    5 sed] si MN    hoc H(—C) *om.* G    pati *om.* G · permittitur H    in (*om.* B) infirmitate]
per infirmitatem H$_1$    6 perficiat H    corr.] per corr. S    hanc *om.* Cas
sentientis B scientes R    7 maiori BH(—C)GVCas    amori G*    8 dei
*add.* AHGVCas (=vg)    exceptis G*    se angelo] scandalo V    angelus
E*S* angelum H(—C)    9 gaudeat H$_2$ dicit Cas    probat] ostendit VCas
angelos] eos V    sicuti⚹ G    10 ⌒ies. chr. R    ubi est ergo] quae ergo
est S$^{ed}$    11 beatudo V    qua me tunc] quoniam et tunc B quę nunc E
quam et tunc S, R corr. quia me tunc H$_2$ quam nunc V qua (quia *ed.*) me Cas
aliter V ita Cas    testimonio V    12 enim] *add.* AH$_1$GVCas (=vg) ergo H$_2$
qui B quoniam Sd$^{ed}$ quia *rell.*    possit H(—RC)V potuisset R    13 uestros]
eius G*    eruesetis MN*V    14 euaritate B caritatem E*R*    susceperint
Cas    totus H$_1$NV    15 qui ea] ut BH$_2$GVCas uti E at S, *eras.* R*    quae]
que EG*    sunt *eras.* Em2    16 ei C    dare Cas    cupierant HG    hanc]
[h]ac si H$_2$ quo uel Cas    solum BER,C*m*2 solo H$_2$G sic Cas    lumine H$_2$
dignum C    17 uicissitudinem *om.* H$_2$    redissent MN reddidessent V
tradidissent Cas    18 uerum dicens] praedicans ueritatem V    ⌒uobis
dicens Cas$^{ed}$ praedicans uobis Sd$^{ed}$D    uobis *om.* MN    hoc G    19 indicio G*
indicium G natura VCas    semper *om.* Cas    prosequantur—amicitiae *om.* S
prosequantur A,R corr., C corr., VCas persequantur BR*H$_2$ sequantur EG

sicut per adulationem perniciosae amicitiae conquiruntur libenter enim quod delectat auditur, et offendit omne quo( nolumus. ita ergo et hi[i] diligere coeperant sabbati otium et dierum festorum epulas, praedicantes contra apostolum, qui omnem continentiam suo illis monstrabat exemplo. 17 *Aemulantur uos non bene, sed excludere uos uolunt, ut illos aemulemini.* Aemulus et imitator potest et inimicus intellegi, sed non bene aemulatur qui, ut alium deiciat, non ut ipse proficiat, aemulatur. [*Aemulamini autem meliora.*] 18 *bonum [autem] aemulamini [in bono] semper, [et] non solum cum praesens sum apud uos.* Nolite illos aemulari, sed bonum semper aemulamini, non in praesentia mei tantum. 19 *Filioli mei.* Per euangelium geniti in lucem ueritatis [atque iustitiae]. *Quos iterum parturio.* Iterum me dolorem et gemitum sustinere fecistis. ostendit hominem per paenitentiam posse renasci. *Donec formetur Christus in uobis.* In illo uere Christus formatur, qui uirtutem fidei eius intellegit, et in quo omnis conuersatio eius exprimitur atque depingitur. 20 *Uellem autem [ad]esse apud uos nunc.* Quia quanta uos audire meremini, scribere tanta non possum. *Et mutare uocem meam.*

2 cf. Caes. *B. G.* iii 18   9 cf. *1 Cor. xii 31   13 cf. 1 Cor. iv 15
16 cf. Ioh. iii 5 etc.

1 sicut] sotii G* socii G        peruitiosae B pernitiosa(-am S) ES
conquierunt G prosequuntur Cas        2 dilecto MN        et *om.* Cas        omnes
quod nolunt G        3 ita ergo] sicut Cas        ergo] enim E        hi BRCGVCas^cod
hii AESMN ii Cas^ed        ceperunt B ceperunt H₂ coeperunt G        otio E* otia Em2
4 et *om.* G        derum G*        epula G        praedicantes *om.* G        5 illis *om.*
Cas        ⌒ exemplo(-a R) monstrabat(-auit H₂) BHV mostrauit (sic) exemplo
G praedicabat (docebat *ed.*) exemplo Cas        7 [a]emulamini R*MN*V
aemulemi G        ⌒ et inim. pot. B        et (*alt.*) *om.* V        8 sed] sic E *om.* Cas
[a]emulator¡E,R corr. emulantur G*        9 perfitiat B*        aemulamini
autem ( + uni E) meliora ( + carismata HGSd)] *om.* AVCas (=vg)        10 autem
*add.* AHGVCas (=vg)        inemulamini ES        in bono *add.* AHGVCas
(=vg)        et *add.* AHGVCas (=vg)        tantum ARVCas (=vg) tum R*
solo G*        12 in *om.* G        mea HG        13 per—iustitiae *om.* HG        ueritatis] et
ueritatem B *om.* V(Cas)        atque iustitiae *om.* BV(Cas)Sd        14 partu*rio G
iterum (*alt.*)—fecistis] *tr. post* renasci B *om.* E        iterum me] si iterum
me SRG si (qui C corr.) me (*om.* C) iterum H₂        et gemitum *om.* VCas
15 ostendit—renasci *om.* H        hominem *om.* Cas        16 reformetur H(—R)
firmetur R*        uero SRVCas        17 omnes H₁V        18 definigitur H₁
defigitur H₂        uellim H₁G*D        19 ⌒ apud uos esse C
adesse] esse AHGVCas (=vg)        nunc] modo AHGVCas (=vg)        audire
meremini] audiremini R        meremini] miremini H(—R) memini V        20 mutarem NCas

4 6

Uocem blandientis patris in rigorem magistri uerterem
arguentis. *Quoniam confundor in uobis.* 21 *dicite mihi, sub
lege uolentes esse.* Detrimentum discipulorum confusio est
magistri, sicut profectus eorum est gloria praeceptoris: confunditur autem, quia iam filii facti rursum serui esse cupiebant. *Legem num legistis?* 22 *scriptum* [*est*] *enim quod Abraham duos filios habuit, unum de ancilla et unum de libera:* 23 *sed
* [*is*] *qui de ancilla, secundum carnem natus est; qui autem de
libera, per repromissionem* [*dei*]. Ismahel carn[al]is, Isaac fidei
filius fuit: illum enim Abraham secundum carnalem usum
genuit, istum contra naturam promissioni credendo suscepit.
24 *Quae* [*quidem*] *per allegoriam sunt dicta.* Hoc est, alia [l]ex
aliis figurata. dedit autem regulam hoc loco apostolus intellegendi allegoricas rationes, scilicet ut manente historiae
ueritate figuras testamenti ueteris exponamus. nam cum
dixisset Abraham duas uxores uerissime habuisse, postea
quae [prae]figurauerint demonstrauit, et hoc ipsum ibi fecit

5 cf. Gal. iv 7

1 ⌒pat. bl. C corr., Cas^cod blandimentis(-es M) H(—S) blandentis V
rigore EMN furorem Cas   ueteri ER* uere S uertere RM   2 arguentes
ESM   sub lege uolentes esse] qui sub lege uultis esse (esse uultis C corr.)
AHGVCas(=vg)   3 confusio]+et obprobrium Cas   4 sicut]+et Cas
⌒gl. est GCas   5 autem]enim in eis Cas   qui MNG*   ⌒fil. fac. iam C*
iam *om.* Sd   facti] effecti Sd   rursum *om.* CasSd   esse *bis* V
coeperunt GSd desiderant V desierant Cas   6 num] non AHGVCas(=vg)
est *om.* BM   quoniam AHGVCasSd(=vg)   7 unum (*alt.*)] alterum G   8 is D
his B *om. rell.*(=vg)   9 dei *om.* AHGVCas(=vg)   carnalis AG carnis *rell.*
⌒fil. isaac fid. VCasZm   ⌒fu. fid. fil. G   ⌒fil. fid. H   10 fuit *om.* E
consuetudinem VCasZm   11 genuit]+illum E*   promissioni credendo]
per repromissionem Cas   promissione H₁NG promissionis V repromissioni
Zm^(ed codd) repromissionis Zm^codd   12 quidem] *om.* ACasZm(=vg) quidam SR
⌒sunt per all. AHVCas(=vg)   per allegoriam] aligorice G   ho G   est]
+dicta R   aliud CasZm   lex B ex *rell.*   13 alio figuratum CasZm   dedit
autem] aliter: dedit V dedit CasZm   hoc loco] *om.* VCas ex hoc loco Sd (*tr.
ante* regulam *cod.*)   hoc]huic A   intell. alleg. rat.] quomodo allegorizare
debeamus(-emus Cas^ed) CasZm   14 allegorias H₁   manenti H₁   ⌒uer. hist.
Cas   15 ueritatem SR*   testamenti ueteris *om.* CasZm   expugnamus
SH₂ exprimamus E*m2* expungamus C*m1* exponam G* intellegamus CasZm
16 dixissit V   ⌒uere duas uxores CasZm   duos filios V   habere Sd^(cod ed)
17 quae] quam H(—Cm2) quid Cm2Zm que G* + hae (haec Cas^ed Zm^codd) ipsae
VCasZm   praefigurauerint] figurauerint B perfigurauerint EN* praefigu-
rarent CasZm^(codd ed) praefigurantur Zm^codd   demonstrauerat G ostendit
Cas mystica ratione significauit Zm   ipsud H₁   ibi] mihi B tibi H₂
*om.* Cas   facit Cas

ubi aliqua sanctorum honeste gesta referuntur, non ubi peccata notantur. ceterum delicta dicere mysteria aut impossibilitatis aut ignorantiae deum est criminari, qui[a] aut aliter sua monstrare non potu[er]it sacramenta, aut certe nesciens sibi quorundam peccata necessaria, prius illa generaliter 5 condemnarit; sed et postea reprehend[end]o atque uindicando. ostendit illa non se propter sua mysteria fieri uoluisse. praecepta uero difficile inuenies apostolum taliter exponentem, ne eorum uideretur eneruare uirtutem. *Haec autem sunt duo testamenta.* Uetus et nouum singulos populos generantia. 10 *Unum quidem a monte Sina in seruitutem generans.* Iudaei metu etiam praesenti cogebantur ut serui; nos uero praemiis inuitamur ut liberi: et illi quasi serui praeter moralia praecepta etiam diuersis operibus premebantur; nobis autem quasi filiis mor[t]alibus monitis adimpletis seruilia onera 15 auferuntur: et illi sacerdotibus suis ex debito seruientes tributa etiam reddere cogebantur; nos uero praeter caritatem nihil debentes, antestites nostros uoluntarie honoramus. *Quae est Agar.* Cuius typum habebat synagoga. 25 *Sina enim mons*

13 cf. Gal. iv 7    17 cf. Rom. xiii 7; cf. Leu. *passim*    cf. Rom. xiii 8

1 sanctos V (*cf. uol.* I *p.* 251, Traube *NS* 199)    honeste] honesta HCas$^{cod}$ *om.* RCas$^{ed}$    gestare feruntur V    gesta] facta Cas    ubi] ulli M nulli N nulla C    2 nontiatur G* nuntiantur G corr. damnantur Cas$^{ed}$    ceterum] et ceterum H(—F)G*    ↶ myst. dic. VCas    inpotentie Cas$^{cod}$    3 ↶ est aut ign. (*om.* deum) V    criminare H$_1$G notare Cas    qui—uirtutem (9) *om.* H$_2$    qui (quia B) aut aliter] quia utiliter S quia ut aliter V    4 suam G* potuerit AVCas potuit B poterit H$_1$G    certe *om.* Cas    5 antea Cas$^{ed}$ ante ea Cas$^{cod}$    illo H$_1$    6 condemnaret ER contempneret G condemnauerit Cas$^{ed}$ damnauerit Cas$^{cod}$    reprehendo B    atque] aut G 8 uerum B    dificile A    inueniet A inueniens H$_1$G*    aliter R    9 uidentur B uiderentur G*    euacuare Cas    uirtutem *om.* H$_1$    autem] enim BH$_1$GVCas (=vg) *om.* H$_2$    10 populus SR*    11 a] in R corr. Zm    sinai MNCas seruitute ESZm$^{codd}$    12 metu etiam] ↶ etiam metu B metuent(c)ia[m] H(—C) metu C metu etiam in Sd$^{ed cod}$    13 imitamur G*    serui] feras H(—C) ferreas N* ferae C seruierent Cas    praeter (propter Zm$^{ed}$) moralia] per temporalia G    mortalia H$_1$Zm$^{cod}$    14 etiam *om.* V    praegrauantur V occupantur CasZm    autem] uero R    15 tamquam CasZm    mortalibus BE seruilia] *praem.* omnia CasZm    honera H$_1$    16 au(o M)ferantur H$_2$V illi sac.] illis ac. H$_2$    suis *om.* CasZm    17 ↶ etiam trib. Cas    ↶ reddere etiam Zm    uero *om.* E    propter H$_2$    caritatem] qualitatem B auctoritatem SR    18 ↶ uol. ant. nost. Zm    [h]oneramus MN*    19 habuit H$_1$ habet H$_2$V habeba G*    synagoga] agar V    enim *om.* Zm$^{ed}$

*est in Arabia, qui coniungitur ei quae nunc est Hierusalem.* De qualitatibus locorum uult intellegi diuersitatem testamentorum. *Et seruit cum filiis suis.* Cum filiis Hierusalem gentibus seruit. 26 *Quae autem sursum est Hierusalem libera est, quae est mater omnium nostrum.* Ecclesia, quae mater est tam gentilium credentium quam etiam Iudaeorum, cuius filii serui esse non possunt: et ideo [et] mediator noui testamenti de caelo aduenit et pontifex, et euangelium non in uno loco, sed in toto mundo est praedicatum. 27 *Scriptum est enim: Laetare, sterilis, quae non paris.* Prophetico testimonio probat meliorem nos quam Iudaeos matrem habere. *Erumpe et clama, quae non parturis.* Clamor pro laetitia ponitur in hoc loco. *Quia multi filii desertae.* Hoc praefigurabat Anna, quae dixit: 'sterilis peperit septem, et fetosa in filiis infirmata est.' 15 *Magis quam eius quae habet uirum.* Quae uirum habere se putans de fecunditate gloriatur; aut quia habebat uirum ante quam eiceretur cum filio suo. 28 *Nos autem, fratres, secundum Isaac promissionis filii sumus.* Quo modo de Isaac, ita et de nobis est Habrahae repromissum [est], quod scilicet in eo 20 benedicendae essent omnes gentes. 29 *Sed quo modo tunc qui secundum carnem natus est.* Semper carnales homines eos

7 cf. Hebr. ix 15   8 cf. Hebr. ix 11   cf. Col. i 23   14 *1 Regn. ii 5
17 cf. Gen. xxi 10   19 cf. Gal. iii 8

1 quae E   coniunctus est AHGVCasZm (=vg)   ei] et S   qui Cas[ed]Zm[ed]   2 testamentorum] meritorum A   3 suis] eius AEVCas[ed] (=vg)   ↶seru. gent. V   4 quae autem BSd[ed] illa autem quae AHGVCasZm (=vg)   5 omnium nostrum] nostra AHGZm[ed] (=vg)   eccl.] *praem.* spiritalis Sd   quae *eras.* C   est] +omnium G   6 gent.] +quam H(—C)G* cuius] et cuius V consimilis Sd[ed]   7 et (*pr.*) *om.* VCas   et (*alt.*) *om.* ACG ↶ de caelo adu. med. et pont. nou. test. VCasZm   8 et (*pr.*) *om.* H   in *om.* Zm[codd]   uno] unum H₁ +iudaeae Zm   9 in *om.* Zm[codd]   praed.]+in esaia H₁   scr. est enim] sicut scr. est HG   10 pares MN*   probat]+ aliam CasZm   11 quam iudeos *bis* G*   iudaei CasZm +hierusalem CasZm erumpa A*   12 clamor] clama Cas   pro laetitia] prophetia H₁ pro (prae *ed.*) magna laetitia Cas   ponitur in hoc loco *om.* Cas   13 qui G* quam Zm[ed] deserti BZm[cod]   hoc] quod Cas   annam N*C*   14 peperit]+filios H₂ fecunda Zm   15 eius] ei Zm[ed]   quae (*alt.*)] que G   habere se putans] haber (*sic*) V   16 de *om.* G   quia] que BG* qui S de agar quę C quae G corr. +tunc Cas   habebit E habet R   uirum *om.* Cas   17 iaceretur MN ieceretur G +ancilla Cas[ed]   18 sumus]+christo S   issaac E isahac S ita *om.* V   de *om.* ES   yysaac B*   19 ↶ promissum est abr. CasZm est (*pr.*) *om.* G   est (*alt.*) *add.* B   quo MN* quia Cas   20 benedicente MN* quo] q* G*   21 est] fuerat AHGVCasZm (=vg)   homines *om.* VCas

IV 31]                IN GALATAS                         331

qui spiritales sunt persecuntur; unde mirum non est si et
modo carnei et saeculares homines sanctos tribulent et adfli-
gant: immo inde cognoscendi sunt iusti esse, si a talibus
opprimantur. *Persequebatur eum qui secundum spiritum.* In
Genesi quidem hoc scriptum est quia luserit cum Isaac Ismahel: 5
sed apostolus ostendit non simplicem lusum fuisse, quem
persecutionem appellat. unde intellegitur quia scurrilem eum
et leuem, sicut ipse erat, facere cupiebat, ne illi posset in
hereditate praeferri. ideo Habraham de [e]iciendo eo uocem
Sarrae iubetur audire. *Ita et nunc.* Ita et isti seruos [s]uos 10
sibi similes facere nituntur. 30 *Sed qui[d] dicit scriptura? Eice
ancillam et filium eius: non enim heres erit filius ancillae cum
filio meo Isaac.* Quantum uis se extollat iniquitas, ancilla
est et subicienda sanctis, sicut et Iudaei: quamuis Habrahae
filios esse se iactent, quam diu filii ancillae fuerint, uobiscum 15
hereditatem habere non possunt. 31 *Itaque, fratres, non sumus
ancillae filii, sed liber[a]e, qua libertate Christus nos liberauit.*
Non debemus ancillam sequi matre relicta, quia, licet eiusdem

    5 cf. Gen. xxi 9     9 cf. Gen. xxi 10     cf. Gen. xxi 12
        10 cf. Gal. iv 7     14 cf. Ioh. viii 33, 37

1 sunt *om.* G*      2 carnales B     et saeculares *om.* V     **homines A
tribulant BMNG*     adfligunt B, N corr. adfligent SMN*     3 in mo EN
sint V *fort. recte*     a *om.* H$_2$     4 obpr[a]emantur MN*     persequabatur A
5 quidem] qui de in B quidam EG autem V     hoc *om.* CasZm     scriptum]
dictum B     inluserat E luserat R lusserit M luxerit N* ludebat CasZm
⌒ism. cum isaac Sd$^{cod}$Zm     ⌒hismahel isac G     ismahel *om.* V     6 apostolos B
7 unde intellegitur *om.* E     unde] unum Sd$^{ed}$     scurilem ESG* + * *s.l.* G
sterelem MN     eum *tr. post* facere Sd$^{cod}$     8 uolebat Cas     ille H$_2$ ei Cas
possit H(—R corr., C)     9 hereditatem NSd$^{cod}$     ideo] et ideo G     de
eiciendo] deiciendo BH$_1$NG*VSd$^{cod}$Zm$^{ed\ codd\ pler}$ deieciendo MN*     eum
BN*m*2GZm$^{cod\ ed}$ eam E*m*2     10 sar[a]e A corr., B, N corr., GCasZm sarra E*
⌒aud. iub. Cas     istis G*     seruos uos sibi] nos seruos sui V uos...
sui...seruos Cas(Zm)     ⌒sibi similes uos Sd     suos BEG uos *rell.*
11 similes V*     facre G*     sed] *praem.* in genesi H$_1$     qui BMN*GZm$^{cod}$
quid *rell.*     eice] ei eę B     13 meo isaac] liber[a]e AHGCas (= vg)
⌒ext. se R     ⌒iniq. ext. CasZm     extollant VCas$\frac{1}{2}$     iniquitas—
iudaei *om.* V     ancille ESMN ancilla R*     14 subic.] + est CasZm     quamuis]
et V     ⌒filios abraae V     15 filius SMN*G*     esse *om.* HCas$^{cod}$     se
*om.* V     iactant(-ans M) H$_2$G iactitent Cas     ⌒anc. fil. Cas     nobiscum
BCZm     16 hereditate ES     possint B *fort. recte* poterunt Zm poterint
Zm$^{codd}$     17 ⌒fil. anc. SR     libere ABH$_1$     ⌒nos lib. chr. G     ⌒nos
chr. RNCV     18 non] + ergo CasZm     deberemus H(—C)     sed qui MN*
matrem ERG     relictam R reiectam G derelicta CasZm     qui H$_2$ quę C corr.

4 6 *

uiri fuerit uxor, tamen ad tempus, quia Sarrae tempus nondum uenerat generandi. 1 *State et nolite iterum iugo seruitutis inhaerere.* State in fide euangelii; iam enim tempus legis effluxit. noli[te] iugum cum Iudaeis trahere, quod nec ipsi
5 ferre potuerunt. 2 *Ecce ego Paulus dico uobis.* Ego uobis audenter dico, neminem pertimescens. *Quoniam si circum-[ci]damini, Christus uobis nihil proderit.* Quia solum [illum] ad salutem uobis sufficere non putatis. 3 *Testificor autem rursus omni [homini] circumcidenti se quoniam debitor est*
10 *uniuersae legis faciendae.* Qui[a] caput operum legis suscepit, necesse est ut [et] cetera membra sustineat, ne maledictioni subiaceat. 4 *Euacuati estis a Christo: qui [in] lege iustificamini, a gratia excidistis.* Si in lege spem ponitis et iustificari posse uos creditis, infirmam Christi gratiam iudicatis, et quod iam
15 gratis consecuti estis, tamquam non habentes propriis uultis laboribus adipisci. 5 *Nos enim spiritu ex fide spem iustitiae expectamus.* [Spiritali conuersatione perfectae fidei speramus nos] moralis [iustitiae] accepturos esse mercedem. 6 *Nam in Christo Iesu neque circumcisio aliquid ualet neque praeputium.*
20 [Nec circumcisio prodest nec praeputium] nocet temporibus

1 cf. Gen. xvii 21     4 cf. Act. xv 10     11 cf. Num. v 21
15 cf. 1 Cor. vii 29

1 uir MN*   a MN*G*   sa✳rae A sarra G   2 state—inhaerere *om.* S et *om.* G*   noli EMN*   3 detineri A contineri HGVCas (=vg)   state— euangelii *om.* V   legis] *om.* V saeculi Cas   4 noli BS nonte G*   iugum— potuerunt] cum seruis trahere iugum operum scilicet et legis V(Cas) iudei G*   tradere G*   quod] quia H₂   ipse ES   5 facere G poterunt ER   ↶aud. uobis (*om.* Cas^cod) GCas   6 dico *om.* Cas^cod circumdamini B circumcidemini G*   7 ↶nihil proderit in (*eras.*) uobis G prodest V   quia] qui H₂ si Sd   illum *om.* B   8 uestrum Sd   putetis Sd autem *om.* G   9 rursus] rursum BHGCas(=vg) *om.* V   homini *om.* A   circumcidenti se] circumcidentes ES   debitur SR*   10 uniuersi B*   qui BHCasSd^ed suscipit Sd   11 et *om.* BESSd   maledictio ER* maledicto SCas maledicctione N* maledictione G*   12 qui—excid. *bis* NC   in *add.* AHGVCas (=vg)   13 excidistis] excedistis (*corr.* excessistis N) ex christo MN*½ +id est a christo C½   si] +enim Cas   ponitus G*   et—creditis *om.* VCas iustificare H(—C)   ↶uos posse H₂   14 ↶gr. iam Cas   15 ↶cons. estis ✳gratis G   cons. estis] accepistis Cas   16 enim] autem RG spiritu] per spiritum H₂   ex] et BG   17 spiritali—iustitiae] moribus B spiritali] x̄p̄m̄ tali H₂   perfectae fidei] perfidei G* per fidem G corr.   perfecte SR   18 ↶iustitiae moralis (inmortalis E mortales SR) HGV   accepturus G*   in *om.* G*   19 neque—praeputium (*pr.*) *om.* G   20 nec— praeputium *om.* B   nec (*pr.*)] neque E,R*(?)   nocit V obest Cas

Christianis. *Sed fides quae per caritatem operatur.* Ergo et fides operatur, sed per caritatem, non per timorem: 'qui' enim 'credit deo, attendit mandatis,' et qui credit futuris, amplius operatur quam qui praesentem metuit poenam. 7 *Currebatis bene.* Fidei gressibus et moralibus disciplinis. *Quis uos im-* 5 *pediuit ueritati non oboedire?* Quis ille fuit qui uos legis oneribus implicauit, ut cursum uestrae fidei praepediret? *Nemini consenseritis:* 8 suasio uestra ex deo est, qui uoca[ui]t uos. Nec illis nec mihi nisi uerbi[s] dei consentire debetis, qui uos iterum ad paenitentiam [re]uoca[ui]t. 9 *Modicum fermentum uni-* 10 *uersam massam corrumpit.* Ne quis [forte] diceret: "[cur omnes corripis, dum non omnes errauerint?]" ostendit quod modicum malitiae fermentum totam possit ecclesiae massam sua acerbitate corrumpere. 10 *Ego confido de uobis in domino.* Qui nondum estis prauitate corrupti. *Quod nihil aliut facietis.* Quam 15 habet ueritas Christi. *Qui autem conturbat uos, portabit iudicium, quicumque est ille.* Ab eu[u]angelii ueritate. 11 *Ego autem, fratres, si circumcisionem praedico, quid adhuc persecutionem sustineo?* Quod de me uobis mentiti sunt deceptores,

2 Eccli. xxxv 24  4 cf. Iuu. *sat.* i 142
6 cf. Matth. xxiii 4; Luc. xi 46  7 cf. 2 Tim. iv 7  17 cf. Gal. ii 5

1 dilectionem Cas^cod  2 sed *exp.* E  3 deo] christo B  et] nam BHVCas  futurus G*  4 ↶poen. met. Cas  merit H₁ meruit H₂(—C)
5 passibus Cas  qui A*  impetiuit A impedit G  6 operibus HG  7 impediuit Cas  ut—praepediret] quae nec ipsi ferre potuerunt VCas  ut *om.* H₁ impediret (impedire R) H₁ praepediret V*  nemini consenseritis *om.* Cas^ed
(=vg)  nemine G*  8 persuasio RVCasSd (=vg) +haec Cas^ed suassio G* uestra] nostra B *om.* RCas (=vg)  ex deo est] non est ex eo RCas (=vg)
non ex eo est Sd^ed  est *om.* S  uocauit BSd uocat *rell.* (=vg)  ↶nec mihi nec illis V  9 nisi] sine E  uerbi B uerbum G  debeatis ESMN*
10 reuocauit B uocat *rell.*  totam AHGVCasSd (=vg)  11 messam G massa V  forte *om.* BHVCasSd  cur—errauerint *om.* B  12 dum] cum Sd omnes *om.* G*  errauerunt H₁Sd peccauerunt G  praedicit Cas
13 ↶ferm. mal. Cas  erroris Sd  ecclesiae] ecclesiam e E* ecclesiam et E*m2S ecclesiam R*  sua acerb(u G*)itate] suam euersitate H₁ sua corruptione V *om.* CasSd  14 ego *om.* ES  de] in BH₁CVCas (=vg) *om.* MN* qui—corrupti *om.* H₁ *bis habet* V*  necdum Cas  15 nihil] nil V  alius G  facietis] sapitis E sapietis SR,N corr.,CVCas (=vg) sapetis MN* sapiatis G
sapio Sd^ed  16 christi *om.* Cas  portauit R*M portabi V*  17 quicumque ille est (*sic*) *bis* G*  euu. A eu. *rell.*  18 circumcisionem] +adhuc H(—R*)GCas (=vg)  quod E  persecutorem B per resurrectionem E
19 patior AHGVCas (=vg)  quod] sicut Cas  ↶uobis de me Cas^cod seductores Cas

ita me aliis praedicare, quid persecutionem patior ut circumcisionis inimicus, si sum ipsius adfirmator? *Ergo euacuatum est scandalum crucis.* Ideo scandalum patiuntur quia in sola fide crucis dico esse salutem. 12 *Utinam et abscidantur qui uos*
5 *conturbant!* Si putant sibi hoc prodesse, non solum circum[ci]dantur, sed etiam abscidantur: si enim expoliatio membri proficit, multo magis ablatio. quidam dicunt: "utinam errore abscisi, ueritatis radicibus inserantur!" 13 *Uos enim in libertate[m] uocati estis, fratres: tantum ne libertatem [hanc] in*
10 *occasionem carnis detis.* Tantum ne per occasionem circumcisionis ad[legis] seruitium redeatis. *Sed per caritatem [spiritus] seruit[ut]e [in] inuicem.* [Seruite in inuicem.] Non superbiam sub specie libertatis insinuo, sed spontaneum uolo esse seruitium, non coactum. 14 *Omnis enim lex in uobis uno spiritu*
15 *impletur.* Legis etiam ipsa moralia quae quaeruntur, uno possunt sermone concludi et in uno hoc praecepto compleri. *Diliges proximum tuum.* Dilectio uel caritas [in] quattuor modis constat; hoc est, in dei dilectione, quae[quae] prima est; secunda, si nosmet ipsos secundum deum amemus; tertia,
20 proximos; quarta, etiam inimicos. deum ergo plus quam nos

18 cf. Matth. xxii 37 etc.   20 cf. Matth. v 44

1 quid—adfirmator *om.* V    2 adfirmatur ESN admatur R*    3 scandalizantur Cas    4 abscondantur R* abscindantur Cas^ed Sd^ed    5 ↶hoc sibi H₂    circumdantur B circumciduntur E    6 abscedantur MN* abscindantur Cas^ed    enim *om.* Cas^ed    7 multo magis abscisio *om.* Cas^ed ablutio ER* abscisio Cas^cod    errori A errorem H(—E corr., C) ab errore CVCas    8 abscissi E* absensi S    inferantur SR*    enim] autem H₂ libertate BH(—C) libertatem *rell.* (=vg)    9 hanc *om.* AHGVCas (=vg) 10 occasione V    ↶detis carnis AH(—R)GVCas (=vg)    dedtis B*    11 legis *om.* B    seruitia reuocemini Cas    sed] seu E    spiritus *om.* AHVCas^cod (=vg) 12 seruitute B seruite *rell.* (=vg)    in *om.* AHGVCas (=vg)    seruite in inuicem *add.* A    superbiam sub] superfluam G    13 sub] per H₁    speciem EG sponteneo G* uoluntarium Cas    uolo (uelox S) esse] esse uolo E debet esse Cas    seruitium non] si se non seruitium E non seruitium SR*    14 non coactum *om.* Sd    coactum] + 12 *litt. eras.* G    omnes E*MV    in *om.* H₁Cas^cod    uobis *om.* HGVCas (=vg)    unum ES    sermone AH(—E*S)GV Cas (=vg) sermonem ES    15 quaerunt ER    16 et *om.* G*    in *om.* Cas ↶hoc uno G    hoc *om.* VCas    compleri] conplere ESN implere R + in exodo H    17 diligis ESMN*    car. uel dil. Cas    in *add.* BHGCas Isid (*uide uol.* I *p.* 342)    18 consistit HG Isid completur Cas    quae *bis* A 19 secunda] + est G    nos *om.* V    secundum deum *om.* VCas

diligere debemus; proximum[, sicut nos; inimicum, ut proximum]. [proximus] diligebatur in lege, et, nisi deum primo dilexerimus, nos minime possumus non peccando diligere; et si nos non diligimus, ad quam formam proximos diligemus? quod si proximum non amamus, quando inimicum amare 5 poterimus? si ergo uolumus dilectionem habere, primo deum plus quam nos[t]ras animas diligamus: quod inde probatur, si propter deum etiam salutem nostram et ipsas animas contemnamus. *Sicut te ipsum.* Qui sicut se proximum diligit, utraque complet genera mandatorum: id est, nec malum 10 faci[e]t ulli, [n]et bonum faci[e]t. 15 *Quod si inuicem mordetis [et incusatis].* Per contentiones singuli uos meliores alteris iudicando. *Uidete ne ab inuicem consumamini.* Dum alter alteri occasio perditionis exsistit. 16 *Dico autem Spiritu ambulate.* Spiritalibus acti[oni]bus, quos infra describit. *Et* 1; *desideria carnis non perficietis.* Non quo[d] caro sine anima concupiscat, sed ipsa anima, quando carnalia cogitat, [caro] dicitur, quando uero spiritalia, unus cum deo fit spiritus. quam diu ergo duplex in nobis est desiderium uel uoluntas,

12 cf. Phil. ii 3   17 cf. 2 Cor. i 17   18 cf. Eph. iv 4

1 delegere A*   proxi A*   proximos(-us M) H₂G   sicut—proximum *om.* B
inimicos(-us M) H₂   ut] quasi Cas   proximum] proximos(-us M) H₂GV
2 proximus] *om.* AV proximos E*N*   et] sed Cm2   prius G primum Cas
Isid   3 nos minime] nos neminem MN nec non ipsos C corr. *in ras.*
possimus S   4 non *om.* E   diligamus Cas   proximus R*G proximum C
diligemus] dili(e V)gemus H(—R,C corr.)GV   5 quod si] si autem Cas
proximos(-us SMG*) H,G corr.   quando] quanto magis V multo magis Cas
inimicos G   amare poterimus] poterimus amare G *om.* VCas   6 nolimus B
primum H₂   7 ⌒ an. nost. GVCas^ed   nos | ras B   inde] ita Cas
probabitur C corr.   9 condemnamus ECas^cod   sicut] si cum E   se] si S
10 ambo implet V duo habet Cas   11 facit BHG faciat Cas^cod   illi BG
et BGV nec AH   bonum faciet] omnibus operabitur bonum V   faciet]
facit(cit G corr. *in ras.*) BH₁G subtrahit H₂ faciat Cas^cod   ⌒ mord. et comeditis(-etis ES) inuicem H(—R)G   12 et incusatis] *om.* A et comeditis RVCas
(=vg)   contentionis G* contentionem VCas   alterius H(—R corr., MC)
alteros R* alterus (?) M   13 ab] ad H₁   consummamini ER*Sd^cod ed
14 exstet E   15 actionibus quas B   discripsit ESMN* descripsit N corr., C
discribuntur G* discribit G corr.   et] *praem.* lege S   16 desiderium
BESMNV (=vg)   carnalis E   quod BRH₂CasSd^cod ed   anima *om.* V
17 quando] *om.* E* *tr. ante* ipsa E *corr. rec.* quoniam Sd^ed   cogitat(t *pr.*
*in ras.* corr.) G   caro *om.* A   18 quoniam Sd^cod ed   uero *om.* VCas
spiritalia] diuina Cas   ⌒ sp. cum deo (*om.* fit) Cas   19 ⌒ est in nobis V
⌒ des. uel uol. est Cas

non perficimus quaecumque uolumus, uno aedificante in nobis et alio destruente. 17 *Caro enim concupiscit aduersus spiritum, spiritus autem aduersus carnem.* Carnalis consuetudo aduersus spiritale desiderium. *Haec enim inuicem aduersantur [sibi],*
5 *ut non quaecumque uultis, illa faciatis.* Haec facit ratio, ut uoluntatem non sequatur effectus. 18 *Quod si spiritu ducimini, non estis sub lege.* Si uos spiritalibus per omnia actibus occupetis, non est uobis lex necessaria, quae carnalibus data est. 19 *Manifesta sunt autem opera carnis.* Nec difficile est
10 discernere inter utraque opera. *Quae sunt [adulterium] fornicatio immunditia [inpudicitia] luxuria* 20 *ido[lo]latria ueneficia inimicitiae contentiones aemulationes et rixae dissensiones hereses* 21 *inuidiae homicidia ebrietates comissationes.* Inimicitias et cetera sequenti[a] carnalia dicit, quae animae sunt,
15 non carnis, ne Manichaei eum substantiam carnis accusare putarent. sed omne malum carnale definiuit, omne uero bonum spiritale, quia caeleste. *Et his similia, quae praedico uobis, sicut praedixi.* Ex his cetera colligere poteritis, quae compendii gratia praetermisi. *Quoniam qui talia agunt, regnum*

    1 cf. Gal. ii 18  8 cf. *1 Tim. i 9

1 facimus R proficimus N perficiamus G* in nobis *om.* CCas 2 distruente E*R enim *om.* ES concupiscet E aduersum N* 3 autem] uero H₁ carnales A* 4 spiritale desiderium] spiritalem V ⌒sibi inu. adu. Cas sibi *om.* AH₂GV (=vg) 5 cumque *om.* R hoc C corr. 6 ⌒non uol. H₁ non sequatur] consequatur Cas^ed effectum SR*N* quod si spiritu] quo spiritum (*corr. rec.* quando spiritu) E spiritu(u *in ras.* G)]+dei MN ducebamini(*exp.* ba) E docebamini S docemini M 7 spiritalibus—actibus] totos in (*om.* CasZm) spiritalibus ( + actibus Zm) VCasZm 8 occupatis R ⌒lex uobis H₂ 9 ⌒autem sunt BHVCas (=vg) ne S est *om.* ES 10 utramque H₂ opera] partem H₂ adulterium *om.* AHGVCas (=vg) fornicationes inmundi S 11 inpudicitia *om.* AHGVCas^cod (=vg) idololatria *scripsi* idolatria B idolorum seruitus(-isE) AHGVCas (=vg) ueneficia A beneficia S 12 ini(*om.* E)micitia H₁G et] irae AHGVCasSd (=vg) rixae *om.* H₂ 13 sectae AHGVCas (=vg) homicidi[a]e H₁N*G* ebrietatis N [a]ebrietas SRG* cōmiss. A commess. BR*G commissationis E comis. V (=vg) comess. Cas 14 sequenti B consequencia N similia VCas sequentia *rell.* dixit Cas animalia G* sunt *eras.* G corr. 15 manichaei eum] manicheum H₂ manichei G subst. carnis] carnem V 16 putetur Cas^cod mala A* diffiniunt EG* definituit R* diffinit G corr. uero *om.* H₁ donum H₂ bonom (?)V 17 quia] quae MN* quod N*m*2 *om.* C caeleste] cęlestae A + est H₂ et] et haec et H₂ hi V* praedico] p̄dixo A* dico H₂G 18 sicut] et ES ex] et H₁ cetera]+ipsi VCas potuerim H₁ potestis Cas conpendi E conpedi SR* compendi[a]e R corr., MN breuitatis V 19 graciam MN* praetermissi ESN* tali SR* tale G*

*dei non consecuntur.* Notandum atque plangendum quod
contentiosos ac dissidentes uel iracundos cum idol[ol]atri[bu]s
et ueneficis et homicidis penitus exclusit a regno. 22 *Fructus
autem spiritus* [*est*] *caritas.* Omnium uirtutum prima est
caritas, quam in quattuor partes diuisibilem adnotauimus. 5
*Gaudium.* Spiritale. *Pax.* 'Etiam cum odientibus pacem.'
[*Patientia.*] *Longanimitas.* Inlatas iniurias sustinere patienter.
*Bonitas* [*benignitas*]. Semper bene uelle facere. *Mansuetudo.*
Nulli iniuriam inrogare. 23 *Fides.* Uel: Deo credere. Uel:
[H]om[i]nibus promissa complere. *Modestia.* Nec laesum irasci. 10
*Continentia, castitas* [, *dilectio*]. Continentia in coniugiis spiritalibus, castitas in uirginibus intellegitur. *Aduersus huius modi
non est lex.* Non enim ista prohibuit, sed et qui nouum implet,
non est sub uetere testamento. 24 *Qui autem sunt Christi,
carnem suam cruci fixerunt cum passionibus et desideriis.* Si 15
omnia simul uitia cruci fixa sunt, et caro, quasi pendens in
ligno, non concupiscit, ut quid nobis legem, quae data est
ad uitia co[h]er[c]enda? simul illut notandum quod eos dixerit

5 cf. p. 334, u. 17    6 *Ps. cxix 6

1 consequentur BHGVCasZm (=vg)    plan*gendum G deflendum Zm
2 contentiosus SR* sos *in ras.* G contendentes CasZm    ac] atque EH₂G et
CasZm    desidentes G dessidentes V    uel] aut C et CasZm    idolo-
latribus *scripsi* idolatris ABER*CCas^cod idolaris S idolatriis R corr.,MNG
idolatribus VZm^codd idololatris Cas^ed Zm^ed    3 et *om.* VCas    ueneficiis
H(—C)Zm^cod    homi(e)cidiis H(—C)    penitus] + simul G    exclu**sit A
excludit Cas^cod    4 est *add.* BH₂VCas (=vg)    ↶caritas est G    ↶caritas
est G    5 quam—adnotauimus] quae ut (sicut Cas) notauimus in quattuor
partes diuiditur (↶diu. par. Cas) VCas    adnuntiauimus G    6 gaudium] + id
est H₂    spiritale *om.* V    cum] quum N audientibus MN    7 patientia
*om.* AH(—R)VCas (=vg)    longaminitas B    inlatas] multas Sd   ↶pat.
sust. GSd    patienter *om.* V(Cas)    8 benignitas *add.* AHGCasSd (=vg)
uelle] *om.* H₂ *tr. ante* bene G *tr. post* facere Cas    mansuetudo *om.* H₂G
9 facere Cas arrogare Sd^cod    deus ER*    10 hominibus H₂Cas omnibus
*rell.*    lenitas SdD    nec laesum] non VCas nec laesus Sd    11 castitas
*om.* Cas^cod (=vg)    dilectio *om.* AHGVCas (=vg)    cont.] de cont. H₂
in—intellegitur] etiam (*om.* Cas) pro tempore est perfecta (*om.* Cas) castitas
sempiterna VCas    coniugibus Cm2    12 aduersum H₂    13 enim]
quom B    ita V    prohibuit] lex prohibet Sd    sed *om.* Cas    nouiti E
14 sub] in Cas    ueteri B,E corr.,CGCas uertere N    15 passionibus et
desideriis] uitiis et concupiscentiis AHGVCas (=vg)    16 ↶uitia simul R
simul *om.* G    ↶sunt crucif. Sd^ed    in ligno] *om.* VCas in cruce Zm
17 non] nihil Cas    ut] *exp.* C ad Sd^ed Zm^ed    legem] lex H₁GSd lege
opus est C+necessaria Sd    18 a G*    coherenda BV    simul illut]
simul et illud C simullud G*    dixit G

Christi esse, qui carnem cum uitiis [et concupiscentiis] cruci fixerunt. hoc contra illos qui solam fidem sufficere arbitrantur. 25 *Si spiritu uiuimus, spiritu et ambulemus.* Si per spiritum uitam habemus, spiritaliter conuersemur, et non legi carnaliter seruiamus. 26 *Non efficiamur inanis gloriae cupidi.* Inanis gloriae cupidus est qui alterius quamuis ueram doctrinam euacuare conatur, ut plures uideatur habere discipulos. huius modi tam se alterutrum ad iracundiam [se] prouocare consue[ue]runt, quam sibi inuicem inuidere non desinunt. inanis aliter gloria est, si ex his quae non praecipiuntur in lege, omnes cogamus facere quantum nos facimus, [ut] et cum ipsi iam non pot[u]erimus, haec superflua esse dicamus. *Inuicem prouocantes, inuicem inuidentes.* Si inridendo seductos ad iracundiam prouocetis et illi uobis inuideant. 1 *Fratres, si praeoccupatus fuerit homo in aliquo delicto, uos qui spiritales estis, instruite huius modi in spiritu mansuetudinis.* Hoc illis dicit qui non fuerant persuasi, ut praeuentos corrigant mansuete. sane in his praeuenitur humana fragilitas, quae leuiora sunt et ex insperato contingunt. ceterum non est praeuentio, ubi aliquit cum consilio diu meditato committitur. *Considerans te ipsum, ne et tu tempteris.* Quia et tu [ipse], homo cum sis, pote[n]s in aliquo praeueniri et adiutorio indigere, sicut sani infirmos sustinent et mortuos sepeliunt uiui,

---

1 et concupiscentiis *add.* BH₂GVCasZm    crucifigunt Cas crucifixerint Sd^ed    2 hoc *om.* Cas    3 si] + autem Sd    ↶ uiu. sp. BRMNGCas (= vg) et *om.* H₁MV    4 conuersemus BRN conuersamur(-us S) ES    ↶ carn. legi (lege E)H₁ lege carn. MN in lege carn. C    5 uiuamus H₂G    efficiamus G* 6 inanis gloriae cupidus G corr. *s.l.*    est *om.* ES    ↶ doc. uer. Sd 7 conaretur A*    8 tamen E    alterutro BGV *fort. recte*    se *add.* B 9 consueuerunt BEG    quam] quanta H₁    definiunt G*    10 ↶ aliter inanis BC    aliter *om.* VCas    gloriae CG    ex] in BMNGVCas *om.* C hęc C    qui MN*    11 quod Cas    nos] non H₁ nos* G    ut *add.* B 12 iam *om.* H₁    poterimus BH₁C*    ↶ dicimus (*sic*) esse H₂    dicamus (camus *in ras.*) G    13 euidentes G*    siue H₂ si uos Cm2    14 si] et si H₂GVCasSd (= vg)    15 prae *om.* VSd^cod ed    spiritalis AM    16 ↶ huiusmodi instr. H₂GVCas (= vg)    in *om.* MNG    lenitatis AHGVCas (= vg) illi G*    18 praeoccupatur Zm    huma V    19 et *om.* H₁    ex] haec G inspiratione H₁G* insperate G corr.    est *om.* V    20 praeoccupatio Zm ubi aliquit] quod (*s.l.*) ab aliquo C quando aliquod peccatum Zm    cum *om.* Zm    concilio G*    commonitur G*    21 tu (*alt.*) *om.* Sd    ipse *om.* BCVCasZm    22 potens BSC    temptari Zm    23 sicut sani] sani enim Cas    sepelliunt V    uiui *om.* Cas

quia et ipsi infirmari et mori posse se credunt. 2 *Et inuicem onera uestra portate, et sic adimplebitis legem Christi.* Lex Christi caritas [est], sicut ipse dicit: 'mandatum nouum do uobis, ut uos inuicem diligatis, sicut et ego dilexi uos.' simul notandum quod gratia lex dicatur. 3 *Nam* [*si*] *qui*[*s*] *se existi-* mat *esse aliquit, cum nihil sit, se ipse seducit.* Qui se putat non posse temptari. Siue: Qui plus de se laudanti se quam suae conscientiae credit. 4 *Opus autem suum probet unus quisque.* Testimonio [unus quisque] conscientiae [suae]. *Et sic in semet ipso tantum gloriam habebit, et non in altero.* In sua conscientia, non in alterius adulatione. Siue: In sua iusti[ti]a, non in alieno peccato: nemo enim proficit per alterius detrimentum, nec ex illius delicto in die iudicii iustior [plus] quam fuerit apparebit. 5 *Nam unus quisque proprium onus portabit.* Non enim onus eius laus auferet seducentis. 6 *Communicet autem is qui catecizatur uerbo ei qui* [*se*] *catecizat in omnibus bonis.* Siue: Obaudientiam uerbo et actibus imitatione[m]. Siue:

3 *Ioh. xiii 34    9 cf. Rom. ii 15 etc.

1 ipse G* ipsi se G corr.    posse se] se posse H₁ posse MG*V    et (ad H₁ om. Sd) inuicem onera uestra] alter alterius onera AH₂GVCasZm (=vg)
2 honora G*    adimpleuites V    3 est om. B    sicut ipse dicit] dicit enim Cas    de G*    4 ⌒dil. uos inu. Zm    uos(u *in ras.*) G    et om. VCas    simul om. H₁    5 quod om. ES    dicitur C    qui] si quis AHGVCasSdZm (=vg)    ⌒existimat (ex israel Sd^ed) se AHVCasSdZm (=vg) se om. G    6 ⌒aliq. esse AH₁GVCasZm (=vg)    ⌒sit nihil H₂VCas^cod (=vg) se ipse seducit om. Cas^cod    se ipse]ipse E* ipse se BE* *m.rec.*,SH₂VCas^edZm (=vg) ipse se✱R    ipsum Cas    putet A*    7 qui om. Cas    de se om. C laudent B laudant MN    se om. H₁G    suae om. Sd^ed    8 credit] + testimonio C    autem om. G    probat MN*    9 unus quisque add. B    conscientiae om. C    suae add. BMNG    10 ipse A*    in (*alt.*) (n *in ras.*) G
11 non] et non H₁M    ad[h]olationem RG*    iustia A    in (*tert.*) om. ES
12 peccando MN    nihil Cas    per] ad H₁    decre(i M)mentum H₂ detrimento G*    13 in die iudicii om. H₁    iustior—fuerit] quam (quanto *ed.*) est iustior Cas    plus om. AH₁    14 ⌒unus quisque enim AH₂GVCas (=vg) unusquisque H₁    proprium onus] onus suum AHGVCasSd^ed (=vg) portauit MN*    15 ⌒aufert (*sic*) laus H₁ laus aufert(offret N) H₂GV sedicentis ER* se ducentes S seducenti Cas^ed    autem om. ESG    16 his ER* qui]+se H₂    cateziz. ABcatheziz. E cateciz. (S)R catecizantur S cataziz.MN* catechiz. CCas^edSd^ed cataciz. G cathéciz. VCas^cod    uerbum AE*R*MNGV (=vg)    ei] et SV    se *add.* AHGVCas (=vg)    cateciz. ARCas^cod cateziz. B catheziz. E cataciz. MNG catacizatur N* catechiz. CCas^ed catheciz. V    bonis] +suis G    17 ob[o]ed. BRV obedientia Cas    uerbum MN uerbi C actibus] in actibus S actuum Cm2 *s.l.*    imitatione BCas

Substantiam uictus. 7 *Nolite errare: deus non deridetur.* Homo potest a serpente dei uindictam negante inrideri, sicut Eua: nam deus exhibet quod promittit. nam ut omnem eius astutiam excluderet, amplius primo peccantibus redd[id]it quam pro-
5 misit, et uxori Loth etiam quod non dixerat fecit. 8 *Quae enim seminauerit homo, haec et metet, [et] quoniam qui seminat in carne sua, de carne et metet corruptionem.* Qui spem ponit in circumcisione carnali, uel qui uitia seminat, metet poenam. *Qui autem seminat in spiritu, de spiritu metet uitam aeternam.*
10 Qui [in] spiritali conuersatione seminat, uel in fide. 9 *Bonum autem facientes non deficiamus.* Sicut in Ecclesiastico ait: 'non impediaris orare semper, et non ueteris usque ad mortem iustificari, quoniam merces dei manet in aeternum': indeficientem enim iustitiam indeficiens praemium subsequetur,
15 quia 'qui perseuera[ueri]t usque in finem, hic saluus erit.' *Tempore enim suo metemus, non deficientes.* Nunc tempus seminandi est, non metendi. non ergo modo nostram mercedem quaeramus accipere, ne hieme tenera adhuc seges decisa

2 cf. Gen. iii 4, 5    3 cf. 2 Cor. xi 3    cf. Gen. iii 14 sqq.    5 cf. Gen. xix 26
11 *Eccli. xviii 22    15 Matth. xxiv 13 etc.

1 substantia Cas    inridetur AHGVCas (= vg)    2 potem E    serpinte V*
deo G*    uindicta V    negantem MN neclegente G negant V    uideri B
inrediri N irretiri C    sicut] + et H₂G    3 exhibuit H₂    quod] qui id G*
promisit H₂    ut] et H₂    omnem] om̄ MN    eius] diaboli Cas    4 excluserit C* exclusit et C cluderet G    amplius] + quam H₂    primo peccantibus] adae et euae Cas    primis V    reddit BGV    quam] quae H₂
5 lot G*    praedixerat Cas    que G*    6 haec] sic E*S    et om. AHGVCas
(= vg)    7 et om. VSd^ed    metat G    ponit] habet H₁    8 metet poenam
om. Cas    meta G*    10 qui] + 15 litt. eras. G om. Cas    in om. BSMN
seminat om. Cas    in om. H₁G    11 deficimus SM deficiemus N    dicit H₂
scribitur Cas    12 uetaris G* uerearis Cas^ed    13 mercis ESMG
domini H₁G    ↶ in aeternum manet Cas    14 enim] autem H₂ ergo Cas
proemium V    subsequitur HG*Sd^cod ed consequetur Cas^cod    15 quia qui]
qui enim CasSd    perseuerat B permanserit H₂G praemanserit G* perseuerarit Sd^cod ed    hic saluus erit om. Sd^cod d    hic om. ESSd^ed    17 es G*
modo] nobis B, *tr. post* mercedem H₁ modum N* modam G* hic CasZm
↶ merc. nost. Cas^ed    nostrum E *m.rec.*    mercidem G*    18 queramus G*
ne hieme tenera adhuc] ne iheme (hieme S) adhuc tenera (tenerę E) H₁ ne
hic mei tenera adhuc M ne hic enetenere adhuc N ne hic meti tenera adhuc C
nec hic metere (ne *add.* corr.) adhuc G ne (nec Cas^ed) hieme tenera VCas ne
tenera ( + herba) hiemis rigore Zm    seges] segites E segetis S segitis R*MN
herba VCas, Zm (*post* tenera)    decisa et] dices ad E decisa SG decisa an
( + no *s.l.* corr.) R demessa et(*om.* Zm) VZm dimissa Cas

et in praesenti ut inmatura non prosit, et non sit quae in futuro metatur: dicetur enim nobis: 'recepistis bona in uita uestra,' et iterum: 'receperunt mercedem suam.' 10 *Ergo dum tempus habemus.* Ultimum sementis hoc tempus est: festinemus ergo campos omnes serere, sed maxime eos qui sunt uberrimi repleamus, ne incipiamus tempore messis aliis epulantibus esurire. *Operemur bonum ad omnes, maxime autem ad domesticos fidei.* Indigentibus [et] Iudaeis et paganis et omnibus Christianis bonis malisque misericordiam faciamus, nec alicui quod deus communiter tribuit denegemus, maxime tamen his qui peculiarem fidei exhibent famulatum. 11 *Uidete qualibus litteris scripsi [uobis] mea manu.* [Et] intellegite quam non timeam, qui litteras [mea] manu perscripsi. 12 *Quicumque uolunt placere in carne, hi compellunt uos circumcidi, tantum ut crucis Christi persecutionem non patiantur.* Qui Iudaeis carnalibus placere desiderant, crucis Christi persecutionem [sustinere] timentes, non uestrae saluti aliquid prouidere curantes. 13 *Neque enim qui circumcisi sunt, hi legem custodiunt.* Uel si circumcisio legem faceret custodiri, aliquit

2 cf. Luc. xvi 25   3 Matth. vi 2 etc.

1 inmatura] in natura B    possit ESC (possit C*)    quae] quem S que M* qui M corr.,N    in *om.* S   2 futurum E    dicitur H(—R corr.) uobis BN    recipistis MN*    bona] + uestra VCasZm    in uita uestra *om.* Zm$^{ed}$   3 reciperunt MN* recepistis Cas    uestram Cas   4 seuientis B seminantibus Zm   5 sed] se S et Cas *om.* Zm    magis H$_1$   6 repleamus (s *in ras.*)   G    messium Cas    alii V   7 ambulantibus E ebulantibus S abundantibus G    operiemur S operemus G*   8 ad] a G*    indig.] sed indig. C *om.* VCas    et (*pr.*) *om.* BH$_1$V    et (*alt.*) *om.* S    et (*tert.*)] adque VCas 9 ⌒chr. omn. C corr.    omnibus *om.* Cas    christianis] christi( + anis *m*2) ad V    bonisque R* et bonis Cas    malisque] et malis Cas   10 nec alicui] ne eis CasZm    dominus H$_1$    denegamus MN*G degemus V   11 tamen] etatem S    iis Cas$^{ed}$Zm$^{ed}$    fidei] *om.* M + cultui(-um *codd.*) ac religioni Zm 12 uobis *add.* BHGVCas (= vg)    ⌒manu mea ES    et int. BH$_2$G    intellegente MN    quam] quia H$_2$   13 qui] quia H$_2$(—C)    mea *om.* B ⌒manu mea EG    perscripsi] prescripsi B nuper scripsi E    que] *om.* E + enim Cas   14 ⌒plac. uol. Sd    nolunt B    ⌒in carne placere H$_1$ cogunt AHGVCas (= vg)   15 non—persecutionem *om.* SG* non paciantur *add.* G corr.    daeis A*   17 sustinere *om.* BH$_2$    ⌒aliquid saluti prouidentes Cas    salute SN* salutę M    prouideri ES   18 curantem MN*    henim A*    qui circumcisi sunt hi] hi* (hii, i *alt. exp.* G) qui circumciduntur AG qui circumciduntur(-unt R) HCas (= vg)   19 uel] eras. G uelut Cas    si *om.* S    custodire EH$_2$G*V et custodiret G corr.

uideretur habere rationis ista persuasio. *Sed uolunt uos circumcidi, ut in carne uestra glorientur.* Ut de carne uestra apud Iudaeos laudem habeant. Siue: Ut quod discipulos ad se tra[du]xerint glorientur. 14 *Mihi autem absit gloriari nisi in cruce domini nostri Iesu Christi, per quem mihi mundus crucifixus est et ego mundo.* Non in propria iustitia uel doctrina, sed in fide crucis, per quam mihi omnia peccata dimissa sunt, ut [et] ego mundo morerer et ille mihi. 15 *In Christo enim Iesu neque circumcisio quicquam ualet neque praeputium, sed noua creatura.* Hoc tempore solum hoc prodest, si quis renatus in Christo noua conuersatione utatur, ut propheta ait: 'innouate uobis nouamen, et ne seminaueritis in spinas. [et] circumcidite uos deo uestro et circumcidite praeputium cordis uestri.' 16 [*Et*] *quicumque hanc regulam secuntur, pax super illos et misericordia.* Qu[i]a in sola fide spes collocatur animarum. *Et super Istrahel dei.* Est ergo Istrahel non dei: 'non enim omnes qui sunt ex Istrahel, hi sunt Istrahelitae.' 17 *De cetero nemo mihi molestus sit: ego enim stigmata* [*domini nostri*] *Iesu* [*Christi*] *in corpore meo porto.* Nemo me amplius interroget quasi dubitans, quia omnem exposui ueritatem: ego enim

10 cf. Ioh. iii *3, 5     11 *Hierem. iv 3, 4
16 *Rom. ix 6

1 uidentur B uidetur G*   nolunt B   2 ut in carne *bis* G*   ⌒uestra carne RSd   glorietur V gloriantur Sd$^{cod}$   ut *om.* Sd$^{ed}$   uestra] + circumcisa Sd   ⌒laudem apud iudaeos Sd   3 habeat V   siue] sine ES ut *om.* H$_1$CasSd   4 traxerint AH$_1$Sd traduxerint B,C corr. traxerunt R* trans(s *om.* M)duxerint H$_2$VCas duxerint G   gloriuntur S gloriantur MNG* *om.* Cas   6 doctrinam G*   7 per quam] qua Cas   ⌒omnia mihi Cas$^{cod}$ 8 et (*pr.*) *om.* AHVCasSd   mundo—aliquid (9) *in ras.* G   morirer ER* morer S moriar H$_2$   9 neque (*pr.*) *bis* V   aliquit(d) AHGVCas (=vg) ualit A* 10 hoc (*alt.*)] *om.* RH$_2$ *tr. ante* solum GVCas   quir G   in chr. *om.* Cas   11 ⌒sicut ait propheta Cas   12 nobis A*S   noualem B nouam mentem H$_1$ nouam legem H$_2$ nouum semen G noualia Cas   seminauerit H$_1$   spinis HGCas et B *om. rell.*   13 uobis A*   14 et *add.* BRH$_2$GVCas (=vg)   secuntur] secuti (sicuti G*) fuerint (*om.* ES) AHGVCas (=vg)   15 qua VCas quia *rell.* ponenda est Cas   anim.] animarem G* *om.*Cas   16 ergo] ego S enim VCas + et H$_2$G   non (*pr.*)] et non VCas   17 sunt (*pr.*) *om.*VCas   istrahel] israhelitae E   hii A*ESMN   sunt *om.* Cas   c&etero G   18 imagines (*eras.* G corr.) stima G* stemata G corr.   dom. nostri *om.* AHGCas$^{cod}$ (=vg) nostri *om.* V   19 christi *om.* AHGCas$^{cod}$ (=vg)   in—porto *om.* Cas$^{cod}$   ⌒amplius nemo me G   me *om.* H$_2$   interrget B*   20 quasi] et quasi G   ego enim *om.* Cas$^{cod}$

signa et c[h]aracteres, non circumcisionis, sed crucis et passionis in corpore meo circumfero. 18 *Gratia domini nostri Iesu Christi cum spiritu uestro, fratres.* Su[b]scriptio talis est apostoli: optat autem ut gratia cum eis domini, non legis opera com[m]it[t]e[n]tur. simul et attende[ndum] quia 'cum spiritu[, inquit,] uestro' dixerit, non 'cum carne,' in cuius circumcisione gloriantur carnales: uos autem spiritaliter conuersamini, ut spiritaliter circumcisi.

EXPLICIT AD GALATAS

6 cf. Gal. vi 13

1 caracteres B,E*m.rec.*,CVCas$^{cod}$Sd$^{cod}$* caracteris E* carracteres S cauracteres R* caractera H$_2$(—C) caractaras G* caractaeras G cataracteres Sd$^{cod\ corr}$ circumcisiones S et passionis] per passiones V per passionem Cas + domini Sd 3 fratres] + amen RGVCas (= vg) suscriptio V subscriptio *rell.* 4 apostoli] pauli VCas autem] + enim A* cum eis *om.* V 5 committentur BES comitetur RCGVCas committetur M,(*corr.* comittetur)N et *om.* H$_2$G attende dum A corr. attende BHGV qui H$_2$ 6 inquit BH$_2$VCas *om. rell.* dixerit *om.*VCas cum] in Cas$^{ed}$ 7 circumcisionis MN* ⌒ autem uos SR 8 conuesamini B* 9 explicit [a]epistola ad galat[h]as BG finit epistola ad galat[h]as (ad galathas *om.* E*) H$_1$Cas$^{ed}$ explicit epistola beati pauli Cas$^{cod}$ *om. subscr.* Sd

# INCIPIT AD EPHESIOS

## ARGVMENTVM

Ephesii ex Iudaeis et genti[li]bus Paulo apostolo praedicante crediderunt, quibus firmiter stantibus scribit, et in principio quidem epistulae Iudaeos appellans, incarnationis Christi sacramenta exponit, post ad gentes conuersus [ex]hor-
5 tatur ut tantis beneficiis non si[n]t ingrati, deinde communiter usque ad finem moralia praecipit instituta.

1 *Paulus apostolus Christi Iesu per uoluntatem dei.* Non meis meritis. *Sanctis et fidelibus.* Omnes sancti fideles, [non omnes fideles sancti, quia possunt etiam catechumini,] ex eo quo[d]
10 Christo credunt, fideles dici, non tamen sancti sunt, quia non sunt per baptismum sanctificati. Siue: Sic intellegendum quod scribat fideliter seruantibus gratiam sanctitatis. *Qui sunt Ephesi in Iesu Christo.* Non omnibus Ephesiis, sed his qui

1–4 uide subnot. ad iii 21

incipit argumentum in epistola ad ephesios BCas^cod incipit argumentum (-a EG*) ad ephesios(-eos E -ius R*G*) H₁G incipit ad ephesios(-ius MN) scripta de urbe roma uersus DXCIII MN incipit argumentum epistolę pauli apostoli ad ephesios C in epistolam ad ephesios Sd^ed    1 ephesii] *om.* ES ephesi RG*V    iudei G*    et *om.* H₁    gentilibus A gentibus *rell.* paulo *om.* Cas    2 quibus *om.* S    adstantibus S    scripsit H₁G    et *om.* Cas    3 quidem *om.* Cas    epistulae] episcopis G* episcopos G corr. iudeis G corr.    appellat cum G    ↶sacr. chr. incarn.VCas    incarnatione S incarnationem G    4 sacramentum H₁ *om.* G    postea H₁ et post G    conuertitur et Cas    exhortatur B oratur SR ortatur G*V 5 tanti G*    beneficus R*    ↶ingr. non sint Cas    sit A possint S 6 praecepit AH₁G*    statuta Cas + explicit argumentum incipit explanacio sancti hieronimi de aepistola eadem B explicit argumentum incipit textus eiusdem epistolae R Explicit Incipit ępła ad ephesios C explicit argumentum Incipit epistola beati pauli apostoli ad ephesios Cas^cod    7 ↶ies. chr. R non meis meritis *om.* H₂    8 et fidelibus] omnibus H₂GCas(=vg)    non omnes fideles sancti sed omnes sancti fideles G    sancti *om.* N    non— catechumini *om.* B    9 quia—sanctificati] 'sanctis' baptizati sunt cathecumini fideles quia credunt quidem sed non habent sanctitatem V(Cas)    qui MN ↶etiam cat. poss. Sd    catechumini A cathechumini E cathecumini SRCV catęcumini M catecumini N caticumini C catacumini Sd^cod    quod AH₁GSd quo BH₂    10 christi SR*    crediderunt G    11 sunt] *om.* H₂ *tr. post* sanctificati G    sic—scribat *om.* VCas    12 gratia E    13 ephesi (ephisi A efesi✱ R)] + et fidelibus H₂GCas(=vg)    in *om.* B* (*add. mg.*) ↶chr. ies. AHGVCas(=vg)    ephesis MV effesis N    his *om.* V credunt in Christo. *2 Gratia uobis et pax.* Tunc uobis ualebit gratia, si ei non sitis ingrati, salutem uestram [non] uestris meritis deputantes: pacem uero reconciliationis seruabimus, si nihil eius bonitati uel iustitiae deinceps contrarium faciamus. *A deo patre nostro et domino Iesu Christo.* Unum esse pater et filius demonstra[n]tur, utrique pariter operantes. *3 Benedictus deus et pater domini nostri Iesu Christi.* Laudat deum eo quod donauerit infra scripta. *Qui benedixit nos in omni benedictione spiritali.* Non in aliquantis, sed in omnibus spiritalibus gratiae benedictionibus, ut, quo modo nobis nihil de-est ex illo, ita uoluntati eius nihil de-sit ex nobis. *In caelestibus.* Non [in] carnali prosperitate nec [in] terrena abundantia. *In Christo.* In capite omnia membra benedixit. *4 Sicut elegit nos in ipso ante constitutionem mundi, ut essemus sancti et inreprehensibiles.* Quia deo nihil est nouum, apud quem omnia erant ante quam fierent, non ut quidam heretici somniant, animas antea in caelo fuisse segregatas. *In conspectu eius.* Non hominum. *In caritate.* Per caritatem hoc fecit. Siue: Inmaculatos diligit deus. *5 [Qui] praedestinauit nos in adoptionem.* Non naturae. *Filiorum.* Hoc praedestinauit, ut habere[n]t potestatem filius dei fieri omnis

5 cf. Ioh. v 17

1 credunt] sunt V   ualebit] erit VCas   2 ingrati] + et Cas   saluti uestrae E   non *add.* BCas   3 deputatis E deputantis S   obseruabimus H₁ seruauimus MNG*Cas^ed   4 nil A*   bonitate E,N corr.,G* bonitatem N*   iustitia E   ↶ fac. contrarium(-ia R) H₁   5 nostro *om.* H₁   et] + a H₂   est E   patrem et filium H   6 demonstrantur AMG demonstrant BN* demonstrat H₁,N corr.,C monstrantur Cas   utrique BHG utrumque *rell.*   8 eo *om.* Sd   nos *om.* G   in *om.* Sd^cod ed   omne (*ex* omni) V   9 salutari Sd^cod ed   in (*pr.*) *om.* H₁G   aliquantis—ut] aliquo(-a Cas) ita ut nihil nobis gratiae desit. aliter. V(Cas)   in *om.* H₁   10 spiritalibus *om.* G   ↶ nihil uobis V   nobis] in nobis H₁G *om.* H₂   11 ita] + et G   uoluntate H₂ uobis A*R   12 in (*pr.*) *om.* BH₂VCas   proprietate B   in (*alt.*) *om.* BH₂VCas terre MN* terrę G   abundantiam V   13 christo] + iesu VSd   14 ↶ mundi constitutionem(-e V) AHVCas(=vg)   15 inmaculati AHGVCasSd^ed (=vg) deo *om.* E   ↶ nouum est(*om.* S) H₁   16 quidem E   heretici *om.* VCas 17 ante R,G *in ras.*, ante mundum Cas   electas Cas   18 in] et in Cas^ed per caritatem] *om.* E in caritate S   19 diligit] elegit G   qui *add.* BRH₂GVCas(=vg)   praedestinauet V   20 non naturae (natura RH₂G) *tr. post* christum (*p.* 346, *u.* 3) BRH₂G   21 haberent BC haberet *rell.* filii BC filios E,R corr.N corr.C*G   dei fieri *om.* H₁   omnes BH₂V homines H₁(—R*)

qui credere uoluisse[n]t, sicut scriptum est: 'loquebantur uerbum dei cum fiducia omni uolenti credere.' *Per [Iesum] Christum in ipsum.* Ut membra eius simus. *Secundum propositum uoluntatis suae.* Non secundum merita nostra. 6 *In laudem gloriae gratiae suae.* Ut laudemus gloriam gratiae eius. *In qua gratificauit nos in dilecto suo filio.* In qua gratia gratos nos fecit sibi in Christo. 7 *In quo habemus redemptionem per sanguinem ipsius, remissionem peccatorum.* Non solum redimit, sed etiam peccata remittens sine nostro labore iustos nos fecit. *Secundum diuitias [claritatis] gratiae eius,* 8 *quae superabundauit in nobis in omni [gratia] sapientia [et prudentia],* 9 [*ut*] *notum facere*[*t*] [*nobis*] *mysterium uoluntatis suae, secundum bonum placitum* [*eius*], *quod pro*[*po*]*suit in eo.* Plus quam abundauit, ut non solum a morte redemptis gratis peccata dimitteret, sed etiam tantam nobis sapientiam donaret, ut uoluntatis eius occulta mysteria nosceremus. 10 *In dispensationem plenitudinis temporum.* In nouissimis temporibus, quando iam omnis dispensatio temporum legis et naturae prophetarumque transacta sunt. *Restaurare omnia in Christo, quae in caelis* [*sunt*] *et quae in terra* [*sunt*] *in ipso.* Multi super

1 *Act. iv 31     17 cf. 1 Tim. iv 1

1 uoluissent BH$_2$ uoluissit V*     loquebantur] loquebatur ER* + quidem Cas     2 dei *om.* H$_1$     ↶chr. ies. V     iesum *add.* BH(iesu N)GCas (=vg)
3 christum *om.* E     in] + id G     eius] ipsius Sd     sumus B     4 uolumtatis G* suae *om.* H$_2$     meritum nostrum Sd     5 gratiae (*alt.*)] iustitiae et misericordiae Cas     ipsius Sd     6 delicto B     suo filio] ↶filio suo AHGVCas$^{expos}$ *om.* CasSdZm (=vg)     gratia *om.* Sd     gratur E* gratis MN gratus G*
7 ↶fecit nos H$_1$     ↶sibi fecit BH$_2$GVCasSd     in christo *om.* Sd     8 eius AHGVCas (=vg)     solum] + nos Cas     redimit MN*     9 remisit H$_1$( + ut) Cas, di(e MN)mittens H$_2$G     ↶lab. no. V     iustos nos fecit] iusti essemus Cas
10 claritatis] gratiae AH$_2$G$\frac{1}{2}$VCasZm (=vg) +gratiae B gloriae H$_1$G$\frac{1}{2}$ cognitionis gloriae Sd$^{ed}$     eius] suae Cas$^{cod}$     11 nos Sd$^{ed}$     gratia *om.* AHGVCas (=vg)     sapientiae ER*     et prudentia *add.* BRH$_2$GV (=vg)     12 notum facere mysterium] ut notum faceret ( + in ES) nobis sacramentum AHGVCas (=vg) secundum—eo *om.* H$_2$     13 bonum] bene RH$_2$G     eius *add.* BH(—S)GVCas (=vg) prosuit A     in eo] *om.* G* in ipso G corr. *mg.*     14 non *om.* H$_2$ gratis *om.* Cas     15 remitteret(-it MN*) H$_2$G     ↶nob. tant. H$_1$G     ut *om.* H$_1$
16 in—temporum *om.* H$_2$     dispensatione G corr., Cas$^{cod}$Sd$^{ed}$     17 temp. (*pr.*)] temporis Sd$^{ed}$     18 quoniam Sd$^{ed}$     iam] am V* *om.* Sd$^{cod}$ *tr. post* omnis Sd$^{ed}$ omnes EN     natura ES     19 ↶trans. est atque proph. Cas     que] quae BG sunt *errore primitiuo* ABH$_1$ (sum S) est H$_2$VCasSd     instaurare RH$_2$GCas (=vg) recapitulare (*ex Hieron.*) Sd$^{ed}$     20 sunt (*pr.*) *om.* AHGVCas (=vg) sunt *add.* AHGVCas (=vg)     super] de G

hac re diuersa dixerunt: nam quidam aiunt caelos animas
terram corpora accipienda, alii caelos Iudaeos, qui caelestia
praecepta habuerant, terram esse gentiles adfirmant, alii uero
adserunt in caelis non angelos restauratos, sed eorum scientiam
[ex] Christi tempore profecisse, qui tamquam ignari interro- 5
gabant quis esset iste rex gloriae, et docentur dominum eum
esse uirtutum. sed quoniam restaurari non dicitur nisi lapsum,
melius est si eorum gaudium in salute hominum restauratum
esse dicamus, quod habuerant ante quam homines a iustitia
penitus declinarent: in terra uero restauratum esse genus 10
hominum per Christum nullus ignorat. 11 *In quo etiam* [*nos*]
*uocati sumus.* Nos, qui ex Iudaeis credi[di]mus [in] Christo.
*Praedestinati.* Ante destinati per fidem. Siue: Praecogniti.
*Secundum propositum dei.* Quo proposuit quidem omnia
restaurare, sed primo oues perditas domus Istrahel. *Qui* 15
*omnia operatur.* Omnium horum causa uoluntas est dei, quam
rationabilem esse non dubium est. *Secundum consilium*
*uoluntatis suae.* Non secundum merita nostra. 12 *Ut simus*
*in laudem gloriae eius.* Ut per conuersationem nostram, siue
per signa quae facimus, laudetur gloria dei. *Nos qui ante* 20
*sperauimus in Christo.* Nos apostoli uel Iudaei, qui priores

5 cf. Ps. xxiii 10    9 cf. Ps. cxviii 51 etc.    15 cf. *Matth. xv 24 etc.

1 diuisa MN*    senserunt Cas    nam *om.* Cas    quidem B    2 terra
MSR    accipiendum Cas    que G*    3 habuerunt RH₂V    adfirmant
*om.* H₂Cas    4 ⌢non ang. in caelis H₁    caelos G* caelo G    angelis A*G*
angelus MN*    restauratos *om.* H₁    scientiam] scientiae B+qui H₁
5 ex *om.* B    tempora B    tantum B    6 est HGVCas    domino A
deum G    7 restaurare A*H₂    8 eorum] quorum V    in] pro V per Cas
salutem BNCas    restauratum] 8 *litt. eras.* restaum V    9 ⌢ante hab.
quam (quod MN) BH₂VCas    ante quam] quod G*    omnes V    10 terra
(rr *in ras.*) V    ⌢gen. hominum (humanum H₂GCas) rest. esse BH₂GVCas
esse *om.* H₁    11 per christum *om.* Cas    qua EGCas^ed    nos] *om.* BV
sorte nos E sorte RH₂Cas^cod (=vg) nos sorte Cas^ed Sd^ed    12 nos—cred.
*in ras.* G    ⌢credimus christo ex iudaeis V    ⌢christo credimus Sd
credidimus] credimus A*BH(—S)GVSd *praem.* qui H₂    in christo *om.* Cas
in *om.* BHGV    christum B    13 praedestinauit E    ante destinati *om.* H₁
per fidem *om.* Cas    14 dei] eius AHGCas (=vg)    quod EH₂G* qui G corr.
quia Cas    proposuit] praeposuit G corr. +fuit H₂    quidem *om.* H₁
15 perducas E*    16 horum] eorum S hominum H₂ *om.* Cas    est dei]
dei est H₁ dei MN    17 ⌢est dubium G    consilium *om.* G*    19 ut—
dei *om.* R*    per—siue *om.*VCas    consolationem S    siue per] *om.* E
siue S    20 laudetur] detur ES    nos *om.* RH₂GCas^cod (=vg)    21 uel]+
illi S    priores]+gentilibus Sd

credi[di]mus [in] Christo. Siue: Ex lege expectauimus Christum. 13 *In quo et uos* [*,carissimi*], *audito uerbo ueritatis, euangelio salutis uestrae.* In quo etiam [et] uobis gentibus adnuntiata est salus. *In quo* [*et*] *credentes.* In [quo] euangelio.
5 Siue: Christo. *Signati estis spiritu promissionis sancto,* 14 *qui est pignus hereditatis nostrae.* Hin[c] cognoscemini unum esse, qui[a] eundem spiritum accepistis, cuius signa arra sunt hereditatis futurae. si ergo mortuos suscitare arra est, quanta erit ipsa possessio! pignus uero promissis fidem operatur
10 [spiritu promissionis], qui omni carni promissus est per Iohel. *In redemptionem adquisitionis, in laudem gloriae ipsius.* Quos redimendo suo sanguine adquaesiuit, ut etiam in hoc laudemus gloriam eius. 15 *Propterea et ego, audiens fidem uestram quae est in domino Iesu.* Quam firmiter teneatis fidem Iesu. *Et*
15 *omnes sanctos.* [Et omnes bonos] sine exceptione personae uel notitiae diligatis: cauere enim a pseudo-prophetis [et] non omni spiritui credere [e]t non ante probationem [nobis] iudicare praecipitur. [*Et dilectionem in omnes sanctos.*] Hoc est fidem operibus conprobare. 16 *Non cesso gratias agens pro*
20 *uobis, memoriam uestri faciens in orationibus meis.* Non, ut quidam, in iucunditate conuiuii: mihi autem nihil oratione

10 cf. Act. ii 16, 17   12 cf. Act. xx 28   16 cf. Matth. x 17
17 cf. 1 Ioh. iv 1   19 cf. Iac. ii 18

1 credimus BESd^cod   in om. BHGVSd   siue—christum om. V   ex lege om. A*   christum om. E   2 nos B   carissimi BSd^cod ^ed D om. AHGVCas(=vg)   audito uerbo] cum audissetis uerbum AHGVCasSd^cod (=vg)   3 euangelium AHGVCas(=vg)   et om. BHGVCasSd   ⌐an[n]unt. est sal. hoc gent. (om. hoc gent. Cas)VCas   4 et add. BRH₂GCas(=vg)   quo om. B   euangelium G*   5 siue] uel G uel in Cas   spiritu bis B   qui est pignus om. G   6 uestrae R   hin B hic R   cognoscimini BH₁C,G corr.,V Cas^cod   7 qui BH   quoniam G   eodem spiritu G*   8 ⌐fut. her. Cas   futurae om. V   si—suscitare bis G*   9 ipsa] ista H₁ illa H₂   10 spiritu promissionis om. BH₂GV   omni] non H₁   ⌐per io. proph. prom. est Sd   per] pro EG*   iohel (iohelem Cas^ed ioel Sd^cod ioelem Sd^ed)] + prophetam H₂GCasSd   11 in* V   redemptionis ES redemptione Cas^cod   13 audiens] gaudens uidens E   14 domino] christo ES,G*(?)   et] + dilectionem in AH₁Cas(=vg)   15 sanctos (sancto V)] + hoc est fidem operibus conprobare (probare H₁) AH₁ (*uide u.* 18)   et omnes bonos om. BGVCas   16 a] ab H₁   pseudo-] speudo- SR falsis Cas   -etis] -etes G*   et om. B   non omni] noni V   17 omnis G*   credere et] crederet A   et non] ⌐non et BV non Cas   nobis add. AH₂VCas   18 praecipimur BH₂VCas   et dilectionem—sanctos om. AH₁Cas   19 est om. V   cesso] quesso E   20 uestram G*   faciens] + semper C faciant (*corr.* facians) G*   21 in om. Cas   conuiui EG

,iucundius. 17 *Ut deus domini nostri Iesu Christi, pater gloriae.*
[Deus pater gloriae domini nostri Iesu Christi]. *Det uobis
spiritum sapientiae et reuelationis.* Notandum quia fidem et
caritatem habentibus sapentiam a domino deprecatur: nouerat enim eam matrem omnium esse uirtutum. *In agnitione*
*eius.* Quo modo optat ut agnosca[n]t deum, quem usque adeo
nouerant, ut ei credentes omnes propter ipsum diligerent
sanctos? sed hoc petit ut perfecte cognoscant magnitudinem
eius atque uirtutem; [uirtutem] qu[i]a potest promissa praemia uel poenas implere, magnitudine[m], qu[i]a, cum ubique
sit, nihil eum potest omnino latere: qui enim hoc pro certo
cognouerit, nullo poterit in loco peccare; nam qui humanum
testimonium erubescit, multo magis diuinum poterit reuereri.
unde filii Heli, cum sacerdotes essent, deum nescisse dicuntur,
quia praesentiam et potentiam eius minime timuerunt, et
Iohannes apostolus omnem qui peccat deum non cognouisse
confirmat. 18 *Inluminatis oculis cordis uestri.* Spiritalia promissa non nisi spiritalibus oculis peruidentur. *Ut sciatis quae*
*sit spes uocationis eius, quae diuitiae gloriae hereditatis eius in*
*sanctis.* Si scieritis ad quantam spem uocati estis, omnem
spem saeculi facile contemnetis; et si diuitias hereditatis dei

3 cf. Eph. i 15    14 cf. 1 Regn. ii 12    16 cf. 1 Ioh. iii 6
17 cf. 1 Cor. ii 13

1 iesu christi *om.* Cas$^{cod}$    gloriae] misericordiae ES    2 deus—christi
*om.* AH$_1$    ⌒ pater gloriae deus H$_2$G    deus *om.* Cas    det] de G*
3 notandum] + uero Sd$^{ed}$    4 deo Sd    praedicatur H$_1$    5 eam *om.* H    matrem
omnium] matrimonium H$_2$    matrem] adiutricem AH$_1$Sd    ⌒ esse omnium G
omnium *om.* H    uirtutem B*    agnitionem G corr., Sd    6 optant S corr., MN
agnoscat BR*    dominum G    us G*    adeo] ad eum MN    7 nouerunt H$_2$
sciebant Cas    omnes propter ipsum] pro eo omnes Cas    8 agnoscant H$_1$
9 uirtutem (*alt.*) (m G corr. *in ras.*) *om.* BH(—C)Sd    qua potest *om.* G*
quia B,R corr.,Cas$^{ed}$    potest] propter MN    proemia V    10 magnitudine B
qua] quia BSCas$^{ed}$Sd$^{cod}$ qui E, C*(?) quae N*m*2    11 potest] + his MN    ⌒ lat.
*omn.* G    omnino ubique A *om.* Cas    qui (i G corr. *in ras.*) G    hoc]
*om.* E haec Cas$^{ed}$    ⌒ cogn. p. certo Sd    12 ⌒ peccare in loco Sd$^{cod}$
humanam praesentiam Cas    13 erubescet E erubiscit V    multo] quanto G
reuerire G*    14 fili V    heli *om.* ES    dominum G*    nescire H$_2$
necisse V*    15 qui H$_2$    prescientiam R    16 apostolus *om.* G*V
omnes H$_2$G    peccant G    17 inluminatos (inluminat S) oculos AHGVCas
(=vg)    18 non *om.* ES    pr[a]euidentur BCas    19 eius (*pr.*)] + et RGCas$^{cod}$
et V *om.* Sd    hereditate E    20 si *om.* G*    scieretis AH$_1$,N corr.,CG
scieretis MN*V* scitis Cas$^{cod}$    quantam] quam Cas    uocatis Cas$^{cod*}$
21 contemneretis ACG contem[p]nitis H$_1$Cas$^{cod}$Sd$^{cod}$    et] eti A*    dei] eius B

uideritis, omnis terrena uobis sordebit hereditas: nemo enim, regnum cum opibus suis sperans, curator esse et mediocrem substantiam possidere dignatur. 19 *Et quae sit supereminens magnitudo uirtutis eius in uobis qui credidistis, secundum operationem potentiae uirtutis eius,* 20 *quam operatus est in Christo, suscitans illum a mortuis.* Omnem magnitudinem uirtutum dei in natura uel lege supereminet, quod praestitit Christianis, ut filio suo non parceret, et eum [c]aput nostrum factum ad suam dexteram in caelestibus collocaret. *Et constituens ad dexteram suam in caelestibus.* Hic dextera pro honore ponitur, non ut deus corporeus esse credatur: nam et pater a dextris esse scribitur Christi: 'dominus,' inquit, 'a dextris tuis confringet in die irae suae reges.' ambo ergo a dextris sunt, quia nihil est in diuinitate sinistrum. 21 *Supra omnem potestatem et principatum et uirtutem et dominationem.* Quia unum est iam cum deo adsumptus homo, qui suscitatus est. *Et omne nomen quod nominatur non solum in hoc saeculo, sed [etiam] in futuro.* Si quod est aliut. 22 *Et omnia subiecit sub pedibus eius, et ipsum dedit caput supra omnia [membra] ecclesiae,* 23 *quae est corpus eius et plenitudo eius.* Ecclesia omnium plenitudo membrorum. *Qui omnia in omnibus adimpletur.* Quando omnes crediderint, tunc erit corpus eius

8 cf. Rom. viii 32    12 *Ps. cix 5    16 cf. Phil. ii 7

1 uideritis ASRCG    omnes V    ⌒uob. terr. Cas$^{cod}$    horrebit (-at S) AHGSd    2 operibus BR*MG*    superans Sd$^{ed}$    curator esse et] curat aes aut Cas *om.* Sd    curator] curatur SR*MN* curat N corr., curat urbanus C    mediocrem substantiam] plumbum VCas    3 possid*re (e *s. ras.* corr.) G    4 eius *om.* ES    uobis]nos AHGVCas(=vg)    credidimus ARH$_2$Cas(=vg) credimus ESGV    7 prestetit V    8 ut] et H$_1$    tuo V* ne ES    parcerit H$_1$    et] ut H$_1$    eum caput] quom apud B cum caput V    9 fractum M    collogaret V*    11 ponitur]+ac beatitudine Cas non *om.* H$_1$    12 ad ERN*G*    christus (*uel* -e) B    ad H$_1$N*V    13 tuis *om.* H$_2$    confregit H(—R*)Cas confringit V    in—reges *om.* Cas    regis H$_1$N ad H$_1$    14 super H(—SR)CasSd$^{ed}$ su S    15 ⌒princ. et pot. AHGVCasSd$^{ed}$ (=vg)    uirtutum S    16 qui G    assumatus V    18 etiam] *om.* AM*N et MCGVCas(=vg) in *om.* V    si quod] sicut E    est *om.* G*    19 eius *om.* G ipsum *om.* Sd$^{ed}$    capud AB    super H(—R)Cas$^{cod}$Sd$^{ed}$ *om.* Cas$^{ed}$    omnem R*CGCas$^{cod}$Sd$^{ed}$ omni Cas$^{ed}$    membra *om.* AHGVCas(=vg)    20 ecclesia EMN ecclesiam R*CGCas$^{cod}$Sd$^{ed}$    eius (*pr.*)] ipsius BRH$_2$GVCas(=vg)    et *om.* H$_2$VCas$^{ed}$(=vg)    21 ⌒plen. omn. Cas$^{cod}$    membrorum]+est H$_1$ (*quod ante* plen. *tr.* C)G    qua E quia SGV qui per Sd    22 quando omnes] qui omnia G* *praem.* nam Sd    crederent E crederint S crediderunt Sd$^{cod\ ed}$    eius *om.* Cas

perfectum in omnibus membris: totus enim in membris omnibus, non in singulis, adimpletur, ne nulla sit diuersitas [meritorum]. 1 *Et uos, cum essetis mortui delictis et peccatis uestris.* Incipit collata beneficia replicare, ut ad officium mandatorum ex contemplatione donatae indulgentiae auidius concitentur: mortui enim erant peccatis facientibus, sicut Adam et 'uidua in deliciis uiuens.' 2 *In quibus aliquando ambulastis.* Notandum quod in peccatis ambulasse, non 'ambulare,' illos dixerit. *Secundum saeculum mundi huius.* Saeculi hominibus similes, sequentes diaboli uoluntatem. *Secundum principem po*[*s*]*testatis aeris huius spiritus.* Secundum principem illius potestatis, quae in hoc aere [uentoso est. multi sane opinantur quod diabolus in hoc aere] satellitibus suis ad decipiendos diuersis peccatis homines diuiserit potestatem. *Qui nunc operatur.* [Operatur] suasione, no[n] u[i]. *In filios diffidentiae.* In eos qui non credunt: illi autem qui desperant atque diffidunt de promissione dei, dicuntur filii diffidentiae, sicut filii irae et gehennae et mortis. 3 *In quibus et nos omnes conuersati sumus aliquando.* Non solum uos gentes non cre-

6 cf. 1 Cor. xv 22    7 cf. 1 Tim. v 6    18 cf. Eph. ii 3
cf. Matth. xxiii 15    cf. 1 Regn. xx 31 etc.

1 effectus E effectum SR    membris omnibus] membribus E omnibus membris Sd^cod    2 impletur E    ulla Cas Sd    aduesitas G    3 meritorum] om. B membrorum Sd    4 incipit—concitentur] ab (hinc Cas) illis uult (uul V*) ostendere quantum eis beneficii sit collatum VCas + ut contemplatione beneficiorum ad obseruantiam mandorum (sic) auidius excitentur V collecta Sd^ed    ad] iuxta H₁ id MN    5 ex] et G    contemplationem G corr.(?)    intellegentiae R    aui✳dius G    6 contemplantur B    mortui—facientibus] morte peccati VCas    7 dilitiis A    uiuens] constituta V 8 notandum—dixerit] non nunc ambulatis V iam uero non ambulatis Cas notandum] non tant(d N)um H₂    ⌒ill. non amb. H₁G    9 saeculum om. S saeculi hominibus similes] secundum homines saeculi quorum similes eramus V(Cas)    10 homines B    uoluntatem ER    secundum—huius bis G* 11 postestatis A    huius om. V    spiritus tr. ante qui (15) H₂GVCas (= vg) 12 ⌒pot. ill. B    qui R,G corr.,Cas    in om. H₁    here S ut infra, ere G* uentoso—aere om. BE    uentuoso(-a N) H₂,(o alt. in ras.)G    est in ras. G multo S    13 opun. A*    opinuntur G*    14 diues erit E    15 nuc G* operatur (alt.) om. BH₂VCas    non ui] noua B noui S    filiis H(—C)Cas^cod    16 qui (pr.)] quod S    illi—diffidentiae] unus quisque enim (om. Cas) illius filius efficitur, cui (cuius R corr.) se tradidit (tradit MNCGV) (quem imitatur Cas) uel (siue Cas) quo (+ quod MN,R corr.) dignus (quod igneus V) est BH₂V quae add. GCas    illis G*    autem om. G    qui om. ES    18 sicut] quomodo Cas ⌒et mort. et geh. Cas    hiehennę E    nos] non G*    19 ⌒aliq. conu. sumus BH₂GVCas (= vg)    gentes] + deum Cas

dendo, sed [et] nos Iudaei peccando. *In desideriis carnis nostrae, facientes uoluntatem carnis et cogitationum.* Quando mens nostra rebus terrenis et carnalibus inhaerebat, non solum desiderans, sed et faciens quaecumque mala cogitatio suggessisset. *Et eramus natura filii irae, sicut et ceteri.* Ita nos paternae traditionis consuetudo possederat, ut omnes ad damnationem nasci uideremur. *4 Deus autem qui diues est in misericordia.* 'Misereris omnium, quoniam omnia potes, et diligis omnia quae creasti: nec enim odiens aliquid constituisses.' *Propter nimiam caritatem suam misertus est nostri.* Nimia caritas est rebelles seruos quasi filios diligere. unde considerandum est quantum diligat [iam] sanctos effectos, qui tantum dignatus est diligere peccatores. *5 Et cum essemus mortui peccatis.* [Rei mortis, iam quasi mortui uiuebamus.] *Conuiuificauit nos Christo.* Sine peccato, sicut Christus est, per baptismum faciendo. *Cuius gratia estis salu*[*i f*]*a*[*c*]*ti* [*per fidem*]. Propter ipsum. Siue: Qui pro uobis gratis [in Christo], nullo iustitiae uestro merito intercedente, est mortuus, uel cum ipse reus non esset. *6 Et simul suscitauit simulque fecit sedere*

6 cf. Gal. i 14   cf. 1 Petr. i 18      8 *Sap. xi 23 (24), 24 (25)

1 sed et nos *om.* VCas      et *om.* A      peccando] male uiuendo Cas
3 anima Cas    4 cumque mala *om.* VCas    5 suggessit H₂ suggerebat Cas
6 fraternae H₁    traditionis] originis mala ( + et *exp.* Cas^{cod}) Cas    7 nasci uideremur] nasceremur Cas    diuis R*V    es V    8 misericordiam V
misereris] misericors H₁ misere( i MN)aris H₂ miseris G non solum in uirtute miseris ait sapientia V + autem ait Cas    hominum H₁ omnibus G    quia H₁VCas    poest E potest N    9 et *om.* H₁    diliges B diligens G dilis V* omnia] ea Cas    que G    aliquid] + quod G    constituisti AH₁Cas    10 per Sd^{cod ed}    multam SdD    misertus est nostri] qua dilexit nos AHG (=vg) quam (qua Cas) dilexit nos ( + et Cas^{expos}) misertus est nostri VCas^{txt+expos}
11 nimiae Cas^{cod ed}    caritatis Sd^{ed}    quasi] et impios V et impios uelut Cas
12 diligit ( + deus S) H₁ dilexit H₂    iam *om.* AH₁    sanctos] sancto sunt E*
sanctos et E*m.rec.    13 tantam V    14 rei—uiuebamus *om.* AE    iam *om.* SR*    uiuebamus] uidebamur B uiuamus G* uiuimus G corr.    15 uiuificauit V conuiuificabit Sd^{cod ed}    christo] in christo RH₂    sicut christus est *om.* Cas    ↶ est chr. R    16 cuius *om.* R*, C corr. (=vg)    salui facti] saluati AHGCas (=vg)    per fidem *om.* AHGVCas (=vg)    17 ipsum] usum E    quia Cm2    in christo *add.* B    18 ↶ uestro(-ae BH₂) iust. BHGV intercedente] incedente E*S *om.* VCas    ↶ mort. est H₁V    uel *eras.* C
19 non *om.* G*    simul suscitauit] conresuscitauit AH(consuscitauit E suscitauit S conresustauit R)GVCasSd^{codd} (-abit Sd^{ed})    simulque fecit sedere (sedem B *om.* Sd) *scripsi cum* BSd *et* consedere (considere ESCas^{cod} conresedere G) fecit AHGVCas (=vg)

*in caelestibus in Christo* [*Iesu*]. Non possumus desperare quod nostra natura iam possidet, quia ubi caput est, ibi erit et corpus, sicut ipse ait: 'uolo ut ubi ego sum, et isti sint mecum.' 7 *Ut ostenderet in saeculis superuenientibus.* Ante praedestinauit quod erat his temporibus completurus. *Abundantes diuitias gratiae suae.* Uere abundans gratia, quae non solum peccata donauit, sed etiam cum Christo resuscitatos in dextera dei in caelestibus collocauit. *In bonitate super nos in Christo* [*Iesu*]. In exemplo uel corpore Christi. 8 *Gratia enim estis salu*[*i f*]*a*[*c*]*ti per fidem, et hoc non ex uobis.* Non meritis prioris uitae, sed sola fide, sed tamen non sine fide. *Sed dei donum est,* 9 *non ex operibus,* [*ut*] *ne quis glorietur.* Se suis meritis aliquit in baptismo accepisse. 10 *Ipsius enim sumus factura, creati in Christo* [*Iesu*] *in operibus bonis, quae praeparauit deus ut in illis ambulemus.* Qu[i]a nuper sumus in Christo renati, ut in bonis operibus ambulemus, quae in euangelio sunt ostensa. 11 *Propter quod memores estote* [*gentes*] *quia aliquando* [*uos gentes*] *eratis in carne.* Commemorat illos de quanta ignobilitate ad summam regni perducti sint dignitatem,

3 *Ioh. xvii 24      7 cf. Eph. ii 6      15 cf. Ioh. iii *3, 5

1 iesu *add.* BRH₂GVCas (=vg)    non—possidet *om.* Cas    2 ⌢iam poss. nat. H₁    qui G*    3 sicut]+et Casᵉᵈ    uolo]+pater S    ut *om.* H₁ ipsi BCas ibi MN illi C ipse G    sunt ER    mecum *om.* Cas    4 ostenderit V 5 his temporibus completurus] modo facturus Cas    6 gratia G*    abundans]+est H₁G    gratia]+est Sd    qui MN ut Cas    nec Sd    7 donaret Cas    resuscitatus EMN resuscitaret Cas    8 conloca(u S)tos ES collocabit Sd 9 iesu *add.* BRH₂GCas (=vg)    in *om.* H₁    corpus Cas    10 salui facti] saluati AHGVCas (=vg)    prioris uitae] *om.* V    uestris Cas    prioris] propriis B    11 sola fide] per solam fidem VCasᵉᵈ    sed (*alt.*)] si B nec V non *om.* V    fide] gratia G fine V    sed dei] dei enim BCas (=vg) dei RMN 12 operibus] perperibus G*+uestris V    ut *add.* BH₁GVCas (=vg)    se] et B sine E siue SR si H₂G*    13 aliquit in baptismo] alioquin baptismum H₂ aliquid V *om.* Cas    accepisset E,Cm2    14 christum G*    iesu *add.* BRH₂G (=vg)    15 qua AMNVCasᶜᵒᵈ quia BH₁CCasᵉᵈ quam N* ex qua G nuper(n G corr. *in ras.*) G    ⌢ren. in chr. H₂G    16 in bonis operibus ambulemus *om.* H₁    operibus]+dei adiutorio Cas    euangeliis AH₁ ⌢ost. sunt G    17 ostensa] defensa H₁    ⌢memores itaque Sd    gentes *om.* AHGVCas (=vg)    quod AHGVCas (=vg)    18 uos (+qui G) gentes eratis (⌢eratis gentes G) in carne AGV eratis in carne B uos gentes eratis H₁ uos gentes in carne H₂Cas (=vg)    illis C corr.,Casᶜᵒᵈ    de *om.* A*    quanta] qua tanta E    19 regni(gn G corr. *in ras.*) G    perducta MN* producti Sdᶜᵒᵈ ᵉᵈ    sunt B*HG*CasSdᶜᵒᵈᵈ    dignitatem] dig- G corr. *in ras., om.* VCas

ut non sint ingrati beneficiis largitoris. *Qui dicebamini praeputium ab ea quae dicitur circumcisio.* Gentes praeputium, Iudaei circumcisio dicebantur. *In carne manu facta.* Manu humana in carne, non spiritu dei in corde. 12 *Quia eratis illo tempore sine Christo.* Nescientes Christum, idola insensibilia colebatis. *Alienati a conuersatione Istrahel.* Qui tunc erat populus dei. *Et hospites testamentorum [eius].* Etiam si crederetis, proseliti, hoc est, aduenae habebamini. *Promissionis spem non habentes.* Quam deus promiserat Abrahae, illi soli sperare uidebantur. *Et sine deo in hoc mundo.* Multos enim falsos deos sequentes, unum amiserant uerum. 13 *Nunc autem in Christo [Iesu uos] qui aliquando eratis longe, facti estis prope.* Ita ut Iudaeis [fidelibus] aequaremini, qui cum deo erant. *In sanguine Christi.* Credendo uos eius sanguine et passione liberatos. 14 *Ipse est enim pax nostra, qui fecit utraque unum.* Ipse est reconciliatio utriusque populi ad inuicem et ad deum. *Et medium parietem saepis.* Medius paries et saepis et maceria onera legis erant, duos populos

4 cf. *passim* cf. Act. vii 51 etc.    11 cf. *Ioh. xvii 3
18 cf. Matth. xxiii 4; Luc. xi 46

1 ut *om.* H₁    sint] sunt S + illi V    beneficiis largitoris] ei (*om.* V) qui hoc illis ( + gratia sua Cas) conferre (praestare Cas) dignatus est VCas benefici**is G    largientis B largiores E largioris S largiaris R*    dicemini MN dicimini V    2 ab—praeputium *om.* G*    3 manu facta] manifesta H₂ manu (*alt.*)—corde] humana V(*mg.*),Cas + non in corde per spiritum V    4 humana(n *in ras.*) G    in carne] facta Sd    non] + non S in M    qui H₂G    illo] in illo H(—MN*C)Cas illo in CGV (= vg)    6 a *om.* B*    quia SH₂    erant populi B erit ES    7 hospites] peregrini Sd    eius *om.* AHGVCas (= vg)    8 crederitis H₁G aliqui credebant Cas ex parte credebatis Sd    proseliti] + tamen Sd aduenae] adueni MN* *om.* G* peregrini Cas    habebantur Cas    promissionis] et promissionis ES,G corr. et promissiones G*    9 promisit H₁    10 sperare uidebantur] habebantur(ur *om.* C) H₂ habere (*in ras.*) uidebantur R corr. hoc *om.* H₂VCas^cod (= vg)    11 sequentes] colentes Sd    ↶ et uerum amis. Cas    amiserunt AH₂ amiserat E amisistis Sd    uerbum ES    12 iesu (*om.* ESCas^cod) uos *add.* BHGVCas (= vg)    aliquando *om.* H₂    longe] + a deo Cas    13 iudaei sequere(i ER)mini H₁    fidelibus *add.* BCG infidelibus *add.* MNG*    equarimini MN    qui—erant *om.* Cas    14 credentes H₂ credite Cas    uos] + esse H₁    ↶ sang. eius H₁    15 et passione *om.* VCas ↶ enim est Cas^ed    est *om.* G    16 ipse est *om.* VCas    ↶ pop. utr. Cas utrisque MN*    ad] et Cas^cod    17 et (*pr.*) *om.* H₁    ad] a V    deo V*    pariete V maceriae AHGCasSd (= vg) maceriae saepis V    medium C medius quasi VCas    18 parietis H₂    sa(*om.* AB)epis—diuidentes] maceria saepis erant (saepserant Cas) inter utrumque populum onera legis quae gentes deterrebant ne istrahelitico populo iungerentur VCas    maceriae E,Cm2

diuidentes, et ideo ipse paries inimicitiae nomina[n]tur. *Soluens inimicitias in carne sua.* Circumcisionis et ceterorum, quae non tam dei uoluntas quam aut temporis ratio aut populi duritia exegerat. 15 *Legem mandatorum decretis euacuans.* Per solam fidem iustificans et mor[t]alia sola decernens. *Ut duos condat in semet ipsum.* Iudaeum et gentem in suo corpore aequaliter iungens. *In unum nouum hominem faciens pacem.* In unum populum Christianum ex duobus effectum. 16 *Reconcilians ambos in uno corpore deo.* Qui[a] ambo per peccatum fuerant separati. *Per crucem interficiens inimicitias in semet ipso.* Per solam fidem crucis, quae nullum deterret: non enim grauis aut difficilis est, quam habere etiam latro potuit cruci fixus. 17 *Et [ueniens] euangelizauit pacem uobis qui longe [fuistis], et pacem his qui prope.* Ad hoc uenit, ut dissidens humanum genus et in semet ipso et in deo ad reconciliationis gratiam reuocare[t]. 18 *Quoniam per ipsum habemus accessum utrique ad patrem.* 'Nemo uenit ad patrem nisi per me.' *In uno spiritu.* Unum corpus unum spiritum habet, et signum pacis unus est spiritus. 19 *Ergo iam non estis*

4 cf. Deut. ix 27   cf. Matth. xix 8     5 cf. Gal. iii 8 etc.
12 cf. Luc. xxiii 33, 43       17 Ioh. xiv 6

1 diuidentia CSd   et ideo] ideo et V *om.* Cas   ipsa Sd<sup>codd</sup>   inimicitia G nominatur BH₂G   2 inimicitiam AH₁VSd<sup>codd</sup> (=vg)   circumcisiones SN cetera H₂Sd<sup>cod ed</sup>   3 deum E*S domini E corr. ** dei G   uoluntate H₂ aut (*pr.*) *om.* Sd<sup>cod ed</sup>   temporalis R   ratio *om.* H₂   aut] a Sd<sup>cod ed</sup>   4 duritiam ex (*om.* C) generat H₂   duritiae V   exigebat Cas   decretis *om.* ES euacuas V   5 et *om.* H   moralia sola decernens *om.* H₂   mortalia B sola] cuncta B   6 duos] ad uos V   quom dat B conderet H₁GCas<sup>cod</sup>Sd<sup>ed</sup> ipso C*Cas<sup>cod</sup>   gentem] gentilem RC,G corr. + sola S   ⌒corp. suo V 7 aequaliter] aequalitate H₁ *om.*V   coniungens H₁V   uno nouo homine Sd<sup>codd</sup>   8 panem S pacet Cas<sup>cod</sup>*   in *om.* MN   ex duobus *om.* Sd effectums G* effectos G corr.   9 reconcilians] ut (*om.* G) reconciliet R,G corr. ut reconciliaret H₂ et reconciliet Cas (=vg)   ambo E   qui BH₂ 10 fecerunt H₂V<sup>-</sup>   separati] *om.* H₁ seperati G* auersi Cas   inimicitiam AHGVCas (=vg)   11 neminem Cas   12 aut difficilis *om.* VCas   habere] subito accipere Cas   13 ⌒crucif. pot. G   potuit] + habere MN   ueniens *add.* BRH₂GVCas (=vg)   uobis] his H₁ nobis G*   14 fuistis *add.* BH₂GVCas (=vg)   his *om.* G*   15 ⌒hum. gen. diss.V   desidens NC* et (*pr.*) *om.* E   in] a V   in] a V   ad reconc.] adae conc. B   reconciliationis(-em S) gratiam] reconciliationem H₂   16 reuocare B   ⌒acc. hab. H₂   17 ⌒ambo acc. Cas   utrique] ambo AHGVCas (=vg)   ad patrem (*pr.*)] praem. (*uide infra*) in uno spiritu BH₂GVCas (=vg)   aduenit ES 19 unus est spiritus *om.* H₁   spiritus] christus H₂G spm V

*hospites et aduenae, sed estis ciues sanctorum et domestici dei.*
[Iam] non extranei neque proseliti: nec enim separauit uos
dominus a populo suo, sicut praedixit Isaias, sed ciues, qui
eiusdem sunt et originis et habitationis. 20 *Superaedificati*
5 *supra fundamentum apostolorum et prophetarum, ipso summo*
*angulari lapide Christo Iesu.* Prophetarum noui testamenti,
e quibus Agabus fuit, Christus est fundamentum, qui etiam
lapis dicitur [lapis] angularis, duos coniungens et continens
parietes. ideo autem et fundamentum et summus est, quia
10 in ipso et fundatur et consummatur ecclesia. 21 *In quo omnis*
*structura compaginata crescit in templum sanctum in domino.*
In templo sancto non possunt lapides poni non sancti. ad
comparationem templi Hierosolymae dicit extrui corpus
Christi, id est, ecclesiam, ut multo maiorem munditiam et
15 sanctitatem habeat ueritas quam imago. 22 *In quo et uos*
*coaedificamini in habitaculum dei in spiritu* [*sancto*]. [Ut]
cum apostolis et prophetis [sitis] habitaculum dei spiritale,
non manu factum. 1 *Huius rei gratia.* Huius quam superius
memoraui, quod filius dei et gentes saluauerit et Iudaeos, [et]

3 cf. Esai. lvi 3      7 cf. Act. xi 28, xxi 10
13 cf. Col. i 24

1 sanctorum *om.* V   et]+m B*   dei] fidei $H_1$   2 iam *om.* B   neque] et $H_2$
nec Cas   3 dominus] deus $H_1$ *om.* Cas   sed *om.* Cas   qui *om.* Cas
4 et (*pr.*) *om.* E   originis] ecbriginis E (*add. m. rec. s.l.* uel hospitii) superaedificati *om.* V   5 super AHGCas (=vg)   fundamenta MN   et
prophetarum *om.* V   ipsum summum angularem V   6 ⌢ies. chr. G
⌢nou. test. proph. G   prophetarum *om.* V   noui]+non ueteris Cas
7 e—fuit *om.* VCas   e] in ES de R*   christus est fundamentum] hoc
super christum V   ⌢fund. chr. est Cas   8 dicitur]+lapis B   duas MN*
⌢par. coni. et cont. Cas   continens] constituens G   9 ideo *om.* Cas
⌢et fund. autem Cas   autem] hic Sd$^{ed}$   et (*pr.*) *om.* $H_1$Sd   est] *om.*
Cas+lapis Sd   10 et (*pr.*) *om.* $H_1$G   consumatur V   11 structura D scriptura B aedificatio AHGVCas (=vg)   constructa AHGVCas (=vg)   12 ⌢pon.
lap. Cas$^{ed}$   poni non (*om.* G* nisi Cas$^{cod\ corr}$Sd$^{cod\ corr}$) sancti] nisi (*om.* S
non R) sancti poni $H_1$   sanctificati Cas   13 hiero(*ex* u A)solymae ASd ieroso-
limae B hi(y M)erusalem H(—S) israhel S hierosolimae G salomonis VCas
dixit $H_1$   instrui Cas   14 ut] et $H_1$N   multum MN   maiorem] meliorem G
15 hab. *tr. ante* mund. Cas   inmago A*   16 co *om.* MN*V   in (*pr.*) *om.* ES
dei] domini nostri iesu christi ES domini G*   sancto *om.* AH(—R)VCas
(=vg)   ut] *om.* B et S   17 apostolus(-os) SR*MN*   sitis] *om.* B
uos sitis V   ⌢dei hab. VCas   spiritale] spiritalem G*+id est VCas
18 huius (*alt.*)] *om.* Cas$^{cod}$+rei Sd   19 dei *om.* V   et (*pr.*)] quod et $H_2$
saluaret MN   iudaeos]+secuturos G   et] *om.* B+ut $H_2$

utrosque fecerit unum. *Ego Paulus uinctus Christi [Iesu].*
Siue: Cat[h]enis. Siue: Christi amore ligatus, non possum
meam nisi domini facere uoluntatem. sane quando se uinctum
nominat, confirmat euangelium Christi, ostendens quanta sit
spes eius, pro quo talia pati libenter amplectitur, cum posset 5
aput Iudaeos ut legis doctor et mag[n]is[ter] diuitiis abundare
et summo honore gaudere. *Pro uobis gentibus.* 'Secundum
euangelium inimici propter uos,' qui[a] uos similes esse dicimus Iudaeorum. 2 *Si tamen audistis dispensationem gratiae
dei, quae data est mihi in uobis.* Si tamen firmiter retinetis me 10
in uobis dispensationem accepisse doctrinae: 'quis' enim 'fidelis seruus et prudens quem constituit dominus super familiam
[suam], ut det illis escam in tempore?' 3 *Quoniam secundum
reuelationem.* Non secundum humanam doctrinam. *Notum
mihi factum est sacramentum, sicut ante perscripsi[t].* Iudaeos 15
et gentes unum esse in Christo. *In modico,* 4 *prout potestis
legentes intellegere prudentiam meam.* Non quantum poteram
ego scribere, sed quantum [uos] adsequi ualebatis. *In mysterio
Christi.* Non in eloquentia saeculari. 5 *Quod aliis nationibus
non fuit notum filiis hominum, sic ut nunc reuelatum est sanctis* 20
*eius apostolis et prophetis.* Sciebant quidem prophetae priores

1 cf. *Eph. ii 14   6 cf. Matth. xxii 35 etc.   7 Rom. xi 28   11 *Matth. xxiv 46

1 faceret H₂       ego] et ego N     ⌒ies. chr. ER       iesu add.
AH(—ER)GVCas(=vg)      2 sine E       catenis] cathenis B catenis uinctus V
uinctus catenis Cas    ⌒am. chr. H₂GVCas        3 domini] dominus dederit
Casᵉᵈ      ⌒uoluntate facere V      sane om. Cas      quando] quo modo H₁G*(?)
⌒uinctum se H₂        4 christi om. Cas       ostendit H₁       5 eius om. H₁
alia V       amplector A       possit RH₂Cas       6 et om. H₄       magnis]
magister A      7 et]+in RCasᶜᵒᵈ       haberi Cas       8 qui B       nos B
⌒esse dic. sim. V      similis G        dicemus S indicemus R* iudicemur R
9 tantum G     10 datata E     uos H₂     tamen om. Cas     retinentes H₂ teneatis
G      11 do**trinam(o s. ras.) G      enim om. Cas       12 constituet M,(ex -it)N
13 suam om. A      illi Casᵉᵈ      14 doctrina V      15 ante perscripsi(-it B)]
supra scripsi AHGVCasSdᵉᵈ (=vg)     iuaeos A* (*ut u.* 6)       16 modico]
breui(-e MN) AHGVCasSd (=vg)      17 quantum] quoniam Sdᶜᵒᵈ ᵉᵈ     ⌒ego
pot. scr. V ⌒ego scr. pot. Cas      18 quantum] quoniam Sdᶜᵒᵈ ᵉᵈ       uos
om. BH₂Casᵉᵈ      adsequi] intellegere VCas      uolebatis H₁       ministerio BSH₂     19 in]*in A om. H₁ mea G       eloquentias ae**culari A
eloquia secularia H₁    saeculari(i G corr.) G     generationibus AH(—R)GCas
(=vg) gentibus R       20 fuit notum] est (erat ES) agnitum AHGVCasSdᵉᵈ
(=vg)       filiis] filius B +in (*corr.* autem) G      sic ut] sicuti (V)Cas (=vg)
nunc] in hunc V    sanctis] sq̄s E scs G      21 ⌒apost. eius AHGVCas (=vg)
quidam G*      proph. priores] antiqui proph. VCas       proph.]+et SR

gentes [esse] uocandas, non tamen sciebant nullam inter
ipsos [et] Iudaeos discretionem futuram. *In spiritu* 6 [*omnes*]
*gentes esse coheredes*. Per spiritum mihi reuelatum. Siue:
In spiritu illos sociatos esse, non [carnis] circumcisione[m].
5 *Et* [*con*]*corporales et comparticipes promissionis in Christo Iesu*.
Id est, unius corporis, non solum coheredes, quod [pos]sunt
diuersi generis esse, nec solum concorporales, quia possunt eiusdem generis filii non eiusdem esse [in] hereditate substantiae.
*Per euangelium* [*meum*] 7 *cuius sum minister factus*. Per meam
10 praedicationem omnibus innotescit, quia mihi hoc peculiariter
reuelatum est. *Secundum donum gratiae dei*[, *quae data est
mihi*]. Non secundum meritum meum. *Secundum operationem
uirtutis eius*. Cuius uirtus me confirmauit. Siue: Cuius uirtutes meum confirmant euangelium. 8 *Mihi minimo sanc-
15 torum omnium data est gratia haec*. Minimo tempore, non
labore. simul notandum quod inter sanctos se humiliando
fecerit gradus. *Inter gentes euangelizare* [*in*]*inuestigabiles diuitias Christi*. Adnuntiare futurae hereditatis diuitias

10 cf. Eph. iii 10

1 esse *om.* A    tamen] + sic V *fort. recte*    2 ipsos et] illos B eos et V
distantiam Cas   omnes *om.* AHGVCasSd (= vg)   3 ↶ esse gentes AHGVCasSd
(= vg)    spiritu SR*    mihi reuelatum] *om.* VCas + est Sd    4 illos—
circumcisione] non in carne V    illo G    non *om.* G*    carnis *om.* A
circumcisionem B circumcisio H₁ circumcisione(e G corr. *in ras.*) *rell.*
5 et (*pr.*)] *om.* ES sed et Cas^{ed}   corporales BM   com *om.* ESV   promis-
sionis] + eius V   6 qui R corr. quia Sd^{cod}   sunt BH₂ posuit ES potest VCas
7 ↶ esse diu. gen. Cas   ↶ esse gen. V   nec] non H₂Sd^{ed}   solum] +
esse R + est M   incorporales B corporales MCas^{ed}   qui H₂ quia id Sd^{ed}
8 generis] + esse H₂   filii] + non eiusdem generis filii G*   ↶ in heredi-
tate(-em E) esse H₁   esse *om.* H₂   in *om.* B   9 meum *om.* AHGVCas (= vg)
↶ fac. sum ( + ego H₁) min. AHGVCas (= vg)   factas A*   ↶ euangelium
meum V    10 innote(i MN*)scet E,R corr.,MN   quia] nam V   hoc *om.* V
peculia✱✱✱✱✱✱riter A peculialiter BSN prae ceteris V proprie Cas   11 reu.
est] reu. ES est reu. R    quae data est (*om.* V) mihi *add.* BH₂GVCas (= vg)
12 operationum MN*    13 confortauit Cas    uirtus A*,N corr.,G
14 confirmauit A*G confirmat N    mihi] + enim H₁Cas^{ed}   ↶ omn.
sanct. min. AHGVCas (= vg)   15 haec (hae G corr. *in ras.*) G   minimo]
minimum AH₁ *om.* V   16 simul—gradus] est ergo minimus et maximus
inter sanctos. quamuis enim se humiliauerit, tamen est res in qua se humiliat
unus quisque V(Cas)    se humiliando] quamuis ( + enim V) se humiliauerit
(↶ hum. se H₂) BH₂V    17 fecerat R    gradum E    inter gentes] in gentibus
AHGCas (= vg)    inuestigabiles ABCGCasSd^{ed} (= vg) inuestigabilis E*S
ininuistigabilis M    18 adnuntiare] nuntiare *tr. post* diuitias V   futuras AER
futura S    hereditates AER

repromissas, quas sensus humanus adprehendere nisi reuelatione non praeualet. 9 *Et inluminare omnes quae sit dispensatio mysterii.* Et Iudaeis et gentibus huius sacramenti pandere rationem. *Absconditi a saeculis in deo.* Hoc est, [quod] in prioribus temporibus soli deo cognitum erat. *Qui omnia creauit.* Et Iudaeos et gentes. Siue: Omnem creaturam, ut sensus contra Marcionem proficiat et ceteros haereticos. 10 *Ut innotesceret principibus et sacerdotibus in caelestibus per ecclesiam multiformis dei sapientia.* [Ut per me his qui rebus caelestibus per omnem ecclesiam principantur, multiformis dei sapientia innotescat.] 11 *Secundum praefinitionem saeculorum quam fecit in Christo Iesu domino nostro.* Qua praefiniuit ut hoc tempore, quando iam aliter homines saluari non poterant, sola Christi fide saluarentur. 12 *In quo habemus fiduciam et accessum in confidentia[m] per fidem eius.* Non per nostram iustitiam, sed per eum cuius fides nobis peccata dimisit. 13 *Propter quod peto ne deficiatis in pressuris meis pro uobis, quae est gloria uestra.* Ne me audientes impune l[a]edi,

5 cf. Rom. xvi 26, 27      16 cf. Phil. iii 9

1 repromissas] promissas $H_1$ om. V      quas—praeualet] inuestigauiles humano sensui sine reuelatione diuina V(Cas)      humanus]+sine reuelatione G      adprehendere]+non ualet $H_1$ adadprehendere G*      nisi] sine $BH_2$ reuelationem (*praem.* per E,R corr.) $H_1$      2 non p*in ras.* G      inluminarem MN 3 sacramenti AHGVCasSd$^{ed}$ (=vg)      et (*pr.*) om. $H_1$G      huius om. $H_2$ 4 pande ER* docere Cas      ratione $H_2$      domino N deo(eo *in ras.*) G hoc est om. VCas      5 quod om. $BH_2$VCas      in] a VCas om. Sd$^{ed}$      primis $H_1$ soli deo cognitum] intra deum, hoc est ipsi soli notum VCas      confirmatum $H_1$ quia ES      6 Et] in MN      siue] sicut G      7 ut sensus om. VCas martionem ESFV      proficiat om. VCas      et ceteros haereticos om. Cas ceteros] omnes $H_1$      haereticos om. V      8 innotesceret BSd] innotescat AHGV Cas (=vg)      principatibus ECas$^{ed}$      sacerdotibus] potestatibus AHGVCas (=vg)      cetlestibus G*      9 multiformi MN*      ↩sapientia(-ae $H_2$,G corr.,V) dei AHGVCas (=vg)      ut—innotescat om. B      rebus* G      10 cael.]+ donisque Sd      principatur V      11 dei] om. $H_1$Sd, *tr. post* sapientia G sapientiae ES gratia Cas$^{ed}$      innotescit G*      12 quam $H_1$ quae $H_2$Cas 13 ut] et $H_1$      hoc] in hoc C      quando] quoniam $H_2$G      ↩al. hom. iam Cas$^{cod}$ iam om. Cas$^{ed}$      ↩hom. al. $H_2$GCas$^{ed}$      14 poterat $H_1$      ↩fide christi $BSH_2$Cas      sanentur B sanarentur V      15 fiduciam] libertatem Sd$^{ed}$ accensum G*      in] non Cas$^{cod}$      confidentiam BE*MNVCas$^{cod}$ confidutiam G* 16 nostram iustitiam] fidem iustitiae G      per eum] in eo VCas      fide[m] $H_2$ nobis om. $H_1$      17 dimit[t]untur $H_2$      peto om. G*      dificiatis V tribulationibus AHGVCas (=vg)      18 uestra om. ES      uidentes inponi (hic pati C) leti(+ti N*+titiam $N_2$: *eras.* C) $H_2$      inpuni R*      ledi BSR claudi Cas

ad deum non pertinere putetis, in quo magis gloriari debetis, intellegentes me tanta absque cert[a]e spei fiducia sustinere non posse. 14 *Propterea curuo genua mea ad patrem domini nostri Iesu Christi,* 15 *ex quo omnis paternitas in caelis et in terris nominatur.* Ex quo omnis paternitas nomen accepit. Siue: Ex quo omnis res paterna nominatur. 16 *Ut det uobis secundum diuitias claritatis suae uirtutem confortari per spiritum eius.* Ut uos per inluminationem scientiae diuitiarum gloriae suae confirmet. [*In*] *interiore*[*m*] *homine*[*m*] 17 *habitare Christum per fidem in cordibus uestris.* Ubi interior per fidem robustus est, ibi habitat Christus, non ubi exterior saginatus. *In caritate radicati et fundati.* Ut in eius amore firmiter stetis et omnium membrorum eius, in quibus ipse diligitur, ut [qui] eum cogn[osc]itis eius beneficiis diligatis. 18 *Ut pos*[*s*]*itis comprehendere.* Ut ex omni parte magnitudinem scientiae comprehendere ualeatis. *Cum omnibus sanctis.* 'Quaeres sapientiam aput malos, et non inuenies,' et alibi: 'in corde autem bono requiescit sapientia.' *Quae sit latitudo et longitudo et altitudo et profundum.* Quidam dicunt quod

8 cf. 2 Cor. iv 6      17 *Prou. xiv 6      18 *Prou. xiv 33

1 ad] a G*      pertimere H₂      in quo] sed VCasSd      gloriare MN deberitis G* deberetis G corr.      2 tanta *** G      absque—sustinere] sine fructu pati Cas      certe BMNG certa H₁      fiduciam MN      3 propterea] huius rei gratia AHGVCas (=vg)      flecto AHGVCas (=vg)      genu A* ienua V domini—christi *om.* C      4 omnes R*      ex quo—nominatur *om.* E      in (*pr.*)— paternitas *om.* S      in caelis et in terris *om.* MN      5 terra ARCGVCas (=vg)      omnis] + res Cas^cod      nomen accepit] nominatur Cas^cod      6 omnes E*MNV      res *om.* Cas^cod      ∽ nom. pater R      pater H₁ paternitas Cas nominatur] nomen accepit Cas^cod      ut] u V      de G*      7 gloriae AHGVCas (=vg)      uirtute M,G corr.,VCas (=vg)      corroporari A cor(n E)roborare H₁ con(r CV)roborari H₂VCas (=vg) roborari G      8 eius *om.*V      per *om.* H₂ inluminatione H₂      9 gloriae suae] suarum H₁ suae gloriae Cas      confirmat G in *add.* AH(—N*)GVCasSd (=vg)      interiore(-i H₂ Cas) homine AH,G corr., VCasSd (=vg)      10 per *om.* G*      uestris *om.* ES      interior] + homo Cas 11 habitare H₁ habitet G      12 saginatos R* saginatur H₂VSd^ed cod signatus G* redigati G*      fundati(i G corr.) G      in *om.* H₂      eis G*      caritate V 13 stetis et] stetisset H(—R),G corr. (?) stetit et G*      14 qui *add.* B cognitis] cognoscitis B cognoscatis et H₂ cognoscatis G      eius] pro eius Cm2 beneficia B,N corr.      diligatis] dilicatis A *om.* G*      15 positis A possetis ESMG*V      ut *om.* H₁G*      magnitudine Cas      16 comprehendere *om.* E eualeatis A*      cum omnibus sanctis *om.* Sd      17 quaeres V quaeris Cas qu[a]ere *rell.*      ∽ aput mal. sap. VCas      malus A*      et (*alt.*)—sapientia *om.* Cas      18 boni V      19 altitudo] sublimitas AH,(-itis)G,VCas (=vg)

latitudo spatiosa uia intellegatur, longitudo uita aeterna, altitudo caelum, profundum inferi, ut scilicet horum omnium notitiam habentes, nouerint quid eligant uel quid refutent. 19 *Scire etiam supereminentem scientia[m] e[t] caritatem Christi.* Supereminet scientiae caritas Christi, cum ex ipsa nascatur, 5 sicut radici supereminet fructus. *Ut impleamini in omnem plenitudinem Christi.* Ut perficiamini in omnibus uirtutibus Christi. 20 *Ei autem qui potens est supra omnia facere abundantius quam petimus aut intellegimus[, secundum uirtutem quae operatur in nobis].* Frequenter maiora tribuit non solum quam 10 petimus, sed etiam quam petere intellegimus, quod ex uirtute signorum intellegimus, quae operatur in nobis. 21 *Ipsi gloria in Christo Iesu et in ecclesia.* Quia ueniens Christus sibimet ad dei gloriam ecclesiam congregauit. *In omnia saecula saeculorum.* Immensa beneficia immensi[s] s[unt] laudibus 15 celebranda, non solum de his quae temporibus Christi contulit, sed etiam quae [et] ante fecit et [ante] faciet. *Amen.* Hucusque de mysterio incarnationis Christi et de

18 cf. argum. in Eph.

1 uia] uita Cas$^{cod}$ +quae ducit ad mortem Sd      intelligitur H$_2$Cas$^{ed}$ uitam eternam H$_2$      2 sublimitas VCas      caelum] caelestes uirtutes Sd      infernus R corr. N corr. inferni M infernum N*G inferna Cas contrariae inferorum uirtutes ac potestates Sd      3 nouerint] sciant Cas      quid eligant] quidiligant A*E quid diligant G      uel quid] quid ne B quid ue ( +re M) H$_2$G quid VCas reputent A corr. refutant H$_1$ refudent V      4 scientiam et] scientiae AHGVCasSd$^{ed}$ (=vg)      caritatem(tatem *in ras.*) G      5 supereminet—christi *om.* G*      scientiae—supereminet *om.* H$_1$      christi *om.* H$_2$ cum] ut Cas      ex] et B *om.* R corr.      ipso Sd$^{cod\ ed}$      nascitur H$_2$ nascantur Cas$^{ed}$ noscatur Sd$^{codd}$      6 radici] radicem BH$_2$VCas$^{ed}$ radicis G *om.* Sd in *om.* ES      omne plenitudine E corr.      omnem(o *exp.* corr.) G      7 dei AHGVCasSd$^{ed}$ (=vg)      efficiamini H$_1$      ↶ chr. uirt. Cas      8 christi *om.* H$_1$ supra o. f. abundantius] o. f. (f. o. H$_2$) su(*om.* G)perabundanter AHGVCasSd$^{ed}$ (=vg)      9 quam] quod H$_2$      secundum—nobis *om.* B      10 operatur (op *in ras.*) G      multa H$_2$      quam] quod H$_2$      11 quam] quod H$_2$ *om.* Cas$^{ed}$      petere] petire MN *om.* Cas +non RC      intellemus A*      quod— intellegimus *om.* H$_1$      ex] et H$_2$      12 sign.] +hoc Cas      quae—nobis *om.* RCas 13 ↶ ecclesia (saecula MN) et (*om.* Cas) in chr. iesu(*om.* ES) AHGCas (=vg) et *om.* V      quia] quod H$_2$ qui G*      sibimet *om.* H$_1$      Cas      14 ↶ cong. eccl. ad gl. dei Cas gloriam] gloria MN* +suam S      in] et in V      omnia saecula BSd] omnes generationes (congregationes G*) saeculi (seculis MN*) AHGCas(=vg)      15 immensa—faciet *om.* V      immensis sunt] immensi sunt A inmensis BESCas sunt laud.] ↶ laud sunt GSd      ↶ cel. sunt Cas      16 non—faciet *om.* CasSd 17 et *om.* BHG      fecit] facit B      ante *om.* BHG      faciat MN      18 que] qui A*      misterio A ministerio S      chr.] *om.* H$_1$ +contulit R corr.      et *om.* V

uocatione gentium et unitate cum Iudaeis per euangelium
facta, cuius mi[ni]sterium ipse suscepit et per omnia uerbo
et oratio[ne] sua eos [et] labore exhibere [se] perfectos edocuit.
hi[n]c incipit moralia omni[a] ecclesiae tradere instituta.
1 *Obsecro [itaque] uos ego uinctus in domino, ut digne ambuletis
uocatione qua uocati estis.* Ego uos rogo, qui uestri causa sum
uinctus, ut uos dei filios agnoscentes, digne tanto honore
uersemini, quia una quaeque dignitas habet quibus agnos-
catur, propria instituta. 2 *Cum omni humilitate et mansuetudine,
cum patientia.* Et mentis et corporis: humilitas uera nihil
sibi uindicat, mansuetus nulli nocet, patiens nulli uicem reddit
iniuriae. *Subportantes inuicem in caritate.* Sufferunt et philo-
sophi, sed non in caritate: nos uero, non ut laudemur, sed ut
ille quem sustinemus proficiat, diligenter sustinere debemus.
3 *Solliciti seruare unitatem spiritus in uinculo pacis.* Per
uinculum pacis in nobis unitas spiritus continetur: 'multitudinis' enim 'credentium erat cor unum et anima una.'
4 *Unum corpus et unus [s]piritus, sicut uocati estis in una spe
uocationis uestrae:* 5 *unus dominus, una fides, unum baptismum.*

'2 cf. Eph. vi 19 (?)    16 *Act. iv 32

1 uotione G*    per—edocuit *om.* V    2 cuius]+*** A    ministerium
BR,C corr.,Cas$^{cod}$ mysterium AH(—R)GCas$^{ed}$    et] ut BH$_2$GCas$^{ed}$ et ut
Cas$^{cod}$    omnia] ominia A* + per gratiam dei Cas    3 oratio B ratione S
operatione G    et *om.* BH$_2$GCas    labore] labori G* laboraret G corr.
*om.* Cas    exhiberet H$_1$Cas$^{cod}$    se *om.* BCGCas *eras.* R    perfectos(-us MN)
edocuit] perfecto se docuit ASR* perfectos et docuit E    4 hinc—instituta
*om.* Cas    hinc] hic B *om.* N    ipit G*    moralia] maioralia S more alio H$_2$
omni] omnia BR *om.* S    5 itaque *add.* AH(—R)GVCas (= vg) *add.* autem R
uos]+fratres ESG    ego *om.* V    6 ↶quia causa uestri H$_2$    7 ↶fil.
uos dei R*    nos G*    dei *om.* H$_2$    filius E* filium E corr.    digni H$_2$
tanto *om.* V    8 conuersemini Cas    una quaeque] quae una H$_1$ quaeque
una V    habet(-it MN*)] *om.* H$_1$    ↶ prop. inst. quib. agn. Cas    agnoscantur H$_1$ agnoscitur Cas    10 patientiae MN*    et (*pr.*)—iniuriae *om.* V
humilitas]+est H$_2$    uera *om.* Cas    11 sibi uindicat G corr. *in ras.*
nulli (*pr.*)] nullo G* nihil Cas    reddi G*    12 sufferentes SdD *fort. recte* carit.]+
christi ES    ↶ et phil. suff.VCas quia suff. phil. Cas    fufferunt N sufferrent G*
13 non (*alt.*)] nos B    lauderi E laudari S laude R    14 diligentes AH$_1$GV
(Cas)Sd *fort. recte*    ↶ deb. sust. V    15 obseruare unitate spiritu MN*
16 uinculum] uinculo G*    pacis *om.* V    ↶ un. in nob. omnibus sp. V    in nobis
*om.* Cas    spiritus]+sancti Cas    continetur] seruetur G* retinetur VCas
multitudinis—una] si non circumfertur omni praua doctrina G *om.*VCas
17 credentis MC    erat]+illis Sd    unum] unam S    una] unum A*S *om.* R
18 piritus B    19 nostrae B    baptismum] baptisma AH$_1$N corr.,CGVCas
(=vg)+unum corpus R corr.,C

Unum consensum debet habere in uno corpore omnium [est] compago membrorum, quae ad una[m] spe[m] sunt uocata salutis. unde diligentius legere debe[re]nt hunc locum hi[i] qui saeculi occupationibus inligati putant sibi licere peccare et aliis non licere, cum omnes in unum corpus baptizati spiritum 5 eundem acceperint et in una spe uocati sint dei. [Siue sic:] Si unum spiritum habetis et ex uno patre deo nati estis, nolite uobis de terrena nobilitate aliquit adrogare, ne ueram gloriam amittatis. 6 *Unus deus et pater omnium.* Etiam eorum qui ex gentibus crediderunt. *Qui super omnes et per omnia et in* 10 *omnibus nobis.* Super omnes uirtutes ut [omni]potens, per omnia opera sua qu[i]a immensus, in omnibus Christianis secundum sanctificationem qua habitare dignatur. 7 *Uni cuique autem nostrum data est gratia.* Non multa sunt corpora per uarietatem gratiarum, sed membra diuersa. *Secundum* 15 *mensuram.* Tam nostrae capacitatis quam illius largitatis. *Donationis Christi.* Qui ad quam gratiam se aptauerit, ipsam consequetur: ut puta, qui studiosus legis est, sapientiam, multum orans et ieiunans, eiciendi spiritus potestatem. 8 *Propter quod dicit: Ascendens in altum captiuam egit captiuitatem,* 20

3 cf. 2 Tim. ii 4   11 cf. Ps. cxliv 9   13 cf. Rom. i 4
19 cf. Matth. xvii 21

1 unum] ecclesia unum Sd   est *add.* B   2 ab una spe B   3 salutis *om.* Cas   unde—inligati] potest hoc et (hoc et *om.* Cas) contra illos dici qui VCas   unde]+et $H_2$G   ᴗdeb. leg. G   deberent $BH_2$   hii AESMNG* 4 saeculum ES   inligati] legati ( + ** E) ES ligati R* *praem.* sunt R corr., + sunt $H_2$   ᴗsibi licere (liberum *cod.*, *corr.* libere) putant Cas   ᴗsibi putant V   5 cum]+et SRVCas   omnes] ipsi VCas   in *om.* $H_2$   uno corpore Cas   ᴗ eund. sp. HVCas   6 acceperunt B acciperint $H_1$   sint uoc. V   sunt $BH_1$G   dei *om.* V   siue sic *om.* $BH_2$GV   7 et *om.* $H_2$G* ᴗ deo patre V   8 derogare $H_2$   uestram $H_1$   9 etiam *bis* G* 10 quis E*   omnes]+est G   per] super MN   et (*alt.*) *om.* ES   11 uobis E uirtutes]+est G   ut] quia Cas   potens $AH_1$   12 quia BH(—E)GCas qui E   in] et in $H_2$   13 sanctificationem *om.* $H_1$   qua] quam E quod R* *om.* Cas$^{ed}$   dignatur]+in nobis G   15 ᴗsed memb. diu. per uar. grat. Cas 16 tam] non tam $H_1$+in G   captiuitatis EM capicitatis R*   illius] propriae V suae Cas   largientes $H_1$ largientis E corr. R corr.   17 donationes $H_1$   qui] *om.* $H_1$ quis G   aptauerat A*B*   18 consequetur V consequitur $ABH_1$G consequatur $H_2$   studiosius G   19 multam $H_1$ geiunans A   eiciendi] ei condidis E* si concidis ES ei concedi R* ieciendi MN* 20 quo G*   egit] duxit AHGVCas (=vg)

*dedit dona hominibus.* Quos diabolus captiuos tenebat in morte, Christus captiuauit ad uitam, caput nostrum in caelestibus collocando. 9 *Quod autem ascendit, quid est nisi quod et descendit.* Exponit cur dicatur ascendisse, quem ubique esse non dubium est, secundum formam scilicet serui, ad quam non localiter, sed dignanter descenderat. [*Primum*] *in inferiora terrae?* Infernum sub terra esse nemo iam ambigat. 10 *Qui descendit, ipse est et qui ascendit super omnes caelos.* Qui descendit cum anima in infernum, ipse cum anima et corpore ascendit in caelum. *Ut* [*ad*]*impleret omnia.* Gloria triumphantis. Siue: Quae scripta sunt. Siue: Dum iam humanitas cum diuinitate unum effecta est. 11 *Et ipse dedit quosdam* [*quidem apostolos, quosdam*] *autem prophetas.* Contra Arrianos, ut filii et patris una sit operatio: nam ad Corinthios deum patrem dicit istos in ecclesia ordinasse, hic uero Christum hos dedisse commemorat. *Alios uero euangelistas.* Omnis apostolus euangelista, non omnis euangelista apostolus, sicut 'Philip[p]us, qui unus erat ex septem.' *Alios* [*autem*] *pastores et magistros.* Pastores sunt sacerdotes, doctores uero omnes

2 cf. Eph. i 20    5 cf. Phil. ii 7    11 cf. Luc. xxi 22 etc.
14 cf. Ioh. v 17    cf. 1 Cor. xii 28    18 cf. *Act. xxi 8

1 captiuos *om.* Sd    in morte] in mortem A*H₂Cas ad mortem H₁
2 captauit G    nostrum] nostrae naturae VCas    in caelestibus collocando] sursum uehendo Cas    3 collocanda E* collocandum E*m.rec.* colloc(g N*) andam H₂    4 quod] quia AH₁,Ncorr.,CGVCas (=vg) qui MN*Sd^cod    et *om.* V    quur RV    dicitur H₁    asdisse A* ascendere Cas    ubique] usque H₁ nusquam E*m.rec.*    5 ad] at ES    6 ↶ descendere est sed dignanter Cas ascenderat B*,(s. *s.l.*)V descendere G*    primum *add.* BRVCas (=vg) inferiora] inferiores partes AHGCas (=vg)    7 infernum] in infernum qui (que N*m*2,C quam G) H₂G    nemo iam ambigat] demostrat (*sic*) V iam *om.* G    ambigit B,C corr.G corr.    10 ascendet G*    in] ad Cas .    caelos VCas    impleret AH(—C)GV (=vg)    gloria triumphantis] *tr. post* sunt (11) BH₂G *om.* Cas    gloria] gloria* A, *praem.* de G corr., gloriam V    11 siue (*pr.*)—sunt *om.*V    12 effectum H₁    dedit *om.* H₁
13 quidem—quosdam *om.* B    quidam G*    apostolos—autem *om.* H₂ apostolus SR*    14 ut] quod BGVCas qui et H₂    una] quod (+non *m*2 *s.l.*) una C    est Cas    operatio] + dicunt C    15 dicitis ES    istos] *om.* H₁ iustus MN iustos C    posuisse Cas    christum] christus in (*om.* H₁) BH₁    16 hos] hoc H₁ *om.* H₂ eos Cas    dedisse] di(e C)scendisse H₂ omnes V .    17 non (+ tamen Cas) omnis (omnes V) euangelista (+est Sd)] *om.* G*    18 philipus(-os N) BN    ↶ erat unus Cas    unus] *om.* H₂ unu G* autem *om.* B    past. *om.* N    19 mag.] doctores AHGVCas (=vg)    sunt sacerdotes doctores *om.* H₁    uero *om.* Cas

qui sunt idonei ad alios instruendos. omnis ergo pastor doctor, non omnis [qui] doctor, et pastor. 12 *Ad consummationem sanctorum in opus ministerii, in ae[di]ficationem corporis Christi.* Ut perficiantur sancti[s]. Siue: [Ut] eorum numerus impleatur. hi omnes sunt constituti ad aedificandam ecclesiam, quae corpus est Christi, ut omnes ad fidei perfectionem perduca[n]t. 13 *Donec occurramus omnes in unitatem fidei.* Hoc uotum et in falsis doctoribus inest[; id est, 'uolo esse omnes homines sicut me']. *Et agnitionem filii dei.* Ille agnouit gratiam filii dei, qui non peccat, quia 'omnis qui peccat, non uidit eum nec cognouit eum.' *In uirum perfectum, in mensuram aetatis plenitudinis Christi.* 'Qui' enim 'dicit se in Christo manere, debet, sicut ille ambulauit, et ipse ambulare,' et non annorum eius aetatem, sed uirtutem plenitudinis imitari. 14 *Ut iam non simus paruuli [fluctuantes] et circumferamur omni uento doctrinae.* Ut non simus ignorantes nec dubii ac uacillantes, et more imperiti gubernatoris omnis doctrinae uento nostrae

5 cf. Col. i 24    8 *1 Cor. vii 7    10 1 Ioh. iii 6
12 *1 Ioh. ii 6

1 quicumque Cas    omnes E*N    ergo *om.* H₂    2 non]+autem NC et non G    qui *om.* BH₂V    ⌒pastor doctor M    et] *om.* H₂ etiam Cas consumationem SNV consumpcionem M    3 in (*alt.*)] ad H₂G    aeficationem A 4 sanctis A    ut *om.* BH₂    5 hii A*ESMG    omnis S homines R* edificandum B    6 corpus est christi] corpus christi ES est corpus christi R corpus christi est H₂    homines G    perceptionem Cas    perducat BH₂ perducam S adducant VCas    7 donec occurramus *om.* V    in unitatem fidei] homines sicut me B    unitate EC*VSd^ed    hoc—est *om.* VCas    et in] etiam H₁ et C etiam in G    8 inest] non est G    id—me *om.* B (*sed uide supra*) id est *om.* H₂    uolo—me] uolo omnes esse sicut me H₁G omnes homines(-is M) sicut me (*om.* M se C) esse uolo (uolentibus C) H₂    ⌒omnes homines esse Cas^cod    9 agnitionis AH(—E,C½)VCas (=vg)    filii dei] fidei E    ille]+qui Cas^ed    agnoscit G    grat. filii] filium Cas    filii (*alt.*)] fili E fidei S*    10 qui (*pr.*) *om.* Cas^ed    omnes A*V    11 nec cognouit eum *om.* V    12 christi *om.* G* 13 sicut] quomodo H₁    ille] et ipse H₂ ipse G    ambulauit et ipse *om.* V et ipse] *om.* H₁ et ille MN    14 uirtutem plenitudinis im.] uirtutum plenitudinem im. B plenitudines im. E* plenitudinem im. E corr. plenitudinis im. SVCas plenitudinis imitari(-e G*) uirtutem H₂G    iam *om.* V    15 paruuli]+ neque V    fluctuantes *om.* B    et]+non G    circumferamur G*    16 nec] ac G neque Cas    dubiit G* dubie Sd    ac]+neque Cas^ed *om.* Sd    uacell. R*N* facill. G uaccill. V*    17 mori MN    gubernatores ESMNG* omnes G* omni Cas    nostra fide MN nauis nostrae Cas^cod nostrae mentis Cas^ed

fidei uela pandentes, ne facile naufrag[ar]emus aut a[pu]d portum perfectionis numquam peruenire possimus. *In nequitia hominum et astutia.* Nequitia humana astutis disputationibus a recto fidei cursu [de]torquet incautos. *Ad*
5 *remedium erroris.* Siue: Quod multi quoddam erroris sui remedium putent, si multos secum traxerint ad errorem. [Siue: Errantibus remedium sine labore promittentes, permanere faciunt in] errore. 15 *Ueritatem autem facientes in caritate.* Omnia in ueritate propter caritatem Christi, et nihil
10 in hypocrisi facientes. *Crescamus per omnia in ipsum.* In ipsius perfectionem ex omni parte crescamus. *Qui est caput Christus,* 16 *ex quo totum corpus compactum et conexum per omnem iuncturam subministrationis secundum operationem.* Ex capite conexum corpus per omnem subiunctionem opera-
15 tionis crescit, dum se alterutrum membra aedificant diligendo, ita ut unum quodque membrum in sua mensura augeatur; hoc est, ut [qui est] per sapientiam oculus, in eorum numerum crescat qui oculi officium gerunt, et singula [suo]

---

1 uela pandentes] uel appendentes ES uela pendentes R* uela pandentur N uela pandantes G uela pandamus Cas     ne] ut Cas     naufragaremur B naufragemur R corr. C corr. naufragemus *rell. recte*     aut ad] aut apud B aut E*S ut (*corr.* et C) H₂ ad ad G* et ad G     2 perfectionis—possimus] minime ueniamus Cas     possemus MN*     nequitiam Cas$^{ed}$     3 et] in AHGVCas (=vg)     astutiam G     humana] humanu E* humana(uma R corr. *in ras.*) R + in G     astutis disputationibus] et astutia Cas     astutiis G*
4 a *om.* H₁    ↻fidei recto(-e B) BH₂GVCas     curso N*V     detorquent quos decipiunt Cas    torquet B detorquit V   5 remedium] circumuentionem RH₂GCas (=vg)     quod] cum H₁     quodam ERMN     6 putant AMC putanti N    multos] mulatos MN plures Cas    secum traxerint] contraxerint S secontraherint G*    ab errore H₂   7 siue—in *om.* B    siue] *om.* H₂VCas siue quod C *m* 2   err. rem sine labore] err. passim rem. V err. rem. facile Cas   sina G* promittantes A*    8 in caritate *tr. ante* crescamus (10) V     9 et *om.* G
10 ipocrisi BV yppochrisi E hyppocris S hypochrisi RC ep( + h M)ocrisi MN per omnia in ipsum] in illo(-um V) per omnia AHGVCas (=vg)     11 ipsius] illius AHG     perfectione H₁GCas     parte* A     12 ex—operationem *om.* V* corpus *om.* ES    compecctum A*   13 subministrationem MN   secundum— operationis *om.* G *sed suppl.* secundum operationem G corr.   14 subiunct.] + et C *praem.* iuncturam uel Sd     15 ↻ alter utrum se G    mem(n B)bra *om.* Cas     aedifican G*V*     diligendum MN diligenter C     16 ut *om.* V mensura] membra Sd$^{cod\ ed}$     17 agatur H₂ .    qui est *om.* B     per sapientiam *om.* VCas     18 numero VCas     gerituri H₁ sunt gerituri R corr. gerit G*    singulas uolo commembra A singulari loco membra B singula uolo cui membra ES(R*?)

loco membra proficiant. *In mensuram unius cuiusque membri augmentum corporis facit in aedificationem sui in caritate.* Dum singula membra crescunt, maius efficitur corpus. 17 *Hoc ergo dico et testificor in domino.* Quos superius obsecrauerat, hic domini obtestatione constringit. *Ut iam non ambuletis* 5 *ita ut gentes ambulant.* 'Nolo,' [ait,] 'solo uos esse nomine Christianos, et deum ore confitentes operibus denegare, sed quantum inter diabolum distat et deum, tanta differentia debent filii dei a filii[s] diaboli [in operibus] discrepare, ne deum labiis honorantes, cordis [affectu et] timore longius 10 absistamus, et dicatur de nobis: "sine causa colunt me"; hoc est, ex mea cultura nullos capient fructus.' *In uanitate sensus sui.* 'Uani sunt' [enim] 'omnes homines quibus non [sub-] est scientia dei.' 18 *Tenebris obscuratum habentes intellectum.* Habent quidem naturaliter intellectum, sed ignorantiae et 15 mundanarum sollicitudinum caligine ac tenebris obscuratum. *Alienati a uita dei.* Illi ideo a uita alienati sunt dei, quia ignorant; uos autem qui cognoui,tis deum, sequi debetis.

4 cf. Eph. iv 1    7 cf. Rom. x 10    10 cf. Matth. xv 8    11 Matth. xv. 9
    13 *Sap. xiii 1        16 cf. Matth. xiii 22

1 ↶prof. memb. Sd[ed]    proficiunt VCas[ed]    mensura MV    membris G*
partis V    2 aedificatione V    3 concrescant H₁ concrescunt G    4 igitur
AHGVCasSd(=vg)    dico]+di*co**(ico *in ras.*)G    et *om.* ES    testificatur
Cas[cod]*    quo V quod Cas    obsecrat VCas rogauerat Sd    5 domino
BH(—C)G*    obtestationem MN*contestatione R corr.    non]+amplius ESG
6 ita ut] sicut et AH₂G sicut H₁Cas(=vg)    nolo—nomine] nolo uos solo
nomine esse B nolo ait solo uos nomine esse ES (*cf.* G) nolo uos ait solo
nomine esse R nobis autem solum non prodesse (prodē esse C) nomine
(nomen N) H₂ nolo autem solo uos nomine esse G nolo ait solo uos V
7 christianus MN    et] sed Cas[cod] *om.* Cas[ed]    deum ore] domino H₂
dominum ore G    confidentes SV    operibus]+uero MC+uos N    8 tantam
(-um N) differentiam MN    diffirentia V    9 ↶filii dei debent H₂G    a
filiis] aut filii B    ↶discr. in op. G    in operibus *om.* B    in *om.* VCas
separari VCas    10 cordis] corde hoc est VCas    affectu et *om.* BHG
tumore C corr.    longeuus H₁    11 ad(s)sistamus BH(—S)G* adsistemus S
↶me colunt G    12 ↶null. ex mea cult. VCas    ex] de B    ↶cultura
mea Cas[cod]    nullus ESN*V nullo G*    accipient H₁ capiunt Cas[cod]*
capiant Cas[ed]    13 enim *om.* BH₂GCas    subest scientia] est scientia BCas
est sapientia(-ae E) H₁    14 tenebrae ES    15 habent] habentes Cas
naturalem Cas    ignorantia H₁ ignorantiam R*    et—tenebris] tene-
bris(-as V) VCas    16 mundanarum]+rem(re S) H₁ mundarum G*    calig.]
a calig. H₁    ac] et G    17 uita (*pr.*)] uia G    illi—dei *om.* Cas[cod]
↶ideo illi V    ↶al. sunt ideo a uita C    uita (*alt.*)] uia G    ↶dei al. sunt
MNCas[ed]    qui G    18 ign.]+deum Cas

*Per ignorantiam quae est in ipsis.* Notandum quia contemptum dei ignorantia generauit. *Propter caecitatem cordis ipsorum.* Excaecatum est 'insipiens cor' eorum 'dicentium: Non est deus.' 19 *Qui desperantes semet ipsos tradiderunt* 5 *impudicitiae.* Desperantes poenam impiorum et praemium esse iustorum. et [idcirco] necesse est ut praesentibus uoluptatibus inhaereant qui futura desperant, sicut in libro Sapientiae dicitur ex persona eorum qui 'animam in aerem dissolui' praesumpserant: 'uenite et fruamur bonis quae sunt,' et 10 cetera. *In operationem immunditiae omnis et auaritiae.* Omnia crimina totius immunditiae et auaritiae nomine comprehendit. 20 *Uos autem non ita didicistis Christum,* 21 *si tamen illum audistis et in illo* [e]*docti estis.* Ut, sicut illi, gentili ritu uiuatis: ille enim uere Christum audiuit et ab ipso [di]dicit, qui in 15 nullo uitio gentibus similis inuenitur. *Sicut est ueritas in Iesu.* Sicut ille uere mortuus est et uere resurrexit, ut nos uere in nouitate uitae ambulemus. 22 *Deponere uos secundum priorem conuersationem ueterem hominem.* Exposuit qui[d] sit uetus

---

3 cf. Ps. xiii 1    7 cf. Sap. ii 3    9 Sap. ii 6    16 cf. Rom. vi 4

1 ignorantia V - illis AHGVCas (=vg)    quod $H_2$ quia *bis* V    contemptum dei] ydolatriam Cas$C^{cod}$ idololatriam Cas$^{ed}$    con✻ptum(tem add. *s.l.*) A contemptus $RH_2$,(s *s.l.*)G*    2 dei *om.* ES    ignorantiam H per R proptem V    3 eorum H(—R)    est]et $H_2$    ipsorum V    4 desperantes✻✻ R    ipsum S    tradiderunt]+se $H_1$G    5 impudicitiae *tr. ante* in (10) $BH_2$G    desperantes *om.* Cas$^{cod}$    panem B    premii S    6 esse *om.* C    et *om.* $H_1$VCas    idcirco] *om.* $AH_1$VCas ideo R corr.    necesse est] nec esset S    esse E    uoluntatibus SR    7 adhaereant $H_1$ haereant Cas    futura desp.] de futura desp. (+uita *cod.*) Cas    disperant MNG sicut—praesumpserant *om.* $H_1$    ↪sap. lib. G    8 anima V    in aerem (aera Cas$^{cod}$ aere Cas$^{ed}$) dissolui] in fruendis (ruen *in ras.*) praesentibus solui R corr. inferendis solui $H_2$ inferendo dissolui F    9 praesumpserunt $H_2$ et *om.* R    fruamus G*    10 operatione ES    immunditiae]inmunditia E + et Cas$^{cod}$    omnis—inmunditiae *om.* S    omnes R corr.,N    et auaritiae] in auaritia(-am R corr.,Cas$^{ed}$) $H_2$Cas$^{ed}$ (=vg) auaricie Cas$^{cod}$    11 totius *om.* Cas    immunditiae et auaritiae] inmundicie Cas$^{cod}$ auaritiae Cas$^{ed}$ 13 illo BSSdD ipso $ARH_2$GVCas (=vg) illum E    docti $BH_1$Sd edocti $AH_2$GVCas (=vg)    ut] et $H_1$    gentili ritu] *om.*V id est gentiles Cas ri✻ti G*    14 ↪chr. uere $H_2$    dicit A dedicit MN    in *om.* $H_1$Cas 15 nullo] illo G*    ↪sim. uit. gent. $H_1$    similis *om.*V    16 sicut] ut sicut Cas$^{cod}$    ↪est mort. Cas    uere (*alt.*) *om.* $H_1$    surrexit E    ut]et Cm2Cas$^{cod}$ uere in nouitate] in (*om.* G*) ueritate et n(u G*)ouitate G    17 uitae] *om.* ES uitę(itę *in ras.*) R *tr. post* amb.G    deponite $H_1$G    pristinam AHGVCas (=vg)    18 quid] qui BN *om.* M    sit *om.* M

homo et quo modo deponatur, scilicet qui pristinos errores deserat huius mundi, [et qui] non membris corporis, sed mente et conuersatione mutatur. *Qui corrumpitur secundum desideria erroris.* Faciens uoluntatem carnalium cogitationum. 23 *Renouamini autem spiritu*[*s*] *mentis uestrae.* Sicut Hieremias ait: 'facite uobis cor nouum et spiritum nouum.' 24 *Et induite nouum hominem.* Ex uetere intellege nouum. *Qui secundum deum creatus est in iustitia* [*et sanctitate et ueritate*]. Exposuit quid sit hominem ad imaginem dei esse creatum, ut scilicet iustus [sit] et sanctus [sit] et uerax [sit,] [sic]ut deus. 'et sanctitate et ueritate,' non uanitate; hoc est, quae uanam hominum gloriam aucupatur, cum scriptum sit: 'iuste quod iustum est persequeris.' 25 *Propter quod deponentes mendacium.* Hi[n]c describit ipsas species sanctitatis, quibus nouus homo agnoscitur. *Loquimini ueritatem unus quisque cum proximo suo, quoniam sumus alterutrum membra.* Nemo suum circumueniat fratrem, quia unum corpus sumus et non possunt alterutro membra se fallere uel etiam laniare: nec

4 cf. Eph. ii 3    6 Ezech. xviii 31    9 cf. Gen. i 26    13 Deut. xvi 20
17 cf. 1 Thess. iv 6    cf. Eph. iv 4

1 et] *om.* A* et in M    qui] ut H₁C ut qui G    pristines SR* pristini C
2 deserat R corr.,N desiderat ABMG*V dixerat E disserat SR* et desideria C
deserit G corr. repudiat Cas    modi G*V    et qui] *om.* BH₂V et si G corr.
mente et] mentis B    3 mutetur MN mutentur C mutamur G*    quae E
4 uoluntatem] uoluptatem A omnia secundum desideria (*om. cod.*) cordis Sd
carnalium cogitationu(u *in ras.* A)m] carnis et cogitationum(-is V) VCas
5 autem *om.* V    spiritus B    uestrę (ę *in ras.*) A    ⌐ ait hier. Cas    6 facite
(e *in ras.*)A nobis SM uos V    no|**uum(u *pr. in ras.*)G    indu(du *in ras.* A)ite]
+uos H₂G induere uos G corr. ½    7 ueteri C ueterem G*    ⌐ nou. int. Cas
intellego R    8 et (in S) sanctitate et ueritate *om.* hic BH₂G (*uide u.* 11)
et ueritate] ueritatis ARVCas (=vg)    exponit Cas^cod    9 esse *om.* H₁    10 ut]
non ut MN    ⌐ sit scil. iust. Cas    scilicet] +et G    sit (*pr.*) *om.* AH₁    sit (*alt.*)
*om.* AHGVCas    uerus V    sit sicut] sit ut B sicut H₁Cas^ed ut H₂GV *om.*
V*Cas^cod    11 deus *om.* Cas^cod    et sanct. et uer. *om.* VCas    et (*pr.*)] ut H₁
sanctitatis A*    et ueritate] ueritatis AH,G corr. ueritas G*    non] non ut H₂
uanitatis AH,G corr., VCas uanitas G*    12 qui R    ⌐ gl. hom. H₂    occupatur
G*    14 hinc] hic BH₂G *om.* Cas    ⌐ ipsas des( +s V)cribit VCas    describitur E
discribit G    castitatis H₁    15 ⌐ homo nouus VCas    ⌐ cogno( +s corr.)citur
homo G    agnoscitur VCas cognoscitur *rell. fort. recte*    loquemini V
16 quoniam] +et (*eras.*) R quia Sd^ed    ⌐ inuicem sumus ES    inuicem
AHGVCasSd^ed (=vg)    17 ⌐ suum frat. circ. Cas^ed ⌐ frat. suum circ. Cas^cod
qui V    18 alterutro BV alterutrum *rell.* (*cf. p.* 510 *u.* 1)    uel etiam (*om.* Cas)
laniare (lacerare Cas) *om.* H₁    uel etiam] neque Sd    laniari MN    nec]
non BH₂

enim manus inludit oculum aut dentes lacerant membra,
nisi forte ubi spiritus inmundus inhabitat. 26 *Irascimini et
nolite peccare*. Ira non inebriet mentem, sed [se]ueritas dis-
pense[n]tur, nec tuam iniuriam sed fratris animaduerte
5 peccatum. *Sol non occidat super iracundiam uestram*. Ne
scientiae lumen in tua indignatione deficiat. 27 *Nolite locum
dare diabolo*. Irascendo, uel quolibet alio delicto: porta enim
diaboli est peccatum, sicut spiritus sancti porta iustitia est.
28 *Qui furabatur, iam non furetur, magis autem laboret*. Alienos
10 labores aliquando direptos nunc suo labore compenset, et
operando tribuat indigentibus, qui multos furando fecit
egentes. *Operando manibus quod bonum est, ut habeat communicare necessitatem sustinentibus*. Non quod malum: sunt
enim multae uel inhonest[a]e uel mal[a]e artes, ut maleficia et
15 ea quae non ad naturae necessitatem, sed ad concupiscentiarum proficiu[n]t uoluptatem. 29 *Omnis sermo malus de ore
[uestro] non procedat*. Non unus nec duo, sed omnes mali
sermones in ore Christiani debent esse cruci fixi. *Sed si quis
bonus [est] ad aedificationem fidei*. Non silentium inposuit,

2 cf. Marc. i 26 cf. Rom. viii 11    6 cf. 2 Cor. iv 6

1 enim manus R corr. *in ras.*    manus inludit oculum] manus ori (manui os Cas^cod) mentitur VCas    aut] nec Cas    dentem G*    lacerent ES laniant Cas    corpus VCas    2 ◡ ubi forte H₂    forte *om*. Cas    ◡ inh. inm. G inhabitet SH₂    irascimini—peccatum *om*. H₂    3 ◡ non mentem ira (iram V) inebriet VCas    ina G*    inebriat BH₁,(a *exp. rubr*.)G    sed *om*.V*    ueritas BH₁    dispensentur B dispensatur G corr.    4 nec] ne(?) A animam (*sic*) aduerte Cas^cod    5 ne] + sanctitatis H₂ + fidei uel Cas    6 in tua] intra H₂    emendatione B indignationem H₂    neque locum detis Sd ◡ dare locum FG    7 uel] + pro F    quodlibet G*    alio *om*. Cas peccato Cas    ◡ est enim diab. G    8 ◡ peccatum est Sd    peccatum] rapina Cas    sicut] quomodo Sd^codd quemadmodum Sd^ed    porta *om*. Sd iustitia est] est iustitia B,R corr.,Cas est H₁ iustitiae est H₂V iustitia Sd 10 aliquando *om*. VCas    deraptus G* diraptus G inuasos VCas dereptos Sd^codd    nunc *om*.VCas    11 furendo G*    12 indigentes G    manibus*om*.V communicare] unde tribuat AHGVCas(=vg)    13 sustinentibus] patienti AHGV(=vg) patientibus Cas    malum] + est Cas    sunt enim] ut sunt Sd 14 uel] ue G* *om*. Sd    inhoneste BV    male BES    15 ea] omnia H₁M *om*. Cas    quae *om*.V    naturam V    16 proficuit B    uoluntatem HG    de] ex AH₂GVCas(=vg)    17 uestro *add*. AHGVCas(=vg)    procedit R* non—cruci fixi *om*.V    nec] non Cas^ed    omnis A*Cas^cod    mali—cruci fixi *om*. Cas mali] *om*. H₂ male G*    18 in—cruci fixi *om*. G*    ore] hoc H₁    debentes se H₁    19 ◡ adaest A*    est *om*. AHGCas(=vg)    fidei] oportunus Cas^cod

sed qualitatem loquendi [de]monstrauit, ut omnis sermo fidem aedificet Christianam, et os nostrum ad solum pateat dei uerbum. [simul] notandum quia hoc uniuersae ecclesiae praecipitur. *Ut [et] det gratiam audientibus.* Hoc est quod alibi dicit: 'sermo uester in gratia sit sale conditus,' ut ex 5 sermone nostro gratiam accipiant audientes. 30 *Et nolite contristare spiritum sanctum dei.* Hominibus loquens comparationes inducit humanas, ut ex nobis intellegamus quantam spiritui sancto iniuriam faci[a]mus, cum domum eius in nobis aliqua peccati sorde polluimus, et quia de hospitio suo nobis 10 condolens, non sibi dolens, tristis abscedat. ceterum tristitia e[t] ira et cetera huius modi in nobis passiones sunt, quia passibiles sumus, in deo uero dispensationes: nos enim illa inuiti patimur, ille uoluntate ad nostram emendationem adsumit, et haec est inter deum et hominem harum con- 15 dicionum diuersitas, qu[a]e naturae. *In quo signati estis in die redemptionis.* Signaculum sancti spiritus in die baptismi accepistis, nouum signaculum habere coepistis. 31 *Omnis amaritudo.* In quibus contristetur spiritus sanctus ostendit: recte autem ir[a]e praeposuit amaritudinem, quia ipsa est 20

2 cf. 2 Cor. vi 11    5 *Col. iv 6    9 cf. 1 Cor. iii 16

1 demonstrauit B mutauit Cas monstrauit *rell.*    omnes A*    2 christianum A*    ad *om.* H$_1$    pateat] adpetat H$_1$    3 ⌢ uerbum dei H$_1$    simul *om.*
BH$_2$GV    ⌢ hoc quia B    quod H$_2$    hoc *om.* R*    ⌢ eccl. uniu. BH$_2$GV · omni
Cas    4 et *om.* AHGVCas (= vg)    hoc—dicit *om.* V    5 uester] + semper Cas
sit sale BH sale sit *rell.*    ut ex] et ut BH$_2$ et H$_1$ et in E corr. ut et G et ut
ex V    6 nostro] non M audiantes G    7 dei *om.* Sd    hominibus (homnibus A*)
—humanas] ut hominibus conparatione loquitur humana V ex humana comparatione loquitur ut hominibus Cas    homines Sd$^{\text{codd}}$    comparationem H$_1$
8 indicit Sd$^{\text{cod}}$    humanam E corr.    quanta SMN*    9 facimus BH$_1$GVSd
donum Cas$^{\text{ed}}$‡Sd$^{\text{ed}}$    ei S    10 polluemus MN*    suo *om.* Cas$^{\text{cod}}$*    11 condolet
Cas$^{\text{ed}}$    non] nam E ideo Cas$^{\text{ed}}$    abscedit NCas$^{\text{ed}}$    tristitia et] tristitie B
12 huius modi *om.* Cas$^{\text{cod}}$    modi] mundi G*    passionis EN    quia passibiles
sumus *om.* Cas$^{\text{cod}}$*    qui H$_2$    13 deo] + in domino MN domino C    dis-
pensationis ESN    non N    enim] uenia H$_1$    ea Cas    14 patimus G*
uoluntatem EMNG    emendationem] emulationem B    15 adsumet MN
et (*pr.*)] *om.* Cas$^{\text{cod}}$*Cas$^{\text{ed}}$    inter] adsumit ES adsumite R*    hominum G*
condicionum] cogitacionum M cognationum N cogitat C + harum affectionum V
16 quae] que ABGV *om.* H$_2$ et F + et Cas$^{\text{ed}}$    naturarum C    diem ER,G
corr. *rubr.*    17 simbolum H$_2$ signum Cas    ⌢ sp. sa. H$_2$    18 omnes V
19 quo Cas    contristatur AH(—ES) contestatur ES    spiritus sanctus *om.* V
ostendit] ostendat B *om.* ER*    20 recte—prouocatio *om.* V    autem]
enim BH$_2$G    irae] ire BMNG et H$_1$    posuit H$_1$

prouocatio. *Et ira.* Omnem abstulit iram. *Et indignatio.*
[Indignatio] ex superbia [est], cum aliquem iudicamus indignum, et ideo eum nolumus sustinere. *Et clamor.* Clamor, qui
ex furore descendit, que[m] non habuit Christus. ceterum
5 Isaias bene clamare iubetur: sed [et] ipse dominus 'clamabat' in templo: 'qui sitit, ueniat et bibat.' *Et blasphemia
auferatur a uobis cum omni malitia.* Quae uel inimico potest
uicem reddere. 32 *Estote autem inuicem benigni.* Seruat[e]
ordinem legis, ut non solum malitia tollatur, sed etiam benig-
10 nitas inseratur. *Misericordes.* [Id est,] condolentes. *Donantes
inuicem, sicut* [et] *deus in Christo donauit uobis.* Remittentes
peccata, ne nobis dicatur: 'serue nequam, omne debitum
dimisi tibi [quoniam rogasti me; non] oportuit et te dimittere
conseruo tuo.' 1 *Estote ergo imitatores dei sicut filii carissimi.*
15 Imitatione enim [natura], non natura filii dei sumus, sicut
ait saluator: 'ut sitis filii patris uestri qui in caelis est,' et
cetera. 2 *Et ambulate in dilectione, sicut et Christus dilexit uos.*
Unde et Iohannes apostolus ait: 'in hoc cognouimus caritatem,

5 cf. Esai. xl 6   *Ioh. vii 37   12 Matth. xviii 32, *33
16 Matth. v 45   18 *1 Ioh. iii 16

1 et (*pr*). *om.* ES   omnem *bis* G*   abstullit MN*   tollit Cas<sup>cod</sup> tulit Cas<sup>ed</sup>
2 indignatio *om.* BSR*Sd   ᔎ est ex sup. Sd   est *om.* B   3 et *om.* H₁G
ᔎ nol. eum Sd<sup>cod ed</sup>   illum G   non sustinemus Cas   4 quem]
que B   habuit] habunt E* habent E   christus] christum A christiani E
christianus SR   ceterum] + et Cas   5 esais V*   bene *om.* VCas   sed
*om.* H₂VCasSd   et *om.* B   ipse *om.* A*Cas   dominus] iesus H(—M)
ᔎ in templo clamabat (clamat *codd.*) Sd   clamauit VCas   6 templo]
populo H₂   qui] siquis Cas   uenia V*   blasphenia M blasfema N*
7 tollatur AHGVCas (= vg)   nobis M   militia B   uel *om.* Sd   ᔎ uic.
pot. H₂   8 referre Cas   stote MN*   inu.] in inu. HGV   be***nigni V
seruate B   9 ordignem G   10 inferatur H₂G   id est *om.* BH₂VCas
condolentes *om.* Cas   11 et *add.* AHGVCas (= vg)   ᔎ don. nobis in
chr. R   in *om.* A*   nobis H₁Cas   remittentes peccata *om.* Cas   12 ᔎ dic.
nob. G   uobis H(—SR)Cas<sup>cod</sup>   omnem V   peccatum G   13 dimittit G*
dimisit G remisi Cas<sup>ed</sup>   ut ibi A*   quoniam rog. me non *add.* B   te] tibi
G   dimittere] misereri B misereri dimittere S   14 stote MN*   sicut *bis* V
fili R   15 imitatione enim] imitationem enim SR* imitationem V   enim] +
uel adoptione Cas   natura (*pr*). *add.* B   ᔎ estis dei filii non natura VCas
16 dominus VCas   qui in caelis est *om.* Cas   et cetera *om.* Zm   17 cetera]
reliqua B   uos] nos BH(*om.* R*)GVCas<sup>cod</sup> (= vg) *fort. recte*   18 unde]
sicut Cas   et *bis* A   iohannis AEN   apostolus *om.* VCas   caritatem] +
dei RC + eius Cas

qui[a] ille pro nobis animam suam posuit: debemus ergo et nos pro fratribus nostris animas ponere.' *Et tradidit se[met] ipsum.* Uoluntarie ipse se tradidit, non ab alio inuitus est traditus[; licet hoc non faciat excusabiles traditores]. *Pro nobis.* [Pro] peccatoribus, ut fierent iusti. *Oblationem et hostiam deo in odorem suauitatis.* [Suauissimus deo odor est caritatis.] 3 *Fornicatio autem et omnis inmunditia aut auaritia.* Omnia crimina breuiter comprehendit, duas criminum designando radices. *Nec nominetur in uobis, sicut decet sanctos.* Considerandum s[c]i licet fieri quod non licet nominari. 4 *Aut turpitudo aut stultiloquium.* Hoc etiam in filiis hominum reprehenditur honestorum. *Aut scurrilitas quae ad rem non pertinet.* Risum mouens [qui] grauitati non conuenit Christianae, quia ad rem caelestem diuinamque non pertinet. *Sed magis gratiarum actio.* Hoc magis semper tractare debetis, quo modo deo et actu et cogitatione placeatis. 5 *Hoc enim scitote intellegentes quod omnis impudicus aut auarus aut inmundus, quod est idolorum seruitus, non habet hereditatem in regno Christi et dei.* Contra illos agit, qui solam fidem

9 cf. 1 Tim. vi 10

1 qui AM    ille] ipse H$_2$    ᔕ an. su. pro nob. H$_1$    deb. ergo et nos] et nos deb. Cas    2 an. nostras (*om.* S) pro fratr. SR    nostris *om.* H$_1$GCas met *om.* A (=vg)    3 ipse se *om.* H$_2$    se *om.* G*    non—traditus *om.* Cas alieno H$_2$    est traditus AB,C corr.,GV traditus est (*eras.* R) H$_1$ et traditus H$_2$ 4 licet—traditores *add.* BH$_2$G    licet] scilicet H$_2$G    excussabiles non facit tradituros R corr.    faciat(a *alt. exp.*) C faciet G    5 pro peccatoribus— iusti] pro peccatis nostris V *om.* Cas    pro *om.* B    oblatione V    6 hostia (*ex* ostia) V    deo *om.* ES    suauitatis] suauissimum Sd$^{cod}$    suauissimus— caritatis *om.* B    ᔕ odor deo (dei MN) H$_2$    deo] dei G (cf. MN) *om.* Sd    7 caritas A*H$_1$CGCas    omnes ER*MNV    aut] et ES    8 duas] duorum E*m. rec.* criminum] criminas H$_1$ criminum E*m. rec., om.* VCas    nominando VCas 9 sicut] *praem.* sed *s.l.* V    10 consideremus Cas    si licet] scilicet BEH$_2$GV + non G    quae H$_2$    nominare M    11 turpido G*    etiam] est iam A* in *om.* H$_1$    ᔕ hom. fil.VCas    12 honestorum *om.* Cas    scuril. ES,R corr.,MG scurel. N*    13 risus H$_2$    qui *om.* BH$_2$V    grauitate(-em M,C*m*2) RMN,C*m*2 garrulitatem C    christianis H$_2$    14 quia] que BN qui MC    celemtem G*    que (*add.* S) non pertinet *om.* H$_1$    que SR corr.,CGV Cas quae ABN *om.* M    15 tractare] perpetrare M pertractare, (r *alt. s.l.*) N,C 16 quomo V    et (*pr.*)—placeatis] non existatis (sitis Cas) ingrati VCas *actu A    cogitationes A*    17 impudicus] fornicator AHGVCas (=vg) ᔕ aut immundus aut auarus AH$_1$GCas (=vg) aut inpudicus(-as N*) aut in mundus aut auarus H$_2$V    19 contra] hoc contra Sd    ait A*N

dicunt posse sufficere, qui[a] huius modi actus non [ex] deo,
sed daemoni[o] exhibentur: hereditas autem regni caelorum
dei filiis, non diaboli praeparatur. 6 *Nemo uos seducat.*
Di[s]cendo: "hoc solum opus est, ut fides sit, et homo Christi
5 baptisma consequatur: quantumuis peccet, perire non poterit."
*Inanibus uerbis.* Quae hominem liberare non poterunt.
*Propter hoc enim uenit ira dei.* Ex praeteritis futura cognoscite:
si Sodomitis pepercit et his qui in diluuio perierunt, parcet
et uobis. *In filios diffidentiae.* Qui non crediderunt [iam] iram
10 comminantis dei super se esse uenturam. 7 *Nolite ergo effici*
*participes eorum.* Si in peccatis iudicium desperantium participes fueritis, eritis et in poena consortes. 8 *Eratis* [*enim*]
*aliquando tenebrae, nunc autem lux in domino.* [*sic*]*ut filii lucis*
*ambulate.* Quando nesciebatis domini uoluntatem: nunc uero
15 omnia cognouistis. quantum ergo inter lucem distat et tenebras, tantum a pristina conuersatione discrepare debetis.
9 *Nam fructus lucis est in omni bonitate et iustitia et ueritate.*
Talem habet scientia fructum. 10 *Probantes quid sit bene*
*placitum deo.* Ex lege probate quid bene placeat deo, non
20 quid homines adseuerent. 11 *Et nolite communicare operibus*

3 cf. Matth. xxv 41    8 cf. Matth. x 15 etc.

1 ↻ poss. suff. dic. Sd    posse sufficere] ducere ad regnum posse caelum V
posse om. H₁    qui B,C corr. quod H₂    ex add. B    2 daemoni AHG
daemonibus VCas    exhibent H₂    autem] enim B in G*    3 ↻ fil. dei G
diabolo E diabolis MN* diabulis N    praeparatur A    4 descendo A
hoc solum om. Cas    solum] + modo E    christi] + tantum Cas    5 quamuis R
peccet om. V    possit H₁ potest Cas    6 quae(e *eras.*) A    poterint
BH₂G corr. possunt H₁ poterit N*    7 haec AH(—S)GVCas (=vg)    enim
om. ESCas^ed    ↻ ira dei uenit H₂    ex om. H₁    8 sodomitis B eo
domitis V    perierant B    ↻ et uobis parcet Cas^cod    9 et om. H₁    filiis
SRN*C*    defident(c M)iae MN*    qui—uenturam om. Cas    non] nos MN
iam om. AH₁V    10 ↻ super se comm. dei V    communantes A*    dei super
se esse uenturam] se superuenturam(-a S) H₁    ↻ esse se B*    effici] esse H₂
11 iudicium—fueritis] part. fu. dei iudicium non timentes V iudicium desperantium om. Cas    iudicio H₂    desperantes BH₂    12 eritis om. A*    in
poena] iam p(+o N)enę H₂G    enim] add. BHGVCas^cod (=vg) autem add.
Cas^ed    13 lux] lex B    ut—ambulate om. ES    ut ARH₂GVCas (=vg)
14 quando] quoniam H₂    15 cognoscitis G    ergo] enim H₂    inter l.
distat] interest inter l. Cas    16 distare Cas    17 nam fructus] fructus
enim AHGVCas (=vg)    est om. ES    18 tales h. uera sc. fructus Cas
19 ex] de Cas^ed    bene placeat deo] deus uelit VCas    non] nun BN* num M
20 hominis R*M    adserint ER* adseruit S adseruerent G*

*infructuosis tenebrarum.* Non prodest quitquit sine scientia fit ueritatis, quia nec lux potest communicare cum tenebris. *Magis autem [et] redarguite.* Non solum communicare nolite, sed etiam [et] redarguite. 12 *Quae enim in occulto fiunt a uobis.* In secretis locis domorum uel [in] templis. *Turpe est et[iam] dicere.* Nobis dicere turpe est quae illi uelut in tenebris gerere non erubescunt. 13 *Omnia autem quae [red]arguuntur, a luce manifestantur.* Sicut ad Corinthios ait: 'occulta etiam cordis eius manifesta fiunt, et tunc cadens in faciem adorabit deum, pronuntians quod deus uere est in uobis.' *Omne enim quod manifestatur, lux est.* Incipit lumen esse, cum credideri[n]t, et uobis adiungitur. 14 *Propter quod dicit[ur]: Surge qui dormis.* Quasi uocem alicuius sapientis conscientiam increduli pulsantis inducit [et] de somno ignorantiae excitare cupientis. *Et ex[s]urge a mortuis.* A peccatis uel [ab] idolis. *Et inluminabit tibi Christus.* Cum ei credideris, efficieris et ipse lux. 15 *Uidete ergo, fratres, quo modo caute ambuletis, non ut insipientes, sed ut sapientes.* Quasi filii sapientiae et lucis, ne alicui offendiculum detis et incipiatis ei causa perditionis exsistere. 16 *Redimentes tempus.* Uestra sapientia uel cautela.

8 *1 Cor. xiv 25      18 cf. 1 Thess. v 5      19 cf. 1 Cor. ix 12

1 prodes G*      quitquit] + si G½ + quod G*½      ⌒ fit sine sc. H₁V ⌒ scientia* ueritatis fit G    scientia] + est V    2 fit] sit B    nec lux]lux non Sd cum *om.* NC    3 et *om.* BCas      nolite] + cum tenebris G½ (*eras.*)    4 et *om.* BH(—R)GVCas      redarguit ES radarguite G*      qui G*      enim *om.* ES    a uobis *scripsi* a nobis B ab ipsis AHGVCas (= vg)    5 domuum V in *om.* AH₁    templi H₁    6 etiam] et ACVCas (= vg) *om.* MN    uelut] uel H₁G ut V quasi Cas    tenebrosi H₁    7 genere ES facere VCas    autem] enim H(—R)GCas^cod    arguuntur AHGVCas (= vg)    8 ad G    lumine AHVCas (= vg) lumen G    9 fiaet G* fiaent G    faciem] + suam VCas adorabat B corr. adorabis EM adorauit G*V      10 deum] dominum BVCas *om.* G      quia VCas    ⌒ uere deus H₂GVCas      est in uobis] in uobis sit G nobis EH₂V      11 lux] lumen AHGVCas (= vg)      crediderint B credit VCas    12 uobis] non B    iungitur Cas    dicit AHGVCas (= vg)    quid R*(?)M    13 increduli] pagani VCas      14 pulsantis inducit et] pulsantis inducit BH₂V pulsare cupientes(-is R*) ER* pulsare cupiens et S pulsare cupientis inducit et R corr.    de *om.* V      excitare cupientis *om.* V      cupientis *om.* H₁    15 exsurge a mortuis *om.* Cas^ed.      exurge BSNFVCas^cod      a] in V      ab *om.* BH₁G    16 te ES    crederis G    efficeris(-es N*) MN*G    et ipse *om.* Cas    17 ergo] itaque AHGVCas (= vg)    ut] quasi AHGVCas (= vg)    18 sed ut *om.* EMN    ut] quasi S    sapientes *om.* EN    filię G* et] + filii Cas    lucis ne] lucernę S    19 aliqui G*    ⌒ causa ei VCas^ed perdictiones(-is G corr.) G*    20 cautella R*MN

*Quoniam dies mali sunt.* Non dies per se mali sunt, sed per homines, sicut locus malus dicitur, in quo aliquit mali committitur. 17 *Ideo nolite effici inprudentes, sed intellegentes quae sit uoluntas domini.* Scrutamini legem, in qua eius uoluntas agnoscitur. 18 *Et nolite inebriari uino, in quo est luxuria, sed imple[a]mini spiritu.* Exponit continentiae utilitatem, quia luxuriae materiam adpetere non conuenit cruci fixis, sed spiritu sancto repleri. 19 *Loquentes uobis[met ipsis] [in] psalmis [et] hymnis et canticis spiritalibus.* Non in actibus saeculi, sicut ait propheta: 'ut non loquatur os meum opera hominum.' *Cantantes et psallentes in cordibus uestris.* Ne ore tantum dei uerba resonemus. *Domino* 20 *gratias semper agentes pro omnibus in nomine domini nostri Iesu Christi.* Seu bonis seu malis; sicut Iob, dicite: 'sit nomen domini benedictum.' 15 [*Deo et patri*] 21 *subiec[t]i inuicem in timore Christi.* Non humano timore uel auaritiae studio, sicut quidam suis patronis adulari consue[ue]runt. 22 *Mulieres suis uiris subditae sint.* Quia non eos, sicut incontinentes Corinthios, lacte alebat, sed

4 cf. Ioh. v 39    10 Ps. xvi 4    14 Iob i 21    18 cf. 1 Cor. iii 2

1 quia G    males G*    dies *om.* S    ⌢ sunt per se mali BH₂G ⌢ mali sunt per se ER per se S    per se *om.* VCas    per (*alt.*) *om.* VCas    2 omnes G* sicut] ut G    ⌢ dic. mal. Cas    aliquod MN*G    ⌢ comm. mali H₁ malum G    3 ideo] propterea AHGVCas (= vg)    effici] fieri AHGVCas (= vg)    intellegentes(es *in ras.* corr.) G intellegentis Cas^cod*    4 dei ESCas scripturas Cas    in qua] quia ibi VCas    ⌢ uol. eius VCasSd    5 intellegitur G continetur Sd    et *om.* ES    inebriare R*MG    6 implemini ARH₂G*VCas^cod (= vg) replemini ES    spiritu] + sancto H₁D    exposuit V    penitentiae H₂ utilitatem] bonum VCas    7 expetere H₁    8 repleti B replere MN* met ipsis *add.* AHGVCas (= vg)    in *om.* A    9 et hymnis *om.* E    et (*pr.*) *add.* AH(—E)GVCas^cod*ed (= vg)    spiritalibus *om.* V    in] de Cas    actibus] rebus VCas    10 prophetа] dauid Cas    11 uestris] *om.* E + domino *hic* (*non infra*) BH₂G*Cas^codSd^ed (= vg) *hic* deo Cas^ed    ne] non Cas    12 ⌢ uerba dei H₁    cantemus VCas    domino (*uide supra*) omnino *om.* G    ⌢ ag. semp. AHGVCas (= vg)    semper pro omnibus *om.* Cas^cod*    semper] + et Cas^ed *om.* Sd^ed    13 omnibus] + uobis H₁    iesus G*    christi] + *hic* deo et patri (*non infra*) H₂GCas    siue H₁Sd    bona Cas prosperis Sd 14 siue H₁Sd    mala Cas aduersis Sd    iob dicite] ait iob AH₁ iob dicit H₂G 15 deo et (*om.* E) patri *add.* AHGV (= vg) (*uide supra*)    subieci B subiectae G    16 studio] causa VCas    sicut] siquid G*    quidem B    suis *om.* V patronibus H₁    17 adulari consuerunt] adulantur Cas adulare MN idolari E odolari S adolari RV adolere G* adolare G corr.    consueuerunt BER ⌢ uiris (uiri ES) suis BHGVCasSd^ed (= vg)    18 quia] qui ER que S incontinentes] *om.* H₁ incontinens G* continentes V*    corrintheos MN* lacte alebat] lactabat Cas

perfecto continentiae cibo nutriebat. timet enim ne, cessante in plerisque carnis officio, aut in mulieribus subiectio aut in uiris cessaret caritatis affectus, et non tam continentiam quam diuortium docuisse uideretur. ceterum quale est ut nouae uitae praedicator, nulla exsistente causa, hoc doceret quod 5 naturaliter possidebant! *Sicut domino.* 'Quo modo Sa[r]ra subdita erat Abrahae, dominum eum uocans.' 23 *Quoniam uir caput est mulieris, sicut est Christus caput ecclesiae, ipse saluator* [*est*] *corporis* [*eius*], 24 *sed ut ecclesia subiecta est Christo, ita et mulieres uiris suis* [*in*] *omnibus.* Reddit iustam 10 causam subiectionis, quia et prior est uir et utriusque corporis debet esse saluator. 25 *Uiri, diligite uxores uestras, sicut* [*et*] *Christus dilexit ecclesiam.* Tam sancta[ta] et uenerabili caritate. *Et se*[*met*] *ipsum tradidit pro ea.* Ita et uos pro sanctitate uxorum nec mori, si necesse fuerit, recusetis. 26 *Ut* 15 *eam sanctificaret mundans lauacro aquae in uerbo* [*uitae*]. Aqua lauit corpus, animam doctrina mundauit, sicut ait ad Hebraeos: 'aspersi corda a conscientia mala, et abluti corpus aqua munda;' ita et uos corpora uxorum continentia, et animas mundate doctrinis. 27 *Ut exhiberet ipse sibi gloriosam ecclesiam,* 20

1 cf. Hebr. v 14   6 *1 Petr. iii 6   11 cf. 1 Tim. ii 13   17 Hebr. x 22

1 ⌢cib. cont. VCas   cibo *om.* H₁   enim *om.* VCas   ne cessante in] necessitatem(-e G) H₂G   2 in] im B   carnis] in carnis Cm2   officio] + constitutis H₂   subiecto G*   3 caritas B* caritates MN   effectus R effectum MN   cont. *om.* H₁   quam *om.* S   4 defortium G   uidentur B crederetur ER crederet S uidetur G   qualis SR*   5 ⌢praed. uit. R praedicatur(-us S) E*S praecidetur M praedicetur NC* prae G*   exsist.] ex Cas   doceret] diceret R docere H₂   6 naturaliter possidebant] ipsa natura poscebat Cas   possedebant MN*   quo modo—uocans] sicut deo subiectae sunt V *om.* Cas   sara B   7 illum H₂G   8 sicu V*   ⌢chr. cap. est(*om.* Casᵉᵈ) AHGVCasSdᵉᵈ (= vg)   capud B   9 est *om.* AHGVCasSdᵉᵈ (= vg)   eius *om.* AHVCasSdᵉᵈ (= vg)   sed ut] et sicut A corr. sicut H(—R) sed sicut R (= vg)   10 in *om.* B   iustam *om.* V 11 urisque V* utrisque V   12 et *add.* AH(—E)GCasSdᵉᵈ (= vg)   13 sancta] sanctata A sanctam E*S sancte MN sancta tam G   et uenerabili *om.* Cas et]+tam H₁   uenerabile R*MN   14 castitate(-em MN) H₂   met *om.* AHV (= vg)   nos G*   15 sanitate Sdᶜᵒᵈ   16 eam BSd illam AHGCas (= vg) illa V   sanctificaret]+et G   mundans]+eam GCas   lauacrum V aquae] atque C*   in *om.* C*   uitae *om.* AH₂VCas (= vg)   aqua]+enim Sd 17 lauauit S   doctrinam R*MN*   mundabit R*   ⌢ad heb. ait Cas 18 aspersi—et *om.* Cas   corde H₂   19 continentia et] conscientiae E conscientia et(*om.* R*) SR*   et (*alt.*) *om.* VCas   animam VCasᵉᵈSd 20 mundare B mundatae GV   doctrina VCasSd

*non habentem maculam aut rugam aut aliquit eius modi.* Ita
sibi Christus mundauit ecclesiam, ut antiqua crimina ablueret,
et nouas maculas quo modo non incurreremus et uerbo
ostenderet et exemplo. *Sed ut sit sancta et immaculata.* Si
5 omnibus membris immaculata est, maculati ab ea alieni esse
censentur, nisi rursus per paenitentiam fuerint expurgati.
28 *Ita et uiri debent diligere uxores suas ut corpora sua.* Ut
quales ipsi cupiunt inueniri, tales exhibeant et uxores. *Qui
uxorem suam diligit, se ipsum diligit.* Quia duo sunt in carne
10 una. 29 *Nemo enim umquam carnem suam odio habuit, sed
nutrit et fouet eam.* [Non] ut [ei] labores et dolores infligat,
sed ut securam faciat et quietam. non nuptias quidem damnat, sed ad continentiam cohortatur. *Sicut et Christus ecclesiam,* 30 qu[on]ia[m] *membra sumus corporis eius.* Membra
15 eius debent eum in omnibus imitari. *De carne eius et de ossibus
eius.* Ex omni substantia sumus corporis eius. 31 *Propter hoc
relinquet homo patrem et matrem* [suam]. Amore, et si non loco.
*Et adhaerebit uxori suae, et erunt duo in carne una.* Obiectio
ex persona carnaliter amare [se] uolentium[, ut quibusdam

9 cf. Gen. ii 24; Eph. v 31    12 cf. Iudic. xviii 7

1 aut (*pr.*)] ut G*    rucam V    2 ut antiqua] et ut ueterana V ut et
uetera Cas    aboleret BH₂VCas^cod tolleret Cas^ed    3 et (*pr.*)—ostenderet *om.* V
quo modo—exemplo *om.* Cas^ed    non *om.* H₁    incurremus A* incurrimus H₁G
et uerbo] ad uer A* *om.* Cas^cod    4 exemplo] adiuuaret Cas^cod    5 membris
*om.* H₁    ab ea alieni esse] in ea non esse VCas^cod in ea esse non Cas^ed
6 nisi—expurgati *om.* V    nisi] ni S    rursum BHGCas    per—expurgati]
poenis purgatoriis expurgentur Cas    per *om.* H₂    p[a]enitentiae H₁ penitentia NC    7 et *om.* ES    intelligere B*    ut (*pr.*)] et E    sua] sancta ES
ut] item H₁ ita ut R corr.    8 ipsi] sibi H₁    inuenire MN*    ⌒et ux.
exh. Cas    exhibeant et] exhibeantur G*    et] ut B    9 ⌒suam uxorem
AH₁VCas (= vg)    se] + met Cas    ⌒in carne sunt VCas    carne una]
spe una uel fide B + nunc (non G) sint uno spiritu et fide una ( ⌒una fide G) H₂G
10 inquam B    11 nutriet ES    fouit V    eum B    non *om.* AESV
ei *om.* B    dolore G*    12 faciet H₁G    quietem H₁G    non] + autem V
nupcias A ad nuptias G*    quidem] *om.* H₁VCas quidam G*    13 hortatur
Cas^ed    et *om.* GVSd^ed    14 quia AHGVCas (= vg)    15 ⌒in omn. eum deb. H₂
⌒eum deb. H    ⌒in omn. eum Sd    eum] enim B    mutari B    16 ex—eius
*om.* ES    omne MN*    ⌒corporis eius sumus RH₂    hoc] homo V
17 relinquit ESM    suam *add.* AHGVCasSd^ed (= vg)    et si non loco]
non loco solum Cas    et] *om.* H etiam V    si *om.* RF    loco] bono E
18 uxorę S uxoris G*    obiectio—uidetur *om.* Cas    19 persona] + carnali
ERG + carna S    ⌒uol. se amare carnaliter H₁    se *om.* BH₂GV    ut
quibusdam uidetur] *om.* B, *bis* G*    quibus MN

uidetur]. 32 *Sacramentum hoc magnum est: ego autem dico in Christo et in ecclesia*. Ego hoc, inquit, in Christo intellegendum dico et in ecclesia; unde uos maiore affectu debetis uxores spiritales diligere <et> sanctas, qui[a] antea dilexistis peccatrices et in gentilitate carnales. 33 *Uerumtamen [et uos singuli et] unus quisque suam uxorem sicut se [ipsum] diligat; uxor autem ut timeat uirum*. Subiecta sit tamquam infirmior, ut regatur. 1 *Filii, oboedite parentibus uestris [in domino]*. Parat eos disciplinae, qu[i]a illos a parentibus secundum deum praecipit erudiri. *Hoc est enim iustum*. Ut mutuam uicem dilectionis exhibeas. 2 *Honora patrem [tuum] et matrem*. Iubet honorari parentes, sed bonos: ceterum contra deum uiuentes ipse etiam Moses agnosci prohibuit. *Quod est mandatum primum*. Primum in secunda tabula, quae ad humanitatem pertinentia praecepta [s]ex numero continebat: prima enim tabula proprie diuina officia exigebat. *In promissione*, 3 *et bene sit tibi, et*

9 cf. Eph. vi 4    13 cf. Num. xxxii 8 (?) uel Deut. xxiv 16 (?)

2 ecclesiam MN*    hoc] autem MN    intellegendum dico] intellego VCas    3 in *om*.V    unde—carnales] sed tamen non ideo uos non amare debetis, immo amplius dilegite (*om*. Cas), ut christus ecclesiam VCas    maiori BG    effectu BS    ᴗ spiritaliter dil. ux. G    uxores] + uestras R
4 spiritales diligere (et *addidi*) sanctas] spiritaliter diligere sanctas B sanctas diligere spiritalis ES diligere spiritaliter R spiritaliter diligere H₂ (*cf*. G)    quia B ante H₁G    dilexeritis G    5 et uos singuli et *add*. B et uos singuli *add*. RH₂GVCas (= vg)    6 ᴗ uxorem suam ES uxorem R    se *om*. ES    ipsum] *add*. ARV (= vg) metipsum H₂GSd ᵉᵈ    7 ut] *eradere incip*. G corr. *om*. Cas    uirum] +suum R    regnatur E    8 fili SR*    obaudite V    in domino *add*. AHGCas (= vg)    parere Cas ᶜᵒᵈ parate Cas ᵉᵈ    eos] illos H₁ + in domino S    9 disciplina Cas ᵉᵈ    quia BCas qui H₂    eos BCas    praecepit SRMGV    10 hoc—exhibeas *om*. S    est enim iustum] enim est iustum AVCas (= vg) enim iustum est HG mutuam—exhibeas] mutua officia rependatis Cas    uicem dilectionis] inuicem dilectionem(-es E*) E + inuicem G    dilectionis exhibeas] parentibus rependatis V    11 exhibeatis ERG exhibeant H₂    tuum *add*. AHGVCas (= vg)    matrem] + tuam G    iubet—uiuentes *om*. H₂    honorare R
12 farentes E    bonos *om*. V    ceterum—prohibuit] nam ipse moyses docuit contra deum uenientes non sequendos, honorem tamen eis exhibere pro dei timore debemus Cas    13 ᴗ proh. agnosci (*corr*. cognosci E *m. rec*.) H₁ ᴗ pr. mand. S    primum] + *habent hic (non infra)* in promissione BH₂GCas 14 pr. in sec. tab.] in sec. tab. pr. H₁ *praem*. promissionis Cas    15 praeceptas(s *eras*.) ex A    sex] ex B septem CCas ᶜᵒᵈ    continebant MNG* *tabula Cas ᶜᵒᵈ    propria ABH₁GCas ᵉᵈ propriae MV    16 diuina] *om*. ES diuine M diuine a (e *eras*. N) NC    beneficia H₂G    promissionem E    et (*pr*.)] ut AHGVCas (= vg)

*longaeuus sis super terram*. Non in hac terra, in qua etiam
impii non numquam et in parente[s s]celesti senescunt, sed
super illam terram quam dominus mitibus repromittit, et
in qua iusti inhabitabunt, et cuius bona psalmista uisurum
5 esse se credit. 4 *Et [uos], patres, nolite ad iracundiam prouocare
filios uestros, sed edocete illos in disciplina et [in] correptione
domini*. Siue: Inmoderate et inrationabiliter uerberando.
[Siue:] Ne eos ad saecularia studia prouocantes, iracundiam
di[s]cere faciatis, sed diuinae legis eos instituite disciplinis.
10 talibus ergo parentibus filios praecipit oboedire. 5 *Serui,
seruite dominis car[di]nalibus*. Non enim uenit Christus
condiciones mutare: nam seruitium non natura dedit, sed
captiuitas fecit, neque ex maledicto C[h]am[coepit], ut quidam
putant, cum ex eo reges [etiam] legamus esse generatos.
15 maledictum uero illut in filiis Cham impletum est, qui Istrahel
sunt filiis subiugati. prouidet sane hi[n]c apostolus ne doctrina
dei in aliquo blasphemetur, si credentes serui suis dominis

  1 cf. Prou. x 30  2 cf. Hier. *ad loc.*  3 cf. Matth. v 4
 4 cf. Ps. xxvi 13  13 cf. Gen. ix 25  14 cf. Gen. x 10  15 cf. Iudic. i 4, etc.
         16 cf. 1 Tim. vi 1

 1 ⌒sis longaeuus (longius ES) AHGVCas (=vg) hac *om.* S eciam A
2 non numquam *om.* Cas et *om.* V in parentes *om.* Cas in *om.* S
parente caelesti B parentis (perantis M) sceleste MN parentes et scelestis V
scelesti(e A*)]+*s.l. m. rec.* id est maliciosi E *om.* S sen.]+celesti S senes
sunt Cas 3 ⌒terram illam H₁G ⌒mansuetis dominus B dom.] et
dom. VCas repromisit B promittit H₁ et in qua] in qua H₁ in qua et H₂
4 habitabunt H₁ inhabitabunt(nt corr. *in ras.*) G et *om.* H₁ cuius
bona] quam Cas ⌒uis. psal. R psalmista] *om.* ES salmista G*
5 ⌒se credit esse G ⌒se esse BH₂ se *om.* S *om.* AH(—R)GVCas
(=vg) 6 sed edocete BS sed educate AH(—ES)GVCas(=vg)se de docate E*
(*corr. m. rec.* sed docete) eos ES in (*alt.*) *om.* AHGVCas (=vg) correctione Cas^ed 7 siue *eras.* C inmoderatione E et]+non E *m. rec. s.l.*
inr.]+eos C 8 siue *om.* BRH₂V ad] et A *eras.* C a V ad iracundiam ESC
iracundia MN 9 dicere BM discedere R disceret N instruite R imbuite V
10 filios] *om.* H₁ + suos M praecepit H(—C)V obaudire B 11 seruite B]
obaudite V oboedite *rell.* (=vg) ⌒carn. dom. G cardinalibus B carnibus
E* enim] enit G 12 ⌒mut. cond. Cas conditionis H₁N nam *om.* V
13 fecit] adinuenit Cas cham] eam B coepit *om.* AES 14 etiam *om.*
AH₁VCas legemus MN legimus C legatur Cas^cod ⌒gen. esse G esse *om.*
RH₂ 15 maledicto MN* maledictio N corr.,C uero *om.* H₁ illa H₂ filiis
cham] cananaeis Cas filii V conpleta H₂ completum G qui]+filiis H₂
quia C corr. 16 sunt filiis] filii sunt H₁ sunt H₂ prouidit H₂Cas hinc]
hic AESGV *om.* RCas 17 domini G christi Cas^cod blasphematur E*S
seruis HG* ⌒inut. su. dom. Cas suis *om.* Sd domini H₂

inutile[s] fiant, et qui forte permissurus erat [etiam] alios seruos fieri Christianos, de ipsis iam factis incipiat [et] paenitere: si uero uiderit eos in melius profecisse [et] ex infidelibus fideles effectos, non solum et alios optabit credere famulos suos, sed etiam ipse fortasse saluabitur. *Cum timore et tremore* 5 *in simplicitate cordis uestri*. Cum omni oboedientia et festinatione humilitatis, deposita priori superbia et simulatione. *Sicut Christo*. Christo fit quitquit in eius contemplatione hominibus exhibetur. 6 *Non ad oculum seruientes, [nec] quasi hominibus placeatis*. Non praesentibus dominis tantum, quasi 10 ipsis, non deo, placere uolentes. *Sed ut serui Christi, facientes uoluntatem dei ex animo*. In his quae dei non sunt contraria uoluntati: in multis enim concordat cum lege naturaliter animus dominorum, qui[a] seruos et fideles et sobrios et castos et humiles habere desiderant. 7 *Cum bona uoluntate* 15 *seruientes, sicut domino, et non hominibus*. Non cum murmuratione, [ne] et aput homines gratia et aput deum mercede priuemini. 8 *Scientes quod unus quisque [quod] fecerit boni, hoc recipiet a domino, siue seruus siue liber*. Quitquit propter

1 cf. Rom. iii 12 cf. Luc. xvii 10     16 cf. Phil. ii 14

1 in utile B utiles ES     promissurus $H_1$ praemissus $H_2$     erat—iam *om.* M     etiam] *add.* BNCVCas iram (?) G     alios—eos *om.* G*     2 incipiet Cas et *om.* AHVCas     paeniteri R     3 uident V     melios E*R     fecisse ES proficiscere MN* proficere NC proficisse RV     et *om.* $BH_2$     ex infi(e A*)d. *om.* Cas     ex *om.* S     4 et *om.* EŚCas     optauit MNG obtauit G* famulos suos *om.* Cas     5 ↶fort. ipse R     fortasse *om.* G*Cas     cum—simulatione *om.* hic $H_2$ hab. *infra post* caelis (*p.* 382 *u.* 7)     6 oboedientia— superbia] humilitate exposita priore(-i Cas$^{cod}$ -is Cas$^{ed}$) superbiam(-ia Cas) VCas 7 deposita *tr. post* simulatione $H_1$     priore $H_2$VSd$^{cod\ ed}$     et simul.] non in simul.V     8 sicut—exhibetur *om.*V     christo (*pr.*)] in christo ES     christo (*alt.*)] hi in christo E in christo SRG     fit] proficit $H_2$G     9 nec *om.* AHGVCas(=vg)     10 placentes BHGCas(=vg)     praesentibus] timentibus ES ↶tant. dom. Sd$^{ed}$     11 ut] *om.* MN sicut C     12 contrarie MN*     13 uoluntate ESG     concurrunt V     naturali A corr., (li *in ras.*) G corr.     14 animis A* animi SCas animos N     qui] quia BERVCasque S + domini Em2     seruus E*S et (*tert.*) *om.* $H_2$     15 humiles] humules A* benignos VCas     16 et *om.* ES non (*alt.*)—priu. *om.*V     cum] eorum B con ESG*     17 ne—priu. *om.* Cas ne et] et B ne $H_1$Sd ut et $H_2$     graciam MC*     et—quod (18) *om.* M et *om.* ES     18 quoniam AHGVCas(=vg)     quod] *om.* B + cumque RNCGVCas$^{cod\ corr\ ed}$ (=vg)     bonum AHGVCas(=vg)     19 percipiet AVCas (=vg) recipiet M accipiad(-at G corr.) G*     siue seruus siue liber *om.* ES quodcumque V

deum feceris, habes ab ipso mercedem, nec te desperare faciat
condicio seruitutis. 9 *Et uos, domini, eadem facite illis.* Ne,
si fugerint, tuae malitiae incipias imputare, non legi. hoc
etiam paganus fecisset, [et] si taliter tractaretur praeceptum,
5 et tu audire debes, si illum uis audire quod iussum est.
*Remittentes minas, scientes quod et[iam] uester et ipsorum
dominus est in caelis, et personarum non est acceptio aput deum.*
Minamini propter disciplinam, sed remittite propter misericordiam, ut et uobis a[ut] uestro domino remittatur, aput
10 quem usque adeo unum estis, ut una uobis sit hereditas,
[quae] repromissa [est]. 10 *De cetero, fratres.* Generali epistulam exhortatione concludit. *Confortamini in domino et in
potestate uirtutis eius.* In exemplo domini et [in] uirtute.
11 *Induite uos arma[tura] dei, ut possitis stare aduersus astutiam
15 diaboli.* Contra spiritales hostes spiritalia arma sumenda
sunt, ut dissimilitudo naturae armorum fortitudine protegatur. 12 *Qu[on]ia[m] non est uobis colluctatio aduersus
carnem et sanguinem.* Caro et sanguis homo dicitur. Sed

15 cf. Eph. vi 12

1 dominum $H_1$   ᔆhab. fec. E*S   benefeceris VCas   habes ab
ipso] ab ipso (a deo Cas) expecta (expectas Cas$^{ed}$)VCas   habebis $H_1$ aues G*
✱ne G non Cas   uos Cas   faciet $H_1$N facias G*   2 uos (*om.*$H_2$Cas$^{cod}$)
domini] nos deum B+in ES   3 fugierint MN* fugerint(u *in ras.*) G effu-
gerint Sd$^{ed}$   ᔆmal. tuae G   uestrae Sd$^{ed}$   inc. imp.] imputetur Sd$^{ed}$
incipies Cas$^{ed}$   deputare $H_1$   legi] religioni Cas   hoc] + enim V *fort. recte*
4 paganos E*NC   fecisset] fecisse $H_2$   et] *add.* BNC ut M   aliter EC
ᔆet tu praeceptum V   5 et] ut G*   debes si] de ES   illud G*   cupis V
missum B   6 ᔆetiam quod B*   quod BN*] quia $AH_1$VCasSd$^{ed}$ (=vg̊) quoniam $H_2$G   etiam B et AH(—R)GCas (=vg) *om.* RVSd$^{ed}$   uester et ipsorum]
illorum (*om.* RV) et uester AHGVCasSd$^{ed}$ (=vg)   7 non est acc. BSd acc.
non est AHGVCas (=vg)   deum] eum $H_1$Cas$^{cod}$ (=vg)   8 minamini✱✱ G
dimittite $H_2$   9 ut et] et ut $H_1$   a] aut B   remittantur V   10 usque
adeo] utique AES utique adeo R   ut] et BMG*   una—est] hereditas
quae promissa est una sit in uobis ES   uobis *om.* R   11 quae *et* est *om.*
B$RH_2$GVCas   ᔆepist. gen. Cas   generalem A*m*2 generaliter HG
12 conclus(x N)it $H_2$   13 potentia AHGVCas (=vg)   in (*pr.*) *om.* $H_1$G
et uirtute *om.* G*   in *om.* AHGVCas   14 ind.] et ind. $H_2$   armatura
ARCG arma BESMNVCas$^{cod}$ (=vg) armaturam N corr. Cas$^{ed}$Zm$^{ed}$   possetis
EMN*GV   insidias AHGVCas (=vg)   15 -tales—protegatur *om.* V
16 similitudo N desimilitudine C   naturae] diaboli natura E diaboli contra
spiritales nature S diabolicae nature̜ R   armorum] + spiritalium Cas   pro-
tegamur C*m*2   17 quia AHGVCas (=vg)   nobis AHGVCas (=vg)
18 caro et] quom B   dicatur B

*aduersus principes et potestates.* Qui sibi principatum in huius mundi homines usurparunt, et qui ignorantes [homines] animas per peccata seducunt. *Aduersus mundi* [*huius*] *rectores tenebrarum harum.* [Contra daemonum potestatem, qui sibi in homines mundi huius principatum uindicantes, ignorantiae 5 erroribus praesunt, qui tenebris comparantur, sicut ipse ait:] 'fuistis enim [aliquando] tenebrae, nunc autem lux in domino.' *Contra spiritalia nequitiae.* Sunt enim spiritales bonitates. *In caelestibus.* In aere, ubi uolucres caeli appellantur. 13 *Propterea accipite arma*[*turam*] *dei.* Qui[a] tales habetis inimicos. 10 *Ut possitis resistere in die malo.* Non sibi malus est dies, sed nobis, quando impugnamur a malo. *Et in omnibus perfecti stetis.* Non in aliquantis perfectum uult [esse] hominem: sed et hoc notandum, quod omnes ad perfectionem hortatur. 14 *State ergo succincti lumbos uestros.* Perfecte state, lumbis 15 mentis accincti: hoc est, in omni proelio uiriliter praeparati et ab omnibus c[r]uris saeculi expediti. *In ueritate.* Non in [h]ypocrisi: nemo enim 'coronatur nisi legitime certauerit.' *Et induti lorica iustitiae.* Sicut lorica multis circulis uel armillis intexitur, ita [et] iustitia diuersis uirtutum conectitur 20

3 cf. 2 Tim. iii 6   7 *Eph. v 8   9 cf. Matth. viii 20 etc.
15 cf. 1 Petr. i 13   18 cf. 2 Tim. ii 5

1 aduersus]+huius mundi V   2 hominibus Cas   homines] add. B*
tr. *ante* ignorantes VCas   3 animas *om.*V   per pecc. seducunt] ad pecc.
gubernant V(Cas)   aduersus] *praem.* sed ES *om.* V   ᔕ rectores huius
mundi S$^{\text{ded}}$   mundi *om.*V   huius *om.* AHGVCasZm (= vg)   4 ᔕ har.
ten. ES   ten.] et ten. G*   contra—ait *om.* BH$_2$VCasZm   demonium G*
5 ᔕ huius mundi G   potestate ES* potestatem S corr.,R   uindicantes]
mundi canentes ES   ignorantiae]+et R   6 praesumunt H$_1$   7 enim
*om.* Cas   aliquando *om.* BH$_2$VZm   8 nequitia H(—C)   enim] autem
H$_1$+et RH$_2$VCas   spiritalia VCas   bonitatis NC*VCas   9 aera MN
ubi] unde C in quo VCas   ᔕ caeli uolu(o V)cres VCas   10 arma BVCas
(= vg) armatura ESMG   qui A*B   11 possetis EMN*GV · resistere]
stare S   malus] malos EN*   12 quand V   13 stare AHGCas (= vg)   non—
hoc *om.*V   perf. uult (uul M)] uult perf. esse B   14 et *om.* G   quia V
15 lumbis uestris ES   perfecti ENCG   estote Zm$^{\text{ed}}$   lumbos BCCasZm$^{\text{ed}}$
16 succincti H$_1$   omne proelium G   praelio ABH$_2$ prelio R   uiriliter *om.* ES
17 curis] cruris B *om.*V   in (*alt.*) *om.* H$_1$   18 ypocry(i B)si BG hypochriss(*om.*
S)i ES   coronabitur H$_2$Sd   nisi]+qui RH$_2$   19 induite MNG*V induture N*
indute G   loricam A corr.(?),VCasSdZm$^{\text{ed}}$ (=vg) lurica EMN*G*   lurica
MN* *Cod. Aug.* ccxxxiii (*uide uol.* i, *p.* 5 *n.* 3)   ᔕ arm. int. uel circ. Cas   uel
arm. *om.* Zm   20 arm. A*B armellis AEMN*GCas$^{\text{cod}}$ *Cod. Aug.* armelis S hamulis CSd$^{\text{ed}}$ anulis (uel amulis *s.l.*) F   texitur *Cod. Aug.*   sic Zm   et *om.* BSd

speciebus: munit autem non solum pectoris conscientiam, sed et uentris continentiam, nec non et ad femorum usque pertingit libidinem co[h]erce[n]dam. 15 *Et calciati pedes in praeparatione euangelii pacis.* Cum fiducia incedentes intrepide
5 praedicate. 16 *In omnibus sumentes scutum fidei, in quo possitis omnia tela maligni [ignea] extinguere.* In omnibus certaminibus fide[i] muniamur, quia scutum ipsorum quoque armorum defensio est, et sine hoc omnis armatus inermis est, ita et hae uirtutes sine fide saluare non possunt: nam
10 sicut scutum omnia iniecta repellit et recut[it, it]a et fides omnes diaboli persuasiones excludit, quamuis quasi lumen rationis habere uideantur. 17 *Et galeam salutis [ad]sumite.* Quae omnes capitis sensus a prauis officiis protegat et abscondat. *Et gladium spiritus, quod est uerbum dei.* Nemo
15 militum aude[a]t ad bellum sine gladio proficisci: se enim utcumque tueri potest, sed [ad] hostem non ualet occidere, non numquam etiam ab audaci inimico omnibus armis spoliatus perimitur: ita sine dei uerbo iustitia omnis intuta est. 18 *Per omnem orationem et obsecrationem.* Semper hunc

1 munit autem] monit autem E muniuit autem S in unitatem(-te MZm) H₂Zm munit etiam G    peccatoris ESMGZm^cod peccatores N*    conscientia H₂Zm    2 continentia(-am N*Zm^cod) H₂VZm    et (*alt.*) *om.* RH₂Zm femora G    usque *om.* Cas    adtingerit ad (a G*) G    3 libidinem V cohercedam B cohercendam H(—E)GZm^codd    calciate MN    praeparationem Cas^ed    4 cum fiducia incedentes] ut (*om.* Cas) sicut calciati pedes fiducialiter ambulant ita et uos VCas    con E    incidentes G    intrepidi E corr.,H₂G    5 praedicetis G    6 possetis V    tala G    ⌒ign. neq. ES nequissimi(-e E*) AHGVCasSd^ed (=vg)    ignea] *add.* AHGCas (=vg) ignita VSd^ed    7 certaminibus] in onibus proeliis V    fidei B fidem EM    muniatur MN muniamus G*    quia]+sicut H₁G    9 haec E*m.rec.*,S heę C    saluari ES nam *om.* V    10 ingesta H₂    repellit] respuit Cas    recutit ita] recutita A* recuta A recutit G* excutit ita Cas    et *om.* H₁    11 diaboli persuasiones] eius suasiones Cas    excludit] ex[s]tinguit BH(—SN)GVCas extingunt S extingit N    ⌒rationales lumen Cas    12 uidentur H₂G    adsumite AHGVCas (=vg)    13 qui MN quia ESV    ⌒sens. cap. Cas    capitis *om.* H₂ et] aut Cas^ed    abscondat] defendat R ab his emundat G    14 et gladium *om.* Cas^cod    qui MN nemo]omnis G    15 miles Cas    audet BH₁VCasZm audiat G*    pugnam Cas    proficisci se] proficisce(-que E) ES    se] si G 16 potest *om.* H₂    ad *add.* B    interimere VCas    17 non] sicut non Zm audacia inimici H₂    hoste Cas    omnibus—peri(e G)mitur] pere(i R)mitur armis omnibus spoliatus (exspoliatur E) H₁    omnibus] suis Cas    armis *om.* H₂(—F)    18 spoliatis B ex[s]poliatus H₂Cas spoliatur Zm^ed    occiditur VCas    induta ASR tuita M intecta Cas    19 hunc] nunc Cas^ed

gladium postulate. *Orantes omni tempore in spiritu.* 'Non impediaris orare semper,' et pro rebus spiritalibus depr[a]ecare. *Et in ipso uigilantes [semper] [in omni instantia et obsecratione].* Nihil [enim] prodest dormientis more iacente[m] corpore animo peruagari, dum hac uanitate nec ab homine possit aliquit impetrari. *Pro omnibus sanctis.* Sancti estote, ut possitis orare pro sanctis. 19 *Et pro me, ut detur mihi sermo in apertione[m] oris mei in confidentia notum facere mysterium euangelii.* Et abundanter et sine metu persecutionis uel odii Iudaeorum exponam uniti in Christo populi rationem. 20 *Pro quo legatione fungor in cat[h]ena ita ut in ipso audeam [pro]ut oportet me loqui.* Omnes enim uerbi legatos talia sine dubio necesse est sustinere, sed uerbum dei non potest alligari: tunc enim maior fiducia erit, si[c] rationabiliter dicatur, et sit abundantia quae exprimat rationem. 21 *Ut autem et uos sciatis quae circa me sunt, quid agam, notum uobis faciet omnia [s]Tychicus, dilectissimus frater [, et fidelis minister in domino,* 22 *quem misi ad uos in hoc ipsum ut cognoscatis quae*

1 Eccli. xviii 22     13 cf. 2 Tim. ii 9

1 gladio V     postolate ER portate uel postulate Sd     ne Cas
2 orare—ipso *om.* S     et] sed Cas     deprecari C     3 semper *om.* AHGCas
(=vg)     in—obsecratione *add.* AHGCas (=vg)     instantia et
*om.* V     4 enim *om.* B     iacentem B lacente E iacere $H_2$ iacentes G
5 praegrauari $H_1$ praeuaricari(-e M) $H_2$ peruari G*     dum] + in $H_1$ cum Cas$^{cod}$
6 possit al. impetrari] al. impetretur Cas     posse(-et M) $H_2$     sancti—
sanctis *om.* Cas     estote] + et pro me B*     stote SN*     7 ut] u V*     possetis
MN*V     8 apertionem BSd$^{ed}$ apertione AHGVCas (=vg)     in confidentia]
cum fiducia AHGVCasSd (=vg) et cum fiducia Sd$^{cod}$     face V     ministerio G*
9 et (*pr.*)] ut $H_1$VCas     ambundanter V     et (*alt.*) *om.* $H_1$     persecutionem B
persecutiones $H_1$(—E*)C perfeccionis M     uel] et $H_2$     odium B$H_2$(—F)
odia $H_1$     10 exponam *tr. ante* persec. $H_1$     uniti] moniti B muniti HGV
munitus C corr.     christi $H_1$     ratione $H_1$C* oratione C corr.,G     11 legationem V     catena] cathena BE + ista Cas$^{cod}$     audiam SR*N audeam
(d G corr. *in ras.*) G     pro *add.* AHGVCas (=vg)     12 oporteat G     omnes—
alligari *om.* G*     omnis $H_1$G corr.     legator E,R corr. legatur SR* legatus
MC*G corr. ligatus N     sine dubio (dubia B*) *om.* $H_1$VCas     13 sed—alligari
*om.* Cas     alligare E* allegari MN*     14 si] sic B siue ES     dicitur G
15 sic B si H(—E)G     [h]abundantiam ERMN     quae *om.* $H_1$G     exp. (*in
ras.* G)] ex prima C     ratione ER* tradicione C     ut] ubi $H_2$     et uos
*om.* ES     16 ᴖ not. fac. uob. *om.* ES *om.* not. fac. uobis (*om.* Cas$^{cod}$Sd$^{ed}$) R
CasSd$^{ed}$ *om.* uob. not. fac. $H_2$ *om.* not. uob. fac. G (=vg)     notum BSV
nota *rell.* (=vg)     17 omnia *om.* V     stichicus B ticycus E thticus S
thit(c M)icus $H_2$Cas$^{cod}$     carissimus AHGVCas (=vg)     et fidelis—uestra
*om.* A$H_1$

*circa nos sunt, et consoletur corda uestra*]. Sollicite agit, non solum ut proficiant, sed etiam ne in tribulationibus [eius] deficiant, uel [ne] in aliquo contristentur. 23 *Pax fratribus et caritas cum fide* [*a domino patre et Christo Iesu*]. Pax et
5 caritas et fides perfectum faciunt Christianum: tam enim sine fide infructuosa est caritas, quam fides sine caritate uel pace. [nam] caritas maior est pace: potest enim odio non haberi quis, non tamen et amari. 24 *Gratia cum omnibus qui diligunt dominum nostrum Iesum Christum* [*in*] *incorruptione.*
10 Siue: Castita[ti]s. Siue: In quorum corde nullo adulterino saecul[ar]i amore Christi dilect[at]io uiolatur.

### AD EPHESIOS EXPLICIT

2 cf. Eph. iii 13

1 consolentur V   uestra] nostra B   ait S   2 etiam] et E   ↶ def. in trib. eius Cas   in *om.* H₁   ↶ def. eius C*   eius *om.* AH₁   3 deficient G ne *om.* BG   contristemur G   4 a—iesu *om.* B   domino] deo RH₂GVCas (= vg)   patre] + nostro Cas   et (*alt.*)] + domino R*, G corr., VCas (= vg) + a (in M) domino H₂G*   ↶ ies. chr. RH₂GVCas (= vg)   et (*tert.*)] *om.* VCas^cod *tr. ante* pax Cas^ed   5 profectum SR   tam—pace] sine fide enim infructuosa sunt omnia VCas   tam enim] tamen H₁ tamen enim G corr. *in ras.*   6 sine (*pr.*) G corr. *in ras.*   quam] tamquam H₁G   7 nam AGSd *om.* BHVCas   melior H₂   odio] hodio SR.* odium H₂ *om.* Cas non habere BH eam habere Cas^ed   8 qui G*   et *om.* H₂   amare H₂ 9 in *om.* B   incorruptione] + amen H₂GVCas (= vg)   10 castitas BESG* caritas RH₂ in castitate CasSd^cod castitate Sd^cod ed   nulla A illo H₁   adulterinos ES   11 saeculari amore (-i A*) ASd s[a]eculi amore BH₂GVCas^ed sęcularia more (amore S) H₁ amore saeculi Cas^cod   de(i A*S)lectatio ASSd molatur B uiolatus S uoletur M uiolutur NCSd   12 explicit epistola ad ephesios B *nil habent subscriptum* E*RGSd^cod ed explicit ad ephesios E corr., SH₂V scripta ab urbe. explicit ad ephesios Cas^cod scripta ab urbe. finis epist. ad ephesios Cas^ed finit Sd^cod

# INCIPIT AD PHILIP[P]ENSES

## ARGVMENTVM

In Actibus Apostolorum legimus quod ipso praedicante crediderint Philip[p]enses in Christo. hi[i] ergo tantum in fide ac scientia profecerunt, ut euangelium [etiam] praedicarent et defenderent a pseudo-apostolis impugnatum. quapropter ab his tantum sumptus se memorat accepisse, etiam 5 cum alibi praedicaret. hos ergo conlaudans monet ne eius passionibus terreantur, quibus non destruitur Christi euangelium, sed firmatur, dum intellegi datur eum tanta pati pro re falsa uel dubia omnino non posse, ideoque hortatur exemplo suo [eos] libenter usque ad mortem certare pro Christo. 10

1 cf. Act. xvi 15, 33    5 cf. Phil. iv 15

incipit · argumentum aepistolę (om. RCas^cod +pauli G) ad phi(y G)lip ( +p RGCas^cod)enses BRGCas^cod nil E*SMN incipit argumentum aepistolae philippensium C (expositio argumenti V) ad philippenses d. pauli epistola argumentum Cas^ed in epistolam ad philippenses Sd^ed    1–10 in—christo om. H₂Sd    apostulorum A ut fere semper    quia GCas    2 ⌒ phil. cred.V    crediderunt H₁ Par. 15180 (uide uol. I p. 342)    philippesses A philipenses BE philipensis E*S phylippenses G    in christo om. Cas    hi—profecerunt] tantum autem proficerunt (proficerant Cas) in fide et scientia GCas    hii AE om. Par. 15180    ergo om.V    3 fide ac] hac Par. 15180    proficerent E proficerant SR profecerant V(Cas) fort. recte    euangelium—defenderent] etiam (et V) fiducialiter et praedicarent et defenderent euangelium GVCas    etiam om. A    4 a] ab H₁    pseodo- G    quapropter] quia propterea BR    5 his tantum] istis solis GVCas    sumptus s. m. a. e.] s. m. a. e. necessaria G s. sumtus m. a. e. V s. m. a. e. Cas    accipisse E    6 alii ES aliis RGVCas alihis G*    7 passionis G*    distruitur(-us S) ES destruetur G    ⌒eu. chr. H₁    8 sed—christo om. R    firmatur dum] firmandum E infirmandum S    ⌒ datur intellegi G omnes intellegunt VCas    intellegi —certare] intellegi suo eos (intellegisti eror S) libenter usque ad mortem certare per (om. S) christo datur (datus S) eum tanta pati pro re falsa dubio omnino non posse ideoque [h]ortatur exemplo ES    ⌒ tanta eum GVCas +et tam grandia V    eum] quom B om. Par. 15180    pati—posse] omnino (om. Cas) non potuisse (posse Cas) pro re (rem G*Cas^cod*) falsa uel dubia sustinere GCas pro re falsa uel dubia sustinere omnino non posse V pata A*    9 ideoque] et GVCas    ortatur GV    ⌒ eos exemplo suo GVCas 10 suo om. Par. 15180    ⌒ libenter eos Par. 15180    eos om. B    liberter G* christo] +explicit argumentum incipit explanatio sancti hieronimi in ęistola ad philipenses B ad philippenses incipit E corr. incipit ad philippenses S incipit ęistola pauli apostoli ad philippenses R ad philipensis M argumentum explicit. incipit ęistola ad philippenses C explicit argumentum G Par. 15180 explicit argumentum. incipit epistola beati pauli apostoli ad philippenses Cas^cod in ęistolam ad philippenses Sd^ed

1 *Paulus et Timotheus seruus Christi Iesu.* Ambo serui, non ambo apostoli[ : omnis enim apostolus seruus, non omnis seruus apostolus]. *Omnibus sanctis in Christo Iesu qui sunt Philip*[*p*]*is.* Quia nemo [hoc tempore] sine Christo sanctus,
5 [et sanctis, non omnibus Philippensibus, etiam paganis]. *Cum episcopis et diaconi*[*bu*]*s:* 2 *gratia* [*deo*] *uobis et pax a deo patre nostro et domino Iesu Christo.* Hic episcopos pr[a]esbiteros intellegimus: non enim in una ciuitate plures episcopi esse potuissent, sed hoc etiam in Apostolorum Actibus inuenitur.
10 3 [*Ego quidem*] *gratias ago deo nostro super omni*[*a*] *memoria*[*m*] *uestri.* Bonorum memoria [cum] gratiarum actione celebratur. 4 *Semper in oratione mea.* Ostendit circa eos dilectionem [suam], pro quibus semper exorat. *Pro omnibus uobis.* [Quia omnes estis tales.] *Cum gaudio orationem faciens.* Non cum
15 tristitia alicuius peccati uestri uel maerore. 5 *Super communicatione uestra in euangelium.* Quia mihi communicatis in euangelio praedicando. *A prima die usque nunc.* Ab initio fidei uestrae deprecor ut perseueretis. Siue: Quod ab initio communicatis praedicando. 6 *Confidens hoc ipsum.* Confido

9 cf. Act. xx 28

1 thi(y G)motheus ESGCas^cod    serui AH(—R*)VCasSd^ed (=vg)   ⌒ies. chr. AH(—S)VCasSd^ed (=vg)       2 omnis—apostolus (3) *om.* BH₂
4 ph(f Cas^cod)i(y G)lippis AGVCasSd^ed phi(y)lip[p]enses H₁D philipens(x N)is MN    qua G    hoc tempore *add.* BH₂    sanctus]+est H₁G    5 et— paganis *om.* BH₂    et sanctis *eras.* R    phil.] fil. Cas^cod    cum]+omnibus ES 6 diaconibus BH(—E)GVCas (=vg)    deo *om.* AHGVCas (=vg)    7 nostro *om.* R    et]+a C    domino]+nostro G    hic ep.] ep. hic etiam V ep. hic non solum pontifices sed et Cas    episcopis A*E*    8 ciuitate] urbe H₁ episcopi esse potuissent] erant episcopi VCas    9 sed hoc] quod V hoc Cas ⌒etiam hoc H₁    in *om.* ER*    inuenitur *om.* H₁    10 ego quidem *om.* AHGVCas (=vg)    meo AHGVCas (=vg)    super omnia memoriam] in omni (*om.* G*) memoria(-am G) AHGVCas (=vg)    11 bonorum]+et G memoriam EMN    cum *om.* B    12 in]+cunctis H₂GCas (=vg)    orationibus. meis AHGVCas (=vg)    ⌒dil. circa eos BH₂G    13 suam *om.* BH₂G semper]+per G*    exoret E exortatur S    uobus A*    quia—tales *om.* BH₂Cas 14 ⌒tales estis H₁G    deprecationem AR H₂GVCas (=vg)    15 ⌒pecc. alic. trist. H₁    stristitia A*    uestri *om.* H₁    uel maerore] *tr. post* tristitia V *om.* Sd communicationem uestram MNGVSd^codd D    16 euangelio AHGVCas (=vg) mihi *om.* Cas    communicastis ES,R *corr.*    17 primo Sd^ed    18 fidei— initio *om.* S    uestrae]+bene operatis (-astis G *corr.*) G    precor H₂    per- seueritis V    ⌒comm. ab init. H₁    19 praedicande S praedicanti C₁ euangelio V    confidens]+in E

[me] impetrare. *Quod* [*is*] *qui c*[*o*]*epit in uobis opus bonum.*
Coepit doctrinam. Siue: Gratiam scientiae largiendo. *Perficiet.* [Perficiendi id quod docti fuerint uel docebant.] *Usque in diem Christi Iesu.* Usque ad diem quo de corpore recedatis, ex quo iam ad domini unus quisque [re]seruatur aduentum. 7 *Sicut est iustum mihi hoc sentire pro omnibus uobis.* 'Caritas' [enim] 'omnia sperat.' *Eo quod habeam in corde uos et in uinculis meis et in defensione.* Tantum uos diligo, ut mihi [omnem] memoriam uestri nec uis tribulationis nec sollicitudo defensionis auferre[n]t. *Et* [*in*] *confirmatione euangelii.* Confirmatio euangelii est constans tolerantia praedicantis. *Socios gaudii mei omnes uos esse.* Hoc sentio de uobis et credo, quia, sicut meae tribulationis socii estis, [ita eritis] et gaudii sempiterni. Siue sic: Scio uos ita euangelio credidisse, [ut] etiam in tribulationibus meis pro eius defensione mecum pariter gaudeatis. 8 *Testimonium enim mihi reddit dominus quem ad modum desiderem omnes uos in uisceribus Christi* [*Iesu*]. Siue: Eius inesse uisceribus. Siue: Ita uos desidero

---

6 1 Cor. xiii 7

1 me *om.* BH₂    quod is] quia AHGVCasSZm (= vg)    qui *om.* G    cepit BNCas^cod    2 coepit—largiendo] c[o]eptam (coaptam G) gratiam scientiae(-am H₂) confirmari (consumere M consummari NC,R corr., *cf.* Zm, consummare G) in uobis BH₂G coeptam doctrinam siue gratiam scientiae largiendo consummari in uobis Zm    perficiet] ipse perficiet Zm^ed    3 perficiendi—docebant *om.* BH₂G    id *om.* H₁    fuerant SR*V    uel *om.* S    docebant] doceant ER *om.* S    4 ⌒ ies. chr. H₁GD chr. Zm^ed    ad] in BH₂GZm    qua SR*    recedebat H₁ receditis H₂    5 a G    deum B    seruatur B reseruetur H₂Zm    6 ⌒ iustum est Sd^codd    ⌒ mihi iustum AHGVCasZm (= vg)    pro] de ES    ⌒ uoh. omn. ES    7 enim *om.* BH₂G    superat H₂    habeam] habeamus S + omnes Zm^cod    ⌒ uos in corde BESCasSdZm (= vg)    8 et *om.* ES    tanto H₂ in tantum Sd    9 omnem *add.* B    uis] huius ER* cuius S alicuius R corr.    tribulationibus G* tribulationum V    10 auferrent B auferet ESMN auferat CCasSd^edZm in *om.* AHGVCasSd^edZm (= vg)    11 est *om.* G*    predicantes E*R*    12 gaudi Cas^cod    ⌒ uos omnes H₁    senti Cas^cod*    et credo *om.* Sd^cod    et *om.* G    13 sicut]+et G    ⌒ trib. meae VCas    -i estis *in ras.* G    ita eritis *om.* B    eritis—ita *om.* Sd    gaudio G*    14 sempiterni *om.* Cas    siue] item G    sic] hic V sicut Zm    ita *om.* Zm    credisse V    ut *om.* B    15 in *om.* H₂    pro] et Zm^ed    16 testis(-es V) AHGVCasZm (= vg) mihi reddit dominus quem ad modum B(Sd) mihi est (⌒ est mihi E) deus quo modo AHGVCasZm (= vg)    17 desiderem BSd cupiam ARH₂GVCasZm (= vg) cupio ES    chr. ies. AH₂GVCas^edSd chr. B ies. chr. H₁Cas^codZm (= vg)    18 siue (*pr.*)]+quę G    ⌒ inesse eius G    desidera G*

tamquam uiscera Christi. 9 [*Et hoc oro,*] *ut caritas uestra magis ac magis abundet.* Ut uos in eo quod habetis, amplius abundetis. *In scientia et* [*in*] *omni sensu,* 10 *ut probetis potiora.* Notandum quia scientibus maiorem athuc scientiam depre-
5 catur, ut sinceres esse praeualeant in omnibus; nemo enim aeger ante sanatur quam quo modo sanari possit agnoscat. *Et sitis sinceres et sine offensa in die*[*m*] [*Iesu*] *Christi.* Sinceris materia est, quae naturam suam seruat, nulla extrinsecus corruptione fucata: tale uinum semper in melius proficit,
10 non in peius. 11 *Repleti fructu iustitiae* [*per Christum Iesum*]. Ut non solum sinceres ab omni corruptione sitis, sed et[iam] fructu iustitiae abundetis, exemplo Christi, qui non modo malitiam [non] habet, sed etiam bonitate redundat. *In gloriam et laudem dei.* Ut glorificetur deus in actibus uestris. 12 *Scire*
15 *autem uos uolo, fratres, quod* [*ea*] *quae circa me sunt.* Hi[n]c consolatur eos de sua tribulatione, quia audierant eum uinctum [in urbe] Roma[e] custodiri. *Magis ad profectum euangelii uenerunt,* 13 *ita ut uincula mea manifesta fierent in Christo in*

14 cf. 2 Cor. ix 13 etc.

1 christi] eius Cas     et hoc oro add. AHGVCas (=vg)     2 uos om. G*
3 in (pr.)]+omni R     in (alt.) om. AESMVCasSd$^{ed}$Zm$^{coded}$ (=vg)     4 ⌐adhuc
sci. mai. G     scientiabus A*     maiorem om. H$_1$     ⌐sci. adh. Zm     sententiam G
deprecetur Zm     5 sinceris E*M sinceri Cas$^{ed}$Zm$^{ed}$     esse praeualeant in omn.]
in omn. fiant BH$_2$ in omn. esse praeualeant H$_1$GZm esse praeualeant VCas
ager A*E*G*     6 antes S     sanatur quam quo modo om. ES     ⌐poss. san. V
sanare H$_1$     agnuscat MN cognoscat V     et BZm ut AHGVCas (=vg)     7 sinceri
Cas$^{ed}$     offensione ESG offessa V     diem BEH$_2$Cas$^{ed}$Zm (=vg)     ⌐chr. ies.
Cas     iesu om. AHGV (=vg)     sincera V sinceres Zm$^{codd}$ sinceritas Zm$^{ed}$
8 nulla] et nulla Zm     9 corruptio nefugata G     corruptio R     fucata]
ficta B fugata EMN(G) focata SR*     tale uinum] tali uino H$_2$ et Zm
meliura G*     profecit H$_2$     10 fructum Sd$^{ed}$     iustitiae]+abundetis id
est emplo G*     per christum iesum add. AH$_2$V (=vg) per iesum christum
add. H$_1$GCasZm     11 ut om. H$_1$     sinceres] om. G* sinceri Cas$^{ed}$Zm$^{ed}$
ab omni] a Cas     et B     12 fructibus Cas     emplo G* dono Cas     modo] solum
RH$_2$Zm     13 non om. B     sed etiam om. R     bonitate] a bono H$_1$ bonitatem
MN     ⌐laud. et (in S) glor. ES     laudem dem A*     14 dei om. V     glorietur
H$_1$Zm + laudetur Zm     actibus uestris] uobis V nobis Cas actibus nostris Sd$^{cod}$
15 ⌐uolo uos ESD     quod ea] quia AH$_2$GCas (=vg) om. H$_1$V     quae] qui G*
quod V*     hinc] hic B om. Cas     16 ⌐trib. sua Cas     que S qui G
audierunt H$_2$     iunctum G*     17 in urbe om. BH$_2$G     urbe Roma(a in ras. A)]
domo caesaris Cas     romae BH$_2$     custodire E*R*MN custore G*     ⌐uen.
euang. AHGVCas (=vg)     18 *ita (i in ras.) G     fieri MN     in christo
om. ES

*omni praetorio et* [*in*] *ceteris omnibus.* Non solum non obsunt, sed etiam profuerunt, dum manifestatur me non pro [aliquo] crimine, sed pro Christo omnia sustinere. 14 *Et plures e*[*x*] *fratribus in domino.* Plures mea tribulatione constantes effecti sunt [qua]m doctrina. *Confidentes uinculis meis abundantius audent sine timore uerbum dei loqui.* Uinculorum meorum exemplo sunt incitati, dum me uide[re]nt [haec] pro Christo libentissime sustinere. 15 *Alii quidem* [*et*] *propter inuidiam et contentionem.* Dum mihi aput credentes gloriam auferre se putant, ne solus mihi uindicare uidear scientiam praedicandi. *Aliqui autem et propter bonam uoluntatem Christum praedicant.* Alii autem etiam alios saluare uolentes fideliter adnuntiant Christum. 16 *Quidam* [*alii*] *ex caritate.* Quidam uero ex mea caritate adiuuant me, euangelium defensando. *Scientes quoniam in defensione*[*m*] *euangelii positus sum.* Non human[a]e dilectionis affectu, sed quia sciunt me a deo ad defendendum euangelium ordinatum. 17 *Quidam autem per contentionem Christum adnuntiant non sincere, existimantes se angustiam suscitare uinculis meis.* Alii autem dolose praedicant ad me grauandum, quasi plures discipulos facientem, et doctrina mea totum orbem imple[re cona]nte[m], ut ex hoc saltim maior mihi cumuletur inuidia uel pressura.

1 in *add*. BRH₂GVCas (=vg)  2 sed etiam] s&iam G*  manifestantur G* aliquo *om*. BH₂  3 et] ut H₁Casᵉᵈ ut et G  ex BCasᵉᵈ e AH₂GVCasᶜᵒᵈ (=vg) *om*. H₁  5 quam] in B  confidentes] + in RG  6 audere BV (=vg) auderent R corr. C corr.,Cas audire H₂ audant G* audeant G corr. ut auderent Sdᵉᵈ  domini MN  7 sunt *om*. Cas  ᴗpro chr. uid. Sd uiderent ASd uident BH₂GVCas uiderunt H₁ uiderint R corr.,M*  haec *add*. BH₂(—C)GCas  8 pati Cas  alii BSd quidam AHGVCas (=vg) quidem *om*. S *eras*. R  et *add*. AH₂GCas (=vg)  10 se putant ne] desiderant quasi qui Cas  uindicare uidear] uindicem VCas  11 aliqui BSd quidam AHGVCas (=vg)  et *om*. Sdᶜᵒᵈᵈ  bonam uoluntatem *om*. ES  12 ᴗpraed. chr. G  saluari V  uoluntes V*  13 fideliter *om*. Sd  ᴗchr. adn. H₁Sd  quidam] quidem B *om*. Sd  alii BSd] *om*. AHCas (=vg) autem G corr., V ex] uero in H₂  14 quidem B  dispensando H₂ defensare G*V  15 quod R defensionem BV*Cas (=vg)  ᴗsum positus Casᶜᵒᵈ  16 humane BR adfectu] ritu V  mea G*  17 domino H₁G  ad *om*. H₁  euang.] + christi G 18 per contentionem] ex contentione AHGVCas (=vg)  19 ᴗpressuram (presuram AN pressura R*) se (*om*. H₁G) AHGVCasSdᵉᵈ (=vg)  resuscitare H₂G autem] *om*. H₁ uero Sdᵉᵈ  20 dolo se G  ad me grauandum] ut me amplius grauent Cas  grauandam G*  21 doctrinam ea A  implere conantem] implente B implen(m M)tem H₂  conantem] cupientem Sd  22 ᴗmi. mai. inu. cum. Sdᵉᵈ  com[m]uletur H₁ conmoletur G* comoletur G  inuidia] iniuria H₁

18 *Quid enim? dum omni modo, siue per occasionem.* Odii uel
inuidiae. *Siue per ueritatem.* Simplici[s] uel pur[a]e praedicationis. *Christus adnuntiatur, et in hoc gaudeo, sed et gaudebo.* Non
mihi cura[e] est qua praedicent mente, dum modo, quod cupio,
5 Christi nomen omnibus innotescat et a multis credatur: quapropter et modo gaudeo et in futuro gaudebo. 19 *Scio enim
quod hoc mihi procedit ad salutem per uestram obsecrationem.*
Quod mihi nocere putant, in salutem proueniet, quia non
solum per uerbum et passionem meam, sed etiam per odium
10 Christi ecclesia augmentatur. *Et subministrationem spiritus
Iesu Christi.* [Qui ad meam omnia salutem gubernat.] 20 *Secundum expectationem et spem meam.* Quia de omnibus his
expecto et spero mercedem. *Quia in nullo confundar.* [Neque
in uita, neque in morte, neque in contumeliis, neque in
15 opprobriis, apostolus in nullo confundebatur:] nos in omnibus
erubescimus, [s]et in quo uituperamur, ultra non facimus,
quamuis secundum deum si[t] quod c[o]eperimus: unde ostendimus nos laudibus hominum seruire, non Christo. apostolus non
confundebatur in cat[h]enis[, in mortibus]: nos confundimur

---

1 per occasionem] occasione SdD    2 inuidiae] inuidi A* + contra me Sd
simplicis—praedicationis *om.* Cas    simplici B simplices A*EH₂    uel *om.* C*
pure BESG    praedicationes H₂    3 adnuntietur BRCGCas (=vg)    gaudeo]
gaudebo Sd^ed    sed *om.* ES    4 cura BH(—C)GCasSd    quia G corr.
↶mente praed. CasSd    predicant G    mente] me G*    dum*** G
5 innotescar B innotiscat MN innotescam Sd^cod    et a multis credatur
*om.* Sd    a *om.* H₁    6 futurum Cas    · scio enim] nam scio SdD (*cf.
uol.* I, *p.* 154)    7 quia AH₂VCas (=vg) quia et H₁G    proueniet AHGVCas
(=vg) praeueniet G*    ad] in BRH₂GV (=vg)    ↶orationem uestram ES
orationem AHGVCas (=vg)    8 proueniat MNG    quod Cas^ed    9 uerbem G
et *om.* H₂    10 ecclesiae augmentantur Cas    ecclesia* G    aucmentatur B    subm.] summ. V    11 qui—gubernat *om.* BH₂    quia H₁V
gubernati E gubernant R corr.    12 ↶meam et spem Cas    et spem *om.* G*
quia] quam (quan M* quando M*m*2) H₂    13 specto G*    et spero *om.* Cas
confundor H₁Sd^ed    neque—confundebatur *om.* B    neque—opprobriis
*om.* H₂G    15 apostolus—christo *om.* V    apostolus—confundebatur
*om.* Sd    ↶in nullo apost. H₁G    apostolus] ille H₂Cas apostolo G*    nos
in (*om.* Sd^ed) omnibus erubescimus] nos uero in omnibus confundimur Cas
16 et] sed B    17 sit] si B *om.* ES fit Cas^cod    quod coeperimus *om.* Cas
ceperimus BS ceperamus H₂    18 laudibus] lapidibus S laudabimus N
hominum *om.* H₁    ↶non christo seruire H₁    deseruire Cas^cod corr., ed
apostoli S    19 confundebantur S    cat.] cath. B    in mor(*om.* B*)tibus *om.*
AH₁    confundimus ER*G confunditur MN

in opprobriis. *Sed in omni fiducia [agam], sicut semper.* Nulla res me poterit deterrere. *Et nunc magnificabitur Christus in corpore meo.* Inimicis suis insultat, quod ei nocere non ualeant: si enim eum occiderint, martyrio coronabitur; si seruauerint, Christum adnuntiando plurimum faciet fructum. *Siue per* 5 *uitam, siue per mortem.* [Et uita mea et mors ad magnificentiam pertinet Christi.] 21 *Mihi [enim] uiuere Christus est.* Non alia causa uolo uiuere nisi Christi, id est ut eius corpus aedificem. *Et mori lucrum.* [Coronae.] 22 *Quod si uiuere in carne, hic mihi fructus operis est.* [Si uiuere in carne me uol- 10 uerint, habe[b]o tempus operandi.] *Et quid eligam ignoro: 23 coartor enim e[x] duobus.* In tantum [mihi] utraque expediunt, ut quid eligam scire non possim. *Desiderium habens dissolui et cum Christo esse, quanto magis melius: 24 permanere autem in carne necessarium propter uos.* Illut melius mihi, 15 istut necessarium uobis. et mortem illos non timere, sed [d]eligere debere suo demonstrat exemplo, et, ne contristentur, mansurum se in carne spiritu prophetico repromittit. 25 *Et hoc confidens scio quia manebo.* Non solum credo, sed etiam certissime noui. *Et permanebo omnibus uobis.* [Non mihi, id 20

1 ob(p M)propriis MN  agam *om.* AHGCas (=vg)  sicut semper *tr. ante et* (2) BH₂G  2 me *om.* A* meme G* ↶ det. pot. H₂ terret Cas  manifestabitur G ↶ in corpore meo christus G  3 inim.] *praem.* apostolus R corr.  insultat]+apostolus H₂(-is G*)G  ei] et ES hoc Sd^codd  4 seruauerit Cas^ed Sd^cod  5 adnuntiandum E adnuntiendo G ↶ fr. faciant pl. G facient H₁ afferent (n *exp.*) Cas^cod habebit Cas^ed  6 et—christi *om.* BH₂G  ad] et A*  7 enim] *om.* B autem GD *fort. recte*  8 ↶ ui. uo. Sd  uolo]uolui H₁(—R) *om.* H₂  9 lucrum** G  coronae *om.* BH₂  uiuere(e *alt. in ras.*) A  in carne *om.* Cas^cod  10 mihi *om.* H₂  si—operandi *om.* BH₂G ↶ me in carne V  me *om.* ER  uoluerit SV  11 habebo tempus operandi *om.* V habeo A  et quid] ecquid Cas^cod  et *om.* V  12 coartar B coarctor S enim] autem BESGVCas (=vg)  ex] e AH(—R)V*Cas(=vg) his (his *bis* G*) G et(?) V  duobus *bis* G*  mihi *om.* B  conueniunt H₁  13 quid eligam] quidiligam E* quid diligam S qui delegam R*  eligam—possim] eligere possim ignorem VCas  possum R*NG possumus M  desiderium (um *in ras.*) G  14 ↶ esse cum christo RCas^cod D  esse *om.* G*  quanto] multo AHGVCas (=vg)  magis] enim GCas^cod  melius]+est Cas^ed 15 autem *om.* H₂G  in carne *om.* V  necessarium]+est HGV (=vg) ↶ mihi melius BH₂GVCas ↶ uob. necess. GCas  16 istut] illud Cas ↶ uob. necess. GCas  sed eligere] sed dili(e MN)gere BH₂G sediligere E*  17 debere]+eos H₁ docet Cas  exemplo]em G*  ne]non H₁G  contristetur G  18 ↶ proph. sp. Cas^cod  promittit HSd  19 solum]+firmiter V  etiam *om.* Cas^ed 20 certissime noui] scio perfecte V scio Cas  et per *om.* ES  per *om.* R* omn.]+in omn. Cas^ed  non—uestri *om.* Cas  non—est *om.* BH₂G

est,] non mei [tantum] causa [,sed uestri]. *In uestrum profectum et gaudium fidei.* Ut [per] profectum [de fructu] fidei uestrae gaudium habeatis. Siue: Ut gaudeatis quia uestra me fides et oratio conseruauit. 26 *Ut gloria uestra abundet in* 5 *Christo Iesu in me per meum aduentum iterum ad uos.* Ut uiso me iterum abundantius gratulemini. 27 *Tantum digne euangelio Christi [Iesu] conuersemini.* Omnia eius praecepta seruantes. Siue: Digne euangelii praedicatoribus conuersari debet[is]. *Ut siue cum uenero et uidero uos, siue absens audiam* 10 *de uobis quia statis in uno spiritu.* Sicut legimus quia 'erat eis cor unum et anima una, nec quisquam suum [quisque] dicebat, sed erant illis omnia communia.' *Unanimes conlaborantes fide euangelii.* Omnis pugna unanimiter adgressa uictoriam parit. 28 *Et in nullo terreamini ab aduersariis, quae* 15 *est illis causa perditionis, uobis autem salutis.* Neque uersutis disputationibus nec passionibus opprobriisque turbemini, quae uobis magis possunt prodesse ad mercedem, sicut apostoli 'ibant gaudentes quia pro nomine domini digni

10 *Act. iv 32    18 *Act. v 41

1 tantum *om.* BHG    sed uestri(-ae H₂[—C]) *add.* BH₂G    in] ad AHGVCas(=vg)    ⌒prof. ues. AHVCas(=vg)    2 ut *om.* H₁    per *om.* BHG perfectum G    de fructu *om.* BH₂G    3 gaudeium B*    siue—conseruauit] credentes (credente B) me (mea G) uestra(-ẹ B) fide(-ei B) et oratione seruatum (saluatum G) BG *om.* HCas    ut]et A*    4 conseruabit H₁    ut]et ut MN ut et C    gratulatio AHGVCas(=vg)    5 in me *om.* G    ut] et Cas^cod 6 uiso me] uisione A uisione mei B uisi H₂ me uiso Cas    gratulamini MN 7 euangelium SH₂    iesu *om.* AHGVCas(=vg)    conuersamini AESMN,C corr.,GVCas(=vg) conuarsamini G* conuersomini Cas^cod*    8 seruantes (es G corr. *in ras.*) G seruetis Cas    siue—debetis *om.* Cas    siue] sicut B prędicationibus G    conseruare E conuersare MN    9 debetis] decet B uedero A* uidere G*    audeam ES    10 statis] stetistis Cas^ed    in *om.* VCas^ed    sicuti H₂G    quia *om.* H₂    erant S corr.    11 illis H₂    cor—illis *om.* S una *om.* H₂    nec—communia *om.* Sd    nec]+eius ER    quicquam BH₂GVCas quisque E    quisque *add.* B,(-am M)H₂G    12 dicebant VCas sed]+quod ER    erat ER*    illis]*om.* G* eis VCas    unianimes SRMNGD 13 fidei RH₂Cas^cod (=vg) in fide G    unanimiter adgressa] unanimis V unianimiter SRMNG    14 parit]pariter E,G*(?) possint H₂    deterreamini ES 15 nobis ES    uersutiis G* callidis Cas    16 neque Cas    quae A    turbemini *om.*VCas    17 quae]quia H₁    magis—mercedem]non solum minime nocent, sed etiam maxime prosunt V    magis *om.* G    ⌒ad merc. poss. prod. H₁ sicut] unde VCas    18 ⌒digni hab. sunt pro nom. christi (eius Cas^cod iesu Cas^ed) VCas    nomine** G    digni—pati]iesu (*om.* BH₂) contumeliam (-ia MN -ias C) per(pro B)tul[l]issent BH₂G    digni *om.* E*S

habiti sunt contumeliam pati.' *Et [hoc] a deo,* 29 *quia donatum est uobis pro Christo.* Quia uult [s]uos coronari probatos, sicut Iob permittitur temptari, quia nec uinci habebat, et eius gloria amplianda erat, aduersario superato [atque confuso]. *Non tantum ut in eo credatis, sed ut etiam pro illo patiamini.* 5 Occasio fidei a deo donata est, quia, nisi uenisset Christus et docuisset, non utique crederemus. ceterum [fidem] uoluntariam esse in Actibus legimus. non solum ergo ut fidei meritum, sed etiam martyrii praemium habeatis[, dum uos temptari deus patitur, ut uincatis]. 30 *Eundem certamen* 10 *habentes, quale et uidistis in me et nunc audistis de me.* Nihil noui patimini, sed hoc quod et praesentes uidistis in me, et nunc de me absentes audistis: non sit ergo uobis indignum illa pati in quibus nos conspicitis gloriari. 1 *Si qua ergo consolatio in Christo.* [Si in omni tribulatione ab ipso solo con- 15 solamini: non sit uestra consolatio patrimonium terrenum]. *Si quod solacium caritatis.* [Caritas Christi, non amicorum]. *Si qua societas spiritus.* [Spiritalium, non carnalium.] *Si qua uiscera [et] miserationis.* [Uestri potius miseremini quam parentum.]

3 cf. Iob ii 6     7 cf. *Act. iv 31     15 cf. 1 Thess. iii 7   .

1 hoc *add.* AHGVCasSd (=vg)   ⌢uobis (nobis G) don. est AHGVCas (=vg)   2 qui Sd   ⌢coronari (*bis* G*) suos G   uos] suos BH₂GVCasSd   coronare H₂   probatos *om.* Cas   3 permittetur G   4 aduersarios(-us MN*) superando H₂   atque confuso *om.* BH₂   5 solum AHGVCasSd (=vg) eum BRH₂VCasSd (=vg)   ⌢etiam ut H₁   6 data (datata M) H₂   nisi *om.* H₁   7 ceterum]+et H₁   fidem *om.* H.   8 esse *om.* H₁   legimus *om.* G*   9 meritum] incipientia Cas^cod insipientiam Cas^ed   etiam]+ut E*m. rec.*   ⌢prem. mart. G   dum—uincatis *om.* BH₂VCas   10 eundem BD id ipsum A idem H(—E*S)GVCasSd (=vg) eodem E*S   11 quale et] quali ut MN   et (*alt.*)—in me *om.* S   nunc *om.* E   audistis—nunc (13) *om.* G*   nihil] si nihil H₂ quia nihil R corr.   12 nouum ESd   patemini A patiamini Cas patiemini Sd   sed *om.* G   et (*pr.*) *om.* H(—E)G   praesentes] in presenti G   uidistis] auditis R   in me] *om.* R de me Cas   13 ⌢absentes de me H₁Sd   de me *om.* Cas   auditis H₂   ergo]+illa H₁   illud E*m. rec.*   ⌢ind. (+pati R corr.) uob. H₂G   14 illa pati *om.* H₁   ⌢consp. nos Sd^ed   conspexistis H₁   15 si—terrenum *om.* BV   si *add.* H₂   ab ipso] a christo Cas^cod in christo Cas^ed   consolamini—consolatio] sit non G   17 quid ES qua Sd^ed   solatium H₁ solacum G* allocutio Sd^ed   caritas—amicorum *om.* BV   caritas christi *om.* Cas caritas] eandem caritatem habent G*   18 spiritalium non carnalium *om.* BV quis MN quid V (=vg)   19 miserationis] et miserationes AH₂ (=vg) misericordiae Sd^ed   uestri—parentum *om.* BV   uestra emiseremini G   ⌢mis. potius (patius G*) HG   potius *om.* Cas   quam] non Cas

2 *Implete gaudium meum.* [Quod iam habeo ex parte: in talibus enim discipulis doctor exultat. Aliter:] Si qua mihi a uobis consolatio exhibetur in Christo, si quod solacium caritatis, si qua uos spiritus societas conectit, si qua sunt aput uos uiscera pietatis, hoc mihi praestate quod rogo, ut gaudium meum in unitatis dilectione suppleatis. *Ut ipsam sapiatis, omnes eandem caritatem habentes.* [In alterutrum omnes.] *Unanimes, unum sentientes.* [Nolite caritatem scindere sentiendo diuersa.] 3 *Nihi[l] per contentionem neque per inanem gloriam.* Ne aliquit non dei aemulatione faciatis, sed ut quis aliis melior uideatur. *Sed in humilitate [mentis] alterutrum existimantes superiorem sibi.* Si omnes a quibus iniuriam patimur, superiores arbitr[ar]emur, facile patientiam serua[re]mus: nemo enim [uel] a patre uel a domino aegre se fert iniuriam consecutum. 4 *Non quae sua sunt singuli cogitantes, sed ea quae aliorum.* Non quae nobis solis expediunt, sed quae et aliis prosunt. 5 *Hoc enim sentite in uobis [quod [et] in Christo Iesu.]* [Uult

1 nostrum E    quod—aliter *om.* BH₂Sd    quod—parte *om.* Cas    2 enim *om.* CasSd^(ed)    discipulis *om.* H    dator S    aliter—suppleatis *om.* Cas    aliter *om.* G    3 ↶in chr. cons. exh.V    si] et si H₁G    quod] + debetur V    solatio A*    4 qua] + mecum V    uos *om.* G    ↶soc. sp. BH₁    societatis MN    connectat B    continet H₂ copulat V    si] et si (*om.* S) H₁G    sunt *bis* G*    5 uisc. piet.] piet. et miserationis uisc. V    hoc] tam BH₂V    mihi] + quam uobis V    ut] id est V    6 meum in] nostrum E meum SR *om.* H₂    unitatis] inueniatis H₂ unanimitatis V    dilectione suppl.] et electionis impl. H₁ dilectione supplete V    ipsam] idem AHGVCas (=vg)    7 omnes] unum AR    unam S unum et E *om.* H₂GVCas (=vg)    eadem R*    in alterutrum omnes] *om.* BH₂G omnes in inuicem V omnes in alterutrum Cas    8 unianimes H(—C)G    unum] id (*om.* Cas^(ed)) ipsum AHGVCas (=vg)    sapientes S    nolite—diu.] *om.* BH₂V hoc alteri sentito (sentio *cod.*) quod tibi Cas nolite] et nolite V    ↶scin. car. Sd    9 nihi A    neque] uel G    10 gloriam] + agentes V    ne] nec G    non] in Cas^(ed)    faciamus VCas    sed ut] etiam si BH₂G sed ne VCas    11 quis] cui C    aliis] alius BEG    aliquis SR* aliquid R corr. aliquis alius MN aliquid aliud C nobis VCas    melior] *om.* H₁ melius H₂G + esse VCas    in] + omni H₁G    mentis *om.* AHVCas (=vg)    alt. exist. sup. sibi] superiores sibi inuicem (*om.* E in S) arbitrantes (estimantes ES) AHGVCas (=vg)    12 omnia G    iniurias Cas    patimus G*    13 arbitremur BES,C*mg*,FG arbitramur R* arbitremus MNG* arbitraremus V putaremus Cas    fac. pat. seru. (seruamus B)] patienter ferremus Cas^(ed) *om.* Cas^(cod)    14 uel (*pr.*) *add.* B    patre] podire E potiore S, *omn. exc.* p *eras.* R*    aegre se fert] egresse fert ER egressus sum se fert S indigne fert se VCas aegre] agere H₂    se] re C*    iniuria consecutus G*    consec.] accepisse VCas    15 considerantes AHGVCas (=vg)    sed] + et G corr.,Cas^(cod)    ea *om.* H₁    16 uobis Sd    et *om.* Sd    17 enim *om.* Sd^(cod ed)    sentire B    quod—iesu *om.* hic BH₂GVCas    et *om.* A    uult—recusando] *in alia omnia it* H₂ uult—siue *om.* BG

ostendere Christum non propter se, sed propter alios passum.
Siue:] Tam humilis sensus in uobis sit quam fuit in Christo.
Multi praeterea hunc locum ita intellegunt, quod secundum
diuinitatem se humiliauerit Christus, secundum formam
uidelicet dei, secundum quam aequalitatem dei non rapinam 5
usurpauerit quam naturaliter possidebat, et exinaniuerit se,
non substantiam euacuans, sed honorem inclinans, formam
serui, hoc est, naturam hominis induendo, et per omnia ut
[homo] tantum modo apparendo atque humili[tatis suae]
oboedientia nec crucis mortem recusando. [sed quo modo 10
haec expositio Arrii calumniam effugiat uidere non possumus,
qui nihil magis agit quam ut filium asserat esse minorem,
si hic dicatur 'secundum diuinitatem' exaltatus a patre et
nomen] accepisse, quod antea non habebat. *Quod [et] in
Christo Iesu.* Secundum quod unctus est et 'Iesu[s]' nomen 15
accepit, hoc est, secundum hominem. 6 *Qui cum in forma dei
esset.* In quo erat [deus]. Siue: Quia absque peccato erat,
ad imaginem scilicet dei. *Non rapinam arbitratus est esse se
aequalem deo,* 7 *sed semet ipsum exin[n]aniuit.* Quod erat
humilitate celauit, dans nobis exemplum, ne in his gloriemur 20
quae forsitan non habemus. *Formam serui accipiens.* Ita

4 cf. Phil. ii 8, 6, 7        15 cf. Matth. i 25
17 cf. Hebr. iv 15        18 cf. Gen. i 26 (cf. Hebr. i 3)
20 cf. Ioh. xiii 15

1 propter *utrobique*] pro H₁    ᴧ passum sed propter alios Cas    aliis E
corr., SR    2 siue *om.* VCas    nobis G    sit *om.* H₁    3 multi praeterea]
aliter. Multi V aliqui Cas    intellegant A*    4 diuinitatem—secundum *om.* S
diuinitatem *om.* G*    5 scilicet Cas    dei *om.* H₁G*    quam] + aequam E
rapina VCas^cod *fort. recte*    6 et *om.* Cas^cod    examerit E* exinaniuit E
corr. exinanierit SRG    7 honorem] orem S    abscondens Cas    8 hoc
est] id est BGSd^codd *om.* RSd^ed    substantiam Cas    ut *om.* H₁    9 homo
*om.* B    tanto ES    modo *om.* Cas^cod*    apparendo] *om.* H₁ apparando G*
atque *eras.* R    humilitatis suae] humili BVCas    10 oboedientiae ER*G*
obedientiam S    sed—nomen *om.* AH    11 arriani G    uidere non
possumus] considerandum est Cas    possimus(?) G corr. possum V    12 magis]
aliud VCas    quam] nisi Cas    esse *om.* GCas    13 hic] sic G    ᴧ ex
a pa. sec. diu. Cas    exaltatur V    14 accipisse G*    *antea A ante G
et *add.* BRH₂GVCas (= vg)    15 secundum] + hoc V    unctus] uinctus BN*
christus Cas    et *om.* H₁G    iesu BH₂ iesum V    nomen accepit *om.* Cas
16 qui *om.* V    17 quo] qua R corr., C    deus *om.* AH₁    quod G*
18 ad imaginem] in imaginem Cas^cod    imagine Cas^ed    scilicet] quippe H₂
rapina Cas^cod    est *om.* V    se *om.* ES    19 ᴧ exin. semet ipsum Sd^ed
exinnaniuit B    20 ne] qui H₂    gloriamur H₂ gloriemus G*.

ut etiam pedes lauaret discipulorum. *In similitudinem hominum factus.* Interdum similitudo recipit ueritatem: nam 'genuit Adam [filium] secundum [imaginem et] similitudinem [suam, et uocauit nomen eius] Seth.' [in similitudinem autem
5 humanam humilitate[m], discipulis autem seruiendo, cum omnium dominus esset, ostendit]. *Et habitu inuentus ut homo.* Hic, ut uerum est, sicut 'quasi unigeniti a patre,' ita intellegendum. 8 *Humiliauit se[met] ipsum factus oboediens usque ad mortem.* Ut nobis perfect[a]e oboedientiae monstraret
10 exemplum. *Mortem autem crucis.* Qua nulla mors potest esse deterior. 9 *Propter quod et deus illum exaltauit, et donauit illi nomen.* Quia se ita adsumptus homo humiliare dignatus est, diuinitas, quae [se] humiliari non potest, eum, qui humiliatus fuerat, merito exaltauit. sed et illi donatum est nomen,
15 qui ante non habuit. unde recte locus hic secundum humanam [magis] naturam intellegendus est quam diuinam. si ergo et nos exaltari cupimus, exemplo Christi fratribus seruiamus:

1 cf. Ioh. xiii 5   3 *Gen. v 3   7 Ioh. i 14   17 cf. Ioh. xiii 15

1 ut *om.* H₂   etiam *om.* Cas   lauare H(—R)   discipulorum *om.* Cas   similitudine Cas^cod   hominis H(—R)V   2 interdum] inter deum H₂   non semper VCas   recipit ueritatem] non (*om.* ed.) uera est Cas   recipit] recepit SR*MN non habet V   3 ⌢adam genuit G   tenuit MN   filium— ostendit (6)] seth (set M *om.* N) secu(o N)ndum similitudinem BH₂G   4 in —ostendit *om.* Cas   in similitudinem autem *om.*V   similitudine ES,R corr.   5 humana (+christus R corr.) R,V   humilitate AV. discipulis autem *om.* H₁   seruando R   6 ⌢ostendit esset R*   ostendit *om.*V   et]+in ESD   7 hic] hoc C corr. *om.* Cas   ut—intellegendum] sic est (*om.* G) intellegendum quo modo (quod N) illud quasi unigeniti a patre BH₂G *om.* Cas   ut—sicut] uere est secundum illud R corr. *in ras.* ut] et ES   est] esset ES sit R   ita intellegendum *om.*V   8 met *add.* AH₁GVCas (= vg)   factus oboediens (obaudiens V)] fecit oboedientiam ER obediens S   9 perfecte BRG   monstrat MN* monstret N corr. prestaretur G*   10 qui S quia RH₂GVCas   mors] nulla B *om.* H₂   11 peior Cas formidolosior Sd   ⌢ex. ill. Zm^ed   et donauit illi nomen] et cetera Cas   12 ⌢ita se V   se] si H₂G   ita] nihil ES *om.* R* adsumptus—est] humiliauit V   humiliari H₂   .13 humiliari] se humiliare BH₂G   potest(st *in ras.*) G corr.   eum—nomen] exaltari, et illi donatur V   14 merito *om.* H₁G   sed *om.* Cas   donauit Sd   15 qui] quia H₁Sd^cod quod N corr.,CGSd^cod   ⌢non ante Sd^codd   ante *om.* Cas habet Cas   recte locus hic *om.*VCas   rectius Sd^ed   16 magis *om.* BHGVCasSd   intellegendum H₁V   quam] non B *praem.* potius H₂ ergo *om.* Cas   et *om.* H₁   17 exalta recipimus E exaltare cupiamus S exaltare cupimus R*   ⌢ser. fra. G

si enim ille dominus et magister seruis et discipulis ministrauit, quanto magis nos aequalibus et maioribus seruire debemus, et deo ac sanctis eius usque ad mortem etiam oboedire, [ne] magistrum humilem superbi discipuli non sequamur et d[ominu]m mitem serui contemnamus ingrati! *Quod est* 5 *super omne nomen.* 'Cui enim angelorum dixit: Filius meus es tu?' 10 *Ut in nomine Iesu omne genu flectat*[*ur*] *caelestium et terrestrium.* Ut omnes simul hominem cum uerbo adorent adsumptum. *Et infernorum.* Hic infernorum custodes inducit. 11 *Et omnis lingua confiteatur.* Omnium gentium sci- 10 licet. *Quia dominus Iesus* [*Christus*] *in gloria est dei patris.* Hoc est, in natura et gloria deitatis, dum eiusdem [est] gloriae cuius [est] pater. 12 *Itaque, dilectissimi* [*fratres*], *sicut semper obaudistis.* Exemplo eius qui 'usque ad mortem obaudiuit.' *Non ut* [*in*] *praesentia mei tantum.* Quasi serui 15 ad oculum seruientes. *Sed multo magis in absentia mei nunc.* Quia si quit me praesente liberius agebatis, [citius emendari aut] corrigi poterat[is]. *Cum metu et tremore uestram salutem*

1 cf. Ioh. xiii 14  6 *Hebr. i 5  14 cf. Phil. ii 8
15 cf. Eph. vi 6

1 si—debemus] nec indignum sit (fit C?) nobis aequalibus (aequale H₂) praebere ministerium, cum ille dominus obsecutus sit seruis BH₂G discipulis|+suis V  2 ↶mai. et aeq. Cas  3 ac sanctis] sanctisque BH₂G et sanctis H₁  eius *om.* Cas  etiam *om.* RCas  obaudire B  ne *om.* BH₂V  4 secuntur H₂  et—ingrati *om.* Cas  5 deum BG  mittere B ↶condemnamus ingr. ser. H₂ cont. ser. ingr. G  contempnamus BH₁G quod est super omne nomen *om.* Cas (*uide p.* 398 *u.* 11)  quod est *om.* H₂V (=vg)  6 omnem A*G* cui—tu *om.* GVCas  7 flectatur BH₁(—E*?)CGV CasSd^{coded}Zm (=vg) flectet Sd^{cod}  8 et *om.* SRMCCasZm  ↶ador. hom. ass. in uerbum Cas  homne M omnem NC*,R corr. homines G  ↶cum uerbo hominem V  ↶adorent cum uerbo H₁  9 asumptum B sumptum H₁  hic— inducit *om.* Cas  infernorum custodes inducit] inferni dicuntur qui inferna custodiunt V  ↶cust. inf. G  10 confiteamur R*  ↶scil. gent. RG scilicet *om.* H₂Cas  11 iesus *om.* ES  christus *add.* AH₁GCas (=vg) est *om.* E  12 dum] id est Cas  est *om.* B  13 cuius pater] et aequalitatis Cas  cuius]sicut A + est BH₂GZm  ↶fratres mei carissimi G carissimi AH(G)VCas (=vg)  fratres] *om.* AH₁ mei H₂(G)VCas (=vg) 14 oboedistis AHGCas (=vg)  qui usque] usque H₁ quisque H₂ cui usque (us *in ras.*) G*  15 oboediuit H(G)V obediunt G* obediens fuit Cas  ut *om.* SCas  in *add.* AHGCas (=vg)  praesentiam ea ES  mea H₂Cas^{ed} 16 ↶nunc in absentia mea AHGVCas (=vg)  17 quia si quit] quasi quod H₂ quasi quid SV quasi qui Cas^{cod}  augebatis V  citius emendari (-e R corr.) aut *add.* BH₂G  18 corrige E* corrigere E corr. corregi MN* poteratis BH₂GVCas poteram H₁  metu] timore Cas^{cod}SdD  ↶sal. ues. E

*operamini.* Non cum neglegentia, sed sicut [ait] Iob: 'uerebar omnia opera mea [propter deum], sciens quod non parceres delinquenti,' et: 'super humilem et quietum et trementem uerba' dei spiritus sanctus 'requiescit.' 13 *Deus est enim qui*
5 *operatur in uobis et uelle* [*et*] *perficere.* Uelle operatur suadendo et praemia promittendo, perficere operatur dicendo: 'qui perseuerauerit usque in finem, hic saluus erit.' ceterum si perficere non est nostrum omnino, nec uelle, quia utrumque eadem hoc loco definitione tenetur. *Pro bona uoluntate. Si in*
10 *ea maneatis.* 14 *Omnia autem facite sine murmuratione.* Ingratus seruus [est] qui grauia domini [sui] queritur esse praecepta: qui enim murmurat de praeceptis, dubitat de praemiis. hic etiam si operatur, non est sine querella: unde [et] alibi ait: 'neque murmuraueritis, sicut quidam,' et cetera. *Et*
15 [*h*]*aesitationibus. De mercede futura.* 15 *Ut sitis inreprehensibiles* [*et*] *simplices sicut filii dei immaculati.* Sicut uos deus

1 *Iob ix 28   3 cf. *Esai. lxvi 2   6 Matth. xxiv 13   13 cf. Phil. ii 15
14 1 Cor. x 10

1 cum neglegentia (neglientia MN)] negligenter Cas       sed *om.* VCas
ait *om.* B       2 opera) peccata Sd^(cod)       propter deum *om.* BH₂GCasSd
sc.—requiescit *om.* Cas       sciens] scio enim R       quoniam G       parcereis E*
parceres eis E*m.rec.* parceris RG parcens MN* parcet N corr. parces C*
3 et (*pr.*)—requiescit *om.* Sd       et quietum *om.* V       quietem BH₁       4 requiescet G       est enim] autem H₁ enim est H₂G autem est R corr.       5 nobis G*
et uelle *om.* A*       uelle* G       et (*alt.*) *om.* B       uelle (*alt.*)—tenetur] quae(qui N)cumque ( + enim R) non (nos G) secundum deum (*om.* R) uel uelle uel operari(-e MNR*) uolumus [nostri ( + est R) arbitrii(-ri MN*) est (*om.* R)]
[ipse dicitur operari G]: si enim ita non est nullus inuenitur proprium (liberum G) ( + nostri M) habens arbitrium (arbitrium habens MNG) H₂, (*add.*) G
6 perficere operatur dicendo *om.* B       7 ceterum] *om.* G* item G corr.
si *om.* H₁       8 non est *om.* H₁       omninio] omnia B + non est R corr.
9 eadem hoc] eodem H₁       loco) + ista R corr.       diffinitione BH₁ difinitione G
teneantur H₁       pro] per R*       10 manetis H₂       murmuratione BESd
murmurationibus AH(—E)GVCas (= vg)       ingratus—praecepta *om.* H₂
ingratur G*       -tus—praecepta *om.* V (*abscisa*)       11 est *om.* BCas       gratia SR*
deum B       sui *om.* B       quaeritur ER       12 murmorat ER*N       de praeceptis
*om.* Cas       haesitat Sd       praeceptis Cas       13 si operatur] superetur B
si operetur GV       querella (*pr.* l *eras.*) A quaerella EV querella R querilla MN
et *om.* BHG       alibi] ad corinthios G       14 ait] dicit BH₂G       murmoraueritis MN       sicut quidam *om.* H₁       15 haes.] aes. A hes. R es. MN
haesitatione Sd^(ed)       de mercede futura *om.* VCas       inreprehensibiles] sine querella (querela A corr. N corr., Cas quaerella EV querella (*pr.* l *eras.*) R)
AHGVCasSd^(ed) (= vg) + ante deum V (cf. Sd^(ed))       16 et *add.* AHGVCasSd^(ed)
(= vg)       sicut] sicut et S *om.* H₂Cas (= vg)       immaculati] sine reprehensione AHGVCas (= vg)       ↶ deus uos H₁       uos] nos G

fecit, considerate [debetis] [enim] cuius filii [utique] sitis, qui, cum in omnibus [purus] ac sanctus sit, filios non potest habere degeneres. *In medio nationis prauae et peruersae.* Quae omnem rationabilis naturae ordinem peruertit et perdidit. *Inter quos paretis sicut luminaria in mundo.* Sic luceat dei 5 genus in genere humano, sicut sol et luna inlumina[n]t mundum. 16 *Uerbum uitae continentes.* Ut per uos qui inluminantur, [et] exemplo confirmentur et uerbo. *Ad gloriam meam.* 'Gloria patris filii filiorum,' [sic]ut ait Salamon. *In die[m] Christi [Iesu].* [In die iudicii Christi.] *Quia non in* 10 *uacuum cucurri, neque in uacuum laboraui.* Qui[a] talem deo populum adquisiui. 17 *Sed et si superimmolor sacrificium et obsequium fidei uestrae, gaudeo et [con]gratulor uobis omnibus.* Sed etiam si occidar, quia sacrificium [et obsequium] fidei uestrae obtuli deo, uincit profectus uestri gaudium tristitiam 15 poenae uel mortis. Siue: Iam non timeo mori, sacrificio uestrae fidei consummato. Siue: Quia uestrae fidei ministraui. 18 *Id ipsum autem et uos gaudete et congratulamini mihi.*

9 cf. *Prou. xvii 6

1 considerate] considerare debetis BH₂G      enim *om.* BH(—C)GCas
filius Cas^ed      utique *add.* BH₂G      sitis] sitim G* sit is Cas^ed      2 cum
*om.* H₁      in—sanctus] simplicis naturae Cas      purus ac sanctus] ac sanctus B
sanctus(-is S) ac purus H₁      sit(t *in ras.*) G      filius EN      ↷ hab. non pot. B
potest] uult Cas      3 degeneris A corr.,H₁ degentes M*N      nationis]
nationes A* generis Sd      praue G      4 omnes H₂ omnis G      rationabiles
M,N corr.      naturae* V      ↷ peru. ord. H₁      perdit GCas      5 paretis] lucete
AEVD lucetis H(—E)GCas(=vg)      6 inluminat A*BESV      7 tenentes ES
per—inluminantur *om.* V      qui *om.* H₁      inluminentur ER*      8 et *om.*
BH(—E)GCas      exemplum G*      confirmantur B inluminentur VCas
9 meam] mihi Sd      gloria] + enim Sd      filii filiorum] filius sapiens Cas^ed
filii] *om.* ES sapientia R      sic *add.* B      ut *om.* Cas      salamon AN
salomon BSd^ed      10 die AH(—N)GVCas^ed(=vg)      iesu *om.* AHGVCas(=vg)
in die (diem Cas) iudicii christi *om.* BH₂      non *om.* MN      11 curri R
quia BSG      ↷ po. deo Sd      12 conque(i C)siui H₂G      superimmolor]immolor
supra (super HGCasSd) AHGVCasSd (=vg)      sacrificia Sd^codd      et obsequium *om.* Sd^codd      13 gaudeo] + et congaudeo G*      congratulor
AH₁GVCas(=vg)      ↷ omn. uob. AHGVCas(=vg)      14 sed *om.* H₁G
orcidar MN      quia] *praem.* gaudeo G      sacrificio (?) G corr.      et obsequium *om.* BH₂G      ↷ uest. fid. BH₂G      15 obtuli—fidei (*pr.*) (17) *om.* G*
domino G½      uincet G      ↷ gaud. prof. uest. Cas      profectu A* profecti M
profecto NC      iustitiam Cas^ed      16 siue—consummato *om.* Cas      17 ↷ fid.
uest. H₁      fidei (*alt*).] + ministraui G* *et corr.* + obtuli—ministraui G*
18 id ipsum—solui *om.* H₂      et uos *om.* Cas      gaudete] congaudete ESD
*om.* Cas^cod      mihi *om.* Cas^cod

Quia grande mihi praemium est pro uobis occidi. Siue: Quia mihi expedit solui. 19 *Spero autem in domino Iesu* [*Christo*] *Timotheum cito me mittere uobis.* Dat exemplum non temere [quid] definiendi, sed omnia in spe domini promittendi. *Ut et*
5 *ego bono animo sim, cognitis quae circa uos sunt.* Ut sciam si uos meae passiones minime terruerunt. 20 *Neminem enim habeo tam unanimem, qui sincera affectione de uobis sollicitus sit.* [Qui ita mecum pro omnium salute sollicitus sit.] 21 *Nam omnes* [*quae*] *sua* [*sunt*] *quaerunt.* Commodum uel
10 quietem, nolentes pro aliena tribulari salute. *Non quae sunt Christi* [*Iesu*]. Non curantes de corpore uel exemplo Christi, qui pro omnium salute mori minime recusauit. 22 *Experimentum autem eius cognoscite.* [Ut qualis sit noueritis.] *Quoniam sicut patri*[*s*] *filius, mecum seruiuit in euangelio*
15 [*Christi*]. [Statim] secundum hominem propter homines factus obaudiens usque ad mortem. 23 *Hunc ergo.* [Qui talis est.] *Spero* [*me*] *mittere* [*uobis*] *mox ut uidero quae circa me sunt.* [Modo enim incertus sum]. 24 *Confido autem in domino*

16 cf. Phil. ii 8

1 quia grande mihi *om.* Cas$^{ed}$  ⌒mihi grande H$_1$  siue—solui *om.* Cas  2 dissolui R  autem—uobis (3) *om.* V (*abscisa*)  christo *om.* AHGCas (=vg)  3 me] *om.* R*MNGCas *tr. ante* cito R corr.  uobis] ad uos AHGCas(=vg)  timere AH$_1$Cas$^{ed}$ timendum Cas$^{cod}$  4 quid *om.* BH$_2$ diff(*om.* E)iniendi BEC difiniendo G  sed]+et G*  in] *om.* H$_1$ sub VCas  domini] deum B  promittendum Cas$^{cod}$ promittenda Cas$^{ed}$  et *om.* Cas$^{cod}$  5 bona MN  cognitus B  quę(u *in ras.*) G  ut sciam *om.* VCas sciam si] sciat si B sciam H$_1$ sciam quia R corr. sciatis H$_2$ sciam quod C corr.  6 uos]+quod G  me H$_2$  passionis E*R*  terruerint Cas$^{ed}$  7 unamem R* h(*om.* NG corr.)unianimem MN,G corr. unianim G*  de] pro AHGVCas(=vg)  8 qui—sit *om.* B  9 nam omnes BSd omnes enim AHGVCas(=vg)  quae sua sunt] sua AH(—R)VCasSd$^{ed}$ (=vg)  commodum uel quietem] quomodo quieti sint H$_2$  commodo V commoda Cas  10 aliena (aliorum Cas) tribulari (laborare Sd$^{ed}$) salute] aliena salute(-i G) tribulari BH$_2$G animalia tribulari(-e E)H$_1$  11 christi]+iesu ARH$_2$GVCas  uel eremplo *om.* V  12 ⌒sal. *om.* VCas minime] mihi me H$_1$  dubitant B* dubitauit BH$_2$G  13 autem *om.* E ut—noueritis *om.* BH$_2$GCas  14 patris .\  seruit ES  euangelium V  15 chr. *om.* AHGVCas(=vg)  statim *om.* AHGVCas  homines] hominem Cas  16 ⌒usq. ad m. ob. Cas$^{ed}$  ob[o]ed. BHGCas  nunc Cas$^{cod}$* igitur AHGVCas(=vg)  qui talis est *om.* BH$_2$GCas  17 me *add.* AH$_1$GVCas (=vg).  uobis *om.* AHGVCas(=vg)  ⌒ut mox Sd$^{ed}$  18 modo—sum *om.* BH$_2$G  modo]+adhuc Cas

*quod* [*et*] *ipse cito ueniam* [*ad uos*]. Non solum illum mitto, quem unicum habeo [in] solacium. 25 *Necessarium uobis arbitratus sum Epafroditum, fratrem* [*et*] *cooperarium.* Cooperatorem propter euangelii [opus]. *Et commilitonem meum, uestrum autem apostolum.* Commilito propter honorem, quia et ipse acceperat in illis apostolatus officium. *Et ministrum negotii mei mittere ad uos.* [Qui meae uenit necessitati ministrare pro uobis.] 26 *Quoniam quidem omnes uos desiderabat.* Caritatem eius circa illos sollicitam commendat, ut et ipse [ab eis] amplius diligatur. *Et maestus erat propter*[*ea*] *quod audieratis illum infirmatum.* [Tristitiae uestrae causa maestus erat eo quod uos per infirmitatis suae nuntium nimium contristatos pauerit.] 27 *Nam et infirmatus fuit usque ad mortem.* [Non de se, sed de uobis maestus erat, ne forte uos audita infirmitate ipsius tristaretis.] *Sed deus misertus est eius.* Ut maiorem docendo colligat fructum. *Non solum autem illi, sed* [*etiam*] *et mihi, ne tristitiam super tristitiam haberem.* Ne tristitia[m] carceris tristitia[m] desolationis

1 quod] quoniam AHGVCas (=vg)   et *add.* AHGVCas (=vg)   cito ueniam] ueniam ad uos cito AHGVCas (=vg)   no G*   mittam BH₂G
2 solacium] in solatio B + sed et ipse ueniam G   uobis] autem AH(—E)GVCas (=vg) *om.* E   3 arbitratus sum] existimaui AHGVCas (=vg)   fratrum E et *add.* AH₂GCas (=vg)   cooperarium] cooperatorem AH₂GVCas (=vg) *om.* H₁   cooperatorem (*om.* VCas)] *praem.* necessarium (*om.* Cas^cod) uobis et (*om.* VCas) H₁GVCas *fort. recte* quom operatur B cooperatur(-or CG) H₂G
4 euangelii opus] euangelium BH₂ euangelium opus E*S opus euangelii Cas
5 commilito—officium] propter gradum apostolatus quem (quod V) in uobis accepit VCas   commilito] commilitat B commilitus MN conmilitonem G *om.* Sd   qua A*   6 et *om.* Sd   acciperat E*S   apostolatis G*   7 negotii mei BSd necessitatis meae AHGVCas (=vg)   qui—uobis *om.* BH₂   qui meae uenit] quia (qui G *in ras.*) uenit meae (me E) H₁G   necessitate EG   8 quoniam] quod N   ⌒ desid. omnes uos G   9 circa—commendat] illis uult (nititur Cas) commendare VCas   sollicitam *om.* H₂(V)   commendauit H₂   ⌒ et ut MN   10 ab eis *om.* B   ea *add.* AH₁GVCasSd^ed (=vg)   11 audieritis VCas^codSd^ed Migne   eum ES illum✱✱ Cas^cod   tristitiae—pauerit *om.* BH₂
12 nun✱tium A   13 ⌒ paueret nimium contristatos(-us H₁) H₁G   nimium *om.* Cas^ed   paueret V timeret Cas   et] + ipse ESG   fuit] est AHGVCas (=vg)   14 non de—tristaretis *om.* AH₁Cas   de (*pr.*)] pro G   de (*alt.*)] pro H₂G   15 uos] ipsi uos G   tristaremini C tristaueritis G tristaritis V* sed] + et H₂G   16 maiorem (maior R*)] + in RH₂   17 illi] eius AHGVCas (=vg)   sed] uerum AHGVCas (=vg)   etiam *add.* AHGVCas (=vg)   et *om.* VD   mei AHGVCas (=vg)   tristitiam (*alt.*)] tristitia R
18 tristitia BG   tristitiam BSMN*G   dissolationis B,R corr.,C corr. desolutionis ES dissolutionis R*C*

augeret. 28 *Festinantius ergo misi illum, ut uiso eo iterum
gaudeatis.* Pro cuius absentia [tristari] uos noui. *Et ego sine
tristitia sim.* Quam mihi uestra tristitia generabat. 29 *Excipite
ergo illum in domino cum omni gaudio.* Soluentes si quod
5 scrupulum de eius tarditate animus forte susceperat. *Et eiusmodi cum honore habetote.* Non solum hunc qui uester est
doctor, sed et omnes qui talis sunt gratiae, honorate. 30 *Qu[on]-
ia[m] propter opus Christi usque ad mortem accessit.* Quia
uincto mihi non timuit in carcere ministrare. *Tradens animam*
10 *suam.* [In manus inimicorum: hoc est, paratus ad mortem.]
*Ut impleret id quod [ex] uobis de-erat circa meum officium.*
Ut reliquum uestrum erga me solus implere[t] [possit] [obse-
quium]. 1 *Reliquum, fratres mei, gaudete in domino.* Non [in]
rebus humanis uel in aliquo praeter quam in domino gaudeatis.
15 *Eadem uobis mihi scribere quidem non [est] pigrum.* [Eadem
repetere,] quae iam praesens dixeram. *Uobis autem necessarium.*
Sicut [h]orto crebrius inrigari. 2 *Uidete canes.* Hi[n]c contra

10 cf. Ps. xxx 9 etc.

2 tristari(-e H₂) uos noui] uos noui.B noui uos absent( +ent E)ia H₁ tris-
tabamini Cas    3 sum Casᵉᵈ    quam]quia E qui R*    uestra *om.* A*    generat
H₁ generabatis C* generauit G generauerat V    4 ergo] itaque AHGV (=vg)
autem Cas    ⌒cum omni (*om.* A*) gaud. in dom. AHGCas (=vg)    soluentes—
susceperat] ne quem de eius tarditate scrupulum habeatis(-aus V*) V ne quod
(quis *cod.*) scrupulum(-us *cod.*) de eius tarditate nascatur Cas    quod]
quem H₁ quidem H₂G    5 tarditate]+*sex litt. eras.* G    animus]quod
animus G    susciperat E*S*    6 qui—doctor *om.*VCas    7 omnes—
honorate] omnes huiusmodi VCasᶜᵒᵈⁱᵉᵈ homines huius modi Casᶜᵒᵈⁱᵉᵈ    tales N
C*G    sunt gr.] sint gr. BG gr. sunt H₁    quia] quoniam AHGVCas (=vg)
8 ⌒acc. usque ad mort. Sd    qui Cas Sd    9 uincto] *om.* H₁ *add. post* mihi
R corr.    ⌒in carc. non tim. Sd    ministrate G*    10 in—mortem *om.* BH₂G
11 ut] et A    adimpleret Casᶜᵒᵈ    ⌒deerat ex uobis ES    ex *add.*
AES,C corr.,GVCas (=vg) e C*    erga AHGVCas (=vg)    nostrum E
obsequium AHGVCas(=vg)    12 reliquum]relicum MN *om.*VCas    uestrum
erga me] quod (quid N) mihi debebatis BH₂G    ⌒obsequium (officium Cas)
pro omnibus solus impleret B    impleret]implere possit B    obsequium
*om.* B    13 reliquum] de cetero AHGVCas (=vg)    non]+ut G    in *om.* B
14 humanis]saeculi VCas    uel—gaudeatis]sed in tribulationibus christi BH₂G
quam in domino] dominum VCas    domino]+eadem H₁    15 ⌒scribere
mihi AHGVCas(Sd) (=vg)    quidem] *om.* H₂ quidam G    est *om.* AHG
VCas (=vg)    piger MN picrum V*    eadem ( +documenta Sd) repetere
*om.* BH₂    16 iam] *om.* H₁ etiam Cas    dixeram]dixi V docui Casᶜᵒᵈ *om.* Casᵉᵈ
17 orto BRC ortu MN ortui G    saepius VCas    inrigari** G+necessarium
est Sd    hinc contra *om.* H₂    hic BH₁G

pseudo-apostolos [agit], Christi euangelium lacerantes. *Uidete malos operarios.* Qui quod nos bene construximus [et gloriamur], destruere conantur. *Uidete concisionem.* [Concisio potius quam circumcisio sunt dicendi.] 3 *Nos enim sumus circumcisio, qui spiritu deo seruimus.* Nos sumus ueri Iudaei, qui non [in] unius membri pellem, sed totius carnis [simul] uitia amputamus, spiritaliter scilicet circumcisi. *Et gloriamur in Christo Iesu, et non in carne confidimus.* [In sola fide Christi, non in circumcisione carnali.] 4 *Quamquam [et] ego habeam confidentiam et in carne.* Ne quis putet me hoc ideo dicere, quia ego gloriandi causam non habeam, et idcirco non glorier. *Si quis alius uidetur confidere in carne, e[r]go magis,* 5 *circumcisus octaua die ex genere Istrahel.* Quia ex illis [forte] aliqui proselyti erant, ego autem octaua die secundum genus, non post annos, ut aliqui[s] peregrinus. *De tribu Beniamin.* Quae semper fuit cum Iuda coniuncta. *Hebraeus ex Hebraeis.* [Non ex gentibus proselytus.] *Secundum legem Pharisaeus.* Legis peritus, [uel diuisus a turba,] qui non possem [non] nosse quid probarem. 6 *Secundum aemu-*

16 cf. 3 Regn. xii 23 etc.

1 pseudos- ES seodo- MN    agit] om. BVCas ait H(—R)    christi eu. lacerantes] aduersum (contra Cas) eu. inlatrantes (latrantes Cas) VCas eu. christi lacerantes Sd    2 qui]quid ESCas    quod]quid Cas    nos om. $H_2$G    bene om. VCas    aedificamus VCas    et gloriamur add. B    3 confusionem B concisio—dicendi om. $BH_2$    conc.] quia conc. Sd    concisio] consio A* concisi G* + enim $H_1$GV    4 nos] non A*B    enim] autem E ergo Sd$^{ed}$ 5 nos] non SMNG*    ueri] uiri EV uere $H_2$    udei G*    6 in add. B unius] huius SR    pelle ES    simul add. $BH_2$GVCas    7 uiciam putamus A* uitia putauimus G*    amputamus A(?)$BH_1$ amputauimus $H_2$G resecamus Sd 8 confidimus] fiduciam habentes AHGVCas(= vg)    In—carnali om. $BH_2$    In] cuius Cas    ↶ fide sola Cas    9 in om. Cas    et om. BHGVCas(= vg)    ego om. ES    10 et om. HSd    hoc om. G*    11 quia] quasi et (om. ed.) Cas    ↶ non ha. ca. Cas    12 non om. Cas    gloriar $H_1$    quis] + autem G    ergo B 13 ·viii· Cas$^{cod}$    ex] et ex C    14 ipsis $H_2$    forte om. B    ↶ erant proseliti $H_1$    ego—peregrinus om. Cas    ego om. V    autem octaua die om. $H_1$V    autem om. R corr.    de A*    15 post] + aliquot Sd    ut] aut ES aliquis BG    peregrinos A* peregrini H    16 beniamim B beniamen N qui R quia Cm2    fuit (fui V) cum i. coniuncta] cum i. iuncta fuit $H_1$ fuit cum i. iuncta tribus beniamin $H_2$ om. Sd$^{cod}$    17 ebraeis A*    non— proselytus om. $BH_2$Cas    proselytis Sd    18 peritus] ignarus $BH_2$ non ignarus Cm2 gnarus GV½    uel—turba om. $BH_2$Cas    qui—probarem om. Cas 19 posset B possim MC possum N    non nosse] nosse $ABH_2$G non posse $H_1$ quod SG    probaret B probare(-i V*) V

*lationem persequens ecclesiam dei.* Tantam habui aemulationem
ut nescius etiam dei ecclesia[m] insectarer. *Secundum iustitiam quae ex lege est.* Primus fui in omnibus, [in] quibus illi
[in] falso gloriantur, sed quia hoc tempore illa non ualere
5 cognoui, ideo [ea] nullius duco momenti [s]et tamquam im-
pedimenta proicio, quibus me uitam adquirere posse putabam.
*Conuersatus sine querel[l]a.* Omnium iustificationum et caeri-
moniarum purificationumque mandata complebam, sed haec
nulla putaui, dum modo crederem Christo, quem lex ipsa
10 promiserat. 7 *Sed [ea] quae mihi lucra fuerunt, haec duxi
propter Christum detrimentum [esse].* Ad comparationem
inuenti auri contemnitur aeramentum, quamuis utrumque
ab uno sit conditum et pro temporis qualitate necessarium.
8 *Uerum tamen existimo omnia detrimentum esse propter
15 eminentem scientiam Christi [Iesu domini mei], propter quem
omnia detrimentum feci et arbitror ut stercora.* Stercora ci-
borum sunt reliquiae et rerum quondam utilium purgamenta.
*Ut Christum lucri faciam* 9 *et inueniar in illo.* Ut Christum
habeam caput et eius membrum inueniar. *Non habens meam*

1 dei *om.* ES   tamquam H$_1$ tantum G   ↶ aem. ha. Cas   2 nescius
*om.* H$_2$   dei ecclesiam(-ia B)] ecclesiam H$_1$ ecclesiam dei R corr.,M
insectarem B   3 ex] in ARH$_2$GVCas(=vg)   primus—putabam *om.* Cas
prius H$_2$   in (*alt.*) *om.* BH$_2$V   ↶ falso illi R   4 in *add.* A   falsum MN
hoc] in hoc G   5 ea] *om.* B illa H$_1$   duco momenti et] docu(o N)menti SH$_2$
et] sed B   7 conuersatus sine querella *om.* V   conuersatus] + sum H$_1$
querela BCas quaerella E querella(*pr. 1 eras.*) R querilla(*pr. 1 eras.* N) MN
et] siue V   caeromoniarum V   8 purificationumque *om.* Cas purificationem E
mandata—promiserat] hoc solum legis minus implebat quia non crediderat
christo a lege promisso V implebam legem praeter hoc tantum quia non
credebam christo quem lex promiserat Cas   9 dum modo] qui (quia H$_2$)
non BH$_2$   credere MNG   quem] quia H$_1$   10 sed—detrimenta (11)
*om.* Cas$^{ed}$   ea *om.* AHGVCas$^{cod}$ (=vg)   ↶ lu. mi. Sd   ↶ fuerunt
(fuerant G) lucra AHGVCas$^{cod}$ (=vg)   ↶ pr. chr. dux (*sic*) ES   duxi]
arbitratus sum ARH$_2$GVCas$^{cod}$ (=vg)   11 detrimenta AHGVCas$^{cod}$ (=vg)
esse *om.* AHGVCas$^{cod}$ (=vg)   comparationem] + inuentionem H$_1$   12 utrumque *om.* H$_1$   13 ab uno] *tr. post* contemnitur B *om.* Cas   fit (?) Cas$^{cod}$
cond. *om.* Cas   et] ei Cas$^{ed}$   ↶ nec. qual. V   14 uerum—stercora (*pr.*) (16)
*om.* Cas$^{ed}$   uerum] uestrum MN   tamen (tam✱en V)] + et CV   omnia *om.* G✱
15 erminentem G   christi iesu] christi AE iesu (iesus G) christi H(— E)GV
Cas$^{cod}$ (=vg)   domini mei (nostri Cas$^{cod}$) *add.* BRH$_2$GVCas$^{cod}$ (=vg)   quem]
quae ES   17 ↶ rel. sunt G   reliquium H$_1$   ↶ qu. rer. H$_1$   condam H$_1$V
18 christi G   lucrificem H$_2$ lucrum faciam G   19 ↶ cap. hab. BH$_2$
abear G✱   et] cum BH$_2$G   ↶ inu. mem. H$_1$   non✱A

*iustitiam quae ex lege est.* Hoc est, meo labore quaesitam. *Sed illam quae ex fide est Christi, quae ex deo [est] iustitia in fide.* Sed illam quae a deo proprie sola fide collata est Christianis. 10 *Ad agnoscendum eum [et uirtutem resurrectionis eius].* Ut beneficium eius perfecte cognoscam et uim resur- 5 rectionis ipsius, quia ideo resurrexit ut et nos similiter resurgamus: qui autem hoc uere cognoscit, satis agit omnino ne peccet. *Et societatem passionum eius,* 11 *configurati morti ipsius.* Si [enim] compatimur, et conuiuemus. *Si quo modo occurram ad resurrectionem quae est ex mortuis.* Ad illam quae 10 perfectorum est proprie, non illam quam etiam inuitos habere necesse est. 12 *Non quod iam acceperim [, aut iam iustificatus sim].* Quia finis mundi nondum aduenit, et in spe est quod credimus, non in re. *Aut iam perfectus sim.* Athuc de hac perfectione et de tali resurrectione suspensus sum. *Sequor* 15 *autem si comprehendam in quo [et] comprehensus sum a Christo.* Si comprehendam meritum apostolatus, in quo apostolatu a Christo sum comprehensus. 13 *Fratres, ego me non arbitror*

9 cf. Rom. viii 17    cf. 2 Tim. ii 11    13 cf. Rom. viii 24

1 hoc est *om.* Cas    meo] non meo G meu V*   .2 illa H(—RC)    fide] lege G*    christi] iesu christi R    ex] in H₁ non G hęc G*    deo *om.* G* est *add.* AHGVCas (=vg)    iustitiam G    3 illa H(—RC)    ⌣prop. a deo Cas    sola—christianis] per solam fidem christi quam ipse donauit collata est Cas    salua G    consolata ES    4 ignoscendum S cognoscendum H₂CasSd<sup>ed</sup>    illum AHGVCasSd<sup>ed</sup> (=vg)    et—eius (*pr.*) *om.* B    uirtutum A    5 eius (*pr.*) *om.* G    uim] uni B uirtutem C uiam Sd<sup>ed</sup> 6 ipsius] eius H₂Sd illius Cas    resur.] surr. H₁Cas<sup>cod</sup>    et *om.* H₁Cas 7 ⌣uere hoc G    hoc] hunc B *om.* Sd    ait MN    ne] non H₁G nec NF 8 peccat B    passionis ES    eius BSd illius ARH₂GVCas (=vg) ipsius ES configuratus AR,C corr.,GVCas (=vg) configuratio E*S    mortis EN*C* 9 eius AHGVCas (=vg)    enim *om.* BH₂Sd<sup>ed</sup>    conpatimus G*    conuiuimus EMN*V conuiuumus G    sic G    10 ad (*pr.*)] et G    11 perfeciorum MN perfecionum N*    propriae A propria BH₂(—M)GV *fort. recte*    non]+ad H₁Cas    illam] illa MN *om.* V    que H₂(—M)    ⌣inu. hab. etiam G    inuitos] inuitus EG in uitio MN inuito C    12 acciperim E*S acciperem G acceperimus Sd<sup>cod 2/3 ed 1/2</sup>    aut iam iust. sim (*cf. p.* 408 *u.* 10 *n. cr.*) *om.* AHGVCasSd (=vg)    13 ⌣mu. no. fi. H₁    fines A*    mundi *om.* VCas    nundum V* et] sed H₁+adhuc V    est *om.* Sd<sup>ed</sup>    quod credimus *om.*V    14 sum H₂(—C) adhuc A*    ⌣perf. hac (ac E) H₁    15 tale MN*G    suspensus sum] suspensum H₁ incertus sum Cas    sequor autem si con *in ras.* G    16 si]+ quomodo H₂    comp.]+meritum A*    et *add.* ARH₂VCas (=vg) adprehensus G    christo]+iesu H₂G (=vg)    17 apostolatu] apostolatum G* a christo] ego B christo MN,G corr.    18 ego] ergo N

*apprehendisse* [*adhuc*]. Se humiliando omnibus gloriam tollit et uniuersos prouocat ad profectum. *Unum autem, posteriora quidem obliuiscens, et ea* [*uero*] *quae sunt* [*in*] *priora, appetens.* [Hoc solum scio quia cotidie proficio et] praeteritum laborem non computans ad priora festino. Siue: Legis obliuiscens ad perfecta euangelii praecepta me tendo. 14 *Ad destinatum* [*per-*] *sequor,* [*ad brabium*] *supernae uocationis dei in Christo Iesu.* [Quod perfectis deus in Christo promisit in caelis,] quod non nisi uincentes accipient. 15 *Quicumque ergo perfecti* [*sumus*]*, hoc sentiamus.* [Quo modo ergo negat se esse perfectum, si alii sunt, nisi humilitatis gratia hoc dictum accipias?] quicumque perfectus est, hoc sentiat, uetera [scilicet] obliuiscenda et noua sectanda, quia perfecti debent esse discipuli Christi, licet superius de perfectione praemii, hic uero de scientia[e] sit locutus. *Et si quit aliter sapitis, et hoc* [*uobis*] *deus reuelauit.* [Si quit alia uobis ratione dominus reuelauit. 'aliter,' inquit, non 'aliut': hoc est, alia adsertione, non fide.] 16 *Uerum tamen ad quod peruenimus.* Ad perfectionem noui testamenti.

1 comprehendisse AHGVCasSd (=vg)   adhuc *om.* AHGVCas (=vg) tulit CasSd   2 et—profectum *om.* $H_2$   uniuersi prouocati B   uniuersos *om.* Cas   posteriora q.] quae q. retro sunt (*om.* G*) AHGVCas (=vg)   3 quidam RG*   et] ad AHGVCas (=vg)   uero *add.* AR$H_2$GCas (=vg) in *om.* B$H_2$Cas (=vg)   priora] interiora Cas$^{ed}$   appetens] extendens me (+ipsum RV) AHGVCas (=vg)   4 hoc—et *om.* B$H_2$   quia] quod Cas$^{cod}$ + dono dei Cas   et *om.* G   p̄m G* p̄t₇m G corr.   5 priora] potiora Cas$^{ed}$ legem Cas$^{ed}$   6 praecepta] mandata B$H_2$G   me tendo] contendo B$H_2$G me teneo $H_1$ me extendo Cas   dest.] dist. E*S   persequor AHVCas (=vg) persequar G   7 ad brabium *om.* B   brauium ERCasSd$^{ed}$ brachium S brabuum N*   euocationis Cas$^{ed}$   8 quod—caelis *om.,* B$H_2$   fectis V* perfectus Cas$^{ed}$   deus in christo] christus Cas   ↶ prom. in chr. HG   quod— accipient *om.* $H_2$   quod *om.* G   9 nisi] sin (?) A*   uiuentes R   accipiunt B quodquot G½   ergo] enim $H_2$   sumus *om.* A$H_1$GVCas (=vg)   10 quo— accipias *om.* BCas   quo—locutus (15)] cum in (*om.* R corr.,G) superioribus dicat apostolus 'non quod iam acciperim aut iam iustificatus sim,' (+ *alia* G) hoc loco $H_2$G   ergo *om.* $H_1$   11 gratiam R   dictum] dicto E *om.* R   quic.] qui G + ergo R   12 scil. *om.* BCas   13 licet—locutus *om.* Cas   14 de perfectione] perfectionem(-e R) $H_1$   scientia B$H_1$G   sit] est G   15 et *om.* ES   aliter] aliud RC corr. aliquod $H_2$   sapientis N sentitis Sd$^{ed}$   uobis *add.* AHGVCasSd$^{ed}$ (=vg)   dominus Sd$^{ed}$   reuelabit ERNCas$^{ed}$Sd$^{ed}$ (=vg)   16 si—fide *om.* B   si—reuelauit *om.* S quod $H_2$   ↶ uobis alia VCas   alii R*   ratione dominus *om.* ER* deus Cas   reuelabit ER   aliter—fide *om.* $H_2$   17 alia—fide] alio sensu Cas non] in G   fidem $H_1$   18 peruenimus (u *pr.* corr. *in ras.*) G   testim. A

*Ut idem sapiamus.* ['Idem' sit, licet aliter adstruatur.] *Et in eo ambulemus.* Non enim scire sufficit sine facto. 17 *Imitatores mei estote, fratres*[, *et cognoscite*]. [Me sequimini, non falsos apostolos.] *Et obseruate eos qui sic ambulant, sicut habetis formam nos*[*tram*]. Dupliciter dicitur obseruari, uel 5 ad imitandum, ut hic, uel ad cauendum, sicut ad Romanos 'obseruate'[, ait,] 'eos qui dissentiones et offendicula faciunt.' 18 *Nam multi ambulant, quos saepe dicebam uobis.* De ipsis dicit qui spem passionis Christi, per quam peccata dimissa sunt, auferentes, in legis caerimoniis collocabant. Potest et de 10 Iouinianistis accipi, qui ieiuniorum adflictionem et omnem corporis cruciatum in luxuriam et epulas conuert[er]unt. *Nunc uero et flens dico, inimicos crucis Christi.* [Notandum quo[d uero] affectu omnium salutem optauerit, qui etiam inimicos crucis Christi deflebat, ultro in interitum properantes.] 15 19 *Quorum finis interitus.* Quia in corruptione[m] seminant carnis. *Quorum deus uenter est.* Qui [se] in hoc putant deo

6 *Rom. xvi 17   16 cf. Gal. vi 8

1 idem (*alt.*)—adstr. AGVCas] *om.* BH$_2$ idem sit scilicet aliter (alter SG*) non adstruat H$_1$   sit *om.* Cas$^{cod*ed}$   asseratur Cas   2 eo ambulemus] eadem permaneamus (maneamus Cas) regula(-am MN*) AHGCas (=vg) eadem ambulemus Sd   suffecit MN*   absque Sd   imit.]+del A*
3 stote RM   et cognoscite BSd *om.* AHGVCas (=vg)   me—apostolos *om.* BH$_2$G   4 et *om.* ES   sic BSd ita AHGVCasZm (=vg)   ambulat A*V*
5 nos A (=vg) nostra M nostri V   obseruare R*Zm$^{cod\,ed}$   6 ad (*alt.*)] iad V sicut] ut VCas   7 obs. ait] obs. BH$_2$ ait obs. H$_1$GCasZm   *om.* VCas dissent. AB (*sic cod. bibl.* g) desens. E*S dissens. E corr.,R H$_2$GVCasZm discens. Zm$^{cod}$   8 nam multi] multi enim AHGVCasSd$^{ed}$Zm (=vg)   ipsis dicit] pseudoapostolis Cas(Sd)   9 quem Zm$^{ed}$ quod Zm$^{cod}$   demissa G
10 tollentes Cas   lege E   caerim.] cerem. GZm$^{cod}$   caerimonias H   et *om.* Cas   11 iouinianistis ACFCasZm iouimanistis B iouiniani studiis ES iouianidiis R* iouinianistarum studiis R corr. iouanistis MN iouanitis N* iouianistis GVZm$^{cod}$   accipi] interpretari BH$_2$GZm   ieiuniorum *om.* VCas adflictionis MN* adflictiones N corr.,CGZm *om.* Cas   et *om.* Cas   omnem] omnes MN*Zm omne N corr., C *om.* VCas   12 ⌒cruc. corp.VCas   cruciatum]' cruciamentum H$_2$ cruciatus Zm *om.* Zm$^{cod}$   ⌒epulas et luxur. (-ia V) VCas et epulas *om.* G*   aepistolas conuertunt B   13 uero] autem AH(—R*)GV CasZm (=vg) *om.* R*   inimicus G   notandum—properantes *om.* BH$_2$   14 quo A,R corr.,VCas$^{cod}$Zm quod HGCas$^{ed}$Zm$^{cod}$   uero add. H$_2$ optauerit] obtauerit G optauer*it V optet Cas   inimicos *om.* Zm$^{cod}$
15 interitu Zm$^{cod}$   16 finis] fininis V* +est H$_1$G +erit Cas$^{ed}$   quia] qui H$_2$   corruptionem ASGV corruptione BH(—S)   ⌒car. sem. BH$_2$G
17 deus]+et Zm$^{cod}$   est *om.* H$_2$V (=vg)   se *om.* B   ⌒putant in hoc Cas

seruire, si com[m]edant, non audientes prophetam dicentem:
'si manducaueritis [et biberitis], nonne uobis manduca[bi]tis
[et bibetis]?' *Et gloria in confusione ipsorum* [, *qui terrena
sapiunt*]. In circumcisione uerecundi membri. 20 *Nostra
autem conuersatio in caelis est.* Hoc non potest dicere terrenis
uitiis mancipatus. *Unde et*[*iam*] *saluatorem expectamus dominum* [*nostrum*] *Iesum Christum.* [Qui caput est nostrum.]
21 *Qui reformabit corpus humilitatis nostrae, conformem* [*corpori*] *gloriae suae.* Sicut monstrauit in monte[m], cum unum
ex uiuentibus [et] unum ex mortuis claritatis suae corpori
configura[ui]t, exemplum resurrectionis et in mortuis et in
uiuis ostendens. *Secundum operationem* [*suam*], *qua possit*
[*etiam*] *subicere sibi omnia.* [Qua non solum conformabit
nos, sed etiam corpori suo omnia faci[e]t esse subiecta. Siue:]
Secundum [hanc] potentiam qua sibi cuncta subiecit, etiam
hoc illi possibile est. 1 *Itaque, fratres mei carissimi et*

1 *Zach. vii 6    9 cf. Matth. xvii 1, 3

1 comedent A*Zm^cod commedant BE epulentur Cas    non—dicentem]
cum propheta dicat V *om.* Cas    2 si—bibetis *om.* Cas    si] cum Zm    et
biberitis] *om.* BH₂ et bibitis G*    uos H₁ uobismet ipsis Zm^cod ed    manducatis BHZm^cod ed    3 et bibetis] *om.* BH₂ et ( +uobismet ipsis Zm^codd)
bibitis H₁VZm    gloriam H₂    ⌒ips. in conf. Zm^cod    confusionem H₂
confessione G*    qui terrena sapiunt *add.* BRH₂GVCasZm^codd (=vg)    4 in]
qui in Cas^cod*    ⌒membri pudendi VCas    ueregundi MN*    5 est]
constituta est V    hoc—mancipatus] *om.* H₂ id est caelestis est V    6 et]
etiam AH(—E)GVCasZm (=vg) enim E    ⌒exp. salu. G    7 nostrum
*om.* AH₂VZm^codd pler (=vg)    iesu A*    qui—nostrum *om.* BH₂G    qui]
quia SR    ⌒est caput Cas    8 qui—suae *om.* H₂    reformauit
H₁GVZm^codd conformabit Sd^ed (?) copus V    conformem B conforme
Sd^cod configuratum ARVCasZm (=vg) conformatum ES configu***rauitum G
corpori *add.* AH₁GVCasZm (=vg)    9 gloriae BSd claritatis AH₁GVCasZm
(=vg)    praefigurauit Cas    montem BZm^cod morte Zm^ed mortem Zm^cod
cum] eum B    unum ex] unus G*    10 et *om.* B    claritatis] *om.* H₂
claritati Cas    sui H₂G*Cas    corporis H₂Cas    11 configurauit GCas^codZm
configurat *rell.*    et in mortuis—subiecta (14) *om.* H₂    et in mort.—
ost.] ost. et (*om.* Zm) in mort. et in uiuentibus (uiuis Zm) H₁Zm uel aeternitatis G ost. Cas    12 suam *om.* AH₁GVCasZm^codd (=vg)    posset R
13 etiam *add.* BRGVCasZm^codd (=vg)    ⌒sibi subicere (subiacere E*R*) H₁
qua—siue *om.* BCas    qua] quia H₁V qui G *om.* Zm    conformabit
*scripsi* confirmabit A conformauit HV confirmauit GZm    14 nos] + exemplo
resurrectionis Zm    faciet H₁GV facit A fecit Zm    esse] et G    siue]
*om.* BH₂G et Zm    15 hanc *om.* BSH₂G    potentiam] *om.* G uirtutem Cas
quam SM    cunctis G    subicit H₁    16 ipsi Sd^cod    est *om.* G
carissime G*

*desideratissimi*. [Qua perfectiores.] *Gaudium [meum] et corona mea*. Per uos [enim] in praesenti laetificor [et] in futuro coronabor. [*Sic state in domino, carissimi*.] In sola Christi fide, [ut superius conprehendi,] spem ponentes et in conuersatione caelesti. 2 *Euhodiam rogo et Syntychen deprecor id ipsum sapere in domino*. [Quod dixi, id est, unum: mecum] hae mulieres scientes erant legis, qua[s] similiter ut istos eadem sentire commonet et hortatur. 3 *Etiam [rogo] et te, [carissime,] Germane compar*. 'Germanus' dictus est nomine, qui ei compar erat officio. *Adiuua illas quae mecum laborauerunt in euangelio*. Non uiros, sed feminas, quae non in ecclesia, sed in domo erant docentes. *Cum Clemente et ceteris adiutoribus meis*. [Clemens ex-philosopho, magnae doctrinae uir, qui Romae episcopus fuit.] *Quorum nomina sunt in libro uitae*. Ne moleste ferant sua nomina in [hac] epistula non comprehensa, scripta esse dicit in caelis. huius libri et[iam]

11 cf. 1 Cor. xiv 34, 35      16 cf. Luc. x 20

1 desiderantissimi E corr.,S,R (*ex* -e),MNFGCas$^{cod}$Zm (=vg)    qua perfectiores *om*. BH$_2$G    qua]quia SR plus ceteris quia Cas    ✱✱✱gaudium V meum (nostrum E) *add*. AHGZm (=vg)    corona] caro S    2 per] propter Cas$^{cod}$    enim] *om*. BH$_2$G cum H$_1$    in (*pr.*)—coronabor] sum in die iudicii coronandus V sum coronandus et remunerandus Cas    praesente MN✱ praesentia G✱ + tempore Zm    et—laetificabor *om*. G✱    et *om*. B    futurum MN    3 laetificabor H$_2$,G corr.    sic—carissimi *om*. B    ↶fide christi G    4 ut—conprehendi] *om*. BH$_2$GZm quomodo superius dixi Cas et *om*. H$_1$    5 euhodiam A,R corr.,V (=vg) eucodiam B eochodiam E euchodiam SMCGCasSd$^{cod}$Zm$^{codd}$ euh✱✱✱✱ R✱ euhodiaem N euuodiam Sd$^{cod}$ euodiam Sd$^{ed}$Zm$^{ed}$    syntychen Zm$^{ed}$(=vg) synthecen A sinticem BMZm$^{codd}$ sinthicem E synthicē S syntichen R sintichen N syntichen CVSd$^{ed}$ sinthycen G senthicen Cas$^{cod}$ syntychem Cas$^{ed}$    6 quod—mecum *om*. BH$_2$GVCasSd dixit R    unum] in unum S una R corr.    7 legis *om*.VCasZm    quas] qua BE quasi SMN quia G    ut istos eadem *om*. VCas    iste MNF istę C iustus G    8 communet A✱ commouet B commemorat H$_1$    rogo *add*. AHGVCas(=vg)    ↶te et G    9 carissime *om*. AHGCas(=vg)    dictus— officio] nomen hominis est compar officii V$\frac{1}{2}$ (*uide uol*. III) Cas    10 ei (et H$_2$) compar erat officio(-ii C✱)] ei erat (egerat E erat S) conpar officii(-io R✱) H$_1$ 11 non—docentes] docebant(-at G) in suo sexu (sensu B) per domos(-us MNG) etsi (*om*. H$_2$Zm) in ecclesiis (+ autem Zm) reticerent(-ebant H$_2$Zm) BH$_2$GZm ↶er. doc. non in (*om*. ES) ec. sed in do. H$_1$    quae non] nec VCas    12 erant *om*.VCas    cetera G✱    13 clemens—fuit *om*. B    ex-philosopho] philosophus Zm    uir *om*. G    14 romae episcopus] postea romanae praesul ecclesiae Zm episcopus] $\overline{\text{sps}}$ (=spiritus) G✱    15 ne moleste *om*. G✱    ne *om*. H$_1$    sua nomina] se VCas    nomina] nostra C✱    hac *om*. B    non *om*. H$_1$C    conpraehinsas V scriptos Cas    16 scripta—caelis] cum in libro uitae sint scripti VCas    esse *om*. Sd    ↶in caelis dicit G    huius] cuius VCas    etiam] et BGV

Moses et Dauid meminit, et dominus in euangelio. 4 *Gaudete in domino semper.* [Quia saeculi gaudium non habetis.] *Iterum dico, gaudete.* Repetit, ut magis ac magis gaudium confirmetur. 5 *Modestia uestra nota sit omnibus hominibus.* Iudaeis et gentibus omnibusque qui uos persequuntur et tribulant. *Dominus prope est.* ['Scit quid opus sit uobis ante quam petatis ab eo.' Siue:] [Ideo] de ingruentibus malis sollicitudinem gerere non debetis, cum dominum uobis proximum esse optime noueritis, secundum illut: 'iuxta est dominus his qui tribulato sunt corde.' 6 *Nihil solliciti sitis.* 'Nolite cogitare quid manducetis [a]ut quid induamini: haec enim gentes inquirunt.' *Sed in omni oratione et obsecratione cum gratiarum actione postulationes uestrae innotescant aput deum.* Non cum murmuratione atque tristitia, ut possit oratio uestra digna esse auribus saluatoris, si pro omnibus quae patimini gratias referatis, sicut apostoli faciebant. 7 *Et pax dei, quae superat omnem mentem, custodiat corda uestra et corpora uestra in*

1 cf. Exod. xxxii 32 etc. cf. Ps. cxxxviii 16 etc. cf. Luc. x 20   6 *Matth. vi 8
9 *Ps. xxxiii 19   10 *Matth. vi 25 (cf. 31) 32   16 cf. Act. v 41

1 moses A,(mores)V moyses *rell.* ↶mem. et dom. et dau.V mem. et dau. et dom. Cas   dauid] donauit S dauit G   in euangelio *om.*VCas
2 quia—habetis *om.* BH₂   quia] qua R*   saeculi] in saeculo(-u V*) VCas
iterum] et iterum ESSdD   3 ↶conf. gaud. Sd   conmendetur V
4 homi∗nibus V   iudaeis—tribulant] qui uos persecuntur (persequentur H₂, *corr.* Cm2) siue iudeis siue gentibus BH₂G   5 que *om.* H₁   ↶trib. et pers. H₁G   pers. et *om.* Cas⸝   et trib. *om.* Zm   6 est] uos V   scit—siue *om.* BH₂   uobis *om.* H₁   7 ab eo] eum GSd$^{\text{cod ed}}$   ideo *add.* BH₂GZm   incongruentibus E   malis] cogitationibus H₁ tribulationibus V sollicitudinem—sitis] **nihil solliciti sitis** (+nolite R *corr.*) cum defensorem uobis deum esse proximum (*om.* Zm) noueritis. potest et sic intellegi iuxta eua(e G)ngelium BH₂GZm   8 non debetis] antequam H₁   dominum V domino A dominus H₁   esse *om.* H₁   9 iuxta] prope Zm   10 nihil—sitis *supra u.* 6 B   11 aut] ut A   induamini] manducamini S   enim] omnia H₁   13 postulationes BSd petitiones AHGVCasZm (=vg)   innotescunt E innotiscant MG non—faciebant] ne forte tribulationibus afflicti in aliquo murmuretis et uestra oratio fiat indigna (digna G) auribus saluatoris (dei H₂Zm) BH₂GZm +si—faciebant G *praem.* non—tristitia. Et Zm$^{\text{cod}}$   non] ne (non R*) forte tribulationibus afflicti R *corr.*   14 murmur.] murmor. ERMN* atque, (e *in ras.*)A,VCasZm aut H₁G   trist.]+sitis R *corr.*   15 auribus saluatoris] diuina notitia V   pro] in G   gratias]+ei R *corr.*   16 domini H₂ superat ABESSd exs(*om.* Cas)uperat H(—S)GVCas (=vg)   17 omnem (m *alt. exp.*) G   mentem AESSd sensum BRH₂GVCas (=vg)   nostra B corpora] intellegentias AHGVCasZm (=vg)   uestra (*alt.*) *scripsi* nostra B uestras AHGVCasZm (=vg)

*Christo Iesu.* Qua malos sustinet[e] et ingratos. et Christi pax, qua pro suis persecutoribus exorabat, si recogitetur, omnem mentem furiosam exsuperat et inclinat. [haec ergo pax corda et intellegentias uestras in exemplo Christi custodiat.] 8 *De cetero, fratres.* Ad extremum, ut omnia breuiter comprehendam. *Quaecumque sunt uera.* [Permanentia.] *Quaecumque pudica, quaecumque iusta, quaecumque casta, quaecumque amabilia, quaecumque bonae opinionis.* Quia omnis natura humana nouit diligere et laudare quod bonum est. *Si qua uirtus, si qua laus* [*disciplinae*]*, haec cogitate,* 9 *quae* [*et*] *didicistis et accepistis et audistis et uidistis in me.* [Uirtus] tolerantiae siue laus conuersationis et reliqua bona, quae et didicistis uerbo et accepistis [sanctorum] exemplo [et audistis auribus et uidistis oculis]: haec tantum cogitate. *Haec agite.* [Non enim sola sine actu sufficit cogitatio. haec posteriora illa explanant superiora.] *Et deus pacis* [*et dilectionis*] *erit uobiscum.* Tunc erit deus uobiscum, si haec non

2 cf. Luc. xxiii 34

1 iesu] + domino nostro GZm    quia H₂G    sustinete B sustinetis H₂ et (*alt.*)] uel Cas    christi] dei B    2 suis *om.* Cas    persecutionibus B persequentibus Cas    exorat H₂ orabat Cas    recogitemur ER recogitemus S regitetur G*    3 mentem—inclinat] exagitati(-at B) animi i(*om.* G*)mpetum furoremque deponit (deprimit H₂) BH₂G    furiosam exsuperat] furiosam (furios est E) et superat H₁    haec—custodiat *om.* BH₂    haec—intellegentias] uel om̄ sensu angelorum et hominum corda uestra id est animas G haec] ista Cas    ergo *om.* V    4 corda] + uestra Cas^cod    in *om.* H₁G 5 extremum] + posui G + omnium Sd^ed    6 dicam Cas    permanentia AVSd permanenda H₁ *om.* BH₂GCas    7 ↶quaec. sancta quaec. ius.V(Sd^ed)    quaecumque iusta *om.* ES    quaecumque casta *om.* H₁    casta] sancta AH₂GVCasSd^ed (= vg)    8 bona G    opinionis] famae AHGVCasSd^ed (= vg) 9 omnes E*N*    humano M(o *in ras.*),N    diligere et laudare(-ere A)] diligenter et amare H₁ diligenter laudare et amare R corr. dilegere laudare H₂ (*corr.* C)    10 qua (*alt.*)] + igitur C    disc.] *om.* AMNV (= vg) tolerantiae Cas (*sed. cf. u.* 12)    11 et (*pr.*) *add.* AHG (= vg)    et audistis *om.* ESG et uidistis—accepistis *om.* G*    in] de ES    12 uirtus *om.* BH₂VSd tolerantiae—oculis] [didicistis] uerbo [accepistis] exemplo [audistis] *uid. uol.* III [uidistis] oculis V(Cas Sd)    tollerantia H₂    13 uerbo *om.* G sanctorum *add.* BH₂G    et audistis auribus *om.* BG    14 et uidistis oculis *om.* BH₂G    haec tantum cogitate] nihil aliud cogitetis VCas    tantum] tanto modo H₁    cogite S    15 non enim—superiora *om.* BH₂ non enim— cogitatio *om.* G    16 ↶sup. exp.V    et dilectionis *om.* AHGVCas (= vg) 17 tunc—uobiscum *om.* H₁    tunc] + enim G    erit deus] deus pacis erit Cas erit V    ista V

[tantum] modo cogitetis, sed etiam faciatis. 10 *Gauisus sum
autem in domino magnifice, qu[on]ia[m] tandem aliquando
refloruistis, [ut] pro me sentiatis, in quo et sentiebatis; occupati
autem eratis.* Iterum [flore] boni operis florere coepistis, qui
5 mei [in]memores, occupatione, non uoluntate, [arefacti]
fueratis effecti. 11 *Non [quasi] propter penuriam dico.* Non
propter meam inopiam, sed propter uestrum fructum dico
me esse gauisum. *Ego enim didici in quibus sufficiens sum
[esse].* A Christo omnia aequanimiter ferre sum doctus. 12 *Scio
10 et humiliari; scio et abundare: in omni et in omnibus imbutus
sum et saturari [et] esurire, et abundare et paenuriam pati.* Ut
nec abundantia extollar ne[c] frangar inopia. 13 *Omnia
possum in eo qui me confirmat.* Dans intellegentiam, uel sua
doctrina confirmans. 14 *Uerum tamen bene fecistis, communi-
15 cantes tribulationi meae.* Non enim debuit mea [a]equanimitas
uestram impedire mercedem. 15 *Scitis autem et uos, Philip-
[p]enses, quod in principio euangelii, quando exiui a Macedonia,*

1 tantum(-o N) *add*. BH₂G modo] solum V sed] uerum V facietis R
2 ↶ in dom. autem R* autem *om.* ES magnificę B uehementer
AHGVCas (=vg) quia B quoniam AHGVCasSd (=vg) aliquando *om.* Sd
3 reflor.] si flor. S ut *om.* AHGVCasSd^ed (=vg) pro me sentiatis *om.* ES
sentire ARH₂GVCas (=vg) sentite Sd^ed · in quo et] sicut et ARGVCas (=vg)
et sicut ES sicut H₂ sicut ante Sd^ed sinebatis R* 4 autem] enim RG
flore] *om.* BH₂G florere V bono opere BH₂G flore recepistis ES flore
coepistis R*V quem Cas 5 mei—effecti] non obliuione arefactus sed
occupatione fuerat inpeditus V non obliuio arefecerat sed occupatio impedi-
erat Cas me G in *om.* B arefacti H₁ arefactis A *om.* BH₂G 6 quasi
*add*. AHGVCasSd (=vg) non (*alt.*)—penuriam *om.* Cas^cod 7 meam inop.]
inop. meam BG penuriam uel inop. meam H₂ meam penuriam VCas^ed ↶ fr.
ue. BH₂G fructum] profectum Sd 8 esse *om.* Cas enim] autem ER in
*om.* ES suff. sum] sum (sim A) suff. ARH₂GVCas (=vg) suff. ES 9 esse
*add*. AHVCas (=vg) aequaliter VCas edoctus H₁G scio]+enim ESG
10 humilitatem Sd^cod ed in omni] ubique AHGVCas (=vg) et *om.*
H(—R)G* imbutus BSd^codd institutus AHGVCas (=vg) 11 satiare
(*corr.* -i) E sat(c)iari H₁CGVCas (=vg) saciare MN et (*alt.*) *om.* B abund.]+
ubique et in omnibus H₂ paen. A pęn. R pen. *rell.* 12 extollatur H₁
extollat C*V ne B frangari(i *exp.*) E pangari S frangat C* 13 confortat
AHGVCas (=vg)+christus G dat Cas^cod uel] uobis B 14 confirmat H₁
bene fecistis] benefitiis B communica[n]tis ES 15 non—
mercedem *om.* H₂ ↶ eq. mea BG aequanimitas] inopia H
16 uestrum G phi(y ES)lipenses(-is E*) BESN filippenses Cas^cod
17 prin(*om.* M)cipii MN euangelio ES euangeli V exiui] profectus
sum AHGVCas (=vg)

[*n*]*ulla mihi ecclesia communicauit*. Quando profectus sum, scitis quia uos solos, a quibus sumptus acciperemus, elegimus, fideliores uos omnibus iudicantes. *In ratione dati et accepti, nisi uos soli*. Illi dati, ego accepti. Siue: Dantes carnalia et spiritalia accipientes. 16 *Quia et* [*in*] *Thessalonice*[*n*] *semel et* 5 *bis in usum mihi misistis*. Non solum Corinthum. 17 *Non quod quaero datum, sed requiro fructum abundantem in uerbo uestro*. Abundans fructus orationis est, cum sanctis etiam absentibus ministratur. 18 *Habeo autem omnia et abundo; repletus sum accipiens ab Epafrodito quae a uobis missa sunt*. 10 Prouocat eos laudando et gratias referendo. *Odorem* [*bonae*] *suauitatis*. [Odor suauitatis] non in re oblata, sed in mentis deuotione consistit, sicut sacrificium [Noe] grate deus scribitur odoratus, cum ipse dicat se nec carnibus nec sanguine animalium delectari. *Hostiam acceptam, placentem deo*. No- 15 tandum quod elemosyna hostia appelletur et sicut a sanctis

2 cf. prol.     6 cf. 2 Cor. xi 9    13 cf. Gen. viii 21    14 cf. Ps. xlix 13    cf. Ps. l 16

1 ulla A     mihi *om.* E     aecclesiam MN*     quando profectus sum *om.* Sd     quando *om.* Cas     profectus—scitis] inde coepi siue proficiscenti dedistis V *om.* Cas     perfectus B     2 solus H₁N     a quibus] aliquibus MN* ↶ acc. sump. G     sumptus] necessaria VCas     acce(i R*)pimus H₁ acceperimus Sdᵉᵈ     eligimus VCasᵉᵈ     3 ↶ omnibus uos Sdᵉᵈ     omnium Casᶜᵒᵈ     indicantes N     dati et *om.* ES     4 ego] + dati ego MN 5 accepistis H₁ acceperunt Cas    et (*pr.*) *om.* H₂     in B, R corr. *om.* AHGVCas (=vg)     thesalonicen D thessalonice B thessalonicam ACVCasᶜᵒᵈ (=vg) thesalonicam EMG tesalonicam SR thesolononicam N tessalonicam Casᵉᵈ semel] et semel RVCasᶜᵒᵈ     6 usum] unum A*G*     mihi *om.* R     chorinthum BG corr(*om.* N)intum MN corrinthum V     7 quod] quia AHGVCas (=vg) ↶ in orat. uest. abund. (*uide infra*) H₁     uerbo uestro] orationem (*corr.* rationem *dubius* C [=vg]) uestram AHG oratione uestra V ratione uestra Cas 8 superabundans Cas     fructus] + est Casᶜᵒᵈ     rationis Casᶜᵒᵈ     est *om.* Cas cum] + quis R corr. eum uel qui H₂     9 habundando MN     10 accipiens] acceptis AEH₂GVCas (=vg) accepistis SR*     ephaf. S aph. MN     quae] quem EH₂     a uobis missa sunt] misistis AHGVCas (=vg)     11 agendo (*exp.*) referendo Casᶜᵒᵈ     odorem] in odorem RGCasᵉᵈSd     bonae BSdᶜᵒᵈᵈ *om.* AHGVCas (=vg)     12 odor suauitatis *om.* BH₂     in *om.* H₂     in (*alt.*)] *om.* ER* de S     mente B     13 contencione Sdᶜᵒᵈ oblatione Sdᵉᵈ     consisti V sicut *om.* R*     noe] *om.* B ne SR*     grate] gratię B *om.* E     deo H₂G     discribitur ER* describitur S, R corr., Casᵉᵈ dicitur Casᶜᵒᵈ     14 odoratus BSR*N odoratum C     ipse] + postmodum Cas     dicit SR*Casᵉᵈ     se] *om.* H₁ *om. hic* G     nec (ne R*) carnibus nec] nequaquam BH₂ carnalibus se nequaquam nec G     ↶ an. sang. H₁     sanguinem MN*     15 dil. H₁NG* acceptabilem Sdᶜᵒᵈ ᵉᵈD     16 elemosina BS ęlemosina C de h(*om.* E)elymosina EG elimosyna R*V elimosina MNCasᶜᵒᵈ helimosina N* eleemosyna Casᵉᵈ     ostia V     appelletur A corr., G appellatur *rell.*     et *om.* H₁

oblata accepta est, ita eorum qui in peccatis durauerint,
reprobatur. 19 *Deus autem meus impleat omne desiderium
uestrum secundum diuitias suas in gloria in Christo Iesu.* Quia
[a]ut perfecti alia desiderare non poterant nisi [qui] qu[a]e
5 [sunt] secundum diuitias dei, non saeculi, [et quae] ad gloriam
pertinent [Christi]. 21 *Salutate omnem sanctum in Christo
Iesu. [Salutant uos qui mecum sunt fratres.*] Erant ergo
[h]om[i]nes sancti, quos solos [et omnes] praecipit salutari,
sicut et in omnibus epistulis facit, et procul dubio uerum
10 dixisse credendus est. et si uere sancti erant, peccatores utique
non erant, et qui non peccatores, sed sancti [erant], tam poterant esse quod erant, quam poterant non esse quod non erant.
igitur sanctos homines esse hac ratione possibile est. 22 *Salutant uos omnes sancti, maxime autem qui de Caesaris domu
15 sunt.* Qui sunt nuper de Caesaris domo conuersi. [23 *Gratia
domini nostri Iesu Christi cum spiritu uestro. amen.*]

### EXPLICIT AD PHILIPPENSES

1 oblata]+et N ᔕest accepta Cas eorum] ab his Cas peccato Cas
permanserint B durau'erunt GCas[ed] durauerin Cas[cod]* 2 impleam G*
omne *om.* H₂ 3 suas *om.* E gloriam G in christo] christi ER*
iesu]+20 **deo autem et patri nostro gloria in saecula saeculorum amen**
H₂GVCas (= vg) quia ut] qui aut AER quia aut B 4 alia ASd mala
BH₂GV illa ES malo R* malum Cas desideria B quae] quique B
quod Cas 5 sunt *om.* BH₂Cas dei] domini nostri G non saeculi
*om.* Cas non]+secundum deum H₂+quae ad R corr. +secundum G
sęculum R et quae *om.* BH₂VCas et] sed R corr. ᔕpert. ad gl. H₂
6 pertinet Cas christi *om.* B 7 iesu]+salutant uos ( +omnes H₂)—
fratres BH₂GVCas(=vg) sunt]sint G ergo]enim E *om.* R 8 homines
BH₂(-isM)GV omnes AH₁ *om.* Cas+ergo R solos]salus E solusSRNVCas[ed]
et omnes *om.* BH₂GCas praecepit*A*H(—C)V uult Cas salutari]+
prae ceteris Cas[ed] 9 sicut] quos VCas etiam Cas fecit G nominauit
VCas et—est (13)] hi (*om.* ed.) capitalia non habuisse peccata intellegendi
sunt: nam quis sine peccato? sed et scriptura sanctum (*om.* ed.) baptizatum
frequenter appellat Cas 10 et *om.* H₁ si] qui V 11 qui]
quia M,C corr. erant *om.* BH₂ tam] iam ESG 12 quod (*pr.*)]+non R
13 igitur]+et G ᔕhom. sa. C corr. sanctus G esse hac ratione]
hac (ac N) ratione esse BH₂G hac (hanc E*) ratione(-em R*) H₁ esse V est]+
esse R corr. *in ras.* 14 autem *om.* H₁ cessaris MND cesaris R
ᔕsunt domu(-o *ed.*) Sd[codd] domu ASd[codd] domo B,E corr.,SRNCVCasSd[ed]
(=vg) domum E*N domus MG 15 sunt nuper *om.* H₂ sunt *om. hic* BG
ex caesaris neronis familia christo crediderunt Sd cesaris R domo] officio
Cas conuersi]+sunt BH₂G gratia—amen *add.* BH₂G(=vg) 16 nostri
*om.* V explicit ępistola ad philipenses BCas[cod] finit epistula (*add.* E corr. ad
philippenā) E finit epistola ad philipenses S, *om.* RSd explicit ad philipensis
(-es+habet C) uersus CCL H₂ epistola pauli apostoli ad philippenses explicit
scripta de roma. ūr̄ (=uersus) num(ero) CCL G finis epist. ad philippenses Cas[ed]

# INCIPIT AD THESSALONICENSES PRIMA

[Thessalonicenses] non solum ipsi in omnibus perfecti erant, sed etiam alii eorum uerbo profecerant et exemplo. laudando ergo illos apostolus ad maiora prouocat et inuitat.

1 *Paulus et Siluanus et Timot[h]eus ecclesiae Thessalonicensium.* [Quia] per ipsos illis uerbum dei [iterum] fuerat 5 nuntiatum, sicut et Corinthiis, quod in secunda ad eosdem [facta] commemorat. *In deo patre et domino Iesu Christo.* Quia per fidem filii tam in patre quam in filio erant, quia 'quisque confitetur filium, et patrem habet.' *Gratia uobis [et pax].* ['A deo patre et domino Iesu Christo.'] 2 *Gratias agimus* 10 *deo semper pro omnibus uobis.* [Quia omnium nobis] grata memoria est. *Commemorationem [uestri] facientes in orationi-*

5 cf. 1 Thess. ii 13   6 cf. 2 Cor. i 1   cf. 2 Thess. i 1   9 *1 Ioh. ii 23
10 *2 Thess. i 2

incipit argumentum in aepistola ad thessalonicenses B incipit argumentum ad th(h *om.* R)es( +s SCas)alonicensis(-es RCas) H₁Cas incipit ad th(*om.* M)esalonacenses ( +prima M) MN (*de ordine epist. uide uol.* I *p.* 269) incipiunt capitula epistolae primae ad thessalonicenses...incipit argumentum C incipit argumentum epistole ad thesalonicensis scripta de urbe athenas G incipit ad thessalonicenses I argumentum...expositio argumenti V in epistolam I ad thessalonicenses Sd   1–3 *om.* H₂GCas *qui huius loco aliud argum. dant,* Sd
1 thessalonicenses] *om.* BVD *Par.* 15180 th(*om.* R)esalonicenses(-is E) ER
⌢in omn.ipsi B   ipsi *om.* H₁D   2 set S   etiam *om. Par.* 15180   uerbo]
uerba B *om.* D   profecerunt B proficerant H₁D   et *om.* SD   laudando.
Ergo *distinxit* B   laudando] laudo S *om.* D   3 illos *om.* H₁   ⌢ad ma.
prou. apos. D   et inuitat] *om.* D+explicit argumentum (*om.* H₂) incipit
ϵpistola prima (*om.* H₂) ad t( +h H₂)essalonicenses BH₂+incipit epistola ad
tesalonicenses R (*al. man. mg. add.* secundum storiam epistola colosensium hic
fieri debet) +(*m. saec. xiii quam alibi significare supersedi*) expositio in prima
epistola ad tessalonicenses V+explicit. Incipit epistula beati pauli ad thessalonicenses prima Cas^cod +finit argumentum. Incipit aepistola D   4 timoteus B thimoteus N   t( +h N)esalonacensium H₂ tesalonicensium ER
5 quia *om.* BH₂V   illis] filiis ES fillis M* illius N   dei] *om.* H₁ domini H₂
iterum *add.* B   6 enuntiatum H₂   cor( +r S)inthis SG   quod]+et N
⌢ad eosd. in secunda(-o E +epistola R) H₁   ⌢commemorat ad eosdem V
7 facta *add.* BH₂(factum R corr.)G   comm.]+epistola G   in] et in R
8 fili E*S   9 quisquis R,C corr.   et pax *om.* A   10 a—christo *om.*
BH₂GV   domino]+nostro S   11 ⌢semper deo H₂   ⌢uob. omn. H₂
quia omnium nobis *om.* B   omnibus A omnium uestrum F   uobis H₂
gratia H(—M, C corr.)G grata et Cas^cod   12 commemorationem] memoriam
AHGVCas (=vg)   uestri *add.* BH₁(—S)GVCas (=vg) uestrum S

*bus nostris sine intermissione.* In indesinente orationum
memoria quantitas dilectionis ostenditur, quam eorum merita
postulabant. 3 *Reminiscentes operis fidei uestrae et laborem.*
Non inmerito illius fidei memores sunt, quam et iustitiae
labor[e] et caritatis affectu[s] et passionum tolerantia com-
probabant. [*Et*] *caritatis et sustinentiae spei domini nostri
Iesu Christi, coram deo et patre nostro.* Qui perfectae caritatis
est, sustinet omnia patienter propter spem futuram. 4 *Scientes,
fratres dilecti a deo, electionem uestram.* Retinetis tempus
electionis uestrae, qualiter [et] nos praedicauerimus et uos
credideritis. 5 *Qu*[*on*]*ia*[*m*] *euangelium nostrum non fuit ad
uos in uerbo tantum.* Notandum quod illa efficax possit esse
doctrina, quae iustitiae commendatur exemplo. *Sed* [*et*] *in
uirtute.* In uirtute: [Siue] signorum: Siue tolerantia[e] passionum. *Et* [*in*] *spiritu sancto.* Quem deuote conuersi accepistis:
uel cuius uirtutem per signa monstrauimus. *Et in plenitudine
multa.* Perfectione[m] iust[a]e conuersationis et uitae. *Sicut*
*scitis quales fuerimus* [*in*] *uobis propter uos.* Ad profectum
uestrum etiam a licitis abstinentes, ut inferius contine[n]tur.
6 *Et uos imitatores nostri facti estis et* [*ipsius*] *domini.*

7 cf. 1 Ioh. iv 18   8 cf. 1 Cor. xiii 7   10 cf. 1 Cor. xv 11   19 cf. 1 Thess. ii 9

1 uestris BMCas$^{cd}$   in indesinente] in non desinentis B indesinente H$_1$
non (*exp.* C) indesinentes(-em C*) H$_2$ in indesinenter G in indesinenti V
oratione H$_1$ orationes R corr. orationem M   2 memoriam H$_2$G   quantitatis NC*   quam] quia M qua N   merita] memorata H$_2$ memoria V
3 reminiscentes(-is B*) B memores AGVCas(=vg) memoris H$_1$   laboris
AHGVCas(=vg)   4 illorum H$_2$   5 labor] labore BC* laborem H$_2$(—C)
quantitatis B caritas ES   affectu BH$_2$   tol.] toll. ESG   comprobant SH$_2$
6 et *om.* BHGV(=vg)   caritas H$_1$   sustinentia R* sustentationis G
patientiae Sd$^{ed}$(D)   7 coram deo et patre nostro] ante deum et patrem
nostrum AHGVCas(=vg)   caritatis] aetatis B   8 ⌒omn. prop. spem
fut. sust. pat. V   9 dilecti] electi H$_1$M   electionem] dilectionem H$_2$
retinentes ER   10 dilectionis V   et (*pr.*) *om.* BH$_1$   11 crederitis H$_1$
credi(e M)distis H$_2$   quoniam] quia AHGVCas(=vg)   ad uos] apud
uos H$_1$G *om.* H$_2$   12 sermone AHGVCas(=vg)   notandum] non tantum MN
⌒esse possit G   13 doctrine MC*   et *om.* BH$_1$NGSd(=vg)   14 uirtute
(*pr.*)]+multa Cas$^{cod}$   in uirtute *om.* G   siue *om.* BVSd   signorum]+et
miraculorum Sd   tolerantia B   tol.] toll. EMN   15 in *add.* BGVCas
(=vg)   deuote] deuoti MN *om.* V   conuersi *om.* H$_1$V   16 uirtutem
per *om.* V   praebuimus V   17 perfectionem B perfectionis H$_1$Cas perfectae G in perfectione Sd   iuste B iustitia H$_1$GSd uestrae Cas   18 in *add.*
BRVCas(=vg)   19 contenetur A* continentur B conetur G   20 ⌒et dom.
fac. estis H$_1$   ipsius *om.* AHGVCas(=vg)   domini] deum SMN

*Suscipie[nte]s uerbum in pressura multa.* In passionibus uerbum suscipientes, sicut et nos docuimus et dominus praedicauit. *Cum gaudio spiritus sancti.* Hoc est uere in spiritu sancto gaudere, sicut et apostolos legimus fecisse. 7 *Ita ut fueritis forma omnibus credentibus, in Macedonia et in Achaia.* Per- 5 fectorum exemplo forma omnibus credentibus exhibetur: uestro ergo exemplo etiam alterius prouinciae homines profecerunt. 8 *A uobis enim diffamatum est uerbum domini, non solum in Macedonia et [in] Achaia, sed [etiam] in omnem locum.* Natura[e] famae [haec] est, ut siue bonum siue malum nuntians 10 ubique omni celeritate discurrat. *Fides uestra, quae est ad deum, exiit.* Ab idolis ad deum conuersa. *Ita ut non sit nobis necesse aliquid loqui.* Ita ut nobis incipientibus aliquit de uestro exemplo loqui ipsi optime scire se dicant. 9 *Ipsi enim de nobis adnuntiant qualem introitum habuerimus ad uos, et* 15 *quo modo conuersi estis ad deum.* Et nostrae constantiae et uestrae conuersionis omnibus nota est qualitas. *A simulacris*

4 cf. Act. v 41    10 cf. Tert. apol. 7 (p. 138, u. 10 Oehl.)

1 suscipientes *scripsi* suscipies B excipientes AHGVCas (=vg)    tribulatione AHGVCas (=vg)    multa *om.* H₁    per passionem Cas    ⌒ susc. uerbum VCas    3 spiritus sancti] in (et G) spiritu sancto H₂G    uero SR ⌒ gaud. in sp. s. Cas^ed    4 et *om.* Sd    apostolus H₁    ⌒ fec. leg. H₁ fueritis] facti sitis AHGVCas (=vg)    5 formam ES    credentibus *om.* MN in (*alt.*) *om.* H₁    6 exempla H₁ exemplum H₂ est VCas    forma]+in H₂G formam VCas    omnibus credentibus R corr. *in ras.*    omnibus *om.* VCas    credentibus *om.* H₂    exhibeatur H₁ exhibere VCas 7 ergo *om.* CasSd    etiam—profecerunt] omnes sunt prouocati VCas ceterae prouinciae ad credendum sunt prouocatae Sd    homines *om.* H₁Sd    proficerint G    8 enim *om.* ES    diffamatum est uerbum BSd diffamatus (deuulgatus G) est sermo AHGVCas (=vg)    diff.] def. ESNSd^cod    dei Cas^ed 9 ⌒ in ach. et mac. R    et in achaia *om.* ES    in (*alt.*) *om.* A    sed *om.* MN    etiam] *om.* BGVCas (=vg) et H₂    omni loco AHGVCas (=vg) 10 naturæ] naturae BH₁M    haec *om.* BH₂VSd    11 omni celeritate *om.* Cas    fides] et fides G    quae est] omnium H₁    ⌒ ad deum est G ad deum exiit] ad deum perfecta est H₁ perfecta ad dominum H₂    ad] in Cas    12 exiit] profecta est AGVCas (=vg)    ab idolis] abilis A* dominum Cas^ed    ita *om.* Cas^cod    uobis N    13 aliquid BSd quicquam AHGVCas (=vg)    ita] id ER    uobis M    de *om.* H₂    14 ⌒ loqui ipsi uestro exemplo C corr. uobis ad eorum aedificationem loqui Cas    loqui *om.* H₁    ipse H₁G    dicat A* dicebant H₂ dicerent C corr.    15 uobis H₂GVD habuerimus (*m2 in ras.*) E habuerim NC haberim G    16 ad deum] ad dominum (deum C) *tr. post* simulacris (17) H₂G    et (*alt.*)] de B    17 conuersationis HGCas^ed    qualitas] opinio Cas

*ut seruiatis deo uero et uiuo.* Simulacrum a simulando dicitur: pulchre ergo ad deum uerum et uiuum a falsis di[i]s et mortuis conuersi [esse] dicuntur. 10 *Expectare filium eius de caelo, quem suscitauit ex mortuis, Iesum.* Tale[s] estis, ut fiducialiter et cum gaudio aduentum domini expectetis. *Qui eripuit nos ab ira uentura.* Dimittendo peccata et doctrina sua et exemplo ab ira nos iudicii liberauit, quia iam in spe[m] libertatem habemus. 1 *Nam ipsi scitis, fratres, introitum nostrum ad uos.* Commemora[n]t illos, ut agnoscant uerum esse quod dicunt, et eorum exemplo proficiant. *Quia non inanis fuit, 2 sed ante uexati et contumeliam passi.* Non est inanis sermo qui impletur constantia passionis. *Sicut scitis, in Philip[p]is.* Quia aliquanti uestrum uiderunt nos Philip[p]is passos, non expauisse persecutiones nec praedicare cessasse. *Fiduciam habuimus in domino nostro loqui ad uos euangelium dei.* Quod nos liberare[t] [possit] in praesenti, uel [in] futuro [et] reddere[t] laboris nostri mercedem. *In multa sollicitudine.* Non neglegenter nec transitorie, sed in sollicitudine, non parua, sed multa.

13 cf. Act. xvi 32, 37

1 ut seruiatis] seruire AHGVCas (=vg)  ᘁuiuo et uero BRH₂GCas (=vg)    dictum H₂    2 pulchre—dicuntur *om.* S    pulch*re A pulcre MN ergo *om.* E    ᘁuiu. et uer. BH₂    dis A*V dies N* diis *rell.*    et mortuis *om.* H₁    3 conuersi dicuntur] conuertuntur H₂    esse *om.* BH₂GV    exp.] et exp. RVCas (=vg)    caelis AHGVCas (=vg)    4 ᘁies. a mort. ES ex] a H    iesu N    tales] tale B talis H₁MV* teles N    estis ut] est istud B est ut H₁ sitis ut N    fid.] fit. N    et] ut B    5 expectaretis G exp.] exsp. V    7 ab—habemus *om.* Sd    nos *om.* Cas^cod    iudicii *om.* H₁    quia *om.* H₁    spe] spem B    libertatem] + reparari per baptismum Cas    8 nam]+et H₁G    escitis M    9 commemorant (*Paulus et Siluanus et Timotheus?*) AG commemorat *rell.*    esse *om.* H₁    10 ex. prof.] magis prof. ex. H₁ ex. magis prof. G    no**n V    11 uexati BSd passi AHVCas (=vg) multa passi G    -iam passi] -iis af(d SNG)fecti AHGV Cas (=vg)    quem implet Sd    impl.] firmatur Cas    12 philipis B philipensis MN filippis Cas^cod    13 uestrorum H₂ uestri Sd^cod    philipis B pylippis E in philipensis (philippis C) H₂    non] nec H₁    14 persecutionibus H₁ tribulationes Cas passiones Sd^cod    nec] non H₂    cessare H₁ cesisse G cessassem V*    fud. A*    habemus H    15 deo AH (=vg) nostro *om.* H₂V    quod] qui E quomodo S    liberare BH₁ liberet C    16 possit *add.* B    uel] et C    in *om.* B    redderet(-it N*)] et reddere B *om.* H₁ reddat C retribuat V    labores H₁    nostrae MN    17 mercedem]+omnibus (ualeat R) recompensare (repensare SR) H₁    nec] uel H₂    18 transiturię EN    sed—multa *om.* Cas    sed] neque V    sollicitudine*A    non *om.* V    sed multa] sed magna R *om.* H₂ uel multa V

3 *Nam exhortatio nostra non de errore.* Ideo non terremur: er[r]at [enim] quicumque putat uel docet malos posse regnare cum Christo, sicut alibi: 'nolite errare; deus non deridetur.' *Neque de inmunditia.* Sicut Iouiniani doctrina fuit. *Neque in dolo.* Non contra conscientiam nostram docentes atque suadentes. 5 4 *Sed sicut probati sumus a deo ut crederetur nobis euangelium, ita loquimur.* Integri. *Non quasi hominibus placentes.* Qui falli possunt. *Sed deo, qui probat corda nostra.* Quasi a deo probati, et ab ipso in hoc officium destinati, qui cordis occulta rimatur. 5 *Neque enim aliquando in uerbo adulationis fuimus, sicut* 10 [*ipsi*] *scitis.* Sicut qui hominibus placent, tamquam aegris desiderata omnia concedentes, et mortem eorum neglegentes. *Neque in occasione auaritiae, deus testis est,* 6 *nec quaerentes ex hominibus gloriam, neque a uobis neque ab aliis.* Omnis qui adulatur, aut propter auaritiam aut propter uanam gloriam 15 adulatur, ille ergo probatur propter deum docere, qui ista non quaerit. 7 *Cum possemus oneri esse, ut Christi apostoli.* Uel in hoc quod dominus ordinauit[, id est, ut de euangelio

2 cf. Apoc. xx 4    3 *Gal. vi 7    8 cf. 1 Cor. xiv 25    9 cf. Tac. *Ann.* vi 3
15 cf. Phil. ii 3    18 cf. 1 Cor. ix 14

1 nam exh.] exh. enim AHGVCas (=vg)    non de errore *tr. post* terremur BH$_2$GVCas    no V*    derremur R*    timetur H$_2$    errat] erat A*DII$_1$
2 enim *om.* BH$_2$GVCas    malos] multos H$_1$    posse *om.* Cas    3 sicut alibi]+dicit H$_1$ *om.* Cas    deus non deridetur] et cetera V neque fornicarii neque adulteri et cetera Cas    inridetur HG    4 sicut] quomodo Cas ⌒doc. iou. HGV    doctrina] dogma C *om.* V    iou.] in io(u M)u. MN fuit *om.* VCas    dolo] idolo H$_1$    5 non *om.* Cas    constantiam H$_1$ nostram *om.* Cas    docentes] loquentes VCas    atque] ac Sd    6 a *om.* G
7 integre B, (-ra M)H$_2$GVCas + loquimur Cas    qui] hominibus qui Cas$^{cod}$ quae Cas$^{ed}$    8 potest *et in ras. et mg.* G    uestra R*    a *om.* V
9 et *om.* H$_1$    officio VCas$^{ed}$    10 ⌒al. fu. (fu. al. HG) in sermone adul. (adol. SRGV) AHGVCas (=vg)    11 ipsi *om.* AHGVCas (=vg)    tamquam *om.* Cas    aegris] *om.* C infirmis Cas    12 ⌒omnia quae desiderant Cas desidera(*corr.* -ria) R    concidentes G    negleg.] nec gleg. E negli. N
13 occansione E*    deus testis est *om.* ES    nec] neque EH$_2$    ex] ab AHGVCas (=vg)    14 omnibus E*SMN    gloriari ES    15 adulatur] adolatur H$_1$GV (*sic u.* 16), adulteratur MN    aut (*alt.*)] uel Cas$^{ed}$    propter *om.* Cas    uanam *om.* Cas    16 ergo probatur] uero H$_1$    docere]+ probatur *s.l.* E *m. rec.*, docet R loqui Cas    istam Sd$^{ed}$    17 possemus] possimus ASRGCas$^{ed}$ (=vg) possumus EMNV    honori MN honeri Cas$^{cod}$ + uobis Cas$^{cod}$    esse *om.* R*    chr. apos.] ceteri apos. chr. H$_1$    18 uel *om.* G dominus] deus H$_1$MCas·    id—uiueremus] *om.* BH$_2$VCas    id est ut *om.* G euangelium H$_1$

uiueremus]. *Sed fuimus paruuli in medio uestrum.* Humiliantes nos [et] nec debitum quaerentes honorem. *Tamquam si nutrix foueat filios suos.* Humilians se et in omnibus paruulo coaequans, ut illum ad maiora sua imitatione perducat: nam
5 et balbuttit interdum lingua et manducare fingit [et] cum eo lente ambulare consuescit. 8 *Ita* [*eramus*] *desiderantes uos, cupi*[*de uoleba*]*mus tradere uobis non solum euangelium dei, sed etiam animas nostras.* Sicut nutrix non solum uerbum, sed etiam omnem sensum perfectionis suae in paruulum trans-
10 fundere cupit, ut ei cito possit aequari, ita nos omnia fecimus quibus proficere poteratis. *Qu*[*on*]*ia*[*m*] *karissimi nobis facti estis.* Propter fidem et conuersionem uestram, quam superius memorauimus. 9 *Meministis enim, fratres, laborem et fatigationem nostram, nocte ac die operantes.* Laborem manuum
15 nocte, [et] fatigationem uerbi die: ceterum, si semper operabantur, quando docebant? *Ut nullum uestrum grauaremus.* Aput istos [et] Corinthios et Ephesios laborauit, quibus

5 cf. Aug. *cat. rud.* 10 § 15   12 cf. 1 Thess. i 8, 9
17 cf. Act. xviii 3; 1 Cor. iv 12; Act. xx 34

1 uiuerimus H₁ uiuere G   sed] sicut ES   fuimus BSd facti sumus AHGVCas(=vg)   paruo. NV paruu. *rell.*   in medio uestrum] inter uos SdD
2 nos] uos ES   et *om.* B   nec] non H₂   deb. qua(*om.* G)er. hon.] hon. deb. requir. H₁   3 filios] paruulos ES   et *om.* H₁Sd^ed   paruulum MN
4 aequans H₂G coaequat Sd^ed   illos H₂Sd^ed illut N*   producat S pducat R*   5 et] et ut H₂   balbuttit AVSd^cod baalbuttit R*m*2 balbutit BSR*C*m*2, GSd^ed balbutat ESd^cod balbuciat H₂   int. *om.* VCas   lingua] *praem.* in Cas^ed   manducare (+se C*m*2) fingit] parum edit VCas   et *om.* BH₂   com V   6 ambulare consuescit] ambulat ut consuescat Cas eramus *om.* AHGVCas (=vg)   7 cupimus BG cupide uolebamus AHVCas (=vg)   tradere uobis] uobis tradere E tradere S participari(-are D) uobiscum GD   8 sed] uerum G   9 ⌒uult transfundere Cas   10 ei] et Cas^ed cito possit aequari] sit similis Cas   facimus H₁NC*G   11 quibus] quia H₁ proficiscere MN   quia] quoniam AHGVCas (=vg)   kar. B car. *rell.*
12 ⌒uest. et conu. V   et conuersionem *om.* Cas   conuersionem V conuersationem *rell.*   nostram Sd^ed   supra H₂   13 meministis enim] memores enim (+facti Cas) estis AHGVCas (=vg)   fratres *om.* Cas^cod   laboris CGCas ⌒nostrum et fatigationem AH(—C)VSd (=vg) nostri et fatigationis CGCas
14 ⌒die ac nocte H₁   ac] et AGVCas (=vg)   labore RH₂G labores Cas manuum] +exercebat Cas^ed   15 noctibus VCas   et *om.* BH₂VCas   fatigatione SMC   uerbi] in B+in G   die] per(+fi M) diem H₂ diebus VCas   ceterum] coeterum M nam VCas   si] siue H₁G sic(+ut N) H₂   operabant G operabatur Cas   16 quando] quam R*   dicebant S docebant Cas   ut nullum BSd ne quem (que SR*) AHGVCas (=vg)   grauaremur G   17 istos] hos VCas ⌒et efes. et cor. Cas^cod   et *om.* A   corintheos E corrinthios SV corrinteos N et] atque V   epheseos E effessios S effesios N efesios Cas^cod   laborant V

occasionem auferre cupiebat uel accipiendi uel de se aliquit suspicandi. *Praedicauimus euangelium dei inter uos;* 10 *uos estis testes et deus.* Sicut Samu[h]el populum contestatur. *Quam sancte et iuste et sine quere[l]la uobis qui credidistis fuimus* [, 11 *sicut scitis*]. Ne uobis ullam offensionem dare uideremur. *Quo* 5 *modo unum quemque uestrum, sicut pater filios suos,* 12 *obsecrantes uos.* Paruulos ut nutrix fouet, proficientes uero iam ut pater instituit. *Et consolantes* [*et*] *testificantes in hoc.* In tribulationibus promissionibus Christi uos sumus consolati. *Ut ambularetis digne deo.* Digne deo ambulat, qui nihil deo agit indignum. 10 *Qui nos uocat in suum regnum et gloriam.* Quod non nisi eius similes possidebunt, iustitiae scilicet et sanctitatis exemplo. 13 [*Et*] *ideo et nos gratias agimus deo sine intermissione, quoniam suscipientes a*[*ut*] *nobis uerbum auditus dei.* Quod primum de deo audistis. Siue: Ut audiretis deum. *Suscepistis non ut* 15 *uerbum hominum, sed sicut est uere uerbum dei.* Ut uerbum hominum accipit, qui contemnit: uos autem ita credidistis, ut ab ipso deo uos audire putaretis. *Quod operatur in uobis*

3 cf. 1 Regn. viii 9, 10    7 cf. 1 Thess. ii 7    9 cf. Matth. xxiv 9–13 etc.

1 occansionem E*    accipiendi] docendi H₁ accipi R corr.    ⌒aliquid de se G    de—suspicandi] detrahendi Cas    2 suspicando H₁    ⌒in (*om.* C) uobis (in uobis *om.* ES) eu. dei AHGVCas (=vg)    uos] +enim G +autem D 3 ⌒testes(-is NV) estis BH₂GVCas^ed (=vg)    samuel A*B    populum contestatur] populo dicit (dixit *ed.*) Cas    4 et iuste *om.* V    querela BCasSd^ed quaerella E,(*pr.* l *eras.*)R,V    uob. qui cred. fu.] fu. uob. H₁    affuimus Cas^ed    sicut scitis *add.* BH₂GVCas (=vg)    5 ⌒ull. uob. G    ⌒dare ullam off. H₂    uideremus ES    quo modo] qualiter AHGVCas (=vg)    6 sicut] tamquam AHGVCas (=vg)    suos] *om.* H₂VCas +et G*    depr[a]ecantes AHGVCas (=vg)    7 paruulos] paruo(u BVCas)lum BH₂VCas, *tr. post* fouet G    ut] et B *om.* H₂    fouet *om.* Cas    proficientem BH₂VCas    uero *om.* VCas    ut *om.* ES    8 et testificantes in hoc] testificati sumus AHGVCas (=vg)    tribulatione VCas    9 ⌒cons. sumus prom. chr. Cas    promissis Cas ⌒sumus uos V    uos *om.* Cas    ambuletis RV    10 digne (*pr.*)] digni MN* digne] ille digne V    ambulant R*    11 nos uocat] uocauit uos (nos G) AHGVCas (=vg)    non *tr. ante* possid. H₂G    eius similes] fideles Cas 12 scilicet] scientiae H₂    13 Et *om.* AHGVCas (=vg)    ideo] propter hoc G    14 suscipientes] cum accepissetis AH(accepistis R)GVCas (=vg) a] aut B (*cf. uol.* I, *p.* 222)    ⌒aud. uerb. E    auditas A*    quod *om.* H₁ 15 ut *om.* H₁    audieritis H₁G audieretis MN audiritis V*    accepistis AHGVCas (=vg) +illud Cas^ed    16 ⌒uere est H₂    uere *om.* E    ut *om.* G    17 accipit] accepit ESNGV *om.* Cas^ed    uos *om.* H₁    18 audiri A* qui AHGVCas (=vg) +et G

*qui credi*[*dis*]*tis.* Uerbo uel signis. Siue: Uirtutes exercet: 'credentes' enim, ait Marcus, 'haec signa sequentur.' 14 *Uos autem, fratres, imitatores facti estis ecclesiarum dei quae sunt in Iudaea in Christo Iesu.* Quibus dicitur: 'nam et uinctis
5 compassi estis, et rapinam bonorum uestrorum cum gaudio suscepistis.' *Qu*[*on*]*ia*[*m*] *eadem passi estis et uos a contribulibus uestris, sicut et ipsi a Iudaeis.* De uobis plus miror, qui[a] nec legis nec prophetarum habuistis exempla. 15 *Qui et dominum occiderunt Iesum et prophetas, et nos persecuti sunt* [, *et deo non*
10 *placent*]. Quid mirum si nos mali persequuntur, qui nec ipsi domino pepercerunt! *Et omnibus* [*hominibus*] *aduersantur,* 16 *prohibentes nos gentibus loqui ut saluae fiant, ut impleant peccata sua semper.* Non solum Iudaeos impediunt, sed etiam gentibus inuident ad suorum cumulum peccatorum. *Praeuenit*
15 *enim super illos ira dei usque ad finem.* Siue: Quia pr[a]ecoqua poena captiui sunt. Siue: Quia ablatus [est] non credentibus intellectus. 17 *Nos autem, fratres, desolati a*[*ut*] *uobis ad tempus horae.* Paruo tempore. *Facie, non corde.* Sicut alibi

2 *Marc. xvi 17    4 Hebr. x 34    8 cf. Matth. vii 12 etc.
16 cf. *Esai. vii 9

1 quia G*    creditis BES credidistis AH(—ES)GVCas (=vg)    uerbo] operatur V operatur inspiratione Cas    uirtutibus H$_2$G    exercent R* exercentes R corr. exercit MG    2 signa *om.* R    3 autem BH$_1$G enim AH$_2$VCas (=vg)    fratres BG] *tr. post* estis ARH$_2$VCas$^{cod}$ (=vg) *om.* ESCas$^{ed}$ dei *om.* G    qui MNSd$^{cod}$    4 in iudaea *om.* Sd$^{cod}$    quibus—suscepistis *om.* H$_2$    dicit Cas    5 estis *om.* G    6 quoniam] quia AH(qui MN)GVCas (=vg)    contribulationibus S    7 et *om.* ES    ipse S isti H$_2$    minor S qui] quia BCas    nec legis] neglege V nec lege (legem *ed.*) edocti Cas    8 pr. habuistis exempla] exemplo(-is Cas) estis pr. ( ↶ pr. estis Cas) edocti (prouocati Cas) VCas    deum MN    9 et deo non placent *add.* BH$_2$GVCas (=vg) 10 mali *om.* VCasSd    persecuti sunt H$_2$ persequantur Cas$^{ed}$    nec— pepercerunt] occiderunt ( +et Cas) dominum (deum Cas$^{ed}$) et prophetas VCas ipsi *om.* Sd    11 hominibus *add.* AHGVCas (=vg)    12 gentibus *om.* Sd$^{cod}$ ut]+non Cas$^{cod}$*    saluai (*sic*) A corr. salui BCas$^{cod}$*$^{ed}$ salue NGCas$^{cod}$    ut (*alt.*)—semper *om.* H$_1$G    impleantur MN    13 non] *praem.* quia Cas    solum] +in A* solis Cas    iudaeis H$_2$GVCas (*uide uol.* I *p.* 102)    etiam] gratiam F 14 comulum ER*    peruenit BH$_1$C*CasD    15 enim] *om.* R* autem Cas super illos ira dei ASd$^{cod\ ed}$ ira dei super illos BHGVCasSd$^{cod}$ (=vg)    ad] in AHGVCasSd$^{ed}$ (=vg)    quia *om.* R*    prae(*om.* BSCSd$^{codd}$)coqua] praeco qua *codd. pler.* praequoqua M proquoqua N praedico qua GSd$^{ed}$    16 sunt *om.* GCas ↶ non cred. est Sd$^{ed}$    est *om.* B    non] a non (a *s.l.*) C    17 desolati]+sumus H$_1$ a] aut B (*uide uol.* I *p.* 222)    18 horae] ore EMCas$^{cod}$    paruo E    facie *scripsi* fatie B aspectu AHGVCas (=vg)    sicut]+et H$_2$ *fort. recte*

ait: 'et si corpore absens, sed spiritu praesens.' *Abundantius festinauimus faciem uestram uidere [cum] multo desiderio,* 18 *quoniam uoluimus uenire ad uos, ego quidem Paulus et semel et iterum, sed impediuit nos satanas.* Tribulationibus persequent[i]um. 19 *Quae [est] enim spes nostra aut gaudium aut corona gloriae? nonne uos ante dominum [nostrum] Iesum [estis] in aduentu ipsius?* Non inmerito uos desideramus, per quos et laetitiae gaudium speramus et gloriae coronam. 20 *Uos enim estis gloria nostra et gaudium.* Boni magistri omnem spem et gaudium et coronam in discentium solent collocare profectu[m]. 1 *Propter quod amplius non sustinentes.* Non sustinentes neminem nostrum ad uos uenire. *Decreuimus remanere Athenis soli[s].* Malu[i]mus soli remanere quam nescire quid agatis. 2 *Et misimus Timotheum fratrem nostrum.* Quaeritur quo modo Timotheus missus sit, qui pariter scribit: non enim hac uice missus est, sed prius. *Et adiutorem dei in euangelio Christi.* Adiutores pro discipulis etiam uulgo dicuntur. *Ut uos confirmet et precetur pro fide uestra.* In hac

1 *Col. ii 5 (*1 Cor. v 3 *sec.* Cassiod. ed.)    15 cf. 1 Thess. i 1

1 ait *om.* Cas    si *om.* H₁    corpus R    praesens]+sum H₂G    2 cum] *add.* AHVCas(=vg) in G    ↶des. mul.V    3 quoniam] +quidem (quidiem V*) H₂V    uolumus H₁D    quidem] autem H₁    4 sed *om.* ES    inpetiuit N    persequentium BRH₂GCas^codSd    5 est] *add.* AHGVCas(=vg) *add. post* enim Sd^cod    enim *om.* S    spes nostra BSd nostra spes (exultatio H₁) AHGVCas(=vg)    6 nonne] non enim MN uos]+estis ES    nostrum *add.* AH₂GVCas(=vg)    iesum]+christum H₂GCas    estis *add.* BH₂GVCas(=vg)    7 aduentum SR*V    ipsius] eius AHGVCas(=vg)    deseramus Sd^ed    quem MN    8 et *om.* H laetitiae] leti (legi M*) H₂ leti C laeti G laetitiam V    gaudii V    9 enim] autem E    nostra *om.* ES    10 coronam] gloriam H₁    in—prof.] ↶sol. coll. in prof. disc. H₁ in perfectione discentium ponunt Cas    discipulorum AH₁    collocare] colere MN ponere C con****locare G    11 profectu] profectum BH₂GV    ampl. non sust. BSd non sust. ampl. AH(*om.* N)GVCas (=vg) non sust. (*alt.*)] *om.* H₁Cas non patientes Sd^codd    12 ↶ad uos nem. nost. uen. H₁ ut (quod *cod.*) ut nemo ad uos ueniret Sd    decreuimus] placuit nobis AHGVCas(=vg)    13 adthenis E    soli B solis AH₁GVCas (=vg) solus MN solos C solitariis Sd    maluimus] malumus B+enim Sd 14 agiatis MN agitis GV ageretis Cas    et *om.* H₂    tim.] thim. Cas^edSd^cod 15 ↶miss. sit tim. G    sit] est H    qui—est *om.* H₁    scripsit Sd^codd scriptus est Sd^ed    16 enim—prius] modo missus est sed quid sit factum ante refertur V(Cas)    enim] ergo Sd    est] sit Sd    adiutorem] ministrum R*GCas(=vg)+ministrum H₂    dei *om.* Cas^cod    17 euangelium H    discipulos E*R*    etiam uulgo *om.* H₂    18 ut uos confirmet et precetur] ad confirmandos (confortandos Cas) uos et (*om.* ESN) exhortandos(-o ES) AHGVCas(=vg)

causa dumtaxat, quia perfe[c]te credidistis. 3 *Ut nemo moueatur in tribulationibus* [*istis*]. Non dico 'ne omnes,' sed 'ne uel
aliquis moueatur.' *Ipsi enim scitis quoniam in hoc positi
sumus.* Non ergo mirari debetis, scientes nos aliter transire
5 non posse, dicente domino: 'ecce e[r]go mitto uos sicut oues
in medio luporum,' et iterum: 'haec dixi uobis, ut in me pacem
habeatis, in saeculo autem pressuram.' 4 *Et enim cum aput
uos eramus, praedicabamus* [*uobis*] *nos passuros tribulationem,
sicut* [*et*] *factum est et scitis.* Ut non uos ipsa nouitas deterreret,
10 sed magis prophetia nostra firmaret [et] sicut dominus passurum se ante praedixit. 5 *Ideo et ego, iam non sustinens, misi
ut sciam fidem uestram, ne forte temptauerit uos.* Dicens: 'ecce,
in quibus deum esse putatis, qualia patiuntur!,' et fidem
uestram forsitan commoueret. *Is qui temptat.* Sicut in Iob
15 et domino probatur. *Et inanis fiat labor noster* [*nunc autem*].
Si aliquem scrupulum pati[a]mini. notandum etiam doctrinam
dici laborem. 6 *Nunc autem ueniente Timotheo ad nos a uobis,*

       5 Matth. x 16      6 *Ioh. xvi 33    10 cf. Marc. viii 31 etc.
            14 cf. Iob ii 6     15 cf. Matth. iv 1

  1 dum taxat *separatim* AE    quia] nam V    perfete B per me H₂
2 istis *add.* AHGVCas (=vg)   ne (*pr.*)] non G *om.* Cas   3 aliqui Cas  mou.
*om.* Cas   quod AHGVCas (=vg)   positi sumus] positis R*   4 mirare
H₁N*G   debitis V   5 dicente domino] a christo qui dixit Cas   ego]
ergo B   uos] ad uos A*   oues in medio luporum] agnos inter lupos VCas
6 iterum *om.* V   haec] ecce H   7 in] in hoc H₁   ⌒ autem saec. H₁
press.] pręs. E praess. V+habebitis G   et enim] nam et AH(*in ras.* E,
*om.* S)GVCas (=vg)   cum] *in ras.* E *om.* S   8 essemus AHGVCas (=vg)
praedicebamus F corr. *dubius,* GVCas^cod (=vg) *fort. recte*   uobis *add.* AHG
VCasSd (=vg)  ⌒ pass. nos AHVCas (=vg)   passurus A*   tribulationes ARH₂GVCas (=vg)   9 et *add.* AH₂GVCas (=vg)   est *om.* R*
ut *om.* H₁   ipsa] rei Cas   deterret H₁G   10 magis *om.* VCas   ⌒ no.
pro. VCas prophetiam nostram Sd^cod ed   proficiencia N   confirmaret ES
confirmet R firmaretur C   et sicut] sicut B sicut et HGSd *unde et* VCas
dominus] saluator VCas   passurum se] passionem suam Cas   11 ante]
*om.* C in ante Cas^cod   ideo] propterea AHGVCas (=vg)   iam] amplius
AHGVCas (=vg)   misa N   12 ut sciam] ad cognoscendam AH(—M)
GVCas (=vg) ad cognoscendum M   tempt.] temt. M (=vg) tent. Cas
13 ⌒ putatis (speratis Cas) deum esse H₁Cas   pat.] pac. A *al.*   14 forsitant
MCas^cod*   commouerent H₁ conmouerit H₂ commouere V turbaret Cas
is] his SM   15 et (*pr.*) *om.* H₁   uester G   16 si] *praem.* nunc autem
BH(—E)G (*cf. u.* 17)   si—autem (17) *om.* S   patimini A patiemini ER
etiam *om.* ER*   doctrina G   17 nos] uos R*   a uobis] ad uos M *om.* N

*et adnuntiante nobis fidem et caritatem uestram, et quia habetis memoriam nostri bonam, semper desiderantes nos [uidere], sicut et nos [quoque] uos.* Quia firmiter Christo credentes [tenetis] fidem et nos solita dilectione amatis. 7 *Ideo consolati sumus in uobis, fratres, in omni neces[s]itate et pressura nostra, per uestram fidem.* Omnem necessitatem et tribulationem non sentimus prae magnitudine gaudii status uestri. 8 *Quoniam nunc uiuimus, si uos statis in domino.* Etiam si occidamur, uiuimus, quorum uita in uestra firmitate consistit. 9 *Quam enim gratiarum actionem possumus retribuere domino pro uobis, super omni gaudio quo gaudemus propter uos coram deo nostro.* Triplicem causam laetitiae nobis uestra conuersatio praestat, quia et uos profici[s]tis et dominus per uos benedicitur [et] aliis praebetis exemplum. 10 *Nocte ac die abundantius orantes, ut uideamus faciem uestram.* Ostendit quantum aliis desiderandi sin[t] fratribus, quos tantum ipse desiderat. quis enim, cum famam compererit bonorum, eos uidere non op[or]tet? *Et suppleamus ea quae de-sunt fidei uestrae.* Si quit uestra fides minus potest habere doctrinae. 11 *Ipse autem deus et pater noster, et dominus [noster] Iesus dirigat uiam nostram ad uos.*

1 et (*pr.*) *om.* H$_1$   et (*tert.*) *om.* ES   ⌒ mem. nost. hab. AHGVCas (=vg)
2 ⌒ uid. nos H$_2$   uidere *add.* AHGVCas (=vg)   sic E   3 et *om.* GVCas quoque *add.* AHGVCas (=vg)   qui Cas$^{ed}$   tenetis *om.* B   4 amatis] diligitis H$_1$   sumus] estisumus V*   5 ⌒ fr. in uob. AHGVCas (=vg) omni—fidem *om.* G   necesitate A   et pr. nostra] tribulationis nostrae Cas   pr.] tribulatione AHGV (=vg)   7 propter magnitudinem Cas pro multitudine Sd   8 occidamus V   9 uiuemus V   quorum (quoniam Sd$^{cod}$) uita] uita enim nostra V   uestrae firmitatis C   cons.] +et (*om.* H$_2$) laetitia H$_2$(—M)G   qua N   10 actionum R actione N ⌒ deo (domino V) retribuere (tribuere Cas) AH$_2$GVCas (=vg) retribuere deo H$_2$
11 super BSd in AHGVCas (=vg)   omne gaudium Sd$^{ed}$   quo] quod H(—R)   ⌒ ante deum nostrum propter uos ES   coram deo nostro] ante deum (dominum RN*CCas) nostrum (*om.* V) AHGVCas (=vg)   12 triplicem] +ostendit Sd$^{ed}$   caus. laetitiae] laetitiae caus. H$_1$ caus. H$_2$ (*praem.* gaudii *s.l.* C)   nobis *om.* R* (*add. post* conuersatio R corr.)   uestrę E*S
13 proficitis] perfecistis B profe(i V)cistis SH$_2$(prophetistis N)V perficiatis G benedicetur ESM   et *om.* B   14 ac] et AHVCas (=vg)   15 uideam MN aliis] ab illis Cas   desiderandi sint] desiderandis in B desiderandus sit Cas + in G   17 fama MNCas$^{cod}$ de fama Cas$^{ed}$   compererit] cum peperit (pepererit R*) H$_1$ conperierit G   bonorum eos (*om.* Cas) uidere] *om.* H$_1$ bonorum uidere eos R corr.   optet] oportet B cupiat H$_1$ optat Cas$^{ed}$   18 et *om.* H$_2$   compleamus AHGVCas (=vg)   ⌒ fid. ues. H$_1$   19 deus *om.* Cas$^{ed}$   20 noster *om.* AHVCas (=vg)   iesus] +christus RCas

Remotis diabolicis scandalis, quibus noster impeditur aduentus. 12 *Uos autem dominus multiplicet [et] abundare faciat caritate.* Quia iam plena est [et] opere comprobata. *[In] inuicem et in omnes.* Ut non solum Christianos, sed etiam omnis sectae homines, non erroris, sed naturae gratia diligatis, et eis, [in] quo indiguerint, misericordiam quam illis in praesenti deus exhibet, non negetis. *Sicut et nos[tram] in uobis* 13 *ad confirmanda corda uestra.* Fecit abundare, ut et uos aliorum corda firmetis. *Sine querella in sanctificationem ante deum et patrem nostrum in aduentu[m] domini nostri Iesu [Christi] cum omnibus sanctis suis. [amen.]* Non ante homines, sicut [de] Zacharia[e] et Elisabet[h] dicitur, et per Isaiam: 'et uos eritis mihi iusti, dicit dominus.' 1 *De cetero, fratres.* Post laudem et consolationem incipit exhortatio. *Rogamus uos et obsecramus in domino Iesu, ut quo modo accepistis a nobis qualiter oporteat uos ambulare et placere deo, sicut et ambulatis.* Quibus uia Christus est, dignis eo gressibus ambulate,

3 cf. 2 Cor. viii 8    12 cf. Luc. i 6    *Esai. liv 17

1 diaboli H₁    impediatur Sd    auditus V    2 et *om.* B    3 caritate] qualitate B caritatem H₁(=vg) in caritate H₂G caritatem uestram VCas^ed et *om.* BH₂G    comprobata]+est C    in *add.* BSRCVCas(=vg)    4 ut— negetis *om.* G    etiam *om.* Cas^cod*    omnes E*H₂    5 sectae]sancti MN scilicet C *in ras.*    hominis H(—E) hominum C corr.    errores H(—EM) propter errorem Cas    naturae gratia(-is B*)] propter substantiam Cas gratiam H₂    6 in quo] qui B    indiguerunt SR*    quam *om.*V    eis Cas ⌒deus in pr. Cas    7 sicut] quem ad(m V) modum AHGVCas(=vg) nostram]nos AHGCas(=vg)    uobis]nobis ES    8 fecit—firmetis *om.* G 9 sine qu(+a ERV)erell(*om.* BCas, Sd^ed)a] inreprehensa H₂½G½(=Ambst) in sanctificationem *om.* H₁    sanctitate AH₂½G½VCas(=vg) sanctimonia H₂½,G½(=Ambst)    coram deo et patre nostro H₂½G½    10 aduentum] aduentu AH₁GCas^cod (=vg)    nostri *om.* NC    iesus N    christi *add.* BH₁GCas(=vg)    11 suis] eius AHGVCas(=vg) *om.* Sd    amen *add.* BRH₂GCas(=vg)    sicut]+et H₂ *praem.* G    12 de *om.* B    zachariae BE et (*pr.*)] *om.* ES,Rm2 et de MNG    elizabet BS helishabet(h *pr. eras. m*2) R elizabeth R*M helisabet N ẹlisabeth C ẹlisabet F    dicitur *om.* H₁    per isaiam] esaias V    13 cetero]+ergo MGVCasSd^cod ed (=vg)    post]plus S 14 consolationem] conlaudationem H₂ confirmationem Sd    ex[h]ortare R*MG* [h]ortari NC exhortari G    uos] uobis H₁ *om.* Cas^cod    15 obsegramus R    ut *om.* ES    quo modo]quem ad(m V) modum AHGVCasZm (=vg)    a nobis *om.* ES    16 qualiter] quo modo AHGVCasZm(=vg) op. uos BZm^cod uos op. AHGVCasZm (=vg)    et placere deo *om.* Zm sicut et] *om.* ES sic et Cas^ed Zm^ed    ambuletis BSR*CCas^ed    17 ⌒chr. uia Zm    est] *om.* H₁ et H₂    eo]ea in G eam Cas eum Zm    ⌒ambulantes sequimini gr. Zm    ambulare B ambulantem MN

mansuetudinis caritatis et pacis omniumque uirtutum. *Ut
abundetis magis.* Quia cum aetate fidei debent augeri profectu[s] [et] mores, sicut cum aetate carnis et cibus crescit et
studium. 2 *Scitis enim quae praecepta ded[er]imus uobis* [*per
dominum nostrum Iesum*]: 3 *nam haec est uoluntas dei, sanctificatio uestra, ut abstineatis uos a fornicatione.* Sanctificatio ab
omni incontinentia reuocat Christianum, cui incontinenti non
expedit sanctum Christi corpus attingere, maxime cum etiam
Moses, Iudaeos sanctificare uolens, populum totum ab omni
femina continere praecep[er]it, ut dei potiri praesentia
mererentur. 4 *Ut sciat unus quisque* [*uestrum*] *suum uas
possidere in sanctificatione* [*debere*] *et* [*in*] *honore.* Suum
corpus unus quisque castum seruando sanctificet [et] honoret.
[simul] considerandum quia non [eis] perfectis sicut Corinthiis scribit infirmis. 5 *Non in passione desiderii, sicut* [*et*]

10 cf. Exod. xix 15    14 cf. 1 Cor. xi 30

1 mans.] in cons. S + scilicet Cas^ed    caritatis] + humilitatis oboedientiae Zm    et *om.* Cas    omniumque uirtutum] et ceterorum similium Cas
-que *om.* H₁    ut] + et H₂G    2 ab.] hab. G *al.*    fidei] et fide Cas^ed
⌒aug. profectu debent H₁    debent] habent H₂ debet Cas^cod Zm debetis
Cas^ed    ⌒prof. aug. et mor. Cas    augere ENC*GCas^ed Sd    profectus
VCasZm profectu AH₁G perfectuum B profectuum H₂ profectum Sd    3 et
mores] uirtutum Zm    et *om.* BH₂    cum aetate carnis] accessu carnalis
aetatis Sd    cum] pro Cas    et *om.* Zm    cibus] corpus Sd    crescet RG
4 enim *om.* H₂    dedimus] dederimus AEG (= vg) dederim SRH₂CasZm
per dominum nostrum iesum] *add.* BG per dominum iesum RVCasZm (= vg)
per dominum (deum N) nostrum iesum christum H₂    5 nam haec est]
haec (hoc MN) est enim (*om.* Zm^cod ed) (⌒enim est G) AHGVCasZm (= vg)
6 fornicationibus NC    7 uocat G temperat Cas    cui—maxime *om.* Cas
cui] quom B sui V    incontinentia expetit S    8 att.] adt. H(—R)Zm
etiam] *om.* H₁Cas et Zm    9 iudaeos *om.* VCas    totum *om.* VCas    10 continere praecepit (Zm^cod) AH₁ praece(i H₂)perit (praecipit NC preciperet G)
continere BH₂GVCasZm *fort. recte*    potiri praesentia mererentur] poteret
(*om.* NC) praesent(c)iam mereretur uidere (*om.* M) H₂ uidere presentiam mereretur G legem accipere mereren(*om. ed.*)tur Cas    praesentiam H(—S)V
11 sciatis MNG    uestrum *add.* AH(-am MN)GVCas (= vg)    uas *om.* E*
12 ⌒hon. et sanc. Cas^ed    debere *om.* AHGVCasZm (= vg)    in *om.*
A*BHGVCasZm (= vg)    ⌒corp. su. Zm    suum] suum proprium Sd^codd
proprium suum Sd^ed    13 unus quisque *om.* VCas    seruandum H₂
sanctificat V deo sanctificet Zm    et honoret] honorem B et honore ES et
honorat V    14 simul *om.* BH₂GVCasZm    considerandum—infirmis *om.*
CasZm    eis] *om.* B + ut Cm2    perfecti V    sicut] ut V    chorintis G
15 scribit] + sed ut H₂(—M)    passione] concupiscentia G    desideriis R
et *add.* AH(—S)VCasZm (= vg)

*gentes quae non nouerint deum.* Ne nimi[a]e et inmoderat[a]e libidini seruientes, similes gentibus sitis, quae deum amatorem castitatis ignorant. 6 *Ut ne quis supergrediatur neque circumueniat in negotio fratrem suum.* Ne quis post deuotam ex
5 consensu continentiam pa[t]ri suo aliqua[m] circumuentione[m] uim inferre nitatur. Siue: In quolibet negotio ne quis alterum fraudet. *Quoniam uindex est dominus de his omnibus*[, *sicut praediximus uobis et testificati sumus*]. Non solum de fornicatione et publica turpitudine, sed etiam de transgressione
10 propositi: quisque enim continentiam deo uou[er]it, fecit sibi inlicitum quod licebat. 7 *Non enim uocauit nos deus in inmunditiam.* Etiam nimia incontinentia potest inmunditiae deputari, quae corpus Christi audenter accipi non permittit. *Sed in sanctificationem.* Ut exemplo Christi uiuatis: ʻqui'
15 enim ʻhabet hanc spem, sanctificat se, sicut[et] ille sanctus est.'
8 *Quapropter qui haec spernit, non hominem spernit, sed deum, qui et*[*iam*] *spiritum suum sanctum dedit in nobis.* Non mea

14 *1 Ioh. iii 3

1 non nouerint(-unt Sd<sup>ed</sup>)] ignorant AHGVCas (=vg) ignorabant Zm<sup>ed</sup> ne] *om.* H$_2$ non V    nimie BERNGZm<sup>cod</sup>    inmoderate BESRNG(*praem.* ign. G*)Zm<sup>cod</sup>    2 libidine R*N*    seruiatis V    similis H$_1$ sicut V ᴗ sitis gentibus R    sitis *om.* ESV    qui NC*    amotorem B auctorem Sd    3 ut] ne H$_2$G et Cas<sup>ed</sup>Zm<sup>ed</sup>    supergradiatur ER* supergrediauerit M    4 ᴗ fr. su. in neg. E    quis]+uestrum Zm    ex] et E *om.* H$_2$    5 consensus C½ consu G    pari] patri BZm<sup>cod</sup> fratri H$_1$G pare NC*    aliqua] aliquam BH$_1$C    -one] -onem BERC    6 uim inferre] uim in fratre B uim(m *exp.* E) circumferre ER* ut tantum ferre S aut (*om.* M, *corr.* as C) uim inferre H$_2$    inferre nitatur] inferat Cas    siue]+ne Cas<sup>cod</sup>    in *om.* H$_2$Zm    ne quis alterum fraudet] fraus fiat Cas    ne *om.* Zm    alteram R* alter unam M    7 est *om.* R*    deus G    sicut—sumus *add.* BH$_2$GVCasZm (=vg)    8 uobis *om.* Zm<sup>ed</sup>    9 et publica turpitudine *om.* VCas    publica ut S,R*(?)    etiam *om.* NC    10 quisque—sibi] ipsi sibi uouendo fecerunt Cas    quisquis BR    ᴗ deo cont. G    uouerit] nouit B    facit H$_2$G    11 uos Cas<sup>cod corr</sup>    inmunditia H$_1$MZm (=vg)    12 etiam—inmunditiae *om.* E    etiam *om.* Cas    potest] *om.* SR in coniugio poterit Cas inmunditia H(—E)G in inmunditia R corr.    13 imputari Zm    quae] quia Cas<sup>ed</sup>    ᴗ acc. aud. B    audenter *om.* Cas    ᴗ non perm. accipi (accipere Cas) H$_1$Cas<sup>ed</sup>    14 sanctificatione H(—C)GZm (=vg) +in christo iesu domino nostro Zm<sup>codd</sup> (*cf. expos.*) iuuatis B uiuamus N    15 hanc spem] spem hanc in eum H$_1$    et *om.* A    16 quapropter qui] itaque qui AHVCas (=vg) itaque(e *corr.* i) G    haec] autem M    17 et] etiam AHGVCas (=vg) ᴗ dedit sp. su. sa. AH(—N)GVCas<sup>ed</sup> (=vg) dedit su. sa. sp. N dedit sp. sa. su. Cas<sup>cod</sup>    uobis BV (=vg)

uerba despicit, sed 'eius qui in me loquitur, Christi,' [et] cuius spiritui iniuriam faci[a]t omnis qui non sancte uersatur. 9 *De caritate autem fraternitatis non necesse habemus uobis scribere.* Uide[te] quam perfecti erant, qui de tanto et tam necessario praecepto non indigent admoneri. *Ipsi enim [uos] a deo didicistis ut diligatis inuicem:* 10 *et enim facitis illut in omnes fratres [in uniuersa Macedonia].* A Christo qui dixit: 'mandatum nouum do uobis, ut diligatis inuicem.' hoc nouum est, ut pro alterutro moriamur, quia hoc uetus non iusserat testamentum. *Rogamus autem uos, fratres, abundare magis* 11 *et studium habere.* Hoc est, etiam ignotos quosque diligatis. *Ut quieti sitis et negotii proprii, et operandi manibus uestris, sicut praecepimus uobis.* Quidam eorum inquiete per diuersorum discurrebant domos, aliqua etiam ad re[li]gionis opprobrium ab infidelibus postulantes, quam causam in secunda ad eosdem plenius ex[s]equitur. unde [magis] uult eos uel proprii negotii cura et labore manuum occupari quam otiositatis detrimentum [et] inquietudinis habere pec-

1 cf. *2 Cor. xiii 3    7 Ioh. xiii 34    9 cf. Ioh. xi 50 etc.
13 cf. 1 Tim. v 13    16 cf. 2 Thess. iii 6–15

1 uerba despicit *om.* H₁   dispicit H₂(—C)G   christus H₂GSd^cod et *add.* BH₂GV   2 facit] fatiat B   sanctae A   conuersatur GSd   3 ↶scr. (+in R*) uob. AHGVCas(=vg)   4 uid.—adm. *om.* Cas   ui(e A*)dete] uide BRMCGV *om.* N   quam] qui iam N   qui] hii qui G   de *om.* S   5 adm.] amm. BCV ammoueri B   uos *add.* BH₂GVCas^cod (=vg)   6 ↶di(e E*)d. a deo ER   fecistis H₂Cas^cod   7 in uniu. mac. *add.* BH₂GVCasSd (=vg) a christo] propter christum Cas^ed   a] nouum a M   8 nouum] meum M ut dilig. inu. *om.* H₁   inuicem *om.* G   hoc nouum] nouum hoc VCas et ideo nouum Sd   9 pro] per BG   alterutrum BH₂GSd^cod ed   moueamur B moriamus G   iusserat] eius erat H₁ iurat M   10 autem *om.* A*   uos *om.* G abundare] ut [h]abundetis AHGVCasSd (=vg)   11 et studium habere] et operam detis AERGVCas (=vg) ut operam detis E*SH₂   hoc est *om.* V etiam] ut iam H₁C*   ignotos (ignotus SR*) quosque diligatis] peregrinos (+uel inimicos Cas) amando(-os Cas) VCas   quoque N   12 et negotii proprii] et (*om.* RH₂) ut uestrum negotium agatis AHGVCas (*cf.* vg)   operemini AESCGVCas (=vg) operamini RN opera M   13 pr[a]ecipimus SMNGD nobis G   eorum *om.* H₁   14 ↶domus cucurrebant G   domos ABM* domus *rell.*   aliquam M aliquando NC   ad] ob H₂   religionis] regionis A relegionis(-es N) EMN   15 opproprium V   ↶post. ab inf. H₁   quam causam] quamquam ad eos H₁ + ad eos R corr.   in secunda *om.* Sd^ed 16 secunda] + epistola R   ↶pl. ad eosd. Sd^ed   ad eosdem *om.* H₁ exseq.] exeq. BSC   magis] *om.* B ma V   uul N   17 propri[a]e H₁ probrii V et] uel H₁G   18 detrimentum et] detrimento B

catum. 12 [*Et*] *ut honeste ambuletis ad eos qui foris sunt, et nullius aliquit desideratis.* Ne uos ipsi denotent qui praestare uidentur. 13 *Nolumus autem uos ignorare, fratres, de dormientibus.* Dormit enim quem certum est surrecturum, sicut de
5 Lazaro dictum est. *Ut non tristes sitis, sicut et ceteri qui spem non habent.* Aliter debet fleri qui peregre pergit, aliter ille qui moritur. 14 *Si enim credimus quod Iesus mortuus est et resurrexit.* Si hoc credimus, quod [aeque] non uidimus, et per eius resurrectionem certi sumus [nos] ueniam consecutos,
10 cur illud similiter non credamus, quod gentes, quia non uident, idcirco non credunt? *Ita et dominus illos qui dormierunt per Iesum adducet cum illo.* Qui caput [re]suscitauit, ipse [et] cetera membra resuscitaturum se [esse] promisit. 15 *Hoc enim uobis dicimus in uerbo domini, quia nos qui uiuimus, qui reliqui*
15 *sumus in aduentu domini.* Euangelii sententia semper apostolos diem domini fecit habere suspectum, quasi eos in corpore inueniret. *Non praeueniemus eos qui dormierunt.* Tam uelox erit eorum resurrectio quam nostra adsumptio. 16 *Quoniam [et] ipse dominus in iussu et in uoce archangeli.* Terrorem
20 illius diei demonstrat, quod omnis tunc potestas caeli et

4 cf. Ioh. xi 11    8 cf. Ioh. xx 29    12 cf. 1 Cor. xii 20    13 cf. Ioh. v 21 (?)
16 cf. Matth. vii 22 etc.    cf. 2 Cor. xii 2 etc.

1 ut] et ut AR,C corr. Cas (=vg) ut et H₂G    2 aliquod H₂    desideretis AHG(V)Cas (=vg) desideritis V    3 nolo H₁    uos ign.] ign. uos H(—R)G ign. R    4 resurrecturum RH₂ resurgere Sd    de *om.* H₁    5 lazaro *om.* E    tristes sitis] contriste(i V)mini AHGVCas ( =vg)    sic Cas^ed
6 fleri] flere H    proficiscet N proficiscitur CCas    7 iesus] christus R et resurrexit *om.* H₂    8 si] sic MN    aeque] *om.* B ea quae H₁    uidemus C*Cas    9 ⌢ res. eius G    eius] + nos VCas    simus Cas^ed    nos] non A* *om.* BH₂G,VCas(*hic*)    10 quur RNV    illos H₁    ⌢ non cr. sim. NC ⌢ ideo non cr. quia non uid. Cas    quia] qui MN quę C*    uiderunt NC ui*dent V    11 ideo H₁Cas    dominus illos] deus (deos E) eos AHGVCas (=vg)    dormierunt per iesum. adducet *sic distinxerunt* BCCas    per iesum] cum iesu (christi E) H₁    12 illo] eo AHGVCas (=vg) quia H₁    suscitauit BH₁ et *om.* BH₁G    13 resuscitaturum se] se resuscitare B suscitare se (*om.* R*)H₁ resuscitare H₂GVCas se suscitare R corr.    esse *om.* B    promittit H₁ repromisit Cas uobis *om.* V    14 dicimus] dominus M    dei H₁    residui AHVCasSd^ed (=vg) residuę G    15 aduentum ER*MN*VCas^ed (=vg)    domini] + nostri Cas^ed euang.] suspensa euang. Cas    semper] + enim R    apostolos] eos Cas apostolus A*BV* *rell.*    16 fecit] *om.* H₂ (*add.* uult *s.l.* C) facit Cas^cod    haberi C corr.
17 inu.] + dies ipse Cas    uelox] cita (*ex* cida) V celer Cas    18 ⌢ res. eor. Sd^ed    19 et *om.* BRH₂GVCas (=vg)    et (*alt.*) *om.* H₁D    noce A*
20 monstrat E    quod omnis(-es E)] quo deum S quia (*pro* M) omnes H₂

omnia elementa moueantur, ut nos sciamus quali conscientia diem domini intrepidi expectare possimus. *Et in tuba dei descendet de caelo.* Si ad hominis tubam terra uidetur permoueri, quanto magis ad dei, sicut Helias quoque terribilem in monte dei uidit aduentum! *Et mortui qui in Christo sunt, resurgent* 5 *primi,* 17 *deinde [et] nos qui uiuimus, simul cum illis rapiemur in nubibus obuiam Christo in aera.* Mortui qui in Christo sunt, primo resurgent, et qui uiui inuenti fuerint sancti, cum ipsis pariter rapientur, qui non iudicabuntur, sed potius iudicabunt. *Et sic semper cum domino erimus.* In eadem gloria aeternitatis. 10 18 *Itaque consolamini [in] inuicem in his uerbis.* Notandum quod laicis hoc praecepit, ut alterutrum se doctrinis suis instituant. 1 *De temporibus autem et momentis, fratres, non desideratis ut uobis scribamus:* 2 *nam ipsi [uos] diligenter scitis.* [Ex] euidentissima euangelii lectione [docti]. *Qu[on]ia[m]* 15 *dies domini sicut fur in nocte, ita ueniet.* Quando omnes scierit dormire securos. 3 *Cum [enim] dixerint Pax et securitas, tunc repentinus illis superueniet interitus.* Tunc maxime timendus

    4 cf. 3 Regn. xix 11    15 cf. Matth. xxiv 43, xxv 31

1 ⌐elem. om. R corr.    omnia om. $H_1$    elem.]elim. MNV    mouentur $H_2$
2 intrepidi ex( +s M)pectare possi(u $H_2$)mus] expectemus $H_1$    et om. ES
3 descendit E*S    hominis] omnes $H_1$    tuba MN    ⌐moueri uid. V
promoueri MN    4 ad om. V    sicut om. V    elias MN helyas Cas$^{cod}$
quoque] qui NC*    in monte] in montem H(—C) in mortem G om. VCas
5 domini $H_1$    6 primi om. G    et om. AHGVCas(=vg)    uiuimus]+qui
relinquimur(-us G) $H_2$GCas(=vg)    ⌐rapiemur(-us G) cum illis AHGCas
(=vg)    rapiemur om. Cas$^{cod}$*    7 christo] domino $H_2$Cas(=vg) om. G
aerem ES aerea N    ⌐qui in chr. mort. sunt $H_1$    8 ⌐res. pr. $H_1$    primi NC
⌐sa. qui ui. inu. fu.V    9 rapientur om. S    qui] hi V    non om. R*
potius om. Cas    10 semper] sem V    aeternitatis om. Cas    11 in om.
AHGVCas(=vg)    ⌐uerbis istis AHGVCas(=vg)    notandum] non tantum
(tamquam M) $H_2$    12 quod om. MC    laicis] laetis E laici N    praecipit
ESMCG    alterutrum] inuicem consolentur pro his NC    se(sed S) doct.]
sed hoct. A*    sed et doctoribus ut doc(om. N)t. NC    suis om. $H_1$    13 in-
struant E instituerint M instituent G    fratres om. NCCas$^{cod}$    14 desi-
deratis] indietis A* indigetis AHGCas(=vg)    ⌐scribamus (scribam $H_2$)
uob. AHGVCas(=vg)    nam ipsi uos] ipsi enim AHGCas(=vg) ipsi enim
uos V    15 ex om. B$H_1$Cas    euidentissime B euidenter de Cas    euangelica
lect. M ⌐lect. euangelii NC    docti] om. BCas edocti H(—M)GV    quoniam]
quia AHGVCas(=vg)    16 uenit Cas$^{ed}$    quando] quia $H_1$    omnes]
homines R corr.    sciuit $H_1$ sciit R corr.    17 securus R*MN    enim
add. AHGVCas(=vg)    dixerint]+homines GD    18 eis A$H_2$GVCasSd$^{ed}$
(=vg) in eis $H_1$    intentus M    tunc]+quod NC    maximum $H_1$
timendum H(—M*)G

est, quando paene a nullo timetur. *Sicut dolor [partus] in utero habenti, et non effugient.* Sicut illa ueniente partu dolores non effugit. 4 *Uos autem, fratres, non estis in tenebris, ut dies ille uos tamquam fur comprehendat.* Non estis ignorantes, ut nesciatis uos semper debere esse paratos. 5 *Omnes enim uos filii lucis estis et filii diei.* Scientiae ueritatis. *[Et] non estis noctis neque tenebrarum.* Quia, sicut tenebrae, ita et ignorantia dat fiduciam delinquendi. 6 *Itaque non dormiamus sicut [et] ceteri.* Qui sic obdormierunt ut etiam obliti sint sui. *Sed uigilemus et sobrii simus.* 'Attendite uobis ne grauentur corda uestra in crapula et ebrietate et curis huius uitae': ergo et curae inebriant mentem. 7 *Qui enim dormiunt, nocte dormiunt, et qui inebriantur, nocte ebrii sunt.* Ideo otiosi et ebrii sunt, quia in tenebris sunt. 8 *Nos autem qui d[i]ei sumus, sobrii simus.* Nos qui diem Christum habemus, nec otiosi nec ebrii esse debemus. *Induti lorica[m] fidei et caritatis [,et galeam spem salutis].* Fide et caritate omnis iustitia constat, quam loricae alibi comparauit. 9 *Quoniam non posuit nos [deus] in ira[m], sed*

5 cf. Matth. xxiv 44, 45   6 cf. Rom. ii 20   10 *Luc. xxi 34
18 cf. Eph. vi 14

1 est om. R   quando om. H₂   paene (fere V) a nullo timetur] poene timetur E a nullo penitemur S a nullo timetur penitus G eum nemo timet Cas   paene] poene BEM pene (S)RNC   timenter N timebitur C½   dolores V partus BVSd] om. AHGCas (*sed cf. expos.*) (=vg)   2 habentis GCasD   et om. H₁   illa] mulier R ille MN illi C*   ⌒dol. non eff. par. uen. G uenientibus doloribus non effugit(-iet Casᵉᵈ) partum VCas   ⌒par. uen. Sdᶜᵒᵈ doloris SM   3 effugiet R*MNG(Casᵉᵈ) effugient C   fratres om. E ⌒uos dies ille AHGCas (=vg)   4 uos om. V   ignorantes] in ignorantia Cas   ut nesciatis] quia scitis VCas   5 ⌒par. esse deb. H₁Cas   uos om. V fili S   6 filię E*S   scientiae] + et H₂G   et (om. GV) non estis] non sumus (simus Casᶜᵒᵈ) AHCas (=vg)   nocti G*   7 quia om. Cas   et om. H₂G   8 delinquenti BES   igitur AHGVCas (=vg)   et om. AH₁Casᵉᵈ (=vg)   9 obdormierunt—sui om. Cas   dormierunt H(—M) obdormierant G ut om. H₁   sunt H₁   sed] set N   10 et] ut N   subrii V   sumus ESG* 11 in om. Cas   et (*pr.*)] + in H₁   et (*alt.*)] + in G   ergo] quia G ego V* 12 mentem om. Cas   13 inebriantur] ebrii sunt AHGVCas (=vg)   ideo] hō (=homo) Casᶜᵒᵈ*   ⌒ot. sunt et ebrii (ceteri *ed.*) Cas   occisi Sdᵉᵈ et om. R*   14 diei] dei A   subrii V   sumus A*SMG*V (=vg)   15 nos qui diem] nos quidem H(—E) nos quidem qui G quidem nos G*   christum om. Cas   16 lorica] loricam BRH₂GVCasSdᶜᵒᵈ ᵉᵈ (=vg)   lor.] lur. E*RMNV et galeam spem salutis *add.* BH₂GVCas (=vg)   17 fede A*   omnis iustitia] et (*eras.* R) iustitia omnis(-es E -ia R) H₁   ⌒al. lor. Cas   lor.] lur. E*RMNV* 18 alibi om. G   conparat R* conparabit V   deus *add.* AHGVCas (=vg) iram BSRNCGVCas (=vg)

*in operationem salutis per dominum nostrum Iesum Christum.*
Non credentes in ira sunt positi, quia iam iudicati sunt. 10 *Qui mortuus est pro nobis.* Ne nos moreremur. *Ut, siue uigilemus siue dormiamus, simul cum illo uiuamus.* [Sed] ut siue in corpore siue extra corpus inueniamur, semper cum ipso uiuamus. 11 *Propter quod consolamini inuicem et aedificate alterutrum, sicut et facitis.* Notandum quia hoc laicis praecepit, quos etiam monet praepositis exhibere officia caritatis. 12 *Rogamus autem uos, fratres, ut noueritis eos qui laborant inter uos.* Ut intellegatis laborem eorum. *Et praesunt uobis in domino, et monent uos.* Exemplo iustitiae, non potestate terrena, sicut ait beatus Pet[r]us. 13 *Ut habeatis illos abundantius in caritate propter opus ipsorum [, pacem habentes cum eis].* Pr[a]esbiteri, qui laborant in uerbo, dupliciter honorandi sunt; id est et caritatis obsequio et ordinis dignitate. 14 *Oramus [autem] uos, fratres; corripite inquietos, consolamini pusillanimes.* Pro diuersitate morborum diuersitas adhibenda est medicinae: illi corripiendi, ne pereant, isti consolandi sunt, ne deficiant. *Suscipite infirmos.* Sustinete nuper credentes qui nondum sunt confirmati. *Patientes*

2 cf. Ioh. iii 18    4 cf. 2 Cor. xii 2    12 cf. 1 Petr. ii 14

1 operationem] adquisitione A adquisitionem ENCGVCas(=vg) quęsitionem S quisitionem R* atquisitionem R corr. acusatione M    2 non credentes om. C    iram G    quia] qui Cas    qui] quia E    3 ne (nec C*) nos] ut nos non H₁ ne nos non R corr.    moriemur S moriamur(a *in ras.*) R,C corr. morimur NC*    4 sed add. BH₂GV    5 inueniamur om. Cas ⌒cum ip. sem. Cas    illo RM    6 uiuimus SCas^(ed)    inuicem] in inuicem C 7 quia] quod NC    hoc] + loco H₂    ⌒ pr. la. C    praecepit] praecipit ESMCGV om. Cas    8 etiam om. VCas    ⌒pr. mon. VCas    praepositis] ut pos( +s ES)itis H₁ ut possint R corr.    obsequia G    10 ipsorum Cas nobis G    11 commonent G    ex. iustitiae] domini ex. VCas    12 beatus] om. H₁ sanctus H₂G    petus A    abundantius om. ES    13 caritate] + et (*s.l.*) C    illorum AHGVCas(=vg)    pacem habentes cum eis (inter uos D) add. BD pacem (et pacem RGCas^(ed)) habete cum eis (inter uos G, *cf.* D: cum illis Sd^(ed)) add. RH₂GVCasSd^(ed) (=vg)    14 presbi.] praesbi. AV presby. Cas presbitero G*    dupliciter honorandi sunt] duplici honore digni sunt VCas dupl.] duppl. MN    15 honorandi sunt] honorantur *bis* (*pr. eras.*) G    id] hoc G    et om. H₁V    caritas B*    obsequium E*SM    16 rogamus AHGVCas(=vg)    autem add. AH₁GVCas(=vg)    uos om. E*S    17 pusillamines B pusillanimis ESN pusillames V*    mormorum A membrorum N 18 medicina RM    corripiendi] + sunt R    19 sunt om. G    20 qui] quia G firmi in fide Cas

*estote ad omnes.* Etiam ad correptos, quia inpatientia non corrigit, sed inritat. 15 *Uidete ne quis malum pro malo alicui reddat.* Omni diligentia cauete ne quis infirmior aut ignarus uel [in]uicem mali reddat, quia ultro [aliquem id] facere
5 [posse] non credo: omnis enim qui iniuriam facit [, male facit, et qui uicem iniuriae reddit, iniuriam facit.] igitur et ipse male facit, quia, ut superius dictum est, 'omnis qui facit iniuriam, male facit.' Sed semper quod bonum est sectamini [*in*] *inuicem et in omnes.* Non solum in[ter] uos Christianos,
10 sed etiam in omnes homines. 16 *Semper gaudete* [*in domino*]. In conscientiae[t] puritate 'quasi tristes, semper autem gaudentes.' 17 *Sine intermissione orate.* Si iugiter non potest lingua, uel corde, sicut Mosi tacenti dicitur: 'quid clamas ad me?' Siue: Omnis actus uester talis sit, ut pro uobis deum
15 exoret. 18 *In omnibus gratias agite.* In omnibus quae acciderint, sicut Iob. Siue: In omni conuersatione uestra domino gratiae referantur. *Haec est enim uoluntas dei in Christo* [*Iesu*] *in omnibus uobis.* Sicut in Christo per omnia impleta est, ita et in [uobis] omnibus impleatur. 19 *Spiritum nolite extinguere.*
20 Spiritum exhorta[n]tis quaestionibus nolite extinguere. Siue:

7 cf. 5    11 cf. 1 Tim. iii 9 etc.; 2 Cor. vi 10
13 Exod. xiv 15    16 cf. Iob i 21

1 stote MN    correctos ES incorrectos RNC illos qui corripiuntur VCas qui Cas[ed]    inpatientem ES    non] non est non Cas[ed]    2 corrigat G* corripit Sd[cod]    inr.] irr. CCasSd    pro malo *om.* ES    3 omni] *pr.* uidete V    cautę E uel (et Cas) cautela VCas    infirmiora ut EMN
4 uicem] inuicem B    malo BMCGV *fort. recte* malum N    reddas ES quia] qui ES quam NC    ⌒ fac. al. G    aliquem *om.* BV    id *om.* BGV
- 5 posse *add.* BH₂GV    omnes ESN    enim *om.*V    male—facit *om.* B
6 iniuriam] uel iniuriam R et iniuriam G    facit (*alt.*) *om.* H₂    igitur *om.* H₁ et] + qui S    9 in (*pr.*)—homines *om.* C    in *add.* B,R corr., GVCas (=vg) inuicem] et inuicem MNG* (*cf.* vg) et in inuicem GVCas (=vg)    omnibus N in (*tert.*)] inter BMNG    uos] nos MN inuicem VCas[cod] in inuicem Cas[ed]. chr. *om.* Cas    10 etiam *om.* Sd    omnes] omnem E*    homines *om.* Sd[cod] in domino *om.* AHGVCas(=vg)    11 consc.] conscientia et B    tristis MN
12 potes ER* potis S    13 uel] oremus ( + uel C) NC    corde] + orate R tacente H₁NG    14 omnes EN    pro uobis] + semper H₁ *praem.* semper NC deum] + semper G    16 iob] beatus iob Cas    omnibus actibus uestris Cas
17 gratiae] gloriae ES gratias H₂    referatis C*    est *tr. post* dei H₂GVCas (=vg)    iesu *add.* AHGVCas (=vg)    18 omnibus *om.* ES    christo] illo Cas ⌒ impl. est per om. Cas    19 et—impleatur *om.* G    uobis] *om.* B nobis H₂ omn. *om.* NC    20 exhortantis] exhortatis B exhortationis HG    quaest.] uel etiam questionis R obiectionibus VCas    ext.] + quaestionum VCas

Spiritum pro gratia linguarum posuit, sicut ait: 'si orauero lingua, spiritus meus orat.' ergo quo modo ad Corinthios dicit: 'et loqui linguis nolite prohibere,' ita et hic spiritum non extinguendum esse testatur. 20 *Prophetias nolite spernere:* 21 *omnia autem probate: quod bonum est tenete:* 22 *ab omni specie* 5 *mala abstinete uos.* Siue futura praedicantes, siue praeterita disserentes, tantum ut probetis si legi non sunt contraria quae dicuntur, et si quit tale fuerit refutate. 23 *Ipse autem deus pacis.* Qui omnes sustinet etiam blasphemantes. *Sanctificet uos per omnia.* Gratia uel doctrina sua. *Ut integer spiritus* 10 *uester et anima et corpus.* Gratia spiritus, quae, quamuis in se semper integra sit, non tamen in nobis integra nisi ab integris habe[a]tur. [*Sine quaerella*] *in die domini nostri Iesu Christi seruetur.* Usque in diem iudicii, quia non sunt initia tantum laudanda, sed finis. 24 *Fidelis est qui uocat uos.* Qui 15 dixit: 'uenite ad me omnes qui laboratis et onerati estis, et ego uos requiescere faciam.' *Qui etiam faciet.* Quod promisit. [25 *Fratres, orate pro nobis.* 26 *salutate fratres in osculo sancto.*] 27 *Adiuro uos per dominum ut legatur epistula* [*haec*]

1 *1 Cor. xiv 14    2 1 Cor. xiv 39    14 cf. Matth. x 15 etc.
16 *Matth. xi 28    17 cf. Matth. xxviii 20

2 ergo—corinthios] sicut ergo alibi V    ergo *om.* H$_1$    quo] quoniam MN    4 prophetias] + autem ES prophetas MN    5 autem *om.* H$_2$CasSd$^{ed}$    ab] et ab G    6 praedicentes CVCas *fort. recte*    praeterita] praedicta Cas$^{cod}$    7 des(f S)erentes H$_1$NG    ut *om.* Cas$^{ed}$    lege E*S fidei Cas    sint Cas$^{cod}$    8 et *om.* H$_1$    quit] quidem ES quidem quid R ipsi R*N    9 omnia ES    10 ↶ doct. sua uel gr. V    gratia] siue gratia H$_1$    uel] siue H$_1$    sua *om.* H$_1$    ut] et AH(—C)VCas (= vg)    11 spiritus] cps̄ G*    quae *om.* H$_1$M    quamuis] cum VCas$^{cod}$ cunque Cas$^{ed}$    12 semper *om.* Cas    integra (*pr.*)] in te gratia B    tantum M    in nobis] nobis ES in uobis H$_2$G in nobis est (est *s.l.*) C *om.* VCas    integra] integre B integram ES 13 habetur] habeatur BH$_2$G    possidetur V custoditur Cas    sine quaerella *om.* B    quaerella AEV querela SRC,G corr.,Cas querilla M querella NG* die] diem ES aduentum RNGCas aduentu MC (= vg)    14 initia tantum (tumtum M)] tantum initia H$_1$    15 laudenda A*    est] + deus Cas$^{cod}$ ↶ uos uoc. G    uocauit H(—E)GVCas (= vg)    nos R    16 et onerati estis *om.* C    honorati H(—RC)    17 ↶ requiescere uos H$_2$    18 fratres (*pr.*)—sancto *add.* B(*uide infra*),RH$_2$GVCas (= vg)    fratres (*alt.*)] + omnes RH$_2$GVCas (= vg)    19 per dominum] quod ES per deum RCG    haec *om.* AH$_2$GVCas (= vg)

[c]om[mu]nibus [sanctis] fratribus. Adiurare permittitur, non iurare. 28 *Gratia domini nostri Iesu Christi uobiscum.* [*Amen.*] [Gratia cum omnibus] perseueret.

### EXPLICIT AD THESSALONICENSES PRIMA

1 cf. Matth. v 34; Iac. v 12

1 communibus] omnibus AHGVCas (=vg)    fratribus] sanctis fratribus ARGVCas (=vg) fratribus sanctis H(—R)    licet Cas    2 uobiscum] cum omnibus uobis V    amen *add.* BH₂GVCas (=vg)    3 gratia cum omnibus *om.* BV    permaneat V    4 explicit ad tessalonicenses epistola prima B explicit epistola ad th(*om.* S)esalonicenses ( + prima E corr.) ES explicit R epistola(-is M) pauli apostoli (*om.* M) ad tes(thess C)aloni(a N)censes(-is M) prima explicit H₂ explicit epistola pauli apostoli ad thesalonicenses prima G finis epist. ad thessalonicenses primae Cas[ed] finit Sd[cod]

# INCIPIT AD EOSDEM SECVNDA

## ARGVMENTVM

Iustum [quippe] erat ut super[ius]crescente eorum fide et caritate et illorum quoque laudatio augeretur. simul et illut eis praenuntiat, quod nouo argumento eos quidam a fide depellere temptaturi essent, quo dicerent Christum uelociter adfuturum, et quem uellent pro Christo facile inducerent ad 5 suadendum.

1 *Paulus et Siluanus et Timotheus ecclesiae T[h]essalonicensium in deo patre nostro et [domino] Christo Iesu.* [2 *gratia uobis et pax a deo patre nostro et domino Iesu Christo.*] 3 *gratias agere deo debemus semper pro uobis, fratres, sic ut dignum est.* 10 Qui sibi talem ecclesiam conquisiuit. Quoniam supercrescit fides uestra. Ideo et laus augetur. Et abundat caritas unius

1 cf. 2 Thess i. 3    4 cf. 2 Thess. ii 2    11 cf. *Act. xx 28

incipit argumentum secundę aepistolae ad eosdem B item alia(-am S) ad (d *om.* S) thesalonicenses(-is S) $H_1$ incipiunt capitula II ad thesalonicensis... explicit capitula incipit argumentum eiusdem M incipit ad eosdem II... capitula...NC+expliciunt incipit ępistola C incipit ad eosdem secunda. incipit argumentum G *ut supra, et postea* expositio argumenti V incipit ad thessalonicenses secunda Cas$^{cod}$    1 etc. *argumentum om.* Cas (*sed expositioni* i. 3 *intertexuit); aliud exhibent* $H_2$G    iustum—eorum *om.* $H_1$    quippe *add.* B    era✱t V    super] superius A *om.* D    2 et illorum] eorum $H_1$D et eius Cas et illius V    quoque *om.* VCas    ↶supercresceret laus Cas laude $H_1$    ageretur S augeret R    3 nuntiat(-ia E) $H_1$    quod]et quod ES quod in Cas    quidem E    ad fidem E    4 ↶temptaturi essent (erant Cas$^{cod*}$) auertere VCas    rep(+p RD)ellere $H_1$D    temptati S    quod $H_1$CasD    cito Cas    5 adfuturum] affuturum B adesse Cas    uellint ES facile] facere D *om.* Cas    6 suadendum] *add. nihil* AE✱SMNGV✱CasD+ explicit argumentum incipit explanatio sancti hieronimi in ępistola ad tessalonicenses foeliciter B+secunda ad thessolonicenses epistola E*m.rec.* incipit epistula ad thesalonicenses secunda R expliciunt...incipit ępistola C expositio in secunda epistola ad tessalonicenses V*m.rec.*    7 ti.] thi. E    thess.] tess. B thes. ESN    8 domino] *add.* AHGCas(=vg) *tr. post* iesu V    ↶ies. chr. HGCas(=vg)    gratia—christo *add.* $BH_2$GVCas(=vg)    9 et (*alt.*)]+ ad M+a (*s.l.*) N    10 deo deb. semp. BSd$^{codd}$ deb. deo semp. AH$_1$VCasSd$^{ed}$ (=vg) deb. semp. $H_2$ deb. semp. deo G    sic]ita AHGVCas(=vg)    11 conqui.] conqu[a]e. $H_1$G quae. S    super] semper $H_1$    -cit] -cet G 12 et (*pr.*) *om.* $H_1$    agetur $H_1$ agitur G    habundet G✱

*cuiusque omnium uestrum in inuicem*, 4 *ita ut* [*et*] *nos ipsi in uobis gloriemur* [*in*] *ecclesiis dei*. In tantum profecistis, ut non solum alii uos inferiores quique conlaudent, sed etiam nos ipsi uos praeferamus omnibus imitandos. *Pro patientia*
5 *et fide uestra in omnibus persecutionibus uestris et pressuris quas sustinetis*. Nisi futura crederetis, ista minime sufferre uelletis.
5 *In exemplum iusti iudicii dei*. Ut exemplum detis iustum dei iudicium expectandi, quem ita creditis esse uenturum. *Ut digni habeamini* [*in*] *regno dei, pro quo et patimini*. Hi[i] digni
10 sunt [**regno dei**], qui gloriam eius scientes, nullam passionem putant esse condignam. 6 *Si tamen iustum est aput deum retribuere deprimentibus uos angustiam*. Hic ' si tamen ' confirmantis est, non dubitantis, quasi si dicat : si tamen fons iustitiae potest iudicare quod iustum est : nam sicut indubitanter pro nomine
15 domini patientibus requiem, ita incunctanter tribulationem his qui eos tribulant, repromisit. 7 *Et uobis qui pressuram sustinetis, requiem nobiscum*. Quia nobiscum tribulamini. *In*

10 cf. Rom. viii 18     14 cf. Act. v 41

1 omnium *om*. HGVCas    in *om*. ESG*D    ita *om*. ES    ut *om*. RG et *add*. AHGCas (=vg)    ⌒ glor. in uobis G    2 nobis ES    in ecclesiis dei *om*. ES    in *add*. ARH₂GVCas (=vg)    in (*alt*.) *om*.VCas    proficistis SV    proficitis ER    3 uobis C    inferiores quique con *om*.VCas    quique] queque M que N    conlaudant H(—M)    4 uos] *om*.V, *tr. post* omnibus Cas proferamus ES,C*m*2    imitando R imittendos G*    5 ⌒ ues. et fide AHGVCas (=vg)    uestris *om*. R    p̄ssuris B tribulationibus AHVCas (=vg) in tribulationibus G    6 ⌒ cr. ( + dono dei Cas) fu.VCas    credideritis BMG credenretis E*SV    sufferre uelletis] sufferretis VCas    ualetis G 7 ut—dei *om*. A*    8 expectandum G    credi(e M)distis H₂G    esse uenturum] uenisse Cas uenturum Sd    9 digne ESM indigni N    in *om*. A,C corr.,Cas (=vg)    dei *om*. E    et *om*.V    patemini E patiemini MC* hi] hii ASMNG in B *om*. Cas    10 regno (in regno G) dei *om*. BS    ⌒ gl. qui B    eius] ei E* ei tribuerunt E*m. rec. s.l.*    ⌒ cond. esse put. pass. Cas 11 putant esse] putantes se A    condignum MN    12 deprimentibus uos angustiam] tribulationem (retributionem ES) his qui (quae et E) uos tribulant AHGVCas (=vg)    si *om*.V    confirmantis est A *in ras.* confirmantis(-es E)]+sermo H₁ sermo adfirmantis G insultantis Cas    13 dubitantes ES    si (*pr.*) *om*. EH₂GCasSd    si tamen *om*. H₂G    fons]+est S iustitiae] *om*. E *sed tr.* (iustiae) *post* iudicare    14 pro nomine domini *om*. Sd^cod    15 requiem]+pollicetur G    ⌒ his trib. Sd^cod    16 pressuram sustinetis] tribulamini AHGVCas (=vg)    17 nobiscum (*pr*.)] uobiscum BNC* quia] qua R    -cum tribulamini] -cum patimini BV conpatemini E conpatimini SGCas^cod conpatiemini R cum patiemini H₂ -cum compatimini Cas^ed

*reuelatione*[*m*] *domini Iesu* [*Christi*] *de caelo cum angelis uirtutis eius.* Qui uenient uindicare. 8 *In flamma ignis dare uindictam.* Si potuit flamma dei imperio tres pueros omnino non tangere, quare non eadem potentia aliis seu[er]ior aliis mitior fieri posse credatur? hoc contra eos qui propterea 5 poenam conscientiae somniarunt, quia hoc illis inpossibile uidebatur. *In eos qui ignorant deum,* [*et*] *non qui oboediunt euangelio domini nostri Iesu* [*Christi*]. Non solum qui non nouerunt deum, sed etiam qui non obaudiunt euangelii disciplinis. 9 *Qui* [*etiam*] *poenas dabunt in interitu*[*m*] [*aeter-* 10 *nas*]. Poena sin[e] eo qui patitur non potest dici. *A facie domini et* [*a*] *maiestate uirtutis eius.* A cuius conspectu sententiam damnationis accipient. 10 *Cum uenerit glorificari in sanctis* [*suis*]. Ipse in suis glorificandus est membris, quae solis splendore fulgebunt. *Et admira*[*bilis fie*]*ri in omnibus qui* 15 *cred*[*ider*]*unt.* 'Mirabuntur' impii et inrisores humilitatis 'in subitatione salutis insperat[a]e' iustorum. *Quia creditum est*

3 cf. Dan. iii 50 etc.     15 cf. Matth. xiii 43     16 cf. Sap. *v 2

1 reuelatione AH(—C)GV (=vg)    domini]+nostri H₂G    iesu *om.* Cas^ed christi *om.* AH₁VCas (=vg)    cum—eius *om.* H₂    2 qui—uindicare *om.* R uenit uindicare V uindicent Cas    ignis]igitur Sd^cod    dantis ASRCGVCas (=vg) dantes EMN    3 dei imperio *om.* VCas    omnino *om.* Cas    4 potentia *om.* VCas    seuerior] senior B s[a]euior ERGVCasSd seruior S se( +r N)uiora H₂    5 me(i C)tiora H₂    fieri *om.* ESCas    posse *om.* Cas    credatur *om.* N    hoc—uidebatur *om.* CasSd    qui *om.* E    6 possibile H₂ 7 in eos] his AHGVCas (=vg)    ignorant] non nouerunt AHGVCas (=vg) et *om.* A    ↶qui non AHGVCasSd^ed (=vg)    obaudiunt ESV oboedirent M oboedierunt NC    8 iesu *om.* ES    christi *add.* BRH₂GVCas (=vg) 9 nouerant Cas    deum *om.* ES    oboedie(*om.* M)runt H₂ oboediunt GVCas    euangelio H euangelicis Cas    10 disciplinis *om.* NC    etiam *om.* AHGVCas (=vg)    interitum] interitu AH₁MGV (=vg)    aeternas *add.* AHGVCas (=vg)    11 poena sine] poenas in AH₁    eis qui patiuntur B patiente Cas    ↶dici non potest GCas+sempiterna Cas    12 a (*pr.*) *add.* AESMVCas^ed (=vg)    gloria AHGVCas (=vg)    a cuius] a iustu E eius S 13 damnationis *om.* Cas    accipiant E    ueniret E    glorificare EMN* 14 suis (eius ES) *om.* B    gloriandis E gloriande S gloriandus RH₂ glorificabitur Cas    est] erit Sd *om.* Cas    qui SCas    15 solis]+in H₁ rutilabunt Cas    admirari] ad(m VCas^cod)mirabilis fieri AHGVCas (=vg) mirificari Sd    16 credunt] crediderunt BRH₂GVCas (=vg)    mirabuntur] mirabantur G*+enim VCas(Sd)    et inrisores humilitatis *om.* VCas    ↶insp. sal. in subit. iust. Sd^cod    17 sublimatione Cas    ↶iust. insp. sal. Cas insperatae] insperate ABSRCas^cod inspirat[a]e ECas^ed in spem M in spe NC* et in spe C

*testimonium nostrum super uos* [*in die illo*]. Quia multi de die illo nostro testimonio credidistis. 11 *In quo et*[*iam*] *oramus semper pro uobis, ut dignetur uos uocatione sua deus noster.* Ut digni inueniamini ad id quod uocati estis, quia priores in-
5 uitati non [fu]erant digni. *Et impleat omnem bonam uoluntatem in benignitate, et opus fidei in uirtute.* Adiutorio gratiae et consolatione scientiae et uirtutum, quae opus sunt fidei. 12 [*Ut clarificetur nomen domini nostri Iesu Christi in uobis, et uos in illo.* Ut et Christi nomen in uestris actibus clarum sit,
10 et uos in eius signis et uirtutibus gloriosi.] *Secundum gratiam dei et domini nostri Iesu Christi.* Expetit a nobis quod possumus, ut quod [per] nos non possumus largiatur. 1 *Rogamus autem uos,* [*fratres,*] *per aduentum domini nostri Iesu Christi.* Quo uobis carius nihil esse sum certus. *Et nostram congrega-*
15 *tionem in ipsum.* Quando 'a qua[t]tuor uentis caeli congregabuntur electi,' ut, 'ubi fuerit corpus, illi[c] concurrant et aquilae.' 2 *Ut non cito moueamini mente neque terreamini.* Praefacilis est qui de domini aduentu contra euangelicam

---

4 cf. Matth. xxii 3, 8   15 cf. Matth. xxiv 31 etc.   16 *Matth. xxiv 28

---

1 uestrum G   in die illo(-a ES) *add.* AHGVCas (=vg)   quia—credidistis *om.* G   ↶cr. test. nost. de die illo Cas   de] in HG   2 creditis Cas   et BSd etiam AHGVCas (=vg)   3 seper Cas^cod   ↶uos dignos habeat G dignos uos habeat D   noster *om.* VCas   4 digne M habe(i M)amini H₂G   id *om.* Cas   ↶estis uocati Cas   5 erant] erunt A fuerunt BH₂GV   bonam *om.* AHGVCas (=vg)   bonitatem uoluntatis Cas^cod*•   6 in benignitate] bonitatis AHVCas (=vg) bonitatis in benignitate G   et (*om.* ER) adiutoriae H₁   7 consolationis B   et (*alt.*) *om.* ES 8 ut—gloriosi *om.* B   ut] ita ut GD ita et Sd   glorificetur GSd   christi *om.* V   9 uos]nos R   ut et]et ut H₁ ut CasSd   ↶act. ues. G   10 et] uos V   uos]nos Sd   eius]+nomine Cas^cod   et]atque VCas   gloriosi]+ simus Sd   11 ↶nostri et dom. AHGCas (=vg)   possimus SG   12 ut— possumus *om.* R   per nos]nos A *om.* ES *tr. post* ut (12) H₂G   possimus SG 13 autem *om.* A*   fratres *add.* AHGVCas (=vg)   14 quo]qui S quia R quod NC*G*   ↶nihil (*eras.*) nihil carius G   carnis B   ↶certus sum G   nostram congregationem BSdD nostrae congregationis(-em N conuersationis R) AHGV Cas (=vg)   15 ipso NGD   a] ad EN*   quator M quatuor BSNGCas 16 ut—aquilae *om.* Cas   ut] et H₂+illud G   illic] illi B illuc NSd ibi C congregabuntur H₂GSd concurrunt V   et *om.* HGSd   17 moueamini]+ a H₁+a uestro H₂GVCas (=vg)   mente] sensu(-o N*) AHGVCas (=vg) sensu uestro R   terreamini]+ut non cito moueamini H₂   18 perfacilis BH₁C½   aduentu]+qui MN

sententiam [com]mouetur. *Neque per spiritum neque per uerbum.* Nec signa uos terreant quasi per spiritum facta, quia et hoc saluator ante praemonuit, nec sermo diale[c]ticae fallaciae seducat. *Neque per epistulam tamquam per nos [missam].* Poterat et hoc diabolica excogitare astutia, sicut 5 in multis apocryfis apparet, quae ad fidem perfidiae faciendam apostolorum nomine titulantur. *Quasi instet dies domini:* 3 *ne quis uos seducat ullo modo.* 'Dicentes: ecce hic [est] Christus, ecce illic.' *Quoniam nisi uenerit discessio primum.* Nisi antichristus uenerit, non ueniet Christus. quod autem 'discessio' 10 hic dicit, alibi eum 'refuga[m]' appellauit in Latinis exemplaribus: utrumque autem ita intellegendum est, quod nisi uenerit refuga [ueritatis], siue sui principatus desertor, siue discessio gentium a regno Romano, sicut in Danihelo per bestiae imaginem dicit. *Et reuelatus fuerit homo peccati.* Diaboli scilicet. *Filius per-* 15 *ditionis.* Quia eum, quasi sibi natum, seruitio possidebit, qui secundum Isaiam conturbare dicitur gentes. 4 *Qui aduersatur et extollitur super omne quod dicitur deus, aut quod colitur,* ita

5 cf. 2 Cor. xi 3     8 *Matth. xxiv 23; *Marc. xiii 21; *Luc. xvii 23
11 hoc loco codd. bibl. *d* Aug. Ps.-Prosp.     14 cf. Dan. vii 7 sq.

1 mouetur B conmoueatur S     neque per serm. *om.* Cas[cod]     uerbum BSdD sermonem AHGVCas[ed] (=vg)     2 nec—seducat *om.* H₂     nec] neque Sd     moueant B     tamquam Sd     3 ↶ hoc et Sd[ed]     et] ex B ante *om.* Sd     nec (ne Sd) sermo *om.* VCas     dialeticę B dialectice G 4 fallac(t AB)iae ABGVCas uos esse ER uos se S fallaciae uos Sd     seducat *om.* VCas     tamquam] neque ES     per nos] a nobis R + a nobis G 5 missam *om.* AESMV (=vg)     poterant E poterit Cas[cod*]     et] etiam VCas diaboca A* diabulica V*     inuenire VCas     astutia A uersutia *rell. fort. recte*     6 apocrisis B apochrifis E apocriphis SRN apogriphis M apochriphis C apocrifis GCas[cod] apogryfis(gry *in ras.*) V apocryphis Cas[ed] quae] qui(i *in ras.* N) NC*     7 nomina G nominet V*     titulatur ES     instat SN     ne quis] nemo ES     8 nos B     dicens C corr., Cas ecce *om.* H₁     hic] + est BH₂G haec E et S *om.* R     christus *om.* R 9 ecce] aut H₂G uel Sd     illic] + christus V     ↶ disc. uen. Sd[codd] primo MN     nisi—dicit (15) *om.* H₂     ante x̄p̄s̄ E* anticristus V     10 discessionem Sd     11 refugam] refuga BV *fort. recte* reffugam R reffucam S 12 autem *om.* H₁G     ↶ uer. ref. uen. Sd[cod]     13 ueritatis *om.* B     uel Cas disertor E*S desertio Cas     14 gentilium ESGSd     ↶ romano imperio Cas romanorum G rognano Sd[cod]     danihelo AH₁GV daniele BCasSd[ed] danielo Sd[cod] danihele Sd[cod]     imagine Sd[cod]     15 dicit] continetur G dicitur Sd[ed] diabolus H diabolici V     filius—possidebit *om.* Sd[ed]     16 qui M     sibi *om.* Sd[cod]     seruitio] perditio BRH₂VSd[codd] *om.* Cas     possidebit] excipiet Cas     quia NC*     17 perturbare G     18 super GSdD supra *rell.* (=vg)     omne *om.* G     aut] et G

*ut in templo dei sedeat, ostendens se tamquam sit deus.* Supra
omnipotentiam et aeternitatem se iactabit, et sacramenta
cultur[a]e diuinae corrigere uel augere se dicet, et templum
Hierusolyma[e] reficere temptabit omnesqu[a]e legis caeri-
5 monias reparare, tantum ut ueritatis Christi euangelium
soluat, quae res Iudaeos eum pro Christo suscipere persuade-
bit, in suo, non in dei nomine uenientem. 5 *Non* [*enim*]
*meministis quod* [*cum adhuc penes uos essem*] *haec dicebantur
uobis,* 6 *et nunc quid detineat scitis.* Hoc est, quae mora est
10 ut [non] ueniat. *Ut reueletur* [*ipse*] *in suo tempore.* Quod
nondum aduenit tempus eius. 7 *Nam mysterium iniquitatis
iam operatur.* In his qui falsis doctrinis eius praeuium faciunt
i[n]ter, quos beatus Iohannes in mundum dicit exisse. *Tantum* [*ut*] *qui nunc tenet, teneat donec de medio fiat:* 8 *et tunc*

11 cf. Ioh. vii 6   13 cf. 1 Ioh. iv 1 etc.

1 dei *om.* G       ostendit R       supra] et (*om.* R *eras.* C) quia RC\* (qui
C corr.) item super G super Sd    2 ↶aeter. et omnip.VCas       omnem(nem
*m. rec. in ras.* E) potentiam EGSd omni potent(c N)ia SN       et (*pr.*) *om.* G
↶iact. se aeternitatis G       aeternitate MN       lactauit V\* lactabit V iacti-
tabit Cas       3 culturae diuinae] diuinę culture B culturae ESVCas$^{ed}$ et
diuina(*om.* N)e (diuinam CG) cultura et (culture N culturam CG) H$_2$G *om.*
Cas$^{cod}$       corrigere uel *om.*VCas       dicat H$_1$Sd$^{ed}$ dicit MNGVSd$^{cod}$       et]
nam et Cas       in templo R       4 hierusolymae] hierosolima B hierusalem H$_1$
hierosolima M ierusolima N iherosolimę C iherosolima G ierusolimis Cas$^{cod}$
hierosolymis Cas$^{ed}$ hierosolymae Sd$^{cod\ ed}$ hierusolimę Sd$^{cod}$       reficere] restaurare A are(a R)facere H$_1$reaedificare ( + et M) H$_2$G restituet Cas       tem-
tabit NV *om.* Cas       omnesque] omnes quae A omnes qui S omnemque R
et (*om.* M) omnia quae H$_2$G et omnes C corr. et omnia VCas       caerimoniam R
ceremonia MNG ca(*om.* Cas$^{cod}$)erimonia VCas$^{cod}$ caeremonialia Cas$^{ed}$       5 reparare A restaurabit Cas restaurare *rell.*       tantum] in tantum NC\*       ueritatis
*om.*VCas       ↶eu. chr. VCas       6 dissoluat VCas       quae res] queret H$_2$
querens G\*       iudaeos] iudęus E + ut H$_2$G\*       eum] quom B se C corr.
↶susc. pro chr. Sd$^{cod}$       suspicere C$^{?}_2$ suscepere V       persuadeat BC suadebit H$_1$
persuadit M persuadem N       7 in (*alt.*) *om.* H$_1$       enim *om.* AHGVCas
(=vg)       8 retinetis AHGVCas(=vg)       cum adhuc penes uos essem]
*add.* B cum ( + adhuc G =vg) essemus (essem C =vg) aput uos RH$_2$GVCas
dicebam AC (=vg) dicebamus H(—C)GVCas       9 teneat S deteneat R
mora] h(*om.* M)ora H$_2$       10 ut]+non B       ut (*alt.*)] et ES       ipse *om.* AHGVCas
(=vg)       in *om.* Sd (?)       quod—eius *om.* H$_2$       11 adueniat V       eius
*om.* H$_1$       nam] iam ES iam enim Sd$^{ed}$D       ↶iam (*om.* ESSd$^{ed}$D) op. iniq.
AHGVCas(=vg)       12 praemium BS breuem G peruium Sd$^{ed}$       13 iter]
inter BSGV       quod MN       iohannis ENG\*       dixit G       14 ut *add.*
AHGVCas(=vg)       ↶tenet nunc H$_2$GVCas (=vg)       teneat *om.*V       de
medio] dimidio(-ium) E\*R\*NG\*V       et—iniquus Cas$^{cod}$       et *om.* ES

*reuelabitur ille iniquus.* Donec regnum quod nunc tenet, de medio auferatur prius quam antichristus reueletur. *Quem dominus Iesus interficiet spiritu oris sui.* Celeri imperio uel solo flatu. *Et euacuabit inlustratione aduentus sui.* Quia, sicut fulgur, ubique coruscabit in mundo, solutis per ignem 5 commotisque elementis. 9 [*Eum*] *cuius est aduentus secundum opera*[*tionem*] *Satanae in omni uirtute,* [*et*] *prodigiis et signis mendacibus* 10 *et* [*in*] *omni seductione iniquitatis his qui pereunt.* Sicut [saluator] ante praedixit: 'dabunt signa ita ut seducantur, si fieri potest, etiam electi' per fantasiam 10 simulationemque uirtutum, sicut Iamnes et Mambres coram Faraone fecerunt. *Eo quod caritatem ueritatis non receperunt, ut salui fierent.* Qui ueritatem non diligunt, diligunt uanitatem. 11 [*Et*] *ideo mittet illis deus operationem erroris* [*in hoc*] *,ut credant mendacio.* Permittet uenire: nam si deus mittit, 15 non est operatio Satanae. 12 *Ut iudicent*[*ur*] *omnes qui non crediderunt ueritati, sed habuerunt uoluptatem iniquitatem.* Ut

5 cf. 2 Petr. iii 10      9 cf. *Matth. xxiv 24
11 cf. 2 Tim. iii 8; cf. Exod. vii 10, 11      13 cf. Ps. iv 3

1 ↶iniquus (inimicus S) ille ES      donec *om.*VCas      quod nunc tenet] romanorum Cas      dimidio R*N demidio V      2 ↶prius auferetur VCas   antexp̄s E*N   quem—oris *om.* Cas$^{cod}$      3 celeri—sui *om.* S      celeri—flatu *om.* Cas      caelesti E celere N      4 ↶fl. so. GV      sola N      flatu *om.* E et *om.* ER      euacuabit] de(i)struet AHGVCas(=vg)      inlustrato igne E inlustrationem R*G      uentus A*      5 ful(*om.* S)gor BH(—C)GVCas$^{ed}$      ubique *om.*VCas      co(u N)r( +r MN)uscauit ESMN coruscat R      salutis G      ↶per ignem elementisque commotis H$_1$ per ignem sulutisque elementis M      que per ignem elimentis NC      6 clementis V      eum *add.* BH$_2$GVCas(=vg) est *om.* H$_1$Cas$^{cod}$      aduentus] presentia G      7 opera BG operationem ( +est R) AHVCas(=vg)      et (*pr.*) *add.* BH$_1$Cas(=vg)      ↶sign. et prod. AHGVCas(Sd?)(=vg)      8 in *add.* AHGVCas(=vg)      hii G      qui *om.* ES      9 periunt AMD      sicut—praedixit] quod ait dominus et V ut ante praedictum est Sd      ut G      saluator *add.* BH$_2$G      signa] +magna VCas      10 ut *om.* R      seducantur] seducant H$_1$ +multi G in errorem mittantur VCas      electos H$_1$      phantasticam uirtutem Sd$^{ed}$      phant. E fanth. R      11 simulationemque *om.* Sd      que *om.* V      sicut iamnes] sicuti annes A sicut iamues B      manbres B mambre E mambris M      12 fecerunt *om.* C      ↶non rec. uer. V      13 qui—uanitatem *om.* ES      quia G ueritatem] +dei RH$_2$      dilexerunt diligent VCas      14 et *om.* AHCas(=vg) mittit BRNGCas$^{cod\ corr}$(=vg) mittat ES      in hoc *om.* AHGVCas(=vg) 15 permittit ABEMNGCas +illis Sd$^{cod}$      uenire *om.* V      mittet(-it M*) SH$_2$V permittet R      16 ut] et H$_2$Cas$^{cod}$      iudicentur] iudicent B      17 habuerunt uoluptatem iniquitatem] consenserunt ( +mendacio et NC) iniquitati AHGV Cas(=vg)      ut *om.* H$_1$

non se per incarnationis Christi obscuritatem excusent, diuinis non credidisse uirtutibus, cum homini crediderint diabolica arte fallenti. 13 *Nos autem debemus deo gratias agere semper pro uobis, fratres dilecti[ssimi] a deo.* Qui caritatem recipimus ueritatis et pro[p]ter hoc nos diligit deus. *Quod elegerit nos deus ab initio in salute[m], in sanctificatione[m] spiritus et fide[i] ueritatis.* Uidens paratos ad credendum, sicut ei, alio ire cupienti, de uiro Macedone reuelatum est. 14 *In qua [et] uocauit uos per euangelium nostrum in adquisitionem gloriae domini nostri Iesu Christi.* Ad hoc uocati sumus, ut Christi gloriam adquiramus: 'scimus' enim 'quoniam, [cum] apparuerit, similes ei erimus.' 15 *Itaque, fratres, state.* In fide ueritatis immobiles. *Et tenete traditiones [nostras] quas accepistis, siue per uerbum siue per epistulam nostram.* Quando suas uult teneri, non uult extraneas superaddi: apostolica autem traditio est, quae in toto mundo celebratur, ut baptismi sacramenta. 16 *Ipse autem dominus noster Iesus Christus et deus [et] pater*

---

7 cf. Act. xvi 7, 9   11 1 Ioh. iii 2

1 se per] semper H₂G   incarnationem(-e E) H₁   2 ⌒uirt. non cred. Cas omni H₁   ⌒diab. arte fall. crediderunt(-int Cas) VCas   crediderint A corr., EH₂Cas crediderent G crediderunt *rell.*   diabolico E* diabolic( +a R)e SR 3 fallenti (*dat. masc.*)] fallente ESM*G   ⌒gr. ag. deo BGVCas (=vg) gr. domino ag. M domino gr. ag. NC   4 dilecti AHGVCas (=vg)   qui] quia (que M) HG   recepimus BERVCas *fort. recte*   5 proter A   hoc] ea Cas nos (*pr.*)] *om.* M *tr. post* dil. (dilexit G) NCG   diliget M dilegit C   quod] eo quod R   elegeret A* elegit ES eligerit V   uos BGCas^ed *fort. recte*   6 ab initio] primitias AHGCas (=vg)   in] ad V   salute] salutem AHGVCas (=vg)   in] *om.* ES et in G   sanctificatione BRMCVCas (=vg)   7 fidei] fide BRH₂GCas (=vg) *om.* V   uidens] fecerit Cas   praeparatos(-us N) H₂G ei alio ire] et alibi i(*om.* ES)re H₁   8 ire *bis* G   uiro] uero M*C* bere N macedene A* machedone R macidoni M mocedoniam N macędoni C* macędone C macedonae V   *et add.* AHGVCas (=vg)   9 nos ESV   euang.]+uos A* adqui(e M)sitione H₂ constitutionem SdD   gloriae *om.* G   10 ad hoc] adhuc R +enim Sd^ed   uocauit C½   sumus] sunt M *om.* NC estis Cas 11 acquiratis Cas   enim *om.* Cas   quoniam] que MCas^ed quia NCGVCas^cod cum *om.* B   app.] ap. ESN   12 ei] *om.* G illi Cas   13 tradititiones Cas^cod*   nostras *om.* AHGCas (=vg)   accepistis] didicistis BRH₂GVCas (=vg)   14 uerbum] sermonem AHGVCas (=vg)   cum VCas   sua H(—C)G   15 tenere MN   extranea H₁G a( +* V)lias VCas   superandi V apostolica—sacramenta] de baptismi scilicet (*om.* Cas) sacramento, et ceteris quae in (*om.* Cas) toto mundo seruantur, ac (at Cas^cod*) per (pro Cas^ed) hoc apostolicae(-e Cas^cod) conprobantur VCas   16 c[a]elebratur] praedicatur H₁ sacramentum G   17 *et add.* AESMCCas (=vg)

[*noster*], *qui dilexit nos.* Et[iam] cum non mereremur, ut mereremur. contra Arrium, qui ideo patrem maiorem putat, quia prior in scripturis soleat nominari. *Et dedit consolationem aeternam.* Promissionum. Siue: 'Spiritum consolatorem,' qui[a] Gr[a]ece paracletus nominatur. *Et spem bonam.* Esse 5 potest et spes mala. *In gratia*[*m*] 17 *et hortetur corda uestra et confirmet.* Uirtutibus uel reuelatione. *In omni opere et uerbo bono.* Prius opere et sic sermone. 1 *De cetero, fratres, orate pro nobis.* Dat humilitatis exemplum et occasionem caritatis, ut pro alterutro audacius exoremus. simul notandum in qui- 10 bus causis pro se orari poscat apostolus. *Ut uerbum domini currat et glorificetur, sicut et aput uos.* Currat af[f]luentia, magnificetur auditorum profectu. 2 *Et ut eripiamur ab iniquis et malis hominibus; non enim omnium est fides.* Non omnes credunt, et ideo contradicunt[ur]. 3 *Fidelis autem deus.* 15

4 cf. *Ioh. xiv 26

1 noster *om.* A    etiam] et B *om.* V impios Cas    cum] *om.* ES quod RH$_2$ non] minime V    moreremur S meremur H$_2$G + promissa G    ut mereremur] *om.* ESVCas ut mereamur RH$_2$G    2 contra arrium *om.* NC arr(*om.* Cas)ianos VCas arianum Sd    quia NC    ideo] quu (?) dei S + arrius NC illum V *om.* Cas    patr. mai.] mai. patr. H(—M) mai.VCas    putant VCas    3 qui prius (primus Cas$^{cod}$) VCas    in scripturis *om.* H$_1$V    soleat nominari] fuerit nominatus VCas nominari soleat Sd$^{cod}$    soleat A solet H$_2$ nominare E*M    4 promissionum—nominatur *om.* H$_2$    promissionum] promissionem E corr.,RSd *om.* G (*sed uide supra*)    ↶cons. sp. Sd$^{cod}$ corr ed 5 qui BH$_1$GV *fort. recte*    grae** A grece BG grege S grecae(a *eras.* R) RV paraclitus A corr.,B,E corr.,RGV paraclitum E*SCas$^{cod}$ paracletum Cas$^{ed}$ appellatur ER apellator S appellatus G    et spem bonam] *om.* ES et spes bona R    esse potest] esse S est enim VCas quia potest esse Sd$^{codd}$ quia potest Sd$^{ed}$    6 et (*pr.*) *om.* ES    mala] + esse Sd    gratia AESCas$^{ed}$ (=vg) et hortetur BS exhortetur AH(—S)GVCas (=vg)    7 uel] et BH$_1$    et] uel ES    uerbo] sermone AHGVCas (=vg)    8 op.] inop. Cas$^{ed}$    et sic] quam V    sic] *tr. post* sermone B *om.* ES    9 occas.] occans. E*    caritatis] ueritatis Sd$^{codd}$    10 ut] et R    alterutrum H$_2$    audacius *om.* RVCas    oremus CasSd    11 causis] rebus semper V    pro se *om.* ES ↶apos. orari poposcerit V    orare HG    sermo AHGVCas (=vg) domini] dei H$_2$    12 glorif. BSd cl(*om.* A*)arif. AHGVCas (=vg) magnif. D *fort. recte* (*uide expos.*) + ubique G    et *om.* ESNC*G    currat afl.] curata fluenta H$_2$    afl. (*uide Nettleship, Contrib. to lat. lexicog. pp.* 78 *ss.*) AE(H$_2$)V affl. BSR,Ccorr. (affluenter),GCas    13 magn.] et magn. G    ↶prof. aud. Cas    et *om.* ESD    ut *om.* R    liberemur AHGVCas (=vg)    iniquis] in( + o MG)portunis AHGVCas (=vg)    15 et *om.* H$_1$    ideo] ita G contradicuntur B    autem] est Sd    deus] dominus est (*om.* G) H$_2$GCas$^{cod}$ (=vg) + est VCas$^{ed}$

Qui non relinquit nisi se relinquentes. *Qui confirmabit uos et custodiet a malo.* In fide per doctrinam et gratiam. 4 *Confidimus autem in domino de uobis [, fratres,] quod ea quae praecepimus [uobis], et fecistis et facietis:* 5 *dominus autem dirigat corda uestra in dilectionem dei et patientia[m] Christi.* Reuelando quanta sint quae amoris sui causa contumelias patientibus repromisit. 6 *Denuntiamus [autem] uobis, fratres, in nomine domini nostri Iesu Christi, ut separetis uos ab omni fratre inquiete ambulante, et non secundum traditionem quam acceperunt a nobis.* Quia in prima lenius commo[n]uimus et emendare noluerunt, [ut] uel hoc modo quo sancti se ab eis separant, erubescant. huius plane loci auctoritate subtrahendum est ab omni Christiano qui non secundum apostolica incedit praecepta. 7 *Ipsi enim scitis quo modo oporte[a]t imitari nos.* Qui sumus forma credentium. [*Quia non inquieti fuimus inter uos* 8 *neque panem gratis ab aliquo manduca[ui]mus, sed in labore et in fatigatione nocte ac die operantes, ne aliquem uestrum grauaremus.*] 9 *Non quasi non habuerimus potestatem.* Quia 'dignus est operarius mercede sua.' *Sed ut nosmet ipsos*

6 cf. Act. v 41   10 cf. 1 Thess. v 14   19 Luc. x 7

1 quia H₁   relinquet BNCCas   se rel.] rel. se RNCGSd rel. Cas quia S   confirmauit HG   2 custodiat A custodiuit H₂   fidem G   3 ⌒ de uob. (+ fratres A) in domino (deum G) AHGVCas (=vg)   quod ea] quoniam AHGVCas (=vg)   4 praecipimus BESNCG*VCas^{cod} (=vg)   uobis *om.* AHGVCas (=vg)   et (*pr.*) *om.* RGVCas   fec.] facitis AHVCas (=vg)   deus V 5 nostra R   caritate AHGVCas (=vg)   patientia AHGVCasSd^{ed} (=vg) 6 sit H₁G*   7 promisit HCas   denuntiauimus ES   autem *add.* AHGVCasSd½ (=vg)   fratres *om.* Sd½   8 subtrahatis AHGVCas (=vg) abstrahatis Sd   9 inquiete amb.] amb. inordinate AHGVCas (=vg)   10 accepistis H₁G   primis Sd   leuius B   commouimus B cum canuimus H₂ et] + tamen Sd   11 emendare] + se E corr. Sd^{cod ed} *praem.* se Sd^{cod} noluerant Cas^{ed}   ut *om.* AH₁   hoc modo] sic Cas   quo—separant *om.* VCas 12 separent BMN   erubiscant MV   huius—auctoritate] notandum quod VCas   subtrahendus Sd^{ed}   13 sit VCas   omni] homine Cas qui *om.* VCas   apostoli ES   14 incedit praec.] praec. uiuente VCas praec. incedit Sd^{ed}   incedit] inquid iam M incidit G*   enim] autem H₁   quo modo] quem ad(m V) modum AHGVCas (=vg)   oportet] oporteat (+ uos RG) AH₁GVCas (=vg)   imitari] mutari B *om.* S   15 ⌒ forma sumus Cas quia—grauaremus *om.* AES   quia] quoniam RH₂GVCas (=vg)   16 fui✴mus V ⌒ gr. pan. RH₂GCas (=vg)   ⌒ manducauimus ab aliquo RH₂GVCas (=vg) -auimus] -amus B   17 in (*alt.*) *om.* RH₂GVCas (=vg)   ac] et BRNGVCas (=vg)   operantes *om.* R   quem RH₂G*VCas (=vg)   18 quasi] quia Sd haberemus H₂   19 quia *om.* N   est *om.* ESSd^{cod}   mercedem suam E*MN*   met ipsos *om.* Sd

*formam daremus uobis ut nos imitaremini.* Ne cui occasionem auaritiae uel otii, qui fons est inquietudinis, praeberemus. 10 *Nam cum et aput uos essemus, hoc denuntiabamus uobis.* Quia praeuidebamus aliquos tales futuros. *Quoniam si quis non uult operari.* Aut sedeant quieti, aut, si ueri sunt apostoli, 5 nos sequantur, si non auaritiae, sed dei causa ambulare se dicunt. *Nec manducet.* Haec sit inquietudinis non solum poena sed etiam emendatio. 11 *Audiuimus* [*enim*] *quosdam ambulare inter uos inquiete,* [*et*] *nihil operantes.* Reddit superioris sententiae causas, ad quos legitime debeat pertinere, 10 scilicet ad inquiete ambulantes, non quiete sedentes. *Sed curiose agentes.* Quid in qua ciuitate uel prouincia [geratur] et domo. 12 *His autem qui eius modi sunt, praecipimus et obsecramus in domino Iesu Christo.* Nec ipsos post alteram correptionem desini[ui]t commonere. *Ut cum silentio ope-* 15 *rantes, suum panem manducent.* Non cum inquietudine alienum. 13 *Uos autem, fratres, nolite deficere bene facientes.* Non omnibus, sed talibus dari prohibeo, ne putetis me boni operis consuetudinem amputare. 14 *Quod si quis non obaudit*

1 cf. 1 Thess. ii 5    14 cf. Tit. iii 10

1 ut nos (uos B) imitaremini] ad imitandum(-os ES) nos AHGVCas (=vg) ne—praeberemus *om.* H₂    cui] alicui VCas    occan(*exp.* E *om.* S)sione ES
2 otii] uti ERCas cuti S odii G    qui] quod VSd que Cas    fons est] fons ES fomitem RCas    ⌒ inq. est G    praebemus V    3 ⌒ et (*om.* ES) cum AHGVCas (=vg)    ⌒ essemus aput uos AHGVCas (=vg)    hoc] haec C* denuntiamus E denuntiauimus S    quod Cas^ed    4 uidebamus VCas aliquos *om.* N    tales] + esse H₁G    5 aut (*pr.*)] ut aut VCas    quiete G si ueri (uere G) sunt] serui(+s N) sint H₂    6 nos] non ES    7 dicat MN dicant CG ducunt Sd^cod ed    sit *om.* G    8 audimus VCas    enim *add.* AHGVCas (=vg)    ⌒ inter uos quosd. amb. AHVCas (=vg) quosd. inter uos amb. G    9 et *om.* AHGVCas (=vg)    sup.] huius VCas    10 causas] + et C corr.    ad—pertinere *om.* Cas    legitime *om.* V    11 scil.—amb. *om.* VCas    inquietem H₂    non] + ad H₁G + in H₂    ⌒ sedere quiete VCas sedente A*    12 curiosae GV    ⌒ prou. uel ciu. BH₂VCas    ⌒ uel domo geratur V    geratur *om.* B    13 et domo] *om.* Cas^cod inquirentes Cas^ed et] uel V    domu H₂G*    denuntiamus AHVCas (=vg) adnuntiamus G et obsecramus *om.* Cas^cod*    14 iesu christo *om.* Cas^cod*    christo *om.* H₁ nec] ne per H₁    15 correctionem H₁C corruptionem M    desinit] desiniuit B desinet EC* dissinet N    commouere B    ut q B*    16 ⌒ mand. pan. su. Cas^cod mand. su. pan. Cas^ed    pacem G*    non—alienum *om.* H₂ 18 non] + in H₁    ⌒ proh. dari sed tal. Cas    sed] + in H₁    dare BH₂GV* putetis] potestis M    ⌒ cons. toll. bene f. Cas    boni operis] bene faciendi VCas    19 quod] sed N    ob[o]edit BH₂GCas (=vg) audit RV

*uerbo per epistulam, hunc notate ut non commisceamini cum
illo.* Si quis tertio conuentus noluerit emendare. *Ut confundatur.* Non ut penitus abscidatur. 15 *Non ut inimicum eum
existimetis, sed corripite ut fratrem.* Corripite, ut emendet, et
5 nolite sic abicere ut desperet. aeger curandus est, non necan-
dus, ne in apo[s]tasiam inquietudo uertatur. 16 *Ipse autem
dominus pacis det uobis pacem semp[it]er[nam] in omni loco
[dominus cum omnibus uobis].* Ut possitis omnes curare paci-
fice in omni loco, ubicumque fueritis. 17 *Salutatio mea manu
10 Pauli, quod est signum in omni epistula.* Ut sciatis falsas
epistulas inuenire. *Ita scribo.* 18 *gratia domini nostri Iesu
Christi cum omnibus uobis.* His uerbis omnes epistulas
su[b]scribebat, excepta Galatarum, quam ex integro manu
propria perscripsit, ut post ea[m] nec sibi nec angelo crederetur.

15      EXPLICIT AD THESSALONICENSES SECVNDA

2 cf. Tit. iii 10    13 cf. Gal. vi 11    14 cf. Gal. i 8

1 uerbo] nostro *add.* H(—E)GVCas (=vg)  ut] et AHGCas (=vg)  non] ne
Cas   commiscemini SM   2 quis]+iam V   conuentus] *om.* ES conuentu R*
emendari NC     ut]+non R*     erubescat SdD     3 ↪ ut non Cas$^{cod}$Sd$^{cod\ ed}$
pen.] paen. R     abscidetur G* excidatur Cas$^{cod}$ abscindatur Sd$^{ed}$     non
ut inim. eum existimetis] et nolite quasi inim. existimare AHGVCas (=vg)
4 corripite (*alt.*)] corrigite E corrite S corripi*te V     emendetur Cas$^{ed}$     et
*om.* V     5 sic abicere] abscidere H$_1$ abicere (abgecere M) H$_2$VCas     ut]
ne VCas      disperet H$_1$NV     sanandus Cas     non] et non G     negandus
SMGSd$^{ed}$      6 apotasiam B apocrisia(cri *in ras.*) M apostasia NG    in-
quietu H$_2$     7 deus H$_1$GCasD     semper] sempiternam AHGVCas (=vg)
in—christi (12) *om.* E in—sit *om.* S     8 dominus—uobis *om.* A    dominus]+
sit Cas$^{ed}$    ut—fueritis *om.* H$_1$     possetis N*G     9 in omni loco *om.* Cas$^{cod}$
-cum-] -quum- N     salutatio—uobis (12) *om.* S     salutatio—scribo (11)
*om.* M     10 est *om.* Cas$^{cod}$     ut—inuenire *om.* ESM     11 apostolas G*
inuenire] respuere R inueniri G     12 uobis (nobis Cas$^{cod}$)] + amen H(—E)GV
Cas (=vg)    omnibus H$_1$    epistolis R    13 suscr. AV subscr. *rell.*    excepto H$_2$    quem Cas$^{ed}$    ex integro *om.* VCas   ↪ pr. ma. VCasSd   14 per]
pro *om.* RH$_2$ sub Sd    post eam] postea BRSd$^{cod}$     nec (*alt.*)] *nec C
creditur E credetur S crederentur N crederent Sd$^{ed}$    15 explicit a(*om.* H$_1$)
epistola ad t( +h SRD)ess(*om.* H$_1$D)alonicenses BH$_1$( +secunda E *m.rec.*, R)D
a(*om.* NC)epistola pauli apostoli(-o M) ad t( +h NC)es( +s C)aloni(a N)
censis(-es C) explicit H$_2$+scripta ab at( +t N)thenis uersus CVIII habens
(*om.* N) MN explicit epistula secunda ad tesalonicenses G finis epist. ad thessalonicenses secundae Cas$^{ed}$ finit ad thesalonicenses ·II· Sd$^{cod}$   thessalonec. A

# INCIPIT AD COLOSSENSES,

quorum auditam fidem in principiis laudat; deinde monet ne per philosophiam uel legis caerimonias seducantur.

1 *Paulus apostolus Christi Iesu per uoluntatem dei et Timotheus frater* 2 *his qui sunt Colosenses* [*sanctis*] *et fidelibus fratribus in Christo Iesu: gratia uobis et pax a deo patre nostro,* 5 [*et Christo Iesu domino nostro*]. 3 *gratias agimus deo* [*et*] *patri domini nostri Iesu Christi, semper pro uobis orantes,* 4 *audientes fidem uestram in Christo Iesu, et dilectionem quam habetis in sanctos omnes.* Sine acceptione personae uel notitiae solam in omnibus diligitis sanctitatem. 5 *Propter spem quae reposita* 10 *est uobis in caelis, quam* [*ante*] *audistis in uerbo ueritatis euangelii,* 6 *quod peruenit ad uos.* Non propter hominum laudem, sed propter uitam aeternam quae in Christo est. *Sicut in*

1 cf. Col. i 4    2 cf. Col. ii 8    9 cf. Rom. ii 11    13 cf. Ioh. iii 36

incipit argumentum in epistola ad cosenses (*sic*) foeliciter B argumentum E incipit epistola ad colosenses argumentum S incipit argumentum ad colosenses RCas$^{cod}$ ( + argumentum ad colosenses R) incipit ad cola(o N)si(e N)nsis MN incipiunt capitula epistolę pauli ad colosenses...incipit argumentum C *nihil* G incipit ad colossenses. argumentum...expositio argumenti V epistola pauli ad colossenses. argumentum Cas$^{ed}$ incipit collectaneum sedulii scotti super epistolam pauli ad colosenses Sd$^{cod}$ argumentum pilagii in aepistolam ad colosenses D    1–2 *om.* H$_2$GSd    1 quorum—principiis] in primis fidem eorum magnam audisse se (↔se audisse Cas$^{cod}$ se *om.* Cas$^{ed}$) VCas deinde] de quo inde E    mouet B    2 phil.] fil. R    caer.] cer. SRCas$^{cod}$D seducantur] + *nihil* AE*SGV*(Sd) + explicit argumentum incipit [a]epistola ( + beati pauli apostoli Cas$^{cod}$) ad colosenses BCas$^{cod}$ ad colosenses Em. *rec.* incipit epistola ad colosenses R incipit epistola ad (*om.* M) colosenses MN argumentum explicit. incipit epistola C expositio in epistola ad colocenses V*m. rec.* finit D    3 ↔ies. chr. R    4 tim.] thim. SMN    his *om.* H$_2$ colos( + s V)enses(-is MNV)] colosis, (*ex* colossis) A, Cas$^{cod}$ colossis Cas$^{ed}$ ( = vg) sanctis *add.* AHGVCas ( = vg)    6 et—nostro *om.* BH$_2$GVCas ( = vg)    ↔ dom. ies. chr. R    nostro *om.* R    agemus A*    et *add.* AHGCas ( = vg)    7 audita fide uestra Sd$^{ed}$    9 ↔ omnes sanctos H$_1$    sine(s *in ras.*) G    acceptione A,C corr., G exceptione BH(ceptione Em2 *in ras.*)VCas    ↔ not. uel pers. VCas personarum E    10 in omnibus diligentes (delegentis N) BN diligatis(-itis R) in omnibus H$_1$    omn.]*omn. G    reposita] promissa G    11 ante *om.* AH(—R)GVCas ( = vg)    audis E*S auditis Em. *rec.*    euangelium ES 12 quod *om.* ES    13 sed—est] uitae aeternae cum christo V uerbo uitae aeternae Cas$^{ed}$ *om.* Cas$^{cod}$    ↔est in chr. Sd    sicut] + et RVCas ( = vg)

*omni mundo* [*est*] *et fructificat.* Aliut tricesimum, [et] aliut sexagesimum, aliut centesimum, secundum parabolam seminantis. *Et crescit.* In numero uel uirtute. *Sicut* [*et*] *in uobis ex* [*ea*] *qua audistis die, et cognouistis gratiam dei in ueritate.*
5 Ille [dei] gratiam in ueritate cognouit qui eius beneficia malis actibus non euacua[ba]t. 7 *Sicut didicistis ab Epafra* [*carissimo*] *conseruo nostro, qui est fidelis pro uobis minister Christi* [*Iesu*]. Fideliter pro uobis in orationem incumbens, ministerium Christi exhibe[a]t uoluntati. 8 *Qui etiam manifestauit*
10 *nobis caritatem uestram in spiritu.* Quam habetis in spiritalibus caritatem. 9 *Ideo et nos ex qua die audiuimus, non cessamus pro uobis orantes* [*et postulantes*] *ut impleamini agnitione uoluntatis eius in omni sapientia et intellectu spiritali.* Quia aliter eam facere non potestis, quod propheta intellegens
15 dicebat ad dominum: 'doce me facere uoluntatem tuam, quia deus meus es tu.' 10 *Ut ambuletis digne deo, per omnia placentes, in omni opere bono fructificantes et crescentes in dei scientia.* Digne deo ille ambulat qui ei per omnia placet: hoc est, ut in

---

1 cf. Matth. xiii 23    2 cf. Matth. xiii 18    15 Ps. cxlii 10

1 omni BSd uniuerso AHGVCas (=vg)    est *add.* ARGCas (=vg)    et (*pr.*) *om.* ES    fructificans Sd^ed    ⌒ al. cent. al. sex. al. tric. H₂    tricesimo E* R* trigesimum Cas^ed    et *add.* B    2 sexages.] sexagins.V    centes.] centiss. RN centis. M    parabulam(-a E) EV    3 crescens Sd^ed    numero] cruce H₂    uel] siue V *om.* Cas    uirtute] fidelium Cas^cod credentium Cas^ed    et *om.* AH₁V(=vg)    4 ea (*om.* S) qua audistis die AESG qua die audistis BCas^cod ea die qua audistis RH₂Cas^ed (=vg) ea qua die audistis V    cognoueris Sd^cod    ⌒ dei gr. Cas^cod    ueritatem S uiritate G*    5 dei gr.] gr. BSd^ed gr. dei H₁Sd^codd    ⌒ cogn. in uer. H₁    cognoscit GVCas    beneficia— euacuat] non facit irritum beneficium V    6 euacuat] euacuabat B euacuauit RSd    epafra] ephafra ES epaphra RCGVCas^ed (=vg)    carissimo *om.* B    7 ⌒ pro uobis fidelis Sd    nobis ES    christi] christi iesu AH(—R)GVCas (=vg) iesu christi R    8 in orationem H₂V orationi Cas^cod in oratione *rell.*    concumbens S    9 exhibet] exhibeat B exhibetur Sd^cod uoluntate ESd^cod ed uolun(m M)tatem MN    10 **nobis R    dilectionem AHGVCas (=vg)    11 caritatem *om.* Cas    cessauimus GZm^cod    12 et postulantes *add.* BH₂GVCasSdZm (=vg)    ut impleamini agnitione *om.* G agnicionem M actionem(m *eras.*) N    13 uoluntates A*    eius] *om.* E*S dei E *s.l.*    omni*A    quia] qui V*    14 ⌒ eam aliter H₁    ⌒ facere eam G    ⌒ non pot. fac. Sd^ed    potuistis G    15 dominum] deum H₁    16 ⌒ tu es deus meus H₂ tu deus meus es V deus meus es Cas    digni H₂Zm    17 dei sc.] sc. dei AH(—ES)GVCasZm (=vg) sci. ES    18 ⌒ illi ambulant digni deo Zm digne] bene ES digni H₂Zm    deo ille] ille deo ER deo illi H₄(Zm) deo Cas ambulant H₂    placent H₂Zm^cod placeant Zm^codd    ut in] in omni H₂VCas

opere bono cum scientia dei fructificet. simul exposuit qu[a r]e frequenter obscure dicebat: hoc est, quo modo deus det uelle et adiuuet uel confirmet, docendo scilicet sapientiam [et] intellectus gratiam tribuendo, non libertatem arbitrii auferendo, sicut in praesenti orat ut impleantur agnitione uoluntatis eius 5 in omni sapientia et intellectu spiritali, quo possint digne deo per omnia ambulare. 11 *In omni uirtute confortati.* Uirtus magna est inueteratam uitiorum consuetudinem uincere uel in passionibus carnis infirmitatem superare. *Secundum maiestatem claritatis eius.* Ut et uos sicut ille patienter omnia 10 sufferatis. *In omni patientia et longanimitate cum gaudio.* Ibi est uera longanimitas et patientia, ubi aliquis etiam gaudet [et] se sustinere quod patitur. 12 *Gratias agentes deo et patri, qui uocauit uos in partem sortis sanctorum in lumine.* Plus uos uocatio laetificet quam adfligit tristitia passionum. 15 [Sortis sanctorum.] Sortem hereditatem scriptura cognominat, quia et [H]iesus terram diuisit in sorte. 13 *Qui eripuit*

12 cf. Act. v 41    17 cf. Ios. (i 6, xiv 2), xxiii 4

1 bono]+ut VCas    fructificent MN fructificant C crescat et fructus VCas
simul *om.* VCas    exposuit] et posuit BV exponit Cas^(cod)    qua re] que B
quod H₂ quae VCas    2 frequenter] *om.* H₂ semper V    obscurare S obscura
RCas    dicebant MN    hoc est *om.* Cas    3 et] uel H₁    uel] et H
atque VCas    docendo—tribuendo] inspirando docendo sapientiam et intellectum donando per gratiam suam Cas    et *om.* B    4 gratiarum H₁
5 sicut—ambulare (7) *om.* H₂    6 et intellectu spiritali *om.* Cas    intellec(ec *in ras.*) A    qua Cas    deo *om.* A*    7 in omnibus Cas    confortati]
*praem.* et V confirmati Zm    uirtus—superare *om.* H₂    8 magna est]
est enim V est Cas    uit. cons. uinc.] uinc. (+fomitem R corr. *s.l.*) uit. H₁
consuetudinem uinc. uit. G    uincere—superare] uel in passione (uel in
passione *om.* Cas^(cod)) infirmitatem uincere carnis (↶carnis superare Cas) VCas
10 maiestatem BSd potentiam AHGVCasZm (=vg)    sicut]+et H    illi H₂
ille fecit Zm    patienter *om.* VCas    ↶suff. *om.* Zm    11 patientia]
sapientia G    longaminitate B    cum gaudio *om.* H₁    12 ↶uera est Sd^(ed)
↶pat. et long. V    longaminitas B    pat.]+exhibenda Zm    ↶etiam
al. gaud. G    aliquis] malitia H₂Zm    etiam—patitur] ab aliquo exercetur Zm
etiam gaudet] gaudet etiam H₁ gaudet H₂+et B    13 se *om.* H₁G    deo
et *om.* H₂VCas^(cod) (=vg)    et *om.* R    14 uocauit uos A uocauit nos BH₁
dignos(-us MN*) nos (uos MN*C*) fecit H₂GCas (=vg)    partem] parte
sua H₂    15 uos *om.* H₁    laetificat A, *Em. rec.*    adfliget MN* adfligat Nm2(Cas)
16 sortis (sorte E sortes SR sorti Sd^(cod ed)) sanctorum] *add.* AH₁V(Sd) *praem.*
(+quod hic R corr.) cognominat H₁    sortem] sortes Sd^(cod)    hereditatis
AH₁Sd    scriptura cognominat] in scripturis saepe dici manifestum est V
in scripturis frequenter inuenimus Cas    commemorat H₁    17 quia—sorte
*om.* Cas    et *om.* E    hiesus A iesus BSd ihs H₁MCV iħu N ihesus G    sortem H₂G

*nos de potestate tenebrarum.* Ab ignorantia uel errore. *Et transtulit in regnum filii caritatis suae.* De regno erroris et mortis, quo et dilecti et filii fieremus. 14 *In quo habemus redemptionem, [in] remissionem peccatorum.* Redemptis fide
5 per baptismum peccata dimisit. 15 *Qui est imago dei inuisibilis.* Secundum epistulam ad Hebraeos. *Primogenitus omnis creaturae.* Primogenitus secundum adsumpti hominis formam, non tempore, sed honore, iuxta illut: 'filius meus primogenitus Istrahel.' 16 *Quia in ipso condita sunt omnia.* Secundum
10 diuinitatem. *In caelis et in terra, uisibilia et inuisibilia [siue sedes, siue dominationes siue principatus siue potestates].* Contra Manichaeos. *Omnia per ipsum et in ipso creata sunt.* In ipsius potestate. 17 *Et ipse est ante omnes, et omnia in ipso constant.* Dum per ipsum subsistunt. 18 *Et ipse est caput*
15 *corporis ecclesiae.* Quia omnes credentes eius sunt membra. *Qui est principium, primogenitus ex mortuis. [In] incorruptibilitatis gloria. Ut sit in omnibus [ipse] primatum tenens.* Tam in inuisibilibus quam [in] uisibilibus creaturis. 19 *Quia in ipso complacuit omnem plenitudinem [in]habitare [diuinitatis].*
20 In aliis, hoc est in apostolis, [in] patriarchis, uel prophetis

6 cf. *Hebr. i 3    8 Exod. iv 22

1 uos MNG    ignorantia uel errore] ignorantiae potestate V ignorantia Cas terrore MNG*    2 -tullit MN    filii *om.* H₁    ⌒ dilectionis fil. R½ (*s.l.*) caritatis] dilectionis AHGVCas (=vg)    de regno—fieremus] *om.* H₂G *et alia omnia praebent*    3 quo] ut Cas    et (*pr.*) *om.* Cas^ed    ⌒ essemus et filii Cas fieremus] dei efficeremur R corr.    in quo] per quem H₂    4 redempt.] redemt. N    in] *om.* AVCas^cod (=vg) et HGCas^ed    redemp(*om.* V)tis] redempti (+sumus H₂) HCas^ed    fide per] per fidem R*    5 remisit BGVCas dei *om.* E    6 epistula (+sunt E*) E corr.,S    omnis] uniuersae SdD
7 adsump.] assum.V    8 temporis C    sed *om.* H₂    honore *om.* Sd^ed iuxta] secundum V    ⌒ prim. fil. meus C    9 omnia] uniuersa AHGVCas (=vg)    secundum diuinitatem *om.* H₁Cas    10 siue sedes (throni [troni MN] H₂GVCas =vg)—potestates *add.* BH₂GVCas (=vg)    11 dominationes] damnationes B    12 contra man.] haec contra man. H₂ *multo prolixius* GV *om.* Cas    creata] facta G½    13 in (*pr*!.] et in V    ipsius] +creata sunt E in] ante V    14 subsistent H₁    est *om.* R*    15 ⌒ mem. sunt H₁    16 in *om.* BSRSd    17 glorie E gloriam H₂    sit] fiat Sd    ipse *add.* BRH₂GVCas (=vg)    principatum G    18 in inuis.] uis. H₁NVSd    in '(*alt.*)] *om.* BH₂V et S    19 complacuit] collocauit ES    inhabitare diuinitatis] habitare diuinitatis A inhabitare BCas^cod diuinitatis habitare H₁GCas^ed habitare H₂ (=vg) diuinitatis inhabitare V    20 hoc est] autem H₂ enim VCas    in apostolis—prophetis] in patr. in prophetis uel apostolis G *om.*VCas    in (*tert.*) *add.* BH₂G    uel *om.* Sd

[gratia] fuit ex parte: in Christo autem tota diuinitas abundauit. *Corporaliter.* Quasi si dicat 'summaliter.' 20 *Et per eum reconciliare omnia in ipso, pacificans per sanguinem crucis eius.* Per quem sunt homines emendati. *Siue quae in caelis sunt siue quae in terris.* Terrena caelestibus, quae ab eis per contrarietatem uitae fuerant separata: unde orare [hoc] docemur, ut uoluntas dei, quem ad modum celebratur in caelis, ita fiat in terris. 21 *Et uos, cum essetis [aliquando] alienati et inimici sensus eius in operibus malis,* 22 *nunc autem [reconciliauit in corpore carnis eius per mortem].* Quae fuerint [inimicitiae], euidentissime declarauit. *Exhibete uos sanctos.* Ne eius beneficium irritum facientes, sitis iterum inimici. *Et immaculatos et inreprehensibiles coram ipso.* Uide si quod sciebat impossibile, praecepisset. 23 *Si tamen permanetis in fide fundati et stabiles et immobiles.* Tunc poteritis immaculati esse, si hominum uos minime exempla decipiant, sed firmiter futura credatis. *A[b] spe euangelii quod audistis.* Spem euangelii contra euangelium uiuentes sperare non possunt. *Quod praedicatum est in uniuersa creatura quae est sub caelo.* Rationabili[s] scilicet: notandum sane quo modo omnem

l cf. Col. ii 9    2 Col. ii 9    6 cf. Luc. xi 1; Matth. vi 10

1 gratia *om.* B    ⌢ex parte fuit VCas    ex]in B    patre MN    christo autem] isto VCas    habitauit BH₂GV    abundat Sd    2 corporaliter—summaliter *om.* G *aliena praebens*    si]se MN    dicas H₁    singulariter H₂    3 reconciare A* reconciliari Sd^ed    ipsum AH₁VCas(=vg)    4 quae Cas^ed    hominis G    emundati BH₁VCas    caelis sunt siue quae in terris H₁V    caelis siue quae in terris(-a Cas) sunt AH₂Cas terris sunt siue quae in caelis B    terris siue quae in caelis sunt G(=vg)    6 fuerat H₁    separate[m] ES    seperati(-a C) H₂    hoc *add.*    B    7 docemus G    ut *om.*V    quem ad modum] sicut H₂VCas    celebratur *om.*VCas    8 caelo V    ita *om.*V    fiat] fiet et H₁    terra Cas    aliq. *add.* AHGVCas(=vg)    9 alienati *om.* R*    sensus eius in] sensu(-us C*) in HGCas(=vg)    atem A*    10 reconciliauit—mortem *om.* B    reconciliati Sd^ed    carnis eius per mortem] mortis per carnem ES    fuerunt H₂    11 inimicitiae *om.* B    exhibere H₂GVCas^cod(=vg) ut exhiberet Cas^ed    12 irr.] inr. ESNG    faciatis et iterum sitis Cas    13 uidete H₂    si quod] sicut E -s id quod S    14 ⌢inp. sci. G tantum B    permanens B permanseritis C    15 et (*pr.*) *om.* H₂G    poteris R*    poteretis MN*    16 si] filii H₂    ⌢uos hom. VCas    ⌢ex. min. H₁ ex. non Cas    decipiunt H₂    17 ab]a AH(*om.*S)GVCas(=vg)    euangelium ES    quod—euangelii *om.* A*    18 euangelium]ipsum VCas    19 ⌢sub caelo est (*om.* E) AHGVCas(=vg)    20 ⌢scil. rat. Sd    rationabili BERCVSd^eodd rationabilis AS rationabile MN rationabilem G rationali Sd^ed    scilicet] dumtaxat V    sane—nominauit] omnem creaturam non numquam solus homines appellari V hominem dici omnem (uniuersam *cod.*) creaturam Cas    quo modo] quod G

creaturam solos homines nominauit. *Cuius factus sum ego
Paulus minister,* 24 *qui nunc gaudeo in passionibus pro uobis.*
Pro aliis patitur, quia pro ipso ante[a] passus est Christus.
Et adimpleo ea quae de-sunt passionum Christi in carne mea,
5 *pro corpore eius* [, *quod est ecclesia:* 25 *cuius sum factus ego
minister*]. Usque adeo praesentibus non terror persecutionibus, ut mihi parum uideatur esse quod patior, quo[ad] usque
Christi in me passio maxima impleatur, sicut ad H[a]ebraeos
dicit: 'ut non fatigetur animus uester; deficientes nondum
10 usque ad sanguinem restitistis.' *Secundum dispensationem dei,
quae data est mihi in uo*[*bi*]*s* [, *ut impleam uerbum dei* 26 *mysterium quod absconditum est a saeculis et generationibus*].
Doctrinae euangelicae, quam uobis gentibus iussus sum ero-
gare. [*Nunc autem manifestatum est sanctis eius,*] 27 *quibus*
15 *uoluit* [*deus*]. [Tempore quo uoluit gentes uocare, quibus
uoluit sanctis a[p]peruit sacramentum.] *Notas facere diuitias*
[*maiestatis*] *mysterii eius in nationibus.* Quia 'idem deus omnium, diues in omnes qui inuocant illum.' *Quod est Christus
in uobis spes gloriae.* Ipse est mysterium. 28 *Quem* [*nos*]
20 *adnuntiamus, corripientes omnem hominem et docentes in omni*

8 *Hebr. xii 3, 4     17 *Rom. x 12

1 ᵒ homines solos(-us ER*) H₁     2 pro uobis *om.* ES     3 pro aliis]
paulus B     quia] + et V(Cas)          antea passus H₂ ante apassus A ante
passus BH₁GVCas     4 adimpleto ES          passionibus Sd^ed          in carne
mea *om.* H₁     5 quod (quae H₂) est ecclesia, cuius sum factus (ᵒ factus
sum H₂GVCas = vg) ego (*om.* H₂) minister *add.* BH₂GVCas (= vg)     6 persecutionibus—patior *om.* H₂     persecutionibus] passionibus V     7 ᵒ pa.
mi.V     parum BV paruum AH₁G     ᵒ esse uid. H₁     quo( + d S)ad] quo B
8 christi *om.* H₁     maxima] *om.* H₁V maxime C     sicut] + et V     haeb. A
9 dicit ut] dicitur B dicitur ut V     fatigemini animis uestris BV     deficiens C
corr.     nondum] + enim C *s.l.* + uos G     11 in uobis] in uos BH₂VCas
(= vg) *om.* R*     ut impleam u. d. mysterium (*om.* R) q. a. est (fuit H₂GVCas
= vg) a s. et generationibus *add.* BH₂GVCas (= vg)     13 gentibus *om.* V
iussus] uisus Sd^ed     sum] est Cas^ed     14 nunc—eius *om.* B     manifestum
H(—E,R corr.)D     15 uoluit] + deus BH₂GVCas (= vg)     tempore—sacramentum *om.* B     gentes uocare] gentibus (credentibus V, *om.* Cas) reuelare
H₂GVCas     quibus—sacramentum *om.* H₂VCas     16 aperuit] apperuit A
aparuit G*     notum ES     17 maiestatis BSd] *om.* A gloriae HGVCas (= vg)
mysterii *scripsi* misterię B sacramenti(-um E) AHGVCas (= vg)     eius] huius
AHGCas (= vg) dei V     gentibus AHGVCas (= vg)     deus] dominus H₁
omnium] omnibus MN* *om.* Sd^cod     18 omnibus HV     illum] eum BH₂
19 est] + in H₂G + enim Sd^ed     nos *om.* A     20 adnuntiauimus H₁
annuntiemus Cas^ed + uobis Cas     docentes] + omnem hominem H₂Cas^ed (= vg)

*sapientia.* 'Iudaeum et Graecum, seruum et liberum.' simul attende quod omnes doceat sapientiam. *Ut exhibeamus omnem hominem perfectum in Christo,* 29 *in quo* [*et*] *labore contendens* [*secundum operationem eius quam operatur in me in uirtute*]. Notandum quod omnes conetur exhibere perfectos. 5 1 *Uolo enim uos scire quantum habeam certamen pro uobis,* [*et de eis qui sunt Laodiciae,*] *et quicumque non uiderunt faciem meam* [*in carnem*], 2 *ut consolentur corda ipsorum, copulati in caritate et in omnes diuitias plenitudinis intellectus ad cognoscendum mysterium dei quod est Christus.* Quia, si me 10 uidissent et caritatem meam erga se, et diuitias mysterii dei plenius cognouissent, dum et maiorem praesentis affectum probarent, et abundantiam rationis a me, qui ab ipso Christo didici, docerentur, [et per haec] consolationem integram fuerant consecuti. 3 *In quo sunt omnes thesauri sapientiae et* 15 *scientiae.* Qui latebant in litteris legis, sicut Isaias ait: 'in thesauris salus nostra uenit.' *Absconditi.* Qui Mo[y]si erant uelamine contecti. 4 *Hoc autem dico, ut nemo uos circumueniat*

1 cf. *Col. iii 11    16 *Esai. xxxiii 6    17 cf. Exod. xxxiv 33

1 gregum V       et] ac V       simul attende] notandum etiam hic V
2 adtendite H₂       doceat sap.] sap. doceat H₁ docet sap. MN sap. docet C
exhibeam H₂       3 christo] + iesu H₂GCas (=vg)       et *add,* AHGVCas (=vg)
labore BN* laboro AHGVCas (=vg)       4 contendens BSd certando AHGVCas
(=vg)       secundum op. eius (*om.* R corr.) quam op. in me in (*om.* G) uirtute
(-em V) *add.* BH₂GVSd^ed (=vg)       5 nitatur V uult Cas       6 enim] autem Sd^ed
↶ qualem sollicitudinem habeam AHGVCasSd^ed (=vg)       7 et (*pr.*)—laodiciae
*add.* BH₂GVCasSd^ed (=vg)       de eis] pro his HGVCasSd^ed (=vg)       laoditię B
laudiciae MN* laudaciae GD laodiceae Cas^ed in laodicea Sd^ed       quicumque] +
alii Cas       ↶ fac. meam non uid. H₁       uiderint Cas^ed       8 in carnem (carne
H₂GVCas = vg) *add.* BH₂GVCas (=vg)       copulati] instructi ARH₂GVCas
(=vg) instruentes ES       9 caritatem C       et *om.*V       omne ES       ad—
christus] in agnitionem mysterii (ministerii ES) dei christi AH₁ in agnitionem
(-e G) mysterii dei patris iesu christi MNCG in agnitionem mysterii dei patris
quod est christus R corr. in agnitionem(-e Cas) my(i V)sterii dei patris et
domini iesu christi VCas       10 quia] qui H₁       11 dei *om.* H₁       12 ag-
nouissent SR       et *in ras.* A       praesentis] prestis H₁ praesentem H₂
13 probarent] potest H₁       abundantia C       qui] quae MC quia G
ab ipso] proprie a Cas       14 et—consecuti *om.* Cas       et per haec] *om.* BH₂V
et post hanc G       integram *om.* H₁       15 fuissent Cm2       sunt *om.* Cas^ed
16 lat.] + quamuis essent Cas       lateris B       isaias A] esaias *codd. pler.* NCas
17 salus] laus H₂       abscondite G       moysi BH(—MN)GCas mosi V mose A
moyse MN in moyse Nm2       18 uelamento V       contecti] + 6 *litt. eras.*
G tecti ( +in *cod.*) Cas       autem] itaque Sd^codd ita Sd^ed       ut *om.* H₂
decipiat AHGVCas (=vg)

*in suptilitate sermonis.* Ideo dico melius fuisse, ut ego uos praesens instruerem, sed tamen breuiter omnem sapientiam in ipso esse complexus sum, ut [omnem] sermonem uel sensum philosophiae, qui contra illum est, non solum non miremini, sed 5 etiam stultitiae deputetis. 5 *Nam et si corpore absen[s] sum, sed spiritu uobiscum sum, sup[p]lens et uidens ordinationem uestram [, et firmamentum fidei quae est in Christo]*. Habebant hanc gratiam apostoli, ut alibi positi quid alibi ageretur agnoscerent, sicut Elisaei spiritus cum Giezi fuit in uia. [*Et* 10 *supplens id quod de-est utilitati fidei uestrae.*] Uel litteris impleo quod praesentia non possum. 6 *Sicut ergo accepistis Christum Iesum dominum* [*nostrum*], *in ipso ambulate*. Exemplum Christi [in] uobis sufficit ad uitam, etiam si aliquid [et] interim minus scientiae habeatis. 7 *Radicati et* [*super*]*aedificati in* 15 *ipso*. Secundum robur fundamenti ualidum aedificium supercrescit. *Et confirmati fide, sicut* [*et*] *didicistis*. Futurorum bonorum. *Abundantes in illo in gratiarum actione*. Semper

9 cf. 4 Regn. v 26

1 sup(b BESD=vg)tilitate ABESVD(=vg) sublimitate H₂GCas     sermonum AHGVCas(=vg)     ideo] idcirco H₁     uos] *om.* ES uobis *tr. post* praesens R     2 tamen] tantum G     3 complexus sum] complexam H₁ omnem *add.* BH₂GVCas (*non* Sd)     ↷sens. uel serm. H₁     sermo G 4 philosophiae *om.* Cas     contra] praeter Cas     timerimini H₁     5 stultitiam Cm2,Cas     absens]absen ASR*MN*     6 sum *om.* C*     suplens (*sic* B) et uidens ordinationem uestram] gaudens et uidens (et uidens *om.* H₁) ordinem uestrum AHGVCas(=vg)     7 et firmamentum fidei quae est in christo] *add.* B et firmamentum eius quae (qui N) in christo est fidei uestrae *add.* H₂GCas(=vg)     habebat Cas^ed     8 apostoli *om.*VCas     posi G positus Cas^ed quod H₂     9 cognoscentur B agnosceret Cas^ed     elisaei—uia] aelisaei spiritus cum giezi isse scribitur post neman V helisaeus uidit in spiritu giezi post naaman currentem Cas     heliseis B elisei MN ęlisei C* hęlisei C aelisaei V helysaei Sd^ed     gezei ES geezi R corr. gyezi Cas^cod gezi Sd^codd     et (*om.* H₁) supplens—uestrae AH₁, R corr.,VSd *om.* BH₂(—R corr.)GCas(=vg)     10 est *om.* H₁ *add.* R corr.     utilitate H₁     ↷uestrae fidei (fides ES) H₁ + firmamentum in christo R corr. *s.l.*     uel] id est Sd     litteris *om.* E     suppleo V implens Sd     11 praesentia]+implere H₁ implere presens G corporali praesentia Sd     possum] sumus M sum N + implere VSd     ↷dom. ies. chr. V ↷ies. chr. H₂     12 nostrum *om.* AHV(=vg)     13 in *om.* BH₂GVCas et *add.* B     ↷sci. min. int.VCas     14 habetis H₁Cas^cod     et *om.* ES super *add.* AHGVCas(=vg)     15 rubor E*S robor RMNG     ↷sup. aed. Sd^ed     supercrescat VCas     16 confortati H₂GSd^cod     fide] pedes E fides S in fide RCas^ed     et *om.* BR     futurorum bonorum] *om.* C fide futurorum V     17 bonorum *om.* SR*VCas     in illo in] in ea B in H₂Cas^cod (=vg)

crescentes in illo et pro omnibus beneficiis eius gratias referentes. 8 *Uidete ne quis uos deprehendat per philosophiam et inanem seductionem secundum traditionem hominum, secundum elementa [huius] mundi, et non secundum Christum.* Contra philosophos agit, quorum omnis paene disputatio de elementis 5 est et uisibilibus creaturis, et qui ex rebus naturalibus uirtutem aestimant dei, dicentes ex nihilo fieri nihil posse, [sed] et animam aut initium non habere aut esse mortalem, et uirginem parere omnino non posse, sed et deum ex homine nasci mori atque resurgere credere stultum esse. 9 *Qu[on]ia[m]* 10 *in ipso [in]habitat omnis plenitudo diuinitatis corporaliter.* Omnis plenitudo diuinae naturae in corpore eius inhabitat. 10 *Et estis in ipso repleti, qui est caput omnis principatus et potestatis.* Si illius scientiam docemini, qui dedit initium etiam inuisibili creaturae, quid uobis conferent qui nihil plus intelle- 15 gunt quam quod uident? 11 *In quo et[iam] circumcisi estis circumcisione non manu facta in expoliatione corporis carnis.* Hic iam pseudo-apostolos taxat, ut ne ab ipsis quidem seducantur. [*Sed*] *in circumcisione Christi,* 12 *consepulti ei in baptismo.* Per quam totum [ueterem] hominem [ex]spoliastis. 20

7 cf. Lucr. I 150; cf. Lucr. III. 417 seqq.    20 cf. Col. iii 9 etc.

1 ᴜ eius benef.V donis eius Cas    2 deprehendat] decipiat AHGVCasSd (=vg)    3 seductionem] sermonem A fallaciam HGVCas (=vg)    4 huius om. AHGVCas (=vg)    et—christum om. H₁    5 ait H₁    omnes EN paene] poene BRN om.VCas    6 est om. G    et (pr.)] et de(i S) H₁    uisibilis ES    et qui] et H₁ qui H₂G    7 exi(e E)stimant H₁    ᴜ nihil posse fieri G nihil fieri posse Cas^{cod}Sd^{cod}    sed add. B fort. recte    8 non om. H₁    uirgine MN    9 ᴜ non posse omnino Sd^{cod}    omnino om. Cas sed om. Cas    et om. H₂Cas    ex homine] et hominem B    10 surgere R* ᴜ st. esse cr. Cas    credere] om. H₁ credunt B    esse] est H₁G    quoniam] quia AHGVCas (=vg)    11 habitat] inhabitat AH₂VCas (=vg)    ionis A* omnes ESN    diuinittatis(?) V*    12 naturae] uirtutis Cas    13 ipso] illo AHGVCas (=vg)    repleti] + gratia Cas^{cod}    omni MN    14 potestates A* si] et MN    scientiam NVCas scientie E* scientia rell.    docimini ABM domini N dedit] prodidit ER*    etiam om. H₁    15 inuisibile A*MN inuisibilis R*    conferunt B ferrent H₁ conferant H₂ conferens G*    16 etiam] et AH(—E) GVCas (=vg) om. E    18 iam] + iudaeos(s om. V) et VCas    pseudo] speudo S seodo MN    apostolos] apostolus H₁G    tangit V    ut om. H₁Cas ab ipsis quidem] uel ab ipsis Cas    19 sed om. AH(—R corr.)GV (=vg) circumcisione] resurrectione[m] ES    christi] + iesu V praem. iesu Cas consepulti bis V*    ei] et BE om. Sd^{ed}    20 quam] quem B quod H₂ + uos VCas    totam A* totō E    ueterem] om. BH₁M* tr. post hominem R corr.,V ᴜ exp. hom. Sd    expoliastis] spoliastis BV

*In quo et resurrexistis per fidem operationis dei, qui suscitauit illum a mortuis.* Resurrexistis in nouam uitam, credentes eum etiam propter hoc surrexisse. 13 *Et uos, cum mortui essetis in delictis et praeputio carnis uestrae.* Quia non solum pec-
5 cantes, sed etiam [in]circumcisi in lege pariter damnabantur. cum ergo dupliciter indigni essetis, filiorum estis consortes effecti. *Conuiuificauit [nos] cum illo, donans nobis omnia delicta.* Auferendo causas mortis, id est, peccata. 14 *Delens quod aduersum nos erat c[h]irographum decreti, quod erat contrarium*
10 *nobis, et tulit illud de medio, adfigens illut cruci.* Maledictum legis: unde alibi ait: 'Christus nos redemit de maledicto legis,' quo continetur: 'maledictus omnis qui non permanserit in omnibus quae scripta sunt in libro legis, ut faciat ea.' quidam uero c[h]irografum dicunt esse quasi scriptam quamdam aput
15 deum memoriam peccatorum: unde ipse in Cantico dicit: 'nonne haec congregata sunt aput me, et signata in thesauris meis?' et Hieremias ait: 'peccatum Iuda scriptum est in ungue adamantino.' etiam haec [ergo] deleta est in cruce, dum, dimissis peccatis, etiam memoria abolita est delictorum.

     5 cf. Gen. xvii 14     11 Gal. iii 13     12 Gal. iii 10
     16 *Deut. xxxii 34     17 Hierem. xvii 1

  1 surrexistis S resurrexisti Sd$^{cod}$ resurrexit Sd$^{cod}$ surrexit Sd$^{ed}$    2 surrexistis H$_1$    3 ↶ propterea etiam V    resurrexisse G    ↶ ess. mort. H$_1$G
4 in *om.* H$_2$    quia] quando Cas    peccantes] praeputiati Cas    5 etiam] et Cas    incirc.] circ. BSR*Cas non circ. E    damnabatur A* damnabuntur BH$_1$ damnabimini N    6 cum] + per E    ↶ ind. ess. dupl. B ↶ consortes(-is S) effecti(-is S) estis H$_1$    7 cumuiuificatus N conuiuificabit Sd$^{cod}$    nos *om.* AHGVCas (= vg)    nobis] *om.* ES uobis RH$_2$GVCas (= vg) de(i A*)licta] + nostra ES    8 id est] hoc est V *om.* Cas    peccati Cas$^{ed}$
9 aduersus AESCVCas (= vg)    chirographum] cirographum B cyrographus E cyrograffus S cyrographum RH$_2$ in cyrographo G cyrografum Cas$^{cod}$ decretis RVCas$^{cod}$ (= vg)    10 ↶ ipsum (ipsam G* **ipsum V) tulit (tullit EN*) AHGVCas (= vg)    adfligens E*SNG*    maledictum—ait (11) *om.* Cas
11 legis] + sunt H$_1$ + sumens G    unde] + et H$_2$    redimit MN    12 quo— ea (13) *om.* Cas    quo] qui ER* *om.* S quia G    13 omnibus—in *om.* H$_1$ faciant eam R*    ea] ei (*ex* ea) G    quidam—delictorum (19) *om.* H$_2$
↶ chir. quidam (*om.* uero) VCas    14 ↶ dic. chir. Sd$^{ed}$    chir.] cir. BSd$^{cod}$ cyr. H$_1$G    scripturam Sd$^{codd}$    15 ↶ dic. in cant. Cas    16 sunt *om.* Cas$^{ed}$    signata] + sunt GCas$^{ed}$    17 iheremias BG hieremia V in ieremia Cas ieremias Sd$^{cod}$    ait *om.* GVCas    iudae CasSd    scriptum est] *om.* H$_1$ + in (*om. codd.*) sti(y *ed.*)lo ferreo Sd    18 adamando G    ↶ haec etiam B    etiam *om.* Cas    ergo *om.* B    est] sunt Cas    19 demissis G ↶ abol. est mem. Sd$^{cod}$    ↶ est abolita BVSd$^{cod\,ed}$ oblita est H$_1$ deleta est G peccatorum Sd$^{cod\,ed}$

15 *Exuens principatus et potestates.* 'Ut per mortem destrueret eum qui habebat mortis imperium,' se offerendo pro eis. *Traduxit palam fiducialiter triumphans eos in semet ipso.* Deuicit palam crucifixus confusione contempta: triumphauit, non occidendo, sed moriendo, nec uim inferendo, sed susti- 5 nendo, ut nobis, confracta omni[s] superbia, uincendi daret exemplum. 16 *Nemo ergo uos iudicet in esca aut in potu aut in parte diei festi aut neomenia[e] aut sabbatorum.* Nullum ergo in hoc iudicium est, quod, cum umbra esse[t], cessauit corpore ueniente, quia [in] imagine opus non est, ueritate 10 praesente. 17 *Quae sunt umbra futurorum, corpus autem Christi.* Umbra legis erat, corpus est Christi: tunc [enim] futura erant quae modo sunt in praesenti. 18 *Nemo uos seducat, uolens in humilitate et religione angelorum, quae non uidit, extollens se frustra, inflatus mente carnis suae.* Nemo ficta 15 humilitate superbus et angelos uidere se mentiens, frustra se super homines iactet, qui uisiones a suo loquitur corde.

1 Hebr. ii 14

1 exuens B($H_2$GV *in expos. add.*)] expolians AHGVCasSd$^{ed}$ (=vg) principipatus R* per carnem suam principatus R corr. potestates] + expolians de (se G) carne(-em G) principatus et potestates NCG ut—eis *om.* V *alia praebens* ut] *praem.* hoc dicit $H_2$ 2 ↶ pro reis se off. G eis] reis MNG *scite, etiam si non recte* reis morti Cas 3 (traduxit] ostentauit in auctoritate (*cum Ambst.*) $H_2$GV *in expos. add.*) ↶ confid(t MN)enter palam AHGCas (=vg) palam V illos AHGVCasSd (=vg) 4 palam] publice Cas + et Sd$^{ed}$ contemta NV triumphauit *om.* VCas 5 non]nos B nec—sustinendo *om.* $H_1$ 6 confracti $BH_1$ omni] omnis ASd$^{cod}$ uincendi daret] uindicaret $H_1$ 7 nos Sd$^{cod}$ iudicat ER* esca] cibo AHGVCas (=vg) in (*alt.*) *om.* G 8 festi aut] festiuant B neomi(e Cas$^{cod}$)nia ACas$^{cod}$ neominiae ER* in neominiae MN neumeniae V aut (*alt.*)] + in N 9 ergo] enim Sd ↶ debet esse iudicium Sd iudicio G* quod] *om.* Cas$^{cod}$ quia Cas$^{ed}$ cum (*om.* N) umbra esset (esse BN)] cum umbra ( + est R*) et $H_1$ esset cessauit] cesset Cas$^{cod}$ cessabit B 10 in *add.* B im( + m M)ago MN ↶ non est opus Sd opus] prius B 11 praesenti N 12 umbra—christi *om.* $H_1$ lex R corr., G erant MN corpus est (autem Cas$^{cod}$) christi] autem christus R corr. corporis christi G tunc *om.* Cas$^{ed}$ enim *om.* $BH_2$GVCas 13 future MN in praesenti] *om.* $H_1$ in praesente $H_2$ praesentia Cas 14 uolens *om.* ESSd humilitate] + sensus G relig.]releg. AEMN quam C* uidet RMN 15 extollens se]ambulans AHGVCas (=vg) inflatu $H_1$ sensu AH(*om.* ES)GVCasSd$^{ed}$ (=vg) suae *om.* Sd$^{cod}$ facta (*ut* A*) humanitate $H_2$ 16 et]qui $BH_2$VCas$^{cod}$ quia Cas$^{ed}$ ↶ se ang. uid. Cas$^{ed}$ angelus E*S ↶ se uid. HCas$^{cod}$ metuens MN mentiatur et ideo Cas 17 se] *om.* SSd sensu $H_2$ iactet] se iactet C quia Sd$^{ed}$ siuiones A uisionis EN ↶ corde loquitur $H_1$

Siue: Qui tam humilis sibi et religiosus uideatur, ut angelus,
qui ne uidit quidem, non ut imitetur. 19 *Et non tenens caput.*
Christo non credens, qui omnium sanctorum caput est. *Ex
quo totum corpus per* [*co*]*nexus et colligationes subministratum
5 et copulatum crescit.* Quia membris per totum corpus membra
iunguntur: quicumque igitur extra hoc corpus est, quantum-
libet se iactet, ille non uiuit qui caput non habet Christum,
qui est uita. *In augmentum dei.* Augmentum illius corporis quod unitum est deo. 20 *Si* [*ergo*] *mortui estis cum Christo*
10 *ab elementis* [*huius*] *mundi.* Elementa mundi possunt intellegi
etiam auaritia et luxuria et cetera his similia. *Quid athuc
uiuentes uelut de hoc mundo* [*decernitis?* Nec similitudinem
ullam uiuentium in mundo] uoluit nos habere, hoc est, illorum
qui futura non credunt. 21 *Ne tetigeritis ne contaminaueritis*
15 *ne gustaueritis.* Illo tactu et gustu et contrectatione, quo[d]
hi qui [in] concupiscentiis abutuntur et diligunt pro aeternis.

8 cf. Col. iii 4 etc.  12 cf. Exod. xx 4; Deut. v 8

1 siue—imitetur *om.* Cas   siue] sibi NC   qui] quia H₁ que N,C corr.
nemo Sd^ed   sibi et] siue H₂   relig.] releg. EN   ∽ ut (aut S) ang. 'uid. BV
uidetur H₂   angelus—imitetur] angelos qui deum uident se uidere mentiatur Sd   angelos S*R corr. NC*   2 qui] quem Sd^cod quae Sd^cod nec
BCGSd^codd   uidet SRG   quidem—imitetur *om.* Sd^codd   non ut
imitetur] non ut timetur S non uti mititur M num timititur N nec imitetur C
3 christum H₂Sd^ed   ∽ est caput V   ex—copulatum *om.* Sd^codd   4 co-
nexus *scripsi* connexus B nexus AH₂VCas (= vg) nexum H₁G   et] + per R
corr.   colligationes] coniunctiones AH₁VCas (= vg) coniunctionem H₂ (-e)G
sub-] sum- V   5 et copulatum] et constructum AH₂GVCas (= vg) *om.* H₁
crescit *om.* H₂   6 ergo Cas   hoc *om.* G   corpus] + membra iunguntur B
quantumuis Cas   7 ille] illum N *om.* Cas   uiuit] nouit EH₂ uiuet Sd^ed
quia VSd   christum] christus ES et (*om.* V) uitam VCas^ed non habet uitam
Cas^cod   8 qui est uita *om.* VCas   in—deo (9) *om.* MN   augmentum (*pr.*)]
euangelium B   augm. (*alt.*)] in augm. CasSd   9 unitum est deo] est
ecclesia Sd   unitum] initium B unicum H₁ munitum V   ergo *om.* AHGVCas
(= vg)   10 huius *om.* AH (= vg)   elementa ( + huius Cas^ed) mundi *om.* H₁
definiri VCas   11 auaritiae H₁   et (*pr.*) *om.* H₁   luxuria—similia] ambitio
ceteraque mundana V ambitio honorum et cetera mundana Cas   luxoriae H₁
cetera] reliqua H₂   12 uiuentes uelut(-d B)] tamquam(quam *om.* MN)
uiuentes AHVCas (= vg) uiuentes G   de hoc] in AHCas^cod (= vg) in hoc GV
*om.* Cas^ed   decernitis—mundo *om.* B   nec A,Ccorr.,VCas ne *rell.*   simili-
tudinem] + quidem H₁   13 ullam *om.* Cas   ∽ mundum nos uoluit H₂
14 ne✱ R   tetigeris G*   ne contaminaueritis ne gustaueritis B neque
gustaueritis neque contra(e H₁CVCas)ctaueritis AH(—M)GVCas neque gustaueritis M   15 illorum Cas   tractu G   contra(e R)ct(c M)ione RMG
quo] quod B qui MN *om.* Cas   16 hi qui] hii qui ABSR* hii M ii qui N
iniqui C qui Cas   in *om.* BR

22 *Quae sunt omnia in interitu*[m] *per abusionem*. Ex partibus mundi condicionem ipsius aduertimus: cuius enim membra componuntur atque soluuntur, necesse est [ut] totus [et aliquando compositus fuerit et] quandoque soluatur: nec coli ergo pro immortali debet nec diligi pro aeterno. *Secundum* 5 *praecepta et doctrinas hominum*, 23 *quae sunt rationem quidem habentia sapientiae in obseruatione et humilitate cordis per uexationem corporis, non in honore aliquo ad saturitatem* [*et diligentiam*] *carnis*. Secundum quod multi etiam homines natura docente[t] tradiderunt, quod mundus esset quandoque soluendus, et ideo deum, quem solum aeternum intellexerant, licet superstitiose, tamen humiliter uenerati sunt, et non parcendum dixerunt corpori, ne[c] carnem in saturitate [h]onorandam, utpote morituram. Aliter: Non uos seducat philosophia[e] humana doctrina, quae sapientia[e et] abstinentiae specie 15 subornatur, in quo tam uana est corporis adflictio quam stulta meditationis intentio, cuius bonum ad capiendas infirmorum mentes quasi quidam laqueus diabolo aucupante [prae]tenditur, quo facilius sequens suum malum inducant. 1 *Igitur si*

4 cf. 2 Petr. iii 10    10 cf. 2 Petr. iii 10    18 cf. 1 Tim. iii 7 etc.

1 qui ES    interitu AHGV (=vg)    per abusionem] ipso usu AHGVCas (=vg)    2 ᴐ aduertimur(-us C) condicione ipsius H₂    condic.] condit. BES,R corr.,NVCas *fort. recte*    ipsius] eius VCas    aduerte Cas    cuius] cui EC    3 componuntur atque soluuntur] corrumpuntur BH₂GVCas corrumpuntur atque soluuntur R corr.    ut *add.* AERGCas    ᴐ quandoque totus Cas^cod    et—et *om.* BH₂GVCas    et *om.* H₁    4 aliquando] + qui R corr.    et *om.* R    soluatur,(ua in *ras.*)A, ERCG saluatur SMN    coli] soli H₁    5 inmortale MN    aeterna H₁    6 doctrinas] con (con *om.* S) doctrina ES doctrinam Cas^ed    ᴐ quidem rationem G    quidem *om.* H₁    7 obseruatione] superstitione AHGVCas (=vg)    cordis per uexationem corporis] et ad non (ᴐ non ad H₁GCas^ed) parcendum corpori AHGVCas (=vg)    8 ad] et A    et diligentiam *om.* AHGVCas (=vg)    9 homines] ex (*add. s.l.*) hominis C    10 docente] docent et BH₂G    mundus] multum N    quando] quam H₁    soluendum ESN    11 deum] unum deum Cas    quem] quę G    intellexerunt EH₂G    12 superscriptiose uel superstitiose B superstitione G    tamen *om.* MN    13 nec] ne B    saturitatem Cas^ed (h Cas^cod)onerandam BCas mode(o N)randam H₂    14 utpute(-o N) ER H₂G monituram B    aliter—inducant (19) *om.* H₂Cas    -iae humana doctrina] -ia humana quae doctrina B -ia ad humanam doctrinam H₁    15 sapientiae et] sapientia B    speciae GV    16 subornantur H₁    qua B,R corr.,V quam] tam H₁    17 bonas G    infirmand(t, *corr. quis* ti R)um H₁    18 quidem EG    laqueos H₁ laquaeus V    diabolu V    aucupiante A* prae *om.* B    19 ᴐ ma. su. se. H₁    sequentes G    inducat H₁G corr. indicat R*    ᴐ si ergo Sd

*consurrexistis* [*cum*] *Christo, quae sursum sunt quaerite, ubi Christus est in dextera dei sedens.* Consequenter primo commortuos deinde consurrexisse nos dicit, nec solum terrae mori, sed etiam caelo uiuere nos hortatur: 'nihil,' inquit, 'terrenum ambiatis, nihil mortale quaeratis.' 2 *Quae sursum sunt sapite, non quae super terram:* 3 *mortui enim estis.* Caelestem sectamini sapientiam: sed [nos] nunc celerius humanae sapientiae studium impendimus, et artibus uilissimis ingenium occupamus. *Et uita uestra abscondita est cum Christo in deo:* 4 *cum* [*autem*] *Christus apparuerit, uita uestra, tunc et uos cum illo apparebitis in gloria.* Quia 'filii dei' cum 'simus, nondum apparuit quid erimus: scimus quoniam cum apparuerit, similes ei erimus': non ergo debemus hic nostram gloriam quaerere in praesenti, ne de nobis quoque dicatur: 'perceperunt mercedem suam.' 5 *Mortificat*[*e*] *ergo.* Quod professi estis, implete. *Membra uestra quae sunt super terram.* Membra uitiorum nostrorum. Siue: Malum usum membrorum nominat membra. *Fornicationem inmunditiam libidinem.* Omnem impudicitiam inmunditiam [et] libidinem nominauit. *Concupiscentiam malam.* Est enim et concupiscentia [mala] bona: unde Daniel 'uir concupiscentiarum' appellatur, et Dauid 'concupiscit,'

2 cf. 2 Tim. ii 11    11 1 Ioh. iii 2    14 *Matth. vi 2; cf. *in psalm.* 37, 38
20 *Dan. ix 23    21 Ps. lxxxiii 3

1 conresurrexistis Cas[cod]Zm[cod]    cum *om.* A (=vg)    sunt *om.* V
2 dexteram ES    consequente V    cum mortuus E*C* cum mortuis N
3 surrexisse Cas    dicat B dixit Cas[cod]    nec] non H₂G    terrae] terrenis
uitiis Zm    mori *om.* Sd[codd]    4 ⌒nos uiuere H₁Cas[ed]    ammonet Sd[cod]
inquit *om.* CasZm    terrenum]+uos Sd    5 nihil] neque Sd    6 super
(supra VCas[ed]) terram] terrena sunt H₁    sectamini *om.* Sd[cod]    7 patientiam H₂    nos] *om.* BR*V a nobis Cm2    nunc] hunc H₁    8 stadium E
impenditur BH₂V    [h]occupatur BH₂V    9 domino N    10 autem] *om.*
AH₁GV (=vg) enim H₂CasZm[ed]    ⌒app. cum illo A app. ES app. cum
ipso RH₂GVCas (=vg)    11 essemus N    12 quid erimus *om.* ES    quon.]
*om.* MZm quum N quia CCas    similis V    13 non] nonne E    ergo]
enim H₂Zm    ⌒hic deb. Zm[ed]    ⌒gl. no. G    ⌒qu. gl. H₁    14 in
praesenti *om.* Zm    quoque *om.* Zm    ⌒merc. su. rec. H₂G    receperunt
BH₂GVZm    15 mortificat B    quo MN quod de G*    17 ⌒mem. ma. us.
VCas    usum *om.* H₁    membra] uerba membra E    18 impudicitiam]+et H₁
19 inmundicia N    et *om.* BRG    concupiscentiam]+et auaritiam quae *om.*
*infra* G    20 et *om.* H₁    mala *add.* B    unde]+et Cas    daniel ABCas]
danihel *al.*    21 desideriorum Cas    nominatur G est appellatus Cas
⌒inquit conc. H₁    concupiuit H₂

inquit, 'et deficit anima mea in atria domini.' *Et auaritia[m],
quae est simulacrorum seruitus.* Nihil prodest deo nomine et
idolis operibus deseruire. 6 *Propter quae uenit ira dei super
filios incredulitatis.* Super Sodomam et [e]os qui in diluuio
perierunt: ex praeteritis ergo exemplis futura timenda sunt. 5
7 *In quibus et uos ambula[s]tis aliquando cum uiueretis in illis:*
8 *nunc autem depon[i]te [et] uos uniuersam.* Nolite [nunc] ita
ambulare, ne frustra uideamini credidisse. *Iram, animositatem,
malitiam, blasphemiam.* Ira est quae inebriat mentem: malitia
est alteri [blasphemia dei uel imaginis eius] inferre quod pati 10
nolis. *Turpiloquium de ore uestro [non procedat].* Quia haec
indisciplinatio nec filiis hominum conuenit honestius educatis,
quanto magis dei, quibus non minus est turpis sermo quam
actus [euitandus]! 9 *Nolite mentiri inuicem.* Non decet
mentiri filios ueritatis, cum 'omne mendacium de ueritate 15
non sit.' *Expoliate uos ueterem hominem cum actibus
suis.* Ueterem cum actibus uoluntatem. 10 *[Et] induite*

4 cf. Gen. xix 25    12 cf. Eph. iii 5    15 cf. *1 Ioh. ii 21

1 defecit H(—M)G    atria domini] atriis tuis BH₂V    auaritia AR
2 idolorum H₁Sd^ed    deum N,C(*ex* -o)    nominare H₂    et *om.* H₁
3 seruire H₁    quod H₂    super filios incredulitatis *om.* V    4 sodoma V
*fort. recte*    eos] os B    5 exemplis *om.* Cas    6 ᴗamb. et uos H₁
ambulastis] ambulatis B    uiueritis BESNV    7 deponite] de ponte B
et *add.* AH₁GCas (=vg)    uniuersam (*cum iram infra*) B omnia AHGVCas
(=vg)    nunc ita] ita B itaque nunc H₁ itaque nunc ita R corr. nunciata N
nunc VCas    8 animositatem] indignationem AHGVCasSd (=vg)    9 blasphemiae H₂    ira] ipsa BH(—N)GSd ita N    malit(c AB)ia (malia A*)
est] malitie E, *tr. post* uis Cas^cod    10 alt. inferre(-i BH₂ *corr.* C)] inferre alt. H₁
alteri] + *hic* blasphemia—eius A    11 nolens SR non uis GCas non uelis V
+*hic* blasphemia (*om.* VCas) dei uel (et V) imaginis eius H₁VCas    turpilo-
quium] turpem sermonem AHGVCas (=vg)    non procedat] *om.* AHGCas
(=vg) ne emiseretis V    qui H₂    12 indisciplinatio] indisciplinatis E
indisciplinatos S indiscipli R* indisciplinatione H₂G    nec] *om.* H₁ + in H₂
honestius *om.* H₁    edocatis E*G* edocatos R* edocatus MN edoccatis C*
edocati G    13 non minus] in omni nus S nominatus M nominus N + indignus V    turpis sermo] sermo turpis cauendus G    14 euitandus
*om.* BHGV    mentire MN*    decet] licet GSd oportet VCas    15 mentiri] +
inuicem H₁ mentire MN    filio G    ᴗde uer. non sit om. mendac(t G).H₁
omni MN    16 sit] esse dicatur V    expoliantes(-is M) BSH₂GVCas (=vg)
uos *om.* H₂D    17 suis] ueterum E *om.* R*C eius S,R corr.,V (=vg)    ueterem—
uoluntatem] uetus peccatum cum uoluntatibus suis G    ueterem] *om.* E +
hominem H₂    uolunt. BH₂V] uoluntatis A uoluptatum E uoluptatem SR
+nominat H₂    et *add.* AHGVCas (=vg)    induentes(-is M) H₂GVCas
(=vg)

*nouum qui renouatur in agnitione*[m] [*dei*]. Cum cognouerit cuius imago est, [ei,] in quantum debet et potest, nititur similare. *Secundum imaginem eius qui creauit eum.* Exposuit imaginem in actu consistere. 11 *Ubi non est masculus et* 5 *femina, Iudaeus et Grecus, circumcisio et praeputium, barbarus* [*et*] *Scytha, seruus et liber.* Aput deum non praeiudicat sexus uel genus uel patria uel condicio, sed conuersatio sola: nam carnalis est ista diuersitas. *Sed omnia et in omnibus Christus.* Omnes, 'quicumque baptizati sumus in Christo, Christum 10 induimus.' 12 *Induite ergo uos, sicut electi dei sancti et dilecti.* Illa deponentes haec induite, quia ad hoc estis electi. *Uiscera misericordiae, benignitatem, humilitatem, patientiam, modestiam.* Quia illa membra dixerat, ideo haec uiscera nominauit. 13 *Subportantes inuicem.* Exemplo Christi, qui infirmitates nostras 15 portauit. *Et donantes uobis ipsis.* Indulgentes inuicem, sicut omnibus Christus indulsit, etiam 'pro persecutoribus orans,' ut 'et nobis a patre caelesti remittantur debita,' ne impleatur in nobis illa sententia: 'homo homini reseruat iram et a deo

---

9 cf. *Gal. iii 27    13 Col. iii 5    14 cf. Matth. viii 17 (=Esai. liii 4)
16 cf. Matth. v 44    17 cf. Matth. vi *12, 14; cf. Luc. iv 21    18 Eccli. xxviii 3

1 nouum]+eum $H_2$GVCas (=vg)    qua A*    agnitione BCasSd$^{cod\ ed}$ agnitionem *rell.* (=vg)    dei *om.* AHGVCas (=vg)    cum]+quis Sd    cognoueritis S cognouerait G*    2 ei]*om.* BG et $H_1$C    debet(b *in ras.*) G    et]ut $H_1$    nitur V    simulare BH(—C)G similari R corr.,C corr.,Cas    4 masculus et (neque G) femina *om.* $H_2$ (=vg)    5 iudaeus et grecus BV] gentilis et iudaeus AHGCas (=vg) *pr.* non est V    6 et (*pr.*) *om.* A    scitha BC scita ESV scyta MNCas$^{cod}$    seruos N    dominum Cas$^{cod}$    praedicatur Sd$^{ed}$    secus N
7 ↶ uel cond. uel gen. ac prouincia Cas    uel patria *om.* E    conditio BH$_1$ GVCasSd$^{cod\ ed}$    ↶ sola conu. CasSd    conuersio MN    8 carnales E* est ista diuersitas] estis aduersitas E    omnia] domina E    et *om.*
H(—RC)GSd$^{ed}$    in]im V    9 quiqui R*    ↶ in chr. bapt. su. V    baptizati sumus (estis Cas)] baptizamur $H_2$G    in christo *om.* $H_1$Cas    christum] ipsum G    10 induimur MN induistis Cas    ergo uos BGSd uos ergo AHVCas (=vg)    dei *om.* ES    sancti *om.* R*    11 haec *om.* E quia (qui $H_2$) ad hoc] cum Sd    electi] *om.* $H_1$ + dei Sd$^{cod}$ + deo Sd$^{cod}$
12 hum. pat. mod. BV hum. mod. pat. AH$_2$GCas (=vg) pat. (+hum. R) mod. H$_1$
13 ideo *om.* H$_1$    nominat R    subportantes] supportantes EMCG VCas sufferentes Sd    14 exemplum V    15 donans MN    uobis]+ met C    alterutrum Cas    16 omn. chr.] in omn. chr. $H_1$ chr. omn. $H_2$ persecutionibus V    17 ↶et ut R    caeleste GV    ↶deb. rem. $H_1$V
18 uobis EV    homo] omnem R    se seruat S seruat $H_2$G    ira MN domino H$_1$

quaerit mede[l]lam' et cetera. *Si quis aduersus alterum habet querellam.* Unus quisque malitiae proxi[mi] sui ne meminerit, ne forte exigentes conseruos etiam indulta redhibere cogamur. *Sicut et dominus donauit uobis, ita et uos [facite].* Si ille indulsit qui potuit uindicare, quanto magis uos, quorum uindicta 5 aut nulla aut satis parua est! 14 *Super haec autem omnia caritatem [habete].* Super haec omnia est caritas, quia omnem quem diligimus, sustinemus, [et] [non] omnem quem sufferimus, et amamus. *Quod est uinculum unitatis.* Caritas enim multa membra in unum co[l]ligat corpus. 15 *Et pax Christi.* Christi, 10 non saeculi, quam nobis reliquit, qui pro omnibus mortuus est, et suos dilexit inimicos. *Exsultet in cordibus uestris* [, *in qua et uocati estis in uno corpore*]. Non in facie fallaciter adridente uel sermone doloso. *Et grati estote.* Beneficiis [sci]licet Christi. In nonnullis exemplaribus habet '*grati*[*a*] *estote*': hoc 15 est, nolite legi similare, quae uicem reddit, sed gratiae quae ignoscit etiam inimicis et pro eis dominum deprecatur.

2 cf. Eccli. x 6    7 cf. 1 Cor. xiii 13, 7    11 cf. Ioh. xiv 27
11 cf. 2 Cor. v 15 etc.    12 cf. Matth. v 44; cf. Luc. xxiii 34

1 medellam A*ER*Vmedelam A corr.,BS,R corr.,C medillam MN* medilam N medullam G    coetera M    aduersum MN    alterum] aliquem BH₂ GVCas (=vg) aliteram R    2 quaerellam A* querillam MN    maliciam H₂ proxi A    meminereret SR*    3 exigente conseruo C    inulta A* multa S    redhibere] reddere BH₂G(Cas) debere H₁    cogantur V    4 nobis MN    facite om. AHVCas (=vg)    si ille] siue G    5 uindicare—quorum om. H₁    6 ᴗ aut parua aut nulla Cas    satis om. H₂Cas    ᴗ est parua V    supra H₁ ᴗ om. au. haec (haec om. H₂) AHGCas (=vg)    7 habete] add. AH₁GVCas (=vg) *praem.* H₂    quia] qui R corr.,MN    8 non (*sine et recte*) AH₂GVCas et B et non H₁    sufferemus G sustinemus Cas    9 et amamus] om. H₁ diligimus Cas    et om. R corr.    uing. A*    unitatis VD perfectionis AHGCasSd (=vg) caritatis B    enim] etenim H₂ est enim quae G om. Cas    10 col(n V)ligat (*uidelicet praes. indic. uerbi* colligare)] coligat A colligit BSRSd collegat MN conglutinat Cas    christi om. H₁MCasᶜᵒᵈ    11 nobis]+ipse V    relinquit G 12 suos] uos H₁    ᴗ inim. dil. E    inimicus SN    **uestris V    in qua—corpore add. BH₂GVCas (=vg)    13 et om. G    fallaciter] fallanciter in MN* om. V ficte Casᶜᵒᵈ ficta et Casᵉᵈ    ad(r BCVSd)ridente] serena Cas 14 sermone] ore VCas    grati estote] gratia(a *alt. exp.* M) R corr.,MN stote SMN    scilicet] licet B om. Sᵈᵉᵈ    15 habet (habetur Sd)] + et GSdᵒᵒᵈᵈ gratia] grati B gratiam MN gratiae C*    stote MN    16 legis R*MN simulari BG similari C assimilari CasSdᵉᵈ simulare Sdᵒᵒᵈᵈ    inuicem G reddet H₁ reddidit G    17 innotiscit(-et N) MN    et—deprecatur om. Sdᵒᵒᵈᵈ    dominum (deum B) deprecatur] exorat Cas

16 *Uerbum Christi [in]habitet abundanter in uobis, in omni
sapientia docentes et [com]monentes uosmet ipsos.* Et hic
ostenditur uerbum Christi non sufficienter, sed abundanter
etiam laicos habere debere et docere se inuicem et monere [in
5 omni sapientia], ut sapienter et rationabiliter proferatur. [*In*]
*psalmis, hymnis* [*et*] *canticis spiritalibus in gratia.* Psalmis,
ut Dauid, hymnis[, ut] trium puerorum, canticis, ut Mosi et
ceterorum, quae sunt spiritalia, ut non carnalibus uel turpibus
delectemini cantilenis. *Canentes in cordibus uestris* [*deo*].
10 Nusquam legimus aliquem sine uoce cantasse: unde necesse
est hic 'in corde' ex corde intellegi, scilicet ut non solum ore
sed etiam corde cantemus: 'confitebor'[, inquit,] 'tibi, domine,
in toto corde meo.' 17 *Omne quodcumque facitis in uerbo aut
in opere, omnia in nomine domini Iesu* [*Christi*], *gratias agentes*
15 *deo et patri per ipsum.* Siue docetis siue operamini, nihil ad
uestram, sed omnia ad domini gloriam faciatis, deo gratia[s]
referentes, qui filium suum ad haec docenda destinare dignatus
est. Siue: Per actus uestros d[e]o gratiae referantur. 18*Mulieres,
subditae estote uiris, sicut oportet, in domino.* Secundum legem
20 in his quae conueniunt domino. 19 *Uiri, diligite uxores uestras,
et nolite amari esse ad illas.* Numquam rem naturalem horta-
retur, nisi continentes esse coepissent, sicut ad Ephesios

7 cf. Dan. iii 24     7 cf. Deut. xxxi 30–xxxii 43     12 Ps. cx 1     22 in Eph. v 22

1 christi] dei R     inhabitet] habitet AERCGCas (=vg) habet et S
[h]abundet MN     ⌒in uob. abund. AHGVCas (=vg)     2 patientia H₂
com(n)- *add.* AHGVCas (=vg)     et (*alt.*) *om.* HG     3 ostendit G     sufficientienter
A     4 ⌒et inu. se mon. atque doc. V(Cas)     et (*alt.*)] uel BHG     in omni sap.
*om.* BH₂GVCas     5 in *om.* AH(—R)GV (=vg)     6 et hymnis A*R     et *om.*
AHGVCas^{ed} (=vg)     canticis] + cantantibus ES     in gratia *tr. ante* canentes
*etc.* (9) BH₂GVCas     psal A*     7 ut (*alt.*) *om.* BH₂(—R corr.)     moyse MN
8 ut] et B     turpiter MN     9 de(i G)lecte(i NV*)mini *om.* H₁
cantationibus B     canentes] cantantes AHGVCas (=vg)     deo *add.*
BH₂VCas (=vg) domino *add.* G     10 ⌒si. uo. ca. al. H₂G     aliquam A
11 ore] in ore H₂     12 corde] in corde H₂Cas     inquit tibi] tibi B tibi
inquid(t) H₁G inquit H₂     domino MC dominum N     13 aut] autem B
14 domini *om.* H₁     christi *om.* AHGVCas (=vg)     15 ⌒op. siue doc. H₂
16 ⌒gl. sed omnia (*om.* Cas) ad dom. VCas     dei BCNG     ⌒gr. agentes
deo Sd     ⌒gr. deo Cas     gratias] gratia B     18 actos H₁V     nostros AH₁
deo] do B     gratias H₂     referentur H₁N     19 ⌒estote subditę G     ęstote R
stote MN     sic oportuit Sd^{cod ed}     in *om.* G     20 ⌒domino (deo *cod. ed.*)
placent Sd     uestras *om.* H₂ (=vg)     22 sicut—est *om.* R     eph.]
ef. ECas^{cod} eff. SN

plenius subnotatum est. [20 *Filii, obaudite parentibus per omnia: hoc autem complacitum est in domino.*] 21 *Patres, nolite ad iracundiam prouocare filios* [*uestros*], *ut non pusillo animo fiant.* Ne[c] exasperati iracundi fiant, qui exemplo uestro patientiam discere debuissent. 22 *Serui, obaudite per omnia dominis carnalibus.* Qui[a] carnis solam dominationem exercent. *Non ad oculum seruientes, quasi hominibus placentes.* Non ad hoc tantum, ut a dominis carnalibus [uideamini] laborantes. *Sed in simplicitate cordis timentes dominum.* Qui ubique semper uidet, et odit omne quod fictum est. 23 *Quodcumque facitis, ex animo operamini, sicut domino et non hominibus.* Necessitate[m] condicionis religionis facite uoluntatem, ut per opera uestra domino gratiae referantur, cum uos ex tempore credulitatis uestrae uiderint profecisse. 24 *Scientes quod a domino accipietis retributionem hereditatis.* Etiam si ingratos dominos habeatis, nolite putare uestrum infructuosum esse seruitium, quod propter deum exhibitum caelesti remuneratione pensabitur. *Domino Christo seruite.* Ipsi enim seruit qui propter ipsum homini seruit. 25 *Qui enim iniuriam*

1 ᴖ est pl. annotatum V    subnotatum AES,Cm2,G subnotatum BH₂ adnotatum Cas (*cf*.V)    filii—domino *add*. BRH₂GVCas    fili R* ob[o]edite H₂GCas(=vg)    parentibus]+uestris V    2 autem] enim H₂GVCas(=vg)    placitum H₂GVCas^ed (=vg)    3 irac.] indignationem BCasSd(=vg) iracu(o N)ndia MN    uestros *add*. AHGVCas (=vg) pusillo animo] pu(o M)sillanimo H(—C)V pusillanimes C    4 ne] nec B ᴖ ue. ex. debent dis. pac.V (*cf*. Cas)    5 dicere N    6 qui] quia H₂(—C) seruio A*    ob[o]edite AHGCas(=vg)    a dominis A ab hominibus (omnibus E) H₁ 8 ut] uti S    a dominis] ad h(*s.l.*)ominis V    carn. uide.] carn. B uide. carn. H₁ uide.V    9 timete H₁    deum (deo E*) H₁VCas^ed    qui—est *om*. Sd^cod    10 uidit H(—C) et] te MC e N    odit] custodit H₁ custodit oditque R corr.    quod fictum est] figmentum VCas    fictum] factum ES    11 deo GCas^ed    et *om*.V 12 necessitate BE    condic.] condit. BH₁FGVCas    ᴖ uol. fac. rel.V(Cas) relig.] releg. EN    uoluntate EH₂    13 per *om*. R*    ᴖ ue. op.VCas ᴖ grat(c)ias(-iẹ C) domino offerantur H₂G    uos] *om*. H₁+omnes Cas    ex— uiderint] uiderint ex temp. credul. (crudel. MN) ue. (*pro* temp. credul. ue. habent ᴖ credul. ue. temp.V christianitatis temp. Cas) plurimum (*om*. VCas) BH₂ GVCas    14 uestrae] *om*. H₁+uos R corr.    proficisci E proficisse RNG    15 accipetis M accepitis R    etiam—habeatis *om*. H₁Cas 16 ingratus dominus MN    uestrum *om*. Sd    infructoosum A* 17 propter deum] pro domino V    dominum exhibetur H₂    remunerationem G*    18 ipsi] ipse ESM    19 ipsum] deum E *m.rec. om*. S homini] in omnibus B hominem SM    iniuriam facit] nocet Sd

*facit, recipiet id quod* [*inique*] *fecit: et non est personarum acceptio aput deum.* [Siue: Seruus qui dominum contempserit. Siue: Dominus qui seruum inique tractauerit. hoc, ut consolationem habeant, scientes suam inultam non esse iniuriam
5 aput deum.] 1 *Domini, quod iustum est et aequum seruis praestate.* Patres uos magis debent sentire quam dominos: unde et patres familias appellantur. *Scientes quoniam et uos habetis dominum in caelis.* Qualem circa uos dominum uultis esse, tales et uos estote conseruis. 2 *Orationi instate uigilantes
10 in illa.* Neglegentis enim et dormitantis oratio nec ab homine aliquit praeualet impetrare. *In gratiarum actione.* Pro omnibus quae concessa sunt uobis. 3 *Orantes* [*simul et*] *pro nobis, ut deus* [*ad*]*aperiat nobis ostium uerbi ad loquendum mysterium Christi, propter quod et*[*iam*] *uinctus sum.* Uobis
15 enim orantibus, si de tribulationibus liberemur, uobis proficiet in doctrina. 4 *Ut manifestem illut ita ut oportet me loqui.* Ut ipse det [intellegendum] quid quando uel cui [rationabiliter] debeat praedicari, sicut et Isaias ait: 'ut sciam quando

7 cf. Sen. *Epist.* 47, 14; Tert. *apol.* 34    18 *Esai. l 4

1 fecit N    id *om.* Cas$^{cod}$    fecit] inique gessit AHGVCasSd$^{ed}$ (=vg)
2 siue—deum *om.* B    domnium(i *eras.*) N    contemp.] contem. V
3 hoc—deum] a domino iudicabuntur H$_2$    hoc] *om.* Cas + dicit Sd    ut] +
ad R corr.    4 habeat G haberent Sd    ↶ap. d. ini. G(Cas)    5 dominum Cas$^{cod}$
seruus SM    6 uos (suos N*) mag. deb. sent.] uos deb. mag. sent. BGVCas mag.
uos sent. deb. H$_1$    dominus ESN    7 unde] *praem.* ut B*    et] uulgo
BGCas *om.* H$_2$ et uulgo V    familiae H$_2$GV    apellauerunt MN appellamini VCas    quod Cas$^{cod\ corr}$    8 ↶dom. hab. AHGVCasSd$^{ed}$ (=vg)
caelo AHCasSd$^{ed}$ (=vg) caelos G    erga uos Cas$^{cod}$ ergo uobis Cas$^{ed}$    deum G
↶esse uultis VCas    9 tales] tabescet S    ↶estote et uos G    et uos
*om.* H$_2$VCas    estote] stote R* si(e M)tis H$_2$    oratione EMNG    10 illa]
ea AHGVCas (=vg)    neglegentes H$_1$N neglegens VCas    dormientes H$_1$
dormitantes MN dormientis G dormitans VCas    oratio] petitio VCas
11 aliquid poterit Cas$^{cod}$ poterit aliquid Cas$^{ed}$    aliquit (aquid N) *om.* H$_1$
impetrare] *om.* MN impetrat C    in *om.* G    12 ↶uob. sunt conc. Cas
concessa] commissa G    simul et *add.* AHGVCas (=vg)    13 adaperiat]
aperiat BCGVCas (=vg) apereat SN et aperiat R apperead M    sermonis
AHGVCas (=vg)    14 ministerium R    christi *om.* R    et] etiam
BHGVCas (=vg)    15 enim] autem B    orantibus—uobis] oratio uestra
pro nobis V(Cas)    si de] ut B    tribulatione H$_1$    liberamur R
proficiat E proficit H$_2$    16 in] ad Cas$^{cod}$    doctrinam SCas    manifestent B
17 ipse] +inquit H$_2$    det intellegendum quid] det quid(t M) BH$_2$VCas detinet
agendum qui ES(R* *eras.*)    ↶quando quid G    uel cui] et cui Cas$^{ed}$ cui et
Cas$^{cod}$    rationabiliter *add.* BH$_2$GVCas$^{cod}$ rationaliter Cas$^{ed}$    18 praedicare
A*H$_1$G    et *om.* HGV    isaias ABN] esaias *rell.*    siciam A*

oporteat me dicere sermonem.' 5 *In sapientia ambulate ad eos qui foris sunt.* Nolite illos ultro ad iracundiam prouocare. *Tempus redimentes.* De malo tempore bonum tempus uestra prudentia facientes. 6 *Sermo uester gratia[e].* In nouo scilicet testamento[: uel certe gratum proferte sermonem]. *Sale sit conditus.* Sapientiae et rationis, ne stulta nostra religio [a] philosophis et genti[li]bus aestimetur. *Ut sciatis quo modo oporteat uos uni cuique respondere.* Aliter paganis, aliter Iudaeis, aliter haereticis et ceteris contradicentibus ueritati: unde et Petrus ait: 'parati semper ad satisfactionem,' et cetera. 7 *Quae circa me sunt, omnia nota faciet uobis Tychicus dilectissimus frater[, et fidelis minister et conseruus in domino,* 8 *quem misi ad uos ad hoc ipsum ut cognoscat quae circa uos sunt, et consoletur corda uestra,* 9 *cum Ones[tiss]imo, carissimo et fideli fratre, qui est ex uobis, qui omnia quae hic aguntur nota faciet uobis].* Securos illos uult esse de sua incolumitate, [ut] ne hac essent tristitia occupati. 10 *Salutat uos Aristarc[h]us concaptiuus meus.* Simul uinctus erat. Siue: Compatiebatur caritatis affectu. *Et Marcus, consobrinus Barnabae [de quo accepistis mandata ut, si uenerit ad uos, suscipiatis illum],* 20

9 cf. Eccli. iv 25    10 1 Petr. iii 15

1 oportet G    sermones MN    2 eos H    ultra $SH_2$    3 ↶redimentes tempus $Cas^{cod}$ tempus sunt redim. $Cas^{ed}$    tempus (*alt.*) *om.* V*Cas    4 uester] + semper $RH_2GCas$ (=vg)    gratiae] in gratia AHGVCas (=vg)    5 uel— sermonem *om.* $BH_2VCas$    uel certe] id est Sd    proferte A,R corr. profertis $H_1$ proferentes G    6 stultitia SCas    relig.] releg. EN    a *om.* B 7 phil.] fil. N    gentibus] gentilibus $AH_2Cas$    8 ↶uos oporteat $H_1Cas$ oportet MN    9 haereticis et ceteris] haereticis aliter (*hucusque om.* V) philosophis (aliter philosophis *om.* $Cas^{cod}$) aliter astrologis et ceteris errantibus uel etiam (errantibus uel etiam *om.* Cas) VCas    et ceteris *om.* $H_1$    10 unde] sicut Cas    parati] + estote Cas    satis] sitis G    et cetera *om.* Cas 11 sunt] aguntur G    omnia *om.* $H_1$    nota fatiet nobis B nota uobis faciet AES uobis nota faciet $H_2GVCas$ (=vg)    tycichus A tithicus $BH_2$ titicus E tythycos S tythicus $RCas^{cod}$    12 dilectissimus fr.] carissimus (+ meus G) fr. AH(—E)GVCas (=vg) fr. carissimus E    et fidelis—facie[n]t uobis *add.* $BH_2GVCas$ (=vg)    14 consuletur V    onesimo] onestissimo B 15 fidele N    qui omnia] omnia $H_2V$ (=vg) qui G    16 facient $H_2GVCas^{cod}$ (=vg) faciant $Cas^{ed}$    incolumitate] incolumitate H(—C)GSd$^{cod}$ sanitate V ut ne] ne $AH_1Sd$ ne uel VCas    17 hac] haec $H_1$ qua C    essent] possint (posuit N) $BH_2V$ possent G    occupari $BH_2GV$    aristarcus $BEH_2Cas^{cod}$ arsstarcus S aristharcus RG    18 erat *om.* Sd$^{cod}$    19 barnabbae Sd$^{cod}$ de quo—illum *add.* $BH_2GCas$ (=vg)    20 mandata *om.* R corr.    ut *om.* $H_2$(—R corr.)GCas (=vg)    excipite $H_2GCas$ (=vg)

11 *et [H]iesus, qui dicitur Iustus[, qui sunt ex circumcisione].
hi[i] soli sunt adiutores [mei] in regno dei, qui mihi [in] solacio
fuerunt.* In nouo testamento per quod intratur ad regnum,
sicut Satanas 'mors' dicitur, quia ipse causa est mortis.
12 *Salutat uos Epaphras, qui ex uobis est, seruus Christi [Iesu],
semper certans pro uobis in orationibus, ut sitis perfecti et pleni
in omni uoluntate dei.* Iam erant perfecti qui perseuerare
monentur: laborem ergo eorum uoluntarium suis orationibus
adiuu[ab]a[n]t. 13 *Testimonium enim illi perhibeo quod habet
multum laborem pro uobis, et pro his qui Laodiciae et qui
[H]ierapoli[m] sunt [omnes].* Tales erant primi temporis
discipuli apostolorum, ut imitantes magistros pro omnium
salute essent so[l]liciti. 14 *Salutat uos Lucas medicus carissimus.*
Ex-medico erat, sicut Mat[t]heus iam apostolus athuc dicitur
publicanus. [15 *Salutate fratres qui sunt Laodiciae, et Nimpham,
et quae in domo eius est ecclesiam. 16 et cum lecta fuerit aput
uos epistula, facite ut et in Laodicensium legatur et ea quae*

4 cf. Apoc. vi 8      14 cf. Hier. *Epist.* 74, 3

1 et iesus qui dicitur *om.* ES    hiesus AMV iesus BNGCas iħm R iħs C
iessus D    ᴖ iustus dicitur F    qui—circumcisione *add.* BRH₂GCas (=vg)
2 hi] hii ASMGD    ᴖ sunt soli G    mei *om.* AH(—R)VCas (=vg)
ᴖ fuerunt (fuerant G) ( +in AH₁G) sol. AHGVCas (=vg)    3 ad]in BSH₂GV
Cas *om.* ER    regno FG*    4 ᴖ dicitur mors Cas    ipse *om.* Cas
causa est mortis] causa mortis ES est causa mortis RGV est (*s.l.* M) mortis
(mors M*) causa H₂    5 ephaphras EV ephafras S epfphras N* epapharas
C* ęphapras F    ᴖ est ex uobis RD    seruus] qui est seruus V
ᴖ iesu christi F    iesu *add.* AHGVCas (=vg)    6 certans] sollicitus AHGVCas
(=vg)    pro uobis in orationibus *om.* H₁    sitis] stetis (estetis N) BH(—R)GV
Cas (=vg)    ᴖ pleni (plene G)(—R) et perf. H₂G    7 uoluntatem G*
iam—adiuuat *om.* Cas    iam] tam A    8 ergo *om.* R*    uoluntarium
*om.* H₁G    9 adiuuat BH₂GV adiuuabant A adiuuabat H₁    enim *om.* H₂D
10 ᴖ sunt laod. et qui hier. AHGVCas (=vg)    laoditię BE laudiciae SMN
laodaciae G laodiceae Cas^ed    11 hierapoli] hierapolim A ierapoli BEFCas^cod
hierapuli MN heropoli G hieropoli VSd^ed    sint B    omnes *om.* AHGVCas
(=vg)    talis V    parui B*    12 apostul.] apostul. V    imitarent E
imitassent S(R* *eras.*)    13 ᴖ esse sal. BHGV    sollicite A*S    soll.]sol. BN
carissimus] + et demas H₂GCas (=vg)    14 mattheus ANV math. *rell.*
15 publicanus] puħ · MN publicatus G*    salutate fratres—uos legatis *add.*
BH₂GCas (=vg)    laudacię G laodiceae Cas    nimpha MN nimfam Cas^cod
16 est *om.* R corr.    ecclesia MN,R corr. (=vg)    17 uos] eos MN    epistula]
+ haec R corr.    et *om.* R corr.,G    in *om.* H₂    laodicensium]
laudacensium (*utrobique*) MN laudicensium (*utrob.*) G + ecclesia MGCas (=vg)
+ ecclesiae NC,R corr.    eam C,R corr.,GCas^cod

*Laodicensium est, uos legatis.*] 17 *Dicite Archippo:* '*Vide ministerium quod accepisti*[s] *in domino, ut illut impleas.*' Hic diaconus fuisse perhibetur. 18 *Salutatio mea manu Pauli: memores estote uinculorum meorum.* Siue: Orate, ut reddar uobis. Siue: Memento[te] quia uestri haec patior causa, et 5 imitamini tolerantiam passionum. [*Gratia uobis. amen.*]

EXPLICIT AD COLOS[S]ENSES

1 uos legatis] ut uos legatis in domino G uobis legatur Cas$^{ed}$  dicite] et dicite H$_2$GCas (=vg)  arclippo E arcippo R*  uidi V  2 accepisti] accepistis BS  in] a G  adimpleas H$_2$  hic] + archippus G  3 dicitur V intellegitur Cas  4 stote MN  reddat BS  5 nobis B  mementote] memento B  ᴗ ca. haec pat. Cas  6 tol.] toll. EMNG  -antiam] -ant(c M)ia MN  pass.] *praem.* mearum Sd  gratia ( + domini nostri iesu christi G) uobis( + cum H$_2$GCas = vg) amen *add.* BH$_2$GCas (=vg)  7 *ut supra* ASH$_2$Cas$^{cod}$  explicit [a]epistola ad colosenses B,E corr.,V *nihil* E* finit R explicit G finis epist. ad colossenses Cas$^{ed}$

# INCIPIT AD TIMOTHEVM PRIMA

## ARGVMENTVM

Hic episcopus fuit discipulus apostoli [Pauli]: hu[i]c per litteras dat auctoritatem corrigendi omnem ecclesiasticam disciplinam et episcopos ac diaconos ordinandi. praeterea instruit eum quo modo pseudo-apostolis sibi detrahentibus
5 respondeat, rationem reddens quod non sit mirum, si ipse ex-persecutore saluatus sit, cum Christus peccatores [omnes] uenerit liberare. ad extremum aliter docentes monet esse uitandos.

1 *Paulus apostolus Iesu C[h]risti.* Auctoritas [et] nominis et
10 officii praenotatur propter eos quibus erat responsurus. *Secundum imperium dei saluatoris nostri* [*et*] *Iesu Christi, spei nostrae.* Non secundum meam praesumptionem: simul [et] patris ac filii unum imperium demonstratur. 2 *Timotheo*

       1–2 cf. in i. 18    3–4 cf. 1 Tim. iii 1, 15    7 cf. 1 Tim. vi 3

incipit argumentum epistolę primę (*om.* G) ad timot( + h G)eum BG argumentum ES + incipit ad timotheum prima S argumentum(-em R*) epistulae ad timotheum R incipit ( + argumentum C) H$_x$ incipit ad timotheum prima V incipit argumentum ad timotheum Cas$^{cod}$ ad timotheum epistola prima Cas$^{ed}$
1 hic] timotheus GCas + timotheus V  fuit] + et G  discipuli S discipolus V
↶ pau. apos. H$_2$G *Par.* 15180  apostoli] apostuli V (*sic* 4) *om.* Cas  pauli *om.* B  huic] huc B hunc G*  2 ↶ auct. dat GCas  dat *om.* H$_1$ auctoritate ER*  construendi *Par.* 15180  3 episcopus H$_1$ apostolos G* ac] et GCas  diacones BCas *Par.* 15180 diaconus E*S  propterea H$_1$
4 pseudo] a speudo S  apostolus S  sibi detr. resp.] resp. detr. (retr. G) paulo GCas  5 respondeat] resporet A* responderet AH$_1$ *Par.*15180  ↶ redd. rat. G  non—ipse *om. Par.*15180  ipsi S  6 persecutorem S  peccatores uenerit(uenit *Par.* 15180)](*praem.* ex R corr.) persecutoribus uenit H$_1$  omnes *add.* B *Par.* 15180  7 ad] *praem.* iustos R corr. *praem.* et G *m. alt.*  8 uitandos] uitandum E uitandus R* + scribens autem ei a nicopoli per tychicum diaconum uersus CCXXX G + et cauendos omnimodis (omnibus modis *ed.*) Cas *subscr. nullam habent* AH$_1$MNGV* explicit argumentum incipit aepistola ad timoteum B incipit ad timotheum prima E *m. alt.*,(S *uide supra*),C expositio in prima epistola ad timotheum V *m.rec.* explicit. incipit epistola beati pauli apostoli ad timotheum prima Cas$^{cod}$  9 ↶ christi (cristi B) iesu ARGV (= vg) christi Cas  auctoritatis G  et *om.* BH$_2$G  nominas A*  10 erat *om.* R*  11 dei] + et Sd  et *add.* AHGVCas(=vg)  ↶ christi (cristi S) iesu AH(—F)GVCas(=vg)  spei nostrae] qui est spes nostra Sd$^{ed}$  12 ↶ praes. meam Sd  et *om.* B  13 patri Sd  ac] et H(—MC)GCasSd aut M  filio Sd ostenditur V esse demonstrat Cas  tim.] thim. S

*dilecto filio in fide.* In fide filio, non in carne. *Gratia, misericordia* [*et*] *pax a deo patre* [*nostro*] *et Christo Iesu domino nostro.* Gratis misericordiam consecuti, reconciliati sumus deo. 3 *Sicut rogaui te,* [*ut sustineres Ephesi, cum irem in Macedoniam,*] *ut denuntiares quibusdam ne aliter docerent.* Quos in Actibus 5 dixerat 'intraturos lupos non par[c]entes gregi.' 4 *Neque intendentes fabulis.* Quas 'deuterosim' appellant: unde in euangelio 'docentes doctrinas hominum' condemnantur. *Et genealogiis interminatis.* Generationibus antiquorum, in quibus sibi summam scientiae uindicant, si omnes ab initio 10 generationes enumerent. *Quae quaestiones praestant magis quam aedificationem dei, quae est in fide.* Tam deuterosis contrarietas quam generationum sollicitudo superflua. 5 *Finis autem praecepti*[*s*] [*est*] *caritas de corde puro.* Caritas 'dei' et 'proximi, in' qua 'tota lex pendet et prophetae': haec si 15 [de] corde puro sit, difficile delinquere poterimus. *Et conscientia bona.* Ut conscientia tua testimonium perhibeat

---

3 cf. Rom. ix 25   cf. Rom. v 10   5 cf. Act. xx 29   8 cf. Matth. xv 9
10 cf. Hier. *Epist.* 18 B 4 § 2 (CSEL LIV 101, 10)   14 cf. *Matth. xxii 37–40
17 cf. Rom. ix 1

1 dilecto *om.* H₁   gratia] + et RSd^ed   misericordiae H₁   2 *et add.* AHGV Cas^ed (=vg)   nostro (*pr.*) *om.* AHGVCas (=vg)   ⌒ ies. chr. dom. M dom. ies. chr. NC   3 gratis—deo *om.* Cas   misericordia V corr.   4 ut—maced. *add.* BH₂GCas(Sd) (=vg)   sustineres] remaneres H₂GCas (=vg) remanseres G* eph.] ef. Cas   5 denunt(c N)iaris SNV denuntiarem G*   ⌒ praedixerat in actibus Cas   act.] + apostolorum C   6 dix.] parcentes dix. H₁   lupos] lupus SN + graues Cas   ⌒ gregi non parcentes H₁   parentes B   gregi] + dei G intenderent AHGVCasSd^ed (=vg)   7 deuterosim appellant *om.* B *spatio ad* deuterosim *scribendum idoneo relicto*   deuteresim AR*(?) deuteres sim E deuterisim V de genesi Cas deuterosin Cas^cod s.l. deuterosis Sd^codd deuteroses Sd^ed   appellat Cas^ed   8 docentes] descendentes B habentes H₂G hominum] fabulas H₂ falsas G   a domino accusantur Cas procondemnantur Sd^cod   9 genealogis(-es H₁) genilogis M genelogiis G*Sd^cod   10 ⌒ summam sibi V   sibi] summi B   scientiam H₁VCasSd   uindicabant R omnes *om.* Cas   ab initio *om.* Sd   11 generationis B   enumerant Sd^ed ⌒ magis praestant R   12 dei] *om.* ES fidei Cas^cod*   in] ex ES fide] + dei ES   deuterosis] deuteresis ASV* deuteris E + ut heresis G deuteroseos Cas^cod deuteroseon Cas^ed   contrariaetas A* contrarietes S 14 praecepti] praeceptis A   *est add.* AHGVCas (=vg)   15 pendit MNG*V 16 de *om.* B   ⌒ puro corde BNCSd^cod   fit(?) G corr.   difficile— poterimus *ualde peruertit* Cas   derelinquere MNSd^cod   17 ut *om.* Cas tua] *om.* NC pura Cas   ⌒ perh. test. Sd^cod   perhibet Cas^cod

caritati. *Et fide non ficta.* Est enim fides ficta, quae solo ore promittitur, et actu negatur. 6 *A quibus quidam aberrantes conuersi sunt in uaniloquium,* 7 *uolentes esse legis doctores, non intellegentes neque quae loquuntur neque de quibus adfirmant.* 5 Infinita[e] stultitia[e] est non intellecta de mag[n]is non intellectis uelle firmare. 8 *Scimus autem quoniam bona est lex.* Ut a deo promulgata pro temporis qualitate; unde et alibi lex sancta est appellata. *Si quis ea legitime utatur.* Si quis sciat quibus quare quam diu habenda sit data. 9 *Sciens* 10 *hoc, quia iusto non est lex posita.* Ergo Christianis opus non est, qui [sunt] iustificati per Christum, et qui didicerunt etiam occasiones fugere delictorum: nam ut quid dicatur 'non occides' his quibus nec irasci permittitur? *Sed iniustis et non subditis,* [*et*] *impiis et peccatoribus, sceleratis et contaminatis* [*et profanis*], 15 *parricidis* [*matricidis,*][*homicidis*]. 10 *fornicariis, masculorum concubitoribus, plagiariis, mendacibus, periuris.* Illis omnibus data est, quos ab istis criminibus nititur reuocare. *Et si quit aliut san*[*a*]*e doctrinae* [*aduersatur*], 11 *quae est secundum euangelium.* [Sunt ergo doctrinae] non san[a]e, contra quas etiam data

8 cf. Rom. vii 12    11 cf. Rom. v 1    12 cf. Matth. v 21, 22

1 caritati] ueritate E* ueritati H₁ caritatis N    est enim fides] et fides enim E et enim fides S    2 ᴖaberr. quid. Casᵉᵈ    quidam] dam RH₂
3 doctores]+aut V*    4 neque *om.* H₁F    locuntur EMGV    5 infinita (grandis Cas) stultitia BCas    intellectu A    magis] magnis B    6 uelle *om.* Casᶜᵒᵈ    firmari N affirmare Cas    autem] hoc M *om.* NC    quoniam] quia RH₂GVCas (=vg)    7 promulgata] data Cas    ᴖqual. temp. H₁ temporis] hominum Cas    unde et] sicut H₁    8 est appellata] est (*om.* R) appellatur SR est dicitur V    eam SRG    9 scit Cas    quibus]+uel V quam diu] quando H₂ *praem.* uel V *praem.* et Cas    scientes Cm2Casᵉᵈ    10 hoc *om.* ES    iusto non est lex] iusto(-u V*) lex non est AH₁GVCasSdᵉᵈ (=vg) lex iusto non est H₂    opus non est] non opus est ES non est opus RH₂G    11 sunt *om.* B    et *om.* H₁    occas.] occass. R*M occansiones E occas[s]ionis MN
12 fugire N    dicitur H₂    occidit ER* occide S occidis MV    13 his *om.* H₁ nec] non H₁    14 et (*pr.*) *om.* AHGVCas (=vg)    et (*alt.*) *om.* ER*    cont.] cond. G    et *om.* BHVCas (=vg)    profanis *om.* BH₂VCas (=vg)
15 parricidis] patricidis(-iis N*G*) (parricidis C) et (*om.* Casᶜᵒᵈ) matricidis (-iis N*G) AH₂GVCas (=vg) patriciidiis (*corr.* paricidis R) H₁    homicidis(-iis N*G*V) *om.* AH₁    fornicariis] *om.* H₁ *praem.* et NC    16 concubitores G* mendatiis E mendacus S    periuriis H₁ peiuris V    17 data] lex data G ab istis] abiectis H₁    nitur G*    prouocare V    quit aliut sanae] quitali utsanae A    18 aliut] aliquid H₂ *om.*G    sane BS    aduersatur *om.* B aduersantur MNG*    ᴖsec. eu. est G    19 sunt ergo doctrinae *om.* B    sane BES

est lex, quae contraria sunt caelestibus institutis. quid ergo ibi quaerunt quod [etiam] hic habent? simul ut legem euangeliis concordare demonstret. *Gloriae beati dei.* Per quod glorificatur deus. *Quod creditum est mihi.* Ne dicerent aduersarii: "Quis enim erat ille cui euangelium crederetur?" [ait:] 12 [*Et*] *gratias ago ei qui me confortauit* [*in*] *Christo Iesu domino nostro.* Cum essem inutilis et infirmus. *Qui*[*a*] *fidelem me existimauit ponens in ministerio,* 13 *qui prius fui blasphemus et persecutor et contumeliosus.* 'Iustus in primordio accusator est sui, ut statim, cum c[o]eperit aduersarius, confundatur.' *Sed misericordiam consecutus sum quia ignorans feci.* Leuius esse peccatum ignora[n]tiae demonstratur. *In incredulitate.* Qui[a] non credens intellegere non ualebam. 14 *Superabundauit autem gratia domini nostri cum fide et dilectione quae est in Christo* [*Iesu*]. Ubi ante iniquitas abunda[ue]rat, et statim, ut credidi, amplius coepi diligere Christum, qui mihi magna peccata dimisit. 15 *Fidelis sermo et omni acceptione dignus.* Quem omnes credant et omnium conscientiae uerum esse cognoscant. *Quia Christus Iesus uenit in* [*hunc*] *mundum peccatores saluos facere.* Ergo et me saluauit inter ceteros peccatores: tunc enim [merito] mihi de peccatis praeiudicaretur, si solos iustos

9 *Prou. xviii 17     13 cf. *Essai. vii 9     15 cf. Rom. v 20
20 cf. Matth. ix 13 etc.

1 lex *om.* H₁     contrariae SRC     ibi] ubi H₂     2 quaerunt]+non H₁ etiam *om.* AH₁     ut] et Cas     euangelii H₂(—C) euangelio C     3 demonstret A,C corr., G* demonstraet A* de(i M)monstrent BH₂ demonstraret H₁ demonstrat G corr.,Cas ostendat V     gloriae] gloria R* *om.* H₂     beati *om.* Sdᵈ     5 qui M     enim *om.* H₁     erant E     illi ES     crediretur A ait *om.* BH(—E)GV     et *om.* AHGVCas (=vg)     6 in *om.* AMG*V (=vg) ⌒ies. chr. G     domino nostro *om.* R     7 esse V*     ⌒inf. et inut. Cas infirmis B     qui BR     fidele R*N     8 ponens] et ponens H₁     ministerium NCGD     9 et contumeliosus *om.* H₁     iustus]+quidem Cas     accusatur E*SN     ⌒sui est H     tui V*     10 statim *om.* Cas     cum coep.] concep. G cum accep. Casᶜᵒᵈ     coep.] cep. BSMNG     11 quod Sdᵈ 12 ignoratiae B     demonstrat B     quia] qui B     13 ualebat B ualebamus M ualet iam V     14 dilectionem H₁     15 iesu *add.* BHGVCas (=vg)     ante] autem H₁N     abundarat AV habundauerit R* abunduerat *rell.*     et *om.* H₂G     16 dilig.] dileg.V     17 fid.] et fid. Casᵉᵈ 18 omnis V     credunt SH₂GCasᵉᵈSd     et]+quem Cas     conscientia H₂     connoscant A cogno(u N)scunt SNC,G corr.,Sd agnoscant(-unt *ed.*) Cas 19 quia] qui R* que M     hunc *om.* AEVCas     ut pecc. salu. faceret VSdᵉᵈ     20 saluabit B     peccatores *om.* NC     tunc—uenisset *om.* Cas     21 merito *om.* BN     de peccatis *om.* H₁     solus H₁N

uocare uenisset. *Quorum primus ego sum.* Hic 'sum' pro 'fui' ponitur, sicut 'Mat[t]heus' dicitur 'publicanus,' cum iam Christi esset apostolus. 16 *Sed ideo misericordiam consecutus sum.* Ut Dauid [ait]: 'docebo iniquos uias tuas, et
5 impii ad te conuertentur.' si mihi uiderint indulta peccata, tunc docebo neminem desperare debere. *Ut in me [primo] ostenderet Christus Iesus omnem patientiam.* Qua[e] etiam persecutoribus conuersis non solum indulget, sed etiam confert apostolatus honorem. *Ad deformationem eorum qui*
10 *credituri sunt filii in uitam aeternam.* Ad exemplum, ut nemo desperet. 17 *Regi autem saeculorum inmortali inuisibili soli deo honor et gloria in saecula saeculorum.* [*amen.*] Qui mihi ueniam tribuit non merenti: rex enim parui temporis et mortalis ac uisibilis et capax consortis honorem et gloriam tem-
15 poralem habere potest, non tamen sempiternam. 18 *Hoc praeceptum commendo tibi, fili Timothee.* Huc usque de statu suo, quo modo aduersariis responderet. hinc dat auctoritatem ordinandi, [docendi]que praeceptum commendat. *Secundum praecedentes in te prophetias.* Secundum quod etiam ante hoc
20 officium habebas gratiam prophetandi. *Ut milites in illis bonam militiam.* Bona militia est in qua contra diabolum

2 Matth. x 3    4 Ps. 1 15

1 uocare] saluare H₂G   ↵ sum ego H₂   2 sicut]+et H₂G   mattheus AV matheus BH₁G matheos M mateos N   dicitur—apostolus] iam discipulus dic. publ. V   publ.] pupl. N   3 apostolos A*   4 ut dauid ait *om.* G ut] sicut Cas   dauit A   ait *om.* B   6 tunc] et C *om.* Cas   desp.] disp. GV   debere *om.* NC.   primo] add. B (=vg) primum add. R corr. Cas *tr. post* ostenderet G   7 ↵ ies. chr. GV   qua B quae AH(—S)G qui S quam Cas   8 conuersis *om.* Cas   ↵ ap. conf. Casᵉᵈ   9 deform. ABS (=vg) inform. H(—S)GCasSdᵉᵈ confirm. V   10 filii] illi AHGVCas (=vg)   ad exemplum *om.* Cas   explum V   nemo de(i NGV)speret] ne disperet H₁ 11 inmortali]+et MN   12 amen *add.* BRH₂GCas (=vg)   13 ↵ tr. uen. Sd tribuat R*   enim *om.* H₂   14 consortes Casᵉᵈ   ↵ habet temp. Cas 15 tamen *om.* GCas   sempiternum H(—R) aeternam Cas   16 comm.] conm. NV   fili(-ii E*)] o fili(-ii MN) H₂   timothei H₁ timothẹ G* timothẹe G timotheae V   17 debeat responderie adu. Sdᶜᵒᵈᵈ debeat adu. respondere Sdᵉᵈ   aduersarius G*   responderit NC*   hic V* modo Cas 18 ordinandi *om.* Cas   docendi *om.* B   que—commendat *om.* Cas qu[a]e *codd.*   praeceptum commendat *om.* Sd   receptum S   comm.] conm. V   19 in te *om.* Sdᵉᵈ   secundum quod] quia Casᵉᵈ *om.* Casᶜᵒᵈ ↵ habebat (*cf.* Sd) gr. proph. etiam an. h. off. V   ante *om.* Sdᵉᵈ   20 officium *om.* Casᵉᵈ   habebat Sd   gr. prophetandi] hanc gr. Cas   profitendi G militis NV   in *om.* ES   21 qua]+et Casᶜᵒᵈ

et uitia militatur. 19 *Habens fidem.* Pro armis fidem in Christo perfectam. *Et bonam conscientiam.* Implendo quod doces. *Quam quidam repellentes circa fidem naufragauerunt.* Male uiuendo ipsam quoque fidem perdiderunt quam habere uidebantur, iam uitia sua etiam defendentes. 20 *Ex quibus est Hymeneus et Alexander.* Qui amore[m] uitiorum ad haeresim transierunt. *Quos tradidi Satanae, ut discant non blasphemare.* 'In interitum carnis,' ut ex praesenti correptione discant futurum iudicium non negare, ad emendandum sunt traditi, non ad perdendum. 1 *Primum ergo omnium hortare fieri [obsecrationes].* [Obsecratio impensior est oratio. *Orationes, in gratiarum actionem].* Pro eo quod nos dignos fecit etiam pro aliis impetrare. *Pro omnibus hominibus.* Etiam pro his qui nos persequuntur et tribulant. 2 *Pro regibus et omnibus qui in sublimitate sunt.* Ut cognoscant deum. Siue: Ut subiectas habeant gentes: in illorum enim pace] quies et] tranquillitas nostra consistit, sed et si Christiani sint, persecutionis a nobis [et per]turbatio et omnis inquietudo cessabit. *Ut quietam et tranquillam uitam*

8 cf. 1 Cor. v 5    14 cf. Matth. v 44    15 cf. Ioh. xvii 3

1 et uitia] uita Cas$^{cod}$    dimicatur VCas    pro armis *om.* Cas    ⌒in chr. fid.V    fidem (*alt.*) *om.* H$_2$    ⌒perf. in chr. Cas    2 implens Sd 3 docet Sd$^{ed}$    quidem G*Sd$^{cod}$    rep.] repp. EM    4 haberi ES 5 iam (*om.* V) uitia sua etiam] siue etiam iam uitia H$_1$    defendentis V    ex] et E* e SR    6 hymeneus et *om.* ES    hymineus A himeneus B ahymeneus R* hyemineus M imeneus N    alaxander M    amore] amorem BM eresim SN eresum N*    7 bl.] pl. G    8 in interitum carnis *om.* GCasSd ut *om.* H$_1$    ex *om.* N    corruptione[m] MN    9 negare] negare(-ere V*) ergo V    emendandum] emendationem suam G    ⌒tr. sunt Cas    sunt *om.* H$_1$    10 tradidi V    primum ergo omnium hortare B(Sd) obsecro igitur primo omnium AHGVCas (=vg)    11 obsecrationes *om.* B    obsecratio—actionem *om.* A    impensior] firmior Cas    est oratio] oratione B orationem E oratiorum S oratio est H$_2$GCas$^{cod}$ oratione est Cas$^{ed}$    orationes] +postulationes H(apostolationes S)GCas (=vg) postolationes V    12 in gr. act.] gr. actiones HGVCas (=vg)    13 etiam—hominibus *om.* E    pro (*pr.*) *om.* G    14 etiam—tribulant *om.* M    nos] uos E    persequn. A* persecun. BRH$_2$GV    et tribulant ABERH$_2$G *om. rell.*    pro] et pro G    15 sunt] consistunt H$_1$ + constituti GD    16 in *om.* E    enim *om.* M    17 quies et] *om.* B requies et H$_2$ quiesset ER*    et tranquillitas *om.* Cas    sed et si] si enim Cas    si (*om.* S) christiani sint] christiani si sint B* si christianis sint E si (sic R*) christiani sunt RNC(Cas$^{ed}$) si christi sint M    18 persecutiones BNCG    et per] *add.* BM,R corr.,G et NC per V    turbatio et *om.* NC 19 omne[s] ES    cessauit H$_1$NV    ut] in B

*agamus in omni pietate et castitate.* Ad hoc nos uult esse
quietos, ut pietati et castitati, non dissensioni atque luxoriae
tranquillitas nostra proficiat. 3 *Hoc enim bonum est et acceptum
coram salutari nostro deo.* Ut ei quieti in sanctis operibus
5 seruiamus. 4 *Qui omnes homines uult saluos fieri.* Hinc probatur deum nemini ad credendum uim inferre nec tollere
arbitrii libertatem; sed et illut hoc loco soluitur de induratione
Pharaonis et cetera huius[ce] modi obiectio quaestionum.
*Et ad agnitionem ueritatis uenire.* Si ipsi tamen uoca[n]ti deo
10 consentire uoluerint. 5 *Unus enim deus.* Unus deus pater et
filius et spiritus sanctus: id est, una in tribus personis natura
[est] deitatis [et nequis illi[s] diceret: "quare solus Christus
hoc meruit?" respondit quia unus deberet esse mediator, sicut
unus est deus]. *Unus et mediator dei et hominum, homo
15 Christus Iesus.* Sicut unus deus, ita et unus est mediator inter
deum et homines uniuersos: hoc est, nullus alius talis, nec
Moses, nec ali[us]quis prophetarum, quia [h]is et homo erat

    2 cf. 1 Cor. xiv 33      7 cf. Exod. vii 22 etc.; cf. Rom. ix 17, 18
                             17 cf. Ioh. i 45

    1 et castitate *om.* E     caritate SRMN     ⌒ uult nos Sd<sup>ed</sup>     2 pietate
et castitate E castitate(-i C*m*2) et pietate(-i C*m*2) NC*          dissensioni A(*in
ras.*),BM,C*m*2,V discensione ER* discesione R discessione S dissensione H₂G
adque MV          luxuriae BS,C*m*2Sd<sup>ed</sup> luxuria C*      3 nostra] ipsa V
profiat R*     enim] autem ES     est *om.* E     et] ut V     4 coram *om.* ES
saluatore BRCGCas(=vg) saluatori EMN     ⌒ domino nostro ES     ut—
seruiamus] ut et uos (nos R) sicut ( +et H₂) ipse (ille H₂GVCas illi M) saluos
esse omnes homines ( ⌒ omnes [*om.* H₂] homines(-is M) saluos(-us M) esse
[omnes homines saluari Cas]) cupiatis R* cupiates M cupiemus R* cupiamus R
corr.) BH₂VCas *praem.* G     ut] et ut G     ei] *om.* ES *tr. post* quieti V
5 seruiatis G     uul M*     6 deum] omnes H₁     ad credendum—quaestionum]
ut pereat *etc. abdicato Pelagio* Cas     7 libertatem] uoluntatem H₂     loco
*om.* G     soluetur NC*     de] ne G     8 cetera—quaestionum] similes
quaestiones ceterae V     ce *om.* BH₁     obiectum N     quaestionum *om.* NC
9 ad] *om.* ESM in G     ⌒ tamen ipsi C corr.     tamem A* tantum MN iam
Sd<sup>ed</sup>     uocanti] uocati(+a V) AV     10 cons. uol.] adsenserint NC adsentire
BMG     deus (*pr.*)]+pate B*     unus (*alt.*)]+enim ERN     deus]+et H₂
11 id] hoc H₂     una *om.* NC*     12 est *om.* BG     et nequis—est deus *add.* BH₂G
illi]illis B     dicerit M     solus *om.* H₂     13 debet H₂     mediator] mediatur M+dei
et hominum R corr.     sicut—deus *om.* H₂     14 est *om.* G     unus (*alt.*)—hominum *om.* H₁     et (*pr.*) *om.* H₂     15 unus]+est H₂     ita—est (16) *om.* H₂
et *om.* V     unus (*alt.*) *om.* G     ⌒ med. est G     est *om.* Cas     inter—uniu.
*om.* Cas     16 hominem B     uniuersis A     alius talis] alius Cas<sup>cod</sup> talis Cas<sup>ed</sup>
nec]+ut H₁ neque Cas     17 nec]+ut H₁ neque Cas     aliquis] alius quis B
prophete H₁ prophetarunt G     is] his BH hic E corr.

et deus: sed, quia de tradito erat dicturus, ideo hominem
solum modo nominauit. 6 *Qui dedit semet ipsum redemptionem
pro nobis.* Ille se pro omnibus dedit, si omnes redimi uelint.
*[Cuius] testimonium temporibus suis [datum est].* In testimonium generi humano sanctae uitae dedit exemplum, quia 5
et prophetae suis testimonium fuere temporibus: 'nouissime
autem misit suum filium ad colonos.' 7 *In quo positus sum
ego praedicator et apostolus.* In quo testimonio. Siue: Christo.
*Ueritatem dico [in Christo Iesu], non mentior, doctor gentium in
fide et ueritate:* 8 *uolo ergo uiros orare in omni loco.* Ut magister 10
gentium dat legem orandi, ut auctoritate[s] saluatoris [ut]
neque in monte neque [in] Hierosolimis aliquis orandi eligat
locum, sed in spiritu qui ubique nobiscum est. intellegitur
sane hoc loco de hac causa a Iudaeis motam fuisse quaestionem,
qui in templo orari solum modo Hierosolimis cupiebant. 15
*Leuantes puras manus sine ira et disceptatione.* A[c] c[a]ede et
sanguine [opera mala] omnique opere malo: testimonium
enim innocentiae est manuum eleuatio. non solum autem
manus ab opere purae sint, sed etiam mens ab ira et a dis-

6 cf. *Matth. xxi 33, 37    12 cf. Ioh. iv 21, 23    15 cf. Ioh. iv 20

1 traditione ERCas^cod Sd tradio S traditu M traditore Mm2,NCas^ed    dic-
turus] traditurus H₂(—Cm2)    2 solum] tantum VCas    modo] moyses M
om. V  ↶ redemp(om. V)t. sem. ips. AH₁GVCas (= vg) sem. ips. H₂    3 nobis]
o(*in ras.* A)mnibus AH₁GVCas (= vg)    ille—est (4) om. G    omnes] omnis V
redemi H₁    uellent H    4 cuius] om. AH₂VCas^cod (= vg) in H₁    suis om. ES
datum est] om. AHVCas^cod (= vg) confirmatum est F corr.,Cas^ed    in—exemplum om. Cas    5 homano V    6 ↶ temp. testimonium(-io Cas) fu. GCas
fuisse H₂ fuerunt Cas    nouissimis G    7 autem om. Cas    misit suum
filium] filium suum misit BF misit filium suum H₁G(Cas) suum filium misit C
ad colonos] eis *tr. post* misit Cas    colonus E*S    8 quo] christo H₁ christi E
*corr. rec.*    christo] christi H₂    9 uerum H₁    in christo iesu] om.
AHGCas (= vg) in christo V    10 ut om. H₁    11 ut (*pr.*)] et G    auctori-
tate] auctoritates A auctoritatem NG    12 neque (*pr.*)] ut neque BH₂G in (*alt.*)
*add.* BHGV    hierosolimis BS hierusolimis E ierusolymis N iherosolimis CG
↶ or. al. H₂G    e(*ex* i)ligat A* elegat ER*G    13 est om. N    14 sane] + de H₁
de om. H₁    motum M incitatam C    quaestionum MN*    15 ↶ tantum
modo in templo hier. orare V    templum H₁    orari] om. H₁V orare H₂
modo] + in H₁    hierusolymis E hyerosolimis M hierusoṭN ierosolimę C iherosolimis G ierusolimis Cas^cod hierusalem Sd    cup.] orare cup.H₁(V)    16 siue A*
dispensatione B    a caede] acc[a]ede BR*N*V*    17 opera mala *add.* B    om-
nique] et omni Cas    operae A    testatio Cas    18 eleuationem H₁ oratio
Cas^ed    19 purae om. S    sint om. H₁    set A*    a om. H(—M)G    disceptionis B

cep[ta]tionis cogitatu, quia ita sibi dimitti petit, sicut [et] ipse
dimittit, et nemo aliquit impetrare potest talia cogitando.
9 *Mulieres similiter*. In omnibus quae dixi de uiris. *In habitu
ordinato*. Honesto [et] conuenienti naturae. *Cum uerecundia*
5 *et sobrietate ornantes se*. Haec sunt ornamenta feminae Christianae. *Non in tortis cri[mi]nibus*. Non debe[n]t occasionem
dare concupiscentiae. *Aut auro aut margaritis*. Quae terrae sunt
partes, cuius est homo dominus institutus. *Uel ueste pretiosa*.
Quae prae nimia suptilitate nec frigus arceat, et de cuius pretio
10 plurimi uestiri eiusdem naturae homines potuissent. 10 *Sed
quod decet mulieres promittentes castitatem per bonam conuersationem*. Ista ergo non [sunt] promittentium, sed negantium
castitatem. 11 *Mulier in silentio discat cum omni subiectione*.
Discat quidem, [sed] cum omni humilitate et taciturnitate.
15 12 *Docere autem mulieri non permitto*. Publice non permittit:
nam filium uel fratrem debet docere priuatim. *Neque dominari supra uirum, sed esse in silentio*. [Ne] magisterium [sibi]
usurpando [superbiat], sed taceat in ecclesia. 13 *Adam enim
primus factus est, deinde Eua*, 14 *et Adam non est seductus*,
20 *mulier autem seducta [est]*. Reddit causas cur eas uelit esse

8 cf. Gen. i 26    18 cf. 1 Cor. xiv 34

1 quia ita] qui ait a   A quia E qui ita $H_2V$   sicut et ipse dimittit et *om.*
$H_1F$   et *om.* $AH_2GV$   ipse] ipsi A* ille $H_2$   2 dimitat A*   et *om.* R corr.
impetrare] mereri V   talia] alia HG   3 mul. sim.] sim. et (*om.*V) mul.
AHGVCas (=vg)   in (*pr.*) *om.* $H_1$   quae] agant quemadmodum G   ⌢ de
uiris dixit Cas   4 ordinato B,R *in ras.*,V ordinatu A ornatis ES et ornatu MN
ornato CGCas (=vg)   et *om.* B   5 sobr.] subr. MV   ornantes se *om.*V
christi $H_2$   6 intortis *uno ductu* $Cas^{ed}$   in *om.*V   crinibus] criminibus B
debent] debet BCas   occas.] occans. E* hoccans. M   7 praestare Cas   margaritas A* margaretis H(—C)G   8 partes] ornamenta Cas   est homo] homo
est BMCCas homo N   deus $Cas^{ed}$   constitutus V   aut V   pret.] praet. AV
prẹt. G   10 uestire $H_2$ uestri V*   11 castitatem] pietatem $H_2Cas$ (=vg) *om.* G
⌢ opera bona AHGVCas (=vg)   12 ⌢ sunt non Cas   sunt *om.* $BH_2V$   promittunt...negant V   14 sed *om.* B   omni *om.* $H_2G$   et] atque Cas   taciturnitate] caritate (castitate S) $H_1$ silentio Cas   15 autem *bis* B   publice *om.*
$Sd^{cod}$   16 nam] nec $H_2$   filium]+aut filiam R   uel] aut $H_1$ nec NC   docere]
+nisi F   priuatim] domi V   dominare MN*   17 supra] in $BRH_2GVCas$
(=vg) super ES   uirum]+suum ES   ne] *om.* BMVCas non NC   mysterium
$Sd^{ed}$   sibi *om.* $BH_2VCas$   18 usurpandum $H_2$   superbiat *om.* $BH_2VCas$   sed
*om.* Sd   taceant $H_2$   enim] autem ES uero $Sd^{cod}$   19 factus] formatus
AHGVCasSd (=vg)   est *om.* ES   euam ES euua V   20 mulier autem
seducta] sed euam (eua R) $H_1$   est *om.* AH(—C*)GVCasSd$^{ed}$ (=vg)   cur]
quare $H_1$ quur N   ⌢ uelit eas $Cas^{ed}$   uellit $H_1$ uult $H_2G$

subiectas, scilicet quia et posteriores in factura sunt et priores in culpa. *In praeuaricatione fuit:* 15 *salua enim erit per filiorum [re]generationem.* In praeuaricatione[m] mandati [fuit]: sed non ideo desperet mulier, quia per baptismum quod est filiorum dei generatio, et ipsa saluatur, non Eua, sed credens mulier; quia Eua ad exemplum adducta est creationis, non de ipsius salute proprie tractabatur. ceterum quo modo 'iustitia iusti super ipsum erit,' et quo modo Noe [et] Iob et Danihel filios suos minime liberabunt, si per filios Eua saluabitur? *Si permanseri[n]t.* Sicut superius de plurali numero mulierum ad singularem transi[i]t dicens: 'mulier in silentio discat,' ita et hic redit ad pluralem. *In fide et dilectione.* Fide Christi et dilectione proximorum. *Et san[c]tificatione cum sobrietate.* Notandum quod sola fides ad salutem ei qui post baptismum superuixerit, non sufficiat, nisi sanctitatem [et] mentis et corporis habe[b]at, quae sine sobrietate difficile custoditur. 1 *Fidelis sermo est: episcopatum concupiscit.* Prius laicos instituit, de quibus optimi quique in sacerdotium alleguntur, et sic dicit quales debea[n]t ordinari.

8 *Ezech. xviii 20   9 cf. Ezech. xiv 14, 18   12 1 Tim. ii 11

1 subiectus MN,V(?)   et (*pr.*) *om.* Sd   posterioraes A*   factura sunt] factas nostras S   factura] facto B(-u M)H₂G ordine Cas   sint M   2 cupa A* salua enim erit] saluabitur autem (*om.* E aut S) AHGVCas (=vg)   3 gener.] regener. A,R corr. generationum MN   in *om.* Cas   praeuaric.] praeuaricationem A*B *om.* Cas^cod   mand. fuit A mand. BH₂VCas fuit mand. HG 4 desp.] disp. H(—M) disperit NV   5 quod—gen. *om.* NCCas   dei *om.* H₁ regeneratio R corr. ueneratio Sd^ed   et *om.* H₁   ipse B   saluator A* saluabitur H(—M)CasSd^ed   6 euua V*   credens *om.* Cas   euua V*   7 creationis *om.* Cas   non] nec Sd^ed   propria H₂   8 eum R ipso M ipsa N 9 noe et] nec V   et (*pr.*) *om.* AH₁Cas   suos]+et filias Cas   minime] *om.* H₁ non V   10 sic R   euua V*   si *om.* S   permanserit A*BG*Cas^ed manserint S   11 mulierum *om.* Cas   ad] a G   transiit] transit AH₂ *om.* H₁ transiuit Sd   dicens—discat *om.* Cas   12 hic redit] hi credit A hic rediit H₁G hic credit N*   pluralem]+numerum Sd   13 fide] *om.* H₁Cas in fide H₂G   et *om.* V   dilectioni A*   proximi V dei et proximi Cas 14 sanct.] sant. A   sobr.] subr. MV   fides] id est (idem) H₁   15 nisi *om.* G   16 et (*pr.*) *om.* AH₁VCas   habeat] habebat B   17 sobr.] subr. V fidelis] humanus Sd   est] si (et si ES) quis AHGVCas (=vg)   18 desiderat AHGVCas (=vg)   prius] primus E primos SR* primo R corr. primum Cas instruit NC statuit G   quinque B   19 alleguntur B adleguntur V allegantur A,R corr. alliguntur ER alligantur S eligu(a C)ntur H₂CasSd eleguntur G qualis debeat BNCGV(Cas)

*Bonum opus desiderat.* Ad boni operis desiderium eum prouocat, non honoris. 2 *Oportet ergo huiusmodi inreprehensibilem esse.* Qui ecclesiae princeps erit, quam idem apostolus 'sine macula' alibi definiuit. *Unius uxoris uirum.* Si illi nec hoc
5 licet quod uel laico conceditur, multo magis illa quae etiam [in] laico prohibentur. *Sobrium, pudicum.* Et mente et corpore. *Ornatum.* His omnibus spiritalibus ornamentis. *Hospitalem.* Ut ad humanitatis opus cuncta plebs rectoris forma prouocetur. *Doctorem.* Ut tam uerbo doceat quam exemplo: si
10 enim omnes uult scire quo modo omnibus debeant respondere, quanto magis 'sacerdos de' cuius 'ore legem exquirent, qui[a] angelus domini omnipotentis est'! 3 *Non uinolentum.* Ut fiducialiter possit corripere ebriosos. *Non percussorem.* Siue: Ne sit petulans ad c[a]edendum. Siue: Ne malo exemplo con-
15 scientias feriat infirmorum. *Sed modestum.* Qui omnia faciat cum mensura. *Non litigiosum, non cupidum [diuitiarum].* 'Seruum domini non oportet litigare': lites autem et iur[g]ia

3 cf. *Eph. v 27    11 *Mal. ii 7    14 cf. 1 Cor. viii 10    17 2 Tim. ii 24

  1 boni operis] bonum operis B bonum opus M    eum *om.* Sd    prouocatur Sd^ed    2 honoris] ad honoris H₁ ad honores H₂    ergo] *om.* H₂ enim Sd^ed    huiusmodi BSd episcopum AHGVCas (=vg)    3 qui] aut H₁ quam—definiuit] oportet eum inreprehensibilem quem alibi sine macula difi. niuit, id est nullo uitio subiacere G    quam] + aecclesiam V    idem] ideo ES apostolos A*    ᴧ al. sine mac. B    4 uirum] + uigilantem Cas^ed    si illi] uiri H₁
5 uel (*om.* NC) laico (luquo M) conceditur (licet Cas)] uelati quod (*eras.* E) inceditur (incedant E*m. rec.*) H₁ + uel quanto M    illa] illius H₁    6 in *om.* B    sob.] sub. V    pud.] prudentem AHGVCas (=vg)    et (*pr.*)] u A* *om.* G
7 his] *om.* Cas in his Sd^cod    8 ut ad] ad H₁ ut H₂    pleps R corr. *in ras.* rectori E sectoris S rectores N    forme H₁    prouocentur V    9 docibilem Sd^ed ut *om.* H₁    doceat *om.* H₁    ex.] + confirmet G    si—est (12) *om.* H₂
10 enim *om.* Cas    uult] uolunt B uota H₁ uolunt uel debent E*m.rec.* + cupiunt R corr. debent Cas    omnibus debeant] ( + ad R corr.) omnes ualeant H₁
11 sacerdos de cuius ore] sacerdus (*corr.* E*m.rec.* sacer S) uel ( + ab E*m.rec.*) uxore ES sacerdos uel (*eras.*) domini sui R corr. *in ras.*    exquirunt B exquirant(n *eras.*) R    quia] qui B    12 dei V    uiolentium B    13 fiducialiter] cum fiducia V    possit corrip(g R)ere ebriosos] corripiat ebriosos V possit sobrietatem docere Cas    14 ᴧ pet. sit Cas    in Cas    caedendum] cedendum BEMN cedendo Cas    ne *om.* H₁    malo ex.] ex. suo Cas
15 fereat ES    quia H₁G    facit GSd    16 non (*pr.*)—disciplinam (485, 9) *om.* Sd    litigosum (S)MNG    diuitiarum *om.* AHGVCas (=vg)    17 seruum] quia seruum G    dei ENCV    lites (litis V)] *praem.* non cupidum eo quod G    autem *om.* NCG    iurgia] iuria B

maxime de cupiditatibus oriuntur. 4 *Suae domui bene prae-esse, filios habentem subditos in omni castitate:* 5 *siquis autem domui suae prae-esse nescit, quo modo ecclesiae dei diligentiam habebit?* Ipse in sequentibus exposuit. si filios in castitate et humilitate nutriuit, ut et hinc eius diligentia conprobetur: 5 si enim paucos filios [suos] erudire nesciuit, quo modo tantos dei filios gubernabit, quorum mores secundum numerum sunt diuersi! uel qua fiducia qui indisciplinatos habet filios, ab aliis audebit exigere disciplinam! 6 *Non neophitum, ne in superbia*[*m*] *elatus, in iudicium incidat diaboli.* Ne nuper 10 renatus, cito possit per ignorantiam exaltari, et putet se non tam ministerium humilitatis quam administrationem saecularis potestatis adeptum, et condemnationem superbi[ae] mereatur, sicut diabolus, qui est per iactantiam iudicatus atque deiectus. 7 *Oportet autem illum et testimonium habere* 15 *bonum ab his qui foris sunt.* Ut sine offensione sit Iudaeis infidelibus atque Graecis et ecclesiae dei; omnes enim norunt naturaliter culpare uitia et [naturaliter] laudare uirtutes. *Ut non in opprobrium incidat, et* [*in*] *laqueum diaboli.* 'Ut non uituperetur ministerium nostrum,' et per illum diabolus multos 20

8 cf. Eccli. xxii 3    14 cf. Apoc. xii 9    16 cf. *1 Cor. x 32    19 2 Cor. vi 3

1 maxime *om*. NC    de] ex H₁    cupiditate NC(Cas) cupitate G    prae-esse] praepositum BH(—R)GCas (=vg) propositum R    2 ⌒cum *om*.    cast. subd. G    in] cum BHGCas (=vg)    siquis *om*. ES    autem]+castitate B*    *om*. H₁ enim H₂    3 ⌒suę domui G    ecclesiam H₁M    negligentiam B    4 habeuit V    ipse—exposuit *om*. G    ⌒ exposuit (exponit dei.) in seq. Cas    si] *om*. H₂ *praem*. hoc est Cas    caritate H₂    5 nutrire NC    ut— conprobetur *om*. Cas^cod    ut et hinc] et hinc H₁ ut hinc H₂ et ut hinc V ut in hoc Cas^ed    conprobatur R    6 si] qui B    paucos *om*. H₁    suos] *om*. B uestros G*    7 dei fil.] fil. dei hoc est omnem populum Cas    gubernauit A*EMV    cuius Cas    ⌒diu. sunt Cas    8 qua *om*. A*    habuit B habeat H₂G    ab aliis *om*. H₁    9 non neophi(-ofi- Cas^cod)tum] nonne ophitum AN non ne✶ophitum V    10 superbiam] superbia AH₁VCas^ed (=vg)    incedat ES inquidat M+*unus uersus erasus* V    11 renatus]+est ES    exultari MN extolli Sd    et] ut G    12 ministerium] officium Cas    adm.] amm. B    13 superbiae] superbi B    14 est] et A* *om*. H₁ *tr. post* deiectus Sd(*cf*. R) iactantiam] superbiam GCas    iudicatus(-ur V) atque *om*. NC    15 deiectus] +est R    autem *om*. R    16 foras S    offensione sit (sint N)] offendebat H₁ ⌒inf. iud. C corr.    17 infidelibus *om*. GCas    adque V    et *om*. MN ecclesiis Cas    omnis V    norunt nat.] nat. nouerunt H₁ nouerunt (moriunt M) nat. H₂ nat. norunt Sd    18 damnare Cas    uicia V    naturaliter *add*. B ut] et E *om*. S    19 in *om*. ES    incedat ES inquidat M incidant Cas^ed in (*alt*.) *om*. AHGVCasSd^ed (=vg)

in laqueo teneat, qui poterant fieri Christiani. 8 *Diaconi
similiter.* Similiter 'inreprehensibiles' ut episcopi eligantur.
quaeritur cur de pr[a]esbyteris nullam fecerit mentionem, sed
etiam ipsos in episcoporum nomine comprehendit, quia
5 secundus, immo paene unus est gradus, sicut ad Philip[p]enses
episcopis et diaconis scribit, cum una ciuitas plures episcopos
habere non possit, et in Actibus [Apostolorum] pr[a]esbyteros
ecclesiae iturus Hierosolymis congregauit, quibus inter cetera
ait: 'uidete gregem in quo uos spiritus sanctus episcopos
10 ordinauit.' [*Graues,*] *pudicos.* Continentes scilicet. *Non
bilingues.* 'Susurr[i]o et bilinguis multos turbauit pacem
habentes.' *Non multo uino deditos.* Concessit necessitati
parum qui uoluntati amplius denegauit. *Non turpe lucrum
sectantes.* Turpe lucrum est de caelestibus mysteriis terrena
15 sectari. 9 *Habentes mysterium* [*fidei*] *in conscientia pura.*
Mysterium fidei est quod passio Christi redemptio est salutis
humanae: si ergo intellegit pure, et non confunditur de

2 cf. 1 Tim. iii 2    5 cf. *Phil. i 1    7 cf. Act. xx *17, 22
9 cf. *Act. xx 28    11 *Eccli. xxviii 13 (15)    12 cf. 1 Tim. v 23

1 in laqueo teneat] inlaqueet Cas    laqueo] laqueum AH(laceuom M)GV
quia ES    diaconos AH(-us ESM)GVCas^ood (=vg) diacones Cas^ed    2 similiter
(*pr.*)]+pudicos Sd^ed    sim. (*alt.*) om. NGCas    inreprehensibilis H₁    elig.]
eleg. E    3 quaeritur] *praem.* sed Sd    quur N    praes. A *al.*    faceret E
memoriam Sd^cod    sed] quia N,R corr.,G    4 etiam *om.* NG    ipsos
*om.* H₁    nomine]+numero N    conprehendi S    quia—ordinauit (10)
*om.* (Cas)Sd    quia] eo quod G    5 immo] *om.* G et Cas    unus] huius (?) N
sicut]+et N    philippenses] philipenses B phi(y E)lip(+p R)ensis H₁ fili-
pensis N +ostendit V    6 episcopis—possit (7)] loquitur N    episcopos CG
et] ac H₁    diaconibus R corr. diaconos CG    scribendo V    ↶hab.
ep. G    7 apostolorum *add.* BH(—M)    pr(+a AV)esby(i B)teros—ait *om.* N
8 ↶hi. it. G    iturus] iterum S    hieru(o BS)solimis BES hyerusolimis M
iherosolimam C iherosolimis G hierosolymos *fort. scribendum*    quibus *om.* H₁
9 ait *om.* H₁    regem S    10 ordinauit]+hec presbiteris congregaturos
hierusolymis praecipitur N    graues *om.* AHGVCas (=vg)    continens MN
11 bilinguis (in linguis S) HSd^cod    sus(+s S)urrio AH₁ susurro BCSd
sus(+s M)urrus MN susurratio G susurri V    in linguis S    multus N
turbabit R corr.,G conturbat Sd    12 multum MN    necessitate H₁
13 paruum H(—C)G    qui (quia Cas^ed) uoluntati(-e E) amplius de] nimie-
tatem NC    non] ne S    turpi H(—C)Sd^codd *utrobique*    14 caelestis H₁
ministeriis NC sacramentis Cas    15 sectare E*MN*G    fidei *om.* A
16 fidei *om.* H₁    redemptio] remedium Cas    sulutis N    17 ergo]
+ hoc Cas    puer N    confundetur MG confuditur N

humilitatibus Christi. Siue: Ut propter hoc solum praedicet mysterium fidei, propter quod debet praedicari, et non ultra debitum mysterii quaestum esse existimet pietatem. 10 *Et hii [autem] probentur primo, et sic ministrent, sine crimine constituti.* Non solum episcopi, sed et isti ante ordinationem probari debe[bu]nt. 11 *Mulieres similiter pudicas.* Similiter eas ut diaconos eligi iubet: unde intellegitur quod de [h]is dicat, quas athuc hodie in oriente diaconissas appellant. *Non detrahentes.* Quod illi sexui praecipue dominatur. *Sobrias, fideles in omnibus.* In nullo dubitantes. 12 *Diacones sint unius uxoris uiri, qui filiis [suis] bene praesint et suis domesticis.* Non ut, si non habuerint, ducant, sed ne duas habuerint: si enim digniorem facit uxor, cur non magis et digami et trigami ordinentur? 13 *Qui enim bene ministrauerint.* Ostendit non ministerium tantum, sed qualitatem ministerii praemium promereri. *Gradum bonum sibi adquirunt.* Bonum hic pro 'grandi' posuit: sunt enim minores. *Et multam fiduciam [in fide] quae est in Christo Iesu.* Et aput deum petendi et aput

3 cf. 1 Tim. vi 5

1 humilitate AH₁  praedicet—propter *om.* Cas  2 praedicari] praedicare R corr.,G *om.* NC praedicet Cas^cod  et *om.* H₁  3 ministerium B mysterium N  exis.] exaes. E  4 hii] hi ERCVCas (—vg) autem] *add.* AHCas (=vg) quoque GV  probare ( + debunt M) MN  primum AHGCas (=vg) prius V  min.] myn. A  sine crimine constituti] nullum crimen habentes AHGVCas (=vg)  5 ante] a te N  6 debebunt BV debent *rell.*  mulieres—iubet *om.* N  7 eas *om.* Cas  diacones BGCas  elegi A*ES,R corr.,M  intellegitur] manifestum est Cas  de (*om.* H₂) his (illis Cas)] deis B  8 dicit CCas  quas athuc hodie] marito N (*cf. infra*) athuc hodie *om.* Cas  hodie in oriente *om.* Sd^cod  in oriente] moriente(-i N) BMN marito monente C  diaconesas E* diaconessas E*m.rec.* diaconersas S diaconisas M appellat H₁ uocant GSd^cod  9 quod—dominatur *om.* Cas  illis exui BEG illis excui S  dominantur H₁  sob.] sub.V  10 diaconis A diaconi H₂Sd  11 uiri *om.* ES  quae Cas^cod  suis *add.* AHGVCas (=vg)  praes( +i M,N*[?]) unt AH(—R corr.,C)GVCas^ed (=vg)  ⌒do. su. G.  domibus AHGVCas (=vg)  12 habuerunt BNGV  set N  13 ⌒ux. fac. Cas  quur N quare Cas magis *om.* Cas  et (*pr.*) *om.* NC  di(y V)gami] bigam( +m M)i BH₂G, *cf. C. H. Turner, Eccl. Occid. Monum.* ii (1) *p.* 16s.  et trigami *om.* R*Cas  14 ordinantur M  ministrauerit NSd^ed  15 ministerio G  set N qualitate G  mysterii V  16 promerire MN  ⌒sibi bonum Cas (=vg) ⌒adquirent (adirent N) sibi H₂  acquirent Cas (=vg)  17 grandi] gradu ESG grade M grande N  sunt enim] quia sunt et G + gradus Cas in fide *add.* AH₂GVCasSd^ed (=vg)  18 iesu] + domino nostro G  et] *om.* H₁ fiduciam multam G  dominum E

homines docendi uel etiam arguendi. 14 *Haec tibi scribo
sperans me uenire ad te cito:* 15 *si autem tardauero, ut scias quo
modo oporteat te in domo dei conuersari, quae est ecclesia dei
uiui.* Ut auctoritatem habeas pro me omnia ordinandi, huius
5 epistulae scientia confirmatus. *Columna et firmamentum ueritatis* [*et confessionis*]. In qua sol[a] nunc ueritas stat firmata,
quae ante in lege erat posita uel natura, et quae sola totum
sustinet aedificium ueritatis. 16 *Et manifeste magnum est
mysterium pietatis.* Quod scire te cupio sacramentum in-
10 carnationis Christi, per quam pietas generi humano collata
est. *Quod manifestatum est in carne.* Quod nunc in carne
eius est declaratum. *Iustificatum est in spiritu.* Iustum esse
in spiritu demonstratum est. *Apparuit angelis.* Quando
dicebant: 'gloria in excelsis' deo, et quando 'illi in heremo
15 ministrabant.' *Pr*[*a*]*edic*[*a*]*tum est gentibus.* [In gentibus] omne
genus hominum comprehendit. [*Creditum est in* [*hoc*] *mundo,*]
*adsumptum est in gloria.* Uidentibus apostolis in caelum
ascendit. 1 *Spiritus autem manifeste dicit quia in nouissimis
temporibus recedent quidam a fide.* Prophetalem inducit

4 cf. argum.   14 *Luc. ii 14 cf. *Matth. iv 1 *Marc. i 12
*Matth. iv 11   Marc. i 13   17 cf. Act. i 9, 10

1 uel] et Sd   scribo] escribo M + t$\bar{y}$m. Cas$^{cod}$ + fili timothee Cas$^{ed}$
2 ⌒ad te cito uenire H$_1$ ad te uenire cito NC   quo modo] qualiter NC   3 conuersare MN   quae—uiui *om.* V   4 ⌒omnia pro me probe ordinare Cas
5 sententia B scientiae ER*MN   confirmamus B confirmatos V   fundamentum H$_1$   6 et confessionis *om.* AHGVCas(Sd) (=vg)   sola (sol B)
nunc] nunc sola H$_1$ VSd   stat] ista H$_2$ est V   firmata] + est C   7 quae—
natura *om.* Cas   ⌒erat in lege Sd$^{cod}$   ⌒posita erat G   natura et]
naturae H$_1$   totum *om.* E   8 ⌒aed. sust. Cas   ueritatis *om.* H$_1$   et
*om.* H$_1$   9 mysterium piet.] piet. sacramentum AHGVCasSd$^{ed}$ (=vg)
quod—carne (*pr.*) (11) *om.* V   escire M   te *om.* G   10 ⌒gen. hum. pi. H$_1$
⌒ est conl. R   11 est *om.* E*S   manifestum SRGSd$^{cod}$   12 eius]
christi Sd   est decl.] decl. ES decl. est RSd   iustum esse in spiritu *om.* E
esse] est se (*om.* M *exp.* C) H$_2$   13 est *om.* NC   quando] + multitudo
angelorum Cas   14 et] *om.* H$_1$ uel G   ei Cas   erimo M herimo V
eremo Cas$^{ed}$Sd$^{ed}$   15 praedicatum] predictum B   in gentibus] *om.* B
hoc loco G in gentium nomine V   uniuersum genus humanum G   16 creditum—mundo *om.* B   hoc] HG (*cf. uol.* I *p.* 153) *om.* AVCas (=vg)   17 gloriam
H$_2$Sd$^{codd}$   ⌒ut apost. uid. Sd   -olis] -ulis V   ⌒asc. in cae. H$_1$Sd
assumptus est in cae. Sd   18 ascendentem V   autem] enim G   manifeste
*om.* Cas$^{ed}$   in *om.* V   19 recedent] discedent AERMCGCas (=vg) dis-
cendent SM* discedunt N discedant V   proph.] prof. EN

affectum, quo modo antiqui dicebant: 'haec dicit spiritus
sanctus.' *Attendentes spiritibus erroris et doctrinis daemoniorum.*
Omnis haeretica doctrina daemonum arte conposita est. 2 *In
hypocrisi loquentium [hominum] mendacium, [et] cauteriatam
habentes suam conscientiam.* In hypocrisi loquuntur qui, cum 5
fornicari non timeant, tam casti uolunt uideri ut etiam nuptias
damnent, tam abstinentes ut creatura dei parce utentes
iudicent, cum ipsi comisationibus uacent. hic uero ita castitatem et abstinentiam praedicat, ut nec naturam nec creaturas
damnet: ad illut hortatur fortiores, istut concedit infirmis. 1
illi autem hoc non amore castitatis et abstinentiae, sed ad
[ob]umbrandam eius iustitiam faciebant, sanctiores uideri
uolentes quam ille qui amore castitatis etiam nuptias con-
cedeba[n]t, scilicet ne fornicationis crimen incurrerent: omnis
enim qui nuptias damnat, non amator, sed inimicus est casti- 1
tatis, dum et continentibus laudem tollit, et incontinentes,
sublato nuptiarum remedio, fornicationis facit inire discrimen.
3 *Prohibentes nubere, abstinere a cibis, quos deus creauit ad
percipiendum cum gratiarum actione fidelibus et his qui cog-*

1 Act. xxi 11        14 cf. 1 Cor. vii 2, 6

1 quo modo] quod $H_1$    2 att.] adt. H   adtendentibus ESN intendentes G    erroris] seductoribus G    3 demonium ESG* daemoniorum Cas$^{ed}$
in] et in $H_2$ et G    4 hypocrissi ER hyppochrissi S hypochrisi C    hom.
om. AHGVCas (= vg)    mendac.] mendat. ARC    et add. AHGCas(=vg)
5 habentium AHGVCas (= vg)    ⌒consc. su. $H_1$    loquntur A* locuntur RV
loquitur $H_2$    cum om. NC    6 fornicari om. $H_1$    timent(-et C) $H_2$
tam] item tam C$m$2    castitate(-i S) $H_1$    uidere $H_1$    nup.] nub. V *sic*
*uu.* 13,17    7 damnantMN    tam]om. $H_2$ et tam Cas    ut]aC    creatur[a]e
BR*MN -uram GCas    parce (parte MN) utentes]per≠itentes G parce man-
ducantes Cas    8 iudicant C$m$2    cum]eum A    comis.] commess. BER*
CGCas$^{ed}$ comess. RCas$^{cod}$ cummiss. SM cummis. N    hii $H_2$ (*corr.* C) paulus
Cas    9 praedicant $H_2$V*    ut om. $H_2$    creaturam Cas    10 damnent $H_2$G
illut] illi ut A    ⌒fort. hort. $H_1$    [h]ortantur $H_2$    fortiores om. $H_2$
istut] sicut MN    infirmibus V    11 autem] enim Cas    ⌒non hoc V
12 umbrandam BS obumbrandum E adumbrandum R*    eius om.V
praedicationem Cas    sanctiores] iustiores et sanctiores Cas    uidere $H_1$
13 uolentis V    illi BH(—C corr.)    qui amore] quamore A* quia
more E*    amore castitatis etiam] propter filios licitas Cas    etiam om. $H_2$
concedebat] concedebant B$H_2$    14 scilicet om. Cas    ne] non $H_1$ in N
incurrerunt B    omnis—discrimen] illi porro castitatem fingentes contra
eam faciebant Cas    16 et (*pr.*)] et a MC etiam NC*    incontinentibus
$H_1$GV    18 prohibentium AHGVCasSd$^{ed}$ (=vg)    ⌒et a cib. abst. $H_1$
quod R    a B*

*nouerunt ueritatem:* 4 *quia omnis creatura dei bona et nihil
reiciendum quod cum gratiarum actione percipitur:* 5 *sanctificatur enim per uerbum* [*dei*] *et orationem.* Si ad proprietatem
sermonis attendas, monstruosa nescio qua[e] praedicatio
praecauetur, quae tam nubere quam abstinere prohibeat
dicentium haec omnia quae sequuntur. 6 *Haec praeponens
fratribus, bonus eris minister Christi Iesu.* Libram in omnibus
tenens et omnia rationabiliter [et] moderate dispensans.
*Enutritus uerbis fidei et bonae doctrinae quam adsecutus es.*
Quia sacris [legis] litteris ab infantia fuerat eruditus. uerba
proprie sunt fidei traditio symboli: bona uero doctrina qua
uita instituitur Christiana. 7 *Ineptas autem et aniles fabulas
deuita.* Fidei uel religioni non aptas. *Exerce te ipsum ad
pietatem.* Pietas est etiam cum tua tribulatione aliis subuenire, sicut Sareptena uidua fecit. 8 *Nam corporalis exercitatio
ad modicum est utilis.* Escarum, balnearum, uenationum et
huius modi, quae ad breue tempus [in] carnales proficiunt
sanitates. *Pietas autem ad omnia utilis est, promissionem
habens uitae praesentis et futurae.* Et ad praesens tempus, et

10 cf. 2 Tim. iii 15    14 cf. 3 Regn. xvii 15

1 bona]+est H$_2$Cas$^{ed}$   2 quo ES   cum *bis* Cas$^{cod}$*   3 uerbum dei et
*om.* H$_1$     dei] *add.* ACVCasSd$^{ed}$ (=vg) christi G        orat.] exhortatione G
propietatem V     4 sermones A*     ⌒nesc. qua mon. A        menstruosa S
qu[a]e BCGCas quam R*        ⌒praec. praed. NC     5 praecauetur] praedicatur H$_1$ praedicabitur GCas     quae] ut Cas     prohibeant ista dicentes Cas (*om.*
omnia).   6 quae]per H$_1$     secuntur BH(—S)GV       proponens AH(—R)GVCas
Sd$^{ed}$ (=vg)      7 bonis H$_1$      iesu] *om.* H$_1$ domini V      libram] liberam SMN
libertatem G+iustitiae Sd     8 et] sed V      rationabiter A*      et (*alt.*) *om.* B
9 et nutritus NG      sermonibus G      bona doctrina C      10 quia] qua Cas$^{cod}$
sacri N sacrę C       legis *om.* B       litt.] lit. G      ⌒erud. fu. H$_1$      uerba—
christiana *om.* Cas       11 proprie su. fi.] proprie fi. su. BSSd propriae fi. su.
ERV fi. propria su. H$_2$ fi. proprię sunt G          tradita V          simboli BES
symboli M      12 autem] *om.* H$_2$ enim V       aniles] inanes NGSdD      13 religione SRN       14 est *om.* H$_1$      etiam] enim G       alii Cas      15 sareptena
RCVCas$^{ed}$ seraptena A saraptena B sareptina ES sarepte MN saraptina G
sareptana Cas$^{cod}$        fecit]+heliae (helye *cod.*) Cas         nam]+cum ES
exercitio G      16 ⌒utilis est AHGVCas (=vg)        escarum] sanctarum H$_1$
barnearum S      17 eius V       breuem ES       in *om.* BH$_2$GV      carnalis BEMN
carnali CGV       18 sanitati BCGV sanitatis ESMN              est]+et MN
19 praesentis] quae nunc est AHGVCas (=vg)      et (*pr.*) *om.* MN      futurae]
quae futura est G

in futurum: nam ipsa uidua et in praesenti pasta est, et merces eius manet in [a]euo. 9 *Fidelis sermo et [in] omni acceptione dignus.* Uerus aput omnium conscientiam et cui nemo resistat. 10 *In hoc [enim] laboramus et maledicimur, quia speramus in deum uiuum.* Cum certum sit aput omnes nihil 5 nos dignum odio perpetrasse, quid aliut sequitur quam quod propter uitam dissimilem blasphemamur? *Qui est saluator omnium [hominum], maxime fidelium.* Omnium, in praesenti: fidelium, etiam in futuro. Siue: Quia omnes de periculis liberat, et maxime fideles. 11 *Praecipe haec et doce.* Praecipe 10 ut fiant, et doce quo modo fiant, uel quali praemio [re]muneranda sint. 12 *Nemo adulescentiam tuam contemnat.* Sic age ut [ad]mirationi potius quam contemptui habearis: hoc enim illi praecipit quod erat in ipsius potestate. *[Sed] exemplum esto fidelium.* Parum est infidelium esse formam, aput quos 15 qui grauiora crimina non habet, magnus habetur: hoc multum est ut talem se exhibeat, per quem etiam sancti proficiant.

1 cf. 3 Regn. xvii 15

1 in] ad Cas    futuro $H_2$    nam] + et $H_1$Sd$^{ed}$ *om.* Cas    ipsa *om.* NC uidua] + serapta N + sareptena C    in praesenti(-e N)] ad praesens Cas pasta est] pasta Sd$^{codd}$ est pasta Sd$^{ed}$    2 mercis SMNGV    aeuo AVSd euo B eo $H_1$ aeternum MG futurum siue in aeternum NC* caelo Cas    in *om.* AHGVCas (= vg)    3 uerax Sd    omnium] + bonorum Sd    conscientias B$H_2$GCas    eui B    4 nemo] + bonus Sd    resistit BCas restat $H_1$ enim *add.* AHGVCas (= vg)    5 sperauimus VCas$^{ed}$ (= vg)    cum] *om.* R* + enim Cas omnes] homines $H_1$    nihil A*    6 odio] in odio G    quid] neque R corr., NC qui M    sequimur R corr. sequor N    7 blasfeman(*om.* C)tur NC    bl.] pl. G    saluator] salus Sd    8 hominum *add.* B$H_2$GCas (= vg)    presente N 9 etiam] *om.* $H_1$ autem M    periculo NC    10 ↷ haec praecipe Sd    haec] + autem N    11 faciant Cas$^{ed}$    et *om.* HGSd    fiant *om.* G    remuneranda] ueneranda B munerandi MN remunerandi C munerande GV *fort. recte* 12 sunt $H_2$Sd$^{codd}$    adules.] adoles. B, R corr., CCas ad( + h N*)ulis. ERMNGV condempnatur G    13 ad(m Cas$^{cod}$)mirationi] mirationi BC miratione MN admiratio ESG miratio R imitationi V    potius] sit prius $H_1$ + sit G    contemptu S contemtui V    hoc—potestate *om.* Cas    enim] quom B    14 praecepit $H_1$    erat in ipsius (illius $H_2$G) potestate] in illius potestate constabat $H_1$ sed *add.* AHGVCas (= vg)    15 paruum H(—C)G    forma G    16 qui *om.* $H_1$ ↷ cr. gr. Cas    grauiora] maiora B    non habet] admiserit V non facit Cas    habet—multum] admisit uelut iustus(-i M) habetur et magnus sed magis ( + et G) plus B$H_2$G    hoc] sed hoc VCas    multum] magnum Cas 17 est] + magnum R corr.    per (*om.* A*) quem] ad cuius comparationem B$H_2$G    sancti] perfecti Cas    proficiant] indignos(-us MNG) esse se (↷ se esse $H_2$G) iudicent(-ant M) B$H_2$G

*In uerbo et conuersatione.* Doctrinae san[a]e: nihil aliut magis loquaris quam dei uerbum. notandum quia uerbi[s] cupit fidelibus praeberi exemplum. *In caritate.* Ut exemplum illis dilectionis ostendas. *In fide.* Catholica, uel perfecta. *In*
5 *castitate.* Mentis et corporis, cuius insignia etiam [in] grauitate habitus praeferuntur. 13 *Dum uenio, attende lectioni, [exhortationi,] doctrinae.* Fac legi, exhortare ut fiant, doce quo modo intellegantur obscura, ut possint fieri quae leguntur. 14 *Noli neglegere gratiam quae in te est.* Neglegit gratiam qui
10 acceptum talentum non exercet. *Quae data est tibi per prophetiam cum impositione manu[u]m pr[a]esbyterii.* Profetiae gratiam habe[ba]t cum ordinatione episcopatus. 15 *Haec meditare.* Omnis enim profectus ex meditatione descendit. *In his esto.* Non enim omnis in his est quae meditatur. *Ut*
15 *profectus tuus manifestus sit omnibus.* Tunc manifest[at]us erit, si in meditatione sis semper; et cum illis manifestus fueris, poterunt [et] tuo exemplo ad meliora proficere. 16 *Attende tibi et doctrinae; insta in illis: hoc enim faciens, et te ipsum saluum facies et eos qui te audiunt.* Primo tibi, deinde

1 cf. 1 Tim. i 10 etc.   10 cf. Matth. xxv 25

1 et] in BHGVCas (=vg) *fort. recte*   doctrina GCas   sanae] sane BH$_1$G *om.* Cas   2 quam] nisi Cas$^{cod}$   dei] deum ES   notandum] non tamen M, *om.* NC *praem.* et V   qui H$_2$   uerbis(-i G) cup. fid. praeberi(-e G) ex.] ex. uerbi cup. praeberi fid. A fid. etiam uerbi praeberi(-e E,R corr.) cup. ex. H$_1$ uerbi cup. praebere ex. H$_2$   4 ostendat H$_1$   catolica (catoca M*) MN   uel perfecta *om.* Cas   uel *om.* G*   perfecta] prophetia B 5 mentis et corporis *om.* Cas   insigna N   etiam *om.* Cas   in *om.* BHGVCas   prauitate Cas$^{ed}$   6 habitus] habetur H$_1$   perferuntur S praeferantur H$_2$   uenio] + ad te H   adtendi MN*   att. ABCasSd$^{cod\ ed}$ adt. *rell.*   lectionem N   7 exhortationi] *om.* B et exortatione E *praem.* et SRC et orationi MN   legi] lege et E lege R corr.,CGSd legis V quod legis Cas 8 ut] uel quomodo Cas   leguntur] locuntur V   9 gratia V   negl.] ille negl. GSd   10 exercit V   tata A*   tibi] ubi V   proph.] prof. MNV 11 manum AM -uum *rell.* (=vg)   presby(i)teri ESMCas$^{ed}$Sd praesb. A *al.* profitiae V   12 $\cup$ hab. gr. uel doctrinae Cas   habebat] habet B habeat H$_2$ 13 omnis enim] quia omnis G   profectus] profitia V perfectus Sd   desc.] disc. A*V   14 omnis] omnes ESN + qui meditatur Cas   in his (ipsis Cas) quae (qui Sd$^{ed}$)] qui in his est H$_1$ qui in his est quae R corr.   15 manif. (*alt.*)] manifestas A manifestatus B   16 erit] eris BH$_2$G + profectus Cas si in med. sis (fueris Cas$^{cod}$)] in (*om.* M) med. si H$_2$G   semper] + attentus Cas illis *om.* H$_1$   17 fuerit H$_2$V   potuerunt H$_1$G   et *add.* B   $\cup$ ex. tuo H$_1$ 18 att.] adt. H   doctrina SR*   $\cup$ in illis insta C*   iusta B   19 eos *om.* H$_2$Cas (=vg)   qui *bis* B   primum NC

doctrinae, ut[r]ubique sollicitus, ut et te actu salues et illos
doctrina pariter et exemplo. 1 *Seniorem ne increpaueris, sed
obsecra ut patrem.* Ne indigne ferens se a [iu]niore correptum,
exasperetur et non proficiat; sed obsecra ut suo quasi pater
exemplo instituat iuniores. *Iuuenes ut fratres.* Fratres ut 5
[coaeui] liberius commonentur; similiter et sorores. 2 *Anus
ut matres.* Cum omni reuerentia. *Iuuenculas ut sorores, in
omni castitate.* Et mentis et corporis. 3 *Uiduas honora.*
Necessaria praebendo uel solaciis fouendo. Quae uer[a]e
uiduae sunt. Illas ueras esse uiduas definiuit, quae uniuersis 10
curis exutae sunt et ab omnibus desolatae. 4 *Si qua autem
uidua filios aut nepotes habet, discat primum suam domum [pie]
regere et mutuam uicem reddere parentibus: hoc enim acceptum
est coram deo.* Tam diu regat domum quam diu edocet filios
paruulos aut nepotes, ut quod a parentibus pietatis accepit 15
filiis reddat, ita tamen ut non hac excusatione auaritiae
studeat, sed sufficientiam tantum sibi seruet et liberis, ne eis
ipsa occasionem det saeculo seruiendi. 5 *Quae autem uere
uidua est [et] desolata, sperat in dominum [et] instat*

1 utru(o Cas)bique sollicitus ut VCas ut ubique sollicitus (*om.* H₁) ( +ut
MN) ABHGSd et (*pr.*) *om.*V te] de ES actu] aut tu M *om.* NC uita Cas
saluis V 2 doctrinę ER* pariter et exemplo(-um A*)] exemplo firmata
Cas et *om.*V 3 indigni A* a iuniore] amore B 4 obsecra *om.* Cas
ut *om.* Cas^cod pater *om.* Cas 5 destruat Cas iuuenes] iuniores H₂G
ut (*alt.*) *om.* H₁ 6 coaeui] *om.* B qua eui E ↶ comm. lib. Sd^codd liberius]
liberi uel Sd^cod corr., ed commou. B commemorantur H₂ commemorentur
C corr. commoneantur Cm2, V et] ut Sd^ed auus B unus S 7 ut (*pr.*)]
et G omni *om.* Cas 8 et (*pr.*) *om.* G 9 necessarias MN* necessariis G
necessaria eis Sd ministrando Cas uel *om.* Sd solatio(-acia R corr.)
confouendo H₁ solatia praebendo Cas solatia conferendo Sd uere] uerae A
10 ↶ uid. esse H₁G def.] diff. H(—N)Cas^cod dei uniuit A* diff(*om.* M)init
MCas^cod 11 desolut[a]e ESMG dissolutę RC* dissolate N quae C
12 habo (?) A* ↶ dom. su. AHGVCas(=vg) pie *om.* AHGVCas(=vg)
13 parentibus] patremntibus A* +suis C* hoc—paruulos (15) *om.* H₂
14 educet A corr.,V* edoceat Cas^cod* 15 paruulos *om.*V nep(b M)otibus
MC a par.] appar. G pietatis *om.* Cas acceperit Sd^cod ed 16 reddit Sd^cod ex hoc excusationem Cas^ed hac] hec B ea S auariae A*
17 sufficientia Cas^cod tantam SR tamen M ↶ et lib. ser. Cas reseruet H₁G
ne eis] ne eius H₁ necis (?)V nec eis Cas ne in eis Sd 18 ipsam H₁Sd^codd
occansionem EV dat B* de Sd^cod in saec. luxuriandi Cas
seru.] *om.* M seruire NC 19 et des. *om.* H₁ et *add.* AH₂GVCas(=vg)
desolatas A* desoluta est Sd^codd speret C* sperauit V(=vg) deum
AHGV(=vg) domino Cas et *add.* AHGVCas(=vg) instet C*Sd

[*obsecrationibus et*] *orationibus nocte et die.* Qualis erat Anna filia Fanu[h]el, tales praecipit honorari. 6 *Nam quae in deliciis est, uiuens mortua est.* Quitquit modum naturae excedit, deliciis deputatur. hic maxime nostri temporis uiduas tangit, quae
5 cum hominem suae naturae qualicumque panno non uestiunt, parietes pretiosis marmorum crustis exornant. 7 *Et hoc praecipe, ut inreprehensibiles sint.* Notandum inreprehensibiles eas tam posse esse quam esse debere. 8 *Si qua autem suorum, et maxime domesticorum, curam non habet, fidem negauit, et*
10 *est infidele deterior.* Si quis uiduas abicit aut pupillos, uel maxime parentes et pauperes, infidele [deterior est, quia etiam illi naturaliter habent] circa proximos pietate[m]. Siue: Si qua uidua filios orfanos neglegat, huius sententiae crimen incurrit. [simul] notandum esse quosdam fideles in nomine,
15 qui infidelibus conuersatione peiores sunt. 9 *Uidua eligatur non minus sexaginta annorum, quae fuerit unius uiri uxor.* Tales uoluit eligi diaconissas quae omnibus essent exempla uiuendi. 10 *In operibus bonis.* Si ex tempore uiduitatis suae ista omnia custodiuit. *Testimonium habens.* Sicut Tabit[h]a.

1 cf. Luc. ii 36, 37    19 cf. Act. ix 36

1 ⌢orat. et obsecr. G    obsecrationibus et *add.* AHVCas (= vg)    et orationibus(-oni Sd) *om.* H₁    ⌢die ac nocte G    et (*alt.*)] ac (hac N) BH₂GV (= vg)    qualis erat] sicut Cas    quali V    fuit Sd    2 fanuel A*BNSd^cod phanuel CSd^ed fanuelis GCas^cod phanuelis Cas^ed    tales *om.* H₁    praecipit honorari] honorentur NC sunt honorandae Cas    praecepit BRMVSd    honorare G    *del.*] dil. ERNG    3 est, uiuens *ita distinxerunt* BCas^cod *neutrubi* N quidquid VCas    deliciae sunt Cas    4 hinc RN    maxime *om.* Cas 5 homines B homine SN    uestiuit B uestiant R corr.,Cas    6 parietis V exhornent R    et hoc] in hoc G    7 praecipue RG    -ibiles] -ibilis A*E*SNGV notandum—debere *om.* Cas    8 eas tam] castam V    esse (*pr.*) *om.* H₁    qua] quis AHVCasSd (= vg)    10 est] cui V    ⌢det. inf. H₁    infidele A infideli*rell.* (= vg)    abic.] abiec. MNG    pup.] pip. R* pop. N    11 ⌢paup. et max. par. Cas    ⌢det. est infideli (fideli E*S) H₁Sd    infidele A infidelis B infideli *rell.*    deterior—habent *om.* B    quia] in quod ES *om.* R etiam] et H₁    12 illi] + inquit R    ⌢hab. nat. H₁    naturaliter *om.* Cas erga Cas    pietate B    siue *om.* Cas    13 filius orfanus EN    orf.] orph. BSMCCas^ed    neglegit RC derelinquit Cas^cod dereliquit Cas^ed    sententia V 14 simul *om.* BH₂GCas    esse] *om.* H₁Sd^codd est esse C est Sd^ed    fideles] + esse R corr. Sd christianos Cas    15 sint V    uidua. elig.] uiduęlig. A uiduae leg. E uidua eleg. N    16 minos A*    ⌢ann. sex. Sd^ed    LX GCas^cod 17 elegi ESN    diacones[s]as H₁    exemplo Cas    18 uiu.] uid. H₁ *om.* Cas si] sic V    19 abitha A* thabitha A corr.,SRMC tabita BE thabita V

*Si filios educauit.* Subauditur: deo. *Si hospitio recepit, si sanctorum pedes lauit.* Si non solum humanitatis, sed etiam humilitatis habet insignia, cui non suffici[a]t hospitio recipere, sed etiam hospitum pedes manu propria lauare. *Si tribulationem patientibus subministrauit.* Hoc est, in carcere positis 5 uel aegrotis. *Si omne opus bonum subsecuta est.* Breuiter uniuersa conclusit. 11 *Adulescentiores autem uiduas deuita.* Deuita aliis in ministerio diaconatus praeponere, [ne] malum pro bono detur exemplum. *Cum enim luxuri[t]at[a]e fuerint in Christo, nubere uolunt.* Cum sub obtentu religionis abun- 10 dantiam habuerint, quae saepe sole[n]t generare luxuriam. 12 *Habentes damnationem, quia primam fidem irritam fecerunt.* Qua[e] se uiduas promiserant permansuras. haec regula non solum in uiduis, sed etiam in uirginibus continentibusque seruatur[, quia primam fidem irritam fecerunt]. 13 *Simul* 15 *autem et otiosae discunt circu[m]ire domos.* Diuino minime timore detentae, nec mariti potestati subiectae, nullaqu[a]e cura domesticae occupationis adstrictae. *Non solum [autem] otiosae, sed et uerbosae et curiosae, loquentes quae non oportet.* Dum uoluntatem suam cupiunt excusare, malum aliis inci- 20 piunt praebere exemplum. 14 *Uolo ergo iuniores nubere, filios*

17 cf. Eph. v 22, 24 etc.

1 edocauit E*RGV edocuit SMN    deo] a deo V    recipit ERMG
2 lauauit G    humanitatis sed etiam *om.* H₁'    3 signia H₁    sufficiat]
sufficit BH₂    suscipere H₁    4 ∽ma. pr. la. ho. pe. H₁ ho. pe. la. NC
hospitium G*    5 patientes Sd^ed    hoc est] h M *om.* NCCas    ∽uel
aegritudine pos. Sd    6 breu.] sic breu. G    7 uniuersa *om.* Cas    con-
cluxit N concludit F    adules.] adoles. BNCCas adholes. S adulis. R*V ad-
hulis. V iuniores Sd^ed    8 deuita *om.* H₂Cas^cod    aliis *tr. post* praep. V
in *om.* H₁    proponere G    ne *om.* B    9 detur] dant B fiat Cas
exemplo SR*MV    luxu(o ENV)riatae] luxuritate B    10 in christo
nubere *distinx.* BCasSd    obtentur eligionis A    optemptu E*S optentu M
11 saepe] pe A*    solet] solent B    generasse E*S    luxur.] luxor. RV
13 qua ASd qu[a]e BH₁ qui M quia NCGV    ∽prom. uid. permanere Sd^cod
promiserunt BH₂    haec]+uero Cas+autem Sd    14 etiam *om.* H₁
15 seruatur] *om.* H₁ seruanda est Cas    quia—fecerunt *om.* BH₂Cas
16 occise B    decurrunt E discurrunt SSd    circuire] circumire AESMNGV
(=vg)    domus A*H(—C)G    deuino E*S dum G    minime] nomine B
nullo G    17 retentae Cas    potestate B,R corr.,MNG(Cas)    quae A
18 ads.] as. CSd^ed    autem *om.* AHVCas(=vg)    19 occise B    et uerbosae
*om.* H₁    20 uolun(p SR)tatis suae H₁ uoluptates suas R corr. uoluptatem
suam C corr.    cupiuit B    excusare malum aliis incipiunt *om.* H₁    incipiunt
*om.* H₂Cas    21 praebunt N prębent R corr.,CCas    iuueniores VCas^cod(=vg)

*procreare.* Uolo, quia necesse est ut tales [ante] hoc faciant
quam illut promittant, unde si transgressae fuerint, damnationem adquirant. *Matres familias esse.* [Matres familias]
dici possunt etiam quae duos habent uel tres seruos ancillasque:
5 hoc ideo, ne ex hoc nomine auaritia defendatur. *Nullam
occasionem dare aduersario maledicti gratia.* Si [in]continentes
sunt. Uel: Non pe[r] illas religio blasphemetur. 15 *Iam enim
quaedam conuersae sunt retro* [*post*] *Sat*[*h*]*anan.* Reddit causas
qua re eas nubere uelle praedixerat, ne eum putaremus optare,
10 quia quaedam, promissum propositum deo non reddentes,
fuerant fornicatae. 16 *Si* [*quis fidelis aut si*] *qua fidelis habet
uiduas,* [*sufficienter*] *subministr*[*ar*]*et illis, ut non grauetur
ecclesia.* In domo propria, uel [ap]parentes. [*A*]*ut his quae
uer*[*a*]*e uiduae sunt sufficiat.* Quae sunt omni[a ecclesiae] auxilio
15 desolatae. 17 *Qui bene praesunt pr*[*a*]*esbyteri.* Qui implent
officium suum[: non enim omnes bene praesunt]. *Duplici
honore digni habeantur.* Et officii et doctrinae. *Maxime qui
laborant in uerbo et doctrina.* Non dixit omnes qui habent
uerbum, sed qui laborant in uerbo: ceterum omnes habentes

2 cf. Rom. xiii 2    14 cf. 1 Tim. v 5

1 ut]+quae H₂V    tales]+sunt C*m*2,V    ante *om.* B    2 promittunt ER*
transgressi EM    damn. adq.] damnentur V    3 adquirunt H₁M ad-
querant N    esse *om.* A*    matres familias(-ae BMV)] *om.* A *praem.* igitur G
4 uel—ancillasque] seruos uel tres idemque ancillas V    anc. *om.* H₁
5 ideo]idem H₁    6 occas.] occans. EN    in *om.* B    7 sint Cas
uel] ut Cas^cod    non] ne H₂    per] pe B    8 conuersi MN    post]
retro AH₁V (=vg) retro post BH₂G retrorsum post Cas    sat.] sath.BCCas^cod
causam H₂GCas^cod Sd    9 ↶uel. nub. Cas    nubere]+se (N)C*m*2Cas^cod
dixerat R* dixerit Cas^cod praedixerit Cas^ed    eum]con M cum NC    poteramus C    obtare SR    10 quia] qu[a]e H₂    quaedam] uel BH₂V+uel G
reddentis V    11 fuerant fornicatae(-are E*S)] uel (sed V) etiam fornicantes
BH₂GVCas    quis fidelis aut (uel R) si *om.* AH(—R)GVCas(=vg)    qua]
quia M qui N quis CCas+enim G    fideles ESMNV    ↶ui. ha. H₂    habeat
Cas^ed    12 sufficienter *om.* AHGVCas (=vg)    subministret] subminis-
traret B    ut] et AH₁GVCas^cod (=vg)    13 domu G    propria] sua Cas
parentes] apparentes B parentis R corr., C parentibus pauperibus (↶paup. par.
*cod.*) Cas    ut] aut B    14 ueṛe A,R corr.,C    sufficit E sufficiant R    ↶om.
aux. des. sunt Sd    omni] omnia ecclesiae B* omnia SG*    15 desolute M*G
distitut[a]e NV destituṭe C    qu[a]e R*M    presby.] praesby. AV
implet R    16 non—praesunt *add.* BH₂GV    dupli MN    17 digni
habeantur] honorentur H₂    et (*pr.*) *om.* GSd    18 et]+docent in Cas^ed
omnes] omnis V maxime Cas    habentur G* habeantur G corr.    19 uerbo NC*
uerbo]+et doctrina G

ordinari praecepit. 18 *Dicit enim scriptura: Boui trituranti os non alligabis, et: Dignus est operarius mercede sua.* Uult illis praestari carnalia, a quibus [alii] spiritalia consequuntur, quia occupati in doctrina necessaria sibi prouidere non possunt. 19 *Aduersus pr[a]e[s]byterum accusationem noli reci- pere [,exceptis duobus aut tribus testibus].* Iniustum est etiam aduersus laicum accusationem recipere, cum hoc nec saeculares [iudices] faciant: quanto magis aduersus domini sacerdotem! 20 *Peccantes [autem] coram omnibus argue. Si illis fuerit conprobatum. Ut [et] ceteri timorem habeant. Uidentes te nemini pepercisse.* 21 *Testor coram domino et Christo Iesu [et electis angelis], ut haec custodias sine praeiudicio.* Obtestatur illum diuina et caelesti testificatione, ut nulla illi res prae iudicet ad ista seruanda: *et electis angelis [eius]*, qui sacris adsistunt altaribus. *Nihil faciens in aliam partem declinando.* Neque in dextra[m] neque in sinistra[m]. 22 *Manus cito nemini imposueris.* [Ni]si talem inueneris qualem dixi. *Neque communicaueris peccatis alienis.* Communicari dicit peccatis

16 cf. Num. xx 17 etc.

1 ⌒praece(i E)pit ordinari(-e E) H₁    ordinare NC*    praecipit H₂GV scrip.] scrib. ER    ⌒non alligabis (alegabis N) os bo. trit. AH₂ non infrenabis (frenabis R*) os bo. trit. ES,R corr.,VCas (= vg) ⌒bo. trit. os non infrenabis G 2 est *om.*V    mercedem suam SM    uultis G*    3 illis *om.* R*    praestare H₁G    a *om.* H₁    alii—quia *om.* S    alii] *om.* BH₂GVCas alia H₁(—S) consecuntur BENCV consequantur G accipiunt Cas    4 necessarie B praeuidere H₂G    5 praesby. AV prebi. B praesbi. S presbi. RMN recipere (accipere H₁)] + exceptis duobus aut tribus testibus B + nisi sub duobus uel (et R Casᵉᵈ = vg; aut GCasᶜᵒᵈ) tribus testibus A *mg.*, H₂GCas (=vg)    6 iniustum] quia (que M) iniustum H₂ igitur iniustum G iustum V    7 laicum] quemuis absentem Cas    recipere V    hec B    saecularia iudicia Cas 8 iudices] *om.* BH₁ + nisi sub testibus NC    faciunt BH₂G    de domini sacerdote Cas    ⌒sac. dom. NC    domini] deum B    9 peccatis M autem *om.* AHGVCas (=vg)    quoram M    hominibus H₁N    argue] corripe (corpore R*) H₁    10 probatum Cas    et *om.* BH₁GCas (= vg)    11 neminem MNG    pepercisset G*    testificor G    domino] deo AHGCas (=vg)    12 et electis angelis *om. hic* BH₂GCas    ut—angelis (14) *om.* S    ut haec *om.* E    obstestatur A*    13 diuinę ER    caelest[a]e ER    testificatione] obtestatione Cas    ⌒res illi H₂ res ei Cas    14 istam seruandam NC* et electis angelis] electi autem sunt angeli V    eius *om.* AHGVCas (=vg) 15 ads.] ass. BCasᵉᵈ    altaribus] + historia M    aliam] alteram V    16 in] ad Sd    dextram] dextra BCasᵉᵈ dexteram HGCasᶜᵒᵈSdᶜᵒᵈ    in] ad Sd sinistram] sinistra BCasᵉᵈ senextram N + declines H₂GSd    17 nisi] si B 18 communicari—peccatis *om.* NC    cum municari E co(u M)mmunicare SRMG

eius qui non probatus fuerit ordinatus. *Te ipsum castum custodi.* Non alios custodiri prohibuit[, sed exemplum dari], ut possit audenter arguere delinquentes. 23 *Noli athuc aquam bibere, sed uino modico utere propter stomachum et frequentes* 5 *tuas infirmitates.* Ne putaret etiam in abstinentia se formam infirmis dare debere, maxime cum audierit a magistro omnibus dicente 'bonum esse non bibere uinum,' dat ergo ei consilium ut plus doctrinae causam quam abstinentiae curet. simul ostendit posse quasdam infirmitates creaturarum medicina 10 sanari. 24 *Quorundam hominum peccata manifesta sunt praecedentia ad iudicium.* Siue: Dum detecti excommunicantur. Siue: Dum plagis praesentibus praedamnantur. *Quosdam autem et subsequuntur.* Siue: Subsequitur eorum in futuro iudicium. Siue: Hic diu latere non possunt: non ergo debent 15 facile ordinari. 25 *Similiter et facta bona manifesta sunt, et quae aliter se habent abscondi non possunt.* 'Non' enim 'potest abscondi ciuitas super montem posita,' sed etiam quae ad tempus latent, non possunt diutius occultari. 1 *Quicumque sub iugo serui sunt, dominos suos dignos omni honore arbi-* 20 *trentur.* Non solum bonos, sed etiam infideles. *Ne nomen*

7 cf. Rom. xiv 21    16 *Matth. v 14    17 cf. Matth. x 26 etc.

1 eius]*om.* ESGV alienis R    probatis A*    fuerit ordinatus]ordinatur Cas
2 non (sane non G)—prohibuit *om.* NC    custodire EMG    prohibuit] praecepit BH₁MV    sed exemplum dari(-e G)]*om.* BHV sed semet ipsum R corr.
3 possis NFCas    ↔alios aud. arg. Cas    audienter A*    4 uino]uinum dico G*
modicum ESN    utere] uteri E* uetere R*    stomach(*om.* N)um]+tuum
H(—C)GCas (=vg)    frengentes M    5 abstinentiae H₁ abstinentiam G
↔formam se G    6 ↔dare debere (+et M) inf. H₂    infirmus A infirmibus V
audiuerit MC*    ↔dic. omn. H₁    7 dicentem V    ei]et V    8 causa H₁
curet] cursu[m] H₁    simul] et simul H₁G simulque NC    9 posse *tr. post*
medicina H₁    quosdam H₂G quorundam V    10 sanare AMN    manifesta] tam manifeste S manifestę R    11 siue dum *om.* H₁    tecti H₂
deteguntur (+et *s.l. cod.*) Cas deiecti Sd^ed    12 redamnantur V    quodam C*
13 subsecuntur BVSd^cod subsequentur(-er S) ES subsequntur N    siue subsequitur *om.* SRN    subsequetur B *fort. recte, cf. p.* 340 *u.* 14 subsequuntur MCG
eorum] eos MCG *om.* Sd^ed    futurum MGSd^ed    14 iudicio H₂    non
(*alt.*)] ne MN nec C*    15 ordinare R*N    similiter]+autem RGD
16 absc.]abc. N    ↔absc. pot. G    17 ↔ciu. absc. Sd^cod*    supra H₁MSd
qui B    18 quicumque—arbitrentur *om.* Sd^codd    19 ↔sunt sub iugo
serui BRH₂GCasSd^ed (=vg)    ↔*om.* hon. dig. BH₁GVCasSd^ed (=vg)    20 non
—infideles *om.* H₂    bonis V    infidelis SR*    ne]ut G

*domini et doctrina blasphemetur.* Ne uideantur per religionem in deterius profecisse. 2 *Qui [autem] fideles habent dominos, non contemnant quia fratres sunt.* Ne sibi aequalitatem uindicent et contemnant. *Sed magis seruiant quia fideles sunt et dilecti, qui[a] beneficii participes sunt.* Si seruiebant infidelibus 5 timore odioso, quanto magis debent seruire fidelibus [in] caritate, quorum participes esse meruerunt! *Haec doce et exhortare.* Doce debere fieri; ex[h]ortare praemium ostendendo. 3 *Si quis aliter docet, et non adquiescit sanis sermonibus domini nostri Iesu Christi, et ei quae secundum pietatem e[s]t doctrinae.* 10 Noui testamenti: ueteris enim erat seuera doctrina. 4 *Superbus [autem], nihil sciens.* Super alios se extollens, cum non sit de sursum ueniens quam praedicat sapientia. *Sed langue[sce]ns circa quaestiones.* Nec enim recusando fidem penitus moritur, nec ad ueritatis scientiam conualescit, sed diuersis accessioni- 15 bus languet. *Et pugnas uerborum.* Relicto sensu ueritatis ambiguitates uerborum obseruant, sicut Manichaei, qui ex uerbis diuersitatem testamentorum adsignant. *Ex quibus oriuntur inuidiae, contentiones, blasphemiae.* Quae generant lites [atque] blasphemias in deum pugnando sermonibus. 20

2 cf. 2 Tim. iii 13    12 cf. Iac. iii 15    15 cf. 2 Tim. iii 7

1 domino R*    blasphemetur] non blasphemetur G blasf(ph V)etur CV blasphentur V*    uideamur G uideatur V uidearis contra Cas[ed]    -lig-] -leg- ER    2 proficisse H₁V defecisse Cas    autem *om*. B    3 quia] quae M qui N    ne] nec C* non Cm2    uindicent *om*. H₁    4 et] *om*. RCas eosque Sd    contemnant *om*. Cas    fildeles A*    et *om*. G    5 qui] quia BF *om*. ES    beneficii] benefici ESD+dei Cas    fidebus A*    6 in caritate quorum] caritate quorum AMCGVCas[cod] quorum caritatis H₁ quorum N per caritatem quorum Cas[ed]    7 esse (sesse A*) meruerunt (merunt E*S)] facti sunt in baptismo G    ex *om*.V*    8 doce] haec doce H₂G    exor. A *al*.    ostendendo] ostendere deo (deum E) H₁ ostendo V 10 ei *om*. Cas[ed]    quae] qui BH    est] et B    11 erat *om*. H₁Cas superbus] et superbus Sd    12 autem] *om*. AHGVCas[codd]Sd(=vg) est Cas[ed] alios] homines Cas    est Cas[ed]    13 quem Sd[ed]    sapientiam H(—C) languescens Sd longuescens B languens AH(—M)GVCas(=vg) languiens M 14 circa] erga ES    ⌒pen. fid. H₁    15 ad (*om*. Sd[ed]) ueritatis scientiam (-ia Sd[ed])] aduersitatis scientiam SG ad scientiam ueritatis NC ad solidae ueritatis scientiam Sd[codd]    conualescat R* conuali(e C)scet MC*    occessionibus ES occisionibus R* occasionibus Sd    16 languit V    relicto—uerborum *om*. Sd[ed]    17 ambiguitatibus Cas[ed]    obseruat CSd[cod ed] captantur Cas sicut—adsignant *om*. Cas    qui *om*. H₁    18 uerbum E    adsignant] adfirmant BH₂GV *om*. H₁    19 oriuntur] nascuntur H₂    inuidu<sub>e</sub> A blasphemmiae A*    20 atque] *om*. BH₂V ad ES    blasphemiae BH₂V

*Suspiciones mal*[*a*]*e.* Siue: Haeresim de alterutro suspicantur.
Siue: Audientes putant deficere ueritatem. 5 *Conflictationes
hominum mente corruptorum,* [*et*] *qui* [*a*] *ueritate priuati sunt.*
[Et] ab integritate euangelii uel naturae. *Existimantium
quaestum esse culturam dei*[ *: discede ab huiusmodi*]. Qui putant
quaestu[s] sui causa nouum uenisse testamentum. 6 *Est autem
quaestus magnus pietas cum sufficientia.* Multum adquirit qui
habet pietatem cum sufficientia, non luxuriae, sed naturae.
[Siue: Sic] pietas est cultura dei, si impietas est contemptus.
7 *Nihil* [*enim*] *intulimus in hunc mundum: uerum quia nec
auferre* [*quid*] *possimus.* Nudi nati sumus, nudi etiam morituri. quitquit hic inuentum [est], hic relinquitur. non est
nostrum quod non semper nostrum est: tamquam peregrini
ergo sufficienti usu contenti, illas diuitias adquiramus quas
nobiscum ad caelestem patriam ferre possimus. 8 *Habentes*
[*autem*] *alimenta* [*et*] *quibus tegamur, his contenti simus.*
Quod superius dixerat 'sufficientiam': quitquit [enim] his
amplius est, diuitiis deputatur. 9 *Nam qui uolunt diuites*

9 cf. Eccli. i 25    11 cf. Iob i 21    cf. Eccl. v 14
15 cf. Hebr. xi 14, 16

1 suspic.] suspit. BER*G suspecc(t N). MN    male BR    alterutro] altero H₁Sd alterutrum Cas^cod    2 audiestes G*    efficere H₁    conflictationes]+male G    3 et *add.* AH₂GVCas(=vg)    a *om.* AHGVCas^cod (=vg)    4 et *add.* B    exist.] exaest. E exest. M ext. N existimantum Cas^ed existimantes Sd^cod ed    5 culturam dei] pietatem AH₁GVCasSd (=vg)    pietatem dei H₂    discede ab huiusmodi *om.* AHGVCas (=vg)    qui— testamentum *om.* H₂    qui] quia Sd^ed    6 quaestus] quęstu B    ⌒uen. nou. Cas    autem] enim ES    7 magnus]+est ES *om.* G    adquirit] inquirit H₁ adquiret G    8 pietatem] ueritatem B*    luxu(o RV)riae] auaritiae Cas    9 siue sic *om.* BH₂GCas    si]*om.* H₁ sic Cas^ed    10 nihid V enim *add.* AHGVCasSd (=vg)    hunc *om.* MNCas    uerum] haud (aut H₁N: haut A,R corr.,M =vg) dubium AHGVCas (=vg)    11 quid] *add.* AH₂GVCas (=vg) aliquid(-od E) H₁    possumus AHGVCas (=vg)    nudi (+enim Sd^cod) nati] nudati G*    morimur R    12 quitquit]+enim Sd inuentum est] inuentum BMCas inuenitur H₁VSd    relinquetur EH₂Cas *fort. recte*    13 quod—est *om.* Cas    tamquam (quasi C) peregrini *om.* Sd peregrini] peregri R*+sumus Cas^cod    14 sufficienti usu contenti *om.* Sd sufficienti usu] sufficientiasu A* suffitientu usu B sufficientia Cas    contenti (contempti E)]+sumus H₁    adquiras E*S    15 ⌒ad caelum nobiscum NC caelestem *om.* Cas    ferre possimus] perferamus Cas    possumus MN habentis V    16 autem *om.* B    elimenta M alimentum NC    et *om.* BES tegamur] te|tegamur B    contem(+p E)ti EM    sumus HG    17 quod *om.* H₁    enim *om.* BHVCas    his] hic H₂    18 diuitiae sunt Cas

*fieri.* Uoluntatem diuitiarum auaritiam definiuit, quae uoluntas et habentis est et quaerentis. *Incidunt in temptationem et laqueum diaboli.* Occasio ergo temptationis est et laquei diaboli uelle habere diuitias. *Et desideria multa.* Numquam ergo diuitiarum desideria s[a]tiantur. *Inutilia et nociua.* Non 5 solum inutilia, sed [et] nociua. *Quae [de]mergunt hominem in interitum et perditionem.* Dum ambitione honorum tumentes, usque in caelos eleuati, usque ad inferos demerguntur. Siue: Desiderantes alienas opes, ut A[c]hab, usque ad homicidii perueniunt factiones. 10 *Radix enim omnium [malorum] est* 10 *cupiditas.* Quia aut fons est omnium criminum aut augmentum. radix [autem] excisos semper densius reparat ramos: euellenda est ergo radix, ne rami superflue excidantur. *Quam quidam adpetentes errauerunt a fide.* Hoc est, recesserunt a fide promissorum dei, dum praesentibus oble[c]tantur. *Et* 15 *inseruerunt se doloribus multis.* Quanto amplius habuerint, tanto plures sollicitudinum sustinent cruciatus: unde et

3 cf. *Matth. xiii 22 (*cod.* e)   8 cf. Matth. xi 23 etc.
9 cf. 3 Regn. xxi 13

1 auaritiam] *om.* H₁ ab initio R corr. auaritia MN   diff(*om.* NG*)iniuit BH(—M)G   uoluntas] uoluptas est SR   2 ⌒est et habentis B   et (*pr.*) *om.* G   habentes A*H₁V*   quaerentis(ren *in ras.* G)] quaerentibus H₁ incedunt ESMNG*   temptatione SN   et] et in H₁   3 diabo(u A* *al.*)li *om.* H₂ (=vg)   ergo *om.* H₁   temptaciones G*   est] *om.* H₂ *tr. post* diaboli Cas laqueus RCas   4 uelle *om.* Cas^ed   -ta *om.* G*   5 ergo] enim H₂CasSd *om.* G   diuitiarum] diuitum Cas^cod‡   sciantur B saciantur R*C* inutilia—nociua (6) *om.* H₁   inutilia] *praem.* et Cas^ed   6 et] *om.* BM etiam (+et *s.l.*) G   demergunt] mergunt AHGVCasSd (=vg)   homines BGVCas (=vg)   7 honorum] bonorum ECas^ed honorem R* hominum H₂ timentes H₂   8 usque (*pr.*)] usu (*corr.* uso) E   in] ad BHVCas ac G caelum (*sic* VCas) elati et H₂   infernos M   deducuntur H₂   9 achab usque ad] adusque Cas^ed   achab usq.] ahab usq. BCas^cod acaph usq. E abhac usq. S haec absq. M usq. NC   homicidi E*S homicidium R   10 perueniet G   factionem VCas^cod   enim] enim est EMC est enim N enim enim G   omnium *om.* ESV   ⌒est malorum S   malorum *om.* B est *om.* EH₂   11 quia aut] quia ut E qui aut SR* quae aut (autem M) H₂ crimimum A* (?)   aut augm.] auta augm. A* aut adium. BFCas augm. E aut ium. H₂   12 radix—excidantur *om.* Cas   autem] *add.* BG enim H₂ excisus SG*Sd^cod scisus N incisa C excisas G ex(s V)cisa VSd^ed excissus Sd^cod densuius A* densos Sd^ed   ramus SG*   13 ⌒ergo est R   super fluctu ES superflui H₂   abscidantur C   15 promissionum R*   dum praesentibus oblectantur *om.* Cas   oblect.] oblet. B   16 inserunt R*   plus habuerit Cas   17 pluris V maiores Cas   ⌒sust. soll. Cas^cod   sollitudinum A* cruciatos V

dominus 'diuitiarum aerumnis et circa reliqua concupiscentiae
uerbum' adseruit 'suffocari.' 11 *Tu autem, o homo dei.* Non
diuitiarum homo, sed dei, nec mam[m]onae seruus, sed Christi,
cuius sunt omnia etiam quae uidentur. *Haec fuge.* Quasi
5 causas perfidiae uel dolorum. *Sectare uero iustitiam, pietatem,
fidem.* In his te cupio esse diuitiis locupletem. *Caritatem.*
Dei et proximi. *Patientiam, mansuetudinem.* Patientiam
sustinendi; mansuetudinem non nocendi. 12 *Certa[re] certamen bonum fidei.* Bonum certamen est, non pro rebus
10 saeculi, sed usque ad mortem pro fidei ueritate certare, sicut
scriptum est: 'in iustitia agonizare pro anima tua, et usque
ad mortem certa pro iustitia.' Siue: Ut illi student in diuitiis
omnes uincere, [ita] tu in fide. *Adprehende.* 'Si quo modo
conprehendam in quo et conprehensus sum.' *Uitam aeternam*
15 *in qua uocatus es.* Ut illi tenere cupiunt temporalem. *Et
confessus es bonam confessionem.* In baptismo 'renuntiando
saeculo et pompis eius.' *Coram multis testibus.* Coram sacerdotibus uel ministris uirtutibusque caelestibus. 13 *Praecipio
tibi coram deo.* Praecipit auctoritate[m] magistri. *Qui uiui-*
20 *ficat omnia.* Omnia quae uiuunt, [et] etiam arefacta, per eius
potentiam reuiuescunt. *Et Christo Iesu, qui testimonium*

1 cf. Marc. iv 19   3 cf. Matth. vi 24; Luc. xvi 13   11 *Eccli. iv 28 (33)
13 *Phil. iii 12   16 formul. bapt.   18 cf. Rom. viii 38 etc.

1 erumnis *codd. fere omn.*   et *om.* H(—M)   reliquas concupiscentias B
reliquam concupiscentiam occupatos V reliqua concupiscentiis Cas   2 uerbum
asseruit *tr. post* aerumnis Cas   uerbum] opera uerbum H₂   ass.] ads. H₁GV
suffocare EV   o] *om.* H₁V o͞m͞s M hō N*   3 sed] + homo Cas   mam.]
mamm. BH(—N)G   4 ↶etiam omnia G   quae] + non NC   5 perfiduae A*
uel] et Cas   uero] autem Sd^ed   6 in *om.* Cas^cod   ↶diu. cup. te esse Cas
↶cup. te V   ↶diu. esse H   7 dei] *praem.* caritatem G   8 sustineo ES
sustinendo R   certare] certa AHGVCas(= vg)   ↶bon. cert. AHGVCas(Sd^ed)
(= vg)   9 bonum (*alt.*)] igitur bonum G   10 sicut—fide (13) *om.* Cas
11 agonezare V   et *om.* H₂G   usque—iustitia *tr. post* uincere (13) H₂
*tr. post* tu (13) G   12 certare V   siue *eras.* C   studens E   13 omne E
omnia S   ita] *om.* BH₂ + et H₁ sic V   si] *praem.* sicut alibi dicit G *praem.*
sicut de se dicit Cas   quando H₂   14 conprehendam in quo et *om.* H₁
et *om.* R corr.,Cas   ↶aet. uit. H₂G   15 quam C   ↶cup. temp. ten. Sd^ed
tenere] genere ES gerere R tenent et H₂   16 confessa G*   es *om.*
H₂GCas(= vg)   monam G*   renun.] abrenun. H₁   17 coram
(*alt.*) *om.* H₁   sacer٭d(*s.l.*)otibus A   18 uel] et Cas   que *om.* Sd
19 praecipit H(—RC)Sd^cod   auctoritate] auctoritatem AH₁G*V* auctoritas H₂   20 et *add.* B   a re facta B are faciunt E asefacta N arida Cas
21 reuiuis. BVCas^cod reui(e M)res. H(—E)GCas^ed

*reddidit sub Pontio Pilato, bonam confessionem.* Dicens ad Pilatum: 'Ego ad hoc ueni in hunc mundum, [ut testimonium perhibeam ueritati,]' scilicet pro ea etiam moriendo. 14 *Ut serues mandatum.* Sicut ille, usque ad mortem. *Sine macula inreprehensibile.* Maculat[us] quodam modo et reprehendi facit mandata qui peccat. *Usque in aduentum domini nostri Iesu Christi.* 'Qui perseuerauerit usque in finem, hic saluus erit.' 15 *Quem suis temporibus ostendet beatus et solus potens [et] rex regum et dominus dominantium.* Quando uoluerit qui hoc solus potest facere deus. 16 *Qui solus habet immortalitatem.* Ille solus proprie habet qui angelis et hominibus dedit habere: nos autem nec soli nec a nobis habemus ut ille. hoc contra Manichaeos, qui mali natura[m] adfirmant immortalem atque perpetuam. *Et lucem [in]habitat inaccessibilem.* Omni creaturae: 'nemo' enim 'nouit patrem nisi filius, neque filium nisi pater': et 'spiritus' sanctus utrumque, qui 'scrutatur etiam profunda dei.' *Quem uidit hominum nemo, sed nec uidere potest [: cui sit honor et potestas: gloria in saecula saeculorum].* Nemo uidit sicut est, sed unus quisque pro merito: nam et solem tanto amplius uident singuli, quanto purior fuerit acies oculorum. 17 *Diuitibus huius saeculi prae-*

2 *Ioh. xviii 37   7 Matth. xxiv 13   15 *Matth. xi 27   *Luc. x 22
17 cf. 1 Cor. ii 10, 11   19 cf. Ioh. i 18

2 ut—ueritati *om.* B   3 perhiberem H₁   eo B   4 sine] siue B
5 irreprehensibilis Cas^ed   maculat] maculatus B + enim CasSd   comprehendi Cas^ed   6 in *om.* E   nostri *bis* B   7 qui] quia qui G + enim Cas
finem] fidem G   8 ostendit A*BH(—C)G*V   potens] et potens G   9 et
(*pr.*) *om.* AHGVCas (= vg)   10 solus potest (potens est Cas) facere) solum
potest (potens est S) H₁   deus] *tr. post* uoluerit V *om.* Cas   inmortalitatem V   11 ille] id est NCCas^cod idem Cas^ed   proprie—perpetuam
(14) *om.* H₂   12 a] *om.* H₁ ex Cas   illi ES   13 mali (male G)
naturam] tali natura B   adfirmant] putant H₁   14 at(d V)que] et G
et *om.* H₂Cas^cod (= vg)   inhabitat] habitat AERCas^ed habitans (habens
M*) SH₂GVCas^cod (= vg) ·   15 omne E*R*N   nemo enim] quia
(que M) nemo H₂   16 neque—dei *om.* Cas .   17 qui] *om.* H₁ quis MN
↵etiam scrutatur H₁   hominum nemo BSd nullus hominum AHVCas
(= vg) nemo hominum G   18 cui sit—saeculorum] *add.* B cui ( + est Cas)
honor et imperium sempiternum amen H₂Cas (= vg) cui gloria honor et imperium in saecula saeculorum amen G   19 uidit] nouit ( + patrem S) H₁
sicut est] sicuti est RH₂Sd *om.* ES quantum est Cas   20 merito] + tantum
(tamen M) H₂   tantum NC   uident singuli] uidemus Cas   siguli A*
quantum NC   21 purius EM prius S purios R*   fuerit *om.* Sd^cod
acie soculorum A   ↵saec. hu. H₁G

*cipe.* Sunt enim et alterius saeculi diuites, qui 'emunt' sibi 'aurum ignitum a' deo, et qui 'habent thesaurum in caelo,' nec non et 'qui proferunt noua et uetera.' *Non superbe sapere.* In primis principalem eorum tetigit morbum: difficillime
5 enim inuenies diuitem non superbum, qui pauperes uel parentes agnoscat, et qui non grauiter ferat minime sibi ab inferiore, ut putat ipse, delatum. *Neque sperare.* Non sperando uilescunt, [et] cum uiluerint, erogantur. *In incerto diuitiarum.* De quibus incertus es utrum ill[a]e tibi an tu illis
10 celerius subtraharis; multis enim cum uita sublatae sunt; alii propriis eas alienari oculi[s] peruiderunt; non nulli etiam inuiti extraneis reliquerunt. *Sed in domino* [*uiuo*]. *Cuius sunt omnia. Qui praestat nobis omnia abunde.* Qui ideo abunde praestat, ut utamur, etiam aliis largientes, non ut
15 grandi labore 'destruentes, horrea maiora faciamus.' *Ad fruendum,* 18 *in uoluntate operum bonorum.* Non ad occultandum uel negotiandum. *Diuites fieri in operibus bonis.* Non in auro argentoque. *Facile tribuere, communicatores esse.* Qui facile tribuit, cito diues esse cessabit. tribuere donare est,

1 cf. Apoc. iii 18   2 cf. Matth. xix 21 etc.   3 cf. Matth. xiii 52   12 cf. Ps. xxiii 1
   15 cf. Luc. xii 18   16 cf. Luc. xix 20, 13   17 cf. Act. iii 6

1 enim *om.* S   saeculi] oculi G   2 ignetum N ignotum G*   domino Cas   et—uetera (3) *om.* Cas   th(*om.* M)es( +s S)aurum] aurum E   3 nec non et] nec non $H_1$ et $H_2$ et illi V   qui] + et $H_1$   superbe BSdD sublime AHGVCas (= vg)   4 principalem] primum Cas   tergit GCas tegit V   difficillime] difficile H rarum Sd$^{cod}$ raro Sd$^{ed}$   5 enim *om.* $H_1$   ᴄ⎯ᴅdiu. inu. $BH_1$GVCas   6 et—delatum *om.* $H_2$   7 ut putat ipse *om.* Cas   putatur R   ipse] in se $H_1$   delatum] dilatum BV + honorem Cas   8 sperandi M*N spirandi M   uilescut A* ualescunt $H_1$ uiliscu(a NC*)nt $H_2$V   et *om.* BNCGCas   cum] + enim G   uiluerunt A* uilueruit (*sic*) A uolueri(u E)nt $H_1$   in *om.* MG*   incerto] interitu V   9 incertum est $H_1$C incertus est MN   illae] ille $BH_1$NFCas$^{cod}$Sd$^{cod}$   10 ᴄ⎯ᴅsubt. cel. Cas celerus Sd$^{cod}$ celeris Sd$^{cod}$   sunt *om.* $H_2$   aliis $H_2$   11 alienare $H_2$ oculis] oculi A   peruederunt A* prouiderunt EN pr[a]euiderunt GCas$^{ed}$ etiam *om.* Cas   12 inuiti] inuita Cas$^{cod}$* + eas Cas   extranei $H_1$   relinquerunt $H_1$MG inquerunt N   domino] deo uiuo BCas$^{ed}$ deo A corr., $H_2$GVCas$^{cod}$ (= vg)   13 h(*exp.*)abundanter G   ideo] + eius Cm2 deo V*   14 ut utamur] uitamur ES ut amorem R*NC* ut amore R corr., MC   largiamus Cm2 largiamur F   15 grande M,(*ex* i)N graui G   ᴄ⎯ᴅmai. h(*om.* SMN)orr. $H_1$ 16 in uoluntate operum bonorum] bene agere AHGVCas (= vg)   17 uel] + ad G   ᴄ⎯ᴅbon. op. G   18 argentoque] neque in argento $H_2$ et argento Cas communicatores esse] com(n V)municare AHGVCas (= vg)   19 tribuet V cessauit A*EMNGV cessabat S

communicare uero mutuum dare. 19 *Thesaurizare sibi fundamentum bonum in futurum.* 'Uade, uende omnia quae possides, et da pauperibus, et habebis thesaurum in caelo, et ueni, sequere me': quod perfectionis est fundamentum. *Ut adpr[a]ehenda[n]t ueram uitam.* Haec enim non est uera uita quae in suo non permanet statu: 'uanitas' enim 'sub sole,' dixit Ecclesiastes. 20 *O Timothee, depositum custodi.* Commendatum a nobis serua mandatum. Siue: Fidei custodi depositum. *Deuitans profana uaniloquia.* Quod a me non audisti, nec ab angelo si dicatur, libenter admittas. *Et oppositiones fallacis scientiae,* 21 *quam quidam promittentes circa fidem exciderunt.* Artis dialecticae, per quam sibi infinitam rerum scientiam haeretici promittunt, qui, sicut Euae serpens, maiorem scientiam promitten[te]s, a fidei ueritate ceciderunt. *Gratia tecum.* Permaneat in aeternum. [*Amen.*]

### AD TIMOTHEVM PRIMA EXPLICIT

2 *Matth. xix 21; cf. *Luc. xviii 22  6 cf. Eccl. i 2, 3
14 cf. Gen. iii 4, 5

1 comm.] conm.V    mutuum] multum $H_1$ mutuam M    thes.] tes. M
fibi B    2 uade]+et MG *om.* Cas    omnia]+tua G    quae possides] quae
habes $AH_1G$ tua $H_2$ *om.* Cas    3 et (*pr.*) *om.*VCas    et (*alt.*)—me (4)] et
reliqua NC    thes.] the*k*s A tes. M    celum M    4 quod]+utique V hoc Cas
↶fund. est R    est *om.* ES    adprehendant] adpraehendat A    5 ↶est
non $H_1$    uita *om.* Cas    6 quae] quia Cas    uan. enim] quia uan.V+
omnia Cas    7 dixit ecclesiastes *om.*VCas    ecc(*om.* N)lesiastes] tectisatis M
thimothe EMD thimothee S timotheae NGV    comm.] conm.V    8 serua
mandatum] seruandum $H_1$ serua R corr.    siue—depositum *om.* $S^{cod}$
siue] sibi E sibi siue R*    ↶dep. cust. $H_1$    9 diuitans $H_1$N deuita Cas
profana uaniloquia] profanas (uanas G) uocum nouitates AH(G)VCas (=vg)
quod] quae NC quas Cas    10 nec] neque $H_2$    angelo si] angelis $H_2$
dicatur] *om.* NC dicantur $Cas^{cod}$    libenter] +non (ne R corr.) $H_2$    11 fallacis BSdD falsi nominis AHGVCas (=vg)    quidem $H_1$    12 excederunt G
↶dial. (dil. *cod**) ar. Cas    artes ERN,C corr.    dialecticae] diabolice
M + promittunt R corr. + quidam(-em M*) promitt(*om.* M)entes MC    quam—
scientiam *om.* $H_1$    quas MC*    13 qui *om.* $H_1$    sicut] sunt N    aeuae A*
eue C eue G    14 serpens] serpens(s *alt. in ras.*) G    maioris scientiae MN
promittentes] promittens BH promittunt V    a] sic a V    fide H
ueritatis $H_2$    15 cadunt V    gratia]+domini G    amen *add.* $BH_2$GCas
(=vg)    16 explicit aepistola prima ad timoteum B explicit epistula ad
t( +h S)imotheum prima $ESVCas^{cod}$ *nihil* R epistula pauli ad thimotheum
prima explicit (explicit ad timotheum i NC) scripta de lauda(i NC)t(c C)ia
( +uersus ccxxx [+habens N] MN) $H_2$ explicit epistula . i. pauli apostoli ad
timotheum scripta laudatia G finis epist. ad timotheum primae $Cas^{ed}$

## INCIPIT SECVNDA

Cum esset Romae in uinculis constitutus, scribit Timotheo, commonens eum ne per eius absentiam uel propriis uel magis[tri] tribulationibus terreatur, [a]ut testimonium domini erubescat, pro quo [ille] ipse usque ad mortem certauit,
5 simul et de haereticis uitandis atque his qui suas magis fabulas quam dei praedicant ueritatem.

1 *Paulus apostolus Christi Iesu per uoluntatem dei.* Non meis meritis. Siue: A Christo missus non sine domini uoluntate. *Secundum promissionem uitae quae est in Christo Iesu.*
10 Condignum exhibens promissione[m] seruitium. 2 *Timotheo carissimo filio.* Carissimo: id est, ceteris merito carior[i]. *Gratia, misericordia, pax a deo patre [nostro] et Christo Iesu domino nostro.* Talis est salutatio Pauli, ut in ea omnia patris et Christi beneficia memorentur. 3 *Gratias ago deo [meo].*
15 Deo, qui nos talem in alterutro docuit caritatem. *Cui seruio a progenitoribus in conscientia pura.* Omnis origo mea unum

    1 cf. 2 Tim. i 2    3 cf. 2 Tim. i 7; cf. 2 Tim. i 8    4 cf. 2 Tim. iv 7
    5 cf. 2 Tim. iii 5; cf. 2 Tim. iv 4    13 cf. 1 Cor. xvi 21 etc.

incipit argumentum epistolę secundae B incipit ad timotheum II ESN incipit argumentum epistulę secunde R incipit eiusdem secunda MV incipit ad eundem C incipit argumentum secunde ad eundem G incipit argumentum Cas^cod argumentum Cas^ed    1–6 *alterum argumentum praebent* H₂GD
1 cum] paulus cum Cas    romae] roma H₁ + apostolus V    timotheum E thimotheo S    2 eum] cum S    uel (*pr.*) *om.* Cas^cod    3 magistri] magis BS    aut] ut B    4 erubiscat V    ille *add.* B    ⌒ usque ad mortem ipse Cas    5 simul—ueritatem] et de heretandis (hereditantis S) atque his qui suas fabulas quam alienas ES *om.* R    adque V et Cas^cod suis A*    magis] potius Cas    6 ueritatem] + *nihil* AH₁MV*Cas^ed explicit argumen(*om.* B)tum incipit e(ae B)pistola secunda ad timotheum BCas^cod incipit epistula N incipit epistola pauli secunda ad timotheum C uersus CLXII G expositio in secunda epistola ad timotheum V*m. rec.*    8 meis] eius H₂ domini] dei BHG    9 est] esse E* *om.* R    10 exhibentibus S^ded    promissione] promissionem B promissioni H₂    11 ⌒ fil. car. R    kar. utrobique B    id est] et BH₂ *om.* V    ⌒ et mer. car. cet. G    merito] meritis B *om.* H₁    cariori] carior B cariore MN    12 gr. et mis. et pax R nostro *om.* AH₁GVCas^cod corr ed (=vg)    et] + a C *om.* G    13 saluatio R* salutio G    in ea *om.* Cas    ⌒ chr. et pat. Cas    14 christi] filii V beneficio Cas^ed    commemorentur G mereretur Cas    meo *om.* AEH₂VCas (=vg)    15 deo *om.* H₂V    alterutrum H₁C corr.,GVCas^cod    donauit Cas    16 prog.] + meis Cas^cod    unum] solum Cas

coluit deum: nam et ego ecclesiam Christi, non maleuolentia, sed legis [a]emulatione uastabam. *Quod sine intermissione habeam tui memoriam in orationibus meis nocte ac die,* 4 *desiderans te uidere.* Et caritatem ostendit, et iugiter orandi praebet exemplum. *Memor lacrimarum tuarum, ut gaudio* 5 *replear.* Quas me abeunte fudisti; unde et me ad tristitiam prouocasti, quam tua opto praesentia releuari. 5 *Reuelationem accipiens [eius] fidei quae est in te non ficta, quae [et] habitauit primum in auia tua Loide.* Quae uera in te esse operibus [com]probatur, sicut Iacobus definiuit, et quae ad 10 te [ex auitae] successionis institutione quasi hereditario iure descendit. *Et matre tua Eunice.* Quia prior credidit. *Certus sum autem quod et in te:* 6 *propter quam causam ammoneo te.* Quia conprobaui fidem tuam, commoneri [non] indiges, non doceri. *Ut resuscites gratiam dei [,quae est in te].* Quasi tribulationibus 15 dormitantem. *Quae data est tibi per inpositionem manuum mearum.* Ad episcopatum scilicet. 7 *Non enim dedit nobis deus*

1 cf. Phil. iii 6    2 cf. *Act. viii 3    4 cf. 1 Thess. v 17    10 cf. Iac. ii 22

1 deum *om.* ES    nam et ego ecclesiam *om.* H$_1$    christi] dei GCas    maleu.] maliu. BH$_1$N corr.,CSd$^{cod}$    2 aemul.] emul. ABESMC aemol. R*N quod B,C corr.,CasSd$^{ed}$ quam AH(quem S*)GV (=vg)    3 ⌒tui habeam V moriam A*    4 et (*pr.*) *om.* G    5 lacr.] lacl. N    ut] aut G*    gaudeo G 6 im(n)plear AHGVCasSd$^{ed}$ (=vg)    me (*pr.*)]in me R corr. i me M pro me CG abeunde E abunde SRMCG habundi N    profudisti H$_1$ fundisti M a te fudisti Sd    unde] ut H$_1$ *om.* H$_2$    et *om.* Cas    me ad] meam H$_2$ stristitiam A*    7 prouocati ES prouocato R    quam] quia NC    tuo H$_1$ tuam MN    abopto E obto R    praesentiam E praesenti MN    *euelari A eleuaris ES eleuare R* releuare M,(*ex* -i)N reuelari GSd$^{cod}$ temperari Cas reuelationem—ficta *bis in* B recordationem A,B$\frac{1}{2}$,RH$_2$GVCas (=vg) recordatio E*S    8 eius *add.* A,B$\frac{1}{2}$,RH$_2$GVCas (=vg)    ⌒in te est G    non *om.* A* et *add.* BRGCas(=vg)    9 primo MN    auia] aula S abia V    ladide ES loidę R loyde Cas$^{cod}$    ueri H$_1$ uere R corr. uerum M ueram N    ⌒esse in te B    in *om.* M *exp.* N    esse] est G    10 comprobatur] probatur A conprobat E    sicut]+et V*    def.] diff. ESCCas$^{cod}$    ad] a H$_2$G 11 ex auitae *om.* B    auitae] auiae RH$_2$ auię tuę G acuitae V auite Cas$^{cod}$* a uita Cas$^{cod}$ ea uita Cas$^{ed}$    institutione]+dono dei Cas    quasi]+de G hereditari SR* hereditarie G*    12 discendit E*SGV    matri E,R corr. tuę SR    eunicae(-cę B) BN unicae H eunuhe R corr. eunyce Cas$^{cod}$    quia prior] qu[a]e prima(-o H$_2$) BH$_2$ quia prima GV    13 autem] enim H$_2$ amm. BR adm. *rell.* (=vg)    te *om.* ES    quia] que M qui N    14 conprobauit ES probaui H$_2$    non (*pr.*) *add.* B    non] nec B    doceri] noceri B 15 *gratiam A    quae—te *add.* B (*uide* 16)    16 dormientem R obdormitantem G    data est tibi] est in te AHGVCas (=vg)    manum MV    17 ⌒scil. ad episc. G    ad *om.* R    ⌒deus dedit nobis Cas$^{ed}$    nosbis A*

*spiritum timoris, sed uirtutis.* [Contemnendi poenas:] illi
merito humana supplicia uidentur formidare qui peccant,
ut alibi dicit: 'si autem malum feceris, time.' *Et dilectionis et
sobrietatis.* Ut siue [pro] domino, siue pro alterutro, libenter
5 etiam moriamur, ut omnia sobria mente faciamus. 8 *Noli
itaque erubescere testimonium domini nostri [Iesu Christi],
neque me uinctum eius.* Quia nihil Christus confusione dignum
exercuit; sed nec ego, quem nosti non ob aliquot crimen, sed
propter deum haec omnia quae patior sustinere. *Sed con-*
10 *labora [in] euangelio.* Iuuetur tua conuersatione doctrina.
*Secundum uirtutem dei.* Qua nos sui causa adiuuat laborantes.
9 *Qui nos liberauit et uocauit uocatione sancta.* A peccatis
scilicet. *Non secundum opera nostra, sed secundum propositum
et gratia[m], quae data est nobis in Christo Iesu.* Quo proposuit
15 nos gratis saluare per Christum. *Ante tempora saecularia.*
Quantum ad praescientiam dei, ante saecula [iam] donauit:
nam et homines solent ante filiis parare praedia quam nascantur. 10 *Manifesta [est] autem nunc.* Quae ante lateba[n]t.

3 Rom. xiii 4

1 contemnendi poenas *om.* BH₂G (*uide u.* 7)    2 formidari MN    3 ut] +
autem H₂    ait VCas    autem ] *eras.* C *om.* FV    male H₁CCas    dilectiones A*
et sobrietatis] et so(u M)brietatem MN cum sobrietate C    4 ut] et B *om.* H₁
pro *om.* BH₂G    deo Sd    alterutrum H₂    5 omnina A*    ᴗmente
so(u V)bria BH₂GV    sob.] sub. R*    faciamus *om.* Sd<sup>cod</sup>    6 itaque] ergo Sd<sup>ed</sup>
erubiscere V    dei H₂    nostri] n̄ (*uide uol.* I p. 206) A    iesu christi *om.*
AH₂GVCas (= vg)    7 eius] + contemnendi (condempnandi C*m*2) poenas
NCG    quia—dignum *bis in* B    nihi R*    christus *tr. post* dignum H₁
ᴗdign. conf. G    8 sed *om.* Cas    ergo R*    quam H₁    non *om.* Cas<sup>cod</sup>
ob] ab A*R*    aliquid ER*    9 deum] ipsum Cas    quae patior *om.* Cas
sustineo HCas    conlaboro V    10 in *om.* AHGVCas (= vg)    iuuetur]
iubetur ENC* *om.* R iobetur M iugiter G    ᴗconu. tua G    conuersatione] +
siue H₁ + et CG    11 qua G qu[a]e ABEVCas quia S qui RH₂ (quem M)
nos sui] sua H₁    ᴗcausa sui Cas    ᴗlab. adiu. Cas<sup>cod</sup>    adiuuet H₂
12 qui] *praem.* scilicet NC*    nos] non B    uocatione] uocat(c M)ionem
SM + sua Cas<sup>ed</sup>    a pecc. scil. (*om.* NCas)] scil. a pecc. H₁    13 pro(prae M)posi-
tum] + suum HGVCas (= vg)    14 gratia BN gratiam *rell.* (= vg)    iesu] +
domino nostro S    quo] qui BRMNG qua V *fort. recte* in quo Cas<sup>ed</sup>    15 nos
*om.* H₂    ᴗper chr. gratis (*om. cod.*) sal. nullis praecedentibus meritis *etc.* Cas
16 praescitiam A* presentiam SN    saecula iam] s[a]ecula B,C corr. saecularia H₂    17 et *om.* H₁    homines] + quamuis incerti Cas    ante *om.* H₁Cas<sup>ed</sup>
filiis] + suis G    parere N par G destinare Cas    quam] prius quam E*m.
rec.* ante quam RCas<sup>ed</sup>    nascuntur SMV    18 manifestum B manifestata
RVCas<sup>cod</sup> (= vg) *fort. recte*    est *om.* BR*    nunc *om.* NC*    qui ES
antea M    latebat] latebant B

*Per inluminationem domini nostri Iesu Christi.* Uerbi scilicet atque exempli. *Qui destruxit [quidem] mortem, inluminauit autem uitam et aeternitatem.* Doctrina sua et conuersatione destruxit peccata quae mortem hominibus generabant, et ostendit quo modo uita et incorruptio[ne] quaereretur. *Per euangelium.* Uolentes docuit, non coegit inuitos. 11 *In quo positus sum ego praedicator et apostolus et magister gentium.* Ad conparationem aliorum possunt dici magistri: ad Christi uero conparationem nemo magister est uerus. 12 *Ob quam causam etiam haec patior.* Non ob aliquot crimen. sic et nos pati Petrus hortatur dicens: 'nemo uestrum patiatur quasi homicida' et reliqua: 'si autem [ut] Christianus, non erubescat.' *Sed non confundor.* Hic non erubescit in catenis, cum nos in solis opprobriis confundamur. *Scio enim cui credidi, et certus sum quia potens est.* Scio eum fidelem et potentem. *Depositum meum custodire in illum diem.* Quod aput me ipse deposuit, conseruabit. Siue: Quod aput illum ego commendo, restituet in futuro. 13 *Formam habe[ns] sanorum uerborum quae a me audisti in fide et dilectione in Christo Iesu.* Secundum eam formam et uiue et doce, quam a me breuiter accepisti,

11 cf. 1 Petr. iv 15, 16

1 domini] saluatoris AH₂VCas (=vg) saluatoris domini H₁ domini et saluatoris G   nostri *om.* V   uerbis H₁G uerbo V   scilicet *om.* V   2 adque MV   exemplis H₁GV   quidem *add.* AHGVCasSd (=vg)   3 aeternitatem] incorruptionem AHGVCas (=vg)   doctrina—conuersatione] gratia potentiae suae Cas   doctrine suae H₂   4 hominibus] hominis H₁ *om.* Cas   gerebant MN   5 ostendit] donauit atque ostendit Cas   incorruptio] incorruptione B   quaeratur H₁   6 uolenti N uolentem C   cogit G   inuito N inuitum C   7 sum *om.* R   8 aliquorum H₂   possunt dici] dicuntur Cas   possun N   christi uero] *om.* H₁ *post* conp. *habet* uero christi R corr.   9 est *om.* A*H₁   10 ᴧ haec etiam Cas   etiam *om.* ES ob] propter Cas   sic et] sicut H₁ sicut *om.* H₂   12 et reliqua] H₁V si autem] sicut E   ut *om.* BH₂   erubiscat V   13 confundar A* hic] paulus Cas   erubiscit V   in *om.* NC   14 in *om.* H₂Sd ob(*om.* N)propriis RMN   15 pons S   eum] enim BH₂   16 dispositum B   nostrum E   seruare AHGCas (=vg) conseruare V   quod] *om.* H₁ fidem quam (+et *ed.*) Cas   17 conseruauit BV et conseruauit M et confirmauit NC   quod *om.* H₂V   18 restituit H(—R) restituet autem C*m*2 futurum CV   forman B   habens sanorum B(S)Cas habe sanorum ARH₂G (=vg) habe(+n S)s annorum ESN* habes anorum V   19 et] et in R   dilectionem E*S   20 eam] meam H   formam]+ac sollicitudinem H₂   et uiue (uue A*)] uide H₁   quam—accepisti *om.* Cas^cod

quo modo integre credere et alterutrum diligere debeamus. 14 *Bonum depositum custodi, per spiritum sanctum qui habitat in nobis.* Quod aput te per spiritum sanctum commendaui. Siue: Adiutorio eius custodi depositum. 15 *S[c]i[s] [enim] hoc, quod auersi sunt a me omnes qui ex Asia sunt, ex quibus est Phylegus et Hermogenes.* Idcirco te commoneo, quia quos me non putabam deserere, reliquerunt. 16 *Det misericordiam dominus Onesiphori domui, quia saepe me refrigerauit, et [super] catenam meam non erubuit.* Uituperat desertores et laudat permanentes, ut deterreat ab imitatione mala et ad exemplum prouocet bonum. 17 *Sed cum Romam uenissem, sollicite me [re]quisiuit et inuenit.* 18 *det[que] illi dominus inuenire misericordiam aput dominum in illa die. [et quanta Ephesi ministrauit mihi, melius et tu nosti.]* Et ideo inuenit, quia [sic] quaesiuit: unde ostenditur quia idcirco non omnes quaerentes inueniunt, quia neglegenter inquirunt. 1 *Tu uero mihi, fili [carissime], confortare in gratia[m] quae est in Christo*

7 cf. 2 Tim. iv 10

1 credamus Cas    alterutro BV *fort. recte* (*cf. supra p.* 369 *u.* 18)    dil. debeamus] diligamus Cas    debebimus R* debemus G*    2 qui—sanctum *om.* V    3 ⌒deposui per sp. sa. Cas    spiritu A*    4 ⌒dep. cust. H₁ scis] si B scit M sanctis N    enim *om.* AHVCas^cod Sd (= vg)    5 hoc *om.* G auerterunt se Sd    ⌒omnes a me H₁    omnis V    ex (*pr.*) BSd in *rell.* (= vg)    ex (*alt.*)] et ex S    6 phylegus V philegus AG filetus B figelus ECas^cod fugulus S phygelus R* (= vg) phylogelus R *corr.* phigelus MCCas^edD philetus N    hermogenus A*H₁ ermogenis MN hermogines G hermogenis V hermoginis D    ideo S    7 quos me] quo sine H₁    *put.* non G reliquerunt AHGVCas reliquis B relinquerunt G* dereliquerunt Sd    det] dei E de S    8 onesiferi B honessifori ES one(i N)sifori R H₂GCas^cod onisifori V qui G    saepe] frequenter NC    9 super *om.* AHGVCas (= vg)    cat.] cath. B (*ut semp.*), E    uituperabat H₁    et *om.* H₁    10 laudabat H₁ perseuerantes bonos Cas    deterreat(a *exp.*) G    11 prouocat H₂    romam *om.* ES uenisset AHGVCas (= vg)    12 me *om.* ES    ⌒ques. me G    qu[a]esiuit BH(quęsisset N)GVCas (= vg)    -que *om.* AHGVCas (= vg)    dominus] deus Cas^cod    ⌒mis. inu. H₂    13 aput dominum] a domino ARH₂GVCas (= vg) *om.* ES    ⌒die illa Cas^cod    illo R    et quanta eph(ef Cas^cod)esi ministrauit mihi (*om.* H₂GCas = vg) (⌒mihi eph. min. R) melius et (*om.* H₂G Cas = vg) tu (⌒tu melius Cas^cod) nosti *add.* BH₂GCas (= vg)    14 et (*om.* GCas) ideo] idcirco H₁    quia] qu[a]e SM    15 sic] *om.* B sollicite Cas requisiuit Cas    unde] + et H₁    omnis V    16 quaer.] *om.* V qui quaerunt Cas    quia] qu[a]e SM quoniam Cas    tu—et (*p.* 511 *u.* 1) *om.* Sd^codd uero] ergo AHGVCasSd^ed (= vg)    17 mihi f. carissime] f. mi AHGVCasSd^ed (= vg)    confortate Cas^ed    gratia BH₂GVCasSd^ed (= vg)

*Iesu, 2 et quae audisti a me per multos testes.* Siue: Praesentibus multis tibi dedi mandata qualiter debeas docere. Siue: Quae dixi, multis prophetarum exemplis et testimoniis confirmaui. *Haec commenda fidelibus hominibus.* Qui fideliter possint dei gratiam dispensare: hoc est, solius dei causa praedicare. *Qui idonei erunt et alios docere.* Non solum ipsi facere, sed et alios [ut faciant] erudire. 3 *Labora sicut bonus miles Christi Iesu.* Ideo milites dicimur, quia hostes habemus contra quos laboriose dimicamus. 4 *Nemo militans [dco] implicat se negotiis saecularibus: ut ei placeat cui se probauit.* Conparatione militantum utitur, ut ostendat multo magis nos a negotiis saecularibus liberos esse debere, ut Christo placeamus, cum etiam saeculi milites a reliquis eius actibus uacent, ut possint regi suo placere perfecte. 5 *Nam et qui certat in agone, non coronatur nisi legitime certauerit.* Alia conparatione id ipsum dicit: multi enim certant, sed ille solus qui tota uirtute certando uicerit, coronatur. 6 *Laborantem agricolam oportet primum de fructibus accipere.* Ne diceret "unde ergo uicturus sum, si me totum occupauero in doctrina?," ostendit eum primitias fructuum a populo debere percipere, praeter mercedem quam a domino messis accipiet in futuro. 7 *Intellege quae dico: dabit enim tibi deus intellectum in omnibus.*

5 cf. Eph. iii 2    21 cf. Matth. ix 38; Luc. x 2

1 iesu *om.* E    et *om.* V    audistis Sd$^{cod}$    2 ↶ mand. dedi Cas    dedi] de V    ↶ docere (docease Sd$^{cod}$) debeas BHGVSd    3 quae] quia NC*    et *om.* G    4 fisdelibus A*    hominibus *om.* Sd$^{codd}$    5 possunt H$_1$MSd    ↶ gr. dei H$_1$    6 qui] + etiam G + ideo V    erunt] sunt G    et alios docere] ut et (*om.* D) alios doceant GD    et] ad ES    ipsis G    7 ut faciant *add.* BH$_2$G    8 idcirco Cas    dicuntur ESG    quia] qui A* qu[a]e SM    9 quos] quas G    laboria sedimicamus A*    deo *add.* BHGVCasSd (= vg)    10 ei *om.* ES    11 conparationem GV    militantium ESGCasSd militi tamen M militum NC    et ostendit Sd$^{ed}$    13 ↶ etiam quom B si etiam Cas    a *om.* V    eius *om.* Sd    uocant M uacant NC*Cas    14 possint—perfecte] suis regibus placeant V    regi suo] rele(i S)gioso H$_1$    et *om.* H$_2$    certatur ES    15 non—certauerit *om.* Sd$^{codd}$    coronabitur H$_2$Sd$^{ed}$    nisi] + qui V    16 id] ad H$_1$    17 certando *om.* H$_1$Sd    coronatus erit Sd    18 ne] + quis Sd    ergo *om.* Cas    19 occupare R    20 eum] etiam Cas$^{cd}$    fructum ESMNG* frugum Sd    populo] popolo V + hic Cas    percipere] proficere E* perficere E *m. rec.*    praeter(ter *in ras.* A) *om.* Sd    21 ↶ messis quam a domino Cas    a *om.* MN    domino (*pr.* o *in ras.*) A    messis] merces E    accipiat A*NC* percipiet Sd    futurum V    intellego R*    22 enim *om.* H$_1$V    dominus ARH$_2$GVCas (= vg)    ↶ in omn. int. AH$_1$VCas (= vg)    in omnibus *om.* H$_2$

Qu[i]a propter quaerentes occasionem conparationis uelamine fuerant obumbrata. 8 *Memor esto Christum Iesum [re]surrexisse a mortuis ex semine Dauid.* Hoc contra illos qui carnis resurrectionem negantes, consequenter etiam Christi negabant, sed [et] aduersus illos qui negant Christum in carne uenisse, quos Iohanne[s] antichristos appellat. *Secundum euangelium meum.* Secundum quod me praedicare non nescis. 9 *In quo laboro usque ad uincula, quasi male operans.* [Non tamen uere male.] *Sed uerbum dei non est alligatum.* Quia et praesentes fiducialiter doceo, et litteris absentes confirmare non cesso. 10 *Ideo omnia sustineo propter electos.* Ideo tribuni auxilium peti[i] ac postea Caesarem appellaui, ut per me confirm[ar]entur electi, cum has passiones potuerim iam moriendo finire. *Ut et ipsi salutem consequantur quae est in Christo Iesu, cum gloria caelesti.* Quae salus in Christo est, non nuda, sed gloria uestita, nec terrena gloria, sed caelesti[s]. 11 *Fidelis sermo [est]: nam si commortui sumus, et conuiuemus.* Ueritatis ratione subnixus: si enim a uitiis et uoluptatibus sumus

---

6 cf. 1 Ioh. iv 2, 3 (ii 18)   11 cf. Act. xxii 25   12 cf. Act. xxv 11

---

1 quia—obumbrata *om.* Cas$^{ed}$   quia] qua BE* que M   quaerentis H$_1$   occas.] occans. E occass. M   conpar.—obumbrata] conparatione fuerat obscuratum Cas$^{cod}$   uelamine] uel lumine H$_2$   2 fuerat H$_1$ fuerint H$_2$   esto] + dominum R   ⌢ies. chr. RH$_2$GCas (= vg)   surr.] resurr. AHGVCasSd$^{ed}$ (= vg)   3 dauid] dei N   hic Cas$^{ed}$ hoc est Sd$^{ed}$   4 negantes—christi *om.* Sd   negantur E* negant E corr., R   ⌢neg. etiam chr. Cas   negabunt HV negant F   5 sed *om.* Sd   et *om.* BESN aduersum H$_2$Cas   negant] negabant Cas   6 ⌢ant. ioh. Cas   iohanne A iohannis E*SMNGV* iesus Sd$^{ed}$   antichristus E*R* anticristos S ante x̄p̄s M ante x̄p̄o N   7 meum] nostrum E   me *om.* H$_1$   non nescis] nosti V   nescitis ES   8 operatus G   non—male *om.* BR*   9 tamen *om.* Cas$^{cod}$   uere *om.* H$_1$   male *om.* Cas   uerbum] sermo Sd domini Sd$^{ed}$   adlegatum M ligatum G alligatus Sd   qui MN   et *om.* Sd   10 in praesenti(-e N) H$_2$   ⌢doc. fid. Sd   ⌢abs. litt. Cas   absentes confirmare *om.* H$_2$   11 susti.] suste. EN*   ⌢aux. p. a tribuno Cas   12 peti] petii BCas petiui H$_2$G   caes.] cess. SN*   confirmarentur B confirmentur *rell.*   13 electi *om.* H$_1$   ⌢iam pot. fin. mor. Cas   iam moriendo] in(m E)moriendo H$_1$   14 finiri G   consequamur N   15 quae *om.* G   non] et non Cas   16 gl. uestita] cum gl. Cas   gloria (*alt.*) *om.* Cas caelesti] caelisti A caelestis B,R corr. caelestia H$_1$N   fid(*ex* s)elis A   17 est *om.* AHGVCas (= vg)   conmorimur H$_1$   conuiuimus H(—S)GV*   18 ⌢comm. a uit. et uol. su. Cas   uitis E*S   uolun(m M)tatibus H(—RC)

commortui Christo, uiuemus cum illo. alioquin quo modo hoc sperare poterimus? 12 *Si sustinemus, et conregna[bi]mus.* Si sustinuerimus, cum necesse fuerit, quae ille sustinuit, tunc demum [simul] regnare poterimus. *Si nega[ueri]mus, et ille negabit nos.* Sicut in euangelio ipse promisit se 'coram homini- 5 bus negantes coram patre et angelis negaturum.' 13 *Si [nos] non credimus, ille fidelis permanet; negare se ipsum non potest.* Siue non credamus[, siue credamus]: [et] non aliut potest exhibere singulis quam promisit, quia ueritas contra se non faci[e]t, ne se negare uideatur. 14 *Haec commone[o] testificans* 10 *coram deo. Sub testificatione dei constringit. Noli uerbis pugnare: [in] nihil utile est, nisi ad subuersionem audientium.* Sine testimoniis scripturarum: huius modi enim contentio non aedificat, sed destruit audientes, dum putant omnia ingenii acumine et suptilitate consistere. Siue: Noli uerbis 15 uincere uelle, sed factis. 15 *Sollicite cura te ipsum probabilem exhibere deo.* Ante omnia hoc labora, ut talem te aput deum exhibeas, quo merito possit tibi populus obaudire. *Operarium*

5 cf. *Luc. xii 9; *Matth. x 33

1 christo *om.* Cas    uiuimus H    cum illo] christo Cas    hoc. sp. poterimus (peteremus N)] sp. poterimus H₁ conuiuemus Cas    2 sustinebimus SVCas sustinemus R corr.    conregnamus] conregnabimus AH(—EM)G Cas (=vg) conregnauimus EMNV    si *om.* ES    3 susteneri(e N)mus MN sustinemus C sustinebimus Cas    cum] eum cum MN    quae] quod BH₁ susti.] suste. ESG    4 domum A*    simul regnare (regenerare M) p.] regnare p. A regnare p. simul H₁ simul regnauimus V    neg.] negamus A negauimus ESGV negabimus H₂Cas (=vg)    5 negauit H₁V    sicut—potest (7) *om.* H₁    in euangelio *om.* H₂(—M)    6 negaturam A    nos *om.* AHGVCas (=vg)    7 manet RH₂VCas^cod (=vg)    se] semet G    8 ⌒siue credamus (-imus *ed.*) siue non ( + credimus *ed.*) Cas    siue credamus *om.* B    et *add.* B ⌒exh. poterit (potest H₂) BH₂GVCas    9 sigulis A*    10 faciet AH₁Sd facit BH₂GV(Cas)    ne (nec G)—uideatur *om.* NC    commoneo] commone AHGVCasSd^ed(=vg)    11 domino BR*H₂GVCas^ed (=vg)    constringe Cas 12 pugnare] contendere AHGVCas (=vg)    nihil] in nihil BCas^cod (=vg) de (*om.* MC) in nihili H₂ innilem enim G ad nihil Cas^ed    utile] inutile G corr. enim utile Cas^ed    est nisi *om.* Cas^cod    uersionem R*V    13 scrip.] scrib. G enim] etiam E    contensio M contentiones NC    14 aedificant NC destruunt NC destruet G    dum—factis *om.* Cas    dum putant] cu(o E)mputant H₁    15 ingenii (*om.* H₁) acumine et suptilitate] ingenia cummoni (*sic* M communi *rell.*) sublimitate H₂ in ingenti acumine et subtilitate V    subsistere H₁    nolo R    uerbum R*    16 'uelle] uell(*om.* R)is H₁ *tr. post* noli C    fatis A*    sollicite] sollitite G*+autem Cas^ed    17 hoc] in B *om.* R* hec G    labore B laborare R*    ut *om.* S    18 ⌒tibi possit V obaudiri SR ob[o]edire H₂GVCas

*non impudoratum.* Ita [ut] uiue, ne dicta factis deficientibus
erubescant. *Recte tractantem uerbum ueritatis.* Ille recte
tractat qui dicta sua exemplo confirmat: ornamentum enim
uitae doctrina; firmamentum uero uerbi est opus. 16 *Profana*
5 *autem inaniloquia deuita: multum enim proficiunt ad impieta-*
*tem.* Inreligiosas haereticorum fabulas [deuita], qui negant
resurrectionem; per quod utique et iudicii timore sublato
ad omnem impietatem et ad cuncta crimina peruenitur.
17 *Et sermo eorum ut cancer serpit.* Cancer esse dicitur uulnus
10 quod in mammillis nascitur feminarum, quibus nisi cito
subuentum fuerit, cum uirus ad [c]or serpendo peruenerit,
nullum ultra remedium est. ita et haereticorum sunt uitanda
colloquia, ne per aures inremediabiliter uulnerent mentes.
*Ex quibus est Hymeneus et Philetus,* 18 *qui a ueritate exciderunt.*
15 Nomina signat, ut nouerit quos debeat [prae]cauere. *Di-*
*centes resurrectionem iam factam* [*esse*]*, et quorundam fidem*
*subuertunt.* In filiis. Siue: Ossa uiuificata in [H]iezecihel

3 cf. Eccli. xxi 21; cf. Eccli. iv 24     17 cf. Ezech. xxxvii 1–14;
cf. Tert. *carn. resurr.* 30

1 non impudoratum] inconfusibilem AHGVCas (=vg)     ut *add.* B
uiue] uiuere debes V     2 erubiscunt M erubescent G erubiscant V eru-
bescas Sd     ueritates A*     ille recte tractat *om.* Cas[ed]     3 ↶exempla
(-is E *m. rec.*) sua dicta(-ae E *m. rec.*) H₁     exempla G     confirmet M     4 fir-
mentum A*     uero] enim B *om.* H₁     est *om.* H₁     profana] stulta Sd
5 autem] enim ES     inaniloquia] et inania loqui⁕ N et inaniloquia
CCas[cod]Sd et uaniloquia Cas[ed]     deuita] deuitam A deuia R* diuita N
proficient AH₁GVSd[ed] (=vg) faciunt H₂     6 inreligiosa H₁ reli(e MN)giosas H₂
↶fab. haer. Cas     deuita *add.* BH₂G     7 iudici E* iudicis ER*     8 perue-
nietur G     9 ut] sicut GSdD     ↶dic. esse Cas     esse] ergo E, *tr. post*
diciturC     10 in]imA     mamellis H₁ mamillis R corr., VSd mami(e N*)lla H₂
mammellis G     quibus n.] et n. eis Cas     cito] subito Cas[ed]     11 ↶fu.
subu. Cas     uirus (uiris E uiros N *om.* Cas) ad cor] uerus ador B     serpendo (serpiendo V) peruenerit] serpserit Cas[ed] serpendo Sd[codd]     12 et
*om.* Sd[ed]     ↶coll. uit. Sd     13 inrationabiliter H₂     mentem Cas
14 hymmeneus B hymmineus E hymineus SG autem menens M himeneus N
hymenaeus Cas[ed]     phyletus SRG filetus Cas[cod]     ceciderunt E exceedrunt S
15 signa ES designantur Cas     deb. praecau.] cau. deb. B cauere(i M)t
H₂Cas[ed] cau. oporteret G cau. V *fort. recte (cf. uol. I, p. 101)* caueat Cas[cod]
16 ↶iam fac. esse resurr. Sd[ed]     ↶iam resurr. H₂     esse]*om.* AH(—R)VCas
(=vg) *tr. post* resurrectionem RG     et *om.* G     ↶subu. (subuerterunt
Cas[cod]) quorun. (quorum. E corun. N) fid. AHGVCas (=vg)     17 in (*pr.*)]
siue in V     filis E*     hiezeciel A* hiezecihel A iezechiel BF ezechiel ESNCGV
ezechihel R aezechihel M

Istrahelis interpretantur de captiuitate collectum quasi a mortuis surrexisse. 19 *Sed firm[um fund]amentum dei stat habens signaculum hoc.* In quorum corde fides [Christi] fundata erat, non sunt seducti uel moti: hoc, quia dei essent habentes indicium, sicut Mosi tempore hi[i] qui a Dathan et Abiron subuersi non sunt, [et ideo] non simul cum impiis perierunt, deo illos suos esse optime cognoscente. *Cognouit dominus qui sunt ipsius.* In Numeri[s] scriptum est libro. *Et discedat ab [omni] iniquitate omnis qui nominat nomen domini.* Ut non simul pereat cum iniquis. 20 *In magna autem domo.* Magnam domum non ecclesia[m] dicit, ut quidam putant, quae 'non habet maculam neque rugam,' sed mundum, de quo ait Hieremias: ' O Istrahel, quam magna est domus dei!' et cetera, in quo sunt zizania mixta cum tritico: nam resurrectionem negantes certum est in ecclesia esse non posse. *Non solum sunt uasa aurea et argentea.* Pretiosa et fortia. *Sed et lignea et fictilia.* Humilia et infirma. *Et quaedam [quidem]*

1 cf. Rom. vi 4   5 cf. Num. xvi 32   8 Num. xvi 5   12 cf. Eph. v 27
13 Bar. iii 24   14 cf. Matth. xiii 25 etc.

1 ist. *scripsi* israhelem BH₂   interpretantes BH₂V interpretantibus H₁G collectum (*uidelicet subst.*) *om.* G   a mo(o *om.* A*)rtuis *om.* H₁   2 resurrexisse H₂G   firmum fundamentum] firmamentum AESV   ᴖdei fund. Cas ᴖstat dei C*F   stetit AH₁Cas(=vg) sicut V   3 habentes C* habentis G quarum C corr.   corda R cordibus H₂   ᴖfid. er. chr. fund. Cas^ed chr. fid. er. fund. Cas^cod   christi *om.* B   4 ᴖerat fundata H₁Sd   erant V non] cum opere non G   ᴖmo. neque sed. Cas   deus A*   5 iud. AH₁C* mosi] mos ei ES   hi (hii ASMNGV) qui a] inquia E hi qui ad R ii quia Sd^ed datan Cas^cod   6 habiron ES abhiron R biron N abyron C   non] *om.* S nec R   et ideo *add.* BH₂GV   impiis] ipsis H₂G   7 deo] deus H₂G illos suos] illos H₁ suos illos NC   suos esse *om.* Sd   cognoscente] cognoscens H₂ cognoscebat G   cognouit] nouit Sd   8 ipsius] eius AHGVCasSd (=vg)   in—libro *om.* H₂G   numeris V numeri ABES numero R   scriptum V   libro] in libro S libri R, *om.* V *fort. recte*   9 discedat SR* discedit R corr.,G discedunt M discedunt N discedent C* descendat Sd^cod cod* omni *om.* AHGVCasSd (=vg)   omnes SH₂   qui]+enim S   nominant H₂Sd^ed   dei Sd^cod ed   10 ut non] ne Cas   non] sion E   simul solum B *om.* Cas   ᴖcum in. per. Cas   pereant(-iant M*N*) H₂   domu AMGSd^cod   11 non] nonne ER*   ecclesiam] ecclesia BS   putat Sd^ed 12 sed mundum(-am H₁) *tr. post* dicit (11) R corr.   de quo] inde H₁ 13 ait] dicit C   heremias MV iheremias G   srahel S   dei] domini E *om.* S 14 quo] qua H₁   sunt] est BMNV *fort. recte om.* Sd^codd   zezania MN mixto S   cum *om.* Sd   15 certum est *om.* E   possunt C   17 et (*pr.*) *om.* S   linnea A*   humilia (uilia Cas) et *om.* H₁   et (4⁰) *om.* S   quaedam] alia Sd^ed   quidem *om.* B

*in honore, quaedam autem in contumelia:* 21 *si quis autem* [e]*mundauerit se ab istis, erit uas in honore sanctificatum,* [et] *utile domino ad omne opus bonum paratum.* Si quis se a doctoribus haereticis emundauerit, credet resurrectionem futuram
5 et iudicium dei, [ac] per hoc omne opus bonum implere contendet. 22 *Iuuenilia autem desideria fuge.* Quia et in senioribus esse possunt, si haec agant quae grauitati non conueniunt Christianae, et a iuuenibus uincuntur, si caueant leuitatem. *Sectare uero iustitiam, fidem, caritatem.* [Hic] fidem integri-
10 tatem [eius] dicit. *Pacem.* Illam pacem quae religioni debetur. *Cum his qui inuocant dominum de corde puro.* 'Beati mundo corde,' quibus non dicitur: 'quid me uocatis dominum, et non facitis quae dico?' 23 *Stultas autem* [et] *sine disciplina quaestiones deuita, sciens quia generant lites.* Stultae [et] omnes
15 [sine] disciplina[e] legis sunt quaestiones. 24 *Seruum autem domini non oportet litigare.* Seruum Christi, qui 'non clamauit neque contendit, nec audiuit quisquam in plateis uocem eius,' secundum quod de [e]o propheta praedixit. *Sed mansuetum esse ad omnes.* Non solum ad amicos. *Docibilem, patientem,*

11 Matth. v 8    12 *Luc. vi 46    16 *Esai. xlii 2 (cf. *Matth. xii 19)

1 honore] hore A* honorem SR.NCCasSd^ed (=vg)    honorem *et* contumeliam *tr.* NC*    autem] uero H₁    contumeliam HGCasSd^ed (=vg)    autem (*alt.*)] ergo AH₁V (=vg)    2 mundauerit] emundauerit BCasSd^ed (=vg)    honorem HCas (=vg)    sanctificatus N    *et add.* AHGVCas (=vg)    3 bonum *om.* V    ⌒a doct. se Sd    doctoribus] seductoribus istis Cas    4 emund.] mund. et H₁ mund.V    credit BH₂Cas^ed crediderit H₁ crederit G credens Cas^cod et crediderit Sd    res.] in res. H₁ + esse G    5 ac *om.* AH₁Sd    hoc *om.* H₁    bonum] + dei adiutorio Cas    contendet] condet ES contendit H₂CasSd^cod    6 iuuenalia EN  ·  autem *om.* N    quia] quae (qui M) BH₂G    in *om.* H₁    senibus Cas    7 esse] + non H₁    si *om.* H₁    agunt H₂Cas    grauitate MN grauitati V    conueniant GV    8 iuuenibus] uiuentibus B    uincantur H₁G dei iuuamine uinci possunt Cas    si ( + non NC + ue V) caueant (careant C*)] sic habeant E    leuitate C*V    9 hic *om.* B    10 eius] *add.* BM,C corr.,GV fidei Cas    illam pacem] *om.* NC pacem illam Cas    pacem *om.* S    reli(e)gione A*SR*NG    11 deum Cas^cod    12 quibus non] de quibus non E,R corr.,G de quibus nunc S de quibus R* dixerunt N    deum H₁    13 stultus E stultos R*    *et om.* A    disciplinę SR    14 sciens *om.* G    stultae—quaestiones *om.* H₂    omnes A et omnes B omnes et *rell.*    15 sine disciplina] disciplinę B sine disciplinę SRG    legis] scripturarum Cas    sunt] *tr. post* omnes G    16 clamauit] eiulauit R clamabit Sd^ed  ·17 contendet Sd^ed    neque H    quisquam] q(*eras.*)uias quas M quis quiis N    in plateis(-as G) *om.* H₁    uocem] cem A*    eius] + et cetera Cas    18 de eo] deo BG* doe E    proph.] prof. EM    modestum Sd    19 patientiam R

25 *cum modestia docentem eos qui resistunt.* Qui possit et omnes et semper docere patienter, non cum furore, sed modestia. *Ne quando det illis deus [patientiam] paenitentiam ad cognoscendam ueritatem,* 26 *et resipiscant a diaboli laqueis, a quo capti tenentur ad ipsius uoluntatem.* Non de dei bonitate 5 dubitat, sed de accipientium [dubitat] prauitate: ['det illis deus'] per[pe]tuam mitem blandamque correptionem [et] accepta ratione resipiscant. simul et contra Nouatianos paenitentiae negatores, qui haeretici[, si] conuertantur, ueniam posse consequi perhibentur. 1 *Hoc autem scito, quoniam in nouissi-* 10 *mis temporibus instabunt tempora periculosa.* Non sit tibi hoc mirum quia cotidie peiora proueniunt. 2 [*Et*] *erunt homines se ipsos amantes.* Non dei gloriam, sed suam quaerentes. *Cupidi [diuitiarum], elati.* Auari et in auaritia iactantes. *Superbi, blasphemi.* Cum nolint discere, doctrinam usurpant. 15 *Parentibus non oboedientes, ingrati, scelesti* [, *infideles,*] 3 *sine affectu.* Ueris scilicet doctoribus qui eos per euangelium gen-

13 cf. 1 Thess. ii 6       17 cf. 1 Cor. iv 15

1 docentem] corripientem AHGVCas (=vg)    resistunt] restitunt(?) A* +ueritati R corr., Cas^ed    possunt N    et *om*. H₂(—M)Cas    2 et *om*. H₂ (—M)Cas    semper *om*. NCCas    sed]+cum H₁(—E*)    3 ⌒illis deus det (et S) ES    illi N    patientiam *add*. B    paenit.] patientiam(-ia N) MN 4 agnoscendam N    5 captiui R    non—prauitate *tr. post* quando (3) BH₂G    de]*de A    ⌒bon. dei G    6 accipienda (abicienda C*m*2) H₂ prauitate] uanitate A dubitat prauitate B paruitate G    det (ne det R) illis deus *om*: BH₂G    7 per tuam] perpetuam AHV    mitem (mittere B) blandamque] mitem plandamque M contemplandam quam NC    correctionem R correctione C*m*2    et *om*. BHGV    8 rationem A*    nouatianus A nouatitiones B nouata nos E natura nos S nauatianos M nouitia nos N nouacianos C    paen.] poen. M    9 qui] quia (*uel* qui a) ES,C corr.,VCas qui ab R    haeretici si (*om*. B) con(sicut *pro* si con AN)uertantur(-entur G)] hereticis conuertantur H₁    posse] non posse R    10 haec MN    scio MN quoniam] quod AH₁MGVCasSd^cod (=vg) quia NCSd^ed *om*. Sd^cod    ⌒diebus non. Cas    11 temporibus] diebus AHGVCasSd (=vg)    hoc *om*. H₁Cas 12 quia] qui E* que S quod E corr.,MGCasSd    cod cotidie B cottidie RG prouenient BF ueniunt H₁ conueniunt MN perueniunt Cas^edSd^ed    et *add*. AHGVCas (=vg)    13 sua E    14 cupiti R*V*    diuitiarum *om*. AHGVCas (=vg)    iactantes] letantes B iactanter E *praem*. se F iactantis V 15 nolunt H₂V nollint G    dicere H₁    16 non oboedientes] inoboedientes (-ibus N) H₂ (=vg)    ingratis celesti A ingratis c[a]elestes MN ingratis caelesti V    infideles *om*. AHGVCas (=vg)    17 affectu BSd^ed af(d)fectione AHGVCas (=vg)    ueris] ueteris(-es) H₁    scilicet *om*. R*V    doctrinis B

uerunt. [*Sine pace,*] *criminatores.* Sanctorum. *Incontinentes,* [*pacem non custodientes,*] *inmites, sine benignitate.*
[Per] omnium simul uitiorum. 4 *Proditores.* Inuicem accu-
santes. *Pro*[*p*]*terui, tumidi, uoluptatum amatores magis quam*
5 *dei.* [Maior] sollicitudo indicium est abundantioris amoris: qui
enim saeculi uoluptates potius quam domini praecepta
libentius aut audit aut loquitur, talis est. 5 *Habentes quidem
speciem pietatis.* In habitu uel doctrina. *Uirtutem autem eius
abnegantes.* [Ipsam rem operibus abnegantes.] *Et hos deuita.*
10 Ne 'corrumpant mores bonos colloquia mala.' 6 *Ex his enim
sunt qui inruunt in domos, et captiuas ducunt mulierculas
oneratas peccatis.* Illas capiunt quae sunt oneratae peccatis,
impunitatem illis ac ueniam promittentes. Siue: Infirmas
animas, quae feminis conparantur. *Quae ducuntur uariis*
15 *desideriis.* Noua semper discere cupientes. 7 *Semper dis-
centes, et numquam ad scientiam ueritatis peruenientes.* Quia
nihil definitum tenet quisque traditiones uult tenere diuersas
etiam non probatas: ab uno [enim] dictae ab alio destruuntur.
8 *Quem ad modum* [*autem*] *Iam*[*p*]*nes et Mambres restiterunt*
20 *Mosi, ita et isti resistunt ueritati.* Sicut illi per magicae artis

10 cf. 1 Cor. xv 33

1 sine pace *add.* AHGVCas (=vg) (*uide u.* 2)    crimim. A*    sanc-
torum] pace(-es E) sanctorum H₁ scilicet sanctorum V    2 pacem non
custodientes *om.* AHGVCas (=vg) (*uide u.* 1)    3 per *add.* B    simul *om.* H₁
proditorem G*    accusantes] incusantes BGV occusantes E* inaccusantes M
*om.* Cas    4 propterui AER* protus M    uoluptatem A* uoluntatem E
uoluntatum SH₂ uoluptatium V (=vg)    5 maior *add.* BH₂GV(Cas)    est
*om.* H₂    habundantiores amatores H₁    6 saeculi]+amator est G    uoluntates EH₂    potius *om.* H₁    7 aut audit] obaudit(+ur R*) H₁    aut (*alt.*)]
ant A    ⌒sp. qu. AH₂GV(=vg)    8 pietatis] bonitatis(-es E*) H₁    in]
*om.* H₂GCas^cod speciem Cas^ed    uel] *om.* H₂ seu Sd    doctrine NC*    ⌒eius
autem R*    autem *om.* A*    9 ⌒rem ipsam Cas    ipsam—abnegantes
*om.* B    denegantes GVCas *fort. recte*    diuita EN    10 ⌒bo. mo. Cas^ed
bonus A*R*M    [a]eloquia MN    enim] autem G    11 inruunt in] benetrant
A penetrant HGVCas (=vg)    domus MNG    12 honoratas(-is S) ES one-
rates G*    cupiunt G    oneratae honeratae in H₁    13 impietatem G
illis ac] eisdem (iisdem *cod.*) et Cas    ac] et Sd^ed    ⌒an. inf. Cas    14 animas]
mentes H₁    conparantes H₁    15 discere] audire Cas    cupientes]+et
reliqua(e N) NC*    16 peruemunt H₁    qui M    17 mihi S nichil N    def.]
diff. H₁C    tenet] tenent H₁MG *om.* N    quisquis NC qui Cas    uul M
18 etiam] enim H₁    unio B*    enim *om.* B    dicta H₁    dest.] dist. ENGV*
19 quem] quae V    autem] *om.* B enim H₁Sd^ed    iamnes] iannes A(S)
iampnes B    manbres BC    20 isti] hii AMV hi GCas(=vg)    restiterunt G
mag(*om.* N)icas artes H₂G    maice ES    artis] artes E *om.* Cas^ed

IN II TIMOTHEVM

praestigia, ita et hi[i] per argumentorum fallaciam. simulque ostendit Mosen ueritatis fuisse doctorem: hoc aduersus obtrectatores ueteris testamenti. *Homines corrupti mente, reprobi circa fidem.* Tam moribus corrupti quam reprobi circa fidem. 9 *Sed ultra non proficient.* Hoc non de omnibus 5 haereticis dicit, sed de his quos tunc cito in spiritu nouerat destruendo[s]: ceterum ipse inferius quosdam in peius [proficere] posse praedixit. *Erro[r] enim illorum manifestus est [omnibus], sicut [et] illorum fuit.* Cum confessi sunt se dei digito superatos. 10 *Tu autem adsecutus es meam doctrinam,* 1 *institutionem, propositum, fidem, longanimitatem, dilectionem, patientiam.* Plus tibi de me crede quam [de] illis. Siue: Idcirco tibi non timeo, quia scio te doctrinam et uitam meam optime cognouisse. 11 *Persecutionem, passionem; qualia mihi facta sunt Antiochiae, Ic[h]onio, Lystris, quales* 1 *persecutiones sustinui.* Ex his potuisti cognoscere me nihil propter homines facere, qui tanta sum passus. [*Et*] *ex omnibus me eripuit dominus.* Ita et te de omnibus eripiet, si sequaris. 12 [*Non solum autem me: sed*] *et omnes qui uolunt pie uiuere in*

7 cf. 2 Tim. iii 13    9 cf. Exod. viii 19 (15)

1 pestrigias E praestigias SR* praestrigia R corr.,M fraestrigia G fallaciam Cas    hi] hii ASMNG in E    fallaciam] praestigia Cas$^{cod}$ praestigias Cas$^{ed}$    2 ostendens H$_1$    moysem R* moysi N    hoc] hec B *om.* E    3 obtrect.] obtract. MN    homines] omnes NC*    corrupti] reprobi G    4 reprobi] corrupti G    tam—fidem *om.* V    ↶ ci. fi. rep. H$_1$G    5 profici*ent V hoc non de] hoc enim de B de H$_1$ hoc enim (*om.* M,C corr.) non de H$_2$ non de Cas    6 his] +tantum Cas    ↶ nou. in sp. H$_1$G    7 destruendos] destruendo B    ↶ ait quosdam (quodam V*) in peius proficere (*sine* posse) V in peius] impius(-os NC) H$_2$    proficere posse] posse B proficisse ES profecisse posse R    8 error D erro B insi(a SM)pientia AHGVCas (=vg)    enim *om.* H$_1$    illorum manifestus est] eorum manifesta(-ata Cas$^{ed}$) erit AHGVCas (=vg)    9 omnibus *add.* AHGVCas(=vg)    *et add.* AHVCas(=vg)    illorum] aliorum Sd$^{ed}$    cum] qui B *om.* H    ↶ dig. dei se esse Cas dig. dei se fuisse Sd    11 longaminitatem B    12 ↶ crede me mi H$_1$    me crede] mercede V    de (*alt.*) *add.* Cas    13 scito MG*V    doctrinam et *om.* Cas uitam] uirtutem H$_1$    14 ↶ cogn. opt. Sd$^{ed}$    persecutiones passiones (*om.* NC)AHGVCas(=vg)    15 anthiochia E in antiochię R* anthiochie Cas$^{cod}$    iconio] ichonii A ichonis E hyconię S hiconis R* iconii R corr., GVCas$^{ed}$ (=vg) hiconii N hyconii C yconii Cas$^{cod}$    listris BH(—R)G *praem.* et Cas    16 potuistis A*    17 fecisse G    qui tanta] quanta R que tanta M quia tanta NC*    *et add.* ARH$_2$GVCasSd(=vg) *fort. recte*    18 ↶ eripuit me CCas$^{cod}$ liberauit me (*om. ed.*) SdD    ↶ de omn. te Sd    19 non solum autem me sed] *om.* AH$_1$VCas (=vg) non solum sed G    omnis V ↶ pie uolunt H$_2$

*Christo Iesu persecutionem patiuntur.* Non solum [omnes] ego, sed et omnes qui non occidunt animas adulando: timendum ergo nobis est ne non pie uiuamus, qui nihil patimur propter deum. 13 *Mali autem homines et seductores proficient in peius, errantes et in errore[m] mittentes.* Hoc de adulatoribus dicit, qui dum a stultis hominibus diliguntur, magis decepti decipiunt. Siue: De haereticis accipiendum est. 14 *Tu uero permane in his quae didicisti.* Nolo ista te terrean[t] uel seducant. *Et credita sunt [t]ibi.* A deo per nos. *Sciens a quibus didiceris,* 15 *et quia ab infantia sacras litteras nosti.* Siue: A uero apostolo[s]. Siue: Per legem a deo. *Quae te possint instruere ad salutem, per fidem quae est in Christo Iesu.* Sine fide enim Christi litterae legis iam non sufficiunt ad salutem. 16 *Omnis scriptura diuinitus inspirata utilis est.* Quaecumque sunt in lege scripta, ad nostram doctrinam pertinent. *Ad docendum, ad arguendum, ad corri[g]endum, ad erudiendum [in] iustitia[m].* De ipsa lege docetur ignarus, arguitur insolens, corrigitur declinans, eruditur ad iustitiam qui modum seruare non nouit. 17 *Ut perfectus sit homo dei, ad omne opus bonum instructus.* Ideo est data legis instructio,

6 cf. Lucr. i. 941 (iiii. 16)

1 iesu om. ESCas  patientur AESCVCas[ed] (=vg)  omnes] add. B autem R  ego om. R*  2 et om. H₂G  omnis V  adu(o GV)l.] in adol. H₁  tim. ergo] unde tim. Cas  3 quia SR  nil G  patiuntur B 4 dominum H₂  malitia R*  proficiunt NC  peius] poenis B penis S 5 errantis V*  errorem] errore BSN  mittentis V*  adulatoribus] adu(o)lantibus NC + uel de haereticis Cas  6 dum om. V  a] ab NCVCas stultis om. Cas  diliguntur] + atque laudantur Cas  seducti seducunt Cas 7 est om. H₁  uero] autem G  8 didicistis A* dedicisti V  nolo] + ut H₂G te terreant] de terrena B  uel seducant om. Cas  9 sunt om. Sd  tibi] ibi A  a quibus] a quo ARH₂VCasSd (=vg) quod ES  10 quia] qui ES infantiam E*S  11 siue (pr.)] siue(i *in ras.*) A  a uero aposto(u V)lo] ab apostolis C  uere E*S  apostolos A  12 ⌒inst. poss. C  possit ES possunt RNCGCas  instituere G  iesu om. Sd[codd]  13 fide] fine G litterae legis] om. H₁Cas[ed] litterae litis V litteralitatis V corr.  ⌒iam legis G iam] tam B om. H₂  ⌒non iam Sd[ed]  suff.] + iam H₂  14 omnis] + enim Cas[ed]  diu.—doc. (16) om. Sd[codd]  utilis est] et utilis V (=vg) est utilis Cas 15 quaecumque—instructus (20) om. H₁  quaecumque] + enim Cas  ⌒in lege scripta sunt B scripta sunt in lege Cas  16 pertinent] scripta sunt Cas ad (*alt.*)] et ad G  corrig.] corriendum A corripiendum BCas[cod]  17 iustitiam] in (cum R) iustitia AHGVCas (=vg)  ignorans Cas  18 arguetur MN, R corr.  corregitur MN corripitur GCas  errans Cas  19 quo M modum] modo MN eam modo R corr.  20 ⌒data est H  lex H₁

ut eius consilio [cuncta] facientes iuste iusta faciamus. 1 *Testificor coram deo et Christo Iesu qui iudicaturus est uiuos et mortuos, et aduentum ipsius et regnum eius.* Contestatur illum per uniuersa quae credit religio Christiana, ut uerbum dei instanter adnuntiet, [qui iudicaturus est uiuos ac mortuos,] 5 quia et uiuos inueniet et mortuos suscitabit. [Siue: Peccatores et iustos.] 2 *Praedica uerbum: insta oportune [importune].* Oportunum [est] libenter audienti, importunum inuito praedicare. *Argue, obsecra, increpa in omni patientia et doctrina.* Argue peccantes et contestare, ne peccent; increpa resistentes: 1 sed haec omnia cum patientia et secundum doctrinam perfice legis. 3 *Erit enim tempus cum sanam doctrinam non sustinebunt [homines].* Ueram et perfectam; sicut Istrahel audire nolu[er]it a prophetis. *Sed ad sua desideria coaceruabunt sibi magistros.* Tales sibi magistros inquirent, qui 1 ea dicant quae ipsi audire desiderant, ut securi delinquant. *Prurientes auribus.* Quae delectari desiderent, non conpungi. 4 *Et a ueritate quidem auditum auertent: ad fabulas autem conuertentur.* A ueritate legis quae uitia damnat, ad rationes humanas quae deum ut pium non uindicaturum esse con- 2

---

1 consilium G  cuncta *om.* BH₂V  testor Sd<sup>cod</sup>  2 et christo iesu *om.* Sd<sup>codd</sup>  ⌒ies. chr. FSd<sup>ed</sup>  et (*alt.*)] ac AESNGVSd<sup>cod</sup> (=vg)
3 mortuos] + suscitabit G*  et (*pr.*)] et per Cas<sup>ed</sup>  contestator SR*
5 adn. *om.* G  qui—mortuos *om.* BNCG  qui iud. est] iud. est autem V  ac] et H₁  6 et (*pr.*) *om.* H₁NSd  ⌒mort. inu. et B  et (*alt.*) *om.* ER*
suscitauit EMCV suscitat Sd<sup>cod</sup>  siue—iustos *add.* BMG  7 praeca A*
insta] + incessanter Cas  in( + o MN*)portune *om.* B  8 oportunum est] oportune A* oportunum A *om.* Cas<sup>cod</sup>  audiendi B audire H₁ audientibus Sd  importunum] + est H₁ *om.* Cas<sup>cod</sup>  inuitu E* inuitus S inuitum R
inuitis Sd  praedicare] dicere V *om.* Cas  9 argue obsecra increpa *om.* Cas<sup>cod</sup>
⌒incr. obs. H₁  in] cum H₁  10 peccatores Sd<sup>ed</sup>  et *om.* H₁  contestare] obsecra Cas  increpare sistentes V  11 sed] + et S  et *om.* Cas
perfice legis *om.* H₁  perfice *om.* H₂(—M)Cas  12 enim *om.* ER*  sana doctrina...sustinebit N  13 homines *om.* AHGVCas (=vg)  et] ac G
14 noluit] uoluerit B  a prophetis] prophetas(-is *cod**) Cas  coacerbabunt NV  15 inquirunt H₁N  16 ea] eis G  dicunt H₁MCas<sup>ed</sup>
audire *om.* Cas  secure Cas<sup>cod</sup>  17 quae] quia NC qui Cas<sup>ed</sup>  dilectare EMN dilectari SG  desiderant A*BHVCas  non *om.* Cas<sup>cod</sup>*  conpugi A* conpungant ES conpingant R  18 et *om.* ES  auertunt ERN
19 conuertuntur SR  legis] scripturae Cas  ad] et BH₂VCas<sup>ed</sup>
20 dominum H₂G  ut—esse] omnino (*om. ed.*) non uindicare Cas  ut] ad *in ras.* C  pium] ipsum H₂  iudicaturum C

cinnant. 5 *Tu uero uigila in omnibus [labora]*. Quae ad utilitatem pertinen[t] audient[i]um. *Opus fac euangelistae*. Hoc est, uerbum tuum opere confirme[n]tur. *Ministerium tuum imple*. Episcopatus scilicet: non enim semper ero in corpore ut
5 ualeam commonere. 6 *Ego enim iam delibor, et tempus resolutionis meae instat*. Mortem suam sacrificium deo futuram dixit, ut eum ad martyrium prouocaret. 7 *Certamen bonum certaui, cursum consummaui*. Modo iam confidenter hoc dicit, in extremo uitae limite constitutus: conparatione sane utitur
10 in agone certantium. *Fidem seruaui*. Fidem suscepti officii in finem usque seruaui. 8 *De reliquo reposita est mihi iustitiae corona, quam reddet mihi dominus in illa die, iustus iudex*. Qui me nouit usque ad mortem pro iustitia dimicasse. *Non solum autem mihi*. Quia non personis meritum, sed labori
15 debetur. *Sed et his qui diligunt aduentum eius*. Qui gaudent aduenisse Christum et iustitiam docuisse. Siue: Qui ita agunt ut aduentum domini libenter expectent. 9 *Festina ad me uenire cito:* 10 *Demas [enim] me dereliquit, diligens hoc saeculum, et abiit T[h]essalonicam*. Necesse erat ut diligens
20 saeculum relinqueret saeculum non amantem: 'omne' enim

4 cf. 2 Cor. xii 2 etc.   10 cf. 2 Tim. ii 5
20 cf. Eccli. xiii 15, 16 (19, 20)

1 labora *add*. AHGVCas(=vg)   2 pertinent] pertinen B pertinet N audientium BH(—E)GCas   3 opera E*R* operibus E corr.   confirmetur] confirmear A confirmentur B   tuum *om*. ES   4 ⌒scil. episc. Sd   episcopatui G episcopatum V   scilicet] + officium NC   non—commonere *om*. N   5 ualeam] habeam B possim C   delebor H₁N*V*   ⌒meae (mei N) resolu(i M)tionis BHVCas(=vg)   6 suam] +quasi Cas   deo] + esse H₂   futurum SR ue(i M)nturam H₂   7 martirium,(ar *in ras*.)A,B prouocet H₁   ⌒bon. cert. H₂GCas(=vg)   8 cursum consumm(*om*. G)aui *om*. H₁   ⌒dicit hoc B   hoc] noc V*   9 limine Cas^cod*   institutus G ⌒utitur sane Sd^ed   10 ⌒susc. off. fid. Sd   11 de] in AHGVCas(=vg) ⌒cor. iust. BH₁CCasSd^ed (=vg)   12 dominus *om*. Cas^ed   13 ⌒nouit me H₁   dimicasse] di(e N*)micare NC *praem*. ipsius adiutorio Cas   14 ⌒debetur (debitur E*S dabitur R) mer. sed lab. H₁   15 his] omnes R iis Cas^ed ⌒adu. eius dil. ES   16 ⌒chr. uenisse Cas   ⌒doc. iust. C   qui ita] quia H₁ quia ita R corr.   17 ⌒uenire ad me MCG   18 uenire] uere A* enim *add*. ARH₂GVCas(=vg)   reliquit (relinquid M) H₂G   19 et *om*. NC* habiit H₁N habit M   thess.] tess. B thes. ESMNG   erat] est Cas 20 saec. (*pr*.)] hoc saec. NCSd^cod saeculi uoluptates Cas   ⌒non am. relinqueret (relinquere M relinquerit N reliquerit C*) saec. E   relinquat Cas^cod saeculum (*alt*.) *om*. Cas   non amantem] relinquentem Sd   omne enim] quia omne Cas

'animal [ad] sibi simile coniungitur.' [*Crescens in Galatiam, Titus in Dalmatiam;*] 11 *Lucas mecum solus est.* [Isti missi sunt, non deseruerunt.] *Marcum adsume et adduc tecum: est enim mihi utilis in ministerium* [: 12 *Tychicum autem in ministerium misi Ephesum*]. Uerbi uel cuiuslibet necessitatis. 5 13 *P[a]enulam quam reliqui Troade aput Carpum, ueniens adfer[s] [tecum, et libros, maxime autem membranas].* Non dixit 'paenulam meam': potuit enim conuersus aliqui[s] ad pedes eius inter cetera posuisse uendendam. 14 *Alexander aerarius multa mala mihi ostendit: reddat ei dominus secundum opera* 1 *eius.* Quoniam uerbis dei restitit, cum ipso habeat rationem. 15 *Quem et tu deuita.* Monet caueri latrantes. *Ualde enim restitit uerbis nostris.* Si nostris restitit, qua[n]to magis tuis! 16 *In prima mea defensione nemo mihi adfuit, sed omnes me dereliquerunt: non illis reputetur.* Quando primum coepi 1 defendere euangelium. 17 *Dominus* [*autem*] *mihi adstitit et confortauit me.* Cum dicit sibi dominum omnibus deserentibus adfuisse, [hunc] ne timeat cohortatur. *Ut per me praedicatio*

8 cf. Act. iv 37

1 ad sibi simile (*om.* M)] sibi simili B ad similem(-e Sd) sibi NSd ad sibi similem V  coniungetur B iungitur Sd  crescens—dalmatiam *om.* B crescen V*  galliam V* (=vg)  2 titius V  mecum solus est] est mecum solus BRH₂GCas (=vg) solus mecum ES  isti—deseruerunt *om.* B 3 non] et non GSd^codd et Sd^ed  adhuc B aduc N  4 enim *om.* V utiles A*  ministerio H₂Cas (*non* Cas^ed expos)  tychicum—ephesum *add.* BH₂GCas (=vg)  tithicum BN thiticum M tityeum C thyticum Cas^cod autem] *om.* M enim NC  in minist. *om.* H₂GCas (=vg)  5 necessitate H₂G  6 paen.] pen. BEMGCas pęn. SR penn. N + autem G  troiade MN adfers] ad(f)fer BRH₂VCas (=vg)  7 tecum—membranas *add.* BH₂GCas (=vg)  tecum *om.* H₂G (=vg)  autem] + et Cas^ed  dixi S dicit Cas^cod 8 paen.] poen. B pęn. SR penn. N  aliquis BH(—M)GCas  9 inposuisse H₁ posuisset V  uendenda V  alex.] alax. M  aer.] er. EG faber aer. Cas^ed 10 ↶ mihi mala GV  ostendit] fecit H₁  reddet CG  ei] illi ERGSd enim S  dominus *om.* R*  11 resistit H₂G  cum ipso habeat] cum habebat H₁ habeat cum deo Cas  12 deuitam A corr., diuita E*R*N cauere RH₂Cas  latrantes] peruersos Cas  13 resistit RG restetit N nostris] meis VSd  si nostris (meis V) restitit (restit S resistit RM *om.* NC) quanto] quato B  14 mea *om.* Sd^cod*ed  adf.] aff. BCCas  omnis V 15 derelinquerunt A*G reli(+n M)querunt H₂  inputetur H₁GCas^cod quando pr.] in primo quando H₂  ↶ eu. coepi def. H₁Cas  coepi de] coepisse A*  coeperit M caepit NC coepit G  16 euangelium] + in roma GSd^codd autem *add.* AERGVCas (=vg)  ↶ ads. mihi GCas  adsistit M adstetit NG  17 deum G  omnibus deserentibus] in omnibus H₁ 18 adf.] aff. BCas  hunc ne] ne BH₂VCas hunc nec E

*impleretur, et audiant omnes gentes.* Non quo ego mori timerem. *Et liberatus sum de ore leonis.* Persecutoris. 18 *Liberauit me dominus ab omni opere malo.* Ab insidiantium malignitate. *Et saluum [me] faciet in regnum suum caelest[a]e.* Quo
5 modo hic liberat, ita in regnum adducit. *Cui gloria in saecula saeculorum.* Ob haec omnia. 19 [*Saluta Priscillam et Aquilam, et Onesifori domum.* 20 *Erastus remansit Corinthi.*] *Trophimum [autem] reliqui infirmum Mileti*[: 21 *festina ante hiemem uenire*]. Hi[n]c probatur quia non propter sanitatem car-
10 nalem tantum apostoli curabant, sed ut etiam signa monstrarent, quia hic suum discipulum non curauit. [*Salutat te Eubolus et P[r]udens et Claudia et Linus et fratres omnes.*] 22 *dominus Iesus cum spiritu tuo.* Quia carni mortuus, spiritaliter uiuis. [*Gratia uobiscum: amen.*]

15      AD TIMOTHEVM SECVNDA EXPLICIT

13 cf. 1 Petr. iii 18

1 impleantur A* impleatur AHGVCas (=vg)    audient SRNC*    quod HGVCas    timorem E*R*    2 persecutores H₁ persecutore H₂    lib.] et lib. G    3 opera E*R*    insidientium G    4 me *om.* AH(—R)GVCas^cod (=vg) regno suo. NCas^cod    caeleste] caelestae AN caelestem H₁ celesti Cas^cod quo modo hic liberat] qui modo me hic liberauit Cas^cod quoniam hinc me liberauit Cas^ed    5 hic *om.* V    libera G    ↶ita in regnum inducit C corr. adducit] inducit BH(—S)GV ducit S ita inducit(—et M) H₂ inducet Cas 6 saeculum A*    ob haec omnia *om.* Cas    saluta—corinthi] *add.* BH₂GCas (=vg) *praem.* amen RH₂GVCas (=vg)    salutate RG    priscam H₂GCas (=vg)    7 onesiferi B onesiphori Cas^ed    chorintho G    trophunum B thophium S trofimum NCas^cod trofinum G    8 autem *add.* BH₂GCas (=vg) ↶inf. rel. V    militi ER*V multi S meleti N mileti* G    festina—uenire *add.* BH₂GCas (=vg)    ante] autem B    9 hinc] hic ABH₁Cas    qui MN 10 tamen M    ut *om.* H₁    etiam *om.* Cas    mons.] mos. N    11 ↶disc. suum BG    salutat—omnes *add.* BH₂GCas (=vg)    salutant NCas^ed    12 eubelus M eubulus N (=vg) euuolus G    pudens] prudens BCas^ed    ↶et linus et claudia H₂GCas (=vg)    cladia M    13 iesus] iesu A* + christus H₂GVCas (=vg)    qui Cas    carne BRNCCasSd^cod ed carnaliter Sd^cod    mortuos A* mortuus es (est *ed.*) Cas    14 uiuus B uiuens H₂Cas    gratia uobiscum (nobiscum MNCas^cod) amen BH₂GCas (=vg) + scripta ab urbe Cas + uersus CLXXII Cas^cod    15 explicit (explit B*) [a]epistola secunda ad timotheum B, E corr. *nihil* E* explicit ad t( + h C)imotheum II SNC (*uide infra*) Cas^cod explicit R epistola pauli explicit ad timotheum M (*uide infra*) + scripta de (a C) lau(o C)dicia(-atia M)(ab urbe roma C*m*2) uersus CLXIII (CLXVII N) abens (*om.* N) (uersus—habens *om.* C) H₂ finit ad timotheum (+ II Sd^cod) GSd^cod explicit epistula ad timotheum II V finis epist. ad timotheum secundae Cas^ed

# INCIPIT AD TITVM

ARGVMENTVM,

[Titum] discipulum suum episcopum, [quem] commonet et instruit de constitutione praesbyteri[i] et de spiritali conuersatione et [de] haereticis uitandis, qui in scripturis Iudaicis alios seducebant.

1 *Paulus seruus dei.* Non peccati. *Apostolus* [*autem*] 5 *Christi Iesu.* Non enim omnis seruus apostolus: ideo autem Christi, quia ab ipso missus fuerat praedicare. *Secundum fidem electorum dei, et agnitionem ueritatis, quae est secundum pietatem* [*eius*] 2 *in spe uitae aeternae.* Secundum [m]eam fidem qua credentes electi sunt, cum agnoscerent ueritatem, quae 10 agnitio non est meritorum nostrorum, sed dominicae ueritatis. *Quam promisit qui non mentitur deus.* Si non mentitur, non aliut exhibet quam promisit, iustis scilicet, non iniustis,

1-2 cf. Tit. i 5    3 cf. Tit. iii 10    13 cf. Matth. xxv 46 etc.

incipit argumentum epistolae ad titum B *nihil habent* E*N argumentum E corr.,Cas$^{ed}$ incipit ad (a M) titum SMV incipit argumentum epistulae pauli ad titum R incipit argumentum in epistolam C incipit argumentum G incipit argumentum in epistola ad titum Cas$^{cod}$    1 discipulum—instruit] titum commonefa(e MN,R corr.)cit et instruit (instituet R corr.) H$_2$Cas discipulum] titum discipulum BG scripsit ad titum discipulum V ad titum discipulum *Par*. 15180    episcopum] discipulum D    quem *om*. BG    monet H$_1$D conmunet V* commonefacit *Par*. 15180    et *om*. H$_1$    2 instruet V pres(*om*. B)biteri BH$_1$MD    de (*alt*.) *om*. H$_2$    ⌒ conu. sp. D    3 de *om*. ABH$_2$CasD *Par*.15180    diuitandis D    in *om*. Cas$^{cod}$D    scripturis] traditionibus D    iudicis E    4 alios seducebant] credunt H$_2$CasD +scribit a nicopoli R corr. + scripsit ei ab athenis ( + *s.l.* intrāc.) scripta ( + *s.l.* in apōs hęc) a roma alibi de nicopoli uersus xcvii G + scribit ei ab athenis D + scribit *Par*. 15180 *nihil subscripserunt* AH$_1$MGV*Cas$^{ed}$ explicit argumentum incipit aepistola ad titum foeliciter B epistola ad titum incipit E corr. incipit epistula ad titum NC expositio in epistola ad titum V *m. rec.* explicit. incipit epistola beati pauli apostoli ad titum Cas$^{cod}$    5 seruos R*    *autem add*. BH$_2$CasSd$^{ed}$ (=vg)    6 ⌒ ies. chr. AH(—N)GVCas (=vg)    enim *om*. H$_1$    omnes E*N* 7 ab ipso] ipsum MCCas$^{cod}$ per ipsum GCas$^{ed}$    fuerat] est V    8 electorem G quae] qui SR*M    est sec. piet. eius] sec. piet. est AHGVCasSd$^{ed}$ (=vg) 9 spem H(—R)GVCas (=vg)    eam] meam AM eandem Sd    10 quia ES cognoscerent AHGVSd *fort. recte*    11 est] ex BH(—C*)V est ex G    merito nostro G    nostrorum *om*. H$_1$    dominice (domicae A* dominice V) ueritatis] ex dominica ueritate H$_1$ dominicae pietatis G    13 quam] + quod H$_1$ iustis] et iustis Cas    non] et BH$_2$GVCas

quamuis hominibus durum uideatur. *Ante tempora saecularia.*
Ante omnia tempora aput se proposuit per filium saluare
credentes. 3 *Manifestauit autem temporibus suis uerbum suum.*
Tunc manifestauit consilium suum, quando quod praescierat
5 factum est, omnem scilicet mundum [a iustitia] diuersurum.
[*In*] *praedicatione quae data est mihi secundum praeceptum
saluatoris* [*nostri*] *dei.* Quo Paulum et Barnabam segregari
praecepit, ut gentibus praedicarent. 4 *Tito dilecto filio
secundum communem fidem gratia et pax a deo patre* [*nostro*]
10 *et Christo Iesu* [*saluatore nostro*]. Secundum fidem [filio],
non natura[m]. 5 *Huius rei gratia reliqui te Cret*[*a*]*e, ut ea
quae de-sunt corrigas, et constituas per ciuitates praesbyteros.*
Quae de-sunt recto tenori corrige, et tunc demum praesbyteros poteris ordinare, cum omnes in ecclesia fuerint recti.
15 *Sicut* [*et*] *ego tibi disposui.* [Illo ordine quo tibi in praesenti
disposui.] 6 *Si quis sine crimine est, unius uxoris uir*[*um*].
Notandum quod in sacerdote etiam aliis licita prohibentur.
*Filios habens fideles, non in accusatione luxuriae aut non sub-
ditos.* Ne non possit aud[i]enter corripere delinquentes. Siue:
20 Ut experimentum doctrinae eius de domus suae disciplina

7 cf. *Act. xiii 2

1 ⌢durum hoc hominibus Cas   omnibus G   durum]+esse H₁G
uidetur MN   2 ante]+mundi Sd   ⌢tem. om. G   saluaturum B   3 suis
*om.* H₂   4 quod *om.* H₁   praesciuerat H₂   5 factum est] se facturum
Cas   omnem] autem S *om.* R*   a iustitia *om.* B   a *om.* V   diuersum H
diuersorum V   6 in *add.* AHGVCas (=vg)   praedicationem Cas^{ed}
data] credita AHGVCas (=vg)   imperium Sd   7 nostri dei *om.* Sd^{codd}
nostri *add.* BRH₂GCasSd^{ed} (=vg)   quo] qui BH₂G quod SCas^{ed} cum Sd
segregare RM,C corr.,GSd^{cod} regere N   8 praecipit AMG   gentes
docerent Sd   dilecto *bis* B   9 nostro *om.* AH₁GVCas (=vg)   10 et
*om.* Cas^{ed}   ⌢ies. chr. Cas^{ed}   saluatore nostro *add.* AHGVCas (=vg)
secundum]+communem Cas   fidem(e *ex* i) A   filio] *om.* B filios E filium CV
11 natura] naturam BS   te* A   cretae] certe B crete G   12 et *om.* ES
13 recto tenori] primum G   tenore BR,Cm2,VCas timore H₂   tunc]
tum BS,R corr. dum R*   ⌢pot. presb. H₂G   14 cum—recti *om.* H₂G
omnis V   recti] correcti R*   15 sicut—disposui (16) *om.* ES   sicut
—disposui (*pr.*) *om.* R   et *add.* BCas (=vg)   illo—disposui *om.* B
quo] sicut R   tibi *om.* Cas   in *bis* A   16 mandaui Cas   qui A*
uirum] uir BH₂GVCas (=vg)   17 notandum] non tantum (tamen) H₂
quia Cas   sacerdotem H₂   aliis *om.* Cas   licita] lita A* inlicita NC
18 habentes MN habent G   19 audenter] audienter A   delinquentes]
monentes B   20 experimento Cas^{cod corr}   ⌢eius (*eras.* R) doc. H₁
de] dem H₂G   domo sua Cas

noscatur. 7 *Oportet* [*enim*] *episcopum inreprehensibilem esse.*
Ipsum dicit episcopum quem superius presbyterum nominauit.
*Sicut dei dispensatorem.* Si enim humanarum legum dispensatores probi quaeruntur et iusti, quales esse debent qui
diuina iura dispensant! *Non superbum, non iracundum, non* 5
*uinolentum, non percussorem, non turpis lucri cupidum.* Non
debet discipulus Christi percutere, qui percussus est [et] non
percussit, nec turpe lucrum adulando sectari, terrenum
scilicet, qui caelestia et diuina promittit. 8 *Sed hospitalem.*
Primo uitia damnauit, ut uirtutes insereret, secundum con- 10
suetudinem scripturarum. *Benignum.* Ut hospites non cum
tristitia, sed cum beneuolentia et caritate suscipiat. *Sobrium,*
*iustum, sanctum* [*et*] *continentem.* Incontinentiam uel continentiam numquam nominat apostolus nisi in causa luxuriae.
iustum in iudicio: sanctum [in [a]equitate], continentem, [ne, 15
quia] unius uxoris fecerat mentionem, [ne] locum incontinentiae dedisse putaretur. 9 *Amplectentem eum qui secundum* [*ueritatis*] *doctrinam est fidelem sermonem.* Diligentem

2 cf. Tit. i 5    3 cf. 1 Cor. iv 2    7 cf. *1 Petr. ii 23    10 cf. Gal. v 19–22 etc.
13 cf. 1 Cor. vii 5;  Gal. v 23 etc.    16 cf. Tit. i 6

1 nascatur H₂GCas    enim *add.* AHGVCasSd (=vg)    inreprehensibilem]
sine crimine BH₂GVCasSd^{ed} (=vg)    2 ipsum] eundem Cas^{cod*}    que MC
↻presb. sup. H₂G    dixit V    3 enim] ergo H₁ autem H₂    legum]
legem A rerum B    disp.] desp. AM    4 probi] presbyteri E prohi S
quaerantur Cas^{ed}    et iusti *om.* Cas    qualis V    5 dispensat A*    6 turpi
MNV (*cf. Roensch, It. u. Vulg.* 230)    cup.] non cup. E*S    7 debent G
↻chr. disc. Cas    et non perc. *om.* S    et *om.* BERG    8 repercussit E
corr. R corr.    turpem H₁ turpi MN    adulandus A* adolendo(+s S) H₁
adolando V    sectare MNG    9 ↻qui scilicet H₂    permittit B    sed *om.* H₁
10 primum NC    misereret B inferret (inferet M) H₂G    12 stristia A*
beneu.] beniu. B,E corr.,SRCV    et caritate *om.* H(—M)    sob.] sub.
MV + castum (*non ut lemma tractandum*) Cas    13 iustum] + in iudicio R corr.
*eras.* et *om.* AHGVCas (=vg)    incontinentiam—luxuriae *tr. post* putaretur
(17) BH₂G    incontinentia E ( + et R*) R*    14 nequaquam H₂    apt. E*
apostoli S apostolos G    luxur.] luxor. GV *al.*    15 in (*pr.*) *om.* H₁
iudiciis Sd    sanctum in aequitate, continentem ne quia *scripsi*] continentem
sanctum ne quia A sanctum in equitate continentem B continentia(-ię E)sanctum ne quia ER continentiam sanctam neque (nequi N) SH₂ continentia sanctum ne C corr. continentem sanctum sanctitas continentia dicitur neque G
continentia a sanctum ne quia V    16 ↻ux. un. Cas^{ed}    fecerat] *om.* H₂
superius fecerat G dixerat Cas    mentionem] mentione C corr. *om.* Cas    ne
*add.* B    loco H₂    continentię G    17 dedisset Cm2    putaretur *om.* H₂
amplectantem ESMNG    18 ueritatis *om.* AHGVCas (=vg)    est] et H₂
diligentem(-es A*)] + sermonem NC ut diligat Cas

doctrinam et semper inde loquentem, non fabulas saeculares
et uanas. *Ut potens sit exhortari in doctrina[m] sana[m],
et eos qui contradicunt arguere.* Talis est eligendus, qui [et]
exhortari possit et contradicentes arguere [in doctrina sana],
5 quae sanat audientes. [Siue: Quae nulla falsitate corrupta
est.] 10 *Sunt enim multi [et] inoboedientes, uaniloqui et seductores.* Apostolicae doctrinae [non obtemperantes] et ad
nullum profectum loquentes. *Maxime qui de circumcisione
sunt.* Qui humanas potius traditiones quam diuina mandata
10 loquuntur. 11 *Quos oportet refutare: qui[a] uniuersas domos
subuertunt, docentes quae non oportet turpis lucri gratia.* Quae
iam superflua sunt temporibus Christi, c[a]erimonia[e] scilicet
Iudaeorum. 12 *Dixit quidam ex illis proprius ipsorum propheta.* [Parmenides siue Callimacus.] Uide quales sint qui
15 etiam a suis tale testimonium consequuntur. *Cretenses semper
mendaces.* Amantes mentiri, noxii uoratores, ac pariter
otiosi. *Malae bestiae, uentres pigri.* Ideo ferias et otia libenter
admittunt. 13 *Testimonium hoc uerum est: quam ob causam*

1 cf. Eccli. xx 19 (21) etc.    9 cf. Marc. vii 8 etc.; cf. Tit. i 14

1 doctrinae C corr.    inde] in te G    loquatur Cas    2 uanas] inanes NC
exh.] et exh. MC (=vg)    ex[h]ortare H(—C)    doctrinam ( +suam B*)
sanam] doctrina sana AHGVCas (=vg)    3 eos qui contradicunt] contradicentes Cas^cod    redarguere R corr.    talis—arguere *om.* S    est eli(e G)gendus]
elegendus(-um E) est RCas est et eligendus N    et (*alt.*) *om.* AH(—F)GVCas^cod
4 hortari A*    possit] possint rudes G    in doctrina sana (sua SR) *om.* BH₂G
5 quae] qui G*    siue—est *om.* BH₂V    6 et] add. BH₂ (=vg) etiam Cas^ed
7 apos(os *in ras.*) A    dogmae B    non obtemperantes *om.* BH₂V    et—
loquentes *om.* H₂    8 perfectum B    9 qui] ex iudaeis qui G    diuina]
diuinam A* dei Cas    10 loquu(-cu BV)ntur (docuntur MN)] *om.* ES custodiunt R    refutare] redargui AHGVCas (=vg)    qui] quia A    domus RMN
11 docentes] dicentes S cogentes MN loquentes C*    turpi MN (*cf. supra* i 7)
turbis G    12 ⌐scil. caer. V    caeri(cere- G)monia] cerimonię BC c[a]eri-
monias HCas    scilicet] scicet A*    13 iudaeorum] +parmedissidiae(-ie S)
challimacus H₁ (*ex exemplari corrupto Hieronymi ipsius ad loc.*)    illis] ipsis H₁
ipsorum] eorum HSd^ed‡ illorum Sd^ed‡    14 parmenides (parmendes R corr.,
MNG epimenides Cas^ed Sd^ed) siue calli(-ali- G)mac( + h Cas)us (tallimachus M
talimaeus N) *add. hic* BH₂GCas    uide *om.* Cas    qualis V    sint] sunt HGVCas
qui] ut Cas    15 etiam *om.* V    a suis] asios G    consequu(-cu- BMCGV)ntur]
promerentur H₁ habeant Cas    16 mentire E*MN    noxi SR*    uopa-
tores A* oratores E uoraces F    ac *om.* H₁    17 uentris H(—S)GV    idcirco
Cas    fereas MN*    odia(d *dub.*) A otias H₁    libenter] libentes H₁ frequenter NC    18 admittant A    ⌐hoc test. H₂    est *om.* G    quam
ob rem Cas^cod*    ob quam causam Cas^ed

*increpa illos dure, ut sani sint in fide,* 14 *non intendentes Iudaicis fabulis et mandatis hominum.* Traditionibus humanis, de quibus a domino Iudaei in euangelio arguuntur, secundum Isaiam deum non corde, sed labiis honorantes. *Auersantium se a ueritate.* Noui scilicet testamenti. 15 *Omnia munda mundis.* Quia athuc quaedam secundum legem inmunda uocabant. *Coinquinatis [autem] et infidelibus.* Coinquinati et infideles sunt qui non credunt iugum legis a collo credentium dominum abstulisse; id est, omnia quae temporaliter fuerant instituta. *Nihil mundum.* Eorum quae in conscientia[m] ipsorum inmunda iudicantur. *Sed inquinatae sunt eorum et mens et conscientia.* Etiam in hoc ipso. 16 *Confitentur se nosse deum, factis autem negant.* Se melius Christum dicunt nosse, ut ex lege promissum, sed factis eius aduentum negant, cum [se] sine legis auxilio putant iustificari non posse. *Cum sint abomina[ti et incredi]biles, [et] ad omne opus bonum reprobi.* In sola confessione religios[i]o[re]s se dicunt, cum illa non faciant quae quaeruntur. 1 *Tu autem loquere quae dece[n]t sanam doctrinam.* Quae ad uitam pertinent Christi. 2 *Senes ut sobrii sint, graues, prudentes, sani [in] fide, [in] dilectione, [in] patientia.* Hic senes et aetate et ordine possunt intellegi,

2 cf. Marc. vii 8 etc.   3 cf. (Esai. xxix 13) Matth. xv 7. 8
6 cf. Act. x 14 etc.   8 cf. Act. xv 10   15 cf. Gal. v 4 etc.

1 eos ES   durae G   ut] et B   2 et mandatis (mendaciis C*) hominum *om.* H₁   traditionibus] traditio manibus H₂   3 iud. in eu. arguuntur (arguntur M)] in eu. iud. locuntur H₁   4 isaiam AB   deum non] dominum non in H₁ dominum non H₂ deum non in G   sed] + in H₁   aduersantium SNSd^ed auertentium FCas^ed   5 ⌒mundis munda C*   6 quę adhunc G   quaedam *om.* H₁Sd   munda V   uorabant H₂ uocabantur G
7 coin.] quo in. BESM (*sic infra*)   autem *om.* B   et (*pr.*) *om.* B*   coinq.] + autem V   infidelis V   8 dominum] deum A   9 fuerunt B   instututa V*
10 nihil] + est GCasSd^ed   conscientia (scientia H₁)] conscientiam B eius scientia M   eorum BH₁   11 sed—conscientia *om.* H₂   inquinata Cas^ed et (*pr.*) *om.* ESGV   mentes V   et (*alt.*)] in B   12 etiam—ipso *om.* GVCas in *om.* H₁   nosse *bis* V*   13 si G corr.   ⌒dic. chr. H₁V   ut *om.* G
14 fatis N   cum se] eum B cum G   15 iustificare R*G   sunt ESG ab( + h H₁)om. et incredibiles(-is V)] abominabiles B   16 et (*alt.*) *om.* BES ad] ab H(—C)   17 religiosos B rele(i S)giores SR religiosores V   illa] *om.* Cas^cod illi Cas^ed   faciunt H₂   18 quae *om.* G   iubentur Cas decent] decet BH(—C)Cas^cod (=vg)   sanctam V   19 pertinet MNG
20 graues] pudici AHGVCasSd^ed (=vg)   fide dil. pat.] in fide in dil. in pat. BCas^edSd^ed (=vg) fideles dil. pat. ESG fide in dil. et pat. R* in fide dil. pat. Cas^cod   21 patientiae ESV   et (*pr.*) *om.* H₁   possint B

ecclesiae praecipue seniores, [quibus] omnibus formam praebere necesse est. 3 *Anus similiter.* Quia ad aliarum eligebantur exemplum. [*In habitu sancto,*] *non criminatrices.* Est ergo habitus non sanctus, de quo alibi dicit: 'non in tortis
5 crinibus' et reliqua. *Non uino multo seruientes.* Sed paruo utentes. *Bene docentes,* 4 *ut* [*castitatem*] *doceant* [*et*] *prudentiam.* Docere illis permisit, sed feminas, et hoc non in ecclesia, sed priuatim. *Adulescentulas ut ament uiros suos,* [*et*] *diligant filios* [*suos*], 5 *sobrias pudicas.* Non alienos. Siue:
10 Quia aliquae continentes erant, ne non diligerent uiros [suos], et uerbum dei tamquam discidium praedicans culparetur. *Domus curam habentes.* Ne uiros suos in aliquo contrist[ar]ent. *Benignas, subditas suis uiris, ut non* [*blasphemetur uerbum dei.* Ne uel ipsi] blasphement, si gentes sunt, uel
15 alii uidentes eas peiores effectas quam fuerant ante fidem. 6 *Iuuenes similiter hortare ut sobrii sint.* Aufert eis luxuriae causam, temulentiam auferendo. 7 *In omnibus.* In omnibus quae aguntur. [Siue:] Non solum corpore, sed [et] mente.

1 cf. 1 Thess. i 7 etc.    4 1 Tim. ii 9    6 cf. 1 Tim. v 23
7 cf. 1 Tim. ii 12; cf. 1 Cor. xiv 35

9 quibus] *om.* BH₂ quos VCas    brebere G*    2 quia] qui A corr. quae BH₂GVCas    eli(e)gantur H₂    3 exemplo V    in habitu sancto *om.* B    est ergo] enim E est enim SR    4 abitus V alius Cas    in *om.* H₁    5 crinibus] criminibus B*S    et reliqua (requa A*) *om.* H₂Cas    ⌒mu. ui. Sd^(ed)⁺ sed paruo utentes] *om.* G sed parum habentes Cas    6 ut] in B    castitatem doc. et prudentiam] prudentiam (pudicitiam R) doc. AHGVCasSd^(ed) (=vg)    7 illis *om.* Cas    8 priuatum B priuate H₂    adul.] adol. B,E corr.,H₂GCas^(cod)    -les-]-lis- EV    ⌒ui. su. am. AHGVCas(=vg)    9 et dil. filios suos] fil. dil. AHGVCas(=vg)    sobrias pudicas] prudentes (+so(u R*)brias RCas^(cod)) castas AHGVCas(=vg)    alicinos(?) V*    10 quia aliquae] quia relique B quia alii qu[a]e ER*G quę alii quę S quae aliquae M quia Cas    ne non] nonne(?) R* nec G    diligebant G    suos *om.* AV 11 domini C    tamq.] tanq. G    discedium ES dissidium Cas^(ed)    culparetur] blasphemetur Cas    12 domos E*V*    uires G    aquo A*    contristarent] contristent BCas    13 benignas] + ac R corr.    ⌒uiris suis RGCas^(cod) blasphemetur—ipsi *om.* B    14 ipsi] ipse H₁    gentis V gentiles Cas^(cod) 15 eas peiores(-as G)] ac potiores B    quam—fidem *om.* Cas    16 exhortare Sd^(ed)    aufert (aufer GCas^(ed)) eis] auferetis H₁ aut certe in H₂    ⌒cau. lux. H₁    luxu.] luxo. GV *al.*    17 causa H₂    ⌒tollendo ebrietatem Cas te(u G)mulentiam] *om.* H₁ *praem.* uel R corr. *praem.* ne G    auf.] off. M in (*om.* N) omnibus *om.* ES    18 quae *om.* N    aguntur] utuntur A uiuunt (iuuunt C*?) BC* iu(+n E)guntur ES uiguntur R bibuntur M uiuentibus N iuuant (*uel* uiuant) C dicuntur G debentur (decent *ed.*) Cas    siue *om.* BN et *om.* B

*Te ipsum praebe exemplum bonorum operum*. Ne exemplo destruas uerbum, et ut audente[r] corripias delinquentes. *In doctrina, in integritate, [in castitate,] in grauitate*. Ut quo modo docere [se] possint agnoscant: integritas uero nec muneribus corrumpitur nec acceptione personae. 8 *Uerbum sanum inreprehensibile*. Nullius adulationis accessione languente[m]. *Ut [h]is qui ex diuerso est uereatur, nihil habens de nobis dicere mali*. Qui tibi potest contradicere, si quit in te tale notauerit. 9 *Seruos dominis suis subditos esse, in omnibus placentes*. Quae imperant iuste. *Non contra dicentes*. Ne[c] cum murmuratione facientes, et mercede priuemini et homini[bus] exsistatis ingrati. 10 *Non fraudantes, [sed] in omnibus fidem bonam ostendentes*. Siue: In his quae illis creduntur. Siue: [Ut] opere ostendant [et] bonum esse quod credunt. Ut doctrinam saluatoris nostri dei or[di]nent in omnibus. Dum eorum operibus conlaudatur. 11 *A[p]paruit enim gratia dei saluatoris [nostri] omnibus hominibus*.

6 cf. 1 Tim. vi 4

1 praebe] *om.* ES praebens Sd^ed formam Sd^ed ne] non G exemplum A* per exemplum C 2 et ut] uel ut Cas^cod uel Cas^ed audenter] audente B audacter R uidenter M audentur N delinquentes] *om.*V alios Cas 3 ↶in grau. in integr. Cas^cod in integritate] integritatem Cas^ed in castitate *om.* AHGVCas(=vg) In grauitate] et grauitate R grauitatem VCas^ed ut] et V 4 doceri H₁G* se *add.* B possit H₁ agno(u M)scant *om.* H₁ 5 personae]+mouetur V 6 sanum] sane et G* sanum et G inreprehensibilem H₁ nullo B adu(o E)lationes A*E accensione (+m S) H₁ accusatione H₂ occasione C corr. acceptione G languentem] languente B languens H₂ 7 is] his BSR*MNG ex *om.* H₁ diuerso] aduerso AH₁CGVCas(=vg) uerbo MN uereatur] creatur S uariatur G reuereatur Cas nihil hab. de nob. dic. mali] nihil (nullum ES) malum hab. dic. de nob. AESV nihil hab. malum de nob. dic. R nihil hab. malum dic. de nob. H₂GCas(=vg) 8 qui tibi] quis Cas ↶in te quid G ↶tale (+m MN*) in te H₂ in te *om.* Cas 9 notauerit] conspexerit B cognouerit V notaret Cas seruus E*G seruis S ↶subd. esse dom. suis H₂ subditos(d *in ras.*) A subditus E*S 10 quae]+eis H₂(—M) *pr.* in omnibus Cas^ed inpetrant V iusta H₁ 11 ne H₁N,C corr.,GVCas nec *rell.* cum] *om.* H₁ com M murmu.] mermo. M mormo. N et (*pr.*) *om.* NC merce(i M)dem H(—C) priuimini MN 12 homini] hominibus B,Cm2 fraudentes ESMNG sed *om.* B 13 in his] illis B in iis Cas^ed illis] sibi Cas 14 credentur A*B *fort. recte* conduntur ES ut] *om.* B+in H₁ ↶ost. op. Cas opera V ostendant]+ei H₂+eis Cm2 et *add.* B 15 salutaris V nostri *om.* ES dei *om.* H₂ ornent] ordinent B 16 laudantur E conlaudantur SR*G aparuit ABEN illuxit Sd^ed 17 enim] autem Cas ↶dei gr. Cas^ed dei] *om.* H₁+et Sd^ed salutaris V nostri *add.* BH₁(=vg) omn.] in omn. MN

34-2

[Nullam condicionem excipiens.] 12 *Erudiens nos ut abnegantes impietatem et saecularia desideria.* Saeculare est omne desiderium carnale et omnis ambitio temporalis. *Sobrie.* [Perfecte,] domino ipso dicente: 'attendite, ne grauentur corda
5 uestra in crapula et ebrietate et curis huius uitae.' [*Et*] *iuste et pie uiuamus in hoc saeculo.* Iustitiae, ne intemperata sit, pietas adiungatur. 13 *Expectantes beatam spem.* Ille fiducialiter haec expectat, qui eius mandata seruauerit. *Et aduentum gloriae magni dei et saluatoris nostri Iesu Christi.* Christum
10 dicit magnum deum, quia ipsius expectamus aduentum. 14 *Qui dedit semet ipsum pro nobis, ut nos redimeret ab omni iniquitate, et mundaret sibi populum acceptabilem, sectatorem bonorum operum.* Ideo se dedit: caueamus ergo ne beneficium [eius] inane et irritum faciamus. 15 *Haec loquere et exhortare.*
15 Omnis tuus sermo in hac exhortatione consistat. *Et argue cum omni imperio.* Acriter argue eos qui ita non uiuunt. *Nemo te contemnat:* 1 admone illos principibus et potestatibus subditos esse, dicto oboedire. Talem [te] exhibe, ut contemni non possis: uita enim auctoritatem tribuit uerbo. *Ad omne*
20 *opus bonum paratos* [*esse*]. Non ad aliquot malum. 2 *Nemi-*

4 *Luc. xxi 34

1 nullam condic(t A)ionem excipiens *om.* B   ⌒exc. cond. uel sexum Cas   abnegantis V   3 carnale *om.* Cas   ambitio] habitatio E   temporalis] saecularis H₂Zm   temporalium Cas^cod   so(u M)brii SH₂ sobriae V   perfecte (perfeate? A*) *om.* BH₂   4 docente NC   ne(e *in ras.*) A   grauetur G
*def.* V   5 et (*pr.*) *hinc usque ad p.* 537 *u.* 11 *deest* V   uitae] saeculi Zm   *et add.* BH₂ GCasSd^ed (=vg)   6 ⌒ne iustitia temerata (*sic*) sit Sd   iustitia HGSdZm^ed   ne (ut non R corr.) intemperata] non temperate E non temporata S non tempera R*   7 ⌒iungamus pietatem Cas   adiungitur GSd adiungenda est Zm   exspectantibus Zm^ed   ille—expectat *om.* H₁   illi H₂(—M)G   8 haec *om.* Zm   expectant RH₂G   seruauerint H₂G fideliter seruat Zm   9 saluatoris] + domini ES   christus dicitur magnus deus C   christum] spiritum E ipsum Cas   10 dixit Cas^ed   deum] + christum Cas   11 redim.] E redem. E,R corr.,MG   12 ideo] propterea Cas   ergo *om.* H₁   14 eius *om.* BH₂GSd   ⌒irritum et inane Cas   ⌒fac. irr. Sd^cod   irr. ABRCasSd^cod inr. *rell.*   15 ⌒sermo tuus H₁Cas^cod   hac *om.* C   consistat (constet *codd. duo*) et perseueret Zm   16 agriter H₁ alacriter Cas^cod corr   17 contemnatur(?) Am2(?)   ad̄m.] amm. C   et potestatibus *om.* R*
18 dictu H₂   talem—uerbo *om.* ER   te *om.* BM   ut] qui Cas contempni BRMCG   19 tribuit] + in H₂G*   20 paratus SN   esse *om.* B ad *om.* G   aliquot] aliquoc A aliquid A*BESMG aliquid R *om.* NC

*nem blasphemantes.* Nec illos qui merentur. *Non litigiosos esse[, sed modestos].* Nemo uicem reddendo prouocet litem. *Omnem ostendentem mansuetudinem ad omnes homines.* Non solum ad bonos uel ad amicos. 3 *Eramus [enim] et nos aliquando insipientes et increduli, errantes in desideriis et [in]* 5 *uoluptatibus uariis, in malitia et inuidia agentes, odibiles, odientes inuicem.* Ne desperent correctionem, suum [illis] proponit exemplum. Siue: 'Quia et nos tales fuimus,' inquit, 'debemus patienter eorum insipientiam tolerare.' 4 *Cum autem benignitas et humanitas apparuit saluatoris nostri dei,* 1 5 *non ex operibus iustitia[e] quae fecimus nos, sed secundum suam misericordiam saluos nos fecit.* Siue: Largitas misericordia[e] dei. Siue: Secundum hominem Christus. *Per lauacrum regenerationis et renouationis spiritus sancti.* Qui[a] nos sanctus spiritus per baptismum renouauit. 6 *Quem* 1 *effudit in nos abunde per Iesum Christum saluatorem nostrum.* Abundantius quam in uetere testamento. 7 *Ut iustificati gratia ipsius, heredes simus secundum spem uitae aeternae.* Non secundum carnalem hereditatem uitae temporalis. 8 *Fidelis sermo est.* Ne quis dubitet. *Et de his uolo te confirmare.* [Confirmare] scientem, non instruere ignorantem. *Ut curent bonis operibus prae-esse qui credunt [deo].* Ad bona opera docenda

---

1 blasph(f MN)emare AHGCas (=vg)   nec] ne Cas   litigosum E(S) ( litigiosus R* litigosus MN litigosos G   2 esse *om*. ES   sed modestos *add*. BRH₂GCas (=vg)   3 ostendentes AHGCas (=vg)   4 uel] siue B   ad (*alt*.) *om*. Sd   enim] *om*. B etenim Cas^{ed}   et nos *om*. H₁   5 et (*pr*.) *om*. MCG (=vg)   errantes]+et H₁   in] seruientes AHGCas (=vg)   sederiis A* et in] et AHGCas (=vg)   6 uoluntatibus E*SMG uoluptutibus N   militia G* et] + in E*m.rec.*,R   inuidia(ui *in ras*.) A   agentes *om*. H₁   7 desp.] disp. H₁   correctio A* correptionem BH₁G per corre(u MN)ptionem H₂ suum] suam BE* *tr. post* adponit H₂G   illis *add*. B   8 proponit BCas op(b SR)ponit AH₁ adponat M adponet N ad(p C)ponit CG   tales *om*. H₁ sumus G   inquirere B ait Cas   9 ferre Cas   10 apparuit] inluxit GD 11 iustitiae] iustitia A   quas nos fecimus E quas fecimus nos S   12 ⌒ mis. suam S   suam *om*. E   ⌒ fecit nos C   misericordia] -cordiae BH(—N)G *om*. Cas   14 et renouationis *om*. H₁   qui] quia BH(—R*)G   15 nos] non H₁   ⌒ sp. sa. BSH₂G   per] pro SR*   quem(e *in ras*.) A   16 nobis H₂Cas   habundanter ESSd^{expos}D   iħm(h *in ras*.) A   17 uetere] ueteri BH(—N corr.)G   18 heredis A*   simus (sumus B*)] efficiamur GD 19 uitae temporalis *om*. CasSd   fideles A   20 est *om*. G   confirmare (*alt*.)—ignorantem *om*. H₂   confirmare (*alt*.) *om*. BS   21 inscientem Sd 22 deo *add*. AHGCas (=vg)   ad bona] adpone G   ad] a H₁   b*ona R

prae-esse. *Haec sunt [enim] bona et utilia hominibus.* Haec, non illa [sunt] quae sequuntur. 9 *Stultas autem quaestiones et genealogias [et] contentiones.* Non uult [nos] superfluis contentionibus implicari, quae in lege de generationibus oriuntur, 5 sed haec loqui semper de quibus proficiant audientes. *Et pugnas legis deuita: sunt enim inutiles et uanae.* Quasi contrarias oppositiones, quas haeretici consectantur. 10 *Haereticum hominem post unam et secundam correptionem deuita,* 11 *sciens quia subuersus est qui eius modi est.* Nec circa ipsos 10 nos occupari permittit, si correpti iterum non corrigant, ne tempus inani contentione perdamus. *Et deli[n]quit, [cum sit] proprio iudicio condemnatus.* Quia uni cuique manet libertas arbitrii et 'funiculis peccatorum suorum unus quisque constringitur.' 12 *Cum miser[i]o ad te [Artheman aut Tychicum],* 15 *festina ad me uenire Nic[h]opoli[m]: ibi enim statui hiemare.* 13 *Zenam legis peritum et Apollo sollicite praemitte, ut n[ih]il eis de-sit.* [Ut] nihil perdant de fructu doctrinae tardantes.

13 *Prou. v 22

*def.*V 1 esse R* enim *om.* AHGCas (=vg) 2 illa *om.* Cas sunt *add.* B sequ(c BER)untur] requirunt N,C*(?) 3 geneal.] genel. MN et (*alt.*) *om.* B uul M nos *om.* BH₂ coniectionibus H₂ coniectationibus Cm2 4 impleri G occupari Cas ⌒de gen. in lege Cas 5 ha***loqui semper de A* heas loqui A corr. loquere R proficient E 6 contrarias oppositiones] contrarietates Cas 7 opposit.] opin. R sectantur C captant Cas 8 unum A* ⌒correptionem et secundam H₂ secundum BN, • II • E, duo S correctionem Cas^cod 9 quia] que S qui M est (*pr.*) *om.* ES eius] huius NC nec] ne Sd^codd 10 ⌒occupari nos H₂ permittit] uult Cas si] qui Cas iterum] secundo Cas iam Sd^codd *om.* Sd^ed corrigunt B corrigaens M corregant N corrigantur CCasSd ne] nec MNG 11 continentie H₁ continentia E*m.rec.* contemptione Cas^ed correptione Sd^cod delinquit] deliquit A et aliquid E de aliquid S dereliquit R corr..M derelinquit N cum sit *om.* AH,G½,Cas^cod (=vg) 12 condemnatus] conatus ES cond(t R*)emnatos RN contempnatus G quia—arbitrii *abdicat* Cas quia] qui cum S qui M 13 et fun.] fun. enim Cas suorum *om.* H₁ 14 misero] miserio B artheman aut tychicum *om.* A archeman B arteman E arthetmana S artinam MN tithicum BNC titicum E thyticum S tytichum M tychycum G tythicum Cas^cod 15 ⌒uenire ad me H nicopolim] nichopoli B nicopoli R corr. necapolim M*ND neapolim MCas^ed nychopolim Cas^cod enim statui *om.* ES constitui R hiemate A* gemmare E hemari (h *s.l.*) M(D) ihemare G 16 genam S zenan RMN apollos E apostolus S appollo RMGCas^ed permitte ES praemittite M permittite N nil** A eis BSd illis AHGCas (=vg) 17 ut *om.* B de *om.* G* doctrina et ardentes A* doctrina G tardentes M

14 *Discant autem et nostri bonis operibus prae-esse ad usus necessarios, ut non sint infructuosi.* Id ipsum repetit quod superius dixerat: 'curent bonis operibus prae-esse credentes.'
15 *Salutant te qui mecum sunt omnes: saluta [eos] qui nos amant in fide: gratia dei cum omnibus sanctis.* Qui nos fideliter amant. 5 Siue: Qui fidei causa nos diligunt. notandum quod excipit apostolus quos salutet.

### EXPLICIT AD TITVM
#### 3 *Tit. iii 8

1 autem] enim H₁    nostris H(—C)G uestris Cas^(ed)    ad usus(-os R*N)] c
aduersus BS    2 necessarius A corr.    sit infructoosi A*    ipsi Cas^(ed)
rep.] repp. M    3 dixerat] dixerant ES + ut Cas^(cod)    credentes] deo
cred. H₂ qui credunt deo Cas    4 sal. te] salutan(*om.*N)te MN    saluta]
salutate MN salutant te C* saluto G    eos] *om.* AHCas^(cod) (=vg) omnes G
5 dei] domini nostri iesu christi G    sanctis (uobis AHGCas [=vg])] + amen
RH₂GCas (=vg)    6 diligunt] amant H₁    excepit BG excipiat H₂
7 -olus] -ulus M    salutat H₁    8 explicit [a]epistola ad titum B,E corr.,D
*nihil habent* E*RSd^(ed) epistula pauli explicit ad titum scrpta (*sic*) de apolim uersus habens (h *s.l.*) XLII M explicit ad titum scripta de necapolim uersus N explicit ad titum scripta de nicopoli C explicit epistula ad titum a nicopolim scripta G scripta de nicopoli (nychopoli *cod.*) uersus (*om. ed.*) Cas + explicit epistola ad tytum Cas^(cod) + finis epistolae ad titum Cas^(ed) finit *etc.* Sd^(cod)

# INCIPIT AD PHILEMONEM,

cui apostolus a Roma scribit de carcere pro [h]onesimo
seruo eius, quem apostolus erudiens baptizauit, sciens eum
facilius a domino suo ueniam promereri quam iam a deo
fuerat consecutus, promittens illum de cetero correcturum.
5 nihil magis est in hac epistula attendendum nisi quanta
humilitate discipulum depr[a]ecetur, dans nobis exemplum
quid aput [co]aequales facere debeamus.

1 *Paulus uinctus Iesu Christi,* [*et Timotheus frater.*] In
carcere uel cat[h]ena. *Philemoni dilecto* [*fratri*], *adiutori nostro*
10 2 *et Ap*[*p*]*iae sorori.* In euangelio adiutor[i]: Appia uero uel
soror creditur eius fuisse uel coniu[n]x. *Et Archippo commili-
toni nostro.* Hic diaconus erat, de quo ad Colos[s]enses ait:
'dicite Archippo: Uide ministerium quod accepisti, ut illut
impleas.' *Et ecclesiae quae in domu tua est;* 3 *gratia uobis et*

1 cf. Philem. 1    12 *Col. iv 17

*def.*V    incipit argumentum ad philemonem foeliciter B *nihil habent* E*S argumentum E corr.,Cas^ed incipit epistula pauli apostoli ad philemonem R incipit eiusdem phileomenem M incipit epistula pauli ad philemonem N incipit argumentum
in epistolam ad phylemonem C incipit argumentum GCas^cod    1–7 *aliud
habent* H₂GCasD    1 cui *om.* H₁    apostolis S    a *om.* H₁    honesimo AR
onesimo B honessimo ES    2 quę S*    apostolis S    sciens] suadens E
3 suo *om.* H₁    promerere E    iam *om.* H₁    deo] domino B    4 eum H₁
correctorum S    5 in] III ES    hęc S    epistola H₁    att.] adt. BH₁
addendum S    6 depraec. A    dans—deb. *om.* R    dans] dñs (=dominus)
ES    7 aput] apud BES    aequales] coequales B    fac. deb. *om.* ES
*subscr. nullam habent* AE*RMNGCas^ed explicit argumentum incipit ępistola
ad philemonem foeliciter B incipit ad philemonem E corr.,S incipit ępistola C
explicit. incipit epistola ad filemonem Cas^cod    8 ᴗchr. ies. Sd^ed    et
timotheus frater *add.* BH₂GCas (=vg)    9 ᴗcat.—carc. Sd^cod    uel] + in
ERGSd    cat.] cath. BER*    philemone A* philomoni ERM philonimi S
filimoni N phylemoni C philimoni G fylemoni Cas^cod    fratri *om.* AHGCas
(=vg)    10 appiae] apię BR*    sorori] + carissimae CasD    adiutori]
adiutor B adiutrici E corr. adiutorem N erat adiutor Cas    appię G    uero
*om.* Cas^cod    uel soror *om.* H    11 creditur eius] eius creditur BG *om.* H₁
fuisse] *om.* H esse Cas    uel *om.* NC    coniunx] coniux AH + eius R corr.
arcippo ER arcipo SMN archyppo C    comm.] conm. ESMNGCas    12 colos-
senses] colosenses BH(—M)Sd^cod colasensis M colenses G col Cas^cod    13 arcippo RN arcipo M    uide—impleas *om.* Sd^codd    minist.] + tuum H₂G mist. S
acc.] + in domino Sd^ed    14 et *om.* ES    domu A domo *rell.* (=vg)

*pax a deo patre nostro et domino Iesu Christo.* Cum gratiarum actione et gaudio pro nobis exorat. 4 *Gratias ago deo meo, semper memoriam tui faciens in orationibus meis,* 5 *audiens fidem tuam et caritatem.* Quae [bonis] operibus innotescit. *Quam habes in domino Iesu* [*et in omnes sanctos*]. Qui diligit caput, necesse est eum omnia membra diligere. 6 [*Hoc et oro,*] *ut communicatio fidei tuae euidens fiat in agnitione omnis boni* [*quae in nobis est*] *in Christo Iesu.* Omnes sanctos diligis in tantum [ut] omnes boni nostrorum in Christo euidenter fidelem te esse cognoscant. Siue: Hoc oro, ut opera tua in Christo clarescant. 7 *Gaudium enim magnum habui*[*mus*] *et consolationem in caritate tua, quia uiscera sanctorum requieuerunt per te, frater.* Quos hospitio recipiens refecisti. 8 *Propter quod multam fiduciam haben*[*te*]*s* [*in Christo Iesu*] *imperandi tibi.* Cum nobis causa ipsius dederit fiduciam imperandi, tamen caritate[m] faciente[s] obsecrare malumus quam iubere. [*Quod ad rem pertinet.*] Quod ad rem pietatis pertinet Christianae. 9 [*Propter caritatem*] *magis obsecro, cum sis talis ut*

6 cf. 1 Cor. xii 27 etc.

1 cum] + omni H₁    2 et] + cum H₁    gaudio] + semper G    pro nobis (illis Cm2)] pro bonis B *om.* H₁    exoro B    3 audiens] uidens G    4 ⌒ car. tuam et fid. HGCas (= vg)    bonis] *om.* A nobis in H(—E) nobis in bonis E nobis G    5 habemus R* habens ESMN    iesu] + christi H₂    et— sanctos *om.* B    6 necesse est] oportet Cas    ⌒ eum est C*    ⌒ dil. mem. H₁    hoc (c s. o A) et oro] hoc oro H₁ *om.* BH₂GCas (= vg)    7 ut— iesu *om.* MN    agnitionem Cas^cod    omnis] + operis R corr. Cas^ed boni⁂ A*    8 quae in nobis est] *om.* AHG in uobis Cas (= vg)    omnes] item omnes G    ⌒ in tantum diligis G    diliges B diligit Cas^ed    9 ut *om.* B omnis A*N*    boni nostrorum] inter nos boni Cas    10 ⌒ te esse fid. Cas fid. te] et fid. H₁ et fid. te R corr.    agnoscant Cas^ed    siue—clarescant *om.* H₁    oc M    operat B*    11 clariscant M    ⌒ hab. mag. G    magnum *hinc post lacunam incipit* V    habuimus] habui AHGVCas (= vg)    ⌒ in car. tua et cons. H₁    et] in V    12 consulationem V    quia] qua S que M    requieuerunt A* requierunt G    13 quos] quom B    ospitio ES    recipiens refecisti] recepisti Cas    recicipiens A* rescipiens V*    fecisti MN per te refecisti Sd    14 habentes AVCas habens BE*RH₂G (= vg) habes E corr.,S habui C*    in christo iesu] *add.* BRH₂VCas (= vg) in christo G    15 tibi *om.* ES    nobis] uobis G    causa(-am A*) ipsius] caritas tua Cas    ⌒ fid. ded. Cas    fid.] + habens in christo C*    16 caritate] caritatem E faciente] fatientes B faciende E*R* facienda E corr. faciendi S    maluimus H(—E)GCasSd    iuuere G    17 quod (*pr.*)—pertinet (*pr.*) *om.* B    quod quam G    pertinent H₁ attinet Sd^ed non pertinet Sd^cod    quod (*alt.*)—rem *om.* SRSd    ⌒ pert. pietatis (caritatis Cas) H₂GCas    18 propter caritatem *om.* B    obsecro *om.* G

*Paulus senex, nunc autem et uinctus Iesu Christi.* Moribus
talis qualis ille qui in senectute etiam pro Christo uincula non
recusat. 10 *Obsecro te de meo filio, quem [ego] genui in uinculis,
[H]onesimo,* 11 *qui tibi aliquando inutili[s] [fuit], nunc autem
tibi et mihi utilis, quem [re]misi [tibi].* Quando erat gentilis
uel carnalis. 12 *Tu autem illum, ut mea uiscera, suscipe.*
Filium meum carissimum. 13 *Quem ego volueram aput me
retinere, ut pro te mihi ministraret in uinculis euangelii.* Ex
hoc cognosce qualis sit, qui mihi ita placuit ut possim eum
credere tua mihi uice ministrare. 14 *Sed sine consilio tuo nihil
uolui facere.* Ita loquitur ut eum ad ipsum remittat. Siue:
Ut magis eius utilitas commendetur. *Utinam uelut ex necessitate bonum tuum esset, sed uoluntarium.* Notandum quod
neminem uoluerit necessitate boni aliquit facere, ne mercedem
uoluntatis amitteret. 15 *Forsitan enim ideo discessit ad [h]oram
[a te], ut aeternum illum reciperes.* Forte sic hoc dei proui-
dentia procurauit. 16 *Iam non [sic]ut seruum, sed pro seruo*

1 paulux B*   senes GV   autem *om.* ES   unctus N   iesu christi]
chr. (χ M christo N) iesu H   2 quales illi Sd<sup>ed</sup>   ᴗuinculo pro chr. G
uincula] + etiam B*   3 recuset EM recusant Sd<sup>ed</sup>   de] pro BH₁Cas (=vg)
ᴗfilio meo Cas<sup>cod</sup>   ego *om.* AHGVCas (=vg)   geni A*   4 onesimo]
honesimo AR honessimo ES onesino M   inutilis] inutili B   fuit *om.* A
5 ᴗet mihi et tibi H₂G   tibi] et tibi RCas (=vg)   utilis (utillis G*)] + est H
misi] remisi AHGVCas (=vg)   tibi (*alt.*) *om.* AHGVCas<sup>cod</sup> (=vg)   ᴗgent.
uel carn. fuit G   gentilis uel *om.* Cas   6 ut] id est ASRMNV (=vg)   ᴗuisc.
mea Cas<sup>cod</sup>   suscepi ES suscepe G*   7 filium meum carissimum] filio
meo karissimo M *om.* NCG *praem.* uelut H₁ filium meum V filium Cas   aput
me] mecum (*om.* R*) AHGVCas (=vg)   8 detinere AH(—R)VCas (=vg)
mihi *om.* H₁   euangeli A*   9 mihi ita] ita mihi GSd mihi V   possim eum
credere *om.* H₁V   possem B possit M possis NC   eum *om.* N   10 crede N
ᴗuice tua mihi H₂ tua uice mihi VSd   mihi *om.* H₁   ministraret H₁
possit ministrare V   sed sine cons. BSd sine cons. autem AHGVCas (=vg)
11 ut] aut N ut aut C   eum] enim MN *om.* C cum V   ad ipsum] ad
eum (eam R*) ipsum SR ab ipso NC   remitat A* permittant M permit-
tatur NC   12 ᴗutil. eius mag. G   utilitatis SMN   comm.] conm. V
commendatur G   utinam B,V*(?) uti ne AH₂GCas (=vg) ut ne H₁ utinae V
uelut] uel ESV   13 ᴗtuum bonum NC   uoluntariom A*   14 ᴗaliquod
(-id C) boni H₂   ne *om.* G   15 uoluntatis] *om.* H₁ uoluntatem G*
ammitterit S amiteerit N   forsitam A   horam] oram AH(—R corr.,C)G*
16 a (ad SMF*) te *add.* AHGVCas (=vg)   ut] + in Sd<sup>ed</sup>   reciperis V
recipias Sd<sup>ed</sup>   fortasse Sd   sic] si H₁ *om.* Sd   praeuidentia MN
17 sicut] ut AHGVCasSd<sup>ed</sup> (=vg)   seruu A* seruus V   pro B,R corr.,
CasSd<sup>ed</sup> plus AH₂GV (=vg) plus a H₁

*fratribus carissimum.* Iam enim non quasi ex necessitate seruiet, sed uoluntarius quasi frater. *Maxime mihi: quanto [autem] magis tibi et in carne et in domino!* Cui et carnaliter et secundum fidem debet obsequium. 17 *Si ergo me habes socium, suscipe illum sicut me.* Si me diligis, ita illum suscipe sicut me, quia ego illum [taliter] diligo quasi me. 18 *Si autem aliquit nocuit tibi [aut debet], hoc mihi inputa.* 19 *ego Paulus scripsi mea manu, ego reddam; ut non dicam tibi quod [et] te ipsum mihi debes.* 20 *ita, frater, ego te fruar in domino: refice uiscera mea in Christo:* 21 *confidens obauditioni tuae scripsi tibi, sciens quia [et] super id quod dico facies.* 22 *simul autem et para mihi hospitium: nam spero per orationes uestras donari me uobis.* Hic ostenditur quia prima uice sit ex Urbe dimissus. 23 *Salutat te Epafras concaptiuus meus in Christo [Iesu].* Non [in] alicuius criminis causa, sed fidei societate. [24 *Marcus, Aristarchus, Demas, Lucas, adiutores mei.* 25 *gratia domini nostri Iesu Christi cum spiritu uestro. amen.*]

### EXPLICIT AD PHILEMONEM

1 fratribus carissimum] carissimum (carissimumue A* carissimō M carissimo N) fratrem(-e N) AHGVCas (=vg)   *a iam usque ad finem deest* M ↶non enim iam Cas   ↶seruus ex necess. G   2 seruiet] serui ENC   ↶quasi fr. uol. H₁   quasi frater (seruus N) *om.* Cas   quantum N   3 autem *add.* ACas (=vg)   4 fidem] *om.* R*   quod credidit Cas   ↶obs. deb. NCG   obsequio A* ↶habes me (me∗ V) AHGVCas (=vg)   5 sotium AB   diligis ita, illum *distinxit* V   ita] *om.* G sic Cas   6 ego illum] ego illum taliter BGV illum taliter NC   diligo] habeo Cas   quasi] sicut H₁GVCas   me] te E 7 ↶tibi aliq. noc. G ↶noc. aliq. Sᵉᵈ   ↶tibi noc. NC   aut debet *add* AHGVCasSᵉᵈ (=vg)   8 ↶manu mea H₁G   ut] et N   et *om.* AESV 9 debeas G   te *om.* R*   in domino *om.* G   10 in christo] in domino ARNCGVCasᵉᵈ (=vg) *om.* ES   confido S confidentes N   obaudition (-is B*) tuae] oboedientia(-iae N) tua AESNCV (=vg) de (de∗ R) oboedientia tua R,Cm2,Cas oboedientię tuae G   scribsi V   11 quoniam HGVCas (=vg et (*pr.*) *om.* B   super] semper N   et (*alt.*) *om.* V   12 donare N*   13 ostitur C ↶de urbe missus est Cas   14 epaphras AGCasᵉᵈ (=vg) ephafras ES   iesu *add.* AHGVCas (=vg)   non—societate *om.* G   15 in *om.* AH₂   marcus— amen *add.* BH₂GCas (=vg)   16 aristarcus H₂ aristharcus G* aristharchu G corr.   lucas] et lucas Casᵉᵈ   17 uestro] nostro G   18 explicit ad phile(i A y C)monem ASC explicit [a]epistola ad ph(f V)i(y E)lemonem BEV *nihil habet* R. explicit N finit epistola pauli ad philimonem G scripta ab urb roma ( +finis epist. ad philemonem *ed.*) Cas

# INDEX LOCORVM SANCTAE SCRIPTVRAE[1]

## GENESIS
i 1: cf. 39, 22; 222, 14
i 20, 21: cf. 222, 17
i 24: cf. 222, 14
i 26: cf. 12, 4; 66, 11; 188, 9; 369, 9; 397, 18; 482, 8
i 28: cf. 159, 22; 160, 11
ii 1–3: cf. 152, 19
ii 7: cf. 160, 2; 256, 13
ii 18: cf. 188, 14
ii 21: cf. 160, 5
ii 21, 22: cf. 188, 12
*ii 23: 324, 9
ii 24: cf. 378, 9
iii 3, 4: cf. 289, 14
iii 4, 5: cf. 340, 2; 505, 14
iii 14 seqq.: cf. 340, 3
iii 16: cf. 167, 8
iv 17: cf. 160, 7
v 3: 61, 5; *398, 3
vi 4, 7: cf. 135, 13
viii 21: cf. 415, 13
*ix 4: cf. 46, 11
ix 7: cf. 160, 11
ix 25: cf. 380, 13
x 10: cf. 380, 14
xii 3: cf. 320, 18
xv 5: cf. 40, 3
xvii 4: cf. 38, 24
xvii 5: cf. 8, 4
xvii 10: cf. 46, 12
xvii 14: cf. 460, 5
xvii 15: cf. 8, 4
xvii 21: cf. 332, 1
xviii 3: cf. 98, 10
xix 2: cf. 98, 10
xix 24, 25: cf. 76, 21
xix 25: cf. 465, 4
xix 26: cf. 340, 5
xxi 9: cf. 331, 5
xxi 10: cf. 330, 17; 331, 9
xxi 12: cf. 331, 9
*xxii 18: 28, 10
xxv 1, 2: cf. 40, 7
xxxviii 24: cf. 162, 23
*xlvi 27: cf. 22, 8
*xlix 10: 115, 17
l 24: cf. 73, 25

## EXODVS
iii 6: 10, 10
iii 12: cf. 307, 1
iii 14: 237, 6
iii 19: cf. 7, 3
iv 22: 73, 2; 454, 8
iv 30: cf. 306, 14
vii 10, 11: cf. 445, 11
vii 22: cf. 480, 7
viii 19 (15): cf. 519, 9
xii 15: cf. 152, 17
xiii 21: cf. 6, 10; 181, 17
xiv 15: 436, 13
xiv 27: cf. 6, 7
xiv 30: cf. 181, 9
xvi 4: cf. 277, 8
xvi 20: cf. 277, 10
xvi 31: cf. 277, 8
xix 15: cf. 161, 24; 429, 10
xix 16: cf. 162, 2
xix 18: cf. 161, 24
xx 4: cf. 462, 12
xx 7: cf. 64, 18
*xxii 20: 17, 15
xxxii 32: cf. 412, 1
xxxiv 33: cf. 457, 17
xxxiv 34: cf. 249, 7–8

## LEVITICVS
passim: cf. 329, 17
iv 28: cf. 262, 9
*iv 29: 61, 11; 262, 10
*vii 9 (19): 192, 21
*vii 11 (21): 192, 22
xviii 5: cf. 81, 21
*xx 11–12: 13, 6
*xxvi 12: 261, 19

## NVMERI
v 9, 10: cf. 176, 23
v 21: cf. 332, 11
vi 5: cf. 189, 13
vi 23, *27: 129, 1
*xiv 22: 182, 6
xvi 5: 515, 8
xvi 32: cf. 515, 5
xx 17: cf. 497, 16
xxxi 29: cf. 102, 19
xxxii 8 (?): cf. 379, 13

## DEVTERONOMIVM
v 5: cf. 322, 1
v 8: cf. 462, 12
v 11: cf. 64, 18
vi 13: cf. 103, 6
ix 27: cf. 355, 4
xvi 20: 369, 13
xix 15: 302, 13

[1] Asterisco (*) eos notaui locos, quorum uerba a forma Vulgata differunt.

### DEVTERONOMIVM (cont.)

*xxi 22, 23: 320, 8
xxi 22: cf. 320, 12
xxiv 16 (?): cf. 379, 13
xxv 3: 295, 22
*xxx 6: 27, 15
xxxi 30–xxxii 43: cf. 468, 7
*xxxii 21: 184, 15
*xxxii 34: 460, 16

### IESV NAVE

(i 6): cf. 453, 17
*ii 19: 101, 22
v 2: cf. 27, 3
xiv 2: cf. 453, 17
xxii 20: cf. 152, 11
xxiii 4: cf. 453, 17

### IVDICES

i 40: cf. 380, 15
xi 21–23: cf. 76, 21
xviii 7: cf. 378, 12

### REGNORVM I

ii 3: cf. 38, 5
*ii 5: 330, 14
ii 12: cf. 349, 14
ii 35: 129, 5
viii 9, 10: cf. 423, 3
*xvi 7: 147, 3
xx 31: cf. 351, 18
xxi 4, 5: cf. 162, 3
*xxx 5: cf. 125, 16

### REGNORVM III

*iv (v) 25 (9): cf. 266, 8
xii 23: cf. 405, 16
xvii 15: cf. 490, 14; 491, 1
xix 11: cf. 433, 4
xix 18: cf. 85, 12
xxi 13: cf. 501, 9

### REGNORVM IIII

*iv 27: cf. 85, 20
*v 26: 151, 12; cf. 458, 9

### PARALIPOMENON I

vi 1–28: cf. 129, 7

### PARALIPOMENON II

xvi 12: cf. 194, 7

### PSALMI

*i 2: cf. 82, 16
i 3: cf. 68, 17
ii 8: cf. 38, 19
iv 3: cf. 445, 13
iv 8: 282, 7
v 6: cf. 102, 12
vi 6: cf. 263, 8

xiii 1: 29, 26; 45, 21; cf. 368, 3
xvi 3: cf. 144, 3
xvi 4: 376, 10
xxii 3: cf. 183, 4
xxiii 1: cf. 504, 12
xxiii 10: cf. 347, 5
xxvi 10: cf. 268, 2
xxvi 13: cf. 380, 4
xxx 9: cf. 404, 10
xxxi 5: 13, 8
xxxii 6: 10, 21
*xxxiii 18: cf. 183, 4
xxxiii 19: 412, 9
xxxiii 20: 183, 5
*xxxv 7: 93, 6
xxxvi 20: 22, 23
xxxvii 14: 63, 11
xli 4: 113, 2
xlix 13: cf. 415, 14
*xlix 21: 24, 2
l 15: 478, 4
l 16: cf. 415, 14
lxxii 1: cf. 57, 21
*lxxiii 19: 220, 20
*lxxv 2: 6, 5
*lxxvii 19: 182, 7
lxxvii 24: cf. 6, 8
lxxix 9: 175, 19
lxxx 13: 15, 16
lxxxi 6: 172, 12
lxxxiii 3: 464, 21
*lxxxix 4: 20, 16
*xciii 12: 99, 16
xcviii 6: 129, 2
ciii 15: cf. 250, 10
*cix 5: 350, 12
cx 1: 468, 12
cx 10: cf. 25, 3
*cxiii 16: 195, 5
cxv 2: 309, 2
cxv 11: 45, 22
cxvii 18: 265, 11
cxviii 20: 118, 18
cxviii 28: 130, 10
cxviii 51: cf. 347, 9
cxviii 165: 113, 8; 130, 10
*cxix 6, 7: 100, 6
cxix 6: cf. 337, 6
cxxii 2: cf. 218, 16
cxxvi 1: cf. 142, 7
cxxxviii 16: cf. 412, 1
cxlii 10: 452, 15
cxliv 9: cf. 363, 11

### PROVERBIA

*iv 27: 241, 12
*v 22: 534, 13
vi 6–8: cf. 263, 6
*ix 8: 116, 15
x 30: cf. 380, 1

## INDEX

PROVERBIA (cont.)
*xi 26: 283, 4
*xiv 6: 360, 17
*xiv 33: 360, 18
*xv 13: 200, 8
*xvii 6a: 265, 20
*xvii 6: cf. 401, 9
*xviii 17: 477, 9
*xviii 20: 283, 5
xix 14 (17): 275, 20
*xx 16: 17, 16
xxiv (xxx) 60 (25): cf. 263, 6
*xxv 7: 131, 11
*xxvi 12: 172, 2
*xxvii 2: cf. 112, 7
*xxix 27: 149, 4

ECCLESIASTES
i 2, 3: cf. 505, 6
*iii 1, 4: 167, 21
v 14: cf. 500, 11
vii 1: cf. 168, 2
*vii 3: 168, 11
*vii 5: 168, 11

CANTICVM CANTICORVM
*v 16: cf. 264, 11

IOB
i 12: cf. 194, 6
i 21: 376, 14; cf. 436, 16; 500, 11
ii 6: cf. 395, 3; 426, 14
*ix 28: 400, 1
*xxiv 23: 20, 22; 33, 23
*xxx 25: 98, 18

SAPIENTIA SALOMONIS
i 4: 209, 13
i 7: cf. 93, 20
ii 2: cf. 172, 14
ii 3: cf. 368, 7
ii 6: 368, 9
iii 8: 172, 13
iv 12: 317, 11
v 2: cf. *441, 16
*v 3: 22, 2
*vi 3, 4, 5: 101, 16
vii 11: 130, 3
ix 2: cf. 129, 20
ix 15: 53, 10
*xi 23 (24), 24 (25): 352, 8
*xiii 1: 367, 13
*xiii 5: 14, 18
xiv 27: 16, 13

ECCLESIASTICVS
i 1: cf. 133, 16
i 25: cf. 500, 9
ii 4: cf. 63, 7
*iii 21, 22: 95, 13

*iv 8: 103, 1; cf. 103, 11
iv 24: cf. 514, 3
iv 25: cf. 471, 9
*iv 28 (33): 502, 11
*v 4: 20, 6
v 5: cf. 270, 22
*v 7: 20, 4
*vii 3: 281, 15
vii 32: cf. 275, 20
x 6: cf. 203, 25; 467, 2
xiii 15, 16 (19, 20): cf. 522, 20
*xiii 16: cf. 131, 11
xv 17: 87, 2
xvi 13: cf. 208, 17-18
xvii 6: cf. 208, 17-18
xviii 16, 17: cf. 97, 2
xviii 22: 340, 11; 385, 1
*xviii 30: 105, 20
*xviii 31: 105, 21
*xix 2: 111, 11
*xix 2, 3: 153, 15
xix 11: cf. 256, 17
xx 19 (21): cf. 528, 1
*xxi 1: 214, 18
xxi 21: cf. 514, 3
xxii 3: cf. 485, 8
xxviii 3: 466, 18
*xxviii 13 (15): 486, 11
xxxi 9: 68, 9
*xxxii (xxxv) 11: 281, 19
xxxv 24: 319, 13; 333, 2
xxxviii 1: cf. 194, 9

TOBIAS
ii 12 (vg): cf. 194, 6
*iv 7: 276, 15; cf. 278, 14

OSEE
*iv 5, 6: 104, 17
*vi 2: 213, 22
*viii 4: 101, 12

MICHEAS
iv 2: cf. 8, 17
*vii 1, 2: 66, 19

IOHEL
i 14: 117, 5

IONAS
*iv 11: 176, 2

ZACHARIAS
*ii 8 (12): 100, 13
*vii 6: 173, 8; 410, 1

MALACHIAS
*i 6: 64, 12
*ii 7: 188, 18; 484, 11
*ii 10: 197, 20

## ESAIAS

*i 22: 243, 10
*iii 1–3: 198, 10
*vii 9: 86, 22; cf. 135, 5; 248, 17; 424, 16; 477, 13
vii 14: cf. 8, 19, 24
*xxii 14: cf. 221, 3
xxix 13: cf. 529, 3
xxxiii 3 (?): cf. 321, 21
*xxxiii 6: 457, 16
xxxviii 18: cf. 263, 8
xl 6: cf. 372, 5
*xlii 2: 516, 16
*xliii 25, 26: 214, 20
*xlvi 4: 218, 15
*l 1: 33, 4
*l 4: 470, 18
*lii 3: 33, 7
*liii 4: 51, 5; cf. *213, 17; 466, 14
*liii 5: cf. 213, 17
*liii 7: 71, 4
*liv 17: 428, 12
lvi 3: cf. 356, 3
*lvii 2: 213, 20
*lxvi 2: cf. 400, 3

## HIEREMIAS

*iii 15: 175, 19
*iv 3, 4: 342, 11
*iv 4: 27, 17
ix 1: 151, 4
*ix 23: 136, 2
xvii 1: 460, 17
*xvii 16: 146, 14
*xxiii 24: 261, 17
xxxi 31: 92, 2
xliv (xxxvii) 17: cf. 85, 18

## BARVCH

iii 24: 515, 13

## EZECHIHEL

xiv 14: cf. 483, 9
xiv 18: cf. 483, 9
xviii 4: 161, 15
*xviii 20: 483, 8
xviii 31: 369, 6
xxiii 8: cf. 78, 4
*xxxiii 11: 240, 8
*xxxiii 12: 240, 9
*xxxiii 14, 15: 75, 4
*xxxiii 16: 240, 9
*xxxvi 20: 25, 24
xxxvii 1–14: cf. 514, 17

## DANIHEL

i 13–16: cf. 107, 11
ii 45: cf. 210, 13
*ii 46: 210, 11
*ii 47: 210, 12

iii 24: cf. 468, 7
*iii 35: 35, 11
iii 50: cf. 441, 3
vii 7 seqq.: cf. 443, 14
*ix 23: 464, 20
xii 3: cf. 65, 12

## EVANGELIVM

### SEC. MATHEVM

i 18: cf. 138, 4
i 19: cf. 193, 15
i 23: cf. 157, 4
i 25: cf. 397, 15
iii 8: cf. 22, 1
iv 1: cf. 426, 15; *488, 14
*iv 11: 488, 14
iv 19: cf. 307, 4
iv 21: cf. 311, 6
v 4: cf. 380, 3
v 8: *235, 5; 516, 11
v 10: cf. 299, 14
*v 11: 71, 1
*v 14: 498, 16
v 16: cf. *278, 18
v 17: cf. *320, 4
v 20: 57, 20
v 21, 22: cf. 476, 12
v 22: cf. 289, 19; 317, 9
*v 23, 24: 192, 23
v 28: cf. 51, 23; 55, 25
*v 32: 163, 5
v 34: cf. 438, 1
v 39: cf. *99, 19; 140, 4; 145, 6; 155, 14
*v 40: 154, 2; cf. 155, 6
v 44: cf. 63, 8; 155, 17; 334, 20; 466, 16; 467, 12; 479, 14
v 45: 372, 16; cf. 213, 5
vi 2: 341, 3; *464, 14
*vi 8: 412, 6
vi 10: cf. 455, 6
vi 11: cf. *291, 7
vi 12: cf. *466, 17
vi 14: cf. 466, 17
vi 18: cf. 108, 1
vi 24: cf. 55, 12; 502, 3
*vi 25: 412, 10
*vi 31: cf. 412, 10
*vi 32: cf. 412, 10
vii 12: cf. 264, 13; 424, 8
vii 22: cf. 212, 12; 432, 16
vii 23: cf. 202, 20; *212, 12; 325, 6
viii 7: cf. 237, 3
viii 11: cf. 38, 20
viii 13: cf. 237, 3
viii 17: cf. 466, 14
viii 20: cf. 383, 9
ix 2: cf. 216, 12
ix 5: cf. 247, 16

# INDEX

SEC. MATHEVM (cont.)

ix 13: cf. 477, 20
ix 38: cf. 511, 21
x 3: 478, 2; cf. 311, 6
x 8: cf. 196, 16
*x 10: 277, 15; cf. 175, 3; 291, 8
x 15: cf. 374, 8; 437, 14
x 16: 426, 5
x 17: cf. 348, 16
x 26: cf. 498, 17
x 29: cf. 176, 1
x 33: cf. 157, 5; *513, 5
*x 40: 9, 21
xi 23: cf. 501, 8
*xi 27: 503, 15
*xi 28: 437, 16
*xii 19: cf. 516, 16
xii 36: cf. 201, 11
xiii 7: cf. 168, 18
xiii 17: 138, 7; cf. 66, 5
xiii 18: cf. 452, 2
xiii 22: cf. 166, 17; 167, 9; 168, 18; 169, 2; 367, 16; *501, 3
xiii 23: cf. 452, 1
xiii 25: cf. 515, 14
*xiii 43: 138, 23; cf. 21, 12; 441, 15
xiii 52: 129, 23; cf. 261, 9; 504, 3
xiii 57: 80, 20
xiv 2: cf. 288, 18
xv 7, 8: cf. 529, 3
xv 8, 9: 367, 10
xv 9: 367, 11; cf. 475, 8
*xv 24: 115, 1; cf. 6, 15; *347, 15
xvi 18: cf. 313, 12
*xvi 24: 260, 13
xvii 1–5: cf. 248, 2
xvii 1: cf. 410, 9
xvii 2: cf. 249, 16
xvii 3: cf. 410, 9
xvii 20: cf. 202, 8, 11
xvii 21: cf. 363, 19
*xviii 6: 174, 5
*xviii 18: 241, 6
*xviii 19: 114, 7
xviii 32, *33: 372, 12
xix 8: cf. 355, 4
*xix 9: 163, 5
*xix 12: 166, 7
*xix 17: 82, 8
*xix 21: 203, 6; 505, 2; cf. 504, 2
xix 26: cf. 90, 17; 257, 13
xix 28: 154, 8
xix 29: cf. 154, 9
xx 1–16: cf. 142, 8–10
xx 28: cf. 114, 21
xxi 33: cf. *481, 6
xxi 37: cf. *481, 6
xxii 3: cf. 442, 4
xxii 8: cf. 442, 4
xxii 35: cf. 357, 6

xxii 37–40: cf. *475, 14
xxii 37: cf. 334, 18
xxiii 4: cf. 333, 6; 354, 18
xxiii 15: cf. 351, 18
xxiii 24: cf. *86, 19
xxiv 6: cf. 235, 18
xxiv 9–13: cf. 423, 9
xxiv 13: 21, 10; 340, 15; 400, 6; 503, 7
*xxiv 23: 443, 8
xxiv 24: cf. *445, 9
*xxiv 28: 442, 16
xxiv 31: cf. 442, 15
xxiv 43: cf. 433, 15
xxiv 44, 45: cf. 434, 5
*xxiv 46: 357, 11
xxv 18: cf. 215, 1
xxv 25: cf. 492, 10
xxv 26–30: cf. 189, 25
xxv 31: cf. 433, 15
xxv 34: 259, 3
xxv 35: cf. 219, 13
xxv 38: cf. 51, 24
xxv 40: cf. 219, 13
xxv 41: 259, 3; 319, 15; cf. 374, 3
xxv 46: cf. 525, 13
xxvi 31: cf. 278, 17
xxvi 61: cf. 43, 17; 216, 11
xxvii 34: cf. 87, 17
xxvii 48: cf. 87, 17
xxvii 57: 193, 15
xxvii 59, 60: 193, 15
xxvii 63: 265, 2
xxviii 20: cf. 437, 17

SEC. MARCVM

i 1: cf. 323, 6
i 4: cf. 323, 8
i 12: cf. *488, 14
*i 13: 488, 14
i 26: cf. 370, 26
iv 19: cf. 166, 17; 502, 1
*vi 3: 80, 20
vii 8: cf. 309, 11; 528, 9; 529, 2
*vii 27: 309, 2
viii 31: cf. 426, 10
ix 2–7: cf. 248, 2
ix 2: cf. 249, 16
ix 43: cf. 290, 2
x 27: cf. 160, 4
xii 27: 267, 16
*xiii 21: 443, 8
xv 29: 112, 20
*xvi 17: 424, 2

SEC. LVCAN

i 6: cf. 428, 12
*ii 14: 488, 14
ii 22: cf. 178, 10
ii 36, 37: cf. 494, 1

SP. II

### SEC. LVCAN (cont.)

ii 51: cf. 219, 11
iii 8: cf. 22, 1
iii 16: cf. 49, 11
iv 21: cf. 466, 17
vi 29: 140, 4
*vi 46: 516, 12
*vii 30: 81, 16
*vii 47: 48, 16; 115, 3
viii 3: cf. 175, 6
viii 14: cf. 166, 17
*ix 23: 158, 12
ix 28–35: cf. 248, 2
x 1 seqq.: cf. 214, 11
x 2: cf. 511, 21
*x 4: 281, 9
x 7: 177, 4; 448, 19; cf. 175, 3
*x 19: 125, 6
x 20: cf. 411, 16; 412, 1
*x 22: 503, 15
x 24: cf. 66, 5; 138, 7
x 37: cf. 103, 14
xi 1: cf. 455, 6
xi 3: cf. 291, 7
xi 8: cf. 276, 4
xi 29: cf. *288, 8
xi 46: cf. 318, 13; 333, 6; 354, 18
xi 52: cf. 185, 19
xii 9: cf. *513, 5
xii 18: cf. 504, 15
xii 50: 49, 13
xiii 27: cf. 195, 12; 202, 20
xiv 7: cf. 185, 18
xiv 10: cf. 185, 18
xiv 11: cf. 185, 18
xiv 12, 13: cf. 185, 17
*xiv 18, 19, 20: 168, 19
xv 10: cf. 66, 13
xvi 13: cf. 502, 3
xvi 25: cf. 113, 13; 341, 2
*xvii 10: 177, 14; cf. 36, 10; 381, 1
*xvii 23: 443, 8
xviii 22: cf. *505, 2
xix 10: cf. *325, 7
xix 13: cf. 504, 16
xix 20: cf. 504, 16
*xx 36: 9, 11
*xx 38: 45, 18; 267, 16
xxi 3: cf. 274, 3
xxi 22: cf. 364, 11
*xxi 34: 434, 10; 532, 4
xxii 30: cf. 154, 8
xxii 48: cf. 124, 5
xxiii 33: cf. 355, 12
xxiii 34: cf. 63, 8; 413, 2; 467, 12
xxiii 43: cf. 355, 12
xxiv 1: cf. 226, 19
*xxiv 26: 135, 1
xxiv 34: 214, 1

### SEC. IOHANNEN

i 1: cf. 94, 3–4
i 3: cf. 94, 3–4; 130, 20; 172, 23
i 14: 144, 12; 398, 7
i 18: cf. 503, 19
i 42: cf. 8, 5
i 45: cf. 480, 17
i 47: 73, 20
iii 3: cf. *342, 10; *353, 15
iii 5: cf. 327, 16; 342, 10; 353, 15
iii 14: cf. 50, 10
iii 15: cf. 253, 16
iii 18: cf. 435, 2
*iii 20, 21: 104, 21
iii 36: cf. 451, 13
iv 20: cf. 481, 15
iv 21: cf. 481, 12
iv 23: cf. 481, 12
v 17: cf. 345, 5; 364, 14
v 21 (?): cf. 432, 13
v 39: cf. 376, 4
vi 31: cf. 277, 9
*vi 56: 183, 14; 192, 3; cf. 72, 15
vi 66: cf. 313, 4
vii 6: cf. 444, 11
*vii 37: 372, 5
viii 33: cf. 331, 14
viii 34: 50, 16; cf. 58, 16
viii 37: cf. 331, 14
ix 4: cf. 263, 2, 4
*ix 39: 251, 9
*ix 41: 39, 3
xi 11: cf. 432, 4
xi 33, 35: cf. 98, 19
xi 50: cf. 431, 9
xii 31: 251, 5
*xii 34: 134, 23
xii 35: 262, 19
*xii 37: cf. 134, 16
xiii 5: cf. 398, 1
xiii 14: cf. 71, 4; 399, 1
xiii 15: cf. 397, 20; 398, 17
xiii 34: *339, 3; 431, 7
xiii 35: 72, 4
*xiv 3: cf. 70, 8
xiv 6: 355, 17
xiv 15: 72, 2
xiv 17: cf. 139, 4
*xiv 26: cf. 447, 4
xiv 27: cf. 467, 11
*xvi 33: 426, 6
xvii 3: cf. *354, 11; 479, 15
xvii 12: cf. 154, 10
*xvii 24: 353, 3
xvii 25: 57, 22
*xviii 37: 503, 2
xx 21: 9, 20
xx 23: cf. 37, 9
*xx 28: 73, 10
*xx 29: 73, 11; cf. 67, 8; 432, 8

INDEX 547

SEC. IOHANNEN (*cont.*)
xxi 1, 2: cf. 214, 1
*xxi 17: 172, 5
xxi 22: 132, 12

ACTVS APOSTOLORVM
i 5: cf. 49, 11
i 8: cf. 139, 4; 140, 12
i 9, 10: cf. 488, 17
i 26: cf. 154, 11
*ii 3: 117, 10
*ii 13: 210, 6
ii 16, 17: cf. 321, 1; 348, 10
ii 22: cf. 70, 2
*ii 38: 87, 19
(*ii 45: cf. 313, 16)
iii 6: cf. 504, 17
iii 14–17: cf. 138, 11
*iii 17: 87, 18
iv 6: cf. 324, 1
iv 7: cf. 118, 11
iv 12: cf. 131, 3
iv 27: cf. 146, 6
*iv 31: 346, 1; cf. *395, 7
*iv 32: 362, 16; 394, 10; cf. 197, 19; 277, 13
iv 34, 35: cf. 119, 11; *313, 16
iv 37: cf. 523, 8
v 3: cf. 167, 5
(*v 4: cf. 313, 6)
v 5: cf. 102, 10; 150, 16; 304, 6
v 10: cf. 150, 16; 304, 6
v 12: cf. 141, 21
*v 41: 394, 18; cf. 42, 6; 65, 1; 233, 3; *273, 16; 412, 16; 419, 4; 440, 14; 448, 6; 453, 12
vi 4: cf. 121, 19; 280, 5
vi 10: cf. 196, 12
vii 14: cf. 22, 8
vii 51: cf. 354, 4
viii 3: cf. *507, 2
viii 18: cf. 198, 1
(viii 32): 71, 4
ix 3: cf. 128, 3
ix 3, 4: cf. 214, 15
ix 26: cf. *310, 17
ix 36: cf. 494, 19
x 14: cf. 529, 6
x 28: cf. 109, 17; 314, 14
xi 28: cf. 200, 16; 356, 7
xii 2–10: cf. 120, 21
xii 5: cf. 234, 14
xii 11: cf. 233, 4; 234, 14
*xiii 2: 8, 12; 154, 12; *526, 7
xiii 3, 4: cf. 313, 14
xiii 4: cf. 314, 20
xiii 6: cf. 285, 15
xiii 10: cf. 285, 15
xiii 11: cf. 102, 10; 150, 16; 285, 15
xiii 26: cf. 281, 10

xiv 3: cf. 131, 3
xiv 19, 20: cf. 265, 9
xv 10: cf. 312, 17; 332, 4; 529, 8
xv 28: cf. 312, 2
xvi 5: cf. 122, 6
xvi 7: cf. 11, 5; 446, 7
xvi 9: cf. *201, 1; 446, 7
xvi 15: cf. 387, 1
xvi 17: cf. 281, 10
xvi 32: cf. 420, 13
xvi 33: cf. 387, 1
xvi 37: cf. 420, 13
xvii 23: 178, 20
*xvii 28: 178, 21; cf. 94, 1
xviii 3: cf. 422, 17
xviii 26: cf. 121, 20; 122, 6
xix 2: cf. 244, 13
*xx 17: cf. 486, 7
xx 22: cf. 486, 7
*xx 26, 27: 31, 7
xx 28: cf. 348, 12; 388, 9; *439, 11; *486, 9
xx 29: cf. 475, 5
xx 34: cf. 422, 17
xx 35: cf. 119, 16
xxi 8: cf. *364, 18
xxi 10: cf. 200, 16; 356, 7
xxi 11: 489, 1
xxi 26: 214, 15; cf. 178, 6
xxii 25: cf. 512, 11
xxiii 11: 214, 15; cf. 233, 5
xxv 11: cf. 512, 11
*xxvi 19: 128, 6; cf. *310, 9
xxvi 23; cf. 138, 18
xxvii 20: cf. 296, 4

EPIST. AD ROMANOS
i 3: cf. 115, 14
i 4: cf. 363, 13
i 13: 118, 13; cf. 11, 4
i 22: cf. 171, 21
i 25: cf. 21, 24
*ii 1: 24, 20
*ii 4: 76, 5
ii 11: 165, 19; cf. 9, 25; 451, 9
ii 15: cf. 339, 9
ii 16: cf. 22, 25
ii 17: cf. 24, 21
ii 20: cf. 434, 6
ii 27: cf. 316, 11
iii 1: cf. 316, 8
iii 4: 28, 1; 45, 22
iii 5: 28, 2
iii 12: cf. 45, 21; 381, 1
iii 20: cf. 32, 20; 81, 9, 14; 315, 9
iii 28: cf. 88, 9
iv 2: cf. 41, 12; 92, 17
iv 5: cf. 246, 6
iv 11: 26, 4; cf. 39, 19
iv 17, 18: cf. 74, 6

35–2

EPIST. AD ROMANOS (*cont.*)
v 1: cf. 476, 11
v 10: 10, 5; cf. 475, 3
v 15: cf. 152, 10
*v 20: 29, 17; cf. 477, 15
*vi 3: 220, 1
vi 4: cf. 368, 16; 515, 1
vi 6: cf. 49, 22; 105, 16; 316, 16
vi 13: cf. 94, 14; 119, 4; 120, 12; 186, 18
vi 14: cf. 244, 16
vii 4: cf. 60, 22; 246, 16
*vii 12: 44, 3; cf. *246, 16; 476, 8
vii 14: cf. 246, 5
vii 23: cf. 60, 23; 61, 23
viii 3: 55, 8; *322, 8
viii 9: 224, 20
viii 11: cf. 370, 2
viii 13: cf. 61, 1; 62, 2
viii 17: cf. 139, 2; 407, 9
viii 18: 255, 11; cf. 440, 10
viii 24: 97, 19; 248, 9; cf. 407, 13
viii 32: cf. 350, 8
viii 35: cf. 176, 18
viii 38: cf. 502, 18
ix 1: cf. 250, 15; 301, 4; 475, 17
ix 2: cf. 73, 12
*ix 6: 342, 16
ix 16: cf. 80, 1
ix 17, 18: cf. 480, 7
ix 25: cf. 475, 3
x 4: cf. 249, 2
x 10: cf. 82, 20; 367, 7
*x 12: 456, 17
xi 17: cf. 120, 7
*xi 23: 87, 20
xi 28: 357, 7
xii 1: cf. 83, 7
xii 16, 17: cf. 62, 12
xii 18: cf. 155, 10
xii 19: cf. 145, 10
xiii 2: cf. 496, 2
xiii 4: 508, 3
xiii 7: cf. 329, 17
xiii 8: 202, 16; cf. 329, 17
xiii 9: cf. 110, 5, 17
xiii 10: *34, 14; 202, 17; cf. 202, 15
xiii 12: cf. 25, 2
xiii 14: cf. 51, 11; *55, 19
xiv 2: cf. 179, 4
xiv 20: cf. 110, 9; 185, 11
xiv 21: cf. 498, 7
xv 6: cf. *113, 18
xv 11: cf. 115, 19
xv 14: cf. 171, 13
xv 22: 11, 16
xv 25: cf. 4, 17
xv 26: cf. 314, 2
xv 32: cf. 238, 14
*xvi 17: 409, 6

xvi 18: cf. *252, 2
xvi 19: cf. 90, 3
xvi 26, 27: cf. 359, 5

EPIST. AD CORINTHIOS I

i 2: cf. 232, 2
i 4, 5: cf. 171, 13
i 20: cf. 136, 7; 148, 11
*i 23, 24: 80, 21
i 23: cf. 92, 4
i 31: 117, 12; cf. 166, 9
ii 1: cf. 137, 7
ii 4: cf. 137, 2
ii 5: 137, 9
ii 10: 249, 13
ii 10, 11: cf. 503, 17
ii 13: cf. 246, 5; 349, 17
*ii 16: 93, 11
iii 2: cf. 137, 20; 376, 18
*iii 3: 309, 3
iii 10: cf. 118, 7, 16
iii 12: cf. 118, 4
iii 14: 21, 10
iii 16: cf. 371, 5
iv 2: cf. 527, 3
iv 6: cf. 199, 4
iv 12: cf. 422, 17
iv 15: cf. 327, 13; 517, 17
iv 20: cf. 142, 14
v 1: 5, 1; cf. 240, 4; 272, 2; 302, 11
v 3: (*425, 3); cf. 107, 7
*v 4: 5, 2
v 5: cf. 479, 8
v 8: cf. *325, 12
vi 2: cf. 107, 8
vi 3: cf. 21, 14
vi 16: cf. 183, 20
vi 19: cf. 63, 21; 144, 17; 257, 15
vi 20: 263, 16
vii 2: cf. 489, 14
vii 5: cf. 527, 13
vii 6: cf. 489, 14
vii 7: cf. *365, 8
*vii 15: 161, 15
vii 19: 26, 2
vii 29: cf. 332, 15
*vii 40: 166, 12; 285, 2
viii 1: cf. 151, 1
viii 4: cf. 171, 4; 173, 15
viii 7: cf. 171, 4
viii 9: cf. 269, 13
viii 10: 112, 16; cf. 181, 26; 183, 2; 185, 7; 266, 21; 484, 14
ix 2: 244, 5
ix 12: cf. 375, 19
ix 14: cf. 421, 18
ix 17: 10, 19; 282, 3; cf. 278, 1
ix 18: cf. 108, 3
ix 22: 112, 5
*ix 24: 76, 13

EPIST. AD CORINTHIOS I (cont.)
x 10: 400, 10
x 16: cf. 72, 14; 124, 7
x 21: cf. 183, 17
x 28: cf. 183, 2
x 32: cf. *485, 16
x 33: *112, 8; 179, 6; cf. 204, 9
xi 3: cf. 157, 7
xi 6: 189, 16
xi 14: cf. 187, 19; 188, 8
xi 30: cf. 429, 14
*xi 32: 23, 7
xii 4: cf. 47, 25
xii 11: 195, 23; cf. 95, 16; 250, 2; 284, 4
xii 19: 201, 4
xii 20: 198, 16; cf. 432, 12
xii 26: 98, 16
xii 27: cf. 537, 6
xii 28: cf. 95, 17; 141, 18; 364, 14
xii 30: cf. 244, 2
xii 31: cf. *327, 9
xiii 1–3: cf. 203, 10
*xiii 2: 34, 11; cf. 196, 16
xiii 4: cf. 129, 17
xiii 5: 171, 19; cf. 140, 3; 252, 1
xiii 7: 389, 6; cf. 148, 10; 418, 8; 467, 7
xiii 8: cf. 247, 9
xiii 11: cf. 247, 5
xiii 12: cf. 67, 17
xiii 13: cf. 467, 7
xiv 3: 200, 19
xiv 12: 68, 7
*xiv 14: 68, 6; 437, 1
xiv 16: *208, 22; 230, 7
*xiv 25: 375, 8; cf. 238, 3; 421, 8
xiv 26: 105, 8
xiv 32, 33: cf. 219, 9
xiv 33: cf. 480, 2
xiv 34: cf. 482, 18
xiv 34, 35: cf. 411, 11
xiv 35: cf. 530, 7
xiv 39: 437, 2
xv 4: cf. 43, 17
xv 11: cf. 418, 10
xv 22: cf. 351, 6
*xv 31: 253, 9
xv 33: cf. 518, 10
xv. 36, 37: cf. 247, 6
xv 40: cf. 256, 8
xv 41: cf. 14, 2
xv 42: cf. 216, 23
xv 44: cf. 256, 13
*xv 49: 159, 1
xv 53: cf. 43, 1
xvi 1: cf. 4, 18; 314, 2
xvi 21: cf. 506, 13

EPIST. AD CORINTHIOS II
i 1: cf. 417, 6
i 3: 113, 18; 146, 4

i 17: cf. 335, 17
i 22: cf. 64, 21
ii 10: cf. 243, 15; 252, 12
iii 1: 259, 12
iii 6: cf. 247, 13
iii 13: 244, 18
iii 15: 244, 18; cf. 87, 11
iii 18: cf. 225, 5, 16
iv 6: cf. 360, 8; 370, 6
iv 7: cf. 326, 1
v 5: cf. 64, 21
v 6: 253, 13; cf. 88, 15
v 7: 21, 8; 67, 2
*v 15: 108, 13; cf. 467, 11
vi 3: 485, 19
vi 10: 436, 11; cf. 146, 1
vi 11: 120, 14; cf. 371, 2
vi 13: cf. 253, 2
*vi 16: 261, 19
vii 4: cf. 42, 12; 265, 13
vii 6: cf. 242, 12
vii 11: cf. *272, 9; 279, 11
viii 8: cf. 428, 3
viii 14: 282, 13; cf. 120, 8
*viii 23: cf. 129, 11
ix 7: 97, 1; 281, 6; cf. 227, 3
ix 12: cf. 284, 5
ix 13: cf. 390, 14
x 10: cf. 237, 5
x 10–11: cf. 284, 16
*xi 1: 294, 7
*xi 2: 290, 5; cf. 294, 9
xi 3: cf. 340, 3; *431, 1; 443, 5
xi 6: 171, 15
xi 9: cf. 415, 6
*xi 23: 180, 5
xi 27: 180, 5
xii 2: cf. 46, 24; 225, 6; 314, 6; 432, 16; 435, 4; 522, 4
xii 8: 67, 19
xii 9: cf. 326, 1
xiii 2: cf. 301, 12
xiii 3: cf. *431, 1
xiii 11: cf. 304, 8

EPIST. AD GALATAS
i 8: cf. 450, 14
i 10: cf. 220, 16
i 12: cf. 191, 13; *213, 14; 309, 21
i 14: cf. 309, 19; 352, 6
ii 4: cf. *296, 8
ii 5: cf. 333, 17
ii 6: cf. 89, 19
ii 10: cf. 226, 17
ii 12: cf. 315, 11
ii 16: cf. 12, 22; 315, 9
ii 18: cf. 336, 1
iii 1: cf. 171, 17
iii 5: cf. 118, 6
iii 8: cf. 330, 19; 355, 5

EPIST. AD GALATAS (*cont.*)
iii 10: 460, 12; cf. 320, 15
iii 13: 460, 11
iii 22: 315, 13
iii 24, 25: cf. 52, 3
iii 27: cf. 51, 11; *466, 9
iii 28: cf. 187, 14
iv 4: cf. 323, 6
iv 7: cf. 328, 5; 329, 13; 331, 10
iv 23: cf. 74, 2
v 3: cf. 81, 20
v 4: cf. 529, 15
*v 11: 314, 10
*v 19–21: 156, 1
v 19–22: cf. 527, 10
v 22: 63, 5
v 23: cf. 527, 13
v 24: cf. 60, 19
vi 1: cf. *156, 8
*vi 2: 114, 9
*vi 7: 421, 3
vi 8: cf. 409, 16
*vi 10: 263, 1
vi 11: cf. 450, 13
*vi 12: 254, 6
vi 13: cf. 343, 6

EPIST. AD EPHESIOS
i 4: cf. 128, 11
i 7: cf. 48, 23
i 14: cf. 64, 21
i 15: cf. 5, 8; 349, 3
i 18: cf. 171, 17
i 20: cf. 364, 2
i 22, 23: cf. 253, 15
ii 3: cf. 351, 18; 369, 4
ii 5: cf. 41, 18; *84, 15
ii 6: cf. 353, 7
ii 8: cf. 141, 21; 322, 12
ii 13: cf. 41, 21
ii 14: cf. *357, 1
iii 2: cf. 511, 5
iii 5: cf. 465, 12
iii 9: cf. 126, 4
iii 10: cf. *323, 20; 358, 10
iii 13: cf. 386, 2
iii 14–19: cf. 171, 17
iv 1: cf. 367, 4
iv 4: cf. 335, 18; 369, 17
iv 12: cf. 99, 5
iv 18: cf. 171, 16
iv 22: cf. 152, 13; 224, 16; 316, 16
iv 24: cf. 224, 16
*v 8: 383, 7
v 15: cf. 90, 3
v 16: cf. 101, 9
v 18: 105, 11
v 22: cf. 187, 15; 188, 2; 495, 17
v 23: cf. 157, 10
v 24: cf. 219, 13; 495, 17

v 26: cf. 280, 6
v 27: cf. 128, 12; *484, 3; 515, 12
v 30: 200, 11; cf. 50, 8; 157, 10; 323, 6
v 31: cf. 378, 9
vi 4: cf. 379, 9
*vi 6: 165, 23; cf. 399, 15
vi 12: cf. 382, 15
vi 13: cf. 130, 5
vi 14: cf. 434, 18
vi 19 (?): cf. 362, 2

EPIST. AD PHILIPPENSES
i 1: 231, 16; cf. *232, 3; *486, 5
i 14: cf. 121, 9
i 23: *118, 1, 7; 258, 6
ii 3: cf. *97, 10; 212, 16; 228, 14; 335, 12; 421, 15
ii 6: cf. 397, 4
*ii 7, 8, 9: 8, 6
ii 7: cf. 70, 6; 146, 5; 187, 16; 252, 4; 350, 16; 364, 5; 397, 4
ii 8: cf. 397, 4; 399, 14; 402, 16
ii 14: cf. 381, 16
ii 15: cf. 400, 13
ii 21: 28, 14
iii 6: cf. 507, 1
iii 9: cf. 359, 16
*iii 12: 502, 13
*iii 17: 229, 8
*iii 21: *69, 2; 249, 17
iv 15: cf. 387, 5
iv 18: cf. 117, 8

EPIST. AD THESSALONI-
CENSES I
i 1: cf. 425, 15
i 7: cf. 530, 1
i 8, 9: cf. 422, 12
ii 5: cf. 449, 1
*ii 5, 6: 293, 13
ii 6: cf. 517, 13
ii 7: cf. 423, 7
ii 9: cf. 418, 19
ii 13: cf. 417, 5
*ii 14: 5, 21
ii 16: 92, 5
iii 7: cf. 395, 15
iv 6: cf. 369, 17
*iv 7: 161, 17
iv 15, 16: cf. 225, 5
iv 17: cf. 223, 17
v 5: cf. 375, 18
v 14: cf. 448, 10
v 17: cf. 10, 25; 507, 4

EPIST. AD THESSALONI-
CENSES II
i 1: cf. 417, 6
*i 2: 417, 10

## EPIST. AD THESSALONI-CENSES I (cont.)

i 3: cf. 439, 1
*i 6: 318, 9
ii 2: cf. 439, 4
ii 11: cf. *251, 11
ii 12: cf. *251, 11
ii 13: cf. 204, 15
iii 6: cf. 315, 11
iii 6–15: cf. 431, 16
iii 9: cf. 324, 1
iii 17: cf. 125, 20

## EPIST. AD COLOSSENSES

i 4: cf. 451, 1
i 12: cf. 179, 11
i 18: 69, 4
i 23: cf. 330, 8
i 24: cf. 115, 9; 219, 13; 356, 13; 365, 5
ii 5: 5, 16; *131, 14; *425, 1
ii 8: cf. 309, 11; 451, 2
ii 9: 261, 20; 455, 2; cf. 455, 1
ii 20: cf. 220, 4
iii 3: 65, 14; cf. *51, 10
iii 4: cf. 462, 8
iii 5: 466, 13
iii 9: cf. 316, 16; 459, 20
iii 11: cf. *457, 1
iv 5: cf. 101, 9
*iv 6: 371, 5
*iv 17: 536, 12

## EPIST. AD TIMOTHEVM I

i 9: cf. 39, 12; *60, 21; *178, 12; *307, 14; *316, 14; *323, 7; *336, 8
i 10: cf. 492, 1
i 13: cf. 115, 8
ii 5: cf. 322, 1, 3
ii 6: cf. 229, 18
ii 9: 530, 4
ii 11: cf. 483, 12
ii 12: cf. 530, 7
ii 13: cf. 211, 24; 377, 11
iii 1: cf. 474, 3–4
iii 2: cf. 486, 2
iii 7: cf. 463, 18
iii 9: cf. 436, 11
iii 15: cf. 474, 3–4
iv 1: cf. 346, 17
iv 8: cf. 137, 17
iv 13: cf. 119, 12
v 5: cf. 496, 14
v 6: cf. 225, 13; 351, 7
v 12: cf. 167, 3
v 13: cf. 431, 13
v 23: cf. 194, 8; 486, 12; 530, 6
vi 1: cf. 380, 16
vi 3: cf. 474, 7
vi 4: cf. 531, 6

vi 5: cf. 487, 3
vi 10: cf. 373, 9

## EPIST. AD TIMOTHEVM II

i 2: cf. 506, 1
i 7: cf. 506, 1
i 8: cf. 506, 3
i 10: cf. 67, 15
ii 4: cf. 363, 3
ii 5: cf. 383, 18; 522, 10
ii 9: cf. 385, 13
*ii 11, 12: 130, 17
ii 11: cf. 55, 7; *253, 10; 407, 9
464, 2
*ii 20, 21: 76, 6
ii 24: 484, 17
iii 5: cf. 506, 5
iii 6: cf. 383, 3
iii 7: cf. 499, 15
iii 8: cf. 445, 11
iii 13: cf. 499, 2; 519, 7
iii 15: cf. 490, 10
iv 4: cf. 506, 5
iv 7: 76, 12; cf. 333, 7; 506, 4
iv 10: cf. 510, 7
iv 11: 28, 14
iv 16: 28, 14

## EPIST. AD TITVM

i 5: cf. 141, 18; 525, 1–2; 527, 2
i 6: cf. 527, 16
i 11: 250, 8
i 14: cf. 528, 9
*i 16: 31, 21
ii 4, 5: cf. 211, 21
*iii 8: 535, 3
iii 10: cf. 449, 14; 450, 2; 525, 3

## EPIST. AD PHILEMONEM

1: cf. 536, 1

## EPIST. AD HEBRAEOS

*i 3: 251, 17; cf. 397, 18; *454, 6
*i 5: 399, 6
ii 14: 61, 16; 461, 1
iv 13: cf. 249, 12
iv 15: cf. 397, 17
*v 12: 104, 10
v 14: cf. 377, 1
*vi 4: 51, 2
vi 20: cf. 70, 14
ix 11: cf. 330, 8
ix 14: cf. 260, 8
ix 15: cf. 168, 3; 330, 7
ix 16–18: cf. 192, 9
x 22: 377, 17
*x 28, 29: 181, 20
x 29: cf. 44, 19
x 34: 5, 24; 424, 4; cf. 313, 18
*x 36: 67, 10

EPIST. AD HEBRAEOS (cont.)
xi 6: cf. 319, 11
xi 9: cf. 7, 7
xi 14: cf. 500, 15
xi 16: cf. 500, 15
xi 36–38: cf. 180, 7
xi 39: cf. 66, 2
xi 40: 66, 3
xii 2: cf. 136, 8; 320, 13 (?)
*xii 3, 4: 456, 8
xii 11: cf. 53, 21
*xii 25: 245, 8
*xiii 2: 98, 11
xiii 11: cf. 44, 17

EPIST. IACOBI
i 2: *42, 5; 97, 21
ii 10: cf. 319, 16
ii 15, 16: cf. 104, 4
ii 18: cf. 348, 19
ii 22: cf. 507, 10
ii 23: cf. 129, 20
ii 26: 34, 19; cf. 319, 12
*iii 14: 105, 14
iii 15: cf. 499, 12
*iv 4: 44, 22
*iv 11: 107, 5
iv 15: 11, 6
v 12: cf. 438, 1
v 16: cf. 120, 20; 234, 14

EPIST. PETRI I
i 9 (?): cf. 217, 14
i 12: cf. 65, 19
i 13: cf. 383, 15
*i 18, 19: 158, 16
i 18: cf. 352, 6
i 19: cf. 260, 8
*ii 1, 2: 140, 20
ii 5: 117, 8
*ii 6–8: 80, 24
ii 9: cf. 324, 1
ii 14: cf. 435, 12
ii 15: cf. 55, 18
ii 17: cf. 229, 14
ii 23: cf. *527, 7
iii 1: 163, 21
*iii 6: 377, 6; cf. 211, 24
iii 7: cf. 162, 5
*iii 9: 98, 14

iii 14: cf. 299, 15
iii 15: 471, 10
iii 18: cf. 524, 13
iv 8: cf. 37, 10
iv 15, 16: cf. 509, 11

EPIST. PETRI II
i 11 (?): cf. 217, 14
*ii 19: 16, 4
*iii 9: 20, 1
iii 10: cf. 445, 5; 463, 4, 10
iii 12: cf. 257, 7

EPIST. IOHANNIS I
*i 5, 6: 130, 15
i 5: cf. 97, 4
*ii 6: 105, 17; 365, 12
*ii 17: 16, 6
ii 18: cf. 512, 6
ii 21: cf. *465, 15
*ii 23: 417, 9
iii 2: *45, 5; *65, 3, 14; 253, 17; 446, 11; 464, 11
*iii 3: 21, 16; 430, 14
iii 6: 30, 6; 365, 10; cf. 349, 16
iii 8: cf. 64, 7
iii 9: cf. *50, 19
*iii 16: 372, 18
iii 17: cf. 277, 14
iii 18: 264, 14; cf. 97, 5
iv 1: cf. 348, 17; 444, 13
iv 2, 3: cf. 512, 6
iv 18: cf. 43, 7; 69, 16; 103, 7; *300, 18; 418, 7
*iv 20: 72, 6

EPIST. IOHANNIS III
9: cf. 204, 8

APOCALYPSIS
i 10: cf. 226, 18
ii 11: cf. 50, 26
iii 15, 16: cf. 97, 15
iii 18: cf. 504, 1
iv 8: cf. 151, 19
vi 8: cf. *56, 19; *218, 18; 472, 4
xi 15: cf. 217, 15
xii 9: cf. 485, 14
xix 13: cf. 138, 15; 224, 2
xx 4: cf. 421, 2

# LOCORVM ALIORVM INDICVLVS[1]

Ambros. in ps. 37, 38: 464, 14
Ambst. prol.: 4, 24–5
Aug. cat. rud. 10 § 15: 422, 5
— c. Faust. XXI 2: 251, 7
— op. monach. IV 5: 175, 6
— c. Simplic. qu. 1 § 2: 56, 16; 76, 11
Caesar bell. Gall. III 18: 327, 2
formula?: 192, 16
formula bapt.: 502, 16
Hieron. in Eph. vi 3: 380, 2
— epist. 18 B 4 § 2: 475, 10
— — 26 4 § 2: 229, 20
— — 74, 3: 472, 14
— — 119, 2 seqq.: 225, 6
— de uir. inlustr. 5: 3, 21
Horat. epist. II 1, 250–1: 250, 11

Iuuen. sat. I 142: 333, 4
Lucret. I 150: 459, 7
— I 941: 520, 6
— III 417 seqq.: 459, 7
— IV 16: 520, 6
Quintil. II 15, 28: 106, 6
Sen. epist. 47, 14: 470, 7
Stat. silu. II 2, 137: 106, 6
Tac. ann. VI 3: 421, 9
Tert. apol. 7: 326, 19; 419, 10
— — 17: 13, 20
— — 34: 470, 7
— carn. resurr. 30: 514, 17
— — 57: 221, 17
Verg. Aen. IV 402–3: 263, 6
— — 569–70: 228, 12

[1] Adde alios ex cap. v uol. prioris, atque multos locos parallelos ex in Gal. in Eph. in Tit.

## INDEX NOMINVM PROPRIORVM[1]

Apollinaris, Apollinaristae: 138, 14; 224, 1
Arrius, Arriani: 9, 4; 70, 8; 73, 8; 130, 19; 138, 14; 172, 16; 179, 1; 196, 2; 217, 19; 219, 3; 298, 6; 305, 5; 397, 11; 447, 2
Barnabas: 4, 1
Beliab: 267, 6
Callimacus: 528, 14
Christianitas: 37, 15
Clemens: 4, 2; 411, 13
Danihelo: 35, 11; 443, 14: Danielum: 210, 12
Eleazarus: 113, 13
Fotinus, Fotiniani: 9, 4; 61, 3; 73, 8; 179, 1; 275, 20
Germanus: 411, 9

Iouinianus, Iouinianistae: 142 281, 12; 409, 11; 421, 4
Iuppiter: 12, 1; 15, 11
Latinus: 271, 11; 443, 11
Lucas: 4, 2
Macedoniani: 195, 21
Manichaeus, Manichaei: 8, 21; 5 56, 8; 62, 17; 73, 7; 189, 5; 2 246, 19; 302, 13; 336, 15; 45 499, 17; 503, 13
Marcion, Marcionitae: 57, 22; ?
Nouatus, Nouatiani: 144, 19; 13; 302, 6; 517, 8
Parmenides: 528, 14
Photinus, uide Fotinus
Tertullianus: 4, 2

[1] Nomina biblica praeter nonnulla, quorum formae hic allegantur, locos scripturae sacrae potius requirenda sunt.

## VOCABVLORVM RARIORVM INDICVL\

(uide etiam uol. I, pp. 355 seq.)

alterutro: 6, 2; 14, 9; 199, 20; 369, 18; 510, 1
collectus (subst.): 515, 1
complector c. acc. et infin.: 458, 3
corrigo c. acc. et dat.: 526, 13
corruptibiliter: 256, 9
destruo c. acc. et. inf.: 316, 8
deuito c. inf.: 495, 8
deuterosis: 475, 7, 12
humilitas (plur.): 487, 1
idololatres: 186, 14
impudoratus: 514, 1
inimpetrabilis: 299, 6
nouamen: 342, 12

perprobo: 131, 18
praecoquus: 424, 15
praefacilis: 442, 18
prophetalis: 488, 19
propitiatus (subst. 4 decl.): 27
repedo: 181, 13
serietas: 265, 13
subnoto: 469, 1
summaliter: 455, 2
supereminneo c. dat.: 361, 5
susurrio: 486, 11
tautologia: 12, 21
usurpo c. infin.: 132, 21

www.ingramcontent.com/pod-product-compliance
Lightning Source LLC
Chambersburg PA
CBHW052012040526
R18239600001BA/R182396PG44108CBX00005BA/9